白鷗大学法政策研究所叢書

アメリカ連邦所得課税法の展開

~申告納税法制の現状と課題分析~

石村 耕治 [著]

U.S. Federal Income Tax Laws and Key Issues
Koji Ishimura

財経詳報社

はじめに

　本書は，アメリカ連邦所得課税法制のもとで進化する申告納税法制の現状や重要な課題を検証するものである。

　本書では，まず，租税実体法の面から，個人・法人・パートナーシップなどにかかる連邦の所得課税法制，さらには税務支援や税務専門職その他の納税者サービスを含む申告納税法制の基本的な仕組みについて分析し，読者の便宜に応えている。

　次いで，租税手続法の面から，連邦の所得課税法制や申告納税法制を分析している。その範囲は，納税者ファーストを前面に打ち出し進化・可視化する税務調査をはじめとした連邦の租税賦課徴収手続，代替的紛争解決手続（ADR）などを積極的に活用した不服審査手続，さらには租税事件専門の裁判所（U.S. Tax Court）を核とした連邦の司法手続など納税者救済手続の基礎的な分析や最新の重要な課題にまで及ぶ。

　加えて，連邦の所得課税法制や申告納税法制をデザインする租税立法過程について，官職政治任用制度や大統領令の所在などを含め詳しく点検している。

　本書では，読者の便宜を考え，連邦の所得課税法制，申告納税法制などを，図説を含めて，できるだけ簡潔に紹介（descriptive）するように心がけている。また，わが国で精緻な検討がなされていない課題については，争点を浮き彫りにしアナリティカルな（analytical）分析を行うように心がけている。

　近年，外国法を研究する法学者の論文その他の著作を読むと，法令や条文などの典拠をしっかりと示していないものが多すぎるような感じを受ける。税務会計や租税論の研究者と違い，法律学として租税の研究を志す者は，法律や規則，通達の条項などの典拠をしっかり掲げることが必須である。本書においては，この点をしっかりと心にとめて執筆している。

　この拙著をまとめあげるにあたり，筆者が奉職する白鷗大学総合研究所から特別出版助成をいただくことができた。また，白鷗大学法政策研究所からのゆるしがあって，拙著を叢書として出版することができた。今後の研鑽を誓って，

心から謝意を表する。
　この度，株式会社財経詳報社のご厚意により本書を出版することができた。編集に際しては，宮本弘明編集長に大変お世話になった。併せて心から感謝申し上げる。

2017年3月25日

石村　耕治

凡　例

《本書で引用する主要な法律・規則・通達等》
・IRC＝Internal Revenue Code／内国歳入法典／連邦税法
・IRS＝Internal Revenue Service／内国歳入庁／連邦課税庁
・IRM＝Internal Revenue Manual／内国歳入マニュアル
・Treasury Regulation＝財務省規則
・Temporary Regulation＝財務省暫定規則
・Revenue Ruling＝レベニュールーリング／解釈通達
・Revenue Procedure＝レベニュープロシージャー／手続通達
・Letter Ruling＝レタールーリング／個別文書照会回答

《連邦制定法集：合衆国法典（U.S.C）》
　合衆国法典／United States Code/U.S.C.は，連邦議会下院（U.S. Congress, House of Representatives）が編纂する公式な連邦制定法集である。分野別に，タイトル1（Title 1）〔第1編（General Provisions）〕からタイトル51（第51編）〔National and Commercial Space Programs〕で構成されている。
　いわゆる「連邦税法」は，「U.S.C.：Title 26〔Internal Revenue Code〕」の編入されている。邦訳すると，「合衆国法典　タイトル26（第26編）〔内国歳入法典〕」である。

●内国歳入法典タイトル26（第26編）〔内国歳入法典〕の構造〔邦訳〕

・U.S. Code Title 26〔タイトル26〕— Internal Revenue Code〔内国歳入法典〕
・IRC Subtitle A〔サブタイトルA〕— Income Taxes〔所得税〕
・Chapter 1〔チャプター1〕— Normal Tax and Surtaxes〔通常税および付加税〕
・Subchapter A〔サブチャプターA〕— Determination of Tax Liability〔租税債務の決定〕
・Part I〔パートI〕— Tax on Individuals〔個人への課税〕
・Subpart A〔サブパートA — Nonrefundable Personal Credits〔非還付型人的税額控除〕
・Section 1〔第1条〕— Tax imposed〔課税〕

iv　凡　例

　合衆国法典タイトル26（第26編）〔内国歳入法典〕」は，サブタイトルA～Kで構成され，条文は全9834条からなる。
　例えば，「Subtitle A-Income Taxes（§§1 to 1564)」は，邦訳すると，「サブタイトルA：所得税（第1条～第1564条）」である。
　また，「Subtitle F-Procedure and Administration（§§6001-7874）は，邦訳すると，「サブタイトルF：手続および行政（第6001条～第7874条）」である。

《内国歳入法典，財務省規則，通達，内国歳入マニュアル等の表記》
・内国歳入法典（Internal Revenue Code§1234 (a)(1)(i)(A)）＝IRC1234条 a 項 1 号 i A
・財務省規則（Treasury Regulation§1.721-1(b)(1)）＝財務省規則1.721-1(b)(1)
・解釈通達（Revenue Ruling）＝Revenue Ruling/Rev. Rul. 2016-05
・手続通達（Revenue Procedure）＝Revenue Procedure/Rev. Pro.2015-53
・内国歳入マニュアル（Internal Revenue Manual）＝IRM 4.2.1

《裁判例等の引用》

・F. Supp.：Federal Supplement（連邦地方裁判所裁判例集）

＊記載例：United States v. McBride, 908 F. Supp. 2d 1186（D. Utah 2012）

【邦訳】合衆国〔原告〕対 マックブライド〔被告〕事件判決，連邦地裁裁判例集第 2 版　第908巻1186頁（ユタ地区連邦地方裁判所（United States District Court for the District of Utah），2012年）

・F/F. 2d/R. 3d: Federal Reporter（連邦控訴裁判所判例集）

＊記載例：United States v. Arthur Andersen LLP, 374 F. 3d 281（5th Cir. 2004）

【邦訳】合衆国〔原告・被控訴人〕対 アーサーアンダーセン〔被告・控訴人〕事件判決，連邦控訴裁判所裁判例集第 3 版　第374巻281頁（第 5 巡回区連邦控訴裁判所（United States Court of Appeals, 5th Circuit），2014年）

・U. S.：United States Reports（連邦最高裁判所判例集）

＊記載例：Arthur Andersen LLP v. United States, 544 U. S. 696（2005）

【邦訳】アーサーアンダーセン〔被告・控訴人・上告人〕対 合衆国〔原告・被控訴人・被上告人〕事件判決，連邦最高裁判所判例集　第544巻696頁（2005年）

・T.C.：United States Court Reports（連邦租税裁判所報告書集）

＊記載例：Armstrong v. Commissioner, 139 T.C. 468（2012）

【邦訳】アームストロング〔原告〕対 内国歳入庁長官〔被告：Commissioner of Internal Revenue〕事件判決，連邦租税裁判所報告書集　第139巻74頁（2012年）

主要参考文献
《洋書》
- CCH, 2017 U.S. Master Tax Guide（Wolters Kluwer, 2016）
- Linda M. Johnson, Essentials of Federal Income Taxation for Individuals and Business（2017 ed., CCH）
- Camilla E Watson, Tax Procedure and Tax Fraud in a Nutshell（CCH, 2016）
- Camilla E Watson & Brookes D. Billman, Federal Tax Practice and Procedure（2nd ed., 2012, West）
- John A. Townsend *et al*, Tax Crimes（2nd ed., LexisNexis 2015）
- EY Tax Guide 2017（32th ed., Wiley, 2017）
- NYU Law Library Federal Tax Research
  http://nyulaw.libguides.com/federaltaxresearch
- Bernard Wolfman & Deborah H. Shenk, Ethical Problems in Federal Tax Practice（2nd ed., Aspen Pub. 2015）
- Stephan Utz, Federal Tax Law: Practice, Problems and Perspective（Aspen Pub. 2013）
- Ernst & Young LLP, Ernst & Young Tax Guide 2017（Wiley, 2016）
- Gerald Kafka & Rita Cavanagh, Litigation of Federal Civil Tax Controversies（2nd ed., Warren,Gorham & Lamont, 1997）
- Richard L. Doernberg *et al*, Federal Income Taxation of Corporations & Partnerships（5th ed., Aspen Pub. 2013）
- Joni Larson, A Practitioner's Guide to Tax Evidence: A Primer on the Federal Rules of Evidence as Applied by the Tax Court（American Bar Association, 2013）

・CCH, Income Tax Regulations（Winter 2017 edition）（CCH, 2016）
・CCH, Internal Revenue Code（Winter 2017 edition）（CCH, 2016）

《和書》
・石村耕治『アメリカ連邦税財政法の構造』（法律文化社，1993年）
・石村耕治『日米の公益法人課税法の構造』（成文堂，1992年）
・石村耕治『先進諸国の納税者権利憲章〔第2版〕』（中央経済社，1996年）
・石村耕治『透明な租税立法のあり方』（東京税理士政治連盟，2007年）
・石村耕治編『現代税法入門塾〔第8版〕』（清文社，2016年）
・伊藤公哉『アメリカ連邦税法〔第5版〕』（中央経済社，2013年）
・飯塚毅監訳『アメリカ公認会計士協会　会計士行動規程（1998年版)』（TKC出版，1995年）
・日弁連編『完全対訳　ABA法律家職務規範規則』（第一法規，2006年）
・北野弘久『現代企業税法論』（岩波書店，1994年）
・北野弘久編『質問検査権の法理』（成文堂，1974年）
・金子宏『所得概念の研究』（有斐閣，1996年）
・田中英夫編『英米法辞典』（有斐閣，1991年）
・高橋裕介『アメリカ・パートナーシップ所得課税の構造と問題』（清文社，2008年）
・本庄資『アメリカ法人税制』（日本租税研究協会，2010年）
・佐古麻里『米国における富の移転課税』（清文社，2016年）
・渡瀬義男『アメリカ財政民主主義』（日本経済評論社，2012年）
・カミーラ・E・ワトソン著/大柳久幸ほか訳『アメリカ租税手続法』（大蔵財務協会，2013年）

目　次

はじめに　i
凡　例　iii

第Ⅰ部　連邦所得課税の構造　1

1　連邦個人所得税法の仕組み　4
- A　申告納税の仕組み　4
  - (1)　個人は暦年課税　4
  - (2)　連邦個人所得税の課税の仕組みと特徴　4
  - (3)　複数の申告資格　5
- B　❷非課税所得項目　9
- C　❸「総所得」とは何か　9
- D　連邦個人所得税申告書，法定資料等からみた総所得の意味　12
  - (1)　合衆国市民や居住者の申告書提出義務　12
  - (2)　合衆国市民や居住者用の申告様式　12
  - (3)　申告書提出時に添付が求められる法定資料　13
  - (4)　申告書送付の宛先　14
  - (5)　文書申告書提出の際に利用できる郵送サービス　14
  - (6)　様式1040（Form 1040）に記載すべき「総所得」項目　17
- E　❸総所得を構成する主な所得項目の特徴　17
  - (1)　給与所得　18
  - (2)　事業所得　18
  - (3)　譲渡所得　18
- F　❹所得調整控除，❺調整総所得　24
- G　❻標準控除（定額控除）と❼項目別控除（実額控除）　24
  - (1)　❻標準控除（定額控除）　24
  - (2)　❼項目別控除（実額控除）　25

(3)　項目別控除（実額控除）項目　　25
　(4)　勤務関連費用その他一定の雑控除　　27
　(5)　IRSによる申告書と法定資料のデータ照合の実際　　30
H　❽人的控除等とは　　30
　(1)　「適格子ども」の要件　　31
　(2)　「適格親族」の要件　　32
　(3)　その他の適正化措置　　32
　(4)　高所得者への人的控除額の逓減・消失　　32
　(5)　❾人的控除額の計算例　　33
I　通常所得にかかる❿超過累進税率　　33
　(1)　適用税率表（2015課税年，2016課税年）　　34
　(2)　⓫所得税額の計算例　　37
J　⓬税額控除　　37
　(1)　勤労所得税額控除（EITC/ETC）　　40
　(2)　外国税額控除：項目別控除との選択　　46
K　個人所得税の申告納税と還付手続　　46
　(1)　個人所得税の申告　　48
　(2)　申告書の種類　　48
　(3)　還付申告・減額修正の請求　　49
　(4)　⓮予定納税　　49
L　給与にかかる源泉徴収税その他雇用関係税　　51
　(1)　給与支払の際の雇用主の雇用関係税義務　　52
　(2)　給与にかかる源泉徴収税　　57
　(3)　給与に対する源泉所得課税の計算　　62
　(4)　源泉所得税の計算の手順　　63
　(5)　チップや祝儀に対する源泉所得課税　　67
　(6)　家事使用人（子守税）　　70
M　給与以外の所得項目にかかる源泉徴収税　　72
　(1)　自営業者税　　72
　(2)　ギャンブル払戻金等　　73
　(3)　年金および退職金　　73
　(4)　裏打ち源泉徴収　　73

2 連邦法人所得税法の仕組み　75
- A　連邦法人所得税の税額計算の基本　76
  - (1)　日米比較でみた法人税額計算の仕組み　76
  - (2)　連邦法人所得課税申告書記載の基本　80
  - (3)　連邦法人所得税の申告と納付　81
  - (4)　連邦法人所得税の予定納税　82
- B　連邦税制における経済的二重課税と法人への超過累進課税の構図　82
  - (1)　普通法人（C法人）からの受取配当への二重課税の構図　82
  - (2)　法人への超過累進課税の構図　82

3 代替ミニマム税の仕組み　86
- A　代替ミニマム税（AMT）導入の立法的経緯と立法事由　87
  - (1)　代替ミニマム税（AMT）導入の立法的経緯　87
  - (2)　代替ミニマム税（AMT）導入の立法事由　88
- B　代替ミニマム税（AMT）計算の基本　91
  - (1)　Ⓛ代替ミニマム税額（AMT）計算の手順　91
  - (2)　Ⓙ試算ミニマム税額（TMT）の算定　93
  - (3)　Ⓛ代替ミニマム税額（AMT）の算定　94
- C　加算・減算（±）される「Ⓑ調整項目」，「Ⓒ租特項目」　94
  - (1)　加算・減算（±）される「調整項目」とは　94
  - (2)　加算（+）される「Ⓒ租特項目」とは何か　99
  - (3)　Ⓔ AMT 基礎控除額（AMT exemption）とは何か　100
  - (4)　代替ミニマム税（ATM）の申告　102
- D　代替ミニマム税額控除　102
- E　小括〜政策税制と公平な税負担の狭間で複雑化する AMT　105

4 連邦パートナーシップ課税法の仕組み　108
- A　連邦パートナーシップ課税の構造　111
- B　アメリカのパートナーシップ課税の理論と税制への影響　115
  - (1)　事業体擬制説に傾斜したパートナーシップ課税　116
  - (2)　事業体実在説に傾斜するパートナーシップ租税手続　117
- C　連邦パートナーシップ課税法制の分析　118
  - (1)　パートナーシップの組成と出資・分配　118

(2) パートナーシップ持分の基準価額　120
　(3) パートナーシップ持分の処分　122
　(4) パートナーシップからの分配　124
　(5) パートナーシップの終了／解散　124
D　パートナーシップおよびパートナーの税務申告　125
　(1) パートナーシップに求められる情報申告　125
　(2) 情報申告書の期限および提出先　125
　(3) パートナーへの別表K-1の交付　127
　(4) パートナーシップの所得その他項目のパススルー　127
　(5) 配賦規制　131
　(6) 個人パートナーによる納税申告　138
　(7) 小括　141

第Ⅱ部　連邦所得課税法の展開　143

1　事業体の法形式の選択と所得課税：パススルー課税　143
A　パススルー課税と導管課税　143
B　国際課税関係における「ハイブリッド事業体」とは何か　144
C　事業体の法形式の選択にかかる限界事例の分析　145
　(1) アメリカにおけるパススルー課税とは　145
　(2) パススルー課税の選択適用のある法人の比較　148
　(3) Ｓ法人適格の審査制度から届出制度への転換　148
　(4) Ｃ法人からＳ法人への転換に伴う二重課税回避防止措置　149
D　アメリカのＳ法人に対する含み利得課税～二重課税回避防止課税　150
　(1) 含み利得課税制度の狙いは「二重課税回避防止課税」　151
　(2) 含み利得課税制度導入の背景　152
　(3) 含み損益の認識の時期　152
E　アメリカのパートナーシップに対する含み利得課税回避対応策　152

2　営利／非営利ハイブリッド事業体をめぐる会社法と税法上の論点　154
A　アメリカ諸州における営利／非営利ハイブリッド事業体法制の展開　159
　(1) 社会貢献活動のビークルとしての「営利事業体」と「非営利事業体」の所在　161
　(2) アメリカの伝統的な非営利／公益団体法制の構造　164

(3) アメリカの会社制度の多様化：LLC/L3C，B会社，SPC　179
　　(4) 社会起業家からみたハイブリッド事業体の法制と税制のあり方　185
　　(5) 諸州の営利／非営利ハイブリッド事業体類型とその概要　186
　B　営利会社の社会貢献活動をめぐる会社法と税法上の理論的課題　194
　　(1) 営利会社の社会貢献活動と株主利益至上主義の変容　195
　　(2) 社会的営利会社とは何か〜株主利益至上主義への挑戦　202
　　(3) 税法上の「私的流用禁止原則」，「私的利益増進禁止原則」とは何か　205
　C　小括〜社会貢献活動へのエクイティキャピタル活用の法的課題　217

3　留保金課税制度　222
　A　アメリカの留保金課税の基本　222
　　(1) 人的所有会社税とは　223
　　(2) 留保金税とは　224
　B　留保金税の適用要件　225
　C　留保金税の計算の仕組み　227
　　(1) ⊕⊖調整項目の概要　227
　　(2) ⊖支払配当控除の概要　228
　　(3) ⊖留保金控除の算定　229
　D　「事業のための合理的必要性」とは　230
　　(1) 運転資金向けの留保金　231
　　(2) 事業計画向けの留保金　232
　　(3) 自己株式の消却に必要な留保金　232
　　(4) 自己保険に必要な留保金　232
　　(5) 過大給与の否認と留保金課税　233
　E　小　括　233

4　余剰食料寄附促進税制〜食品関連企業の社会貢献と余剰食料寄附の促進　235
　A　善意の余剰食料寄附をめぐる法制および税制上の課題　236
　B　ボランティア救助者の責任と免責　240
　　(1) ボランティア救助者のコモンロー上の責任　241
　　(2) 州によるボランティア救助者免責法での対応　242
　　(3) 州による善意の食料寄附者免責法の制定　243
　　(4) 連邦の善意の食料寄附法の制定　245

        (5) 連邦法先占の法理からみた連邦の善意の食料寄附法の所在　246
        (6) 連邦の善意の食料寄附法の概要　248
        (7) 連邦の善意の食料寄附法の分析　251
    C　余剰食料寄附促進税制の検証　257
        (1) 連邦法人所得課税申告の基本　258
        (2) 連邦税法上の公益寄附金控除対象寄附受入団体　260
        (3) 評価性資産の寄附者に対する連邦所得課税取扱いの基本　262
        (4) 棚卸資産に対する連邦所得課税取扱いの歴史的変遷　266
        (5) 余剰食料寄附促進税制の分析　268
    D　わが国での余剰食料寄附促進法制や税制のあり方　274
        (1) 余剰食料寄附やフードバンク活動促進のための法制のあり方　274
        (2) 余剰食料寄附促進税制のあり方　276
    ◆小　括　283

5　同性配偶者に関する課税取扱い　285
    A　婚姻防衛法（DOMA），ウインザー事件違憲判決の所在　286
        (1) アメリカにおける同性婚法制の動き　287
        (2) 違憲とされた婚姻防衛法（DOMA）　288
        (3) 合衆国 対 ウインザー事件判決の分析　291
        (4) 諸州における同性婚法認をめぐる動向　294
        (5) 連邦婚姻尊厳法案の動向　299
    B　わが国の同性カップルに関する法制と税制　300
        (1) わが国では同性カップルの婚姻届は不受理に　300
        (2) わが国で同性婚は認められるか　301
    C　婚姻法と税法との接点上の課題　302
        (1) 「借用概念論」の日米比較　303
        (2) わが国での「借用概念論」の展開　304
        (3) アメリカの州の婚姻法と連邦税法との接点　306
        (4) IRSの婚姻地／婚姻州基準ルーリングの分析　310
        (5) 連邦の婚姻州／婚姻地基準の採用と州税上の課税要件との乖離　314
    D　オバーゲフェル事件判決と連邦所得税務への影響　316
        (1) オバーゲフェル事件最高裁多数判決の主なポイント　317
        (2) オバーゲフェル事件の経緯　317

(3)　オバーゲフェル事件最高裁判決の現行の連邦所得税務実務への影響　318
　◆小　括　319

第Ⅲ部　連邦の税務組織と租税手続法の基礎　321

1　抜本的な納税者サービス改革と納税者権利章典　322
　A　相次ぐ納税者権利章典法の制定　322
　　(1)　T1のあらまし　323
　　(2)　T2のあらまし　323
　　(3)　T3のあらまし　324
　　(4)　T4のあらまし　327
　B　T4のもとでの「納税者としてのあなたの権利」　327

2　進化する連邦課税庁（IRS）の組織　334
　A　IRS組織改革の沿革　335
　　(1)　1998年までのIRSの組織　335
　　(2)　1999年以降のIRSの組織　336
　　(3)　現在のIRS組織の概要　336
　　(4)　IRSの運営局（ODs）の事務の概要　337
　B　IRSの執行（調査／徴収）部門から独立性の高い組織　341
　　(1)　IRS納税者支援センター（TACs）とは何か　342
　　(2)　民間のボランティア申告支援プログラムの概要　342
　　(3)　税務申告支援プログラムの種類　343
　　(4)　アメリカの各種税務支援プログラムの特徴　345

3　租税確定手続の基礎　347
　A　どの申告書をどのIRSキャンパスに提出するのか　347
　　(1)　各種申告書の提出先　348
　　(2)　増大する電子申告とIRSキャンパスの取扱い事務再編　351
　B　IRSキャンパスでの申告書データの処理・書簡調査　352
　　(1)　申告書の調査対象の選定手法　352
　　(2)　コンタクトレターと略式査定通知書　353
　C　実施方法からみた税務調査の類型　355

(1)　コンタクトレターとは　356
　(2)　コンタクトレターの邦訳（仮訳）　356
D　IRSの組織と職員の種類　359
　(1)　IRSの主な部門と職員の種類　359
　(2)　コンプライアンス部門の概要　360
E　IRS調査報告書での決定の種類　361
　(1)　申告是認通知書の送付　362
　(2)　調査官上司との話し合い　362
F　仮不足税額通知書（30日レター）の送付　363
G　不足税額通知書（90日レター）の送付　364
　(1)　不足額の査定／賦課手続とは何か　365
　(2)　租税の査定／賦課手続と90日レター　366

4　連邦税務調査法制の基礎　367
A　連邦税務調査のプロセス　367
　(1)　連邦税務調査法制の特徴　367
　(2)　計算違いを理由とする査定通知の適用除外　368
B　内国歳入法典（IRC）上の根拠規定の概要　369
C　IRSのサメンズ（召喚状）とは何か　377
　(1)　IRSによる召喚状／サメンズの執行　379
　(2)　IRSによる召喚状／サメンズの強制執行への反論　380
　(3)　ジョン・ドー召喚状／サメンズ　380

5　パートナーシップ税務調査手続　383
　(1)　パートナーシップ手続の問題の所在　384
　(2)　TEFRAパートナーシップ手続新設による立法的な対応　385
　(3)　BBAパートナーシップ手続新設による対応　386
　(4)　TEFRAパートナーシップ手続の制定　387
　(5)　新BBAパートナーシップ手続の概要　391
　(6)　小　括　397

6　連邦の租税徴収手続の概要　399
A　連邦租税徴収手続法制の基本　399

(1)　連邦税リーエン／先取特権の法的性格　401
　(2)　徴収上の適正手続審理（CDP heading）とは　403
　(3)　合意による滞納税額免除（OIC）制度　404
　(4)　分割納付合意（installment agreement）　405
　B　伝統的な訴訟前紛争解決手続の基本　406

第Ⅳ部　可視化する連邦租税手続　409

1　納税者に面談収録権を法認した経緯　411

2　納税者の面談収録権を法認した典拠　413

3　税務調査過程での面談収録　415
　(1)　IRSによる「面談の音声収録」に関する実務取扱い　415
　(2)　補論：オーストラリアにおける税務調査過程の面談収録　419
　(3)　わが国における税務調査可視化の現状　420

4　滞納／徴収過程，不服審査過程での面談収録権　422
　(1)　滞納／徴収手続の適正化のための聴聞を受ける納税者の権利　422
　(2)　滞納／徴収手続の聴聞の録音をめぐる判例の動向　423
　(3)　IRS不服審査部での対面協議の音声録音・速記録に関する新方針　425

5　租税犯則調査，査察過程の可視化　427
　(1)　租税犯則事件の処理の流れ　427
　(2)　租税犯則調査手続と犯則調査過程に録画・録音の典拠　428

第Ⅴ部　申告納税法制の展開　435

1　計算違い等を理由に不足額通知の適用除外とする場合の租税手続　435
　A　略式査定通知書（CP 2000 Notice）の概要　436
　(1)　計算違い等を理由とする略式査定通知書　438
　(2)　略式査定通知書（CP 2000 Notice）サンプル　439
　(3)　略式査定通知書（CP 2000 Notice）サンプルの邦訳（仮訳）　440

B　略式査定通知の手順　440
　　　(1)　略式査定通知手続の手順　443
　　　(2)　「計算違い等」とは　444
　　C　計算違い等の事例分析　445
　　　(1)　申告書に記された計算違い等　445
　　　(2)　申告書に記された他の情報から税率表の不正確な適用が明白　445
　　　(3)　申告書への矛盾する記載　446
　　　(4)　申告書への必要な証明情報の提出漏れ　446
　　　(5)　法定限度額を超える所得控除額ないし税額控除額　447
　　　(6)　各種人的控除を受けるに必要な者の納税者番号の記載漏れなど　448
　　D　計算違い等を理由とする不足税額通知（更正処分）の適用除外の沿革と現状分析　448
　　　(1)　計算違い等を理由とする不足税額通知（更正処分）の適用除外規定の沿革　448
　　　(2)　1976年の略式査定にかかる租税手続の抜本的な整備　449
　　　(3)　略式査定通知手続の運用状況分析　450
　　　(4)　EITC導入と略式査定通知の利用拡大　451
　　E　問題の所在〜納税者の権利保護と税務行政の効率性確保　452

2　民事・刑事同時並行調査の拡大と納税者の権利　455
　　A　問題の所在　455
　　　(1)　IRSの民事・刑事同時並行調査に関する考え方　456

3　合意による滞納税額免除／OIC制度　460
　　A　滞納税額免除／OIC制度の創設趣旨　460
　　B　滞納税額免除／OIC申請　461
　　　(1)　IRSでのOIC申請事案の処理　461
　　　(2)　OIC申請事案の拒否処分　462

4　税務専門職制度の拡大と頓挫した申告書作成業者（RTRP）規制　463
　　A　アメリカの税務専門職制度の変容　465
　　B　民間納税申告書作成業者への規制強化を求める動き　469
　　C　新たな「士業」創設による税務専門職への政府規制強化の実施　470
　　D　現業者の登録納税申告書作成士（RTRP）への移行手続　472
　　E　問われる行政立法による「士業」創設　473

F　登録納税申告書作成士（RTRP）指定制度の概要　　474
　　　(1)　RTRP の業務独占の範囲　　475
　　　(2)　RTRP 資格試験の免除対象となる税務専門職　　476
　　　(3)　RTRP 資格試験等の免除対象となる税務支援ボランティア　　477
　　G　納税者本人および非専門職による IRS のもとでの業務　　478
　　H　有償の納税申告書作成業務に必須の納税申告書作成者 ID 番号（PTIN）　　479
　　　(1)　既存の税務専門職　　480
　　　(2)　指定登録納税申告書作成士　　482
　　I　登録納税申告書作成士（RTRP）資格試験等の概要　　483
　　　(1)　RTRP 資格試験の概要　　483
　　　(2)　適格審査の概要　　487
　　　(3)　継続研修プログラム　　490
　　　(4)　専門職基準／倫理と登録納税申告書作成士（RTRP）　　491
　　J　頓挫した登録納税申告書作成士（RTRP）制度　　492
　　　(1)　納税申告書作成者による訴訟　　494
　　　(2)　連邦地裁での IRS 敗訴判決の経緯　　495
　　　(3)　連邦控訴審でも IRS 側敗訴判決　　495
　　　(4)　IRS が上告断念，控訴審の原告勝訴判決が確定　　495
　　K　IRS「AFS プログラム」を開始　　496
　　L　全米公認会計士協会が「IRS の AFS プログラムは違法」と提訴　　497
　　　(1)　連邦地裁の判断　　498
　　　(2)　連邦控訴裁判所の判断　　498
　　　(3)　連邦地裁の判決　　499
　　M　連邦議会の出番　　499

5　**連邦租税裁判所での訴訟代理と非弁護士司法資格試験制度**　　501
　　A　アメリカの税務専門職制度の概要　　504
　　　(1)　税務専門職制度の概要　　504
　　　(2)　税務と政府規制　　505
　　B　連邦租税裁判所での訴訟代理　　507
　　　(1)　租税裁判所の特徴　　508
　　　(2)　弁護士強制主義を採らない租税裁判所の現実的な対応　　508
　　C　租税裁判所での非弁護士の税務訴訟代理と司法資格試験制度　　509

(1) 非弁護士の訴訟代理資格　510
　　　(2) 非弁護士の司法資格試験制度　510
　　　(3) 筆記試験制度の概要　512
　　　(4) 非弁護士に対する資格試験の実施状況　516
　　　(5) 無資格者と租税裁判所の所管事項にかかる業務　519
　　　(6) 租税裁判所での無償訴訟代理プログラムと弁護士の自発的公益活動　523
　　D　特例試験化の経緯と試験制度改革の動き　529
　　　(1) 資格試験制度創設の起源　530
　　　(2) 資格試験制度改革の動き　531

6　民間ボランティアによる税務支援プログラム　532
　　A　税務支援プログラムの種類　533
　　B　アメリカの各種税務支援プログラムの検証　536
　　　(1) 課税庁の改革と税務支援強化の意義　537
　　　(2) 税務支援プログラムでの SPEC の役割　538
　　C　ボランティア所得税援助（VITA）プログラムの概要　538
　　　(1) VITA プログラムの実際　538
　　　(2) 支援ボランティアとは　539
　　　(3) VITA プログラムでの納税申告書作成方式の多様化　540
　　　(4) VITA プログラム実施会場の質的要件　540
　　　(5) IRS の納税申告書作成ボランティアの研修制度　542
　　　(6) EITC と VITA プログラムの接点　544
　　D　高齢者向け税務相談（TCE）プログラムの概要　545
　　　(1) タックスエイド・プログラムの実際　545
　　　(2) EITC と TCE との接点　547
　　E　学生タックスクリニック・プログラム（STCP）の概要　547
　　　(1) 学生タックスクリニックの開設と政府規制の緩和　547
　　　(2) 学生タックスクリニック・プログラムへの参加資格　548
　　　(3) 大学タックスクリニックでの訴訟代理　549
　　　(4) STPC と EITC との接点　552
　　F　低所得納税者クリニック（LITC）プログラムの概要　552
　　　(1) LITC プログラムの狙い　552
　　　(2) IRS の LITC プログラム事務局　554

7 勤労所得税額控除（EITC）と税務コンプライアンス　560
- A 理論の起源　561
- B 勤労所得税額控除の概要　562
  - (1) メリットとデメリット　563
  - (2) 伝統的な「所得」概念との接点　564
  - (3) 租税歳出概念との接点　567
  - (4) 包括的所得概念への回帰と租税歳出の位置　567
  - (5) 租税歳出論からみた社会保障支出　571
  - (6) 租税歳出と直接歳出との対比　572
  - (7) 予算法の視点からみた給付（還付）つき税額控除の位置　574
- C 勤労所得税額控除（EITC）と税務コンプライアンス　576
  - (1) 還付申告者の自発的納税協力の課題　577
  - (2) EITC申告特有のコンプライアンスの課題　578
  - (3) EITCの過大還付申告の原因と対策　580
  - (4) EITCの過大還付申告の比率　582
  - (5) 議会によるEITC過大還付申告対策　582
  - (6) 過大還付申告対策の真の狙い　583

8 政教分離課税制度〜政教分離の壁を高くするための税制とは　585
- A アメリカの宗教団体法制の特質　586
  - (1) 「宗教集団」自体は，法人格を取得できないとする考え方に従う州　587
  - (2) 宗教団体は，俗事処理という限定目的で法人格の取得ができるという考え方に従う州　587
  - (3) 宗教団体と州法　588
  - (4) 宗派組織と宗教法人法との接点　589
- B 宗教団体等への課税除外措置の特質　590
  - (1) 非営利団体免税制の意味　590
  - (2) 教会および宗教系団体の定義　591
  - (3) 宗教活動への課税除外措置　593
  - (4) 教会や宗教団体の免税資格承認基準　596
- C 宗教団体等の政治活動と規制課税　600
  - (1) 政治活動を理由とする課税（課税除外資格取消）処分事件　600

(2) 教会や宗教団体による政治活動の法的限界　　604
　D　内国歳入庁のガイドライン　　607
　　(1) 実質的なロビイング活動とは何か　　608
　　(2) 公職選挙キャンペーン活動とは何か　　610
　E　IRSの課税除外（免税）審査手続に関する議会の調査　　618
　　(1) 合同委員会調査報告書の分析　　619
　　(2) 合同委員会調査報告書の意義　　621
　F　信教の自由と世俗法上の受忍義務との接点　　622
　　(1) 信教の自由と世俗法上の受忍義務との考量基準　　622
　　(2) 州への適用は違憲とされた1993年信教の自由復活法　　623
　　(3) 司法府と立法府とのバトル　　626
　　(4) 学問的な見解　　627
　G　頓挫した"礼拝施設における選挙演説解禁法"案　　627
　　(1) 問われる礼拝施設における選挙演説の解禁　　628
　　(2) 法案に関する議会公聴会での議論　　630
　　(3) 政治活動規制課税と表現の自由　　633
　　(4) 問われる宗教を根拠とする政治活動規制課税の緩和策　　634
　H　近年の政教分離課税制にかかる税務執行の動向　　634
　　(1) IRS政治活動コンプライアンス機動班（PACI）の立上げ　　634
　　(2) 最近の教会の政治活動にかかるIRSの質問権限の行使事例　　635
　　(3) 説教壇自由日曜日（Pulpit Freedom Sunday）運動　　637
◆小　括：政教分離の壁を高くするための税制のあり方　　638

9 悪用に歯止めがかからない共通番号／社会保障番号　　641
　A　ネットを使ったなりすまし申告とは　　643
　　(1) 「フィッシング」や「マルウエア」とは　　643
　　(2) なりすまし不正申告の急増　　644
　　(3) IRSの名を語ったフィッシング・メールの急増　　645
　　(4) なりすまし不法就労と不正申告　　646
　　(5) IRSのなりすまし不正申告防止策と被害者救済策の概要　　648
　　(6) なりすまし不正申告への納税者心得10箇条　　651
　B　IRSのなりすまし申告被害者の救済手続　　652
　　(1) IRSからの通知　　652

(2)　様式14039（Form 14039）への記載　653
　　　(3)　様式14039（Form 14039）の送付　654
　　　(4)　IRS の納税者保護プログラム（TPP）　655
　　　(5)　IP PIN とは何か　656
　　　(6)　IRS からの身元確認の求め　659
　　C　連邦議会・政府検査院（GAO）の報告書　659
　　　(1)　GAO はなぜこの検査を実施したのか　660
　　　(2)　GAO の勧告事項　660
　　　(3)　GAO が発見した事項　661
　　D　小　括　662

第Ⅵ部　連邦の租税争訟制度　665

1　IRS 不服審査制度　666

　　A　IRS 不服審査部の組織と運営　667
　　　(1)　IRS の不服審査部の変容　667
　　　(2)　IRS 不服審査部の特質　668
　　　(3)　IRS 不服審査部の所管事項　669
　　B　整備された IRS の納税者駆け込み救済手続の整備　670
　　　(1)　内国歳入法典に規定する不服紛争解決手続（ADR）の概要　671
　　　(2)　内国歳入マニュアルなどで設けられた早期不服紛争解決手続の概要　672
　　　(3)　IRS の ADR に対する評価　675
　　C　租税訴訟準備にあたっての検討課題　676
　　　(1)　出訴期限とは　677
　　　(2)　「不足額あり」の意味　678
　　　(3)　裁判前代替紛争解決手続の積極的な活用　679
　　　(4)　「不足税額通知」とは何か　681
　　　(5)　還付請求訴訟における「完納」要件とは　682
　　　(6)　立証責任　683

2　連邦民事租税訴訟制度　688

　　A　連邦における民事租税訴訟ルート　689
　　　(1)　連邦租税訴訟ルートの選択肢　689

(2)　連邦租税訴訟における事実審裁判所の特質とその比較　690
　B　連邦租税裁判所　692
　(1)　租税裁判所の組織と運営　694
　(2)　巡回型の裁判所としての租税裁判所　699
　(3)　原告（納税者）による裁判開催地の選択　700
　(4)　通常租税事件と少額租税事件　700
　(5)　「ニューイシュー」，「ニューマター」問題　704
　(6)　租税裁判所における訴訟プロセスと具体的な手続　705
　(7)　小　括　715

第Ⅶ部　連邦租税制裁法制と連邦刑事租税訴訟　719

1　主な連邦租税民事制裁の概要　721

2　主な連邦租税刑事制裁の概要　723

3　連邦刑事租税訴訟の概要　726
　A　税務調査から刑事訴追（起訴）までのステップ　726
　(1)　IRSの犯則調査／査察部（CI）での犯則調査の対象　726
　(2)　IRS犯則調査／査察部（CI）の役割　729
　B　連邦司法省租税部（DOJ Tax）による訴追，連邦刑事租税訴訟　734
　(1)　連邦司法省租税部（DOJ Tax）連邦租税犯則事件担当課（CES）の所掌事務　735
　(2)　刑事訴追の実際　736
　(3)　大陪審による不当な起訴の統制　737
　C　連邦租税犯則者の起訴（Prosecution）と連邦大陪審（Grand July）　738
　(1)　連邦大陪審の対象となる租税犯則事件　739
　(2)　連邦大陪審の陪審員の選任　740
　(3)　連邦大陪審構成員の守秘義務，手続の非公開　741
　(4)　連邦大陪審の調査権　742
　D　起訴，罪状認否，公判前審問　746
　(1)　正式起訴状の発付または不起訴　747
　(2)　罪状認否（アラインメント）　748
　(3)　公判前審問　748

E 　租税犯則事件訴訟における司法取引の所在　749
　 F 　司法省の起訴猶予合意（DPA）・不起訴合意（NPA）の所在　751
　　⑴　起訴猶予合意（DPA），不起訴合意（NPA）とは何か　752
　　⑵　起訴猶予合意（DPA），不起訴合意（NPA）の企業犯罪への拡大　752
　　⑶　起訴猶予合意（DPA），不起訴合意（NPA）の実際　755
　　⑷　起訴猶予合意（DPA），不起訴合意（NPA）制度の課題　761
　　⑸　起訴猶予合意（DPA）制度の制定法による廃止論　762

 4 　民事租税制裁と刑事租税制裁との接点上の課題　764
　 A 　租税制裁の憲法上の限界〜租税制裁と二重の危険／二重処罰の禁止原則　765
　 B 　租税制裁を争う訴訟と訴訟手続上の原則　766
　　⑴　租税制裁にかかる訴訟とコラーテラル・エストッペル原則および
　　　　リース・ジュディケイタ原則　766
　　⑵　租税制裁にかかる訴訟とコラーテラル・エストッペル原則の展開　769
　　⑶　パートナーシップを使った租税回避スキーム関連訴訟へのコラーテラル・
　　　　エストッペル（同一争点排除）原則適用の可否　770

第Ⅷ部　連邦の租税立法過程および官職政治任用制度の検証　775

1 　大統領制のもとでの連邦議会の立法プロセス　779
　⑴　大統領府　779
　⑵　大統領とは違う議員の存立基盤　782
　⑶　議案にはどのような種類があるのか　782
　⑷　連邦議会の会期　783
　⑸　アメリカでの予算と租税立法の関係　784

2 　立法能力で競う議員　789
　⑴　真に立法能力が問われる議員　789
　⑵　法案の並行審査とは　789
　⑶　実質的には大統領提出（政府）法案が半数以上　790
　⑷　"政府立法"も議員関与で提案する仕組みの重み　791

3 　連邦議会の法案審議プロセスとは　794

- (1) 連邦議会にある委員会の種類　794
- (2) 法案の委員会審査とは　795
- (3) 連邦議会委員会における公聴会制度　796
- (4) 法案審査目的で開かれる公聴会　801
- (5) マークアップ（逐条修正）審査とは　802
- (6) 上院・下院本会議への委員会報告書の提出　809
- (7) 上院・下院本会議での審議　810

4　連邦議会の租税立法プロセスとは　812
- (1) 大統領による定例の税制改正法案の準備　812
- (2) 議員による税制改正法案の準備　813
- (3) 下院歳入委員会での税制改正法案の審議　815
- (4) マークアップ（逐条修正）審査とは　817
- (5) 下院本会議での法案審議・採決　817
- (6) 上院での法案審議　818
- (7) 上下両院協議会での協議とは　818
- (8) 大統領の署名と税務行政庁の対応　819
- (9) 税法改正の実際　820

5　立法補佐機関とは　822
- (1) 各委員会のスタッフ　822
- (2) 議院法制局　823
- (3) 政府検査院　824
- (4) 議会予算局　826
- (5) 議会調査局　826
- (6) 民間シンクタンクの役割　827

6　租税立法過程への直接参加とは　829
- (1) 憲法が保障する請願権とロビー活動　829
- (2) ロビー活動公開法とは　830
- (3) ロビイストと議員立法の第三者評価　832
- (4) 政権交代とロビイストへの転身　834
- (5) まだまだの法案PC手続　834
- (6) 規則（委任立法）に対するPC手続の現状　835

目 次 xxv

7 税務専門職団体によるロビー活動の実際　837
　(1) 税務専門職団体，NAEA とは　837
　(2) ロビー活動をする税務専門職団体の課税上の地位　838
　(3) アメリカでは税務書類作成業務は名称独占　839
　(4) NAEA の税務書類作成業務の有償独占化運動　841
　(5) 税務書類作成業務有償化法案の行方　842
　(6) 各界からの異論・反論で頓挫した NAEA 提案　845
　(7) その後の経過　846

8 委員会による「議会の行政府監視」権能の行使　849
　(1) 議会の行政府監視権能行使の法的根拠　849
　(2) 議会の行政府監視権能行使と上下各院の規則　851
　(3) 連邦議会の行政府監視の目標　851
　(4) 議会の行政府監視権能への期待と課題　852

9 両院合同委員会　854
　(1) 両院合同租税委員会（JCT）の概要　854
　(2) 両院合同租税委員会（JCT）の任務や権限　854

10 委員会報告書等の意義と課題　857
　(1) 法案審査資料の作成・公開の意義　857
　(2) 両院協議会報告書に盛られた「法典外税規定」の実例分析　858
　(3) 法案審査資料の濫用統制の課題　860

11 大統領の官職の政治任用と上院での承認　862
　(1) 職域から見た大統領任用職（PAs）　863
　(2) 4つの類型の連邦政治任用職　864
　(3) 議会上院承認の要否から見た大統領任用職（PAs）　865
　(4) 大統領任用財務官職候補者の選定　867
　(5) 上院での承認手続の実際　868
　(6) トランプ政権での財務長官の政治任用の実際　870

12 大統領令とは何か　873
　(1) トランプ政権による大統領令の濫発　874

(2) 大統領令による租税政策の実施　878
(3) 大統領令と法の支配　884
(4) 大領領令統制のための公聴会開催および権力分立回復法案　885
(5) 大統領令と司法審査　888
(6) 小　括　889

あとがき　891
事項索引　896
様式索引　942

第Ⅰ部
連邦所得課税の構造

　申告納税方式の連邦税は，所得税（個人所得税・法人所得税：individual income tax/corporate income tax）はもちろんのこと，遺産税や贈与税（estate tax/gift tax），個別消費税（excise），雇用関係税（employment taxes/payroll taxes），代替ミニマム税（AMT＝alternative minimum tax）など広範に及ぶ。これらの租税は，内国歳入法典（IRC＝Internal Revenue Code）に規定を置いている[1]。

【図表Ⅰ-1】内国歳入法典タイトル26（第26編）〔内国歳入法典〕の構造（邦訳）

《各サブタイトルの条・項・号等の構成》
- U. S. Code Title 26〔タイトル26〕── Internal Revenue Code〔内国歳入法典〕
- IRC Subtitle A〔サブタイトルA〕── Income Taxes〔所得税〕
- Chapter 1〔チャプター1〕── Normal Tax and Surtaxes〔通常税および付加税〕
- Subchapter A〔サブチャプターA〕── Determination of Tax Liability〔租税債務の決定〕
- Part I〔パートⅠ〕── Tax on Individuals〔個人への課税〕
- SubpartA〔サブパートA〕── Nonrefundable Personal Credits〔非還付型人的税額控除〕
- Section 1〔第1条〕── Tax imposed〔課税〕

《内国差入法典（IRC）に挿入されている税目等の項目》
- Subtitle A〔サブタイトルA〕── Income Taxes〔所得税〕（1条～1564条）
- Subtitle B〔サブタイトルB〕── Estate and Gift Taxes〔遺産税および贈与税〕（2001条～2801条）[2]
- Subtitle C〔サブタイトルC〕── Employment Taxes〔雇用関係税〕（3101条～3512条）

---

(1) 内国歳入法典（IRC）については，CCH, Internal Revenue Code (Winter 2017 Edition)（CCH, 2016）を参照。ちなみに，連邦は，わが国の所得税法，法人税法，相続税法，国税通則法といったような個別税法で課税する方式を採用していない。これらすべての個別法を包括する法典（Code）で規定する方式を採用している。

(2) Estate and Gift Taxes（遺産税および贈与税）は，本書での射程外であるが，邦文での研究としては，佐古麻里『米国における富の移転課税』（清文社，2016年）参照。

> - Subtitle D〔サブタイトルD〕— Miscellaneous Excise Taxes〔個別消費税〕(4001条〜5000条)
> - Subtitle E〔サブタイトルE〕— Alcohol Tobacco and Certain Other Excise Taxes〔酒類,たばこその他一定の個別消費税〕(5001条〜5891条)
> - Subtitle F〔サブタイトルF〕— Procedural and Administration〔手続および行政〕(6001条〜78744条)
> - Subtitle G〔サブタイトルG〕— The Joint Committee on Taxation〔連邦議会上下両院合同租税委員会〕(8001条〜8023条)
> - Subtitle H〔サブタイトルH〕— Financing of Presidential Campaign〔大統領選挙運動資金調達〕(9001条〜9042条)
> - Subtitle I〔サブタイトルI〕— Trust Fund Code〔信託基金法〕(9500条〜9602条)
> - Subtitle J〔サブタイトルJ〕— Coal Industry Health Benefits〔石炭産業健康給付〕(9701条〜9722条)
> - Subtitle K〔サブタイトルK〕— Group Health Plan Requirements〔団体健康保険プランの要件〕(9801条〜9834条)

　本書第Ⅰ部では,内国歳入法典(IRC)サブタイトルA,サブタイトルC,に規定する連邦個人所得税と法人所得税,雇用関係税に傾斜する形で,租税実体法の面から,その基本的な仕組みについて点検してみる[3]。

　アメリカにおける事業経営においては,「個人事業(self-employed)」の形態や「法人(corporation)」形態の選択が可能である。加えて,「パートナーシップ(任意組合／partnership)」形態の選択もごく一般的であるのが特徴である。

　そこで,第Ⅰ部では,連邦の個人所得税や法人所得税(法人税)に加え,サブタイトルA,チャプター1,サブチャプターK〔パートナーおよびパートナーシップ(Partners and Partnerships)〕(IRC701条〜761条)に規定するパートナーシップ(任意組合)にかかる連邦所得課税の基本的な仕組みについても簡潔に分析・紹介する。

　加えて,「代替ミニマム税(AMT = alternative minimum tax)」についても,分析・紹介する。代替ミニマム税(AMT)は,IRCサブタイトルA,チャプター

---

(3) 本章における連邦実体税法の基本的な分析にあたっては,2017 U.S. Master Estate and Gift Tax Guide (Wolters Kluwer, 2017). Linda M. Johnson, Essentials of Federal Income Taxation for Individuals and Business (2017 ed., CCH) を,基本書として参照。また,邦文の参考文献としては,伊藤公哉『アメリカ連邦税法〔第5版〕』(中央経済社,2013年),石村耕治『アメリカ連邦税財政法の構造』(法律文化社,1995年) などを参照。内国歳入法典(IRC)については,CCH, Internal Revenue Code (Winter 2017 Edition) (CCH, 2016) を参照。

1．サブチャプターA，パートⅣに規定する連邦税である（IRC55条〜59条）。わが国にはない租税である。代替ミニマム税（AMT）は，納税者が連邦所得税を負担する能力（担税力／ability to pay income tax）があるにもかかわらず，これら税制上の課税繰延項目や租特項目を利用し，納付税額を極端に抑えていると判断される連邦納税者を対象に追加的に課税することを狙いとした租税である。

1 連邦個人所得税法の仕組み

　連邦所得課税制については，さまざまな分析・検討方法が考えられる。1つは，大きく，①非法人課税・法人課税・源泉課税に分ける考え方である。他に，②個人所得課税（多様な非法人事業体（unincorporated entities）を含む。以下，同じ。）・法人所得課税・源泉課税に分ける考え方などがある。
　本書では，日本の所得課税との比較することも考えに入れて，後者②個人所得課税・法人所得課税・源泉課税に分けて検討する。

A　申告納税の仕組み

　連邦個人所得税は，申告納税方式をとる租税である。また，暦年（a calendar year）ベースで課税する。各暦年において所得のある個人[4]，または進行年分の所得税の還付を受けたい個人は，連邦の課税庁である内国歳入庁（IRS）に，様式1040〔連邦個人所得税申告書（Form 1040: U. S. Individual Income Tax Return）〕を法定期限までに提出するように求められる[5]。

(1)　個人は暦年課税

　個人の課税期間は暦年，つまり1月1日から12月31日までであり，様式1040〔連邦個人所得税申告書（Form 1040）〕の提出期限は，翌年の1月15日から4月15日（2016年については休日をはさむことになるので4月18日[6]）である（IRC6072条 a 項）。

(2)　連邦個人所得税の課税の仕組みと特徴

　一般に，個人所得課税は，課税標準（tax base）として課税所得（taxable income）の金額を用いる。しかし，課税所得の計算方法は，国により大きく異なる。アメリカの場合，課税所得の計算方法は，総所得総算入方式（all-inclusive income approach, all-inclusive income concept）を基本としている。言い換えると，わが国のような，所得の類型（区分）ごとに算出した所得額を総計する分類所得

---

[4]　個人（individual）とみなされる一定の非法人事業体（entities）を含む。以下，同じ。
[5]　ただし，過去の課税年分の過誤納金の還付請求については，個人の場合は，様式1040X〔修正連邦個人所得税申告書（Form 1040X: Amended U. S. Individual Income Tax Return）〕を提出する。
[6]　ただし，提出期限日が，土曜，日曜または祝日となる場合は，その次の営業日が申告書の提出期限となる（IRC7503条）。

課税の考え方を明確に採り入れた形の総合課税の仕組みにはなっていない[7]。

また，申告資格（filing status）を 5 つに分けており[8]，税率表（tax rate schedules）も申告資格別のものが用意されている。

人的控除（基礎控除や配偶者控除）は，所得金額（調整総所得金額）に応じて逓減・消失する仕組みになっている。

応能負担原則（ability to pay principle）を反映するために，連邦税法（IRC）では，超過累進税率（progressive tax rates）を採用する。個人の通常所得に対しては10～39.6％の 7 段階の累進税率で課税する一方で，一定の投資所得（配当・長期純資本利得／キャピタルゲインなど）には，軽減税率（0～20％の 3 段階）で課税している。

ちなみに，連邦所得課税では，個人のみならず，法人についても超過累進税率（15～35％の 8 段階）で課税している。

経済的弱者対策には，所得控除（income exemption deduction）に加え，各種税額控除（tax credit）～とりわけ，負の所得税（negative income）の考え方をベースとした勤労所得税額控除（EITC）のような還付（給付）つき税額控除（refundable tax credit）～を幅広く採用しているのも特徴である。

税率表（tax rate schedules）や各種控除額に対して，毎年，物価調整（indexing for inflation）が行われているのも特徴といえる[9]。

こうした特徴を採り入れたアメリカ連邦個人所得税の計算構造を一目で分かるように，その仕組みを簡潔なチャートにしてみると，【図Ⅰ-2】のとおりである。

(3) 複数の申告資格

連邦個人所得税では，個人（single）・夫婦（couple）・世帯（household）など複数の「申告資格（filing status）」を設けている。

---

[7] わが国のような，所得の類型（区分）ごとに算出した所得額を総計する形の総合課税は採っていない。周知にように，わが国の個人所得課税においては，総合課税方式（comprehensive income tax system）を採る一方で，所得の性質に応じて10種類の所得に区分（所得税法23条～30条）し，区分ごとに所得金額を計算する分類所得課税の仕組みを組み込んでいる。

[8] 連邦税法（IRC）は，個人所得税の申告資格（filing status）として，個人（single）・夫婦（couple）・世帯（household）を制度化している。現行税法は，各種人的控除等や給付（還付）つき税額控除などでは"家族""世帯"単位を採り入れている。このことから，現行税法がどのような課税単位を採用しているのかを，申告資格のみから判断する考え方には異論もある。See, Frederick R. Schneider, "Which Tax Unit for the Federal Income Tax," 20 Dayton L. Rev. 93 (1994); Stephanie Hoffer, "Adopting the Family Taxable Unit," 76 U. Cin. L. Rev. 55 (2007).

【図表Ⅰ-2】 アメリカ連邦個人所得税の課税の仕組み

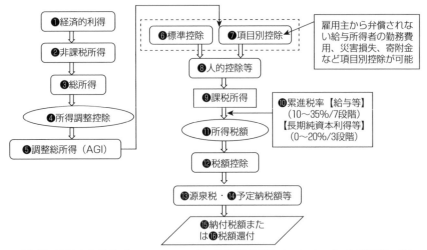

〔備考〕❶経済的利得（economic gains），❷非課税所得（exclusions），❸総所得（GI＝gross income），❹所得調整控除（'above the line' deductions），❺調整総所得（AGI＝adjusted gross income），❻標準控除（定額控除／standard deductions），❼項目別控除（実額控除／itemized deductions），❽人的控除等（exemptions: deductions for personal and dependency exemptions），❾課税所得（taxable income），❿超過累進税率（progressive tax rates），⓫所得税額（income tax），⓬税額控除（tax credits），⓭源泉税（withhold tax），⓮予定納税（estimated tax），⓯納付税額（tax payment），⓰還付税額（tax refund）

【図表Ⅰ-3】 現行の連邦個人所得税の申告適格の種類

① **夫婦合算申告（MFJ＝married filing jointly）** 年末時点（ただし配偶者が年中に死亡した場合にはその時点）において婚姻関係にある場合で、夫婦の所得を合算して確定申告するとき（IRC１条ａ項１号・7703条ａ項）。

② **夫婦個別申告（MFS＝married filing separately）** 年末時点（ただし配偶者が年中に死亡した場合にはその時点）において婚姻関係にある場合で、夫婦がそれぞれ個別に確定申告するとき（IRC１条ｄ項・7703条ａ項）。

③ **適格寡婦／寡夫（qualified Widower, surviving spouse）** 寡婦／寡夫の場合で、一定の要件を充足しているときには、配偶者の死後２年間、この適格で、夫婦合算申告に適用される税率表で確定申告できる（IRC２条ａ項・財務省規則1.2-2(a)）。

④ **特定世帯主（head of household）** 単身者の場合で、適格寡婦／寡夫の要件を充たしていないが、扶養親族などに対して課税年の半分を超える期間、家計維持費を負担しているときは、この適格で確定申告できる（IRC２条ｂ項・財務省規則1.2-2(b)）。

⑤ **単身者（single）** 前記①～④に当てはまらない者（IRC１条ｃ項）。

連邦税法（IRC）は，夫婦に対しては選択的に「二分二乗方式」の申告を認めるなど，5種類の申告資格を定めている（IRC 1 条 a 項～d 項）。また，それぞれ（ただし夫婦合算申告（MFJ）と適格寡婦（夫）は同税率表）に適用される 4 種類の税率表（tax rate schedules）が用意されている。

【図表 I-4】申告資格の種類と適用される税率表

申告資格の種類	税率表の種類
①**夫婦合算申告**（MFJ=married filing jointly）（IRC 1 条 a 項）	別表 Y-1
②**夫婦個別申告**（MFS=married filing separately）（IRC 1 条 d 項）	別表 Y-2
③**適格寡婦／寡夫**（qualified widow(er), surviving spouse）（IRC 1 条 a 項）	別表 Y-1
④**特定世帯主**（head of household）（IRC 1 条 b 項）	別表 Z
⑤**単身者**（single）（IRC 1 条 c 項）	別表 X

一般に，夫婦の場合，夫婦個別申告（MFS）よりも，夫婦合算申告（MFJ）による申告が圧倒的に多いのが現実である。これは，夫婦合算申告（MFJ）は，所得の高い方の配偶者に節税効果を及ぼすことも一因である。アメリカの夫婦は，共稼ぎ夫婦（married two-earner couples）の場合，一般に妻の所得が低く，夫の所得が高いのが現実である。共稼ぎ夫婦の場合で，夫婦個別申告（MFS）を選択すると，所得の高い夫の税額は増加するが，妻が負担する税額は少なくなる。これは，裏返すと，夫婦合算申告（MFJ）制度は，妻を所得の高い夫に節税効果を付与する存在にしているのではないか。

一方，片稼ぎ夫婦が夫婦合算申告（MFJ）を選択すると，税額表の作りも関係

---

(9) 連邦議会は，❻標準控除額，❽各種人的控除額，❿超過累進税率の適用ある税率表の課税所得区分・控除額等，などについて，8月31日に先立つ過去12か月間の消費者物価指数（CPI）に基づいて，毎年，税制改正をし，物価調整を行うことになっている。例えば，2016課税年については，2014年9月1日から2015年8月31日の間の物価上昇率を2016年課税年の数次に反映することになる。アメリカでは早くからタックス・インデクセーション（tax indexation）について議論をし，現在の物価調整税制改正を実施してきている。インフレターゲットを盛り込んだ経済政策を実施する場合，当然，納税者の税負担がインフレ中立になるようにするためには，税制にどのような調整が必要なのかを検討する必要がある。See, David Gliksberg, "The Coming(?) Inflation and the Income Tax: Lessons from the Past, Lessons for the Future," 10 Fla. Tax Rev. 4118 (2011); Mitchell L. Engler, "Partial Basis Indexation: Tax Arbitrage and Related Issues," 55 Tax L. Rev. 69 (2001).

してか，夫婦単位では実質的に税負担は少なくなる。しかし，こうした効果を生む現行の申告資格制度は，男女の雇用機会均等，子育てへの男女の均等な参画などが進んでいない性差別的な経済社会の実情を黙認する役割を担っているだけではないかとの批判もある。もっと「性中立（gender neutral）」，「結婚中立（marriage neutrality）」な視点から，申告資格を再点検すべきであるとの声もある[10]。夫婦合算申告（MFJ）は廃止すべきであるとの意見もある[11]。ちなみに，夫婦による連邦所得税申告のおおよそ95％が夫婦合算申告（MFJ）を選択している[12]。

夫婦合算申告（MFJ＝married filing jointly）について，連邦税法（IRC）は，次のように規定する（IRC6013条d項c号）。

> 夫婦合算申告（MFJ）をする場合，租税は集約した所得に基づいて計算され，かつ当該租税にかかる債務は，共同的かつ個別的に負うものとする（if a joint return is made, the tax shall be computed on the aggregate income and the liability with respect to the tax shall be joint and several.）。

「共同的かつ個別的に（joint and several liability）」責任を負うというのは，債務を負う者が複数いても，各人が個別に債務全額に責任を負うことをいう。したがって，連邦所得税について夫婦合算申告（MFJ＝married filing jointly）をすると，それぞれの配偶者が，所得税額，不足税額，延滞税などについて，「共同的にかつ個別的に」責任を負うことになる。この責任ルール（連帯納付義務）は，夫婦の離婚後も適用になる。このため，納税者（例えば前妻）が，離婚後の前配偶者（例えば前夫）の不足税額等について連帯納付義務を課され，自己が知りえない未納付で苦しむ例が多々みられた。

この場合，善意の配偶者にあたるとしての救済（innocent spouse relief）を受けることは可能ではあったが，極めて例外的に適用されるに過ぎなかった。IRSは，この条項（IRC6013条d項c号）のもと，財産を有するいずれの配偶者に対し

---

[10] Amy C. Christian, "Taxing Women: Thoughts on a Gendered Economy: Symposium: The Income Tax: Joint Versus Separate Filing Joint Return Tax Rates and Federal Complicity in Directing Economic Resources Reform Woman to Men," 6 S. Cal. Rev. L. & Women's Stud. 443 (1997).

[11] James M. Puckett, "Rethinking Tax Priorities: Marriage Neutrality, Children, and Contemporary Families," 78 U. Cin. L. Rev. 1409 (2010).

[12] Robert W. Wood, "The Marriage Trap," FORBES (June 27, 2011) at 110.

ても，連帯納付を求め，期限までに納付がない場合には，自在に財産差押え(levy)処分をかける実務を継続していた。しかし，こうした自在な差押実務は，民事債権ではゆるされないことであった。

1998年のIRS再生改革法【T3/RRA98】は，連帯納付手続の適正化に加え，善意の配偶者に対する救済措置を大幅に拡大した（IRC6015条）[13]【☞本書第Ⅲ部❶A(3)】。

確かに，二分二乗方式をベースとした夫婦合算申告（MFJ）は，いわゆる"結婚懲罰税（marriage penalty tax）"問題に対応するために導入されたものであるが，時代の流れとともに新たな課題に直面しているといえる。

B ❷非課税所得項目

連邦個人所得税の税額を計算する場合には，計算の基礎となる「総所得（GI＝gross income）」を算定する必要がある（IRC1条，63条）。

❸「総所得（GI＝gross income）」を算定する手順としては，まず，❶経済的利得を集積し，そのなかから，❷非課税所得項目（gross income exclusions），〜正式には❸総所得からの除外項目（exclusions from gross income）〜を除外する必要がある（IRC101条〜139条のA）[14]。

❷非課税所得項目は，連邦税法（IRC101条〜140条）に規定された項目に加え，他の制定法や行政取扱いや司法判断，租税条約によるものまで多様である。

一般的に，❷非課税項目は，当然に課税除外となることから，納税申告書に記載する必要がないものが多い。

C ❸「総所得」とは何か

連邦税法（IRC）は，その源泉を問わず，原則としてあらゆる所得を❸「総所得（GI＝gross income）」に算入する旨規定している（IRC61条a項）。すなわち，総所得総算入方式（all-inclusive income approach/all-inclusive income concept）を基本と

---

[13] 最新の善意の配偶者に対する救済手続について詳しくは，See, IRS, Publication 971〔Innocent Spouse Relief〕（Rev. October 2014）。
[14] ❷非課税所得項目（exclusions）は，その金額が❸総所得（GI＝gross income）には算入されないものを指す。ちなみに，連邦租税裁判所は，❷非課税所得項目は，立法的配慮（legislative grace）により納税者に付与された恩典であり，その適用にあたっては狭く解釈されるべきであり，かつ，その挙証は納税者側が担うとの判断を示している。See, A. J. Hackl, Jr., 118 TC 279, Dec. 54,686（2002）, aff'd, CA-7, 2003-2 USTC ¶ 60, 465, 335 F3d 664（2003）.

【図表Ⅰ-5】主な❷非課税項目リスト

(1) 二重課税の防止目的
・相続や贈与を原因とする総所得（bequests, inheritance, devices, and gifts excluded from gross income）（IRC102条，財務省規則1.102-1） ・生命保険のうち，死亡を理由に支払を受けた死亡保険金（life insurance and death benefit）（IRC101条 a 項）。
(2) 企業の福利厚生・社会福祉目的
・団体生命保険（COLJ＝company-owned life insurance）から死亡を理由に支払をうけた死亡保険金（IRC101条 j 項） ・雇用主負担の健康保険および障害保健（health and accident insurance）の保険料（IRC106条） ・雇用契約に基づき，業務上の理由で雇用主が事業所内で無償に提供する食事，その他の宿泊施設（IRC119条 a 項，財務省規則1.119-1(b)） ・雇用主から提供される一定の教育訓練プログラム（qualified education assistance programs）（IRC127条） ・雇用主負担の子ども保育料や配偶者扶助料など（IRC129条） ・付加的な給与外給付（①適格従業員割引，②適格勤務費用，③適格転勤費用など）（IRC132条） ・生命保険のうち，末期治療を理由に支払を受けた一定額の払戻金（IRC101条 g 項） ・労働者災害補償法に基づき受け取った労災補償給付（workers' compensation benefit）（IRC104条 a 項） ・コバデル教育貯蓄口座（Coverdell ESA＝Coverdell education savings accounts） 【連邦政府が組成した教育貯蓄信託口座】に，18歳以下その他特別支援を有する子女の教育費に充当する目的で，個人が年2,000ドルを限度に拠出額を非課税とする措置（IRC530条）
(3) その他
・一定の債務免除益（cancellation of debt） ・州および地方団体発行公債の受取利子（IRC103条 a 項）

している。言い換えると，わが国のような，所得の類型（区分）ごとに算出した所得額を総計する形の総合課税制度を採っていない[15]。

　連邦個人所得課税につき，所得の類型別の課税は行わないルールにはなっているものの，IRC は，以下のように，❸総所得に含まれる所得項目として，15を例示する（IRC61条 a 項 1 号〜15号，財務省規則1.61-1)[16]。

1 連邦個人所得税法の仕組み

【図表 I-6】IRC に規定する15項目の「総所得」

① 人的役務提供に対する報酬（手当，手数料，給与外給付およびこれらに類するものを含む。）(compensation for services, including fees, commissions, fringe befits, and similar items)
② 事業から生じる総所得 (gross income from business)
③ 資産の取引から生じる利得／ゲイン (gains from dealings in property)
④ 利子 (interest)
⑤ 賃貸料 (rents)
⑥ 権利使用料／ロイヤルティ (royalties)
⑦ 配当 (dividends)
⑧ 扶助料および別居手当 (alimony and separate maintenance payments)
⑨ 年金 (annuities)
⑩ 生命保険および養老保険契約からの所得 (income from life insurance and endowment contracts)
⑪ 退職年金 (pensions)
⑫ 債務免除に起因する所得 (income from the discharge of indebtedness)
⑬ パートナーシップ総所得の持分に応じた分配 (a partner's share of partnership income)
⑭ 被相続人にかかる所得 (income in respect of a decedent)
⑮ 遺産財団または信託財産の権利 (income from an interest in an estate or trust)

これら15項目に加え，連邦税法（IRC）は，連邦議会が特段に総所得に算入すべきであるとした17項目を例示的に規定する（IRC71条～90条）。これら追加項目は，時々の政策により，改廃・変更されている。典型的な項目をあげれば，離婚・別居手当（alimony and separate maintenance payment／IRC71条），賞金品（prize and awards／IRC73条），失業補償給付（unemployment compensation／IRC85条），社会保障給付（social security benefits／IRC86条）などがある。ただし，これらの項目については，❷非課税所得項目該当性と表裏一体の形で課否判定をする必要が

---

(15) ただし，事業から生じる総所得（gross income derived from business/business income）金額の計算上，事業活動による費用または損失は控除できる。つまり，個人事業者は，事業所得の計算上生じた費用または損失を，様式1040〔連邦個人所得税申告書（Form 1040: U.S. Individual Income Tax Return）〕の別表C〔事業収支計算明細書（Schedule C: Profit or Loss From Business）〕に記載し確定申告をすることになる。また，後にふれるように，資産の譲渡などにより実現され・認識された利得（キャピタルゲイン）については，当該利得金額の計算上，その帳簿簿価（取得費等）を控除できる（IRC61条 a 項 3 号）。

(16) 連邦税法（IRC）は，課税の対象となる「総所得（gross income）」を「別段の定めがある場合を除き，別掲する各所得項目を含む（ただし，それらに限定されない。）あらゆる源泉からのすべての所得」と定義する（IRC61条 a 項）。

ある。なぜならば，項目によっては，法定要件が複雑であり，❸総所得にあたるのか，または❷非課税所得にあたるのか慎重な判断が求められるからである。

例えば，「賞金品」について見てみると，賞金品は，原則として，受賞者の❸総所得に算入される（IRC73条）。しかし，(a)受賞が，宗教・慈善・科学・教育・芸術・文学・市民活動に起因すること，(b)受賞が受賞者側からの働きかけによるものではないこと，(c)受賞条件として将来的なサービス提供を求められていないこと，および(d)賞金品は，受賞者が直接受け取るのではなく，政府機関または免税団体などに提供されること，の要件を充足すれば，❸総所得から除外され，❷非課税所得となる（IRC170条b項）。したがって，ノーベル賞，ピューリッツァー賞などは，この要件を充足しなければ，原則として受賞者の❸総所得に算入される。

D　連邦個人所得税申告書，法定資料等からみた総所得の意味

連邦個人所得税の申告書や法定資料等の各種書式は，合衆国市民や居住者（居住外国人／U.S. citizens and resident aliens）か，非居住外国人（non-resident aliens）かで，大きく異なる。合衆国市民や居住者（居住外国人）は，全世界所得に対して納税義務を負う。したがって，所得の源泉が，合衆国内か，国外かを問わない（IRC1条，財務省規則1.1-1(b)）。一方，非居住外国人は，原則として合衆国内の源泉についてのみ，納税義務を負う（IRC871条a項）。

(1)　合衆国市民や居住者の申告書提出義務

一般に，連邦個人所得税について，合衆国市民や居住者の場合は，その課税年の❸総所得金額が，その納税者の申告資格による❻標準控除額【例えば，2016課税年は，単身者／夫婦個別申告の場合は6,300ドル，夫婦合算申告／適格寡婦（夫）の場合は12,600ドル】と❽人的控除【例えば，納税者本人控除と配偶者控除の額は，2016課税年は4,050ドル】との合計額を超えたときには，申告義務を負う（IRC6012条a項1号）。もちろん，この限界（しきい値／threshold）は，追加標準控除が認められる65歳以上の高齢者の場合などには，異なってくる。

(2)　合衆国市民や居住者用の申告様式

合衆国市民や居住者は，各課税年において，年分の確定申告をする際には，様式1040〔連邦個人所得税申告書（Form 1040）〕を使い，それに，当該課税年の項目ごとの所得の金額および所得合計額など必要な事項（lines）を記載したう

えで，連邦課税庁（IRS）の所管のキャンパス（campus）宛に電子送付または郵送するように求められる。

(3) 申告書提出時に添付が求められる法定資料

合衆国市民や居住者は，所得項目によっては，必要経費（expenses），取得費等，雇用主から弁償されない給与所得者の勤務関連費（employment related expenses）などの計算明細ないし内訳を明らかにした別表C〔事業収支計算明細書（Schedule C: Profit or Loss From Business）〕や，別表D〔譲渡損益計算明細書（Schedule D: Capital Gains and Losses）〕，様式2106〔従業者勤務費内訳書（Form 2106: Employee Business Expenses）〕などに詳細を記載したうえで，様式1040〔連邦個人所得税申告書（Form 1040）〕に添付して提出する必要がある。

他に，給与所得者の場合には，所得計算を証明するために，雇用主から交付された様式W-2〔給与所得の源泉徴収票（Form W-2: Wage and Tax Statement）〕や様式W-3〔源泉徴収集計表（Form W-3: Transmittal of Wage and Tax Statements）〕，源泉徴収税額が記載された様式1099-INT〔受取利息の法定調書（Form 1099-INT: Interest Income）〕などの法定資料を添付する必要がある。

【図表Ⅰ-7】様式W-2〔給与所得の源泉徴収票（Form W-2: Wage and Tax Statement）〕

(4) 申告書送付の宛先

例えば，ニューヨーク州に住所を持つ合衆国市民が，様式1040を電子申告するとする。この場合は，IRSのウェブサイトからマサチューセッツ州にあるIRSアンドーバー（Andover）キャンパスの申告処理センター（Internal Revenue Submission Processing Center）宛に電子送付する。一方，様式1040を文書申告する場合には，ミズーリー州にあるIRSカンザスシティ（Kansas City）キャンパスのIRS申告処理センター（Internal Revenue Submission Processing Center）宛に郵送する。

IRSカンザスシティ（Kansas City）キャンパス（Public use）

郵送先：Internal Revenue Submission Processing Center 2306 East Bannister Road Kansas City, MO 64131

(5) 文書申告書提出の際に利用できる郵送サービス

ちなみに，納税者は，文書で申告書等を送付する場合には，合衆国郵便局（U. S. Postal Service）の他に，フェデックス（FedEx），フェデックス・プライオリティ・オーバーナイト，フェデックス・インターナショナル・プライオリティ，ユナイテッド小荷物サービス（UPS＝United Parcel Service），UPSワールドワイド・エクスプレスなど，IRSの指定配送サービス事業者の送達サービスを利用できる。IRSは，納税者が申告書を同封した封筒等に郵送事業者の提出期限の日以前の日付でポストマーク（postmark／消印）が押印されていれば，期限内申告をしたとみなすことになっている。

ちなみに，民間配送サービス事業者は，ポストマーク／消印は使用できない。

【図表Ⅰ-8】様式1040〔連邦個人所得税申告書（Form 1040）〕（１頁）

Form **1040** Department of the Treasury—Internal Revenue Service (99)
U.S. Individual Income Tax Return **2016** OMB No. 1545-0074 IRS Use Only—Do not write or staple in this space.

For the year Jan. 1–Dec. 31, 2016, or other tax year beginning , 2016, ending , 20 See separate instructions.

Your first name and initial	Last name	Your social security number
If a joint return, spouse's first name and initial	Last name	Spouse's social security number
Home address (number and street). If you have a P.O. box, see instructions.	Apt. no.	▲ Make sure the SSN(s) above and on line 6c are correct.
City, town or post office, state, and ZIP code. If you have a foreign address, also complete spaces below (see instructions).		**Presidential Election Campaign** Check here if you, or your spouse if filing jointly, want $3 to go to this fund. Checking a box below will not change your tax or refund. ☐ You ☐ Spouse
Foreign country name	Foreign province/state/county · Foreign postal code	

Filing Status

Check only one box.

1 ☐ Single
2 ☐ Married filing jointly (even if only one had income)
3 ☐ Married filing separately. Enter spouse's SSN above and full name here. ▶
4 ☐ Head of household (with qualifying person). (See instructions.) If the qualifying person is a child but not your dependent, enter this child's name here. ▶
5 ☐ Qualifying widow(er) with dependent child

Exemptions

6a ☐ **Yourself.** If someone can claim you as a dependent, **do not** check box 6a
b ☐ **Spouse**
c **Dependents:**

(1) First name　Last name	(2) Dependent's social security number	(3) Dependent's relationship to you	(4) ✓ if child under age 17 qualifying for child tax credit (see instructions)
			☐
			☐
			☐
			☐

If more than four dependents, see instructions and check here ▶☐

d Total number of exemptions claimed

Boxes checked on 6a and 6b
No. of children on 6c who:
• lived with you
• did not live with you due to divorce or separation (see instructions)
Dependents on 6c not entered above
Add numbers on lines above ▶

Income

Attach Form(s) W-2 here. Also attach Forms W-2G and 1099-R if tax was withheld.

If you did not get a W-2, see instructions.

7	Wages, salaries, tips, etc. Attach Form(s) W-2		7
8a	**Taxable** interest. Attach Schedule B if required		8a
b	**Tax-exempt** interest. **Do not** include on line 8a	8b	
9a	Ordinary dividends. Attach Schedule B if required		9a
b	Qualified dividends	9b	
10	Taxable refunds, credits, or offsets of state and local income taxes		10
11	Alimony received		11
12	Business income or (loss). Attach Schedule C or C-EZ		12
13	Capital gain or (loss). Attach Schedule D if required. If not required, check here ▶ ☐		13
14	Other gains or (losses). Attach Form 4797		14
15a	IRA distributions　15a	b Taxable amount	15b
16a	Pensions and annuities　16a	b Taxable amount	16b
17	Rental real estate, royalties, partnerships, S corporations, trusts, etc. Attach Schedule E		17
18	Farm income or (loss). Attach Schedule F		18
19	Unemployment compensation		19
20a	Social security benefits　20a	b Taxable amount	20b
21	Other income. List type and amount		21
22	Combine the amounts in the far right column for lines 7 through 21. This is your **total income** ▶		22

Adjusted Gross Income

23	Educator expenses	23	
24	Certain business expenses of reservists, performing artists, and fee-basis government officials. Attach Form 2106 or 2106-EZ	24	
25	Health savings account deduction. Attach Form 8889	25	
26	Moving expenses. Attach Form 3903	26	
27	Deductible part of self-employment tax. Attach Schedule SE	27	
28	Self-employed SEP, SIMPLE, and qualified plans	28	
29	Self-employed health insurance deduction	29	
30	Penalty on early withdrawal of savings	30	
31a	Alimony paid　b Recipient's SSN ▶	31a	
32	IRA deduction	32	
33	Student loan interest deduction	33	
34	Tuition and fees. Attach Form 8917	34	
35	Domestic production activities deduction. Attach Form 8903	35	
36	Add lines 23 through 35		36
37	Subtract line 36 from line 22. This is your **adjusted gross income** ▶		37

For Disclosure, Privacy Act, and Paperwork Reduction Act Notice, see separate instructions. Cat. No. 11320B Form **1040** (2016)

【図表Ⅰ-9】連邦個人所得税申告書に盛られた具体的な「総所得」項目（仮訳）

7	賃金・給与・チップ等（Wages, salaries, tips, etc.）〔様式W-2の添付が必要〕
8a	受取利息（Taxable interest）〔別表Bの添付が必要な場合あり〕
8b	非課税利息（Tax-exempt interest）〔ただし8aの金額は含まない〕
9a	受取配当金（Ordinary dividends）〔別表Bの添付が必要な場合あり〕
9b	適格受取配当（Qualified dividends）
10	州所得税・地方団体住民税の還付金等（Taxable refunds, credits, or offsets of state and local income taxes）
11	受取離婚手当（Alimony received）
12	事業所得・損失（Business income or (loss)）〔別表CまたはC-EZの添付が必要〕
13	譲渡益・譲渡損（Capital gain or (loss)）〔別表Dの添付が必要な場合あり〕
14	その他の損益（Other gains or (losses)）〔様式4797の添付が必要〕
15a	個人退職金口座（IRA）分配金（IRA＝Individual retirement account distributions）
15b	IRA分配金のうち課税部分（Taxable amount）
16a	年金・退職年金（Pensions and annuities）
16b	年金のうち課税部分（Taxable amount）
17	不動産賃貸料・ロイヤルティ・パートナーシップ・Sコーポレーション・信託等からの所得（Rental real estate, royalties, partnerships, S corporations, trusts, etc.）〔別表Eの添付が必要〕
18	農業所得（損失）（Farm income or (loss)）〔別表Fの添付が必要〕
19	失業補償給付金（Unemployment compensation）
20a	社会保障給付金（Social security benefits）
20b	社会保障給付金のうち課税部分（Taxable amount）
21	その他の所得（Other income）〔その種類および金額〕
22	合計所得金額〔7から21に該当する項目〕

しかし，各事業者が確立したルールに従って処理すれば，IRSは，そのルールに従って，期限内提出があったかどうかを判定することになっている。

(6) 様式1040（Form 1040）に記載すべき「総所得」項目

納税者は，様式1040（Form 1040）のライン7～ライン22〔総所得項目〕のなかに該当する項目がある場合には，それに記載するように求められる。

様式1040〔連邦個人所得税申告書（Form 1040)〕のライン7～22に盛られた所得項目（添付を要する調書ないし記載を要する別表を含む。）は，邦訳すると，【図表Ⅰ-9】のとおりである。

E ❸総所得を構成する主な所得項目の特徴

様式1040〔連邦個人所得税申告書（Form 1040: U.S. Individual Income Tax Return)〕に盛られる総所得の項目は多岐にわたる。ここでは，いくつかの項目の所得をあげて，その特徴を精査してみる。

まず，❸「総所得（GI）」の主な内容を，わが所得税制をイメージしながら，分かりやすく説明するために，極めてアバウトに図にまとめてみると，次のようになる。

【図表Ⅰ-10】　総所得の主な項目

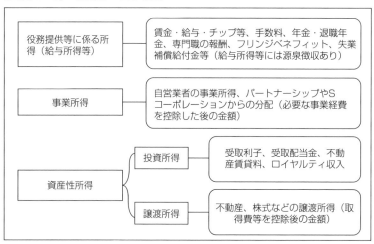

(1) 給与所得

給与所得者（wage or salary income earner）は，人的役務提供に対する報酬（手当，手数料，給与外給付およびこれらに類するものを含む。）を得た場合，それを総所得に算入するように求められる（IRC61条 a 項 1 号）。

のちに詳しくふれるように，❼項目別控除を選択している場合には，勤務関連費用等（employment-related expenses, employee business expenses, job expenses）の実額控除が認められる。言い換えると，給与所得者にも，勤務費用について実額控除が認められる。

この場合，❺調整総所得（AGI＝adjusted gross income）から勤務関連費用等の控除を求める給与所得者は，様式1040〔連邦個人所得税申告書（Form 1040: U.S. Individual Income Tax Return）〕に，様式2106〔従業者勤務費内訳書（Form 2106: Employee Business Expenses）〕を添付して申告する必要がある。

(2) 事業所得

事業所得者（business income earners）の場合，費用または損失は，大きく①事業活動から生じた費用または損失（IRC162条）と②主に投資活動から生じた必要経費（IRC212条）とに区分できる。事業所得の計算において，①事業活動関連損益については，❺調整総所得（AGI）以前の段階で控除する。

手続的には，様式1040〔連邦個人所得税申告書〕を提出する際に，総収入金額（gross receipts or sales）から通常必要な各種費用（ordinary and necessary expenses）を差し引くなどして作成した別表Ｃ〔事業収支計算明細書（Schedule C: Profit or Loss From Business）〕を提出し，これにより実際にかかった事業上の諸経費を控除する。

一方，②投資活動関連損益については，原則として❼項目別控除の「雑控除（Miscellaneous deductions）」で差し引くことになる[17]。

(3) 譲渡所得

納税者が所有する「資産の売却その他処分（sale or other disposition of property）」，すなわち資産の売却はもちろんのこと，交換，被災等による非自発的な買換えなどの「処分」で実現され，かつ，認識された利得は，原則として，課税され，実現した時点での❸総所得金額に含まれる（IRC1001条 c 項）。

---

[17] ただし，賃貸収入やロイヤルティ収入を稼得するために生じた必要経費は，❹所得調整控除（'above the line' deductions）として控除する（財務省規則1.62-1T(c)）。

① **通常損益と資本損益**

　連邦税法（IRC）は，資産の取引から認識される損益を「資本損益（capital gains and losses）」と「通常損益（ordinary gains and losses）」に分けて課税取扱いをしている。「資本損益」とは，資本資産（capital assets）を処分した場合に認識することになる特別な損益を指す（IRC1222条）。これに対して，「通常損益」は，資本損益以外のあらゆる取引を指す（IRC64条および65条）。

　こうした構図にあることから，双方の資産を区分するには，どのような資産が「資本資産」にあたるのかが問われてくる。ただ，連邦税法は，「資本資産」「納税者が保有する（ただし，事業に関連するかどうかを問わない。），以下の資産を除く資産」と，消極的に定義している（IRC1221条 a 項）。法が資本資産から除外する旨の定めの内容について，図説すると次のとおりである。

【図表Ⅰ-11】連邦税法で明示的に「資本資産から除外する資産」

・**棚卸資産**：課税年終了時に納税者が保有していたならば棚卸資産に含まれるものとみられる在庫その他の資産，または，納税者の通常の事業遂行過程において顧客に販売することを主たる目的して保有される資産
・**事業用の固定資産**：事業用の資産のうち，税法上の減価償却の対象となる資産または不動産
・**著作権者保有の権利**：著作権または執筆，作曲，作詞をはじめとしたその他の類似する権利（資産）のうち，その権利（資産）を個人的な努力で創作した者（納税者）により保有されているもの
・**事業上の受取債権**：納税者の通常の事業遂行過程（棚卸資産の譲渡または役務提供）にかかる受取債権
・**その他**：収集品的価値のある連邦政府機関刊行物，商品先物取引のような派生商品等

　以上のように，IRC は，「資本資産」とは何かについて積極的・直接的に定義していない。しかし，一般的には，「資本資産」とは，不動産や個人口座で保有する株式・公社債，美術品や古い通貨をはじめとした収集品（collectibles）など投資目的で保有する資産（investment property）や，住宅や家財など個人的な利用目的で保有する資産（personal-use property）など多岐にわたる。

　これら資本資産を処分したときに発生する資本損益は，長期（保有期間が1年未満）か短期（保有期間が1年以上）かの基準で分けられる（IRC1222条）。長期資本

損益（long-term capital gain or loss）については，通常損益から分離した形で計算される。また，一定の長期保有資産の資本資産の処分から生じた利得（capital gains）には優遇税率が適用されている。一方，短期資本損益（short-term capital gain or loss）に対しては，通常の累進税率（限界税率）で課税される。

ただし，連邦税法（IRC）は，個人納税者の自宅や車輌のような個人使用目的資産の処分にかかる損失（losses）については，原則としてそれを❺調整総所得（AGI）から控除することを認めない（IRC165条 c 項）。例外として，損害災害盗難損失については，❼項目別控除（実額控除）を選択する納税者（itemizers）に限り，一定額を❺調整総所得（AGI）から控除することを認めるに過ぎない（IRC165条 h 項）。

② **譲渡所得金額計算の基礎**

資産の譲渡または交換などの処分により実現される利得（gains）または損失（losses）が認識される（recognize）場合には，原則として，その利得には課税され，その際に損失は控除できる。すなわち，資産の処分により「実現される利得または損失（realized gains or losses）」額は，実現金額（amount realized）からその資産の基準価額／税務上の簿価（taxpayer's basis of the property／以下「基準価額」という。）を差し引くことにより算出する（IRC1001条 a 項，財務省規則1.1001-1(a)）。算出された額がプラスの数値になる場合には「利得（gains）」となり，原則として❸総所得金額に算入され，課税対象となる（IRC61条 a 項 3 号）。

一方，マイナスになる場合には「損失（losses）」となり，税法が認める場合にはその額を控除できる。なお，資産の処分の過程で生じた「譲渡費用（selling expenses）」は実現金額の計算にあたり，これを控除することができる。

以上のように，連邦税法は，資産の処分による実現金額からその資産の基準価額を差し引いて算出された差額を，利得または損失として認識（recognize）する仕組みにある。このことから，資産の基準価額が重要になる。原則として，資産の取得価額が基準価額となるが，贈与や相続により取得した資産については，特例が定められている。

連邦税法（IRC）は，一定の交換取引について，特例として利得または損失を認識せず，非課税とする。このため，交換により利得または損失を実現しても，当該利得は交換時点では課税されず次の売却その他の実現の機会（realization event）まで引き継がれ，また，損失は交換時点では控除できない。これは，交

換により取得した資産が，交換により相手方に譲渡された資産と同一の資産であるとみなされ，課税が繰り延べられるためである。

③ 譲渡損益の通算

1課税年内に，複数の資本資産の処分があり，それぞれの処分につき損益が生じた場合，その損益を相殺（通算）することになっている。処分（譲渡）損益の通算は，大きく2つの段階に分けて行われる。第一次として，短期資本資産と長期資本資産ごとの処分にかかる利得と損失とを通算する。そして，第二次として，純短期資本損益と純長期資本損益とを通算する。

損益通算のルールを簡潔に図示すると，次のとおりである。

【図表Ⅰ-12】 資本資産の処分損益通算のルール

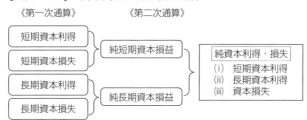

2段階の通算の結果生じた純資本利得・損失に対しては，課税上，次のように取り扱われる。

【図表Ⅰ-13】資本資産の処分損益への課税取扱い

(i) **純資本利得・損失が，短期資本利得の場合**
短期資本利得は，他の所得（通常の所得）と総合して，通常の累進税率で課税される。
(ii) **純資本利得・損失が，長期資本利得の場合**
長期資本利得は，優遇税率で課税される。
(iii) **純資本利得・損失が，短期・長期資本損失の場合**
資本損失のうち，最高3,000ドル（夫婦個別申告の場合は各々1,500ドル）まで❺調整総所得（AGI）から控除できる。控除しきれない資本損失は次年度以降に繰り越しできる。

④ 長期資本利得に対する優遇税率

すでにふれたように、個人（非法人）納税者の場合、保有期間1年超の長期資本利得（long capital gains）に対しては、通常所得に対する税率（10～39.5％：2015～16課税年）より低い税率（軽減税率）が適用される。

保有期間の起算は、納税者による資産の取得日の翌日から起算し、処分日までの日数で計算する。1年ジャスト（以内）の場合は、短期となる（IRC1222条・1223条、財務省規則1.1223-1）。

納税者の通常所得に適用される税率に応じて、長期資本利得に対しては一律0％、15％または20％の軽減税率で課税される。すなわち、通常所得に対して①10％または15％の税率が適用される低所得者層には、長期資本利得に対しては0％で課税される。②25％・28％・33％適用される所得者層には、長期資本利得に対しては15％、そして③39.6％の税率が適用される高所得者層には長期資本利得に対しては20％で課税される（IRC1条h項1号）。

以上のように、長期資本利得（long capital gains）には、通常所得に適用される❿超過累進税率（10～39.6％の7段階）に代えて、3段階（0％, 15％, 20％）の税率で課税される。ただし、収集品など特別の長期資本利得に対しては特別の税率が適用になる。

長期資本利得に対する税率一覧にすると、次のとおりである。

【図表Ⅰ-14】長期資本利得に対する税率一覧表

純資本利得の種類	税率
・IRC1202条にいう適格小規模企業株式の売却益の課税対象部分（財務省規則1.1202-1）	28％
・美術品や古い通貨をはじめとした収集品（collectibles）の売却から得た純資本利得	28％
・IRC1250条にいう不動産（1250条資産）の売却益から定額法に基づく原価償却額等を差し引いて算定された純資本利得（財務省規則1.1245-6, 1.1250-1(c)）	25％
・通常所得に対して10％または15％の税率が適用される低所得者層	0％
・通常所得に対して25％・28％・33％適用される所得者層	15％
・通常所得に対して39.6％の税率が適用される高所得者層	20％

譲渡利得，または控除対象となっている譲渡損失（Capital gain or loss）について，納税者は，様式1040〔連邦個人所得税申告書（Form 1040）〕に，別表D〔譲渡損益計算明細書（Schedule D: Capital Gains and Losses）〕を添付するように求められる。

【図表Ⅰ-15】連邦個人所得税申告書に盛られた具体的な「調整控除」項目

23	教育者費用控除（Educator expenses）	
24	特定事業経費（Certain business expenses of reservists, performing artists, and fee-basis government officials）〔様式2106または2106-EZの添付が必要〕	
25	HSA勘定の控除（Health savings account deduction）〔様式8889の添付が必要〕	
26	引越費用（Moving expenses）〔様式3903の添付が必要〕	
27	2分の1自営業者税（One-half of self-employment tax）〔別表SEの添付が必要〕	
28	自営業のSEP, SIMPLE, 適格プランの控除額（Self-employed SEP, SIMPLE, and qualified plans）	
29	自営業者健康保険控除（Self-employed health insurance deduction）	
30	定期預金早期引出しにかかる違約金（Penalty on early withdrawal of savings）	
31a	支払離婚手当（Alimony paid）	
31b	受取人の社会保障番号（Recipient's SSN）	
32	IRA控除額（IRA deduction）	
33	学生奨学ローン利子控除（Student loan interest deduction）	
34	授業料控除（Tuition and fees）〔様式8917の添付が必要〕	
35	国内生産活動控除（Domestic production activities deduction）〔様式8903の添付が必要〕	
36	項目23から31aおよび項目32から35を加算	
37	項目36から項目22を差し引き調整総所得を算出	

F ❹所得調整控除, ❺調整総所得

納税者は，所得税の計算において，❸総所得金額から❹所得調整控除（"above the line" deductions）〔転居費用，退職年金基金への拠出，自営業税や自営業の医療保険料，教育ローンの利子控除など〕を差し引いて，❺調整総所得（AGI）を算出する。

❹所得調整控除は，後述の❻標準（定額）控除，❼項目別（実額）控除のいずれを選択する納税者も利用できる控除である。言い換えると，❸総所得金額から❹所得調整控除を差し引いて算出された❺調整総所得（AGI）は，課税所得を計算する前の段階で❼項目別控除（実額控除／itemized deductions）をするか，または❻標準控除（定額控除／standard deduction）をするかを決める際の基礎となる。

様式1040〔連邦個人所得税申告書（Form 1040）〕に盛られた具体的な所得調整控除項目は，【図表Ⅰ-15】のとおりである。

G ❻標準控除（定額控除）と❼項目別控除（実額控除）

❼項目別（実額）控除の対象となる項目〔医療費，一定の州・地方団体の税，支払利子，公益寄附金，損害災害盗難損失控除（casualty, disaster and theft loss deductions），雇用主から弁償されない給与所得者の勤務費用等およびその他の雑控除など（IRC63条d項，161条〜219条）〕を積み重ねた金額が，❻標準（定額）控除〔例えば，2016課税年について，単身者／夫婦個別申告の場合には6,300ドル，夫婦合算申告の場合で，12,600ドル〕の金額にみたないときには❻標準（定額）控除を適用することになる（IRC63条b項1号およびc項）。

(1) ❻標準控除（定額控除）

連邦税法（IRC）に定める❻標準控除（定額控除／standard deductions）（IRC63条c項）とは，納税者の申告資格（filing status）に応じて，あらかじめ税法で定められている一定額を所得控除できる制度である。

すでにふれたように，❻標準控除（定額控除）〔例えば，2016年について，単身者／夫婦個別申告の場合には6,300ドル，夫婦合算申告の場合には，12,600ドル〕の金額にみたない場合などが，この控除を選択する要件になっている。もっとも，夫婦個別申告を選択している場合で，他方の配偶者が❼項目別控除を選択しているときや，1暦年にみたない短期課税年の申告する場合などには，

❻定額控除ができない。❼項目別控除（実額控除）を用いて課税所得（taxable income）を算定しなければならない（IRC63条 c 項 6 号）。

❻標準控除（定額控除）は，基礎標準控除額（basic standard deductions）と追加標準加算控除（additional standard deductions）からなる（IRC63条 c 項 1 号のAおよびB）。

後者の追加標準加算控除は，65歳以上の老齢者，目の不自由な人，または双方の要件をみたす場合に限り認められる。その額は，2016課税年において，該当納税者 1 人につき標準基礎控除額に，夫婦（夫婦合算申告か夫婦個別申告かを問わない。）および寡婦（夫）申告の場合は1,250ドル，単身者申告および世帯主申告の場合は1,550ドルを加えた額である（IRC63条 f 項，財務省規則1.151-1, Revenue Procedure 2015-53）。

ちなみに，2016課税年の申告資格別の標準基礎控除額は，次のとおりである（Revenue Procedure 2015-53）。

【図表Ⅰ-16】申告資格別の「標準基礎控除額」（2016課税年）

申告資格	控除額
・単身者／夫婦個別申告	6,300ドル
・夫婦合算申告／適格寡婦（夫）	12,600ドル
・世帯主	9,300ドル

(2) ❼項目別控除（実額控除）

連邦個人所得税総申告数に占める❼項目別控除（実額控除）を選択する納税者の割合は，30％前後で推移している[18]。見方を変えると，多くの個人納税者は，❻標準控除（定額控除）を用いて確定申告をしているといえる。この背景には，低所得者層の増加，標準控除（定額控除）申告者（non-itemizers）の方が還付申告に手間がいらないなどの事情もある。

(3) 項目別控除（実額控除）項目

連邦所得税の申告にあたり，納税者は，項目別控除申告者（itemizers）は，様式1040〔連邦個人所得税申告書（Form 1040: U.S. Individual Income Tax Return）〕

---

[18] See, Eric J. Toder and Carol Rosenberg, "The Share of Taxpayers Who Itemize Deductions Is Growing", TAX NOTES (February 12, 2007) at 695.

【図表Ⅰ-17】様式1040別表A〔項目別控除明細書（Schedule A: Itemized Deductions）〕

のライン40に，❼項目別控除（実額控除）か，❻標準控除（定額控除）を選択し，控除を受ける金額を記載しなければならない。

❼項目別控除（実額控除）を選択する場合，別表A〔項目別控除明細書（Itemized Deductions）〕を添付するように求められる。別表Aに盛られた具体的な実額控除項目は，【図表Ⅰ-17】のとおりである。

納税者は，項目別控除を受ける場合には，それぞれの項目に記載した金額を証明するに必要な法定資料を添付するように求められる。例えば，別表A〔項

【図表Ⅰ-18】様式1040別表Ａ〔項目別控除明細書〕に盛られた「項目別控除」項目

・医療費（Medical and dental expenses）
・納付税額（Taxes you paid）
・支払利子（Interest you paid）
・公益寄附金（Gifts to charity）
・災害および盗難損失（Casualty and theft losses）
・勤務関連費用その他一定の雑控除（Job expenses and certain miscellaneous deductions）
・その他の雑控除（Other miscellaneous deductions）
総項目別控除額（Total itemized deductions）

目別控除明細書（Schedule A: Itemized Deductions）〕のライン21～「勤務関連費用その他一定の雑控除（Schedule A: Job expenses and certain miscellaneous deductions）」を受けようとするときには，様式2106〔従業者事業経費明細書（Form 2106: Employee Business Expenses）〕または様式2106-EZ〔精算払戻しされない従業者の事業経費明細書（Form 2106-EZ: Unreimbursed Employee Business Expenses）〕の提出を求められる。

(4) 勤務関連費用その他一定の雑控除

納税者が従業者として行った役務提供に要した費用を，雇用主から弁償を受けていないとする。この場合，納税者は，❼項目別控除（miscellaneous itemized deductions）の段階で，自己の勤務に必要となる費用（employee expenses），「勤務関連費用（job expenses）」として控除することができる。言い換えると，納税者は，勤務関連費用の控除を受けるには，❼項目別控除を選択する必要がある。❻標準控除を選択した場合にはこの控除は受けられない[19]。

① 勤務関連費用の所在

納税者が，個人で事業を営んでいる自営業者（self-employed）／事業所得者（business income earners）であるとする。この場合，納税者は，事業所得の計算上通常必要な経費（ordinary and necessary expenses）を，❺調整総所得（AGI）以

---

[19] わが国の特定支出控除（所得税法57条の2第2項・5項，所得税法施行令167条の3以下）に類似する仕組みとみてよい。

前の❸総所得の計算段階で控除することになる。

一方，納税者が，給与所得者～すなわち雇用主（employer）の指揮命令に従い従業者（employee）～として働いているとする。この場合，納税者が従業者として行った役務の提供（performance of services）は，「事業または取引（trade or business）」とみなされる。納税者は，原則としてその役務提供にあたり要した費用を控除できる。納税者は，その費用を雇用主から弁償を受けた場合には，その額を❸総所得から控除することになる（IRC62条a項2号A）。これに対して，納税者が従業者として行った役務提供に要した費用を，雇用主から弁償を受け

【図表Ⅰ-19】様式2106〔従業者事業経費明細書〕サンプル（抜粋）

Form **2106**
Department of the Treasury
Internal Revenue Service (99)

Employee Business Expenses

▶ Attach to Form 1040 or Form 1040NR.
▶ Information about Form 2106 and its separate instructions is available at *www.irs.gov/form2106.*

OMB No. 1545-0074
2015
Attachment Sequence No. **129**

Your name	Occupation in which you incurred expenses	Social security number

Part I **Employee Business Expenses and Reimbursements**

Step 1 Enter Your Expenses		**Column A** Other Than Meals and Entertainment	**Column B** Meals and Entertainment
1 Vehicle expense from line 22 or line 29. (Rural mail carriers: See instructions.)	1		
2 Parking fees, tolls, and transportation, including train, bus, etc., that **did not** involve overnight travel or commuting to and from work .	2		
3 Travel expense while away from home overnight, including lodging, airplane, car rental, etc. **Do not** include meals and entertainment .	3		
4 Business expenses not included on lines 1 through 3. **Do not** include meals and entertainment	4		
5 Meals and entertainment expenses (see instructions)	5		
6 Total expenses. In Column A, add lines 1 through 4 and enter the result. In Column B, enter the amount from line 5	6		

Note. *If you were not reimbursed for any expenses in Step 1, skip line 7 and enter the amount from line 6 on line 8.*

Step 2 Enter Reimbursements Received From Your Employer for Expenses Listed in Step 1			
7 Enter reimbursements received from your employer that were **not** reported to you in box 1 of Form W-2. Include any reimbursements reported under code "L" in box 12 of your Form W-2 (see instructions).	7		

Step 3 Figure Expenses To Deduct on Schedule A (Form 1040 or Form 1040NR)			
8 Subtract line 7 from line 6. If zero or less, enter -0-. However, if line 7 is greater than line 6 in Column A, report the excess as income on Form 1040, line 7 (or on Form 1040NR, line 8)	8		
Note. *If **both columns** of line 8 are zero, you cannot deduct employee business expenses. Stop here and attach Form 2106 to your return.*			
9 In Column A, enter the amount from line 8. In Column B, multiply line 8 by 50% (.50). (Employees subject to Department of Transportation (DOT) hours of service limits: Multiply meal expenses incurred while away from home on business by 80% (.80) instead of 50%. For details, see instructions.)	9		
10 Add the amounts on line 9 of both columns and enter the total here. **Also, enter the total on Schedule A (Form 1040), line 21** (or on **Schedule A (Form 1040NR), line 7**). (Armed Forces reservists, qualified performing artists, fee-basis state or local government officials, and individuals with disabilities: See the instructions for special rules on where to enter the total.) . . . . . ▶	10		

For Paperwork Reduction Act Notice, see your tax return instructions.　Cat. No. 11700N　Form **2106** (2015)

ていないとする。この場合，納税者は，❼項目別控除（miscellaneous itemized deductions）の段階で，自己の勤務に必要となる費用（employee business expenses）として控除することになる（暫定財務省規則1.67-1T(a)(1)(i)）。

「勤務関連費用その他一定の雑控除（Job expenses and certain miscellaneous deductions）」には，従業者である納税者の事業経費（勤務関連費用）の他，一定の投資関連費用，納税に要した費用など雑多な項目が含まれている。この控除は，納税者の❺調整総所得（AGI）の２％を超える部分のみが対象となる（IRC67条）。

いずれにしろ，納税者は，従業者の勤務に必要となる費用（employee business expenses）について，雇用主に負担してもらえない場合であっても，❼項目別控除段階で控除を受けることができる。

この控除を受ける納税者は，様式1040〔連邦個人所得税申告書（Form 1040)〕を提出する際に，前記の様式2106〔従業者事業経費明細書（Form 2106)〕または様式2106-EZ〔精算払戻しされない従業者の事業経費明細書（Form 2106-EZ: Employee Business Expenses)〕を添付する必要がある。

② **勤務関連費用項目**

連邦税法（IRC）が従業者である納税者に認める勤務関連費用項目は，実に多彩である[20]。

【図表Ⅰ-20】勤務関連費用項目一覧

自弁の職務上の飛行機代（Airfares），自動車故障救援団体会費（Auto club membership），自動車関連出費（Auto expenses），勤務先への貸付の焦げ付き（Business bad debt），職務用に自弁で購入した携帯電話の償却費（Cell phone），携帯電話料金の職務用負担分（Cell phone service），自動車損害保険料（Car insurance premiums），クリーニング代（Cleaning costs），自費購入し50%以上を職務用に使用するコンピュータの償却費（Computers），外部会議旅費（Convention trips），雇用契約違反を原因とする損害賠償金（Damages paid to a former employer），就職支援機関への支払費用（Employment Agency fees），設備費（Equipment），職務上の海外渡航費（Foreign travel costs），事務用家具（Furniture），車庫賃貸料（Garage rent），燃料費（Gasoline），燃料税（Gasoline tax），贈答品費（Gifts），在宅勤務費（Home office expenses），宿泊費（Hotel costs），住宅探し費用（House hunting costs），事務用品費（Instruments），法務費（Legal expenses），出張先での交通費（Local transportation），滞在費（Lodging），職業賠償保険掛金（Malpractice liability premiums），モーテル費

---

[20] 本書においては，紙幅の都合上，勤務関連費用その他一定の雑控除については詳しくふれない。See, IRS, 2015 Instructions for Form 2106〔Employee business expenses〕.

> (Motel charges)，駐車料金（Parking fees），勤務上の出張に使用する旅券発給費（Passport fees for business travel），防護服購入費（Protective clothing），安全帽（Safety helmets），安全靴（Safety shoes），電話代（Telephone calls），通行料（Toll charges），工具類（Tools）など

　アメリカでは，これら多様な勤務関連費用等について，いわゆる「家事関連費（mixed business and personal expenses）」をめぐり，混在する勤務関連費用と家事費（個人的な費用）との的確な仕分けが税務執行上の重い課題となっている。

(5) IRS による申告書と法定資料のデータ照合の実際

　例えば，フロリダ州の在住する会社員が，❼項目別控除（実額控除）を選択し，文書で2015課税年用の様式1040〔連邦個人所得税申告書（Form 1040）〕に別表Ａ，様式2106，様式2106-EZ などを添付して IRS に期限内（例えば，2016年３月）に提出したとする。この場合の文書申告書の提出先は，同州の個人の文書申告書を所管するテキサス州の IRS オースティン（Austin）キャンパスとなる【☞本書第Ⅲ部❸(1)】。

　申告書の提出があると，IRS オースティン（Austin）キャンパスの申告処理センター（Internal Revenue Submission Processing Center）や当該キャンパスをカバーする IRS コンピュータセンターは，その申告書のデータ処理にあたる。その際に，キャンパス，センターの分析官は，IRS 給与・投資所得局（W&I Division）のコンプライアンスチェック担当部の助言や支援を受け，様式1040，別表Ａ，様式2106，様式2106-EZ などを自動申告データ照合システム，DIF システム，自動過少申告者チェックプログラム（AUP）などを使い，コンピュータを使ったチェック，外形分析チェックなどを実施する。その結果，内容に「問題あり」とのバナー（旗印）が立ちヒット（抽出）した申告書，あるいは分析官が「再チェックが必要」と判断した申告書に対しては，書簡調査（correspondence audit）を実施することになる【☞本書第Ⅲ部❹】。

H　❽人的控除等とは

　連邦税法（IRC）は，課税所得の計算にあたり，人的控除（personal exemption）と扶養控除（dependency exemption）を差し引くことを認めている（以下，双方を一括して「❽人的控除等（exemptions）」という。）。人的控除等は，いわゆる"所得控除（income deduction）"を使い，個人所得税制に，"課税最低限"を組み込むことが

狙いである。

「人的控除」には、納税者本人に対する控除 (exemption for the taxpayer)、いわゆる"基礎控除"と、その配偶者に対する控除 (exemption for the spouse)、いわゆる"配偶者控除"がある (IRC151条b項)。一方、「扶養控除」とは、納税者に扶養家族がいる場合には、それぞれの被扶養者につき認められる控除である (IRC151条c項およびd項)。ただし、対象となる扶養親族は、「適格子ども (qualifying child)」か、「適格親族 (qualifying relative)」でなければならない。

(1) 「適格子ども」の要件

「適格子ども (qualifying child)」にあたるかどうかの要件は、少し複雑である。図説すると、次のとおりである (IRC151条c項)。

【図表Ⅰ-21】「適格子ども」の要件

① **親族要件**：納税者の子ども（養子、継子、適格里子、兄弟姉妹、継姉妹またはこれらの者の直系卑属を含む。）であること。
② **同居要件**：納税者と、その課税年の半分を超える期間にわたり同居していたこと。
③ **年齢要件**：原則として、課税年末日において19歳未満であること、または24歳未満で5か月以上にわたり正規の学生であること、体の不自由な者であること（ただし、この場合は年齢を問わない。）などである[21]。
④ **扶養要件**：生活費の50%超を他人に依存していたこと。
⑤ **その他の要件**：合衆国市民、合衆国の居住者、カナダの居住者、メキシコの居住者〔つまり、北米自由貿易協定（NAFTA）加盟国内居住者〕であることなど。

【図表Ⅰ-22】人的控除額（2015年、2016年）

①納税者本人控除および配偶者控除	
・2015年	4,000ドル
・2016年	4,050ドル
②扶養控除（1人当たり）	
・2015年	4,000ドル
・2016年	4,050ドル

---

[21] なお、これら所得控除 (tax exemption/deductions) とは異なり、後述の各種非給付（非還付）型の税額控除 (non-refundable tax credits) や給付（還付）つき税額控除 (refundable tax credits) では、年齢要件は異なる。

人的控除等の額は，物価上昇に応じて，毎年，調整される。ちなみに，基礎控除・配偶者控除・扶養控除は，すべて同額である（Revenue Procedures 2014-61, 2015-53）。

(2) 「適格親族」の要件

「適格親族（qualifying relative）」にあたるかどうかの要件は，少し複雑である。図説すると，次のとおりである（IRC151条d項）。

【図表Ⅰ-23】「適格親族」の要件

① **総所得要件**：扶養親族の❸総所得（GI）が，その課税年の人的控除額未満であること。
② **親族要件**：扶養親族は，納税者の3親等以内のものであること。
③ **扶養要件**：納税者は，扶養親族の生活費の50％超を提供していること。
④ **同居要件**：納税者は，扶養親族とその課税年の半分を超える期間にわたり同居していたこと。
⑤ **その他の要件**：合衆国市民，合衆国の居住者，カナダの居住者，メキシコの居住者〔つまり，北米自由貿易協定（NAFTA）加盟国内居住者〕であることなど。

(3) その他の適正化措置

適格子どもまたは適格親族が，1人以上の納税者の控除対象者にあてはまるとする。この場合には，当事者間で協議し，1人の納税者のみが控除するものとする。協議が整わないときには，IRSが，関係破たんルール（tie-breaking rule）に基づいて決定することになる（IRC152条c項4号，IRS Notice 2006-86）。また，離婚した納税者が適格子どもまたは適格親族を有する場合については，原則として，課税年において長く同居した納税者が控除するものとする。この期間計算は，第一次親権ないし保護権を有する納税者が決定するものとする（IRC152条e項，財務省規則1.152-4）。同居期間が同じであるときには，高額の❺調整総所得（AGI）を有する納税者が控除できる。

(4) 高所得者への人的控除額の逓減・消失

❺調整総所得（AGI）が一定額（しきい値／threshold）を超える高所得の納税者については，人的控除，扶養控除できる金額は，超過部分2,500ドル（夫婦個別申告の場合は1,250ドル）につき2％ずつ逓減される（IRC151条d項3号）。2015課税年，2016課税年の人的控除額の逓減が開示されるしきい値は，図説すると，【図表Ⅰ-24】のとおりである（Revenue Procedure 2014-61, 2015-53）。ちなみに，この一

【図表Ⅰ-24】人的控除額の逓減が開始されるしきい値（2015年, 2016年）

納税者の申告資格（filing status）	逓減が開始されるしきい値（ドル）
①単身者	258,250（2015年）259,400（2016年）
②夫婦合算申告・適格寡婦	309,900（2015年）311,300（2016年）
③特定世帯主	284,050（2015年）285,350（2016年）
④夫婦個別申告	154,950（2015年）155,650（2016年）

定額は，物価上昇指数（CPI）に応じて，毎年，調整される。

(5) ❽人的控除額の計算例

連邦税法（IRC）は，個人納税者に適用される❽人的控除額は一律ではなく，各納税者の❹調整総所得（AGI）により異なる。以下に，具体例をあげて計算してみる。

《計算例》

単身者であるAは，2015課税年の❹調整総所得（AGI）は，300,000ドルであった。Aの2015課税年の❽人的控除額はいくらになるのか。

・しきい値を超える額の計算：300,000－258,250＝41,750
・逓減割合の計算：(41,750÷2,500)×2％＝33％
・逓減額の計算：4,000×33％＝1,320
・人的控除額の計算：4,000－1,320＝2,680

なお，❽人的控除額の逓減・消失割合が100％を超える場合には100％とすることになっている。

I 通常所得にかかる❿超過累進税率

通常所得（ordinary income）にかかる⓫所得税額（income tax）は，❾課税所得（taxable income）の金額に❿超過累進税率（10～39.6％の7段階）をかけて計算する。

これに対して，すでにふれたように，長期資本利得（long capital gains）には，通常所得に適用される❿超過累進税率（7段階）に代えて，おおむね3段階（0％，15％，20％）の税率が適用される。

個人納税者の通常所得に適用される❿超過累進税率にかかる税率表は，納税者の申告資格（filling status）により異なる。連邦税法（IRC）は，各課税年

(taxably year）において，納税者の申告資格に応じて適用する4種の税率表（tax rate schedule）を用意している。

税率表（tax rate schedule）は，適用税率（❿超過累進税率）についてはおおむね変更はないものの，❾課税所得の区分，控除額などは，毎年，消費者物価指数（CPI＝Consumer price index）に基づいて調整が行われる。

(1) 適用税率表（2015課税年，2016課税年）

申告資格ごとに適用される税率表（2015年，2016年）は，次のとおりである（IRC 1条，Revenue Procedure 2014-61, Revenue procedure 2015-53）。

①-A　別表X〔単身者（Schedule X）〕（2016課税年＊）

課税所得（A）		加算額（B）	適用税率（C）	控除額（D）
超	以下			
$0-	$9,225	$0	10%	$0
9,225-	37,450	922.50	15	9,225
37,450-	90,750	5156.50	25	37,450
90,750-	189,300	18,481.25	28	90,750
189,300-	411,500	46,075.25	33	189,300
411,500-	413,200	119,401.25	35	411,500
413,200-		119,996.25	39.6	413,200

＊ちなみに，2015課税年申告は，2016年4月が期限（以下，同じ。）

①-B　別表X〔単身者（Schedule X）〕（2016課税年＊）

課税所得（A）		加算額（B）	適用税率（C）	控除額（D）
超	以下			
$0-	$9,275	$0	10%	$0
9,275-	37,650	927.50	15	9,275
37,650-	91,150	5,183.75	25	37,650
91,150-	190,150	18,558.75	28	91,150
190,150-	413,350	46,278.75	33	190,150
413,350-	415,050	119,934.75	35	413,350
415,050-		120,529.75	39.6	415,050

＊ちなみに，2016課税年申告は，2017年4月が期限（以下，同じ。）

②-A 別表 Y-1〔夫婦合算・適格寡婦（夫）（Schedule Y-1)〕（2015課税年）

課税所得（A）		加算額（B）	適用税率（C）	控除額（D）
超	以下			
$0-	$18,459	$0	10%	$0
18,450-	74,900	1,845.00	15	18,450
74,900-	151,200	10,312.50	25	74,900
151,200-	230,450	29,387.50	28	151,200
230,450-	411,500	51,577.50	33	230,450
411,500-	464,850	111,324.00	35	411,500
464,850-		129,996.50	39.6	464,850

②-B 別表 Y-1〔夫婦合算・適格寡婦（夫）（Schedule Y-1)〕（2016課税年）

課税所得（A）		加算額（B）	適用税率（C）	控除額（D）
超	以下			
$0-	$18,550	$0	10%	$0
18,550-	75,300	1,855.00	15	18,550
75,300-	151,900	10,367.50	25	75,300
151,900-	231,450	29,517.50	28	151,900
231,450-	413,350	51,791.50	33	231,450
413,300-	466,950	111,818.50	35	413,350
4646,950-		130,578.50	39.6	466,950

③-A 別表 Y-2〔夫婦個別申告（Schedule Y-2)〕（2015課税年）

課税所得（A）		加算額（B）	適用税率（C）	控除額（D）
超	以下			
$0-	$9,225	$0	10%	$0
9,225-	37,450	922.50	15	9,225
37,450-	75,600	5156.25	25	37,450
75,600-	115,225	14,693.75	28	75,600
115,225-	205,750	25,788.75	33	115,225
205,750-	232,425	55,662.00	35	205,750
232,425-		64.998.25	39.6	232,425

③-B 別表 Y-2〔夫婦個別申告（Schedule Y-2）〕（2016課税年）

課税所得（A） 超	以下	加算額（B）	適用税率（C）	控除額（D）
$0-	$9,275	$0	10%	$0
9,275-	37,650	927.50	15	9,725
37,650-	75,950	5,183.70	25	37,650
75,950-	115,725	14,758.75	28	75,950
115,725-	206,675	25,895.75	33	115,725
206,675-	233,475	55,909.25	35	206,675
233,475-		65.289.25	39.6	233,475

④-A 別表 Z〔特定世帯主（Schedule Z）〕（2015課税年）

課税所得（A） 超	以下	加算額（B）	適用税率（C）	控除額（D）
$0-	$13,150	$0	10%	$0
13,150-	50,200	1,315.10	15	13,150
50,200-	129,600	6,872.50	25	50,200
129,600-	209,850	26,722.50	28	129,600
209,850-	411,500	49,192.50	33	209,850
411,500-	439,000	115,737.00	35	411,500
439,000-		125,362.00	39.6	439,000

④-B 別表 Z〔特定世帯主（Schedule Z）〕（2016課税年）

課税所得（A） 超	以下	加算額（B）	適用税率（C）	控除額（D）
$0-	$13,250	$0	10%	$0
13,250-	50,400	1,315.10	15	13,250
50,400-	130,150	6,897.50	25	50,400
130,160-	210,800	26,835.50	28	130,150
210,800-	413,350	49,417.00	33	210,800
413,350-	441,000	116,258.50	35	413,350
441,000-		125,936.00	39.6	441,000

(2) ⓫所得税額の計算例

連邦税法（IRC）は，個人納税者に適用される税率は，納税者の申告資格（filling status）により異なる。以下に，具体例をあげて計算してみる。

B＋（A－D）×C

《税額の計算式》

B＋（A－D）×C＝所得税額

《計算例》

単身者であるAは，2015課税年の❾課税所得は，300,000ドルであった。Aの2015課税年の⓫税額はいくらになるのか。

> この事例では，「前記①-A　別表X〔単身者（Schedule X）〕（2015課税年）」を使って計算することになる。
> ・(A) 課税所得：300,000ドル
> ・(B) 加算額：46,075.25ドル
> ・(C) 適用税率：33％
> ・(D) 控除額：189,300ドル
> 計算式
> 46,075.25＋（300,000－189,300）×33％＝82,606ドル

J　⓬税額控除

⓬「税額控除（tax credits）」とは，❾課税所得に対して❿超過累進税率をかけて算出した⓫所得税額から控除を行うものである（IRC21条a項）。❺調整総所得（AGI）の前の段階の控除や❼項目別控除，❽人的控除等のような，❾課税所得を算出する前の段階でする所得控除（tax deductions）とは異なる。

連邦税法（IRC）は，政策目的を実現する狙いから，各種税額控除を設けている。これらの税額控除は，「国際二重課税の調整」を目的とするものと，「政策減税」を目的とするものにわけることができる。前者は，「外国税額控除（FTC＝foreign tax credit）」として規定されている（IRC27条a項，901条）。

一方，連邦税法（IRC）に規定する「政策減税」目的の税額控除項目は実に多様である。個人所得税の人的控除関係に限っていえば，それらは，大きく「非給付（非還付）型の税額控除（nonrefundable tax credits）」と「給付（還付）型税額控除（refundable tax credits）」に分けることができる。それらを一覧にすると，次のとおりである。

【図表Ⅰ-25】連邦個人所得税上の人的税額控除のあらましとEITCの所在

① 非給付（非還付）型の税額控除（nonrefundable tax credits）

・**子女養育費税額控除**（Child and dependent care credit）（IRC21条）

子女養育費税額控除は，13歳未満の子ども（qualifying child）または身体もしくは精神に障害のある配偶者または扶養家族を世話するに要したベビーシッターやデイケアなどの費用が対象の税額控除である。❺調整後所得（AGI）に応じて基準額の20〜35％が控除可能である。夫婦合算申告（MFJ）の場合は，夫婦共に働いていること，扶養家族と該当課税年度の半年以上同居しているなどの要件をみたす必要がある。基準額とは，諸費用の支払額，子ども1人あたり3,000ドル（2人目以降は6,000ドル）に対し，夫婦の稼得所得のいずれか低い方の金額をもとに算出する。

・**老年および障害者税額控除**（Credit for elderly and the disabled）（IRC22条）

・**養子税額控除**（Adoption credit）（IRC23条）

個人は，適格子ども（eligible child）の適格養子費用（qualified adoption expenses）につき，税額控除を受けることができる。最高税額控除額は，1万3,400ドル（2015課税年），1万3,460ドル（2016課税年）である。税額控除額は，納税者の修正調整総所得（MAGI＝modified AGI）により消失する。

「適格養子費用」とは，合理的かつ必要な養子縁組費用，裁判費用，弁護士費用，その他適格子どもの養子縁組法務に直接関係する費用を指す。連邦または州の法律に違反して生じた費用や納税者の配偶者の子どもの養子縁組に関して生じた費用は，税額控除の対象とならない。また，他の所得控除や税額控除の対象とした費用は，この控除の対象とならない。

「適格子ども」とは，養子縁組が成立した日に18歳未満の者，または肉体的もしくは精神的な理由で自身の世話ができない者を指す。「適格子ども」には，特別要支援子ども（special needs child）を含む。「特別要支援子ども」とは，合衆国市民または居住者で，本人の親元に帰れないまたは帰るべきではなく，かつその状況から判断して養親の元に置くことができないと州当局に認定された者を指す（IRC23条d項2号および3号）。

・**子ども税額控除**（Child tax credit）（IRC24条）

納税者は，扶養控除（dependency exemption）を受けている1人以上の適格子どもについて（IRC151条c項），子ども税額控除（child tax credit）として，暦年末日に17歳未満の子ども1人あたり，年間1,000ドルを控除できる。子ども税額控除は，非還付（非給付）型，消失型の税額控除である。また，納税者の適格子ども（qualifying child/children）は，合衆国市民または居住者でなければならない（IRC24条c項）。

2015課税年で，修正調整後総所得（MAGI）金額が，夫婦合算申告（MFJ）の場合は11万1,000ドル以下，単身者申告および夫婦個別申告（MFS）の場合は5万5,000ドル以下，単身者申告の場合は7万5,000ドルが適用対象。納税者のMAGIがこれらのしきい値（threshold）を超える場合には，超過額1,000ドルにつき50ドルが逓減される（IRC24条b項）。なお，「修正調整後総所得（MAGI）」とは，外国勤労所得や外国住宅費用などへの非課税措置などを考慮しないで算定した金額を指す。

・**住宅ローン利子税額控除**（Mortgage interest credit）（IRC25条）

・**生涯教育およびアメリカ人の機会均等（旧ポープ奨学金教育）税額控除**（Lifetime Learning credit and American Opportunity tax credit）（IRC25条のＡ）

　生涯学習税額控除（Lifetime Learning Credit）は，大学の教育費と相殺する目的で定められた控除である。適用期間は定められておらず，納税者１人当たり，最大2,000ドル（年間10,000ドルの教育費の20％）まで控除が受けられる（IRC25条のＡ第ｇ項）。

　アメリカ人の機会均等税額控除（AOTC＝American Opportunity Tax Credit）【旧ホープ奨学金教育税額控除（Hope Scholarship education credits）の改正版】は，大学の授業料や関連する費用を2,500ドルまで控除を認める。❺調整総所得（AGI＝Adjusted Gross Income）80,000ドル未満，夫婦合算申告の人は160,000ドル未満の納税者が適用対象である。適用期間は４年で，少なくとも１学期間，ハーフタイムで就学している必要がある（IRC25条のＡ第ｉ項）。

・**退職貯蓄拠出税額控除**（Retirement savings contributions credit/Saver's credit）（IRC25条のＢ）

　低所得者向けの個人退職口座（IRA＝Individual retirement account）への拠出金に対し認められる税額控除である。各課税年につき，拠出限度額は年2,000ドルまでで，最大で1,000ドルまで税額控除が認められる。調整後総所得（AGI）金額に応じて消失する。

　適用要件は，暦年末までに18歳以上で，他の納税者の被扶養者ではなく，かつフルタイムの学生ではない者。2015課税年で，調整後総所得（AGI）金額が，夫婦合算申告（MFJ）の場合は６万1,000ドル以下，単身者申告および夫婦個別申告（MFS）の場合は，３万500ドル以下が適用対象。

・**非事業用エネルギー財産税額控除**（Nonbusiness energy property credit）（IRC25条のＣ）

・**エネルギー効率居住用資産税額控除**（Residential energy efficient property credit）（IRC45条のＬ）

・**その他さまざまな事業者向け税額控除**

② **給付（還付）型税額控除（refundable tax credits）**

・**給与にかかる源泉税額控除**（Credit for taxes withheld on wages）（IRC31条）

・**予納税額控除**（Credit for prepayment of taxes）＊

・**過払社会保障税額控除**（Credit for overpayment of social security taxes）＊

・**勤労所得税額控除**（EITC＝earned income〔tax〕credit）（IRC32条）＊＊

　勤労所得税額控除（EITC）は，"働いても貧しい低所得者（working poor）"を対象に，一定の要件をみたせば，所得税額の控除，還付を認めるものである。

・**追加的子ども税額控除**（Additional child tax credit）（IRC24条ｄ項４号）

　2018年１月１日前に始まる課税年まで，前記非給付（非還付）型の子ども税額控除に加えて，特例として給付（還付）型の追加的子ども税額控除が認められる。追加的子ども税額控除（additional child tax credit）は，納税者の勤労所得（earned income）のうち，3,000ドルを超える金額の15％部分について認められる。通常の子ども税額控除の未利用部分を上限に還付を受けることができる（IRC24条ｄ項）。

　納税者が３人以上の適格子どもを擁する場合には，計算特例の適用を受けること

ができる（IRC24条d項1号Bのⅱ）。

＊こうした税額控除は，純粋に人的税額控除というよりも，たんなる税額の調整措置のようにもみえる。
＊＊EITCのほかにEIC（earned income credit）の名称が使われる。

(1) 勤労所得税額控除（EITC/ETC）

　勤労所得税額控除（EITC/ETC）は，負の所得税（negative income）の理論をベースに導入された還付（給付）型の税額控除（refundable tax credit）の1つである。"働いて貧しい低所得者（working poor／ワーキングプア）"を対象に，一定の要件をみたせば，一定の額に達するまでの所得税額の控除，還付を認めるものである【☞本書第Ⅳ部5】。

　勤労税額控除は，勤労所得のある世帯に対して，勤労を条件に税額控除（減税）を認め，所得が低く控除しきれない場合には給付する，という制度設計になっている。アメリカは，勤労税額控除制度を1975年に導入した。アメリカの制度は，次のようなイメージのものである。

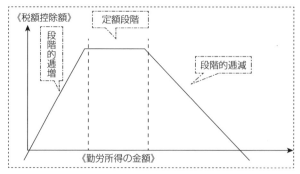

【図表Ⅰ-26】納税者の所得と勤労所得税額控除のイメージ

　税額控除額は，勤労所得金額の増加とともに段階的に逓増（phase-in）した後，一定の勤労所得での段階で定額（flat）になり，それを超えると段階的に逓減（phase-out）し，最終的には消失する仕組みのものである。税額控除額は，確定申告時に所得税額から控除され，税額が超過する分は，還付（給付）される[22]。

---

[22] ちなみに，イギリスは，従前の多様な制度を合理化し，2013年から統合給付税額控除制度（Universal credit）を実施している。See, Child Poverty Action Group, Universal Credit: What you need to know（CPAG, 2012）.

勤労所得税額控除の仕組みでは，従来の社会保障給付のように働くと給付が打ち切られるのとは異なり，働けば働くほど手取り額が増える仕組みとなっている。また，還付（給付）金の使途には，まったく制限がない。したがって，納税者は，子どものために使わないで，起業などの元手に使うこともできる。いわば，使途の自由度が売りである。

勤労所得税額控除（EITC/ETC）は，わが国でも注目を浴びたこともあることから，少し詳しく紹介する[23]。

① 勤労所得税額控除の主な適用要件

勤労所得税額控除（EITC/ETC）における税額控除・還付の金額は，納税者の❺調整総所得（AGI），19歳以下で納税者と同居しているなど複数の条件を満たす適格扶養児童（qualifying child）の有無や人数，単身者申告（single filing）か，または夫婦合算申告（MFJ＝married filing jointly）か，など申告内容により異なる（IRC32条）。

勤労所得税額控除（EITC/ETC）適用の基礎的な要件をおおまかにまとめてみると，次のとおりである。

【図表Ⅰ-27】勤労所得税額控除の主な適用要件

- 納税者に，課税年の勤労所得（earned income）があること（IRC32条 a 項 1 号）。
- 納税者の年間投資所得（Investment Income）が一定額（2015年，2016年は共に3,400ドル）以内であること（IRC32条 i 項）。
- 外国所得控除【様式2555（Form 2555）または様式2555-EZ（Form 2555-EZ）】を申請していないこと（IRC32条 c 項 1 号 C）。
- 納税者，被扶養者，適格扶養子ども全員が納税者番号／社会保障番号（SSN）を取得し，申告書や添付する別表（Schedule EIC）に記載できること（IRC32条 c 項 1 号 E および F，32条 m 項）[24]。

---

[23] わが国でも，新しいもの好きの旧民主党政権時代当時，ワーキングプア対策の目玉策として"給付つき税額控除"の導入がしきりと議論されたところである（『平成22年度税制改正大綱』（平成21年12月22日公表参照）。ひとくちに"給付つき税額控除"といってもさまざまな種類のものがある。当時議論されていた給付つき税額控除とは，正確にいえば，勤労所得税額控除を指すものと解される。

[24] 社会保障番号（SNN）の記載がない場合には，IRS は，正式な更正処分通知（SNOD＝statutory notice of deficiency）をするのではなく，「計算違い等（mathematical error）」として納税者に略式査定通知（CP 2000 Notice）を発して，納税者に自発的な訂正を求めることができる（IRC6213条 g 項 2 号）。すなわち，正式な更正処分通知（SNOD）の適用除外（math error exception）とする【☞本書第Ⅲ部❸(2)および第Ⅴ部❶】。

- 適格扶養子どもの居ない納税者（本人，その配偶者）が適用を受ける場合には，(a) その課税年の半分以上の期間合衆国内にある主たる住居に居住していること，(b)課税年の終了時に25歳以上65歳未満であること，(c)その納税者は他の納税者に扶養されていないこと（IRC32条c項1号AのⅡ）。
- 夫婦個別申告（MFS＝married filing separately）ではないこと。すなわち，単身者申告（single filing）または夫婦合算申告（MFJ＝married filing jointly）であること（IRC32条d項）。
- 合衆国市民または居住外国人であること（IRC32条c項1号D）。
- 適用を求める納税者は，課税年が12か月未満ではないこと（IRC32条d項）。
- 納税者が，❺調整総所得（AGI）が一定額以下で，勤労所得があること。

② EITC/ETC は消失税額控除

　勤労所得税額控除（EITC/ETC）は，働いても貧しい所得層の納税者を対象としており，所得制限がある。EITC/ETC は消失控除（phase-in, phase-out）の仕組みになっているのと，申告資格（filing status）により適用制限額は異なる。EITC/ETC の適用を受けるには，2015課税年については，納税者の暦年の❺調整総所得（AGI）が，例えば，単身者申告で扶養対象の年少者（qualifying child/children）がいなければ1万4,820ドル以内，夫婦合算申告で扶養対象年少者がいないなら2万330ドル以内，年少者が1人なら4万4,651ドル以内，2人なら4万9,974ドル以内であることが要件である（Revenue Procedure 2014-61）。

③ 「適格子ども」とは

　「適格子ども（qualifying child）」，すなわち，扶養対象の年少者とは，納税者の子どもや養子，継子，里子，孫，ひ孫，兄弟，義兄弟，姪，または甥でなければならず，年齢も納税者より若く，19歳未満，もしくは5か月以上フルタイムの学生なら，24歳未満でなければならない。それ以外にも，扶養対象の年少者と納税者がアメリカに半年以上同居していなければならず，その年少者が納税者と合算申告を提出していない（還付を得るために合算申告を提出している場合は例外）ことも要件となる（IRC32条c項3号）。

　このような要件を満たしていれば，2015年度の場合，最高で，扶養対象の年少者が1人なら3359ドル，2人なら5548ドル，3人以上いる場合は6242ドルが税額控除される（Revenue Procedure 2014-61）。

④ 「勤労所得」とは

　EITC/ETC の対象となる「勤労所得（earned income）」とは，賃金（wages），給与（salaries），チップ（tips），その他労働組合のストライキ給付（union strike benefits）などに加え，自営業者の場合の純収益金額（自営業者税50％部分控除後の金額）を指す（IRC32条 c 項 2 号 A）。

一方，利子，配当，年金給付，社会保障給付，失業保険給付，労災補償給付などは，勤労所得にはあたらない。

⑤ 「非適格所得」とは

「非適格所得（disqualified income）」とは，課税か非課税かを問わず，利子，配当，ロイヤルティ，資本純利得（純キャピタルゲイン），消極的活動所得（passive income）などを指す（IRC32条 i 項）。納税者は，これらに所得が一定額を超える場合には，EITC/ETC は適用できない。2015年，2016年とも，限度額は，3,400ドルである（Revenue Procedures 2014-61, 2015-53）。

⑥ 税額控除金額の計算

勤労所得税額控除（EITC/ETC）金額は，消失控除（phase-in, phase out）の仕組みをベースに，納税者の勤労所得（earned income）に控除率（credit percentage）を掛けて計算する（IRC32条 a 項 1 号）。

2015課税年における納税者の適格子ども数と控除率（credit percentage）は，次のとおりである（IRC32条 a 項 1 号 B の b の 1，Revenue Procedures 2014-61）。

【図表 I -28】納税者の適格子ども数と控除率（2015課税年）

納税者の適格子ども数	控除率	逓減率
1人	34%	15.98%
2人	40%	21.06%
3人以上	45%	21.06%
なし	7.65%	7.65%

また，納税者の適格子ども数に応じた EITC/ETC にかかる勤労所得限度額および逓減額は，次のとおりである（IRC32条 a 項 2 号 A）。

【図表 I -29】勤労所得限度額および逓減額（2015課税年）

納税者の適格子ども数	勤労所得額	逓減金額
1人	6,330ドル	11,610ドル
2人以上	8,890ドル	11,610ドル
なし	4,220ドル	5,280ドル

なお，この勤労所得税額控除（EITC/ETC）は，低所得者層を対象としており，納税者の❺調整総所得（AGI）または勤労所得のいずれか多い方の金額が一定額を超える場合には，超過分について逓減が開始され，逓減が終了すると適用できなくなる。

【図表Ⅰ-30】2015課税年の子ども数別の勤労所得控除の算定基準

A	B	C	D	E	F
3人以上	13,870ドル	45%	6,242ドル	夫婦合算申告者（MFJ）：47,747ドル 単身申告者：18,110ドル	MFJ：53,267ドル 単身申告者：47,747ドル
2人	13,870ドル	40%	5,548ドル	夫婦合算申告者（MFJ）：44,454ドル 単身申告者：18,110ドル	MFJ：49,974ドル 単身申告者：44,454ドル
1人	9,880ドル	34%	3,359ドル	夫婦合算申告者（MFJ）：23,630ドル 単身申告者：18,110ドル	MFJ：44,651ドル 単身申告者：39,131ドル
0人	6,580ドル	7.65%	503ドル	夫婦合算申告者（MFJ）：13,750ドル 単身申告者：8,240ドル	MFJ：20,330ドル 単身申告者：14,820ドル

（注） A　納税者の適格子ども数
　　　 B　勤労所得税額控除（EITC/ETC）を最大に利用するための要する勤労所得金額
　　　 C　控除率
　　　 D　最大限に勤労所得税額控除（EITC/ETC）を利用できる金額
　　　 E　逓減が開始になる調整総所得（AGI）金額
　　　 F　逓減が終了になる調整総所得（AGI）金額

《計算例》

例えば，適格子どもを持つシングルマザーが単身者申告をするとする。この場合，納税者は，調整総所得（AGI）所得金額が11,610ドルから18,110ドル（逓減が開始される前の金額）の範囲内であれば，勤労所得税額控除を最大の3,359ドルまで利用できる。ただし，AGIが18,110ドルを超える超過分については，15.98％〔＝3,359÷(39,131-18,118)〕の割合で利用可能な控除額が逓減される。

納税者の所得が，39,131ドルを超えると，勤労所得税額控除（EITC/ETC）の適用を求めることはできない。

⑦　別表 EIC〔勤労所得税額控除明細表〕

納税者は，勤労所得税額控除（EITC/ETC）を受ける場合には，様式1040/1040A〔連邦個人所得税申告書（Form 1040/Form 1040A）〕に，別表 EIC〔勤労所得税額控除明細表（Schedule EIC: Earned Income Credit）〕を添付しなければならない。

【図表Ⅰ-31】別表 EIC〔勤労所得税額控除明細表〕（1頁抜粋）

SCHEDULE EIC (Form 1040A or 1040)
Department of the Treasury Internal Revenue Service (99)

Earned Income Credit
Qualifying Child Information
► Complete and attach to Form 1040A or 1040 only if you have a qualifying child.
► Information about Schedule EIC (Form 1040A or 1040) and its instructions is at www.irs.gov/scheduleeic.

1040A / 1040 / EIC

OMB No. 1545-0074
2015
Attachment Sequence No. 43

Name(s) shown on return | Your social security number

Before you begin:
- See the instructions for Form 1040A, lines 42a and 42b, or Form 1040, lines 66a and 66b, to make sure that (a) you can take the EIC, and (b) you have a qualifying child.
- Be sure the child's name on line 1 and social security number (SSN) on line 2 agree with the child's social security card. Otherwise, at the time we process your return, we may reduce or disallow your EIC. If the name or SSN on the child's social security card is not correct, call the Social Security Administration at 1-800-772-1213.

CAUTION
- *You can't claim the EIC for a child who didn't live with you for more than half of the year.*
- *If you take the EIC even though you are not eligible, you may not be allowed to take the credit for up to 10 years. See the instructions for details.*
- *It will take us longer to process your return and issue your refund if you do not fill in all lines that apply for each qualifying child.*

Qualifying Child Information	Child 1	Child 2	Child 3
1 Child's name If you have more than three qualifying children, you have to list only three to get the maximum credit.	First name　Last name	First name　Last name	First name　Last name
2 Child's SSN The child must have an SSN as defined in the instructions for Form 1040A, lines 42a and 42b, or Form 1040, lines 66a and 66b, unless the child was born and died in 2015. If your child was born and died in 2015 and did not have an SSN, enter "Died" on this line and attach a copy of the child's birth certificate, death certificate, or hospital medical records.			
3 Child's year of birth	Year ____ *If born after 1996 and the child is younger than you (or your spouse, if filing jointly), skip lines 4a and 4b; go to line 5.*	Year ____ *If born after 1996 and the child is younger than you (or your spouse, if filing jointly), skip lines 4a and 4b; go to line 5.*	Year ____ *If born after 1996 and the child is younger than you (or your spouse, if filing jointly), skip lines 4a and 4b; go to line 5.*
4 a Was the child under age 24 at the end of 2015, a student, and younger than you (or your spouse, if filing jointly)?	□ Yes. *Go to line 5.*　□ No. *Go to line 4b.*	□ Yes. *Go to line 5.*　□ No. *Go to line 4b.*	□ Yes. *Go to line 5.*　□ No. *Go to line 4b.*
b Was the child permanently and totally disabled during any part of 2015?	□ Yes. *Go to line 5.*　□ No. The child is not a qualifying child.	□ Yes. *Go to line 5.*　□ No. The child is not a qualifying child.	□ Yes. *Go to line 5.*　□ No. The child is not a qualifying child.
5 Child's relationship to you (for example, son, daughter, grandchild, niece, nephew, foster child, etc.)			

⑧　EITC/ETC にかかる過誤申告・不正申告とペナルティー

後にふれるように，EITC/ETC は複雑で，インフレ調整目的で所得制限などの金額／数値に毎年変更があることから（IRC32条 j 項），過誤申告，不正申告の温床となっている[25]。IRS によるデータ照合，略式査定通知（CP2000Notice），税務調査の一番のターゲットとなっている【☞本書第Ⅴ部■A】。

過去に EITC/ETC の申告をして，IRS から過誤申告ないし不正申告を問わ

(25)　拙論「給付（還付）つき税額控除をめぐる税財政法の課題：アメリカの「働いても貧しい納税者」対策税制を検証する」白鷗法学15巻1号（2008年）参照。

れた場合，納税者には附帯税（ペナルティー）が課され，かつ2年間EITC/ETCの申告が認められない。また，虚偽申告と判断された場合は10年間EITC/ETCの申告が認められない（IRC32条k項）。

⑨ **州のEITC/ETC**

EITC/ETCは，ワシントン州やオレゴン州，カリフォルニア州など所得税を導入している26州＋ワシントンD.C.でも導入している（2016年5月現在）。

連邦のEITC/ETCでは，給与所得者のみならず，納税者が自営業者（self-employed）にも，低所得者であるなど法定要件を充足できれば，適用される。これに対して，州のEITC/ETCでは，自営業者である納税者には，適用されないところもある。また，調整総所得金額（AGI）も連邦とは異なる例もある。

(2) 外国税額控除：項目別控除との選択

連邦個人納税者（合衆国市民や居住者）は，外国で納付した税額を，❼項目別控除（所得控除）で受けるか，⓬税額控除で受けるかを選択ができる。❼項目別控除で受ける場合には，様式1040〔連邦個人所得税申告書（2015 Form 1040）〕の別表A〔項目別控除明細書（Itemized Deductions）〕の「納付税額（Taxes you paid）」ライン5以下に必要事項を記載することになる。一方，⓬税額控除で受ける場合には，様式1040〔連邦個人所得税申告書（2015 Form 1040）〕の「税額控除（Tax and Credits）」ライン48と，様式1116〔外国税額控除明細書（Form 1116: Foreign Tax Credit）〕に必要事項を記載して，IRSに提出する必要がある（IRC27条a項，901条以下）【図表Ⅰ-32】。

納税者は，外国で納付した税額が，単身者で300ドル，夫婦合算申告（MFJ）で600ドル以下の金額の場合を除き，様式1116〔外国税額控除明細書〕で⓬税額控除を受けることができる。つまり，外国で納付した税額が少額のときには，❼項目別控除で受けることになる。

K 個人所得税の申告納税と還付手続

個人所得税について，合衆国市民ないし居住者（居住外国人）である個人は，暦年の❸総所得金額が，❻標準控除[26]と❽人的控除等[27]の合計額以上になる場

---

[26] ただし，税法（IRC）上「標準控除額」は，基礎標準控除（basic standard deductions）と追加標準控除（additional standard deductions）からなる。しかし，納税申告書での「標準控除額」の計算上「追加標準控除」のうち，「65歳以上の老齢者」分は含めるが，「目の不自由な人向け」分は含まない。

1 連邦個人所得税法の仕組み 47

【図表Ⅰ-32】様式1116〔外国税額控除明細書〕のサンプル（抜粋）

Form **1116**
Department of the Treasury
Internal Revenue Service (99)

Foreign Tax Credit
(Individual, Estate, or Trust)
▶ Attach to Form 1040, 1040NR, 1041, or 990-T.
▶ Information about Form 1116 and its separate instructions is at *www.irs.gov/form1116*.

OMB No. 1545-0121
2015
Attachment Sequence No. 19

Name | Identifying number as shown on page 1 of your tax return

Use a separate Form 1116 for each category of income listed below. See **Categories of Income** in the instructions. Check only one box on each Form 1116. Report all amounts in U.S. dollars except where specified in Part II below.

- a ☐ Passive category income
- b ☐ General category income
- c ☐ Section 901(j) income
- d ☐ Certain income re-sourced by treaty
- e ☐ Lump-sum distributions

f Resident of (name of country) ▶

Note: *If you paid taxes to only one foreign country or U.S. possession, use column A in Part I and line A in Part II. If you paid taxes to more than one foreign country or U.S. possession, use a separate column and line for each country or possession.*

Part I Taxable Income or Loss From Sources Outside the United States (for Category Checked Above)

		Foreign Country or U.S. Possession			Total
		A	B	C	(Add cols. A, B, and C.)
g	Enter the name of the foreign country or U.S. possession ▶				
1a	Gross income from sources within country shown above and of the type checked above (see instructions):				
					1a
b	Check if line 1a is compensation for personal services as an employee, your total compensation from all sources is $250,000 or more, and you used an alternative basis to determine its source (see instructions) ▶ ☐				

Deductions and losses (*Caution: See instructions*):

2	Expenses **definitely related** to the income on line 1a (attach statement)				
3	Pro rata share of other deductions **not definitely related**:				
a	Certain itemized deductions or standard deduction (see instructions)				
b	Other deductions (attach statement)				
c	Add lines 3a and 3b				
d	Gross foreign source income (see instructions)				
e	Gross income from all sources (see instructions)				
f	Divide line 3d by line 3e (see instructions)				
g	Multiply line 3c by line 3f				
4	Pro rata share of interest expense (see instructions):				
a	Home mortgage interest (use the Worksheet for Home Mortgage Interest in the instructions)				
b	Other interest expense				
5	Losses from foreign sources				
6	Add lines 2, 3g, 4a, 4b, and 5				6
7	Subtract line 6 from line 1a. Enter the result here and on line 15, page 2 ▶				7

Part II Foreign Taxes Paid or Accrued (see instructions)

Country	Credit is claimed for taxes (you must check one)		Foreign taxes paid or accrued							
	(h) ☐ Paid		In foreign currency				In U.S. dollars			
	(i) ☐ Accrued		Taxes withheld at source on:			(n) Other foreign taxes paid or accrued	Taxes withheld at source on:			(r) Other foreign taxes paid or accrued	(s) Total foreign taxes paid or accrued (add cols. (o) through (r))
	(j) Date paid or accrued	(k) Dividends	(l) Rents and royalties	(m) Interest		(o) Dividends	(p) Rents and royalties	(q) Interest		
A										
B										
C										
8	Add lines A through C, column (s). Enter the total here and on line 9, page 2 ▶								8	

合には，原則として，申告書を提出しなければならない（IRC6012条 a 項）。ただし，申告義務にかかわらず，過大な源泉税の徴収を受け還付を求める（refund claim）場合や，勤労所得税額控除（EITC）による還付を受ける場合には，申告書を提出しなければならない。

なお，この❸総所得金額による申告基準とは別に，自営業者については，課税年において利益（net earnings）が400ドル以上ある場合には，申告書（自営申告書（Self-employment tax return）を提出しなければならない（IRC6017条）[28]。

(1) 個人所得税の申告

通例，個人所得税の申告義務のある者は，課税年の翌年 1 月15日から 4 月15日までの 3 か月の間に，様式1040〔連邦個人所得税申告書（Form 1040）〕に必要な法定資料（別表等）を添付して，納税者の法律上の住所または主たる事業所のある州を所管する指定の IRS キャンパス（IRS Campus）に，法定期限までに自発的に納税申告をし，かつ，追加納付が必要な場合には，同時にまたはその後法定期限までに適正な納税額を納付するように求められる（IRC6072条 a 項および6091条，財務省規則601.105(a)）。

なお，申告書の提出期限の延長を望む者は，様式4868〔連邦個人所得税申告書の申告期限の自動延長申請（Form 4868: Application for Automatic Extension of Time To File U.S. Individual Income Tax Return）〕をする必要がある（財務省規則1.6081-4(a)および(b)）。

(2) 申告書の種類

合衆国市民および居住者（居住外国人）で，個人所得税の申告義務のある者は，通例，申告にあたり，様式1040〔連邦個人所得税申告書（Form 1040: U.S. Individual Income Tax Return）〕を使用する。一方，非居住外国人で，個人所得税の申告義務のある者は，様式1040-NR〔合衆国非居住外国人所得税申告書（Form 1040NR: U.S. Nonresident Alien Income Tax Return）〕を使用する。

なお，合衆国市民および居住者向けには，様式1040（Form 1040）の他に，簡易版である様式1040-EZ（Form 1040-EZ）や様式1040-A（Form 1040-A）がある

---

[27] ただし，納税申告書の「人的控除等（exemptions）」額の計算上，「扶養控除（dependents）」分は含まない。

[28] 様式1040〔連邦個人所得税申告書（Form 1040）〕または様式1040-NR〔連邦個人所得税申告書（Form 1040-NR）〕に別表SE〔自営業者税（Schedule SE: Self-employment tax）〕を添付して，所管の IRS キャンパスに申告をする。

(財務省規則1.6012-1(a)(6)および(7))。

【図表Ⅰ-33】様式1040-EZ と様式1040-DA の概要

> ① **様式1040-EZ（Form 1040-EZ）**：所得が，給与と利子など投資所得が1,500ドル以下であり，かつ，❸総所得金額が10万ドル未満の納税者が対象。この申告書では，❼項目別控除の選択，追加標準控除，扶養控除をすることはできない。
> ② **様式1040-DA（Form 1040-DA）**：所得が，給与と利子など投資所得のみであり，かつ，❸総所得金額が10万ドル未満の納税者が対象。❼項目別控除の選択はできないが，扶養控除の利用は可能
> ③ **様式1040-NR（Form 1040-NR）**：非居住外国人の申告に使用（財務省規則1.6012-1(b)(1)

(3) 還付申告・減額修正の請求

　納税者は，払いすぎの税額の還付請求については，一般に，IRS に，通常の納税申告書【様式1040（Form 1040）様式1040-EZ（Form 1040-EZ）または様式1040-A（Form 1040-A）】を提出して行う。様式1040（Form 1040）では，2頁ライン75以下に記入する。

　しかし，納税者は，いったん申告書【様式1040，様式1040-EZ または様式1040-A】を提出した後に，その内容が正しくないことが分かった場合には，"減額修正の請求（claim for refund）"～わが税法でいう"更正の請求"～を，IRS に様式1040-X〔合衆国個人所得税修正申告書（Form 1040-X: Amended U.S. Individual Income Tax Return)〕を提出して行う。

　様式1040-X の提出期間は，当初の申告書の提出日から3年，または納税日から2年のうちいずれか遅い日までである（IRC6511条a項）。ただし，申告書が提出期限前に提出されていた場合には，提出期限日に提出があったものとみなされる。

(4) ⓮予定納税

　⓮予定納税制度（estimated tax payment）は，所得税の源泉徴収（withholding）なしに稼得した所得について，4分割前払による納税方法である（IRC6651条）。予定納税の対象となる税は，⓬税額控除と⓭源泉税を控除した後の，代替ミニマム税（AMT＝alternative minimum tax）【☞本書第Ⅰ部❸】および自営業者税（self-employment tax）を含む所得税を指す。

　一般に，被用者は，給与の支払を受ける際に，その雇用主は一定の源泉税を

【図表Ⅰ-34】様式1040〔連邦個人所得税申告書（Form 1040)〕（2頁）

天引き徴収する。したがって，給与所得者（wage income earners）は，予定納税をするように求められない。言い換えると，予定納税は，多くの場合，給与所得以外の所得のある者が対象になる。源泉課税なしで支払が行われる所得には，事業所得，賃貸収入，離婚扶助手当，実現された資本利得（capital gains），賞金

1 連邦個人所得税法の仕組み　51

などがある。

① 予定納税の義務

予定納税に納付義務は，原則として，納付すべき税額が1,000ドル以上であり，かつ法定年間支払額が⓬税額控除と⓭源泉税の合計額を超過する場合に，超過額の25％相当額を4分割前払の形で予定納税をする義務を負う。

法定年間支払額（required annual payment）とは，原則として，(a)当該年の予定納税の対象となる税の税額の90％，または(b)前課税年の予定納税の対象となる税の税額の100％のうち，いずれか少ない方の金額を指す（IRC6654条d項1号B）。その他，予定納税の法定年間支払額の算定にはいくつかの特例がある。

なお，予定納税が不足する場合には，罰則（penalty on underpayment）がかされる（IRC6654条）。

② 予定納税の納付時期

予定納税は，暦年を4期に分けて納付する（IRC6654条c項）。納付の際には様式2040ES〔個人用予定納税（Form 2040ES: Estimated Tax for Individuals）〕を使う。

【図表Ⅰ-35】予定納税の期間と納付期限

期間	納付期限
・1月1日～3月31日	4月15日
・4月1日～5月31日	6月15日
・6月1日～8月31日	9月15日
・9月1日～12月31日	翌年1月15日

予定納税の期間と納付期限には特例がある。例えば，自営業者の場合で，暦年の3分の2以上収入が農業または漁業から稼得している場合には，4分割は適用されず，最終回の翌年1月5日の納付期限にまとめて払う（IRC6654条i項）。また，非居住外国人（nonresident aliens）の場合には，3分割【6月15日，9月15日，翌年1月15日】が適用になる（IRC6654条j項）。

L　給与にかかる源泉徴収税その他雇用関係税

わが国の場合，法人や個人事業主（以下「雇用主（employer）」という。）が，従業者（employee）を雇うとする。この場合，雇用主は，給与等の支払の際に，源泉所得税，住民税の特別徴収，その他従業者負担分の各種の社会保障税や負担料

などを天引き徴収する受認義務を負う。また，雇用主は，各種の社会保障税や負担料の雇用主負担分を課税庁その他の機関に納付する義務を負う。雇用主がこうした税・社会保障関係の義務を負うことについては，アメリカでも変わりがない。

アメリカの場合，給与に関係する税を，一括して「給与税（payroll tax）」または「雇用税（employment tax）」と呼ぶ。また，源泉義務などを含め，「給与関係税」，「雇用関係税」と呼ぶことも多い。

以下に，アメリカにおける源泉徴収税その他雇用関係税について，できるだけ簡潔にその概要を紹介する。

(1) 給与支払の際の雇用主の雇用関係税義務

例えば，ニューヨーク州の事業会社法（N.Y State Business Corporation Law）に基づいて一定の手続を踏み会社を設立し事業を行うとする。あるいは，ニューヨーク市内で個人経営のレストランを開業するとする。この場合，当該会社または事業者は，連邦課税庁（IRS）に様式SS-4〔雇用主番号の申請書（FormSS-4: Application for Employer Identification Number（EIN））〕に提出し，雇用主番号（EIN）を取得するように求められる。雇用主は，従業者を雇用した場合に，さまざまな雇用関係税義務を負うことになる。一方，従業者は，連邦社会保障省（SSA＝Social Security Administration）が発行する社会保障番号（SSN＝social Security number）を取得し，雇用主に，提出するように求められる。連邦課税庁（IRS），州および地方団体の課税庁は，SSNを個人の納税者番号（TIN＝taxpayer identification number）として使っている。また，SSNは，各種社会保障を含む多様な行政目的に汎用されている[29]。

まず，雇用主は，従業者に対し支払う給与等から，連邦や州，さらには地方団体の個人所得税にかかる源泉税を天引き徴収し，定期的に連邦政府その他統治団体（州政府・地方政府）に納付する義務を負うことになる。その他連邦や州の社会保障税（social security tax）や失業保険税なども天引き徴収し定期的に連邦政府その他統治団体（州政府・地方政府）に納付するように求められる。また，雇用主負担分の納付も必要になる。

ちなみに，州や地方団体が導入する個人所得税制（個人所得税を導入していないところもある。）は，ことごとく異なる。社会保障税や失業保険税などについても千差万別である。したがって，源泉徴収税その他雇用関係税義務は，雇用主や

従業者が所在・住所を有する州・地方団体によっても異なってくる。ここでは，ニューヨーク州とニューヨークシティ（市）をサンプルにとりあげる[30]。

① 源泉徴収税その他雇用関係税義務一覧

源泉徴収税その他雇用関係税義務について，できるだけ簡潔に一覧にしてみると，次のとおりである。

【図表Ⅰ-36】源泉徴収税その他雇用関係税義務一覧

> ① 源泉徴収関係
> ⓐ **連邦個人所得税のかかる源泉所得税**：雇用主は，従業者に様式 W-4〔扶養控除等申告書〕の提出を求める。雇用主は，様式 W-4〔扶養控除等申告書〕から読み取ったその従業者の控除係数（allowances）の数，従業者が支払った給与額，従業者の婚姻上の地位（marital status），給与の支払期間などに基づき，パーセンテージ方式（percentage method）または源泉徴収税額票方式（wage bracket method）を用いて，給与支払の際に源泉徴収する税額を計算，その額を天引き徴収し IRS に納付する。雇用主は，各従業者から源泉徴収した額を記載した様式 W-2〔源泉徴収票（Form W-2: Wage and Tax Statement）〕を作成する。従業者は，確定申告書である様式1040〔Form 1040〕を提出する際に W-2〔源泉徴収票（Form W-2）〕を添付する。
>
> 　なお，雇用主は，様式 W-2〔源泉徴収票（Form W-2）〕に加え，様式 W-3〔源泉徴収集計表（Form W-3: Transmittal of Wage and Tax Statements)〕を作成し，各様式 W-2〔源泉徴収票〕の一部とともに，2月28日（電子の場合は3月31日）までに，それらを連邦社会保障庁（SSA＝Social Security Administration）に提出が必要になる。また，雇用主は，事情により様式 W-2〔源泉

---

[29] わが国では，かつて，アメリカの内国歳入庁（IRS）が，SSN を使って連邦税に加え，公的年金保険税である社会保障税（social security tax），メディケア税（Medicare tax）などの徴収事務を担当していることをとらえて，個人番号（マイナンバー）の導入を契機に，"税と社会保障料の徴収に一元化"をはかる歳入庁構想を打ち上げた政党があった。しかし，アメリカの実業をみる限りでは，社会保障事務は複雑であり，"徴収の一元化"のみでは，効率化が進むかどうかは大きな疑問符がつく。むしろ，オーストラリアのように組織は別としながらも，徴収の電子化，政府の電子化（e-Gov）による情報連携（データマッチング）基盤を整備することで，実質的な事務の一元化の途を探るのが得策である。また，わが国の e-Gov（マイナポータル）の場合もそうであるように，政府ポータルサイトへのログインには個人番号（マイナンバー）は直接使わない。税務や社会保障事務は，現実空間（real space）事務から，ネット空間（cyber space）を通じた事務に大きく移行している現状を織り込んで考えると，SSN や個人番号（マイナンバー）の汎用は，セキュリティ面では危ないだけでメリットは少ない。拙論「電子政府構想の光と影：豪の「マイガブ」と日本の「情報ネットワークシステム」を比べる」国民税制研究2号78頁以下参照。Available at: http://jti-web.net/archives/736

[30] See, Department of Taxation and Finance, State of New York, Withholding Tax (as of August 1, 2016). Available at: https://www.tax.ny.gov/bus/wt/wtidx.htm

[31] See, Social Security Administration, Social Security Taxes (2016). Available at: https://www.ssa.gov/pubs/EN-05-10003.pdf

徴収票〔Form W-2〕〕を修正交付したときには，様式 W-3c〔修正源泉徴収集計表（Form W-3c：Transmittal of Corrected Wage and Tax Statements）〕の作成・提出が必要になる。

(b) **連邦社会保障税（FICA tax＝Federal insurance contribution act taxes）**：FICA税は，次の２つの種類の税からなる（IRC3101条，3111条，3121条ａ項）。従業者と雇用主の双方に課税される（負担は折半）[31]。

(i) **社会保障税（social security tax）**：連邦の公的年金制度〔疾病・障害・遺族年金（OASDI＝old-age, survivors, and disability insurance）〕は，連邦社会保障法（Social Security Act of 1935）サブチャプター２章〔連邦老齢・障害・遺族保険給付（Federal Old-Age, Survivors, and Disability Insurance Benefits）〕（401条〜434条）に基づき，連邦社会保障省（SSA）と財務省が所管する。制度運営は，SSAのプログラムセンターや地方事務所が行っている。財務省は，IRSを通じて社会保障税（social security tax）を徴収し，給付金の支給などの事務を担当している。この年金の適用対象者は，自営業者を含む従業者一般である。従業者側は，単身者申告の場合で給与総額が11万8,500ドルまでに対して6.2％の負担する（2016年）。【なお，自営業者（self-employed）の場合は，本人１人で負担することになることから，12.4％（2016年）】

(ii) **メディケア税（Medicare tax）**：メディケアは，連邦の公的医療保険制度の１つである。高齢者や障害者【65歳以上のアメリカ居住5年以上のアメリカ市民権または永住権保持者，65歳未満の身体障害者で一定の資格を満たす者，末期の腎臓病またはLou Gehrig病（筋萎縮性側索硬化症）の者】向けの公的医療保険制度である。社会保障法サブチャプター18章〔高齢者および障害者の医療保険（Health Insurance for Aged and Disabled）〕（1396条〜1396条 W-5）に基づいている。所管は連邦保健福祉省であり，運営はメディケア・メディケイドサービスセンター（Center for Medicare & Medicaid Services）が，社会保障省（SSA）や州の保健医療省などと協力して行っている。メディケアの給付内容は，病院保険（HI＝hospital insurance）や医療保険（MI＝Medical Insurance／任意加入）などである。HIの財源はメディケア税であり，財務省は，IRSを通じてメディケア税の徴収事務を担当している。従業者側は，単身者申告の場合で給与総額20万ドルまで1.45％，20万ドル（ただし，夫婦合算申告の場合には25万ドル，夫婦個別申告の場合には12万5,000ドル）のしきい値を超えるときには0.9％の追加負担をする（2016年）。【なお，自営業者（self-employed）の場合は，本人１人で負担することになることから，2.9％（2016年）】

* ちなみに，外国から合衆国の派遣された社員等は，強制加入の社会保障税〔公的年金の保険税〕とメディケア税〔病院保険関連税〕について，その者の国と合衆国との二国間で社会保障の統合協定（tantalization agreement）を締結している場合には，二重負担を回避することもできる。例えば，日本から派遣された社員等については，2004年２月に締結された日米社会保障協定（Agreement between Japan and the United States of America on Social Security）により，アメリカへの派遣期間が５年以下で，日本の社会保険制度に加入し，かつ，日本に当局が発行した既定の届出署（Certificate of Coverage）を雇用主に提出し，免除を受けることができる

---

[32] See, Department of Taxation and finance, New York State Withholding Tax Tables and Methods (effective January 1, 2016). Available at: https://www.tax.ny.gov/pdf/publications/withholding/nys50_t_nys.pdf

(Revenue Procedures 80-56, 84-54, Revenue Ruling 92-9)。
(c) **ニューヨーク州（NY State）源泉所得税関係**：給与支払方法（日給，週給，2週給，月給），支払給与額，申告資格などに応じ，源泉税額表（withholding tax tables）に基づいて源泉徴収する[32]。
(d) **ニューヨーク市（NY City）源泉所得税関係**：給与支払方法（日給，週給，2週給，月給），支払給与額，申告資格などに応じ，源泉税額表（withholding tax tables）に基づいて源泉徴収[33]。ちなみに NY City の雇用税務局（OPA＝Office of Payroll Administration）は，連邦源泉所得税を所管する IRS や，NY State 雇用関係税を所管する州税務金融省（Department of Taxation and Finance）との情報連携を実施している[34]。
(e) **労働災害補償**：労働災害補償（労災）は，州に委ねられている（連邦政府は，連邦公務員を対象とした制度を設けている。）。労災の給付は，雇用主が支払う保険料を財源としている。雇用主は，労災保険を，民間保険会社または州保険基金から購入することができる。ニューヨーク州の場合，雇用主の選択により，労災保険料として，従業者から1週60セントまで徴収可能である。

② **雇用関連税の雇用主負担分**
(a) **連邦社会保障税**：従業者と雇用主の双方に課税される。
(i) 社会保障税（social security tax）：雇用主側は，年間給与総額11万8,500ドルまでに対して6.2%を負担する（2016年）。
(ii) メディケア税（Medicare tax）：雇用主側は，給与総額のまで1.45%を負担する（2016年）。
(b) **連邦失業保険税**：アメリカの失業保険制度は，連邦の社会保障法3章〔失業補償行政についての州への補助〕と連邦失業保険税法（FUTA＝Federal Unemployment Tax Act）を典拠にして，州の失業保険法に基づいて運営されている。管理運営主体は，連邦労働省と各州の職業安定機関である。連邦財務省は，IRS を通じて社会保障税連邦失業保険税法（FUTA tax）を徴収する事務を担当している。FUTA tax は雇用主に課税される。年間給与総額7,000ドルまでに対し0.6%（州失業保険税を払っている場合。払っていない場合は6.0%）。
(c) **ニューヨーク州失業保険税**：年間給与総額1万300ドルまでに対し雇用主に課税される。税率は企業により異なる。

② **雇用関係税の徴収納付期限**

　雇用関係税のうち連邦個人所得税関係の源泉所得税と社会保障税の徴収納付期限は，雇用主が基準期間（look back period）に支払った合計額により異なる。ここでいう基準期間とは，6月30日に終了する1年間である。例えば，2015年

---

[33] See, Department of Taxation and Finance, New York City Withholding Tax Tables and Methods (effective January 1, 2016). Available at: https://tax.ny.gov/pdf/publications/withholding/nys50_t_nyc.pdf
[34] See, NYC OPA, Withholding. Available at: http://www.nyc.gov/html/opa/html/taxes/withholding.shtml#claiming

【図表 I-37】雇用関係税の徴収納付期限

基準期間の納付額	徴収納付期限
・5万ドル以下	給与等の支払日の翌月15日
・5万ドル超	給与支払が土曜日から火曜日の場合は，次の金曜日。給与支払か水曜日から金曜日の場合は，次の水曜日
・10万ドル超	給与支払日の翌銀行営業日

7月1日から2016年6月30日までである。

　連邦失業保険税法（FUTA）については，通常各四半期における納付額が100ドルを超える場合には，四半期末の翌月末が納付期限となる。

③　源泉所得税と社会保障税の納付方法

　源泉所得税と社会保障税の納付方法には，次の2つがある。

【図表 I-38】源泉所得税と社会保障税の納付方法

> (a) **電子連邦税納付システム（EFTPS＝Electronic Federal Tax Payment System）**：前年度の納付税額が20万ドル以上であった納税者およびEFTPSによる納付が義務づけられる納税者は，連邦財務省所管のEFTPSが使う電子納税システムである。ネット，銀行振込，雇用税徴収納付代行事業者（payroll service）などを通じて納付する必要がある。現金納付は認められない。義務違反には，納付時期とは関係なく，10%の制裁金が課される。ちなみに，ニューヨーク（N.Y.）州の場合，州所得税にかかる源泉所得税，州失業保険税など州雇用関係税については，2015年4月30日から電子納付が義務づけられた[35]。
> (b) **様式8109〔連邦税納付クーポン〕**：新設会社や新規の納税者であって雇用主番号（EIN＝employer identification number）を取得後数週間内にIRSから送付されたクーポンを記載し，納付額小切手とともの銀行からIRSに送付する。

④　雇用関係税の受忍義務違反と制裁

　雇用主は，源泉所得税を納付期限までに納付しなかった場合には，附帯税【加算税と経過利子（延滞税）】が課される。附帯税は，期限から5日未満の場合は，延滞未納付額の2%，5日以上15日未満の場合は5%，15日以上の場合10%である。

　また，雇用主は，納付書の未提出の場合には，未納付額に対し，毎月5%，

---

[35] See, Department of Taxation and Finance, Electronic filing is mandatory for withholding tax filings (NYS-45 and NYS-1). Available at: https://www.tax.ny.gov/bus/wt/wt_efile_mandate.htm

最高25％の附帯税が課される（ただし，正当な理由があるときは免除されることもある。）。

加えて，雇用主が，源泉所得税の徴収納付義務があるのを知りながら，故意の納期限までに納付しなかった場合には，納付税額の100％の附帯税が課されることもある。

⑤ 雇用税徴収納付代行事業者による事務代行

雇用関係税の徴収納付事務は，かなり煩雑である。また，受認義務違反には厳しい制裁が科される。このため，雇用主の多くは，その事務を，外部の雇用税徴収納付代行事業者（payroll service/payroll agency）に委託している。この業者は，わが国の社会保険労務士に近い専門職といえる。

雇用主は，源泉徴収税その他雇用関係税事務を外部事業者に委託し，その受託業者に年間600ドル以上の支払を行った場合には，当該年終了後にForm 1099（雑所得報告書）を作成し，その受託業者に翌年1月末までに送付する義務がある。さらに，Form 1096（Form 1099の集計フォーム）およびForm 1099を2月28日までにIRSおよび州当局に提出しなければならない。

(2) 給与にかかる源泉徴収税

雇用主は，従業者に給与等を支払う（みなし支払を含む。以下，同じ。）場合には，原則として連邦源泉所得税（withholding income tax）を徴収して，期日までIRSに納付しなければならない（IRC3402条a項，財務省規則31.3402(a)-1）。ここでいう「給与」には，従業者が雇用主に提供した役務に対する報酬，現金以外の形で支払われる給付（benefits）を含む（ただし，公職者への支払は除く。）。したがって，雇用主は，給与，賞与，手当，手数料，給与外給付およびこれらに類するもの（年金，退職金，保険料など）を従業者に支払った場合には，源泉所得税の徴収納付を行うように求められる。

① 「雇用主」とは

「雇用主（employer）」とは，役務提供形態いかんを問わず，従業者から役務提供を受ける主体を指す。しかし，役務提供を受けた者が，給与等の支払に関して何ら法的権限を有していない場合には，その支払に実質的な権限を有する者を雇用主とすることになっている（IRC3401条d項，財務省規則31.3401(d)-1）。「雇用主」であるためには，給与を支払った時にその役務提供が継続していることは必要ない。「雇用主」には，個人や「取引や事業に従事している」機関（株式会

社など）のみならず，免税団体ならびに連邦，州および地方団体なども含む。加えて，「雇用主」には，非居住外国個人の支払をする者，外国パートナーシップ，合衆国内で取引や事業に従事していない外国法人なども含む。

② 「従業者」とは

「従業者（employee）」とは，役務を提供する個人（individual）で，労働により達成した成果のみならず，どのような手法でどのような成果を達成すべきかについても，雇用主（employer）の指揮および監督を受ける者を指す（IRC3401条c項，財務省規則31.3401(c)(1)）。「従業者」には，連邦・州・地方団体の上級職員および職員ならびに選挙で選ばれた公職者，会社の役員（ただし，取締役（director）を除く。）を含む。医師や弁護士，請負者（contractor）のような専門職，その他取引や事業を独立して営む者，または一般大衆を相手に自らの役務を提供する職業は，「従業者」ではない。

雇用主・従業者関係が存在すれば，当事者間でどのような名称（例えば，代理人（agent））を使っているかは問わない。また，雇用形態が，常勤か非常勤かは問わない。

③ 「従業者」か，「一人親方」か

雇用主は，従業者に支払う給与等から源泉所得税を徴収しない場合，その分について自らが納付義務を負う（IRC3403条）。

「従業者」にあたるのか，それとも「一人親方／請負者（independent contractor）」にあたるかの分類（classification）は，源泉所得税その他の雇用関係税の面で，久しく問題になってきた。なぜならば，役務提供を受けた者は，提供した者が「一人親方」と解されると，支払った対価は事業性の総所得にあたり，源泉所得税の天引き徴収をする義務を負わないからである。また，雇用関係税【連邦社会保障税（FICA tax），連邦失業保険税（FUTA tax）など】の天引き徴収や雇用主負担分の納付義務も負わないからである[36]。

IRSは，従業者にあたるか，一人親方／請負者にあたるのかに関する20の判

---

[36] リバタリアニズム（新自由主義）の潮流に呼応して，諸州が労働者権法（Right to work act）【労働規制を撤廃し，従業者が何時間でも働けるようにし，雇用主に労働契約の自由を広げる立法】の制定を競い合う現状において，ブラック企業が，源泉所得税や雇用関係税の負担を回避する狙いで，雇用契約を回避し請負契約を濫用する問題も深刻である。連邦議会のみならず，州議会も，この問題への立法的対応には及び腰である。この問題について建設業界をサンプルに分析した論考として，See, Note, "Employees Versus Independent Contractors: Why States Should Not Enact Statutes That Target the Construction Industry," 39 J. Legis. 295 (2012/13).

定基準（20-factor test）などを定立し，課税の適正化に努めてきた（Revenue Ruling 87-41）。近年，判定基準を 3 つの行動基準（3 behavioral analysis：行動統制，財政統制，当事者間関係）に改めた（IRS Publication 15-A）[37]。この判断基準を持ってしても，事実認定が難しい事案も多く，この分類に関しては，IRS による税務調査でも常に問題になる[38]。

ちなみに，IRS は，2011年 9 月から，新たな「自発的労働者分類和解プログラム（CCSP＝Voluntary Classification Settlement Program）」を開始している。このプログラム（CCSP）は，これまで労働者を一人親方／請負者（independent contractor）にアレンジ・分類し，従業者である場合に求められる雇用関係税を納付しないできた企業（雇用主）に，溜まった過去の未払分を少額で済ませることを可能にしようというものである。労働者分類に問題を抱えている事業は，IRS の税務調査を受ける前に，申請してこのプログラム（CCSP）に参加すれば，「フレッシュ・スタート」を切れることになる。

このプログラム（CCSP）に申請するには，次のような要件を充足する必要がある。

【図表Ⅰ-39】プログラム（CCSP）への申請資格

- 申請人は，過去に労働者を非従業者（nonemployees）として取り扱ってきた。
- 申請人は，申請に先立つ過去 3 年間，労働者に発行する様式1099〔雑総所得報告書（Form 1099-MISC＝Miscellaneous Income）〕にかかわる必要な各種様式を IRS に提出してきた[39]。
- 現在 IRS の税務調査を受けている状態にない。
- 現在連邦労働省（Department of Labor）または州の労働者の分類を所管する機関の調査を受けている状態にない。

---

[37] See, Note, "Not Everything That Glitters is Gold, Misclassification of Employees: The Blurred Line Between Independent Contractors and Employees under the Major Classification Tests," 20 Suffolk J. Trial & App. Adv. 253（2015）.

[38] 分類にかかる事実認定をめぐっては争訟に発展する事案も多く，企業に訴訟費用・追徴など大きな負担を強いる結果となっている。See, Debbie Whittle Durban, "Independent Contractor or Employee: Getting Wrong Can be Costly,": 21 S. Carolina Lawyer 31（2010）.

[39] 様式1099〔雑所得報告書（Form 1099-MISC＝Miscellaneous Income）〕は，主に請負者／一人親方や委託者などに対して発行される情報申告書で，課税年中に支払われた雑所得金額が記載されている証票である。また雑所得報告書とは別に支払側は，様式1096〔年次雑所得集計書（Form 1096: Annual Summary and Transmittal of U. S. Information Returns）〕を各雑所得報告書の Copy A 部分と一緒に IRS に提出することも義務付けられている。一方，雇用主は，労働者を従業者として扱い給与を支払った場合には，雑所得報告書ではなく，様式 W-2〔給与所得の源泉徴収票（FormW-2: Wage and Tax Statement）〕を発行する必要がある。

ちなみに、このプログラム（CCSP）に申請する雇用主は、労働者を従業者（employees）として取り扱うことを開始する少なくとも60日前に申請書【様式8952〔自発的労働者分類和解プログラム申請書（Application for CCSP）〕】をIRSに提出しなければならない。

このプログラム（CCSP）に参加が認められた企業（雇用主）は、過年に従業者と分類された労働者の支払った金額の1％分を納付すれば済む。利子税も制裁も課されない。過年にこれら労働者に支払った金額に関する税務調査もない。これら企業（雇用主）は、このプログラム（CCSP）に3年間参加するように求められる。ただし、これらのプログラム（CCSP）に通常適用になる3年間の消滅時効（statute of limitations）は、6年に延長される[40]。

④ 連邦源泉所得税の対象となる「給与」とは

雇用主は、従業者が提供した役務に対して支払われた対価が「給与」にあた

【図表Ⅰ-40】様式1099〔雑所得報告書（Form 1099-MISC）〕（抜粋）

---

[40] See, IRS, IRS Announces New Voluntary Worker Classification Settlement Program: Past Payroll Tax Relief Provided to Employers Who Reclassify Their Workers (Sep. 21, 2011).

【図表Ⅰ-41】様式1096〔年次雑所得集計書（Form 1096）〕（抜粋）

Do Not Staple 6969

Form **1096**
Department of the Treasury
Internal Revenue Service

Annual Summary and Transmittal of U.S. Information Returns

OMB No. 1545-0108
2017

FILER'S name

Street address (including room or suite number)

City or town, state or province, country, and ZIP or foreign postal code

For Official Use Only

Name of person to contact	Telephone number
Email address	Fax number

1 Employer identification number	2 Social security number	3 Total number of forms	4 Federal income tax withheld	5 Total amount reported with this Form 1096
			$	$

6 Enter an "X" in only one box below to indicate the type of form being filed.

7 Form 1099-MISC with NEC in box 7, check . . . . . ▶ ☐

W-2G 32	1097-BTC 50	1098 81	1098-C 78	1098-E 84	1098-Q 74	1098-T 83	1099-A 80	1099-B 79	1099-C 85	1099-CAP 73	1099-DIV 91	1099-G 86	1099-INT 92	1099-K 10
☐	☐	☐	☐	☐	☐	☐	☐	☐	☐	☐	☐	☐	☐	☐
1099-LTC 93	1099-MISC 95	1099-OID 96	1099-PATR 97	1099-Q 31	1099-QA 1A	1099-R 98	1099-S 75	1099-SA 94	3921 25	3922 26	5498 28	5498-ESA 72	5498-QA 2A	5498-SA 27
☐	☐	☐	☐	☐	☐	☐	☐	☐	☐	☐	☐	☐	☐	☐

Return this entire page to the Internal Revenue Service. Photocopies are not acceptable.

るとすれば，連邦源泉所得税を徴収納付する義務を負うことになる。すでにふれたように，「給与」には，従業者が雇用主に提供した役務に対する報酬，現金以外の形で支払われる給付（benefits）を含む（ただし，公職者への支払は除く。）。したがって，雇用主は，給与，賞与，手当，手数料，給与外給付およびこれらに類するもの（年金，退職金，保険料など）を従業者の支払った場合には，源泉所得税の徴収納付を行うように求められる（IRC3402条 a 項，財務省規則31.3402(a)-1)。

源泉所得税の対象となる給与の額とは，従業者が負担した連邦や州の社会保障税，失業保険税などを含む「総給与支払額（gross wage payments)」である。

連邦税法（IRC）は，連邦や州の失業保険法（unemployment insurance acts）に基づいて受けた補償給付（compensation benefits）額や，加算補償給付（additional compensation benefits）額を，❷非課税取扱いせずに，その受給者の❸総所得を挿入するように法定されている場合には，源泉所得課税上，「給与」として取り扱う（IRC3402条 o 項)。労使協定に基づき一時失業中に支払われる給付も，「給与」に含む。しかし，ストライキ中に労働組合がその組合員に支払った給付（ただし，そのストライキに関係し義務として職務に就き，時間給で受給した分を除く。）は，

源泉所得課税の対象にはならない。

給与外給付（fringe benefits）は，❸非課税取扱いされるものを除き，付加的な「給与」として取り扱われる。また，従業者に対する取引先など雇用主以外の第三者からの現物の支払は，原則としてその従業者の「給与」に該当するが，雇用主による源泉所得課税の対象にはならない（IRC3402条 j 項，財務省規則31.3402(j)-1）。

雇用主は，自己が加入している健康または労災プランに基づき第三者が支払う給与補償金について，受領者である従業者が求めたときには，源泉徴収課税の対象にできる（IRC3402条 o 項，財務省規則31.3402条 o 項-3）。疾病に関し雇用主が従業者に対し直接支払う金額については，当然に源泉所得課税の対象になる。

(3) 給与に対する源泉所得課税の計算

雇用主は，従業者に給与を支払う場合に，連邦個人所得税の源泉徴収をしなければならない。源泉徴収する金額を算定する方式は，(a)パーセンテージ方式（percentage method）と，(b)源泉徴収税額表方式（wage bracket method）がある[41]。

【図表 I-42】様式 W-4〔扶養控除等申告書（Form W-4: Employee's Withholding Allowance Certificate）〕（抜粋）

---

[41] 連邦源泉所得税の徴収納付について詳しくは，See, IRS, Publication 15 (Circular E) Employer's Tax Guide: For use in 2016。

いずれの方式によるにしろ，雇用主は，源泉徴収税額を計算する場合には，従業者が雇用主に提出する様式W-4〔扶養控除等申告書（Form W-4: Employee's Withholding Allowance Certificate）〕に記載した控除係数（allowances）を使い，計算する。

ただし，従業者が，様式W-4を提出しなかったときには，控除係数（allowances）はゼロとして源泉徴収税額を計算する。

また，雇用主は，従業者が様式W-4〔扶養控除等申告書〕で，任意に多めの（追加的な）源泉所得税の徴収を求めた場合には，その要請に応じなければならない。ただし，給与支払手取額を超えてはならない（IRC3402条i項，財務省規則31.3402(i)-1・31.3402(i)-2）。

家政婦のような，雇用主が，従業者への給与支払の際に，源泉徴収を行う必要がない所得項目もある。この場合においても，雇用主は，従業者と協定を結び，任意に源泉徴収を行うことができる。雇用主は，従業者に様式W-4〔扶養控除等申告書〕の提出を求めたうえで，源泉所得税の徴収をしなければならない（IRC3402条p項，財務省規則31.3402(p)-1）。

加えて，州が所得税を導入している場合には，雇用主は，州の源泉所得税も併せて徴収する必要がある。

(4) **源泉所得税の計算の手順**

雇用主は，従業者から給与から徴収する源泉所得税を計算する手順は，簡潔に示すと，次のとおりである（IRC3402条a項）。

【図表Ⅰ-43】雇用主による源泉所得税の計算の手順

> (a) 給与の支払期間を設定する（週給，2週給，月給）。
> (b) その従業者の給与支払期間の給与額を計算する。
> (c) 従業者が提出した様式W-4〔扶養控除等申告書〕からその従業者の控除係数（allowances）の数を決定する。
> (d) 源泉徴収する金額を算定する方式を選択する。(i)源泉徴収税額表方式（wage bracket method），(ii)パーセンテージ方式（percentage method）

① **源泉徴収する金額を算定する方式**

源泉徴収する金額を算定する方式には，(i)源泉徴収税額表方式（wage bracket method）と(ii)パーセンテージ方式（percentage method）とがある（IRC3402条）（そ

の他の方法も認められる。)。どちらの方式によるとしても，源泉額は，雇用主が支払った給与額を基準，従業者が雇用主に提出した様式 W-4〔扶養控除等申告書〕から読み取ったその従業者の控除係数 (allowances) の数，従業者の婚姻上の地位 (marital status)，給与の支払期間を用いて計算する。

② 源泉徴収税額表方式

雇用主は，源泉徴収税額表方式 (wage bracket method) によるとした場合，「所得税源泉徴収のための源泉徴収税額表 (Wage bracket method tables for income tax withholding)」を用いて，源泉徴収税額を計算する。

【図表Ⅰ-44】源泉徴収税額表のサンプル〔夫婦／月給用〕(抜粋)

Wage Bracket Method Tables for Income Tax Withholding
MARRIED Persons—SEMIMONTHLY Payroll Period
(For Wages Paid through December 31, 2016)

And the wages are—		And the number of withholding allowances claimed is—									
At least	But less than	0	1	2	3	4	5	6	7	8	9	10
		The amount of income tax to be withheld is—										
$1,600	$1,620	$149	$124	$99	$75	$58	$41	$24	$7	$0	$0	$0
1,620	1,640	152	127	102	77	60	43	26	9	0	0	0
1,640	1,660	155	130	105	79	62	45	28	11	0	0	0
1,660	1,680	158	133	108	82	64	47	30	13	0	0	0
1,680	1,700	161	136	111	85	66	49	32	15	0	0	0
1,700	1,720	164	139	114	88	68	51	34	17	0	0	0
1,720	1,740	167	142	117	91	70	53	36	19	2	0	0
1,740	1,760	170	145	120	94	72	55	38	21	4	0	0
1,760	1,780	173	148	123	97	74	57	40	23	6	0	0
1,780	1,800	176	151	126	100	76	59	42	25	8	0	0
1,800	1,820	179	154	129	103	78	61	44	27	10	0	0
1,820	1,840	182	157	132	106	81	63	46	29	12	0	0
1,840	1,860	185	160	135	109	84	65	48	31	14	0	0
1,860	1,880	188	163	138	112	87	67	50	33	16	0	0
1,880	1,900	191	166	141	115	90	69	52	35	18	2	0
1,900	1,920	194	169	144	118	93	71	54	37	20	4	0
1,920	1,940	197	172	147	121	96	73	56	39	22	6	0
1,940	1,960	200	175	150	124	99	75	58	41	24	8	0
1,960	1,980	203	178	153	127	102	77	60	43	26	10	0
1,980	2,000	206	181	156	130	105	80	62	45	28	12	0
2,000	2,020	209	184	159	133	108	83	64	47	30	14	0

前記源泉徴収税額票は，大きく単身者用・夫婦用に分かれ，それぞれについて，週給用 (weekly)，2週給用 (biweekly)，月2回給用 (semimonthly)，月給用 (monthly)，日給用 (daily) に分かれている。

なお，雇用主は，各源泉徴収税額表の最後のしきい値 (bracket) を超える額の給与を支払っている場合（例えば，単身者で月給のときは月5,080ドル超，夫婦で月給のときは月6,120ドル）には，源泉徴収税額表方式を用いることはできない。この場合には，後記のパーセンテージ方式を用いなければならない。

③ パーセンテージ方式

雇用主は，任意に源泉徴収税額表方式に代えて，または法令上源泉徴収税額

表方式を用いることが認められない場合に，パーセンテージ方式（percentage method of income tax withholding）を用いて源泉徴収をしなければならない。パーセンテージ方式によるとした場合，源泉徴収税額を次のように計算する（IRC3402条ｂ項）。

【図表Ⅰ-45】パーセンテージ方式による源泉徴収の手順

(a) 雇用主は，従業者が提出した様式W-4〔扶養控除等申告書〕に基づいて給与支払期間の源泉基礎控除額（withholding exemption）に従業者の控除係数を乗じる。
(b) その従業者の給与から前記(a)の金額を差し引く。
(c) 適切な（源泉徴収）税額表の％を適用する。

源泉基礎控除額（withholding exemption）とは，基礎控除（personal exemption）を指す。したがって，雇用主は給与を月給払で，2016課税年の基礎控除は4,050ドルである（Revenue Procedure 2015-53）。これを12で割ると，337ドル50セントである。

給与支払期間ごとに，1回の源泉控除額を，一覧にしてみると，次のとおりである。

【図表Ⅰ-46】給与支払別の源泉基礎控除額　（2016年）

給与支払期間	1回の源泉控除額
・週給用（weekly）	77.90ドル
・2週給用（biweekly）	115.80ドル
・月2回給用（semimonthly）	168.80ドル
・月給用（monthly）	337.50ドル
・年4回払用（quarterly）	1,012.50ドル
・年2回払用（semiannually）	2,025.00ドル
・年1回払用（annually）	4,050.00ドル
・日給用（daily）	15.60ドル

財務省・IRSは，毎年，物価スライド調整をしたパーセンテージ方式用の給与支払別，申告の地位別の各種源泉徴収税額表を公表している。サンプルとして，週給・単身者用源泉徴収税額表（2016年）の一部を掲載すると，次のとおりである。

【図表Ⅰ-47】パーセンテージ方式：週給・単身者用源泉徴収税額表（2016課税年）

Percentage Method Tables for Income Tax Withholding

(For Wages Paid in 2016)

TABLE 1—WEEKLY Payroll Period

(a) SINGLE person (including head of household)—				(b) MARRIED person—			
If the amount of wages (after subtracting withholding allowances) is:		The amount of income tax to withhold is:		If the amount of wages (after subtracting withholding allowances) is:		The amount of income tax to withhold is:	
Not over $43		$0		Not over $164		$0	
Over—	But not over—		of excess over—	Over—	But not over—		of excess over—
$43	—$222 ..	$0.00 plus 10%	—$43	$164	—$521 ..	$0.00 plus 10%	—$164
$222	—$767 ..	$17.90 plus 15%	—$222	$521	—$1,613 ..	$35.70 plus 15%	—$521
$767	—$1,796 ..	$99.65 plus 25%	—$767	$1,613	—$3,086 ..	$199.50 plus 25%	—$1,613
$1,796	—$3,700 ..	$356.90 plus 28%	—$1,796	$3,086	—$4,615 ..	$567.75 plus 28%	—$3,086
$3,700	—$7,992 ..	$890.02 plus 33%	—$3,700	$4,615	—$8,113 ..	$995.87 plus 33%	—$4,615
$7,992	—$8,025 ..	$2,306.38 plus 35%	—$7,992	$8,113	—$9,144 ..	$2,150.21 plus 35%	—$8,113
$8,025		$2,317.93 plus 39.6%	—$8,025	$9,144		$2,511.06 plus 39.6%	—$9,144

TABLE 4—MONTHLY Payroll Period

(a) SINGLE person (including head of household)—				(b) MARRIED person—			
If the amount of wages (after subtracting withholding allowances) is:		The amount of income tax to withhold is:		If the amount of wages (after subtracting withholding allowances) is:		The amount of income tax to withhold is:	
Not over $188		$0		Not over $713		$0	
Over—	But not over—		of excess over—	Over—	But not over—		of excess over—
$188	—$960 ..	$0.00 plus 10%	—$188	$713	—$2,258 ..	$0.00 plus 10%	—$713
$960	—$3,325 ..	$77.20 plus 15%	—$960	$2,258	—$6,988 ..	$154.50 plus 15%	—$2,258
$3,325	—$7,783 ..	$431.95 plus 25%	—$3,325	$6,988	—$13,371 ..	$864.00 plus 25%	—$6,988
$7,783	—$16,033 ..	$1,546.45 plus 28%	—$7,783	$13,371	—$20,000 ..	$2,459.75 plus 28%	—$13,371
$16,033	—$34,633 ..	$3,856.45 plus 33%	—$16,033	$20,000	—$35,158 ..	$4,315.87 plus 33%	—$20,000
$34,633	—$34,775 ..	$9,994.45 plus 35%	—$34,633	$35,158	—$39,625 ..	$9,318.01 plus 35%	—$35,158
$34,775		$10,044.15 plus 39.6%	—$34,775	$39,625		$10,881.46 plus 39.6%	—$39,625

《邦訳・抜粋》パーセンテージ方式：単身者用源泉徴収（週給用　2016課税年）

給与支払額（ドル）	源泉徴収額の計算（ドル）	控除額（ドル）
43以下	0	
43超～222以下	0.00＋10%	−43
222超～767以下	17.90＋15%	−222
767超～1,796以下	99.65＋25%	−767
1,796超～3,700以下	356.90＋28%	−1,796
3,700超～7,992以下	890.02＋33%	−3,700
7,992超～8,029以下	2306.38＋35%	−7,992
8,025超	2317.93＋39.6%	−8,025

《計算例》

雇用主は，単身者である従業者に週給で800ドルを支払う。この従業者が提出した様式W-4〔扶養控除等申告書〕によると，2人分の源泉基礎控除額を記載している。パーセンテージ方式に基づき，その雇用主が源泉すべき税額は，次のような計算になる。

(i)	総給与支払額		800.00ドル
(ii)	基礎控除額	77.90ドル	
(iii)	書式W-4で請求された控除数	2	
(iv)	控除総額		155.80ドル
(v)	源泉所得課税対象額		644.20ドル
(vi)	源泉徴収税額：17.90＋(644.20－222)×15%		81.23ドル

(5) チップや祝儀に対する源泉所得課税

アメリカでは，わが国とは異なり，レストランやホテル，タクシーなど多くの業種で，そこで働く従業者に対してチップ (tips) を払う商習慣 (Social norm of tipping) がある。こうしたチップや祝儀 (gratuities) など，従業者が受け取る金銭を，課税上どう取り扱うかは，久しく給与外給付／フリンジベネフィット課税上の重い課題であった。

IRSは，従業者・雇用主双方に報告義務を強化することにより，課税の適正化に努めてきている。とりわけ，近年，レストランなど飲食業に対するチップ課税への強化が目立っている。

連邦税法 (IRC) は，従業者が受け取るチップで，従業者のポケットに入るものは，顧客から直接受領した現金はもちろんのこと，従業員間でのチップ・プール・分配協定 (tip-sharing agreement) に基づき受領した配分額についても，これを「所得」として課税する。したがって，従業者が受け取るチップは，原則として雇用主による源泉所得課税の対象になる。

① 従業者に還元された「サービス料金」は「非チップ給与」

アメリカのレストランで，団体で飲食をすると，ウエーターに「8人以上は20%のサービスチャージを自動的につけさせていただきます。」といわれることがある。大規模宴会特別料金 (Large party charge) と呼ばれるものである。

サービス産業においては，レストラン以外にも，顧客に対して，従業者が特

定の役務提供をした場合別途の「サービス料金（service charge）」を課す例がある。自動的に上乗せされることから，「オート祝儀（auto-gratuities）」とも呼ばれる。

一覧にすると，次のとおりである。

【図表Ⅰ-48】サービス料金の一覧

- 大規模宴会特別料金（Large party charge）：レストラン
- ボトルサービス特別料金（Bottle service charge）：レストラン，ナイトクラブ
- ルームサービス特別料金（Room service charge）：ホテル，リゾート
- 契約手荷物支援特別料金（Contracted luggage assistance service）：ホテル
- 指定宅配特別料金（Mandated delivery charge）：ピザその他小売品宅配

こうした特別サービス料金は，通常の料金に上乗せする形で顧客の負担を求めることになるが，雇用契約上，従業者に還元されることになっている場合も少なくない。このような従業者に還元された特別サービス料金は，チップには該当しない。2014年から，課税上は，「非チップ給与（non-tip wage）」として取り扱われる[42]。

これら非チップ給与は，雇用主が取り扱う雇用関係税【連邦社会保障税（FICA tax），連邦失業保険税（FUTA tax）など】や源泉所得課税をする際の課税標準などに含まれる。雇用主側も，税務上，チップではなく，給与として取り扱う必要がある。

② チップにかかる情報申告

チップを，顧客が，従業者に直接支払ったとする。あるいは料金に加算されて従業者に，現金・クレジットカード・デビットカードなどで支払ったとする。この場合，従業者は，雇用主が用意した文書に，受領した翌月の10日までにその金額等を記載するように求められる（IRC3121条a項）。IRSは，様式4070〔チップに関する雇用主への従業者報告書（Form 4070: Employee's Report of Tips to Employer）〕などの書式を用意して，報告の適正化に努めている【図表Ⅰ-49】。

従業者たる納税者は，1雇用主のもとでの雇用の遂行において，顧客から受け取ったチップの金額が，1歴月間に20ドル未満の場合には，報告義務が免除

---

[42] See, Brian Roth, "Automatic Gratuities are Considered Service Charges, Not Tips: Restaurants Beware," 28 CBA Record 32 (2014).

【図表Ⅰ-49】様式4070〔チップに関する雇用主への従業員報告書〕（抜粋）

Form **4070** (Rev. August 2005) Department of the Treasury Internal Revenue Service	Employee's Report of Tips to Employer	OMB No. 1545-0074
Employee's name and address		Social security number
		1 Cash tips received 0.00
Employer's name and address (include establishment name, if different)		2 Credit and debit card tips received 0.00
		3 Tips paid out 0.00
Month or shorter period in which tips were received from , to ,		4 Net tips (lines **1** + **2** - **3**) 0.00
Signature		Date

For Paperwork Reduction Act Notice, see the instructions on the back of this form.　Form **4070** (Rev. 8-2005)
(HTA)

Form **4070A** (Rev. August 2005) Department of the Treasury Internal Revenue Service	Employee's Daily Record of Tips This is a voluntary form provided for your convenience. See instructions for records you must keep.	OMB No. 1545-0074
Employee's name and address	Employer's name	Month and year
	Establishment name (if different)	

Date tips rec'd	Date of entry	a. Tips received directly from customers and other employees	b. Credit and debit card tips received	c. Tips paid out to other employees	d. Names of employees to whom you paid tips
1					
2					
3					
4					
5					
6					

される（ただし，この場合でも，当該従業者は自己の暦年分の様式1040〔個人所得税申告書〕には報告しなければならない。）。

　雇用主は，この様式4070に記載された情報を用いて，従業者が受領したチップ総額を支払給与に加えた額を基準に，従業者の対する源泉所得税の徴収を行う（IRC3401条a項16号）。雇用主は，雇用関係税【連邦社会保障税（FICA tax），連邦失業保険税（FUTA tax）など】の従業者負担分の天引き徴収も，この金額を基準に行う（IRC3121条a項12号，3306条s項）。

　③　飲食業にかかる課税取扱い特例

　レストランなど飲食業で，常時従業者10人以上を雇用するなど一定の要件をみたす事業者（雇用主）は，年次の情報申告書である様式8027〔チップ所得およびチップ分配に関する雇用主の年次情報申告書（Form 8027: Employer's Annual Information Return of Tip Income and Allocated Tips）〕の提出が求められる（IRC

6053条 c 項，財務省規則31.6053-3）。

【図表Ⅰ-50】様式8027の概要

> (a) **様式8027の提出義務者**：(i)顧客が店内で飲食する事業を展開し，かつ顧客によるチップの支払が常習化していること。(ii)常時，10人以上の従業員を雇用しており，通常日に就労時間が総体で80時間を超えていること
> (b) **様式8027の提出期限**：雇用主である納税者は，様式8027の提出期限は，文書の場合は，翌年に2月末日，電子で提出する場合は，翌年の3月31日
> (c) **様式8027に記載すべきデータ**：暦年分の総収入金額（gross receipt），料金に加算したチップ総額および従業員が受領したチップ総額，従業員全体で受領したチップを報告していない場合には総収入金額8％相当額，従業員が報告したチップ受領額が飲食販売額の8％未満の額である場合には雇用主が法定の基準に基づいてその差額を従業員に分配した額など

(6) 家事使用人（子守税）

共稼ぎ世帯が増え，掃除，洗濯，育児などの家事を手伝う者を個人的に雇用することが増えている。この場合，雇用主は，その暦年中に一定額以上の現金を支払う場合には，給与として処理し，その支払の際に，源泉所得税や雇用関係税【連邦社会保障税（FICA tax），連邦失業保険税（FUTA tax）など】を天引き徴収する義務を負う（IRC3121条 a 項 7 号 B および x 項）。正式には，「家事使用者税（Householder Employer's Tax）」，一般には「子守税（Nanny tax）」と呼ばれる[43]。

① 雇用主の源泉徴収義務および納税義務

雇用主が家事使用者として連邦源泉所得税上の源泉義務を負うかどうかの限界額（しきい値／threshold）は，使用人に対する現金支払額が年1,900ドル（2015年），2,000ドル（2016年）である。また，連邦失業保険税（FUTA tax）上の限界額（しきい値／threshold）は，3か月間（四半期／quarterly）現金支払額で1,000ドルである。すなわち，1,000ドル以上に達する場合には，使用者（雇用主）は，連邦失業保険税（FUTA tax）の納税義務を負う（IRC3306条 c 項 2 号，IRS Publication246 Household Employer's Tax（2016））。

② 家事使用人は「従業員」か「個人事業主」か

すでにふれたように「従業員（employee）」とは，雇用主の指揮・監督の下でその意向従って働き，報酬の支払を受ける者を指す。一方，「個人事業主（self-

---

[43] See, Tom Breedlove, "Payroll and Tax Law for Household Employers," J. Tax Practice & Procedure (June-July 2014) at 37.

employed)」とは，雇用主の雇用主の指揮・監督は受けず，その意向にとらわれずに働き，仕事の結果に対して報酬の支払を受ける者を指す。つまり，ベビーシッター，庭師，運転手などを雇い，仕事の方法や道具をすべて依頼主が用意した場合には，従業者とみなされる。それに対し，依頼された側が仕事の方法を決められたり必要な道具を用意したりする場合は，ある程度仕事に自由がきくので，個人事業主とみなされる。家事使用者税／子守税上の雇用主の義務は，家事使用人が従業者と判断される場合生じる。しかし，家事使用人が個人事業主と判断される場合には生じない。使用者（雇用主）の連邦失業保険税（FUTA tax）上の納税義務も同様である。

③ 別表H〔家事雇用税〕

自宅で家事使用人を雇いそれが従業者と判定される場合，雇用主は，自己の

【図表Ⅰ-51】別表H〔家事雇用税〕サンプル（抜粋）

SCHEDULE H (Form 1040)
Department of the Treasury Internal Revenue Service (99)

Household Employment Taxes
(For Social Security, Medicare, Withheld Income, and Federal Unemployment (FUTA) Taxes)
▶ **Attach to Form 1040, 1040NR, 1040-SS, or 1041.**
▶ **Information about Schedule H and its separate instructions is at *www.irs.gov/scheduleh*.**

OMB No. 1545-1971
2015
Attachment Sequence No. **44**

Name of employer | **Social security number**
Employer identification number

Calendar year taxpayers having no household employees in 2015 do not have to complete this form for 2015.

A Did you pay **any one** household employee cash wages of $1,900 or more in 2015? (If any household employee was your spouse, your child under age 21, your parent, or anyone under age 18, **see** the line A instructions before you answer this question.)

☐ **Yes.** Skip lines B and C and go to line 1.
☐ **No.** Go to line B.

B Did you withhold federal income tax during 2015 for any household employee?

☐ **Yes.** Skip line C and go to line 7.
☐ **No.** Go to line C.

C Did you pay **total** cash wages of $1,000 or more in **any** calendar **quarter** of 2014 or 2015 to **all** household employees? (**Do not** count cash wages paid in 2014 or 2015 to your spouse, your child under age 21, or your parent.)

☐ **No. Stop.** Do not file this schedule.
☐ **Yes.** Skip lines 1-9 and go to line 10.

Part I　Social Security, Medicare, and Federal Income Taxes

1 Total cash wages subject to social security tax	1		
2 Social security tax. Multiply line 1 by 12.4% (.124)		2	
3 Total cash wages subject to Medicare tax	3		
4 Medicare tax. Multiply line 3 by 2.9% (.029)		4	
5 Total cash wages subject to Additional Medicare Tax withholding . .	5		
6 Additional Medicare Tax withholding. Multiply line 5 by 0.9% (.009)		6	
7 Federal income tax withheld, if any		7	
8 **Total social security, Medicare, and federal income taxes.** Add lines 2, 4, 6, and 7		8	

9 Did you pay **total** cash wages of $1,000 or more in **any** calendar **quarter** of 2014 or 2015 to **all** household employees? (**Do not** count cash wages paid in 2014 or 2015 to your spouse, your child under age 21, or your parent.)

確定申告書である様式1040（Form 1040）を提出する際に，別表H〔家事雇用税（Schedule H: Household Employment Taxes）〕を添付するように求められる。

別表Hは，そのサブタイトルが「社会保障・メディケア・源泉所得および連邦失業（FUTA）税」である。すなわち，雇用主に対して源泉所得税の徴収納付義務に加え，各種の雇用関係税の申告納付を求める法定資料である。例えば，雇用主は，家事使用人に対して年間1,900ドル以上の支払をすると，社会保障税（公的年金）の雇用主負担分6.2%，メディケア税の雇用主負担分1.45%を納付する義務が発生する。加えて，四半期で総額1,000ドル以上の支払をすると，連邦の失業保険税（FUTA）の雇用主負担分0.6%を納付する義務が発生する。

例えば，毎週末，土曜日に50ドルでベビーシッター（子守）を雇うとすると，1年間（52週）の給与は総額2,600ドル（52週×50ドル）となる。その子守が従業員と判定されると，年間1,900ドル以上の支払が発生しているので，雇用主は，社会保障税（公的年金）とメディケア税を納付しなければならない。その額は，2,600ドル×6.2% = 161.20ドルと2,600ドル×1.45% = 37.70ドルで，合計198.90ドルとなる。ただし，どの四半期をとっても1,000ドルを超えないので，連邦失業保険税（FUTA）の納付は求められない。

M 給与以外の所得項目にかかる源泉徴収税

連邦の源泉所得課税においては，給与所得が大きなウエイトを占めている。給与所得項目以外にも，源泉所得課税の対象となる所得項目がある。主な項目をあげると，次のとおりである。

(1) 自営業者税

納税者は，自営（self-employment）する事業からの純収益（net-earning）が年400ドルを超える場合には，自営業者税（self-employment tax）および社会保障税を申告納付するように求められる。

自営業者税の課税標準となる「自営所得（self-employment income）」とは，①取引または事業から生じた❸総所得から必要経費を控除した金額に，②取引または事業を営むパートナーシップにおける当該納税者の分配的持分にかかる通常所得または損失を加えたものをいう（IRC1402条b項，財務省規則1.1402(a)-1）。この場合の「取引または事業」には，従業員としての役務提供の対価として雇用主から支払われた分を含まない。ただし，作業量に応じた分配を受けた農産物や

漁獲物などは含む（IRC1402条c項2号）。

自営業者税は，原則として自営所得の15.3％（2016年）である。その内訳は，社会保障税が12.4％，自営所得が単身者申告では20万ドル（ただし，夫婦合算申告では25万ドル，夫婦個別申告では12万5,000ドル）以下の場合には，メディケア税が2.9％である。このしきい値を超えるときには0.9％のメディケア税が追加される（2016年）（IRC1401条）。様式1040〔連邦個人所得税申告書〕に別表SE〔自営業者税（Form 1040: Self-Employment Tax)〕を添付して申告をする。

(2) ギャンブル払戻金等

競馬やドッグレースなどの払戻金，富くじの賞金（以下，双方を含め「賞金・払戻金等」という。）などについて，その金額が，5,000ドルを超え，かつ掛金等の額の300倍になる場合には，その支払者は，25％の均一税率で源泉徴収をしなければならない。ただし，ビンゴやスロットマシーンからの賞金については，源泉徴収を行う必要がない（IRC3402条q項）。

支払者は，賞金・払戻金等に関し，源泉徴収の対象となった金額，または，ビンゴやスロットマシーンにかかる賞金で1,200ドルを超える場合などには，受領者である納税者およびIRS双方に対して報告するように求められる。受領者である納税者が，納税者番号（TIN, SSN）を提示しない場合には，支払額の28％で裏打ち源泉徴収（back-up withholding）をする必要がある。

支払者は，様式W-2G〔特定のギャンブル払戻金（Form W-2G: Certain Gamble Winnings)〕および様式945〔連邦源泉所得税年次申告書（Form 945: Annual Return of Withheld Federal Income Tax)〕を，IRSに提出する必要がある。

(3) 年金および退職金

雇用主拠出の年金（pension, annuity），退職金（deferred income），株式賞与（stock bonus）その他繰延支払金は，受領者が望まない場合は別として，原則として課税をする必要がある（IRC3405条）。各種の個人退職プラン（IRA＝individual retirement arrangements），生命保険契約なども同様である。ただし，支払が合衆国外へ行われる場合には，支払者は源泉徴収課税を行わなければならない。

源泉徴収税率は，定期的な支払でない場合には，原則10％で，支払の性格によっては20％である。

(4) 裏打ち源泉徴収

支払者は，利子や配当を含め，次の場合には，支払額の28％で裏打ち源泉徴

収（back-up withholding）をする必要がある（IRC3406条）。

【図表Ⅰ-52】裏打ち源泉徴収が必要な場合

① 受領者が，支払者の求めに応じて，正しい納税者番号（TIN, SSN）を提示しなかった場合
② IRSが，支払者に対して，受領者の納税者番号が正しくない旨の通知をした場合
③ IRSが，支払者に対して，受領者が過少に支払額を申告している旨の通知をした場合，または，
④ 支払者が，受領者が源泉徴収の対象とならないとの主張を立証するように求めたのにもかかわらず，それをしなかった場合

2　連邦法人所得税法の仕組み

　アメリカの連邦法人税（Federal corporate income tax）は，1909年に導入された。個人所得税（Federal individual income tax）が導入される4年前のことである。

　法人（corporations），とりわけ営利事業会社（for-profit business corporation）は，事業活動を行う意思のある1人以上のものにより設立され，かつ，その利益をその出資者に分配することを目的とする事業体（entity）である（財務省規則301.7701-2および301.7701-3）。

　アメリカにおいて，法人は，一般に，各州の法人法（state Corporation Code）に基づき，その州の法務長官，州務長官その他規制当局に定款（corporate charter）および附属定款（articles of incorporation）を提出し，かつ，法人登録を済ませて設立される。

　法人にかかる所得税は，個人所得税と同様，所得（income）を課税ベースとする租税である。連邦税法（IRC）は，各課税年（each taxable year）において，法人があげた課税所得に対し所得税を課す旨規定している（IRC11条a項）。

　法人所得税を支払った税引後収益を配当として受け取った株主が，さらにその配当に対して所得課税されることは，経済的二重課税にあたる。

　経済的二重課税は一般に，法人所得課税のあり方，すなわち法人税の性格や課税の根拠，すなわち，法人擬制説（theory that treats the company as a legal fiction/aggregate theory）や，法人実在説（separate taxable entity theory/entity theory）とも密接に関連している。

　例えば，個人が株式会社に投資し，その会社があげた純収益（net earnings）〔総収益－費用等〕に対して法人所得税を課し，税引後の収益を配当（所得）として受け取った個人株主に対して個人所得税を課すとする。この場合，法人擬制説に立つと，法人所得税は個人所得税の前取りであり，同じ所得（課税物件）に対して二度課税（二重課税）されることになるとみることができる。したがって，二重課税（double taxation）の問題が生じ，対応調整／排除策が必要とされる。

　これに対して，法人実在説に立つと，法人所得税は法人が有する担税力

(ability to pay) に着眼して課される独自の租税であるとされる。このことから，二重課税の問題は生ぜず，原則として対応調整／排除策は必要がないとされる。

連邦税法（IRC）は，こうした経済的二重課税を受ける法人を「C法人（C corporation）」，「普通法人（*per se* corporation/regular corporation）」と呼ぶ。しかし，小規模な事業を営みたい場合には，一般に，C法人ではなく，「S法人（S corporation）」(44)または「パートナーシップ（partnership）」を選択する。S法人またはパートナーシップでは，原則として事業体そのものには課税されない。収益や費用は，その持分を有するものに配賦される(45)。

A 連邦法人所得税の税額計算の基本

連邦法人所得税の税額計算の基本的な仕組みを日米比較で点検してみると，次のような特徴がある。

(1) 日米比較でみた法人税額計算の仕組み

わが国の法人税法では，株主総会（会社法437条・438条）または取締役会（同439条）で承認／確定した決算（企業利益）をベースに必要な税務調整を行い，課税所得を計算する「確定決算主義」がとられている（法人税法74条）。また，税務調整では，経理処理上必要となる「決算調整事項（減価償却費や各種引当金の繰入など）」や申告書上加算・減算する「申告調整事項（各種の所得控除や交際費の損金不算入など）」がある。

一方，アメリカ連邦法人所得課税（以下たんに「法人課税」，「法人税制」ともいう。）の仕組みでは，わが国のような確定決算主義が採られていない(46)。このため，法人所得税の申告上，総所得から税法上認められた費用・損失などを控除して

---

(44) S法人は，所得や経費については，限りなくパートナーシップと同様の算式に基づいて課税される。その一方で，法人の配当，株式の消去，清算，組織再編などの手続については，C法人に適用ある課税原則による（IRC1371条）。

(45) アメリカ法人税について邦文による研究として詳しくは，本庄資『アメリカ法人税制』（日本租税研究協会，2010年）参照。

(46) 会計基準のグローバル化の波を受けて，IFBS（＝International Financial Reporting Standards／国際財務報告基準）への統合作業（コンバージェンス）に伴う確定決算主義の見直し論議が盛んになってきている。例えば，日本公認会計士協会「会計基準のコンバージェンスと確定決算主義」租税研究会報告20号（2010年6月15日）参照。なお，日税連は「平成24年度・税制改正に関する建議書」（2011年6月29日）で，こうしたグローバルな流れも読んで，わが法人税法での「確定決算主義の維持」を打ち出している。Available at http://www.nichizeiren.or.jp/guidance/pdf/kengisyo-H24.pdf

課税所得を計算する仕組みとなっている。すなわち,財務会計上の決算とは切り離された形で,税法に基づいて,総所得(gross income)から,通常の控除項目〔事業上通常かつ必要な費用(ordinary and necessary expenses)〕に加えて,欠損金や特別控除項目〔例えば,受取配当控除(DRD＝Dividends received deduction)など〕を控除して課税所得を計算する仕組みになっている。税引後所得の配当は,各州の会社法では一般に,取締役会が決定することになっている。

ちなみに,アメリカの連邦法人所得税の申告においては,連邦法人所得税申告書〔様式1120(Form 1120: U.S. Corporation Income Tax Return)〕に,別表 M-1〔帳簿上の利益(費用)と申告上の所得との調整(Schedule M-1: Reconciliation of Income (loss) per Books With Income per Return)〕,別表 M-2〔帳簿上の特定用途に充当されていない留保の表示(Schedule M2: Analysis of Inappropriate Retained Earnings per Books)〕を添付するように求められる。

別表 M-1 では,会計経理上の当期利益から税務上の加算・減算調整を行い,課税所得を計算する必要がある。別表 M-1 には,欠損金控除や受取配当控除をする前の課税所得,さらに別表 M-2 では,期首から期末の利益剰余金残高の変動なども表示される。

また,課税庁(IRS)は,これら法人から提出された別表 M-1 や M-2(さらには別表 M3〔1,000万ドル以上の資産を有する法人(M-3: Net Income (Loss) Reconciliation for Corporations With Total Assets of $10 Million or More)〕)などを使い,会計上の利益と課税所得とを突合する[47]。

連邦税法(IRC)上,法人所得税と個人所得税の計算において,「総所得(gross income)」の概念は,原則として共通である。連邦税法(IRC)は,「課税所得」の計算について,次のように規定している。

【図表Ⅰ-53】連邦税法(IRC)上の「所得課税」の計算ルール

① 各納税者の所得税額は,「課税所得(taxable income)」をもとに計算する。
② 課税所得は,「総所得(gross income)」金額から各種「所得控除(deductions)」や「損失(loss)」などを差し引いて計算する(IRC１条ａ項)。
③ 「総所得」とは,連邦税法(IRC)がとくに認めた一定の除外項目を除き,その源泉がいかなるものであるかを問わず,あらゆる項目の所得(all income from

---

[47] See, Linda M. Johnson, Essentials of Federal Income Taxation For Individuals and Business (2013 ed., CCH).

whatever source derived）を指す（IRC63条ａ項）。
④　連邦税法（IRC）は，総所得として，給与報酬等，事業，キャピタルゲイン（資本利得）など15項目を例示する。（ただし，給与報酬等のように，個人に特有の所得項目もある。）

　アメリカにおいては，法人も，個人と同様に累進課税の仕組みを維持している。また，連邦税法上，法人所得税と個人所得税の計算において，❸「総所得（gross income）」の概念は，原則として共通である。内国歳入法典（IRC）は，連邦法人所得税の「課税所得」の計算の仕組みは次のとおりである。

【図表Ⅰ-54】アメリカ連邦法人所得税の課税の仕組み

```
❶経済的利得
    ↓
❷非課税所得
    ↓
❸総所得
    ↓
❹所得調整控除
    ↓
❺調整総所得（AGI）
    ↓
❻欠損金／特別控除前の課税所得
    ↓
❼欠損金／特別控除
    ↓
❽課税所得　←　❾超過累進税率（15～39％）
    ↓
❿税額
    ↓
⓫税額控除
    ↓
⓬納付税額
```

　連邦法人所得課税においては，連邦税法（IRC）に❷非課税所得と規定されていない限り，その発生源泉を問わず，あらゆる種類の所得で構成される。また，すでにふれたように，わが国のような確定決算主義を採っていない。
　このため，法人の❽課税所得（Taxable income）は，法人の❸総所得（Gross income）から税法上認められた❹通常の控除項目／費用（common business deductions/expenses）や❻特別控除項目（Special deductions）を差し引いて計算する（IRC11条）。
　❸総所得にあたる主な項目としては，売上高，受取配当，受取利子，賃料，ロイヤルティ，資本的利得（キャピタルゲイン）などがある。一方，❹通常の控除項目／費用にあたる主な項目としては，役員報酬，給与・賃金，修繕費，通常

2 連邦法人所得税法の仕組み　79

必要な事業上の経費などがある。さらに，❻特別控除項目としては，関連会社や外国子会社からの受取配当金の特別控除などがある。

法人は，❸総所得や❹通常の控除項目／費用などの会計計上および税務処理にあたっては，原則として「発生主義（accrual method）」によることになってい

【図表Ⅰ-55】　様式1120〔連邦法人所得税申告書〕サンプル（抜粋）

る。例外的に，農事法人（corporation engaged in a farming business），前課税年の総収益（Gross profits）が500万ドル未満の法人などは，「現金主義（cash method）」に基づく会計計上および税務処理が認められる（IRC448条）。

(2) 連邦法人所得課税申告書記載の基本

アメリカ連邦所得税申告において，C法人／普通法人は，一般に様式1120（Form 1120）を用いて確定申告を行う（IRC6012条a項2号）。以下に，様式1120の1頁記載項目の概要を邦訳しながら，記載の仕方を紹介しておく[48]。

【図表Ⅰ-56】連邦法人所得税申告書（様式1120）の記載項目　（2015年）

●総所得（Gross income）の計算《項目》	《金額》
1a　事業活動にかかる総収入または売上高　　　（Gross receipts or sales）	$×× ×
1b　返金や値引き（Return and allowances）	× ×
1c　1aから1bを控除した金額	
2　売上原価（Cost of goods sold）【減算】	
3　売上総収益（Gross profits from sales）	
4　受取配当金（Dividends）	
5　受取利子（Interest）	
6　総賃貸額（Gross rents）	
7　総ロイヤルティ額（Gross royalties）	
8　純キャピタルゲイン額（Capital gain net income）	
9　その他の純ゲイン（またはロス）(Net gain (or loss))	
10　その他の収益（Other income）	
11　総所得合計額（Total gross income）【項目3から項目10を加算】	
●通常の控除／経費項目（Business expenses & specific deductions）の計算	《金額》
12　役員報酬（Compensation of officers）	
13　給与および賃金（Salaries and wages）	
14　修繕費（Repairs and maintenances）	
15　貸倒損失（Bad debts）	
16　賃借料（Rents）	
17　租税公課（Taxes and licenses）	
18　支払利子（Interest）	
19　公益寄附金（Charitable contributions）	
20　原価償却費（Depreciation）	
21　減耗償却費（Depletion）	
22　広告宣伝費（Advertising）	

---

[48] See, IRS, Instruction for Form 1120: U.S. Corporation Income tax Return 2012. Available at: http://www.irs.gov/pub/irs-pdf/i1120.pdf

```
23  年金，賞与等の計画費用（Pension, profit-sharing, etc. plans）
24  福利厚生費（Employee benefit programs）
25  国産品販促控除（Domestic production activities deduction）
26  その他の控除（Other deductions）
27  控除額控除（Total deductions）【項目12から項目26を加算】
28  欠損金控除および特別控除前の課税所得（Taxable income before net
    operating loss deduction and special deductions）
29a 欠損金控除（Net operating loss deduction）
```
●特別控除項目（Special deductions）の計算　　　　　　　　　　　《金額》
```
29b 特別控除（Special deductions）【例えば，「受取配当金等特別控除」】
29c 項目　29aおよび29bを加算
```
●課税所得（Taxable income）の計算
```
30  課税所得（Taxable income）【項目28から29cを減算して算出】
    （以下，31から36までは省略）
```

【図表Ⅰ-56】からも分かるように，法人の総所得（Gross income）とは，事業活動にかかる総収入または売上高（Gross receipts or sales）から売上原価（Cost of goods sold）等を差し引いて算出した売上総収益（Gross profits）に，項目4から項目10までの収益を加えた金額をいう。

法人は一般に，③総収益から，事業活動において発生した通常必要な費用（ordinary and necessary expenses）を事業経費（business expenses）（以下，たんに「必要経費」ともいう。）として差し引き控除できる（IRC162条）。具体的には，例えば，項目26【その他の控除（Other deductions）】のもと，事業活動上生じた旅費，飲食費や交際費については，必要経費として経費控除することはできないとする原則（Disallowance of certain entertainment, etc. expenses）（IRC274条）を維持しつつも，一定限度額までの経費控除を認めている（IRC274条k項2号等）。

もっとも，項目19【公益寄附金控除（Charitable contribution deduction）】，項目4【受取配当金控除（Dividends received deduction）】，項目25【国産品販促控除（Domestic production activities deduction）】，項目29a【欠損金控除（net operating loss deduction）】などのように，各金額の算定には，事業上の必要経費控除に適用ある一般原則とは別途の特別の算定基準によるものもある。

(3) 連邦法人所得税の申告と納付

連邦税法（IRC）は，法人に対して，所得があるか，または納付すべき租税があるかどうかにかかわらず，様式1120〔連邦法人所得税申告書（Form 1120: U.S. Corporation Income Tax Return）〕を使って申告するように求めている

(IRC6012条 a 項, 財務省規則1.6072-2)【図表Ⅰ-55】。

法人は, 原則として, 暦年 (calendar year) または事業年 (fiscal year) の終了から3か月以内に所管の IRS キャンパスへ申告書〔様式1120〕を提出しなければならない (IRC6072条, 財務省規則1.6072-2)[49]。S 法人も, 様式1120S〔S 法人用連邦所得税申告書 (Form 1120S: U.S. Income Tax Return for an S Corporation)〕を, 暦年 (calendar year) または事業年 (fiscal year) の終了から3か月以内に所管の IRS キャンパスに提出しなければならない (IRC6072条 b 項, 財務省規則1.6072-2(h))。

ちなみに, 法人は, 申告期限までに様式7004〔一定の事業所得納税, 情報その他の申告書の提出期限の自動延長申請書 (Form 7004: Application for Automatic Extension of Time To File Certain Business Income Tax, Information, and Other Returns)〕を提出し, 6か月の期限延長を求めることができる (財務省規則1.6081-3(a))。

法人税の納付期限は, 申告期限と同様の日となる (IRC6051条)。

(4) 連邦法人所得税の予定納税

法人は, 課税年の納税額が500ドル以上になると思われる場合には, 四半期ごとの予定納税 (estimated tax payments) をするように求められる (IRC6655条)。

B 連邦税制における経済的二重課税と法人への超過累進課税の構図

アメリカ連邦税制では, C 法人／普通法人課税においては, 法人実在説の考え方を基本に, 経済的な二重課税を採用している。また, 法人所得に対しては, 個人の場合と同様に, 超過累進税率で課税する。

(1) 普通法人 (C 法人) からの受取配当への二重課税の構図

連邦税法 (IRC) は, 経済的二重課税は当然であるという立場から, 原則として対応調整／排除策を講じていない。法人株主の受取配当 (法人間配当) に対する受取配当控除 (DRD＝Dividends received deduction) 措置を置くにとどまる (IRC243条)。

(2) 法人への超過累進課税の構図

連邦税法 (IRC) は, C 法人／普通法人の所得には超過累進税率 (15〜39％) で法人所得税を課す一方で, 個人株主が C 法人から受け取った配当所得にも累進

---

[49] したがって, 12月決算の法人は, 翌年の3月15日が申告期限となり, 3月決算の場合は6月15日が申告期限となる。

税率（0〜20%）で個人所得税を課すのが原則になっている。

アメリカの連邦法人所得税の超過累進税率（2016課税年）では，次のとおりである（IRC11条および1201条）。

【図表Ⅰ-57】普通法人（C法人）からの受取配当に対する個人／法人への課税の構図
① 個人株主の受取配当に対する課税
株主が個人の場合には，法人には超過累進税率（15〜39%）で法人所得税がかかり，法人から税引後の所得（配当）を受け取った個人株主の受取配当には累進税率（0〜20%）で個人所得税が課される。

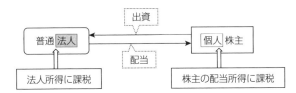

② 法人株主の受取配当に対する配当控除
一方，株主が法人の場合には，その法人が他の法人から受け取った配当（intercorporate dividends）については，法人所得税の所得計算上，その株式保有比率に応じて，次の比率で受取配当控除（DRD／法人間配当）が適用になる。

株式保有比率	受取配当控除（DRD）
・20%未満	70%
・20%以上80%未満	80%
・80%以上	100%

ちなみに，DRDは，三重課税（triple taxation），つまり，以下のような法人＋法人＋個人段階における課税のうち，法人と法人の間での重複課税を回避するための措置と説明されている[50]。

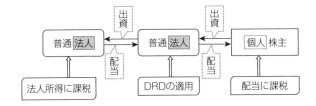

---

[50] ちなみに，DRDはS法人には適用されない。

【図表Ⅰ-58】アメリカ連邦法人所得税の超過累進税率（2016課税年）

課税所得（ドル$）		税率等				
超	以下					
0	50,000	0	＋	15%	×	課税所得
50,000	75,000	7,500	＋	25%	×	50,000超の額
75,000	100,000	13,750	＋	34%	×	75,000超の額
100,000	335,000	22,250	＋	39%	×	100,000超の額
335,000	10,000,000	113,900	＋	34%	×	335,000超の額
10,000,000	15,000,000	3,400,000	＋	35%	×	10,000,000超の額
15,000,000	18,333,333	5,150,000	＋	38%	×	15,000,000超の額
18,333,333	―		＋	35%	×	課税所得

《備考》連邦の法人税は15％〜39％の超過累進税率構造になっている。ただ，現実には，基本税率は15〜35％。追加税率を含め39％または38％になる。つまり，10万ドルを超え33万5千ドル以下課税所得に対して5％の付加税（additional tax）が適用される。33万5千ドル超の所得には，この5％に付加税は打ち切られる。次に，課税所得が1,500万ドルから1,833万3,333ドル以下には3％の付加税が課される。1,833万3,333ドル超に所得にはこの3％の付加税が打ち切られる。

《計算例》

法人の課税所得が150,000ドルの場合，税額は：

22,500＋39％×(150,000-100,000)＝41,750

以上のように，アメリカの連邦所得課税においては，普通法人（C法人）の所得および税引後収益を配当として受け取った個人の配当所得にも累進課税する政策を維持してきている。これまでも，連邦議会には，度々，個人の受取配当に対する経済的な二重課税排除を求める提案が出されている[51]。しかし，担税力（応能負担）を重視した伝統的な所得課税の軌道から逸脱することを是とする

---

[51] See, e.g., U.S. Treasury Dep't, Report on Integration of the Individual and Corporate Tax System: Taxing Business Income Once (1992).

[52] See, Steven A. Bank, "Turning Points in the History of the Federal Income Tax: The Rise and Fall of Post-world War II Corporate Tax Reform," 73 Law & Contemp. Prob. 207 (2010). ちなみに，トランプ政権は，法人の税率引下げ（超過累進税率の簡素化）を打ち出している。今後の連邦議会での税制改革の動きが注目される。

ことについては強い流れに至っていない[52]。

　この点，わが国における法人税の課税根拠は，法人擬制説に立ったり，法人実在説に立ったり，時代に応じて変わってきた[53]。現行税法は，法人擬制説を基礎とした課税や二重課税の対応的調整／排除策を講じている[54]。

[53]　わが国の現行制度の基礎を構想したシャウプ勧告では，「法人は，与えられた事業を遂行するためにつくられた個人の集合体である」という法人擬制説の立場を明確にしている。報告書1巻105頁参照。シャウプ勧告の分析について詳しくは，北野弘久「戦後租税改革の法思想〜シャウプ勧告の法構造」『企業・土地税法論』（勁草書房，1978年）13頁以下参照。ちなみに，安倍政権は，法人税の実効税率の引下げと引き換えに課税ベースの拡大を検討しており，その一環として，法人が他の法人から受け取る配当の益金不算入比率の見直し・引下げを打ち出している。日本経済新聞2014年2月4日朝刊参照。この点についても，法人擬制説からの脱却を目指しているものなのか，租税政策の方向性は定かではない。大企業の主張に肩入れする形の法人税率の引下げ競争で日本経済が再生するかどうかは不透明である。不毛な表面税率の引下げ論議からは卒業すべきであろう。むしろ，起業家がパススルー課税を選択できる事業体の活用など，大胆な法人制度改革が求められているのではないか。
[54]　具体的には，法人税法上の二重課税への対応策としての受取配当金の益金不算入措置（法人税法23条）や所得税額控除措置（法人税法68条），さらには，個人が法人から受けた配当に対する所得税法上の税額控除〔配当控除〕措置（所得税法68条），その他少額配当への各種特例措置などがある。

3　代替ミニマム税の仕組み

　連邦所得税法（内国歳入法典／IRC＝Internal Revenue Code）は，非課税（exclusions），免税（exemptions），所得控除（deductions），税額控除（tax credits）などを活用した課税繰延（tax deferrals）項目や租税優遇（tax preferential／租税特別措置）項目（以下「租特項目」ともいう。）を盛り込んでいる。納税者は，納税申告にあたり，これら税制上の課税繰延項目や租特項目を利用することにより，実質的経済所得（substantial economic income）がありながら，租税負担（tax liability）を極端に抑えることも可能な仕組みになっている。

　代替ミニマム税（AMT＝alternative minimum tax）は，内国歳入法典（IRC）サブタイトルA，チャプター1，サブチャプターA，パートⅣに規定を置く連邦税である（IRC55条～59条）。代替ミニマム税（AMT）は，納税者が連邦所得税を負担する能力（担税力／ability to pay income tax）があるにもかかわらず，これら税制上の課税繰延項目や租特項目を利用し，納付税額を極端に抑えていると判断される連邦納税者を対象に追加的に課税することを狙いとした租税である。

　代替ミニマム税（AMT）の納税義務者（以下「納税者」ともいう。）は，大きく，次のように分けることができる。

【図表Ⅰ-59】代替ミニマム税（AMT）の納税義務者

- 非法人（non corporations）
  個人（individuals），各種財団（foundations），信託（trusts）
- 法人／会社（corporations）

　ちなみに，パートナーシップ（partnerships）やS法人（S corporations）は，代替ミニマム税（AMT）の納税義務者にはならない。しかし，パートナーシップの構成員であるパートナー（partners）やS法人の持分主／株主（shareholders）は，パートナーシップから損益の配賦を受けた場合またはS法人から配当を受けた場合に，それを自己の所得税に反映させたうえで，代替ミニマム税（AMT）の納税義務を負うかどうかを判断することになる。

　各課税年における代替ミニマム税額／代替ミニマム税（AMT）の計算におい

【図表Ⅰ-60】代替ミニマム税（AMT）の仕組み

ては，まず，納税者は，通常の所得税（regular income tax）の計算とは別途，特別な計算方法により試算ミニマム税額（TMT＝tentative minimum tax）を仮計算する。次に，試算ミニマム税額／試算ミニマム税（TMT）が，通常の所得税計算で算定された通常の所得税額（regular income tax）の金額を超過しているかどうかを精査する。そして，超過した金額があれば，その超過部分に対しては代替ミニマム税（AMT）がかかる。納税者は，通常の所得税額とは別途に，代替ミニマム税（AMT）を申告納付するように求められる（IRC55条a項～59条c項）。

A 代替ミニマム税（AMT）導入の立法的経緯と立法事由

現行の代替ミニマム税（AMT）は，1979年の税制改正法で導入された。この租税（AMT）の導入に先立ち，連邦議会は，1969年に，より簡素で，通常の所得税額（regular income tax）に追加税率（surcharge tax rate）10％分を加算し申告納付するアドオン（add-on）方式の簡素な租税を，「ミニマム税（minimum tax）」の名称で導入した。しかし，アドオン方式のミニマム税では，実質的経済所得に的確に課税できないとの批判があった。連邦議会には，簡素を犠牲にしても，より公正かつ公平な課税を求める動きが強かった。1979年には，タックスコンプライアンス（自発的納税協力）コストがかかる現行の複雑な「代替ミニマム税（AMT）」の導入につながった。

(1) 代替ミニマム税（AMT）導入の立法的経緯

代替ミニマム税（AMT）について，その主な立法的な経緯をまとめると，次のとおりである。

【図表Ⅰ-61】代替ミニマム税（AMT）導入の主な立法的経緯

- **1969年ミニマム税の導入**　連邦議会は，1969年の税制改正法（Tax Reform Act of 1969）を制定し，アドオン方式（add-on method）の「ミニマム税（minimum tax）」を導入した。ミニマム税は，極めて単純な課税方式の租税である。実質的経済所得がありながらも，租特項目を利用することにより，租税負担（tax liability）を極端に抑えている納税者を対象に，その納税者の通常の所得税額（regular income tax）とあわせてその10%分（1976年に15%に引上げ＋項目別控除（itemized deductions）の一部を租特項目に追加）の追加納付を求めるものであった。
- **1979年代替ミニマム税の導入**　連邦議会は，1978年税制改正法（Revenue Act of 1978）を制定し，実質的経済所得がありながらも，税制上の課税繰延項目や租特項目を利用することにより租税負担を極端に抑えている納税者を対象に，1979年から新たに「代替ミニマム税（AMT＝alternative minimum tax）」を導入した。同時に，1979年代替ミニマム税（AMT）を通常の所得税とは完全に別途の租税にデザインした。そのうえで，これらの納税者には，1979年から1982年までは，次の3つの方式で税額計算をするように求めた。①通常の所得税額（regular income tax），②代替ミニマム税（AMT）および③1969年アドオン・ミニマム税額。
- **1982年代替ミニマム税の改正**　連邦議会は，1978年税制改正法（TEFRA＝Tax Equity and Fiscal Responsibility Act of 1978）を制定し，③1969年アドオン・ミニマム税額を廃止した。
- **1983年代替ミニマム税の改正**　連邦議会は，1983年税制改正法を制定し，①通常の所得税額（regular income tax）を超える代替ミニマム課税所得額（AMTI）があれば，納税者は，その超過額の20%の代替ミニマム税（AMT）を追加納付する仕組みに改正をした。1978年税制改正法（TEFRA）で確立された代替ミニマム税（AMT）課税の仕組みは，1986年まで継続した。
- **1986年代替ミニマム税の改正**　連邦議会は，1986年に，継ぎはぎだらけとなった連邦税法典である内国歳入法典（IRC＝Internal Revenue Code）を新装した。新装された1986年内国歳入法典（Internal Revenue Code of 1986）では，代替ミニマム税（AMT）課税にも大きな手術が施された。課税の公正（fairness of taxation）が強調された結果，納税者に大きなタックスコンプライアンス（自発的納税協力）コスト負担を強いるAMT改正となった。この1986年代替ミニマム税（AMT）の改正では，次の3つの概念が導入された。それらは，①最低でも10%ミニマム税負担概念（floor concept），②先払い概念（prepayment concept）および③通常所得税とAMTとの並行概念（parallel concept）である。

(2) 代替ミニマム税（AMT）導入の立法事由

連邦議会は，1969年に，代替ミニマム税（AMT）の前身である「ミニマム税（minimum tax）」（add-on方式）を導入した。通常所得税額（regular income tax）に上乗せするアドオン方式のミニマム税の立法事由は，一部納税者が，各種租税

特別措置（租特項目）を活用し所得税の負担を極端に低く抑えている現実に歯止め策を講じることにあった(55)。しかし，その後，通常の所得税とは課税ベースを同じくするアドオン方式のミニマム税では，実質的経済所得に的確に課税できないとの批判が出てきた。そこで，連邦議会は，1979年に，通常の所得税を起点としながらもそれとは課税ベースが異なる「代替ミニマム税（AMT）」(alternative方式）に改正した。

代替ミニマム税（AMT）は，有利な課税方法（課税繰延項目）の選択や租税優遇（租特項目）を利用して合法的に所得税の税負担を低く抑えていると思われる納税者を対象とした租税である。ただ，通常所得税額（regular income tax）に上乗せするアドオン方式のミニマム税とは異なり，納税者に課税繰延項目や租特項目の適用がなかったものと仮定して算定した課税標準をもとに，追加的な租税負担を求める仕組みである(56)。したがって，違法または不当な手段で税負担を免れた納税者を対象とした懲罰税（penalty tax）ではない。

このように，通常の課税所得額（RTI＝regular taxable income）を基準にしてそ

---

(55) See, *e.g.*, Gabriel O. Aitsebaomo, "The Individual Alternative Minimum Tax: An Argument in Favor of Repeal," 74 UMKC L. Rev. 335 (2005); Brian L. O'Shaughnessy, "The Growing Need for An Alternative to the ATM," 16 Kan. J. L. & Pub. Pol'y 67 (2006). AMT導入の経緯について，邦文での法人課税面からの分析として，関口智「アメリカ法人税制におけるミニマムタックスの政策意図と現実」立教経済学研究59巻2号（2005年）参照。

(56) 代替ミニマム税（AMT）をタックスシェルター規制税ととらえる見方もある。アメリカでは，タックスシェルター（tax shelter）と濫用的タックスシェルター（abusive tax shelter）は区別したうえでそれぞれの対応策を講じている。タックスシェルター（tax shelter）とは，広義においては，連邦税法（IRC）に盛られた各種所得控除（deductions）や税額控除（tax credits）措置などを指す。また，修正加速度原価償却回収制度（MACRS＝modified accelerated cost recovery system）のような連邦税法（IRC）上の租特項目，課税繰延措置もタックスシェルターとなるが，法認されている。しかし，これら広義のタックスシェルター項目・措置は，代替ミニマム税（AMT）上は調整項目とされる。See, Terrence R. Chorvat & Michael S. Knoll, "Corporate Tax: The Case for Repealing the Corporate Alternative Minimum Tax," 56 SMU L. Rev. 305 (2003). これに対して，積極的な事業目的（business purpose）を欠きもっぱら租税回避目的で行われる取引や契約などは濫用的タックスシェルターとされ，否認，附帯税の対象とされる（濫用的タックスシェルターの定義については，See, IRS, Publication 550〔Investment Income and Expenses〕(2015), at 28.）連邦財務省は，早くから「タックスシェルター」についての検討を行っているが，必ずしもタックスシェルターと濫用的タックスシェルターとを厳密に区別して点検しているわけではない。See, Department of the Treasury, The Problem of Corporate Tax Shelters- Discussion, Analysis and Legislative Proposals (1999). ちなみに，事業体選択が比較的容易なアメリカにおいては，濫用的なタックスシェルター規制は，個人や会社／法人に加え，パートナーシップにおける配賦規制（例えば，ノンリコースローンに起因する支払利子の過大損失控除の利用規制）などにも及ぶ。See, Charlene D. Luke, "Of More Than Usual Interest: The Taxing Problem of Debt Principal," 39 Seattle U. L. Rev. 33 (2015). 拙論「アメリカ連邦パートナーシップ課税法制の分析」獨協法学102号（2017年）参照。【☞本書第Ⅰ部４D(5)】

れに調整を加え，代替ミニマム課税所得（AMTI＝alternative minimum taxable income）を算定する現行の代替ミニマム税（AMT）は，1982年に，当初の代替ミニマム税（AMT）を改訂したものである。その後も改訂を重ね，現在に至っている[57]。

代替ミニマム税（AMT）は，さまざまな圧力団体（プレッシャーグループ）の権利利益を織り込んだ課税繰延項目や租特項目を残すことを求める連邦議会の勢力と，税負担の公平を阻害する課税繰延項目や租特項目をコントロールし適正な課税を求める勢力とのせめぎ合いのなかでの政治的な妥協の産物ともいえる。言い換えると，本来，連邦議会は，通常の所得税に盛られている租税歳出（tax expenditures）にあたる課税繰延項目や租特項目を徹底的に整理縮小して，代替ミニマム税（AMT）を設けなくとも，通常に所得課税に一本化する途を開くのが正論といえる。しかし，現実には，連邦議員は，課税繰延項目や租特項目を求める納税者の声にも応えないと集票・政治献金の伸びにつながらず，生き残れない。投資奨励税制や特別償却，非課税預金など政策税制を実施するための課税繰延項目や租特項目の存続・新設に賛成する一方で，代替ミニマム税（AMT）で取り戻すという手法を選択せざるを得ない常態に置かれている[58]。

代替ミニマム税（AMT）は，1990年代にはその適用対象が10万人程度であった。しかし，その後，その対象が数多くの中産所得階層にまで忍び寄り，第2の所得税として大衆課税化しつつある。このため，一般納税者の間でも，代替ミニマム税（AMT）のあり方が問われてきている。大統領選でも，度々，その改廃が大きな争点となってきている[59]。しかし，代替ミニマム税（AMT）の改廃は，租税歳出（tax expenditures）にあたる課税繰延項目や租特項目の整理・縮

---

[57] わが国にも，いわゆる「租特透明化法」（正式名称：租税特別措置の適用状況の透明化等に関する法律）がある。租特透明化法は，法人だけを対象に，決算後の法人税申告書を作成・提出する際に，何らかの租税特別措置（租特）の適用を受けていれば，その旨を記載した「適用額明細書」を作成し，申告書に添付するように求める仕組みである。また，添付しない場合には，その租特の適用を認めないとするものである。租特透明化法は，アメリカの連邦代替ミニマム税（AMT）と軌を一にする考え方のもとで行われた立法と見てよい。租特透明化法について詳しくは，石村耕治編『現代税法入門塾〔第8版〕』（清文社，2016年）294頁以下参照。

[58] 連邦議員は，一般に，租特（租税歳出）に加え，連邦議会での直接歳出，地元への利益誘導，つまり，連邦議会での補助金（公金）支出のための予算誘導でも大きな役割を果たしている。一方で，議員の地元への利益誘導（ポーク／pork）を調査し，年次報告書（ビッグブック／pig book）を刊行しているアメリカの公金の使途監視NPO，俗に「ポークバスターズ（pork busters）」と呼ばれる非営利組織の活動も活発である。石村耕治「アメリカにおける民間の公金使途監視団体の活動」白鷗法学17巻2号（2010年）。

小と表裏一体で精査する必要があり，非常に重い政治課題となっている[60]。

代替ミニマム税（AMT）の課税対象が必要以上に広がらないように，主に個人納税者を対象に，連邦議会は物価上昇率に応じて度々所得税の基礎控除や各種人的控除等の改訂をするなどで対応してきた。具体的には，2012年に，連邦議会は，アメリカ納税者救済法（American Taxpayer Relief Act of 2012）を制定した。これにより，2013年1月から代替ミニマム税（AMT）の課税対象となる租特項目にかかる各種しきい値（thresholds）に，恒久的な物価自動調整措置（automatic tax indexation）を実施した。

B 代替ミニマム税（AMT）計算の基本

代替ミニマム税（AMT）計算方法は，法人納税者（corporate taxpayers）と法人以外の非法人納税者（noncorporate taxpayers）（以下「個人等」ともいう。）とも，基本的には同じといってよい。

この税については，①法人にかかる課税取扱いと非法人（個人等）にかかる課税取扱いとに分けて説明する仕方と，②法人と非法人の課税取扱いを一元化し，双方の課税取扱いに異なる点がある場合には，それを特記して説明する仕方がある。ここでは，連邦所得税制が，法人所得税と個人所得税が一体化した形にあることも織り込んで，②後者の仕方に従い代替ミニマム税（AMT）について説明をする。

(1) ⓛ代替ミニマム税額（AMT）計算の手順

納税者は，ⓛ代替ミニマム税額（AMT）を，次の手順で計算する。

納税者は，最初に，Ⓓ代替ミニマム課税所得額（AMTI）を算定することになる。Ⓓ代替ミニマム課税所得額（AMTI）とは，その納税者のⒶ通常の課税所得額（regular taxable income）に，Ⓑ調整項目（AMT adjustments）に加算・減算（±）し，Ⓒ租税特別／租特項目（AMT tax preference items）を加算（+）した額である。

---

[59] 連邦議会の下院歳入委員会（House Ways and Means Committee），上院の財政委員会（Senate Committee on Finance），連邦議会上下両院協議会（conference committee）におけるAMT立法の動きについて詳しくは，See, Steven Maguire, "The Alternative Minimum Tax for Individuals," CRS Report for Congress (September 20, 2012, CSR, Library of Congress).

[60] See, Linda M. Beale, "Congress Fiddles While Middle America Burns: Amending the AMT (And Regular Tax)," 6 Fla. Tax Rev. 811 (2004); Daniel S. Goldberg, "To Praise the ATM or to Bury it," 24 Va. Tax Rev. 835 (2005).

【図表Ⅰ-62】代替ミニマム税額（AMT）計算の手順

	Ⓐ **通常の課税所得額**（regular taxable income）
±）	Ⓑ 調整項目（AMT adjustments）
+）	Ⓒ 租税特別／租特項目（AMT tax preference items）
	Ⓓ 代替ミニマム課税所得額（AMTI＝Alternative minimum taxable income）
−）	Ⓔ AMT基礎控除額（AMT exemption）
	Ⓕ 代替ミニマム課税標準（AMT base）
×）	Ⓖ 税率
	Ⓗ 外国税額控除前の試算ミニマム税額（TMT＝tentative minimum tax before FTC）
−）	Ⓘ 外国税額控除（AMT-FTC＝AMT foreign tax credit）
	Ⓙ 試算ミニマム税額（TMT＝tentative minimum tax after FTC）
−）	Ⓚ 通常の所得税額（regular income tax）
	Ⓛ **代替ミニマム税額**（AMT＝alternative minimum tax）

次に，納税者は，算定されたⒹ代替ミニマム課税所得額（AMTI）から，一定のⒺ基礎控除額（exemption）を減算（−）し，Ⓕ代替ミニマム課税標準（AMT base）を計算する。Ⓔ基礎控除額（exemption）は，個人の場合は申告資格（filing status）により異なるが，後に詳しくふれる。一方，法人の場合は，定額（＄40,000）である。

このようにして，Ⓕ代替ミニマム課税標準額（AMT base）を算定する。その後，納税者は，その額にⒼ税率をかけて（×），Ⓗ外国税額控除前の試算ミニマ

【図表Ⅰ-63】Ⓕ代替ミニマム課税標準（AMT base）に対するⒼ税率（2016課税年）

Ⓕ AMT base	Ⓖ税率
・《非法人（個人等）》 　175,000ドル以下 　175,000ドル超	 26% 28%
・《会社／法人》 　一律	 20%

ム税額（TMT＝tentative minimum tax before FTC）を算定する。

Ⓕ代替ミニマム課税標準（AMT base）に対するⒼ税率は，非法人（個人等）の場合と法人の場合とでは異なる。

上記からも分かるように，非法人（個人等）の場合は，一定額（2016課税年は＄175,000以下）までは26％である。その額を超える部分（2016課税年は＄175,000超）に対しては28％である（IRC55条ｂ項１号Ａおよび同条ｄ項４号，Revenue Procedure 2015-53）。一方，法人の場合は原則として一律20％である（IRC55条ｂ項１号Ｂ）。

(2) Ⓙ試算ミニマム税額（TMT）の算定

次に，納税者は，Ⓙ試算ミニマム税額（TMT＝tentative minimum tax）の算定することになる。この場合，次のような税額控除額を差し引くことができる。

① 外国税額控除

納税者は，Ⓘ外国税額控除（AMT-FTC＝AMT foreign tax credit）の対象となる税額がある場合には，その額をⒽ外国税額控除前の試算ミニマム税額（TMT-FTC＝tentative minimum tax before foreign tax credit）から差し引くことができる。

法人／会社納税者の場合，Ⓛ代替ミニマム税額（AMT）の計算において唯一認められている税額控除が，外国税額控除（AMT-FTC）である。Ⓚ通常の所得税額（regular income tax）の計算における外国税額控除とは別途の計算を要する[61]。具体的には，次のような算式に基づいて計算する。

$$控除限度額 = 代替ミニマム税債務 \times \frac{代替ミニマム税上の国外源泉所得}{代替ミニマム税上の全世界所得}$$

＊ここでいう代替ミニマム税債務とは，代替ミニマム税（AMT）上の全世界所得に対して計算された通常の代替ミニマム税額を指す。

納税者は，Ⓛ代替ミニマム税額（AMT）の計算において，この控除限度額を超える部分を控除できる。また，代替ミニマム税（AMT）上の外国税額控除には，Ⓗ外国税額控除前の試算ミニマム税額（TMT-FTC）の90％を上限とする。この制限のために控除できず残った税額については，２年の繰戻しまたは５年の繰越しができる。

② 一定の非給付（非還付）型税額控除

加えて，個人納税者は，Ⓚ通常の課税所得額（regular taxable income）の計算

---

[61] したがって，Ⓚ通常の所得税額（regular income tax）から控除するのではない。

上控除が認められる一定の非給付（非還付）型人的税額控除（nonrefundable personal tax credits）については，原則としてⓁ代替ミニマム税額（AMT）の計算においても全額を控除することが認められる（IRC26条 a 項）。例えば，子女養育費税額控除（Child and dependent care credit）（IRC21条），老年および障害者税額控除（Credit for elderly and the disabled）（IRC22条），養子税額控除（Adoption credit）（IRC23条），子ども税額控除（Child tax credit）（IRC24条）など【☞本書第Ⅰ部❶ J】。

納税者は，Ⓚ通常の課税所得額（regular taxable income）の計算にあたり，非給付（非還付）型事業者向けの一般税額控除（general business credits）【例えば，投資税額控除（investment credit），雇用機会税額控除（work opportunity credit）など】を，Ⓛ代替ミニマム税額（AMT）の計算においても，法令の制限内まで差し引くことができる（IRC38条 c 項）。

(3) Ⓛ代替ミニマム税額（AMT）の算定

最後に，納税者は，Ⓛ代替ミニマム税額（AMT）を，Ⓙ試算ミニマム税額（TMT）からⓀ通常の所得税額（regular income tax）から差し引いて算出する。

例えば，ある課税年における納税者ＡのⒿ試算ミニマム税額（TMT）が75,000ドル，Ⓚ通常の所得税額が50,000ドルであるとする。この場合，Ａは，50,000ドルの通常の所得税申告・納付に加え，25,000ドルのⓁ代替ミニマム税（AMT）を申告納付するように求められる。

C　加算・減算（±）される「Ⓑ調整項目」，「Ⓒ租特項目」

納税者は，Ⓛ代替ミニマム税額（AMT）の計算にあたり，Ⓓ代替ミニマム課税所得（AMTI＝Alternative Minimum Taxable Income）を算出する場合，Ⓚ通常の課税所得額から「Ⓑ調整項目（AMT adjustments）」を加算・減算（±）したうえで，常に「Ⓒ租特項目（AMT tax preference items）」を加算（＋）することになる（IRC55条 b 項 2 号，財務省規則1.55-1）。

そこで，以下に，「Ⓑ調整項目（AMT adjustments）」および「Ⓒ租特項目（AMT tax preference items）」とは，具体的にはどのような項目を指すのかを点検してみる。

(1) 加算・減算（±）される「調整項目」とは

加算・減算（±）される「調整項目（AMT adjustments）」は，大きく，次の3つに分けることができる。

3 代替ミニマム税の仕組み　95

【図表Ⅰ-64】調整項目（AMT adjustments）の分類

① 全納税者適用調整項目（AMT adjustments for all tax payers）
② 非法人納税者適用調整項目（AMT adjustments for noncorporate taxpayers）
③ 法人納税者適用調整項目（AMT adjustments for corporate taxpayers）

① 全納税者適用調整項目

全納税者適用調整項目（AMT adjustments for all tax payers）とは，Ⓛ代替ミニマム税額（AMT）の計算にあたり，法人か非法人かを問わず，納税者が，Ⓓ代替ミニマム課税所得（AMTI＝Alternative minimum taxable income）から加算・減算（±）の調整をするように求められる項目である。

主要なものとしては，次のような項目をあげることができる。

【図表Ⅰ-65】全納税者適用調整項目

- **減価償却（depreciation）**　納税者は，Ⓚ通常の所得税額（regular income tax）の計算において，原則として，一般減価償却制度（GDS＝general depreciation system）の適用を受けて，アパートメントハウスのような事業用居住賃貸不動産については27.5年の定額法，商業用建物のような非居住用不動産にいては39年の定額法で減価償却することになっている。しかし，1986年税制改正法により，1987年以後1998年末までに使用を開始した不動産については，修正加速度原価償却回収制度（MACRS＝modified accelerated cost recovery system）の適用が認められる。これに対して，Ⓓ代替ミニマム課税所得（AMTI＝Alternative minimum taxable income）の計算においては，代替減価償却制度（ADS＝alternative depreciation system）の適用が強制され，すべて，40年の定額法での再計算し，調整をするように求められる。ただし，1998年12月31日後（1999年1月1日以後）に使用を開始した不動産については，この調整は不要である（IRC56条a項1号）。加えて，動産についても，不動産の場合と同様に，1987年以後1998年末までに使用を開始したものについては，原則として代替減価償却制度（ADS）が適用になる。したがって，この調整は不要である。
- **資産の処分（disposition of property）**　各種資産を処分した場合の利得（ゲイン）または損失（ロス）の計算において，当該資産の基準価額の決定において考慮される要因は，Ⓚ通常の所得税額（regular income tax）の計算上とⓁ代替ミニマム税額（AMT）の計算上では異なる。したがって，納税者は，Ⓓ代替ミニマム課税所得（AMTI＝Alternative minimum taxable income）の計算においては，その差額を調整するように求められる（例えば，IRC56条a項6号および同条b項3号）。

- **長期請負契約（long-term contract）**　納税者は，長期請負契約（long-term contract）について，⒦通常の所得税額（regular income tax）の計算においては，進行基準（percentage of completion method）に基づくことになっている。一方，住宅建設または特定建設契約については，完成基準（completed contact method）によることが認められている。これに対して，納税者は，Ⓛ代替ミニマム税額（AMT）の計算にあたっては，長期請負契約については，住宅建設の場合を除きすべて進行基準に基づいて再計算するように求められる。したがって，納税者は，差額を減算・加算調整（＋）するように求められる（IRC56条ａ項３号）。
- **鉱物探索・開発費（Mining exploration and development costs）**　納税者は，⒦通常の所得税額（regular income tax）の計算において控除が認められる鉱物探索・開発費について，Ⓓ代替ミニマム課税所得（AMTI＝Alternative minimum taxable income）の計算においては，当該費用をいったん資産計上し，10年で償却する形で再計算するように求められる（IRC56条ａ項２号）
- **純損失（NOL＝Net operating losses）**　納税者は，⒦通常の所得税額（regular income tax）の計算において控除が認められる純損失（NOL）について，Ⓓ代替ミニマム課税所得（AMTI＝Alternative minimum taxable income）の計算においては，一定の場合には調整するように求められる（IRC56条ａ項４号・56条ｄ項）。

② **非法人納税者適用調整項目**

非法人納税者適用調整項目（AMT adjustments for noncorporate taxpayers）とは，非法人（主に個人）納税者が，Ⓓ代替ミニマム課税所得（AMTI＝Alternative minimum taxable income）から加算・減算（±）できる項目である。主要なものとしては，次のような項目をあげることができる（IRC56条ｂ項）。

【図表Ⅰ-66】非法人（主に個人）納税者適用調整項目

- **項目別控除（itemized deductions）**　個人納税者は，⒦通常の所得税額（regular income tax）の計算において項目別控除，いわゆる実額控除，を選択している場合【☞本書第Ⅰ部❶G⑵】に認められる次の各項目の控除は，Ⓛ代替ミニマム税額（AMT）の計算においては認められない（IRC56条ｂ項１号Ａⅰ）。したがって，加算調整（＋）が必要となる。
  - (a) **諸税（Taxes）**：個人納税者は，⒦通常の所得税額（regular income tax）の計算において，項目別控除で差し引くことができる州所得税，地方所得税，外国所得税，不動産税など（IRC164条ａ項）については，Ⓛ代替ミニマム税額（AMT）の計算において，控除は認められない（IRC56条ｂ項１号Ａⅱ）。したがって，加算調整（＋）が必要となる。
  - (b) **雑控除（Miscellaneous deductions）**：個人納税者は，雑控除項目（IRC67条ｂ項）のうち，❺調整総所得（AGI）の２％超過した部分のみを控除することができる項目【例えば，被用者の事業経費や職業訓練費など】については，Ⓛ代替ミニマ

ム税額（AMT）の計算において，控除は認められない。したがって，加算調整（＋）が必要となる。一方，雑控除にあてはまる項目であっても，❺調整総所得（AGI）の２％超過制限が適用除外となる項目【例えば，賭博損失および被相続人にかかる所得に伴い生じた遺産税など】については，Ⓛ代替ミニマム税額（AMT）の計算において，控除は認められる。したがって，加算調整（＋）が不要となる（IRC56条ｂ項１号ⅰ）。

(c) **適格住宅利子（Qualified residence interest）**：個人納税者は，適格住宅利子（qualified residence interest）のうち，適格家屋利子（qualified housing interest）を除くすべての利子は，Ⓛ代替ミニマム税額（AMT）の計算において，控除は認められない。「適格家屋利子」とは，当該納税者の主たる住居の取得または実質的な改築に伴って生じた借入れ／融資からの利息をいう（IRC56条ｅ項）。このことから，適格家屋利子は，Ⓛ代替ミニマム税額（AMT）の計算において，控除は認められる。したがって，加算調整（＋）が不要となる。ただし，主たる住居以外の投資・事業用の住居の取得または実質的な改築に伴って生じた借入れ／融資からの利息は代替ミニマム税（AMT）の計算において，控除は認められない（IRC56条ｂ項１号Ｃ）。したがって，加算調整（＋）が必要となる。

(d) **医療費控除（Medical expenses）**：個人納税者は，Ⓚ通常の所得税額（regular income tax）の計算において，項目別控除で差し引くことができる医療費（medical and dental expenses）については，原則❺調整総所得（AGI）の7.5％超過部分を控除することができる（IRC213条ａ項）。しかし，Ⓛ代替ミニマム税額（AMT）の計算においては，❺調整総所得（AGI）の10％超過部分のみを控除できる（IRC56条ｂ項１号Ｂ）。したがって，その差額分について加算調整（＋）が必要となる。

- **標準控除（Standard deductions）**　個人納税者は，Ⓚ通常の所得税額（regular income tax）の計算において，標準控除，いわゆる定額控除を選択する場合【☞本書第Ⅰ部❶G⑴】には，Ⓛ代替ミニマム税額（AMT）の計算において，標準控除は一切認められない（IRC56条ｂ項１号Ｅ）。したがって，加算調整（＋）が必要となる。

- **人的控除および扶養控除（Personal deductions and dependency exemption）**　個人納税者は，Ⓛ代替ミニマム税額（AMT）の計算において，Ⓚ通常の所得税額（regular income tax）の計算において認められる人的控除および扶養控除【☞本書第Ⅰ部❶H】を一切認められない（IRC56条ｂ項１号Ｅ）。したがって，加算調整（＋）が必要となる。

- **適格ストックオプション（ISO＝incentive stock option）**　個人納税者は，Ⓚ通常の所得税額（regular income tax）の計算において，適格ストックオプション（ISO）を付与された場合，その時点では，利得（gain）や損失（loss）は，認識（recognize）されない（IRC421条ａ項）。すなわち，ISO にかかる利得や損失は売却（譲渡）時に認識されることから，売却（譲渡）時点まで課税が繰り延べられる。しかし，Ⓛ代替ミニマム税額（AMT）の計算においては，ISO を付与された納税者は，それを株式として自由に譲渡できるようになった（freely transferable）課税年，または没収されるリスク（risk of forfeiture）がなくなった課税年に，当該株式の公正な市場価額（fair market value）と行使価格（option price）との差額

部分を所得として認識するように求められる（IRC56条b項3号）。この場合，調整が必要となる。
- **流通，研究，試験費（Circulation, research, and experimental expenses）** 個人納税者は，Ⓚ通常の所得税額（regular income tax）の計算において控除できる流通，研究，試験費について，Ⓓ代替ミニマム課税所得（AMTI＝Alternative minimum taxable income）の計算においては，調整をするように求められる（IRC56条b項3号）。

③ 法人納税者適用調整項目

法人納税者適用調整項目（AMT adjustments for corporate taxpayers）とは，法人納税者が，Ⓛ代替ミニマム税額（AMT）の計算において，Ⓓ代替ミニマム課税所得（AMTI＝Alternative minimum taxable income）から加算・減算（±）できる項目である[62]。主要なものとしては，次のような項目をあげることができる。

【図表Ⅰ-67】法人納税者適用調整項目

- **調整当期利益（ACE＝adjusted current earnings）** 税務会計上の利益と法人所得税上の課税所得とが大きく乖離してしまっている法人納税者をターゲットとした制度である。調整当期利益（ACE）は，Ⓛ代替ミニマム税額（AMT）の計算においては，普通法人（C corporation）が，投資家など外部への報告目的で作成する財務諸表に表示される当期利益と，税務上の課税所得との差異を緩和することをねらいとした調整制度である。手続的には，調整当期利益（ACE）と，調整当期利益（ACE）調整前のⓁ代替ミニマム税額（AMT）との差額のうち75％部分を，調整当期利益として加算・減算（±）することになる（IRC56条c項1号，g項）。
- **商船建造資本金積立基金（Merchant marine capital construction funds）** 商船会社が，商船建造資本金積立基金に拠出した金額（基金からの利得や損失を含む。）は，Ⓚ通常の所得税額（regular income tax）の計算においては，経費控除の対象と

---

[62] ちなみに，わが国の法人税法では，株主総会（会社法437条・438条）または取締役会（同439条）で承認／確定した決算（企業利益）をベースに必要な税務調整を行い，課税所得を計算する「確定決算主義」がとられている（法人税法74条）。また，税務調整では，経理処理上必要となる「決算調整事項（減価償却費や各種引当金の繰入など）」や申告書上加算・減算する「申告調整事項（各種の所得控除や交際費の損金不算入など）」がある。これに対して，アメリカ連邦法人所得税（以下「通常の法人所得課税」，「通常の所得課税」ともいう。）の仕組みでは，わが国のような確定決算主義を採用していない。このため，法人所得税の申告上，総所得から税法上認められた費用・損失などを控除して課税所得を計算する仕組みとなっている。すなわち，財務会計上の決算とは切り離された形で，税法に基づいて，総所得（gross income）から，通常の控除項目［事業上通常かつ必要な費用（ordinary and necessary expenses）］に加えて，欠損金や特別控除項目［例えば，受取配当控除（DRD＝Dividends received deduction）など］を控除して課税所得を計算する仕組みになっている。税引後所得の配当は，各州の会社法では一般に，取締役会が決定することになっている。なお，連邦税法（IRC）上，法人所得税と個人所得税の計算において，「総所得（gross income）」の概念は，原則として共通である【☞本書第Ⅰ部❷】。

なる。これに対してⓁ代替ミニマム税額（AMT）の計算においては，この分を除外して再計算が必要となる（IRC56条c項2号）。

(2) 加算（＋）される「Ⓒ租特項目」とは何か

次に，納税者は，Ⓛ代替ミニマム税額（AMT）の計算において，Ⓐ通常の課税所得税額に「Ⓒ租特項目（AMT tax preference items）」を常に加算（＋）することになる（IRC57条）。加算（＋）される主なⒸ租特項目は，次のとおりである。

【図表Ⅰ-68】 Ⓐ通常の課税所得額に加算（＋）されるⒸ租特項目

- **適格中小企業株式売却益（Sale of qualified small business stock）** Ⓚ通常の所得税額（regular income tax）の計算においては，適格中小企業株式の売却または交換により実現された利得（gain）は，その50％部分（または取得時期により75％もしくは100％）が総所得（gross income）から除外される（IRC1202条a項4号）。これに対してⓁ代替ミニマム税額（AMT）の計算においては，この除外額の7％部分について，Ⓒ租特項目として加算（＋）調整するように求められる（IRC57条a項7号）。
- **一定の私的活動債にかかる非課税受取利子（Tax-exempt interest on certain tax exempt activity bonds）** Ⓛ代替ミニマム税額（AMT）の計算においては，1986年8月7日後に発行された一定の私的活動債にかかる非課税受取利子（関連費用を除いた分）は，Ⓒ租特項目として加算（＋）調整するように求められる。ただし，2009年から2010年に発行された分を除く（IRC57条a項5号C）。
- **不動産および賃貸動産の加速減価償却（Accelerated depreciation of real property, leased personal property）** 1986年以前に使用開始した不動産並びにリース動産の減価償却について，Ⓚ通常の所得税額（regular income tax）の計算においては，加速減価償却（ACRS＝accelerated cost recovery system）が認められる。これに対してⓁ代替ミニマム税額（AMT）の計算においては，定額法による再計算が必要となる。定額法による償却額を超過する部分をⒸ租特項目として加算（＋）調整するように求められる（IRC57条a項6号）。
- **百分率法による減耗償却（Percentage depletion method）** 減耗償却費の計算方法には，原価法（cost depletion）と百分率法（percentage deletion）がある。納税者が百分率法を選択した場合，Ⓛ代替ミニマム税額（AMT）の計算においては，減耗償却費のうち，税務上の簿価（adjusted basis）を超えた部分についての控除は認められない。Ⓒ租特項目として超過部分を加算（＋）するように求められる（IRC57条a項1号）。
- **無形探索開発費用（IDCs＝intangible drilling and development costs）** Ⓚ通常の所得税額（regular income tax）の計算においては，油田やガス田などの調査や掘削から生じた無形資産である資源探掘費用（IDCs）は，発生した期に全額費用化するか，または一端資産計上したうえで減耗償却により費用化するかを選択できる。納税者が，発生した期に全額費用化する選択をした場合，Ⓛ代替ミニマム税額

（AMT）の計算においては，この償却額と資源探掘事業の利益の特定割合（65％）の合計額を超過する部分について，ⓒ租特項目として加算調整をするように求められる（IRC57条 a 項 2 号）。

(3) Ⓔ AMT 基礎控除額（AMT exemption）とは何か

納税者は，Ⓕ代替ミニマム課税標準（AMT base）を計算するにあたり，自己の申告資格（filing status）に応じて，Ⓕ AMT 基礎控除額（AMT exemption）を減算（－）できる。

① 申告適格と非法人（個人等）の AMT 基礎控除額

Ⓓ代替ミニマム課税所得額（AMTI）から減算できるⒺ AMT 基礎控除額のしきい値の金額は，2016課税年については，個人や遺産財団および信託の場合は，次のとおりである（IRC55条 d 項 1 号，Revenue Procedure 2015-53）。

【図表Ⅰ-69】申告資格と AMT 基礎控除額（2016課税年）

納税者の申告資格	しきい値（ドル）
・夫婦合算申告／適格寡婦（夫）	83,800
・単身者（適格寡婦（夫）を除く。）	53,900
・夫婦個別申告	41,900
・遺産財団および信託[63]	23,900

ただし，個人の場合で，Ⓓ代替ミニマム課税所得額（AMTI）が一定額を超過する場合には，超過額の25％だけ控除額が消失することになる（IRC55条 d 項 3 号，d 項 3 号，Revenue Procedure 2015-53）。この結果，例えば，2016課税年では，Ⓓ代替ミニマム課税所得額（AMTI）が，494,900ドルを超過するときに，Ⓔ AMT 基礎控除額は完全に消失する。

【図表Ⅰ-70】AMT 基礎控除額の消失（2016課税年）

申告資格	消失が始まる AMTI のしきい値	Ⓔ AMT 基礎控除額がゼロになる AMTI
・夫婦合算申告	159,700ドル	494,900ドル
・単身者	119,700ドル	335,300ドル
・夫婦個別申告	79,850ドル	247,450ドル

---

[63] ただし，小規模信託で，個別信託（separate trust）として取り扱われる選択をした場合には，Ⓕ ATM 基礎控除額（ATM exemption）はゼロとなる（IRC641条 c 項 2 号 B）。

②　会社／法人の AMT 基礎控除額

会社／法人の場合は，課税年を問わず，Ⓓ代替ミニマム課税所得額（AMTI）から減算できるⒺ AMT 基礎控除額は40,000ドルである。すなわち，個人とは異なり，年次の物価調整は行われない。また，40,000ドル ATM 基礎控除は，グループ企業については共有される（IRC1561条 a 項 3 号）。なお，Ⓓ代替ミニマム課税所得額（AMTI）が150,000ドルを超えた場合には，その超えた額に25%が，この40,000ドル ATM 基礎控除から減額（－）される。

【図表Ⅰ-71】様式6251〔代替ミニマム税：個人用〕（抜粋）

Form **6251**　Department of the Treasury Internal Revenue Service (99)

Alternative Minimum Tax—Individuals

▶ Information about Form 6251 and its separate instructions is at *www.irs.gov/form6251.*
▶ Attach to Form 1040 or Form 1040NR.

OMB No. 1545-0074　**2015**　Attachment Sequence No. **32**

Name(s) shown on Form 1040 or Form 1040NR　　**Your social security number**

Part I　Alternative Minimum Taxable Income (See instructions for how to complete each line.)

1	If filing Schedule A (Form 1040), enter the amount from Form 1040, line 41, and go to line 2. Otherwise, enter the amount from Form 1040, line 38, and go to line 7. (If less than zero, enter as a negative amount.)	1	
2	Medical and dental. If you or your spouse was 65 or older, enter the **smaller** of Schedule A (Form 1040), line 4, **or** 2.5% (.025) of Form 1040, line 38. If zero or less, enter -0-	2	
3	Taxes from Schedule A (Form 1040), line 9	3	
4	Enter the home mortgage interest adjustment, if any, from line 6 of the worksheet in the instructions for this line	4	
5	Miscellaneous deductions from Schedule A (Form 1040), line 27	5	
6	If Form 1040, line 38, is $154,950 or less, enter -0-. Otherwise, see instructions	6	( )
7	Tax refund from Form 1040, line 10 or line 21	7	( )
8	Investment interest expense (difference between regular tax and AMT)	8	
9	Depletion (difference between regular tax and AMT)	9	
10	Net operating loss deduction from Form 1040, line 21. Enter as a positive amount	10	
11	Alternative tax net operating loss deduction	11	( )
12	Interest from specified private activity bonds exempt from the regular tax	12	
13	Qualified small business stock, see instructions	13	
14	Exercise of incentive stock options (excess of AMT income over regular tax income)	14	
15	Estates and trusts (amount from Schedule K-1 (Form 1041), box 12, code A)	15	
16	Electing large partnerships (amount from Schedule K-1 (Form 1065-B), box 6)	16	
17	Disposition of property (difference between AMT and regular tax gain or loss)	17	
18	Depreciation on assets placed in service after 1986 (difference between regular tax and AMT)	18	
19	Passive activities (difference between AMT and regular tax income or loss)	19	
20	Loss limitations (difference between AMT and regular tax income or loss)	20	
21	Circulation costs (difference between regular tax and AMT)	21	
22	Long-term contracts (difference between AMT and regular tax income)	22	
23	Mining costs (difference between regular tax and AMT)	23	
24	Research and experimental costs (difference between regular tax and AMT)	24	
25	Income from certain installment sales before January 1, 1987	25	( )
26	Intangible drilling costs preference	26	
27	Other adjustments, including income-based related adjustments	27	
28	**Alternative minimum taxable income.** Combine lines 1 through 27. (If married filing separately and line 28 is more than $246,250, see instructions.)	28	

Part II　Alternative Minimum Tax (AMT)

29　Exemption. (If you were under age 24 at the end of 2015, see instructions.)

IF your filing status is . . .	AND line 28 is not over . . .	THEN enter on line 29 . . .
Single or head of household	$119,200	$53,600
Married filing jointly or qualifying widow(er)	158,900	83,400
Married filing separately	79,450	41,700

If line 28 is **over** the amount shown above for your filing status, see instructions.　29

30　Subtract line 29 from line 28. If more than zero, go to line 31. If zero or less, enter -0- here and on lines 31, 33, and 35, and go to line 34　30

31　• If you are filing Form 2555 or 2555-EZ, see instructions for the amount to enter.

(4) 代替ミニマム税（ATM）の申告

代替ミニマム税（AMT）の申告は，大きく①個人の場合と，②法人の場合に分けることができる。

① 個人にかかる代替ミニマム税（ATM）の申告

個人の場合，代替ミニマム税（AMT）の申告には，様式6251〔代替ミニマム税：個人用（Form 6251: Alternative Minimum Tax-Individuals）〕を使用する【図表Ⅰ-71】。

② 法人／会社にかかる代替ミニマム税（AMT）の特例

代替ミニマム税（AMT）は，課税繰延措置その他税制上の優遇措置を享受する会社／法人に対して，通常の所得税額（regular income tax）に加えて，追加的な負担を求めるものである。法人／会社納税者は，通常の所得税額を計算し申告納税をするとともに代替ミニマム税（AMT）を計算し，様式4626〔代替ミニマム税：法人用（Form 4626: Alternative Minimum Tax-Corporations）〕【図表Ⅰ-73】を使って，申告納税をするように求められる。

Ⓕ代替ミニマム課税標準（AMT base）に対するⒼ税率は，会社／法人の場合は原則として一律20％である（IRC55条b項1号B）。ただし，次のような小規模会社／法人（small corporations）については，代替ミニマム税（AMT）を免除する特例がある（IRC55条e項1号A～C）。

【図表Ⅰ-72】小規模会社／法人への代替ミニマム税（AMT）免除措置

> ・すべての会社／法人は，Ⓓ代替ミニマム課税所得額（AMTI）を，その設立当初年において免除される。
> ・設立2年目は，設立年における総収入金額（gross receipts）が500万ドル以下の場合には，代替ミニマム税（AMT）は免除される。
> ・設立3年目は，当初の2年間の平均総収入金額が750万ドル以下の場合は，代替ミニマム税（AMT）は免除される。
> ・設立4年目以降は，直近の3課税年の平均総収入金額が750万ドル以下の場合は，代替ミニマム税（AMT）は免除される。

D 代替ミニマム税額控除

納税者は，修正加速度原価償却回収制度（MACRS）のような連邦税法上の租税特別措置（租特）を利用するまたは有利な課税方法を選択して課税のタイミングを繰り延べることができる。しかし，こうした措置や課税方法の選択をし

3 代替ミニマム税の仕組み　103

た場合，代替ミニマム税（AMT）の納税義務を負うことになる。ただし，納付した代替ミニマム税（AMT）は，将来，通常の所得税額（regular income tax）から代替ミニマム税額控除（AMT tax credit）することができる（IRC53条）。

【図表Ⅰ-73】 様式4626〔代替ミニマム税：法人用〕（抜粋）

Form **4626**	**Alternative Minimum Tax—Corporations**	OMB No. 1545-0123
Department of the Treasury Internal Revenue Service	▶ Attach to the corporation's tax return. ▶ Information about Form 4626 and its separate instructions is at www.irs.gov/form4626.	2015
Name		Employer identification number

	Note: See the instructions to find out if the corporation is a small corporation exempt from the alternative minimum tax (AMT) under section 55(e).	
1	Taxable income or (loss) before net operating loss deduction	1
2	**Adjustments and preferences:**	
a	Depreciation of post-1986 property	2a
b	Amortization of certified pollution control facilities	2b
c	Amortization of mining exploration and development costs	2c
d	Amortization of circulation expenditures (personal holding companies only) . . .	2d
e	Adjusted gain or loss	2e
f	Long-term contracts	2f
g	Merchant marine capital construction funds	2g
h	Section 833(b) deduction (Blue Cross, Blue Shield, and similar type organizations only) .	2h
i	Tax shelter farm activities (personal service corporations only)	2i
j	Passive activities (closely held corporations and personal service corporations only) .	2j
k	Loss limitations	2k
l	Depletion	2l
m	Tax-exempt interest income from specified private activity bonds	2m
n	Intangible drilling costs	2n
o	Other adjustments and preferences	2o
3	Pre-adjustment alternative minimum taxable income (AMTI). Combine lines 1 through 2o . .	3
4	**Adjusted current earnings (ACE) adjustment:**	
a	ACE from line 10 of the ACE worksheet in the instructions	4a
b	Subtract line 3 from line 4a. If line 3 exceeds line 4a, enter the difference as a negative amount (see instructions)	4b
c	Multiply line 4b by 75% (.75). Enter the result as a positive number . . .	4c
d	Enter the excess, if any, of the corporation's total increases in AMTI from prior year ACE adjustments over its total reductions in AMTI from prior year ACE adjustments (see instructions). Note: *You* **must** *enter an amount on line 4d (even if line 4b is positive).*	4d
e	ACE adjustment. • If line 4b is zero or more, enter the amount from line 4c • If line 4b is less than zero, enter the **smaller** of line 4c or line 4d as a negative amount	4e
5	Combine lines 3 and 4e. If zero or less, stop here; the corporation does not owe any AMT	5
6	Alternative tax net operating loss deduction (see instructions)	6
7	**Alternative minimum taxable income.** Subtract line 6 from line 5. If the corporation held a residual interest in a REMIC, see instructions	7
8	**Exemption phase-out** (if line 7 is $310,000 or more, skip lines 8a and 8b and enter -0- on line 8c):	
a	Subtract $150,000 from line 7 (if completing this line for a member of a controlled group, see instructions). If zero or less, enter -0-	8a
b	Multiply line 8a by 25% (.25)	8b
c	Exemption. Subtract line 8b from $40,000 (if completing this line for a member of a controlled group, see instructions). If zero or less, enter -0-	8c
9	Subtract line 8c from line 7. If zero or less, enter -0-	9
10	Multiply line 9 by 20% (.20)	10
11	Alternative minimum tax foreign tax credit (AMTFTC) (see instructions)	11
12	Tentative minimum tax. Subtract line 11 from line 10	12
13	Regular tax liability before applying all credits except the foreign tax credit . . .	13
14	**Alternative minimum tax.** Subtract line 13 from line 12. If zero or less, enter -0-. Enter here and on Form 1120, Schedule J, line 3, or the appropriate line of the corporation's income tax return . .	14

For Paperwork Reduction Act Notice, see separate instructions.　　Cat. No. 12955I　　Form **4626** (2015)

もっとも，納付済みの代替ミニマム税（AMT）のうち，永久に非課税となる項目にかかる分については，原則としてミニマム税額控除の対象とはならない。また，それぞれの課税年の利用できるミニマム税額控除の金額は，その年の通常の所得税額が①試算ミニマム税額（AMT）を超えた金額が上限となる。その年に使用できなかったミニマム税額控除は，翌年以降無期限に繰り越し，法定された範囲内で通常の所得税額から控除することができる（IRC53条c項）。

このように，代替ミニマム税額控除（AMT tax credit）は，一般に納付した代替ミニマム税（AMT）が通常の所得税額（regular income tax）の前払の性格を有

【図表Ⅰ-74】様式8801〔前課税年のミニマム税控除：個人等用（Form 8801)〕（抜粋）

することに着眼し，二重課税を排除する目的で設けられている制度である。
　ちなみに，個人納税者などが代替ミニマム税額控除（AMT tax credit）を受けるとする。この場合には，様式8801〔前課税年のミニマム税控除：個人等用（Form 8801: Credit for Prior Year Minimum Tax: Individuals, Estates, and Trusts）〕【図表Ⅰ-74】を，様式1040〔連邦個人所得税申告書（Form 1040: U. S. Individual Income Tax Return）〕，様式1040NR などに添付して申告する。

E　小括〜政策税制と公平な税負担の狭間で複雑化する AMT

　連邦税である代替ミニマム税（AMT＝alternative minimum tax）は，連邦所得税を負担する能力（担税力／ability to pay income tax）があるにもかかわらず，連邦税法上の租税特別措置（租特項目）を利用するまたは有利な課税方法（課税繰延項目）を選択し，納付税額を極端に抑えていると判断される連邦納税者を対象に追加的に課税される（IRC55条〜59条）。その始まりは，1969年に導入されたアドオン方式の「ミニマム税（minimum tax）」の導入にある。

　代替ミニマム税（AMT）は，法人か非法人（個人）かを問わず，租特項目や課税繰延項目を活用して税負担の軽減をはかる納税者に，租税負担公平の観点から，追加的に課税する狙いの租税である。代替ミニマム税（AMT）を支持する立場からは，企業納税者を例にすると，租特項目や課税繰延項目の積極的な活用をゆるす結果として，財務会計上の利益と法人所得税上の課税所得とが大きく乖離してしまっており，これを放置しておくわけにはいかないとの主張がある。また，個人納税者を例にすると，租特項目や課税繰延項目を積極的に活用して富裕な生活を送る納税者には，通常の所得税制（regular income tax）上の項目別控除（itemized deduction）ないし標準控除（standard deductions），さらには人的控除や扶養控除（personal deductions and dependency exemption）などは要らないとしても，通常の所得税制からこうした控除を削除してしまっては，逆に低所得者層は困惑してしまう。やはり，代替ミニマム税（AMT）という別枠で処理することでバランスを取るしかないとの主張もある。

　こうした主張も分からないでもない。しかし，こうした調整の仕組みを織り込んだ代替ミニマム税（AMT）の導入，その後の度重なる AMT 改正の結果，連邦所得税制はますます複雑になり，税制の「効率性（efficiency），かつ簡素（simplicity）」の理念からは程遠い仕組みになってしまっている[64]。

また，代替ミニマム税（AMT）の課税ベースの見直しや，投資や雇用を刺激し経済再生などを狙いとした各種政策税制による通常の所得税制への租特項目の追加なども影響して，年々，代替ミニマム税（AMT）の納税義務を負う者の数は増加してきている[65]。連邦議会上下両院合同租税委員会（U.S. Congress, Joint Committee on Taxation）によると，今後3,000万（全納税者の5分の1程度）を超える納税者にとり，代替ミニマム税（AMT）が，あたかも連邦所得税の一部と化すと見積もられている[66]。連邦納税者のタックスコンプライアンス（自発的納税協力）上の負担は増す一方である[67]。その結果，これら代替ミニマム税（AMT）の納税義務を負う者は，2度，所得税の計算をするように強いられる。すなわち，1度目は，通常の所得税の計算，そして2度目は代替ミニマム税（AMT）の計算である。多くの中間所得層にとり，自分が通常の所得税申告に加え，代替ミニマム税（AMT）の納税申告義務を負うのかどうかは，実際に計算してみないと分からない。代替ミニマム税（AMT）は，最も厄介な租税であるとして嫌われる理由でもある[68]。

アメリカでは，租税歳出（tax expenditure）ないし租税歳出予算（tax expenditure budget）の概念を構築し，租特の透明化策を実践してきている[69]。したがって，連邦議会は，租特の透明化，縮減のよる課税ベースの拡大を目指し，代替ミニマム税（AMT）を廃止する途もあることをよく認識している。連邦議会に対しては，学界や租税実務界などからは，原点に立ち返って，常に「租税歳出ないし租特を徹底的に整理・縮小することで，むしろ代替ミニマム税（AMT）を廃

---

[64] See, Samuel A. Donaldson, "The Easy Case Against Tax Simplification," 22 Va. Tax Rev. 645 (2003).

[65] See, Michael D. Kim, "The Downward Creep: An Overview of the AMT and Its Expansion to the Middle Class," 6 DePaul Bus. & Comm. L. J. 451 (2008).

[66] See, U.S. Congress, Joint Committee on Taxation, Present Law and Background Data Related Federal Tax System in Effect for the 2009 and 2011, JCX-19-10 (March 22, 2010).

[67] See, *e.g.*, Stanley Veliotis, "AMT with No or Trivial Transactional Preferences: The Regular Tax Rate Schedule as an Implied AMT Preference," 69 Tax Law. 731 (2016).

[68] See, Leonard E. Burman *et al.*, "The AMT: What's Wrong and How to Fix It," 60 National Tax J. 385 (2007).

[69] 租税歳出の概念形成にあたっては，財政学者スタンリー・サリーの貢献によるところが大きい。See, Surry & P.R. McDaniel, Tax Expenditures (Harvard U.P., 1985); S.S. Surrey, Pathways to Tax Reform: The Concept of Tax Expenditures (Harvard U.P., 1973). 租税歳出，租税歳出予算について邦文による研究として詳しくは，石村耕治「租税歳出概念による租税特別措置の統制」『アメリカ連邦税財政法の構造』（法律文化社，1995年）第2章参照。

止し，連邦所得税制の簡素化（政策税制の廃止）に舵を切るべきではないか」という問いかけがなされている[70]。

ちなみに，先の大統領選挙時に，ドナルド・トランプ候補は，法人減税に加え，代替ミニマム税（AMT）廃止を選挙公約として打ち出していた。しかし，大統領になった現在，AMT廃止は，租税歳出の徹底的な整理・縮小や代替財源の確保に加え，連邦議会の承認を得るのも至難であり，現実的ではないのではないか。

---

[70] See, James R. Hines Jr. & Kyle D. Logue, "Understanding the ATM, and Its Unadopted Sibling, the AMxT," 6 J. of Legal Analysis 367 (2014); Gabriel O. Aisebaomo, "The Individual Alternative Minimum Tax: An Argument in Faber of Repeal," 74 U of Mo. Kansas City IL. Rev. 335 (2005). ちなみに，わが国の租特透明化法では，法人が決算の申告書を課税庁に提出する際に，何らかの租特（租税特別措置）に適用を受けていれば，「適用額明細書」を作成し，申告書に添付するように求め，添付しなかったらその適用を認めないという仕組みが導入されている。しかし，個人納税者に適用ある租特は，租特透明化法の対象外であることから，政策減税の全体像はいまだ不透明である。2015年度の法人税・所得税にかかる政策減税による税収減は4兆円規模で，消費税収の4分の1程度にも及ぶと見られている。租特透明化法について，石村耕治編『現代税法入門塾〔第8版〕』前掲注[57]，294頁以下参照。

4 連邦パートナーシップ課税法の仕組み

アメリカ合衆国（以下「アメリカ」という。）の事業経営において、「パートナーシップ（partnership）」は、法人／会社（corporations）とともに、幅広く選択されている事業体（entity）である。パートナーシップは、法人格を有し永続性を重視する会社（ゴーイングコンサーン／going concern）とは異なり、どちらかといえば、事業目的の終了に伴い、容易に解散できる事業体として活用されている。また、パートナーシップは、所有と経営が一体化し、パススルー課税が認められる事業体であり、かつパートナー間での合意により損益を配賦できるなど柔軟性（flexibility）のあることが好まれる理由でもある。

ひとくちにパートナーシップといっても、この事業体法制は各州法によることになっていることから、法制の詳細は州により異なる。ただ、今日、ルイジアナ州を除くすべての州（ワシントンD.C.等を含む。以下同じ。）において、改正統一パートナーシップ法（RUPA＝Revised Uniform Partnership Act）[71]に準拠してパートナーシップ法を制定している[72]。このことから、パートナーシップ法制の基本的な骨格は全米的にほぼ統一されていると考えてよい。

「パートナーシップ」とは、本来、私法上の概念である。RUPAは、パートナーシップを、「2人以上の者が共同所有者として営利事業を行うための組成

---

[71] See, Uniform Partnership Act (1997). 一般に「RUPA＝Revised Uniform Partnership Act」と呼ばれる。

[74] パートナーシップには、大きく分けると、ジェネラルパートナーシップ（GP＝general partnership）とリミテッド・パートナーシップ（LPS＝limited partnership）がある。GPは、その構成員であるパートナー全員が経営を担い無限責任を負う事業体である。これに対してLPSは、1人の経営を担い無限責任を負うパートナーと1人以上の経営に参加しない有限責任のパートナーからなる事業体である。有限責任パートナーは資本を提供し、持分主として存在することになる。改正統一パートナーシップ法（RUPA）によると、パートナーシップを組成した場合、所在州の権限ある当局で登録するように求められるとともに、事業を行う州ごとの届出も必要とされる。パートナーシップの損益は、各パートナーの出資（現金・現物資産・労務など）持分額を基準の分配／配賦される必要はなく、パートナーシップ契約に定める特段の合意に基づき、分配割合比率（distributive share ratio）に応じて柔軟に配賦（パススルー）することができる。See, Walter D. Schwidetzky & Fred B. Brown, Understanding Taxation of Business Entities (LexisNexis, 2015) Part I. なお、わが国にも、GPに匹敵するような民法上の組合（667条～688条）、そしてLPSに匹敵するような商法上の匿名組合（535条～542条）や有限責任事業組合契約に関する法律に基づき組成される投資事業有限責任組合などの仕組みがある。

された社団（an association of two or more persons to carry on as co-owners a business for profit formed）」であると定義する（101条6項）。連邦税法／内国歳入法典（IRC＝Internal Revenue Code）は，「パートナーシップ課税」にあたっては，こうした私法上の定義を借用・考慮に入れたうえで，税法独自の定義をしているものと解される[73]。

パートナーシップにかかる連邦税制は，1954年にはじめて導入された。パートナーシップやパートナーにかかる具体的な所得課税取扱いは，連邦税法／内国歳入法典（IRC）のサブタイトルA，チャプター1，サブチャプターK〔パートナーおよびパートナーシップ（Partners and Partnerships）〕の規定（IRC701条～761条），ならびにこれらの条項のもとで発遣される財務省規則（Treasury Regulations）などを典拠にしている[74]。アメリカの課税実務では，パートナーシップ税制のことを「サブチャプターK（Subchapter K）」税制と呼んでいる[75]。パートナーシップの事業体を選択したさまざまなビジネス[76]がサブチャプターK税制のもとで納税事務を処理している。

また，連邦税法（IRC）は，パートナーシップやパートナーに特有の行政調整，すなわち税務調査手続や課税所得の査定手続，徴収手続，さらには争訟手続などの租税手続（以下「パートナーシップ租税手続」ともいう。）を置いている。これら

---

[73] パートナーシップが有効に存続するためには，2人以上のパートナーが必要である（財務省規則301.7701-2(a)，(c)(1)）。

[74] アメリカのパートナーシップ課税の沿革について詳しくは，Bradley T. Borden, "Aggregate-Plus Theory of Partnership Taxation," 43 Ga. L. Rev. 717 (2009). また，アメリカのパートナーシップ課税制度についての邦文による研究としては，伊藤公哉『アメリカ連邦税制〔第5版〕』第Ⅶ（中央経済社，2013年），税理士法人プライスウォーターハウスクーパース『諸外国のパートナーシップ税制に関する調査研究』（PWC，2012年），白木康晴「外国事業体をめぐる課税上の問題について：アメリカのリミテッド・パートナーシップを中心に」税大ジャーナル15号（2010年），高橋裕介『アメリカ・パートナーシップ所得課税の構造と問題』（清文社，2008年），須田徹『米国のパートナーシップ』（中央経済社，2004年），金子宏編「パートナーシップの課税問題」日税研論集44号（2000年）収録の各論文，平野嘉秋『パートナーシップの法務と税務』（税務研究会，1994年）などを参照。

[75] この点，わが国の所得税法や法人税法においては，任意組合にかかる課税取扱い上の明確な規定がない。わずかに，税務通達において組合が稼得した所得は，組合（パートナーシップ）自体には課税せず，組合員（パートナー）に課税すると規定するに留まる（所得税基本通達36・37共-19の2および20，法人税基本通達14-1-1，1の2および2。また，租税特別措置法（法人税関係）通達62の3(6)-1参照）。営利事業体としては「個人」か「法人」の選択が常識であるとみての税制なのかも知れない。しかし，現実には，合弁事業（ジョイントベンチャー），合同企業体などの名称で「任意組合（パートナーシップ）」が幅広く選択されている。組合（パートナーシップ）課税取扱いが税制の枠外に放置されている感が否めない。わが国の組合課税制度は未整備で，連邦税法（IRC）にサブチャプターK（Subchapter K）税制が導入される以前のアメリカに似通った状態にあるといっても過言ではない。

は，連邦税法（IRC）の6046条のAおよび6221条ないし6232条に盛られている[77]。

[76] わが国の場合，例えば弁護士法や税理士法などを見てみても，事業体としては個人か法人より選択ができない。これに対して，アメリカをはじめとして多くの欧米諸国では，事業体としてはパートナーシップ（任意組合）やビジネストラストなどの選択も可能である。むしろ，専門職の組織化には，パートナーシップ（任意組合）のようなパススルー課税のできる事業体選択が一般的である。この背景には，これらの諸国では，事業体選択は"私法"に基づき，弁護士法や税理士法などの"業法"では事業体選択を狭めない政策を採っていることがある。事業体選択は政府が決めて当たり前であるとし異論を差し挟まないわが国専門職・企業人の意識と，事業体選択は各企業が決めて当たり前とするグローバルな諸外国の専門職・企業人意識の間には，大きな乖離がみられる。わが国では，任意組合の事業体をベースとした"収支共同法律事務所"などの組成，さらには，弁護士や税理士，公認会計士など異士業が収支を共にした「総合的法律経済関係事務所」の設置は必ずしも容易でない実情にある。しかし，世界に目を向ければ，いまや MDP (multidisciplinary partnership, multidisciplinary practices) の興隆が著しい。MDP の「multi」は「多様，異業種間」，「disciplinary」は「規律，専門職倫理」を意味する。つまり，MDP は，倫理基準の異なる多様な専門職が一堂に会して「ワン・ストップ・サービス」業務をおこなう「異士業収支共同事務所」，「異士業共同任意組合」を指す。前記「総合的法律経済関係事務所」にあたる。石村耕治編『現在税法入門塾〔第8版〕』前掲注(57)，201頁以下参照。See, Edward S. Adams, "Rethinking the Law Firm Organizational Form and Capitalization Structure," 78 Mo. L. Rev. 777 (2013); Ryan S. Christensen, "Roosters in the Henhouse? How Attorney-Accountant Partnerships Would Benefit Consumers and Corporate Clients," 37 Iowa J. Corp. L. 911 (2012); Katherine L. Harrison, "Multidisciplinary Practices: Changing the Global of the Legal Profession," 21 U. Pa. J. Int'l Econ. L. 879 (2000); Corinne N. Lalli, "Multidisciplinary Practices: The Ultimate Department Store for Professionals," 17 St. John's J. L. Comm. 283 (2003).

[77] ちなみに，連邦税法（IRC）は，ある事業体（entity）が，法人／会社であるのか，パートナーシップであるのかにすみ分けて課税取扱いをする。州パートナーシップ法上のパートナーシップであっても，IRC7701条 a 項3号にいう「社団／アソシエーション（association）」にあてはまると，その事業体は，法人としての課税取扱いを受ける。また，仮にその事業体が社団／アソシエーションではないとしても IRC7704条 a 項に規定する「公に取引されるパートナーシップ（PTP＝publicly traded partnership）」にあてはまれば，法人としての課税取扱いを受ける。ある事業体が法人／会社あるいはパートナーシップとして課税取扱いをさらに明確にするため，連邦財務省は，1960年にキントナー規則（Kintner Regulations）を導入した。キントナー規則は，United States v. Kintner 〔216 F. 2d 418 (9th Cir. 1954)〕事件判決などに基づき連邦財務省が考案し，1960年に発遣した事業体課税分類ルール（entity tax classification rules）である。法人該当性の判断基準として次の6要件をあげた。すなわち，①従業者の存在，②事業を営みかつ利得を分配する目的，③永続性，④集中的経営管理，⑤持分の譲渡性，⑥有限責任。これらのうち，①および②の要件を充たすが，残り4要件のうち2以上の要件を欠ける事業体は，これをパートナーシップとして課税するとするルールである。See, Victor E. Fleischer, "If It Looks Like a Duck: Corporate Resemblance and Check-the-box Elective Tax Classification," 96 Colum. L. Rev. 518 (1996). この事業体課税分類ルールは，基本的には，社団（association）としての実体を有するかどうかを判定基準とするものである。この規則の発遣により，法人格の有無の判定基準の明確化，不当な租税回避目的での事業体選択のコントロールなどの面では一定の効果が上がった。しかし，この規則により，逆に課税庁は煩雑な線引き事務と争訟への対応に忙殺されることになる。一方，ビジネス第一であるはずの企業も，事業活動よりもコンプライアンスの重荷に苦悩するようになっていた。ビジネス界からは，納税者にフレンドリーな手続実現に向けた制度改革の求めが次第に強くなっていた。こうした求めに呼応する形で，財務省／IRS は，1997年1月1日から，規制緩和の精神に立ち，チェック・ザ・ボックス・ルール（CTB＝Check-the-box rule）を導入した。これにより，法人課税か出資者／持分課税かの選択は，原則として納税者に委ねることになった。

A 連邦パートナーシップ課税の構造

アメリカにおいて，パートナーシップやパートナーに対してどのように所得課税を行うべきかについて，学問的には，「事業体擬制説（aggregate theory/aggregate approach）」と「事業体実在説（entity theory/entity approach）」の考え方がある。

連邦パートナーシップ課税制，すなわちサブチャプターK税制は，事業体擬制説の考えに基づいて構築されている。このことから，例えば，パートナーがパートナーシップに対し資本資産（現物）出資をしたとする。この場合，当該資産の含み損益はそのままパートナーシップに移転する。そして，後にパートナーシップが当該資産を処分したときに，出資時の含み損益はパートナーシップの関連項目に算入され，各パートナーに配賦され，各パートナーは確定申告をして所得課税を受けるという構図にある。

このように，事業体擬制説の考え方を反映したサブチャプターK税制では，パートナーシップは，原則として納税主体（taxable entity）にはならない。しかし，一方では，サブチャプターK税制に事業体実在説の考え方も採り入れている。例えば，パートナーシップは，会計方法をパートナーとは独立して選択でき，かつ課税所得も独立して算定する（IRC703条）。さらに，パートナーシップの所得（income），利得（gains），損失（losses），所得控除（deductions），税額控除（credits）（俗にパートナーシップの課税項目を総称して「IGLDC」ともいう。）などの①個別列挙項目（separately state items）や②非個別列挙項目（nonseparately stated items/ordinary items）にかかる情報申告書（information return: return of partnership income）も独自に作成し，提出することになっている（IRC6031条）。すなわち，パートナーシップは，各年の決算終了後，連邦パートナーシップ所得の情報申告書である様式1065〔Form 1065：連邦パートナーシップ所得の申告書（Form 1065: U.S. Return of Partnership Income）〕を作成したうえで，連邦課税庁（IRS）に提出するように求められる。もっとも，様式1065は，情報申告書（information return）であり，納税申告書（tax return）ではないことから，税金の計算は行わない。

パートナーシップの所得（income），利得（gains），損失（losses），所得控除（deductions），税額控除（credits）〔IGLDC〕などの各項目は，「分配割当額（distributive share）」として各パートナーに配賦（パススルー／pass through）され，

【図表 I -75】 パートナーシップ課税／任意組合課税の日米比較

アメリカ連邦パートナーシップ課税	日本の任意組合課税
●パートナーシップ／任意組合およびパートナー／組合員課税の典拠	
・内国歳入法典（IRC）サブチャプターKおよびそのもとで発遣された財務省規則など ・パートナーシップ課税では，学問的には，パススルー課税を認める「事業体擬制説（aggregate theory）」とそれを認めない「事業体実在説（entity theory）」を基軸に議論が展開されている。	・税法上の典拠なし。ただし，所得税基本通達36・37共-19の2および20，法人税基本通達14-1-1，1の2および2に加え，租税特別措置法（法人税関係）通達62の3(6)-1などが典拠である。
●パートナーシップ／任意組合への課税か，パススルー課税か	
・パススルー課税。パートナーシップは納税主体にはならない。パートナーが納税主体となる。 ・パートナーシップは情報申告書を課税庁に提出する義務がある。	・パススルー課税。任意組合は納税主体にはならない。組合員が納税主体となる。
●損益配賦，分配等のルール	
・パートナーシップの損益は，原則としてパートナーシップ契約（partnership agreement）に定める分配割当比率（distributive share ratio）に従って，各パートナーに配賦（パススルー）する。 ・パートナーシップへの損失の内部留保はできない。したがって，各パートナーは，損益が現実に分配されたかどうかにかかわらず，配賦された時点で認識され，申告損益に含める必要がある。	・組合員に帰属する損益の額は，組合契約等の定める分配割合に基づいて配賦する。 ・原則として，組合員の各事業年度に対応する組合事業にかかる損益が組合員の各事業年度の所得に帰属する。ただし，組合事業の計算期間の終了の日の属する組合員の各事業年度に帰属されることもできる。
●パートナーシップ／任意組合への出資の種類と出資時のパートナー／組合員の課税関係	
・出資（contribution）の種類は，現金（cash），現物資産（in-kind property）および労務（service）がある。 ・パートナーは，パートナーシップへの出資と引き換えにパートナーシップ持分（partnership interest）を取得する。パートナーシップ持分は，性格的には資本資産（capital asset）である。	・出資には，現金，現物資産に加え，労務も認められる ・現金や現物資産の場合は，課税は生じない。 ・現物資産の出資の場合には，出資した組合員の持分となる以外の部分については，課税される。

4 連邦パートナーシップ課税法の仕組み 113

・現金や現物資産の出資の場合は，課税は生じない。 ・ただし，含み損益のある資産が現物出資された場合には，当該資産の譲渡時までの含み損益は出資したパートナーに，そして出資後の含み損益は各パートナーに配賦される。 ・労務の出資によりパートナーシップ持分を取得する場合には，原則として出資した労務に対して課税される。ただし，パートナーシップ持分が利益持分だけのときには，出資時の課税はない。	
●パートナーシップ持分／組合持分の処分にかかる課税関係	
・パートナーシップ持分の処分にかかる譲渡益（譲渡される持分の譲渡対価と譲渡される持分の基準価額／簿価との差額）には，原則として資本損益（capital gains and Losses）として，棚卸資産などから発生する通常損益（ordinary gains and losses）とは区別して，譲渡所得課税が行われる。	・組合財産に対する持分を譲渡したものとして譲渡損益を認識する。
●配賦規制：租税回避防止ルール	
《個別の配賦規制》 ・**損失控除の基準価額内規制** パートナー段階での損失控除は，課税年末時点におけるパートナーシップ持分の調整基準価額に制限され，超過分は翌課税年以降に繰り越される。 ・**出資時の含み益，含み損の配賦適正化措置** パートナーシップに対する出資とビルトイン・ゲインやロス（出資時の含み益，含み損／built-in gain & loss），すなわち出資時の含み益，含み損の配賦を適正化する措置である。 ・**税法上の危険負担ルール（at-risk rules）適用による規制** パートナーである納税者はパートナーシップ段階で生じた損失についての控除は，原則として自己が負担した範囲に限定される。 ・**ノンリコース負債にかかるパートナーシップ持分の基準価額内制限** パートナーシップ負債を，リコース負債（recourse loan）とノ	・一定の組合員に対する組合損失の損金算入の規制措置がある。

ンリコース負債（nonrecourse loan）に区分したうえで，パートナーシップ持分の基準価額にノンリコース負債を制限的に反映させるルールを定めている。
- **受動的活動関連損失の損益通算を同種の活動関連所得内に制限** 経営権取得を目的としない証券投資活動／受動的活動（passive activities）のかかる損失額の損益通算を同じ受動的活動から生じた所得額内に制限する。

《包括的な配賦規制》
- **実質的な経済効果を問う配賦規制** パートナー間での合意による損益の配賦について「実質的な経済効果（substantial economic effect）」を問い，こうした効果を欠く場合には，課税庁（IRS）がパートナー持分（partner's interest）で再配賦できるとする規制である。
- **包括的パートナーシップ濫用規制ルール（PAAR＝Partnership anti-abuse rule）適用による規制** 連邦課税庁（IRS）は，連邦税法（IRC）のサブチャプターK税制の目的の合致しない方法において，パートナー全体の納税義務の実質的な減少につながるパートナーシップ取引を発見した場合，それを否認し，サブチャプターK税制の目的に沿うように組み替えて課税できるとする包括的・一般的な濫用規制措置がある。

●**国外パートナー／国外組合員へのパートナーシップ／組合利益の分配にかかる源泉所得課税**

・パートナーシップがアメリカ国内で取引または事業に実質的に関連する所得を有する場合，租税条約に特段の税率の定めがあるときを除き，国外パートナーへの利益の分配時に35%の税率で源泉所得課税が行われる。	・非居住者または外国法人が国内パートナーシップの組合員である場合には，当該組合利益の分配時に，20%の税率で源泉所得課税が行われる。

●**パートナーシップ／組合特有の租税手続の有無**

・内国歳入法典（IRC）には，パートナーシップに特有の税務調査や徴収などに関する租税手続がある。	

パートナー段階で課税される。IGLDC などの各項目（損益）の「分配割当額 (distributive share)」を決定することと、それらを「配賦する (allocate)」ことは、ほぼ同じ意味である。ただ、実際の「分配 (distribution／IRC731条)」と「分配割当額 (distributive share／IRC704条)」とは別物である。分配割当額は、原則としてパートナーシップ契約による（IRC704条 a 項）。パートナーシップ契約に分配割合／配賦の定めがない、またはパートナーシップ契約のよる IGLDC などの各項目（損益）の配賦が「実質的な経済的効果 (substantial economic effect)」が伴っていない場合には、例外的に、連邦課税庁（内国歳入庁／IRS＝Internal Revenue Service) は、パートナーシップのパートナー持分 (partner's interest in the partnership) に基づいて、損益の再配賦、課税処分をすることができる（IRC704条 b 項）。

パートナーシップは、パートナー側での課税・納税申告を容易にするために各パートナーに対して、損益などを記載した別表K-1〔パートナーの所得、所得控除、税額控除等分配割当表 (Schedule K-1: Partner's Share of Income, Deductions, Credits, etc.)〕を交付するように義務付けられている。

各パートナーは、各項目が現実に配賦されたかどうかにかかわらず、パートナーシップ契約 (partnership agreement) に記載された分配割当額 (distributive share) に応じて配賦を受けたものとして課税を受ける。パートナーが個人であれば、配賦額を様式1040〔連邦個人所得税申告書 (Form 1040: U.S. Individual Income Tax Return)〕に転記し、税額を計算したうえで確定申告をすることになる。一方、パートナーが法人であれば、配賦額を様式1120〔連邦法人所得税申告書 (Form 1120: U.S. Corporation Income Tax Return)〕に転記し、税額を計算したうえで連邦課税庁（IRS）に確定申告をすることになる。

アメリカ連邦パートナーシップ課税とわが国の任意組合課税（組合課税）の制度を極めておおまかに比較すると、前記【図表 I -75】のとおりである。

B　アメリカのパートナーシップ課税の理論と税制への影響

内国歳入法典（IRC）によると、パートナーシップとは、「シンジケーション、グループ、プール、ジョイントベンチャーその他の非法人組織体で、当該組織体を通じてまたは当該組織体によって事業活動、金融活動もしくは投資活動を直接または間接に行うものであり、税法上の法人、信託または遺産財団以外の

ものを含む。」と定義される（IRC761条 a 項および7701条 a 項 2 号）。

すでにふれたように，パートナーシップやパートナーに対してどのように所得課税を行うべきかについて，学問的には，「事業体擬制説（aggregate theory/aggregate approach）」と「事業体実在説（entity theory/entity approach）」の考え方がある。「事業体擬制説」とは，パートナーシップを個々のパートナーの集合体と見る考え方である。すなわち，この考え方のもとでは，パートナーシップは，導管（conduit）であり，納税主体（taxable entity）とはならず，その所得，ゲイン，損失などの各項目は，各パートナーにパススルー（path-through／配賦）され，パートナー段階で課税すべきものとされる[78]。したがって，各パートナーが所得税の納税主体となる[79]。これに対して，「事業体実在説」では，パートナーシップは各パートナーから独立した事業体，納税主体であるとする考え方である[80]。

(1) 事業体擬制説に傾斜したパートナーシップ課税

サブチャプターK税制では，パートナーシップは，所得税の納税主体とはならず，パートナーが納税主体となる「事業体擬制説」に基づく課税取扱いを原則としている。この点について，連邦税法（IRC）701条は〔課税対象となるのはパートナー，パートナーシップではない（Partners, not partnership, subject to tax）〕の表題で，「パートナーシップは，内国歳入法に基づいて所得税が課される主体にはならない。パートナーとして事業を営む者は，その個別の資格においてのみ所得税の納税義務を負うものとする。」と規定する（IRC701条）。

その一方で，パートナーシップは，所得などIGLDC項目をパートナーシップ段階で決定したうえで，それらの金額を計算し，かつパートナーシップ情報申告書である様式1065〔Form 1065：連邦パートナーシップ所得の申告書（Form 1065: U.S. Return of partnership income）〕を提出するように求められる。こ

---

[78] 納税義務者（納税主体）とされていない非法人の事業体（business entity）であり，組織体の段階では課税せず，損益をその構成員に配賦（パススルー）し，構成員の段階で課税する方法を「パススルー課税（path-through taxation）」という。また，パススルー課税を受ける事業体を「パススルー事業体（path-through entities）」という。パートナーシップは，アメリカにおける典型的なパススルー事業体の 1 つである。

[79] 以下，ここ**4**では，「所得（income tax）」とは，とくに断りがない限り，連邦個人所得税（Federal individual income tax）と連邦法人所得税（Federal corporate income tax）を包摂する意味で使っている。

[80] See, Andrea Monroe, "Integrity in Taxation: Rethinking Partnership Tax," 64 Ala. L. Rev. 289 (2012).

れは，事業体実在説（entity theory）的な考え方を加味した制度と解されている。

確かに，この点に着眼すると，サブチャプターK税制は，事業体擬制説と事業体実在説と織り込んだ折衷的（ハイブリッド）な仕組みといえなくもない。しかし，実際には，一部事業体実在説的な考え方を若干採り入れながらも，事業体擬制説に基づくパートナーシップ課税取扱いを基調とし，パートナーシップを独立した納税主体として取り扱っていない。

このような事業体擬制説に大きく傾斜する実体的なパートナーシップ課税取扱いは，効率的なパートナーシップ租税手続確立の遅れの一因にもなっていた。なぜならば，連邦課庁／内国歳入庁（IRS）は久しく，パートナーシップにかかる税務調査などの租税手続を，納税主体となるパートナーを対象に進めざるを得なかったからである。

(2) 事業体実在説に傾斜するパートナーシップ租税手続

パートナーシップ租税手続の効率化，執行態勢が一挙に進んだのは，所得税の納税主体とならない事業体としての魅力にも大きく関係する。

パートナーシップは，パススルー課税が認められる事業体であり，かつその組成（formation）から解散（dissolution）までの各種手続が簡素であることから，1970年代後半から最もポピュラーな事業体としてアメリカビジネス界で幅広く選択・活用されてきた。その一方で，1970年代後半から，パートナーシップは，各種節税計画（tax saving plans），さらには濫用的なタックスシェルター（abusive tax shelters）や租税回避スキーム（tax avoidance schemes）のツールとして活用されることが多くなり，批判の的とされていった。連邦議会では，包括的パートナーシップ濫用規制ルール（PAAR＝Partnership anti-abuse rule）の整備が久しく租税政策上の重い課題となっていた[81]。連邦議会は，1980年代に入り，度々税制改正を実施し，1994年にパートナーシップ契約が租税回避を狙いとしている場合租税回避を否認するためにその取引を組み替え（recast）して課税できるPAAR措置（財務省規則1.701-2）の導入をはかった。

他方では，税務執行面からは，パートナーシップ租税手続の整備も急がれる政策課題とされた。連邦議会は，1982年に課税の公平・財政責任法（TEFRA＝Tax Equality and Fiscal Responsibility Act）の名称で，年次の税制改正法を制定，

---

[81] See, Andrea Monroe, "What's in the Name: Can the Partnership Anti-Abuse Rule Really Stop Partnership Tax Abuse?," 60 Case W. Res. 401 (2010).

施行した。これにより、パートナーシップ独自の体系的かつ統一的な行政調整、すなわち税務調査手続や課税所得の査定手続、徴収手続、争訟手続などを制度化した。これらパートナーシップ租税手続に関する条項は、IRC6046条のAおよび6221条から6232条に盛られている。

TEFRA パートナーシップ租税手続においては、パートナーシップの組成から解散までの濫用的な租税回避への対応を含め、事業体擬制説の考えから一歩抜け出て事業体実在説の考えに傾斜する形での取扱いがなされている。言い換えると、事業体擬制説を基調とするパートナーシップへの実体的な課税取扱いとは傾向を異にしてきている。

TEFRA パートナーシップ租税手続は、その実施から30年以上経過して、その問題点も浮き彫りになってきた[82]。とりわけ、事業体擬制説と事業体実在説とが交差する形のパートナーシップ租税手続が、パートナーシップやパートナーのタックスコンプライアンス／自発的納税協力負担を重くし、かつ連邦課税庁／内国歳入庁（IRS）の事務の効率化を阻害する要因にもなってきた。そこで、オバマ政権は、2015年11月に現行のパートナーシップ租税手続を刷新し、効率化をはかるための税制改正を実施した。新たな手続は、2017年12月31日後（2018年1月1日以後）に始まる課税年に実施される税務調査および提出するパートナーシップ納税申告書から適用される[83]。

C 連邦パートナーシップ課税法制の分析

(1) パートナーシップの組成と出資・分配

パートナーシップを組成（formation）する場合、パートナーシップ契約（partnership agreement）を締結し、各パートナーは出資（contributions）することになる。一方、パートナーシップは、出資を原資に事業活動を行い、各課税年末に決算を行い、その課税所得、ゲイン、損失などIGLD項目を決定し、パートナーシップ契約（partnership agreement）に定める分配割当比率（distributive share ratio）に従って、各パートナーに配賦（パススルー）する。配賦される損益

---

[82] See, Peter A. Prescott, "Jumping the Shark: The Case for Repealing the TEFRA Partnership Audit Rules," 11 Fla. Tax Rev. 503 (2011).

[83] See, Kathryn Keneally, "The Repeal of the TEFRA Audit Regime and the Shift from an Aggregate to an Entity-Level Approach to Partnership Taxation," J of Tax Procedure & Procedure (February-March 2016) 37.

は，パートナーシップの資本勘定（capital account）の加算または減算され，実際に配賦／分配されたかどうかにかかわらず，パートナー側で課税される。

① 出資とは

「出資（contribution）」とは，パートナーシップの事業目的の実現に向けて金銭／現金（cash）現物資産（in kind property），労務（services）を出すことである。パートナーは，出資と引き換えにパートナーシップ持分（partnership interest）を得ることになる[84]。パートナーシップ持分は，大きく「資本持分（capital interest）」と「利益持分（profit interest）」に分かれる。資本持分には，出資時に含み損益を認識しないとする「不認識ルール（non-recognition rule）」が適用になる。一方，利益持分には，出資時に不認識ルールは適用にならない。

税務面からみた場合，パートナーシップに対して金銭，現物資産，または労務が出資された場合，パートナー，パートナーシップが損益を認識することになるのかどうか，認識するときにはその金額をどのように測定するのかが重い課題となる。加えて，パートナーシップの持分の出資にかかる基準価額（basis）の金額をいかに正確に算定するかも問われてくる。

パートナーが，パートナーシップに金銭／現金を含む現物資産（like-kind property）を出資したとする。この場合，パートナーシップおよび出資したパートナーは，不認識ルール（non-recognition rule）が適用になる，原則としてその含み損益の課税が繰り延べられる（IRC721条 a 項）。すなわち，パートナーシップの側は，出資資産の基準価額（basis）を引き継ぐことになる（IRC723条）。また，パートナーの側は，出資と引き換えに受け取ったパートナーシップ持分を出資資産の基準価額で評価する（IRC722条）[85]。

一般に，パートナーシップへの出資は，現物資産の場合の方が，金銭／現金の場合に比べ，問題を生じやすい。なぜならば，パートナーとなる者が，金銭／現金で出資をする場合には，当該金額がパートナーシップ持分の基準価額（basis）となる。これに対して，評価性資産で出資するときには，パートナーシ

---

[84] ちなみに，連邦税法（IRC）には，「パートナーシップ持分」を具体的に定義した規定は見当たらない。

[85] ちなみに，出資が，知的財産または無形資産で行われた場合には，有形資産の場合と同様に，出資時には不認識ルール（non-recognition rule）が適用になる。このことから，当該無形資産にかかるパートナーシップ持分は，それが処分されたときに認識され，実現した譲渡益（capital gain）または譲渡損（capital loss）が課税対象となる。

ップ持分の基準価額の決定における当該資産の価額の評価などが必ずしも容易ではないからである[86]。

パートナーが労務（services）の出資をしたとする。この場合には，当該出資にかかるパートナーシップ持分は，利益持分（profit interest）として取り扱われ，不認識ルール（non-recognition rule）は適用にならない。このため，個人パートナーがそれと引き換えに受け取ったパートナーシップ持分は，連邦個人所得課税上，原則として報酬（compensation for service）として総所得（IRC61条 a 項）に算入することになる（財務省規則1.721-1(b)(1)）[87]。

② 分配とは

「分配（distribution）」とは，資本や配賦された払戻しとして，パートナーシップからパートナーに対して実際に金銭／現金や金銭／現金以外の資産を移転することである。

パートナーシップからパートナーに対して分配が行われたとする。この場合，パートナーシップもパートナーも，課税されることはない。しかし，金銭／現金の分配を受けた場合で，その金額が分配直前のパートナーシップ持分の基準価額を超えるときには，当該超過額は，利益として課税対象となる（IRC731条 a 項1号）。

(2) **パートナーシップ持分の基準価額**

パートナーシップ持分の基準価額（basis）とは，次のような2つの意義を有している。

【図表Ⅰ-76】パートナーシップ持分の基準価額の意義

> ・パートナーシップ持分の基準価額は，パートナーシップ所得などIGLDの配賦により修正される（IRC705条 a 項）
> ・パートナーシップ持分の基準価額には，実際にパートナーが出資した金銭／現金や資産に加え，パートナーシップの負債，とりわけパートナーの配賦された「負債割当額（partner's share of the partnership liabilities）」が含まれる（IRC752条 a 項およびb項）。

---

[86] パートナーシップに不動産（土地・建物）が出資された例を考えてみると，その評価価額割合，建物の減価償却額の配賦などがパートナーと課税庁（IRS）との間で常に争点になり得る。
[87] もっとも，労務を出資し利益持分を付与された場合，役務提供時の利益持分の価値がゼロであることから，当該持分が報酬として取り扱われるとしても，現実には当該パートナーに課税されないことになる。

① 当初基準価額

パートナーシップ組成直後におけるパートナーシップ持分の基準価額，すなわち「当初基準価額（original basis）」は，出資した資産などの種類により異なる。連邦課税（IRC）上，原則として，次のような課税取扱いになる。

【図表Ⅰ-77】主要な出資の当初基準価格

- **金銭／現金を出資した場合**　その金額がパートナーシップ持分の基準価額（basis）
- **現物資産を出資した場合**　原則としてその出資した資産の基準価額が，パートナーシップ持分の基準価額
- **労務を出資した場合**　総所得に算入した金額，すなわち受領したパートナーシップ持分の公正な市場価額が，パートナーシップ持分の基準価額

② 追加出資と分配

パートナーがパートナーシップ組成後に追加出資をしたとする。この場合，基準価額は，追加出資分だけ増額調整が必要になる（財務省規則1.705-1(a)(2)）。

一方，パートナーがパートナーシップから分配を受けたとする。この場合，基準価額は，その分だけ減額調整が必要になる。

③ 負債による調整

金融機関からの借入れ，未払額の発生などパートナーシップの負債が増加したとする。この場合，各パートナーの基準価額の調整が必要になる（法典752条a項）。一方，金融機関からの借入額の返済，未払額に減少などパートナーシップの負債が減少したとする。この場合，当該減少額分について各パートナーの基準価額の調整が必要になる（IRC752条b項）。

パートナーシップが出資を受けた現物資産に抵当権が設定されているなど，パートナーシップがパートナーの負債を引き受けたとする。この場合，現物出資したパートナーのパートナーシップ持分の調整が必要になる。税務実務上，当該パートナーは，負債相当額をパートナーシップから金銭／現金による分配を受けたものとして取り扱われる。

④ パートナーシップから配賦される損益等の調整

パートナーシップからパートナーに所得，利得，損失および控除などIGLDC項目（損益）の金額が配賦／パススルーされたとする。この場合，パートナーシップ持分の基準価額を調整する必要がある。

⑤ 基準価額の確定

パートナーシップ持分の基準価額の算定は，原則として各課税年末に行われる。ただし，パートナーがパートナーシップ持分を処分した場合には，その処分日における基準価額を算定することになる。

(3) パートナーシップ持分の処分

パートナーシップ持分の処分（disposition of partner's interest/disposition of partnership interest）とは，パートナーの持分（partner's interest）に影響を及ぼす各種の取引を指す。主な取引類型をあげると次のとおりである。

【図表Ⅰ-78】パートナーシップ持分の処分の類型

> ・パートナー持分の譲渡（sales of the partner's interest）
> ・パートナー持分の交換（exchange of the partner's interest）[88]
> ・パートナー持分の脱退（by retirement of the partner's interest）
> ・死亡に伴う移転（a transfer by reason of death）[89]，
> ・パートナーの離婚に伴う移転（a transfer by reason of the partner who gets divorced）[90]，または，
> ・パートナーシップの清算（by liquidation of the partnership）

すでにふれたように，連邦のパートナーシップ課税制度，すなわちサブチャプターK税制は，事業体擬制説と事業体実在説の双方の考え方を採り入れたハイブリッド・コンセプトのもとで構築されている。こうしたコンセプトのもと，パートナーシップにおけるパートナー持分は，ある場面ではパートナーシップの集合的な資産として取り扱われ，また別の場面では各パートナーの個別的な資産のように取り扱われる。また，パートナーシップ持分の処分については，

---

[88] IRC1031条a項1号は，事業用または投資用に保有する資産を等価交換（like-kind）した場合に損益を認識しない課税取扱いをする。しかし，パートナーシップ持分交換については，この取扱いを適用除外にしているようにみえる（IRC1031条a項2号）。

[89] 個人パートナーが死亡した場合，州のパートナーシップ法により，その法的な取扱いは異なる。しかし，連邦税法（IRC）上は，パートナーの死亡によりパートナーシップは解散することはない（IRC708条a項）。また，原則として，故人のパートナーシップ持分は，処分または清算分配によるパートナーの脱退と同様に取り扱うことになる。パートナーシップ契約がゆるせば，遺産財団（estate）または相続人がパートナーになることもできる。ただし，パートナーシップが有効に存続するためには，2人以上のパートナーが必要である（財務省規則301.7701-2(a), (c)(1)）。

[90] 連邦税法（IRC）上，離婚に伴うパートナーの配偶者へのパートナーシップ持分の移転は，原則として損益を認識しない（IRC1041条a項およびc項）。ただし，州のパートナーシップ法および州の身分法に基づく婚姻財産の分割ルール，パートナーシップ契約などが当該移転を認めている場合に限る。

パートナーシップ契約に記載されている内容によっても大きな影響を受ける。さらに，州のパートナーシップ法が，それぞれの処分類型について，どのような規制を掛けているかも問われてくる。

労務の出資以外，つまり金銭／現金や現物資産の出資に伴いパートナーが取得したパートナーシップ持分は，性格的には資本資産（capital assets）である。資本持分（capital interest）の性格を有するパートナーシップ持分の処分にかかる課税取扱いにおいて，当該パートナーシップ持分は，事業体実在説的な視角から，パートナーシップから独立したパートナーの資本資産として取り扱われる。また，パートナーの側での課税取扱いにおいては，適用される基準価額，処分される持分の保有期間（1年未満か，1年以上か），利得（ゲイン）の性格などの決定においては，資産の譲渡にかかる通常の課税原則が幅広く適用される（IRC741条，財務省規則11.741-1(a)）[91]。ただし，パートナーシップが有する未実現債権や棚卸資産にかかる実現された含み損益については，事業体実在説的な視角から，所得課税上，通常損益として取り扱われる。

① **実現損益の計算**

パートナーシップのパートナーが，第三者（他のパートナーを含む。）に，自己のパートナーシップ持分を売却するなどの処分をしたとする。この場合，その持分の処分にかかる取引から認識される損益を「資本損益（capital gains and losses）」と呼ぶ（IRC1222条）。資本損益は，棚卸資産・事業用の固定資産・事業上の受取債権などのかかる「通常損益（ordinary gains and losses）」（IRC64条および65条）とは別途の課税取扱いを受ける。パートナーシップ持分の処分の損益の計算は，一般の資産を処分した場合と同様に，実現総額から対応するパートナーシップ持分の調整基準価格（adjusted basis）を差し引くことで行われる（IRC1001条）。

ちなみに，パートナーが，パートナーシップ持分の処分により，パートナーシップの負債から解放されることになったとする。この場合には，その金額も実現総額，調整基準価額に含まなければならない（IRC752条b項）。

② **未実現未収金および棚卸資産の特例**

労務の出資の見返りに取得した利益持分（profit interest）を除き，パートナー

---

[91] See, Daniel L. Simmons, "The Tax Consequences of Partnership Break-Ups: A Primer on Partnership Sales and Liquidations," 66 Tax Law. 653 (2013).

シップ持分は，性格的には，一般に資本持分（capital interest），資本資産（capital assets）である。このことから，パートナーが第三者（他のパートナーを含む。）にパートナーシップ持分を譲渡または交換するなど処分をした場合には，資本損益（キャピタルゲインまたはロス）を認識することになる（IRC741条）。ただし，パートナーシップが有する未実現債権（unrealized receivables）や棚卸資産項目（inventory items）から実現された金額については，通常損益として認識することになる（IRC724条a項）。

(4) **パートナーシップからの分配**

すでにふれたように，パートナーシップからの「分配（partnership distribution）」とは，資本や配賦された払戻しとして，パートナーシップからパートナーに対して実際に金銭／現金や金銭／現金以外の資産を移転することを指す。

パートナーは，パートナーシップから分配（distribution）を受けたとしても，原則として損益を認識することはない（IRC731条a項）。したがって，原則として所得税は課されない。一方，この場合，パートナーシップの側でも損益は認識されない（IRC731条b項）。したがって，原則として所得税は課されない。

しかし，金銭／現金の分配を受けた場合で，その金額が分配直前のパートナーシップ持分の基準価格を超えるときには，当該超過額は，課税対象となる（IRC731条a項1号）。

(5) **パートナーシップの終了／解散**

パートナーシップは合意により（voluntarily）終了／解散できる。その他に，連邦税法（IRC）によると，パートナーシップは，次の事由にあてはまる場合に，強制的（involuntarily）に，課税年末を待たずに解散／終了（terminating a partnership）することになる（IRC708条b項1号）。

【図表Ⅰ-79】主なパートナーシップの強制的終了／解散事由

- **活動の停止** パートナーが事業活動，経済取引（投資活動等）を終了し，もはや継続していない場合（IRC708条b項1号A，財務省規則1.708-1(b)(1)）
- **持分の処分** 過去12か月以内にパートナーシップ持分（資本および利益権益双方）の50%以上が処分された場合（IRC708条b項1号B）
- **パートナーの数が法定数以下** パートナーの数が法定数の2人を下回った場合。ただし，パートナーの死亡により遺産財団（estate）または相続人が参加を継続するときを除く（財務省規則1.708-1(b)(1)(i)）。

D　パートナーシップおよびパートナーの税務申告

すでにふれたように，連邦税法（IRC）上，パートナーシップは納税主体（taxable entity）にはならない。パートナーシップの所得，ゲイン，損失などIGLDC項目（損益）は，各パートナーに配賦（パススルー）され，パートナー段階で課税される。つまり，パートナーシップの損益は，原則としてその分配割合／配賦割合（損益分配割合）に基づいてパートナーに帰属し，そのパートナーは，帰属したパートナーシップの損益を他の源泉から生じた損益を合算して申告することになる。

(1)　パートナーシップに求められる情報申告

連邦税法（IRC）は，パートナーシップ自体には納税申告書（tax return）を提出するように求めていない。しかし，パートナーシップは，情報申告書（information return）の提出を求めている。

連邦税法（IRC）は，パートナーシップに対して，総所得金額や損失額，所得控除額，税額控除額などIGLDC項目，各パートナーの持分損益などを記載した年次のパートナーシップ情報申告書様式1065〔連邦パートナーシップ所得の申告書（Form 1065: U.S. Return of partnership income）〕を提出するように求める（IRC6031条，6231条a項1号A）[92]。なお，様式1065は，当該課税年に課税所得がない場合には提出する必要はない（財務省規則1.6031(a)-1(a)3(i)）。

この様式1065（Form 1065）は，情報申告書（information return）であり，納税申告書（tax return）ではないので，税金の計算は行わない。

(2)　情報申告書の期限および提出先

パートナーシップの課税年は，納税者となるパートナーと同様である（IRC706条b項1号A，財務省規則 1.706-1(b)(1)(i)）。パートナーシップの情報申告書である様式1065〔連邦パートナーシップ所得の申告書（Form 1065: U.S. Return of partnership income）〕の提出期限は，暦年課税（IRC444条d項）を採っている場合は翌年の4月15日，事業年度（IRC444条e項）を採っている場合は，その終了から4か月目の15日までである（財務省規則1.6031(a)-1(e)）[93]。ただし，情報申告期限の延長は，IRSに，様式7004〔一定の事業所得税，情報その他の申告書の提出期限に自動延長申請書（Form 7004: Application for Automatic Extension of

---

[92]　パートナーシップにかかる所得課税の基本的な取扱いについて詳しくは，See, IRS, Publication 541: Partnerships（Rev. January 2016）．

【図表Ⅰ-80】様式1065〔連邦パートナーシップ所得申告書（5頁中1頁目）

Form **1065**
Department of the Treasury
Internal Revenue Service

U.S. Return of Partnership Income

For calendar year 2015, or tax year beginning ______________, 2015, ending ____________, 20 ______.
▶ Information about Form 1065 and its separate instructions is at *www.irs.gov/form1065*.

OMB No. 1545-0123

2015

A Principal business activity	Type or Print	Name of partnership	D Employer identification number
B Principal product or service		Number, street, and room or suite no. If a P.O. box, see the instructions.	E Date business started
C Business code number		City or town, state or province, country, and ZIP or foreign postal code	F Total assets (see the instructions) $

G　Check applicable boxes:　(1) ☐ Initial return　(2) ☐ Final return　(3) ☐ Name change　(4) ☐ Address change　(5) ☐ Amended return
(6) ☐ Technical termination - also check (1) or (2)
H　Check accounting method:　(1) ☐ Cash　(2) ☐ Accrual　(3) ☐ Other (specify) ▶ ______________
I　Number of Schedules K-1. Attach one for each person who was a partner at any time during the tax year ▶ ______________
J　Check if Schedules C and M-3 are attached . . . . . . ☐

Caution. *Include **only** trade or business income and expenses on lines 1a through 22 below. See the instructions for more information.*

Income	1a	Gross receipts or sales	1a		
	b	Returns and allowances	1b		
	c	Balance. Subtract line 1b from line 1a		1c	
	2	Cost of goods sold (attach Form 1125-A)		2	
	3	Gross profit. Subtract line 2 from line 1c		3	
	4	Ordinary income (loss) from other partnerships, estates, and trusts (attach statement)		4	
	5	Net farm profit (loss) (attach Schedule F (Form 1040))		5	
	6	Net gain (loss) from Form 4797, Part II, line 17 (attach Form 4797)		6	
	7	Other income (loss) (attach statement)		7	
	8	**Total income (loss).** Combine lines 3 through 7		8	
Deductions (see the instructions for limitations)	9	Salaries and wages (other than to partners) (less employment credits)		9	
	10	Guaranteed payments to partners		10	
	11	Repairs and maintenance		11	
	12	Bad debts		12	
	13	Rent		13	
	14	Taxes and licenses		14	
	15	Interest		15	
	16a	Depreciation (if required, attach Form 4562)	16a		
	b	Less depreciation reported on Form 1125-A and elsewhere on return	16b	16c	
	17	Depletion **(Do not deduct oil and gas depletion.)**		17	
	18	Retirement plans, etc.		18	
	19	Employee benefit programs		19	
	20	Other deductions (attach statement)		20	
	21	**Total deductions.** Add the amounts shown in the far right column for lines 9 through 20		21	
	22	**Ordinary business income (loss).** Subtract line 21 from line 8		22	

Sign Here
Under penalties of perjury, I declare that I have examined this return, including accompanying schedules and statements, and to the best of my knowledge and belief, it is true, correct, and complete. Declaration of preparer (other than general partner or limited liability company member manager) is based on all information of which preparer has any knowledge.
May the IRS discuss this return with the preparer shown below (see instructions)? ☐ Yes ☐ No
▶ Signature of general partner or limited liability company member manager　▶ Date

Paid Preparer Use Only				
Print/Type preparer's name	Preparer's signature	Date	Check ☐ if self-employed	PTIN
Firm's name ▶			Firm's EIN ▶	
Firm's address ▶			Phone no.	

For Paperwork Reduction Act Notice, see separate instructions.　Cat. No. 11390Z　Form **1065** (2015)

Time To File Certain Business Income Tax, Information, and Other Returns〕を提出すると5か月間（ただし，2015年12月31日後（2016年1月1日以後）申告については6か月間）自動延長が認められる（財務省規則1.6081-2）。

　パートナーシップが，正当な事由がないのにもかかわらず，期限内に様式1065を提出しない場合には，当該課税年のいかなる期間においてもパートナーであった者1人当たり1か月195ドル（＋インフレ調整加算率）で計算した額の制裁が課される（IRC6698条）。

　パートナーシップに対しては，パススルー（pass-through）課税が行われることから，パートナーシップ自体は納税主体（taxable entity）とならない。

　パートナーシップに関する課税事務は，IRSの大企業・国際局（LB & L）または小規模企業・自営業局（SB/SE）が所管する。したがって，パートナーシップは，各課税年に様式1065〔連邦パートナーシップ所得の申告書（Form 1065: U.S. Return of partnership income）〕をIRSオグデン（Ogden）キャンパスの申告処理センターに郵送または電子申告するように求められる【☞本書第Ⅲ部**2**A(4)および**3**A】(94)。

(3) パートナーへの別表K-1の交付

　一方，パートナーシップは，各パートナーに対して，損益配賦，分配割合額などが記載された別表K-1〔パートナーの所得，所得控除，税額控除等の分配割当表（Schedule K-1: Partner's Share of Income, Deductions, Credits, etc.）〕を交付するように求められる（暫定財務省規則1.6031(b)-1T (a), Revenue Procedure 2012-17）。

　パートナーシップは，各パートナーに対して別表K-1を交付しない場合には，制裁をかされる（IRC6722条）。

(4) パートナーシップの所得その他項目のパススルー

　すでにふれたように，連邦税法（IRC）は，パートナーシップを独立した納税主体としては取り扱っていない。すなわち，各パートナーの集合体（aggregate）として取り扱っている。このため，パートナーシップの所得その他の項目は，パススルー（配賦）され，各パートナーに帰属し，パートナー自体が稼得したものとして取り扱われる。

---

(93) 2015年12月31日後（2016年1月1日以後）からは期限は3か月目の15日である。
(94) See, IRS Office of Research, Publication 6186 Calendar Year Return Projections for the United States and IRS Campuses（2015 Update）.

【図表Ⅰ-81】別表K-1〔パートナーの所得，所得控除，税額控除等の分配割当表〕

651113

Schedule K-1 (Form 1065) **2016**
Department of the Treasury
Internal Revenue Service

For calendar year 2016, or tax year beginning ________, 2016 ending ________, 20 ____

Partner's Share of Income, Deductions, Credits, etc. ► See back of form and separate instructions.

Part I　Information About the Partnership

A　Partnership's employer identification number

B　Partnership's name, address, city, state, and ZIP code

C　IRS Center where partnership filed return

D　☐ Check if this is a publicly traded partnership (PTP)

Part II　Information About the Partner

E　Partner's identifying number

F　Partner's name, address, city, state, and ZIP code

G　☐ General partner or LLC member-manager　☐ Limited partner or other LLC member

H　☐ Domestic partner　☐ Foreign partner

I1　What type of entity is this partner? ________

I2　If this partner is a retirement plan (IRA/SEP/Keogh/etc.), check here ☐

J　Partner's share of profit, loss, and capital (see instructions):

	Beginning	Ending
Profit	%	%
Loss	%	%
Capital	%	%

K　Partner's share of liabilities at year end:
Nonrecourse . . . . $ ________
Qualified nonrecourse financing . $ ________
Recourse . . . . $ ________

L　Partner's capital account analysis:
Beginning capital account . . . $ ________
Capital contributed during the year $ ________
Current year increase (decrease) . $ ________
Withdrawals & distributions . . $ (________)
Ending capital account . . . . $ ________

☐ Tax basis　☐ GAAP　☐ Section 704(b) book
☐ Other (explain)

M　Did the partner contribute property with a built-in gain or loss?
☐ Yes　☐ No
If "Yes," attach statement (see instructions)

☐ Final K-1　☐ Amended K-1　OMB No. 1545-0123

Part III　Partner's Share of Current Year Income, Deductions, Credits, and Other Items

1	Ordinary business income (loss)	15	Credits
2	Net rental real estate income (loss)		
3	Other net rental income (loss)	16	Foreign transactions
4	Guaranteed payments		
5	Interest income		
6a	Ordinary dividends		
6b	Qualified dividends		
7	Royalties		
8	Net short-term capital gain (loss)		
9a	Net long-term capital gain (loss)	17	Alternative minimum tax (AMT) items
9b	Collectibles (28%) gain (loss)		
9c	Unrecaptured section 1250 gain		
10	Net section 1231 gain (loss)	18	Tax-exempt income and nondeductible expenses
11	Other income (loss)		
		19	Distributions
12	Section 179 deduction		
13	Other deductions	20	Other information
14	Self-employment earnings (loss)		

*See attached statement for additional information.

For IRS Use Only

For Paperwork Reduction Act Notice, see Instructions for Form 1065.　IRS.gov/form1065　Cat. No. 11394R　Schedule K-1 (Form 1065) 2016

パートナーシップにおけるIGLDC項目（所得（income），利得（gain），損失（loss），所得控除（deductions），税額控除（credits））は，所得税の計算にあたり，①特別の特性／属性を持つ個別報告項目（separate reporting of partnership items）と，それ以外の②非個別報告項目（non-separate reporting of partnership items/ordinary items）に分別される。

①　特別の特性／属性を持つ個別報告項目の配賦

最初に，所得税の計算にあたり，特別の特性／属性を持つ個別報告項目（separate reporting of partnership items）については，その特性／属性を失うことがないような形でパートナーに配賦（パススルー）される（IRC703条a項1号）。

個別報告項目としては，例えば，公益寄附金（charitable contributions）をあげることができる。公益寄附金は，納税者である各パートナーにより支出金額が異なる。パートナーシップが支出した公益寄附金は，そのままパートナーに配賦（パススルー）され，パートナー自身が適格公益団体（qualified charitable organizations）に寄附したものとみなして，各パートナーの側で具体的な税務処理が行われる。

例えば，個人であるパートナーが項目別控除／実額控除（itemized deduction）を選択しており，現金で，連邦税法（IRC）上の公益増進団体（public charities）（IRC501条c項3号）の1つである私立大学へ寄附金を支出したとする。この場合，当該個人は，調整総所得金額（AGI）の50％を限度として，所得控除ができる。これに対して，同様の寄附をした個人であるパートナーが標準控除（standard deduction）を選択している場合には，寄附金控除は認められない。他方，パートナーが法人の場合で，同様の寄附金を支出したときには，修正課税所得の10％を限度に控除することが認められる【☞本書第Ⅱ部**2**図表Ⅱ-9および図表Ⅱ-10】。

内国歳入法典（IRC）は，個別報告項目として，次のようなものを列挙する（IRC702条a項）。

【図表Ⅰ-82】 個別報告項目一覧

・短期（1年未満）の資本利得および損失（1号）
・長期（1年以上）の資本利得および損失（2号）
・IRC1231条に規定される資産（事業または取引および強制換価の対象となる一定の資産）の処分にかかる資本利得および損失（3号）
・IRC170条3項に定義される公益寄附金（4号）
・受取配当金（受取配当控除の対象となるもの。）（5号）
・外国税額（6号）
・財務省規則に規定するその他の所得，利得，損失，所得控除，税額控除項目〔財務省規則1.702-1(a)(8)〕様式1065〔パートナーシップ情報申告書（Form 1065）〕のなかに記載のある主な項目（7号）は，次のとおりである。
　(i) 償却債権取立益，過去の課税年の諸税の還付（IRC111条の規定による所得）
　(ii) 賭博損益
　(iii) IRC175条による土壌および水質保全にかかる損益
　(iv) 無形探索開発費用
　(v) 不動産の賃貸所得
　(vi) その他の賃貸所得
　(vii) 経営支配を目的としないポートフォリオ所得（利子，配当，ロイヤルティ等）

(viii)　IRC179条の規定により即時費用化された金額
　(ix)　低所得者住宅控除
　(x)　投資利息
　(xi)　非課税の利子所得
　(xii)　その他の非課税所得
　(xiii)　その他

② **パートナーシップの通常所得額（または損失額）の計算**

　次に，パートナーシップの通常所得または損失額（partnership ordinary income or loss）を，特別の特性／属性をもたない非個報告項目（non-separate reporting of partnership items/ordinary items）により算定し，各パートナーに配賦（パススルー）する（IRC702条 a 項 8 号）。

　各パートナーは，パートナーシップから配賦（パススルー）を受けたパートナーシップの通常所得または損失を，自己の総所得に算入する。すなわち，パートナーが個人である場合には，様式1040の別表E〔補助的損益計算書（Schedule E: Supplemental Income and Loss）〕を通じて，配賦（パススルー）を受けたパートナーシップの通常所得または損失を，所得額の計算に反映させることになる[95]。

　パートナーシップの通常所得または損失額に含まれる典型的な非個別報告項目としては，次のような項目をあげることができる。

【図表 I -83】典型的な非個別報告項目

- 総収入または売上高
- 売上原価
- 給与や賃金
- パートナーへの保証支払額（guaranteed payments to partners）
- 修繕費
- 貸倒損失
- 賃借料
- 租税公課
- 支払利子
- 原価償却費
- 減耗償却費（石油・ガス田にかかるものを除く。）
- その他

---

[95]　パートナーシップの通常所得額または損失額の計算にあたり，個別列挙項目は，これを含めてはならない。また，人的控除等，欠損金控除（IRC172条），石油・ガス田にかかる減耗償却費（IRS601条）は認められない（IRC703条 a 項 2 号）。

③ 分配持分および配賦額

パートナーシップ段階における個別報告項目の所得等の金額（IRC702条 a 項 1 号～7 号）や、パートナーシップの通常所得または損失の金額（IRC702条 a 項 8 号）は、分配割当比率（distributive share ratio）に応じてパートナーシップ段階で決定され、各パートナーに配賦（パススルー）される。分配割当額、分配割当比率は、原則としてパートナーシップ組成の際のパートナー間で合意されたパートナーシップ契約（partnership agreement）に基づいて決定される（IRC704条 a 項）。分配割当額（distributive share）は、パートナーシップからパートナーに実際に分配（distribution）されたかどうかは問わない。すなわち、仮にパートナーシップに留保されたとしても、これら所得等の金額は分配されたものとして、各パートナーの総所得に算入し申告をしなければならない[96]。これは、損失等の金額についても原則として同様である。

【図表Ⅰ-84】パートナーシップから各パートナーへの配賦（パススルー）の流れ

> 【設例】パートナーAとパートナーBが出資し組成したABパートナーシップにおいて、ある課税年の売上300,000ドル、売上原価100,000ドル、減価償却費10,000ドル、修繕費＄5,000、公益寄附金10,000ドルが発生した。パートナーシップ契約によると、AとBの分配割当比率（distributive share ratio）は、対等である。

パートナーシップにおいては当事者間の合意、柔軟性（flexibility）、私的自治が尊重される。したがって、利益と損失などについては、パートナーシップ契約により異なる分配割当額、分配割当比率で合意することも可能である[97]。例えば、特殊技能を有するパートナーAと現金と現物資産（総計で100,000ドル）を出資するBとが、ABパートナーシップを組成し、Bが投資額を回収できるまで20対80で収益を配賦し、その後は50対50で収益を配賦するといった合意をするのも問題がない。

(5) 配賦規制

パートナーへの分配額は、パートナー間で合意されたパートナーシップ契約

---

[96] つまり、パートナーシップの場合、株式会社の場合とは異なり、税引後利益を配当せずに内部留保した場合に投資者である株主段階での課税が繰り延べられるということはない。

[97] 実務的には、この柔軟性（flexibility）が、パートナーシップ経営や分配の複雑な事務につながる原因になっているとの指摘もある。See, Noel P. Brock, "Targeted Partnership Allocations: Part I," Tax Advisor 376 (June 1, 2013).

【図表Ⅰ-85】パートナーシップから各パートナーへの配賦（パススルー）の流れ

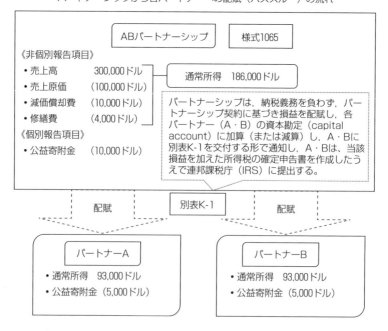

（partnership agreement）に基づいて決定するのが原則である（IRC704条a項）。課税取扱いも，原則としてパートナー当事者間での合意に従う。とはいっても，パートナーシップが，適切な課税を妨げる目的で活用されていると判断できる場合には，連邦課税庁（IRS）は，連邦税法（IRC）に盛られたさまざまな個別の配賦規制措置を用いて，パートナーシップの出資者であるパートナー間で合意された配賦／分配割合を否認できる。

また，パートナーシップが，パートナーシップ契約に分配割合額を定めていない場合が考えられる。また，定めがあっても，実質的な経済的効果を伴っていない場合も考えられる。こうした場合に，連邦税法（IRC）には，課税庁（IRS）がパートナー間の分配割当額（distributive share），分配割当比率（distributive share ratio）の合意を否認できる包括的な租税回避防止規定を置いている。

① IRC 上の個別配賦規制措置

連邦税法（IRC）には，課税庁（IRS）が，パートナーシップやパートナー間で行われた租税回避を狙いとした不適切と思われる配賦を否認できるさまざまな規定がある。主な個別措置を掲げると，次のとおりである。

【図表Ⅰ-86】連邦税法（IRC）に盛られた主な個別の配賦規制措置

> ・**損失控除に基準価額内規制**　パートナー段階での損失控除は，課税年末時点におけるパートナーシップ持分の調整基準価額に制限され，超過分は翌課税年以降に繰り越す措置（IRC704条 d 項）
> ・**出資時の含み益，含み損の配賦適正化措置**　パートナーシップに対する出資とビルトイン・ゲインやロス（built-in gain & loss），すなわち出資時の含め益，含み損の配賦を適正化できる措置（IRC704条 c 項 1 号 A）[98]
> ・**ノンリコース負債にかかるパートナーシップ持分の基準価額内制限**　パートナーシップ負債を，リコース負債（recourse loan／財務省規則1.752-1(a)(1)）とノンリコース負債（nonrecourse loan／財務省規則1.752-1(a)(1)）[99]に区分したうえで，パートナーシップ持分の基準価額にノンリコース負債を制限的に反映させる措置[100]
> ・**税法上の危険負担ルール（at-risk rules）適用による規制**　パートナーが個人または非公開会社である場合，配賦された損失控除額は，パートナーが経済的に負担している範囲内に制限する措置（at-risk rule／IRC456条）[101]
> ・**受動的活動関連損失の損益通算を同種の活動関連所得内に制限する措置**　経営権取得を目的としない証券投資活動／受動的活動（passive activities）のかかる分配割合（distributive shares）に従って配賦された損失額の損益通算を同じ受動的活動から生じた所得額内に制限する措置（passive activity loss rule／IRC469条）[102]

---

[98] See, Daniel L. Simmons, "Built-in Gain and Built-in Loss Property on Formation of a Partnership: An Exploration of the Grand Elegance of Partnership Capital Accounts," 9 Fla. Tax Rev. 599 (2009).

[99] 「ノンリコース負債」とは，日本語では「非遡及融資」または「責任財産限定型ローン」などと呼ばれ，原資の返済を融資対象の資産以外に求めない資金融資方法である。

[100] See, Charlene D. Luke, "Of More Than Usual Interest: The Taxing Problem of Debt Principal," 39 Seattle U. L. Rev. 33 (2015). パートナーシップをビークル（vehicle）にしたノンリコースローンに起因する支払利子の過大な損失控除の利用を，濫用的タックスシェルターとして規制することを狙いとしたルールである。

[101] See, Glenn E. Coven, "Limiting Losses Attributable to Nonrecourse Debt: A Defense of the Traditional System Against the At-Risk Concept," 74 Calif. L. Rev. 41 (1986).

[102] See, Robert J. Peroni, "A Policy Critique of the Section 469 Passive Loss Rules," 62 S. Cal. L. Rev. 1 (1998); Kristin Balding Gutting, "Keeping Pace with the Times: Exploring the Meaning of Limited Partner for Purposes of the Internal Revenue Code," 60 Kan. L. Rev. 89 (2011).

② 実質的経済効果に基づく配賦規制

以上のような個別措置に加え，課税庁（IRS）は，「実質的な経済効果（substantial economic effect）」が伴っていないと思う場合に，例外的に分配割合／配賦を，パートナーシップにおける「パートナーの持分（partner's interest）」に基づいて決定できることになっている（IRC704条b項，財務省規則1.704-1(b)(1)(2)(ii)）[103]。この租税回避の防止を狙いとした配賦規制にかかる基準の概要は，次のとおりである。

【図表Ⅰ-87】分配割合額をパートナー持分に基づいて決定する場合の判定基準

> ・**分配割合額がパートナーシップ契約に定めがない場合**　パートナーシップが，分配割合額をパートナーシップ契約に定めていない場合には，その配賦は「パートナーシップにおけるパートナーの持分（PIP＝partner's interest in the partnership）」に従っているかどうか，または従っているとみなされるかどうか。
> ・**実質的な経済効果（substantial economic effect）を欠く場合**　パートナーシップによる配賦割合額は，それが有効であるためには，実質的な経済効果の伴うパートナーシップ契約に基づいて決定される必要がある。ここでいう「実質的な経済効果（substantial economic effect）」とは，①パートナーシップ契約は「経済的効果」を有するのかどうか，そして②当該契約が「経済効果」を有するとすれば，その効果は「実質的」なのかどうか，である。

パートナーシップの分配配賦額は，以上のいずれかにあてはまる場合で，それぞれの判断基準を充足できるときには，IRSはそれを是認する。一方，判断基準を充足できないときには，IRSは，「パートナーの持分」に基づいて配賦をし直（再配賦）して課税処分をすることになる。

分配が実質的な「経済効果」を持つためには，パートナーシップ契約がパートナーシップの存続期間を通じて，次の3つの要因をみたす必要がある（財務省規則1.704-1(b)(2)(ii)(b)(1)～(3)）。

【図表Ⅰ-88】「経済効果」とは

> ・**経済効果とは**　①パートナーの資本勘定（capital account）を所定の方法で管理すること[104]。②パートナーシップの清算／脱退に際して，資本勘定残高に基づいて清算／脱退時の分配が行われていること。③パートナーの資本勘定がマイナスになったときには，無条件で追加出資が行われることになっていること（ただし，リミテッド・パートナーシップの場合には，③がみたされないことになることから，代

---

[103] See, David Hasen, "Partnership Special Allocations Revisited," 13 Fla. Tax Rev. 349 (2012).

替経的効果テスト (alternative test for economic effect) による。)。

現行の IRC704条 b 項に規定する実質的な経済効果 (substantial economic effect) 基準は，1976年の改正で挿入されたものである[104]。

ちなみに，実質的な経済効果基準とは，パートナーシップにおけるパートナーの持分基準のセーフハーバー的な役割を演じている[105]。

③ 司法上の経済的実質主義に基づく配賦規制

連邦課税庁 (IRS) は，適切な課税を妨げる目的で活用されているとの理由で，パートナーシップに出資したパートナー間で合意された配賦／分配割合を否認する場合には，裁判例等で展開されてきた「経済的実質主義 (economic substance doctrine)」や，「節税以外の事業目的の存在 (business purpose apart from tax savings) 基準」などの適用を積極的に試みた時代もあった。裁判所によっては，課税庁 (IRS) 側の主張を受け入れ，経済的実質主義を適用し，パートナー間で合意された配賦／分配割合 (法的形式／契約) が，実質的経済効果を持たず租税上の恩恵を期待して締約されていることを理由にそれを否認した[107]。また，裁判所によっては，節税以外の事業目的の存在基準を適用し，パートナー間で合意された配賦／分配割合 (法的形式／契約) は，実質的経済効果があるとしても，事業目的がない，またはその動機が租税回避にあることを理由に，それを否認した[108]。

---

(104) パートナーの資本勘定 (capital account) は，パートナーシップにおけるパートナーの出資額をあらわす。パートナーシップの帳簿上の資本勘定は，出資された税務基準価額 (tax basis) ではなく，出資時の時価で管理される。このことから，帳簿上の資本勘定の金額と税務基準価額を反映した税務上の資本勘定の金額との間には乖離が生じることもある。ちなみに，パートナーシップ損益は，帳簿上の資本勘定の残高に基づいて配賦される。

(105) 1954年旧内国歳入法典の制定時に導入された基準は，よりストレートにパートナーシップからの配賦／分配が「租税回避または脱税 (avoidance or evasion)」を目的としている場合には規制をするという表記になっていた。

(106) See, Alan Gunn, "The Character of a Partner's Distributive Share Under the 'Substantial Economic Effect' Regulations," 40 Tax Law. 121 (1986); Daniel S. Goldberg, "The Target Method for Partnership Special Allocations and Why It Should Be Safe-Harbored," 69 Tax Law. 663 (2016).

(107) See, e.g., Helvering v. Gregory, 69 F. 2d 809 (2d Cir. 1934), affirmed, Gregory v. Helvering, 293 U. S. 465 (1935); United Parcel Service of America, Inc. v. Commissioner, 254 F. 3d 1014, at 1018 (11th Cir. 2001). See, Joseph Bankman, "The Economic Substance Doctrine," 74 S. Cal. L. Rev 5 (2000).

(108) See, e.g., Rice's Toyota World Inc. v. Commissioner, 752 F. 2d 89, at 91 (4ht Cir, 1985).

しかし，パートナー間合意を否認するための司法上確立された不文の原則の適用を求める場合，課税庁（IRS）側は，事実認定および争訟に多大な時間を割く必要が出てくる。また，裁判所も，パートナーシップがサブチャプターKの規定に従い，複雑なパートナーシップ契約に基づき合意した配賦／分配割合を否認するには，多大な労力を要する。加えて，司法上確立された不文の原則や基準に基づいて否認し争いになると，裁判所により結果にばらつきが出てくる。

課税庁（IRS）サイドからは，これら司法上確立された不文の原則や基準を法文化した包括的パートナーシップ濫用規制ルール（general partnership anti-abuse rule）の制定を求める声が高くなっていった[109]。

④ 包括的パートナーシップ濫用規制ルール（PAAR）

こうした声に応えて，連邦議会は，1994年にパートナーシップ契約が租税回避を狙いとしている場合にそれを否認するために，課税庁（IRS）がその取引を組み替え（recast）して課税できる「包括的パートナーシップ濫用規制ルール（PAAR＝Partnership anti-abuse rule）」（財務省規則1.701-2〔濫用規制ルール（Anti-abuse rule）〕）の導入をはかった。

(a) 濫用規制ルールの概要

財務省規則1.701-2〔濫用規制ルール（Anti-abuse rule）〕の概要は，次のとおりである。

【図表Ⅰ-89】財務省規則1.701-2〔濫用規制ルール〕の概要

- **財務省規則1.701-2(a)〔サブチャプターKの目的（Intent of subchapter K）〕**「納税者が，事業体段階での課税を受けることなしに柔軟な経済取決めに基づいて合同事業（投資を含む。）活動を遂行できるようにすることを目的としている」とうたい，濫用規制ルールはあくまでもサブチャプターKの目的を逸脱した租税回避などの行

---

[109] わが国でも，民法上の任意組合を介在し，過大な原価償却費用を組合員に配賦し租税回避をはかるスキーム（映画フィルムリース事件）の合法性が問われた。下級審（高裁）は，いわゆる不文の「私法上の法律構成（組替）による否認の法理」を適用し，取引を否認した（大阪高等裁判所平成12年1月18日判決・訟月47巻12号3767頁／タインズZ246-8559）。最高裁は，こうした不文の租税回避否認原則を適用せずに，取引を違法として否認した（最高裁判所平成17年11月21日判決・タインズZ256-10278）。わが国の場合，任意組合課税の基本的課税取扱いが税法本法では具体的な定められておらず，いきなり私法上の法律構成（組替）による否認の法理のような，憲法に定める租税法律主義（84条）と抵触しかねない不文の包括的な租税回避否認の法理を適用して，任意組合と組合員の間の取引を否認するのは余りにも乱暴といえる。石村耕治編『現代税法入門塾〔第8版〕』前掲注(57)，270頁参照。

> 為を防止することがある旨，言明している。
> - **財務省規則1.701-2(b)〔サブチャプターKルールの適用（application of subchapter K rules）〕** パートナーシップ組成の主たる目的が，サブチャプターKの目的に合致しない方法において，パートナーの集約的な連邦納税義務の現在の金額を実質的に減少することがある場合には，内国歳入長官は，サブチャプターKの目的に合致する適切な課税結果を得るために，適用ある法律および規則の条項ならびに関係する事実および状況（facts and circumstances）に照らして，その取引を否認し，連邦課税目的に沿うように組み替えることができる旨，規定する。
> - **財務省規則1.701-2(c)〔事実および状況分析；要因（Facts and circumstances analysis; factors）〕** 課税庁（IRS）が，パートナーシップがサブチャプターKの目的に反し，パートナー全体で負うべき集約的な連邦租税債務を実質的に減少することを主たる目的に組成または利用されていないかどうかをすべての事実や状況に照らして判断する場合に勘案すべき要因を列挙する。
> - **財務省規則1.701-2(d)〔設例（Examples）〕** 問題となる事実や状況を判断する際に参考とすべき11の設例を列挙する。
> - **財務省規則1.701-2(e)〔事業体の濫用への対処〕** IRS長官が，連邦税法（IRC）およびそのもとで発遣された財務省規則の目的実現のために適切と思う限りにおいてパートナーシップを，全部または一部につきパートナーの集合体として取り扱うことを認める旨，規定する。
> - **財務省規則1.701-2(f)〔設例（Examples）〕** 前記財務省規則1.701-2(e)に規定する3つの「事業体の濫用への対処」事例を列挙する。

(b) チェックポイント

　課税庁（IRS）は，課税実務において，包括的パートナーシップ濫用規制ルール（PAAR）の適用する場合には，次の点を精査するように求められる。すなわち，(i)パートナーシップは善意，かつパートナーシップの取引は，実質的な事業目的を持って行われているどうか。(ii)パートナーシップとパートナー間の取引がサブチャプターKの目的に合致しているかどうかは，その形式より経済的実質に着眼して判断すること。(iii)サブチャプターKのもとでのパートナーシップの事業展開およびパートナーとパートナーシップとの間での取引にかかる各パートナーへの課税は，パートナー間の経済取決めを正確に反映したものであり，かつパートナーの所得を明瞭に反映したものであるかどうか（財務省規則1.701-2(a)(1)～(3)）。

(c) 問われるPAAR

　財務省規則1.701-2〔濫用規制ルール（PAAR=Anti-abuse rule）〕のもと，課税

庁 (IRS) は，特定の取引がPAARに違反していると判断した場合，パートナーシップの存在を否認し，パートナーが問題となった資産を直接所有しているものとして課税することも可能になる。また，パートナーの所得が明確に反映する会計方法に組み替えてかつパートナーシップ項目を再配賦することも可能になる。

もっとも，課税現場での事実認定，PAARの適用は必ずしも容易ではなく，課税庁 (IRS) とパートナーシップ，パートナー，関与する税務専門職との間でさまざまな軋轢を生んでいる[110]。

包括的パートナーシップ濫用規制ルール (PAAR) の法的典拠化（法源化）は，司法上確立された不文の「経済的実質主義 (economic substance doctrine)」や，「節税以外の事業目的の存在 (business purpose apart from tax savings) 基準」を現行税制に組み込むことが目的であった。しかし，PAAR適用の法的要件等は，行政立法に全面的に委任する形で財務省規則 (Treasury Regulation) において規定していることから，PAARを支える税法上の典拠が不明瞭であり，かつ連邦財務長官の権限踰越も問われている。しかも，コモンロー（裁判例）で確立されたこれら不文の課税原則や基準に対して，財務省が独自の視点から加工を加え，財務省規則として発遣している点にも大きな疑問符が付いている。PAARは，議会の立法権を侵害し連邦憲法違反であるとの強い批判がある[111]。

(6) 個人パートナーによる納税申告

あるパートナーシップのパートナーが個人であるとする。この場合，個人パートナーである納税者は，別表K-1の交付を受けて，様式1040〔連邦個人所得税申告書〕に，事業損益，受取利子，受取配当，不動産損益，資本利得／損失（キャピタルゲイン／ロス），税額控除などの金額を転記し，他の所得と合算して総所得金額を算定し，確定申告をすることになる。以下に，いくつかの主要項目をとりあげ，個人パートナー側の税務処理について簡潔に説明してみる。

① 事業損益

パートナーである個人納税者は，別表K-1記載のパートナーシップから配賦された事業損益について，様式1040〔連邦個人所得税申告書〕の作成にあたり，

---

[110] See, Andrea Monroe, What's in a name: Can the Partnership Anti-Abuse Rule Really Stop Partnership Tax Abuse?," 60 Case W. Res. L. R. 401 (2010).

[111] See, Linda D. Jellum," Dodging the Taxman: Why the Treasury's Anti-Abuse Regulation is Unconstitutional," 70 U. Miami L. Rev. 150 (2015).

【図表Ⅰ-90】別表E〔補助的損益計算書（Schedule E）〕（抜粋）の Part II「パートナーシップおよびS法人からの損益」記載欄

SCHEDULE E (Form 1040) Department of the Treasury Internal Revenue Service (99)		Supplemental Income and Loss (From rental real estate, royalties, partnerships, S corporations, estates, trusts, REMICs, etc.) ▶ Attach to Form 1040, 1040NR, or Form 1041. ▶ Information about Schedule E and its separate instructions is at www.irs.gov/schedulee.				OMB No. 1545-0074 2016 Attachment Sequence No. 13
Name(s) shown on return						Your social security number

Part I Income or Loss From Rental Real Estate and Royalties Note: If you are in the business of renting personal property, use Schedule C or C-EZ (see instructions). If you are an individual, report farm rental income or loss from Form 4835 on page 2, line 40.

A	Did you make any payments in 2016 that would require you to file Form(s) 1099? (see instructions)	☐ Yes	☐ No
B	If "Yes," did you or will you file required Forms 1099?	☐ Yes	☐ No

1a	Physical address of each property (street, city, state, ZIP code)
A	

Schedule E (Form 1040) 2016 Attachment Sequence No. 13 Page **2**
Name(s) shown on return. Do not enter name and social security number if shown on other side. Your social security number

Caution: The IRS compares amounts reported on your tax return with amounts shown on Schedule(s) K-1.

Part II Income or Loss From Partnerships and S Corporations Note: If you report a loss from an at-risk activity for which **any** amount is **not** at risk, you **must** check the box in column (e) on line 28 and attach **Form 6198**. See instructions.

27	Are you reporting any loss not allowed in a prior year due to the at-risk, excess farm loss, or basis limitations, a prior year unallowed loss from a passive activity (if that loss was not reported on Form 8582), or unreimbursed partnership expenses? If you answered "Yes," see instructions before completing this section.	☐ Yes ☐ No

28	(a) Name	(b) Enter P for partnership; S for S corporation	(c) Check if foreign partnership	(d) Employer identification number	(e) Check if any amount is not at risk
A			☐		☐
B			☐		☐
C			☐		☐
D			☐		☐

	Passive Income and Loss		Nonpassive Income and Loss		
	(f) Passive loss allowed (attach Form 8582 if required)	(g) Passive income from Schedule K-1	(h) Nonpassive loss from Schedule K-1	(i) Section 179 expense deduction from Form 4562	(j) Nonpassive income from Schedule K-1
A					
B					
C					
D					
29a Totals					
b Totals					

30	Add columns (g) and (j) of line 29a	30	
31	Add columns (f), (h), and (i) of line 29b	31	( )
32	**Total partnership and S corporation income or (loss).** Combine lines 30 and 31. Enter the result here and include in the total on line 41 below	32	

　添付が求められる別表E〔補助的損益計算書（Schedule E: Supplemental Income and Loss）〕の第2部（Part II）〔パートナーシップおよびS法人からの損益（Income or Loss From Partnerships and S Corporations）〕の欄に転記する必要がある。他の所得と合算され総所得となる。パートナーシップにかかる純損失は，他の

所得と損益通算の対象となる。

　ただし，すでにふれたように，パートナー段階での損失控除は，課税年末時点におけるパートナーシップ持分の調整基準価額に制限され，超過分は翌課税年以降に繰り越される（IRC704条 d 項）。また，税法上の危険負担の原則（at-risk rules）の適用により，パートナーである納税者はパートナーシップ段階で生じた損失についての控除は，原則として自己が負担した範囲に限定される。加えて，パートナーシップ負債を，リコース負債（recourse loan／財務省規則1.752-1(a)(1)）とノンリコース負債（nonrecourse loan／財務省規則1.752-1(a)(1)）に区分したうえで，パートナーシップ持分の基準価額にノンリコース負債をいかに制限的に反映させるのかなどのルールを定めている。

　② 受取利子および受取配当

　パートナーである個人納税者は，別表 K-1 記載のパートナーシップから配賦された受取利子および受取配当について，様式1040〔連邦個人所得税申告書〕の作成にあたり，添付が求められる別表 B〔利子および通常配当（Schedule B: Interest and Ordinary Dividends）〕の第Ⅰ部（Part I）〔利子（Interest）〕および第Ⅱ部〔通常配当（Ordinary Dividends）〕の欄に転記する必要がある。総所得の一部となる。

　③ 不動産所得

　パートナーである個人納税者は，別表 K-1 記載のパートナーシップから配賦された不動産所得について，様式1040〔連邦個人所得税申告書〕の作成にあたり，添付が求められる別表 E〔補助的損益計算書（Schedule E: Supplemental Income and Loss）〕の第 2 部（Part II）〔パートナーシップおよび S 法人からの損益（Income or Loss From Partnerships and S Corporations）〕の欄に転記する必要がある。総所得の一部となるが，純損失は他の所得と損益通算できる場合とできない場合がある。

　④ 資本的利得／損失（キャピタルゲイン／ロス）

　パートナーである個人納税者は，別表 K-1 記載のパートナーシップから配賦された資本的利得／損失（キャピタルゲイン／ロス）について，様式1040〔連邦個人所得税申告書〕の作成にあたり，添付が求められる別表 D〔資本的利得および損失（Schedule D: Capital Gains and Losses）〕の第Ⅰ部（Part I）〔短期資本的利得および損失―1 年未満の保有資産（Short-Term Capital Gains and Losses-Assets

Held One Year or Less)〕および第Ⅱ部（Part II）〔長期資本的利得および損失―1年以上の保有資産（Long-Term Capital Gains and Losses-Assets Held More Than One Year）〕の欄に転記する必要がある。後は，通常の資本的利得／損失（キャピタルゲイン／ロス）の処理および申告手続と同様である。

⑤ 保証支払

パートナーシップは，パートナーに対して，分配割当比率（distributive share ratio）に基づくのではなく，特定の金額の支払を約束することができる。これを「保証支払（guaranteed payment）」と呼ぶ（IRC707条c項）[112]。

パートナーは，パートナーシップの共同経営者であり，かつ共同所有者である。このことから，原則として，パートナーシップから給与等の報酬を得る権利を有しない。パートナーは，あくまでも，パートナーシップ全体の利益を極大化したうえで，その利益の分配を受けるのが本筋である。

しかし，パートナーシップ契約による合意に基づき，特定のパートナーの役務提供に対する報酬の支払をすることなども可能である。仮に，パートナーシップが利益を生んでいない，または損失を出して赤字状態にあったとしても，保証支払部分を優先的に受けることもできる。このことから，保証支払は，給与の性格を有するといえる。この保証支払額は，パートナーシップの通常所得または損失額の計算にあたり，費用として控除できる。一方，パートナーは，同額を通常所得として総所得に算入する。

ちなみに，保証支払額についての所得税の申告にあたっては，様式1040の別表E〔補助的損益計算書（Schedule E: Supplemental Income and Loss）〕を通じて，所得額の計算に反映させるのではなく，別表C〔事業収支計算明細書（Schedule C: Profit or Loss From Business）〕の項目を通じて所得額の計算に反映させることになる。

(7) 小括

パートナーシップの事業体は，大規模な出資と人的資源を要するビジネスには不向きである。しかし，アメリカビジネス界では，1970年代後半から，パートナーシップは，最もポピュラーな事業体として幅広い分野で選択・活用されてきている。所有と経営が一体化し，パススルー課税が認められる事業体であ

---

[112] See, Lewis R. Steinberg, "Fun and Games with Guaranteed Payments," 57 Tax Law. 533 (2004).

り，かつパートナー間での合意により損益を配賦できるなど柔軟性（flexibility）のあることが理由である。

　しかし，1970年代後半から，パートナーシップの"濫用"が目立ってきた。各種節税計画（tax saving plans），さらには濫用的なタックスシェルター（abusive tax shelters）や租税回避スキーム（tax avoidance schemes）のビークル（vehicle）としてのパートナーシップの想定外の利用の広がりである。まさに，パートナーシップの持つ"柔軟性"と"濫用"とは表裏一体の関係にあるといってよい。エンロン，GE などアメリカの名立たる企業までもが，このビークルの租税回避目的での利用者であった。

　連邦議会は，久しくパートナーシップの濫用統制と納税環境整備のあり方を探っていた。そして，租税実体法の側面からは，サブチャプター K 税制に，従来からある個別の配賦規制策に加え，新たな包括的／一般的なパートナーシップ租税回避防止策を盛り込んだ。パートナー当事者によるパートナーシップ契約の自由を最大限に保障しようとする一方で，「実質的な経済効果（substantial economic effect）」を欠く損益等の分配割当を内容とするパートナーシップ契約などにより租税回避を図ろうとする納税者への対応措置（IRC704条 a 項～c 項，財務省規則1.704-1(b)(1)(i)～(ii)）が，その1つである。加えて，包括的なパートナーシップ濫用規制ルール（PAAR＝Partnership anti-abuse rule）の導入（財務省規則1.701-2）を盛り込んだ。

　こうした租税回避防止規定の導入は，サブチャプター K 税制をますます複雑にし，パートナーシップという事業体が持つ柔軟性（flexibility）を失わせる結果を招いている。連邦課税庁（IRS）も，複雑化する課税取扱いの対応に追われ，各種ガイドラインの改訂などの作業に苦慮している。

　翻って，わが国における「任意組合税制」ないし「パートナーシップ税制」はあまり注目されない存在である。この背景には，「パススルー課税は税収増に結びつかない」という消極的評価があるのかも知れない。しかし，グローバルな視座からみると，パートナーシップ税制，パートナーシップ租税手続の研究はかなり進んでいる。この分野について比較法的な研究を深めることは，わが国の任意組合課税法制を整備するうえでも必要不可欠といえる。

第Ⅱ部
連邦所得課税法の展開

1 事業体の法形式の選択と所得課税：パススルー課税

　連邦法人税法上の納税義務者（納税主体）とされていない非法人を事業体（business entity）と認知しながらも，組織体の段階では課税せず，損益をその構成員に配賦（パススルー）し構成員の段階で課税する方法を「パススルー課税（path-through taxation）」という。また，パススルー課税を受ける事業体を「パススルー事業体（path-through entities）」という[1]。

A　パススルー課税と導管課税

　学問上，「パススルー課税」と，導管理論（conduit theory）から導かれる「導管課税（conduit tax treatment）」とは別個のものとして，それぞれの課税取扱いを精査することもできる[2]。導管課税とは，不動産投資信託や証券投資などを目的とする普通法人である投資会社が，その会社の顧客／株主に対してすべてないしは一定額の譲渡益（キャピタルゲイン），利子および配当に配賦した場合には，個人段階のみで，法人段階では課税しない取扱いを指す[3]。事業体自体は納税義務者とされるが，その所得を株主に配当した場合には当該配当金額の損

---

[1] わが国の法人税法では，納税義務者である法人は，内国法人（法人税法2条3号・4条1項）と外国法人（法人税法2条4号・4条3号）である。このことから，民法上の任意組合（667条以下），商法上の匿名組合（535条），有限責任事業組合（日本版LLP）などは，契約に過ぎず，損益の帰属主体とはならないことから，法人税法上の納税義務者（納税主体）とされていない。
[2] 「導管課税」を広義の「パススルー課税」に含めてとらえる考え方もある。
[3] わが国では，資産流動化法に基づいて設立される特定目的会社（SPV），証券投資信託法に基づいて設立される証券投資法人，投資信託および投資法人に関する法律に基づき設立された投資法人などに，こうした導管課税の適用がある。

金算入が認められ事実上法人段階では課税されず，株主段階だけの課税に留まる。

ちなみに，アメリカ連邦税法では，各州の州法に基づいて設立される各種のSPV（＝special purpose vehicle／特定目的事業体）やSPC＝special purpose company／特定目的会社）などに加え，信託（trust）や遺産財団（estate）が，導管課税の対象となる。つまり，これらは，事業体課税においては納税主体となる一方で，その所得を受益者や出資者／構成員／メンバーに分配すると事業体課税は行われない。

いずれにしろ，厳密に分けると，導管課税の取扱いを受ける事業体は，事業体の損益が構成員／メンバーに配賦（パススルー）されかつ直接帰属し，当該構成員／メンバーが課税を受けるパートナーシップ（partnership）とは異なる[4]。

B 国際課税関係における「ハイブリッド事業体」とは何か

国際課税関係において，パススルー課税の適用／不適用について事業体の設立地国と他国とでは異なる取扱いが行われる事業体を総称で「ハイブリッド事業体（hybrid entities）」と呼ぶ[5]。国際課税関係における「ハイブリッド事業体」は，次の2つの類型に分けて精査されてきている[6]。

---

[4] 導管課税理論（taxation of conduit theory）について，批判的な検討を含め詳しくは，See, Philip F. Postlewaite, "I Come to Bury Subchapter K, Not to Praise it," 54 Tax Law. 451 (2001).

[5] ちなみに，「ハイブリッド事業体」という文言は，営利活動と社会貢献活動をする事業体を指すこともある。例えば，イギリスの地域社会益法人（CIC＝Community Interest Company）やアメリカ諸州のB会社（B Corporation/Benet Corporation／社会益増進会社），BLLC（Benefit Limited Liability Company／社会益増進合同会社），L3C（Low Profit Limited Liability Company／低収益LLC）のような「営利／非営利ハイブリッド（for-profit/not-for-profit hybrids）」などが典型である。拙稿「イギリスのチャリティ制度改革(2)」白鷗法学18巻1号参照。See, Heather Sertial, "Hybrid Entities: Distributing Profits with a Purpose," 17 Fordham J. Corp. & Fin. L. 261 (2012); Shruti Rana, "Philanthropic Innovation and Creative Capitalism: A Historical and Comparative Perspective on Social Entrepreneurship and Corporate Social Responsibility," 64 Ala. L. Rev. 1121 (2013). なお，ハイブリッド事業体という文言は，国際課税関係の他に，営利／非営利関係においても使われる。拙著「アメリカにおける営利／非営利ハイブリッド事業体をめぐる会社法と税法上の論点：社会貢献活動にかかる事業体選択の法的課題」白鷗法学22巻1号（2015年）。

[6] See, Kenan Mullis, "Check-the-Box and Hybrids: A Second Look at Elective U.S. Tax Classification for Foreign Entities," Tax Analysis (November 4, 2011); Gregg D. Lemein & John D. McDonald, Final Code Sec. 894 Regulation: Treaty Benefits for Hybrid Entity Payments, Taxes (Sept. 1, 2000) at 59; Andriy Krahmal, "International Instruments: Jurisdiction Dependent Characterization," 5 Hous. Bus. & Tax L. J. 98 (2005).

【図表Ⅱ-1】ハイブリッド事業体の類型

- **レギュラー・ハイブリッド事業体（regular hybrid entities）**
  自国では課税上透明と扱われ構成員課税／パススルー課税を受ける一方，他国（外国では課税上不透明と扱われ法人課税を受ける事業体
- **リバース・ハイブリッド事業体（reverse hybrid entities）**
  自国では課税上不透明と扱われ法人課税を受ける一方で，他国（外国）では「リバース（逆）」に，課税上透明であるとしてパススルー課税を受ける事業体

国際課税関係において，事業体の設立地国および他国でも同様の課税取扱いを受ける事業体は，"ハイブリッド"事業体にあたらない。

C 事業体の法形式の選択にかかる限界事例の分析

アメリカでは，法人実在説の考え方に基づいて経済的二重課税を実施している。このため，原則として法人所得に対して超過累進課税をする一方で，税引後の配当を受け取った個人にも他の所得と総合して超過累進課税する形で二段階課税を行っている。その一方で，いわゆる「みなし個人課税」を選択できる法人制度を置いている。この種の法人は，小規模企業に対する経済的二重課税排除の視点から，パートナーシップの持つ柔軟性とパススルー課税（pass-through tax treatment）という税制上の利点を兼ね備えた仕組みとして構想されている。一般に，「選択適格事業体（eligible entity）」とも呼ばれる（財務省規則301.7701-2, 301.7701-3）。

(1) アメリカにおけるパススルー課税とは

アメリカ連邦所得税法[7]は，二段階課税を望まない事業体は，一段階課税の構成員課税が行われるパートナーシップ（partnership）か，本来二段階課税の事業体でありながら，パススルー課税の適用あるLLC【LLC＝Limited Liability Company／リミテッド・ライアビリティ・カンパニー），わが国では「合同会社」と称される。財務省規則§301.7701-3(b)】[8]ないしS法人の形態を選択できる（IRC1361条以下）[9]。

アメリカにおいて，LLCは，各州法に準拠して設立される法人である。LLC

---

(7) アメリカ連邦所得税は，個人所得税（individual income tax）【わが国の申告所得税】と法人所得税（corporate income tax）【わが国の法人税】からなる。したがって，ここ**1**では，個人所得税＝所得税，法人所得税＝法人税の構図において日米の税制について論究している。
(8) LLC（合同会社）にかかる二重課税は，所得課税面に加え，消費課税面でも発生し得る。

【図表Ⅱ-2】 S法人，LLC，パートナーシップ，にパススルー課税が適用される場合

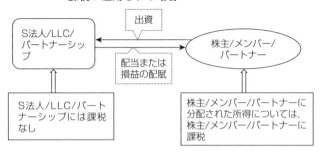

への出資者／持分主（メンバー／構成員）には，拠出した金銭や財産の範囲内に責任が限定されるという有限責任の原則が適用される。有限責任の原則は，S法人選択ができるC法人（普通法人）の出資者／持分主にも適用される（IRC1361条b項1号）。

また，これらLLCやS法人は，選択適格事業体（eligible entity）の1つに分類される。つまり，連邦所得課税において，租税法令上の要件をみたしチェック・ザ・ボックス・ルール（Check-the-box rule）に基づくパススルー課税を選択でき，法人課税を受けるかまたは出資者／持分主（メンバー／構成員）課税を受けるかを選択することができる（IRC1361条b項1号，財務省規則§301.7701-3(b)）[10]。

今日，各州は，雇用の拡大に力を注いでいる。その一環として，使い勝手のよいLLC法制の確立に向けて法人法制度の改革にしのぎを削っている。起業を望む人（起業家）や小規模企業の経営者がシンプルな課税で効率的な企業経営ができるようにし，雇う側へのインセンティブを与えることが狙いである。その結果，起業家や小規模企業の経営者は，当初，普通法人（C法人）である株

---

(9) See, Walter D. Schwidetzky & Fred B. Brown, Understanding Taxation of Business Entities (LexisNexis, 2015); Timothy R. Koski (ed.), Taxation of Business Entities (South-Western Federal Taxation, 2013) at 11-1 et seq. ちなみに，同じくパススルー課税の選択適用のあるLLCとS法人の違いを理解しておく必要がある。LLCは完全に各州の設立準拠法により統治される法人である（ただし，LLCで，法人として課税選択をする場合を除く。）。これに対して，S法人は，各州の法人法ないし事業会社法に準拠して設立される普通法人（regular corporation/per se corporation／普通法人）で，連邦課税上パススルー課税適格が認められたものを指す。

(10) 課税取扱いの選択肢は複数ある。例えばLLCは，租税法令上の要件をみたす場合，C法人（普通法人）としての課税取扱いを選択できる（財務省規則301.7701-3(b)）。その後，さらに当該C法人は，租税法令上の要件をみたす場合，S法人としての課税取扱いを選択できる。

式会社を設立し，課税庁（IRS）への届出によりシンプルな課税（パススルー課税）取扱いが受けられるＳ法人（IRC1361条ｂ項１号）に転換する手法よりも，むしろそうした転換の必要のないLLCを設立・活用する手法を選択する傾向を強めている[11]。

　一般に，LLCにしろ，Ｓ法人にしろ，出資者／持分主（メンバー／構成員）が直接損益の帰属主体となるパススルー課税，一段階の構成員課税の選択が有利であるようにとられがちである。しかし，必ずしもそうとはいえない。なぜならば，事業の性格，ないし事業規模の大きい事業体の場合や，規模拡大をはかるため内部留保や外部資金の導入を望む事業体には，経済的な二重課税，二段階課税が行われるとしても，内部留保が認められないＳ法人よりも（IRC312条等）それが認められるＣ法人（普通法人）である方が有利であるからである。

　一般に，Ｃ法人がその所有者に行う報酬以外の支払を「配当（dividends）」と呼び，パススルー課税を選択したＳ法人やLLCがその所有者に行う報酬以外の支払を「分配（distributions）」と呼んでいる。これらのうちＣ法人がその所有者に行う配当やＳ法人がその所有者に行う分配の額は，連邦の雇用関連税（payroll taxes, employment taxes）や自営業者税（self-employment taxes）[12]の課税ベース算定にあたっては，考慮外（除外）とされる（IRC1402条ａ項２号）。これに対して，LLCがその構成員／メンバーに配賦（パススルー）した分配額は，自営業者税の課税ベースの算定にあたって考慮される（Revenue Ruling 69-184, 1969-1 C.B. 256）。このため，タックスプランニングの面から，自営業者税の回避・節税を狙いに，LLCからＳ法人への転換事例も少なくない[13]。

　いずれにしろ，連邦所得課税においては，二重課税を望むのか，あるいはパ

---

[11] Ｓ法人の選択は，普通法人がＳ法人の課税取扱いを求める前課税年度か，または，課税年度開始後３か月目の15日までに既定の項目をチェックし法定要件をみたすことを証した届出書（様式2553/Form 2553〔小規模事業会社の選択／Election by a Small Business Corporation〕）を課税庁に提出することで，課税選択ができる。もっとも，新設法人の場合，ほぼ普通法人の期間を経ることなしにＳ法人選択が可能である（財務省規則§1.1362-6(a)(2)(ii)(C)）。詳しくは，拙論「二重課税とは何か」獨協法学94号（2014年）310頁以下参照。

[12] アメリカ連邦雇用関連税〔OASDIプログラムやメディケアなどの保険税〕（IRC3101条以下）および自営業者税〔社会保障・メディケア税〕（IRC1401条以下）の骨子について詳しくは，拙稿「アメリカの被災者支援税制の分析」白鷗法学18巻２号166頁以下参照。

[13] なお，本稿では，紙幅の制限から，LLC課税とＳ法人の各種租税に関する接点上の課題について詳細に論じる余裕はない。実務的な取扱いなどを含めて詳しくは，See, Emily Ann Satterthwaite, "Entity-Level Entrepreneurs and the Choice-of-Entity Challenge," 10 Pitt. Tax Rev. 139, at 168 et seq. (2013); Anthony Mancuso, Nolo's Quick LLC (7th ed., 2013, Nolo).

スルー課税を望むのかの選択を納税者に委ねる政策を維持している。

(2) **パススルー課税の選択適用のある法人の比較**

アメリカのＳ法人選択課税制度は，1958年に，法人なりした程度の小規模企業に対する経済的二重課税を回避する目的で導入された[14]。Ｓ法人を選択すると，普通株より発行できない，非居住外国人は出資者／持分主（メンバー／構成員）になれない。したがって，非居住外国人が出資者／持分主（メンバー／構成員）になっている場合にはＳ法人適格を喪失する。また，個人に加え非営利団体や信託，遺産財団などはＳ法人の出資者／持分主（メンバー／構成員）になれるが，会社やパートナーシップは出資者／持分主（メンバー／構成員）になれないなどの制約がある（IRC1361条ｂ項２号）。これに対して，LLCでは，非居住外国人でも出資者／持分主（メンバー／構成員）になれるなどの自由度がある。

(3) **Ｓ法人適格の審査制度から届出制度への転換**

Ｓ法人として届出をしたうえで適格事業体となる要件の１つは，申請法人の出資者／持分主は100人以内であることである。今日，全米の普通法人総数（650～700万社）のうち，Ｓ法人の占める割合は６割強である。また，出資者／持分主が１～２人のＳ法人が全体の８割を占める[15]。

1958年に法人なりした小規模企業に対する経済的二重課税を回避する目的で導入されたＳ法人選択課税制度では，当初，私法上の法人格の有無で線引きし課税取扱いを決める仕組みになっていた。こうした方法は，簡素，課税の公平に資するように見える。しかし，実際には，こうした線引き方法は，極めて煩雑な租税手続につながる。

その後，Ｓ法人選択よりもLLCなど他のパススルー課税が認められる法形式の事業体の選択が広がるなか，パススルー課税の選択が租税回避につながることがないようにとのことで，連邦財務省は，1960年にキントナー規則（Kintner Regulations）[16]を導入した。この規則は，課税庁が法人格の有無を判定する際の４つの基準（６要件のうち４要件をみたすかどうか）を明らかにしたものである。この規則の発遣により，法人格の有無の判定基準の明確化，不当な租税回

---

[14] Ｓ法人制度導入の経緯や立法事由などについて詳しくは，See, Mirit Eyal-Cohen, "When American Small Business Hit the Jackpot: Taxes, Politics, and the History of Organizational Choice in the 1950s", 6 Pitt. Tax Rev. 1 (2008); Note, "Optional Taxation of Closely-Held Corporations Under the Technical Amendments Act of 1958", 72 Harv. L. Rev. 710, 723 (1959).

[15] See, CCH, 2014 U.S. Master Tax Guide (CCH, 2014) at 165 *et seq.*

避目的での事業体選択のコントロールなどの面では一定の効果が上がった。しかし，この規則により，逆に課税庁は煩雑な線引き事務と争訟への対応に忙殺されることになる。一方，ビジネス第一であるはずの企業も，事業活動よりもコンプライアンスの重荷に苦慮するようになっていた。

　ビジネス界からは，納税者にフレンドリーな手続実現に向けた制度改革の求めが次第に強くなっていた。こうした求めに呼応する形で，1997年1月1日から，規制緩和の精神に立ち，チェック・ザ・ボックス・ルール（CTB＝Check-the-box rule）が導入された。これにより，法人課税か出資者／持分課税かの選択権は，原則として納税者に委ねることになった(17)。納税者は，既定の項目をチェックし法定要件を満たすことを証した届出書（様式2553〔小規模事業会社の選択（Form 2553: Election by a Small Business Corporation）〕）を課税庁に提出することで，課税選択ができることになった(18)。

(4) C法人からS法人への転換に伴う二重課税回避防止措置

　アメリカ連邦税法は，法人実在説に基づき法人と個人への二段階課税を行うことを原則としている。言い換えると，経済的二重課税を当然のこととしている。しかし，新設のC法人（普通法人）が直ちにS法人適格を得る場合は別として，既存のC法人がS法人に転換しパススルー課税が認められた場合，C法人であった期間中に受けるべきであった二重課税が回避されることも想定される。

　連邦税法は，C法人からS法人への転換に伴う経済的二重課税の回避を防ぎ，取戻課税（taxes for recapture）などを行うために，次のような措置を講じている（IRC1374条）。

---

(16) キントナー規則は，United States v. Kintnet, 216 F. 2d 418 (9th Cir. 1954) 事件判決などに基づき連邦財務省が考案し，1960年に発遣した事業体課税分類ルール（entity tax classification rules）である。法人該当性の判断基準として次の6要件をあげた。①従業員の存在，②事業を営みかつ利得を分配する目的，③永続性，④集中的経営管理，⑤持分の譲渡性，⑥有限責任。これらのうち，①および②の要件をみたすが，残り4要件のうち2以上の要件を欠ける事業体は，これをパートナーシップとするルールである。See, Victor E. Fleischer, "If It Looks Like a Duck: Corporate Resemblance and Check-the-box Elective Tax Classification," 96 Colum. L. Rev. 518 (1996). この事業体課税分類ルールは，基本的には，社団（association）としての実体を有するかどうかを判定基準とするものである。

(17) See, Steven A. Dean, "Attractive Complexity: Tax Deregulation, the Check-the-box Election, and the Future of Tax Simplification," 34 Hofstra L. Rev. 405 (2005).

(18) こうしたアメリカにおけるチェック・ザ・ボックス・ルール（CTBルール）の導入は，課税庁の権限の私化，公権力の放棄とみる向きもある。しかし，いわば，わが国の青色申告承認制度に類する仕組みになったと考えればよいのではないか（所得税法144条以下，法人税法122条以下）。

【図表Ⅱ-3】 S法人への転換に伴う主な二重課税回避防止措置

(i) **含み利得税／BIG税（BIG tax）**
　S法人で、C法人であった期間中に蓄積された利得（built-in gains）に対しては「含み利得税（built-in gains tax）」、通称では「BIG税（BIG tax）」が課される（IRC1374条b項およびd項）。後のふれるように、多くの評価性資産（appreciated Property）を保有するC法人が未実現利得に対する租税回避を目的にS法人適格を得ることに対する歯止め策である。

(ii) **棚卸資産評価に後入先出法（LIFO）採用する法人が転換で得た利益への課税**
　一般に、企業は、棚卸資産の評価にあたっては、先入先出法（FIFO=First-in method）や後入先出法（LIFO=Last-in, First-out method）が用いている。帳簿組織がしっかりした企業では、広く後入先出法（LIFO）が選択されている。ただ、後入先出法（LIFO）では、急激な物価上昇時には会計上の簿価と時価との乖離が生じ、含み益が蓄積される。場合によっては経理操作（LIFO liquidation）の余地を残す。こうしたことから、後入先出法（LIFO）を用いているC法人は、S法人適格を得たことで利益を得た時には、転換後から4年にわたって当該利益に課税される（IRC1363条d項）。

(iii) **経営権支配を目的としない投資所得への課税**
　S法人で、C法人であった期間中に保有していた経営権支配を目的としない資産〔例えば、株式配当、賃料、ロイヤルティ、株式譲渡〕から生じた所得（passive investment income）が、年間の総収益（gross receipts）の25％を超え、かつ、C法人であった期間から内部留保金（accumulated earnings and profits）を繰り越している場合には特別課税の対象となる（IRC1375条）。

(iv) **S法人転換でC法人が未使用の欠損金の繰越控除枠の不適用**
　C法人が、純損失（NOL=net operating losses）、つまり欠損金が生じている場合、NOLは、原則として、2年間の繰戻（carry-back）および将来20年間にわたり繰越（carry-forward）ができる（IRC172条b項1号Fのi）。しかし、C法人は、繰戻をしない選択をすることができる。この場合で、C法人がS法人に転換したときには、C法人が未使用の繰戻枠をS法人は利用できない。つまり、S法人に欠損金が生じたとしてもC法人が未使用の繰戻と相殺できない（IRC1374条b項）。したがって、S法人の株主／構成員にもその効果は及ばない。

D　アメリカのS法人に対する含み利得課税〜二重課税回避防止課税

　すでにふれたように、連邦税法上、S法人は、選択適格事業体（eligible entity）と呼ばれる。チェック・ザ・ボックス・ルール（Check-the-box rule）により一定の要件を満たす場合、パススルー課税、すなわち構成員（メンバー／出資者／株主）課税を選択できる。普通法人（C法人）がこうしたS法人に転換し、パススルー課税により、事業体の損益が直接構成員（メンバー／出資者／株主）に帰属することになったとする。この場合で、C法人であった期間中に蓄積された「未

実現の利得（BIGs＝built-in gains, or built-in capital gains）」が無税でS法人に移転され，転換後一定期間内に処分され，含み利得が認識されたときには，株主／構成員に対する課税に加え，法人に対しても当該利得を対象に法人所得税の最高税率（現在35％）で課税される（IRC1374条a項）。この課税取扱いを「S法人に対する含み利得課税（S corporation built-in gains tax）」という[19]。一般に，「含み利得税（built-in gains tax）」，通称では「BIG税（BIG tax）」と呼ばれる。1986年12月31日後の転換から適用された。

《S法人に対する含み利得課税事例》

> ライス社は，C法人からS法人に転換した。ライス社は，転換から1年後に，1,000ドルのキャピタルゲインを認識した。この場合，1,000ドル全額がBIG税の対象となる。ライス社には350ドル（1,000ドル×35％）の納税義務が生じる。一方，ライス社の株主／構成員も，同じ年に，認識された残り650ドルのキャピタルゲインについて，その持分に応じて配賦を受けたものとして，各株主の個人所得税の課税ベースに含めて申告し，総合課税を受けることになる。

(1) 含み利得課税制度の狙いは「二重課税回避防止課税」

前記の実例からもわかるように，含み利得課税制度は，法人実在説のもとで法人と個人の双方で二重課税を受けなければならないはずのC法人が，二重課税を回避する狙いでS法人を利用するのを防ぐことにある。いわば，経済的「二重課税回避防止課税」である。

---

[19] 連邦税法（IRC）によると，資産の譲渡または交換などの処分により実現される利得（gains）または損失（losses）が認識される（recognize）場合には，原則として，その利得には課税され，その際に損失は控除できる。すなわち，資産の処分により「実現される利得または損失（realized gains or losses）」額は，実現された金額（amount realized）からその資産の税務基準価額（basis of the property，以下「税務簿価」という。）を差し引くことにより算出する（IRC1001条a項，財務省規則§1.1001-1(a)）。算出された額がプラスの数値になる場合には，「利得（gains）」となり，原則として総所得金額に算入され，課税対象となる（IRC61条a項3号）。一方，マイナスになる場合には「損失（losses）」となり，税法が認めるときにはその額を控除できる。なお，資産の処分の過程で生じた「譲渡費用（selling expenses）」は実現金額の計算にあたり，これを控除することができる。このように，連邦税法は，資産の処分による実現金額からその資産の税務簿価を差し引いて算出された差額を，利得ないし損失として認識（recognize）する仕組みになっている。このことから，資産の税務簿価が重要であり，原則として，資産の取得価額が税務簿価となる。また，連邦税法は，一定の交換取引について，特例として利得または損失を認識せずに非課税とする。この場合，交換により利得または損失を実現しても，当該利得は交換時点では課税されず，次の売却その他の実現の機会（realization event）まで引き継がれ，また，損失は交換時点では控除できない。これは，交換により取得した資産が，交換により相手方に譲渡された資産と同一の資産であるとみなされ，課税が繰り延べられるためである。

S法人に対する含み利得課税は，C法人に蓄積ないし留保された含み利得に対する法人段階での課税を免れるためにS法人への転換をはかり，転換後に当該含み利得を認識・実現し，パススルー課税により構成員が当該利得を手にすることに対する取戻し法人課税である。したがって，とりわけ多くの評価性資産（appreciated Property）を保有する法人にとっては，BIG税の存在は無視し得ない。

(2) 含み利得課税制度導入の背景

C法人がパートナーシップなどに転換するとする。この場合，アメリカにおいては，法人をいったん清算し，法人に蓄積された含み利得があるときにはそれが実現されたものとみなして，法人および株主の双方に課税される（IRC331条a項・336条a項）。したがって，C法人が清算課税を経ずに直接損益をパートナーシップに移転できない。

これに対して，C法人がS法人に転換することを選択するとする。この場合，C法人は，含み利得課税（BIG税の適用）を受けることを条件に（IRC1374条），清算課税を経ずに直接損益をS法人に帰属させることができる。

(3) 含み損益の認識の時期

含み損益【公正な市場価額と税務基準価額（税務簿価）との差】認識の時期は，納税者が比較的自由に決めることができる。

なお，従来，この含み利得課税の対象となる期間はS法人への転換から10年であった。しかし，2009年アメリカ復興・再投資法（American Recovery and Reinvestment Act of 2009）により，含み利得課税の対象となる蓄積期間は7年に短縮された（IRC1374条d項7号Bのⅰ）。また，2010年小規模企業雇用法（Small Business Jobs Act of 2010）および2012年アメリカ納税者救済法（American Taxpayer Relief Act of 2012）により，2011から13年度については，5年に短縮されている（IRC1374条d項7号Bのⅱ，同7号C）[20]。

E　アメリカのパートナーシップに対する含み利得課税回避対応策

パートナーシップのパートナーが「含み利得資産（built-in gains property）」を，そのパートナーシップに出資したとする。この場合，含み利得が他の構成員／

---

[20] See, Kevin D. Anderson, "The S Corporation Built-in Gains Tax: Commonly Encountered Issues," Tax Adviser（March, 1, 2012）.

パートナーに移転されることがないように，当該資産は，出資した日の公正な市場価格で当該パートナーシップに出資したものとされ，かつ，処分され取得価額を超える含み利得が認識された時に当該利得はその資産を出資したパートナーに配賦されなければならない（IRC704条 c 項 1 号のA，財務省規則1.704-4）。

2　営利／非営利ハイブリッド事業体をめぐる会社法と税法上の論点

　金銭その他の財産を拠出する形で社会貢献活動を行おうとする場合，それらを拠出するビークル（vehicle）としては，従来から一般に第三セクターに位置する非営利／公益団体（non-profit charitable organizations）が選ばれてきた。これは，わが国はもちろんのことアメリカなどにおいても同様である。

　非営利／公益団体は，剰余金の分配を目的としない非分配事業体（non-distribution entity）である。ひとくちに非営利／公益団体といっても，人格のない非営利社団（unincorporated non-profit association），公益信託（charitable trust），非営利／公益法人（non-profit charitable corporations）などさまざまな類型がある。

　非営利／公益団体が選ばれる背景には，非営利／公益団体に対する税法上の手厚い支援措置の存在がある。アメリカを例にすると，連邦税法（IRC＝Internal Revenue Code）[21]において，拠出者は，公益寄附金税制の活用により，自己の税金計算において所得控除または税額控除をし，税負担の軽減をはかることができる。一方，拠出を受けた非営利公益団体は，拠出された金銭その他の財産を原資に非営利／公益事業活動（以下「本来の事業活動」ともいう。）をして，所得をあげたとしても，法人所得税（法人税）は課税除外[22]となる。この課税除外取扱いは，本来の事業活動のみならず，当該事業に関連する事業（以下「関連事業（related business）」という。）にまで及ぶ。もっとも，非営利／公益団体は，非持分／非分配事業体であることから剰余金の分配は禁止され，かつ，非営利事業体であることから過大な関連事業や非関連事業を行うことには制限がある。これらの禁止や制限に違反すると，場合によっては事業体に認められた課税除外適格を失うことになる。

---

[21]　加えて，当該団体が主たる事務所を置く州が所得税を導入している場合には，当該州の所得税法上も含む。以下同じである。

[22]　アメリカの連邦や諸州の非営利／公益団体課税において，宗教団体の宗教活動は「当然に非課税（*per se* tax exclusion）」になる。これは，連邦および諸州の憲法上の政教分離原則を尊重し，宗教活動に課税権力が濫りに介入することがないようにすることが理由である。しかし，宗教団体の宗教活動以外の事業（関連事業＋非関連事業）および宗教団体以外の非営利／公益団体の本来の事業活動は，課税庁（IRS）による一定の審査に合格してはじめて「免税（tax exemption）」になる仕組みになっている。ここ**2**では，非課税と免税との双方を指す意味で「課税除外」という文言を使う。

2 営利／非営利ハイブリッド事業体をめぐる会社法と税法上の論点

　非営利／公益団体は，第三セクターで伝統を重ねてきた存在感や信頼性などから，金銭その他の財産を拠出し社会貢献活動をする際のビークルとして根強い人気がある。しかし，非営利／公益団体は，非持分事業体であることから，活動資金の調達にエクイティキャピタルを活用できない。もっと市場機能や効率性を重視し，持分／株式発行などエクイティキャピタルの手法を駆使して営利事業活動を行い，その果実の全部または一部を社会貢献目的に費消，活用できる事業体／ビークルの法制を整備しようという動きがグローバルな広がりを見せている。

　こうした動きは，とりわけ市場主義経済を先導するアメリカにおいて加速している。しかし，アメリカの営利会社（営利事業会社／for-profit business corporation）経営においては，伝統的にコモンロー／判例法で確立された不文の「株主利益至上主義（shareholder primacy principle）」または「株主利益極大化主義（profit maximization principle）」（以下，双方を一括して「株主利益至上主義」ともいう。）が支配する法環境にある。このため，エクイティキャピタルを原資に営利会社を活用して社会貢献活動または非営利／公益活動をするには，これら伝統的な営利会社法上の不文の法理への気遣いが必要になる。場合によっては，会社経営陣が信任義務（fiduciary duties）を問われる可能性も出てくるからである。

　規範性を重んじる会社法や税法の硬直的な考え方は，市場機能や効率性を優先するソーシャルビジネス（社会貢献事業）の立上げに意欲的な社会起業家（social entrepreneurs），さらにはや社会的責任ポートフォリオ投資（SRI＝socially responsible investment）を望む社会投資家（social investors），の現実のデマンド（demands）に真摯に応えていないとの声もある。

　こうした声に応えようということで，アメリカ諸州においては，伝統的な非営利／公益団体や営利会社とは異なる，あるいは双方の特性をいかしたともいえる，社会貢献事業の受け皿となる新たなビークルを法認してきている。営利事業と非営利／公益活動（社会貢献事業）を「ツー・イン・ワン（two in one）」で行うことができるようなビークルの法制化である。社会起業家が，エクイティキャピタルの手法を駆使して営利事業活動を行い，その果実の全部または一部を効率的に社会貢献事業に費消，活用できるようにしようというわけである。こうした新たなビークルは，一般に「営利／非営利ハイブリッド事業体（for-profit/not-for-profit hybrid entity）」（以下，たんに「ハイブリッド事業体」ともいう。）と

呼ばれる。「社会的営利会社（social primacy company）」、「社会的企業（social enterprise）」という呼び名も使われている。

　諸州が法認した新たなビークルは大きく3つに分けることができる。1つは、合同会社（LLC＝limited liability company）の仕組みを応用した営利／非営利ハイブリッド事業体、例えば「低収益合同会社（L3C＝low-profit limited liability company）」を法認する州である。一般に、L3Cは、助成財団／基金（非事業型の私立財団／private foundation／後記【図表Ⅱ-9】参照）から出資を仰ぎたい場合に使われるビークルである。

　アメリカ諸州の合同会社（LLC）は、連邦法人所得課税取扱い上、S法人（S corporation＝small business corporation／小規模事業会社）特例課税（以下「S法人」という。）制度としてパススルー課税（pass-through taxation）【法人事業体の段階では課税されず、損益は配賦（パススルー）ができ、構成員／社員課税】の選択ができるようにデザインされている（IRC1363条a項）。この結果、経済的二重課税を避けられる。このことから、L3Cのようなハイブリッド事業体を活用して非営利／公益活動を行えば、その結果（損益）や持分（社員権）の処分益については法人段階での課税を回避でき、構成員／社員段階のみでの課税を選択できる[23]。

　2つ目は、「社会益増進会社」「B会社（B Corporation＝benefit corporation）」（以下「B会社」ともいう。）の仕組みである。B会社制度は、普通会社である州内株式会社（domestic stock corporation）を「社会貢献目的」あるいは「社会益の増進（social benefit）」目的を持って経営できる法人を指す。B会社は、定款等に、普通の株式会社に求められる「株主の利益の極大化」よりも「社会益の増進」などをもっと高位の基準をうたうことができる。例えば会社収益の50％を非営利／公益団体その他社会貢献事業へ寄附するとか、取引先は環境に責任を負うことを明確にした企業に限るとかをうたうことができる。したがって、B会社制度は、性格的には営利／非営利のハイブリッドの法人事業体といえる。制定法

---

[23]　もっとも、非営利／公益団体が、持分会社である合同会社（LLC）類型の営利／非営利ハイブリッド事業体の構成員／社員として投資し、パススルー課税（S法人）を選択した場合、その持分（社員権）にかかる分配やその処分から得た所得は当然に、非関連事業所得（UBIT）として課税対象となる（IRC511条e項）。すなわち、法人所得税は課税除外とならない。ただし、後述するように、非営利／公益団体が、特別のプログラム（PRI＝program related investment）を組み LLC の一種である L3C（低収益合同会社）に投資した場合には、例外的な課税取扱いがある。また、のちにふれるように、連邦税法（IRC）上の課税除外適格を有する非営利合同会社／非営利 LLC（non-profit LLC）の出現といううねりにも注目する必要がある。

により，社会益の増進を目的に事業経営をする営利会社に対する会社法上の不文の株主利益極大主義の適用を排除しようというのが立法趣旨である。B会社は，連邦法人所得課税上は，原則として普通法人／C法人（C corporation）の課税取扱いを受ける（IRC1363条 a 項 2 号）。

　一般に，既存の内国営利会社は，所在州の州務長官に対しB会社となる要件をみたすように変更した定款その他の書類の届出をし，受理されればB会社になることができる。一方，B会社の新設の場合には，法定要件に沿った会社定款その他必要な書類を作成し，州務長官の届出をし，受理されればB会社になることができる。アイスクリーム販売でよく知られている Ben & Jerry's は，B会社である。

　そして，3つ目のハイブリッド事業体は，「社会目的会社（SPC＝social purpose corporation）」である。この類型の会社は，端的にいえば，エクイティキャピタルを原資に，営利事業も非営利事業も丸ごとできる。会社の経営陣（取締役，執行役など）と所有者／株主との間で合意すれば，人間環境保護のような公益増進目的を重視する経営が可能な営利／非営利ハイブリッド事業体である。また，SPC は，定款などで定めれば，これまで非営利／公益法人が行ってきた非営利／公益事業活動も行える。経営陣の免責の面での立法趣旨は，B会社と同じである。また，一般に，SPC になるための手続はB会社に例に準じる。

　カリフォルニアのように，B会社制度と社会目的会社（SPC）制度の双方を導入している州もある（加州法人法典／CCC＝California Corporations Code2500条以下，同14600条以下）。

　これら諸州主導の動きとは一線を画す連邦の注目すべき動きもある。連邦財務省（U.S. Treasury Department）と連邦課税庁である内国歳入庁（IRS＝Internal Revenue Service）が，非営利を定款等にうたった合同会社（LLCの非営利目的活用）に対して連邦法人所得課税上の課税特典を享受できる適格（IRC501条 c 項 3 号上の課税除外適格）を承認する方向へ政策転換したことである。この動きは，アメリカ実業界における営利事業体選択における株式会社（regular corporation/*per se* corporation）に代わる合同会社（LLC）急増の現実を直視した結果である。社会貢献活動にエクイティキャピタルを活用したLLCのようなビークルであっても，定款等に「剰余金の分配を目的としない」旨や「その構成員／社員をIRC501条 c 項 3 号上の非営利／公益団体や政府機関に限定する」旨などを記載するよ

うに求め，実質的に非分配の非営利／公益団体に相当する形にアレンジできる場合には課税除外適格を認めようというわけである。

わが国でも，政府は，地方創生に，株式発行などエクイティキャピタルを活用できるタイプの新たな「ローカルマネジメント法人（LM法人）」制度を導入する方向で検討を開始している。この構想では，LM法人をパススルー課税が選択できるアメリカ型の合同会社（LLCの一種であるL3C）またはB会社の形の営利／非営利ハイブリッド事業体としてデザインするつもりなのであろうか。あるいは，連合王国（以下「イギリス」という。）の営利／非営利ハイブリッド事業体である「コミュニティ益会社（CIC＝community interest company）」をモデルとした普通法人の性格を持つ非営利法人をデザインしようとしているのであろうか[24]。現時点では，その方向性は定かではない[25]。

営利／非営利ハイブリッド事業体には，L3CやB会社のような法人形態のものはもちろんのこと，人格のない非営利社団（任意団体）やパートナーシップのような非法人形態のものまでさまざまな類型がある。このうち，法人形態の営利／非営利ハイブリッド事業体は2つの顔を持つ。1つは，持分会社として利益分配のできる営利事業体の顔である。そして，もう1つは，配当が禁止される非営利事業体の顔である。双方は相対立する。したがって，アメリカの諸州は，これら2つの顔をどう調整し，営利／非営利ハイブリッド事業体法制をデザインすべきかについて模索を続けている。全米的な方向性は固まってきてはいるが，現段階では，法理論的には十分に固まっているとはいえない。わが国に至ってはなおさらである。LM法人のような新類型の会社制度をデザインするとしても，稚拙な政策論，行政主導で構想を練るのはいただけない。会社法や税法上の基礎理論的な考察が必要不可欠といえる。

そこで，本章❷においては，アメリカ法に傾斜する形で，まず，伝統的な非営利／公益法人の法制と税制を概観する。その後，アメリカの実業界で広がる合同会社（LLC）選択と連邦税法上の課税取扱いについて点検する。続いて，B

---

[24] イギリスのCICについて詳しくは，拙論「イギリスのチャリティ制度改革(2)」白鷗法学18巻1号1頁以下（2011年）および拙論「イギリスのチャリティと非営利団体制度改革に伴う法制の変容」21巻2号200頁以下（2015年）参照。

[25] 経産省／第6回日本の「稼ぐ力」創出研究会・事務局資料（2014年10月15日）77頁参照。紹介記事「地方創生へ新法人制度」日本経済新聞2015年1月28日朝刊参照。http://www.meti.go.jp/committee/kenkyukai/sansei/kaseguchikara/pdf/006_03_00.pdf

会社や社会目的会社（SPC）のような諸州の新たな営利／非営利ハイブリッド事業体法制を類型別に点検し，その特徴を浮き彫りにする作業を行う。その後，営利会社が社会貢献活動を行う場合に消極的に作用する会社法上の不文の法理や州会社法による対応，伝統的な非営利／公益団体に対する課税除外適格とリンケージした連邦税法上の分配禁止原則などについて分析する。

A　アメリカ諸州における営利／非営利ハイブリッド事業体法制の展開

アメリカでは，民商法が一元化されている。また，アメリカは連邦国家（federal state）であり，単一国家（single state）であるわが国などとは異なり，私法については，伝統的に州（ワシントンD.C.〔連邦首都特別区〕等を含む。以下，同じ。）が立法管轄権を有している。このことから，各州は，独自の観点から，法人法制度をデザインできる構図にある。50の州およびワシントンD.C.〔連邦首都特別区〕等の立法府が法人法を制定している。

アメリカ諸州の法人法制度は，総体として見ると，いくつかの大きな発展段階を踏んで今日に至っている。最初の大きな転換期は，①1950年代の営利会社法（business corporation law）と非営利法人法（non-profit corporation law）との分化である。その後の大きな転換期は，②合同会社（LLC＝limited liability company law）制度や有限責任事業組合（LLP＝limited liability partnership）【ただしLLPは法人格を有しない事業体】の発案，諸州での導入である。そして，③B会社（benefit corporation）やL3C（low-profit limited liability）に代表されるような営利／非営利ハイブリッド会社（for-profit/non-profit profit hybrid companies）の発案，諸州での導入と続く。

社会貢献活動をする際のビークル（事業体）選択の問題を検討する場合には，こうしたアメリカにおける法人法制の発展史を織り込んでおくことが大事である。

ここで，現在，アメリカにおいて社会貢献目的で現金その他の財産を拠出（投資）する際に選択できる主な事業体類型をまとめて一覧にすると，次のとおりである。

【図表Ⅱ-4】社会貢献目的での拠出（投資）で選択できる主な事業体の類型

① 人格のない非営利社団（unincorporated non-profit association）
② 公益信託（charitable trust）
③ 非営利法人（non-profit corporation）
④ 営利／非営利ハイブリッド会社（for-profit/not-for-profit hybrid companies）
⑤ 勅許団体（specially chartered organization）
⑥ 政府統治機関（governmental instrumentalities）

これらの事業体について特記すべき事項は，次のとおりである。

まず，①人格のない非営利社団についてである。諸州は，人格のない非営利社団を，剰余金の分配を目的としないことを条件に，州裁判所の判例または制定法に基づいて，非営利／公益活動をする際に選択できる事業体の1つとして認めている[26]。

次に，公益信託（charitable trust）についてである。かつて②公益信託は，非営利／公益団体の1つとして課税除外適格を有しているかどうかが問われた。この点について，1930年代に裁判所は，判決（Fifth-Third Union Trust Co. v. Commissioner, 56 F. 2d 767【6th Cir. 1932】）で，公益信託のような法的事業体は，法典501条c項3号に規定する「地域共同体基金（community fund）もしくは財団（foundation）[27]」に該当すると判示している。したがって，公益信託は，連邦税法（IRC）上の非営利／公益団体として適格性を有すると解される。ちなみに，公益信託については，いずれの州においても，州法務長官が介在して公益の保護にあたることになっている。アメリカ法曹協会（ABA）は，1954年に統一公益

---

[26] ちなみに，コモンロー上，人格のない非営利社団は，社員，理事および執行役は必ずしも有限責任とされない。つまり，無限責任が原則である。この点について，州法の統一に関する全米長官会議（ULC/Uniform Law Commission／正式名称は National Conference of Commissioners on Uniform State Laws）が1992年に，無限責任問題に対処することを狙いに，統一非営利人格のない社団法（UUNAA = Uniform Unincorporated Non-profit Association Act）を作成・公表している。UUNAAは，人格のない社団を有限責任の法的事業体として認めたうえで社員の責任を一定程度まで減じる規定を置いている。UUNAAは，州法として採択した州においては，人格のない社団は，社員の責任減免を受けるためには，定款を定めそれをカウンティ（郡）の書記官または州務長官へ届け出るように求めている。2005年には改正版（RUUNAA = Reformed Uniform Unincorporated Non-profit Association Act）を出している。

[27] のちに詳しくふれるように，連邦税法（IRC）501条c項3号は，「公益（慈善）団体」として，具体的に「もっぱら宗教，慈善，学術，公共安全の検査，文芸若しくは教育目的で，又は子供若しくは動物虐待防止の目的で設立されかつ運営されている法人およびあらゆる地域共同募金体，地域共同体基金若しくは財団」を列挙している。公益信託は，この条項における「地域共同体基金若しくは財団」にあたると解されているわけである。

目的受託者監督法（Uniform Supervision of Trustees for Charitable Purpose Act）を公表し，諸州への採択を働きかけている。

通例，社会貢献活動をする際に選択できる事業体（entity, vehicle）は，各州の州法で規律されている。これに対して，⑤勅許団体は，州議会または連邦議会が特別に発した勅許に基づいて設けられている。スミソニアン博物館（Smithsonian Museum）が適例である。スミソニアン博物館は，1846年に連邦議会が勅許した団体である（20 USC §41【Incorporation of Institution】）[28]。

ここで掲げた⑥政府統治機関（governmental instrumentalities）とは，公立学校，州立大学や研究機関などを指す[29]。

(1) 社会貢献活動のビークルとしての「営利事業体」と「非営利事業体」の所在

アメリカにおける「事業体（entity）」は，伝統的な視角からは，大きく「営利事業体（for-profit entities）」と「非営利事業体（not-for-profit entities/non-profit entities）」とに分けることができる。しかし，現実の事業体法制は，それぞれの州によりことごとく異なる。これは，事業体法制については，諸州が専属的立法管轄権を有しているためである。こうした違いを乗り越え，事業体法制についての全米的な統一的取扱い基準を示す役割を担っているのが，連邦税法（IRC／内国歳入法典）である。したがって，事業体類型について全米レベルで統一的に理解するには，連邦税法（IRC）上の基準を参考とするのが有益である。

連邦税法（IRC）は，事業体に対する連邦所得課税において，営利事業体と非営利／公益事業体に分けて取り扱っている。この区分によると，営利事業体を大きく，個人事業者（sole proprietorship），パートナーシップ（partnership），C法人／普通法人（C corporations）およびS法人（S corporation/small business corporation）の4つに類別している。

このうち，C法人やS法人，とりわけC法人には，連邦所得課税上はすべて

---

[28] 運営資金は連邦政府が予算措置を講じているほか，金銭や財産の寄附，収益事業などで賄われている。連邦税法（IRC）は，同博物館を，501条 c 項 3 号上の課税除外団体として取り扱っている。

[29] これら政府機能を代替する事業活動を行っている機関は，公益寄附金控除対象寄附金の受入れができる。しかし，連邦税法（IRC）は，これらの機関の課税除外資格を明確に認めていない。たんに，非関連事業は課税対象である旨を定めるにとどまる（IRC501条 a 項）。これら連邦政府統治機関については，連邦最高裁判所が連邦政府機関は連邦所得課税が人的課税除外となる旨判示していること（McCulloch v. Maryland 17 U.S. 316〔1819〕）を典拠に，課税除外の取扱いを受けている。一方，連邦議会は，州政府統治機関について，連邦所得課税を課税除外とする旨の法的措置を講じている（IRC115条）。

の事業が課税対象となる。加えて，アメリカ諸州の会社法において伝統的に確立されてきたコモンロー／判例法上の株主利益至上主義（shareholder primacy principle）（または株主利益極大化主義（profit maximization principle））がストレートに適用になる。

このことから，社会貢献活動のビークルとしてこれら営利会社を選択した場合には，当該事業を課税事業として行わなければならなくなることになる。加えて，これら営利会社に適用あるコモンロー／判例法上の原則との調和が重い課題となる。

一方，社会貢献活動のビークルとしては，「非営利事業体」の選択も可能である。ひとくちに非営利事業体といっても，非営利／公益法人（non-profit charitable corporation），人格のない非営利社団（unincorporated non-profit association），公益信託（charitable trust）などさまざまな類型がある。しかし，どの類型を選択するかにあたり問題となるのは，これら非営利事業体に対する課税取扱いである[30]。

非営利事業体（非営利／公益団体）に対する連邦および諸州における所得課税においては，一定の要件を充足した非営利／公益団体の本来の事業活動（non-profit/charitable activities）および当該事業活動に関連する事業（related business）から生じる所得を課税除外としている。したがって，法人所得税は，本来の事業活動に関連しない収益事業から所得，すなわち「非関連事業所得（UBIT＝unrelated business income tax）」のみにかかる（IRC511条)[31]。

また，連邦税法（IRC）は，非営利事業体が本来の事業活動に対する課税除外適格を取得し，かつそれを継続するためには，課税庁（IRS）の審査を受け，合格することを要件としている[32]。この要件の1つとして，「団体の純利益のいかなる部分も個人の持分または個人の利益に供されない」形で団体が組織され，

---

[30] わが国においては，区分所有法（建物の区分所有に関する法律）のように，非営利法人である管理組合法人の課税取扱いについて，その準拠法のなかで定めている例（区分所有法47条13項・14項）もある。この点，アメリカの場合，団体／法人準拠法のなかに当該団体／法人の課税取扱いを定める例は見当たらない。団体／法人法制と税法制は，それぞれ固有の立ち位置から具体的に規定している。

[31] See, Bruce R. Hopkins, The Tax Law of Unrelated Business for Nonprofit Organizations (2005, Wiley).

[32] 連邦法人所得税上の課税除外団体の資格審査手続について詳しくは，拙著『日米の公益法人課税法の構造』（成文堂，1992年）71頁以下参照。

かつ運営されなければならないことをあげている（IRC501条c項）。一般には，「私的流用禁止の原則（PID＝private inurement doctrine）」または「分配禁止の原則（non-distribution constraint rule）」と呼ばれる。加えて，財務省規則は，「私的利益増進禁止原則（PBD＝private benefit doctrine）」と呼ばれるルールを明らかにしている（§1.501(c)(3)-1(d)(1)(ii)）。

　ソーシャルビジネスの立上げに意欲的な社会起業家は，非営利／公益法人を選択する場合で，税制上の支援措置を受けるには，課税庁（IRS）による適格審査を受け，それに合格することが前提になる。その後の定期的な審査もある。しかし，社会起業家は概して，このような税制を通じた，いわば「飴とムチ」を使うような政府規制を嫌う。そこで，諸州では近年，州の弁護士会や有識者などが中心となって，州議会議員を動かし，社会起業家向けに特有な営利事業と非営利／公益活動とを「ツー・イン・ワン（two in one）」で行うことができる，L3CやB会社のような新たな類型の営利／非営利の持分会社の法制化を加速させている。

　L3CやB会社のような新しい営利／非営利ハイブリッド事業体は，伝統的な非営利／公益団体とは異なり，社会益の増進（social benefit）を目的とするのみならず，エクイティキャピタルを活用でき，かつ分配〔配当〕もゆるされる。「営利」の顔のみならず，「非営利／公益」の顔も持ち合わせる事業体である。したがって，諸州における立法府においては，こうしたハイブリッド事業体法制をデザインする場合には，会社法上の法原理と税法上の法原理をどのように調和させるかなど検証すべき課題が山積している。

　とりわけ，会社法上の株主利益至上主義（または株主利益極大化主義）と連邦および州の法人所得税（法人税）上の課税除外特典を享受する条件とされる私的流用禁止の原則（PID）（または分配禁止の原則，さらには私的利益増進禁止原則（PBD））や，非営利／公益法人の解散／営利転換時に求められる残余の公益目的資産の継承的処分（CAS＝charitable assets settlement）[33]などを全的に捨象して法制をデザインすべきかどうかが重く問われてくる。

　そこで，以下においては，会社法上の株主利益至上主義と税法上の私的流用禁止の原則（PID）などの適否をめぐる接点上の法的課題を中心に，もう少し深く点検してみる。

(2) アメリカの伝統的な非営利／公益団体法制の構造

アメリカの法人発展史から見ると、法人制度についての最初の大きな展開は、①1950年代の営利会社法（business corporation law）と非営利法人法（nonprofit corporation law）との分化である。非営利法人は、各州の非営利法人法に準拠して設立される。B会社やL3Cのような営利／非営利ハイブリッド会社の出現後も、非営利法人は社会貢献活動をする際のビークルとして根強い人気がある。

① 模範非営利法人法（MNCA）とは

従来、法人法は、必ずしも、営利と非営利とが明確に分化していなかった。分化の契機となったのが、1952年にアメリカ法曹協会（ABA＝American Bar Association）が採択した「模範非営利法人法（MNCA＝Model Nonprofit Corporation Act）」である[33]。最新版は、2008年8月に採択されたMNCA【第3版】である[34]。

MNCAは、非営利法人の設立、目的・権限、社員権、財務、社員総会、理事・役員、州内法人化・法人転換、法人定款・附属定款、合併、解散などについてのモデルを示している。ちなみに、アメリカ諸州の非営利法人は、社団

---

[33] 法人解散／営利転換時の残余の公益目的資産（公益的資産）の継承的処分（CAS）は、非営利／公益法人（非課税法人／課税除外法人）の営利転換（課税法人）への転換などの場合に必要とされる手続である。一般に「サイプレス原則（*cy-pres* rule）」としても知られている。州法の統一に関する全米委員会議（National Conference of Commissioners on Uniform State Laws）は、2011年に「模範公益目的資産保護法（MPCAA＝Model Protection of Charitable Asset Act）作成し、諸州に採択を促している。MPCAAは、非営利公益団体が、解散などの場合に、残余資産がその社員に分配されたりすることのないように、当該団体の設立州の法務長官が介在して「公益目的資産の継承的処分（charitable asset settlement）」を適正に実施しようという趣旨で制定されたものである。現在、東部の数州が採択している。Available at: http://www.uniformlaws.org/Act.aspx?title=Protection of Charitable Assets Act, Model ちなみに、わが国では2008年12月1日から新公益法人制度が実施された。この新法制のもとで、旧民法34条による社団法人／財団法人は特例民法法人となり5年の移行期間（2013年11月末）までに公益社団法人／公益財団法人（非課税法人）になるか、一般社団法人／一般財団法人（課税法人）になることを選択した場合には、移行認可に際して「公益目的支出計画」を作成、内部留保額（公益目的財産額）を公益目的へ支出するように求められた（一般社団法人及び一般財団法人に関する法律及び公益社団法人及び公益財団法人の認定等に関する法律の施行に伴う関係法令の整備等に関する法律【以下「整備法」という。】119条）。整備法119条の規定は、この法律の立法過程において筆者の指摘に沿って採り入れられたものであるが、直接にはアメリカ法のCASの考え方を典拠としたものである。拙論「アメリカにおける公益法人の営利転換法制に展開：課税除外法人から課税法人への転換に伴う『公益的資産の継承的処分』の必要性」白鷗法学23号（2004年）参照。

[34] アメリカ法曹協会（ABA）は、1952年に「模範非営利法人法（MNCA）」を採択する一方で、1950年に「模範事業会社法（MBCA＝Model Business Corporation Act）」を採択している。「模範非営利法人法（MNCA）は、第1版（1952年）に続き、改訂版（1957年）、第2版（1964年）、第3版（2008年）が採択されている。See, The Law of Tax-Exempt Organizations (11th ed., Willey, 2015); Howard L. Oleck & Martha E. Stewart, Nonprofit Corporations, Organizations, & Associations (6th ed., Prentice Hall, 1994).

(association) の法人化であり、わが国のような社員のいない財団法人を想定していない[36]。

【図表Ⅱ-5】ABA「模範非営利法人法（第3版　2008年）の概要（仮訳）

第1編【Chapter 1】総則
第A章【Subchapter A】略称および適用除外
第B章【Subchapter B】申請書類
第C章【Subchapter C】州務長官
第D章【Subchapter D】定義
第E章【Subchapter E】会社訴訟の審査
第F章【Subchapter F】宗教法人
第G章【Subchapter G】法務長官【選択】
第2編【Chapter 2】法人設立
第3編【Chapter 3】目的および権限
第4編【Chapter 4】名称
第5編【Chapter 5】登記した事務所および代理人
第6編【Chapter 6】社員権および財務規定
第A章【Subchapter A】社員の加入
第B章【Subchapter B】社員の権利および義務
第C章【Subchapter C】社員の退社および期間終了
第D章【Subchapter D】代理
第E章【Subchapter E】財務規定
第7編【Chapter 7】社員総会
第A章【Subchapter A】手続
第B章【Subchapter B】投票
第C章【Subchapter C】共同投票
第8編【Chapter 8】理事および役員
第A章【Subchapter A】理事会
第B章【Subchapter B】理事会の会議および行為
第C章【Subchapter C】理事

---

[35] 一方、営利会社については、1950年に、ABAが、模範事業会社法（MBCA＝Model Business Corporation Act）を公表している。1950年 MBCA およびその後の改訂版に従い、多くの州は、自州の事業会社法を改正し、営利会社法の全米的な統一化に協力してきている。しかし、カリフォルニア、ニューヨーク、デラウェア州などは、MBCA をモデルとした営利会社法改正を実施していない。See, William H. Clark, "The Model Business Corporation Act at Sixty: The Relationship of the Model Business Corporation Act to Other Entity Laws," 74 Law & Contemp. Prob. 57 (2011). 例えばカリフォルニア会社法（California General Corporation Law）の邦訳としては、若干古いが、北沢正啓ほか訳『カリフォルニア会社法』（商事法務研究会、1992年）がある。

[36] したがって、いわゆる「ファウンデーション（foundation）」とは、法的には社員1人の社団の形である。「基金」と邦訳する方が正鵠を射ているかも知れない。もっとも、ここ**2**では、慣用に従い、基金、財団双方の邦訳を使っている。

第D章【Subchapter D】役員
　　第E章【Subchapter E】報酬および費用の前払
　　第F章【Subchapter F】利益相反取引
　　第G章【Subchapter G】事業の機会
　第9編【Chapter 9】州内法人化および法人転換
　　第A章【Subchapter A】序文
　　第B章【Subchapter B】州内法人化
　　第C章【Subchapter C】営利法人転換
　　第D章【Subchapter D】州外営利法人の州内非営利法人への転換
　　第E章【Subchapter E】事業体の転換
　第10編【Chapter 10】法人定款および附属定款の改正
　　第A章【Subchapter A】法人定款の改正
　　第B章【Subchapter B】附属定款の改正
　　第C章【Subchapter C】特別の権利
　第11編【Chapter 12】合併および社員権の変更
　第12編【Chapter 13】資産の処分
　第13編【Chapter 14】社員代表訴訟
　第14編【Chapter 15】解散
　　第A章【Subchapter A】任意解散
　　第B章【Subchapter B】行政解散
　　第C章【Subchapter C】司法解散
　　第D章【Subchapter D】雑則
　第15編【Chapter 15】州外法人
　　第A章【Subchapter A】権限証書
　　第B章【Subchapter B】権限の撤回および移転
　　第C章【Subchapter C】権限証書の取消
　第16編【Chapter 16】記録および報告書
　　第A章【Subchapter A】記録
　　第B章【Subchapter B】報告書
　第17編【Chapter 17】経過規定

② **諸州の非営利法人法制**

　模範非営利法人法（MNCA）は，非営利／公益法人制度を全米規模で統一することを狙いに，各州が非営利／公益法人法制をデザインする際のモデルを提供するものである。各州は，MNCAの一部または全部を参考にして自州の非営利／公益法人法制の一部を改正するまたは全面的に新装するかどうかはまったく自由である。アーカンソー州，インディアナ州，ミシシッピ州，モンタナ州，サウスカロライナ州，テネシー州，ワシントン州，ワイオミング州などは，改正MNCAを州法として採択している。しかし，他の多くの州はMNCAの全

面的な採択には消極的である。統一化は遅々としてすすまない現状にある。この結果，各州の非営利／公益法人法制は，それぞれ独自の進化を遂げてきている[37]。

例えば，ニューヨーク州は，1964年に，同州の法人法を改正し，非営利法人法により非営利法人を4つの種類に分類した。①Aタイプ〔共益法人（mutual corporation）〕，②Bタイプ〔公益団体（charitable organizations）〕，③Cタイプ〔事業類似団体（business-like organizations）〕，④タイプ4〔その他（miscellaneous）〕である[38]。非営利法人法は，営利会社向けの事業会社法（N. Y. Business Corporation Law）と完全に分離された。

また，カリフォルニア州は，1980年に，同州の法人法を抜本的に改正し，新たな非営利法人制度を導入した[39]。非営利法人を「公益（public benefit）」[40]，「共益（mutual benefit）」[41]および「宗教（religious）」[42]の3つに類型化し，それぞれを個別に法律で規定した。これら3つ非営利法人法は，営利の事業会社法[43]から完全に分離され，法体系としても別建てとした。

しかし，近年，法人法を営利と非営利に分別して法制化する流れに揺り戻し傾向が見られ，営利／非営利のハイブリッド事業体を法認する州が多くなってきている。カリフォルニア州を例にして見ると，同州は，近年，州法人法典（CCC＝California Corporations Code）に新たに「社会目的会社（SPC＝Social Purpose Corporation）」を法認する規定（CCC2500条以下）および「B会社（B Corp＝Benefit Corporations）」を法認する規定（CCC14600条以下）を盛り込んだ。この背景には，市場原理を重視し，エクイティキャピタルを導入して効率的，機能的に社会貢献活動を遂行できるビークル（事業体）へのニーズがある[44]。

---

[37] See, Scott A. Taylor, The Law of Tax-Exempt Organizations in a nutshell (2011, West) at 40 et seq.; Lizabeth A. Moody, "State-Level Reform of Law of Nonprofit Organizations: Revising the Model Nonprofit Corporation Act," 41 Ga. L. Rev. 1335 (2007).
[38] See, N. Y. Not-for-Profit Corp. Law §§101-1411.
[39] See, Cal. Corp. Code【加州法人法典】§§5002-10841.
[40] See, Id. §§5110-6910 (Nonprofit Public Benefit Corporation Law). 雨宮孝子・石村耕治ほか編『全訳　カリフォルニア非営利公益法人法』（信山社，2000年）参照。
[41] See, Id. §§7110-8910 (Nonprofit Mutual Benefit Corporation Law).
[42] See, Id. §§9110-9610 (Nonprofit Religious Corporation Law).
[43] See, Id. §§100-2310 (General Corporation Law).
[44] また，非営利事業は，法人形態のほか，信託（trusts）形態が広く活用されているのもアメリカの特徴である。

非営利法人の信任義務 (fiduciary duties) については，原則として営利会社の場合とほぼ同様な基準が適用になる[45]。この点について，MNCAは，非営利法人の理事や執行役が，善意であり，かつ当該非営利法人も最善の利益になると合理的に信じられる方法において行動していると判断される場合には，その責任を問われることはないと規定する（MNCA第3版　第8編C章§8.30およびD章§8.40）。訴訟になったとしても，原則として健全な (sound)「経営判断の原則 (BJR＝business judgment rule)」内にあるとされ，正当化される。

もっとも，営利会社と非営利法人との間では信任義務について異なる基準もある。例えば，営利会社の場合，不文の株主利益極大化主義が適用になり，このルールを遵守しないで経営を行った場合，信認義務を問われる。これに対して，非分配ルールが適用になる非営利法人の場合，違法な分配に賛成した理事は，信認義務を問われ，当該違法な分配額について個人的な責任を負うことになる。この場合，責任を負った理事は，他の理事や分配額を受領したものに求償権を行使することができる（同　第8編C章§8.33）。

いずれにしろ，連邦国家であるアメリカの法人法制は，州によりまちまちである。仮に州が非営利法人の理事や執行役に対する免責を広げる法律を定めたとしても，判例法で確立された不文の「連邦法先占の法理 (federal preemption doctrine／federal preemption of state law)」が適用になり，別途の連邦法がある場合には，当該連邦法が優先することになる[46]。

③ 連邦税法 (IRC) による非営利／公益団体の標準化

全米的な法人制度の標準化については，伝統的に，連邦税法 (IRC) が重い役割を担ってきている。すなわち，連邦財務省 (Treasury Department) や連邦課税庁／内国歳入庁 (IRS) による"税制の政策的な運用"を通じて全米的な非営利／公益法人制度の統一的な取扱いが実施されてきている[47]。

(a) 連邦税法から見た課税除外団体一覧

連邦税法 (IRC／内国歳入法典) は，非営利／公益団体の本来の事業から生じる

---

[45] See, Barbara M.Costello, "Understanding the Unique Liabilities of Serving as a Director or Officer of a Nonprofit," 43 The Brief 46 (ABA, 2013).

[46] See, Patricia L. Donze, "Legislating Comity: Can Congress Enforce Federalism Constraints through Restrictions on Preemption Doctrine?," 4 N.Y.U. J. Legis & Pub. Pol'y 239 (2000).

[47] 本稿ではアメリカの非営利法人法制について詳しく論じている余裕はない。詳しくは，雨宮孝子・石村耕治ほか編『全訳　カリフォルニア非営利公益法人法』前掲注(40)参照。

「利益のいかなる部分も私的持分主または個人の利益に供されることがないこと」を条件に課税除外となる団体（entities）を例示している。一覧にすると，次のとおりである。

【図Ⅱ-6】アメリカの課税除外団体の種類と連邦公益寄附金税制の概要

IRC〔条文〕	団体の種類	団体の目的（活動）	免税申請書式	年次報告書提出の有無	公益寄附金受入適格
501(c)(1)	公共法人	合衆国の機関	なし	なし	○
501(c)(2)	課税除外団体関連権原保有法人	課税除外団体の権原の保有	1024	990	×
501(c)(3)	宗教団体，教育機関，公益（慈善）団体，公共安全試験機関，虐待防止団体，アマチュアスポーツ団体など	一般的公益（慈善）活動	1024	990 990-PF	○
501(c)(4)	市民団体，社会活動団体など	コミュニティの福祉増進活動：慈善・社会教育・レクリエーションなど（ロビイング〔政治〕活動ができる。）	1024	990	×
501(c)(5)	労働団体，農業団体，園芸団体など	労働条件の改善，品種改良，啓蒙活動など	1024	990	×
501(c)(6)	商工会，商工会議所，事業者団体など	経営環境の改善，業界活動など	1024	990	×
501(c)(7)	親睦団体	娯楽，レクリエーション，社交活動	1024	990	×
501(c)(8)	友愛団体	もっぱら会員のための宿泊施設を運営し，かつ，会員の死亡・疾病・事故の際に給付その他の福利を提供する活動	1024	990	○（ただし，501条(c)(3)に相当する目的を有する団体）
501(c)(9)	任意従業者共済団体	加入者の死亡・疾病・事故の際に給付またはその他の福利を提供する活動	1024	990	×
501(c)(10)	宿泊施設利用型友愛団体	もっぱら会員に宿泊を提供することを狙いに運営を行っており，かつ本来の事業から生じる余剰金は501条(c)(3)目的に費消されること。ただし，会員の死亡・疾病・事故の際に給付その他の福利の給付をしていないこと。	1024	990	○（ただし，501条(c)(3)に該当する目的を有する場合）

501(c)(11)	地方教員退職基金	退職後の福利給付を目的とした教員団体	なし	990	×
501(c)(12)	地方共済生命保険団体	100%地域単位の共済生命保険団体の活動など	1024	990	×
501(c)(13)	共益埋葬・霊園法人	共益・非営利法人形態のものに限る。	1024	990	○
501(c)(14)	州認可信用組合・相互信用組合	組合員への貸付	なし	990	×
501(c)(15)	小規模相互保険会社・組合	会員への保険給付	なし	990	×
501(c)(16)	農業協同組合，農業団体関連穀物取引金融法人	農協等の組合員の穀物取引活動にかかる金融取引活動	なし	990	×
501(c)(17)	失業補償給付信託	失業補償給付信託を目的としたもの。	1024	990	×
501(c)(18)	従業者積立年金信託	従業者の年金積立を目的としたもの。	なし	990	×
501(c)(19)	軍人団体		1024	990	△
501(c)(21)	炭塵肺給付基金	炭塵肺による死亡・機能障害者に対する補償に備え炭鉱経営者が積み立てる基金	なし	990-BL	×
501(c)(22)	退会負担金補償基金	雇用主複合年金基金から退会する雇用主の負担金を補償する目的の基金	なし	990	990
501(c)(23)	退役軍人団体（1880年以前に創設されたもの）	退役軍人への保険その他の給付を行う団体	なし	なし	△
501(d)	宗教生活共同団体	信仰に基づき，事業活動，日常生活を行う団体	なし	1065	×
501(f)	教育機関関連協同組合方式サービス団体	教育機関に投資サービスを行う協同組合	1023	990	○
501(k)	子ども保護団体	子どもの保護にあたる団体	1023	990	○
521(a)	農業協同組合団体	農産物などの取引・買入を行う団体	1028	990-C	×

　これら各種非営利／公益団体のうち，ごく一般的で主要なものを抽出して再掲すると，次のとおりである。

【図表Ⅱ-7】連邦税法（IRC）に盛られた主要な非営利／公益団体の種類

- ⓐ 「公共法人」〔合衆国の機関〕（501(c)(1)）
- ⓑ 「宗教団体，教育機関，慈善団体，学術団体，公共安全試験機関，文芸団体，子どもまたは動物虐待防止団体，アマチュアスポーツ団体」〔一般的公益活動〕（501(c)(3)）
- ⓒ 「市民団体，社会活動団体，地域従業者団体」〔コミュニティの福利増進活動〕（501(c)(4)）
- ⓓ 「商工会，商工会議所，事業者団体など」〔経営環境の改善，業界活動〕（501(c)(6)）
- ⓔ 「親睦団体」〔娯楽，レクリエーション，社交活動〕（501(c)(7)）

(b) 連邦税制上の「公益増進団体」と「私立財団」とは

連邦税法（IRC）では，公益性に高い法人を含む幅広い非営利／公益団体に対して連邦法人税を免ずる措置を講じている。一方，IRC は，これら非営利／公益団体に対して個人または法人が支出したあらゆる寄附金を寄附金控除の対象とはしていない。寄附金控除の対象となるのは，公益性の高い団体（以下「公益寄附金受入特定団体（specific recipient organizations of charitable contributions）」ともいう。）に対して支出された寄附金に限定される。したがって，納税者は，公益寄附金受入適格特定団体でない団体に対して，アフタータックス（税引後）の資金を寄附金として支出することになる。

また，連邦税法（IRC）上の公益寄附金受入特定団体にあたるかどうかの判定は，もっぱら連邦財務省（U.S. Treasury Department）および内国歳入庁（IRS）が行っている[48]。連邦は，イギリスのチャリティコミッション（Charity Commission）のような第三者機関を置いておらず，公益性あるいは公益増進活動を行い公益寄附金受入特定団体にあたるかどうかの判定業務は，内国歳入庁（IRS）課税除外団体決定局団体部（TE/GE, EO Determinations Office）が担当している[49]。

すでにふれたように，IRC は，501条 c 項 3 号にあてはまる公益性の高い団体に公益寄附金受入適格を認めている（以下「501(c)(3)団体」または「公益（慈善）団体」ともいう。）。

---

[48] 加えて，非営利／公益団体が保有する公益用資産に対する州・地方団体の資産税については，各州の裁判所が重要な役割を担っている。

[49] See, generally, IRS, Compliance Guide for 501(c)(3) Public Charities. Available at: http://www.irs.gov/pub/irs-pdf/p4221pc.pdf

法典501条ｃ項３号は，「公益（慈善）団体」として，具体的に「もっぱら宗教，慈善，学術，公共安全の検査，文芸もしくは教育目的で，または子供もしくは動物虐待防止の目的で設立され，かつ運営されている法人およびあらゆる地域共同募金体，地域共同体基金もしくは地域共同体財団」を列挙している。すなわち，「宗教団体」，「慈善団体」，「学術団体」，「公共安全検査団体」，「教育団体」，「スポーツ競技団体」，「子供・動物虐待防止団体」および「地域共同募金体，地域共同体基金，地域共同体財団」を掲げている。財務省規則1.501(c)(3)-1(d)(2)は，次のような目的を有する類型の団体を「公益（慈善／charitable）」目的を有するとしている。

【図表Ⅱ-8】「公益（慈善）目的」を有する団体（501(c)(3)）類型

> 連邦税法（IRC）501条ｃ項３号において，「公益（慈善）」という文言は，一般的に妥当とされる法的意味で用いられる。したがって，この文言は，裁判所の判決によって認められ広く定義された「公益（慈善）」に該当するということで，501条ｃ項３号において他の免税目的として限定列挙されたものに制限されない。公益（慈善）という文言には，例えば，次のようなものがある。
> ・貧困者および不遇困窮者の救済
> ・宗教の振興
> ・教育および学術の振興
> ・公共建築物の建設，史跡または芸術作品の維持，・政府の負担の軽減
> ・前記いずれかの目的を達成することを目的とした団体による社会的福利の増進，または近隣者との緊張の緩和
> ・偏見および差別の除去
> ・法的に保障された人権および市民権の擁護
> ・地域社会の環境悪化および青少年非行への対策
> (a) **貧困者および不遇困窮者の救済**　財務省規則では，公益（慈善）目的にあたるものの一つとして，「貧困者および不遇困窮者の救済」を掲げている。具体的にどのような活動がこれにあてはまるのかについては，歳入庁ルーリングで個別的に次のように例示している。
> ・公営住宅入居者の権利および福利の増進（Revenue Ruling 73-128, 1973-1 C.B. 201）
> ・低所得者用住宅の建設（Revenue Ruling 70-585, 1970-2 C.B. 222）
> ・法律扶助（Revenue Ruling 78-428, 1978-2 C.B. 177）
> ・障害者および老年者向け交通手段の提供（Revenue Ruling 77-246, 1977-2 C.B. 190）
> ・高齢者相談（Revenue Ruling 75-198, 1975-1 C.B. 157）
> ・金銭管理相談（以下，出典は省略）
> ・警察官の寡婦および遺児の援助

・年金生活者の社会復帰
・災害の支援
・貧困な親向けの保育
・目の不自由な人への雇用提供を目的としたプログラムで製造した製品のマーケティング。

(b) **社会的福利の増進**　財務省規則では，公益（慈善）目的として「社会的福利の増進」を掲げている。具体的には，次のような活動が，これにあてはまる。
・職場，近隣，住宅などの面での，ならびに女性に対する差別および偏見の除去
・労働権を含む人権および労働権の擁護
・地域社会の環境悪化対策，近隣者との緊張の緩和および少年非行対策
・低所得者用住宅建設促進およびゾーニング規制の監視，史跡の取得，補修および維持
・環境の保全（環境保護法の執行のための原告当事者として提訴することおよび調停を通じて国際環境問題を解決するための法的研究を含む。）
・世界平和の推進，ただし違法な抗議行動によらないこと。
・公園および野生動植物生息地域の管理および保全。

(c) **政府の負担軽減**　財務省規則では，公益（慈善）目的として「政府の負担軽減」，すなわち行政事務の肩代わりを掲げている。具体的には，次のような活動がこれにあてはまる。
・公共建築物の建設，史跡または芸術作品の維持管理
・薬物の不法取引対策
・へき地までの公共交通手段を延長することまたは市の交通局に対する補助金の交付
・メディケアまたはメディケイド・プログラムを監視する専門規準審査機関の運営
・ボランティア消防，ボランティア警察活動プログラム
・災害時の警察・消防活動

(d) **宗教の振興**　財務省規則では，公益（慈善）目的として「宗教の振興」を掲げている。具体的には，次のような活動があてはまる。
・宗教書籍の出版
・宗教放送（ラジオ，TV）局の運営
・その他

(e) **教育および学術の振興**　財務省規則では，公益（慈善）目的として「教育および学術の振興」を掲げている。具体的には，次のような活動があてはまる。
・奨学金支給プログラム
・大学生向け低利子教育ローンおよび学生向け食事住宅提供プログラム
・失業者向け職業訓練プログラム
・図書館所蔵資料のコンピュータ・ネットワーク事業
・研究紀要，法学論集等の発行
・その他

(f) **健康の増進**　公益（慈善）事業について定義した財務省規則は「健康の増進（promotion of health）」を列挙していない。しかし，公益信託法のもとでは，"健康の増進"が公益（慈善）目的にあたるものとして取り扱われている。このため，IRSおよび判例も，"健康の増進"を目的とする団体についても，原則として公益

（慈善）目的を有する501(c)(3)団体として広く認めている。ただし，メディケアやメディケイドのような公的保険を取り扱わない病院や医院，診療報酬の支払ができない患者を診療しない医療機関などについては，公益（慈善）目的がないものと判定されている。公益（慈善）目的のある"健康の増進"活動を行っているかどうかの判定は，課税実務においては多くの困難に直面している。例えば，入居者募集・選考方法が差別的な老人ホームなどは，公益（慈善）目的を欠くと判断される。

　以上のような問題があることを織り込んだうえで，公益（慈善）目的で"健康の増進"活動を行っている団体を具体的に例示すると，次のとおりである。
・老人ホーム
・医療研究機関
・臓器情報検索センター
・在宅看護サービス団体
・血液バンク
・公益（慈善）性の高い病院・医院
・その他

　連邦税法（IRC）は，さらに，これらの団体を，その公益度に応じて，「公益増進団体（public charities）」と，「私立財団（private foundations）」に分類している(50)。

　「公益増進団体」にあてはまる501条c項3号団体に支出する寄附金控除限度額を高く設定している。一方，「私立財団」にあてはまる501条c項3号団体に支出する寄附金控除限度額を低く設定している。これにより，差別化をはかっている。

　連邦税法（IRC）は，「公益増進団体」と「私立財団」とを具体的に定義していない。たんに，「私立財団」とは，「公益増進団体」以外の団体と消極的に定義するにとどまる。一般に「私立財団」カテゴリーに該当する501条c項3号団体の典型としては，特定企業の支配色の濃い"企業財団"や特定家族が支配する"家族財団"などをあげることができる。「私立財団」カテゴリーに該当する501条c項3号団体に対しては，その投資収益ないし不適切な投資活動などを対象に一定の規制税（excise tax/intermediate sanctions）が課される。また，この規制税は，団体内部者の自己取引などにも課される(51)。

---

(50) See, generally, Bruce R. Hopkins & Jody Blazek, Private Foundations (2nd ed., 2003, Wiley).
(51) See, generally, Bruce R. Hopkins & D. Benson Tesdahl, Intermediate Sanctions: Curbing Nonprofit Abuse (1997, Wiley).

(c) "事業型"と"助成型"の区分

連邦税法（IRC）は、「私立財団」カテゴリーに該当する501(c)(3)団体を、さらに、「事業型私立財団 (private operating foundations)」と「助成型私立財団 (private non-operating foundations)」に区分する。

この区分は、「私立財団」のうち、公益性が高く自らが積極的に公益事業／社会貢献活動を推進しようという意欲のある"事業型"と、そうでない"助成型"とを差別化することに狙いがある。事業型と認定されることの最大のメリットは、寄附者の所得金額の計算上当該団体に対して支出された寄附金控除比率が高いことで、優遇されることにある。

【図表Ⅱ-9】公益増進団体と私立財団の区分

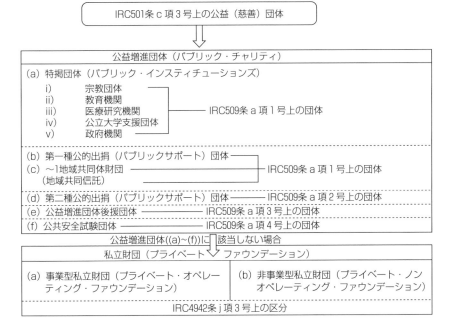

(d) 寄附金控除限度額のあらまし

公益増進団体ならびに事業型私立財団および非事業型私立財団に関する連邦税法（IRC）上の寄附金控除限度額のあらましは、図示すると、次のとおりである。

【図表Ⅱ-10】連邦所得税上の「公益増進団体」および「私立財団」への寄附金控除限度額

項目 \ 種類	公益増進団体	私立財団 事業型	私立財団 助成型
個人の寄附金控除（現金）	50％まで	50％まで	30％まで
（評価性資産）	原則30％まで	原則30％まで	20％まで
遺贈への控除	全額	全額	全額
法人寄附金控除限度額（現金）	課税所得の10％まで 課税所得の10％まで（ただし、代替ミニマム税の適用ある場合もあり）	同左 同左	同左 同左
投資収益課税	なし	2％	2％
公益性確保のための各種規制税	あり	あり	あり

＊公益増進団体（public charities）に支出した寄附金にかかる控除は、公共安全試験団体（IRC509条a項4号）には適用なし。

＊＊個人の寄附金控除は、調整後総所得（AGI＝Adjusted Gross Income）をもとに計算される。

(e) 課税除外団体の適格承認申請と審査基準

連邦税法（IRC）は、非営利／公益団体の課税除外適格および控除対象公益寄附金の受入適格（公益寄附金受入特定団体）の承認にかかる権限を連邦課税庁（IRS）に付与している。ひとくちに非営利／公益団体といっても。前記【図表Ⅱ-9】および【図表Ⅱ-10】からも分かるように、公益度に応じて課税上異なる取扱いをしている。とりわけ、控除対象公益寄附金の受入適格および控除対象比率などについては、「公益増進団体」と「私立財団」といったカテゴリー、さらには「事業型私立財団」と「助成型私立財団」といったカテゴリーを設置して、差別化を図っている。

州法に基づいて設立された非営利／公益団体は、剰余金の分配を目的としていない、つまり非営利目的で組織・運営されている、ということだけでは、非収益事業について連邦法人所得税が課税除外とはならない。課税除外の取扱いを受けるためには、課税庁に申請して課税除外適格承認（recognition）を受けなければならない。

2 営利／非営利ハイブリッド事業体をめぐる会社法と税法上の論点　177

　通例，申請団体は，申請書に必要な法定資料を添付しIRS所轄署長を提出して，事前確認通知（示達／advance ruling）または適格承認決定書（determination letter）の交付を受ける形で適格承認を受ける。

　課税除外適格承認申請があった場合，IRSは，次のような基準に基づいて審査することになっている。

【図表Ⅱ-11】課税除外適格の審査基準

(a) 形式的審査基準
　非営利団体が，課税除外適格承認を得るためには，IRC501条c項3号に掲げられた公益目的で組織され，かつ運営されていることが基本的な要件である。したがって，IRSは，審査は「組織形態」と「団体運営」双方の観点から実施する。これらのうち，「組織形態（type of organization）」の面から実施されるスクリーニングは，「形式審査」と呼ばれる。
一般の形式的審査
・団体名称等に沿った組織が存在するかどうか。
・団体の定款（規則／寄附行為等）が，法に定められた一つ以上の課税除外目的に該当しているかどうか。連邦税法（IRC）は，団体に非関連事業を行うことを認めている。したがって，審査対象団体が，団体目的に関連しない事業を一定程度行うことを認めている。しかし，当該団体の実質的な事業活動が非関連事業中心となってしまっている場合には，課税除外適格を付与しない。団体定款等で，「……の製造事業を行う」とか「……の事業経営を行う」と記載した場合には問題となる（財務省規則§1.501(c)(3)-1(b)(1)(ii)）。
・団体資産がもっぱら定款等に定められた公益目的に利用されているかどうか。したがって，団体の解散等にあたっては，残余資産が他の同種の団体に継承されるかたちとなっているのかが問われる。定款等には，いわゆる「サイプレス原則（cy pry rule）」を明定する必要がある。
特殊の形式的審査(i)～501(c)(3)団体の場合
　501(c)(3)団体は，一般に「公益（慈善）団体」といわれている。他の非営利団体に比べると公益度が高く，公益寄附金控除対象となる寄附金の受入ができる「公益増進団体」の承認申請ができるなど，課税取扱上優遇されている。課税庁（IRS）の適格審査ポイントは，次のとおりである（財務省規則§1.501.(a)-1(b)(2)）。
・出捐（拠出）源，寄附金募集プログラム，理事会などの構成，他の法人や団体との支配関係など
・当該団体の業務内容，有料サービスが提供されている場合にはその料金体系，会員制になっている場合にはその会員資格要件など
・大学のような教育機関，医療研究機関，公共安全試験機関などについては，行政庁からの許認可の有無やその条件など
特殊の形式的審査(ii)～私立財団の場合
　連邦税法（IRC）は，特定企業のカラーまたは同族色の濃い団体を「私立財団（private foundation）」のカテゴリーに配置して特別の規制を加えている。IRSによ

る課税除外適格審査にあたっても，公益増進団体のカテゴリーにある非営利団体に対する形式的審査基準に加え，次のような特別の追加的基準で審査することにしている。
・団体定款（規則，寄附行為等）のなかに，明文で，自己取引の禁止，課税除外事業活動目的（団体の本来に事業活動）への資金支出義務，企業持分の保有制限，団体設立目的を危殆に陥る投資の制限など，連邦税法（IRC）が私立財団に禁止する行為項目を定めているかどうか（IRC508条 e 項 1 号）。

ちなみに，団体は，その設立にあたり，こうした禁止行為項目を盛り込んだ定款等を所在州の権限ある当局（州法務長官，州務長官）に届出をする，または当局に提出して認証を受ける必要がある。言い換えると，団体の内部規程等に定めておくことでは不十分である（財務省規則 §1.508-3(c)）。

(b) 実質的審査基準／団体運営基準

課税庁（IRS）は，課税除外適格審査にあたり，前記形式的審査に加え，審査対象団体の「目的（propose）」にそった運営が行われているかどうか実質的審査を行う。この審査は，団体運営（operation）基準による審査とも呼ばれる。具体的には，審査対象団体が，もっぱら課税除外事業活動目的で設立され，かつ「私的」ではなく「公的」目的に奉仕するものであるかどうか精査される。さらに，当該団体の運営が，課税除外事業活動目的および「公的」目的にそって継続的に行われているかどうか精査される。この審査の結果，IRS が，審査対象団体がもっぱら当該団体の本来の目的にそった運営が行われていないと判断したときには，課税除外適格を取り消す処分を行う。IRS が課税除外的適格取消処分をすれば，当該団体は全事業が課税対象となる。

典型的な課税除外適格承認取消理由としては，次の 3 つの事例をあげることができる[52]。

・審査対象団体の政治団体化を理由とする課税除外適格承認取消事例である。連邦税法（IRC）は，課税除外適格承認団体であっても，一般に「活動（action）」団体といわれるように，当該団体の「実質的（substantial）」活動部分が，「法律制定に影響を及ぼすための宣伝活動もしくはそれを試みようとすること，または公職への候補者のための政治活動への参加もしくは介入することにある場合」は，課税除外適格承認の取消処分をする。
・審査対象団体の私物化を理由とする課税除外適格承認取消事例である。連邦税法（IRC）は，501条 c 項 3 号で，課税除外要件として「団体の純収益のいかなる部分も個人の持分または個人の利益に供されない」形で「団体が組織され，かつ運営されなければならない」と規定する。このことから，団体が，個人の利益に供されているなどの事実があれば，課税庁（IRS）は課税除外適格承認の取消処分を行う。
・審査対象団体の営利法人化を理由とする課税除外適格承認取消事例である。連邦税法（IRC）は，課税除外適格を有する団体に対し一定の範囲で収益事業（関連事業＋非関連事業）活動をすることを容認している。しかし，課税庁（IRS）は，当該団体の収益事業活動が過多であり，実質的に営利事業に転化していると判定した場合には，その適格性を問う。収益事業活動が当該団体の中心的な活動になっている場合で，特段の合理的な理由が見出し得ないときには，課税除外適格承認の取消処分を行う。

---

(52) 詳しくは拙著『日米の公益法人課税法の構造』前掲注(32)，71頁以下参照。

(3) アメリカの会社制度の多様化：LLC/L3C, B会社, SPC

　金銭その他の財産を拠出し社会貢献活動をする際のビークルとしては従来から，非持分／非分配ルールの適用ある非営利／公益団体，とりわけ非営利／公益法人，が選ばれてきた。その背景には，公益性の高い非営利団体への拠出者や当該団体に対する手厚い税制支援が大きく貢献していることがある。しかし，近年，諸州は，非持分／非分配ルールの適用ある非営利／公益法人法制とは別途，エクイティキャピタルを活用し社会貢献活動原資を機動的に調達でき，かつ分配もできる営利／非営利ハイブリッド事業体法制の整備を加速させている。そうした事業体は，実業界で広く選択されている合同会社（LLC）をヒントに新たに考案された「低収益合同会社（L3C）」，「社会益増進会社／B会社（BCorp）」，「社会目的会社（SPC）」と多岐にわたる。

　今日，ソーシャルビジネスの立上げに意欲的な社会起業家は，事業体選択に際し，税制支援よりも機動性や効率性を重視し，持分／配当会社でありながらも社会貢献型の事業活動ができるB会社のようなハイブリッド事業体を選択する動きを強めている[53]。これは，効率的・機能的な多様な会社類型が法認されるとともに，社会貢献活動をはじめる際の"営利会社か非営利法人か"という事業体選択の考え方が陳腐化してきている証拠ともいえる。

　ただ，社会貢献活動にハイブリッド事業体の選択が広がる背景には，アメリカ実業界全体におけるパススルー課税（pass-through tax treatment）が認められる合同会社（LLC）の積極的な活用の影響がある。また，C法人（普通の株式会社／regular corporation/*per se* corporation）でありながら，パススルー課税が認められるS法人を選択する動きが広がっていることも忘れてはならない。

　そこで，まず，諸州の会社法上の「合同会社（LLC）」制度と連邦税法（IRC）上のS法人課税の選択制度について，以下に紹介する。

　(a) 起業における合同会社（LLC）の選択拡大の現状

　今日，アメリカの実業界では，営利事業を始める際の事業体選択においては，通常の株式会社よりも，パススルー課税，すなわち構成員／社員段階での課税を選択できる「合同会社」，「LLC」（Limited Liability Company／リミテッド・ライアビリティ・カンパニー）を選ぶ例が加速している。この背景には，アメリカにおい

---

[53] See, generally, Thomas Kelley, "Law and Choice of Entity on the Social Enterprise Frontier," 84 Tul. L. Rev 337（2009）.

ては，通常の株式会社が，法人所得に対して超過累進税率（15～39％）で課税されていることがある[54]。

デラウエア州は，使用人よりも株主，取締役や執行役のような経営陣に極めて有利な会社法制を定めている。その良し悪しは別として，新自由主義的な会社設立のメッカとしての知名度が高い。この州を例に見てみると，2012年統計では株式会社の設立が32,394件なのに対して，合同会社（LLC）の設立は103,271件である。続く2013年統計では34,234件対109,169件，2010年統計では36,445件対121,592件と，いずれも3倍前後の開きが出てきている[55]。

このように，アメリカにおいては，事業体選択において合同会社（LLC）の利用が拡大してきている。この背景には，パススルー課税，すなわち構成員／社員段階での課税を選べることから，税制面で投資家に魅力的なことがあげられる。加えて，LLCは，事業体統治の面でも，パートナーシップのような簡便なシステムを採用していることもある。

現在，すべての州およびワシントンD.C.が，LLC制度を導入している。LLCは，当初，各州が独自の視点から法制を構築していた。このため，州間での法制の違いが投資家にとり障害となる点も多々みられた。しかし，近年，州法の統一に関する全米長官会議（ULC/Uniform Law Commission／正式名称はNational Conference of Commissioners on Uniform State Laws）[56]が作成・公表した統一LLC法（ULLCA＝Uniform Limited Liability Company Act）に準拠して，各州が法改正を重ねることで全米的な統一が試みられている[57]。

(b) C法人（株式会社）のS法人（パススルー課税）選択とは

すでにふれたように，アメリカでは，法人実在説（separate taxable entity theory）を根拠に法人を個人とは別個の事業体と見たうえで，経済的二重課税を実施している。このため，原則として法人所得に対して超過累進課税をする一方で，税引後の配当を受け取った個人にも他の所得と総合して超過累進税率

---

[54] アメリカの連邦法人所得課税について詳しくは，拙論「法人留保金課税制度の日米比較」白鷗大学法科大学院紀要7号（2013年）109頁，129頁以下参照。

[55] See, Delaware Divisions of Corporations, 2014 Annual Report (2015). Available at: http://delaware.contentdm.oclc.org/cdm/ref/collection/p16397coll14/id/123

[56] About ULC, Available at: http://uniformlaws.org/Acts.aspx

[57] ULLCAの最新版は，ULCが公表した2006年版（RULLCA＝Revised Uniform Limited Liability Company Act）である。Available at: http://www.uniformlaws.org/shared/docs/limited%20liability%20company/ullca_final_06rev.pdf

で課税する形で二段階課税を行っている。

　その一方で，連邦税法（IRC）は，こうした二段階課税を望まない投資家に対して，いくつかの選択肢を与えている。1つは，一段階課税の構成員課税が行われるパートナーシップ（partnership）のビークル（事業体）を選択する途である。そして，2つ目は，本来二段階課税の事業体でありながらパススルー課税の適用あるLLC（合同会社）のビークル（財務省規則301.7701-3(b)）を選択する途である[58]。3つ目は，C法人（普通法人／株式会社）でありながらも，株主が100人以内など税法上の要件を満たしてS法人制度を選択する途である（IRC1361条以下）[59]。

　LLCやS法人は，小規模企業に対する経済的二重課税排除の視点から，パートナーシップの持つ柔軟性とパススルー課税という税制上の利点を兼ね備えた制度として構想されている。一般に，「選択適格事業体（eligible entity）」と呼ばれる（財務省規則301.7701-2, 301.7701-3）。

　ちなみに，同じくパススルー課税の選択適用のあるLLCとS法人の違いを今一度しっかりと確認しておく必要がある。

　LLC（合同会社）は完全に各州の法人法ないし会社設立準拠法により統治される法人である（ただし，LLCで，法人として課税選択をする場合を除く。）。これに対して，S法人は，各州の法人法または営利事業会社法に準拠して設立されるC法人（普通法人／株式会社）で，連邦税法（IRC）上S法人（パススルー課税）を選択し，連邦課税庁（IRS）にS法人適格が認められたものを指す。

　アメリカにおいて，LLC（合同会社）は，各州法に準拠して設立される法人である。LLCへの出資者／持分社員（member／構成員）には，拠出した金銭や財産の範囲内に責任が限定されるという有限責任の原則が適用される。有限責任の原則は，S法人選択ができるC法人（株式会社）の出資者／株主にも適用される（IRC1361条b項1号）。

　また，これらLLCやS法人は，選択適格事業体（eligible entity）の1つに分類

---

[58] LLC（合同会社）にかかる二重課税は，所得課税面に加え，消費課税面でも発生し得る。ただ，本稿で比較法的な分析対象にしているアメリカでは，連邦レベルでの一般消費税（VAT/GST）を導入していないため，LLCにかかる消費課税面での二重課税ないし租税回避問題は表立った議論にはなっていない。

[59] See, Timothy R. Koski (ed.), Taxation of Business Entities (South-Western Federal Taxation, 2013) at 11-1 *et seq.*

【図表Ⅱ-12】 S法人，LLC，パートナーシップにパススルー課税が適用される場合

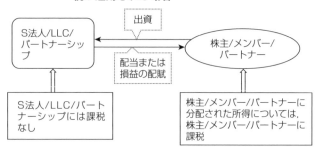

される。つまり，連邦所得課税において，租税法令上の要件をみたしチェック・ザ・ボックス・ルール（CTB＝check-the-box rule）に基づくパススルー課税を選択でき，法人課税を受けるかまたは出資者／持分主（構成員／持分社員）課税を受けるかを選択することができる（IRC1361条b項1号，財務省規則301.7701-3(b)）[60]。

今日，各州は，雇用の拡大に力を注いでいる。その一環として，使い勝手のよいLLC法制の確立に向けて会社法制度の改革にしのぎを削っている。起業家や小規模企業の経営者がシンプルな課税で効率的な企業経営ができるようにし，雇う側へのインセンティブを与えることが狙いである。その結果，起業家や小規模企業の経営者は，当初，普通法人（C法人）である株式会社を設立し，連邦課税庁（IRS）への届出によりシンプルな課税（パススルー課税）取扱いが受けられるS法人（IRC1361条b項1号）に転換する手法よりも，むしろそうした転換の必要のないLLCを設立・活用する手法を選ぶ傾向を強めている[61]。

一般に，LLCにしろ，S法人にしろ，出資者／持分社員（構成員）が直接損益の帰属主体となるパススルー課税，一段階の構成員課税の選択が有利であるよ

---

[60] 課税取扱いの選択肢は複数ある。例えばLLCは，租税法令上の要件をみたす場合，C法人（普通法人）としての課税取扱いを選択できる（財務省規則§301.7701-3(a)）。その後，さらに当該C法人は，租税法令上の要件をみたす場合，S法人としての課税取扱いを選択できる。

[61] S法人の選択は，普通法人がS法人の課税取扱いを求める前課税年度か，または，課税年度開始後3か月目の15日までに既定の項目をチェックし法定要件を満たすことを証した届出書（様式2553/Form 2553〔小規模事業会社の選択／Election by a Small Business Corporation〕）を課税庁に提出することで，課税選択ができる。もっとも，新設法人の場合，ほぼ普通法人の期間を経ることなしにS法人選択が可能である（財務省規則1.1362-6(a)(2)(ii)(C)）。

うにとられがちである。しかし，必ずしもそうとはいえない。なぜならば，事業の性格，ないし事業規模の大きい事業体の場合や，規模拡大をはかるため内部留保や外部資金の導入を望む事業体には，経済的な二重課税，二段階課税が行われるとしても，内部留保が認められないＳ法人よりも（IRC312条等）それが認められるＣ法人（普通法人）である方が有利だからである。

　一般に，Ｃ法人がその所有者に行う報酬以外の支払を「配当（dividends）」と呼び，パススルー課税を選択したＳ法人やLLCがその所有者に行う報酬以外の支払を「分配（distributions）」と呼んでいる。これらのうちＣ法人がその所有者に行う配当やＳ法人がその所有者に行う分配の額は，連邦の雇用関連税（payroll taxes, employment taxes）や自営業者税（self-employment taxes）[62]の課税ベース算定にあたっては，考慮外（除外）とされる（IRC1402条ａ項２号）。これに対して，LLCがその構成員／メンバーに配賦（パススルー）した分配額は，自営業者税の課税ベースの算定にあたって考慮される（Revenue Ruling 69-184, 1969-1 C.B.256）。このため，タックスプランニングの面から，自営業者税の回避・節税を狙いに，LLCからＳ法人への転換事例も少なくない[63]。

　いずれにしろ，連邦所得課税においては，経済的二重課税を望むのか，あるいはパススルー課税を望むのかの有利選択を納税者に委ねる政策を維持している。

(c)　Ｓ法人適格の審査制度から届出制度への転換

　アメリカのＳ法人選択課税制度は，1958年に，法人なりした程度の小規模の株式会社（Ｃ法人）に対する経済的二重課税を回避する目的で導入された[64]。Ｓ法人を選択すると，普通株より発行できないし，非居住外国人は出資者／持分社員（構成員）になれない。したがって，非居住外国人が出資者／持分社員（構

---

[62]　アメリカ連邦雇用関連税〔OASDIプログラムやメディケアなどの保険税〕（IRC3101条以下）および自営業者税〔社会保障・メディケア税〕（IRC1401条以下）の骨子について詳しくは，拙論「アメリカの被災者支援税制の分析」白鷗法学18巻2号166頁以下参照。

[63]　なお，本稿では，紙幅の制限から，LLC課税とＳ法人の各種租税に関する接点上の課題について詳細に論じる余裕はない。実務的な取扱いなどを含めて詳しくは，See, Emily Ann Satterthwaite, "Entity-Level Entrepreneurs and the Choice-of-Entity Challenge," 10 Pitt. Tax Rev. 139, at 168 et seq. (2013); Anthony Mancuso, Nolo's Quick LLC (7th ed., 2013, Nolo).

[64]　Ｓ法人制度導入の経緯や立法事由などについて詳しくは，See, Mirit Eyal-Cohen, "When American Small Business Hit the Jackpot: Taxes, Politics, and the History of Organizational Choice in the 1950s", 6 Pitt. Tax Rev. 1 (2008); Note, "Optional Taxation of Closely-Held Corporations Under the Technical Amendments Act of 1958", 72 Harv. L. Rev. 710, 723 (1959).

成員）になっている場合にはS法人適格を喪失する。また，個人に加え非営利／公益団体や信託，遺産財団などはS法人の出資者／持分社員（構成員）になれるが，会社やパートナーシップは出資者／持分社員になれないなどの制約がある（IRC1361条b項2号）。これに対して，LLC（合同会社）では，非居住外国人でも出資者／持分社員になれるなどの自由度がある。

S法人として届出をして適格事業体となれる要件の1つは，申請法人の出資者／持分主は100人以内であることである。今日，全米の普通法人総数（650～700万社）のうち，S法人の占める割合は6割強である。また，出資者／持分主が1～2人のS法人が全体の8割を占める[65]。

1958年に法人なりした小規模な株式会社（C法人）に対する経済的二重課税を回避する目的で導入されたS法人選択課税制度では，当初，私法上の法人格の有無で線引きし課税取扱いを決める仕組みになっていた。こうした方法は，簡素，課税の公平に資するように見える。しかし，実際には，こうした線引き方法は，極めて煩雑な租税手続につながる。

その後，S法人選択よりもLLCなど他のパススルー課税が認められる法形式の事業体の選択が広がるなか，パススルー課税の選択が租税回避につながることがないようにとのことで，連邦財務省は，1960年にキントナー規則（Kintner Regulations）[66]を導入した。この規則は，課税庁が法人格の有無を判定する際の4つの基準（6要件のうち4要件をみたすかどうか）を明らかにしたものである。この規則の発遣により，法人格の有無の判定基準の明確化，不当な租税回避目的での事業体選択のコントロールなどの面では一定の効果が上がった。しかし，この規則により，逆に課税庁は煩雑な線引き事務と争訟への対応に忙殺されることになる。一方，ビジネス第一であるはずの企業も，事業活動よりもコンプライアンスの重荷に悲鳴をあげるようになっていた。

---

[65] See, CCH, 2014 U.S. Master Tax Guide（CCH, 2014）at 165 *et seq.*
[66] キントナー規則は，United States v. Kintner, 216 F. 2d 418（9th Cir. 1954）事件判決などに基づき連邦財務省が考案し，1960年に発遣した事業体課税分類ルール（entity tax classification rules）である。法人該当性の判断基準として次の6要件をあげた。①従業者の存在，②事業を営みかつ利得を分配する目的，③永続性，④集中的経営管理，⑤持分の譲渡性，⑥有限責任。これらのうち，①および②の要件をみたすが，残り4要件のうち2以上の要件を欠ける事業体は，これをパートナーシップとするルールである。See, Victor E. Fleischer, "If It Looks Like a Duck: Corporate Resemblance and Check-the-box Elective Tax Classification," 96 Colum. L. Rev. 518（1996）. この事業体課税分類ルールは，基本的には，社団（association）としての実体を有するかどうかを判定基準とするものである。

ビジネス界からは，納税者にフレンドリーな手続実現に向けた制度改革の求めが次第に強くなっていた。こうした求めに呼応する形で，1997年1月1日から，規制緩和の精神に立ち，チェック・ザ・ボックス・ルール（CTB＝Check-the-box rule）が導入された。これにより，法人課税か出資者／持分課税かの選択権は，原則として納税者に委ねることになった[67]。納税者は，既定の項目をチェックし法定要件を満たすことを証した届出書（様式2553〔小規模事業会社の選択（Form 2553)〕）を課税庁に提出することで，課税選択ができることになった[68]。

(4) 社会起業家からみたハイブリッド事業体の法制と税制のあり方

すでにふれたように，連邦税法（IRC）は，一定の要件を充足した非営利／公益団体の本来の事業活動および当該事業活動に関連する事業に法人所得税を課さないこと（課税除外）にしている。したがって，法人所得税は，本来の事業活動に関連しない収益事業から所得，すなわち「非関連事業所得（UBIT＝unrelated business income tax）」のみに課される（IRC511条）。

例えば，社会貢献活動に意欲的な社会起業家（social entrepreneur）が，飢餓対策や食料増産の視点から，干ばつと塩害に強い種苗の開発／製品化するソーシャルビジネスモデルを立てて非営利／公益団体（法人）の形で農業試験場[69]を創業したとする。この場合，試験場が開発した試供品である種苗などを干ばつや塩害に苦しむ農家や農民を対象に無償提供したとしても，課税の問題は生じない。これに対して，当該農業試験場が製品化した種苗などを有償で一般のマーケットで販売する場合には，非関連事業として課税対象となる。しかも，非関連事業が過度になり，当該試験場の中心的な活動に転化してしまっているときには，連邦課税庁（IRS）による本来の事業にかかる課税除外適格の承認取消処分を受け，本来の事業を含めてすべての事業が課税対象となるおそれも出てくる。

この例からも分かるように，ソーシャルビジネスの立上げに意欲的な社会起業家が，社会貢献活動を非営利／公益団体のビークルを選択して行う場合には，

---

[67] See, Steven A. Dean, "Attractive Complexity: Tax Deregulation, the Check-the-box Election, and the Future of Tax Simplification," 34 Hofstra L. Rev. 405（2005）.
[68] こうしたアメリカにおけるチェック・ザ・ボックス・ルール（CTBルール）の導入は，課税庁の権限の私化，公権力の放棄と見る向きもある。しかし，いわば，わが国の青色申告承認制度に類する仕組みになったと考えればよいのではないか（所得税法144条以下，法人税法122条以下）。
[69] IRC503条c項5号【品種改良を目的とする園芸団体】またはIRC503条c項3号【公益団体】上の団体にあてはまるものとする。

税法上の課税除外特典を享受できる。とはいうものの，過多な収益事業を行うとIRSから課税除外適格の取消処分を受けるおそれも出てくる（前記【図表Ⅱ-11】参照）。課税除外適格の適用／継続要件が厳格なことから，自由な経営を望む社会起業家にとっては桎梏となる。当該適格付与を特典ないし"飴"とすれば，資格取消は"ムチ"と映り，実質的な政府規制として機能することになる。非営利／公益団体が積極的に市場主義経済に参入し，効率的な経営が成り立つ事業活動を展開したいときは，とりわけである。

これに対して，社会起業家が，社会貢献活動としての干ばつと塩害に強い種苗の開発／製品化事業を，パススルー課税が認められる営利／非営利ハイブリッド事業体の一種である合同会社（LLC）を選択して行った場合はどうであろうか。

合同会社は，連邦法人所得税の課税対象となる事業体である。したがって，この場合，非営利／公益団体類型を選択して事業を行うのとは異なり，課税除外特典は享受できない。しかし，このようなハイブリッド事業体を活用して非営利／公益活動を行えば，その損益についての法人段階での課税を回避でき，構成員／社員課税を選択できる。また，開発した製品である干ばつと塩害に強い種苗は，一般のマーケットでも自由に販売できる。このため，LLCまたはL3Cなどの営利／非営利ハイブリッド事業体を活用して社会貢献活動を行う手法の方が効率的ともいえる。

この背景には，わが国の合同会社（LLC）が法人課税（経済的二重課税）を受けるようにデザインされているのとは異なり，アメリカのLLC，さらにS法人選択制度は，法人課税をパススルー課税【法人事業体の段階では課税されず，損益は配賦（パススルー）され，構成員／社員課税】できるようにデザインされていることがある[70]。

(5) 諸州の営利／非営利ハイブリッド事業体類型とその概要

アメリカには，ソーシャルビジネスの立上げに意欲的な社会起業家向けの会社法制度改革に意欲的な州が多い。これらの州では，伝統的な営利および非営

---

[70] ちなみに，アメリカ連邦税法上の事業体課税は大きく，個人事業者（sole proprietorship），パートナーシップ（partnership），S会社（S corporation）およびC会社／普通法人（C corporation）の4つに類別して取り扱われている。See, CCH, 2015 U.S. Master Tax Guide, at 166 *et seq.* (98th ed., 2015, Kluwer). また，合同会社／S法人について詳しくは，拙論「パススルー課税が認められる事業体とは何か」JTI税務ニューズ創刊号8頁以下（2014年）参照。Available at: http://jti-web.net/wordpress/wp-content/uploads/2014/06/b44bf26012a057ecf8d90e25007361cc1.pdf

利の分類・類型化にこだわらずに，独自の視点から，営利／非営利ハイブリッド型の持分会社を制度化してきている[71]。

アメリカにおける営利／非営利ハイブリッド事業体の誕生は，2008年にバーモント州が全米ではじめて「L3C／低収益合同会社（low-profit limited liability company）」制度を導入したのが始まりである[72]。

続いて，2010年にメリーランド州が「B会社／社会益増進会社（B corporation＝benefit corporation）」制度を導入した。アイスクリーム販売でよく知られているベン＆ジェリーズ（Ben & Jerry's）や，環境に配慮する商品をつくり，環境問題に取り組むNPOの助成を行っている衣料品の製造販売を手掛けるパタゴニア（Patagonia）は，いずれもB会社である。B会社制度は，とかくモラルある社会起業家や社会投資家向けの格付や評価の側面が強調されがちである。しかし，法理論的には，コモンロー／判例法で確立された営利会社に適用ある堅固な「株主利益至上主義」に新たな制定法を使って風穴をあける役割を担っている[73]。

その後，2012年に，カリフォルニア州やワシントン州が，エクイティキャピタルを原資に，営利事業も非営利事業を丸ごとできる「社会目的会社（SPC＝special purpose corporation）」制度を導入した。

アメリカ諸州において法認されている営利／非営利ハイブリッド事業体類型および導入された理由，さらには導入された事業体類型の概要などを簡潔に図説すると，次のとおりである。

---

[71] See, generally, Aurelion Loric, "Designing a Legal Vehicle for Social Enterprise: An Issue Spotting Exercise," 5 Colum. J. Tax L. 100 (2013-2014).

[72] See, John Tyler, Symposium: Corporate Creativity: The Vermont L3C & Other Developments in Social Entrepreneurship: Negating the Legal Problem of Having "Two Masters": A Framework for L3C Fiduciary Duties and Accountability," 35 Vt. L. Rev. 117 (2011).

[73] アメリカのB会社制度は，社会起業家でスポーツシューズ会社「AND1」の創業者の1人であるコーエン・ギルバート（Jay Coen Gilbert）らが創設した非営利団体「B Lab」が考案し，広めていった会社類型である。B会社認証制度（certified B Corp.）は，B Labが開発した制度であり，各州のB会社制度とは別物である。B会社制度について詳しくは，See, William H. Clark et al., "How Benefit Corporations are Redefining the Purpose of Business Corporations," 38 WM. MITCHELL L. Rev. 817 (2012); Bill Clark et al., Model Benefit Corporation Legislation with Explanatory Comments (Version of June 24, 2014). Available at: http://www.benefitcorp.org/attorneys/model-legislation

【図表Ⅱ-13】 アメリカの営利/非営利ハイブリッド事業体類型とその概要

◆営利/非営利ハイブリッド事業体誕生の背景
- 営利会社の経営や利益分配に関しては、1919年のドッジ 対 フォード自動車会社（Dodge v. Ford Motor Co. 204 Mich. 459, at 507, 170 N. W. 668 (1919)）事件における「株式会社の目的はその株主の利益の極大化にある（a corporation's purpose is the maximization of financial gain for its shareholders）」と判決、こうした判例法/コモンローの考え方が広く受け入れられている。
- また、近年にいたっても、2009年のeベイ・ドメスティック・ホールディング会社 対 ニューマーク（eBay Domestic Holdings, Inc. v. Newmark, et al., Del. Ch. Oct. 2, 2009）事件におけるデラウエア州裁判所の判決のように、"営利のデラウエア会社の経済的な価値の極大化を求めない非財務的な行為をすることは取締役の信任義務に抵触する"との裁断が下されている。
- 一般に、取締役ないし取締役会の決定は、「経営判断の原則（BJR＝business judgment rule）」に基づいて正当化される。この場合、取締役ないし取締役会は、会社の利益に資するならば、株主以外の利益を考量することもゆるされる。とはいえ、営利会社の取締役が、社会貢献活動などに傾斜した経営を行うことは、信任義務を問われる可能性がある。
- 一方、社会貢献活動に連邦税法（IRC）上の各種支援措置が受けられる非営利/公益法人（charitable non-profit corporations）のビークルを活用する選択もある。しかし、連邦課税庁（IRC）による規制が余りにも厳しく、自由な事業活動が難しい。
- こうした法環境にあって、普通法人（*per se* corporation）である株式会社とは異なる、利益の追求とともに一定の社会貢献も可能な会社制度が探究されてきた。
- 連邦国家であるアメリカの場合、原則として私法は州が制定する仕組みになっている。つまり、契約法、家族法などに加え、会社や任意組合など事業体一般に関する法律は州が制定する伝統のもとにある。
- 会社法制度改革に意欲的な州は、従来の営利/非営利の分類・類型化にこだわらずに、独自の視点から、営利/非営利ハイブリッド型の会社を法認してきている。

(1) 低収益合同会社（L3C=low-profit limited liability company）[74]
- L3C は、持分主へ利益分配をする面では営利事業体であり、一方、社会貢献目的で組成されているという面では非営利の事業体である。このように、営利/非営利双方の性格を有することから、ハイブリッド事業体と呼ばれる[75]。
- 2008年にバーモント州が全米ではじめて L3C 制度を導入した。2014年現在19の州とワシントン D.C. が L3C 制度を導入している。L3C は、助成型基金/財団（foundation）から出資を仰ぎたい社会投資家、見方を変えると、助成型基金/財団の投資先として活用しやすい事業体といえる。

---

[74] See, John A. Pearce Ⅱ & Jamie Patrick Hopkins, "Regulation of L3Cs for Social Entrepreneurship: A Prerequisite to Increased Utilization," 92 Neb. L. Rev. 259 (2013).

[75] See, generally, Haskell Murray & Edward I. Hwang, "Purpose with Profit: Governance, Capital-Raising and Capital-Locking in Law-Profit Limited Liability Companies," 66 U. Miami L. Rev 1 (2011).

《L3Cの法的性格》
・L3Cは，営利事業体（for-profit entity）である。
・L3Cは，LLC（＝limited liability company／合同会社）の一形態である。
《L3C設立4要件》
・L3Cは，①著しく公益（慈善）または教育目的を増進すること，②公益（慈善）目的なしに設立されていないこと，③政治目的または立法活動を追求するその他そうした目的に関係するねらいを有していないこと，および④会社の設立が著しく所得の稼得または資産の評価益の目的としていないこと[76]。
《L3Cの利点》
・L3Cの最大の利点の一つは，基金／財団（foundation）の掲げる社会益増進目的に資する投資，いわゆる「プログラム関連投資（PRI＝program related investment）を行う適格を有すること」である[77]。
・基金／財団は，PRIとしての適格を有する事業体に対してのみ直接投資が認められる。
・基金／財団は，営利事業体への投資に後向きになりがちである。その理由は，IRSが発遣した通達（Private Letter Ruling）が投資先となる営利事業体がPRI適格を有しているのかどうかを立証するように求めているためである。
・この点，基金／財団の投資先としてL3Cを選択すれば，L3Cの設立目的自体が一般に社会益の増進にあることから，その立証は概して容易である。したがって，基金／財団が不適格投資を問われ，連邦課税庁（IRS）からの連邦税法（IRC）上の課税除外適格承認の取消処分を避けることもできる。
【PRIとは何か】
・1990年代にロックフェラー基金／財団がはじめた各種社会益プログラム支援方法である。
・基金／財団は一般に，伝統的に，公募・選択をしたプログラムに対する助成金（grants）の交付方法を利用してきた。
・これに対し，「プログラム関連投資（PRI）」による方法は，原資を費消せずに，原資を投資に回したうえで，その果実をプログラムに振り向けるかたちでプログラムを助成する仕組みである。すなわち，PRIとは，L3Cのようなハイブリッド事業体に原資を投下し，その果実である分配金を各種社会益プログラムに充当する仕組みである。この結果，基金／財団は，原資を減らさず，リサイクルできることになる。
・もっとも，基金／財団は，普通法人である一般の株式会社（連邦税法上のC法人）に対してPRIを行い，果実を得ることもできる。ただし，C法人は「株式会社の目的はその株主の利益の極大化にある」とするコモンロー／判例法のルールの縛られることから，課税除外資格の維持において，場合によっては重い立証責任が伴う。
・PRIでは，一般に，L3Cの各年の分配総額の5％相当額を基金／財団に分配する。

---

[76] これらL3C組成の要件（基準）は，連邦課税庁（IRS）による連邦税法（IRC）上の501(c)(3)団体の課税除外適格承認の際の審査基準（前記【図表Ⅱ-11】参照）を反映させたものになっているのが特徴である。

[77] See, Edward Xia, "Can the L3C Spur Private Foundation Program-Related Investment?," Colum. Bus. L. Rev. 242（2013）

- 基金／財団が私立財団（private foundation）に該当する場合で，持分投資が一定限度額を超えるときには，特別規制税（excise tax）の対象となる。しかし，PRI 投資額については，特別規制税の計算上の課税ベースから除外される。
- PRI 投資に該当し，課税除外となるには，当該 PRI が IRC170条 c 項 2 号の B に列挙された目的【公益（慈善）または教育目的】の遂行にかかるものでなければならない。

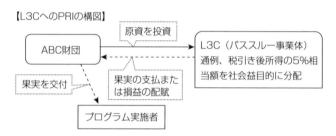

《LLC のカテゴリーにある L3C の特徴》
- L3C (low-profit limited liability company) は，LLC（合同会社）の一種である。したがって，パススルー課税の適用のある LLC の特質を有する。
- すなわち，L3C は，法人課税か，構成員課税（パートナーシップと同様の課税）かどちらかを選択できる事業体である（eligible entity）。構成員課税を選択する場合には，法人事業体の段階では課税されず，損益は配賦（パススルー）され，構成員課税が行われる。
- L3C の構成員が，非営利団体である場合，公益増進団体（パブリック・チャリティ）か私立財団かいずれかの適格を有しているかを問わず，L3C から配賦された損益から果実を稼得していたとしても，連邦法人所得税は課税除外となる。
- ただ，財団／基金が L3C を活用して PRI をしている実例はいまだ数が少ない。このため，組成された PRI が適格 PRI に該当するのかどうかについては，定かでない点も少なくない。
- それにもかかわらず，L3C（低収益合同会社）を活用した PRI（プログラム関連投資）は，基金／財団が，営利企業に社会益の増進を求めるとともに，自らも市場経済，エクイティキャピタルを活用して資金調達をする手段として注目を集めている。
- ノースカロライナ州は，2010年に L3C を導入した。しかし，L3C を活用した PRI（プログラム関連投資）に対する連邦課税庁（IRS）の課税取扱が不透明であり，かつ財団／基金の課税除外適格の取消処分が相次いでいることから，2014年1月1日から L3C の登記を新たに認めることを停止した。

(2) 社会益増進合同会社（BLLC＝benefit limited liability company）
- BLLC は，一般の株式会社に求められる「持分主／構成員の利益の極大化」よりも「社会益の増進」をもっと高位の基準として採用し，「パススルー課税（pass-through taxation）」の選択が認められる営利／非営利のハイブリッド事業体である。
- 2010年にメリーランド州が全米ではじめて BLLC を導入した。

(3) 社会益増進会社／B会社（B corp＝benefit corporation）

- B会社は，一般の株式会社に求められる「株主の利益の極大化」よりも「社会益の増進（social benefit）」をもっと高位の基準として採用し，事業経営が認められる営利／非営利のハイブリッドの法人事業体である。
- 2010年にメリーランド州が全米ではじめてB会社を導入した。2015年現在，30前後の州がB会社制度を導入している[78]。
- カリフォルニア州（加州）は，2012年1月1日からB会社（B corporation）制度を発足させた。以下，加州のB会社制度加州法人法典（CCC＝California Corporation Code 14600条以下）を参考に，諸州のB会社制度を点検する。

《諸州のB会社の主要な規定》
【目的】
- B会社は，銀行法や専門職法で規制される場合を除き，法令で禁止されていないいかなる合法的な目的の事業をも行うことができる（CCC206条，同14610条）。
- B会社は，「一般的公益の増進（general public benefit）」を目的とすることができる（CCC14610条）。この場合の「一般的公益増進」とは，客観的な基準に従いB会社経営全般において，社会や環境にプラスになる重大な影響を及ぼす方針を指す（CCC14601条c項）。
- B会社は，「特定の公益増進（specific public benefit）」を目的とすることができる（CCC14610条）。この場合の「特定の公益増進」とは，B会社経営全般において，次のような利益を促進することを指す（CCC14601条e項各号）。①低所得または受益的な物品もしくはサービスが行き渡っていない個人またはコミュニティにそれらを供給すること，②通常の事業活動を通じた雇用の創出により個人またはコミュニティの経済的機会を向上すること，③環境を保全すること，④人の健康状態を改善すること，⑤技芸，学術を振興しまたは知識の向上をはかること，⑥公益増進目的で事業体に対する資本（キャピタル）投下の増加をはかること，⑦その他社会または環境に特別な利益を達成すること。
- B会社は，一般的公益または特定の公益増進を，同会社の最良の利益とするものとする（CCC14610条c項）。

【説明責任】
- 取締役（directors），取締役会および取締役会の委員会（以下「取締役」という。）および執行役（officers）は，B会社の最良の利益につながる決定をする義務を負う（CCC14620条a項）。
- 取締役および執行役は，意思決定に際して，B会社の株主，従業員，取引先，顧客，地域社会および地球環境（以下，総体的には「利害関係人（stakeholders）」という。）への影響を考慮しなければならない（CCC14620条b項）。
- 取締役および執行役は，基本定款や附属定款に規定する場合を除き，事業会社法およびB会社法に規定する取締役または執行役の義務の一環として，または一般的公益の増進もしくは特定の公益増進をしなかったことを理由に，職務遂行上の作為もしくは不作為に対する個人的な金銭賠償を負わない（CCC14620条f項）。

---

[78] See, "Brett H. McDonnell, "Committing to Doing Good and Doing Well: Fiduciary Duty in Benefit Corporations," 20 Fordham J. Corp. & Fin. L. 19 (2014).

・取締役および執行役は，次のような①〜③の要件を充足する場合で，善意で経営判断（business judgment in good faith）をしていると判断されるときには，その義務を果たしているものとされる（CCC14620条 a 項，d 項）。①当該経営判断事項に利害関係はなく，②取締役，執行役は，当該経営判断事項がその状況のもとで提供された十分に合理的な情報に基づいて判断されており，かつ③当該経営判断は，当該 B 会社の最良の利益になると合理的に信じている。

【透明性】
・B 会社は，定款に「本会社は，B 会社である。」ことを明記しなければならない（CCC14602条）。
・B 会社は，社会および環境に対する問題を定義しその達成度を報告し，かつ評価する公認された第三者評価基準に従って年次公益増進報告書（ABR＝annual benefit report）を作成し，公表しなければならない（CCC14621条 a 項）。

【訴訟権】
・B 会社に関する訴訟は，株主および取締役のみがこれを提起することができる。
・訴訟は，①一般的公益増進目的もしくは特定の公益増進目的に抵触すること，または②義務もしくは行動基準に抵触することを理由に，これを提起することができる。

【目的／組織等の変更】
・B 会社は，加州を含む多くの州の B 会社法では，普通の営利会社は，定足数の 3 分の 2 以上の賛成があれば，B 会社になるまたはその逆になることができる。この場合において，転換に反対する株主は，市場価格で自己の株式を買取するように求めることができる（CCC14603条 a 項）。

【税制上の取扱】
・B 会社は，法人所得課税の取扱は，原則として他の普通法人（C 法人）と同様である。

《B 法人制度の概要》
・B 会社は，その目的・会計責任・透明性の面で伝統的な株式会社と異なり，株主の利益の極大化よりも，社会や環境の改善などをより高位の目的に事業経営ができる。つまり，B 会社は，一般的公益の増進を目的に，営利活動ができる事業体である。
・B 会社の取締役は，伝統的な株式会社（business corporations）と同様の経営手法を用いるが，当該会社の定款の規定された公益目的に沿うかたちで経営するように求められる。
・B 会社は，一般向けに年次公益増進報告書（ABR＝annual benefit report）を公表するように求められる。ABR は，13ある第三者評価基準のうちのいずれかに準拠して作成するように推奨される。ABR は，ネット公開するように求められる（CCC14630条 c 項）。州によっては，ABR を州務長官（Secretary of State）に提出するように義務づけている。B 法人の取締役や執行役は，経営にあたり，株主への影響のみならず，社会や環境などへの影響へも配慮するように求められる。
・B 会社の株主や取締役などには，「社会益増進手続（benefit enforcement proceeding）」（仮訳）という名称の訴訟権が付与されている（CCC14623）。B 会社の株主，取締役その他会社定款や附属定款に記載されたものは，会社の事業が一般的公益の実現をめざして経営されていないと信じる場合には，社会益の増進の努めるように司法判断を求めることができる。B 法人は，一般的公益増進または特定

の公益増進をしなかったとしても，金銭的な損害賠償に応じる義務はない（CCC14623条 c 項）。
(4) 社会目的会社（SPC＝social purpose corporation）
【カリフォルニア州の SPC】
　2012年に，カリフォルニア州（以下「加州」ともいう。）は，「柔軟目的会社」（FPC＝flexible purpose corporation）制度を導入した。
・2012年10月9日に，柔軟目的会社（FPC）を導入するための加州上院法案201号は，州知事の署名を得て成立した。
・同法の通称は「2011年会社目的柔軟化法（Corporate Flexibility Act of 2011）」である。成立後，FPC は加州法人法典（CCC＝California Corporation Code）に編入された（CCC2500条以下）。
・その後，加州の FPC は，2014年に「社会目的会社（SPC＝social purpose corporation）」に名称が変更された。ただし，2015年1月1日前に設立された SPC は，旧名称をそのまま使用できる（CCC2502条）。
・加州の SPC は，性格的には，加州法人法典（CCC）のもとで設立される営利会社（general corporation）である。したがって，会社株主の金銭的な利益の確保や法令を遵守するように求められる。
・しかし，これら株主利益（financial interests of the shareholders）の確保や法令遵守義務（compliance with legal obligations）に加え，定款等に特段の定めをすれば，つぎのような①および②のような社会目的にあった経営が認められる。①連邦税法（IRC）501条 c 項3号上の非営利公益法人に認められる公益目的のある事業を営むことを目的とすること。②(a)会社従業員，取引先，顧客や債権者の利益の考慮，(b)コミュニティや社会の利益の配慮，(c)環境への配慮を目的とすること（CCC2602条）。
・このような加州の立法モデルからもわかるように，SPC は，株主の経済的利益を超えた一定の社会的責任の奉仕することを重視することを目的とする事業体である。
・法令に従い設立された既存の内国営利会社は，所在州の州務長官に対しB会社となる要件を充たすように変更した定款その他の書類の届出をし，受理されればB会社になることができる。一方，B会社の新設の場合には，法定要件にそった会社定款その他必要な書類を作成し，州務長官の届出をし，受理されればB会社になることができる。
・一般に，各州の SPC は，次のような伝統的な株式会社と異なる特質を有する。
適格特定目的（qualifying special purpose）
・SPC は，経営陣と所有者／株主の間で合意した1つ以上の特定（special）および／または環境（environmental）目的を有し，かつ，会社定款に定めること。SPC は，各クラスの投票権つき株式の3分の2以上の賛成を得なければその目的を変更することはできない。
経営陣の責任限定（protection from liability）
・SPC は，経営陣が合意した特定目的に基づいて行った決定に対しては原則として責任を負わない。
他の類型からの転換（conversion of other forms）
・現存する公開会社（public corporation）または私募会社（private corporation/

LLC)（パートナーシップその他の事業体を含む。）は，各クラスの投票権つき株式の3分の2以上の賛成を得ればSPCに転換することができる。ただし，少数株主の買取請求権行使等を認めなければならない。
報告書の公表（reporting）
・SPCは，定期的に，目的，目標，測定および社会／環境目的活動の影響またはその成果（returns）に関する報告書（Annual Report）を公表するように義務づけられる。
特定目的の強制履行（enforcement）
・株主は，取締役を含む経営陣が特定目的を履行する忠実義務を履行しない場合には，（当該経営陣の解任，そのための訴訟）に関する伝統的な権利を有する。
【ワシントン州のSPC】
　2012年6月に，ワシントン州が「社会目的会社」（SPC＝social purpose corporation）制度を導入した。
・SPCは，営利会社であるが，環境の持続やコミュニティの改善に取り組むなど，株主の経済的利益を超えた社会的責任の奉仕することを目的とする事業体である。ワシントン州法曹協会の法案起草委員会が，諸州のB会社などの仕組みを調査し，SPC法案を準備した。
・2012年6月7日以降，SPCを設立でき，既存の会社も，発行済み投票権つき株主の3分の2の賛成があれば，SPCに転換することができる。会社名に，「社会目的会社」または「SPC」の文言を掲げることができる。
連邦税法
・各州の州法に基づいて設立される各種のSPV（special purpose vehicle／特定目的事業体）やSPC（social purpose corporation／社会目的会社）などは，一定の要件【①株主数が100人以内であること，②株主は個人，信託（trust）や遺産財団（estate）などであること，③株主に非居住外国人がいないこと，④1種類の株式だけ発行していること】を充足している場合には，S法人課税を選択できる（IRC1361条b項1号）。
・S法人課税選択すると，事業体課税においては納税主体となる一方で，その損益などを受益者や出資者／構成員／メンバーに配賦すると事業体課税は行われない。

B 営利会社の社会貢献活動をめぐる会社法と税法上の理論的課題

　アメリカにおいて，営利会社は，伝統的にコモンロー／判例法で確立されてきた「株主利益至上（shareholder primacy）主義」または「株主利益極大化（profit maximization）主義」の適用を受ける。このことから，営利会社の社会貢献活動を奨励するための新たな営利／非営利ハイブリッド事業体（for-profit/not-for-profit hybrid entity）ないし社会的営利会社（social primacy company）法制をデザインする場合には，こうした営利会社法上の不文の原則との調和が重い課題となる。

一方、連邦税法（IRC）は、非営利／公益団体は、本来に事業に対する課税除外資格の承認を受け、それを継続するためには、「団体の純収益のいかなる部分も個人の持分又は個人の利益に供されない」形で団体が組織され、かつ運営されなければならない、と規定する（内国歳入法典501条c項）。一般には、「私的流用禁止の原則（PID＝private inurement doctrine）」または「分配禁止の原則（non-distribution constraint rule）」と呼ばれる。ハイブリッド事業体は非営利／公益の顔も持ち合わせる事業体であることから、法制をデザインする場合には、税法上の私的流用禁止の原則（PID）をまったく無視するわけにはいかない。

(1) 営利会社の社会貢献活動と株主利益至上主義の変容

市場原理を重視し、かつ、小さな政府構想を支持する傾向の強いアメリカ社会においては、非営利公益活動に対する市民の期待は大きい。非営利公益活動を支えるために、サービス（ボランティア労働／役務）を提供することや、金銭ないし財産を拠出（出捐）することにも積極的である。まさに「小さな政府の実現のためには大きなNPO（非営利公益／フィランソロピー）セクターが必要である。」ことを物語っている[79]。

近年、ソーシャルビジネスの立上げに意欲的な社会起業家の増加や市場主義経済を重視する傾向が強まるに従い、社会貢献目的での金銭その他の財産の拠出先を、任意団体や非営利／公益団体に限定する従来のビジネスモデルを見直そうという動きが加速してきている。もっと拠出先の選択幅を広げ、より市場機能を重視し、かつ効率的な活動原資の運用をはかれるビークルに乗り換えられるようにするモデルである各種の「営利／非営利ハイブリッド事業体」が提唱され、現実に日の目を見てきている。

営利会社の社会的責任（CSR＝corporate social responsibility）がとみに問われる時代である。ここで問われる「責任」とは大きく2つに分けることができる。1つは、市民社会に害悪を及ぼす人間環境に配慮しない経営姿勢とか、粉飾決算や脱税のようなコーポレート・ガバナンスに抵触する行為を問う場合である。そして、もう1つは、会社の営利行為の枠外、すなわち「株主利益至上主義

---

[79] 第二（営利企業）セクターにおける市場主義ルールに基づくあくなき資本主義、過当な競争社会が格差社会を生み、その穴埋めに第三（NPO／非営利公益／フィランソロピー／チャリティ）セクターが動員されている事実は否定しがたい。したがって、分配的正義（distributive justice）を実現する視点から、常に第二セクターのあり方を問うことは重い課題である。拙論「非営利公益団体課税除外制・公益寄附金税制の根拠の日米比較」白鷗法学20巻2号73頁、170頁以下（2014年）参照。

(shareholder primacy principle)」（または「株主利益極大化主義 (profit maximization principle)」）を超えて，さまざまな人間環境問題などへの対応のための活動資金の提供を行う，さらにはより積極的に社会貢献活動を行う営利／非営利双方を目的とするハイブリッドな営利会社（ハイブリッド事業体）類型を法認することの是非を問う場合である[80]。

営利を目的とする会社の社会貢献活動の是非，さらには営利／非営利双方を目的とするハイブリッド事業体制度の是非については，わが国では，会社法理論上必ずしも精緻な展開がなされてきているとはいえない。

これに対して，アメリカにおいては，営利法人の社会貢献活動ないしハイブリッド事業体制度については，これまで，どちらかといえば，伝統的にコモンロー／判例法で確立されてきた「株主利益至上主義」または「株主利益極大化主義」と抵触するか否かを中心に法理論が展開されている。加えて，この場合，取締役や取締役会など経営陣の信任義務 (fiducialy duty) 違反を問われるのか否かについても精査されてきている。さらには，会社の目的 (corporate purpose) のあり方などについても，精査されてきている。

とりわけ，判例法／コモンロー上の株主利益至上主義（または株主利益極大化主義）を緩和するために，多くの州では，株主以外の会社関係人利害考量法 (non-shareholder constituency statute) を導入してきている。この種の州法の狙いは，会社の経営判断において経営陣は，株主以外の会社関係人の利害を考量することを認めることにある[81]。したがって，会社関係人の利害を考量して下した取締役（州によっては執行役を含む。）ないし取締役会の決定／判断は，訴訟になったとしても，基本的には「経営判断の原則 (BJR = business judgment rule)」内にあるとされ，正当化される。

経営陣は，会社の利益に資するならば，株主以外の利益を考量することもゆるされるとはいえ，アメリカ会社法のもとでは，営利会社の取締役が，社会活動などに必要以上に傾斜した経営を行うことは，信任義務を問われる可能性が高い状況にあることには変わりがない[82]。

会社関係人利害考量法は，利害関係人考量法 (stakeholder statute) とも呼ばれ

---

[80] この点について詳しくは，道野真弘「営利企業たる会社は，『非営利』の行為としての社会的責任を負担しうるか」立命館法学2005年2・3号489頁以下参照。

[81] See, Nathan E. Standley, "Lessons Learned from the Capitulation of the Constituency Statute," 4 Elon L. Rev. 209 (2012).

る。1983年に，ペンシルバニア州がはじめて導入した。現在30程度の州が導入している。

以下においては，近年，アメリカの諸州において新たに法認されてきている積極的に社会貢献/フランソロピー活動を行う営利/非営利のハイブリッド事業体が，伝統的な株主利益主義または株主利益極大化主義，さらには経営陣の信任義務（fiducially duty）違反との整合性を問われることがないのかどうかを中心に，アメリカ諸州の会社法上の動きを追いながら点検してみる。

(a) アメリカ会社法上の株主利益至上主義とは何か

すでにふれたように，伝統的なアメリカ会社法のもとにおいて，営利法人は，投資家への見返りとしての「配当の極大化/追求（profit maximization）」または「株主至上（shareholder primacy）」，「株主の利益（shareholders' interests）を目的とすべきであるとされる[83]。

もっとも，アメリカにおける株主利益至上主義は，コモンロー／判例法で確立された不文の会社法原理である。いかなる州の会社法をみても，会社の目的として明文で規定するところはない[84]。一般に諸州の会社法では，会社は「いかなる合法的な事業または目的（any lawful business or purpose）」を遂行できると規定するにとどまっている[85]。

しかし，こうした会社法上の不文のルールは，取締役（directors）や執行役（officers）など経営陣（managers）の信任義務（fiduciary duties）のあり方にも影響を及ぼさずにはおかない。このことから，営利会社の経営陣は，もっぱら目下の配当の極大化をはかることを最大の目標とすべきかどうかが問われてくる。

営利会社は，株主の財産であり，その財産を株主に代わって管理/運営するのが経営陣であるとする考え方が存在する。一般には，「会社＝株主財産説（property theory）」あるいは「株主利益極大化主義（profit maximization principle）」とも呼ばれる。こうした主張を展開する者の代表格が，新自由主義の旗手であるメルトン・フリードマン（Melton Friedman）である[86]。フリードマンは，「営

---

[82] なお，会社法単独の視角からのこの点の分析として，畠田公明『会社の目的と取締役の義務・責任：CSRをめぐる法的考察』（中央経済社，2014年）2章ないし4章が有益である。

[83] See, Barnali Choudhury, "Serving Two Masters: Incorporating Social Responsibility into the Corporate Paradigm," 11 U. Pa. J. Bus. L. 631 (2009).

[84] See, Einer Elhauge, "Sacrificing Corporate Profits in the Public Interest," 80 N.Y.U.L.Rev. 733, at 738 (2005).

[85] See, e.g., Del. Code. Ann Title 8, §101(b) (2014).

利企業の社会的責任は，利益の極大化である。」とまで言い切る。こうした考え方のもとでは，株主利益の極大化をはからない経営陣はその信任義務を問われることにもなりかねない。

　グローバルに展開する25％を超える多国籍企業が，アメリカ法を典拠にして設立されている。こうした現実からすれば，アメリカ州会社法で展開されてきた「株主利益／配当の極大化／追求（profit maximization）」ルールや会社経営陣の信任義務のあり方の影響は計り知れない。

　もちろん，ひとくちに営利会社といえども，「閉鎖会社（closely held corporations）」と「公開会社（publicly held corporations）」とでは異なる。前者／閉鎖会社において，株主はストレートに会社の所有者（owner of business）である。

　この点に関係して，巨大化する後者／公開会社において一般の株主は，企業の資産や収益を直接統治することができず，かつ，取締役会（board of directors）が決定した配当を手にすることしかできないスタンスにあることから，会社の所有者というよりも，むしろ会社があみ出した利益の享受者に過ぎないとする見方もできる。こうした所有者意識が希薄化した会社において，株主は，企業の経営への参加は事実上不可能であり，配当の極大化に最大の期待をかけることしかできない。こうした現実も，会社＝株主財産説あるいは株主第一主義の考え方を補強する理由になっている。

　営利会社の目的は株主への配当の極大化にあるとする考え方は，会社と株主との間を契約関係にあると見る「契約関係理論（"nexus of contracts" theory）」にも相通じるところがある。この理論のもとでは，株主のみならず経営陣や従業員，債権者など会社の構成員（corporate constituents）は黙示の形での私的契約関係にあるとみる[87]。ただ，株主は，これら構成員のなかでは，出資した限度内ではあるにしろ最終的なリスクテーカーという特殊な地位に置かれている。また，「株主（shareholders）」は，こうした特殊な地位を引き受けていることからも，経営陣による意思決定過程においても「第一（primacy）」の存在として尊重されるべきである。株主第一のルールから派生する権利として当然，極大化さ

---

[86] See, Melton Friedman, "The Social Responsibility of Business Is to Increase Its Profits," New York Times Magazine（Sept. 13, 1970）. Available at: http://www.umich.edu/~thecore/doc/Friedman.pdf

[87] See, Stephen M. Bainbridge, "Director Primacy: The Means and Ends of Corporate Governance," 97 Nw. U. L. Rev. 547, at 552-61（2003）.

れた配当を享受できるとする[88]。

　連邦国家であるアメリカの場合，原則として私法は州が制定する仕組みになっている。すなわち，契約法，家族法などに加え，会社や任意組合など事業体一般に関する法律は州が制定する伝統のもとにある。しかし，すでにふれたように，いかなる州の会社法においても，学問上，提唱されている会社＝株主財産説，株主第一のルールないし株主利益／配当の極大化／追求ルールを成文化し，「営利会社はもっぱら株主利益の極大化にある」といった規定を置くには至っていない。

　言い換えると，「会社の本来の目的は何か」については，広く裁判所の判断（判例）に委ねている。営利会社の経営や利益分配に関しては，1919年のドッジ対 フォード自動車会社（Dodge v. Ford Motor Co. 204 Mich. 459, at 507, 170 N. W. 668 (1919)）事件における「株式会社の目的はその株主の利益の極大化にある（a corporation's purpose is the maximization of financial gain for its shareholders）」と判決，コモンローの伝統が広く受け入れられている。

　また，近年に至っても，2009年のeベイ・ドメスティック・ホールディング会社 対 ニューマーク（eBay Domestic Holdings, Inc. v. Newmark, et al., Del. Ch. Oct. 2, 2009）事件において，デラウエア州裁判所は，"営利を目的とするデラウエア会社の経済的な価値の極大化を求めない非金銭的な行為をすることは取締役の信任義務に抵触する"との裁断を下している。

　一般に，取締役ないし取締役会の決定は，「経営判断の原則（BJR＝business judgment rule）」により正当化される。この場合，取締役は，会社の利益に資するならば，株主以外の利益を考量することもゆるされる。とはいえ，アメリカ会社法のもとでは，営利会社の取締役が，社会活動などに必要以上の傾斜した経営を行うことは，信任義務を問われる可能性が高い状況にあることには変わりがない。

　(b)　会社関係人利害考量法に基づく社会的目的を持った経営判断の是非

　格差問題や人間環境問題などが深刻化するにつれて，会社の経営陣は，たんに株主利益第一であってはならず，従業員（employees），債権者（creditors）および消費者（customers）などの利害関係人（stakeholders）の利益，さらには人間環

---

[88]　*Id.*, Bainbridge, at 577-87.

境の保護をも衡量して経営判断を下すべきであるとの考え方の広がりを見せている。新自由主義的な株主利益至上主義のもとで展開される普通法人 (per se corporation) である株式会社とは異なり、一定の社会貢献も可能な会社類型が探究されてきた理由でもある。

　営利企業の社会的責任 (CSR) が声高に主張されるようになっている。ある世論調査によると、75％を超えるアメリカの消費者が、大企業／公開会社は社会的責任を自覚すべきであると答えている[89]。所有と経営が分離した大会社／公開会社は、今日、コーポレート・ガバナンスの確立はもちろんのこと、その株主の金銭的な利益を超えた社会目的への貢献を考えざるを得ない経営環境に置かれている。

　こうした世論に呼応する形で、大企業／公開会社は、コーポレート・ガバナンスの確立という意味での社会的責任を強化する動きに加え、会社の営利行為の枠外で、各種の社会貢献活動に資金を拠出する動きを強めている。この場合、拠出先としては、伝統的な非営利／公益法人に加え、市場原理を取り入れた営利／非営利ハイブリッド事業体を選択できるようにしようとの動きも全米で広がりをみせている。各州は競って営利／非営利ハイブリッド事業体類型の誕生、そのための法制の整備を加速させてきている。背景には、"営利セクターの暴走と非営利セクターの非効率"を中和させ、社会貢献活動に納得したうえで資金を拠出できるようにするための事業体 (vehicle/entity／法人類型) を必要としていた事情がある。

　会社の営利行為の枠外での各種の社会貢献活動に資金を拠出し易くするビークル、ルートが増えるに従い、営利会社の経営判断にあたり、取締役ないし取締役会（経営陣）は、株主以外のステークホルダーの利害も考量できることを定めた各州の「会社関係人利害考量法 (non-shareholder constituency statute)」の存在意義、使われ方が問われてきている。

　株主利益至上主義が支配するアメリカにおいては、会社の売買が積極的に行われている。会社関係人利害考量法は、立法事実 (legislative facts) からみると、敵対的な会社買収が提案された場合に、買収対象会社の経営陣が、株主以外の広く会社関係人の利害を含めて考量し、当該提案の拒否を含め適切な経営判断、

---

[89] See, Burson-Marstellar, The Corporate Social Responsibility Branding Survey 2010, (May 29, 2010).

裁量権行使をできるように保障したものである。これにより，経営陣の判断に賛成せず，株主利益至上主義を振りかざす株主による訴訟，法的責任（信任義務違反）追及から経営陣を保護する（免責事由を付与する）ことを狙いとした法律である[90]。

各州における営利／非営利ハイブリッド事業類型の誕生，そのための法制の整備がすすむ一方で，会社関係人利害考量法の会社買収以外の事案への適用の是非が問われてきている。すなわち，格差問題や人間環境の劣化などが深刻化するにつれて，会社の経営陣は，たんに株主利益第一であってはならず，従業者（employees），債権者（creditors）および消費者（customers）などの利害関係人（stakeholders）の利益，さらには人間環境の保護など「社会目的」をも衡量して経営判断を下すべきである，あるいはそうした経営判断ができるように法改正をすべきであるとの考え方が出てきている[91]。しかし，こうした当初の立法事実を離れた，社会目的への会社関係人利害考量法の拡大適用については概して否定的傾向がうかがえる。

これには理由がある。すなわち，会社関係人利害考量法は，会社の基本定款に記載された目的を変更することを狙いとする法律ではないことがあげられる。あくまでも会社の経営陣に対し，経営判断をするにあたっては，株主以外のステークホルダーの利害をも考量するように求めることを狙いとする法律であることである。したがって，現行法制を前提とする限りにおいて，人間環境の保護など「社会益の増進」をも衡量して下された経営判断を会社関係人利害考量法の枠内で適正と認めることは妥当ではないとする主張が強い。

一般に，営利会社が，人間環境の保護など「社会目的」をも衡量して経営したい場合には，各州では営利／非営利ハイブリッド事業体／社会的営利会社形態を活用する途が開かれている。したがって，営利会社は，こうした事業体への自らの法人転換または資金の拠出／投資を選択すべきであるとされる。

ソーシャルビジネスの立上げに意欲的な社会起業家に配慮した諸州の営利／

---

[90] アメリカ法人法上の新任務については，ここでは射程外である。一般に，信任義務（fiduciary duty）は，実質的に，忠実義務（duty of royalty）と注意義務（duty of care）からなるとされる。See, Benedict Sheehy & Donald Feaver, "Anglo-American Directors' Duties and CSR: Prohibited, Permitted or Prescribed?" 37 Dalhousie L. J. 345（2014）.

[91] See, Maxwell Silver-Thompson, "Reasonable Consideration of Non-Shareholders: Redrafting State Constituency Statute to Encourage Socially-Minded Business Decisions," 13 Cardozo Pub. L. Pol'y & Ethics J. 253（2014）.

非営利ハイブリッド事業体／社会的営利会社法制では，広く公益増進（public benefit）または社会益（social interest）を目的とする事業体の創設が可能である。社会的営利会社の経営陣は，経営判断をするにあたり，①著しく慈善または教育目的を増進すること，②慈善目的なしに設立されていないこと，③政治目的を追求するまたはその他そうした目的に関係する狙いを有していないこと，および④会社の設立が著しく所得の稼得または資産の評価益の目的としていないことなどの基準を遵守するように義務付けられている（こうした基準は州により異なる。）。逆に，これらの基準を遵守しないで経営判断をした場合には，経営陣は信任義務を問われる可能性も出てくる。

(2) 社会的営利会社とは何か～株主利益至上主義への挑戦

諸州は，ソーシャルビジネス立上げに意欲的な社会起業家の意を汲んで，営利会社／配当会社でありながらも，非営利／公益活動が認められるさまざまなタイプの営利／非営利ハイブリッド事業体を法認してきている。これは，原理主義的な新自由主義を賛美することが狙いではない。むしろ，市場原理に根ざした営利会社の社会貢献活動に障害となるような法環境を抜本的に改革し，営利会社類型を選択しても胸を張って非営利／公益活動ができるようにすることが狙いである。

すでにふれたように，アメリカにおける営利／非営利ハイブリッド事業体は，2008年にバーモント州が全米ではじめて「L3C／低収益合同会社（low-profit Limited liability company）」制度を導入したのに始まる。続いて，2010年にメリーランド州が「B会社／社会益増進会社（B Corporation＝benefit corporation）」を導入した。2012年に，カリフォルニア州が「柔軟目的会社」（FPC＝flexible purpose corporation）（2014年に社会目的会社（SPC＝social purpose corporation）に名称変更），そしてワシントン州が「社会目的会社」（SPC＝social purpose corporation／特別目的事業体／Special purpose vehicle）制度を導入した。こうした営利／非営利ハイブリッド事業体は，総称で「社会的営利会社（social primacy company）」とも呼ばれる。

こうした営利／非営利ハイブリッド事業体類型は，アメリカのみならず，イギリスでも法認されている。同国では，近年の非営利／公益法人制度改革を通じて，新たな「公益法人（CIO＝charitable incorporated organisation）」の仕組みを導入した。しかし，同時に，市場主義経済のなかでの非営利／公益のハイブリ

ッド活動を活性化するためのビークル (vehicle) として新たな営利／非営利〔ないし非公益／公益〕のハイブリッド事業体 (hybrid entity) の一種である「コミュニティ益会社 (CIC=community interest company)」登録制度（認定法人制度）を導入した[92]。

わが国では，営利／非営利ハイブリッド事業体／社会的営利会社法について理論的にあまり詳しく精査されてこなかった。この背景には，非営利／公益セクターが官製市場のなかで育成され，政府セクターの補完セクターのように位置付けられ，市場経済に果敢に挑もうとする気概に欠けるわが国特有の問題が潜んでいるのかも知れない。

わが国にもソーシャルビジネスに意欲的な社会起業家は，数多くいる。しかし，第三セクターが第一セクターないし第二セクターとの協働とかを強調するのみで，「非営利／公益活動に費消する原資調達方法の多様化のためのエクイティキャピタルの活用」や「そのための会社法制や税制のあり方」などには，概して関心が薄い。あるいは，関心があったとしても，助成金の増額や寄附金控除／損金算入制度の見直しなど，伝統的な営利と非営利の分化を基礎とする非営利／公益法人の制度見直しに終始している。

また，わが国でも，アメリカの合同会社 (LLC／S法人) 形態を真似てソーシャルビジネスを起業するケースも増えてきている。しかし，合同会社 (LLC／S法人) 形態を選択した社会的企業家は，アメリカでは合同会社 (LLC) 形態でのソーシャルビジネスにはパススルー課税が認められるといったことなどにはほとんど関心がない。このためか，わが国では，合同会社 (LLC) にパススルー課税を認めるように税制見直しを求める表立った動きもない。社会起業家が，ソーシャルビジネスをはじめるにあたり，合同会社 (LLC) 類型を選択したとしても，その動機は会社設立手続が簡素であるとかにあり，税制に着眼しての結果ではない[93]。

この点，アメリカにおいては，営利／非営利ハイブリッド事業体が，非営利／公益活動に費消する原資調達方法の多様化のため，さらにはパススルー課税のメリットを享受するために，選択・活用される実情にある。

各種営利／非営利ハイブリッド事業体の誕生は，ソーシャルビジネスの立上

---

[92] 拙論「イギリスのチャリティと非営利団体制度改革に伴う法制の変容」白鷗法学21巻2号・前掲注(24)，200頁以下参照

げに意欲的な社会起業家からの求めに応じて，非営利／公益の社会貢献活動やその活動原資の確保および有効活用を市場主義経済に求めようという動きと連動しているのが特徴といえる。

とりわけ，連邦国家であるアメリカでは，各州が，自在に会社法／法人法を制定することができる法環境にある。また，わが国とは異なり，連邦はもちろんのこと各州でも，行政が法案を準備して議会が法律にする「政府立法」は一般的ではない。あくまでも，議員が法案を準備し議会に諮り賛否を問う「議員立法」一辺倒の仕組みにある。議員は特色ある議員立法で勝負する立法環境にある。こうしたことも手伝って，各州の会社法制／法人法制は全国的に一様ではない。多様な営利／非営利のハイブリッド事業体が出現している背景である。

いずれにしろ，各州が英知を結集し，さまざまな営利／非営利のハイブリッド事業体を誕生させている。「法人の多元化（corporate pluralism）」現象が顕著である。しかし，ハイブリッド事業体の取締役や執行役は，何の法的手当をしなければ，営利会社に対して伝統的に適用されてきたコモンロー／判例法上の株主利益至上主義（または株主利益極大化主義）の縛りを受ける。したがって，新たな営利／非営利ハイブリッド事業体法制をデザインする場合には，会社法上の基本原理との調和が重い課題となる。事実，ハイブリッド事業体を法認する州では，州制定法で，こうしたコモンロー上の縛りを解く措置を講じることに意

(93) わが国の合同会社（LLC）類型は，2005〔平成17〕年6月の会社法改正で誕生した（会社法575条以下）。この会社類型は，原則として有限責任の社員全員が業務を執行し，かつ会社を代表する。したがって，原則として所有と経営は分離していない。ただ，合同会社は，定款に定めるところに従い，業務執行権のある社員（以下「業務執行社員」という。）を選任し，そのなかから代表者を選定することができる（同591条1項）。業務執行社員は，その職務執行にあたっては善管注意義務および忠実義務を負う（同593条1項・2項）。社員1人だけの合同会社の設立も可能である。合同会社の場合，社員同士で自由に分配額を決定することができる（同621条2項）。しかし，わが税法上，合同会社にはパススルー課税が認められておらず，法人段階と構成員／社員段階との双方で重複課税が行われる。したがって，わが国において，社会に有益な活動への金銭ないし財産の拠出先として合同会社のビークルを選択する動機は，株式会社などと比べると，その設立や運営手続が簡素であり，小規模な社会的な企業活動に便利という点が評価されている事情がある。課税面でのメリットは期待できない。ちなみに，創設段階における国会での附帯決議として，「合同会社に対する課税については，会社の利用状況，運用実態等を踏まえ，必要があれば，対応措置を検討すること」が定められている。第162回国会（常会）参議院法務委員会2005〔平成17〕年6月28日「会社法に対する附帯決議」参照。わが国の持分会社について詳しくは，奥島・落合・浜田編『会社法3〔新基本法コンメンタール〕』（日本評論社，2009年）参照。わが国でも，ソーシャルビジネスに意欲的な社会起業家が社会に有益な活動へのエクイティキャピタルの拠出先として活用できる営利／非営利ハイブリッド事業体を誕生させるためにも，合同会社（LLC）にパススルー課税の選択を法認する必要性は高い。

欲的である[94]。

　例えばB会社を法認する州では一般に，取締役および執行役は，①当該経営判断事項に利害関係はなく，②取締役，執行役は，当該経営判断事項がその状況のもとでは十分に合理的な情報に基づいて判断を下しており，かつ③当該経営判断は，当該B会社の最良の利益になると合理的に信じていると立証できる場合には，善意で経営判断 (business judgment in good faith) をしていると判断される。健全な経営判断の法理 (sound business judgment rule) が適用になり，信認義務を問われることはない。また，取締役および執行役は，基本定款や附属定款に規定する場合を除き，事業会社法およびB会社法に規定する職務遂行上善意で行った経営判断に対しては個人的な金銭賠償を負わない旨を規定している立法例も多い。

　B会社をはじめとした営利／非営利ハイブリッド事業体法制では，営利会社法上の不文の株主利益至上原則を犠牲にして，一般的公益増進目的または特定の公益増進目的を高位の原則として配置する。しかし，持分主や利害関係人（ステークホルダー）の目からは，公益増進目的の達成度などが分かり難いという批判もある。さらに会社経営の透明度や説明責任を高めるために，持分主代表訴訟や州法務長官の介入権の強化を含め，多角的に精査できるように法制の改革をはかるべきであるとの主張も見られる[95]。

　しかし，いたずらの行政や司法が必要以上に介入できる仕組みを強化することには慎重であるべきであろう。なぜならば，営利／非営利ハイブリッド事業体を法認した本来の趣旨は，ソーシャルビジネスの立上げに意欲的な社会起業家が，エクイティキャピタルを活用して社会に有益な活動ができるようにするということにあるからである。

(3) 税法上の「私的流用禁止原則」，「私的利益増進禁止原則」とは何か

　すでにふれたように，連邦税法 (IRC) は，非営利／公益団体は，本来に事業に対する課税除外適格の承認を受け，それを継続するためには，「団体の純収益のいかなる部分も個人の持分又は個人の利益に供されない」形で「団体が組織され，かつ運営されなければならない」と規定する (IRC501条c項)。一般に

---

[94] See, generally, Lyman Johnson, "Emerging Issues in Social Enterprise: Pluralism in Corporate Form: Corporate Law and Benefit Corps," 25 Regent U. L. Rev. 269, at 287 et. seq. (2012/2013).

[95] See, Mitch Nass, "The Viability of Benefit Corporations: An Argument for Greater Transparency and Accountability," 39 Iowa J. Corp. L 875 (2014).

は，「私的流用禁止原則（PID＝private inurement doctrine）」または「分配禁止原則（non-distribution constraint rule）」と呼ばれる。

加えて，財務省規則は，「もっぱら本条第 i 項に掲げる 1 以上の【非営利／公益】目的でもって組織され，かつ運営されていない団体は，公益というよりは私益を増進している。したがって，本項の要件を充足するためには，指定された個人，創設者及びその家族，当該団体の持分主又は支配者のような者の私的利益を，直接又は間接に増進することを目的に組織され，かつ運営されていないことを立証する必要がある。」（1.501(c)(3)-1(d)(1)(ii)）と規定する。一般には，「私的利益増進禁止原則（PBD＝private benefit doctrine）」と呼ばれる。

私的利益増進禁止原則（PBD）を定めたとされる2005年 9 月の発遣された財務省規則（1.501(c)(3)-1(d)(1)(ii)）は，私的流用禁止原則（PID）を定めたIRC501条 c 項をリステイトしただけのようにみえる。しかし，PIDはその適用対象が微妙に異なる。

営利／非営利ハイブリッド事業体ないし社会的営利会社は，「営利」の顔とともに，「非営利／公益」の顔も合わせ持つ事業体であるとすれば，税法上の私的流用禁止の原則（PBD）または分配禁止の原則，さらには私的利益増進禁止原則（PBD）を全的に捨象してデザインあるいは法認するわけにはいかない。

① 税法上の「非営利／公益」要件

連邦税法（IRC）は，各種の課税除外団体（exempt organizations）を列挙している（501条〜528条）。これら各種の団体は，連邦課税庁（IRS）に課税除外申請をして課税除外資格承認を受け，その資格を継続するためには「非営利」であることが要件となっている（IRC501条 c 項）。一般には，「私的流用禁止原則（PID）」または「分配禁止原則」，さらには「私的利益増進禁止原則（PBD）」（財務省規則1.501(c)(3)-1(d)(1)(ii)）とも呼ばれる。

PIDとPBDとは，それぞれ典拠（法源）が異なる。すなわち，前者（PID）は内国歳入法典（IRC）本法を典拠としているのに対して，後者（PBD）は財務省規則を典拠としている。また，PIDとPBDとをほぼ同じ意味内容であると解する見解[96]と，双方は異なるとする見解がある。

PIDとPBDとは意味内容が異なるとする見解に従って，双方の原則の差異を簡潔の比べると，次のとおりである。

---

[96] See, John D. Colombo, "In Search of Private Benefit," 58 Fla. L. Rev. 1063 (2006).

PIDとPBDとは意味内容が異なるとする見解に従って，双方の原則の差異を簡潔に比べると，次のとおりである。

【図表Ⅱ-14】私的流用禁止原則（PID）と私的利益増進禁止原則（PBD）との対比

> (1) **適用対象**
> ・私的流用禁止原則（PID）（または分配禁止原則）は，その適用対象を，非営利／公益団体を支配または影響力のある内部者（insider／創設者，理事，執行役など）または「指定された個人（designated individuals）」に限定する。
> ・私的利益増進禁止原則（PBD）は，その適用対象の例示として，非営利／公益団体の内部者ないし指定された個人をあげる。したがって，適用対象は，内部者や指定された個人に限らず，当該非営利／公益団体の公益を増進せずに私益を増進したいかなる者にも適用になる。
> (2) **課税除外適格との関係**
> ・私的流用禁止原則（PID）では，私益増進は絶対禁止であり，私益増進の事実があれば，その量的な程度にかかわらず，直ちに当該非営利／公益団体の課税除外適格の承認が取り消される。
> ・私的利益増進禁止原則（PBD）では，非営利／公益目的を著しく超え，かつ実質的に私益を増進していると十分に判断できる事実があれば，当該非営利／公益団体の課税除外適格の承認が取り消される。

「非営利／公益」要件，具体的には私的流用禁止原則（PID）や私的利益増進禁止原則（PBD）を設けた理由は，課税除外団体は，私益に奉仕する団体ではなく，不特定多数の利益に奉仕する団体であることから，その設立者，家族，持分主，直接・間接に支配的地位になる者その他の利害関係者の私益に利用されないように規制しようとするところにある（財務省規則1.501(c)(3)-1(c)）。

「私的流用」の有無について，IRSは，実務的には，第一に，団体設立の本来の目的が特定個人の私益をはかることになるのではないかといった視点から精査する。この場合，いかにその団体が課税除外対象となる目的に沿った活動を行っているとしても，内部者等が団体を使って私益を増進しているとされたときには，課税除外適格を欠くと判断される。これに対して，団体の本来的活動が公益の増進にあるとされたときには，たとえ付随的に多少の私益につながる行為がみられたとしても，当然に免税適格を欠くと判断されない（財務省規則1.501(c)(3)-1(a)(1)(ⅱ)）。

いずれにせよ，私的流用禁止原則（PID）ないし私的利益増進禁止原則（PBD）とは，課税除外団体が収益事業活動を行ってはならないということではない。

これは，連邦税法が，非営利／公益団体の収益事業活動（関連事業活動＋非関連事業活動）を相当程度まで法認していることからも明らかである。もちろん，収益事業活動が，その団体の本来的目的に転化していると見られる程度まで拡大し，実質的に営利法人化している場合は別である。

このように，私的流用禁止原則（PID）ないし私的利益増進禁止原則（PBD）が本来的に意図しているところは，収益事業活動の絶対禁止にあるのではなくむしろ，団体とその関係者との間の「自己取引（self-dealing）」の規制にあるとみてよい。

また，とりわけ私的流用禁止原則（PID）は，「分配禁止原則」とも呼ばれるように，配当可能な持分法人たる営利団体と非持分法人たる非営利団体とを厳密に区分するための基準ともなり得るものである。一般に，営利団体の行う営利活動と非営利団体の行う収益事業活動の多くは極めて類似性が高く，双方を厳密に区分することは困難である。このため，「非営利」であるかどうかの判断は，もっぱら分配禁止原則が遵守されているかどうかによっている。

② 「非営利」形態の濫用統制

すでにふれたように，連邦税法（IRC）は，「団体の純利益のいかなる部分も個人の持分又は個人の利益に供されない」形で「団体が組織され，かつ運営されなければならない」と規定し，私的流用禁止原則（PID）を明確にしている（501条c項）。IRCに盛られた私的流用禁止原則（PID），さらには財務省規則に盛られた私的利益増進禁止原則（PBD）は，本来，団体の生じた「純利益／剰余金（net earning）」，つまり諸経費を差し引いた金額の処理にあたり，団体自身とその内部者（insiders）的な地位にある個人などが分配行為を行うなど，禁止される不正な取引を行わないように規制を加えることが狙いである。また，非営利／公益団体の多くは，活動原資を一般市民や篤志家からの寄附に依存している。加えて，政府の補助金の交付を受けている場合も少なくない。こうした寄附金，補助金などが団体の内部者などの私益増進に費消されることは大きな問題である[97]。

---

[97] もちろん，政府からの補助金の目的外流用の禁止は，非営利／公益団体のみならず，営利法人についてもあてはまる。わが国でも，国の補助金の交付を受けた株式会社の政治献金禁止（政治資金規正法22条の3第1項）が遵守状況の悪さがしばしば問われている。アメリカに実情について詳しくは，拙論「アメリカにおける民間公金使途監視団体の活動：公金を使わない公金の使途監視のすすめ」白鷗法学17巻2号1頁以下（2010年）参照。

ただ，現実は，団体に影響力ある個人または支配する法人は，その持つ影響力を行使することにより，その団体の純利益／剰余金を私益に供することは比較的容易である。にもかかわらず，団体に対して透明性を確保する自律的な行動を期待することは容易でない場合も少なくない。したがって，団体を適正にマネジメントするためには，しっかりしたコーポレート・ガバナンスを確立するように求めるとともに，内部者などの一定の取引に法的規制を加え私益増進に歯止めをかける必要も出てくる。

連邦課税庁（IRS）は，この私的流用禁止原則（PID）ないし私的利益増進禁止原則（PBD）の適用となる「内部者」として，団体の理事，執行役，構成員（社員），設立者，出捐者などをあげている。そして，これらの者が，その地位を利用して団体の純利益／剰余金を受け取ることを禁止している。純収益の計算にあたり費用化され，差し引き控除される適正な額の報酬等の支払を除き，これら内部者は団体の金員（純利益／剰余金）を自らのポケットに入れてはならないとしているわけである。いかなる取引または行為が「私的流用」にあてはまり規制を受けるのか，その基準は明確でないこともある。IRSや裁判所の判例などを精査すると，次のような要件を充足する場合に，規制の対象となる。

【図表Ⅱ-15】私的流用禁止原則の適用要件

> ①　私益の実現をはかった者（以下「内部者」という。）が，当該利益の実現にあたり課税除外団体も行為を支配する能力または影響力を行使する能力を有していること。
> ②　実現された利益は，ある行為の結果に付随して生じたものではなく，当該課税除外団体に対して意図的に行使された影響力の結果生じたものであること。

③　「私的流用」判定要素

連邦税法（IRC）は，団体の内部者にあたる者が当該団体の純利益／剰余金を私的流用することを禁止する。この場合，内部者は，利益を「付随的に（incidentally）」に実現するに至った場合を除き，禁止される私益の実現，つまり団体の純利益／剰余金の「私的流用」に要したと判断される。

また，「私的流用」については，規模的に，すなわち量的の多いか少ないかは問題にならない。したがって，ある行為または取引が禁止される類型のあてはまるかどうかが問われる[98]。

私的流用にあたるかどうかの判定にあたっては，次のような要素を用いて精

査される。

【図表Ⅱ-16】私的流用の判定要素

① 団体と内部者との間での資産の売買，交換もしくはリース契約，
② 団体と内部者との間での金銭貸借もしくはその他与信の供与，
③ 団体と内部者との間での物品，サービスもしくは施設の供与，
④ 団体と内部者との間での報酬等の支払（もしくは経費の弁済），または，
⑤ 団体の資産もしくは所得の内部者の対する譲渡，内部者による利用または内部者の利益に供する形での利用

以上のように，社会起業家が，ソーシャルビジネスを営むビークルとして非営利／公益団体を選択した場合には，連邦税法上，ストレートな内部利益／純利益の分配はもちろんのこと，過大報酬，無利息融資，接待・供応・私的物品の購入など実質的な利益分配にあたる行為や取引の有無が問われてくる。

もちろん，こうした実質的な利益分配にあたる行為や取引は，純利益の分配が認められる営利会社をソーシャルビジネスのビークルとして選択した場合にも，課税上問題になる。社会的営利会社などを選択した場合にも問題になる。したがって，必ずしも非営利／公益団体を選択した場合に限った問題とはいえない。

そうはいっても，クイティキャピタルの活用ができない非分配の営利／公益団体を選択し，実質的な利益分配にあたる行為や取引が発覚した場合に，本来の事業に認められた非課税適格の承認が取り消され，非営利／公益団体の全事業が課税対象となることは極めて重荷になる。

④　社会的営利会社と連邦税法令上のPIDとPBDの所在

連邦税法（IRC）は，一定の要件を充足した非営利／公益団体の本来の事業および当該事業に関連する事業に対して法人所得課税を行わないことにしている。言い換えると，本来の事業に関連しない事業，すなわち「非関連事業（unrelated business）」のみを"収益事業"として法人所得課税（UBIT = unrelated business income tax）の対象としている（IRC511条）[99]。

例えば，栄養と食品化学に関する専門知識を活かしソーシャルビジネスを立

---

[98] ただし，IRSは，私的流用が「付随的」である場合には，その程度については，質的および量的の双方の意味において精査するとしている。See, IRS Gen. Couns. Mem. 39,598 1987 GCM LEXIS, at 15.

ち上げることに意欲的な社会起業家が，飢餓と栄養改善を目的とした栄養サプルメントの開発／製品化／販売を行っている非営利／公益団体を創業したとする。この場合，当該が開発した栄養サプルメントなどを飢餓や栄養不良の苦しむ人たちに無償提供したとしても，課税の問題は生じない。これに対して，当該団体が製品化した栄養サプルメントなどを有償で販売する場合には，非関連事業として課税対象となる。しかも，積極的な経営手法を用いて販売活動を行った結果非関連事業が過多になり，当該団体の中心的な活動に転化してしまっているときには，連邦課税庁（IRS）による本来の事業にかかる課税除外適格の承認取消処分を受け，本来の事業を含めてすべての事業が課税対象となるおそれも出てくる。これは，私的流用禁止原則（PID）ないし私益増進禁止原則（PBD）に抵触した場合にも同様である。

　この事例からも分かるように，社会起業家が，社会貢献活動を非営利／公益団体のビークルを選択して行う場合には一般に，当該事業に対する税法上の課税除外特典を享受することができる。とはいうものの，現実には，課税除外特典の適用／継続要件がかなり厳格なことから，社会起業家が望む自由な経営にとり場合によっては手かせ足かせ（桎梏）となり，当該特典が実質的には政府規制と映ることも考えられる。

　加えて，連邦税法は，非営利／公益団体向けに金銭その他の財産を拠出した寄附者に対して，自己の税金計算において法定限度額までの所得控除を認めていることから，当該寄附者は税負担の軽減をはかることができる。裏返せば，この仕組みを使って，政府は，実質的に非営利／公益団体に対して「税制を通じた組み合わせ助成金／マッチンググラント（matching grant／税制を通じた公的資金／補助金／租税歳出）を交付する構図になる。また，寄附者側からすると，公益寄附金税制は，各納税者が私的に的確と判断／選択した非営利／公益団体対して国家の公的資金を配分することを認めるに等しい課税上の仕組みと見てとれる。議会を通じないで公的資金を配分できるという見方をすれば，「公的資金の配分方法の私化（privatization of distribution of public money）」にもつながる仕組みといえる。加えて，公益寄附金税制により"税金を支払う途が２つ開か

---

(99) 非営利／公益団体が，パススルー課税が選択できるＳ法人に投資し，その持分（社員権）にかかる分配やその処分から得た所得は当然に，非関連事業所得（UBIT）として課税対象となる（IRC511条ｅ項）。したがって，非営利／公益団体が，この種の過度な所得をあげると，課税除外適格の取消のおそれが出てくる。

れる"形になる。すなわち，寄附者である納税者にそうした認識があるかどうかは別として，1つは，税法に従い納付を義務付けられる税額を，従来どおり国（アメリカの場合には連邦）や地方団体（アメリカの場合には州・地方団体）に支払う途である。そして，もう1つは，納税者が的確と思う民間の非営利公益団体を選択し，寄附金を支出し，税金計算において支出した額について控除・損金算入を受ける形で支払う途である。後者は，納税者が，自己の税金の使い途を選択・指定したうえで納付することにつながることから「使途選択納税」とも呼べる[100]。

　ただ，問題もある。非営利／公益団体が控除対象寄附金の受入れ適格を有する場合（IRC503条c項3号）には，パブリック・サポート・テスト／公的出捐基準（public support tests）（前記【図表Ⅱ-6】参照）のような，寄附金総額への少額の寄附をする納税者の参加を促す措置を盛り込むなどして[101]，寄附行為のおける富裕層への過度な依存を是正する措置を講じていることである（IRC509条a項）[102]。したがって，こうしたテスト／基準による税制を通じた政府規制も，場合によっては，社会起業家には桎梏となり得る。ソーシャルビジネスのモデルをデザインし，積極的に市場主義経済に参入し，経営が成り立つ事業活動を志向しようとするときは，とりわけである。ソーシャルビジネスのビークルとして，非営利／公益団体を選択しその活動資金を一般市民から支出される寄附金に求めるよりは，株式発行などエクイティキャピタル（エクイティファイナンス）を活用できるビークルを選択した方が効率的な場合も少なくない[103]。

　したがって，パススルー課税が認められる営利／非営利ハイブリッド事業体の一種である合同会社（LLC）のビークルを選択・活用して飢餓と栄養改善を

---

[100] 拙論「使途選択納税と租税の法的概念」獨協法学80号81頁以下（2010年）参照。

[101] 「寄附金依存運営健全論（donative theory）」とは，簡潔にいえば，非営利公益団体に対する課税除外措置は，「パブリックサポート／公的出捐基準」，すなわち"一般大衆から相当額の寄附金を集める魅力のある団体を支援するために採られている"との考え方である。拙論「非営利公益団体課税除外制・公益寄附金税制の根拠の日米比較」白鷗法学20巻2号73頁，166頁以下参照。See, Mark A. Hall & John D. Colombo, "The Donative Theory of the Charitable Tax Exemption," 52 Ohio St. L. J. 1379 (1991).

[102] See, e.g., Alyssa A. DiRusso, "Supporting the Supporting Organization: The Potential and Exploitation of 509(a)(3) Charities," 39 Ind. L. Rev. 207 (2006); Mark Rambler, "Best Supporting Actor: Refining the 509(a)(3) Type 3 Charitable Organization," 51 Duke L. J. 1367 (2002). 邦文での分析について詳しくは，拙著『日米の公益法人課税法の構造』前掲(32)，54頁以下，雨宮孝子「NPOの法と政策～米国税制のパブリック・サポート・テストと悪用防止の中間的制裁制度」三田学会雑誌92巻4号99頁以下参照。

目的とした栄養サプルメントの開発／製品化／販売事業を行った方が，経営効率は格段によいのではないか。

確かに，合同会社（LLC）は，非営利／公益団体とは異なり，連邦法人所得税の課税対象となるビークル（事業体）である。したがって，この場合，非営利／公益団体類型を選択して事業を行うのとは異なり，課税除外特典（適格）は享受できない。しかし，このようなハイブリッド事業体を活用して非営利／公益活動を行えば，その成果（損益）については法人段階での課税を回避（パススルー）し，構成員／社員課税を選択できる。開発した製品である栄養サプルメントの販売もかなり自由にできる。LLC または L3C などの営利／非営利事業体を活用して社会貢献活動を行う方が効率的ともいえる。社会起業家が，政府規制に縛られる課税除外特典を選ぶのか，市場で自由に羽ばたけるパススルー課税を選ぶかのせめぎ合いが続いている。

⑤ **課税除外適格のある非営利合同会社（non-profit LLC）の可能性**

近年，新たな動きもある。連邦課税庁（IRS）が，合同会社（LLC）を課税特権のある非営利公益団体（IRC501条 c 項 3 号）として認定するとの方針を打ち出したことである[104]。すなわち，ソーシャルビジネスの立上げに意欲的な社会起業家は，課税除外適格のある非営利合同会社（非営利 LLC/non-profit LLC）のビークルも選択できる可能性を示唆したことである。課税庁（IRS）も座して待ってはいられなくなり，「課税除外特典（適格）＋パススルー課税」の"新構想"で，チャレンジしてきたとみてとれる。この構想は，正確にいえば，新たな類型の会社を法認するのではなく，一定の条件をクリアした LLC に対し新たな課税取扱いをする旨をアナウンスしたものである。

IRS は，連邦財務省が共同で，ガイドライン「LLC 参考ガイドシート（Limited Liability Company Reference Guide Sheet）」およびこの「ガイドラインの解説書（Instructions for Limited Liability Company Reference Guide Sheet）」を公表して

---

[103] もちろん，コーポレートファイナンスの多様化という視点からは，債券（bond）の発行などデットファイナンス（debt finance）の活用も可能である。非営利／公益団体が活動資金調達の手法としてデットファイナンスを活用する場合には，税法令で禁止される「非営利」要件，すなわち私的流用禁止原則（PID）または「分配禁止原則（non-distribution constraint rule）」と抵触することはない。また，債券保有者への支払利子は費用化できる。

[104] See, Richard A. McCray & Ward L. Thomas, Limited Liability Companies as Exempt Organizations: Update, IRS Continuing Professional Education Technical Instruction Program 27-33 (2001). Available at: http://www.irs.gov/pub/irs-tege/eotopicb01.pdf

いる。このガイドラインやその解説書によると、各州法に基づいて組成された LLC は、次の12の要件を充足できれば、非営利合同会社（非営利 LLC）として課税除外適格を承認されることになる[105]。

【図表Ⅱ-17】IRS が示した非営利合同会社（non-profit LLC）適格承認の12要件

① 定款等[106]に、その合同会社／LLC の課税除外目的を記載すること。
② 定款等に、その合同会社／LLC は、もっぱら課税除外目的を推進するための運営されることを記載すること。
③ 定款等に、その合同会社／LLC の構成員／社員は、501(c)(3)団体、政府機関、又は州若しくはその下位の統治団体が一部若しくは全部保有する団体に限る旨を記載すること。
④ 定款等に、その合同会社／LLC の構成員／社員持分を、直接又は間接に、501(c)(3)団体、政府機関又は政府系団体以外に譲渡することを禁止する旨を記載すること。
⑤ 定款等に、その合同会社／LLC の資産は、直接か間接かを問わず、501(c)(3)団体、政府機関又は政府系団体へ譲渡する場合を除き、いかなる非構成員／非社員に対しても公正な市場価額でのみ譲渡することができる旨を記載すること。
⑥ 定款等に、その合同会社／LLC の解散の場合には、当該 LLC の資産は引き続き課税除外目的に使用される旨を記載すること。
⑦ 定款等に、その合同会社／LLC の定款の改正の際には、501条 c 項 3 号に従う旨を記載すること。
⑧ 定款等に、その合同会社／LLC は501条 c 項 3 号に基づき課税除外適格を得ていない事業体に転換すること、又はそうした事業体と合併することを禁止する旨を記載すること。
⑨ 定款等に、501(c)(3)団体、政府機関又は政府系団体である構成員／社員が退社する場合に、その合同会社／LLC の資産を公正な市場価額で譲渡するときを除き、いかなる資産の配分をも禁止する旨を記載すること。
⑩ 定款等に、その合同会社／LLC の501(c)(3)団体、政府機関又は政府系団体である一人以上の構成員／社員が退社する場合に許容できる緊急計画を立てられる旨を記載すること。
⑪ 定款等に、その合同会社／LLC の課税除外適格を有する構成員／社員は当該合同会社／LLC から付与されたあらゆる権限を積極的に行使し、かつ当該合同会社／LLC の持分を保護するために必要なあらゆる法的救済を求められる旨を記載すること。
⑫ その合同会社／LLC の定款等は、設立所在州の法律を遵守し、かつ法律上執行可能であること。

---

[105] See, IRS & Treasury Dep't, Limited Liability Company Reference Guide Sheet (2011): Available at: http://www.irs.gov/pub/irs-tege/irm7_20_4_13_llcguidesheet.pdf
[106] ここで、「定款等」とは、定款（article of organization）、社員間経営協定（operating agreement）その他の会社の根本規範（basic organizational documents）を指す。

以上のような非営利LLC認定の要件は，非営利／公益団体（501(c)(3)団体など）が課税除外適格申請をした場合に，IRSが審査する際に適用する「形式的審査基準」や「実質的審査基準／団体運営基準」（前記【図表Ⅱ-11】参照）と内容的にはほぼ同じである。また，この非営利LLCの構想では，その構成員／社員は，501(c)(3)団体，政府機関，州や地方団体に限定される。このことから，この構想は，501(c)(3)団体などがLLCを子団体として活用するL3Cの類型（前記【図表Ⅱ-13】）をモデルにイメージしたものと思われる。

　元来，分配会社であるLLCは営利事業を遂行し得られた結果をその構成員／社員にパススルーするのが目的の事業体である。この点を重く見て，LLCに501(c)(3)団体適格を付与して非営利目的に流用するやり方は理路整然としていない，との批判もある[107]。にもかかわらず，連邦財務省とIRSがこうしたガイドライン（要件／基準）をつくって公表した背景には，事業体選択における株式会社（regular corporation/per se corporation）に代わる合同会社（LLC）急増という無視できない現実があった。連邦財務省やIRSは，こうした現実を見据え，LLCにも501(c)(3)団体として課税除外適格を認めることで，LLCの非営利目的での活用に積極的姿勢を示したものと思われる。

　いずれにしろ，こうした連邦財務省とIRSの方針を受け入れる形で，州のなかには，デラウエア州のように，自州のLLC法を改正し，「銀行業を除き，営利否かを問わず，いかなる合法的な事業，目的又は活動をするために」LLCを組成することができると規定しているところもある[108]。

　また，州法の統一に関する全米長官会議（ULC/Uniform Law Commission／正式名称は＝National Conference of Commissioners on Uniform State Laws）は，2006年に，「改正統一LLC法（Re-ULLCA＝Revised Uniform Limited Liability Company Act）」を公表している[109]。Re-ULLCAは，「LLCは，営利か否かにかかわらず，合法的な目的で組成できる（A limited liability company may have any lawful purpose, regardless of whether for profit）」と規定する（Re-ULLCA 104条）。したがって，LLCは，事業目的（business purpose）がなくとも，財産の権原を保有する目的な

---

[107] See, Carter G. Bishop & Daniel S. Kleinberger, Limited liability Companies: Tax and Business Law, at 5.03 (1994 & Supp. 2002).

[108] Delaware Limited Company Act, Del. Code Ann. Title 6. §18-106(a) (2011).

[109] Available at: http://www.uniformlaws.org/shared/docs/limited%20liability%20company/ullca_final_06rev.pdf

どでも組成できるとする[110]。

　さらに，諸州のなかには，より積極的な立法措置を講じ，「非営利合同会社法（NLLPA = Nonprofit Limited Liability Company Act）」を制定する州も出てきている。テネシー州がその1つである[111]。同州が2001年に制定したNLLPA（Nonprofit Limited Liability Company Act of 2001）は，IRC501条c項3号条の課税除外適格を有する非営利／公益団体が親団体となり，当該団体が唯一の社員（一人社員）からなる子会社たるLLCの組成を法認することを目的として法律である[112]。したがって，この種の一人社員から成るLLC（a single-member LLC）では，連邦所得課税上，法人格が否認された事業体（disregarded entity）として取り扱われる。非営利合同会社法（NLLPA）を制定する動きは，ケンタッキー州[113]やミネソタ州[114]，ノースダコタ州[115]などでも見られる。

　確かに，非営利合同会社／非営利LLCは新味のある構想である。ただ，投資家がLLC類型を選択するのは，一般に，その組成手続が簡素であり，かつ柔軟な運営ができることが最大の動機といわれる。このことは，裏返せば，一般の非営利／公益団体に求められる連邦税法（IRC）上の私的流用禁止原則（PID）ないし私的利益増進禁止原則をどのように遵守させるのか，さらには当該LLCの解散などの場合に残余の公益目的資産の継承的処分（CAS）の仕組みなどをどう盛り込むかなどが重い課題として残る[116]。

　また，諸州の合同会社法（LLC法）においては，LLCの構成員／社員全員が代表権を持って経営にあたること（member-management）が原則になっている。定款等の定めがあれば，業務執行社員による経営（manager-management）も可能

---

[110]　アラバマ州，ハワイ州，イリノイ州，モンタナ州，サウスカロライナ州，サウスダコタ州，バーモント州，ウエストバージニア州などRULLCAを採択する州は，事業（business）目的や営利目的（for profit）がなくともLLCを組成できる。したがって，IRC501条c項3号に規定する非営利／公益団体を，非営利LLC／非営利合同会社（non-profit LLC）の形で組成することも可能になる。

[111]　Tenn. Code Ann. §48-101-701～708 (2001). See, James M. McCarten and Kevin N. Perkey, "Tennessee Nonprofit LLCs: A New Option for Tax-Exempt Organizations," 3 Transactions 15 (2001).

[112]　See, Tenn. Code Ann. §§48-101-701～708 (2011).

[113]　See, Ky. Rev. Stat. Ann. §275.005 (2011).

[114]　See, Minn. Stat. §§322B.03, subdiv. 31a, 322B.975 (2011).

[115]　See, N. D. Cent Code Ann. §§10-36-01～09 (2011).

[116]　See, David S. Walker, "Business organization: When "Business Purpose" Disappears: Article: A Consideration of An LLC for A 502(c)(3) Nonprofit Organization," 38 WM. MITCHELL L. Rev. 627 (2012).

である。しかし、これはあくまでも例外的な取扱いである。このことから、501(c)(3)団体としての課税除外適格の承認を受けられる一人社員からなる非営利LLCは、当該社員が1人で経営にあたること（member-management）になる。ただ、こうした構図にあるからこそ、非営利LLC経営における信任義務（fiduciary duties）、透明性や説明責任、利益相反取引の規制を含むコーポレート・ガバナンスを制度的にどのように確保していくかも重い課題である[117]。LLCを選択した社会起業家に、会社法を通じた新たな規制が重くのしかかってくるおそれもある。

　一方、こうした連邦税法（IRC）上の重い要件をクリアするためには、極めて複雑なタックス・プランニングを駆使する必要が出てくる。タックス・プランニングによって実質的に非営利LLCに対して課税除外適格（特権）を認めたとしても、すぐには社会起業家がソーシャルビジネスを営む際に選択できる使い勝手のよいビークルになるとは思えない。

C　小括～社会貢献活動へのエクイティキャピタル活用の法的課題

　アメリカには、社会貢献活動または社会貢献事業の立上げに意欲的な社会起業家向けの会社法制度改革に意欲的な州が多い。これらの州では、伝統的な営利および非営利の分類・類型化にはこだわりを持っていない。むしろ、これらの州では、営利セクター（第二セクター）に対し、第三セクター（非営利公益セクター）に対するエクイティキャピタルの投下を促すことを狙いに、各種の「営利／非営利ハイブリッド事業体」を積極的に法認してきている。こうした多彩なメニューの会社法制の整備を積極的にすすめているのは、社会起業家や社会投資家、州弁護士会、学者などである。したがって、アメリカでは、単一国家であるわが国のような、行政府（役人）が主導し政府提出法案をつくり成立を見た法人法制の枠のなかで社会起業家などが事業体選択の問題を語り合うという状況にはない[118]。

　アメリカでは「法人の多元化（corporate pluralism）」現象が顕著である。諸州

---

[117] See, Barbara M. Costello, "Understanding the Unique Liabilities of Serving as a Director or Officer of a Nonprofit," 43 The Brief 46 (ABA, 2013).
[118] 例えば、記事「非営利法人格選択に関する実態調査結果報告シンポジウム」公益法人44巻7号（2015年）参照。静的な議論にもそれなりの意義はあるが、議論にもっとダイナミックさが欲しいところである。

の立法府が，時代を先読みし，さまざまな営利／非営利のハイブリッドなビークルを，それぞれ独自の視点から積極的に法認してきているからである。諸州が法認したハイブリッドなビークルは実に多様であるが，大きく3つに分けることができる。

1つは，合同会社（LLC＝limited liability company）の仕組みを応用した営利／非営利ハイブリッド事業体である「低収益合同会社（L3C＝low-profit limited liability company）」である。アメリカ諸州のL3Cは，合同会社（LLC）の仕組みを取り入れてデザインされている。L3Cは，ソーシャルビジネスに意欲的な社会起業家が，潤沢な資金を持つ助成財団／基金からの出資の呼び込み，社会に有益な活動へのエクイティキャピタルの拠出先として活用できる。L3Cは，一定の要件【①株主数が100人以内であること，②株主は個人，課税除外適格を有する非営利団体，信託（trust）や遺産財団（estate）などであること，③株主に非居住外国人がいないこと，④1種類の株式だけ発行していること】を充足し，連邦所得課税取扱い上のS法人にあてはまる場合には，S法人課税を選択できる（IRC1361条b項1号，財務省規則1.1361-1(b)）。選択すると，損益は配賦（パススルー）され構成員／社員課税となる。すなわち，事業体課税においては納税主体となる一方で，その果実を受益者や出資者／構成員／メンバー／社員に分配すると事業体課税は行われない。

もっとも，例えばIRC503条c項3号条の非営利／公益団体が，合同会社（LLC）であるハイブリッド事業体の構成員／社員としてパススルー課税が選択できるS法人に投資し，その持分（社員権）にかかる分配やその処分から得た利得は当然に，非関連事業所得（UBIT）として課税対象となる（IRC511条e項）。すなわち，法人所得税は課税除外とならない。したがって，伝統的な非営利／公益法人が，L3Cのような非営利／公益事業体の構成員／社員となって投資収益を獲得する手法は，当該投資が過多であると連邦課税庁（IRS）に判定されることにより，課税除外適格の喪失にもつながるおそれがあった。この点について注目すべき動きとしては，すでにふれたように，連邦課税庁（内国歳入庁／IRS＝Internal Revenue Service）が非営利目的での合同会社の選択（LLCの非営利目的活用）を認め，連邦法人所得課税上の課税特典を享受できる適格（IRC501条c項3号上の課税除外資格）を認める方向へ政策転換を図ったことである。また，こうしたIRSの方針転換，連邦主導の動きを受けて，自州のLLC法を改正し「営

利か否かを問わず，いかなる合法的な事業，目的又は活動をするために」LLC を組成することができる旨を明確にすることや新たな「非営利合同会社法 (NLLPA＝Nonprofit Limited Liability Company Act)」を制定する州も出てきていることである。すなわち，LLC が株主利益の極大化以外の社会益増進を会社の目的としていても，経営陣は信任義務違反を問われることがないような新たな事業体を法認したわけである。

社会起業家が社会貢献活動への金銭その他の財産の拠出先として活用できるもう 1 つのビークルがある。「社会益増進会社（B 会社／B corporation＝benefit corporation）」である。この類型の会社は，連邦法人所得課税上は普通法人／C 法人の取扱いを受ける（IRC1363条 a 項 2 号）。しかし，B 会社は，社会貢献目的を，一般の株式会社に求められる「株主の利益の極大化」よりも「社会益の増進（social benefit）」をもっと高位の基準として採用したうえで事業経営が認められる営利／非営利のハイブリッドの法人事業体である。したがって，具体的には，会社定款等に，例えば会社収益の50％を非営利／公益団体その他社会貢献事業へ寄附するとか，取引先は従業者の権利を尊重し，環境に責任を負うことを明確にした企業に限るとかを盛り込むことになる。

B 会社は，原理主義的な株主利益至上主義または株主利益極大化主義がストレートに適用のならないという意味で，一方 L3C は，これに加え課税面で経済的二重課税をも回避できるという意味で，社会貢献活動をする場合には使い勝手のよいビークル（vehicle）といえる。エクイティキャピタルを主たる原資に営利事業を行う普通法人である株式会社が，その内部利益の一部を別個のビークルである非営利／公益法人に拠出／寄附して社会貢献活動を行う手法を選択するよりは効率的とされる。

そして，三つ目は，社会目的会社（SPC＝social purpose corporation）である。この類型の会社は，簡単にいえば，投資家の利益と公益の増進をはかることを狙いに，経営陣と所有者／株主間で合意した 1 つ以上の特定のあるいは社会／環境保護目的で事業経営が可能な営利／非営利ハイブリッド事業形態である。SPC は，①連邦税法（IRC）501条 c 項 3 号上の非営利公益法人に認められる公益目的のある事業を営むことを目的とすること，および②(a)会社従業者，取引先，顧客や債権者の利益の考慮，(b)コミュニティや社会の利益の配慮，(c)環境への配慮を目的とすることが認められる画期的な事業体である（CCC2602条）。

つまり、連邦法人所得課税上は普通法人／C法人の取扱いを受けるが（IRC1363条a項2号）、エクイティキャピタルを原資に、営利法人の形で幅広い非営利／公益事業ができるスーパーな事業体である。

しかも、連邦税法（IRC）のもとで、株式会社／C法人であるB会社もSPCも、S法人の要件にあてはまる場合には、S法人課税を選択できる。このことから、B会社もSPCのようなハイブリッド事業体を活用して非営利／公益活動を行えば、その結果（損益）や持分の処分益については法人段階での課税を回避でき、構成員／持分主課税を選択できる。ただし、連邦税法上のS法人適格の選択は、社員／構成員が100人以内など比較的小規模な会社向けになっている。したがって、大規模な社会貢献事業、社会的営利会社には不向きである。

租税立法政策論的には、営利／非営利ハイブリッド事業体に対して、伝統的な非営利／公益団体（IRC501条c項3号団体等）に認められているのと同等に、当該事業体の社会貢献事業活動に対し法人所得税を課税除外にする、または軽減税率で課税する案も考えられる。カリフォルニア州では、B会社もSPCに対して、同州の法人所得税であるフランチャイズ税（franchise tax）を軽減すべきだとする提案がなされている[119]。また、ハワイ州では、2006年に営利／非営利ハイブリッド会社（responsible business corporation）法を制定する際に、州議会に、「州法人税を○○パーセント免除する」旨を盛り込んだ法案が出された。しかし、世論の批判に配慮して州知事が拒否権を発動し、同規定は削除されたと報じられている[120]。

伝統的な非営利／公益団体（IRC501条c項3号団体等）は、剰余金の分配を目的としない非分配事業体であり、かつ解散時の残余の公益目的資産の継承的処分（CAS）の義務を負うことを条件に、税法上の課税除外適格が付与されている。また、私的流用禁止原則（PID）や私的利益増進禁止原則（PBD）が適用になる。この結果、エクイティキャピタルは活用できず、事業活動の主たる資金源としては、寄附金や政府補助金、場合によってはデットファイナンス（融資）に依存

---

[119] See, Ross Kelley, "The Emrging Need for Hybrid Entities: Why California Should Become the Delaware of 'Social Enterprise Law'," 47 Loy. L. A. L. Rev. 619, at 653 (2014). B会社やSPCのような社会的営利会社／ハイブリッド会社に対し州法人所得税を減税し、社会起業家や社会投資家を呼び込み、州内での雇用拡大につなげようという狙いがある。

[120] See, Lloyd Hitoshi Mayer & Joseph R. Ganahl, "Taxing Social Enterprise," 66 Stan. L. Rev. 387, at 390, 421 (2014).

せざるを得ない。また，収益事業（関連事業＋非関連事業）によって事業活動資金を生み出すことはできるものの，IRS に過多な収益事業を行い営利事業体に転化していると判断されたときには，課税除外適格の喪失につながるおそれが出てくる。

これに対して，社会貢献活動のビークルとして L3C や B 会社，SPC のような営利／非営利ハイブリッド事業体を選択すると，エクイティキャピタルを活用できる。とりわけ税法上の S 会社選択をすればパススルー課税も可能になる。また，伝統的な非営利／公益団体（IRC501(c)(3)団体等）に適用あるような税法上の強力な政府規制を回避することもできる。豊富なハイブリッド事業体のメニューを揃えた州では，既存の株式会社から，B 会社，SPC などへの転換を模索する事業体が増えていると聞く。

いずれにせよ，社会貢献活動にエクイティキャピタルを活用できるハイブリッドなビークルを法認するにあたっては，精査されなければならない会社法や税法上の課題が山積している。したがって，流行や稚拙な政策論を優先するのではなく，精緻な法的議論を展開したうえで新たなビークルを法認する必要がある。

アメリカにおいては，政府規制を撤廃し，市場原理の徹底を求める声が概して強い。ソーシャルビジネスの立上げに意欲的な社会起業家は，社会貢献活動にするにあたり，エクイティキャピタルを拠出できず税務当局による規制も厳しい伝統的なビークルを選ぶのか，あるいはエクイティキャピタルを拠出できる新たなビークルを選ぶのか，自己決定の幅は確実に広がってきている。見方によっては，事業体選択に競争原理が働いているともいえる。これは，社会投資家についても同様である。伝統的な非営利／公益団体，営利／非営利協同のハイブリッド事業体，どちらのビークルが効率的で，最適な選択になっていくのかは，今後の展開を注視しなければならず，現時点では定かではない。

3 留保金課税制度

「内部留保金（accumulated earnings）」ないし「内部留保（reserves）」[21]とは，配当されずに，法人企業が事業で得た利益のうち再投資に費消する目的または名目で会社内部に蓄積された部分を指す。

内部留保（金）への課税（以下「留保金課税」という。）の是非については，見解が分かれる。法人擬制説に立つと，留保金課税は，税引後の余剰金に課税することになり，"二重課税（double taxation）"となるとの見方もできる[22]。一方，法人実在説に立つと，法人とその個人株主とは，それぞれ別個の納税主体であり，法人が稼得した課税物件（この場合"所得"）に対する法人段階での課税と個人段階での受取配当に対する課税（二段階課税）は是認されることから，個人段階での課税の回避に対応するために法人段階で行われる留保金課税は重複する課税にはあたらないと解することができる[23]。

連邦税法（IRC）は，法人実在説の立場から，法人に対する留保金税（AET = Accumulated earnings tax）の課税を行っている（IRC531条以下）[24]。

A　アメリカの留保金課税の基本

アメリカの連邦法人税制における国内課税にかかる主な留保金税制は，「留保金税（AET = Accumulated earnings tax）」（IRC531～537条）と「人的所有会社税（PHC tax = Personal holding company tax）」（IRC541～547条）の2つからなっている。これらの留保金税制は，立法論的には，内部留保に懲罰税（penalty tax）を課すことにより配当を促すとともに，法人実在説に従い法人と個人の双方を対象に

---

[21] ここでは，一般に「内部留保（金）」と表記するが，「内部留保金」や「内部留保」の表記も同義である。「社内留保」，「社内分配」，さらには「埋葬金」などとも呼ばれる。一般に，法人企業が複数年度にわたり累積した利益の留保額全体を指す。しかし，単年度に生じる利益の留保額を指すこともある。内部留保は，所有と経営が分離していない小規模の同族会社のみならず，大法人，親会社に支配された子会社，さらには完全無配当株式発行会社（会社法105条2項）【ただし，株主から剰余金の配当請求権をはく奪するには，株主の残余財産請求権を保障する必要がある。】などの場合にも生じ得る。むしろ，外部からの資金調達が難しい中小法人においては一般に，所得を不当に留保する余裕がないようにもみえる。

[22] "二重負担"という文言を用いてこの問題を点検する論者もいる。例えば，北野弘久「同族会社の留保金課税制度」『現代企業税法論』（岩波書店，1994年）243頁以下参照。

「二重課税（double taxation）」を実施することにあるとされる。

すでにふれたところであるが，アメリカの連邦法人税制では，配当法人は，当該法人が稼得した所得には法人所得税が課される。その後，法人税の税引後の所得が，個人株主に配当された場合には，さらに個人所得税が課されるルールになっている。つまり，「二重課税」を行う課税原則となっている。ところが，法人が税引後の所得を個人に配当を行わず内部に留保すると，個人株主の段階で課税されるはずの課税が繰り延べられることになる[125]。このような課税繰延を認めないために，以下の「留保金税」や「人的所有会社税」制が設けている。これらの税制のもとではいずれも，法人企業が「事業のための合理的必要性」もないのに内部留保している一定額を超える所得が課税対象となる。

(1) 人的所有会社税とは

まず，人的所有会社税（PHC tax＝Personal holding company tax）制について検証してみる。人的所有会社税（PHC tax）制のもと，少人数の個人株主によって所有されている法人（5人以下の株主が，直接あるいは間接に50％超の持分を所有して

---

[123] わが国の現行留保金課税制度（法人税法67条）では，特定同族会社のみを課税対象としている。こうした課税の仕方に対しては，租税立法におけるイコール・フッティング（equal footing／競争条件の均等化）の原理に反するとの指摘がある。事実，日本国憲法（以下「憲法」という）14条〔法の下の平等〕違反にあたるとし，訴訟も提起された。司法は，立法裁量論を梃子に，同族会社留保金課税制度（当時）を「著しく不合理ではない」との理由で合憲と判断している（大阪地裁昭和62年9月16日判決〔棄却・確定〕・税務訴訟資料159号638頁）。租税立法意見訴訟と立法裁量論について詳しくは，拙論「租税立法（税法令）違憲訴訟と立法裁量論」税制研究70号（2016年）参照。わが国企業の内部留保金課税のあり方については，依然として論争は続いている。例えば，経済産業省「経済社会の持続的発展のための企業税制改革に関する研究会（第2回）：議題中小企業税制」（2005年〔平成17〕年5月16日）議事録。http://www.meti.go.jp/policy/economic_industrial/gather/eig0000028/index.html，日本弁護士連合会「同族会社に対する留保金課税についての意見書」（2005年1月20日）http://www.nichibenren.or.jp/activity/document/opinion/year/2005/2005_8.html，日本税理士会連合会「平成18年度・税制改正に関する建議書：同族会社の留保金課税制度の廃止」（2005年6月28日）http://www.nichizeiren.or.jp/guidance/pdf/kengisyo-H18.pdf　こうした声に呼応する形で，2007〔平成19〕年度の税制改正では，特定同族会社の留保金課税から資本金1億円以下の法人が除外された。この改正は，同族会社の内部留保を一律に課税の繰延が目的であると見るのではなく，自己資金の調達を容易にし，財務基盤の強化を狙いとしたものと解されている。品川芳宣「留保金課税の今日的課題と方向性」税理48巻8号参照。わが国企業の内部留保はおおよそ350兆円（2016年現在）にも達しており，課税廃止を求める声がある一方で，大法人を含めた内部留保金課税の拡大，一般化を求める声も強い。

[124] See, John S. Ball & Beverly H. Furtick, "Defending the Accumulated Earnings Tax Case," Fla. Bar J., (Dec. 1998); Kamran Idrees, "When do tax deficiencies actually accrue? Resolving the recent Circuit over the accumulated earning tax," 59 Tax Law. 541 (2006); Stacy S. Shibao," Applying the accumulated earnings tax to a publicly held corporation: Technalysis Corporation v. Commissioner," 47 Tax Law. 1061 (1994)

[125] 本書第Ⅰ部２B参照。

いる会社）で，その所得の60％以上が配当，利息，賃貸料，ロイヤルティなど投資所得（passive income）で占められている法人（こうした法人を「人的所有会社／PHC」または「パーソナル・ホールディング・カンパニー」という。）については（IRC542条），その非配当の人的所有会社所得（PHC income = Personal holding company income），つまり留保所得に対して，通常の法人税とは別途に，留保金税（AET）と同様に，現在20％の税率で追加課税が行われる。PHC income は，法人の課税所得に法定の加算・減算の調整を行ったうえで算定される（IRC541条）。

この人的所有会社税（PHC tax）は，本来，個人所得税の最高税率が法人税率よりも40％以上も高かった時代に，資産家が高税率を回避するため会社に資産保有させ，その利益を会社に蓄積することへの対策として設けられたという経緯がある。

現在では，法人と個人の税率に大きな格差はないので，廃止すべきであるとの声もある。しかしこの税制自体は存続している。ちなみに，法人が，人的所有会社税（PHC tax）の対象になった場合には，留保金税（AET）の適用対象からは外れる（IRC532条b項1号）。

(2) 留保金税とは

一方，留保金税（AET = Accumulated earnings tax）制のもと，連邦課税庁（IRS）は，法人が「事業のための合理的必要性（reasonable business needs）」もないのにもかかわらず，配当を行わずに法定許容限度額を超える所得を留保していると判断する場合，それを租税回避目的（tax-avoidance purpose）で課税の繰延べであると推定し，留保課税所得（ATI = Accumulated taxable income）に対し39.6％の税率〔個人所得税の最高税率〕で賦課課税できる。ただし，2003年改正税法（Jobs and Tax Relief Reconciliation Act of 2003）その他の改正税法により，暫定的に現在20％で課税されている（IRC531条）。

法定許容限度額を超える過剰な留保金が「事業のための合理的必要性」があるかどうかについては，原則として納税者である法人側が立証することになっている。このことから，法人は，例えば自己資金を使って事業の拡張計画があり手元資金が必要である，といったような主張を行い，課税庁を納得させる必要がある。

留保金税（AET）は，前記の人的所有会社税（PHC tax）とは異なり，株主の数に関係なく適用される。また，AET は，制度的には，閉鎖会社（closely held corporation）であるか，公開会社であるかどうかを問わず，営利法人一般に適用される仕組みになっている。しかし，現実には，AET の適用対象は，多くの場合，少数に株主で配当する内部留保するかを比較的自由に決定できる閉鎖会社である。

ちなみに，法人が無条件で留保できる法定許容限度額は25万ドル〔ただし，人的役務提供法人（Personal services corporations）については15万ドル〕である。この法定許容限度額であれば，無条件で事業のために合理的な必要性のある留保金額とみなされる。法定許容限度額とは，いわば「基礎控除」ともいえる。言い換えると，法人は，法定許容限度額を超えて過剰に留保金を積み立てる場合，AET の賦課を回避するには，理由を示してその必要性の立証をする必要がある。

B　留保金税の適用要件

連邦税法（IRC）のもと，留保金税（AET＝Accumulated earnings tax）は，原則としてすべての営利法人に適用される。その適用要件を図説すると，次のとおりである（IRC531条・532条）。

【図表Ⅱ-18】留保金税の特質と適用要件

① **留保金税（AET）の目的**
・ATE は，法人（非営利公益法人などを除く。以下同じ。）が，剰余金ないし利益の配当を行うことを目的とせずに，内部留保をすることにより，その株主にかかる所得税の回避をねらいの設立または利用されている場合に適用することが目的である。
・AET の目的は，法人企業の過剰な内部留保に対する「懲罰税（penalty tax）」である。したがって，申告納付（self-assessment）方式の租税ではなく，賦課課税（official assessment）方式の租税である。

② **AET の適用要件**
・AET は，法人が，その株主または他の法人の個人株主に課される所得税の「租税回避目的（tax-avoidance purpose）」で，設立または利用されている場合に適用される。
・AET は，法人の株主に配当されずに，法人の「事業のための合理的必要性（reasonable business needs）」を超えた留保金（accumulated earnings）の額が課税対象となる。
・AET は，法人の株主の数に関係なく適用される。言い換えると，AET は，閉鎖会社（closely held corporation）であるか，公開会社（publicly held corporation）であるかを問わず，適用される。

③ **租税確定手続および納付手続**
・AETは，申告納付方式の租税ではないために，この税額を計算し，かつ申告納付する特段の書式等はない。
・課税庁（IRS）は，各法人から提出された法人所得税の申告書を調査し，納税申告書が提出された法人の各年度において，その法人の「事業のための合理的必要性（reasonable business needs）」を超えた金額が留保されており，妥当な額の配当が行われていないと判断した場合，過剰とされた留保金額に対して，通常の法人税率とは別途に現在20%（本来39.5%）AETを賦課し，納税通知をすることになる。
・この賦課額には，AET税額に過少申告加算税が加算される（IRC6601条b項4号）。
・賦課されたAETは，人的所有会社税（PHC tax）などの場合と同様に，通常の法人所得税（代替ミニマム税（AMT）を含む。）に追加して納付するように求められる。

④ **留保課税所得（ATI＝Accumulated taxable income）の算定**
・AETは，法人の各年度の留保課税所得（ATI）に基づいて計算される。ATIは，法人の通常の課税所得を，その法人が有する配当原資の規模にするために，各種加算，減算等の調整（Adjustments）を行って算定される金額である（IRC525条，財務省規則1.535-2）。
・ATI算定にあたり調整が必要な項目のうち主なものを掲げると，益金不算入とされた受取配当額の加算，損金処理された欠損金額の加算，譲渡益・譲渡損失の繰越額または繰戻額の加算，10%を超えて損金処理された寄附金額の加算，連邦法人所得税額の減算，支払配当額の減算などである。
・さらに，ATI算定にあたっては，留保金控除（AEC＝Accumulated earnings credit）や支払配当額の減算（Dividends-paid deductions）が認められる。

⑤ **留保金控除（AEC＝Accumulated earnings credit）**
留保金控除（AEC）は，次の(a)，(b)のうちいずれか大きい金額となる。
(a) 課税庁（IRS）の決定または争訟の裁断で「事業のための合理的必要性」を理由に留保できるとした金額
(b) 前年度末の留保金残高25万ドル〔ただし，人的役務提供法人（Personal services corporations）については15万ドル〕から差し引いた金額

⑥ **「事業のための合理的必要性」を理由に留保できる金額**
・法人は，「事業のための合理的必要性（reasonable business needs）」は，AETの適用対象から除外される。また，25万ドル〔ただし，人的役務提供法人（Personal services corporations）については15万ドル（IRC269条のA・280条のA）〕以内であれば，自動的に「事業のための合理的必要性」ありとされる（IRC535条c項2号）。一方，25万ドルの免税点を超える場合にはトリガー課税が行われ過剰留保額として課税の対象となる。すなわち，ATIの計算にあたっては，「事業のための合理的必要性」があると判断された金額（実額），または25万ドル〔15万ドル〕（概算）のいずれか大きい方の金額が，控除されることになる。
・ちなみに，「事業のための合理的必要性」があるかどうかについては，原則として，納税者である法人企業側が立証する責任を負うことになっている。

C 留保金税の計算の仕組み

「留保金税（AET＝Accumulated earnings tax）」は，同族（非公開）か非同族（公開）かを問わず，法人が，その個人株主または他の法人株主に課される所得税の「租税回避目的（income tax avoidance purpose）」で，設立または利用されている場合に適用される（IRC532条a項）。

AETは，法人の各年度の留保課税所得（ATI）に基づいて計算される。ATIは，法人の通常の課税所得を，その法人が有する配当原資の規模にするために，各種加算，減算等の調整（Adjustments）を行って算定される金額である（IRC525条b項，財務省規則1.535-2）。

留保金税（AET）額は，連邦法人所得税の課税ベースに減算・加算など必要な調整等をし，支払配当控除（Dividends-paid deduction）や留保金控除（AEC＝Accumulated earning credit）の金額を差し引いて，算定された留保課税所得（ATI＝Accumulated taxable income）に税率をかけて計算される。

留保金税（AET）の計算方式を簡潔に図示すると，次のとおりである。

【図表Ⅱ-19】留保金税（AET）の計算方法

課税所得（Taxable income）	$×××,×××
⊕⊖調整項目（Adjustments）	××,×××
調整課税所得（Adjusted taxable income）	$×××,×××
⊖受取配当控除（Dividends-paid deduction）	〔××,×××〕
⊖留保金控除（Accumulated earnings credit）	〔××,×××〕
留保課税所得（Accumulated taxable income）	$×××,×××
留保金税率（Accumulated earnings tax rate）	20％
留保金税額（Accumulated earnings tax）	$××,×××

上記の留保金税（AET）の計算方式のなかに表記された主要な項目について以下に解説する。

(1) ⊕⊖調整項目の概要

前記の留保金税（AET）の計算方式のなかに表記された「⊕⊖調整項目（Adjustments）」とは，法人所得を，その法人が有する経済的な配当原資

(economic income) の規模にするための調整である。

この「調整課税所得 (ATI＝Adjusted taxable income)」を算定するにあたり，⊕＝加算ないし⊖＝減算する項目は多岐にわたる (IRC535条b項，財務省規則§1.535-2))。主要な項目を図説すると，次のとおりである。

【図表Ⅱ-20】調整項目（Adjustments）の概要

⊕⊖	調整項目
⊖	①連邦法人所得税／戦時利潤超過税等（Federal corporate income taxes etc.／IRC535条b項1号）
⊖	②公益寄附金（Charitable contributions／IRC535条b項2号）
⊕	③特定の公共事業会社等が発行する優先株式等からの受取配当金（Special deduction disallowed／IRC535条b項3号）
⊕	④欠損金控除額（Net operating loss／IRC535条b項4号）
⊖	⑤特定の純キャピタルロス（Net capital losses／IRC535条b項5号）
⊖	⑥特定の純キャピタルゲイン（Net capital gains／IRC535条b項6号）
⊖	⑦資産損失の繰戻または繰越額（Capital loss carryback or carryovers／IRC535条b項7号）
⊖	⑧被支配外国法人（CFC＝Controlled foreign corporations・IRC951～964条）に該当する法人の所得で合衆国株主の所得の合算された金額（IRC535条b項8号）

(2) ⊖支払配当控除の概要

前記の留保金税（AET）の計算方式のなかに表記された「⊖支払配当控除（Dividends-paid deduction）」とは，「調整課税所得（Adjusted taxable income）」から減算できる項目である。具体的には，次の2つからなる。

【図表Ⅱ-21】支払配当控除の概要

> **①支払配当金（Paid-dividends）**
> 　留保金税（AET）の計算において，支払配当金は実際に支払かつ株主が受け取った金額は，これを控除することができる（IRC561条）。株式配当などのかたちでの支払についても，支払配当金控除（Paid-dividends deduction）の対象となる（IRC562条）。

②同意配当金（Consent dividends）

　同意配当金の制度は、実際には株主に配当が支払われていないのにもかかわらず、仮想配当（hypothetical distribution）をしたものとして計算処理することにより、法人に留保金の一部を留保することを認める仕組みである（IRC565条）。この場合、株主は、実際には配当を受け取っていなくとも、その法人の事業年度に当該する課税年にその部分の配当があったものとして自己の所得税の総所得金額に含めて年次申告するように求められる。同意があった場合、株主である納税者は、様式972〔特定金額を総所得に加算するための株主の同意（Consent of Shareholder to include specific amount in gross income）〕を、その法人の法人所得税の減額請求期限まで、法人に提出するように求められる。この同意は撤回することができない。この同意報告書（様式972）には、株主である納税者が実際には受領していないが法人と同意した現金配当金（一定の同意株式配当を含む。以下、同じ。）の金額等を記載するように求められる。法人は、株主からこの同意報告書（様式972）の提出があれば、法人所得税申告において、様式973〔法人の同意配当金控除の請求（Corporation Claim for Deduction for Consent Dividends）〕と株主から提出があった様式972を添付して、「支払配当控除」の一環として「同意配当金控除（consent divided deduction）」をすることができる。同意配当金の結果、法人は法人所得税負担が減る一方で、株主は個人所得税の負担が増えることになる。株主に分配した金額は直ちに出資（paid-in capital contribution）したものとみなされる。株主が実際には受け取っていない配当金は、いわば「仮想所得（phantom income）」として課税されることから、その分を株式の税務簿価に加算する調整が行われる。

　同意配当金制度は、留保金税（AET）の賦課課税を回避すると同時に、現金配当により法人の運用資金を減らすのを防ぐことがねらいである。留保金税（AET）の税額がゼロになる水準まで同意配当金を支払うことも可能である。税務専門職には、「事業のための合理的必要性（reasonable business needs）」のある留保金額の算定・立証を含め、精緻なタックス・プランニングが求められる。

(3) ㊀留保金控除の算定

留保金控除（AEC＝Accumulated earning credit）[126] 額は、次のように算定される。

【図表Ⅱ-22】留保金控除（AEC）額の算定

> 留保金控除（AEC）は、次の(a)、(b)のうちいずれか大きい金額となる。
> (a) 課税庁（IRS）の決定または争訟の裁断で「事業のための合理的必要性」を理由に留保できるとした金額
> (b) 25万ドル〔ただし、人的役務提供法人（PSC＝Personal services corporations）については15万ドル〕から前年度末の留保金残高を差し引いた金額

---

[126] 法文は「credit」という文言を使用しているが、正しくは「deduction」という文言を使用すべきであるとの指摘がなされている。See, Sally M. Jones *et al.*, Principles of Taxation（2004 ed. Irwin）at 182.

D 「事業のための合理的必要性」とは

留保金税（AET）の対象となる「留保課税所得（ATI）」の算定にあたり，「事業のための合理的必要性（reasonable business needs）」があるとされた額については，実額で控除できる。留保額が25万ドル〔15万ドル〕の基礎控除額／概算控除額よりも大きい法人にとっては，実額控除の方が有利といえる。ただし，「事業のための合理的必要性」があるかどうかについては，原則として，納税者である法人側が立証する責任を負うことになっている[27]。納税者にとり，「事業のための合理的必要性」という不確定概念を立証する負担は決して軽くはない。

実際に，留保課税所得（ATI）から除外されることになる「事業のための合理的必要性」の存否をめぐる税務争訟では，法人企業経営陣による「健全な経営判断不介入の法理（sound business judgment rule）」と課税庁（IRS）の課否判断とのせめぎ合いになることが多い。事業用設備拡大や機械などの購入を目的とした税引後所得の留保，積立した金額は，概して「事業のための合理的必要性」があると認められる。

しかし，現実には，納税者と課税庁がぶつかり合うことも多い。例えば，企業経営上必要な運転資金（working capital）を，納税者（法人）側は内部資金（留保金／自己資本／自己金融）を活用するのが合理的であると判断するのに対して，課税庁（IRS）側は外部からの借入れ／融資（他人資本）によるべきであると判断する（したがって，配当されずに運転資金に回された額は留保課税所得（ATI）に含めるべきであるとする判断）ケースなどは最たる例といえる。判例や学説等で固まって

【図表Ⅱ-23】事業のための合理的必要性が問われる主な事例

- 運転資金向けの留保金
- 事業計画向けの留保金
- 集団訴訟対策支出ための留保金
- 株式消却・減資のための留保金
- 自己株式の消却に必要な留保金
- 自己保険に必要な留保金
- 過大役員報酬の否認と留保金課税

---

[27] See, J. H. Rutter Rex Mfg. Company Inc., v. Commissioner of IRS, 853 F. 2d 1275 at 1285 (1988).

きている「事業のための合理的必要性」の有無が問われる主な事例を掲げると，【図表Ⅱ-23】のとおりである[(28)]。

ちなみに，留保金税（AET）は，申告納税方式の租税ではなく，賦課課税方式の懲罰税として制度化されている。したがって，その適用は厳格に解釈されなければならない。疑わしくは納税者の利益に解される必要がある[(29)]。

(1) 運転資金向けの留保金

企業経営上必要な運転資金（working capital）を，納税者（法人）側は内部資金（留保金／自己資本）を活用するのが合理的であると判断するのに対して，課税庁（IRS）側は外部からの借入れ／融資（他人資本）によるべきであると判断する（したがって，配当されずに運転資金に回された額は留保課税所得（ATI）に含めるべきであるとする判断）ことがぶつかりあうケースが多い。

このように，運転資金向けの留保金（working capital reserves）をめぐっては，法人企業経営陣による「健全な経営判断不介入の法理（sound business judgment rule）」と課税庁（IRS）の課否判断とのせめぎ合いになる。こうした事案では，伝統的に，一事業年度に必要な運転資金については，「事業のための合理的必要性」があると裁断されてきた[(30)]。したがって，問われるのは，運転資金が複数年度に備えて留保される場合である。司法の裁断では，法人企業経営に必要な運転資金を借入れ（融資／他人資本）によるべきか，留保金（自己資本）によるべきかどうかは，基本的に「慎重人（prudent businessperson）」の判断を優先させるべきであるとする見解が多数を占める。司法は，課税庁（IRS）は，借入れ（融資）によるのが各別合理的であるなど特段の事由が見出し得る場合を除き，AETの留保課税所得（ATI）の増差を狙いに，法人に対し留保金ではなく借入れ（融資）を選択するように強いることは不当であると裁断している[(31)]。

一般に，運転資金向けの留保金の留保課税所得（ATI）金額からの除外をめぐ

[(28)] See, J. S. Ball & B. H. Furtick, "Tax Law: Defining the Accumulated Earning Tax Case," 72 Florida Bar Journal 28（1998）.

[(29)] See, *Commissioner v. Acker*, 361 U. S. 87, 361 U. S. 91（1959）; Ivan Allen Co. v. United States, 422 U. S. 617, 626（1975）.

[(30)] いわゆる「バーダハール基準（Bardahl formula）」である。See, Bardahl Mfg. Corp. v. Commissioner, T. C. Memo 1965-200（1997）.

[(31)] See, e.g., J. H. Rutter Rex Mfg. Co., Inc. v. Commissioner, 853 F. 2d 1275（5th Cir. 1988）; Central Motor Co. v. U. S., 583 F. 2d 470（10th Cir. 1978）. もっとも連邦租税裁判所（U. S. Tax Court）は，こうした通常裁判所の裁断に準拠することには総じて消極的である。

る争訟においては，鑑定証人の存在が重要になっている。

(2) 事業計画向けの留保金

法人が1事業年度に必要な運転資金の合理的必要性は，事業年度ごとに判断できる。しかし，法人は，ゴーイング・コンサーン（永続企業）として，複数事業年度にわたる事業計画を策定して，資金調達をすすめる必要もある。

こうした事業計画達成に必要な資金調達にあたり，法人企業の留保金を有効に活用するのも一案である。留保金税（AET）の留保課税所得（ATI）金額算定にあたり，こうした複数事業年度にわたる事業計画に沿い税引後所得から各事業年度に留保，積み立てられる金額が，その勘定科目の名称はともかく，控除の対象となるかどうかが問題になる。また，こうした複数事業年度にわたる事業計画が中途で頓挫する，その後の状況変化に応じて改訂を要する，あるいは延長を要する場合なども同様である。

一般に，こうした文書化された長期事業計画（その改訂，延長等を含む。）に基づいて税引後所得から各事業年度に留保，費消される金額については，「事業のための合理的必要性」があると認められる。したがって，留保金税（AET）の留保課税所得（ATI）金額の算定にあたり，控除対象とされる[132]。

(3) 自己株式の消却に必要な留保金

株式会社は，自己株式を任意の消却することができる（例えば，日本会社法178条および米各州法）。自己株式の消却にあたっては，株式配当の対象となる内部留保金（資本剰余金や資本準備金など）を使うことができ，結果として株式の配当負担を軽減することもできる。この場合「事業のための合理的必要性」が問われることがある。

一般に，課税庁や司法は，漠然と将来に備えた株式消却資金が過大な内部留保の原因となっている場合には，「事業のための合理的必要性」があると見ることには消極的である（例えば，財務省規則1.537.1(b)）。

(4) 自己保険に必要な留保金

株式会社が，火災その他の災害などに対する自己保険のための留保金（self-insurance reserves）を積み立てているとする。この場合，「事業のための合理的必要性」が問われることがある。

---

[132] See, *e.g.*, Empire Steel Castings v. Commissioner, T.C. Memo 1974-34 (1974).

事業の特殊性から商業保険会社が保険引受けを拒否する場合も考えられる。この場合には，自己保険に必要な留保金はかなり高額になることも想定される[133]。しかし，商業保険商品の購入でカバーすることが可能であるのにもかかわらずそれをせずに，自己保険としての留保金を積み立て，保険料の支払をした場合に比べ，その留保金が著しく高額になっているとする。この場合には，留保金課税が関係する事案では，「事業のための合理的必要性」が問われる。

(5) 過大給与の否認と留保金課税

連邦法人所得税の所得計算上，法人が支払った配当は費用として控除できない。また，個人株主は受取配当金を総所得に含めなければならない（IRC61条 a 項7号）。しかし，法人が支払った役員報酬は，原則として費用として控除できる。個人株主が役員を務める閉鎖会社においては，過大な役員報酬を支払い，留保金税を回避することが試みられる可能性がある。合理性を超える役員報酬が支払われている場合，過大部分は否認される（IRC162条 a 項1号，財務省規則1.162-7(b)(1)）。過大役員報酬の否認に伴い，留保金が増加し，基礎控除額を超えかつ「事業のための合理的必要性」がないと判断される場合に，各事業年において留保金税を課すことができる[134]。

E 小 括

この留保金税（AET）制のもと，連邦課税庁（IRS）は，法人が「事業のための合理的必要性（reasonable business needs）」もないのにもかかわらず，配当を行わずに法定許容限度額を超える収益（earnings and profits）を留保していると判断する場合，それを，経済的二重課税の回避，あるいは租税回避目的（tax-avoidance purpose）での課税の繰延べであると推定し，留保課税所得（ATI＝Accumulated taxable income）に対し39.6％の税率〔個人所得税の最高税率〕で追加的に賦課課税することができる[135]。AETは，連邦税法上のC法人（普通法人）

---

[133] See, *e.g.*, Gustafson's Dairy Inc. v. Commissioner, T. C. Memo 1977-519 (1997).
[134] 現行の連邦企業課税の仕組みでは，所得認識は企業会計上の「実現主義」に基づいている。このため，所得認識のタイミングは，納税者の裁量により繰り延べることもできる。留保金税（AET）や人的所有会社税（PHC tax）は事業年度ごとに課される。このことから，現実の課税実務においては，「課税の公平」という視点からの留保金税等の課税のタイミングと企業会計上の所得認識のタイミングとがぶつかることも多い。詳しくは，See, Kamran Idrees, "When Do Tax Deficiencies Actually Accrue? Resolving The Recent Circuit Sprit over the Accumulated Earnings Tax," 59 Tax Lawyer 541 (2006).

234　第Ⅱ部　連邦所得課税法の展開

であれば[136]，閉鎖会社（closely held corporation）であるか，公開会社（publicly held corporation）であるかを問わず，適用される[137]。

　このように，アメリカ連邦税法上の留保金課税は，必ずしも経済的二重課税の回避（租税回避）の防止という視点からばかりではなく，所得課税におけるイコール・フッティング（equal footing／競争条件の均等化）確保の視点も加味したうえで，導入されているといえる。

---

[135]　ただし，2003年改正税法（Jobs and Tax Relief Reconciliation Act of 2003）等により，暫定的に現在20％で課税されている（IRC531条）。
[136]　ちなみに，Ｃ法人のみが収益（earnings and profits）を留保できる。言い換えると，パススルー課税ができる選択事業体であるＳ法人は収益を留保できない（IRC312条）。
[137]　詳しくは，拙論「法人留保金課税制度の日米比較」白鷗大学法科大学院紀要 7 号・前掲注[54]，109頁以下参照。

4 余剰食料寄附促進税制～食品関連企業の社会貢献と余剰食料寄附の促進

　食料の品質には問題がないのにもかかわらず市場での流通が難しくなったことを理由に，食品メーカーや外食産業，ホテルなどの「食品関連企業」や農家などの「食料生産者」が，大量の余剰食料（品）を廃棄処分にしていることが大きな社会的関心を呼んでいる。その一方で，日々の食に窮する人たちへの緊急かつ無償の食事支援や，食料（日用品や薬品等も含む。以下同じ。）の支援を行っている民間非営利団体／飢餓救済団体（NPO/hunger-relief organizations，以下「非営利の飢餓救済団体」ともいう。）の多くは，こうした余剰食料などを喉から手が出るほど欲しがっている。食品関連企業や食料生産者など（以下「余剰食料寄附者（donor）」ともいう。）が，余剰食料を民間非営利団体／飢餓救済団体に現物寄附（excess wholesome food donation）するように奨励し，日々の食に窮している人たちに振り向けるには，解決されなければならない法制や税制上の課題がある。
　例えば，飢餓救済団体に善意で寄附した食料がもとで，配布を受けた人たちが何らかの健康上の被害を受けたとする。この場合に，善意の食料寄附者がその責任を厳しく問われるようでは，現物寄附に尻込みをすることになりかねない。したがって，善意の食料寄附を促進するためには，食料寄附者や寄附された食料を無償提供している非営利の飢餓救済団体などの責任をどの程度まで免じてやれるのかは重い法制上の課題になる。
　加えて，余剰食料の寄附を促進するためには，寄附者たる食品関連企業や食料生産者などが，余剰食料を廃棄処分にするよりも非営利の飢餓救済団体に現物寄附した方が社会貢献に資し，かつ税制上も有利であると認識できる仕組みが必要である。したがって，食品関連企業や食料生産者などが，非営利の飢餓救済団体に，金銭ではなく，食料の形で現物寄附をした場合に，所得金額の計算上，寄附した食料の価額をどう評価し，かつどの程度まで寄附金控除を認めるかなど税制上の支援措置の充実も不可欠である。
　アメリカ合衆国（以下「アメリカ」という。）では，各州，続いて各州法を統一する連邦法として，善意の食料寄附法／善きサマリア人食料寄附法（Good Samaritan Food Donation Acts）が制定され，故意や重過失がない限り，善意の余

剰食料寄附者は、寄附した食料がもとで損害が発生したとしても、法的責任を問われることはないとする免責（Good Samaritan immunity）原則が確立している。

また、連邦税法（内国歳入法典／IRC＝Internal Revenue Code）上、余剰食料寄附者は、所得金額の計算上、余剰食料などの現物寄附についてはその税務簿価／調整税務基準額／原価の２倍を超えない範囲の金額を基準に所得控除限度額を算定できる旨の公益寄附金制度を定めている[138]。

A 善意の余剰食料寄附をめぐる法制および税制上の課題

資本の論理や市場主義が徹底され、「富める人たちは、ますます富んで行く。その一方で、貧しい人たちは、ますます、貧しくなって行く」。今日のアメリカは、まさに、１％の富裕層と99％の生活不安層（以下「99％層」ともいう。）で構成される格差社会である。

企業誘致に血眼になる州が次々と解雇を容易にする法律（state right-to-work laws）を制定し、解雇は日常茶飯事である[139]。しかし、高度情報化した経済のもとでは単純労働者の賃金は一般に低く、いったん解雇されると再就職は容易ではない。加えて、失業給付が切れると、公共料金の支払が滞り、電気・ガス・水道を止められる。住宅ローンは滞り、自宅は競売にかけられ追い出される。家族は離散、なかにはホームレスになる人が出てくる。

こうしたパターンは、アメリカの格差社会では日常茶飯事である。必ずしも低所得者をターゲットしたサブプライムローン（審査がゆるい代わりに金利は高い信用力の低い低所得者向けの住宅ローン）による住宅バブルの崩壊時に特徴的な現象ではない。

当初オバマ大統領（当時）が目指した公的医療保険制度改革（Obama heath care

---

(138) 他に、州や連邦の補助金、連邦農務省（USDA＝Department of Agriculture）が生産者から余剰農産物を買い上げる制度などがある。

(139) 諸州が制定する「労働者権法（state right-to-work laws）」とは、文字通り読むと、労働者の働く権利を護る法律のようにとれる。しかし、現実には、労働者が長時間働けるようにするために法規制を緩くする一方、労働組合活動などを法的に厳しく規制するという内容の法律である。2012年現在、25州が制定している。ミシガン州など、かつての産業が海外移転や他州への移転で空洞化し企業誘致が必要な州が、「労働者権法」を制定し、"わが州では労働力を自由に活用できる"とするキャッチで企業誘致をはかるという政策を実施している。こうしたリバタリアン的な政策に対しては、「経済の活性化」には必要ということで支持する声がある一方で、格差社会を広げる法律であるとして、リベラリズム、社会的公正の確保の視点から強い批判がある。See, *e.g.*, James C. Thomas, "Right-to-work: Settled Law or Unfinished Journey," 8 Loyola. J. Pub. Int. L. 163（2007）.

reform）の内容のブレも大きくなり，99％層は，一度大病を患うと過大な医療費負担で自己破産が避けがたい状態が変わる兆しは見られない。大卒の資格を得てビッグになるとのナイーブな思いで大学生時代にサリーメイ（Sallie Mae／学資ローン会社で，2013年ベースで民間学資ローンの占有率49％）から借りた学費ローン[140]は，卒業後に正規労働に就く道が険しく，利払いは雪だるま式に膨らみ，焦げ付くケースが急増している。

オバマ大統領（当時）が公約した大きな変化（チェンジ）の兆しは見られず，日々のくらしに窮する人たちの数は一向に減らない。自助が声高に叫ばれ，額に汗して懸命に働く中産階級の人たちですらいつ転落するか分からない状態が続く[141]。

伝統的な経済学では，ある程度の所得格差があることは，労働や貯蓄を奨励するインセンティブとなり，経済成長には必要悪であるとさえいわれてきた。こうした考え方のもと，アメリカでは，総じて「結果の平等」よりも「機会の平等」が重視されてきた。しかし，所得格差が行きすぎれば経済成長にマイナスに作用する。アメリカでは概して，所得再分配政策には積極的ではないものの，額に汗して働かなくとも豊かな人たちと働いても貧しい人たち（working poor）の二極化が深刻化しており，これまでの所得政策は大きな転換期にきている。

連邦農務省（USDA＝U. S. Department of Agriculture）のによると，2012年統計で，栄養ある食料を十分に食していない人たちはアメリカ全人口の約14.5％（1,760万世帯）に及ぶという。また，とりわけ食料欠乏の著しい世帯は約5.7％（700万世帯）に及ぶという。さらに，子どものいる世帯全体のうち，栄養のある食料が十分取れていないのは約10％（390万世帯）に及ぶという[142]。

アメリカにおける代表的な公的な食料支援としては，1964年に当時のジョン

---

[140] 連邦政府の独立行政機関である消費者金融保護局（CFPB＝U. S. Consumer Financial Protection Bureau）の報告によると，2013年7月現在で，民間学資ローン残高は，1,650億ドル（1ドル＝100円換算で16.5兆円）にものぼる。See, CFPB, Annual report of the CFPB student loan ombudsman 2013 (October 16, 2013). Available at: http://files.consumerfinance.gov/f/201310_cfpb_student-loan-ombudsman-annual-report.pdf

[141] 現状分析としては例えば，堤未果『ルポ貧困大国アメリカⅡ』（岩波新書，2010年），同『（株）貧困大国アメリカ』（岩波新書，2013年）参照。

[142] See, Alisha Coleman-Jensen et al., Household Food Security in the United States in 2012 (USDA). Available at: http://www.ers.usda.gov/publications/err-economic-research-report/err155.aspx#.Ujzvc-WCjIW

ソン大統領時代に始まった，1964年フードスタンプ法（Food Stamp Act of 1964, as amended）に基づき，連邦農務省（USDA）が所管し州を通じて実施している，いわゆる「フードスタンプ（政府支給食券／Food stamp）」プログラムがある。現在，フードスタンプ・プログラムは，2008年10月1日から，低所得者の生計費を補うための「補足的栄養支援プログラム（SNAP=Supplemental Nutrition Assistance Program）」に名称を変更し，実施されている[143]。伝統的な名称も加味して「SNAP Food Stamp Program」とも呼ばれる。年約600億ドル（1ドル=100円換算で，約6兆円）が支出されている。このプログラムの事務は，USDAの外局である食料栄養庁（FNS=Food and Nutrition Service）が所管している[144]。フードスタンプの給付額は，各州の基準，個人または世帯の収入や規模などにより異なる。USDAが公表した2012年統計によると，全米平均で，個人の場合は各月133ドル19セント，世帯の場合は275ドル42セントの給付を受けている。また，受給者数は4,600万人台にのぼる[145]。

フードスタンプのような公的食料支援は，豊かな社会での飢餓問題対策として重い存在である。しかし，給付が受けられたとしても多くの場合は十分ではない。こうした不足を補うため，民間レベルでも，豊かな社会のなかで日々の食にも窮している人たちに食料などの配布支援を行う数多くの非営利団体／飢餓救済団体が存在する。こうした団体は，一般に「フードバンク（Food Bank）」と呼ばれる。

フードバンクは，品質には問題がないのに市場での流通が難しくなった食料や日用品，医薬品などの寄附を受け，日々の生活に窮する人たちが人間的尊厳

---

[143] SNAPの他に，女性・幼児・子供特別補足的栄養プログラム（WIC=Special Supplemental Nutrition Program for Woman and Children）や，全国学校給食プログラム（National School Lunch Program）がある。

[144] ちなみに，今日，SNAPの適格受給者には，電子支給（EBT=Electronic benefit transfer）システムを活用する形で食糧購入費が支給されている。かつては，対象者に紙媒体のフードスタンプ（政府支給食券）が配布されていた。食券が薬物取引の対価支払に使われ問題となり，また，取扱い事務や濫用統制に多くの手間を要した。事務の合理化・効率化を狙いに，電子支給カード（EBT card）システムが導入された。手続的には，受給を望む人は，銀行にSNAP専用の口座を開設する。次に，SNAPを州に申請し，EBTカードの交付を受ける。SNAP受給者の口座に，法定支給額が振り込まれる。受給者は，EBTカードを使って小売店やスーパーマーケットなど（事業者）で食料品を購入する。事業者には，翌日までに受給者の口座から購入金額が振り込まれる。

[145] Available at: http://www.fns.usda.gov/pd/34SNAPmonthly.htm 主要な巨大スーパーマーケット・チェーンにとっては，「フードスタンプ」購入分の売上げは，不可欠な存在であり，業績の面でも重い比重を占めている。

を傷つけられることなく，それらの配布を受けられるように配慮してやることを主たる使命とする非営利団体である。フードバンクは，食料ロス[146]と飢餓の撲滅を狙いに，余剰食料などの預託を請け，失業し自宅を追われながらも福祉の恩恵に与れないホームレスの人たちや，働いていても賃金が低くしかも借金を抱え日々の食にお金を費やす余裕のない人たち向けに，預託された食料などを無償で配布する"橋渡し"の役割を担うというのが基本的なコンセプトである。フードバンクは概して，自助あるいは生活再建を支援する「非営利団体 (nonprofits)」であり，施しをする「慈善団体 (charity)」と呼ばれるのを嫌う。

アメリカにおけるフードバンク活動は，1960年代に始まる。アリゾナ州フェニックスで善意の寄附を受けた余剰食料の無償配布ボランティア（a soup-kitchen volunteer）活動を行っていたジョン・フォン・ヘンゲル（John van Hengel／2005年に死去，享年83）が創始者である[147]。

1967年に，農家などから善意の余剰農作物の寄附を受け日々の食に窮する人たち向けに無償配布する活動を含め，フードバンク活動を目指す「アメリカ・セカンド・ハーベスト（America's Second Harvest）」が創設された。その後，「フィーデング・アメリカ（Feeding America）」に名称変更され，現在，200を超える「フード・パントリー（food pantry／食料貯蔵所）」，「スープ・キッチン（soup kitchen）」，「緊急シェルター（emergency shelter）」などの名称で無償の食料配布活動を行っているフードバンクのネットワークを統括する組織となっている。2009年統計で，これらのフードバンク団体は，アメリカ国内で，1,400万人の子どもを含む3,700万人を超える日々の食に窮する人たちに余剰食料などの無償配布を行っている[148]。

廃棄される余剰食料が膨大な量に及ぶのにもかかわらず，これらを"再収穫（セカンド・ハーベスト）"し生活が苦しくお腹を空かした人たちに無償配布する

---

[146] 連邦農務省（USDA）の統計によると，1990年代のアメリカでは，年間，生産された市食物の約4分の1，約96億ポンドが，生産農家，食堂，製造所，学校，レストランなどで残り物／余剰として廃棄された。See, Linda Scott Kantor et al., USDA, "Estimating and Addressing America's Food Losses," Food Review（Jan-Apr., 1997）at 3. Available at: http://www.calrecycle.ca.gov/ReduceWaste/Food/FoodLosses.pdf

[147] See, Patricia Sullivan, "John van Hengel Dies at 83; Founded 1st Food Bank in 1967," Washington Post（October 8, 2005）. Available at: http://research.policyarchive.org/1262.pdf

[148] See, Feeding America, Hunger Study 2010 National Report（Feb. 1, 2010）. Available at: http://feedingamerica.issuelab.org/resource/hunger_in_america_2010_national_report

仕組みはいまだ十分効率的に回転しているとはいえない。回転を遅れさせている理由に1つは、余剰食料を"再収穫"し健康に安全な形で現物寄附する際に発生する「コスト」の高さである[149]。食品関連企業や食料生産者などが、余剰食料の廃棄処分を選択し、現物寄附をすることに消極的になる最大の理由でもある。裏返すと、このコスト問題の解決を見ない限り、たとえ寄附した食料がもとで健康上の損害が発生した場合に民事や刑事上の法的責任を免除する法制度が確立されたとしても、善意の余剰食料寄附の飛躍的な拡大は望めない。

コスト問題に対処するためには、善意の余剰食料寄附者などに対する補助金（助成金）の交付が考えられる[150]。また、食品関連企業や食料生産者などに対し余剰食料の現物寄附を奨励するための税制上の支援措置を講じるのも一案である[151]。

B ボランティア救助者の責任と免責

善意の余剰食料寄附者は、寄附を受けた食料がもとで受給者が食中毒など健康上の損害が発生した場合、民事や刑事上の法的責任を問われることがないかどうかが心配になる。この問題は、アメリカ法では、事故現場たまたま居合わせた医師などの専門職が治療器具や設備、医薬品等が十分整っていないなかで被害者に施した緊急医療行為について、被害者はその結果責任を問えるのかなどの問題と相通じるところがある。

アメリカでは、この問題については、従来から、「ボランティア救助者のコ

---

[149] 余剰食料のリサイクルには、まず、①余剰食料の詳細を記録した統一表示（ラベルング）が必要になる。次に、②温度管理や冷蔵配送が可能な安全なコンテナーの利用、包装など、食品衛生上の基準をクリアする必要がある。とくに、調理済の食品、生ものの製菓などの場合は、慎重な取扱いがいる。

[150] 日々の食に窮している人たちへの食料などの無償提供の促進を、税制上の支援措置／租税歳出（tax expenditures/tax subsidy）を活用すべきか、あるいは補助金／直接歳出（direct expenditures/direct subsidy）を選択すべきかについては、さまざまな議論がある。See, Pamela J. Jackson, "Charitable Contribution of Food Inventory: Proposals for Change," CRS Report for Congress（RL 31097, Updated April 21, 2006）at 12. Available at: http://research.policyarchive.org/1262.pdf

[151] さらに、食品関連企業や食料生産者など事業者が余剰食料を廃棄処分にした場合に、他の種類のゴミと区別して、事業者ゴミとしては収集しない、あるいは収集するにしても別途のカテゴリーで収集し、その量に応じて特別の金銭的負担金を課すことなどの政策を実施するのも一案である。ただ、レストランやコンビニ・チェーンなどでは独自の余剰食料の破棄、有効利用（堆肥への加工など）のシステムを構築していることや、小規模事業者への過重な負担となるおそれもあることから、慎重な検討が必要である。

モンロー上の責任（volunteer rescuers' liability at common law）」として議論が展開されてきている。この問題を検証する場合に重要となるのは，コモンロー上の「善きサマリア人の法理（Good Samaritan doctrine）」である。

善きサマリア人の法（Good Samaritan law／「善きサマリア人法」ともいう。）は，『新約聖書』のルカによる福音書第10章25節ないし37節にある，主イエス・キリストの語りに起源を有する。「災難に遭ったり急病になったりした人など（窮地に陥った人）を救うために無償で善意の行動をとった場合，良心的かつ誠実にその人ができることをしたのであれば，たとえ失敗してもその結果につき責任を問われることはない」という趣旨の法理である。

善きサマリア人の法は，コモンロー上の「善きサマリア人の法理（Good Samaritan doctrine）」として継受されている。基本的には民事法上の概念である。「コモンローでは，一般人は危急に瀕した他人を救う義務を負わない（the common law imposes no general duty to assist another in peril.）」とされる[152]。逆に，こうした義務を負わない人が手を差し伸べた場合で，救助した人にいかなる負担も生じないときであっても，相当の注意義務を負うとされる。

(1) ボランティア救助者のコモンロー上の責任

ヨーロッパ大陸法の影響を受けたわが民法には「緊急事務管理」（民法698条）の定めがある。民法698条の事務管理の法制度では，法律上の義務または権限なく他人の事務を行った場合，「管理者は，本人の身体，名誉又は財産に対する急迫の危害を免れさせるために事務管理したときは，悪意又は重大な過失があるのでなければ，これによって生じた損害を賠償する責任を負わない」と定めている[153]。

一方，コモンローでは，「事務管理」に相当する制度が発達していない。「コモンローでは，一般人は危急に瀕した他人を救う義務を負わない（the common law imposes no general duty to assist another in peril.）」とされる[154]。逆に，こうした

---

[152] See, Restatement (3rd) of Tort: Liability for Physical and Emotional Harm §37 (Proposed Final Draft No. 1, 2005); Restatement (2nd) of Tort §314 (1965).
[153] 緊急事務管理に関する基本的な解釈について詳しくは，高木多喜男／金山正信「第3章 事務管理」〔谷口知平／甲斐道太郎編〕『新版注釈民法18 債権(9)』（有斐閣，1991年）105頁以下参照，潮見佳男「基本講義 債権各論Ⅰ契約法・事務管理・不当利得〔第2版〕」（新生社，2009年）283頁以下参照。
[154] See, Restatement (3rd) of Tort: Liability for Physical and Emotional Harm §37 (Proposed Final Draft No. 1, 2005); Restatement (2nd) of Tort §314 (1965).

義務を負わない人が手を差し伸べた場合は、救助した人にいかなる負担も生じないときであっても、相当の注意義務（reasonable care）を負うとされる。この場合の注意義務は、コモンローでは「ボランティア救助者の法理（volunteer rescuer doctrine）」と呼ばれる。ボランティア救助の法理が適用になれば、通常の場合とは異なり、いくらか低い程度の注意義務が求められる。この低い程度の注意義務は、一般に「危急の法理（emergency doctrine）」と呼ばれる。例えば、事故現場にたまたま居合わせた医師などの専門職が被害者に施した緊急医療行為について、重大な過失がない限りその責任が減じられるのも、危急の法理が適用になるからである[155]。

もっとも、ボランティア救助者が、手を差し伸べた結果あるいは途中で手を差し伸べるのを止めたために、被害者の「状況の悪化（worse position）」を招いた場合には、当該救助者は責任を問われる可能性が出てくる。この点について、コモンロー（判例法）では、例えば、「善きサマリア人の原則（Good Samaritan rule）は、〔救助者が被害者に〕たんに便益を供与しなかったという意味での過失があったことを理由に責任を負うように求めるものではない。しかしながら、〔救助者が〕怠慢により事をより悪化させた場合は別である」[156]との判断を下している。また、別の判決では、「善きサマリア人の法理（Good Samaritan doctrine）の適用があるとしても、ボランティア救助者が、窮地に陥っている者の状況をより悪化させた場合には、責任負担を精査するにあたっては状況悪化問題が生じうる。」との判断を下している[157]。

このように、コモンローでは、善きサマリア人の法理（Good Samaritan doctrine）を適用するものの、一方では「状況の悪化（worse position）」基準を適用して、場合によっては、ボランティア救助者に対して一定の責任負担を求める。

(2) 州によるボランティア救助者免責法での対応

ボランティア救助者に対し、コモンロー上の善きサマリア人の法理（Good Samaritan doctrine）の適用を徹底し、「状況の悪化（worse position）」基準の適用を排除するためには、立法措置を講じるのも１つの手である。

---

[155] See, 1 Med. Malpractice (MB) §9.06 (Oct. 2008).
[156] See, Rodrigue v. United States, 968 F. 2d 1430m at 1434 (1st Cir. 1992).
[157] See, United States v. DeVane, 306 F. 2d 182, at 186 (3rd Cir. 1962).

1959年に，カリフォルニア州は，全米ではじめて，善きサマリア人免責法 (Good Samaritan immunity act)，いわゆる「ボランティア救助者免責法 (volunteer rescuer immunity act)」を制定し，コモンロー上の「状況の悪化 (worse position)」基準などの適用を排除した。カリフォルニア州での立法を契機に，各州が次々とボランティア救助者免責法を制定するようになり，善きサマリア人免責法／ボランティア救助者免責法の制定は全米的な広がりをみせた[158]。諸州で制定された善きサマリア人免責法／ボランティア救助者免責法の内容には差異がある。しかし，いずれの州法でも，目指すところは，医療専門職（州によっては，一般人／非専門職を含む。）が，危急時に他人を，自発的に，無償かつ善意で救助した場合には一般的に，民事責任／過失責任を免除しようとすることにある[159]。言い換えると，契約関係において有償でサービス提供する医療従事者が，医療機関内で起こした医療過誤 (medical malpractice) などを免責の対象とした法律ではない。また，善きサマリア人免責法／ボランティア救助者免責法による免責は，緊急時に他人を救助しようとする人を，救助が結果的にうまく行かなかったことにより訴訟に巻き込まれるおそれから解放することにより，こうした勇気ある救助を奨励することが狙いである。

今日，諸州の善きサマリア人免責法／ボランティア救助者免責法は，各種専門職はもちろんのこと，一般人／非専門職にまで，その適用対象を広げてきている。

(3) 州による善意の食料寄附者免責法の制定

善意の食料寄附者や寄附された食料を配布するフードバンクなどの非営利団体は，寄附された食料がもとで食中毒などにかかり損害が発生した場合に，受給者が容易に民事や刑事上の法的責任を問えるとすれば，余剰食料の"再収穫（セカンド・ハーベスト）"活動に消極的にならざるを得ない。善意の余剰食料寄附を奨励し，流通を促すには，食品関連企業や食料生産者，さらには非営利団体などに対し，コモンローで確立された責任原則を制定法で緩和，免責するた

---

[158] 諸州での制定状況を含め，See, Barry Sullivan, "Some Thoughts on the Constitutionality of Good Samaritan Statutes," 8 Am. J. L. & Med. 27, at 27 n. 1 (1982). なお，邦文の研究としては，例えば樋口範雄「よきサマリア人と法～救助義務の日米比較」〔石井・樋口編〕『外から見た日本法』（東京大学出版会，1995年）243頁以下参照。

[159] See, Norman S. Oberstein, "Torts: California Good Samaritan Legislation: Exemption from Civil Liability While Rendering Emergency Medical Aid, 51 Calif. L. Rev. 816, at 817～18 (1963).

めの立法措置が講じてやる必要が出てくる。言い換えると，制定法によって，余剰食料寄附者などは，善意の寄附食料などがもとで損害が発生したとしても，原則として民事や刑事上の法的責任を問われることはないとする原則が確立されれば，善意の余剰食料寄附の広がりが期待できる。

1977年に，カリフォルニア州が，全米ではじめて，「善きサマリア人食料寄附法／善意の食料寄附法（Good Samaritan Food Donation Acts）」を制定し，故意や重過失がない限り，善意の余剰食料寄附者は，寄附した食料品がもとで損害が発生したとしても，民事や刑事上の法的責任を問われることはないとする免責原則を確立した。

カリフォルニア州での立法を契機に，各州が次々と善きサマリア人食料寄附法／善意の食料寄附法を制定するようになり，全米的な広がりをみせた。

善きサマリア人食料寄附法／善意の食料寄附法は，50の州とワシントンD.C.で制定された。いずれも，豊かな社会で飢餓に苦しむ人たちに食料支援を行うという社会的な利益が，フードバンクなどに寄附された食料品を消費することにより損害を被った場合にその損害を回復する訴えをする権利に勝っているという前提に基づいて制定された。しかし，その内容は一様ではなかった。例えば，カリフォルニア州法では，善意の食料寄附者（donors）のみを保護対象とする。これに対して，他の州では，善意の食料寄附者のみならず，フードバンクのような非営利団体（donee organization）も保護の対象としていた。また，カリフォルニア州法では，損害が「重過失（gross negligence）または故意の行為（willful act）の結果から」生じた場合には，免責の対象から除くとしている。これに対して，他の州法では，「重過失（gross negligence），未必の故意（recklessness）または故意の行為（intentional conduct）」から生じた損害を免責の対象から除外していた[160]。

このような州によるサマリア人食料寄附法／善意の食料寄附法の内容の違いは，場合によっては，善意の余剰食料寄附者側に桎梏となる。例えば，全国チェーンのスーパーマーケット，レストランなどは，それぞれの州の法律内容を精査しなければ，安心して全社的な余剰食料寄附プログラムを組み，実施することは難しくなる。とりわけ，現物寄附で社会貢献，イメージ向上も目指す多

---

[160] See, David L. Morenoff, "Lost Food and Liability: The Good Samaritan Food Donation Law Story," 57 Food & Drug J. J 107, at 116 *et seq.* (2002).

州間展開をしている大規模企業にとっては，法令遵守／コンプライアンス上の重荷になる。

(4) 連邦の善意の食料寄附法の制定

アメリカの余剰食料寄附制度改革の歴史において，各州が制定した善きサマリア人食料寄附法／善意の食料寄附法は，善意の余剰食料寄附者の不法行為責任などを免じることで，余剰食料寄附の輪を広げ，豊かな社会のなかで日々の食に窮している人たちに食事を提供するうえで，大きな役割を果たしたといえる。しかし，この輪をもっと広げ，全米規模の食品関連企業や食料生産者などに対し余剰食料の現物寄附を奨励するためには，連邦レベルでの善きサマリア人食料寄附法／善意の食料寄附法の制定が必要とされた。

1990年に，全米のどの州でも，善意の食料寄附者に対して同じ程度の免責を保障するナショナル・スタンダードを設定しようとのことで，「連邦善きサマリア人食料寄附法／善意の食料寄附法（federal Good Samaritan food donation law）」案が，連邦議会に提出された。この法案は，各州が定める当時の善きサマリア人食料寄附法／善意の食料寄附法の全米規模での統一化をすすめることを狙いとした「模範連邦善きサマリア人食料寄附法／善意の食料寄附法（Model Good Samaritan Food Donation Act）」（以下「模範法（Model Act）」という。）を制定することが目的であった。

この模範法は，善意の食料寄附者に免責を保障することを主たる狙いとしている。すなわち，善意の食料寄附者が寄附した食料がもとで損害が生じた場合，その損害が「重過失（gross negligence）または故意の不正行為（intentional misconduct）の結果から生じている場合は別として，当該寄附者等に対し，製造物責任（product liability）や不法行為責任（tort liability）など民事および刑事上の責任を免除することを柱としている。

連邦善きサマリア人食料寄附法／善意の食料寄附法は，1990年に議会を通過した国家・コミュニティ・サービス法（National and Community Service Act of 1990）の第Ⅳ〔食料寄附（Food Donations）〕に盛られ，同法は，1990年11月16日に，当時のブッシュ大統領の署名を得て発効した。しかし，模範法は，各州に採択を義務付ける形となっていなかったため，たった1つの州が採択したに過ぎなかった。

連邦議会には，この事実を重く受け止め，各州に採択を義務付ける模範法の

成立に向けて，検討を開始する議員がいた。パット・ダナー (Pat Danner) 下院議員（民主党／ミズーリ選出）は自らが筆頭となって，1995年9月29日に，連邦議会下院に法案 (H. R. 2428) を提出した。この法案は，不法行為法の伝統的な法理に挑戦的な点もあったこともあり，議会に強い影響力を持つ6万人の会員を擁するロビー（議会工作）団体であるアメリカ法廷弁護士協会 (ATLA = Association of Trial Lawyers of America) から強い抵抗を受けた。しかし，その後，パット・ダナー下院議員は，連邦議会で農業問題や豊かな社会のなかで日々の食に窮している人たちの問題に強い関心を持つことで著名なビル・エマーソン (Bill Emerson) 下院議員（共和党／ミズーリー選出）の強い支持を取り付けるのに成功した。1996年3月20日に，エマーソン下院議員は，下院法案2428号 (H. R. 2428) の共同提案者となった。このことにより下院法案2428号は，超党派の法案となった。同法案は，その後，議会公聴会，委員会審議，下院を通過し，議会上院に送られた。議会上院でのATLAの執拗な議事妨害をはねのけ，無事通過し，1996年10月1日に，当時のクリントン大統領の署名を得て発効した。

下院法案2428号は，この法案の成立を強力にバックアップし，成立前に惜しくもガンで亡くなったビル・エマーソン議員の名を冠にして「ビル・エマーソン善きサマリア人食料寄附法／善意の食料寄附法 (Bill Emerson Good Samaritan Food Donation Act of 1996)」[161] と命名された[162]。

1996年ビル・エマーソン善きサマリア人食料寄附法の成立により，1990年に成立し国家・コミュニティ・サービス法 (National and Community Service Act of 1990) の第Ⅳ〔食料寄附 (Food Donations)〕に挿入されていた模範連邦善きサマリア人食料寄附法は廃止された。そして，廃止された第Ⅳは改変され，1966年子供栄養摂取法 (Child Nutrition Act of 1966) 第22条〔42U. S. C. 1791〕に「ビル・エマーソン善きサマリア人食料寄附法 (Bill Emerson Good Samaritan Food Donation Act)」の名称で編入された。

(5) 連邦法先占の法理からみた連邦の善意の食料寄附法の所在

ビル・エマーソン善きサマリア人食料寄附法 (Bill Emerson Good Samaritan Food Donation Act of 1990) は，連邦法である。この連邦法は，模範法であり，各州の善きサマリア人食料寄附法／善意の食料寄附法を統一・調整する際の基準

---

[161] Public Law 104-210, 110 Statute 3011, enacted October 1, 1996).
[162] 法案の「模範 (Model)」を「ビル・エマーソン (Bill Emerson)」に変更した。

（ナショナル・スタンダード）となるものである。

　アメリカでは，判例法の積重ねを通じて「連邦法先占の法理（federal preemption doctrine/federal preemption of state law）」が法認されている[163]。すなわち，連邦法と州法がぶつかった場合には，原則として連邦法が州法に優先するとされる[164]。一般的に，その根拠は合衆国（連邦）憲法に求められる。なぜならば，連邦憲法は，「憲法に準拠して制定される合衆国の法律〔中略〕は国の最高法規である。各州の裁判官は，州の憲法または法律に反対の定めがある場合でもこれに拘束される。」（第6編2項）と定めるからである。また，司法も，連邦憲法に定める連邦法の最高法規条項（Supremacy Clause）に依拠した連邦法先占の法理（federal preemption doctrine）を根拠に判例法を形成してきている[165]。

　連邦法であるビル・エマーソン善きサマリア人食料寄附法については，各州の同種の法律に連邦の基準よりも低い基準の定めがある場合には，どちらが優先して適用になるのかについては特段の定めを置いていない。このため，食料寄附や寄附者の免責に関する連邦法の定めと州法の定めが異なる場合に，衝突が起きるおそれがある。しかし，この場合，黙示的先占の法理（implied preemption doctrine）が働き，これらの事項は連邦法によって黙示的に先占されているとみて，連邦法の定めが優先することになるものと解される[166]。

　ちなみに，連邦農務省（USDA＝Department of Agriculture）の法務官（General Counsel）は，連邦法であるビル・エマーソン善きサマリア人食料寄附法の「先占の程度（preemptive affect）」について，連邦司法省（DOJ＝Department of Justice）の司法長官事務局（Attorney General's Office）に対して質問をしている。司法長官事務局は，この質問に対する回答書（Memorandum）のなかで，連邦法である

---

[163] ここでは，アメリカにおける「連邦法先占論」の展開については射程外である。詳しくは，See, Stephen A. Gardbaum, "The Nature of Preemption," 79 Cornell L. Rev. 767 (1994).
[164] ちなみに，この場合，連邦法の留保が州法に及ぶのかどうかといった観点から論的展開をすることも可能であろう。
[165] See, Patricia L. Donze, "Legislating Comity: Can Congress Enforce Federalism Constraints Through Restrictions on Preemption Doctrine?," 4 N. Y. U. J. Legis. & Pub. Pol'y 239, at 246 (2000).
[166] 司法には，中央集権的な連邦主義を支持する狙いもあり「連邦法の黙示的先占の法理」の拡大的適用に積極的な傾向がみられる。その一方，分権的な連邦主義，州権の確保の観点からは，連邦法による先占の範囲を広く策定する連邦議会の無制限な立法裁量権限のあり方が問われている。Stephen A. Gardbaum, "Symposium: Federal Preemption of State Tort Law," 33 Pepp. L. Rev. 39, at 51 *et seq.* (2005).

ビル・エマーソン善きサマリア人食料寄附法は，免責（Good Samaritan immunity）についての最低基準（minimum level）を示したものであり，各州は，それぞれの州法で，善意の食料寄附者などに対し連邦が示した基準よりも強い保護（免責）を与えることができる旨の回答をしている[167]。このことから，連邦法であるビル・エマーソン善きサマリア人食料寄附法の州法に対する先占は部分的（partial federal preemption）なものであるとみることもできる。しかし，現在までのところ，この連邦法を超える免責を州法に定めた州は出現していない。

(6) 連邦の善意の食料寄附法の概要

ビル・エマーソン善きサマリア人食料寄附法（Bill Emerson Good Samaritan Food Donation Act of 1990）は，各州が自州の善きサマリア人食料寄附法／善意の食料寄附法をナショナル・スタンダードに合わせて統一・調整する際の模範法である。ビル・エマーソン善きサマリア人食料寄附法（以下「連邦の善意の食料寄附法」またはたんに「善意の食料寄附法」ともいう。）

この善意の食料寄附法は，善意の余剰食料寄附に意欲的な食品関連企業や食料生産者，フードバンクをはじめとした各種の非営利の配布団体（NPO/hunger-relief organizations，公益増進団体／public charity，後記【図表Ⅱ-28】および【図表Ⅱ-29】参照。以下同じ。））にかかわる幅広い人たちの篤志活動については，故意や重過失がない限り，寄附した食料品などがもとで損害が発生したとしても，民事や刑事上の法的責任を問われることはないことを明確にした法律（模範法／枠法）である。現在，ほぼすべての州が，この模範法を受け入れている。そこで，以下においては，模範法である連邦の善意の食料寄附法を邦訳（仮訳）することにしたい[168]。

【図表Ⅱ-24】 ビル・エマーソン善きサマリア人食料寄附法（仮訳）

> 合衆国法典42巻第1791条
> 第 a 項〔略称〕
> 本条は，「ビル・エマーソン善きサマリア人食料寄附法」として引用できる。

---

[167] See, Down E. Johnson, Memorandum: Preemptive Effect of the Bill Emerson Good Samaritan Food Donation Act（March 10, 1997）. Available at: http://www.justice.gov/olc/bressman.htm
[168] すでにふれたように，現在，ビル・エマーソン善きサマリア人食料寄附法（連邦の善意の食料寄附法）は，1966年子供栄養摂取法（Child Nutrition Act of 1966）第22条〔42 U. S. C. 1791／合衆国法典42巻1791条〕に編入されている。したがって，以下の分析における条文引用においては，合衆国法典（U. S. C./United States Code）42巻の条文（1791条）の表記を使用する。

4 余剰食料寄附促進税制～食品関連企業の社会貢献と余剰食料寄附の促進

第b項〔定義〕
本条では、次に各号に掲げる用語の意義は、当該各号に定めるところによる。

第1号〔明らかに適切な日用品〕
「明らかに適切な日用品（apparently fit grocery product）」とは、当該品が、外観、期限、新鮮味、等級、大きさ、残り物であるその他の条件により市場取引に向かないとしても、連邦、州および地方団体の法律ならびに規則が設けたすべての質および表示基準を充足する日用品をいう。

第2号〔明らかに健全な食料〕
「明らかに健全な食料（apparently wholesome food）」とは、当該食料が、外観、期限、新鮮味、等級、大きさ、残り物であるその他の条件により市場取引に向かないとしても、連邦、州および地方団体の法律ならびに規則が設けたすべての質および表示基準を充足する食料をいう。

第3号〔寄附〕
「寄附（donate）」とは、一つの非営利団体から他の非営利団体への支出を含む、受贈者にいかなる金銭的な負担を求めることなしにする支出をいう。ただし、その寄附の最終受領者または利用者がいかなる金銭の負担も求められない限り、寄附団体が受贈団体に対して些少な手数料を課してもよいものとする。

第4号〔食料〕
「食料（food）」とは、全部もしくは一部が人間の消費に供するまたは供するとされた生、調理済み、加工済みもしくは即席の食用の物質、氷、飲料または材料をいう。

第5号〔収集人〕
「収集人（gleaner）」とは、貧困者に対する無償の配布、または貧困者に最終配布をする非営利団体に対する寄附、所有者が寄附した農産物を収集する者をいう。

第6号〔日用品〕
「日用品（grocery product）」とは、非食料日用品で、使い捨ての紙もしくはプラスチック袋、家屋の掃除用品、洗剤、清掃用品その他の雑貨用品をいう。

第7号〔重過失〕
「重過失（gross negligence）」とは、その行為時に、当該行為が他の者の健康または福祉を害することになるのを（その行為時に）知りながらその者が行った自発的かつ良心的な行為（不作為も含む。）をいう。

第8号〔故意の不正行為〕
「故意の不正行為（intentional misconduct）」とは、その行為時に、当該行為が他の者の健康または福祉を害することになるのを（その行為時に）知りながらその者が行った行為をいう。

第9号〔非営利団体〕
「非営利団体（nonprofit organization）」とは、次のような要件を充足す法人格を有しないまたは法人格を有する事業体をいう。
(A)宗教、公益もしくは教育目的で運営されているもの、および、
(B)その事業体の役員、使用人もしくは持分主の便益その他に利益をはかることを目的としていないこと

第10号〔人〕
「人（person）」とは、小売日用品店、卸売業者、ホテル、モーテル、製造業者、レス

トラン,出張料理業者および非営利食料配布業者もしくは病院等を運営する個人,法人,パートナーシップ,団体,社団または統治団体をいう。この場合において,法人,パートナーシップ,団体,社団または統治団体については,当該実体を運営する責任を有する執行役,通常の役員,パートナー,受託者,諮問機関委員その他の選任または任命された個人を含むものとする。

第c項〔寄附された食料および日用品から受けた損害への責任〕
第1号〔人または徴収人の責任〕
人または徴収人は,最終的な配布先を貧困な個人としている非営利団体に対し善意で寄附した明らかに健全な食料または明らかに適切な日用品に関し,その性質,期限,包装もしくは状態から生じる民事または刑事的な責任を負わないものとする。

第2号〔非営利団体の責任〕
非営利団体(nonprofit organization)は,最終的な配布先を貧困な個人として人または徴収人から善意の寄附として受領した明らかに健全な食料または明らかに適切な日用品に関し,その性質,期限,包装もしくは状態から生じる民事または刑事的な責任を負わないものとする。

第3号〔適用除外〕
前二号は,当該人,徴収人または非営利団体が重過失もしくは故意の不正行為を構成する作為もしくは不作為が原因で食料もしくは日用品の最終利用者または受領者に損害を与えるまたは死亡に至らしめた場合には,適用しない。

第d項〔寄附の収集または徴収〕
最終的な配布先を貧困な個人としている条件で,収集人または非営利団体の有償もしくは無償の代理人による自らが所有もしくは占有する財産の寄附の収集または徴収に応じた人は,当該収集人または代理人の被った損害もしくは死亡に伴って生じる民事または刑事上の責任を負わないものとする。ただし,本項は,当該人の重過失もしくは故意の不正行為を構成する作為もしくは不作為が原因で損害を与えるまたは死亡に至らしめた場合には,適用しない。

第e項〔条件付き受諾〕
寄附された食料および日用品の一部または全部が,連邦,州および地方団体の法律や規則により課された品質および表示基準のすべてに適合していない場合で,非営利団体が,その寄附された食料または日用品を次の各号に該当する条件で受領しているときには,食料および日用品を寄附した人もしくは収集人は,本条に基づき民事または刑事上の責任は負わないものとする。
第1号 寄附者から寄附された食料もしくは日用品の損傷または欠陥状態について通知を受けている,
第2号 配布に先立ち,寄附された食料または日用品を品質および表示基準のすべてに適合するように再調整することに同意している,ならびに,
第3号 寄附された食料または日用品を適切に再調整する基準について精通している。

第f項〔解釈〕
本条は,いかなる責任を創設するものと解してはならない。本条は,州および地方団体の保健衛生規則を無効にするものと解してはならない。

(7) 連邦の善意の食料寄附法の分析

善意の食料寄附法は，善意の食料寄附者が寄附した食料がもとで損害が生じた場合，当該寄附にかかわる人たちに対する，製造物責任（product liability）や不法行為責任（tort liability）など民事および刑事上の責任を免除することが柱である。善意の食料寄附者は唯一，その損害が「重過失（gross negligence）または故意の不正行為（intentional misconduct）」の結果から生じていると裁断されたときに限り，例外的に責任を負う構図になっている[160]。

しかし，現在までのところ，全米において，善意の食料寄附者等が有責か免責かを法廷で争った限界事例は存在しない。このため，どのような場合に例外的に責任を負うことになるのかについて，現時点で，判例法からは判断するのは難しい。

① 善意の食料寄附法が適用になる当事者の範囲

善意の食料寄附法は，この法律が適用になる当事者の範囲について，「人（person）」（法ｂ項10号），「収集人（gleaner）」（法ｂ項５号），「非営利団体（nonprofit organization）」（法ｂ項９号）を掲げている。とりわけ，適用対象となる「人（person）」（法ｂ項10号）については，①個人，②法人，③パートナーシップ，④団体，⑤社団，⑥統治団体，⑦小売日用品店，⑧卸売業者，⑨ホテル，⑩モーテル，⑪製造業者，⑫レストラン，⑬出張料理業者，⑭非営利食料配布業者および⑮病院を例示し，幅広く定義している。さらに，②〜⑥については，当該事業体を運営する責任を有する執行役，通常の役員，パートナー，受託者，諮問機関委員その他の選任または任命された個人を含むものとする，と定めている。

ちなみに1990年に制定された模範法では，「非営利団体」が法律の適用対象には入っていなかった。これが，1996年の善意の食料寄附法では，「非営利団体」が法律適用対象に含められたことから，非営利団体が現物寄附を受けた食料を配付する行為一般に対して法の保護（免責）が及ぶに至った。

② 善意の食料寄附法が適用になる活動の範囲

善意の食料寄附法は，現物寄附行為（donating），現物寄附の収集行為（gleaning），現物寄附の受領行為（receiving），現物寄附の配布行為（distributing）

---

[160] ただし，後記⑤のように，州や地方団体の保健衛生規則に違反する場合には免責されず，重過失や故意の不正行為としての責任を負わされる可能性がある。

のような活動を免責の対象としている。通例，食料寄附の実務では「食料回収 (food recovery)」という言葉が使われているが，善意の食料寄附法では「収集行為 (gleaning)」と同義と解しているものと解される。もっとも，連邦農務省 (USDA) のように，次のように，収集行為 (gleaning) を食料回収 (food recovery) の1つの類型ととらえている政府機関もある[170]。

【図表Ⅱ-25】連邦農務省（USDA）による食料回収の類型

> **農場からの収集（Field gleaning）** 収穫された農作物が販売しても経済的に収益が見込めない場合に，すでに機械で収穫された，または農家の畑にある農作物を収集すること。この言葉は，すでに収穫され貯蔵施設に置かれている農産物の現物寄附を受け取るための行為にも用いられる。
> **生鮮食料品の引取り／回収（Perishable produce rescue/salvage）** 卸売市場，スーパーマーケット，農産物直売市場など卸売および小売ソースからの生鮮食料品を回収すること。
> **調理済生鮮食料の引取り（Perishable and prepared food rescue）** レストラン，病院，出張調理業者やカフェテリアなど食品サービス業者から調理済の食料を回収すること。
> **腐敗しない加工食料品の回収（Nonperishable processed food collection）** 製造業者，スーパーマーケット，流通業者，日用品店，食堂などから，通常長期陳列ができる加工食料品を回収すること。

以上のような4類型の食料回収 (food recovery) にあたっている人たちは，善意の食料寄附法にいう現物寄附の「収集行為 (gleaning)」に該当するものとして，法の適用対象となるものと解される。

③ 食料品の期限と寄附者等の責任問題

連邦議会の委員会審議でも，例えば「小売の期限切れ直前あるいはその直後のシリアル食品をフード・パントリー (food pantry) に寄附し，それを消費したとしてもまったく問題はないかも知れないが，カートン入りのミルクや鶏肉のパックの場合には，小売の期限切れ直後であっても，それを寄附するのは人の健康上危険ではないか」との議論がなされている[171]。

善意の食料寄附法は，「明らかに適切な日用品」ないし「明らかに健全な食品」であっても，「連邦，州および地方団体の法律ならびに規則が設けたすべての質および表示基準を充足する」するように求めている（法 b 項 1 号，b 項 2

---

[170] See, USDA, A Citizen's Guide to Food Recovery, at 1 (1999).
[171] See, H. R. Rep. No. 104-661, at5 (1996).

号)。

　この点に関しては，食料品の製造年月日や賞味期限などの関連で難しい問題となる。アメリカには統一的な賞味期限のような基準はない。幼児用のものを除き，連邦の食料品規則はなく，20を超える州ではそれぞれ独自に食料品について規制を実施している[172]。連邦農務省などの資料を検証すると，アメリカにおける食料品の期限は，大きく次の3つ分けることができる[173]。

【図表Ⅱ-26】アメリカの食料品の期限

> **販売期限（"Sell-By" date）**：販売用の食品をどれくらい長く店舗に陳列できるかを示す表示。消費者は，その期限が切れる前までに購入すべきであるとする表示。
> **消費推奨期限（"Best if Used By (or Before) date"）**：最良の賞味または品質を推奨する期限を示す表示。
> **消費期限（"Use-By" date）**：最良の品質で当該食品を消費できることを推奨する最終日を示す表示。その期限は，その食品の製造者が決定する。

　このように，食料品にかかる「期限」が複数存在することは，寄附した食料品がもとで食中毒など健康上の損害が発生する原因ともなりかねない。なぜならば，これらいずれの期限も，食品の安全を保証するものではないからである。食品関連企業や食料生産者など善意の余剰食料寄附者が，民事や刑事上の法的責任を問われることになるのではないかとナーバスになるのも理解できないことではない。

　ほかにも問題がある。例えば，寄附された食料を受給した最終消費者は，実際にいつ費消するのかも注意を要する点である。食品関連企業や食料生産者などが善意の余剰食料寄附に消極的なる要因も少なくない。

④　寄附した農産物の収集と農作物保険

　連邦の善意の食料寄附法のもと，収集人（gleaner）は農家が寄附した農産物を収集する活動をすることができる（法ｂ項5号）。一方，農家の多くは，「農作物保険プログラム（FCIP＝Federal crop insurance program）」に加入している。

---

[172] See, U.S. Food & Drug Administration, "FDA Basics: Did You Know that a Store Can Sell Food Past the Expiration?" Available at: http://www.fda.gov/AboutFDA/Transparency/Basics/ucm210073.htm

[173] See, U.S. Department of Agriculture, Food Product Dating. Available at: http://www.fsis.usda.gov/wps/portal/fsis/topics/food-safety-education/get-answers/food-safety-fact-sheets/food-labeling/food-product-dating/food-product-dating

FCIPは，連邦農業省（USDA＝U. S. Department of Agriculture）の危機管理庁（RMA＝Risk Management Agency）が所管する「連邦農作物保険公社（FCIC＝Federal Crop Insurance Corporation）」[174]が提供する各種災害による農作物への損失を補償するプログラムである[175]。

FCIPの特徴は，保険加入生産者は，災害を原因とした（catastrophic coverage）損失（以下「災害損失」）については，保険料の支払なしに損失額について一定の補償支払を受けることができることになっていることである。これは，この部分にかかる保険料は全額，連邦政府の補助金でカバーすることになっていることによる[176]。加入者は，災害損失が生じた場合，被災した農作物の市場価額の55％，あるいは通常の収穫高の50％を超えた損失について補償支払を受けることができる[177]。

農家が，善意の余剰食料寄附に応じ，被災した農作物の収集に協力する場合

---

[174] USDA, Federal Crop Insurance Corporation. Available at: http://www.rma.usda.gov/fcic/.

[175] 連邦穀物保険プログラム（FCIP＝Federal crop insurance program）は，1938年連邦穀物保険法（Federal Crop Insurance Act of 1938）に準拠して実施されている。FCIPは，天候，天候を原因とする病害虫による回復不可能な危険に対する対応に加え，農作物収穫高に対する所得補償が狙いである。主要農作物のほとんどが保険の対象となっている。生産者はFCIPに加入するかどうかは任意である。FCIPは，1930年代に確立された後，1980年，1994年および2000年等々と度重なる大きな改正が実施されている。FCIPは，農業大国アメリカの農民（農作物生産者）を保護することを目的とした連邦政府所管の公的保険制度である。FCIPには，"国策"として連邦から巨額の公的資金が投入されている。このため，特別の緊急災害発生時に巨額の保険支払があったとしても，加入者の保険料負担が急激に上昇することはない。詳しくは，See, USDA, Federal Crop Insurance. Available at: http://www.usda.gov/documents/FEDERAL_CROP_INSURANCE.pdf なお，FCIPに未加入の農作物生産者向けには，連邦農業省（UADA）所管の「保険未加入者農作物災害支援プログラム（NAP＝Noninsured crop disaster assistance program）」があるNAPは，USDAの外局にある農場サービス庁（FSA＝Farm Service Agency）所管のプログラムである。また，FSAは，低利の「緊急災害融資（Emergency disaster loans）」も所管している。

[176] ただし，保険加入生産者は，連邦農場法（Farm Act）のもと，保険を掛けた収穫物ごとに300ドルの手数料を，その収穫物を栽培している地方自治体／カウンティ（county）に支払うように求められる。もっとも，経済的に困難を抱えている保険加入生産者については，手数料支払は免除される。詳しくは，拙稿「国民災害保険制度～アメリカでの議論からわが国での是非を探る」〔石村・市村編〕『大震災と日本の法政策』（丸善プラネット，2013年）223頁，232頁参照。

[177] ちなみに，こうした公的災害損失補償では十分ではないと考える生産者は，民間の農作物災害保険に加入して万全な対策をすることができる。FCIPでは，適格農作物生産者を対象に，16の民間の農作物保険会社を通じて保険サービスを提供している。これら民間保険会社は，連邦政府から事務経費の補助を受ける形で事務運営を行っている。ただし，FCIPにかかるリスクはすべてRMA（危機管理庁）が負うことになっている。全生産者の約80％が，このプログラムに加入している。See, Christopher R. Kelley, "The Agricultural Risk Protection Act of 2000: Federal Crop Insurance, the Non-Insured Crop Disaster Assistance Program and the Domestic Commodity and Other Farm Programs," 6 Drake J. Agric. L. 141 (2001).

には，農産物保険プログラム（FCIP）との手続上の調整が必要になる。連邦農作物保険公社（FCIC）は，農作物保険プログラム（FCIP）加入農家に対して「農作物の全部または一部が消費対象外または廃棄処分とする状況にある場合には，食料寄附の収集に応じることを認めている。しかし，この場合，次の要件をみたす必要がある(178)。

> ① 保険加入者である生産者は，被害を受けた農作物の寄附の収集を受けるに先立ち，自己のFCIPを取り扱っている保険代理店にコンタクトして，損害額の適切な評価を受けなければならない。
> ② 被害を受けた農作物の寄附の収集は，指定した非営利団体に限り認められる(179)
> ③ 保険加入者である生産者は，農作物の寄附の収集をした非営利団体から対価を受け取ってはならない。

このような対応は，保険加入農作物生産者が，保険と被害農作物の再販売による二重の受取（double dipping）を防ぐことが狙いである。ちなみに，連邦の善意の食料寄附法は，「寄附（donate）」について，「受贈者にいかなる金銭的な負担を求めることなしにする支出をいう。」と定義している（法b項3号)(180)。

⑤ 善意の食料寄附と保健衛生規制

善意の食料寄附法は，善意の食料寄附であっても，州や地方団体の保健衛生規則（state and local health regulations）の適用は免除されない旨を規定する（法f項)。したがって，寄附者，収集人，非営利団体は，あらゆる州および地方団体の保健衛生規則を遵守するように求められる。当初の法案には，この種の規定は存在しなかった。しかし，連邦議会に委員会審議のなかで，ケネディ上院議員の修正提案で付け加えられた規定である(181)。不法行為法での縛りを緩くし，善意の食料寄附にかかる寄附者，収集人，非営利団体の負担を軽減する一方で，

---

(178) See, USDA, RMA, 2009 Insurance Fact Sheet: Gleaning (July, 2008). Available at: http://www.rfhresourceguide.org/Content/cmsDocuments/USDA_RMA_GleaningFactSheet.pdf
(179) ちなみに，指定非営利団体は，USDA発行のハンドブック「食料回収に関する市民ガイド（A Citizen's Guide to Food Recovery)」(1999年）に搭載されている。
(180) この点は，農作物生産者に限らず，食品関連企業など他の食料寄附者についても，損害保険金の受給とキズモノ食料の篤志的な現物寄附を装った闇の再販売益との二重受取防止をどう防ぐかの課題にもつながってくる。
(181) See, 143 Cong. Rec. S9532-33 (daily ed. Aug. 2, 1996). ちなみに，ケネディ上院議員は，この食料寄附法案潰しで議事妨害を執拗に繰り返していたロビー団体であるアメリカ法廷弁護士協会（ATLA）を宥め，この修正提案によりこの法律にかかる紛争事案に対し法廷弁護士に一定の仕事の場を確保し，法案の成立に導いたとされる。

寄附された食料を消費する受給者の健康と安全を確保することが狙いである。厳しい法的責任を免除することで善意の食料寄附を奨励する一方で，保健衛生にかかる政府規制の遵守を求め，バランスを確保している。

こうした法制のつくりから，善意の食料寄附にかかわる寄附者，収集人および非営利団体は，保健衛生規則を遵守しない場合には，連邦の善意の食料寄附法の保護の枠外に置かれることになり，状況によっては，重過失または故意の不正行為として責任を問われることも出てくる。

⑥ 「善意」の食料寄附の意味

善意の食料寄附法は，法の適用対象を「善意（in good faith）」の食料寄附に限定している（法 c 項 1 号，c 項 2 号）。また，「寄附（donate）」については，「受贈者にいかなる金銭的な負担を求めることなしにする支出をいう。ただし，その寄附の最終受領者または利用者がいかなる金銭の負担も求められない限り，寄附団体が受贈団体に対して些少な手数料を課してもよいものとする。」と規定している（法 b 項 3 号）。

このように，善意の食料寄附法は，「善意の寄附」とは，一般的に"無償"であることを想定している。その一方で「寄附団体が受贈団体に対して些少な手数料を課してもよいものとする。」とも規定している。これは，食料寄附を望む企業が，手持ちの余剰食料が「明らかに健全な食品」（法 b 項 2 号）であるのにもかかわらず，輸送費等を考えると，食料配布支援を行う非営利団体（NPO/hunger-relief organizations, 公益増進団体／public charity，後記【図表Ⅱ-28】および【図表Ⅱ-29】参照。以下同じ。）に現物寄附するよりも廃棄処分にした方が，コストがかからないと判断した場合などを想定している。この場合，廃棄は"もったいない"と考える非営利団体は，輸送費等を肩代わり負担して余剰食料の現物寄附を受け容れることがゆるされることを意味する。しかし，「善意（in good faith）」については，とくに具体的に定義をしていない。

この点，「善意（in good faith）」について，例えば『契約に関するリステイトメント〔第 2 版〕（Restatement (Second) of Contract)』では，次のように定義する[182]。

---

[182] See, Restatement (Second) of Contact §205(a) (1981) (citing UCC §1-201(19)) and (citing UCC §1-103(b)).

> ① 関係する行為もしくは取引における事実において誠実であること，または，
> ② 取引における事実において誠実であり，かつ，公正な取引に関する合理的な商業基準を遵守すること

　すでにふれたように，この善意の食料寄附法は，「ビル・エマーソン善きサマリア人食料寄附法 (Bill Emerson Good Samaritan Food Donation Act of 1990)」という略称（法a項）を用いていることからも分かるように，聖書の教えを基礎としている。このことからすれば，この法律が意味する「善意 (in good faith)」とは，"窮地に陥った人を救うために，人が無償で良心的かつ誠実に自分のできることをすること"と解してよいものと思われる。

　善意の食料寄附法は，いかに善意の寄附であったとしても，「重過失もしくは故意の不正行為を構成する作為もしくは不作為が原因で損害を与えるまたは死亡に至らしめた場合には，適用しない。」（法c項3号，d項）と規定している。したがって，善意で寄附した食料がもとで最終的な受贈者である生活困窮消費者が「死亡」したとする。この場合にはとりわけ，この法律が免責対象とする「人 (person)」（法b項10号），「収集人 (gleaner)」（法b項5号），「非営利団体 (nonprofit organization)」（法b項9号）にあてはまるときには，免責されないことになる。

C　余剰食料寄附促進税制の検証

　善意の食料寄附法は，免責対象とする「『明らかに健全な食料 (apparently wholesome food)』とは，当該食料が，外観，期限，新鮮味，等級，大きさ，残り物であるその他の条件により市場取引に向かないとしても，連邦，州および地方団体の法律ならびに規則が設けたすべての質および表示基準を充足する食料をいう。」（法a項2号）と規定する。したがって，現物寄附の対象となる食料の健康への安全性の確保は法律上の義務である。

　アメリカにおいて善意の食料寄附に前向きなレストラン・チェーンの外郭非営利団体の１つである「フード・ドネーション・コネクション (FDC=Food Donation Connection)」は，「収穫プログラム (Harvest Program)」を立ち上げ，現

---

(183)　Available at: http://www.foodtodonate.com/.

物寄附の対象とする余剰食料の再収穫（セカンド・ハーベスト／second harvest）、その安全性の確保などの問題に真摯に取り組んできている[83]。

FDC によると、現物寄附の対象とする余剰食料（再収穫）の安全性の確保のための法定要件の遵守には、多大な時間とエネルギーを要し、コスト負担はかなり高額にのぼるという。このため、とりわけ小規模レストラン・チェーンにとっては重荷であり、FDC の収穫プログラム（Harvest Program）への積極的な参加に二の足を踏む一因となっているという[84]。

食品関連企業、さらには食料生産者が、現物寄附の対象となる余剰食料の健康への安全性確保のためのコスト負担における外部不経済を内部化し、安全な余剰食料寄附、再収穫（セカンド・ハーベスト）を奨励・促進するためには、余剰食料の寄附の意欲的な会社（法人）や個人に対する税制上の支援措置を手厚くするのも一案である。

(1) 連邦法人所得課税申告の基本

アメリカ連邦所得税申告において、C法人／普通法人は、一般に様式1120（Form 1120）を用いて確定申告を行う（IRC6012条 a 項 2 号）。以下に、様式1120の1頁記載項目の概要を紹介しておく[85]。

【図表Ⅱ-27】連邦法人所得税申告書（様式1120）の記載項目（2016年）

●総所得（Gross income）の計算《項目》	《金額》
1a　事業活動にかかる総収入または売上高 （Gross receipts or sales）	$×× ×
1b　返金や値引き（Return and allowances）	× ×
1c　1a から1b を控除した金額	
2　売上原価（Cost of goods sold）【減算】	
3　売上総収益（Gross profits from sales）	
4　受取配当金（Dividends）	
5　受取利子（Interest）	
6　総賃貸額（Gross rents）	
7　総ロイヤルティ額（Gross royalties）	

---

[84] See, Hearing on H. R., 7 Before the Subcommittee on Human Resources & the Subcommittee on Select Revenue Measures of the House Committee on Ways and Means, 107th Cong. 89, 101-01 (June 14, 2001) (statement of Bill Reighard, President, Food Donation Connection) (testifying that businesses cannot offset the costs of donating).

[85] See, IRS, Instruction for Form 1120: U. S. Corporation Income tax Return 2012. Available at: http://www.irs.gov/pub/irs-pdf/i1120.pdf

```
8    純キャピタルゲイン額（Capital gain net income）
9    その他の純ゲイン（またはロス）（Net gain or (loss)）
10   その他の収益（Other income）
11   総所得合計額（Total gross income）【項目3から項目10を加算】
●通常の控除／経費項目（Business expenses & specific deductions）の計算《金額》
12   役員報酬（Compensation of officers）
13   給与および賃金（Salaries and wages）
14   修繕費（Repairs and maintenances）
15   貸倒損失（Bad debts）
16   賃借料（Rents）
17   租税公課（Taxes and licenses）
18   支払利子（Interest）
19   公益寄附金（Charitable contributions）
20   原価償却費（Depreciation）
21   減耗償却費（Depletion）
22   広告宣伝費（Advertising）
23   年金，賞与等の計画費用（Pension, profit-sharing, etc. plans）
24   福利厚生費（Employee benefit programs）
25   国産品販促控除（Domestic production activities deduction）
26   その他の控除（Other deductions）
27   控除額控除（Total deductions）【項目12から項目26を加算】
28   欠損金控除および特別控除前の課税所得（Taxable income before net operating loss deduction and special deductions）
29a  欠損金控除（Net operating loss deduction）
●特別控除項目（Special deductions）の計算                《金額》
29b  特別控除（Special deductions）【例えば，「受取配当金等特別控除」】
29c  項目　29aおよび29bを加算
●課税所得（Taxable income）の計算
30   課税所得（Taxable income）【項目28から29cを減算して算出】
     （以下，31から36までは省略）
```

【図表Ⅱ-27】からも分かるように，法人の総所得（Gross income）とは，事業活動にかかる総収入または売上高（Gross receipts or sales）から売上原価（Cost of goods sold）等を差し引いて算出した売上総収益（Gross profits）に，項目4から項目10までの収益を加えた金額をいう。

法人は一般に，【図表Ⅰ-54】❸総所得（本書第Ⅰ部）から，事業活動おいて発生した通常必要な費用（ordinary and necessary expenses）を事業経費（business expenses）（以下，たんに「必要経費」ともいう。）として差し引き控除できる（IRC162条）。具体的には，例えば，項目26【その他の控除（Other deductions）】の

もと，事業活動上生じた旅費，飲食費や交際費については，必要経費として経費控除することはできないとする原則（Disallowance of certain entertainment, etc. expenses）（IRC274条）を維持しつつも，一定限度額までの経費控除を認めている（IRC274条k項2号等）。

もっとも，項目19【公益寄附金控除（Charitable contribution deduction）】，項目4【受取配当金控除（Dividends received deduction）】，項目25【国産品販促控除（Domestic production activities deduction）】，項目29a【欠損金控除（net operating loss deduction）】などのように，各金額の算定には，事業上の必要経費控除に適用ある一般原則とは別途の特別の算定基準によるものもある。

(2) 連邦税法上の公益寄附金控除対象寄附受入団体

アメリカの余剰食料を含む棚卸資産の現物寄附税制に対する理解を深めるには，現物寄附を受け容れる適格非営利公益団体や寄附金控除制度に関する基本的な課税取扱いを知る必要がある。

アメリカにはさまざまな非営利公益団体（non-profit charitable organizations）が存在する。これらの非営利公益団体は，連邦法人所得課税上，一般に，収益事業（非関連事業）から生じた所得以外には課税されない。すなわち，本来の事業は法人所得税が原則課税除外である。しかし，その一方で，納税者（個人，法人など）が，これらの団体に対して支出した寄附金が一律，所得控除[186]になるわけではない。適格公益団体（qualified charitable organizations）に対して支出した寄附金に限り，一定の限度枠まで（個人納税者の場合には項目別控除で）所得控除ができる（IRC170条）。言い換えると，寄附者たる納税者は，控除対象となる寄附金の受入れができる団体に寄附してはじめて，法定限度額まで控除できる。納税者は，適格公益団体以外にも寄附金を支出できるが，この場合には税引後（after tax）の所得から支出することになる[187]。

ちなみに，公益寄附金の控除の時期は，寄附者たる法人の採用する会計基準（一般に発生主義／accrual basis）にかかわらず，実際の支出時期である（IRC170条a

---

[186] わが国とは異なりアメリカでは，確定決算主義を採っていないことから，「益金」，「損金」の概念を使用していない。このことから，ここでいう寄附金にかかる「寄附金控除」は，寄附者が法人である場合には，「損金算入」に相当するとみてよい。ここ**4**では，「益金」，「損金」の文言を用いていない。

[187] See, *e.g.*, Vada W. Lindsey, "The Charitable Contribution Deduction: A Historical Review and a Look to the Future", 81 Neb. L. Rev. 1056 (2003).

項1号）。発生主義を採る法人で，寄附を行った課税年度中に取締役会（board of directors）での支出決議があり，かつ，当該課税年度終了後2か月半以内に実際の支出が行われた場合には，当該支出決議が行われた課税年度に控除することができる（IRC170条a項2号AおよびB）[188]。

① 課税除外となる主な非営利公益団体

連邦税法や財務省規則は，公益団体の本来の事業から生じる「利益のいかなる部分も私的持分主または個人の利益に供されることがないこと」を条件に課税除外となる団体（entities）を例示している[189]。これら各種非営利公益団体を整理し，主なものを掲げると，次のとおりである。

【図表Ⅱ-28】内国歳入法典に盛られた主な非営利公益団体の種類

> ①「公共法人」〔合衆国の機関〕（501条c項1号）
> ②「宗教団体，教育機関，慈善団体，学術団体，公共安全試験機関，文芸団体，子どもまたは動物虐待防止団体，アマチュアスポーツ団体」〔一般的公益活動〕（501条c項3号）
> ③「市民団体，社会活動団体，地域従業者団体」〔コミュニティの福利増進活動〕（501条c項4号）
> ④「商工会，商工会議所，事業者団体など」〔経営環境の改善，業界活動〕（501条c項6号）
> ⑤「親睦団体」〔娯楽，レクリエーション，社交活動〕（501条c項7号）

法典501条c項3号は，「公益団体」として，具体的に「もっぱら宗教，慈善，学術，公共安全の検査，文芸もしくは教育目的で，または子供もしくは動物虐待防止の目的で設立されかつ運営されている法人およびあらゆる地域共同募金体，地域共同体基金もしくは地域共同体財団」を列挙している。すなわち，「宗教団体」，「慈善団体」，「学術団体」，「公共安全検査団体」，「教育団体」，「スポーツ競技団体」，「子供・動物虐待防止団体」および「地域共同募金体，地域共同体基金，地域共同体財団」を掲げている。

---

[188] この規定は，C法人／普通法人対してのみに適用になる。したがって，S法人（【図Ⅱ-2】参照）には適用にならない。See, IRS, Revenue Ruling 2000-43.
[189] アメリカの非営利公益法人法制と税制について，See, Bruce R. Hopkins, The Law of Tax-Exempt Organizations (8th ed., Wiley, 2003). また，邦文による先駆的な研究としては，拙著『日米の公益法人課税法の構造』（成文堂，1992年），拙著『ボランティアの活性化と税制』（朝日大学，1993年），雨宮・石村ほか『全訳カリフォルニア非営利公益法人法：アメリカNPO法制・税制の解説付』（2000年，信山社，）参照。

② **公益増進団体，私立財団とは**

内国歳入法典（IRC）は，さらに，これらの団体を，その公益度に応じて，「公益増進団体（public charities）」と，「私立財団（private foundations）」に分類している[190]。

「公益増進団体」にあてはまる501条c項3号団体に支出する寄附金限度額を高く設定している。一方，「私立財団」にあてはまる501条c項3号団体に支出する寄附金限度額を低く設定している。これにより，差別化をはかっている。

内国歳入法典（IRC）は，「公益増進団体」と「私立財団」とを具体的に定義していない。たんに，「私立財団」とは，「公益増進団体」以外の団体と消極的に定義するにとどまる。一般に「私立財団」カテゴリーに該当する501条c項3号団体の典型としては，特定企業の支配色の濃い"企業財団"や特定家族が支配する"家族財団"などをあげることができる。「私立財団」カテゴリーに該当する501条c項3号団体に対しては，その投資収益ないし不適切な投資活動などを対象に一定の規制税（intermediate sanctions）が課される。また，この規制税は，団体内部者の自己取引などにも課される[191]。

内国歳入法典（IRC）は，「私立財団」カテゴリーに該当する501条c項3号団体を，さらに，「事業型私立財団（private operating foundations）」と「助成型私立財団（private non-operating foundations）」に区分する。

この区分は，「私立財団」のうち，公益性が高く自らが積極的に公益事業を推進しようという意欲のある"事業型"と，そうでない"助成型"とを差別化することに狙いがある。事業型と認定されることの最大のメリットは当該団体に対して支出された寄附金が優遇されることにある。

③ **公益寄附金控除限度額のあらまし**

公益増進団体ならびに事業型私立財団および非事業型私立財団に関する連邦税法上の寄附金控除算入限度額のあらましは，図示すると，【図表Ⅱ-30】のとおりである（IRC170条b項1号および2号）。

(3) **評価性資産の寄附者に対する連邦所得課税取扱いの基本**

連邦税法上，寄附者である納税者は，控除対象となる寄附金の受入れができ

---

[190] See, generally, Bruce R. Hopkins & Jody Blazek, Private Foundations (2nd ed., 2003, Wiley).
[191] See, generally, Bruce R. Hopkins & D. Benson Tesdahl, Intermediate Sanctions: Curbing Nonprofit Abuse (Wiley, 1997).

【図表Ⅱ-29】公益増進団体と私立財団の区分

```
          ┌─────────────────────────────────┐
          │ 法典501条c項3号上の公益（慈善）団体 │
          └─────────────────────────────────┘
┌─────────────────────────────────────────────────┐
│         公益増進団体（パブリック・チャリティズ）          │
│ ①特掲団体（パブリック・インスティチューションズ）         │
│    i)    宗教団体                               │
│    ii)   教育機関         ┐                    │
│    iii)  医療研究機関      ├─ 法典509条a項1号上の団体 │
│    iv)   公立大学支援団体   │                    │
│    v)    政府機関         ┘                    │
│ ②第一種公的出捐団体          ┐                  │
│ ②～a 地域共同体財団         ├─ 法典509条a項1号上の団体│
│      （地域共同信託）        ┘                  │
│ ③第二種公的出捐団体 ──────── 法典509条a項2号上の団体 │
│ ④公益増進団体後援団体 ─────── 法典509条a項3号上の団体 │
│ ⑤公共安全試験団体 ───────── 法典509条a項4号上の団体 │
└─────────────────────────────────────────────────┘
       公益増進団体（①～⑤に）  ↓  該当しない場合
┌─────────────────────────────────────────────────┐
│         私立財団（プライベート・ファウンデーション）       │
│ ①事業型私立財団（プライベート・オペレー │ ②非事業型私立財団（プライベート・ノンオ │
│   ティング・ファウンデーション）       │   ペレーティング・ファウンデーション）   │
│              法典4942条j項3号上の区分              │
└─────────────────────────────────────────────────┘
```

る非営利団体／適格公益団体（公益増進団体／public charity,【図表Ⅱ-29】および【図表Ⅱ-30】参照。以下同じ。）に寄附をしてはじめて，法定限度額まで公益寄附金控除ができることになっている。この場合，納税者が支出する寄附金は，現金（cash）である場合が多いが，必ずしも現金であるとは限らない。不用な衣類や家財，有価証券や土地・建物，古美術品などの有形評価性資産（tangible appreciated property），さらには，特許権や著作権のような知的財産権などの無形評価性資産（intangible appreciated property）である場合も少なくない。

　このように，納税者が，適格公益団体に対し，含み益（含み損）のある現物資産（property）ないし評価性資産を寄附金として支出した場合には，所得控除の対象となる金額の計算にあたり当該資産の評価が問題となる。おおまかにいうと，原則として，1年以上保有した含み益のある株式や不動産などについては，「公正な市場価額（FMV＝fair market value）」を基に計算することになっている。一方，保有期間が1年未満の含み益（含み損）のある株式や不動産，さらには衣類や家財（clothing and household items），美術品などの有体動産（intangible

【図表Ⅱ-30】連邦税上の「公益増進団体」および「私立財団」への寄附金控除限度額

項目＼種類	公益増進団体*1	私立財団 事業型	私立財団 助成型
個人の寄附金控除*2（現金） 　　　　　（評価性資産） 遺贈への控除	50％まで 原則30％まで 全額	50％まで 原則30％まで 全額	30％まで 20％まで 全額
法人寄附金控除限度額*3 （現金） （評価性資産）	課税所得の10％まで 課税所得の10％まで （ただし，代替ミニマム税の適用ある場合もあり）	同左 同左	同左 同左
投資収益課税	なし	2％	2％
公益性確保のための各種規制税	あり	あり	あり

〔備考〕

*1　公益増進団体（public charities）に支出した寄附金にかかる控除は，公共安全試験団体（IRC509条a項4号）には適用なし。なお，助成型私立財団（non-operating private foundation）に対する棚卸資産（inventory）などの現物寄附については，公益寄附金控除の対象とならない（IRC170条e項3号）。

*2　個人の寄附金控除は，調整後総所得（AGI＝Adjusted Gross Income）をもとに計算される。個人の支出した寄附金額が，法定限度額を超える場合には，5年の繰越控除が認められる（IRC170条b項1号B）。

*3　法人の寄附金控除限度額は，前記【図表Ⅱ-30】に記載される項目19【公益寄附金控除】，欠損金繰戻またはキャピタルロス（資本損失）繰戻，29b【受取配当控除等の特別控除】を差し引かないで算定した項目30【課税所得（Taxable income）】を基準に計算される。法人の支出した寄附金額が，法定限度額を超える場合には，5年の繰越控除が認められる（IRC170条d項2号）。

personal property）については，その資産の調整税務基準価額（ATB＝adjusted tax basis of the property／一般には「税務簿価」ともいう。）か，公正な市場価額（FMV）のいずれかいずれか低い方の価額で評価することになっている（IRC170条e項1号，170条e項4号および170条e項6号）。

①　特定の現物資産の寄附にかかる評価

寄附者である納税者が現物資産を寄附した場合の税法上の評価方法は，寄附した現物資産の種類，寄附した資産に部分的利益を有するか否か，適格公益団体の類型などにより異なる。個人や事業者などが，適格公益団体を通じて，生

活に窮する人たち向けに，衣類や家財，棚卸資産などを現物寄附したとする。この場合，連邦税法は，原則として，次のような基準を用いて現物資産を評価する。

【図表Ⅱ-31】特定の現物資産の寄附にかかる評価

> **衣類や家財（Clothing or household items）の寄附**：納税者は，衣類や家財を寄附しても，自己の課税所得の計算にあたり，原則として，その評価額を寄附金として控除できない。ただし，利用状態が良いものについてはその限りではない。また，個々の控除価額が500ドルを超えないものに限る。ここで「家財（household items）」とは，家具や備品，電化製品，器具，リンネル類などをさす。したがって，食料品，絵画，古物その他の技芸品，宝石や宝物，収集品などを含まない（IRC170条f項16号）。
> **棚卸資産（Inventory）の寄附**：納税者が棚卸資産（自己の事業において販売している資産）を非営利団体（公益増進団体）や政府機関などに寄附したとする。この場合，納税者が公益寄附金として控除できる金額は，納税者が寄附をする日の公正な市場価額（FMV／時価）か，当該資産の調整税務基準価額／税務簿価（ATB）のいずれか低い方の額までである（IRC170条e項1号A）。

② 受贈者に対する非課税取扱い

日々の食に窮する人たちがフードバンクのような非営利団体から給付を受けた緊急かつ無償の食事支援（受贈物／gift）は，課税所得を構成するかどうかが問題になる。連邦税法（IRC）は，生活困窮受給者（受贈者）が生活支援の形で受け取った現金や資産（物資）の価額は，課税対象となる「総所得」から除外している（IRC102条a項）[192]。「受贈物（gift）」とは何かについて，法典（IRC）も財務省規則（Treasury Regulations）も，具体的に定義するところがない。この点，連邦最高裁判所判決では，受贈物であることの本質的な要素の1つとして，「私心のなく（detached）利害を超えた高潔さ（disinterested generosity）…，人間愛，高配，称賛，慈善のような衝動にかられた行動」からの供与であることをあげている[193]。したがって，受贈物は，それが「総所得」に該当せず非課税として取り扱われるためには，条件付きであるとか，あるいは，対価の支払を期待して行われるものであってはならない[194]。

---

[192] See, Danshera Cords, "Charitable Contributions for Disaster Relief: Rationalizing Tax Consequences and Victim Benefits", 57 Cath. U. L. Rev. 427 (2008).
[193] See, Commissioner v. Duberstein, 363 U. S. 278, at 285 (1960).

(4) 棚卸資産に対する連邦所得課税取扱いの歴史的変遷

　連邦所得課税においては1962年以降久しく，「一定の通常の所得およびキャピタルゲイン資産の寄附（Certain contributions of ordinary income and capital gain property）」（IRC170条e項）の表題のもと，事業者が，公益性の高い非営利団体（NPO/hunger-relief organizations，公益増進団体／public charity，前記【図表Ⅱ-29】および【図表Ⅱ-30】参照。以下同じ。）に対して，通常の所得，すなわち保有期間が1年未満の有形動産（intangible personal property）で，キャピタルゲイン／譲渡所得（capital gain income）は生まず通常所得（ordinary income），を生む棚卸資産（inventory）を寄附した場合，寄附金（所得）控除の対象となる当該棚卸資産の課税ベース（tax basis/adjusted tax basis）は，公正な市場価額（FMV＝fair market value）／時価ではなく，一般的に「原価（コスト）」ないし「税務簿価（book value）」，正確には「調整税務基準価額（ATB＝adjusted tax basis）」とされてきた[195]。

　例えば，製薬会社や小売薬品店は，薬品について特定期日（使用期限）以降は販売してはならないことになっている。つまり，製薬会社は特定期日を過ぎた薬品を卸してはならないし，小売薬品店は使用期限を過ぎた薬品を販売してはならない。ただ，現実には，こうした薬品は，使用期限が過ぎた後も一定期間使用することができる。したがって，こうした薬品を，生活支援を専門とする

---

[194] ちなみに，受贈物にかかる非課税措置は，雇用主から提供されたものは含まない（IRC102条c項）。ただし，当該受贈物が，非課税となる最低量の給与外給付（de minimis fringe benefit）にあてはまる場合（IRC74条c項），あるいは従業員表彰金員（IRC132条c項）にあてはまる場合は別である。

[195] アメリカ税法（IRC）では，課税所得の計算にあたり「税務基準価額（basis/tax basis）」という言葉が使われる。会計上の処理基準である「帳簿価額／簿価（book value/value）」に近い概念である。しかし，「税務基準価額（basis）」はさまざまな意味で使われる。例えば，勤労により得た給与所得は，純資産を増加させる一因であることから，所得税法の対象となる。税引後の資金は，一部は生活に費消され，残りは現金以外の株式や不動産など現物資産（評価資産／appreciated property）の購入・投資に回すことができる。ここでいう「評価性資産」とは，当該資産の原価（original cost），調整税務基準価額（adjusted tax basis）または税務簿価（book value）を超える市場価額（FMV＝fair market value／時価）を有する不動産（real assets），動産（personal assets）および無体財産（intangible assets）を指す。アメリカ税法では，税引後の資金を一般に「資本（capital）」といい，この資本を使って評価性資産を取得することを「投資（investments）」という。実現主義のもと，当該資産に関して認識された損益（未実現損益）は，実際に処分されるまで繰り延べられることになる。そして実際に処分され，実現した果実（return/gain）ないし損失（loss）は課税の対象となる。この場合，当該財産の市場価額（FMV）からすでに課税済みの「資本部分」である調整税務基準価額（ATB＝adjusted tax basis）を差し引いて課税所得を測定することになる。こうしたルールは，「回収資本不課税の原則（recovery of capital doctrine）」と呼ばれ，納税者は，資本を投下した場合には，課税されることなしに投下した資本を回収できる原則が確立している。See, Essentials of Federal Income Taxation for Individuals and Business (CCH, 2013) at 10-4.

非営利団体に寄附し，生活に窮し薬品を必要としていながらも購入する金銭的な余裕のない人たちに配布する途を選択することも可能である。

しかし，多くの場合，事業者は，余剰となった棚卸資産を寄附するよりも，廃棄処分する途を選択する。これは，内国歳入法典（IRC）165条は，課税所得計算において，棚卸資産を廃棄処分あるいは販売で生じた損失は全額費用控除できることを認めているからである。このことは，事業者にとっては，余剰となった棚卸資産を寄附するよりも，廃棄処分する方が有利になることを意味する。

そこで，多くの業界や生活支援を専門とする非営利団体は，余剰棚卸資産を廃棄するよりも，生活に窮し支援を必要とする人たちに配布するように非営利団体に求め当該団体に現物寄附した方が事業者に有利になるように連邦税法上の寄附金（所得）控除の対象となる通常所得資産の課税ベースの評価基準を変えるように，連邦議会，財務省（Treasury Department）や内国歳入庁（IRS＝Internal Revenue Service）などに働きかけを行った。

① 食料を含む棚卸資産／有形動産の寄附一般への評価特例措置

1976年の税制改正により[196]，棚卸資産／有形動産の寄附一般に適用ある通則規定である「一定の棚卸資産その他の資産の寄附にかかる特例（Special rule for certain contributions of inventory and other property）」（IRC170条e項3号A・B）が実施された。この改正により，C法人／普通法人に限り（したがって，S法人や個人事業者には，原則としてこの評価特例は適用されない。）寄附を受けた棚卸資産などを，「専ら病人，困窮者または幼児の保護（solely for the care of the ill, the needy, or infants）」を目的とするなど一定の要件を充足する特定の公益性の高い非営利団体（公益増進団体／public charity）に寄附した場合の「寄附金控除額計算における棚卸資産の対象となる棚卸資産の評価価額」について，次のような評価特例が設けられた（IRC170条e項3号B）。

【図表Ⅱ-32】寄附金控除額計算における現物寄附の対象となる余剰棚卸資産の評価価額

棚卸資産の価額＝当該棚卸資産の税務基準額／原価＋（当該棚卸資産の評価価額／時価×1/2）
（ただし，棚卸資産の価額は，税務基準額／原価の2倍を上回ってはならない。）
例　900＝500＋（800×1/2）

[196] See, Tax Reform Act of 1976, P. L. 94-455.

② **食料棚卸資産の寄附にかかる評価特例措置**

その後，2005年に，カトリーナ緊急支援税法（KETRA＝Katrina Emergency Tax Relief Act of 2005）が制定され，「食料棚卸資産の寄附にかかる特例（Special rule for contributions of food inventory）」（IRC170条e項3号C）の表題で，C法人のみならず，S法人やパートナーシップである納税者が，棚卸資産である食料を特定の公益性の高い非営利団体（公益増進団体）に寄附した場合に，前記「一定の棚卸資産その他の資産の寄附にかかる特例」（IRC170条e項3号A・B），つまり，棚卸資産の価額＝当該棚卸資産の税務基準額／原価＋（当該棚卸資産の評価価額／時価×1/2）の算式を適用する旨規定された。

この特例は，本来，ハリケーン被災者の救済を狙いとしていたこともあって，適格寄附の対象を「食料棚卸資産（food inventory）」に限定するとともに，当初2005年8月28日から同年12月31日までの時限法の形で実施された[197]。

その後，この時限規定は幾度も更新され，現在は，2015年税制改正法により時限は撤廃され，2014年12月31日後から恒久適用になった（IRC170条e項3号C iv）[198]。

(5) **余剰食料寄附促進税制の分析**

すでにふれたように，食料を含む棚卸資産／有形動産の寄附一般への評価特例措置（IRC170条e項3号）のもと，法人納税者は，専ら病人，困窮者または幼児の保護を目的とする非営利団体（公益増進団体／public charity）に対して余剰食料や日用品，医薬品などの棚卸資産を寄附した場合，IRC170条〔公益等にかかる寄附および贈与〕関連の規則（regulations）のもとで算定された価額について，（当該公益寄附金控除，欠損金の繰戻またはキャピタルロス／資本損失の繰戻，受取配当控除等の特別控除を差し引かないで算定した）課税所得（Taxable income）の10％まで寄附金として（所得）控除することができる。ただし，この場合，法人とはC法人／普通法人に限られる。したがって，この棚卸資産／有形動産の寄附一般に適用ある評価特例は，S法人やパートナーシップなどには，原則として適用されない。この点を補う狙いからその後，食料棚卸資産にかかる特例（IRC170条e項3号C）が定められ，S法人などを含め棚卸資産である食料寄附をする事業者一

---

[197] 詳しくは，拙論「アメリカ被災者支援税制の分析～日米の税財政法上の課題の検証を含めて」白鷗法学18巻2号332頁以下参照。

[198] See, Protecting Americans from Tax Hikes Act of 2015 (P.L.114-113).

般にこの評価特例の適用を拡大しているわけである。

以下においては，棚卸資産／有形動産の寄附一般への評価特例措置（IRC170条 e 項 3 号）と食料棚卸資産にかかる特例（IRC170条 e 項 3 号 C）を中心に，適用要件等を含め分析をする。

① 棚卸資産／有形動産の寄附一般への評価特例措置の分析

食料や医薬品，日用品などを製造，販売する企業は，余剰になった棚卸資産（商品／製品等）を廃棄処分にすれば，連邦所得税における売上総収益（事業活動のかかる総収入または売上高から売上原価を差し引いた金額）はマイナスになる。また，欠損金が生じた場合には，2 年の繰戻（carryback）および20年の繰越（carryover）ができる（IRC172条 b 項 1 号 A）。

これに対して，とりわけ，余剰食料を現物寄附する場合には，食品関連企業や食料生産者のような余剰食料寄附者（donor）は，食品衛生法などの政府規制にマッチしており，かつ品質に問題がないものでなければならない。このことは，裏返すと，廃棄処分に比べ，現物寄附に伴う健康安全対策上の「コスト」が高く，食品関連企業や食料生産者は現物寄附の二の足を踏むことにもなる。ただ，この「コスト高」の現実を座視しているだけでは，飢餓の裏での余剰食料の大量廃棄の悪循環を断ち切ることができない。

そこで，連邦税法は，食料を含む棚卸資産の現物寄附を奨励するために，寄附者に対して，寄附金控除特例を定めている。食料を現物寄附した場合，寄附者は，「調整税務基準価額／税務簿価（ATB＝adjusted tax basis）＋（評価価額×2/1）。（ただし，調整税務基準価額／税務簿価（ATB）の 2 倍を超えてはならない。）」を算定し，その額を基に公益寄附金の法定控除限度額を計算できる旨規定している（IRC170条 e 項 3 号 B）。

ちなみに，この場合の公益寄附金の所得控除限度額は，法人については（当該公益寄附金控除，欠損金の繰戻またはキャピタルロス（資本損失）繰戻，受取配当控除等の特別控除を差し引かないで算定した）課税所得（Taxable income）の10％まで認める課税取扱いをしている。これにより，実質的に，食料寄附（現物寄附）にかかる高い健康安全対策上のコストを補償する政策を維持しているわけである。

② 棚卸資産／有形動産の適格寄附要件

棚卸資産／有形動産の寄附一般にかかる評価特例措置（IRC170条 e 項 3 号）の適用要件は，図説すると，次のとおりである（IRC170条 e 項 3 号 A）。

【図表Ⅱ-33】 棚卸資産／有形動産の適格寄附要件

- 棚卸資産などの現物寄附の受入団体は，寄附を受けた棚卸資産などを，「専ら病人，困窮者または幼児の保護（solely for the care of the ill, the needy, or infants）」を目的とするなど一定の要件を充足する内国歳入法典（IRC）501条c項3号に定める特定の公益性の高い非営利団体（公益増進団体／public charity）であり，かつ IRC509条 a項に定める助成型財団ではないこと。
- 現物寄附を受けいれた公益増進団体（受贈団体）は，当該財産を免税目的事業に充当する旨を確認した文書を寄附者に提出すること。
- 受贈団体は，当該資産を金銭，他の資産またはサービスを受け取るために譲渡してはならないこと。
- 寄附資産が連邦食料・医薬品・化粧品法（FFDCA＝Federal Food, Drug, and Cosmetic Act）に基づいて公布された規則の対象となる場合，当該資産は，当該法律およびその引渡しの日に先立つ180日前までに公布された規則の要件を充足しなければならない。
- この評価特例はC法人／普通法人に対してのみ適用になる。

③ 食料棚卸資産にかかる評価特例措置の分析

食料棚卸資産にかかる特例措置（IRC170条e項3号C）の適用要件は，図説すると，次のとおりである。

【図表Ⅱ-34】 食料棚卸資産の適格寄附要件

- 食料棚卸資産などの現物寄附の受入団体は，寄附を受けた棚卸資産などを，「専ら病人，困窮者または幼児の保護（solely for the care of the ill, the needy, or infants）」を目的とするなど一定の要件を充足する内国歳入法典（IRC）501条c項3号に定める特定の公益性の高い非営利団体（公益増進団体／public charity）であり，かつ IRC509条 a項に定める助成型財団ではないこと。
- 食料棚卸資産の寄附を受け容れた公益増進団体（受贈団体）は，当該財産を免税目的事業に充当する旨を確認した文書を寄附者に提出すること。
- 受贈団体は，当該資産を金銭，他の資産またはサービスを受け取るために譲渡してはならないこと。
- 寄附された食料棚卸資産が連邦食料・医薬品・化粧品法（FFDCA＝Federal Food, Drug, and Cosmetic Act）に基づいて公布された規則の対象となる場合，当該資産は，当該法律およびその引渡しの日に先立つ180日前までに公布された規則の要件を充足しなければならない。
- 寄附された食料棚卸資産は，ビル・エマーソン善きサマリア人食料寄附法（Bill Emerson Good Samaritan Food Donation Act of 1990）に定める「明らかに健全な食料（apparently wholesome food）」であるとの要件を充足しなければならない。

・この評価特例はC法人／普通法人のみならず，S法人やパートナーシップに対しても適用になる。

④ 食料を含む棚卸資産／有形動産の評価特例をめぐる課題

連邦税法（IRC）は，飢餓の裏での余剰食料の大量廃棄の悪循環を断ち切るためには，企業が，余剰になった棚卸資産を廃棄処分にするのに比べ，現物寄附をする方が有利になるように，寄附の対象となる食料を含む棚卸資産／有形動産の評価特例を設けた。司法も，評価特例について寄附者である納税者に有利な適用・解釈を展開する傾向を強めている。

その一方で，食料を含む棚卸資産／有形動産の評価特例が寄附者に濫用され，租税回避に使われる可能性もあることから，課税庁（IRS）は，寄附者である納税者に確認書の提出による説明責任を果たすように求め，慎重な執行に努めている。いくつかの設例を通じ，せめぎあいの実情を精査してみる。

【設例1】 食料の現物寄附にかかる寄附金控除計算

> A社（C法人）は，乳製品を製造・販売している。20○○年10月24日に，A社の取締役会は，公正な市場価額（FMV）／時価5,000ドル，調整税務基準額／税務簿価（ATB）2,000ドルのチーズなどの乳製品（棚卸資産）を適格公益団体である救世軍（Salvation Army）へ現物寄附することを決議した。20○○年12月20日に当該乳製品はその地域の救世軍へ引き渡され，クリスマス直前に生活に窮する人たちに配布された。この場合，A社は，20○○事業年の課税所得（Taxable income）の計算にあたり，A社の課税所得の10%を限度に，3,500ドル〔2,000＋(3,000×50%)〕まで寄附金として控除することができる。

この【設例1】では，通常の市販対象製品である食料を現物寄附した場合であり，問題はない。

その一方で，次の【設例2】に見られるように，キズのある余剰食料の評価価額（FMV／公正な市場価額／時価）の算定などをめぐる課税庁と余剰食料寄附者との間での紛争が絶えない。

【設例2】 余剰食料の現物寄附にかかる寄附金控除計算

> Bストア（C法人）は，製造日から4日たったパン（棚卸資産）を適格公益団体であるフードバンクへ現物寄附している。Bストアは，寄附金控除額の算定にあたり，通常の小売価額（100%）を評価価額（FMV）として用いた。これに対し，課税庁（IRS）は，近隣のストアでは，製造日から4日たったパンを50%値引きして販売して

いることや，パンは急速に品質が悪化する日持ちのしない棚卸資産であることを理由に，納税者の評価額は高すぎるとして是認しなかった。争いは連邦租税裁判所（U.S. Tax Court）に持ち込まれた。租税裁判所は，パンは特定期間内の販売するように法的に義務づけられていないことから，納税者（Bストア）が通常の小売価額（100％）を評価額（FMV）に用いたことに問題はないとして，課税庁の主張を退けた（Lucky Stores v. Commissioner, 105 T.C. 420 (1995)）。

上記【設例2】において，課税庁（IRS）は，新鮮なパンと新鮮味が落ちたパンとは時価／市場価額（FMV）が異なる現実を直視し，納税者が出したFMVが高すぎるとした。この点について，租税裁判所は，IRSの出したFMVによって評価すると，納税者にとっては余剰となった棚卸資産を現物寄附するインセンティブにならないことを強調し，納税者の価額評価を是認した。

【設例3】 余剰食料の現物寄附にかかる寄附金控除計算

> C社（C法人）は，クッキーを製造・販売している。C社が，新たにピーナツ風味クッキー（以下「新製品」という。）を販売したが売行きが芳しくない。C社は，新製品を廃棄処分にして事業上の経費として処理するか，あるいは，当該新製品を適格公益団体である子供養護施設Dに現物寄附するか選択を迫られた。検討の結果，C社は，当該新製品のFMVを卸売価額または小売価額のいずれで評価したとしても，寄附した方が税務上有利であるとの結論にいたった。C社はDに寄附の申し出をした。Dは，新製品のうわさを耳にしていたが，今後のつきあいも考えてC社の現物寄附を受け容れた。

上記【設例3】では，余剰食料を廃棄処分にするのはもったいないという精神の助長につながるのか，あるいは，逆に余剰食料寄附金税制の濫用といえるのか難しい問題をはらんでいる。

アメリカでは，多くの医薬品会社が，新製品の発売に伴う旧製品や使用期限の迫った医薬品（棚卸資産）の大量の寄附を民間非営利団体や国際機関などに行っている[199]。また，スポーツ用品の製造・販売会社から売れ残った大量の商品の寄附を受けた民間非営利団体が，困惑し，話題をさらった。こうした背景には，棚卸資産を，ものによっては危険物として廃棄処分するよりは，現物寄附をした方がコスト的に安くつくとの判断が働いているものと思われる[200]。また，

---

[199] Cristina P Pinheiro, "Drug donation: what lies beneath," 86 Bulletin of the WHO 580 (2008). Available at: http://www.who.int/bulletin/volumes/86/8/07-048546/en/#

[200] 実際に，アメリカでは，例年，製薬業界が，棚卸資産の現物寄附を行っている業界の上位に躍り出ており，その理由は，廃棄処分のコスト高にあるとみられている。

税法上も有利との判断があり，棚卸資産の現物寄附にかかる公益寄附金税制の濫用が指摘されている[201]。

⑤ 確認書の作成

寄附者である納税者は，納税申告において，現金の寄附か現物寄附かを問わず，250ドル以上の公益寄附金控除を行う場合には，受贈団体から寄附にかかる確認書（substantiation）を入手し，納税申告書に添付するように求められる（IRC170条f項8号，財務省規則§1.170A-13(f)）。確認書には，①受贈団体の名称や住所，②現物資産で寄附した場合にはその細目，③寄附した年月日，④寄附した日の当該財産の公正な市場価額（FMV），⑤FMVの算定方式などである[202]。この確認書は，課税庁（IRS）にとり，評価特例の濫用を発見するための重要な資料箋となる。

寄附者である納税者は，納税申告にあたり一般に，寄附した棚卸資産を項目別に公正な市場価額（FMV）および調整税務基準価額／税務簿価（ATB）を評価し記載するように求められる。通例ATBは，原価プラス労務費等で算定される。しかし，ATBを高く評価・算定できれば，公益寄附金控除額も大きくできる。独立当事者間価額（arm's length value），適正な価額とは何かをめぐり，しばしば課税庁（IRS）と争いになるところである。納税者は，確認書に基づいて寄附内容についての説明責任を果たせない限り，公益寄附金控除を認められない。

例えば，レストランやスーパーなどを経営する法人納税者が売れ残った余剰食料などを困窮者または幼児の保護を目的とする適格非営利団体であるフードバンクへ現物寄附するとする。この場合，企業の社会貢献に資する善行である一方で，確認書の作成はかなりの事務負担となる。とりわけ小規模企業者にとっては過重な負担となっている。

納税者は，寄附した棚卸資産を項目別に公正な市場価額（FMV）および調整税務基準価額／税務簿価（ATB）を算定にあたり選択的に，IRS公認の推計方法（evaluation of statistical samples and sampling estimates）を用いるとともに[203]，申

---

[201] See, *e.g.*, David Fitzpatrick and Drew Griffin, "Charities Accused of Overvaluing Donations," CNN (July 28, 2012). Available at: http://edition.cnn.com/2012/07/27/us/charities-overvalued-donations/index.html

[202] See, IRS, Charitable Contributions Substantiation and Disclosure Requirements (Publication 1771, 2013). Available at: http://www.irs.gov/pub/irs-pdf/p1771.pdf

告前合意プログラム（PFA=pre-filing agreement program）を活用して[204]，課税庁との協議，解決に結びつけることも理論的には可能である。しかし，IRS は，PFA プログラムに参加することを選択した納税者に 1 件あたり 5 万ドルの料金の負担を求めることから，小規模企業には活用が難しい手続といえる[205]。

D わが国での余剰食料寄附促進法制や税制のあり方

わが国は，食料自給率が極端に低いのにもかかわらず「飽食ニッポン」の姿があらわになっている。食の大切さへの認識を深める狙いもあり，2005年には「食育基本法」が制定された。しかし，相変わらず余剰食料の大量廃棄が続いている。食品関連企業や食料生産者などに対し善意の余剰食料の現物寄附を奨励し，現物寄附された余剰食料の効率的な流通を促し日々の食に窮する人たちへ振り向けるためには，善意の食料寄附者や余剰食料などの配布を手掛ける民間非営利団体をより積極的に保護・支援する法制や税制が求められている。

(1) 余剰食料寄附やフードバンク活動促進のための法制のあり方

わが国は，大量の食料を海外に依存している。その一方で，大量の食料が廃棄処分にされている。こうした姿勢が問われるなか，善意の余剰食料などを現物寄附する食品関連企業や食料生産者が出てきている。また，こうした食料を日々の食に窮する人たちへと振り分けるため，寄附された余剰食料などの配布を手掛ける認定特定非営利活動（NPO）法人「フードバンク関西」[206]，NPO 法人「セカンドハーベスト・ジャパン」[207]のような民間非営利団体／飢餓救済団体の活動も目立ってきている。

こうした活動を大きく開花させるためには，「もったいない」，そして「慈悲」，「隣人愛」の精神を活かし，過剰な政府規制や法的受忍義務を免じることにより，余剰食料など善意の現物寄附やそれを日々の食に窮している人たちに振り向けることを促進するための法制が必要不可欠である。

---

[203] See, IRS, Revenue Procedure 2012-42. Also, see, Mary Batcher & Ryan Petska, "Statistical Sampling and the New Tangible Property Revenue Procedures," The Tax Executive (May-June 2012) at 258 et seq.
[204] See, IRS, Revenue Procedure 2009-14. See, IRS, Pre-Filing Agreement Program. Available at: http://www.irs.gov/Businesses/Pre-Filing-Agreement-Program
[205] See, IRS, Revenue Procedure 2009-14 Sec. 10.02.
[206] http://foodbankkansai.org/
[207] http://2hj.org/

わが国には，民法第698条には緊急事務管理に関する規定がある。この規定によると，「管理者（義務なく他人のために事務の管理をはじめた者）は，本人の身体，名誉又は財産に対する急迫の危害を免れさせるために事務管理をしたときは，悪意又は重大な過失があるのでなければ，これによって生じた損害を賠償する責任を負わない」とされている。

善意の余剰食料などを現物寄附する食品関連企業や食料生産者，さらには寄附された余剰食料などの配布を手掛ける非営利法人が日々の食に窮する人たちへ配布する活動に，この民法第698条には緊急事務管理に関する規定の適用が可能なのであろうか。災害時などよほど緊急な食料支援の場合を除き，原則として緊急事務管理に関する規定の適用はないものと解される。通常は，①現物寄附者と非営利法人，さらには②当該非営利法人と受給者との間での寄附（贈与）契約関係のなかで考えるべきものと思われる。したがって，余剰食料などの現物寄附およびその配布に関しては，善意であっても，状況によっては，善良な管理義務（民法400条，同644条）などが問われることがあり得る[208]。

しかし，配布を受けた食料などが原因で受給者が食中毒などの被害を受けた場合に，善意の食品関連企業や食料生産者，非営利団体が厳しく法的責任を問われるようでは，こうした活動は普及しない。

すでにふれたように，アメリカでは，1990年に，ビル・エマーソン善きサマリア人食料寄附法（Bill Emerson Good Samaritan Food Donation Act of 1990）が制定された。この連邦制定法は，善意の食料寄附者に免責を保障することを主たる狙いとしている。すなわち，善意の食料寄附者が寄附した食料がもとで損害が生じた場合，その損害が「重過失（gross negligence）または故意の不正行為（intentional misconduct）の結果から生じている場合は別として，当該寄附者等に対し，民事および刑事上の一定の責任を免ずることが柱である。

わが国でも，善意の余剰食料などを現物寄附する食品関連企業や食料生産者，さらには寄附された余剰食料などの配布を手掛ける非営利法人に一定の免責を

---

[208] 善管注意義務違反があれば，民法415条の債務不履行になり，損害があれば同条により，被害者（債権者）はその賠償を求められることになる。ちなみに，この場合には消滅時効は10年である（民法167条1項）。被害者（債権者）は債務不履行責任と同時に不法行為の責任を追及することもできる（民法709条）。ちなみに，この場合，時効は原則として3年である（民法724条）。なお，不法行為責任は立証責任が被害者側にあるため，善管注意義務違反が契約に基づくものである場合は，債務不履行に基づいて損害賠償を請求する方が立証の負担は軽い。

確認し，場合によっては創設するために，アメリカで施行されている善意の食料寄附法（ビル・エマーソン善きサマリア人食料寄附法）のような趣旨の立法を探るのも一案である[209]。

この場合，免責の範囲の法定，つまり，具体的には，食料に限定するかあるいは日用品や衣料なども含むのか，民事責任に傾斜する形で免責するか，その場合でも贈与者の担保責任（民法551条）[210]の免除等にも及ぶべきなのかなど，精査すべき課題は多岐にわたる[211]。

(2) 余剰食料寄附促進税制のあり方

わが国における余剰食料寄附促進税制のあり方については，寄附された余剰食料などの配布を手掛ける認定NPO法人など認定公益法人など民間非営利団体の税制に傾斜する形で議論が展開されている。すなわち，認定NPO法人や特定公益増進法人（以下「特増法人」，また，認定NPO法人および特増法人を併せて「特増法人等」ともいう。）に対する寄附税制の関する議論が重い比重を占めている。

しかし，余剰食料など棚卸資産の善意・無償の現物附附については，食品関連企業や食料生産者など現物寄附者に関する税制のあり方も重要である。とりわけ，寄附する棚卸資産の評価，法人企業の場合には一般寄附金や公益寄附金の控除限度額などについての精査は避けてとおれない課題である。余剰食料などを現物寄附するよりも廃棄処分にした方が税制上有利なようでは，「もったいない」，「慈悲」，「隣人愛」の精神が活かせない。

① 棚卸資産である現物寄附に対する寄附金課税取扱いの基本

余剰食料など棚卸資産の善意・無償の現物寄附については，さまざまなスキームが考えられる。食品関連企業や食料生産者，個人などが直接，児童養護施設やDV被害者救援施設や路上生活者などへ寄附する場合が一例である。この

---

[209] ちなみに，わが国での救命手当の促進のための善きサマリア人法の目的を盛り込んだ法律の制定の促す動きとしては，樋口範雄「よきサマリア人法（日本版）の検討」，沖野眞已「総務省報告書の紹介と検討」，久保田美恵子「善い隣人法（救急車到来までの救命手当に関する法律）案」ジュリスト〔特集 救命手当の促進と法〕1158号（1999年）参照。なお，これらの論考は，救命手当に限定して精査したものであり，食に窮する人たちへの余剰食料等の配付の促進と法的責任の限定について議論したものではない。

[210] 民法551条〔贈与者の担保責任〕1項は，「贈与者は，贈与の目的である物又は権利の瑕疵又は不存在について，その責任を負わない。ただし，贈与者がその瑕疵又は不存在を知りながら受贈者に告げなかったときは，この限りではない。」と規定している。善意の余剰食料寄附の促進には，この責任についても調整が要るように思われる。

[211] なお，筆者は民事法の専門家ではないので，ここでは問題点を指摘するにとどめておく。

場合，児童養護施設など現物寄附を受領する団体／法人は，任意団体（人格のない社団等），社会福祉法人，更生保護法人，NPO法人，認定NPO法人，一般社団／財団法人，ないし公益社団／財団法人など実に多様であり得る。また，食品関連企業や食料生産者，個人などが，フードバンク活動を行っている任意団体，認定NPO法人や特定公益増進法人に寄附し，当該団体（法人）が食に窮する人たちに配布する場合も一例である。

それぞれの現物寄附スキームにより，寄附金課税関係は異なってくる。例えば，現物寄附を受け容れるDV被害者救援施設やフードバンクなどが，任意団体や一般社団／財団法人であるとする。この場合，善意・無償の現物寄附について，個人レストラン経営者や営農者などのような個人事業者の場合は，寄附金控除を受けるのは難しい。これに対して，法人の場合には法人税上の一般寄附金の法定限度内で，所得計算上，損金算入ができる。

一方，現物寄附を受け容れる児童養護施設やDV被害者救援施設，フードバンクなどが，社会福祉法人，更生保護法人，NPO法人，認定NPO法人，ないし公益社団／財団法人などであるとする。この場合で，現物寄附者が個人事業者であるときには，所得税および住民税上の所得控除または税額控除ができる。一方，現物寄附者が法人であるときには，法人税上の法定限度内での一般寄附金の損金算入，公益寄附金として損金算入限度額の範囲内で損金算入ができる。

(a) 所得税および法人税上の公益寄附金税制のあらまし

所得税上の公益寄附金の控除ならびに法人税上の一般寄附金および特定寄附金の損金算入限度額の計算についておおまかに図説すると，次のとおりである。

【図表Ⅱ-35】所得税および法人税上の公益寄附金税制のあらまし

①**所得税** 個人の公益寄附金の控除限度額：個人が特増法人および認定NPO法人などに支出した特定寄附金は，所得控除か税額控除のいずれかを選択できる。(i)所得控除：〔(寄付金の額か所得金額×40％のいずれか少ない額）－2,000円〕まで控除対象。(ii)税額控除：〔(寄附金の額か所得金額×40％のいずれか少ない額）－2,000円〕×40％（ただし，その年に納付する所得税額の25％が限度）まで控除対象（所得税法78条1項1号および2号，租税特別措置法41条の18の2・3）。

②**法人税** (i) **一般寄附金の損金算入限度額**：法人が支出した寄附金の損金算入限度額について，資本または出資を有する株式会社や協同組合など一般の法人の場合には，次の算式により計算する（法人税法37条1項，法人税法施行令73条1項1号）。

> （期末の資本金等の額×0.25％＋所得金額の0.25％）×4分の1

(ii) **特増法人等への特定寄附金の特別損金算入限度額**：法人が特増法人および認定NPO法人に支出した寄附金は，ふつう，次の算式により計算した金額まで，損金算入ができる〔一般寄附金の損金算入限度額（法人税法37条1項，法人税法施行令73条1項1号）とは別枠で損金算入できる（法人税法37条4項，租税特別措置法66条の11の2，租税特別措置法施行令39条の23）。

$$（期末の資本金等の額×0.375＋当期の所得金額×0.625\%）×2分の1$$

ただし，資本金などのない普通法人，協同組合等，人格のない社団等の場合には，当期所得金額の6.25％まで損金算入ができる（法人税法施行令77条の2第1項2号）。

なお，限度額の計算は，認定NPO法人と特増法人に対して支出した額とあわせた額までに限られる。

(b) **住民税上の公益寄附金税制のあらまし**

一般に，道府県民税と市町村税をあわせて「住民税」と呼んでいる。住民税は，大きく個人住民税と法人住民税に分けることができる。一般に，住民税上，公益寄附金控除のあり方が問題になるのは，個人住民税についてである。この背景には，個人住民税と法人住民税の税額計算の仕組みの違いが関係している。

個人住民税は，市町村（都道府県）に住所を有する個人に対し，均等割額と所得割額の合計額で課税される（地方税法24条・同294条1項）。均等割額は，道府県民税では1,000円（地方税法38条），市町村民税では3,000円である（地方税法310条）。ただし，東日本大震災からの復興をはかることを目的で，2014〔平成26〕年〜2024〔平成36〕年までの10年間にわたり個人住民税の均等割税率につき臨時増税が行われる。具体的には，県民税均等割の標準税率（現行1,000円）について500円を加算した額，市民税均等割の標準税率（現行3,000円）について，500円を加算される（東日本大震災からの復興に関し地方公共団体が実施する防災のための施策に必要な財源の確保に係る地方税の臨時特例に関する法律1条1項・2項）。一方，所得割額については，前年中の収入等について，国税である所得税と同様の所得区分に従い所得金額を計算したうえで，個人住民税独自の所得控除額を差し引いて算出した所得割の課税所得金額に税率（道府県4％，市町村6％）をかけて税額を出し，必要な税額控除をして算出される（地方税法32条〜35条・113条〜114条の3）。

これに対して，法人住民税は，法人が申告納付することになっている（地方税法53条・321条の8）。会社などの法人住民税の額は，法人税割（地方税法51条，同314条の4）と均等割額（地方税法52条・312条）との合計額である。つまり，法人所得割額ではなく，法人税割であることから，国税である法人税額をベースに計

算される。

　このことは，法人の場合は，国税上支出した各種の公益寄付金は損金の額に含まれることから，おのずから住民税の額に反映される仕組みになっている。こうしたわけで，法人住民税では，地方団体が公益寄附金を自在にアレンジできる仕組みになっていない。裏返すと，このことが，地方税上の公益寄附金控除のあり方についてはもっぱら個人住民税が課題となる理由である。

　国税である所得税上の公益寄附金と地方税である住民税の公益寄附金〔控除対象寄附金（地方税法37条の2・314条の7）〕とを比べてみると，大きく異なっている。ここでは，紙幅の都合上詳しく分析するのは避けたい[22]。

② **棚卸資産である現物寄附にかかる税務処理**

については，食品関連企業や食料生産者，個人などの事業者（寄附者）側での税務処理が問題になる。

(a)　法人税上の資産の無償譲渡（寄附／贈与）にかかる税務処理

　食品関連法人企業が，余剰食料などの棚卸資産（したがって，譲渡所得の起因となる資産である場合を除く。）を善意・無償で現物寄附をしたとする。この場合，税務上は，法人が資産を無償で譲渡（寄附／贈与）したときであっても，その資産の時価相当額が収益の額に含まれることになっている（法人税法22条2項）。資産を寄附／贈与をしただけであることから，何の収益も発生していないと考えられがちである。しかし，法人税法では，当該資産をその時の価額（時価）で譲渡し，その受け取った金額が直ちに相手方に寄附したものとみなし，時価相当額が収益として益金の額に算入することとしている。

　例えば，A食品株式会社（以下「A社」という。）が，Bフードバンク（以下「B」という。）に，棚卸資産（商品）として販売している食品を無償譲渡（寄附／贈与）したとする。この場合，企業会計では，現実に金銭等に授受がないので収益とはしない。しかし，法人税法では，原則して，A社が他のものと取引を行う場合には，すべての資産は時価によって取引されたものとみなして課税所得を計算することになる。したがって，A社の販売している食品をBに寄附／贈与（または低廉な価額で譲渡する場合を含む。）した場合，その寄附／贈与により収入すべき金額は，A社の収益として益金の額に算入するとともに，その金額を当該

---

[22]　詳しくは，石村耕治編『現代税法入門塾〔第8版〕』（清文社，2016年）461頁以下参照。

Bに対して寄附／贈与したものとされ，時価相当額は原則として寄附金の額になる（法人税法37条7項）。

そして，A社は，寄附先であるBが任意団体，NPO法人ないし一般社団／財団法人などである場合には，当該寄附金を，法人所得金額の計算にあたり，一般寄附金の損金算入限度額の範囲内で損金算入ができる（法人税法37条1項，法人税法施行令73条1項1号／前記【図表Ⅱ-35】参照）。一方，寄附先であるBが認定NPO法人ないし特増法人などである場合には，A社は，法人所得金額の計算にあたり，当該寄附金を，特増法人等への寄附金額を損金算入限度額内で損金算入ができる（法人税法37条4項，租税特別措置法66条の11の2，租税特別措置法施行令39条の23／【図表Ⅱ-35】参照）。

(b) 所得税上の資産の無償譲渡（寄附／贈与）にかかる税務処理

コンビニを個人で営む事業者Cは，DVシェルターDに対して，棚卸資産（商品）として販売している賞味期限間近な食品を無償譲渡（寄附／贈与）したとする。この場合，寄附金は原則家事費になり，事業所得（所得税法27条）の計算上，必要経費として控除できないものと解される。したがって，その棚卸資産の時価相当額を事業所得の計算上総収入金額に算入することになる（所得税法40条1項）。もっとも，Dと日常の取引があり，こうした余剰棚卸資産（商品）の無償譲渡が事業遂行上必要であり，かつ拒否しがたいときには，必要経費として控除できるものと解される。この場合における事業所得計算における必要経費算入額は，総収入金額に計上した当該棚卸資産の金額に相当する金額（期末棚卸資産の評価を通じて売上原価として必要経費控除すること）になるものと解される。

また，寄附先であるDが認定NPO法人ないし特増法人などであるとする。この場合，Cは，所得税の所得金額の計算にあたり，時価相当額の寄附があったものとして，特増法人等への特定寄附金の控除限度額の範囲内で控除することができる（所得税法78条1項・2項，租税特別措置法41条の18の2・3）／【図表Ⅱ-35】参照）。

(c) 被災者に対する棚卸資産の無償譲渡（寄附／贈与）の税務処理特例

災害が発生すれば，個人はもちろんのこと，事業者によるさまざまな支援の輪が広がる。法人事業者や個人事業者は，支援物資を必要としている被災者向けにさまざまな棚卸資産の無償提供を行うことが多い。こうした棚卸資産の現物寄附に関する現行の課税取扱いは，簡潔にまとめてみると，【図表Ⅱ-36】の

とおりである。

【図表Ⅱ-36】被災者に対する棚卸資産の無償譲渡（寄附／贈与）税務処理特例

> ①**法人税　自社製品等の被災者に対する提供**：法人税基本通達では，法人が不特定または多数の被災者を救援するために緊急に行う自社製品等の提供に要する費用の額は，寄附金の額に該当しないものとする（9-4-6の４）。また，国税庁が発遣した「東日本大震災により損害を受けた場合に所得税の取扱い（情報）」（平成23年４月27日）によれば，この場合の課税取扱いは，寄附金や交際費等にもあたらず，広告宣伝費に準じるものとして損金に算入するものとして取り扱うこととされる[23]。ちなみに，この場合，消費税は不課税取引となる[24]。
> ②**所得税　個人事業者の棚卸資産の被災者への無償提供（寄附）**：国税庁が発遣した「東日本大震災により損害を受けた場合に所得税の取扱い（情報）」（平成23年４月27日）によれば，棚卸資産を被災者に寄附した場合，その棚卸資産の時価相当額を事業所得の計算上総収入金額に算入するとともに，寄附先が国や自治体，認定NPO法人ないし特増法人などである場合には，所得金額の計算にあたり，時価相当額の寄附があったものとして，特増法人等への特定寄附金の控除限度額の範囲内で控除することできる旨確認している[25]。ちなみに，この場合，上記法人企業と同様に，消費税は不課税取引となる。

③　棚卸資産である現物寄附を促進する税制のあり方

わが国の法人税法では，原則して，食品関連法人企業が，余剰食料などの棚卸資産を善意・無償で現物寄附をした場合には，その資産の時価相当額が収益の額に算入されるとともに，その金額を他者に寄附／贈与したものとされ，時価相当額は原則として寄附金の額になる（法人税法37条7項）。つまり，法人税上の法定限度内での一般寄附金の損金算入，公益寄附金として特別損金算入限度額の範囲内で損金算入ができる。加えて，被災者に対する棚卸資産の無償譲渡（寄附／贈与）の税務処理特例では，寄附者が法人の場合で，寄附先が国等や特増法人等であるときには，寄附した棚卸資産の時価相当額が収益の額に算入す

---

[23] 国税庁「災害に関する法人税，消費税及び源泉所得税の取扱い　FAQ」（当初平成23年４月，平成24年12月３日補訂）Q23，Q29参照。http://www.nta.go.jp/sonota/sonota/osirase/data/h23/jishin/hojin_shohi_gensenFAQ/　ちなみに，会社が，余剰になった棚卸資産を，公益増進法人等を介して不特定または多数の日々の食に窮する人たちに配布する場合に，その現物寄附に要した費用（時価相当額）を，その経済的な効果からみて，一般的に広告宣伝費として経理処理できるとする解釈には抵抗を感じる。やはり，寄附金として税務処理するのが妥当ではないか。

[24] 同上FAQ，Q31参照。

[25] 「東日本大震災により損害を受けた場合に所得税の取扱い（情報）」（平成23年４月27日）http://www.nta.go.jp/shiraberu/zeiho-kaishaku/joho-zeikaishaku/shotoku/shinkoku/110427/pdf/all.pdf

るとともに，広告宣伝費として損金処理を認めている。

　これに対して，食料生産者を含む個人事業者が余剰食料などの棚卸資産を善意・無償で現物寄附をした場合には，寄附金は原則家事費になり，事業所得（所得税法27条）の計算上，原則として必要経費として控除できない。逆に，寄附した棚卸資産の時価相当額を事業所得の計算上総収入金額に算入することになる（所得税法40条1項）。そのうえで，寄附先が特増法人等にあたるときには，法定限度額まで所得税および住民税上の所得控除または税額控除ができる。すなわち，個人事業者の場合には，無償で寄附した棚卸資産の時価相当額を事業所得の計算上総収入金額に算入し，特増法人等や住民公益増進寄与NPO法人に支出した当該寄附額を特定寄附金あるいは公益性の高い寄附金として法定限度額まで所得控除，税額控除を認める。

　現行の課税取扱いを参考にして，余剰食料など棚卸資産の善意・無償の現物寄附については，食品関連企業や食料生産者など現物寄附者に関する税制のあり方を探る場合には，「被災者に対する棚卸資産の無償譲渡（寄附／贈与）の税務処理特例」を典拠にするのも一案である。

　ただ，この程度の現行の税制インセンティブで，飢餓と余剰食料の大量廃棄の悪循環を断ち切ることができるかどうかについては大きな疑問符がつく。企業が，余剰になった棚卸資産を廃棄処分にするのに比べ，現物寄附をする方が有利になるように，アメリカの棚卸資産の現物寄附にかかる税制なども参考にして，寄附の対象となる棚卸資産の評価について税制の改革，さらにはリベラルな法解釈が求められる。

　ただ，わが国独自の企業課税の理論的な縛りなどから棚卸資産の評価，時価の総収入金額や益金算入の仕組みなどにメスを加えることは難しいかも知れない。しかし，一定の濫用措置を講じたうえで[26]，日々の食に窮している人たち向けに余剰食料など棚卸資産の現物寄附を行っている寄附者に対して，国税上法人が国や地方団体に対し支出した寄附金（法人税法37条3項1号）と同等（100％）の損金限度額，控除額を認める措置を講じることは可能である[27]。言い

---

[26] アメリカの例で紹介したように，棚卸資産の現物寄附に対する寄附金控除／損金算入を認めると税制を濫用しようとする悪質企業が少なからず出現するとみてよい。一方で，適用要件を厳格にしすぎると使い勝手が悪くなり，棚卸資産の現物寄附がすすまなくなる。当面，制度濫用統制は，寄附金控除／損金算入が否認されれば増差税額＋加算税がかかるので，そうしたペナルティ・タックス（懲罰税）で十分ではないか。

換えると，企業が法定要件をみたす食料などの棚卸資産の廃棄を避け，日々の食に窮している人たち向けに特増法人等を通じて現物寄附した場合に，当該企業は時価相当額全額を実質無税にできるような抜本策を講じるくらいの度量が要る[217]。

◆小　括

　わが国においては，廃棄される余剰食料が膨大な量に及ぶ。それにもかかわらず，これらを"再収穫（セカンド・ハーベスト）"し，生活が苦しくお腹を空かした人たちに無償配布する仕組みはいまだうまく回転しているとはいえない。回転を遅れさせている理由に1つは，余剰食料を"再収穫"し健康に安全な形で提供する食品関連企業や食料生産者などの余剰食料寄附者に対する法定責任問題である。言い換えると，善意の食料寄附を促進するためには，寄附された食料等がもとで食中毒などの事故が発生した場合に，食料寄附者や寄附された食料を無償提供している非営利の飢餓救済団体などの責任をどの程度まで免じてやれるのかは，法制上の重い課題になる。

　再収穫（セカンド・ハーベスト）の回転を遅れさせているもう1つの理由は，余剰食料を"再収穫"し健康に安全な形で現物寄附する際に発生する「コスト」の高さである。コスト高を克服し，再収穫の仕組みを確立するには，税制上のインセンティブを講じ民間活力を刺激する必要がある。食品関連企業や食料生産者などが，再収穫活動プログラムを組み，特増法人等を通じて棚卸資産の現物寄附をしている場合に，当該余剰食料寄附者に対するコストを補償のための税制支援措置を講じる必要がある。抜本策としては，国税上，公益寄附金控除を国や自治体に対し法人が支出した寄附金（法人税法37条3項1号）の場合と同等に扱い，現物寄附者に現物寄附の時価相当額の全額（100％）の損金算入を認め

---

[217] 法人企業は国や自治体へ現物寄附すると時価相当額を全額損金算入ができるのに対して，特増法人等へ寄附した場合には法定限度額までに制限されるとすれば，特増法人等への現物寄附に対するディスインセンティブとなる。イコールフッティング（競争条件の均等化）の視点からも，特増法人等へ現物寄附した際に時価相当額100％の損金算入，控除を認めるのも一案である。

[218] もちろん，余剰食料などの棚卸資産を必要以上に廃棄処分にしている場合に，環境税の視点から，環境汚染原因者には租税優遇措置を講じるのではなく環境汚染原因者負担原則（PPP＝Polluter pays principle）に基づきタックス・ペナルティ（懲罰税）措置を講じるべきとの意見もある。PPP原則について詳しくは，石村耕治編『現代税法入門塾〔第8版〕』前掲注[212]，52頁以下，拙著『地球環境保全と環境税法〔問題研究2号〕』（朝日大学，1991年）参照。

るのも一案である。

　余剰食料の現物寄附，再収穫（セカンド・ハーベスト）の促進には，企業の「社会貢献意識の変革」も不可欠である。つまり，企業は，コスト高だけを問題にするのではなく，健康／衛生上安全な食料などの棚卸資産の廃棄を避け，日々の食に窮している人たち向けに特増法人等を通じて現物寄附することは「社会貢献につながる」のだという意識を持つことが大事である。また，企業の意識変革を促すためにも，この問題に対する立法府の意識変革，積極的な行動が求められる。

　余剰食料については，現物寄附，再収穫（セカンド・ハーベスト）の促進に加え，食用に適さなくなり「生ごみ」になった食料の回収，資源化も重い課題である。アメリカでは，生ごみから堆肥をつくる，発生するガスを代替燃料へ活用することなどを含め，生ごみ化した食料の資源化（リサイクル）への取組を積極化させている[219]。大量の食料を輸入し，余剰食料の大量廃棄を続けているわが国でも，余剰食料の再収穫に加え，生ごみ化した食料の資源化に真摯に取り組む必要がある。ここでは，余剰食料の再収穫に焦点をあてて，それを促進する法制や税制のあり方を論じるに留めた。

---

[219] アメリカでは「何でもリサイクルを（Recycle Everything）」運動が盛んである。ニューヨーク州のブルームバーグ（Bloomberg）元市長は，退任間際の2013年6月末に，生ごみ化した「廃棄食料の有機再生計画の拡大運動（Champaign and Expansion of the Organic Food Waste Recycling Program）」を打ち出した。NY州の生ごみ化した廃棄食料のリサイクル率は，2013年現在では15％程度である。これを，2017年度までに現在の2倍の30％，2030年までに70％の達成を目指している。Available at: http://www.mikebloomberg.com/index.cfm?objectid=2AEA25DB-C29C-7CA2-F9146C3BBC6225C1

5 同性配偶者に関する課税取扱い

アメリカ合衆国（以下「アメリカ」という。）では，同性配偶者にも連邦税法上の配偶者控除（とりわけ，遺産税上の配偶者控除〔内国歳入法典（IRC＝Internal Revenue Code）2056条 a 項〕）が認められるべきかが問われた。連邦最高裁判所（U.S. Supreme Court）は，2013年6月26日の United States v. Windsor〔合衆国対 ウインザー（570 U.S. 12〔2013〕)〕事件判決（以下「ウインザー事件」，「ウインザー事件判決」，「ウインザー事件違憲判決」という。）において，「婚姻を男性と女性間に限る」とした連邦の「婚姻防衛法（DOMA＝Defense of Marriage Act）」が当該納税者に適用される限りにおいて違憲としたうえで，同性婚配偶者にも配偶者控除が認められるべきである，との判決を下した。

この判決を契機として，連邦課税庁／内国歳入庁（IRS＝Internal Revenue Service）は，2013年8月29日新たなレベニュールーリング（Revenue Ruling 2013-17）／運営方針を発遣して，同性配偶者に対しても連邦税法上の配偶者控除を認める課税取扱いを公式に発表した。

その後，2015年6月26日に，連邦最高裁判所は，Obergefell v. Hogges〔オバーゲフェル 対 ホッジス（135 S.Ct. 2584〔U.S. 2015〕)〕事件判決（以下「オバーゲフェル事件判決」という。）において，ある州で正式の婚姻の認定を受けた同性カップルは，他の全州でも正式の婚姻として認定するように求めた。もう少し法的な言葉でいうと，ある州で法認された同性婚を他の州が当該州の婚姻法が同性婚を認めていないことを理由に承認しないことは，連邦憲法修正条が保障する法の適正手続（due process of law）および法の平等保護（equal protection of the laws）に違反し認められない，との判決を下した。この最高裁判決では，婚姻は合衆国憲法のもとでの「基本的権利」であり，同性愛は，「正常なもの」であり，同性愛者は，婚姻のための性的指向を変更するように求められないとする前提に立つものである。この判決は，同性婚を禁止する州法を違憲とするとともに，すべての州は，異性婚と同性婚を婚姻として同等に取り扱うように義務付けたものである。もっとも，オバーゲフェル事件判決は，現行の連邦所得税務実務を抜本的に変えるような影響を及ぼすものではない。しかし，州所得税

務実務には変更が伴うものであり，結果として連邦所得税務や社会保険にかかる各種給付実務に影響が及ぶことになっている。

ここでは，ウインザー事件違憲判決およびアメリカにおける同性配偶者にかかる連邦税（遺産税）法および個人所得税上の「配偶者」への課税取扱いに傾斜する形で，私法（婚姻法）と税法との接点上の課題も含めて精査してみる。とりわけ，連邦税法や州税法の課税要件に州法上の文言ないし概念が取り込まれている場合に，税法は当該州法上の文言ないし概念と同義に解釈すべきか，あるいは税法独自の目的などを斟酌して独自に解釈すべきなのかなどの問題を含め，わが国での議論との比較において分析してみたい。

A　婚姻防衛法（DOMA），ウインザー事件違憲判決の所在

1996年に，当時のクリントン政権は，連邦の「婚姻防衛法（DOMA＝Defense of Marriage Act）」を制定し，「婚姻を男女間に限る」とした。このため，連邦課税庁（IRS）は，連邦税法上の配偶者控除は，DOMA のもとで同性婚配偶者には認められないとして，その適用を否定してきた。しかし，同性婚カップル当事者ないし同性配偶者が，こうした法の適用・解釈は，合衆国憲法修正第5条の適正手続条項（Due Process Clause）および法および同条項から導き出される法の平等な保護に抵触し違憲であるとして各地で法廷闘争を続けていた[220]。2013年6月2日に，連邦最高裁判所は，合衆国 対 ウインザー（United States v. Windsor）事件判決において[221]，同性婚配偶者の主張を認め，こうした連邦課税庁（IRS）による法の適用・解釈は，合衆国憲法修正第5条の適正手続条項（due process clause）および同条項から導き出される法の平等な保護（equal protection of

---

[220] これに対して，その時代の政権は同性婚に消極的・保守的な主張を続けていた。例えば，2004年2月，当時のジョージ・ブッシュ大統領は，DOMA が司法の場で攻撃にあっている現状を憂い，全米規模での同線婚を禁止するために，連邦憲法を修正すべきであると訴えている。

[221] 本件における X（原告・被控訴人・被上告人）は，女性であるエディス・ウインザー（Edith Windsor）である。ウインザーは同性であるテイア・スパイアー（Thea Spyer）と，アメリカ・ニューヨーク州の居住者として，約40年間同居生活を続けていた。当時，ニューヨーク州では同性婚を法認していなかったために，2007年にカナダ・オンタリオ州トロントに赴いて同州のシビル婚法（Civil Marriage Act）に準拠して結婚した。2009年に，スパイアーは，彼女の全財産をウインザーに遺贈する旨の遺言をのこして死去した。スパイアーの遺言執行者であるウインザーは，配偶者控除を行ったうえでスパイアーの連邦遺産税を計算し申告を行った。しかし，連邦課税庁（IRS）は，DOMA 3条に基づき，同性配偶者には配偶者控除が認められないとし否認したうえで増差額36万ドルを超える課税処分を行った。このため，スパイアーは，連邦裁判所に当該処分は違憲であるとし取消を求めて訴訟に及んだものである。

the laws）に抵触し違憲であると判示した。

(1) アメリカにおける同性婚法制の動き

合衆国（連邦）憲法は，婚姻することを自由権として明文で保障する旨を規定していない[222]。この点は，わが国憲法が，「婚姻は，両性の合意のみにて成立す」（24条1項）る旨明定するのとは異なる。

アメリカでは，民商法が一元化されている。また，アメリカは連邦国家（federal state）であり，私法（private laws）については，州（state）が立法管轄権を有している。したがって，家族法（family laws）や法人法（incorporated organization laws）などについては，各州（state）がそれぞれ立法権を行使して制定してきている。これは，合衆国憲法修正第10条は，「この憲法によって合衆国に委任されず，または州に対して禁止されていない権限は，それぞれの州または人民に留保される」と定めているところにもよる。

このことから，合衆国憲法は，婚姻についてはふれておらず，かつ婚姻を連邦政府が扱う事項として委任していないことから，婚姻は，諸州または人民が決定すべき事項であるとしているわけである。

「婚姻」や「配偶者」の概念，あるいは「婚姻（marriage），配偶者（spouse）とは何か」については，本来，私法上の事項であり，各州法で定めることになる。現在，かなりの数の州と連邦の首都であるコロンビア特別区（Washington D.C.）が，「同性婚（same-gender marriage, same sex marriage）」を州制定法で法認している[223]。

アメリカ連邦税法は，「婚姻」関係にある「配偶者」に対して各種の配偶者控除を認めている。とりわけ，連邦遺産税（estate tax）の計算において，生存配偶

---

[222] 合衆国憲法修正1条は，連邦議会は，連邦議会が国教を公認し，または自由な宗教活動を禁止する法律，言論または出版の自由を制限する法律，ならびに国民が平穏に集会を開く権利，および苦情の処理を求めて政府請願する権利を侵害する法律を制定してはならないと定める。

[223] 現在，イリノイ，カリフォルニア，コネティカット，デラウエア，アイオワ，メリーランド，マサチューセッツ，ミネソタ，ニューハンプシャー，ニューヨーク，ロードアイランド，バーモント，ワシントン，コロンビア特別区などである。その他に州では，同性の同棲（civil union）を同性婚として法的に取り扱うなどしている。一方で，いくつかの州は，依然として「配偶者（spouse）」を男性と女性との結合において定義している。See, National Conference of State Legislatures," Defining Marriage: Defense of Marriage Acts and Same-Sex Marriage Laws. Available at: http://www.ncsl.org/research/human-services/same-sex-marriage-laws.aspx#1; Michael A. Laing, "Supreme Court Rulings on Same Sex Marriage," ALI CLE Course of Study Materials (September, 2013). なお，邦文の文献としては，井樋美枝子「アメリカの州における同性婚法制定の動向」外国の立法250号（2011年12月）参照。

者が取得した相続額はその全額が配偶者控除となる（IRC2056条 a 条）。また，連邦贈与税（gift tax）の計算において，配偶者が受贈した全額が配偶者控除となる（IRC2523条 a 条）。こうした控除の仕組みから，連邦遺産税や連邦贈与税上，「婚姻」関係にあり「配偶者」にあたると認定されないと，事案によっては，同性婚関係にある納税者は，異性婚関係にある納税者よりも多くの税負担を強いられる結果になる。

　また，連邦個人所得税上も，配偶者間の財産／資産の移転や離婚に伴う財産／資産の移転／譲渡については，いかなる利得（gain）または損失（loss）も認識されない（IRC1041条 a 項 1 号・2 号）。したがって，この場合，一方の配偶者から当該資産を譲受した他方の配偶者は，取得価額をそのまま引き継ぐことになる。譲渡所得課税は，当該他方配偶者が当該財産／資産を処分する時点まで繰り延べられ（carrying-over）る。つまり，当該財産／資産を処分した時点で，利得（gain）または損失（loss）が認識される。

　しかし，カップルが，連邦個人所得税上「婚姻」関係上の「配偶者」にあたると認定されないと話は異なる。事案によっては，同性婚関係にある納税者は，通常の財産／資産の譲渡と同様に課税を受け，異性婚関係にある納税者よりも多くの税負担を強いられる結果になる[224]。

　さらに，アメリカの多くの州では，州独自の個人所得税や遺産税，贈与税などを導入している。これらの税目においても，「婚姻」関係にあり「配偶者」にあたると認定されないと，事案によっては，同性婚関係にある納税者は，異性婚関係にある納税者よりも多くの税負担を強いられる結果になる。

(2) 違憲とされた婚姻防衛法（DOMA）

　1996年に，当時のクリントン政権は，連邦の「婚姻防衛法（DOMA＝Defense of Marriage Act）」を制定し「婚姻は男女間に限る」ものとした。DOMA は次のよ

---

[224] 課税繰延が適用にならないとする。この場合，一般に，連邦個人所得税の計算にあたり，財産／資産の譲渡／移転または交換などの処分により実現される利得（gains）または損失（losses）が認識された（recognize）時点で課税される。すなわち，原則として，その利得には課税されるが，損失は控除できる。すなわち，財産／資産の処分により「実現された利得または損失（realized gains or losses）」額は，実現金額（amount realized）からその資産の税務上の簿価（taxpayer's basis of the property／以下「税務簿価」という。）を差し引くことにより算出する（IRC1001項 a 項，財務省規則1.1001-1(a)）。算出された額がプラスの数値になる場合には，「利得」となり，原則として総所得金額に算入され，課税対象となる（IRC61条 a 項 3 号）。一方，マイナスになる場合には「損失」となり，税法が認めるときにはその額を控除できる。なお，財産／資産の処分の過程で生じた「譲渡／移転費用（selling expenses）」は，実現金額の計算にあたり，これを控除することができる。

うな2つの主要な規定から成る。2条〔州の留保された権限〕では，州に対して他の州の法律に基づいて認められた同性婚を認証するのを拒否する権限を付与している。また，3条〔婚姻の定義〕では，同性間で婚姻をした夫婦を，あらゆる連邦法のもとで「配偶者（spouse）」として認めることを禁止している。加えて，3条では，「婚姻」とは，「一人の男性を夫とし一人の女性を妻とする法的結合である」と定義し，かつ，「配偶者」とは「夫または妻である異性たる者を指す」と定義している。DOMA は，1,000を超える連邦制定法（federal statutes）およびそれらの委任の範囲内で制定された連邦規則（federal regulations）に適用になる。

① DOMA 立法の経緯

連邦の婚姻防衛法（DOMA）の制定は，1993年にハワイ州最高裁判所が，全米ではじめて「同性婚」を法認する姿勢を示したことが直接の契機である[225]。連邦議会は，この判決が先駆けとなり，各州が次々と同性婚を法認することを危惧し，DOMA の制定にこぎつけた。立法事由は，伝統的な結婚観の保全，異性間結婚を前提とした連邦法令の適用の継続などである[226]。

すでにふれたように，「婚姻」や「配偶者」のような私法上の事項については伝統的に州が先占的な立法管轄権を有するとされてきた[227]。DOMA は，連邦

---

[225] See, Baehr 対 Lewin, 852 P. 2d 44, at 68 (Haw. 1993). 同州最高裁は，性に基づく区分がハワイ州憲法に規定する法の下における平等に抵触するかどうかにあたっては，厳格審査基準が適用になる，と判示している。

[226] DOMA は，連邦議会下院では，賛成342 対 反対67の多数で可決された（142 Cong. Rec. 17,094 (1996)）。また，連邦議会上院では，85対14で可決された（142 Cong. Rec. 22,467 (1996)）。See, Joshua Baker & William Duncan, "As Goes DOMA: Defending DOMA and the State Marriage Measures," 24 Regent U. L. Rev. 1 (2011/2012).

[227] アメリカでは，判例法の積重ねを通じて「連邦法先占の法理（federal preemption doctrine/federal preemption of state law）」が法認されている。すなわち，連邦法と州法がぶつかった場合には，原則として連邦法が州法に優先するとされる。一般的に，その根拠は合衆国（連邦）憲法に求められる。なぜならば，連邦憲法は，「憲法に準拠して制定される合衆国の法律〔中略〕は国の最高法規である。各州の裁判官は，州の憲法または法律に反対の定めがある場合でもこれに拘束される。」（6条2項）と定めるからである。また，司法も，連邦憲法6条に定める連邦法の最高法規条項（Supremacy Clause）に依拠した連邦法先占の法理（federal preemption doctrine）を根拠に判例法を形成してきている。ここ⑤では，アメリカにおける「連邦法先占論」の展開については射程外である。詳しくは，See, Stephen A. Gardbaum, "The Nature of Preemption," 79 Cornell L. Rev. 767 (1994). ちなみに，DOMA については連邦法の留保が州の婚姻法にまで及ぶのかどうかといった観点から論的展開をすることも可能であろう。See, Patricia L. Donze, "Legislating Comity: Can Congress Enforce Federalism Constraints Through Restrictions on Preemption Doctrine?," 4 N. Y. U. J. Legis. & Pub. Pol'y 239, at 246 (2000).

議会が「婚姻」や「配偶者」などを法的に定義することで，こうした確立された立法管轄ルールに風穴をあける役割を担った連邦法の１つであると解されている(228)。

② 合衆国 対 ウインザー事件判決と DOMA の所在

合衆国 対 ウインザー（United States v. Windsor）事件において，X（原告・被控訴人・被上告人）は，DOMA の法令違憲を争った（facial constitutional challenge/facial invalidation of statutes）のではなく，一般に，適用違憲／処分違憲を争った（as-applied constitutional challenge）のであると解されている(229)。すなわち，DOMA は，同性婚した個人と異性婚した個人とを差別して取り扱うことになることから法の平等な保護（equal protection of the laws）を否定し，同法に基づいて行った課税処分は，合衆国憲法修正第５条の適正手続条項（Due Process Clause）および同条項から導き出される法の平等な保護（equal protection of the laws）に抵触し違憲であるとして争ったものである。したがって，最高裁の本件違憲判決は，DOMA ２条を無効であると判示したものではなく，適用違憲であると判示したものと考えられている。言い換えると，本件判決後も，各州が，「婚姻」や「配偶者」について独自に定義をすることを否定するものではないと解されている。

最高裁による本件違憲判決の結果として，連邦政府は，同性婚を法認する州法に準拠した同性婚カップル（same-gender married couples/same-sex married couples）に対する連邦法令の適用において，異性婚カップル（different-gender couples/heterosexual married couples）と差別的な取扱いをしてはならないことに

---

(228) See, Nicholas A. Mirkay, "Equality or Dysfunction? State Tax Law in a Post-Windsor World," 47 Creighton L. Rev 261, at 263 (2014).

(229) アメリカにおいては，法令違憲と適用違憲の分類，定義等についてはさまざまな角度から議論されている。一般に，裁判所は，法令違憲については，当該法令がどのような事案においても無効となると立証できる極めて例外的な場合にのみ宣言／判決することができると解されている。また，裁判所は，法令違憲と宣言／判決しても，当該法令の廃止には立法府の手続によらざるを得ない。こうしたことを織り込んで考えると，究極的には，大多数の事例においては，適用違憲と判示せざるを得ないのではないかとの主張も多い。詳しくは，See, Alex Kreit, "Making Sense of Facial and As-applied Challenges," 18 Wm. & Mary Bill of Rts. J. 657 (2010); Richard H. Fallon, "As-Applied and Facial Constitutional Challenges and Third-Party Standing", 113 Harv. L. Rev. 1321 (2000). 拙論「租税立法違憲訴訟と立法裁量論」〔石村耕治編〕『現代税法入門塾〔第８版〕』前掲注(22)，120頁以下所収参照。なお，わが国においては，法令違憲と適用違憲の分類，定義等について，土着の議論展開をみているが，本稿ではふれない。また，適用違憲については「処分違憲」という言い回しも使われている。

なったわけである。

(3) 合衆国 対 ウインザー事件判決の分析

合衆国 対 ウインザー（United States v. Windsor）事件での訴えの概要は，次のとおりである。

【図表Ⅱ-37】ウインザー事件訴訟の概要

> ・X（原告・被控訴人・被上告人）であるエディス・ウインザー（Edith Windsor）は，2007年にカナダで結婚した女性同士の同性婚夫婦であり，その後，その婚姻はニューヨーク州法に基づき承認された。
> ・Xは，2009年に同性配偶者が死亡したので，連邦遺産税の申告を行った。その際に，生存配偶者に認められる遺産税控除（federal estate tax exemption for surviving spouses）（以下「配偶者控除」という。）（IRC2523条a項）を適用して申告を行った。
> ・しかし，連邦課税庁（IRS）は，DOMA3条に基づき，同性配偶者には配偶者控除が認められないとし否認したうえで増差額36万ドルを超える課税処分を行った。
> ・Xは，36万ドルを納付したうえで，2010年11月9日に，同性配偶者から受け継いだ遺産に対して配偶者控除の適用を否認することにつながるDOMA3条は，合衆国憲法修正第5条の適正手続条項（Due Process Clause）および同条項から導き出される法の平等な保護（equal protection of the laws）に抵触し違憲であるとして，当該課税処分の取消および納付税額の還付を求め，連邦地裁に訴えを提起した。

① ニューヨーク連邦地裁判決

ニューヨーク南部地区連邦地方裁判所（United State District Court for the Southern District of New York）（以下「NY地裁」という。）は，2012年6月6日に，原告勝訴の判決を下した（Windsor v. U.S., 833 F. Supp. 2d 394（2012））。

本件では，連邦司法長官（Attorney General）が，司法省（DOJ＝Department of Justice）はDOMAの適用強制をしない旨を表明した。その理由として，司法長官および大統領は，性的指向（sexual orientation）に基づく差別に適用される合憲性の判断基準は厳格審査基準[230]であり，厳格基準のよるとDOMAの本件への適用は違憲であることをあげた。この執行府の意見表明に対し，連邦議会下院の機関である超党派法律諮問会議（BLAG＝Bipartisan Legal Advisory Group of the

---

[230] 厳格審査（strict scrutiny）とは，違憲立法審査において，問題とされた立法が，人権，市民的な自由など（精神的自由権）に関係する場合には，合憲性の推定は覆され，政府が立証責任を負うという考え方である。See, Richard H. Fallon, Jr., "Strict Judicial Scrutiny," 54 UCLA L. Rev. 1267 (2007).

U.S. House of Representatives)【1993年に下院の設けられた常設機関】が異議を唱え，DOMA の合憲性を擁護する狙いで訴訟参加を申立て，2011年6月2日にこの申立ては認められた。同年6月24日に，原告は，略式判決（summary judgment）を求める申立てをした。一方，BLAG は，8月1日に，原告（X）の請求を棄却するように申し立てた。

NY 地裁は，BLAG の申立てに基づき原告適格の有無について，次の3つの観点から審査を行った。①法的に保護された権利の侵害があったかどうか，②原告の権利侵害と被告の行為との間に因果関係があるかどうか，そして③権利侵害があったとする判決による回復可能性があるかどうかである。①および③の要件が充足できることについては疑問の余地はない。しかし，BLAG が申し立てたように，本件においては②の要件を充足できるか疑問もあった。

NY 地裁は，2012年6月6日に，原告は，原告適格を有するとしたうえで，DOMA 3条を原告に適用し遺産税控除を認めない課税処分をすることは合衆国憲法修正第5条の適正手続条項（Due Process Clause）および同条項から導き出される法の平等な保護に抵触し違憲（処分違憲）であると判示した。そして，被告（Y）に対し，原告（X）が納付した遺産税額の利子を加えた額を還付するように命じた。さらに，原告（X）が被告（Y）に対して訴訟費用の請求をすることを認めた（Windsor v. U. S., 833 F. Supp. 2d 394 (2012)）。

② **第2巡回区連邦控訴裁判所判決**

連邦司法長官（Attorney General）や司法省（DOJ）は，本件 NY 地裁判決を受け入れた。しかし，司法省は，連邦議会下院の超党派法律諮問会議（BLAG）による婚姻防衛法（DOMA）の防御点についてさらなる判断を仰ぐために，2012年6月14日に，ニューヨークにある第2巡回区連邦控訴裁判所（United States Court of Appeal for the Second Circuit）（以下「NY 控訴裁判所」という。）に控訴した。

BLAG も，7月19日に，原告／被控訴人（X）は，本件訴訟を起こす当事者適格を欠くとの理由で，申立てをした。原告／被控訴人（X）も，NY 控訴裁判所に対して連邦最高裁への飛躍上告を認めて移送命令を出すように申立てをした。

訴訟当事者による一連の攻防を経て，NY 控訴裁判所は，9月27日に審理を開始した。そして，NY 控訴裁判所は，10月18日に，本件には，厳格審査基準が適用になる旨を明らかにしたうえで，被告／控訴人は，「性を基準に分類

(sex-based classification)」し，同性婚カップルと他のカップルとを差別的に取り扱うことに正当な理由を証明していないことを指摘した。

このことから，NY控訴裁判所は，DOMA 3条をXに適用し遺産税控除を認めない課税処分をすることは合衆国憲法修正第5条の適正手続条項 (Due Process Clause) および同条項から導き出される法の平等な保護に抵触し違憲であるとするNY地裁の判断を支持する判決を下した (Windsor v. U.S., 2nd Cir., 2012)。この判決は，性的指向 (sexual orientation) に基づく差別に適用される合憲性の判断基準は厳格審査基準であることを連邦裁判所がはじめて認めたものと評価されている。

ちなみに，ウインザー事件と対比される事件としては，ジル 対 OPM (Gill v. Office of Personal Management) 事件がある。ジル事件とは，2009年3月3日に，マサチューセッツ州法に準拠して結婚した複数の同性婚カップルが，連邦の宣言的判決法 (Declaratory Judgment Act, 28合衆法典2201-2202条)[231] に準拠して，性的指向の違いを差別的に取り扱うDOMA 3条は合衆国憲法修正第5条の適正手続条項 (Due Process Clause) および同条項から導き出される法の平等な保護に抵触し違憲であるとの宣言的〔確認〕判決を求めてマサチューセッツ地区連邦地方裁判所 (United States District Court for the District of Massachusetts) へ訴えを起こしたものである。

2010年7月8日に，同連邦地裁は，同性カップルの訴えを認め，DOMA 3条を違憲であると宣言をした (699 F. Supp. 2d 374, 397 〔D. Mass. 2010〕)。

また，本件控訴審において，ボストンにある第1巡回区連邦控訴裁判所 (United States Court of Appeal for the First Circuit) は，2011年5月31日にDOMA 3条を違憲と判示した (682 F. 3d 1, 2011)。しかし，この判決では，ウインザー事件とは対照的に，厳格審査基準が適用になる事例にはあたらないとしている[232]。

③ **連邦最高裁判所判決**

ウインザー事件に話を戻すが，2013年6月26日に，連邦最高裁判所は，5対4の多数意見において，NY控訴裁判所の判決を支持し，上告を棄却した

---

[231] 「宣言的」判決のほか，「確認」判決という邦訳をあてることもできる。
[232] ジル事件では，被告／控訴人側が，最高裁に対して上告を受理してもらうための移送命令 (certiorari) の発遣を求めたが，認められなかった (2013年7月27日)。

(U.S. v. Windsor, 570 U.S. 12, 133 S. Ct. 2675 (2013))。ウインザー（X）は勝訴した。

(a) 連邦最高裁ケネディ裁判官の多数意見の要旨

法律上の結婚を異性のカップルの限定することは，数世紀にわたって必要かつ基本と考えられてきた。しかし，いまやニューヨーク州をはじめとしていくつかの州においては不公平な差別であると考えられるに至っている。本判決が下されている時点において，ニューヨーク州は，他の11州およびワシントンD.C. とともに，同性のカップルに対しても婚姻の権利を認め，自負心を持って生活し，他の婚姻している人たちと平等な地位を有すると認めることを決定したのである。のちにふれるように，これが2011年に制定された婚姻平等法（Marriage Equality Act）であった。

DOMAは，まさにニューヨーク州が保護しようとしている同性のカップルの階層に損害を与えようとしている。このことは，連邦政府に適用される合衆国憲法修正第5条の適正手続条項（Due Process Clause）および同条項から導き出される法の平等な保護に抵触する。

(b) スカリア裁判官の少数意見の要旨

スカリア（Scalia）裁判官は，少数意見として，最高裁判所は，民主的な手続を経て制定されたDOMAを無効とする憲法上の権限を有していないと述べた。

(c) アリート裁判官の少数意見の要旨

アリート（Alito）裁判官は，次のような少数意見を述べた。アメリカでは同性婚について白熱した議論が展開されている。本件訴訟において原告／被控訴人／被上告人が求めているのは，連邦憲法が婚姻とはカップルの性の違いを問わないという特定の考え方を尊重しているという判決である。しかし，婚姻をどのように考えるかはそれぞれの選択の問題であって，連邦憲法がどちらかを選択しているわけではない。選挙民の代表で構成される立法府が，連邦レベルか，州レベルかを問わず，どちらかを選択した立法を行うことに問題はない。したがって，連邦議会がDOMA3条を制定し，結婚を定義したことが，原告／被控訴人／被上告人の連邦憲法上の権利を侵害することにはならない。

(4) **諸州における同性婚法認をめぐる動向**

同性婚を法認するかどうかをめぐる賛成派と反対派とのせめぎ合いは，全米規模での広がりを見せている。また，ウインザー事件を契機に，連邦でも，同性婚を法認する動きが活発化している。以下においては，いくつかの州の動き

を分析・紹介する。

① ニューヨーク州での婚姻平等法の制定

　ニューヨーク州は，2011年7月24日に，州議会両院が「婚姻平等法（MEA＝Marriage Equality Act）」（以下「NY州婚姻平等法」ともいう。）を通過させ，州知事の署名を得て，同日に公布した[(233)]。この州法は，同性婚を認めていなかったニューヨーク州家事関係法（DOM＝Domestic Relations Law）（以下「NY州家事関連法」ともいう。）を修正し，同性婚を法認することが主な狙いである。また，この州法は，連邦の婚姻防衛法（DOMA）の廃止につなげる意味を持った法律でもある[(234)]。

　NY州婚姻平等法（MEA）の成立を受けて，NY州家事関係法（DOM）[(235)]のなかに異性婚カップルと同性婚カップルを差別することにつながらないように必要な規定が盛られた。これら改正規定のうち最も重要なものはNY州家事関係法（DOM）第3章（10条〜25条）に新たに盛られた10条のaの規定である。邦訳すると，次のとおりである。

---

(233)　2004年にマサチューセッツ州が全米ではじめて同性婚を法認したのを皮切りに同性婚を法認する州が増加して行った。NY州婚姻平等法（MEA）の制定は2011年と比較的遅かったが，ニューヨーク州でのMEA制定は，同性婚に理解のある州でのMEAの制定ないし州議会へのMEA法案上程の波を起こす契機となった。

(234)　See, Megan Filoon, "New York State of Mind: How the Marriage Equality Act Foreshadows the Repeal of DOMA and the Potential Tax Consequences for Same-Sex Couples," 10 Rutgers J. L. & Pub. Pol'y 31 (2013).

(235)　NY州法典〔NY Code：Domestic Relations〕に編入されている「ニューヨーク州家事関係法（New York Domestic Relations Law）」は，全15章（articles）からなる。具体的には，第1章〔略称，定義〕（1条〜2条），第2章〔婚姻〕（5条〜8条），第3章〔挙式，婚姻の証明および効力〕（10条〜25条），第4章〔夫と妻との一定の権利及び義務〕（50条〜61条），第5章〔子供の賃金及び子供の保護〕（70条〜74条），第5章のA〔統一子供保護管轄・執行法〕（75条〜78条のA），第6章〔後見人〕（80項〜85項），第7章〔養子縁組〕（109項〜117項），第8章〔代理母出産契約〕（121条〜124条），第9章〔婚姻無効訴訟または婚姻無効宣告訴訟〕（140項〜146項），第10章〔離婚訴訟〕（170条〜175条），第11章〔別居訴訟〕（200条〜203条），第11章のA〔離婚及び別居に関する特例〕（210条〜211条），第12章〔猥褻を理由とする婚姻の解消〕（220条〜221条），第13章〔1つ以上の形態の婚姻関係訴訟に適用ある規定〕（230条〜255条），第14章【削除】，第15章〔廃止された法律，発効日〕（270条〜272条）で構成される。Available at: http://public.leginfo.state.ny.us/LAWSSEAF.cgi?QUERYTYPE=LAWS+&QUERYDATA=@LLDOM+&LIST=LAW+&BROWSER=BROWSER+&TOKEN=10753664+&TARGET=VIEW　ちなみに，アメリカ諸州における「婚姻に関する法律（marriage law）」は，内容に加え，名称についても，州により異なる。例えば，ニューヨーク州では「家事関係法（domestic relations law）」という呼称を用いている。これに対して，イリノイ州では，「州婚姻及び離婚法（Illinois Marriage and Dissolution of Marriage Act）」〔イリノイ州法典（ILC Illinois Compiled Statutes）750巻5章／750 ILCS 5所収〕という呼称を用いている。

【図表Ⅱ-38】 NY州家事関係法（DOM）10条のaの邦訳（仮訳）

- 第10条のa〔婚姻の当事者〕第1号　婚姻は、他で有効とされない場合を除き、当該婚姻の当事者が同性かまたは異性かを問わず、有効なものとする。
- 第2号　婚姻に関する行政上の取扱もしくは法的地位、効力、権利、便益、特典、保護または責任に関し、法律、行政規則もしくは裁判所規則、公序、コモンローその他法源がいずれであるかを問わず、当該婚姻の当事者が異性であるかまたは同性であるかによって異なってはならないものとする。法律に規定された配偶者の権利および義務の履行に必要な限りにおいて、すべての性を特定する言語もしくは文言は、あらゆる種類の法源において性中立の形で解釈するものとする。

　NY州婚姻平等法の制定およびそれに伴うNY州家事関係法（DOM）への新たな規定の挿入により、「婚姻に関する行政上の取扱もしくは法的地位、効力、権利、便益、特典、保護又は責任において、当該婚姻の当事者が異性であるかまたは同性であるかによって異なってはならないものとする」（10条のa）とされた。このことから、ニューヨーク州においては、例えば婚姻許可状（marriage license）の発給申請があった場合に、地方団体の発給権限ある当局は、当事者が同性か異性かの観点に基づいてその発給を拒否してはならないことになった。発給を受けたカップルは、婚姻許可状発行後法定期間（60日）以内に挙式（宗教婚または民事婚）をしないと当該許可状は無効になるが、同性カップルが婚姻許可状発行自体を拒否されることはなくなった。

　ちなみに、ニューヨーク州憲法は「礼拝の自由、宗教の自由」を保障していることから（第1章3条）、同性婚を認めない宗派／教派の宗教教師（聖職者）は、同性カップルが宗教婚の挙式を求めた場合には、その求めを拒否できる（NY州家事関係法第3章10条のb）。

② イリノイ州での宗教の自由・婚姻公正法の制定

　ニューヨーク州は、同性婚を法認しないNY州家事関係法（DOM）を修正するためにNY州婚姻平等法（MEA）を制定した。これにより、同州は、同性婚を法認した。

　こうした州法の制定により同性婚を法認する州は、他にも存在する。一例としては、イリノイ州をあげることができる。

(a) 修正前のイリノイ州婚姻及び離婚法

　イリノイ州は、従前から「婚姻（marriage）」について、州婚姻および離婚法（Illinois Marriage and Dissolution of Marriage Act）[236]で、次のように定義していた。

【図表Ⅱ-39】イリノイ州婚姻及び離婚法における「婚姻」〔旧〕の定義（仮訳）

> ・第201条〔旧〕　この州においては，一人の男性と一人の女性の間の婚姻を有効なものとし，本法に基づき婚姻許可状が発行され，挙式をし，かつ，登録できる。(A marriage between a man and a woman licensed, solemnized and registered as provided in this Act is valid in this State.)」
> ・第212条〔旧〕　次のような婚姻は，禁止される。
> 第1項～第4項〔邦訳省略〕
> 第5項　同性の二人の個人間での婚姻（a marriage between 2 individuals of the same sax）

　以上のような規定振りからも分かるように，イリノイ州婚姻及び離婚法は，「婚姻」を「一人の男性と一人の女性の間（between a man and a woman）」の関係と定義している。言い換えると「両人間（between 2 persons）」としていない。また，同州では，異性婚（different-gender marriage）は有効とされてきたものの，同性婚（same-gender marriage）は禁止されてきたわけである。

　イリノイ州では，2011年以降，同性のシビルユニオン（civil union）【州法で法的に承認されたパートナーシップ関係で，アメリカ諸州では同性カップルにのみ適用される。】は法認されている。しかし，同性のシビルユニオンは，法的権利保障の面で，異性婚の場合と同等ではなかった。このため，とりわけ，州が異性婚カップルに認めてきたさまざまな社会保障や課税取扱い上の権利・利益が，同性婚カップルにも同等に認められなかった。

　(b)　州宗教の自由・婚姻公正法の制定による州婚姻及び離婚法の修正

　2013年6月のウインザー事件判決において，連邦最高裁が，「婚姻を男性と女性間に限る」とした連邦の「婚姻防衛法（DOMA＝Defense of Marriage Act）」が当該納税者違憲としたことから，イリノイ州議会で，（Illinois General Assembly）同性婚を禁止したイリノイ州婚姻及び離婚法のあり方が問題となった。州議会は，同性婚の禁止をやめ，同性婚と異性婚とを同等に取り扱うため，州婚姻及び離婚法の修正を狙いに「宗教の自由・婚姻公正法（Illinois Religious Freedom and Marriage Fairness Act）の制定に動きだした。

　2013年11月，イリノイ州知事は，州議会が同性婚を法認する狙いで制定した同州の「宗教の自由・婚姻公正法」に署名した。同法は，署名後直ちに公布さ

---

(236) See, イリノイ州法典（ILC＝Illinois Compiled Statutes）750巻5章／750 ILCS 5所収〕Available at: http://www.ilga.gov/legislation/ilcs/ilcs5.asp?ActID=2086&ChapterID=59

れ，2014年6月1日から施行された[237]。ちなみに，イリノイ州の宗教の自由・婚姻公正法は，次のように規定する。

【図表Ⅱ-40】イリノイ州宗教の自由・婚姻公正法の主要規定　（仮訳）

- 第10条　婚姻への平等な機会（Equal access to marriage）
    第ａ項　この州において婚姻に適用されるあらゆる法は，制定法か，行政裁決もしくは裁判所の判決か，政策か，コモンローまたはその他民事法か刑事法かその典拠を問わず，異性カップルの婚姻および同性カップルの婚姻ならびにそれらカップルの子供に対して等しく適用する。
    第ｂ項　婚姻の当事者およびその子供は，当該婚姻が同性カップルからなるまたは異性カップルからなるかを問わず，すべてにおいて法に基づく同等の権益の享受や保護を受け，かつ責任を負うものとする。この場合において，当該権益や保護，責任は，それらが制定法，行政裁決もしくは裁判所の判決，政策，コモンローまたはその他民事法か刑事法を典拠とするものかを問わないものとする。
    第ｃ項　婚姻の当事者に対して法を適用するにあたり，「配偶（spouse）」，「親族（family）」，「直系親族（immediate family）」，「相続人（next of kin）」，「妻（wife）」，「夫（husband）」，「新婦（bride）」，「新郎（groom）」，「婚姻関係（wedlock）」その他夫婦関係を言い表すもしくは表示する文言を定義するまたは使用する場合，当該婚姻当事者が同性か異性かを問わないものとする。
    第ｄ項　この州の法が連邦法の規定に基づく，言及するまたは準拠するとしている場合，同性婚の当事者およびその子供に対しては，同性カップルの婚姻を承認する連邦法をこの州の法とみなして適用し取り扱うものとする。
- 第15条　宗教の自由
    この法律は，いかなる宗派，インディアン国家（Indian Nation）もしくはインディアン部族（Indian Tribe）または先住民団（Native Group）の礼拝行為に介入するまたは当該礼拝行為を規制するものではない。いかなる宗派，インディアン国家もしくはインディアン部族または先住民団も，婚姻の式典または挙式を自由に選択できる。
- 第201条〔新〕　この州においては，<u>両人</u>の間の婚姻を有効なものとし，本法に基づき婚姻許可状が発行され，挙式をし，かつ，登録できる。(A marriage between 2 persons licensed, solemnized and registered as provided in this Act is valid in this State.)」
- 第212条〔新〕　次のような婚姻は，禁止される。
    第1項～第4項〔邦訳省略〕

イリノイ州では，州宗教の自由・婚姻公正法の施行により，同州の結婚許可状を発給する権限ある各カウンティ（countries／郡）当局は，2014年6月1日か

---

[237] See, Illinois Public Act 098-0597. Available at: http://www.ilga.gov/legislation/publicacts/fulltext.asp?Name=098-0597

ら、同性カップルの申請に基づいて、婚姻許可状（marriage license）の発行を開始している。

③ 加州での同性婚法認をめぐる攻防

2000年に加州家族関係法に「カリフォルニア州においては、1人の男性と1人の女性との婚姻のみを有効とする」旨の規定を追加する内容の提案22（Proposition 22）が住民投票により可決された。しかし、反対派は訴訟を提起したIn re Marriage 事件において、2008年5月28日に、加州最高裁判所は、性的指向（sexual orientation）に基づく差別に適用される合憲性の判断基準は厳格審査基準であること認めるとともに、婚姻を異性カップルに限定する州法や住民投票案は、州憲法には違反するとの判決を下している（43 Cal. 4th 757（2008））。

また、2008年11月4日に、カリフォルニア州では、「カリフォルニア州では、男性と女性との婚姻が有効でありかつ承認される」旨を定めた提案8号（Proposition 8）について賛否を問う住民投票が実施され、またもや可決された。これにより、同州では異性間の婚姻を違法とすることになった。

同州で結婚を考えている2組の同性カップルが訴訟を提起したホーリングワース 対 ペリー事件（Hollingsworth v. Perry）事件では、2008年の州憲法改正案であるカリフォルニア州の提案8号「同性カップルの婚姻権の剥奪（Propsition 8: Eliminating Rights of Same-Sex Couples to Marry）」の合憲性が問われた。

この法律の執行にあたる州当局は、提案8号は違憲であることに同意し、訴訟に加わって防御に回ることを断念した。しかし、州は提案8号の支持者たちが訴訟に参加し、加州の利益を代表することに対しては反対しなかった。

2010年8月4日に、カリフォルニア北部地区連邦地方裁判所（U. S. District Court for the Northern District of California）は、提案8号は、合衆国憲法修正第5条の適正手続条項（Due Process Clause）および同条項から導き出される法の平等な保護に抵触し無効であり、その執行を禁じる旨の判決を下した（704 F. Supp. 2d 921〔N. D. Cal., 2010〕）。飛躍上告がなされたが、連邦最高裁判所は、具体的事件に関連し目に見える権利侵害がないことから、上告人は当事者適格がないとの理由で不受理とした（570 U. S.＿, 133 S. Ct. 2652（2013））。連邦最高裁が上告を受理しなかったことから、連邦地裁の判決が確定し、提案8号は無効となった[238]。

(5) 連邦婚姻尊厳法案の動向

一方、連邦議会には、婚姻防衛法（DOMA）が伝統的な結婚観の保全に資する

ものの,他方では婚姻観や価値観の多様化,同性婚を望む人たちに差別的に作用するなどのマイナス要因を危惧する声もある。2009年からDOMAを廃止するための議員立法が提案されてきている。2011年のニューヨーク州婚姻平等法の制定や2013年の州宗教の自由・婚姻公正法の制定は,連邦議会にも大きな影響を与えている。

2012年以降,連邦議会には,連邦政府が同性婚を法認すること,このためにDOMAを廃止することを狙いに「婚姻尊厳法(RFMA=Respect for Marriage Act)」案が提出された(例えば,2013年下院法案2523号〔H. R. 2523〕,2013年上院法案1236号〔S. 1236〕)[239]。筆頭提案者は,DOMA制定を主導したのと同じボブ・バー(Bob Barr)下院議員である。オバマ大統領(当時)も,RFMAを支持している。

法案調査NGOであるGovTrackの予測によると,この法案(RFMA)が成立する可能性は,2014年7月現在で,5%程度と見込まれている[240]。2015年のオバーゲフェル事件最高裁判決に異論を唱えるトランプ新政権の誕生により,この可能性はますます低くなるであろう。

B わが国の同性カップルに関する法制と税制

わが国では,自治体が,憲法の24条1項の「婚姻は,両性の合意のみに基いて成立」するとした規定を典拠に,同性カップルから幸福を追求して出された婚姻届を不受理としている。しかし,わが国では,同性婚は法制上認められないのであろうか[241]。また,同性カップルに対する配偶者控除などは認められないのであろうか。

(1) わが国では同性カップルの婚姻届は不受理に

2014年6月5日,「青森市のAさん(46)とBさん(29)の女性同士のカップルが,青森市役所に婚姻届を提出した。同市は憲法を根拠に受理せず,2人の

---

[238] See, California Court Judicial Branch Home Proposition 8 Cases: Available at: http://www.courts.ca.gov/6464.htm
[239] Available at: https://beta.congress.gov/bill/113th-congress/senate-bill/1236
[240] Available at: https://www.govtrack.us/congress/bills/113/hr2523#overview
[241] 筆者は婚姻法については専門外である。したがって,以下,本稿では,代表的な文献をあげるにとどめる。棚村政行「同性愛者の婚姻は法的に可能か」法学セミナー476号(1994年8月号),鈴木伸智「同性婚と婚姻・婚姻意思」『民法学の現在と未来』(法律文化社,2012年)所収などを参照。また,婚姻と税制について,若干古いが,木村弘之亮・人見康子編『家族と税制』(弘文堂,1998年)所収論文参照。

求めに応じ不受理証明書を発行した。」と報じられた。

「2人は同日午後，各地から駆けつけた支援者ら10人と青森市役所を訪れ，婚姻届を提出した。本来の書式のほか，「夫」「妻」の項目を消したものなど計3種類の婚姻届を提示。市は本来の書式を受け付けた。同市は約1時間後，不受理の判断を2人に伝え，その後，『日本国憲法第24条第1項により受理しなかったことを証明する』と記した不受理証明書を発行した。」という(242)。

(2) わが国で同性婚は認められるか

わが国の憲法24条1項は「婚姻は，両性の合意のみに基いて成立し，夫婦が同等の権利を有することを基本として，相互の協力により，維持されなければならない」，2項は「配偶者の選択，財産権，相続，住居の選定，離婚ならびに婚姻及び家族に関するその他の事項に関しては，法律は，個人の尊厳と両性の本質的平等に立脚して制定されなければならない」〔傍点引用者〕と定める。つまり，婚姻は男性と女性，両性のものと定義する(243)。一方，民法は，「婚姻」を直接的に定義していない。しかし，「婚姻年齢」という形で，「男は18歳に，女は，16歳にならなければ，婚姻することができない。」(731条)〔傍点引用者〕と定め，異性（opposite gender）間の結び付きを前提に「婚姻」を間接的に定義している。ちなみに，法的な性別は生物学的性別で決められるのが原則となっている。

しかし，2003年に成立した「性同一性障害者の性別の取扱いの特例に関する

---

(242) 記事「青森の女性カップルが婚姻届，市は憲法根拠に不受理」Web 東奥日報2014年6月6日参照。http://dailynews.yahoo.co.jp/fc/science/homosexual/?id=6118946 ちなみに，同記事によると「2人は『性的少数者の存在に目を向けてほしい。婚姻制度を使えない人がいることを知ってほしいと思い提出した。不受理の判断が出たここからが始まりだと思う』と話している。」という。「2人は，同性パートナーが社会生活を営む上で，法的に認められている夫婦と大きな差があることを指摘。『同性愛者というだけで，なぜ特別な努力をしなければならないのか。社会の中で私たちは見えない存在なのか』と訴えた。」という。「憲法24条1項で『婚姻は，両性の合意のみに基いて成立』（原文のまま）と記されており，性的少数者のサポートを行っている岩手レインボー・ネットワーク代表の山下梓さんは「今回の婚姻届提出について『社会制度の変革に向けて大きな一歩になっただけでなく，地方にも性的少数者が生きているということを発信した。この意味は大きい』と話している」と報じられている。

(243) 憲法24条に規定する「両性」を「婚姻する両人」の意味であるとする解釈も考えられる。しかし，こうした解釈は，憲法9条の解釈で集団的自衛権を認めるようなもので，立法事実などから見て"想定外"とする見方もある。ただ，憲法24条の立法趣旨は，戦前の家族制度の廃止が主眼であり，両性婚を法認する立法を否定する意味ではないと解される。大島梨沙「日本における『同性婚』問題」法学セミナー709号（2013年11月号）参照。ちなみに，戦前の家族制度のもとでは，課税単位として「家族単位主義」を採り，夫だけが納税主体であり，妻の所得，さらには未成年の子どもの所得も夫に帰属する原則となっていた。

青森市から2人が受け取った不受理証明書

【出典】Web 東奥

法律」では，同法の定める「性同一性障害者」で要件のみたす者について，他の性別に変わったものとみなすと規定する。要件を満たす者は，家庭裁判所に対して性別の取扱いの変更の審判を請求でき，許可が得られれば，戸籍上の性別の変更が認められる。

また，わが国の民法は，「配偶者」を血族，姻族でもなく親等もない親族とする（725条）。こうした規定振りからは，配偶者は必ずしも生物学的な異性である必要がないようにも読める。しかし，法令を読む限りでは，同性婚を法認することには極めて消極的な法環境にあるといえる[244]。

当然，わが国では，法律上有効な婚姻であると認められないと，所得税や相続税，贈与税，住民税など各種税法上の配偶者控除が認められない。加えて，原則として各種社会保障給付プログラムでの配偶者としての適格性などは認められない[245]。

C 婚姻法と税法との接点上の課題

「婚姻」や「配偶者」の概念を精査する場合に織り込んでおくべきことがある。それは，税法に取り込まれている私法上の概念は，税法上の"固有概念"ではなく，"借用概念"であるということである。借用概念が税法の課税要件に組み込まれている場合には，税法上の解釈と私法上の解釈とを同一と解すべきな

のか，あるいは別個のものと解するのかが問題となる。課税要件を私法上の概念と一致させることは納税者に予測可能性，法的安定性を与えるが，その反面，税法解釈を硬直化させるとの指摘もある。

(1) 「借用概念論」の日米比較

わが国において，借用概念は，一般に，税法が，その法分野（例えば民法）で使われている意義と異なる意義づけをしない限り[246]，その法分野（民法）で使われている意義と同じに解すべきであるとされる[247]。こうした考え方は，一般に「借用概念論」と呼ばれる[248]。

わが国のような単一国家（single state）の場合，「婚姻」や「配偶者」の概念を定めているのは国法の1つである民法である。このことから，原則として民法上「婚姻」関係にある，「配偶者」にあたるとされれば，税法上も，この法分野で別途に特段の概念規定をしない限り，「婚姻」関係にある，「配偶者」にあたると解することになる。

これに対して，連邦国家（federal state）であるアメリカの場合は，各州におい

---

[244] わが国では1日でも誕生日が違えば養子縁組が可能なことから，同性カップルは養子縁組の形で戸籍登録してきている法環境にもある。ちなみに，市民団体（LGBT）のなかには，民法の配偶者の規定に，同性カップルに適用できる「特別配偶者」という枠をつくり，同性カップルにも異性カップルと同等の権利を保障すべきであると訴えているところもある。政党のなかには，同性カップルにも婚姻制度を適用すべきとする意見，同性カップルか異性カップルかを問わず利用できる欧米流のパートナーシップ【法律婚ではないが，異性カップルまたは同性カップルに対し，一定の手続を踏むことを前提に，法律婚と同様あるいは類似する法的権利を認める法的仕組み】を制度化すべきとする意見がある一方で，婚姻は異性間に限るべきとする意見もあるようである。特別配偶者法（パートナーシップ法）全国ネットワーク（http://partnershiplawjapan.org/）などのHP参照。また，二宮周平「仮想婚・同性婚」［内田貴／大村敦志編］ジュリスト増刊『民法の争点』（有斐閣，2007年），同「性的少数者の権利保障と法の役割」法社会学77号（2012年）参照，渡邊泰彦「同性パートナーシップの法的課題と立法モデル」家族〈社会と法〉27号（2013年）所収参照

[245] わが国における同性カップルをめぐる各種法律問題について詳しくは，棚村政行「事実婚・同性婚の法的保護」『21世紀の家族と法』（法学書院，2007年）所収，319頁以下参照。

[246] 例えば，民法上，養子縁組が有効に成立しているとすれば養子の「数」に制限はない（民法792条以下）。この点，相続税法は，税額の計算上，15条2項および63条で，相続税負担の不当減少につながることがないようにとの趣旨で，法定相続人の「数」に算入する養子の「数」に制限を加えている。これは，民法上の養子縁組を制限するとか，相続権をはく奪するなどの趣旨ではない。言い換えると，民法上の養子であることに変わりがないことから，法定相続人の「数」には算入されないものの，生命保険金や死亡退職金の非課税規定，未成年控除などの規定の適用はある。

[247] 税法の固有概念と借用概念との違いについては，石村耕治編『現代税法入門塾〔第8版〕』前掲注(212)，160頁以下参照。また，今村隆「借用概念論・再考」税大ジャーナル16号（2011年）参照。

[248] わが国における借用概念論の提唱者による分析としては詳しくは，金子宏「租税法と私法〜借用概念及び租税回避について」〔金子編〕『租税法理論の形成と解明（上）』（有斐閣，2010年）所収，金子宏『租税法〔第20版〕』（弘文堂，2016年）117頁以下参照。

ては，州憲法のなかに「婚姻」のみならず「配偶者」などの文言を詳しく定義する規定を置いている場合もある。また，「婚姻」については，同性婚のみならず，異性婚なども含めて定義する州もある。このことから，アメリカにおける「借用概念論」の検討にあたっては，州ごとの異なる家事関係法（domestic relations law），婚姻法（marriage law）など（州により名称は異なる。）の"私法"はもちろんのこと，州憲法その他の州制定法などに規定された「婚姻」や「配偶者」などの文言も織り込んだうえで，精査する必要がある。

(2) わが国での「借用概念論」の展開

わが国では，配偶者には，贈与税の配偶者控除（相続税法21条の6）や，配偶者に対する相続税額の軽減（相続税法19条の2）が認められている。贈与税の配偶者控除においては，相続開始前3年以内の贈与の相続財産への加算（相続税法19条）の特例の適用もない。したがって，相続については，「配偶者」と認められるかどうかが重要なポイントとなる。社会保障給付などの面では，事実上の婚姻（*de fact* marriage／内縁）関係にあるカップルも受給権が認められているケースも散見される[249]。しかし，税法分野では，法律婚（*de jure* marriage）主義が厳格に守られている。したがって，事実婚や同性カップルなどは，「配偶者」としては認められていない。他に相続人がいない場合に特別縁故者（民法958条の3）として財産分与を受ける途はあるが，相続権自体は認められていない。

この点は，所得税法上の「配偶者控除」（83条），「配偶者特別控除」（83条の2），「寡婦（寡夫）控除」（81条）[250]などの適格性の判定においても同様である。

わが国では，判例や裁決において，一貫して，配偶者控除にいう配偶者は「納税義務者と法律上の婚姻関係にある者の限られる」と解している（最高裁平成9年9月9日判決・税資228号501頁）。また，「所得税法2条1項に規定する親族は，民法上の親族をいうものと解すべきであり，したがって，婚姻の届出をしていないが事実上の婚姻関係と同様の事情にある者とに間の未認知の子又はその者の連れ子は，同法84条に規定する扶養控除の対象となる親族には該当しない」

---

[249] 例えば，労働災害補償保険法16条の2等。
[250] 「寡婦（寡夫）控除」は，「寡婦」と「寡夫」の場合では適用要件が異なるという点で，性差別的な人的控除との指摘もある。また，「寡婦」に当てはまるためには，配偶者との死別か離婚が要件とされ，この要件をみたさない非適格の非婚のシングルマザーは，適格のシングルマザーに比べ，所得税の負担に加え，住民税や国民健康保険料（税）の負担なども重くなることから，税負担の公平の確保の観点から批判のあるところである。

としている（最高裁平成3年10月17日判決・訟月38巻5号911頁）。

　また，例えば，国税不服審判所平成21年4月3日裁決でも，オーソドックスな借用概念論に基づいて，次にように裁断を下し，請求を棄却している（裁決事例集77集150頁）。

　「請求人は，10年以上にわたり内縁の夫と同居し生計を一にしていること，請求人が加入している健康保険組合において内縁の夫が請求人の扶養配偶者と認定されていること，遺族年金が内縁の配偶者にも支給されること，所得税法の配偶者控除に係る条文に内縁関係の者は除外するとは記されていないことから，内縁の夫を控除対象配偶者と認め，配偶者控除を認めるべきである旨主張する。しかしながら，所得税法第83条第1項は，居住者が控除対象配偶者を有する場合，配偶者控除を適用する旨規定している一方で，同法は上記配偶者についての定義規定を置いていないが，身分関係の基本法は民法であるから，所得税法上の配偶者については，民法の規定に従って解するのが相当であるところ，民法は，婚姻の届出をすることによって婚姻の効力が生ずる旨を規定し（民法第739条第1項），そのような法律上の婚姻をした者を配偶者としている（民法第725条，第751条等）から，所得税法上の配偶者についても婚姻の届出をした者を意味すると解するのが相当であり，所得税法上の配偶者の意義については，民法上使用されている配偶者の意義と同様に，戸籍法の定めるところにより市区町村長等に届出をした夫又は妻を指し，内縁の夫はこれに含まれないことになる。そして，これを本件についてみると，請求人は，内縁の夫を世帯主とする住民登録上，請求人の続柄として「妻（未届）」と登録されており，また，請求人の戸籍および内縁の夫の戸籍のいずれにも，請求人および内縁の夫に係る婚姻の記録はないことからすれば，内縁の夫が，請求人の民法の規定による配偶者であったとは認められない。したがって，内縁の夫は，請求人の所得税法上の配偶者に該当しないから，控除対象配偶者には該当せず，請求人は，配偶者控除を適用することはできない。」

　こうした解釈が展開されているわが国の法環境のもとでは，同性カップルに対する法律婚が認められない限り，所得税などに規定されている配偶者控除などは認められないものと解される。

アメリカでも「借用概念論」が展開されているのか

　これに対して，連邦国家（federal state）であるアメリカでは，同性婚を認める

州もあれば，逆に認めない州があり，各州が定義する「婚姻」や「配偶者」などの概念が一様ではない。したがって，私法上の「婚姻」や「配偶者」などの概念をそのまま税法が借用できない場合も少なくない。

最近の統計によると，アメリカにおいては，約65万の同性カップルがおり，そのうち約11万4,000のカップルが法的に結婚しているという。また，これら同性婚カップルの40％が，同性婚を法認する州に居住しているという[251]。残り60％は，同性婚を法認していない州に居住していることになる。

こうした同性婚カップルの居住状況や州婚姻法の相違などを織り込んで考えると，連邦の所得課税や遺産課税，贈与税，さらには州の所得課税にあたり，その人的控除にかかる税務処理は必ずしも容易ではない。とりわけ，州税法上の控除，連邦税法上の控除などを受ける際の課税要件に州法上の「婚姻」や「配偶者」などの文言が取り込まれているときには，どの州の婚姻法に準拠して当該文言を定義すべきなのかが問われる。また，準拠すべき州の婚姻法（私法）を選択決定できたとしても，税法上の解釈と当該州の婚姻法（私法）上の解釈とを同一に解すべきなのか，あるいは別個に解すべきなのかの問題に遭遇することもあり得る。

したがって，わが国で一般に受け入れられている「借用概念論」が，単一国家のコンテキストでは通用するとしても，連邦国家であるアメリカでも通用するのかどうかは定かではない。

(3) アメリカの州の婚姻法と連邦税法との接点

ウインザー事件に見られるように，アメリカでは，税務処理あるいは課税処分にあたっては，州の私法と連邦税法との接点（interaction of state private and Federal tax laws）上の課題を精査することは避けて通れない。

連邦所得税上の納税者の権利や義務の範囲を確定する場合，何らかの形で各州の「婚姻」，「譲渡」，「契約」のような私法上の文言の概念に基礎を置かざるを得ない。しかし，わが国のような単一国家とは異なり，アメリカのような連邦国家においては，各州のおける各種私法上の文言の定義は必ずしも一様ではない。

---

[251] See, Gary J. Gates, Same Sex and Different Sex Couples in the American Community Survey: 2005-2011 (The Williams Institute, 2013). Available at: http://williamsinstitute.law.ucla.edu/wp-content/uploads/ACS-2013.pdf

この点について，連邦最高裁判所は，例えば，内国歳入長官　対　ブラウン（Commissioner of Internal Revenue Service v. Brown, 380 U. S. 563, at 569-71（1965））事件において，内国歳入法典（IRC）1222条3項にいう「売買（sale）」の概念に関連して，"借用概念" について，次のように述べている[252]。

　「『売買（sale）』とは何かは，〔中略〕一般に租税分野外でも問題となる行為である。この文言について，税法（IRC）では，定義を絞ることもなく，また，他の分野とは別の意味で使ってきたという立法的な経緯もない。したがって，税法（IRC）で使われている売買という文言については，一般かつ通常の意味において解釈されるべきである。」

　本件判決を読む限りにおいては，わが国で一般に受け入れられている「借用概念論」が，連邦国家であるアメリカでも通用するようにも見える。

　ところが，州の私法と連邦税法との法的相互関係についての先例とされているバーネット　対　ハーメル（Burnet v. Harmel, 287 U. S. 103（1932））事件（以下「ハーメル事件判決」という。）において，連邦最高裁判所は，次のように述べる[253]。

　「〔連邦議会の課税〕権限は，州による規制の対象にはならない。連邦議会は，その意思表示を法律制定のかたちで行うが，連邦の法律にその目的が州法とは異なることを明確にする文言を欠いている場合において，租税を全国規模での統一的に課すために行う統制は連邦議会の意思によるものと解すべきである。〔中略〕州法は，連邦税法が明文ないし適用要件として，その運用を州法に委ねるとしている場合に限り，規制できる。州法は法益を創設することができる。しかし，それに対してどのように課税するかは連邦法が決めることになる。」

　ハーメル事件判決によると，連邦税法は，課税要件として州法等の私法上の文言を用いている場合であっても，必ずしも当該州法に定められた私法上の概念と同義に解釈すべき必要はなく，連邦税法独自の目的などを斟酌して独自に解釈することがゆるされる。言い換えると，単一国家であるわが国で一般に妥当として受け入れられている「借用概念論」は，連邦国家であるアメリカではストレートに成り立ちにくい法環境にあるといえる。

　連邦税法（IRC／内国歳入法典）を概観すると，例えば，IRC6013条d項2号では，「別居状態にあるとの判決に基づき納税者の配偶者から法的に別れている

---

[252] See, Commissioner of Internal Revenue v. Brown, 380 U. S. 563, at 569-71 (1965).
[253] See, Burnet v. Harmel, 287 U. S. 103, at 110 (1932).

者は，婚姻関係にあるものとみなさない」旨規定している。このことから，カップルの住所地を管轄する州法の下では婚姻関係にあるとみなされる場合であっても，連邦税法上は婚姻関係にあるとみなされない。その結果，当該カップルには夫婦合算申告書（joint tax return）の提出は認められない。「婚姻」「夫婦」について，連邦税法独自の目的などを斟酌して税法独自の定義ないし解釈を展開している例の1つといえる。

① 居所と住所

個人所得税を導入している州においては，自州の居住者（residents）に対しては，その所得源泉がどこかを問わず当該居住個人に対して課税する権限を有している。しかし，「居住者」についての定義は一様ではない。一般に多くの州では，「居住者」には，「居所（residence）」を有する個人に加え，「住所（domicile）を有する個人を含めている。

また，一般に「住所」には，納税者が帰る意思のある固定したあるいは恒久的な自宅その他の場所（place），たとえそこに当該納税者が住んでいないとしても，も含むと定義している。したがって，「住所」にあたるかどうかは納税者の意思に帰着することから，挙証責任は納税者が負うことになっている。言い換えると，納税者が，その州の住所を有していないとしても，一般に，次のような5つ基準のうち1つ以上を充足するかどうかに基づいて，その州の居住者に該当するかが判定される[254]。

【図表Ⅱ-41】自州の「居住者」の判定基準

> ① 当該州に住所を有するかどうか。
> ② 当該州に，一時的，通過的目的を超えて所在しているかどうか。
> ③ 当該州に，6か月，7か月，9か月といったように，法定の期間にわたり所在しているかどうか。
> ④ 当該州に，特定の期間にわたり永続的居住場所または居住地を有しているかどうか。
> ⑤ 当該州に，特定期間にわたり居住する永続的場所を維持するかたちで所在しているかどうか。

② 連邦課税取扱いにおける婚姻上の適格の決定

ウインザー事件では，同性婚の納税者が，連邦課税庁（IRS）が同性婚を認めない連邦のDOMA（婚姻防衛法）に基づいて連邦遺産課税の配偶者控除の取扱

---

[254] See, G. T. Altman & F. M. Keesling, Allocation of Income in State Taxation 43 (2nd ed. 1950).

いにおいて，同性婚した個人と異性婚した個人とを差別して取り扱うことは，法の平等な保護（equal protection of the laws）を否定し，当事者に適用される限りにおいて合衆国憲法修正第5条の適正手続条項（Due Process Clause）に抵触し違憲であるとして争った。連邦最高裁は，2013年7月13日に，課税庁の課税取扱い（処分）を違憲と判示した。

　この判決を受けて，IRS は，それまでの課税取扱いを変更し，同性婚の配偶者にも，連邦遺産税上の配偶者控除を認めることにした。しかし，連邦税法（IRC）には，連邦税法上，2人の個人がした有効な婚姻とは何かを具体的に要件を定めた規定は存在しない。IRC7703条は，連邦税法上，原則として「個人が結婚しているかどうかの判定は，その課税年の末日になされるものとする。」と規定するに留まる。多くの判例では，カップルが結婚しているのかどうかについて問題が生じた場合には，州法や地方団体の条例に準拠することで連邦税法上の婚姻や配偶者を法解釈により定義し埋め合わせをするように求めている。この場合，結婚した時点ないし離婚や死亡のような身分上の地位が変わった時点で住所を有した州の法令を精査するように求めている。

　すでにふれたように，アメリカでは「婚姻」や「配偶者」のような私法上の事項については伝統的に州が先占的な立法管轄権を有するとされてきた。しかし，すでにふれたように，1996年の制定された連邦の DOMA（婚姻防衛法）は，連邦議会が「婚姻」や「配偶者」などを法的に定義することで，こうした確立された立法管轄ルールに風穴をあける役割を担った連邦法であると解されている。

　ところが，連邦課税庁（IRS）は，2013年7月13日のウインザー事件連邦最高裁判決が出るまでは，諸州が次々と同性婚を法律婚（*de jure* marriage）と認める法律を制定きている現実を横目に，DOMA に定められた異性婚のみを婚姻とする規定に従って連邦課税取扱いを継続してきた。つまり，IRS は，連邦税法が課税要件として州法等の私法上の文言を用いている場合であっても，必ずしも当該州法に定められた私法上の概念と同義に解釈すべき必要はなく，連邦税法独自の目的などを斟酌して独自に解釈することがゆるされるとのスタンスに立ち，連邦法先占ルールを貫いてきたといえる。ところが，ウインザー事件連邦最高裁判決後，IRS は，連邦税法が課税要件として州法等の私法上の文言を借用している場合には，当該州法に定められた私法上の概念と同義に解釈すべ

きであるとするルールに回帰した。

　確かに，こうしたルール変更／元のルールへの回帰は，違憲状態で連邦課税取扱いを続けることを回避することに役立つようにもみえる。しかし，「婚姻」や「配偶者」の概念について，DOMA に規定された連邦法先占のルールに固執することを止めて，州法先占のルールに立ち戻ることで違憲状態は解消し得ても，他方では新たな問題を生じさせる。

　例えば，同性カップルが同性婚を法認するニューヨーク州で結婚し，同性婚を法認しないネブラスカ州に居住しているが，一方の配偶者が死亡し，生存配偶者が連邦遺産税の申告において配偶者控除を求めたとする。この事例では，IRS は，州法先占ルールに基づき，居住地基準に従って法律上の配偶者に該当するかどうかを判断する必要が出てくる。この同性カップルは同性婚を法認しないネブラスカ州の居住者であることから，IRS が，連邦遺産税上の配偶者控除を認めることには大きな疑問符がつく。

　また，他の身分関係，つまり①シビルユニオン（civil union）【州法で法的に承認されたパートナーシップ関係で，アメリカ諸州では同性カップルにのみ適用される。】や②ドメスティックパードナーシップ（domestic partnership）【特定の地方団体同棲関係】などを婚姻と同等と認める州【カリフォルニア州のように①と②双方を法認する州もあれば，①か②にいずれかを法認する州，あるいはいずれも法認しない州がある。】の居住者のかかる連邦遺産税上の配偶者控除の適否についても問題になる。

(4)　IRS の婚姻地／婚姻州基準ルーリングの分析

　ウインザー事件において，連邦最高裁は，連邦課税庁（IRS）が同性婚を認めない連邦の DOMA（婚姻防衛法）に基づいて連邦遺産課税の配偶者控除を認めない処分をすることは違憲であると判示した。ウインザー事件最高裁判決後に，連邦財務省（Treasury Department）と連邦課税庁（RIS）は，同性婚カップルにかかる所得および遺産課税取扱いについて見直しを始めた。そして，2013 年 8 月 29 日に，レベニュールーリング　2013-17（Revenue Ruling 2013-17）（以下「婚姻地／婚姻州基準ルーリング」という。）を発遣した。

　この婚姻地／婚姻州基準ルーリングは，主に違憲判決後の同性婚にかかる所得および遺産課税取扱い，各種従業者給付制度（employee benefit plans）にかかる配偶者の取扱いなどについての IRS の運営方針を明らかにしたものである。

5 同性配偶者に関する課税取扱い　311

この婚姻地／婚姻州基準ルーリングにおいては，次の３点を確認したうえで税務行政運営にあたることになった。

【図表Ⅱ-42】IRSの婚姻地／婚姻州基準ルーリングに盛られた運営方針

> ① 連邦課税上，「配偶者」，「夫と妻」，「夫」，「妻」の文言には，同性の個人が結婚している場合も含むことを確認する。この場合において，当該結婚が州法の下で合法でなければならない。
> ② 婚姻の効力を認定する場合に採られる基準としては，「婚姻州／地（state/place of celebration rule）基準と住所州／地（state/place of domicile rule）基準があるが，IRSは，婚姻州／地基準を採用する[255]。したがって，異性婚か同性婚かを問わず，合衆国内のいかなる州からでも婚姻許可状（marriage license）を得かつ挙式し，婚姻登録をしたカップルは，有効な婚姻をしているものとして取り扱う[256]。
> ③ IRSは，同性カップルか異性カップルかを問わず，シビルユニオン（civil union）ないしドメスティックパードナーシップ（domestic partnership）などを婚姻と同等と認めない法律のある州の個人カップルを正式な夫婦とはみなさない。

上記の婚姻地／婚姻州基準ルーリング（Revenue Ruling 2013-17）の発遣に至るまでに，IRSは，コモンロー婚（common-law marriage）にかかる課税取扱いを定めたレベニュールーリング58-66（Revenue Ruling 58-66）を精査した[257]。ちなみに，同ルーリングは，次のように規定する。

「州法に基づいて決定された婚姻上の適格は，連邦所得税法の執行上も承認されるべきである。したがって，適用される州法がコモンロー婚を承認し，夫と妻と取り扱っている場合，当該州でそうした関係において居住している二人の個人の適格は，連邦所得税上も夫と妻とするものとする。コモンロー婚に関する上記のようなIRSの見解は，当該関係を承認している州においてコモンロー婚に入りその後婚姻関係に入るに先立ち挙式を行うことを要件としている州に移動した納税者に事例に対しても等しく適用するものとする。したがっ

---

[255] アメリカでは，婚姻が有効であるためには，カップルは，住所地を所管する州の下部の地方団体の権限ある当局から婚姻許可状（marriage license/marriage certificate）の発給を受け，法律で挙式権限を有する者（宗教婚の場合は宗教教師，民事婚の場合には裁判所の判事など）が司る「挙式（celebration）」をする必要がある。一般に，婚姻許可状発行後一定期間内に挙式をしないと，当該許可状は無効になる。

[256] もっとも，同性カップルは，実質的に，同性婚を法認していない州においては婚姻許可状の発給を受けられないことになる。

[257] See, Revenue Ruling 58-66（1958-1 C.B.60）．

て，コモンロー婚を承認する州において当該婚に入った納税者は，1954年【現行1986年】内国歳入法典151条【各種の人的所得控除】b項の規定に基づいて個人所得税を個別申告する場合，コモンロー妻について，その妻が総所得を得ておらずかつ他の納税者の被扶養者でない場合に，当該納税者の課税年において暦年につき600ドル【現在2,000ドル】の控除を行うことができる。また，納税者が，内国歳入法典6013条【夫婦による合算申告】a項に基づく合算申告書を提出する場合，コモンロー婚を承認する州においては，コモンロー妻は当該納税者の配偶者と扱うものとする。」

なお，「コモンロー婚（common-law marriage）」という文言の使われ方は，大きく2つに分かれる。1つは，慣用的／非公式は使われ方である。この意味では，正式な挙式をしないまま同棲婚を続けているカップルを指す。もう1つは，「正式なコモンロー婚（true common-law marriage）」である。正式なコモンロー婚は，歴史的な所産であり，完全に効力を法認された非方式婚の婚姻である。全米で9州およびワシントンD.C.で認められている。上記レベニュールーリング58-66（Revenue Ruling 58-66）からも分かるように，連邦課税庁（IRS）は，従来から，これら伝統的かつ正式なコモンロー婚の関係にあるカップルを連邦課税上も通常の婚姻関係にある夫婦と同等に取り扱ってきている。したがって，夫婦合算申告書を提出も認めてきている。

① 婚姻州／婚姻地基準を採用した背景

すでにふれたように，アメリカにおいて，婚姻の効力を認定する場合に採られる基準としては，「婚姻州／婚姻地（state/place of celebration rule）基準と住所州／地（state/place of domicile rule）基準がある。IRSは，ウインザー事件最高裁判決後に，それまでの住所州／地基準に換えて婚姻州／婚姻地基準を採用する方針を明らかにした。

この背景には，従来から所得および遺産課税上，さらには各種従業者給付制度（employee benefit plans），社会保障給付プログラム（entitlement programs）にかかる法制上，カップルないし配偶者適格の判定にあたっては，住所州／地基準が幅広く採用されてきたことがある。しかし，異性婚が常識であった時代にあっては，こうした基準を採用していても大きな問題は生じなかった。

ところが，同性婚を法認する州も次第に増加してきた今日，異性婚を法認する州からそれを法認しない州へ転居したカップルは，所得および遺産課税上，

さらには各種従業者給付制度（employee benefit plans），社会保障給付プログラム（entitlement programs）における婚姻関係ないし配偶者適格の判定にあたり，住所州／婚姻地基準によることは，同性婚カップルを差別的に取り扱うことにもつながる。また，課税関係や社会保障給付関係では住所地州基準を採用する一方，入国管理関係では婚姻地基準を採用することでは，連邦行政においてさまざまな不都合や齟齬が生じる。

　こうしたことが，IRS が婚姻地／婚姻州基準ルーリング（Revenue Ruling 2013-17）の発遣につながった事情である。

② **連邦行政への婚姻地／州基準の拡大**

　同性婚擁護を求める市民団体は，連邦のすべての行政機関が，統一基準として婚姻州／婚姻地基準を採用するように連邦議会への働きかけを強めている。前オバマ大統領や連邦司法長官もこうした主張に賛同している[258]。しかし，破産手続における配偶者の資産保護，不治の病の本人に代わっての配偶者の治療不継続決定手続をはじめとし，連邦の各種手続において異性婚カップルと同性婚カップルとの平等な取扱いをするための法令の見直しを多岐にわたる。必ずしも一朝一夕に対応できる状況にはない。

③ **シビルユニオンやドメスティックパートナーシップ等への婚姻地／州基準の不適用の理由**

　婚姻地／婚姻州基準ルーリング（Revenue Ruling 2013-17）において，IRS は，同性カップルか異性カップルかを問わず，シビルユニオン（civil union）やドメスティックパートナーシップ（domestic partnership）などを婚姻と同等と認めない法律のある州の個人カップルを正式な夫婦とはみなさない旨規定している。すなわち，婚姻地／婚姻州基準ルーリングは，あくまでも連邦課税上「同性婚を異性婚と同等に取り扱う旨」を運営方針の形で明確にしたものであるとのスタンスを貫いている。

　こうした運営方針に対しては，「等しい状況ある納税者は等しく取り扱うべきであるとする連邦税法の原則（federal tax law must treat all like taxpayers in a like manner）」や連邦憲法修正第5条の適正手続条項とぶつかるのではないかと

---

[258] See, Michael Kitces, "Place of Celebration Vs State of Residence ～ Determining Federal Marital Status After DOMA Decision," Taxes (July 3rd, 2013). Available at: http://www.kitces.com/blog/place-of-celebration-vs-state-of-residence-determining-federal-marital-status-after-doma-decision/

の批判もある[259]。しかし，一方で，諸州において，さまざまな形の同性カップルを広く法認していこうとする傾向を強めている。こうした傾向は，見方を変えると，異性カップルとの関係において，「分離すれども平等（separate but equal）」に資することにつながっているのではないかとの批判もある。IRSには，連邦税法が，こうした批判に耳を傾けずに，課税取扱いにおいて「分離すれども平等」傾向を助長する法の適用ないし解釈をすることに対する自戒もある[260]。

(5) 連邦の婚姻州／婚姻地基準の採用と州税上の課税要件との乖離

　全米的にみると，41の州が州独自の所得税制を導入しており，そのうち29の州所得税法が課税要件の1つである居住者の所得税額の計算にあたり，連邦と同じ「調整総所得（AGI＝adjusted gross income）」を採用している。これらの州のなかには，連邦のDOMAに類似する州法，あるいは同性婚を認める州法ないし憲法条項を持たない州がある。こうした同性婚を法認していない州では，連邦が婚姻州／婚姻地基準採用し同性婚カップルに配偶者控除などを認めたものの，州所得税の税額計算にあたり，連邦のAGIを利用できないことになる[261]。つまり，連邦の婚姻地／婚姻州基準ルーリング（Revenue Ruling 2013-17）の発遣は，同性婚を承認していない州における州所得税法上の税額計算をより複雑化することにつながっている。

① 同性婚を法認しない州での個人所得税申告

　同性婚を法認しない州で，州個人所得税を導入している州においては，連邦所得税と州個人所得税との課税要件の相違によるさまざまな問題が生じている。

　ちなみに，現行の連邦個人所得税の申告適格の種類は，次のとおりである[262]。

---

[259] See, Bittker et al., Federal Income Taxation of Individuals: Supplement (3rd ed. Supp. 2013) at S1-3.
[260] See, Nicholas A. Mirkay, "Equality or Dysfuction? State Tax Law in a Post-Windsor World," 47 Creighton L. Rev 261, at 273 et seq. (2014).
[261] See, Ruth Mason, "Delegating Up: State Conformity with The Federal Tax Base," 62 Duke L. J 1267, at 1274 et seq. (2013).
[262] See, CCH, U. S. Master Tax Guide 2014, at 30 et seq. (97th ed., CCH, 2014).

【図表Ⅱ-43】現行の連邦個人所得税の申告適格の種類

> ① **夫婦合算申告（MFJ＝married filing jointly）**【年末時点（ただし配偶者が年中に死亡した場合にはその時点）において婚姻関係にある場合で，夫婦の所得を合算して確定申告するとき（IRC1条a項1号・7703条a項）】。
> ② **夫婦個別申告（MFS＝married filing separately）**【年末時点（ただし配偶者が年中に死亡した場合にはその時点）において婚姻関係にある場合で，夫婦がそれぞれ個別に確定申告するとき（IRC1条d項・7703条a項）】。
> ③ **適格寡婦／寡夫（qualified widower, surviving spouse）**【寡婦／寡夫の場合で，一定の要件を充足しているときには，配偶者の死後2年間，この適格で，夫婦合算申告に適用される税率表で確定申告できる（IRC2条a項・財務省規則1.2-2(a)）】。
> ④ **特定世帯主（head of household）**【独身者の場合で，適格寡婦／寡夫の要件をみたしていないが，扶養親族などに対して課税年の半分を超える期間，家計維持費を負担しているときは，この適格で確定申告できる（IRC2条b項・財務省規則1.2-2(b))】。
> ⑤ **単身者（single）**【前記①～④に当てはまらない者（IRC1条c項）】。

(a) 同性婚を法認しないネブラスカ州での連邦個人所得税申告

例えば，同性婚を法認していないネブラスカ州憲法は，次のように定める。「ネブラスカ州においては，男性と女性との間での婚姻に限り有効であるまたは認証される。ネブラスカ州においては，シビルユニオン，ドメスティック・パートナーシップその他類似の同性関係（same-sex relationship）にある二人の同性人の結合は有効とされないまたは認証されない。」（第1条29節）

ネブラスカ州においては，州憲法が同性カップルの婚姻を法認しない。しかし，この州に居住する同性婚カップルにかかる連邦個人所得税の申告は，連邦の婚姻地／婚姻州基準ルーリング（Revenue Ruling 2013-17）に準拠することになることから，異性婚カップルの場合と同様になる。

(b) 同性婚を法認しないネブラスカ州での州個人所得税申告

同性婚を法認していないネブラスカ州において，同性婚カップルが州個人所得税の確定申告をするとする。この場合，連邦個人所得税申告で選択できる①夫婦合算申告（MFJ），②夫婦個別申告（MFS），③適格寡婦／寡夫としての申告は，州個人所得税確定申告では選択できない。この州では，同性婚カップルは，⑤単身者，あるいは④特定世帯主の資格で申告しなければならない[263]。

② 同性婚を法認するニューヨーク州での州税の申告

同性婚を法認しないネブラスカ州とは対照的に，ニューヨーク州では，2011

年に州婚姻平等法（MEA）が成立している。これを受けて，NY州家事関係法（DOM）のなかに異性婚カップルと同性婚カップルを差別することにつながらないように必要な規定を盛り込んだ。また，ニューヨーク州居住者が起こしたウインザー事件では，2013年6月に連邦最高裁が「婚姻を男性と女性間に限る」とした連邦の「婚姻防衛法（DOMA = Defense of Marriage Act）」に基づいて同性配偶者が求めた遺産税上の配偶者控除を否認した連邦課税庁（IRS）の処分を違憲としたうえで，同性婚配偶者にも配偶者控除が認められるべきである，との判決を下している。

こうした法環境のもと，ニューヨーク州税務当局（NY租税歳入省／NY State Department of Taxation and Finance）は，州個人所得税申告において，現行の連邦個人所得税の申告適格に準じた扱いをする旨の通達（technical memorandum）を発遣している。また，この通達では，州遺産税申告において，現行の連邦遺産税の申告資格に準じた扱いをする旨明示している[264]。

D　オバーゲフェル事件判決と連邦所得税務への影響

連邦最高裁判所は，オバーゲフェル 対 ホッジス（Obergefell v. Hogges, 135 S. Ct. 2584〔U.S. 2015〕）事件判決（以下「オバーゲフェル事件判決」という。）において，ある州において法認された同性婚を他の州が当該州の婚姻法が同性婚を認めていないことを理由に承認しないことは，連邦憲法修正第14条が保障する法の適正手続（due process of law）および法の平等保護（equal protection of the laws）に反し違憲である，との判決を下した。

オバーゲフェル事件最高裁判決は，違憲判決を求めた側の訴えを退けた第6巡回区連邦控訴裁判所の判決を破棄し，5対4の僅差でオバーゲフェルの主張を認める判決であった[265]。この最高裁判決により，アメリカの全州において同性婚を認めることにつながる判決と解されている。

---

[263] See, Nebraska Department of Revenue, "Tax Guidance for Individuals in a Same-Sex Marriage" Revenue Ruling 22-13-1〔Individual Income Tax〕（October 24, 2013）. Available at: http://www.revenue.nebraska.gov/legal/rulings/rr221301_same-sex_marriage.pdf

[264] See, NY State Department of Taxation and Finance, "The Marriage Equality Act," Technical Memorandum TBS-M11(8) C: TBS-M-11(8)1 etc.（July 29, 2011）. Available at: http://www.tax.ny.gov/pdf/memos/multitax/m11_8c_8i_7m_1mctmt_1r_12s.pdf

[265] See, Mitchell L. Engler & Edward D. Stein, "Not Too Separate or Unequal: Marriage Penalty Relief After Obergefell," 91 Wash. L. Rev. 1073（2016）.

(1) オバーゲフェル事件最高裁多数判決の主なポイント

オバーゲフェル事件多数判決にかかる主なポイントは，次のとおりである。

【図表Ⅱ-44】オバーゲフェル事件多数判決での主なポイント

・婚姻（marriage）は，個人の主体性，尊厳および自主性の中核をなす。
・婚姻は合衆国憲法のもとでの基本的な権利（fundamental right）であり，連邦憲法修正14条のもとで強い保護を受ける。
・州が同性婚を禁止することは，明確に同性カップルの自由を制限につながり，これらすべての権利を侵害する。
・州が同性婚を禁止することは，同性カップルの子女の発育に悪影響を与え，かつアメリカ社会の核となっている平等の原則に抵触する。

これらの他にいくつか論点があげられている。いずれにしろ，この最高裁判決では，婚姻は合衆国憲法のもとでの「基本的権利」であり，同性愛は，「正常なもの」であり，同性愛者は，婚姻のための聖的指向を変更するように求められないとする前提に立つものである。この判決は，同性婚を禁止する州法を違憲とするとともに，すべての州は，異性婚と同性婚を婚姻として同等に取り扱うように義務付けたものである。

(2) オバーゲフェル事件の経緯

オバーゲフェル事件の経緯は，次のとおりである。本件は，当初，オハイオ州を管轄するオハイオ南部地区連邦地方裁判所（United States District Court for the Southern District of Ohio）へ提起された。連邦地裁は，2013年12月23日に，オハイオ州が他州で合法的発行された結婚許可状を承認しないことは，法の適正手続（due process of law）および法の平等保護（equal protection of the laws）に反し違憲であると判決し，原告オバーゲフェルの主張を認めた。そこで，オハイオ州側が控訴した。控訴を受けて，第6巡回区連邦控訴裁判所（United States of Appeals for the Sixth Circuit）は，オハイオ州で提起された本件に加え，ケンタッキー州，ミシガン州およびテネシー州で提起された同様の訴訟を併合審理した。そして，同控訴裁判所は2014年11月6日に，諸州は同性婚に婚姻許可状を発行するまたは同性婚を承認する何らの憲法上の義務を負わず，この種の問題は，司法府よりも立法府で解決すべき問題であるとして，訴えを棄却した〔No.14-3057（November 6, 2014）〕。この判決を受けて，オバーゲフェルは連邦最高裁判所へ上告した。

原告・被控訴人・上告人（X）ジェームズ・オバーゲフェルは，同性愛者で，オハイオ州に居住するパートナーであるジョン・アーサー（訴外A）と20年以上にわたり同居しくらしてきた。Xは，Aが筋萎縮性側索硬化症（ALS）で終末期にあったことから結婚することにし，2人はメリーランド州へ行き，同州の権限ある当局から結婚許可状（marriage silence）を得たうえで正式に婚姻の法的手続を終えた。その後，再びオハイオ州へ戻ったが，まもなくAは亡くなった。Xは，オハイオ州保健当局に対してAの死亡証明書（death certificate）の自己の身分法上の地位を「生存配偶者（surviving spouse）」と記載するように求めた。（これにより，Xは，Aの生存配偶者として一定の社会保障給付を受けることができる。）しかし，オハイオ州のリチャード・ホッジス保健局長ら当局者（Y）は，同州では同性婚を法認していないので，応じられない旨回答した。そこで，Xは，Yを被告として，メリーランド州の権限ある当局から発行された結婚許可状も基づき法認された同性婚に基づいて，パートナーAの死亡証明書の生存配偶者の欄に自己の名を記載するように求め訴訟を提起した。

(3) オバーゲフェル事件最高裁判決の現行の連邦所得税務実務への影響

　オバーゲフェル事件連邦最高裁判決は，現行の連邦所得税務実務を抜本的に変えるような影響を及ぼすものではない。なぜならば，本件最高裁判決は，連邦法のもとでの「婚姻」の定義について議論したものではなく，州レベルでの同性婚の承認手続の憲法適合性にかかる事案を裁断してものである。しかし，州所得税務実務には変更が伴うものであり，結果として連邦所得税務実務に影響が及ぶことになっている。

　2015年10月23日に，連邦課税庁（IRS／内国歳入庁）は，オバーゲフェル事件判決財務省暫定規則（Proposed Treasury Regulation）を発遣した[266]。

　この暫定規則では，税法上，異性婚，同性婚を問わず，すべての婚姻は，州法等で法認された婚姻である限り，「夫（husband）」，「妻（wife）」または「夫および妻（husband and wife）」の文言は，異性配偶者および同性配偶者を包摂する性中立の意味において解釈するものとする，という方針を明確にしている。

　また，IRSは，2015年12月5日に，ノーティス2015-86（Notice 2015-86）を発遣し，オバーゲフェル事件判決の年金ならびに健康および福祉プラン，カフェ

---

[266] Definition of Terms Relating to Marital Status, 80 Fed. Reg. 64378 (proposed Oct. 23, 2015).

テリアプランなど社会保障分野，への影響に対処する方針を明らかにした。

このノーティス2015-86では，「〔同性〕婚は，ウインザー事件判決およびウインザー事件判決関連ガイドラインに従い連邦税法上で認められており，連邦財務省およびIRSは，オバーゲフェル事件判決により，各種雇用者福祉プラン（employee benefit plans）に対する連邦税法の適用に重大な影響を及ぼすとは考えていない。」としている。IRSの基本方針は，健康および福祉プラン，カフェテリアプランなどでは，「配偶者」の該当性について明確にしており，基本的に同性婚の配偶者も異性婚の配偶者と同等の取扱いを目指したものである[267]。

いずれにしろ，各州法上の雇用関係税（state payroll taxes）や各種社会保障給付行政には大きな影響が及ぶ【☞本書第Ⅰ部**1**L】。

◆ 小　括

ウインザー事件違憲判決およびアメリカにおける同性配偶者にかかる連邦税（遺産税）法上の配偶者控除の課税取扱いを主な素材にして，私法（とりわけ婚姻法）上の概念が税法の課税要件に取り込まれていることから争われた事例における法の適用・解釈の動向について精査してみた。

ウインザー事件違憲判決後，連邦課税庁（IRS）が発遣した婚姻地／婚姻州基準ルーリング（Revenue Ruling 2013-17）は，連邦所得課税，遺産課税，贈与課税の税額計算の面では，同性婚カップルに対する朗報となったようにみえる[268]。

近年，アメリカでは，課税における異性婚カップルに対する優遇への批判，課税における「夫婦単位」主義への風当たりも強くなってきている。連邦税法は余りにも夫婦ないしカップルを優遇しすぎ，独身者にとっては"逆差別（reverse discrimination）"と化しており，「課税と婚姻を切り離すべきである」との主張もある[269]。課税単位が，「個人単位」主義への傾斜を強めているグローバルな動きなども織り込んで考えると，同性婚カップルはもちろんのこと，シビルユニオンやドメスティックパートナーシップなどの身分関係にあるカップル

---

[267] See, Sarah E. Sanchez, "Same-Sex Spouses Under Health and Welfare Plans: Changes in the Wake of DOMA's Collapse," 9 J. Health & Life Sci. L. 1（2016）

[268] See, Margot L. Crandall-Hollick, "The Federal Tax Treatment of Married Same-Sex Couples," CSR Report for Congress 7-5700（July 30, 2015）

[269] Dylan Mathews, "The case for cutting the link between taxes and marriage," The Washington Post （June 27, 2013）. Available at: http://www.washingtonpost.com/blogs/wonkblog/wp/2013/06/27/the-case-for-cutting-the-link-between-taxes-and-marriage//?print=1

までをも経済的な相互依存関係を重視する課税取扱いに取り込むのは時代にそぐわないとの見方もある[270]。

　人事交流のグローバル化が顕著である。今後，外国で法認された同性婚カップルがわが国の居住者となり，所得課税，相続課税，贈与課税などの面で各税法の課税要件に組み込まれた「婚姻」，「配偶者」など家族法（私法／民法）上の文言の解釈，適用が問題になることも想定される。この場合，わが国で展開されている借用概念論の再検討を含め，精査すべき課題も多い。

　すでにふれたように，わが国においても，実際に同性カップルが自治体へ婚姻届をする事例が出てきている。このことから，同性婚カップルを法的にどう取り扱うか，グローバルな動きを視野に入れて，身分法上はもちろんのこと，税法上，さらには各種の社会保障給付プログラム上も精査が急がれる課題として浮上してきたといえる。アメリカにおける同性婚の法認および税法上の対応状況などを「対岸の火事」として座視してはいられない状況に至っている。

　　＊この部分の執筆にあたり，故早野俊明白鷗大学教授（民法／家族法）から婚姻法関係の文献についてご教示をいただいた。記して心から謝意を表するとともに，ご冥福をお祈りする。

---

[270] See, Anne Alstott, "Taxation and Politics: Updating the Welfare State: Marriage, the Income Tax, and Social Security in the Age of Individualism," 66 Tax L. Rev. 695 (2013).

第Ⅲ部
連邦の税務組織と租税手続法の基礎

　アメリカ連邦税法は,「法典（code）」方式を採用している。日本のように,個別税法方式を採用していない。このため,連邦の租税実体法および租税手続法は,連邦の内国歳入法典（IRC＝Internal Revenue Code of 1983）で一覧できる。もちろん,アメリカにおいても税法は極めて複雑である。財務省規則（Treasury Regulations）やその他連邦課税庁定めた通達（Revenue Rulings, Letter Rulings）や告示などに目を通さないと,具体的な課税取扱いを精査するのは難しい[1]。

　連邦税の執行を担当しているのは,連邦財務省（Treasury Department）の外局である内国歳入庁（IRS＝Internal Revenue Service）である。IRS は,酒税やたばこ税,関税[2]を除く,所得税や遺産税・相続税をはじめとした各種連邦税の賦課徴収および社会保障税[3]の徴収などを担当している。IRS のトップである長官（Commissioner）は,政治任用職（political appointment）であり,連邦議会上院の助言と承認により,5年の任期で大統領が任免する。再任は妨げない（IRC7803条 a 項 1 号）【☞本書第 8 章🔟】。

---

(1) 財務省や IRS が発達する規範（tax authorities）は多様である。合衆国法典（行政手続法／Administrative Procedure Act）553条に基づき規則制定（rule making）手続の一環としてパブリックコメントの収集を要するものと,そうでないものがある。また,納税者に対し法源性（legally binding）があるものが多い。See, Camilla E. Watson, Tax Procedure and Tax Fraud in A Nutshell (5th ed., West, 2016) Cha. 2.
(2) 酒税やたばこ税（個別消費税）は,連邦財務省の酒税たばこ税貿易管理局（TTB＝Alcohol and Tabaco Tax and Trade Bureau）が所管している。また,関税は,国土安全保障省（DHS＝Department of Homeland Security）の関税・国境管理局（CBP＝Bureau of Customs and Border Protection）が所管している。
(3) 連邦社会保障制度の運営・給付事務は,社会保障庁（SSA＝Social Security Administration）が所管している。

1 抜本的な納税者サービス改革と納税者権利章典

　1988年10月，連邦議会は，連邦納税者に対する連邦税法の執行／コンプライアンス，とりわけ税務調査と徴収過程における適正性と公平性を確保し，内国歳入法典（IRC）に納税者の権利保護措置を強化するため条項を盛り込むための税制改正法（TAMRA＝Technical and Miscellaneous Revenue Act of 1988）を成立させた。

　改正法（TAMRA）に盛られた措置は，税の賦課徴収にかかわるものを中心に，IRS内部への独立した納税者オンブズマン（後に納税者権利擁護官／Taxpayer advocate）の創設から，税務調査手続改革，滞納／徴収手続改革，合衆国租税裁判所（U.S. Tax Court）の管轄にかかわるものまで多岐に及ぶ。このため，改正法（TAMRA）は，「包括的納税者権利章典（Omnibus TBOR＝Omnibus Taxpayer Bill of Rights）法」（以下「OTBR」という。）とも呼ばれる。その後も，1988年，1996年，そして2014年と，数次にわたり改正が行われ，IRSの納税者サービス指針である「納税者としてのあなたの権利（Your rights as a Taxpayer）」も改訂されている。

A　相次ぐ納税者権利章典法の制定

　1988年にOTBRが連邦議会を通過して背景には，内国歳入庁／IRSが，税金徴収の組織としての性格を強める余り，納税者サービス精神を欠いた高圧的な税務行政が目に余るようになっていた現実があった。IRSの権力濫用にも近い人権に配慮を欠いた税務行政がマスコミや納税者からの厳しい批判にさらされ，政治も座視してはいられなくなった。連邦議会はIRSの納税者サービス改革に積極的に動き，1988年のTAMRAの成立につながった[4]。

　連邦における納税者権利章典法（TBOR＝Taxpayer Bill of Rights）の制定はその後も数次にわたり実施されている。一般に，1988年のTAMRAを成立させた

---

[4]　邦文によるアメリカの納税者権利憲章法（TBOR＝Taxpayer Bill of Rights）制定の経緯やその内容を含めグローバルな視角から分析したもととして，石村耕治『先進諸国の納税者権利憲章』（中央経済社，1996年）第11章，石村耕治編『現代税法入門塾〔第8版〕』（清文社，2016年）76頁以下参照。

改正を，第1次納税者権利章典法（TBOR1＝Taxpayer Bill of Rights 1），通称で「T1」と呼ぶ。また，1996年の改正を第2次納税者権利章典法（TBOR2＝Taxpayer Bill of Rights 2），通称で「T2」と呼ぶ。1998年のIRS再生改革法（RRA 98＝IRS Restructuring and Reform Act 1998）を成立させた改正を，第3次納税者権利章典法（TBOR3＝Taxpayer Bill of Rights 3），通称で「T3」と呼ぶ。さらに，2014年の改正を第4次納税者権利章典法（TBOR4＝Taxpayer Bill of Rights 4），通称で「T4」と呼ぶ。T4は，内国歳入法典（IRC）の各条項に散在していた納税者の権利を10のカテゴリー（10か条）にまとめて，分かり易い言葉で，IRC7803条a項3項〔納税者の権利を遵守した職務遂行（Execution of duties in accord with taxpayer rights）〕に規定した。

(1) T1のあらまし

T1の典拠となったOmnibus TBOR（包括的納税者権利章典法）案は，連邦議会の委員会での一連の審議を経て，1988年10月22日に上院を通過，11月10日に大統領の署名を得て成立した。この法律（T1）で新たに適正化・透明化された租税手続をあげると，次のとおりである。

【図表Ⅲ-1】 1988年のT1で実施された主な改革項目一覧

① 納税者に対する権利の告知
② 納税額および不足額／更正等の通知の際の理由附記
③ IRSの指導を信頼した納税者への信義則の適用
④ 税務調査録音権の保障
⑤ 税務調査の際の権利の告知・専門家と相談する権利
⑥ 税務調査の際の代理人（専門職）の依頼権
⑦ 納税者オンブズマンの設置
⑧ 租税徴収手続の適正化
⑨ 争訟費用の補償
⑩ IRS補償制度の新設
⑪ IRS納税者サービス担当副長官のポスト新設

(2) T2のあらまし

T2によって，連邦の税務行政の適正化・透明化は大きな進歩を遂げた。一般に，「従来は，納税者だけが高度の義務遂行が求められた。しかし，T1は，課税庁にも，同じだけの高度の義務の遂行を求めるものである。」との好評を得た。

1990年代に入ると，連邦の租税手続をさらに適正化・透明化しようという動きが出てきた。紆余曲折を経て，1995年にT2の法案が連邦議会に出され，審議が本格化した。そして，96年月に成立した。T2で新たに適正化・透明化された租税手続をあげると，次のとおりである。

【図表Ⅲ-2】1996年のT2で実施された主な改革項目一覧

① 納税者オンブズマンを改編・強化した全国納税者権利擁護官（NTA）事務局の設置
② 利子税や加算税の減免権の拡大
③ 夫婦合算（共同）申告書と情報開示の整備
④ 争訟費用の補償拡大
⑤ 第三者記録保存者への召喚手続の明確化
⑥ IRSの違法行為に対する民事罰の強化
⑦ 納税者に対する通知および情報提供の適正化
⑧ 無申告および滞納に対する罰則の適正化

(3) T3のあらまし

その後もさらに，連邦の租税手続を適正化・透明化しようという動きは加速していった。そして，1998年には，T3のための法律（RRA98＝IRS Restructuring and Reform Act of 1988）（以下「RRA 98」ともいう。）が成立した。T3/RR98は，第1部〜IRSの組織と運営の再編，第2部〜電子申告，第3部〜納税者の保護と権利，第4部〜IRSの議会への説明責任，第5部以下〜その他，のカテゴリーからなる[5]。

T3/RRA98は，"IRS再生改革法"という名称で成立していることからも分かるように，IRSの組織改革を核にすえている。IRSの組織は，それまでは，連邦の首都，ワシントンD.C.に本庁（National Office）を置き，4つの局（regional offices），33の税務署（district offices），10のサービスセンター（service center）からなる機能別・地域別組織であった。T3/RRA98は，これを，納税者別の4つの運営局（ODs＝operating divisions）からなる分権的な組織に再編した。まさに「IRSの文化や組織を，これまでの税金徴収から納税者サービス中心に変革する」ことが立法目的である。

T3/RRA98成立後，IRSは，「懸念され罪10か条（10 dreadly sins）」として，

---

(5) See, Leandra Lederman, "Tax Compliance: Should Congress Reform the 1998 Reform Act: Tax Compliance and the Reformed IRS" 51 Kan. L. Rev. 971（2003）.

IRS職員が職務上してはならないことをあげるなど，納税者サービスの抜本的な改革に取り組む姿勢を鮮明にした。

T3/RRA98は，IRSの租税手続を"納税者ファースト"に刷新することで，納税者サービスの「量」的側面と「質」的側面の双方にメスを入れることも狙いにしている。

IRSは，租税債権の徴収にあたっては，民事債権とは異なり，原則として司法の介在を要しない。例えば，連邦納税者は，夫婦合算納税申告（MFJ＝married filing jointly）をすることを選択できる。夫婦は，この種の申告を選択している場合，納税申告後に離婚など婚姻関係に変更があったとしても，原則として当該申告内容については「共同的かつ個別的に（joint and several liability）」責任（連帯納付義務）を負うものとされている（IRC6013条d項c号）。T3/RRA98成立前も，善意の配偶者にあたるとしての救済（innocent spouse relief）を受けることは可能ではあったが，極めて例外的に適用されるに過ぎなかった。IRSは，連帯納付義務を課すIRC6013条d項c号のもと，連帯納付を求め，納付がない場合には，財産を有するいずれの配偶者に対しても，自在に財産差押え（levy）処分をかける実務を継続していた。しかし，こうした自在な差押実務は，民事債権ではゆるされないことであった。T3/RRA98は，連帯納付手続の整備に加え，従来からある善意の配偶者に対する救済措置（innocent spouse relief）を大幅に強化した（IRC6015条b項）[6]。

まず，T3/RRA98は，すべての夫婦合算納税申告者（MFJ）に対して，連帯納付義務の救済にかかる情報を，善意の配偶者に対する救済措置について言及したIRS刊行物1号〔納税者としてのあなたの権利（Publication 1: Your Rights as a Taxpayer）〕，IRS刊行物971号〔善意の配偶者の救済（Publication 971: Innocent Spouse Relief）〕，IRS刊行物594号〔IRS徴収手続（Publication 594: IRS Collection Process）〕などを使って，徹底することを求めた（T3/RRA98 3501条）。

また，内国歳入マニュアルは，IRS職員に対して，夫婦合算納税申告者（MFJ）で連帯納付義務に関係する納税者との面談時には，連帯納付義務と善意の配偶者に対する救済措置について十分な説明をするように求めている（IRM25.15.1.9（02-26-2013））。

---

[6] 最新の善意の配偶者に対する救済手続について詳しくは，See, IRS, Publication 971〔Innocent Spouse Relief〕（Rev. October 2014）.

さらに、配偶者（例えば元夫）の不足税額ないし滞納などを理由に連帯納付を求められたもう一方の配偶者（例えば元妻）またはその代理人は、IRS保有の当該夫婦合算申告書情報の開示を求めることができる。ただし、離婚後に連帯納付を求められた場合で、相手方が再婚しているときには、新たな氏、住所、電話番号などの開示は制限される（IRC6103条e項各号）。

配偶者（例えば元妻）は、他方の配偶者（例えば元夫）の不足税額ないし滞納などを理由に連帯納付を求められた場合、IRSに対して、善意の配偶者であることを理由に救済を求めることができる。この場合、当該納税者（元妻）は、法定期限内に、自分が連帯納税義務を負うのは不公正であることや、過少申告（understatement）であったことを知らなかったことなどを証明する必要がある（IRC6015条b項）[7]。

納税者は、IRSに対して善意の配偶者であることを理由に夫婦連帯納付義務に関する救済を求めたが、IRSが当該請求を拒否、または一部認容などIRSから決定通知処分（IRS Notice of Determination Concerning Your Request for Relief From Joint and Several Liability）を受けたとする。この場合、納税者は、IRSの決定通知処分に不満があるときには、IRSの不服審査部門（IRS Appeals Division）に不服申立てができる。しかし、IRSの不服審査の結果に不満な場合には、さらに、適切な救済を求めて合衆国（連邦）租税裁判所（U.S. Tax Court）に訴えを提起できる【☞本書第Ⅳ部**2**B(2)】。

T3/RRA98は、その他納税者の財産差押え（levy）処分や連邦税リーエン／先取特権通知書（NFTL＝Notice of Federal tax lien）の登記、争訟手続継続中の差押制限など、納税者に徴収上の適正手続（CDP＝collection due process）を保障するための措置を設けた。

T3/RR98で新たに適正化・透明化された租税手続（RRA第3部）のうち、主なものをあげると、次のとおりである。

【図表Ⅲ-3】 1998年のT3で実施された主な改革項目一覧

① 課税庁側への立証責任の転嫁の強化

---

[7] こうした立証は容易でないことが多い。例えば、夫婦合算申告書（MFJ）の提出時に一方の配偶者（例えば元妻）が、他方の配偶者（例えば元夫）の過誤項目（erroneous item）にかかる過少申告について知っているが、その額がどれ位になるのか分からないといった場合などが考えられる。この場合には、一部につき善意の配偶者の救済が認められるものと解される。

② 納税者への争訟費用の補償権限の拡大
③ 夫婦合算（共同）納税申告における善意の配偶者の救済
④ 心身障害にあった期間の還付請求期限の延長
⑤ 経過利子と民事制裁／民事罰の適正化
⑥ 第三者への反面調査実施の際の納税者本人への事前通知
⑦ 税務調査および徴収処分にかかる納税者の保護
⑧ 争訟権放棄につながる修正申告の強制（慫慂）の禁止
⑨ IRSによる納税者への面談の際に納税者の権利の教示
⑩ 調査対象選定基準の開示を含む納税者への情報開示の強化
⑪ 還付拒否処分の際の理由附記
⑫ 低所得納税者相談所（LITC＝Low Income Tax Clinic）プログラムへの助成

(4) T4のあらまし

連邦議会は，内国歳入法典（IRC）の各条項に散在していた納税者の権利を10のカテゴリー（10か条）にまとめて，分かり易い言葉で，IRC7803条 a 項 3 項〔納税者の権利を遵守した職務遂行（Execution of duties in accord with taxpayer rights）〕に規定した。

【図表Ⅲ-4】2014年のT4で実施された主な改革項目一覧

① 知らされる権利（Right to be informed）
② 高い質のサービスを受ける権利（Right to quality Service）
③ 適正な納税額以上の支払いをしない権利（Right to pay no more than the correct amount of tax）
④ IRSの見解に反論し，意見を聴いてもらう権利（Right to challenge the IRS's position and be heard）
⑤ 独立した争訟の場で，IRSの決定に不服申立てする権利（Right to appeal an IRS decision in an independent forum）
⑥ 最終決定を受ける権利（Right to finality）
⑦ プライバシーの権利（Right to privacy）
⑧ 秘密を保護される権利（Right to confidentiality）
⑨ 代理人を依頼する権利（Right to retain representation）
⑩ 公正かつ正当な税制を期待する権利（Right to a fair and just tax system）

B　T4のもとでの「**納税者としてのあなたの権利**」

数次の納税者権利章典法（TBOR）の制定は，納税者に対して手続上の権利を法認することにつながり，IRSに対して公正で透明な課税権限を求める納税者の信頼を勝ち得てきた点は，大きく評価されている。その一方で，TBORによ

る改革は，IRS の日常の業務にいかされなければ，画餅に帰す。IRS 職員が旧態依然とした実務を続け，納税者も改正を知らないという常態は回避されなければならない。IRS は，業務の現場で"納税者の権利を実現する（Making taxpayer rights real）"方策を探っていた。

2012年に，IRS の納税者権利擁護官サービス（TAS）[8]は，納税者が，TBOR で法認された納税者の権利をどれくらいの市民が知っているかについて検証を試みた。その結果，よく知っているのは11％程度で，一連の租税手続改革において実現された手続上の権利が"絵に描いた餅"と化しているのではないかと，連邦議会へ提出した年次報告書（Annual Report 2013）などで疑問を呈した[9]。

こうした疑問に応える形で，連邦議会は，T4の制定にこぎつけた。T4は，発効後，IRC7803条ａ項３項〔納税者の権利を遵守した職務遂行（Execution of duties in accord with taxpayer rights）〕に盛り込まれた[10]。

IRS は，2014年６月に，新たな「納税者としてのあなたの権利：納税者権利章典（Your Rights as a taxpayer: Taxpayer Bill of Rights）」を公表した（IRS, Publication 1 (Rev.12-2014)）。これを機に，IRS は「納税者としてのあなたの権利」教育，職員研修を強化する方向に転じた。

以下に，IRS が，クライアントである納税者に対して配布している「納税者としてのあなたの権利：納税者権利章典」（2014年６月）を邦訳（仮訳）紹介する。

【図表Ⅲ-5】IRS 納税者としてのあなたの権利　2014年６月改定

> **１．知らされる権利**
> 　納税者は，税法を遵守するために何をすべきかを知る権利を有しています。納税者は，法律や IRS 手続通達に関し，あらゆる納税様式，説明書，刊行物，通知および書簡において明瞭な説明を受ける権利を有しています。納税者は，自分の税額計算に関する IRS の決定を知らされ，かつ，結果についての明瞭な説明を受ける権利を有しています。

---

(8) 後に詳しくふれるように，NTA/TAS は，IRS 職員の怠慢や不当な行為など納税者から申出のあったさまざまな苦情を，IRS の執行／コンプライアンス部門から独立して，無償で公正に処理する機関である（IRC7803条ｃ項）。NTA/TAS は，年次報告書を作成し，連邦議会へ提出する義務を負う（IRC7803条ｃ項２号Ｂ，IRM13.1.1）。

(9) See, NTA, Toward a more perfect tax system: A taxpayer bill of rights as a framework for effective tax administration; Recommendations to raise taxpayer and employee awareness of taxpayer rights (2013).

(10) T4について詳しくは，See, "Amanda Bartmann, Making Taxpayer Rights Real," 69 Tax Law. 597 (2016).

2．高い質のサービスを受ける権利

納税者は，IRS との折衝において，迅速，丁寧かつ専門的な支援を受け，納税者が理解しやすい方法で話をし，IRS から明確で容易に理解できる通知を受け取り，かつ，不満なサービスについて上司と話合いをする権利を有しています。

3．適正な納税額以上の支払いをしない権利

納税者は，法的に期限のきた税額に利子税や加算税を加えた額のみを納付し，かつ IRS に対してすべての納付額に適切に充当してもらう権利を有しています。

4．IRS の見解に反論し，意見を聴いてもらう権利

納税者は，公式な IRS の行為または予定される行為に応えて反論しかつ追加的な証拠資料を提供する権利を有しており，IRS は反論や証拠資料を迅速かつ公正に精査し，かつ IRS が納税者の意見に同意しない場合にはその旨の回答を受け取る権利を有しています。

5．独立した紛争解決の場で，IRS の決定に不服申立てする権利

納税者は，加算税を含むほとんどの IRS の決定について公正かつ偏見のない行政不服審査を受ける権利を有し，かつ，不服審査部決定にかかる回答を文書で受け取る権利を有します。納税者は，原則として自己の事案を裁判所へ持って行く権利を有します。

6．最終決定を受ける権利

納税者は，その課税年において IRS が調査を行うまたは租税債務を徴収する期間に加え，IRS の見解に不服を申し立てられる期間を知る権利を有します。納税者は，IRS がいつ調査を終了したのかを知る権利を有します。

7．プライバシーの権利

納税者は，IRS が行う質問，検査または執行行為においては，法律を遵守し，必要性を越えて侵害的であることはなく，かつ，捜索や差押における保護措置や滞納／徴収上の適正手続審理（CDP hearing）を含むあらゆる適正手続を受ける権利を尊重すると期待する権利を有しています。

8．秘密を保護される権利

納税者は，自分が IRS に提供したいかなる情報も，自身または法律が認める場合を除き，開示されることはないと期待する権利を有しています。納税者は，職員，納税申告書作成者その他納税者の申告書情報を不正に使用または開示した者に対して適切な処置を講じると期待する権利があります。

9．代理人を依頼する権利

納税者は，IRS との折衝において自身を代理するために，自身の選択で公認された代理人を依頼する権利を有します。納税者は，自身で代理人を依頼する資力に欠ける場合には，低所得納税者クリニック（LITC）から支援を受ける権利を有しています。

10. 公正かつ正当な税制を期待する権利

納税者は，自身が負う債務，支払能力，適時に情報を提供する能力の影響を与える事実と環境を考慮すること税制に期待する権利を有しています。納税者は，自身が財政面で困難を抱えている場合，または IRS が通常の経路を通じて適切かつ適時に自身の課税問題を解決していない場合には，納税者権利擁護官サービスから支援を受ける権利を有しています。

IRS の使命：アメリカの納税者に対し最高の質のサービスを提供することにより，すべての納税者が自らの納税義務を理解したうえで果たせるように支援し，かつ，誠実・公平に税法を執行することです。

■ 調査，不服申立て，徴収および還付

《調査（検査）》

ほとんどの納税者の申告は是認されます。わたしたち IRS が，あなたの申告書について照会をする，あるいは申告書を調査対象に選んだとしても，それはあなたが不誠実であるとみてのことではありません。照会ないし調査の結果，もっと税を負担することになるかも知れませんし，あるいはそうならないかも知れません。わたしたちは，何の更正もなくあなたの事案を終了させることになるかも知れません。あるいは，あなたは還付を受けることになるかも知れません。

調査対象となる申告書の選定は，通例，次の2つ方法のいずれかで行われます。1つは，わたしたちは，コンピュータ・プログラムを使って，金額に誤りがあるとみられる申告書を発見する方法です。これらのプログラムでは，書式1099や W-2のような情報申告書，過去の調査結果の分析，あるいは納税協力度測定プロジェクトで発見された問題項目を基にチェックをします。もう1つは，わたしたちが，外部の情報源を使って，金額に誤りがあるとみられる申告書の確認を行う方法です。これらの情報源には，新聞，公的記録，さらには個人からのものなどがあります。わたしたちが，その情報が正確かつ信頼できると判断したとします。この場合には，その情報を調査対象となる申告書の選定に利用することになります。

公刊物556〔申告書の調査，不服申立て権，還付請求〕は，わたしたち IRS が調査を実施する際にしたがうべき規則や手続について説明をしています。以下は，わたしたちがどのように調査を行っているかについての概要です。

《書簡による調査》

わたしたち IRS は，書簡を使って数多くの調査や照会を行っています。わたしたちは，さらに情報を求める手紙，あるいは，わたしたちがあなたの申告書の更正を必要としている理由を記した手紙を送付することがあります。あなたは，書簡で応答するか，あるいは，調査官との個人面談を求めることができます。あなたが，わたしたちに求められた情報を送付する，あるいは説明をしたとします。この場合，わたしたちは，あなたに同意するか，しないかはわかりませんが，その際に，わたしたちは更正を必要とする理由を説明します。あなたに分からないことがあったら何でも遠慮なく手紙で質問してください。

《面談による調査》

わたしたちIRSが個人面談によって調査を実施したい旨をあなたに通知する，あるいは，あなたがこうした面談を求めるとします。この場合，あなたは，あなたとIRS双方に都合のよい合理的な時間と場所で調査を受けられるように求める権利を有しています。IRSの調査官が，あなたの申告書の更正を提案する場合には，更正の理由を説明します。あなたが，そうした更正に応じたくないとします。この場合，あなたは，その調査官の上司と面会し話し合うことができます。

《再調査》

わたしたちIRSが，過去2年間のいずれかの年にあなたの申告書の同じ事項について調査を行い，かつ，あなたの租税債務にいかなる更正の提案もしていなかったとします。この場合には，できるだけ速やかにわたしたちに連絡してください。そうすれば，わたしたちは，調査を打ち切るべきかどうかを検討することができます。

《不服申立て》

あなたは調査官の示した更正案を受け入れないとします。この場合，あなたは，その更正案についてIRSの不服審査部で争うことができます。ほとんどの見解の相違は，費用と時間のかかる裁判所での審査を経ることなしに，解決することができます。あなたの不服申立て権については，公刊物5〔あなたの不服申立て権およびあなたが同意しない場合の申立書の作成の仕方〕と公刊物556〔申告書の調査，不服申立て権および還付請求〕に詳しく説明されています。

あなたは不服審査部に申し立てたくない，あるいは不服審査部の判断を受け入れないとします。この場合には，事案を，所轄となる連邦租税裁判所，連邦請求裁判所ないし連邦地方裁判所へもっていくこともできます。あなたが，事案を裁判所へもっていくとします。この場合で，あなたが，自身の租税債務を証明するに十分なだけの記録を保存し，かつ，IRSと協力的であるなど一定の条件をみたしているときには，IRSが事実を立証する責任を負います。裁判所が，事案のほとんどの争点について，あなたに同意し，かつ，わたしたちIRSの主張の大部分を不当であると判断したとします。この場合，あなたは，一定の行政費用や裁判費用の補償を受けることができます。ただし，あなたが，不服申立て制度を利用しその事案を行政的に解決しようとしていないときや事案の解決に必要な情報をわたしたちに提供していないときには，こうした費用の補償を受けることができません。

《徴収》

公刊物594〔IRS徴収手続〕は，連邦税の納付に関し，あなたの権利と義務について，次のように，説明をしています。
- 納付税額がある場合にあなたがすべきこと〜この公刊物では，あなたが税金納付通知書を受け取った場合，さらには，その納付通知書に誤りがあると思う場合に，何をすべきかについて説明しています。また，分割納付，滞納処分，徴収猶予および滞納税額免除の申請（OIC）などにもふれています。
- IRSの滞納処分〜この公刊物では，先取特権，リーエン／先取特権の解除，金銭差押え，金銭差押えの解除，財産差押えと公売，財産差押えの解除などについて

ふれています。

あなたの徴収手続に対する不服申立権については，公刊物1660〔徴収上の不服申立権〕に詳しく説明されています。

《善意の配偶者の救済》

一般に，夫婦合算申告書については，あなたとあなたの配偶者は各々，納期が来たすべての税額，利子税および加算税を支払う義務を負っています。しかし，あなたは，善意の配偶者の救済要件にあてはまる場合には，連帯債務の一部または全部を免除されます。この救済を求めるためには，あなたは，書式8857〔善意の配偶者の救済申請〕を，IRSがあなたから最初に税の徴収を試みた日から２年以内に，提出しなければなりません。〔訳注・以下翻訳中略〕善意の配偶者の救済について詳しくは，公刊物971〔善意の配偶者の救済〕および書式8857をみてください。

《第三者への接触可能性》

一般に，IRSは，あなたやあなたの正式に委任をうけた代理人と直接に折衝をします。しかし，わたしたちIRSは，あなたが提供できなかった情報を必要とする場合やわたしたちIRSが受け取った情報が正しいのかを確かめたい場合には，時おり，他の人たちと話し合いをもちます。例えば，隣人，銀行，雇用主もしくは従業員のような人たちとの接触です。この場合，通例，これらの人たちに，あなたの氏名のような，限られた情報を知らせる必要があります。法律は，わたしたちIRSが求めている情報やある情報の裏づけを取るに必要な範囲を超えてあなたの情報を開示することを禁じています。わたしたちIRSは，あなたの事案に動きがある限り，他の人たちへの接触を続ける必要があります。わたしたちIRSが他の人たちと接触している場合，あなたは，これら接触先の一覧を求める権利を有しています。

《還付》

あなたは，税を納めすぎたと思う場合には，還付請求をすることができます。原則として，あなたは，最初の申告書を提出してから３年以内か，納税してから２年以内か，いずれか遅い方の期間内に還付請求をしなければなりません。申告書の提出日からか，あるいは還付請求の日から45日以内に還付が行われないとします。この場合，法律に従い，還付加算金が支払われる原則になっています。公刊物556〔申告書の調査，不服申立権，還付請求〕には，還付に関するもっと詳しい情報があります。

還付期日が来ているのにもかかわらず，あなたが，申告書を提出していないとします。この場合，還付を求めるには，原則として，申告期限の日から３年（更新期間を含みます。）以内に還付申告書を提出しなければなりません。

《納税情報》

IRSは，次のようなソースから，書式，公刊物その他の情報を提供しています。

- ●タックス・クエスチョン：無料の電話番号〔訳注・番号翻訳省略〕
- ●書式・公刊物：無料の電話番号〔訳注・番号翻訳省略〕
- ●インターネット：www.irs.gov

●小規模企業オンブズマン：小規模企業は，〔連邦小規模企業庁（U. S. Small Business Administration）の規制監視手続に参加し，同庁に設けられている連邦規制の公正な執行を監視するオンブズマンの〜訳注追加〕無料の電話番号〔訳注・番号翻訳省略〕に電話し，IRS の業務執行に対して意見を述べることができます。

●財務省租税行政監察総監：あなたは，無料の電話番号〔訳注・番号翻訳省略〕に電話し，IRS 職員の不正行為，むだ遣い，虚偽もしくは職権濫用について，名前を公表しないかたちで報告することができます。あなたは，匿名でも，報告ができきます。

2 進化する連邦課税庁（IRS）の組織

わが国では，国税の賦課徴収事務は，財務省の外局である国税庁が担当している。アメリカにおいても，連邦税（federal taxes）の賦課徴収事務は，財務省（Treasury Department）の外局である内国歳入庁（IRS＝Internal Revenue Service）が担当している。アメリカの場合，財務長官（the Secretary of the Treasury）や副長官（Deputy Secretary of the Treasury），局長／次官（Undersecretaries）などはもちろんのこと，内国歳入庁長官（Commissioner of the IRS，以下「IRS長官」ともいう。）も，政治任用（political appointments and nominations）である。すなわち，大統領が任用し，連邦議会上院（Senate）の助言および承認を得て任命する【☞本書第Ⅸ部⓫】。

財務長官は，連邦税法，すなわち内国歳入法典（IRC）を執行する権限と責任

【図表Ⅲ-6】連邦財務省の機構（2017年1月現在）

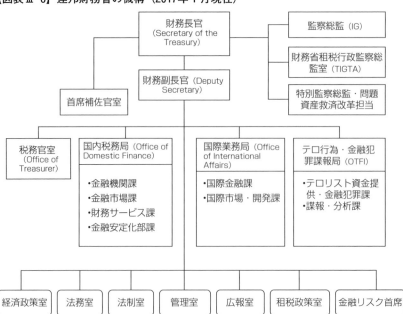

を付与されている（IRC7801条）。しかし，その権限の多くは，IRS長官に委任されている。

アメリカの人口は3億2,400万人余り（2016年現在）で，IRSは，110億ドルの予算で，非常勤を含め7万6,540人の職員を抱える組織である[11]。

IRS本庁（national office）は，連邦の首都であるワシントンD.C.にある。IRS本庁は，連邦課税庁の組織運営および連邦税の賦課徴収に関する企画立案を行っている。また，事前照会文書回答（private letter rulings）を出すことや個別解釈通達（revenue rulings），手続通達（revenue procedures）などを発遣している（以下，これらは一括して「IRS通達」ともいう。）。

A　IRS組織改革の沿革

連邦税の賦課徴収の要となる組織は，連邦財務省の外局である内国歳入庁（IRS）である。IRSは伝統のある組織であるが，1998年のIRS再生改革法（RRA 98＝IRS Restructuring and Reform Act 1998）により，大胆な組織改革が実施された[12]。

以下に，IRS組織改革の流れを追ってみる。

(1)　1998年までのIRSの組織

IRSは1952年に発足した。その当時，IRSは，連邦の首都，ワシントンD.C.に本庁（National Office）を置き，17局（regions），64税務署（districts）からなる3層構造のピラミッド型の組織であった。その後，1955年までに再編を重ね，4つの局，33の税務署，10のサービスセンター（service center）となった。4つの局（regional offices）は，各局長（Regional Commissioner）をトップに，IRSの政策や各種プログラムの立案・執行および各局の管轄内にある税務署を監督する仕組みにあった。一方，税務執行実務は，税務署およびサービスセンターからなる総計で43の組織が担い，それぞれの地理的な管轄内にあるあらゆる納税者を対象に，あらゆる種類の租税法の執行にあたっていた。言い換えると，43の各管轄においては，それぞれ，調査，徴収，不服審査，犯則調査／査察，申告書

---

[11]　See, IRS, Data Book 2015 (Oct. 1, 2014～Sep. 30, 2015) at 69. ちなみに，日本の人口は1億2,700万人程度（2016年現在）で，国税庁職員の定員は財務省定員規則（1条）で5万5,666人となっている。

[12]　邦文による分析として，森浩明「米国の租税徴収制度について：内国歳入庁（IRS）改革法下の徴収制度」税大論叢40号（2002年）参照。

の処理、および納税者サービスの職務を行っていた。

(2) 1999年以降の IRS の組織

1998年に、連邦議会は、1998年に IRS 再生改革法（RRA 98 = IRS Restructuring and Reform Act 1998)、いわゆる T3/RRA98を成立させた。T3/RRA98は、「IRS の文化や組織を、これまでの税金徴収から納税者サービス中心に変革する」ことを旗印に、IRS に民間企業と同等の効率的・機能的な手法を導入し、IRS 組織の抜本的な見直しを目指した法律である。それまでの IRS 本部・国税局・税務署＋サービスセンターからなる階層構造の組織を抜本的に見直した。そして、事務局を持つ内国歳入長官（IRM11.5.1）をトップに、納税者別の全国ベースの4つの運営局（ODs = operating divisions）などからなる分権的な組織を誕生させた[13]。

(3) 現在の IRS 組織の概要

IRS 組織の概要（2016年5月現在）を図示すると、【図表Ⅲ-6】のとおりである。

連邦財務省の外局である IRS の組織は、毎年のように改変されている。これは、連邦議会による立法措置はもちろんのこと、財務省所管の独立した IRS 業務の監視機関である「財務省租税行政監察総監（TIGTA = Treasury Inspector General for Tax Administration）」[14]の勧告や、IRS 内部にありながら執行部門から独立して納税者の苦情救済や執行体制の見直しを求める「全国納税者権利擁護官（NTA = National Taxpayer Advocate）」[15]からの勧告（IRC7803条 c 項、7811条）、さらには IRS 監視委員会（IRS Oversight Board）（IRC7802条 d 項）からの調査報告などに対応するためである[16]。

---

[13] RRA 98による IRS 改革に対する批判について、See, Frank Wolpe, "Getting Back to the 'Grassroots of Tax Administration," 49 Akron L. Rev. 863 (2016).

[14] TIGTA は、1998年 IRS 再生改革法（T3/RRA 98）に基づき、IRS の効率的な運営、IRS 職員の不正行為の監視、IRS の業務を独立して監督する狙いで設置された機関である。1978年総監法（Inspector General Act of 1978／正式名称：AN ACT To establish Offices of Inspector General within various departments and agencies, and for other purposes）5条に基づき半年ごとの監視報告書（Audit Reports）を作成し、財務長官（Secretary of the Treasury）に提出することが義務付けられている（IRC7803条 d 項）。TIGTA は、それらの報告書を HP で公表している。Available at: https://www.treasury.gov/tigta/

[15] NTA は、各州に最低1か所は地方事務所（local Taxpayer advocate）を設置しており（IRC7803条 c 項4号A）、納税者が IRS 職員の税法の執行に関し深刻な困難に陥っているまたは陥るおそれがあると判断される緊急事案に対しては納税者救済命令（TAO = taxpayer assistance orders）を出す権限を付与されている（IRC7811、財務省規則301.7811-1、IRM13.1.20）。Available at: http://taxpayeradvocate.irs.gov/about-tas

2 進化する連邦課税庁（IRS）の組織 337

【図表Ⅲ-7】 IRSの組織の概要（2016年5月現在）

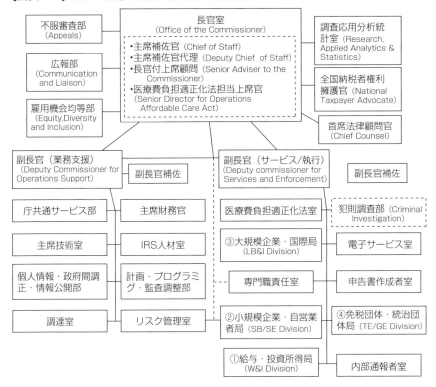

(4) IRSの運営局（ODs）の事務の概要

IRSの4つの運営局（ODs＝operating divisions）は，申告書等を受け付けるIRSキャンパスの所在地とはかかわりなく，全米ベースで業務を行っている。4つの運営局（ODs）は，それぞれIRS局長（Division Commissioner）が配置されている。運営局の業務の概要は，次のとおりである。

(16) さらには，RRA 98は，執行部門から完全に独立したIRS監視委員会（IOB＝IRS Oversight Board）を設置した。総勢で9人の委員からなる。連邦財務長官，IRS長官は当然に委員になる。そのうち7人の委員は5年の任期で大統領が任命し，連邦議会上院の承認が必要である。任命委員のうち，1人は常勤のIRS職員から選任される。残りの6人の委員は，税務の識見と経験を有する者でなければならない。IOBは，IRSが一般大衆の利益に資し，かつ納税者のニーズに応える組織になれるように，長期的な視点から精査する機関である。委員は，連邦上院が任免することになっている（IRC7802条e項）。しかし，上院が任命委員を承認していないことから，現在事実上活動を停止している。ちなみに，IOBは，IRS職員への質問・検査などの権限を有しているが，対納税者が関係してくる執行手続などには直接関与できないことになっている。

【図表Ⅲ-8】IRS の 4 つの運営局（ODs）の概要

① **給与・投資所得局**（W＆I＝Wage and Investment Division）
【W＆I局本部】ジョージア州アトランタ
【W＆I局の所轄分野】クライアント（納税者）は，給与所得および投資所得のみを申告する個人納税者（夫婦合算申告者を含む。）。W＆I局は，クライアントが提出した様式1040〔連邦個人所得税申告書（Form 1040）〕にかかる勤労所得税額控除（EITC）の過誤記載，不正還付のチェックが最大の業務。
【W＆I局が所管するクライアントの4特徴】・源泉所得税の徴収を受けている。・半数以上は，自分で申告書を作成している。・ほとんどは IRS と関係するのは年1回。・ほとんどは還付申告。
【W＆I局のクライアント数と職員数】クライアントは全米で1億1,600万程度。4つある運営局（ODs）のうち最大の OD である。おおよそ4万7,000人の職員（IRS 全職員の約43％を占める。）からなる（IRM1.1.13）。
② **小規模企業・自営業局**（SB/SE＝Small Business/Self-Employed Division）
【SB/SE局本部（Headquarter）】メリーランド州ランハム
【SB/SE局の所管分野】クライアントは，小規模企業および自営業者。クライアント数は，全米で約5,700万件〔4,100万の自営業者，900万の小規模会社（保有資産額1,000万ドル未満），その他700万のクライアント〕程度。
【SB/SE局のコンプライアンス（調査／徴収）事務を担当する7地域署（Compliance Area Director Offices）】ノースアトランティック地域署〔徴収部：マンハッタン・NY 州，調査：ニューヨークシティ・NY 州〕，サウスアトランティック地域署〔徴収部：プランテーション・フロリダ州，調査部：ジャクソンビル・フロリダ州〕，セントラル地域署〔徴収部：シンシナティ・オハイオ州，調査部：ナッシュビル・テネシー州〕，ミッドウエスト地域署〔徴収部：シカゴ・イリノイ州，調査部ダウナーズグローブ・イリノイ州〕，ガルフステーツ地域署〔徴収部：オースティン・テキサス州，調査部：ダラス・テキサス州〕，ウエスタン地域署〔徴収部：サルトレイクシティ・ユタ州，調査部：デンバー・コロラド州〕，サウスウエスト地域署〔徴収部：ロサンゼルス・カリフォルニア州，調査部：ロサンゼルス・カリフォルニア州〕
【SB/SE局の調査事務を担当する4キャンパス】IRS ブルックヘイブン（Brookhaven）キャンパス，IRS シンシナティ局（Cincinnati）キャンパス，IRS メンフィス（Memphis）キャンパス，IRS オグデン（Ogden）キャンパス
【SB/SE局の滞納／徴収事務を担当する5キャンパス】IRS アンドーバー（Andover）キャンパス，IRS アトランタ（Atlanta）キャンパス，IRS フレズノ（Fresno）キャンパス，IRS カンザスシティ（Kansas City）キャンパス，IRS フィラデルフィア（Philadelphia）キャンパス（IRM1.1.16）
③ **大企業・国際局**（LB＆I＝Large Business and International Division）
《2010年に当初つくられた大企業・中規模企業局（Large and Mid-Size Business Division）を LB＆I に改組》
【LB＆I局本部（Headquarter）】ワシントン D.C.
【LB＆I局の所管分野】LB＆I のカスタマーは，普通法人（C法人），リミテッド・

ライアビリティ・カンパニー（LLC）のようなS法人および資産が1千万ドル以上のパートナーシップ。

LLCやパートナーシップは，直接連邦所得税の納税主体とならない事業体である。こうした事業体は，しばしば濫用的タックスシェルター（abusive tax shelters）[17]その他租税回避スキーム（tax avoidance schemes）活用のツールとして選択されてきており，納税者間での税負担公平の確保，適正な課税の理念とぶつかり，かねてから大きな社会問題となっている。そこで，大企業・国際局（LB & I Division）は，内部にタックスシェルター分析事務室（OTSA＝office of Tax Shelter analysis）を設置し，濫用的タックスシェルターその他租税回避スキームの解析を行い，規制強化に努めている。また，OTSAは，これら濫用的なスキームの開発，販売等を規制するために，税務調査の実施，召喚状の執行，訴訟の提起などの任にあたっている

加えて，LB & Iは，太平洋地域でのクロスボーダー取引，パススルー課税事業体，条約および移転価格税制適用事案ならびに国際的な源泉課税および個人の国際コンプライアンスなどを所管。FATCA（ファトカ／Foreign Account Tax Compliance Act of 2012）【正式名称は「外国口座税務コンプライアンス法（Foreign Account Tax Compliance Act of 2012）」】も所管。FATCA／ファトカはIRSが，合衆国外の金融機関および合衆国内源泉所得受領者に対して報告義務を課すことで執行する仕組み[18]。

LB & Iは，約6,000人の職員を擁する。対象とする納税者（クライアント）総数は約30万である。

④ **免税団体・統治団体局**（TE/GE＝Tax Exempt & Government Entities Division）

【TE/GE局本部（Headquarter）】オハイオ州シンシナティ

【TE/GE局の所管分野】クライアントは，小規模な地縁団体，各種公益団体，大学，自営利医療機関，宗教団体のような非営利団体（exempt organizations），年金基金（pension plans），連邦・州・地方政府など統治機関（government entities），州・地方団体が発行する公債（community bond）など（IRM8.7.8）。TE/GEのクライアント数は，全米で300万程度である。

---

(17) 「タックスシェルター」とは，多義的な概念である。端的に言えば，特別償却，減耗償却，利子控除など税法上のさまざまな制度をアレンジし投資額以上の節税効果を生むスキーム（商品）を指す。こうしたスキームは，一般に，パートナーシップ（わが国の民法上の任意組合などの相応する事業体）のような自らが連邦所得税の納税主体とならない投資事業体を組成・活用して実施される。連邦議会は，2004年の改正税法（American Job Creation Act of 2004）を制定し（改正点は，その後，内国歳入法典（IRC）6011条，6111条，6707条などとして挿入された。），従来のタックスシェルターの定義規定を削除するとともに，新たに濫用的なタックスシェルターの開示，報告の対象となる取引，登録義務者，租税回避商品の差止めなどについて定めた「濫用的租税回避取引（Abusive Tax Avoidance Transactions）」という制度を構築した。See, e.g., Jared T. Meier," Understanding the Statutory Tax Practitioner Privilege: What Is Tax Shelter Promotion?," 78 U. Chi. L. Rev. 671 (2011); Linda D. Jellum, "Dodging the Taxman: Why the Treasury's Anti-Abuse Regulation is Unconstitutional," 70 U. Miami L. Rev. 152 (2015).

これら4局は，それぞれが所轄する納税者に対する税務調査，滞納処分／徴収などの租税手続を実施している。旧制度のもとでは，納税者は，サービスを受けるのには，IRSの各署の調査部門，徴収部門といったように，各部門を渡り歩く必要があったが，納税者カテゴリー別の前記4局のいずれかにおいて，一貫した納税者サービスを受けられるようになった。

また，従来サービスセンターと呼ばれていた全国に10か所ある申告書の受付・処理・書簡調査を行っていた組織が，RRA 98施行以降，「キャンパス (campus)」という名称に変更された。また，今日，各IRSキャンパスは，全国ベースで納税者データを共有して，申告書の受付・処理・調査対象の選定・書簡調査事務を行っている。

各IRSキャンパスは，当該キャンパスをカバーする形で設置されているウエストバージニア州のマーチンスバーグにあるIRSコンピュータセンターその他3つのコンピュータセンターにも支援を仰ぎ，税務調査対象の選定作業を行

---

(18) FATCA／ファトカは，本来は，税逃れを目的に合衆国市民が国外に開設した隠し口座のあぶり出しが目的の法律である。具体的には，合衆国の「域外」にあることから，本来ならば合衆国政府の支配の及ばない合衆国外金融機関に対して，その金融機関が支払を受ける合衆国内源泉の所得（利息，配当，使用料など）に対する30%の源泉徴収を「免除」することと引換えに，合衆国居住納税者の合衆国外金融資産に関する情報をすべてIRSに提供させる仕組みを構築することにある。（日本政府も，日本の金融機関（銀行，証券会社等）を指導してきた。）こうした経緯から，FATCA／ファトカは，ともすると金融機関のみがターゲットと思われがちである。しかし，一般企業にも影響が大きい。なぜならば，FATCAは，合衆国外に支払われる，合衆国国内源泉の一定の所得のすべての受取人企業（個人・法人）の情報を正確に把握することもターゲットとしているためである。IRSは，2014年に，Form W-8BEN〔Certificate of Status of Beneficial Owner for United States Tax Withholding and Reporting (Individuals)／合衆国の源泉徴収税および報告のための受益者の資格証明書（個人用）〕」を導入した。次いで，IRSは，Form W-8BEN-E〔Certificate of Status of Beneficial Owner for United States Tax Withholding and Reporting (Entities)／合衆国の源泉徴収税および報告のための受益者の資格証明書（事業体用）〕）を導入した。Form W-8BEN，Form W-8BEN-E，いずれの場合も，合衆国の内国法人が，外国企業と，製品の売買以外の取引に（配当，利子，賃料，使用料，報酬その他の定期的な所得／fixed, determinable, annual or periodical gains, profits, and income，以下「定期的な所得／FDAP所得」という。）にかかる支払を非居住者／外国法人した場合に，作成が必要になる。連邦税法（IRC）上，国外に支払われるFDAP所得については，支払者は，支払の際に30%の税率で源泉徴収のうえIRSに納付しなければならない。しかし，国外のFDAP所得の受益者が，自らの資格を証明するためのForm W-8BEN，Form W-8BEN-Eを作成のうえ，支払者へ提出し，当該支払者がそれを保存しておけば，支払者は，租税条約上の軽減された税率で源泉徴収・納付が認められる。（なお，支払者は，税務調査の際に，IRSの求めに応じて，Form W-8BEN，Form W-8BEN-Eの提示ができるように保存する必要がある。）なお，FATCA／ファトカは，アメリカ税法のはじめての本格的な域外適用 (extraterritorial application of U. S. tax law) にあたるとして，強い批判がある。See, e.g., Bruce W. Bean & Abbey L. Wright, "The U. S. Foreign Account Tax Compliance Act: American Legal Imperialism," 21 ILSA J Int'l & Comp L 334 (2015).

B　IRSの執行（調査／徴収）部門から独立性の高い組織

T3/RRA98は、IRSの執行／コンプライアンス（調査／徴収）部門を大きな変革に導いた。一方で、IRSの「不服審査（Appeals Division）や、犯則調査／査察部門（CI＝Criminal Investigation）」については、基本的な組織名称はそのまま維持する政策をとった。もっとも、形は維持されたものの、納税者サービスを強化し、かつ納税者に対する税法適用を明確にする狙いから、これまであった組織をIRSの執行／コンプライアンス（調査／徴収）部門から切り離す、または新たな独立性の高い組織を設ける措置を講じた。

【図表Ⅲ-9】執行部門から分離した組織

① **首席法律顧問官（Chief Counsel）**：首席法律顧問官は、通達または専門相談メモ（Technical Advice Memoranda）を発遣する形で、IRS長官、IRS職員などの法律相談に乗る任務を負う（（IRC7803条b項）。

② **不服審査部（Appeals）**：IRS不服審査部は、納税者から不服申立てがあった場合に、納税者／その代理人、IRSとの間でインフォーマルの話合いに参加し、争点の迅速な解決にあたる部門である。RRA 98は、不服審査部を執行／コンプライアンス部門から切り離し、執行部門との人事交流を禁止するなどして不偏の組織として再生した。

③ **全国納税者権利擁護官（NTA＝National Taxpayer Advocate）**：NTAは、IRS職員の怠慢や不当な行為など納税者から申出のあったさまざまな苦情を、執行／コンプライアンス部門から独立して、無償で公正に処理する機関である（IRC7803条c項）。少なくとも各州に一ヵ所地方納税者権利擁護官（Local Tax Advocate）が配置されている（IRC7803条c項2号B）。地方納税者権利擁護官は、納税者が擁護官にコンタクトした事実をIRSの執行（調査／徴収）部門に開示しない裁量権を有する（IRC7803条c項4号A）。NTAは、年次報告書を作成し、連邦議会へ提出する義務を負う（IRC7803条c項2号B、IRM13.1.1）。

④ **犯則調査／査察部（CI＝Criminal Investigation）**：IRSの犯則調査／査察部は、偽りその他不正の行為により租税をほ脱した納税者を調査し、連邦司法省租税部かまたは連邦地方検察官へ告発し、刑事訴追する任務を負う組織である。以前の名称が、CID（＝Criminal Investigation Division）と呼ばれていたことから、略称として、「CI」のほか、税の実務家の間では現在も「CID」が使われることが多い。CIの職務は、租税の徴収というよりは、行政召喚状／サメンズやジョン・ドー召喚状／サメンズを使うなどして、被疑者や証人を喚問し証拠の提出を求め、かつ証言を求めることを含め、犯則調査を通じて、偽りその他不正の行為により租税をほ脱していると認められる者の訴追を連邦司法省租税部（DOJ Tax）ないし地方検事正（USAO）へ訴追の答申をするための十分な証拠を収集することが中心である。

> また、CI は、DOJ や USAO からの要請や、連邦大陪審 (Federal Grand Jury) からの要請に従い、訴追 (indictment) に必要な証拠収集を支援するための調査を実施する任務も負っている【☞本書第Ⅶ部参照】。

(1) IRS 納税者支援センター (TACs) とは何か

　一方、納税者は、IRS が納税者サービスの窓口として、全米各地に開設している「納税者支援センター (TACs = Taxpayer Assistance Center)」を利用できる。TAC は、全米376か所に開設されている (2016年4月現在)。2015年度申告期に IRS は約5,600万人の納税者の申告支援をした。2015年度申告期から、アポイントメント制を導入し、納税者が待たずに支援を仰げるように配慮し、納税者サービスの質の向上に努めている。

　TAC は、主に個人所得税の申告にあたり、納税者が、電話やネットを使ったタックスアンサーでは解決できない場合に利用できる。支援が必要な納税者は、手順としては、最寄りの TAC とコンタクトし、アポイントメントを取り、窓口によってはアポイントメントなしに、駆け込んで対面で支援を受けることができる。TAC は、確定申告書の作成の支援業務は行わない。

　ちなみに、TAC は、2013年末までは、個人の確定申告書である様式1040〔連邦個人所得税申告書 (Form 1040)〕の作成支援業務を行っていたが、2014年1月2日に停止した。TAC は、それまで申告書サービスを利用してきた納税者に対し、無償の申告ソフト、あるいは収入金額が低いなどの場合には、後記のボランティア所得税申告プログラム (VITA = Volunteer Income Tax Assistance Programs) や高齢者納税相談プログラム (TCE = Tax Counseling for the Elderly) を利用するように推奨している[19]。

(2) 民間のボランティア申告支援プログラムの概要

　様式1040〔連邦個人所得税申告書 (Form 1040)〕作成の支援を受けたい納税者は、個人所得税の確定申告期に IRS がボランティアを募り、IRS がバックアップして各地で開設される「ボランティア所得税申告プログラム (VITA = Volunteer Income Tax Assistance Programs)」や、約3,600万人の会員を擁するアメリカ退職者連盟基金 (AARP Foundation = American Association of Retired Person

---

[19] この変更について、全国納税者権利擁護官 (NTA) は、連邦議会への2014年年次報告書で、最も重要な問題の1つであると指摘し、IRS の納税者サービスの低下、対応する VITA/TEC プログラムへの財政支援の不備などを批判している。See, Taxpayer Advocate Service, 2014 Annual Report to Congress (Vol. 1) at 55.

Foundation)⁽²⁰⁾とIRSがタイアップして開設されている高齢者納税相談プログラム（TCE = Tax Counseling for the Elderly）などを活用することができる⁽²¹⁾。

1969年に始まったVITAプログラムは主に，現在，年収が5万4,000ドル以下の納税者，勤労所得税額控除（EITC = earned income tax credit）適用納税者，体の不自由な納税者，または英語が堪能でない納税者などが対象である。一方，TECプログラムは主に，60歳以上の納税者の確定申告書の作成，年金や退職後計画などに関係した税務相談などのサービスを提供している⁽²²⁾。2014年度申告期実績では，347万件余りの申告書が，VITAプログラムないしTECプログラムを通じて作成されている（IRM22.30.1.3.1）。

ちなみに，VITA/TECプログラムにボランティアとして参加を希望する者は，申告書作成や電子申告／送達など，職種によってはE-ラーニングなどを通じた一定の研修，試験に合格することが条件になっている⁽²³⁾。

(3) 税務申告支援プログラムの種類

アメリカでは，勤労所得税額控除（EITC）や子ども税額控除（Child tax credit）のような複雑な給付（還付）型税額控除の仕組みを導入している。EITCにかかる還付申告だけでも，2012年ベースでみても2,700万人を超える⁽²⁴⁾。こうした人たちの多くは，コマーシャル・ベースの有償の納税申告書作成業者（TRP = tax return prepares）を活用する資金的な余裕がない。しかし，これら民間の有償の納税申告書作成業者（TRP）に依頼する資力のない人たちのためには，大量の市民（民間）ボランティアを取り込んだ民間の各種税務申告支援プログラムが用意されている。

これら連邦個人所得税の申告に関する無償の税務支援プログラムは多岐にわ

---

[20] アメリカ退職者連盟（AARP = American Association of Retired Person）は，会員3,600万人を有し，50歳以上の人なら誰でも会員になることができる無党派のアメリカ最大の非営利団体である。近年，「退職者」から「50歳以上」に会委員資格を変更し，会員獲得に努めていることから，従来の名称から退職者を払拭する狙いもあり，正式名称を「AARP」に変更している。

[21] IRSは1978年歳入法（Revenue Act of 1978）136条に基づき，AARPと協力協定（cooperative agreement）を締結し，TCEプログラムを実施している。

[22] VITAやTCEのほか，さまざまな民間ボランティアを活用した申告支援プログラムがある。詳しくは，拙論「税務支援の拡充と税理士の業務独占のあり方：開かれた税務支援のあり方を日米比較で検証する」白鷗法学13巻2号（2006年）参照。

[23] See, IRS, Link & Learn Taxes linking volunteers to quality e-learning. Available at: https://apps.irs.gov/app/vita/

[24] See, IRS, Statistics for Tax Returns with EITC 2012, *Available at*: http://www.eitc.irs.gov/central/eitcstats/

たり，きめ細かな仕組みになっている。アメリカにおける無償の税務申告支援プログラムは従来，「申告期支援」，すなわち「税務書類の作成」およびその作成にかかる一部「税務相談」に限られてきた。しかし，今日，無償の税務申告支援の範囲は，「申告前支援」，すなわち記帳や納税資金計画やそれらに関係する税務相談のような領域にまで及んでいる。さらには，「申告後支援」，すなわち，税務調査，税務争訟，徴収手続などに関する「税務代理」の領域にまで広がりをみせてきている。

このように，アメリカにおける税務支援制度の1つの特徴は，「申告期 (filing) 支援」はもちろんのこと，「申告前 (pre-filing) 支援」や「申告後 (post-filing) 支援」にまで及んでいることである。したがって，わが国のような，税務専門職が業務独占を護ることを主眼とし，主に「申告期支援」に特化した制度とは大きな違いをみせている。今日，こうした無償の各種税務支援プログラムは，アメリカにおける申告納税制度を維持・発展させる，さらには，「働いても貧しい人たち (the working poor)」にも極めて複雑な還付申告書の作成を強いる勤労所得税額控除 (EITC) をスムースに展開させるうえで必要不可欠な存在となっている[25]。

連邦税上の税務支援プログラムには，おおまかにまとめて示すと，次のようなものがある[26]。

【図表Ⅲ-10】ボランティアによる税務申告支援プログラムの種類

・ボランティア所得税援助 (VITA＝Volunteer Income Tax Assistance) プログラム
・高齢者向け税務相談 (TCE＝Tax Counseling for Elderly) プログラム

---

[25] ちなみに，わが国では，共通番号を導入し給付つき税額控除の一種である勤労所得税額控除 (EITC) 導入を軽々に説く主張も散見される。しかし，アメリカでは，共通番号である社会保障番号 (SSN) がなりすまし犯罪のツールと化し，IRSは，分野別の個別番号へ大きくシフトしてきている。また，EITCの導入には，現行の年末調整制度を原則廃止とし，全員確定申告の仕組みに大きくシフトさせる必要がある。また，税理士制度を有償独占の仕組みに代え，市民ボランティアなどを活用した税務支援を大幅に拡大する必要もある。申告インフラ整備の展望なしにEITC導入を唱えるのは，まさに木を見て森を見ずの主張のようにも見える。アメリカではこれだけ税務支援を徹底しても，EITC関連還付申告全体の約3割が過誤申告ないし不正申告が発見される深刻な状況にある。See, *Center on Budget and Policy Priorities, Earned Income Tax Credit, Overpayment and Error Issues (April 19, 2011). Available at*: http://www.cbpp.org/files/4-5-11tax.pdf

[26] 詳しくは，拙論「開かれた税務支援のあり方を日米比較で検証する(1)～(5)」税務弘報2007年5月号～10月号参照。

・学生タックスクリニック（STC＝Student Tax Clinic）プログラム
・低所得納税者クリニック（LITC＝Low-Income Taxpayer Clinics）プログラム
・IRS納税者権利擁護官サービス（TAS＝Taxpayer Advocate Service）
・IRS納税者支援センター（TAC＝Taxpayer Assistance Center）

ちなみに、これら無償の税務申告支援プログラムのうち、例えば、ボランティア所得税援助（VITA）プログラムを取り上げて見てみると、ここ数年の統計平均値では、全米で約200万件の個人所得税申告書の作成を支援している。うち、190万件は電子申告（e-file）で提出されている。また、低所得納税者クリニック（LITC）では、勤労所得税額控除（EITC）関連の申告後支援、すなわち税務調査の立会いや不服申立ての代理などの業務も行っている。

(4) アメリカの各種税務支援プログラムの特徴

連邦個人所得税の申告義務（filing requirement）のある者は、所得税の確定申告期間内（原則として翌年の4月15日まで）に個人所得税の申告書を作成し、提出しなければならない（IRC6072条 a 項）。ただし、書式4868を提出した場合、4か月の提出期限の自動延長が可能である（財務省規則1.6081(a)(1)および(2)(i)）。

税務申告支援は、個人所得税の申告書の作成および提出にあたり、有償の税務専門職や申告書作成業者に依頼する十分な資力のない納税者や不都合な納税者を支援するために実施されているものである。利用対象者は、低所得者はもちろんのこと、中所得者、高齢者、障害者、移民、学生などであり、そのニーズに応えて、さまざまなメニューが用意されている。これら税務支援プログラムの利用者は、源泉所得税の過納額の還付申告ないし勤労所得税額控除（EITC）を受けるための還付申告を行う者が大きな比率を占める【☞本書第Ⅳ部 **5**】。

アメリカにおける無償の税務支援プログラムの特徴は、端的にいえば、税務支援はすべて課税庁（IRS＝内国歳入庁）と課税庁のバックアップを受けた民間非営利公益団体（NPO）主導で実施されていることである。その運営などに税務の専門職団体はほとんど関与していないことである。すでにふれたように、現在、課税庁のバックアップを受けて実施している税務申告支援プログラムは多岐にわたる。そのほとんどは、無償ないしは実質的に無償である。NPOなどが民間（市民）ボランティアを募集し、そのボランティアに対し課税庁（IRS）がお膳立てした一定の研修を実施した後に、納税申告書の作成およびそれにかかる

税務相談を担当してもらう態勢にある⑵⁷。また，近年，これまでの「申告期」支援に加え，税務調査や税務争訟などにおける税務代理など，いわゆる「申告後（post-filing）」支援態勢の整備に力を入れてきている【☞本書第Ⅳ部**5**】⑵⁸。

⑵⁷　ボランティアによる税務支援の問題点について詳しくは，See, TIGTA, Improvement Are Needed to Ensure Tax Returns Are Prepared Currently at Internal Revenue Service Volunteer Income Tax Assistance Sites（August 2004, Department of Treasury）。

⑵⁸　この背景には，複雑・難解な EITC 関連申告に関し，IRS が「計算違い等を理由とする更正処分の適用除外手続（math error exception procedure）」に基づく，事実確認のための照会や照明資料の提出要請通知／お尋ね（「IRS CP 2000 Letter」「CP 2000 Notice」）を濫発している実態がある。詳しくは，拙論「調査と非調査行為の峻別と租税手続の日米比較（下）」税務事例2013年4月号参照。

3 租税確定手続の基礎

　申告納付方式の連邦税は，所得税（個人所得税・法人所得税：individual income tax/corporate income tax）はもちろんのこと，遺産税や贈与税（estate tax/gift tax），個別消費税（excise），雇用税（employment tax）など広範に及ぶ（IRC6011条a項）。

　アメリカの場合，個人所得税については，日本のような年末調整（the year end adjustment procedure）がないことや，負の所得税（negative income tax）の理論をベースとした勤労所得税額控除（EITC＝Earned Income Tax Credit/IRC32条）などを導入している。このことから，課税期間経過後法定期限内に所管する適切なIRSキャンパスに納税申告書（tax return）を提出し，連邦個人所得税の還付を受ける（tax refund）を受ける納税者の数が多い。また，法人か非法人かを問わず，所得税の納付税額がある場合には，その額を申告と同時にまたはその後法定期限までにIRSに納付しなければならない[29]。

A　どの申告書をどのIRSキャンパスに提出するのか

　現在，アメリカの人口は，3億2,160万人を超える。アメリカにおいては，申告納税方式を採る各種連邦税の納税者は，連邦税法令に基づき，納税者の法律上の住所または主たる事業所のある州を所管する指定のIRSキャンパス（IRS Campus）に，法定期限までに[30]自発的に納税申告をし，かつ，追加納付が必要

---

[29] See, G. E. Watson & B. D. Billman Jr., Federal Tax Practice and Procedure (2nd ed. West, 2012); Camilla E. Watson, Tax Procedure and Tax Fraud in A Nutshell (6th ed., West, 2016). なお，C. E. Watson著の第5版は，邦訳されており，アメリカの租税手続法一般について知るのには有益である。カミーラ・E・ワトソン著／大柳久幸ほか訳『アメリカの税務手続法』（大蔵財務協会，2013年）参照。

[30] 例えば，個人所得税のように暦年（the calendar year）ベースで課税する租税の申告書の提出期限は，翌年の4月15日（2016年については，休日をはさむことになるので4月18日）までである（IRC6072条a項）。一方，普通法人のように事業年度（a fiscal year）ベースで課税する租税の申告書の提出期限は，原則として課税年度終了の日から3か月目の15日までである（IRC6072条b項）。ただし，提出期限日が，土曜，日曜または祝日となる場合は，その次の営業日が申告書の提出期限となる（IRC7503条）。申告書は，原則としてIRSが受領した時点で提出したものとみなされる。ただし，文書申告の場合で，申告書が提出期限以前に投かんされ，宛名が正しく，切手もしっかり貼られているときには，IRSがその申告書を提出期限後に受領したとしても，期限内申告として取り扱われる（IRC7502条）。いわゆる「発信主義（mailbox rule）」が採られている。

な場合には，同時にまたはその後法定期限までに適正な納税額を納付するように求められる（IRC6091条，財務省規則（Treasury Regulation）601.105(a)）。

IRSは，年間2億430万件を超える納税申告書および法定資料を全米10か所のIRSキャンパスで処理している[31]。各IRSキャンパスは，全国ベースで納税者データ（national inventory）を共有して，申告書の受付・処理・書簡調査事務を行っている。

例えば，カリフォルニア州に法律上の住所を有する給与所得者がいるとする。この場合，当該納税者が文書で確定申告書または還付申告書を提出するとすれば，当該納税者は，全米10か所にあるどのIRSキャンパスの申告処理センター（Internal Revenue Submission Processing Center）に納税申告すればよいのであろうか。あるいは，この納税者が，文書ではなく電子で申告するとすればどのIRSキャンパスに電子納税申告（electronic filing/e-file）すればよいのであろうか。また，ニューヨーク州の主たる事業所を有する企業納税者は，全米10か所にあるどこのIRSキャンパスに文書で納税申告をすることになるのであろうか。さらには，贈与税や遺産税の申告書はどのキャンパスに提出したらよいのであろうか。

(1) 各種申告書の提出先

各種申告書の提出先（2015課税年）を簡潔にまとめてみると，次のとおりである。

【図表Ⅲ-11】個人の文書申告書の提出先となるIRSキャンパス

【個人の文書申告書等の提出先】IRSオースティン（Austin）キャンパスの申告処理センター（Internal Revenue Submission Processing Center） 【次の州に住所を有する納税者】 　フロリダ州，インターナショナル，ルイジアナ州，ミシシッピ州，テキサス州 【個人の文書申告書等の提出先】IRSフレズノ（Fresno）キャンパスの申告処理センター（Internal Revenue Submission Processing Center） 【次の州に住所を有する納税者】 　アラスカ州，アリゾナ州，アーカンソー州，カリフォルニア州，コロラド州，ハワイ州，アイダホ州，イリノイ州，アイオワ州，カンザス州，ミシガン州，ミネソタ州，モンタナ州，ネブラスカ州，ネバダ州，ニューメキシコ州，ノースダコタ州，オハイオ州，オクラホマ州，オレゴン州，サウスダコタ州，ユタ州，ワシントン州，ウィスコンシン州，ワイオミング州

[31] See, IRS, Data Book 2015, at 2. Available at: https://www.irs.gov/pub/irs-soi/15databk.pdf

【個人の文書申告書等の提出先】IRS カンザスシティ (Kansas City) キャンパスの申告処理センター (Internal Revenue Submission Processing Center)
【次の州に住所を有する納税者】
　アラバマ州，コネティカット州，デラウエア州，ワシントン特別区，ジョージア州，ケンタッキー州，メイン州，メリーランド州，マサチューセッツ州，ミズーリ州，ニューハンプシャー州，ニュージャージー州，ニューヨーク州，ノースカロライナ州，ペンシルバニア州，ロードアイランド州，テネシー州，バーモント州，バージニア州，ウエストバージニア州

【図表Ⅲ-12】個人の電子申告書の提出先となる IRS キャンパス

【個人の電子申告書等の提出先】IRS アンドーバー (Andover) キャンパスの申告処理センター (Internal Revenue Submission Processing Center)
【次の州に住所を有する納税者】
　コネティカット州，デラウエア州，ワシントン特別区，メイン州，メリーランド州，マサチューセッツ州，ニューハンプシャー州，ニュージャージー州，ニューヨーク州，ペンシルバニア州，ロードアイランド州，バーモント州，バージニア州
【個人の電子申告書等の提出先】IRS オースティン (Austin) キャンパスの申告処理センター (Internal Revenue Submission Processing Center)
【次の州に住所を有する納税者】
　アラバマ州，アーカンソー州，コロラド州，インターナショナル，アイオア州，ルイジアナ州，ミシシッピ州，ネブラスカ州，ニューメキシコ州，ノースダコタ州，オクラホマ州，サウスダコタ州，テキサス州
【個人の電子申告書等の提出先】IRS フレズノ (Fresno) キャンパスの申告処理センター (Internal Revenue Submission Processing Center)
【次の州に住所を有する納税者】
　アラスカ州，アリゾナ州，カリフォルニア州，ハワイ州，アイダホ州，モンタナ州，ネバダ州，オレゴン州，ユタ州，ワシントン州，ワイオミング州，
【個人の電子申告書等の提出先】IRS カンザスシティ (Kansas City) キャンパスの申告処理センター (Internal Revenue Submission Processing Center)
【次の州に住所を有する納税者】
　イリノイ州，インディアナ州，カンザス州，ミシガン州，ミネソタ州，ミズーリ州，オハイオ州，ウエストバージニア州，ウィスコンシン州
【個人の電子申告書等の提出先】IRS フィラデルフィア (Philadelphia) キャンパスの申告処理センター (Internal Revenue Submission Processing Center)
【次の州に住所を有する納税者】
　フロリダ州，ジョージア州，ケンタッキー州，ノースカロライナ州，サウスカロライナ州，テネシー州

【図表Ⅲ-13】ほとんどの企業の文書申告書の提出先となるIRSキャンパス

【企業の文書申告書等の提出先】IRSシンシナティ（Cincinnati）キャンパス申告処理センター（Internal Revenue Submission Processing Center）
【次の州に主たる事務所を有する納税者】
　コネティカット州，デラウエア州，ワシントン特別区，フロリダ州，ジョージア州，イリノイ州，インディアナ州，ケンタッキー州，メイン州，メリーランド州，マサチューセッツ州，ミシガン州，ニューハンプシャー州，ニュージャージー州，ニューヨーク州，ノースカロライナ州，オハイオ州，ペンシルバニア州，サウスカロライナ州，テネシー州，バーモント州，バージニア州，ウエストバージニア州，ウィスコンシン州
【企業の文書申告書等の提出先】IRSオグデン（Ogden）キャンパスの申告処理センター（Internal Revenue Submission Processing Center）
【次に州に主たる事務所を有する納税者】
　アラバマ州，アラスカ州，アリゾナ州，アーカンソー州，カリフォルニア州，コロラド州，ハワイ州，アイダホ州，インターナショナル，アイオア州，カンザス州，ルイジアナ州，ミネソタ州，ミシシッピ州，ミズーリ州，モンタナ州，ネブラスカ州，ネバダ州，ニューメキシコ州，ノースダコタ州，オクラホマ州，オレゴン州，サウスダコタ州，テキサス州，ユタ州，ワシントン州，ワイオミング州

＊　すべてのTE/GE局への雇用税および法人申告書は，IRSオグデン（Ogden）キャンパスが取り扱う。
＊＊　すべてのLB＆I局へのパートナーシップおよび法人申告書は，IRSオグデン（Ogden）キャンパスが取り扱う。
＊＊＊　すべての国際企業の申告書は，オグデン（Ogden）キャンパスが取り扱う。
＊＊＊＊　すべての個別消費税ならびに遺産税および贈与税申告書は，IRSシンシナティ（Cincinnati）キャンパスが取り扱う。

【図表Ⅲ-14】ほとんどの企業の電子申告書の提出先となるIRSキャンパス

【企業の電子申告書等の提出先】IRSオグデン（Ogden）キャンパスの申告処理センター（Internal Revenue Submission Processing Center）
【雇用税の電子申告書等の提出先】IRSシンシナティ（Cincinnati）キャンパスの申告処理センター（Internal Revenue Submission Processing Center）

IRS オグデン（Ogden）キャンパス（public use）

(2) 増大する電子申告と IRS キャンパスの取扱い事務再編

　IRS は，文書申告（paper filing）の時代から電子申告（electronic filing/e-file）全盛の時代を迎え，申告データ処理方法の見直し，IRS キャンパスの配置転換などによる対応を急いでいる[32]。2002年に IRS の10のキャンパス（旧サービスセンター）で申告データ処理を開始した当時は，文書申告全盛の時代の真っただ中にあった。しかし，文書申告は急激に縮小していった。2007年に，フィラデルフィア（ペンシルバニア州），アンドーバー（マサチューセッツ州）のキャンパスは，文書申告の処理業務を停止した。また，2011年には，アトランタ（ジョージア州）キャンパスが，文書申告の処理業務を停止した。そして，2012からは，文書申告の処理業務は，オースティン（テキサス州），フレズノ（カリフォルニア州）およびカンザスシティ（ミズーリ州）キャンパスに集約された。

---

[32] 連邦議会は，1998年に，T3/RRA98を制定，IRS に対して2007年までにすべての納税申告書の80％を電子申告で行える体制を確立するように求めた。しかし，この目標値は達成できなかった。現在，連邦所得税については，納税者が，①IRS 提供の無償ソフト，あついは②IT 事業者が開発した有償ソフトを使い，IRS のウェブサイトに直接アクセスして電子申告（e-file）する方法がある。加えて，③IRS から認可を受けた公認電子申告プロバイダー（Authorized IRS e-File Providers）を通じて一定の料金を払って電子申告する方法である。ICT（情報通信技術）の急激に発達する現状にあって，IRS 事務の効率化・クライアント（納税者）の利便性向上のためにも，納税申告の電子化は避けて通れない重い課題である。しかし，3億2,000万を超える人口を抱えていることや，なりすまし犯罪や標的型メールを使ったサイバー犯罪が猛威を振るう環境にあって，IRS は，データセキュリティ対策に苦慮している。

2015年度申告期では，推計で個人所得税申告書（様式1040関係）の電子申告は，86％である。これが，2022年度申告期には，91％のなると見積もられている[33]。

B　IRSキャンパスでの申告書データの処理・書簡調査

IRSキャンパスでは，申告書データを処理し・管理している。また，各IRSキャンパスの申告処理センター（Internal Revenue Submission Processing Center）は，全国ベースで納税者データ（national inventory）を共有して，申告書の受付，処理をしたうえで，必要に応じて個人納税者の申告書に対する書簡調査を行っている。各IRSキャンパスは，当該キャンパスをカバーする形で設置されているウエストバージニア州のマーチンスバーグにあるIRSコンピュータセンターその他3つのコンピュータセンターにも支援を仰ぎ，IRSの各局（ODs）が発遣する各種調査ガイドライン（examination guidelines）や内国歳入庁マニュアル（IRM）などに基づいて，分析官（classifier）が税務調査対象の選定・分析作業を行っている。

(1)　申告書の調査対象の選定手法

IRSの分析官が調査対象となる申告書の選定に用いている基準は実に多様である。選定基準は，内国歳入マニュアル（IRM）の第4部（IRM4.1～4.119）に詳しく規定されている。申告書によっては，手作業でチェックが行われることもある。しかし，ほとんどの場合，DIFシステム（Discriminant Inventory Function System）自動低申告者チェックプログラム（AUR program＝Automated underreporter program）などのコンピュータを使った分析で，自動的な選定を行っている。

納税者が提出した納税申告書は電子フォームか文書様式かにより異なるが，いずれの場合においても，全米に3つあるIRSのコンピュータセンターか，全米に10あるIRSキャンパス申告処理センター（Internal Revenue Submission Processing Centers）の1つで，計算違いや控除額などの項目について申告書の基本的なチェックを行う[34]。主な税務調査対象となる納税申告書の選定手法は，次のとおりである。

---

[33]　See, IRS Office of Research, Publication 6186 Calendar Year Return Projections for the United States and IRS Campuses（2015 Update）.
[34]　IRSは，将来的には，これら10のキャンパスを5つに整理し，文書申告書を専門に処理し，電子申告書をIRSのコンピュータセンターを拡充していく方針である。

【図表Ⅲ-15】 税務調査対象となる納税申告書の選定手法

① **DIFスコア（DIF）スコアなどコンピュータ・プログラムの活用**：DIF〔識別関数〕システム（Discriminant inventory function system）というコンピュータ・プログラムを使い，各申告書の分析し，そのスコア高い場合には調査対象者に抽出する方法。その他，自動過少申告者チェック（AUR＝Automated underreporter）プログラム，被扶養者チェックデータベース（DDb＝Dependent and database），申告書の自動代理作成（ASFR＝Automated substitute for return program）プログラム[35]など，多様なコンプライアンスチェック（nonaudit compliance check）プログラムがある。
② **第三者情報とのデータ照合**：納税者が提出した申告書内容と第三者から提出された様式1099〔支払調書〕や様式W-2〔源泉徴収票〕のような法定調書とを照合（data matching）し，不一致となる申告書を抽出する。
③ **その他の三者情報を使ったチェック**：新聞や雑誌，公的記録，第三者からの通報をはじめとしたさまざまな情報を分析した結果，申告内容が適切ではないと推認される申告書を抽出する。

(2) コンタクトレターと略式査定通知書

税務調査対象に選定される申告書は，例年「計算違い（mathematical error）」（例：2＋2＝5）や「記載の誤り（clerical error）」（例：法定調書の記載と申告書への記載のミスマッチ）（以下，双方を一括して「計算違い等」という。）を含めると，全申告書（2015暦年で26億件）の3分の2程度にまで及ぶ。

例えば，フロリダ州の在住する会社員が，文書で様式1040〔連邦個人所得税申告書（Form 1040)〕をIRSに期限内に提出するとする。この場合の文書申告書の提出先は，同州の個人の文書申告書を所管するテキサス州のIRSオースティン（Austin）キャンパスとなる。

その申告書の提出があると，IRSオースティン（Austin）キャンパス申告処理センターや当該キャンパスをカバーするIRSコンピュータセンターは，申告書データの処理にあたる。その際に，キャンパス，センターの分析官は，給与・投資所得局（W & I Division）のコンプライアンスチェック担当部の助言や支援を受け，DIFシステム，自動過少申告者（AUR）チェックプログラムなどを使い，コンピュータを使ったチェック，外形分析チェックなどを実施する。その

---

[35] IRSは，納税義務があると思われるのに納税者から自発的な申告書の提出が期待できないとする。この場合，第三者から入手した情報などを使い申告書を代理作成（substitute for return）し，それに基づき決定処分をすることができる（IRC6020条b項）。ASFRプログラムは，無申告者（non-filerの申告書の代理作成（決定処分）に使われる（IRM5.18.1)。

結果，内容に「問題あり」とのバナー（旗印）が立ちヒット（抽出）した申告書，あるいは分析官が「再チェックが必要」と判断した申告書に対しては，書簡調査（correspondence audit）を実施することになる。

ちなみに，書簡調査は，大きく次の２つに分かれる。

【図表Ⅲ-16】コンタクトレターと略式査定通知書

> **コンタクトレターによる書簡調査**：IRS 様式566〔Form 566（CG）〕書状を納税者に郵送して行う照会である。IRS 様式566〔Form 566（CG）〕書状は，一般には，「コンタクトレター（Contact letter）」とも呼ばれる。照会文書の性格を有するレターと，必要な証拠資料を持参して特定の日時に来会依頼，つまり呼出調査（署内調査）の事前通知書の性格を有するレターがある。いずれにしろ，コンタクトレターは，IRS が，確定申告書に記載された数字等を確認するために，納税者に追加情報や証拠資料を求める場合に使われる照会文書である。コンタクトレターは，郵便を使って行われる。
>
> 　例えば，連邦所得税の申告の際に，納税者が，項目別控除を選択したとする。項目別控除申告者（itemizers）は，様式1040〔連邦個人所得税申告書（Form 1040）〕に加え，別表Ａ〔項目別控除明細書（Itemized Deductions）〕の提出を求められる。
>
> 　別表Ａに盛られた実額控除項目は，①医療費（Medical and dental expenses）②納付税額（Taxes you paid）③支払利子（Interest you paid）公益寄附金（Gifts to charity）④災害および盗難損失（Casualty and theft losses）⑤勤務関連費用その他一定の雑控除（Job expenses and certain miscellaneous deductions）⑥その他の雑控除（Other miscellaneous deductions）からなる。IRS の W ＆ I 局のコンプライアンス部門が，こうした控除項目について，申告書に記載された額を証明する証拠資料を納税者に提出を求めたいとする。こうした場合，照会にコンタクトレター〔Form 566（CG）〕が使われる。
>
> **略式査定通知書による書簡調査**：略式査定通知書は，通称で，「IRS CP 2000 Letter」，「CP 2000 Notice」と呼ばれる。納税者が提出した申告書の記載ミスが法令に定める「計算違い等」（IRC6213条 g 項 2 号）にあたると見られる場合に，IRS が正確な税額案を示して，納税者がその修正案に同意するように求めるときに納税者から納税者に送付される（詳しくは後述する。）。

IRS のキャンパス申告処理センター，IRS コンピュータセンターは，W ＆ I 局のコンプライアンス部門の１つである「申告書の清廉性・コンプライアンス・サービス部（RICS ＝ Return Integrity and Compliance Services）」[36]の協力を得て，納税者が提出した申告書の記載が法令に定める「計算違い等」（IRC6213条 g 項 2

---

[36] W&I 局や SB/SE 局の中核をなすコンプライアンス（調査／徴収）部門は，頻繁に組織再編を繰り返してきている。したがって，ここで分析の対象としている組織名称は，2016年 9 月時点のものである。

号）にあたると判定したとする。この場合，IRSがミスを修正して算定した正確な税額案（proposed amount due：○○○ドル）や理由を記した，略式査定通知書（summary assessment notice）を送付し，納税者がその修正案に同意するように求める形で処理することも可能である（IRC6213条g項2号）。つまり，通称で「IRS CP 2000 Letter」，「CP 2000 Notice」と呼ばれる通知書を当該納税者に送り，そのなかに計算違い等を修正した税額見積や理由を示し，それに同意するように求めることができる【☞本書第Ⅴ部**1**A(2)(3)】。

ちなみに，2015課税年（2014課税年分申告）において，IRSキャンパス，センター，W＆I局ないしSB/SE局のコンプライアンス部門は，個人納税者がIRSに提出した所得税申告書のうち，計算違い等を理由におおよそ170万件の略式査定通知書（CP 2000 Notice）を送付している[37]。

IRSキャンパス，IRSコンピュータセンター，あるいはW＆I局，SB/SE局のコンプライアンス部門の1つであるRICSなどが，略式査定通知書（CP 2000 Notice）を送付したが，当該納税者から応答がない。あるいは応答があっても，双方が合意に至らない。または，内容に「問題あり」とのことで申告書を抽出したが，その争点がかなり複雑であるとする。そうした事案については，IRSキャンパス，センター，W＆I局のRICSなどは，その申告書をW＆I局（事案によってはSB/SE局）の調査（Examination）部に送付することになる。また，偽りその他不正の嫌疑があるなど，事案によっては租税犯則調査／査察（IC＝Criminal Investigation）部門に送付することになる。

C　実施方法からみた税務調査の類型

IRSキャンパス，コンピュータセンターは，問題事案を，W＆I局のRCEC（＝Refundable credits examination operation／還付つき税額控除調査作業）班，SB/SE局の調査（Examination）部門に送付する。送付を受けた担当部門の税務調査担当官（tax examiner）や歳入調査官（revenue agent）は，その申告書を再度チェックし，納税者の申告内容に問題があると再確認できた場合には，その事案にかかる税務調査（civil tax investigation/civil tax audit）」を実施する。これらW＆I局やSB/SE局などの調査部門（Examination Division）が用いる調査手法は，実施

---

[37] See, IRS, Data Book 2015 (October1, 2014 to September 30, 2015) at 37.

方法からみた場合，大きく次のように類型化ことができる（財務省規則601.105）。

【図表Ⅲ-17】実施方法からみた税務調査の類型

> ① **書簡調査（Correspondence examination/audit）**：IRSキャンパスやコンピュータセンター，さらにはIRS所轄局（OD）の調査部門が，納税者の申告書のご記載をはじめとした不適格事項（unallowable items）について，書簡で，各種資料箋などの提出を求めるかたちで実施する調査である。書簡調査は，個人納税申告書に対してのみ使用することができる。
> ② **署内調査／呼出調査（Office examination/audit）**：IRSのキャンパスやコンピュータセンターから送付を受けた事案について，IRS所轄局（OD）の調査部門や徴収部門が，署内でチェックを行う。そのうえで，必要に応じて納税者出頭を求め，面談（interview）形式で，不適格事項など申告内容についてIRSが提案した調整（proposed adjustments）について話し合う形で実施される調査である。
> ③ **実地調査／臨場調査（Field examination/audit）**：IRS所轄局（OD）の調査部門や徴収部門が，納税者の事務所，事業所，住居等（taxpayer's premises），納税者の代理人の事務所に出向いて，納税申告書に記載された諸項目に対応するあらゆる帳簿，文書，書類およびメモ書き等チェックする調査である。実地調査／臨場調査は，事前通知書（コンタクト・レター）の郵送により開始される。

(1) コンタクトレターとは

Ｗ＆Ｉ局やSB/SE局など各局（OD）の調査部門は，呼出調査（署内調査）や実地調査（臨場調査）を実施する際には，クライアント（被調査者となる納税者）に対して，コンタクトレターを使って事前通知をすることになる。とりわけ，中小企業者や自営業者を主なクライアントとするSB/SE局の調査部門は，呼出調査（署内調査）や実地調査（臨場調査）の手法を使うことが多い。

(2) コンタクトレターの邦訳（仮訳）

IRSのSB/SE局ボストン地域署が，所管のクライアント宛の送付した前記コンタクトレター（Letter 2205-A〔調査の事前通知書〕【図表Ⅲ-18】）の主要な部分を邦訳（仮訳）すると，【図表Ⅲ-19】のとおりである。

【図表Ⅲ-18】調査の事前通知のためのコンタクトレターのサンプル

Department of the Treasury
Internal Revenue Service
Small Business and Self-Employed
IRS
15 New Sudbury Street
Mail Stop 41225, Group 1502
Boston MA 02203

FIRST & FIRST M LAST
STREET ADDRESS
WEST ROXBURY MA 02132-6350

Date:
May 6, 2013
Taxpayer Identification Number:
XXX-XX-XXXX
Form:
1040
Tax period(s):
December 31, 2011
Response date:
May 20, 2013
Person to contact:
IRS Contact Name
Contact hours:
7:00 AM - 3:30 PM
Contact telephone number:
XXX-XXX-XXXX
Contact fax number:
XXX-XXX-XXXX
Employee Identification number:
XXXXXXXXX

Dear FIRST & FIRST M LAST:

Your federal return for the period(s) shown above was selected for examination.

What you need to do
Please call me on or before the response date listed at the top of this letter. You may contact me at the telephone number and times provided above.

What we will discuss
During our telephone conversation, we will discuss:

- Items on your return that I will be examining.
- Types of documents I will ask you to provide.
- The examination process.
- Any concerns or questions you may have.
- The date, time and agenda for our first meeting.

The issues listed below are the preliminary items identified for examination. During the course of the examination, it may be necessary to add or reduce the list of items. If this should occur, I will advise you of the change.

- Sch C5 - Other Gross Receipts or Sales
- Sch C3 - Other Gross Receipts or Sales
- Sch C1 - Other Gross Receipts or Sales
- Sch C4 - Other Gross Receipts or Sales
- Sch C2 - Other Gross Receipts or Sales

Letter 2205-A (Rev. 8-2012)
Catalog Number 37458E

【図表Ⅲ-19】 調査の事前通知のためのコンタクトレターの邦訳（仮訳）

財務省
　内国歳入庁（IRS）
　小規模企業/自営業者（SB/SE）局
　マサチューセッツ州, ボストン

日時：
　2013年5月〇〇日
納税者番号：
　xxx-xx-xxxx
様式：
　1040
課税期間：
　2011年12月31日
コンタクト先：
　調査担当者氏名
コンタクト時間
　午前7時〜午後3時30分
コンタクト電話番号
　xxx-xxx-xxxx
コンタクトFax番号
　xxx-xxx-xxxx
雇用主番号
　xxxxxxxxx

《宛先》
　クライアント（企業）名称
　住所　〒番号

拝啓，クライアント（企業名）

あなたの上記の期間の連邦所得税申告書が調査対象に選定されました。

あなたにして欲しいこと
この書簡に記載された応当日以前に私に電話をください。あなたは，上に記載された電話番号および時間に電話すればコンタクトができます。

あなたとの電話で話し合いたいこと
・あなたの申告書に記載され，私が調査することになる項目
・あなたに提出してほしい種類の証拠資料
・調査手順
・あなたに関心がある質問項目
・私どもが初回の面談を持つ日時および質問検査項目

下記の事項は，この調査で確認することを予定している項目です。調査実施中に，これら特掲項目に追加またはこれらから削除が必要になるかも知れません。そうした状況が生じた場合には，私どもは変更点について説明をします。
・別表C5〔他の総所得または売上〕，・別表C3〔他の総所得または売上〕，別表C1〔他の総所得または売上〕・別表C4〔他の総所得または売上〕，・別表C2〔他の総所得または売上〕

D　IRSの組織と職員の種類

　IRSの組織は，1998年のIRS再生改革法（T3/RRA 98）の施行に伴い大きく改変されたことについては，すでにふれた。この改革を経て，不服審査部門（Appeals）は，IRSの各運営局（OD＝operating division）のコンプライアンス（調査／徴収）部門から完全に切り離された。不服審査部門（Appeals）は，IRS長官の直接の指揮・監督下に置かれ，納税者，コンプライアンス部門のいずれの立場に立つことなく，不偏・中立な立場で不服審査を行ったうえで裁断を下し，各種の代替的紛争解決手続（ADR＝Alternative dispute resolution procedure）に参加し紛争解決にあたることになった。

(1)　IRSの主な部門と職員の種類

　IRSの主な民事／行政部門とその職員（Civil Agents）の種類を図説すると，次のとおりである。

【図表Ⅲ-20】IRSの主な民事／行政部門と職員（Civil Agents）の種類

> (A)**コンプライアンス部門**（Compliance Division）：IRSの権利利益の擁護者として職務を遂行する部門
> ①　**調査部門**（Examination Division）：【**歳入調査官**（Revenue Agent）】主たる職務は，納税申告書の調査（財務省規則601.105）。職務の性格は民事／行政（civil）。この部門での税務調査は「民事調査（civil examination）」とも呼ばれる[38]。
> 【**タックス・コンプライアンス担当官**（Tax Compliance Officer）・**税務調査担当官**（Tax Examiner）など】主にIRS調査部門内部で，申告内容のチェックやお尋ね文書の送付，自動徴収プログラム（OCP）の操作など，歳入調査官（さらには歳入官）の業務補助など基礎的な業務を担当するIRS職員。確定申告期など繁忙期に採用される非常勤職員であることも多い。会計など知識がある退職者なども少なくない。また，高卒程度の学歴を有し現場で経験を積み，大学へ通うなどして歳入調査官を目指す者も少なくない。
> 【**実地調査官**（Field Auditor）】タックス・コンプライアンス担当官と歳入調査官とを指す場合に使う表記。
> ②　**徴収部門**（Collection Division）【**歳入官**（Revenue Officer）】主たる職務は，賦課された租税の徴収（財務省規則601.104）。職務の性格は民事／行政（civil）。

---

[38] ヨーロッパ大陸法とは異なり，英米法では「行政法」という固有の法体系を認めることにいまだ消極的である。こうした伝統のもと，アメリカ税法では，一般に「行政調査（administrative examination）」や「行政執行（administrative enforcement）」よりも，「民事調査（civil examination）」や「民事執行（civil enforcement）」という文言が使われる。本書でも，行政調査や行政執行よりも，民事調査，民事執行の邦訳を使用する。なお，召喚状（サメンズ／summons）については，司法上のものと区別する意味で，「行政召喚状（administrative summons）」（IRC7602条d項〔司法省に送付されている場合の行政召喚状の休止〕）の文言が使われている。

(B) **犯則調査部門**（CI＝Criminal Investigation）【特別調査官（Special Agent）】主たる職務は，偽りその他不正な行為により税を免れた者に対する租税犯則調査・査察（財務省規則601.107）。刑事訴追を求めて司法省租税部（DOJ Tax＝Department of Justice, Tax division）または合衆国（連邦）検察（USA＝U. S. Attorney）・連邦検事補（AUSA＝Assistant U. S. Attorney/district U. S. Attorney）に告発するための証拠の収集にあたる。IRS，特別調査官自体は，租税犯罪を起訴する権限はない。
(C) **不服審査部門**（Appeals Division/Appeals Office）【不服審査官（Appeals Officer）】主たる職務は，IRSのコンプライアンス部門から完全に独立・不偏の立場から，迅速な納税者とIRSの間で生じた紛争の解決（財務省規則601.106）。

(2) **コンプライアンス部門の概要**

IRSの所轄局（ODs）調査部門で呼出調査（署内調査）や臨場調査（実地調査）を担当する職員は，歳入調査官（Revenue Agent）と呼ばれる。一方，IRSの所轄局（ODs）の徴収部門でこうした調査事務を担当する職員は歳入官（Revenue Officer）と呼ばれる。さらに，租税犯則調査／査察は，IRSの犯則調査部門（CI＝Criminal Investigation）」が担当している。租税犯則調査／査察を担当するIRS職員は特別調査官（Special Agent）と呼ばれる[39]。

IRSのY＆I局は，2014課税年に，51万6,000件を超える個人所得税の税務調査を実施ししている。Y＆I局のコンプライアンス部門で税務調査を担当している職員数は，2015課税年統計で，タックス・コンプライアンス担当者（Tax Compliance Offices）は47人，税務調査担当者（Tax Examiners）は584人である。これらの職員は，申告書の再チェック，書簡調査（コンタクトレター・略式査定通知書（CP2000 Notice）による調査）業務に従事している。Y＆I局の各地域署で，呼出調査（署内調査）や臨場調査（実地調査）を担当する歳入調査官（Revenue Agent）は総勢100人程度である。Y＆I局は，4つあるIRSの運営局（ODs）のうち最

---

[39] 課税処分のための税務調査の結果，租税ほ脱（脱税）等の嫌疑が浮上した場合には，IRSの犯則事件調査・査察部門（CI＝Criminal Investigation）が犯則調査を実施する。その結果，犯則（税法違反）の事実があると見たときには，連邦司法省租税部（DOJ Tax）または／および連邦検察の連邦検事（U. S. Attorney）または連邦検事補（AUSA）【例えば，所得源泉が，薬物犯罪や組織犯罪に関連する場合】に告発（recommend）し，訴追（prosecution）の手続に移行する。裁判では，正式な陪審による刑事訴訟によることは稀で，通例，被疑者たる納税者と検察官との間で，司法取引（plea bargaining）手続に入ることになる【☞本書第Ⅶ部】。租税犯則手続について詳しくは，See, John A. Townsend et al., Tax Crime (2nd ed., 2015); U. S. Department of Justice Tax Division, Criminal Tax Manual 2012 (Updated January 2016). Available at: https://www.justice.gov/tax/file/705911/download

大の OD である。Y＆I 局は，全米でおおよそ 4 万 7,000 人の職員（IRS 全職員の約 43％を占める。）を抱えている。したがって，Y＆I 局は，呼出調査（署内調査）や臨場調査（実地調査）を極めて少数精鋭の歳入調査官（Revenue Agents）で実施していることが分かる。この背景には，Y＆I 局のクライアント（納税者）層の大多数は給与所得者であり，しかもクライアントや IRS 職員泣かせの煩雑な勤労所得税額控除（EITC）関連の過誤還付申告，不正還付申告のチェック，書簡調査が業務の中核となっている事情がある。Y＆I 局は，小規模企業や自営業者が主なクライアントである SB/SE 局とは異なり，臨場調査（実地調査）は少ない[40]。

ちなみに，事案によっては，IRS 各局のコンプライアンス（調査ないし徴収）部門と IRS の犯則調査部門が合同で「民事・刑事同時並行調査（IRS civil-criminal parallel audit）」を実施することがある。後にふれるように，この種の調査は，被調査者，その代理人に告知したうえで実施されることもあるが，多くは密かに実施される。この結果，犯則調査／査察事案で被調査者に保障される自己負罪の権利／黙秘権など憲法上の権利が軽視されることにもなり得る。民事・刑事同時並行調査に対しては，税の専門職や学界から強い批判がある【☞本書第Ⅴ部 **2**】。

E　IRS 調査報告書での決定の種類

IRS の各運営局（OD）が税務調査を実施したとする。その調査結果は，「調査報告書（audit report）」にまとめられることになっている（IRM4.18.8.1.1（09-11-2006））[41]。

調査報告書では，次のような種類の決定（determinations）が想定されている（財務省規則601.105(d)(1)）。

---

[40]　See, Charles P. Rettig, "IRS Audit Selection and Classification Process," J. of Tax Practice & Procedure（Feb.-Mar. 2016）25, at 27 *et. seq.*
[41]　ちなみに，「調査報告書（audit report）」とは，現場の歳入調査官が調整項目や納税額がどのように算定されたのかを，被調査者に明確に理解してもらうために必要となるすべての情報が記載された文書である。一方，現場の歳入調査官が作成した「検査報告書（examination report）」とは，IRS が査定，徴収処分を行うときに必要となる法的拘束力を有する文書である（IRM4.18.8.1.1（09-11-2006））。

【図表Ⅲ-21】調査報告書での決定の種類

① **申告是認** 納税者が提出した申告書を是認し事案を終結する。
② **増差額確認** 一定の不足税額または追加納税額のあることを確認する。
③ **減額容認** 過大納付額の減額（ただし，納税者が還付請求，税額控除または減額などの請求をしているかどうかを問わない。）を容認する。
④ **減額請求否認** 納税者が行った還付，税額控除または減額などの請求を否認する。

(1) 申告是認通知書の送付

調査の結果，①申告是認の場合（③減額を全額容認する場合を含む。）には，IRS は，被調査者たる納税者に対して，申告是認通知（no change letter）を交付する（財務省規則601.105(d)(1)(4)，IRM4.18.8.2（09-12-2004））[42]。

(2) 調査官上司との話し合い

一方，IRS は，調査の結果，②増差税額等（不足額／deficiency）[43]を確認した場合，③減額を全額容認しない場合（つまり，③減額を全額容認する場合は除く。），または④減額請求を否認する場合には，担当調査官は，その納税者にその旨を説明し，その調査結果を受け入れる機会を与える（財務省規則601.105(b)(4)，601.105(d)(1)(i)～(ii)）。

この段階で，調査部門と納税者が，調査報告書内容（②，③または④）に合意したとする。この場合には，納税者は，様式870〔不足税額の査定および徴収制限解除同意書（Form 870: Waiver of Restriction on Assessment and Collection of Deficiency in Tax）〕の署名するように求められる。加えて，IRS はこの納税者に対して追加納付を求める不足税額通知書（deficiency notice/notice of deficiency）を送付する。その不足税額通知書には，増差額額等（不足額）に加え不足額に対する民事罰（civil penalty/IRC6651条以下）つまり各種の附帯税（以下「増差税額等」ま

---

[42] 申告是認通知書は，IRS の調査班が申告是認（no change/no adjustments）の結論に至った場合に，納税者のその旨を通知する文書である。ひとくちに No Change (notification) letter といっても，さまざまな種類のものがある（IRM4.10.8.2.5（09-12-2014））。一般には，「Letter 590〔Final closing letter for no change cases with no adjustments〕」を指すことが多い。

[43] 「deficiency」の文言については，「不足額」と邦訳する例と，わが国の租税手続法制との対比を容易にする狙いから「更正（処分）」か「更正／決定（処分）」と邦訳する例とに分かれる。また，「assessment」という文言についても，「査定」と邦訳する例と，「賦課」と邦訳する例がある。本書では，「deficiency」については，原則として「不足額」という邦訳を用い，わが税制との比較において論じる必要がある場合など必要に応じて「更正（処分）」か「更正／決定（処分）」と邦訳する。また，「assessment」については，一般に「査定」と邦訳することとし，特段の必要がある場合には「賦課」の邦訳を用いる。

たは「不足額」という。）が課される[44]。不服申立てを行う前に，納税者は，一般に，歳入調査官（Revenue Agent）の上司に協議申出を行うことも少なくない。

F　仮不足税額通知書（30日レター）の送付

　一方，調査結果に基づく追加額（不足額／増差額＋附帯税）について合意できなかったとする[45]。この場合[46]，歳入調査官は，「仮不足税額通知書（proposed notice of deficiency/preliminary notice of deficiency）」，通称では「30日レター（30 day letter）」を，納税者に対して送達し，追加額（増差税額等）の納付を求めることができる。30日レターは，税務調査結果を通知すると同時に，不服申立ての権利を教示する文書である（財務省規則601.105(d)(1)(iv)）。30日の間を与える「仮」通知とは，納税者は応答するまでに30日間の時間が保障されるということである。納税者は，合意していない点については，「正式」通知があるまでは時間をかけて精査し，インフォーマルな救済手続を利用するなどの対応を考えることができる。

　納税者は，熟考したうえで，30日レターを受け入れことにしたとする。この場合には，納税者は，様式870〔査定および徴収合意書（Form 870: Consent to Assessment and Collection）〕に署名を求められる。IRSは，直ちに追加税額の徴収手続に入る。

　逆に，納税者は，熟考したうえで，30日レターを受け入れないことにしたとする。この場合には，納税者は，不服申立手続を開始することになる。通例，IRS所轄局のコンプライアンス部門から独立・不偏の不服申立部門（Appeals Division/local Appeals Office）の不服審査官（Appeals Officer）に文書で審査請求（protest）をし，協議（conference）を求めることになる[47]。不服申立てがあれば，不服審査官と納税者（または／およびその代理人）との間で協議が持たれる。不服審査官との協議は，納税者自身または／およびその代理人が，対面（in person），書簡（correspondence）もしくは電話（telephone）で行うことになっている。双方

---

[44]　事案により，無申告加算税・延滞税（delinquency/IRC6651条），過少申告加算税（accuracy-related/IRC6662条），民事詐欺罪（civil fraud penalty/IRC6663条）などの附帯税をかされる。

[45]　一般に，納税者と調査官の間で不一致な点が，事実問題に関するものであれば，IRSの調査官レベルでの解決の可能性がある。しかし，法律適用の問題に関するものであれば解決の可能性は少ない。これは，歳入調査官は，法律適用の問題についてはIRSの解釈通達などに縛られるからである。

[46]　後にふれるように，今日では，または不服審査部での不服審査前不服紛争解決手続（Pre-Appeals ADR）で合意が成立しなかった場合も含む。

に都合のよい場所・時間に協議（conference）が持たれる⁽⁴⁸⁾。

　不服審査官との協議の結果，争点について合意に達したとする。この場合には，終結合意書（closing agreement）を締結しなければならない。なぜならば，IRC7121条は，当事者間で交わされた和解（settlement）は，終結合意書が締結されている場合に限り法的に拘束力を有する，としているからである。有効な終結合意書が交わされたときには，IRSは，新たに租税ほ脱や虚偽申告など重要な事実が発見されない限り，その事案の調査を再開することはできない（IRC7121条 b 項）。

　IRSが用いる終結合意書は 2 種類ある。 1 つは，様式866〔納税義務の最終決定合意書（Form 866: Agreement as to Final Determination of Tax Liability）〕である。そして，もう 1 つは，様式906〔特定事項に関する最終決定に関する終結合意書（Form 906: Closing Agreement on Final Determination Governing Specific Matters）〕である。前者は，全面的な終結合意書である。納税者である法人が解散するなどの事案では，この種の終結合意書が用いられる。そして，後者は特定の争点について，特定の課税年または課税年度に効力を有する終結合意書である。

G　不足税額通知書（90日レター）の送付

　不服審査官と納税者との間での協議が合意に達しないとする。この場合には，協議の申立てがない場合と同様に，IRSは，「不足税額通知書（NOD＝notice of deficiency）」〔通称では「90日レター（90 day letter）」〕（ただし，合衆国外の住所へ送達する場合には150日レターとなる。以下，同じ。）を最後に知っているその納税者の

⑷⁷　ただし，争点となった課税期間（taxable period）において，増差税額等（the total amount of assessed tax, penalty and interest），過大納付額の減額（overassessment）または還付税額（claimed refund）が，2,500ドル未満の場合には，文書による不服申立ては求められない（財務省規則601.105(d)(2)，601.106(c)(1)(i)）。争点額が2,500ドル以上 1 万ドル以下の場合には，略式の不服申立書の提出が求められる。争点額が 1 万ドル以上の場合には，通常の不服申立書の提出が求められる（財務省規則601.105(c)(2)(ii)～(iv)）。不服申立てについては，特段決まった様式はない。通例，①納税者の氏名・住所・納税者番号，②代理人がいる場合には，その者の氏名および委任状（様式2848），③30日レター・調査結果を掲載した調査報告書・調整額を記した文書またはその副本，④期限内の不服申立てであることを証する文書，⑤争点およびそれについての納税者の見解，⑥不服申立て協議申請書，⑦虚偽のないことおよび虚偽があった場合には処罰され理ことに同意した納税者の署名，ならびに⑧納税者の立場を支持する証拠資料を添付する。

⑷⁸　ちなみに，後に詳しく分析するように，今日では，この段階で，納税者が望めば，IRSの不服審査部門，不服審査局に対して不服審査前不服紛争解決手続（Pre-Appeals ADR【ADR＝Appeals Dispute Resolution Procedures】）の開催を求めることができる。

3 租税確定手続の基礎   365

住所に送達する（IRC6121条，IRM8.2.2.1 (05-29-2014)）。納税者は90日以内に追加額を納付するか，またはいくつかの司法審査の途の1つを選択して争いを継続することができる。

(1) 不足額の査定／賦課手続とは何か

租税の徴収手続の開始にあたっては，不足額の賦課手続を踏む必要がある。申告納税方式の租税においては，まず，納税者が，自己査定／賦課（self-assessment）手続をとる。この段階で納税額が確定すれば，納税者は法定期限までに納税額を納付することで手続は完了する。ところが，IRSは，納税者の行

【図表Ⅲ-22】連邦税務にかかる紛争解決手続の流れ（Tentative）

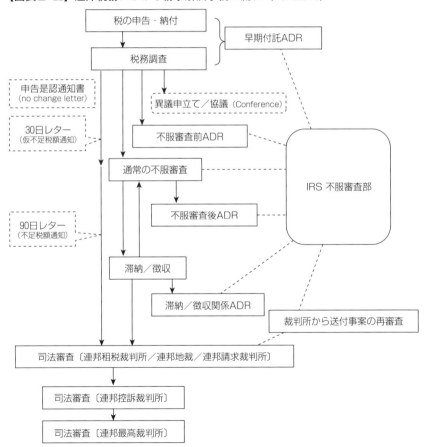

った自己査定／賦課額に納得しない場合には，公権力を用いて査定／賦課 (official assessment) 手続をとることになる。

　IRC（内国歳入法典）は，原則としてIRSの記録簿に不足額を記録するまで，当該不足額を徴収することを禁じている（IRC6203条）。ここでいう「不足税額 (deficiency)」とは，申告書に記載された額を超えて賦課される税額を指す。この額の算定にあたっては，以前に不足額として賦課され額（または賦課手続を経ないで徴収された額を含む。）を差し引き，法的に認められた人的控除額等を超える額を加えることになっている（IRC6211条）。したがって，その年または年度に関し，申告書の記載された税額や以前に賦課された税額（未納付であるかどうかを問わない。）などは，不足額を構成しない。

(2) 租税の査定／賦課手続と90日レター

　納税者に，IRSが正式な不足税額（更正処分）通知書（SNOD＝Statutory notice of deficiency），つまり90日レター（90 day letter）を送達するということは，納税者は応答するまでに90日間の時間が保障されるということである。言い換えると，IRSは，徴収を開始するには，90日レター発送の日から最大90日待たなければならない。したがって，納税者は，合意していない点については，「正式」通知 (SNOD) があるまでは時間をかけて精査し，フォーマルな救済手続を利用するなどの対応を考えることができる。

　熟考したが，どうしても90日レターに記載された不足額（わが税法でいう更正処分・決定処分）に同意できないとする。この場合，納税者は90日以内に，合衆国（連邦）租税裁判所（U.S. Tax Court）へは係争税額を納付することなしに，提訴することができる。これに対して，納税者が，連邦地方裁判所（Federal District Court），または連邦請求裁判所（Court of Federal Claims）へは係争税額を納付したうえで提訴しなければならないことになっている（IRC6511条）。納税者は，連邦租税裁判所への提訴か連邦普通裁判所への提訴の途を選択できる。

4　連邦税務調査法制の基礎

　納税者が，文書で様式1040〔連邦個人所得税申告書（Form 1040）〕を所管のIRSキャンパスに提出したとする。この場合，所管のIRSキャンパス，当該キャンパスをカバーするIRSコンピュータセンターが，データを入力処理する。その際に，給与・投資所得（W&I）局の各種コンプライアンス部門の助言を得て，基礎的なデータチェックを実施する。その結果「問題あり」としてヒットした個人所得税申告書については，キャンパス，センター自身が書簡調査を実施する。すでにふれたように，納税者が提出した申告書の「計算違い等」については，IRSキャンパス，センターは，問題の納税者に対して略式査定通知書（summary assessment notice/CP 2000 Notice）を送付し，その納税者の同意を得て処理することになっている（IRC6213条g項2号）【☞本書第Ⅴ部**1**参照】。

　しかし，IRSのキャンパス，センター段階で合意・解決できなかった納税申告書は，その納税者の所管局であるW＆I局ないしSB/SE局に送られる。IRSの所轄局（ODs）の調査部門は，申告書内容を再度精査し，必要があるときにはその内容が税法に適合しているかどうかを確認するために税務調査（質問検査）を実施することになる。

A　連邦税務調査のプロセス

　連邦の民事（行政）の税務調査（質問検査）過程は，純粋な任意調査に始まる。納税者の自発的な協力が得られない場合には，行政召喚状（サメンズ／summons）のよる調査，そして行政召喚状調査への納税者の協力が仰げない場合には，さらに裁判所の命令による強制調査の実施という筋書になっているのが特徴である。

(1)　連邦税務調査法制の特徴

　連邦の税務調査法制は，日本の国税上の税務調査法制[49]とおおまかに比べて

---

[49]　わが国での税務調査（質問検査）に関する先駆的な研究として，北野弘久編『質問検査権の法理』（成文堂，1974年）参照。また，現行の税務調査法制については，石村耕治編『現代税法入門塾〔第8版〕』（清文社，2016年）637頁以下参照。

みると，次のような特徴を指摘することができる。

【図表Ⅲ-23】連邦税務調査法制の特徴

> ① 課税処分のための調査，滞納処分のための調査，租税犯則調査が，不可分の形で規定されている（IRC7602条ｂ項）。
> ② 被調査者に対する検査・質問（証言）は，当初，任意で実施される（IRC7602条ａ項１号・３号）。しかし，被調査者が任意調査に応じない場合には，課税庁（IRS）は，行政召喚状（サメンズ／summons）を発して，それに基づく調査を実施できる（IRC7602条ａ項２号）。
> ③ 被調査者が，行政召喚状（administrative summons）に応じない場合には，裁判所の命令による強制調査を実施できる（IRC7604条）。

(2) 計算違いを理由とする査定通知の適用除外

納税者がIRSに提出した申告書に「計算違い（mathematical error）」（例：2＋2＝5）ないし「記載の誤り（clerical error）」（例：法定調書の記載と申告書への記載のミスマッチ）（以下「計算違い等」という。）があったとする。この場合に，法令は，IRSの各キャンパス，センター段階で，問題納税者に対して略式査定通知（summary assessment notice/CP 2000 Notice）を発して，計算違い等の調整（adjustment by Examination Division at service center）を行うことを認めている（財務省規則601.105(a)）。

この点に関し，内国歳入法典（IRC）は，IRSが「計算違い等」があるとの理由で，納税者に略式査定通知（CP 2000 Notice）を発して，自発的な訂正を求めることを認め，正式な査定通知（SNOD）を不要，適用除外（math error exception）とする規定を置いている（6213条ｇ項２号）。

【図表Ⅲ-24】「計算違いまたは記載の誤り」とは

> ・申告書に記された計算違い
> ・別表の不正確な利用
> ・申告書への誤りの記載
> ・申告書への必要な証明情報の記載漏れ
> ・法定限度額を超える所得控除額または税額控除額
> ・その他

この規定のもと，納税者は，IRSから「計算違い等」にあたる旨の説明（理由）を記載した略式査定通知（CP 2000 Notice）を受けた場合，それに同意したう

えで自主的な訂正に応じるか、応じないで通常の税務調査手続に入るか、または、苦情の申出をしたうえで IRS が用意した処理手続を取るかを選択できる。申告書内容の「計算違い等」にかかる処理手続については、その課題を含め、後に詳しく論じる。

B 内国歳入法典（IRC）上の根拠規定の概要

法律学として連邦の租税手続制度を研究するには、その典拠をしっかり押さえておくことが肝要である。そこで、内国歳入法典（IRC）上の税務調査に関する規定を邦訳（仮訳）し、紹介することにする。

内国歳入法典（IRC）は、IRC が税務調査を実施するための根拠を付与するための根拠規定を置いている。これらの規定は、大きく、（A）課税対象となる人や物件についての所轄署による考査に関する規定と、（B）通常の税務調査に関する規定に分けられる。これらの規定を訳出（仮訳）して一覧にすると、次のとおりである[50]。

【図表Ⅲ-25】IRC 上の税務調査根拠規定（仮訳）

(A) **IRC第7601条〔課税対象となる人や物件についての所轄署による考査〕**
第 a 項〔通則〕財務長官は、財務省の上級職員（officers）または職員（employees）に対して、実務的に可能と見られる範囲内で、所属する内国歳入署所管内を巡回させ、内国歳入税の納付義務があると思われる、すべての者、および対象物件を保管または管理しているすべての者に対して、またはそれらの者に関して、随時質問をさせるものとする。
第 b 項〔罰則〕この財務省の上級職員または職員による職務執行に対する不法な妨害または拒否に対しては、7212条に規定する罰則を適用する。

(B) **通常の税務調査に関する規定**
① **IRC第7602条〔帳簿および証人に対する調査〕**
第 a 項〔召喚状を発する権限等〕財務長官は、内国歳入税に関し、申告書の正確性の確認、申告がない場合における申告書の作成、法律上もしくは衡平法上他の者から受認した者または譲渡された者に対する納税義務の決定、またはそれらの租税の徴収のために、次の各号に定める権限を行使する。
　第1号　調査に関連しまたは調査にとり重要と思われるあらゆる帳簿、文書、書類その他の資料を検査すること。
　第2号　納税義務者または納税義務を果たす義務がある者、その者の役員や使用人、

---

[50] 連邦の税務調査の邦文による分析として、金子宏「アメリカにおける税務調査：質問検査権を中心として」『所得概念の研究』（有斐閣、1996年）所収参照。また、今木啓介「アメリカ連邦税法における税務調査(1)〜（3・完）」早稲田政治公法研究63号〜65号（2000年）参照。

または納税義務者もしくは納税義務を果たす義務がある者の事業に関する記載等のある会計帳簿を占有，保管もしくは記帳する者，または財務長官が適当と考えるすべての者を，召喚状に指定した場所および時間に出頭して，調査に関連しもしくは調査にとり重要と思われる帳簿，文書，書類その他の資料を提出し，かつ，宣誓のうえ証言をするように求めて召喚すること。

第3号　調査に関連しまたは調査にとり重要と思われる関係者に対して宣誓のうえ証言させること。

第b項〔調査が犯則目的にある場合も含む〕第a項第1号，第2号および第3号に規定する歳入庁長官の行為は，内国歳入法の運用または執行にかかる犯則目的の調査を含むものとする。

第c項〔第三者にコンタクトする旨の通知〕

第1号〔一般的な通知〕内国歳入庁の上級職員または職員は，納税者の納税額の決定または徴収に関して当該納税者以外の者コンタクトする場合，その旨を当該納税者に対し事前に適切に通知をするものとする。

第2号〔特定のコンタクトの通知〕財務長官は，納税者に対して，定期的に，納税者の納税額の決定または徴収に関してその期間にコンタクトして者に関する記録を提供するものとする。この場合において，当該記録は，納税者の求めに応じても提供するものとする。

第3号〔適用除外〕前号は，(A)納税者の求めにより認められる記録の提供に関し，(B)財務長官が通知を行うことが税額徴収を危殆に陥れるまたは他者に対する報復を招くおそれがあるとするような正当な理由がある場合，または(C)実施中の犯則調査に関するものである場合には，適用されない。

第d項〔司法省に送付されている場合の行政召喚状の休止〕

第1号〔権限の制限〕本号の表題のもと，財務長官は，司法省に送付中の者に対しては，召喚状を発することはできず，かつ，召喚状を執行するための7604条の基づく行為を開始することはできない。

第2号〔司法省へ送付中〕本号において，(A)〔通則〕司法省へ送付中とは，財務長官が，(i)内国歳入法の運用もしくは執行に関する犯罪について，司法長官に対して大陪審による調査または刑事訴追を求めて告発している事案，または，(ii)第6103条第h項第3号Bに基づきなされたその者の（第6103条第b項の意味における）申告書もしくは申告書情報の開示請求中の事案を指す。

〔以下，邦訳略〕

② **IRC第7603条〔召喚状の送達〕**

第a項〔通則〕第6402条第e項第2号，第6421条第g項第2号，第6427条第j項第2号または第7602条に基づいて発行される召喚状は，財務長官が送達するものとする。この場合において，召喚状謄本は，その名宛人に手渡す，またはその者の最後に知った通常の住所に差し置くことで送達するものとする。送達した者が署名した送達記録は，裁判所への召喚状執行の申立ておける審問の際の事実証拠となる。召喚状が帳簿，文書，書類その他の資料の提出を求めるものである場合においては，それらの範囲は合理的な明確性をもって記載されていれば十分である。

第b項〔第三記録保有者への郵便による送達〕

第1号〔通則〕前(a)項にいう召喚状が，帳簿，文書，書類その他の資料の提出を，

第三者である記録保有者（third-party recordkeeper）に求めるものである場合には，当該第三記録保有者の最後に知った住所に書留郵便または内容証明郵便で送達する。
　第2号〔第三記録保有者〕前(1)号にいう「第三記録保有者」とは，次のものを指す。
　　A　相互銀行（mutual saving bank），協同組合銀行（cooperative bank），持家建築貸付組合（domestic building and loan association）その他勅許設立され，かつ連邦法もしくは州法の基づき規制を受ける貯蓄および貸付その他の団体として設立された貯蓄機関，銀行（第581条に定義されるもの。）または信用組合（credit union／第501条第c項第14号Aにいうもの。）
　　B　消費者信用情報報告機関〔公正信用取引法（Fair Credit Reporting Act／15合衆国法典第1681条のa第f項）第603条第f項に定義されるもの。〕
　　C　クレジットカードその他同類の装置を使って信用を供与するもの。
　　D　株式仲買人〔1934年証券取引法（15合衆国法典第78条のc第a項第4号）第3条第a項第4号に定義されるもの。〕
　　E　弁護士
　　F　会計士
　　G　バーター取引（第6045条第c項第3号に定義されるもの。）
　　H　規制を受けた投資会社（regulated investment company／851条に定義されるもの。）および規制を受けた投資会社の代理人として業務を行っている場合には当該代理人
　　I　登録税務代理人（enrolled agent），ならびに，
　　J　コンピュータ・ソフトウエアのソースコードの所有者または開発者（第7612条第d項第2号に定義されるもの。）
　なお，本Jは，Jにいうソースコードまたは当該ソースコードが関係する第7612条第b項第1号Aiiに規定するプログラムもしくはデータの提出を求める召喚状に対してのみ適用される。
③　IRC第7604条〔召喚状の執行〕
第a項〔地方裁判所の管轄〕 内国歳入法に基づき，出頭する，証言する，または帳簿，文書，書類その他の資料を提出するように召喚された者に対しては，その者が居住するまたは所在する場所を管轄する合衆国地方裁判所が，適正な手続に従い，それを強制する。
第b項〔執行〕 第6420条第e項第2号，第6427条第j項第2号および第7602条に基づき召喚された者が，求められた召喚に応じること，帳簿，文書，書類その他の資料を提出すること，または証言をすることを怠る場合もしくは拒否する場合，財務長官は，その召喚者が居住するまたは所在する場所を管轄する地方裁判所の裁判官もしくは合衆国治安判事（U.S. magistrate judge）に対して，裁判所侮辱にあたるとみなしてその者の身柄の拘束を申し立てることができる。裁判官もしくは合衆国治安判事は，その職務として，その申立てを審理し，十分な証拠がある場合には，身柄の拘束令状を発し，適切な職員に命じ，その者を逮捕し，その者が裁判所に到着し次第事案の審理をはじめるものとする。その者に関する審理をしたうえで，裁判官もしくは合衆国治安判事は，裁判所侮辱を処罰する法律と矛盾しない範囲内で，その者が召喚状の要件に従うように強制するために適当と認める命令を下すことができ，かつ，その者がその命令を履行しないまたはそれに従わない場合にはその者を処罰する権限を有する。

第 c 項〔相互参照〕
　第 1 号〔命令を発する権限，手続および判決〕本表題の規定を執行する合衆国（連邦）地方裁判所の権限については，7402条を参照するものとする。
　第 2 号〔罰則〕第6420条第 e 項第 2 号，第6421条第 g 項第 2 号，第6427条第 j 項第 2 号または第7602条違反に適用する罰則については，第7210条を参照するもとうる。

④　**IRC第7605条〔調査の日時および場所〕**
第 a 項〔時間と場所〕調査の日時および場所は，第6420条第 e 項第 2 号，第6427条第 g 項第 2 号，第6427条第 j 項第 2 号または第7602条に基づき財務長官が定めた日時および場所とし，かつ，その状況において合理的なものとする。第7602条第 2 号の権限のもと，または第6420条第 e 項第 2 号，第6421条第 g 項第 2 号もしくは第6427条第 j 項第 2 号の権限に基づく召喚状の場合において，財務長官の前に出頭すべき日時は，召喚状発行の日から10日未満であってはならない。
第 b 項〔納税者に対する調査に関する制限〕いかなる納税者も，不要な調査または捜索の対象とされてはならず，かつ，納税者の会計帳簿への検査は，納税者から別段の求めがある場合または財務長官が納税者に文書で追加的な検査が必要である旨を通知する場合を除き，各課税年において 1 回に限られる。
第 c 項〔相互参照〕教会に対する税務調査および検査を制限する規定については，第7611条を参照するものとする。

⑤　**IRC第7606条〔課税対象物件の検査のための家屋への立入り〕**
第 a 項〔日中の立入り〕財務長官は，日中において，課税対象となる物件の検査のために必要な限り，当該物件の製造または保存されているいかなる建物もしくは場所に立ち入ることができる。
第 b 項〔夜間の立入り〕検査のための立ち入る家屋が夜間に開いている場合において，財務長官は，公的職務遂行のために開いている間にそこに立ち入ることができる。

⑥　**IRC第7608条〔内国歳入執行官の権限〕【邦訳省略】**

⑦　**IRC第7609条〔第三者召喚状に関する特別手続〕**
第 a 項〔通知書〕
　第 1 号〔通則〕本条が適用となる召喚状において，特定されている者（ただし，召喚者を除く。）に対して，証言を求める，作成，保存もしくは関連した記録の提出を求める，またはコンピュータ・ソフトウエアのソースコード（7612条第 d 項第 2 号に定義するもの。）の提出を求める場合には，当該特定者に対する召喚状の通知は，その送達の日から 3 日以内，遅くとも召喚状でその書類の調査の日に指定されている日の23日前までに届かなければならない。当該通知書には，すでに送達された召喚状の写しを添付するものとし，当該召喚状を取り消す手続をとるための第 b 項第 2 号に規定する権利も附記するものとする。
　第 2 号〔通知書の要件充足性〕通知書は，30日以前に，通知書に名宛された者に第7603条〔召喚状の送達〕に規定する方法で送達すること，またはその者の最後に知っている住所へ書留郵便もしくは内容証明郵便で郵送すること，または，最後に知って

いる住所が不明なときには，召喚された者の許に差し置くことで，要件は充足するものとする。通知書が郵送される場合においては，通知書に名宛された者の最後の知っている住所に郵送することで要件は充足する。信認関係が存在する場合の第6903条に基づく財務長官に対する通知については，本人と受認者の最後に知っている住所に郵送することで足りる。これは，本人もしくは受認者がすでに死亡している，法的に制限行為能力者の常態にある，または生存していない場合も同様である。

第3号〔召喚状の性格〕本(a)項が適用になる召喚状（第c項第2号Aに規定する徴収のための召喚状を含む。）は，当該召喚状に関係する納税者または記録を保持する納税者以外の者を特定し，かつ，召喚された者が召喚状で求められた記録の所在を確認できるように情報を提供することにある。

第 b 項〔介入権：取消手続権〕

第1号〔介入〕他の法律または法原則にもかかわらず，第 a 項に基づき召喚状通知書に名宛された者は，第7604条に基づくその召喚状の執行手続に介入する権利を有する。

第2号〔取消手続〕

A 〔通則〕

他の法律または法原則にもかかわらず，第 a 項に基づき召喚状通知書に名宛された者は，第 a 項第2号に規定する様式においてその通知があった日から20日以内の当該召喚状を取り消すための手続を開始する権利を有する。当該手続において，財務長官はその召喚状の遵守の強制を求めることができる。

B 〔召喚された者および債務長官に対する通知の要件〕

召喚状に関し前(A)に基づき手続を開始する者は，前(A)に規定された20日の期間の終了前に，召喚された者および財務長官が第 a 項第1号に基づき通知書で指示した職員に対して申立書の写しを書留郵便または内容証明郵便で郵送するものとする。

C 〔介入等〕

他の法律または法原則にもかかわらず，召喚された者は，前(A)の基づき手続に介入する権利を有する。当該召喚者は，その手続にかかる判決に拘束される。（介入が是認されたかまたは否認されたかは問わない。）

第 c 項〔本条が適用になる召喚状〕

第1号〔通則〕

第2号の規定する場合を除き，本条は，第7602条第2号もしくは第6420条第 e 項第2号，第6427条第 g 項第2号，第6427条第 j 項第2号または第7602条に基づき発行される召喚状に適用される。

第2号〔適用除外〕

本号は，次に掲げる召喚状には適用されない。

A～E〔邦訳，略〕

第3号〔ジョン・ドーその他特定の召喚状〕

第 a 項は，第 f 項または第 g 項に規定されたいかなる召喚状にも適用されない。

第4号〔書類（Records）〕

本号において，「書類（Records）」とは，帳簿，文書その他の資料を指す。

第 d 項〔書類の調査の限界〕

第 a 項に基づき召喚状によって通知書の中で提出するように求めた記録のうち，次

のようなものについては，調査の対象にしない。
　第1号　第a項第2号に規定する様式で発せられた召喚状に関して通知した日後23日の終了前まで。または，
　第2号　第b項第2号(A)に基づく手続が第b項に規定された20日の期間内に開始され，かつ，第b項第2号(B)の要件をみたしている場合。ただし，その手続を管轄する裁判所の命令があるとき，または取消のための手続を開始した者の同意があるときは別である。
第e項〔消滅時効の停止〕
　第1号〔第b項行為〕
　第2号〔召喚状の送達から6か月の停止〕
第f項〔ジョン・ドー召喚状の場合の追加要件〕
　租税債務を負う者を特定しないで第c項第1号に基づいて発行される召喚状は，財務長官が，裁判所の手続において，次に掲げることの立証ができた場合にのみ送達することができる。
　第1号　その召喚状は，特定の者または確認できる集団もしくは層の者たちの調査に関するものであること。
　第2号　それら特定の者または確認できる集団もしくは層の者たちが内国歳入法の規定を遵守していないまたはしていなかったと信ずるに足る合理的な理由があること。および，
　第3号　書類の調査または証言（租税債務について召喚状を発行した特定の者を含む。）から得ようとしている情報が他のソースからは入手できないこと。
第g項〔一定の召喚状に対する特例〕
　本項に規定する召喚状については，通知書の送付が調査の使う記録の消去，破壊もしくは改変の企てにつながるかも知れないと信ずるに足る合理的な理由をあげた財務長官からの申立てに基づき，裁判所は，申し立てられた事実および状況を根拠に，脅迫，賄賂，共謀による他の者からの情報交換を防止する，または，起訴，証言もしくは書類の提出から逃れること防止するために必要な決定をするものとする。
第h項〔地方裁判所の管轄等〕
　第1号〔管轄〕
　召喚された者が居住するまたは所在が確認された者の地域にある合衆国地方裁判所は，第b項第2号，第f項または第g項に基づいて提起された手続を審理しかつ決定する管轄権を有する。裁判所が，申立てを棄却する命令を下した場合，それは最終判断となる。
　第2号〔第f項および第g項に基づく手続に関する特例〕
　第f項および第g項に基づいて求められる決定は，申立人の参加なしに一方的に，しかも，もっぱら申立ておよびそれを証明する宣誓供述書を根拠になすことができる。
第i項〔召喚された当事者の義務〕
　第1号〔記録保存者は記録を整理し，かつ記録提出の準備をしなければならない〕
　本項が適用により記録提出を求める召喚状を受け取って場合，召喚された当事者は，求められた記録または財務長官が必要とした部分を整理し，かつ，召喚状に従い当該記録を調査する日に当該記録を提出できるように準備するものとする。
　第2号〔財務長官は召喚された当事者に証書を交付する〕

財務長官は，召喚された当事者に対して，召喚状を取り消す手続開始のための既定の期間が終了している旨，および期間内に当該手続を開始しなかった旨，または納税者は調査に同意する旨の証書を発行するものとする。
　第3号〔情報開示する召喚当事者の保護〕
　召喚された当事者，その代理人，その従業者は，本項のもとで，財務長官の証書または記録の提出もしくは証言を求められた裁判所の命令に依拠して善意で記録開示または証言に応じており，この情報開示について依頼人その他の者に対して責任を負わないものとする。
　第4号〔ジョン・ドー／匿名召喚状の場合に消滅時効の停止通知書〕
　第f項に規定する，第e項第2号のもとで停止された消滅時効にかかる召喚状の場合には，召喚当事者は第fに規定する者に対して当該停止にかかる通知書を交付するもととする。
第j項〔召喚状を利用せずに情報入手は可能〕
　本条において，財務長官は，召喚状による以外は，第7601条および第7602条に基づく公式または非公式な手続を通じて情報を入手する能力を制限するものと解してはならない。

⑧　**IRC第7610条〔証人に支払う謝金および弁償金〕〔邦訳，略〕**

⑨　**IRC第7611条〔教会に対する税務上の質問および検査の限界〕**
第a項〔質問の限界〕
　第1号〔総則〕財務長官は，次の場合に限り教会に対し税務上の質問を開始することができる。
　　A　第2号にいう合理的確信要件（reasonable belief requirements），および，
　　B　第3号にいう通知要件（notice requirements），を充足していること。
　第2号〔合理的確信要件〕 教会に対するいかなる税務上の質問を行う場合においても，本号にいう要件は，財務省の所管の上級職員が，（文書化された記録および状況に基づき）当該教会に次の事実があると合理的に信じられるときに，充足する。
　　A　教会としての資格があるものとして501条a項のもとで課税を免除されえない，または，
　　B　（503条の意味における）非関連取引もしくは事業を行っている，またはその他本表題（IRC＝内国歳入法典）のもとで課税に対象となる活動を行っている。
　第3号〔質問通知要件〕
　　A　〔総則〕教会に対しいかなる税務上の質問を行う場合においても，本号にいう要件は，その質問を開始するに先立ち，長官が，当該教会に対し，当該質問を開始する旨文書による通知を行ったときに，充足する。
　　B　〔質問通知書の内容〕本号で求められる通知書には，次に掲げる事項が記載されていなければならない。
　　　ⅰ　次の点についての理由
　　　　Ⅰ　当該質問を求めることの原因
　　　　Ⅱ　当該質問の対象となる一般的な事柄
　　　ⅱ　次のような適用ある条項の関する一般的な説明

Ⅰ 当該質問に関する行政上の規定および憲法上の規定（教会の記録の検査に先立ち長官との協議を持つ権利を含む。），ならびに，

Ⅱ 当該質問を無止めるまたはその他当該質問と関連すると思われる本表題（IRC）のもとでの条項

第 b 項〔検査の限界〕

第1号〔総則〕財務長官は，第2号にいう要件を充足して場に限り教会に対する税務上の調査を開始できる。この場合において，当該調査は，次の範囲に限りそれを行うことができる。

A 教会の記録に関しては，本表題（IRC）のもとで課される納税の義務および額を決定するに必要な範囲，および，

B 宗教活動に関しては，教会であると確認を求めている団体が，その機関のわたり教会であるかどうかを決定するに必要な範囲

第2号〔検査の通知，協議の機会〕教会に対するいかなる税務上の調査を行う場合においても，本号にいう要件は，次のときに充足する。

A 当該調査の開始に先立ち少なくとも15日以前に，長官が当該教会および内国歳入庁の所管の法律顧問官の双方に対し第3号に規定される通知を行っている，および，

B 教会に，第3号Aⅲに規定する協議（conference）に参加するための相当の時間があること。ただし，教会が検査の開始に先立ち当該協議を求めたときに限る。

第3号〔検査通知書の内容等〕

A 〔総則〕本号にいう通知とは，次に掲げる事項が記載された文書による通知をいう。

ⅰ 第 a 項のもとで当該教会に対し送達された教会に対する税務上の質問通知書の写し

ⅱ 長官が検査対象とする教会の記録および活動の明細

ⅲ 当該検査に関する問題点を検討し，かつ解決を試みるために，教会と長官との間で協議を行うための申出，ならびに，

ⅳ 内国歳入庁が，当該軽鎖に利用する目的および情報公開法（合衆国法典第5編552号）に基づく請求に応じて開示する目的で収集または用意したあらゆる資料の写し。

B 〔検査通知書の早期送達期日〕Aに規定する検査通知書は，第 a 項のもとでの教会に対する税務上の質問通知を行ってから15日経過前に当該教会に送達してはならない。

C 〔検査に関する歳入庁法律顧問官の見解〕歳入庁法律顧問官は，第1号のもとでの検査通知書を受領した場合，当該通知書の送達を受けてから15日以内に，当該検査に対し反対する旨の勧告を行うことができる。

第4号〔通知書の記載されていない記録および活動の検査〕第1号および第2号の要件を（検査開始時に）充足する形で教会の対する税務上の検査が実施されているときに，長官は，当該検査が第1号AまたはB（いずれか）の要件に合致している限り，当該検査通知書に特掲されていない教会の記録または宗教活動を検査することができる。

> **第7611条 c 項〔質問および検査の限界〕**
> 第1号〔使途文および検査は2年以内に終了しなければならない〕
>   A 〔総則〕長官は，検査通知日以降2年以内に，教会の課税資格に関する使途文または検査を終了（およびその件に関する最終決定を）しなければならない。
>   B 〔検査を必要としない質問〕教会に対する税務上の質問が，第b項にいう検査通知書とはかかわりのない形に行われる場合，長官は，当該通知日から90日以内のその質問を終了（およびその件の関する終了決定を）しなければならない。
> 第2号〔邦訳，略〕
> 第7611条第 d 項〔邦訳，略〕
> 第7611条第 e 項〔邦訳，略〕
> **第7611条第 f 項〔再質問および再調査の制限〕**
> 第1号〔総則〕いかなる教会に対し行われた税務上の質問または検査であっても，それが終了し，結果的に，
>   A 第d項1号に規定された取消し，不足額通知もしくは査定，または，
>   B 長官が当該教会の運営実務に関し重大な変更を行うように決める，ということがなかった場合，当該教会に対し5年に相当する期間にわたり同様の税務上の問題について質問または検査を開始することはできない。もっとも，当該質問もしくは検査が，内国歳入庁の長官により文書で承認されるとき，または，以前に質問もしくは質問で関係したのとは同様または類似する問題でないときには，その限りではない〔以下，邦訳，略〕
> **第7611条第 g 項～第 j 項**〔邦訳，略〕
> ⑩ **IRC第7612条**〔コンピュータ・ソフトウエアに対する召喚状に関する特別手続〕

C IRSのサメンズ（召喚状）とは何か

　IRSは，さまざまな手段を用いて納税者の情報を収集している。例えば，すでにふれたように，給与所得者（wage earners）である納税者の場合には，雇用主や納税者からIRSに提出された様式W-2〔給与所得の源泉徴収票（Form W-2: Wage and Tax Statement）〕，様式W-4〔扶養控除等申告書（Form W-4: Employee's Withholding Allowance Certificate）〕などから得た情報をデータベースに蓄積している。

　納税者が，所管のIRSキャンパスに様式1040〔連邦個人所得税申告書（Form 1040: U.S. Individual Income Tax Return）〕その他の法定資料に必要な記載をし，確定申告をしたとする。この場合，当該キャンパスをカバーするIRSコンピュータセンターはその者の納税者番号（TIN，SSN等）を使ってコンピュータ照合を行う。その結果，ミスマッチが発覚（hit）すれば，コンタクトレターによる書簡調査（correspondence audit）を実施するか，または略式査定通知書（IRS CP 2000 Letter）を送付し修正に同意を求める。

また，納税者が確定申告書の提出がないとする。こうした無申告の場合でも，IRS は，雇用主など第三者から情報を入手できる場合には，そうした第三者情報（third-party data）を使って作成し，当該納税者に署名を求めることができる（IRC6020条 a 項・b 項）。一般に，IRS による「申告書の代理作成（SFR＝substitute for return）」と呼ばれる（IRM4.12.1.8.2, 4.12.1.8.2.1）。

　しかし，IRS は，例えば自営業者である納税者（self-employed taxpayer）のような場合で，第三者からの情報入手が困難であり，書簡調査だけでは，納税者の課税標準を確定し得ないと考える場合には，財務長官の権限のもと，行政召喚状／サメンズ（administrative summons）を納税者に発することができる（IRC7602条以下）。

　行政召喚状／サメンズは，課税処分（税額の確定）のための調査のみならず，徴収手続／滞納処分のための調査の場合にも発することができる（IRC7602条 a 項)[51]。

【図表Ⅲ-26】 IRS の行政召喚状／サメンズを発する主な理由

① 納税申告書内容の正確性の確認
② 以前に申告書が作成させていない場合（IRS が納税者本人に代わって申告書の代理作成（SFR）をする場合）
③ 連邦納税義務の確定
④ 連邦租税債務の徴収
⑤ 連邦租税「犯罪（offense）」の調査

　IRS が発する行政召喚状／サメンズは，納税者に対し，帳簿，文書，その他の資料を提出し，かつ宣誓のうえ証言させることを目的としている。言い換えると，行政召喚状／サメンズで求めることができるのは，すでに存在する情報に限定される。したがって，行政召喚状／サメンズを使って申告書の作成を求めるようなことはできない。

　IRS は，納税者以外の者から情報を入手したい場合には，その者に対して行政召喚状／サメンズを発することができる（IRC7602条 c 項）。一般に「第三者召喚状／サメンズ（third-party summons）」と呼ばれる。第三者召喚状／サメンズは，第三者に対し，他の納税者の納税義務を調査するために発するものである。

---

[51] See, Eric L/Green, "Show Me the Document: The Use and Enforcement of an IRS Summons in Collection Cases," J. Tax Practice & Procedure (April-May 2015) at 7 *et seq.*

IRSは，ある納税者の納税義務を調査するために第三者召喚状／サメンズを発する場合には，当該納税者に対しても事前に適切に通知をするように求められる（IRC7602条c項）。

(1) IRSによる召喚状／サメンズの執行

原則として，IRSは，裁判所の介在なしに召喚状／サメンズを発することができる。しかし，召喚状／サメンズを受け取った納税者等が，自発的に協力しない場合には，IRS独自で召喚状／サメンズを強制的に執行はできない。このことから，納税者等の自発的な協力が得られない場合には，その執行を連邦地方裁判所へ求めなければならない（IRC7604条）。

しかし，IRSは，召喚状／サメンズの強制執行のための司法手続に入るに先立ち，納税者等が状況を確認できる機会を与えている。すなわち，IRSの首席法律顧問官事務局（IRS Office of Chief Counsel）は，当該納税者等に対して当初示した日時・場所に出席がなかったことおよび新たな日時を提示した書簡を発する。この2回目の要請に当該納税者等応じないときには，召喚状／サメンズの強制執行のための司法手続に入ることになる。

原則として，召喚状／サメンズの強制執行のための司法手続は，2つの段階からなる。

第1段階において，IRSは，裁判所に対して，納税者が出頭要請に応じる命令を発するように求める。この場合，IRSは，裁判所に対して推定「善意（good faith）」である旨の利用を示さなければならない。一般に，「パウエル要件（Powell requirements）」と呼ばれる，次の4つを立証するように求められる（Powell v. U. S., 379 U. S. 48（1964））。

【図表Ⅲ-27】パウエル4要件

① 召喚状／サメンズは，正当な法的目的に基づいて発せられていること。
② 求められた情報は，当該目的に関連しているまたは関連していると思われること。
③ 求められた情報は，すでにIRSが保有していると思われるものでないこと。
④ 内国歳入法典（IRC）に定められた行政手続を踏んでいること。

IRSは，通例，現場の調査担当官などが4要件を充足する形で作成した宣誓供述書（affidavit）を裁判所へ提出することで立証する。裁判所は，IRSがパウエル4要件を充足していると推定できる場合，召喚状／サメンズの強制執行を

認める命令を発する。したがって，召喚される納税者等は，4要件を充足していない旨を申し立て，反論することができる。しかし，召喚される納税者等は，その反論が認められない場合には，召喚状／サメンズの執行に応じる義務が生じる。召喚状／サメンズの強制執行命令に応じない場合には，裁判所侮辱罪 (contempt of court) で処罰され，罰金もしくは懲役または双方を併科される。

(2) IRSによる召喚状／サメンズの強制執行への反論

召喚の対象となる納税者は，反論（抗弁）することができる。しかし，原則として，召喚の対象となる納税者は，IRSが召喚状／サメンズの強制執行を行うまで反論することができない。もっとも，IRC7609条に定める第三者召喚状／サメンズ (third-party summons) の場合には，IRSによる召喚状／サメンズの強制執行がない場合にでも，当該第三者は召喚状／サメンズに執行に介入するまたは取消を求めるための独立した手続が認められている。もっとも，この場合，IRSは，当該第三者の手続に介入することができる。一方，IRSは，裁判所に対して当該第三者への召喚状／サメンズの強制執行の取消を求めることができ，この場合，当該第三者は，これに介入することができる（IRC9609条b項1号・2号）。

また，召喚の対象となる納税者や第三者は，IRSによる召喚状／サメンズの強制執行がパウエル要件に違反していることを理由に，召喚状／サメンズの違法を争うことができる。

(3) ジョン・ドー召喚状／サメンズ

IRSは，ジョン・ドー召喚状／サメンズ (John Doe Summons) を発することが認められている（IRC7609条c項3号およびf項）。このジョン・ドー召喚状／サメンズは，匿名サメンズと称されるように，一般の召喚状／サメンズ (normal summons) とは異なり，IRSが調査の対象となっている納税者に氏名／商号 (name) が記載されていない。

IRSは，ジョン・ドー召喚状／サメンズを発するには，連邦地方裁判所において，次に掲げるすべての要件を立証して，片面的審査 (*ex parte* hearing) を受けるように求められる（IRC7609条f項本文）。裁判所の承認を得ないで発せられるジョン・ドー召喚状／サメンズは違法であり，調査自体を危殆に陥れることになる（IRM25.5.7.3-1）。

4 連邦税務調査法制の基礎

【図表Ⅲ-28】ジョン・ドー召喚状／サメンズ発行のための裁判所での立証項目

> ① ジョン・ドー召喚状／サメンズが，特定の者または確認できる集団もしくは層の者たちに関するものであること。〔例，特定のタックスシェルター（節税）商品の購入者など〕
> ② それら特定の者または確認できる集団もしくは層の者たちが内国歳入法の規定を遵守していないまたはしていなかったと信ずるに足る合理的な理由があること。
> ③ 書類の調査または証言（租税債務について召喚状を発行した特定の者を含む。）から得ようとしている情報が他のソースからは入手できないこと。

IRSがこれら3つの項目を立証できない場合，裁判所は，ジョン・ドー召喚状／サメンズの執行を拒否しなければならない。

① **ジョン・ドー召喚状／サメンズ発行の法的限界**

ジョン・ドー召喚状／サメンズは，IRS調査部門の歳入調査官（Revenue Agents），徴収部門の歳入官（Revenue Offices），犯則調査部門の特別調査官（Special Agents）のレベルでは発行する権限を有してない。権限委任命令（Delegation order No. 25-1）で特別に認められた高官のみがかかわることができる（IRM25.5.7.4.1）。

IRSは，ジョン・ドー召喚状／サメンズを，かつてのような広範な情報収集目的や「見込調査（fishing expedition）」に使用することはできない（IRM25.5.7.4.2）。

ジョン・ドー召喚状／サメンズの発行にあたっては，IRC7609条c項3号に規定する第三者に対する事前通知要件は適用除外となる（IRM25.5.7.4.4）。

② **二重目的召喚状／サメンズ発行の法的限界**

名前／名称の分かる納税者と名前／名称が分からない納税者の双方を対象にジョン・ドー召喚状／サメンズを発行できるかどうかが問われる。例えば，名称の分かるタックスシェルター（節税）商品の販売者と名前／名称の分からない当該商品の購入者を対象にジョン・ドー召喚状／サメンズ〔二重目的召喚状〕を発行するIRSの実務の適否が問題となる。

連邦最高裁は，名前／名称の分かる納税者に対してジョン・ドー召喚状／サメンズを発行するのは，IRC7609条f項に違反すると判示している（See, Tiffany Fine Arts, Inc. v. U. S., 469 U. S. 310, at 324 (1985)）。したがって，二重目的召喚状の形でジョン・ドー召喚状／サメンズを発行することは，違法となる。IRSは，

名前／名称の分かる納税者を通じて名前／名称の分からない納税者を追行する場合には、通常の召喚状／サメンズを使用するように求められる（IRC25.5.7.4.3-2）。

③　ジョン・ドー召喚状／サメンズを活用した外国金融機関口座情報の収集

　アメリカでは、2000年前後から、スイスの銀行（UBS＝Union Bank of Switzerland）のオフショア口座に、合衆国個人市民や企業が金融口座を保有して、脱税や節税をしている実態が暴かれた。IRSや連邦司法省（DOJ）は、合衆国個人市民や企業のオフショア口座情報を収集する際に、ジョン・ドー召喚状／サメンズの発行（執行）の許可を裁判所に求め、裁判所もIRSやDOJの請求を積極的に許可する方向に転じた[52]。

　また、2016年4月に、国際調査報道ジャーナリスト連合（ICIJ）は、中米パナマにある法律事務所「モサック・フォンセカ（Mossack Fonseca）」から流出した、いわゆる「パナマ文書（Panama Papers）」を公表した。この文書で、国家元首を含む世界各国の多数の政治家・企業幹部・著名人などのオフショアのタックスヘイブン（租税回避地）を使った資産隠しの疑惑が明るみに出た[53]。

　パナマ文書問題の前後して、IRSは、IRC7609条 f 項に基づいて、中央アメリカにある小国ベリーズ（Belize）にある銀行（BBIL＝Belize Bank International Limited、BBL＝Belize Bank Limited）にオフショア口座を保有するアメリカ納税者の身元確認情報や金融情報を求めて、マイアミにあるフロリダ南部地区連邦地方裁判所にジョン・ドー召喚状／サメンズの発行（執行）の許可を請求した。同裁判所は、2015年9月16日に、IRSの請求を許可した[54]。

　このように、今日、IRSの大企業・国際局（LB & I）は、合衆国納税者が海外の外国金融機関に開設した口座情報の収集に、ジョン・ドー召喚状／サメンズを活用する動きを強めている【☞本書第Ⅶ部参照】。

---

[52]　See, See, Bruce Zagaris," U.S. Court Approves John Doe Summons in UBS Case," International Enforcement Law Reporter (September 2008); Bruce Zagaris, "U.S. Court Orders UBS to Show Cause on Producing Singapore Bank Records to the IRS," International Enforcement Law Reporter (March 2016).

[53]　See, Charles P. Rettig, "The Panama Papers and Lessons Learned from Years of Offshore Leaks," J. Tax Practice & Procedure (April-May 2016) at 19 et seq.

[54]　See, Tax Division, DOJ, Court Authorizes IRS to Issue Summonses to Discover U.S. Taxpayers with Offshore Bank Accounts at Belize Bank International Limited and Belize Bank Limited (Sep. 16, 2015). Available at: https://www.justice.gov/opa/pr/court-authorizes-irs-issue-summonses-discover-us-taxpayers-offshore-bank-accounts-belize-ba-0

5　パートナーシップ税務調査手続

　パートナーシップは，パススルー課税が認められる事業体である【☞本書第Ⅰ部**3**】。1970年代後半から最もポピュラーな事業体としてアメリカビジネス界で幅広く選択・活用されてきた。しかし，1970年代後半から，パートナーシップは，節税計画，濫用的なタックスシェルター（abusive tax shelters）や租税回避スキーム（tax avoidance schemes）のビークル（vehicle）としての活用が目立つようになった。連邦議会は，パートナーシップの納税環境整備のあり方を探っていた。1980年代に入り，税制改正を実施し，パートナーシップ独自の体系的かつ統一的な行政調整／税務調査手続や訴訟手続（以下「パートナーシップ租税手続」という。）を制度化した。現在，パートナーシップ租税手続に関する条項は，内国歳入法典（IRC）6046条のAおよび6221条から6232条に盛られている。

　これらパートナーシップ租税手続においては，パートナーシップの組成や清算などの課税取扱い，さらには濫用的な租税回避への対応を含め，事業体擬制説（aggregate theory）と事業体実在説（entity theory）とが交差する形の取扱いがなされている。言い換えると，パートナーシップへの実体的な所得課税取扱いが事業体擬制説に大きく傾斜しているのとは異なる。

　こうしたパートナーシップ租税手続実施から30年以上経過して，その問題点も浮き彫りになってきた[55]。とりわけ，事業体擬制説と事業体実在説とが交差する形のパートナーシップ租税手続が，パートナーシップやパートナーのタックス・コンプライアンス／自発的納税協力負担を重くし，かつ連邦課税庁／内国歳入庁（IRS）の事務の効率化を阻害する要因にもなっていた。そこで，オバマ政権は，2015年11月に現行のパートナーシップ租税手続を刷新し，効率化をはかるための税制改正を実施した。新たなパートナーシップ租税手続は，2017年12月31日後（2018年1月1日以後）に始まる課税年に実施される税務調査および提出するパートナーシップ納税申告書から適用される[56]。

---

[55] See, Peter A. Prescott, "Jumping the Shark: The Case for Repealing the TEFRA Partnership Audit Rules," 11 Fla. Tax Rev. 503（2011）.

(1) パートナーシップ手続の問題の所在

パートナーシップは，パススルー課税が認められる事業体である。アメリカビジネス界で，1970年代後半から最もポピュラーな事業体として幅広く事業分野で選択されてきた。2015課税年を例にしてみても，パートナーシップの情報申告書である様式1065〔連邦パートナーシップ所得の申告書 (Form 1065: U.S. Return of partnership income)〕の提出件数は，388万3千を超える（前〔2014〕課税年は379万9千で，2.2%増）。普通法人（株式会社などC法人）の申告件数（2015課税年221万6千件，前〔2014〕課税年比で，0.2%減）である[57]。こうした統計からも明らかなように，パートナーシップの連邦情報申告件数は増加傾向にある。

その一方で，パートナーシップは，連邦所得課税上の納税主体 (taxable entity) にならない。様式1065のような情報申告書 (information return) の提出は求められるものの，納税申告書 (tax return) の提出は求められない。こうした納税環境にあることも相まって，パートナーシップが，各種の節税計画 (tax saving plans)，さらには濫用的なタックスシェルター (abusive tax shelters) や租税回避スキーム (tax avoidance schemes) のビークル (vehicle) として活用されることが多く，タックス・コンプライアンス／自発的納税協力を高めるための環境整備が久しくアメリカ税界での重い課題となっていた。

連邦税制には，久しくパートナーシップ独自の体系だった租税手続はなかった。パートナーシップの税務調査手続，課税所得の査定手続，争訟手続などについては，課税主体となるパートナー段階での租税手続に依存するしかなかった。このことから，次のような問題が指摘されていた。

【図表Ⅲ-29】TEFRA パートナーシップ課税手続制定前の問題点

・連邦課税庁（IRS）は，パートナーシップ自体を税務調査の対象にしていなかった。すなわち，パートナーシップに対する税務調整は，各パートナーに対する税務調査結果に基づいて各パートナーに対してなされた調整に基づいて行われていた。この結果，同じパートナーシップの構成員（パートナー）でありながらも，各パートナ

---

[56] See, Kathryn Keneally, "The Repeal of the TEFRA Audit Regime and the Shift from an Aggregate to an Entity-Level Approach to Partnership Taxation," J of Tax Procedure & Procedure (Febuary-March 2016) 37.

[57] IRS Data Book 2015 (March 2016) at 4. ちなみに，2015課税年の普通法人（株式会社などC法人）の申告件数は，221万6千件（前〔2014〕課税年が222万1千件で，0.2%減），S法人〔様式1120-S：S法人用連邦所得申告書 (Form 1120-S: U.S. Income Tax Return for an S Corporation)〕の申告件数は，471万7千（前〔2014〕課税年は464万3千件で，1.6%増）である。

ーへの損益調整などはそれぞれ異なっていた。

(2) TEFRA パートナーシップ手続新設による立法的な対応

　こうした問題に対応するため，連邦議会は，1982年に課税の公平・財政責任法（TEFRA = Tax Equality and Fiscal Responsibility Act）の名称で，年次の税制改正法を制定，施行した。TEFRA の改正点は，その後，連邦税法／内国歳入法典（IRC）6046条のA，6221条から6234条に挿入された。これらの規定はパートナーシップ独自の体系的かつ統一的な行政調整／税務調査手続や訴訟手続を規定したものであり，一般に，「TEFRA パートナーシップ手続（TEFRA partnership procedures）と呼ばれる[58]。

【図表Ⅲ-30】TEFRA パートナーシップ手続の骨子

- **パートナーシップ段階決定**：TEFRA は，パートナーシップ項目（partnership items）に対する税務調査を，各パートナー段階から事業体であるパートナーシップ段階で行うように，手続を変更する。
- **一貫性のある課税取扱要件**：TEFRA は，パートナーシップ項目にかかる各パートナー段階での課税取扱いは，パートナーシップ段階での課税取扱いと一貫性のある取扱いをするものとする。
- **統一手続でのパートナーシップへの税務調査の実施**：TEFRA 施行後，一定のパートナーシップに対する税務調査は，統一された手続で実施される。この調査を実施する場合，IRS は，調査開始に先立ちすべてのパートナーに直接正式な調査通知書を送付するものとする。
- **税務パートナー（TMP）の選任**：TEFRA は，税務パートナー（TMP=Tax Matters Partner）制度を創設した。税務パートナー（TMP）は，税務調査や司法手続の調整の任にあたる。その一方，各パートナーは，税務調査や司法手続に参加する権利を有しており，自己の課税取扱いについて IRS と折衝することができる。
- **最終パートナーシップ行政調整（FPAA）通知書**：TEFRA 施行後，IRS は，税務調査を終了した場合，税務パートナー（TMP）に対して最終パートナーシップ行政調整（FPAA=final partnership administrative adjustment）通知書を交付する。各パートナーは，FPAA に不満な場合で，税務パートナー（TMP）にその旨を伝えても争訟手続を開始しないときには，争訟手続を開始することができる。
- **大規模パートナーシップ税務調査特例**：100人以上のパートナーを抱えるパートナーシップは，大規模パートナーシップ特例の選択（ELPs=electing large partnership rules）を選択できる。この特例（ELPs）を選択すると，パートナーシップ段階調整は，原則としてその調整内容はパートナーに反映する。ただし，そ

---

[58] See, IRS, Publication 541: Partnerships（Rev, January 2016）.

> の調整に効果は，当該調整課税年に限定される（つまり，特例（ELPs）を選択しない場合には，前課税年にも調整が及ぶ。この特例（ELPs）は，1997年税制改正で導入された。）。
> - **出訴期限**：IRSは，最終パートナーシップ行政調整（FPAA）交付から1年を過ぎると各パートナーから増差額を徴収できない。
> - 小規模パートナーシップへの適用除外（詳しくは後述する。）

(3) BBAパートナーシップ手続新設による対応

1982年に導入されたTEFRAパートナーシップ手続は，以上のような内容である。導入から30年以上経過して，その問題点も浮き彫りになってきた。とりわけ，事業体擬制説と事業体実在説とが交差する形のパートナーシップ税務調査手続などが，パートナーシップやパートナーのタックス・コンプライアンス／自発的納税協力負担を重くし，かつ連邦課税庁／内国歳入庁（IRS）の事務の効率化を阻害する要因にもなっていた。また，大規模パートナーシップ特例の選択（ELPs＝electing large partnership rules）実績がほとんどなく，税務パートナー（TMP）の職務権限が小さいなど，効率的にパートナーシップ課税手続／税務調査手続をすすめるにあたり桎梏となっている点も指摘された。

そこで，オバマ政権は，2015年11月2日に「超党派予算法（BBA＝Bipartisan Budget Act of 2015）」を成立させた。BBAは，「パートナーシップ税務調査および調整（Partnership Audits and Adjustments）」の規定（BBA 1101条）を含んでいる。この規定は，現行のTEFRAパートナーシップ手続を刷新し，効率化をはかることが狙いである。

BBAに基づくパートナーシップ手続は，その後，2015年12月18日に成立した「アメリカ人を増税から保護する法律（PATH Act＝Protecting Americans from Tax Hikes Act of 2015）により一部改正が加えられた（以下，PATH Act上の改正を含め「BBAパートナーシップ手続」という。）。BBAパートナーシップ手続は，連邦税法／内国歳入法典（IRC）6221条から6241条〔BBA〕[59]に挿入された。新たな手続は，2017年12月31日後（2018年1月1日以後）に始まる課税年に実施される税務調査および提出するパートナーシップ納税申告書から適用される[60]。

---

[59] なお，BBA改正により2018年1月1日から適用になるIRC条項については，〔BBA〕の表記を挿入する。

[60] 新手続は，パートナーシップ税務調査（audit procedures）および調査後手続（post-audit administrative procedures），訴訟手続（litigation procedures）に加え，連邦税法上パートナーシップとして所得課税が行われている事業体の運営に大きな影響を及ぼす。

【図表Ⅲ-31】BBAパートナーシップ税務調査手続の要点（改正点）

- **大規模パートナーシップ税務調査特例の廃止**：2017年12月31日後（2018年1月1日以後）に開始する課税年からTEFRAパートナーシップ手続およびこの手続で導入した100人以上のパートナーを抱えるパートナーシップに対する税務調査にかかる大規模パートナーシップ特例の選択（ELPs＝electing large partnership rules/IRC775条）を廃止する（特例の選択が極めて低迷していたのが理由）。そして，すべてのパートナーシップに適用される税務調査手続を導入する。ただし，パートナー数100人以下のパートナーシップについては，パートナーシップ項目にかかる税務調査結果の調整が直接パートナーに及ぶ課税取扱いから脱してパートナー段階でのみ調整がする課税取扱いを選択することができる。
- **パートナーシップ段階での税務調査決定**：BBAパートナーシップ税務調査手続では，パートナーシップの，所得，ゲイン（利得），損失，所得控除または税額控除などのIGLDC項目，およびそのパートナーシップの分配割合にかかる調整については，パートナーシップ段階で決定される。このことから，BBAパートナーシップ税務調査手続では，原則として，TEFRAパートナーシップ手続のもとで生じたようなパートナーシップ項目，非パートナーシップ項目その他の項目についての金額差は生じない。
- **単一出訴期限**：各種調整にかかる出訴期限は，パートナーシップ申告書が提出された日から起算することとする。

以下においては，現行のTEFRAパートナーシップ手続，後継の（新たな）BBAパートナーシップ手続を，紹介する。

(4) TEFRAパートナーシップ手続の制定

1982年に，課税の公平・財政責任法（TEFRA）に基づき導入されたTEFRAパートナーシップ手続（以下，連邦所得税上パートナーシップに分類されるLLC（Limited Liability Company）にかかる手続を含む。）は，「政府が多様なパートナー段階での租税手続に代えて，併合的なパートナーシップ段階での課税手続をとることを認める」ことが主眼である[61]。すなわち，パートナーシップ項目（partnership item）の取扱いまたはパートナー間での項目（items among partners）の分配割合などに関する課税上の争点については，基本的に，パートナー段階ではなく，パートナーシップ段階で統一的な租税手続（行政手続および司法手続など）で解決を目指そうとするものである。言い換えると，多様なパートナー段階での個別手続で処理しないようにするものである[62]。

---

[61] See, Mary A. McNulty, ALI-ABA Course of Study Materials: Partnerships, LLCs, and LLPs (January 2012).

こうしたパートナーシップ独自の租税手続を制定することは，パートナーシップ（partnership）の事業体を選択・活用した濫用的なタックスシェルター（abusive tax shelters）や租税回避スキーム（tax avoidance schemes）を否認し，課税の適正化にも資することになる。
　加えて，TEFRAパートナーシップ手続は，コラーテラル・エストッペル（collateral estoppel／同一争点排除）原則の適用を後押しすることにつながる。すなわち，パートナーシップ課税に関する争点を統一的に解決することにより，裁判所によりまちまちな判断が下されることおよび人的資源の浪費を回避することにも資する。

①　「パートナーシップ項目」と「非パートナーシップ項目」

　TEFRAパートナーシップ手続は，各種の項目を次の5つの類型に分け，それぞれについて個別の手続を定めている。それらは，(i)パートナーシップ項目（partnership items），(ii)対応調整項目（affected items），(iii)非パートナーシップ項目（non partnership items），(iv)転換項目（converted items）および(v)制裁（penalties）である。
　パートナーシップ項目（partnership items）および当該項目の調整にかかるあらゆる制裁，加算金または増差額に関する課税取扱いは，別段の定めがある場合を除き，パートナーシップ段階で決定される（IRC6221条）。「パートナーシップ項目」とは，パートナー段階ではなく，パートナーシップ段階で取り扱われる項目である（IRC6255条a項2号，6231条a項3号）。具体的には，パートナーシップおよび各パートナーの所得，利得／ゲイン，損失，所得控除または税額控除などIGLDC項目である（財務省規則 301.6231(a)(3)-1）。これに対して，「非パートナーシップ項目（non partnership items）」とは，パートナーシップに関係しない項目である（IRC6231条a項4号）。例えば，パートナーがパートナーシップからの離脱に伴い受け取る配賦（分配割当）額にかかる租税などがあげられる。また，パートナーの調整総所得（AGI）の修正に伴い変更される非パートナーシップ項目は，「対応調整項目」である。

②　「パートナーシップ段階手続」と「パートナー段階手続」

　パートナーシップ項目と非パートナーシップ項目との類別の結果，パートナ

---

(62) See, Vivian D. Hoard, "Corporate Tax shelters: Is Every Generation doomed to Repeat History?" J. of Tax Practice & Procedure (June-July 2000) at 17.

ーシップ手続も,「パートナーシップ段階手続(partnership level proceeding)」と「パートナー段階手続(partner level proceeding)」に分けて体系化されている。

この結果,「あらゆるパートナーシップ項目はパートナーシップ段階で決定する一方で,あらゆる非パートナーシップ項目はパートナー段階手続で解決されることになる」[63]。ただ,パートナーの納税申告書は,パートナーシップの情報申告書の取扱い上は,「パートナーシップ項目」として取り扱われる点(IRC6222条a項)は,事業体擬制説と事業体実在説が混在する取扱いであり,税務実務上,混乱の原因となっている[64]。

③ 税務パートナー(TMP)の選任

TEFRAパートナーシップ手続では,各パートナーシップは,特定の課税年においてIRSのもとでのあらゆるパートナーシップ税務について代理をする「税務パートナー(TMP=Tax Matters Partner)」を置くことが義務付けられる(IRC62331条a項7号)。税務パートナー(TMP)は,パートナーシップの情報申告書〔Form 1065〕の作成および提出,各パートナーへの納税情報の提供,税務調査への参加などの業務を担う。また,税務パートナー(TMP)は,パートナーシップとの協約を結ぶことにより,その他税務に関連する権限を有することができる(IRC6231条a項7号)。なお,税務パートナー(TMP)の選任手続等については財務省規則による(301.6231(a)(7)-1)。

④ 小規模パートナーシップへのTEFRAパートナーシップ手続の適用除外

TEFRAパートナーシップ手続における「パートナーシップ(partnership)」とは,1982年9月3日以後に開始される課税年において,連邦税法/内国歳入法典(IRC)6031条に基づきパートナーシップの情報申告書〔Form 1065〕の提出義務を負うもの(以下「TEFRAパートナーシップ」という。)を指す。ただし,TEFRAパートナーシップのうち,次に掲げる要件を充足する小規模パートナーシップは,TEFRAパートナーシップ手続の適用が除外される(IRC6231条a項1号Bⅰ)。こうしたTEFRAパートナーシップ手続の適用除外措置は,一般に「小規模パートナーシップ適用除外(SPE=Small Partnership Exception)」と呼ばれる。

---

[63] See, *e.g.*, American Boat Co. v. U.S. 583 F.3d 471, at 478 (7th Cir. 2009); Rhone-Poulenc Surfactants and Securities L.P. v. Commissioner, 114 T.C. 533, at 539-540 (2000).
[64] See, *e.g.*, Desmet v. Commissioner, 581 F.3d 297, at 302 (6th Cir. 2009).

【図表Ⅲ-32】小規模パートナーシップ該当要件

(i) 1課税年中において，常時パートナーの数が10人以下であること。小規模パートナーシップ適用除外（SPE）を受けるにあたり，夫婦合算申告（MFJ）および夫婦の遺産財団は，1人のパートナーとみなされる。

(ii) すべてのパートナーが，合衆国市民，居住外国人，C法人（普通法人）または死亡したパートナーの遺産財団であること。小規模パートナーシップ適用除外（SPE）の適用にあたり，C法人とは，S法人ではない法人を指す。

(iii) 小規模パートナーシップ適用除外（SPE）を受けるには，前記の2つの要件を充足する必要があることから，その課税年において，パートナーが，次に該当する場合には，TEFRAパートナーシップ手続の対象となる。
・他のパートナーシップのパートナーである場合
・様式1120-S〔S法人用連邦所得税申告書（Form 1120-S: U.S. Income Tax Return for an S Corporation）〕の提出を求められるS法人である場合
・様式1065〔連邦パートナーシップ所得の申告書（Form 1065: U.S. Return of Partnership Income）〕の提出を求められるLLC（合同会社）である場合
・S法人選択ができるLLC（合同会社）である場合
・1人の構成員からなるLLC，すなわち，連邦所得課税上「法人格否認事業体（disregarded entity）」【法的責任においては事業主と別物の事業体として取り扱われるが，課税目的では事業主と同じものとしてみなされる事業体である。事業体はその所有者の個人所得税申告書を提出し，所得税を納付する。】として取り扱われる1人の事業体である場合
・信託（grantor trust／自益信託を含む。）
・名義人（nominee）
・非居住外国人である個人

⑤ TEFRAパートナーシップ手続とは

パートナーシップ段階手続は，通例，IRSが，行政手続の開始通知書（NBAP＝notice of the beginning of an administrative proceeding）を，TEFRAパートナーシップおよびそのパートナー全員に発送することで開始される（IRC6223条a項1号）。すなわち，IRSがパートナーシップ項目についての申告内容についてパートナーシップ段階での行政手続（administrative proceeding），つまり税務調査（tax audit），をする場合には，その旨を事前に通知する。これは，課税処分のための税務調査に先立ち，個人納税者や法人納税者などに対し，コンタクトレターを送付し調査の事前通知をする手続に匹敵する。

行政手続／税務調査の結果，IRSは，パートナーシップ項目についての申告内容に納得しない場合には，当該項目について調整（adjustment）を行い，最終パートナーシップ行政調整（FPAA＝final partnership administrative adjustment）通

知書の形でパートナー全員に交付する（IRC6223条 a 項 2 号）。FPAA 通知書は，一般の課税処分のための調査の場合の「不足税額通知書（notice of deficiency）」（通称「90日レター（90 day letter）」）に匹敵する（IRC6212条 a 項 1 号）。

パートナーシップの税務パートナー（TMP）は，FPAA 通知書内容に不服な場合には，その通知書を受け取ってから90日以内に，合衆国（連邦）租税裁判所（U.S. Tax Court），連邦地裁（U.S. District Court）または連邦請求裁判所（U.S. Court of Federal Claims）に訴えを提起できる（IRC6226条 a 項）。パートナーシップの税務パートナー（TMP）が90日以内に提訴しない場合で，他の FPAA 通知書を受領したパートナーが通知書内容に不服なときには，当初の90日経過後60日以内に提訴することができる（IRC6226条 b 項 1 号）。

裁判所は，パートナーシップ段階でのパートナー項目に関する FPAA 通知処分に限り裁判管轄権を有する。パートナーシップ段階手続とは対照的に，パートナー段階手続では，非パートナー項目を対象にする。パートナー段階手続では，たんに計算違いなどを理由とした調整が必要な場合と，事実認定が必要な場合がある。仮にパートナーが計算違いを理由とした IRS の調整に不服な場合には，還付訴訟に形で解決をはかる途が開かれている（IRC6230条 c 項）。他の方法としては，IRS が，対応調整項目（affected item）として FPAA 通知書を発して対処することも考えられる。

(5) 新 BBA パートナーシップ手続の概要

すでにふれたように，1982年に導入された TEFRA パートナーシップ手続は，制定から30年以上経過して，税の実務家のみならず，裁判所や IRS 当局者からも，効率的でない，改善が必要であるとの指摘を受けるようになった。とりわけ問題とされた点は，次のとおりである[65]。

【図表Ⅲ-33】TEFRA パートナーシップ手続の改正を要する理由

> (i) IRC のサブチャプターK（701条～761条）では，パートナーシップ課税においてはパートナーを納税主体とする事業体擬制説の考え方（aggregate approach）にベースにしている。にもかかわらず，TEFRA パートナーシップ手続では事業体擬制説に加え，事業体実在説の考え方（entity approach）も採り入れている。この結果，双方の考え方が入り乱れており，効率的な税務行政の妨げになっている。

---

[65] See, Peter A. Prescott, "Jumping the Shark: The Case for Repealing the TEFRA Partnership Audit Rules," 11 Fla. Tax. Rev. 503 (2011).

(ii) 大規模パートナーシップ税務調査特例は，各課税年において，パートナーの総数が100人以上のパートナーシップは，大規模パートナーシップ特例の選択（ELPs＝electing large partnership rules）を選択できる。この特例（ELPs）を選択すると，税務調査はパートナーシップ段階で実施しその調整結果をパートナーに反映させるという手続である。この特例は，1997年の税制改正で導入されたものである（IRC775条）。しかし，選択・利用実績はほとんどない(66)。
(iii) 大規模パートナーシップ税務調査特例，小規模パートナーシップ税務調査手続および通常の税務調査手続の適用あるパートナーシップというように，パートナーシップに関するタックス・コンプライアンスの仕組みが煩雑であり，IRS が必要以上にこの業務に労働力を割いており，改善が必要である。
(iv) パートナーシップの税務パートナー（TMP）の職務権限などが，次の点で明瞭でない。
・税務パートナー（TMP）が，IRS の税務調査について他のパートナーに通知することを失念した場合に，個々のパートナーを救済する手続がない。
・税務パートナー（TMP）が個々のパートナーの本人確認をすることが難しく，このことが IRS の税務調査の妨げになっている。
(v) どの項目がパートナーシップ項目に該当するのか線引きが不明瞭であり，出訴期限（statute of limitations）の適用に困難が伴う。

こうした問題点を改善するために，オバマ政権は，2015年11月2日に「超党派予算法（BBA＝Bipartisan Budget Act of 2015）」を成立させ，そのなかで，現行の TEFRA パートナーシップ手続に代えて「BBA パートナーシップ手続」（以下，2015年12月18日に成立したアメリカ人を増税から保護する法律（PATH Act）によるパートナーシップ手続関連の一部改正を含む(67)。）を制定した。BBA パートナーシップ手続は，連邦税法／内国歳入法典（IRC）6221条から6241条〔BBA〕に挿入され，2017年12月31日後（2018年1月1日以後）に始まる課税年に提出するパートナーシップ納税申告書から適用される。

---

(66) 例えば，2011課税年を例にとると，100人以上のパートナーを有し，かつ1億ドル以上の資産を保有する大規模パートナーシップで，この税務調査特例（ELPs）を選択したのは15件のみであると報告されている。連邦政府検査院（U.S. GAO＝Government Accountability Office）は2014年10月に，連邦議会に対してこの税務調査特例の改善を勧告した。See, GAO, Large Partnerships: With Growing Number of Partnerships, IRS Needs to Improve Audit Efficiency（GAO-14-732, September 2014）。また，合衆国租税裁判所は，その判決のなかで，パートナーおよびパートナーシップの課税所得に関する手続ルールは，余りにも煩雑かつ混乱をきたしていると批判している（See, e.g., Tigers-Eye Trading, LLC v. Commissioner, 138 T.C. at 92（2012））。
(67) PATH 法は，BBA パートナーシップ手続の不備な点を補強する狙いの法律でもある。しかし，PATH 法制定にもかかわらず，実務上の取扱いへの疑問が次々と提起されている。See, Jerald D. August, "Repeal of TEFRA Entity Level Audit Rules Under the Bipartisan Budget Act of 2015: The Adoption of a New Paradigm for Assessing and Collecting Income Taxes from Partnership," J. of Tax Practice & Procedure 36（August-September 2016）。

新たなBBAパートナーシップ手続の骨子は，次のとおりである[68]。

【図表Ⅲ-34】BBAパートナーシップ手続の骨子

- ・パートナーシップ段階査定・徴収（partnership level assessment and Collections）〜滞納対応制度（default regime）：パートナーシップが直接納税義務を負う仕組み
- ・小規模パートナーシップの手続から離脱できる制度（small partnership opt out regime）
- ・パートナー段階査定・徴収（partner level assessments and collections）〜選択納税制度（alternative regime）：パートナーが直接納税する選択を可能とする。
- ・パートナーシップ代理人（partnership representative）制度：これまでの税務パートナー（TMP＝tax matters partner）制度を廃止し，パートナーシップ代理人制度を導入する。
- ・出訴期限（statute of limitations）の明確化

① BBAパートナーシップ税務調査手続と代理人制度の導入

TEFRAパートナーシップ手続のもとでの税調査手続は，(i)小規模パートナーシップ，(ii)特例大規模パートナーシップ（ELPs＝electing large partnership rules）および(iii)その他のパートナーシップの3種がある。

これが，BBAパートナーシップ手続のもとでは，原則としてすべてのパートナーシップに対しては同一の税務調査手続が適用される。ただし，100人以下のパートナーからなるパートナーシップはこの手続から抜ける選択ができる。

また，税務調査終了（または司法審査終了）に基づく必要な税額調整は（パートナーではなく）パートナーシップに反映され，当該調整にかかる税額をパートナーシップが支払う（IRC6221条a項，6225条a項1号・d項2号〔BBA〕）。

また，BBAパートナーシップ手続のもと，税務調査および査定手続は，もっぱらパートナーシップが担当する。こうした手続を行う職務は，TEFRAパートナーシップ手続のもとで税務パートナー（TMP＝tax matters partner）制度の廃止に伴い，新たに導入されるパートナーシップ代理人（partnership representative）が担当する。したがって，各パートナーは，税務調査手続に参加

---

[68] See, Donald B. Susswein and Miriam L. Fisher, "New Partnership Audit Rules: What You Need to Know and Do Now: ALI CLE Course of Study Materials: Creative Tax Planning for Real Estate Transactions," (September 2016); Michael Hirschfeld, Enhanced Partnership Tax Audit Rules: New Challenges that Require Consideration," 30 Probate & Property 8 (2016).

する，または調査通知を受ける制定法上の権利を有しない（IRC6223条 a 項〔BBA〕）。パートナーは，税務調査に参加したい，または調査通知を受けたいと思う場合には，パートナーシップ契約（IRC704条 a 項）でその旨を確認する必要がある。

BBA パートナーシップ手続のもと，各パートナーシップは，パートナーシップ代理人（partnership representative）を選任する必要がある。パートナーシップ代理人（partnership representative）は，パートナーである必要はない。パートナーシップ代理人となる資格要件は，「合衆国に実質的に所在すること（substantial presence in the U.S.）」である（IRC6223条 a 項〔BBA〕）。（2017年 1 月時点では，財務省規則等でこの要件が具体的に規定されていない。また，パートナーシップは，パートナーシップ代理人を選任するためにパートナーシップ契約等を改訂する必要がある。）パートナーシップが，パートナーシップ代理人を選任していない場合には，IRS が適任者を選任にできることになっている。

② **帰属不足額納付方法の選択**

IRS は，パートナーシップに対する税務調査を終了した場合，必要な調整項目（例えば，増差税額，所得控除額の減額など）を記した最終パートナーシップ調整（FPA＝final partnership adjustment）通知書を交付しなければならない。

BBA パートナーシップ手続では，税務調査に基づき発生した調整額〔帰属不足税額（imputed underpayment）〕の納付について，パートナーシップは，次の 3 つから 1 つの方式を選択することができる。

【図表Ⅲ-35】帰属不足額納付方法の選択

> (i) **事業体であるパートナーシップが納付する方法**：新 BBA パートナーシップ手続のもと，IRS は，パートナーシップ項目にかかる所得，ゲイン（利得），損失，所得控除および税額控除〔IGLD〕などについてはパートナーシップ段階での税務調査を実施し，その結果に基づき調整を行うものとする（IRC6221条 a 項〔BBA〕）。すなわち，この点は，これまでの TEFRA パートナーシップ手続と同様である。しかし，調整の結果，課税年に納期限が到来した不足税額（underpayment of tax／増差税額＋経過利子＋制裁額）（新手続のもとでは，この不足税額を「帰属不足税額（imputed underpayment）」と呼ぶ。）は，各パートナーではなく，パートナーシップが納付する（IRC6225条 a 項〔BBA〕）。帰属不足税額は，原則として，税務調査が実施された課税年または司法判断が確定した課税年（新手続のもとでは「レビュー年（review year）」と呼ぶ。）時点で，そのパートナーシップが提出した課税年（新手続のもとでは「調整年（adjustment year）」と呼ぶ。）の情報申告書の関

係項目に反映させたうえで，個人所得税の最高税率で課税され（IRC6225条b項1号〔BBA〕），査定・徴収される（IRC6232条a項）。このように，BBAパートナーシップ手続のもと，税務調査手続は不足税額にかかる証明（挙証）責任は，レビュー年にパートナーシップの持分を有する各パートナーから当該パートナーシップに転化されている

(ii) **事業体であるパートナーシップが減額された帰属不足税額を納付する方法**：パートナーシップは，財務省規則に規定された要件を充足する場合に，その構成員であるパートナーが低い所得税率で課税されるまたは免税団体であることを証明して，減額された帰属不足税額納付の申請ができる（IRC6225条c項4号〔BBA〕）。ただし，この減額手続は，C法人（普通法人）がパートナーであり，かつ配賦される所得が通常所得（ordinary income）の増差等にかかる調整である場合，または個人がパートナーであり，かつ配賦される項目がキャピタルゲイン（譲渡所得）もしくは適格配当所得である場合に利用できる（IRC6225条c項4号〔BBA〕）。また，この減額手続は，パートナーシップの構成員であるすべてのパートナーがレビュー年に発生した帰属不足税額にかかる修正申告・納付する場合にも適用がある（IRC6225条c項2号〔BBA〕）[69]。

(iii) **小規模パートナーシップ特例の選択**：SSBパートナーシップ手続では，パートナーの数が100人以下の小規模パートナーシップは，SSBパートナーシップ手続から離脱し「小規模パートナーシップ特例（SPE＝small partnership election）」を選択できる。ただし，この特例を選択するには，パートナーは全員個人，C法人，S法人，C法人として取り扱われる外国事業体または遺産財団でなければならない（IRC6221条b項2号A〔BBA〕）。このことから，パートナーが，他のパートナーシップで組成されている場合やLLCがある場合には，SPE特例の適用は選択できない（IRC6221条b項1号〔BBA〕）。パートナーシップが，SPE特例の適用を選択した場合には，通常の税務調査手続が適用になる。

SPE特例とは対照的に，TEFRAパートナーシップ手続では，TEFRAパートナーシップ手続から離脱を選択できる適用除外（SPE＝Small Partnership Exception）措置は，1課税年中において常時パートナーの数が10人以下である小規模パートナーシップであることが要件とされている。

③　BBAパートナーシップ手続のもとでの税務調査および訴訟

　TEFRAパートナーシップ手続では，パートナーシップにかかる税務調査や税務訴訟に関しては，パートナーのなかから選任された税務パートナー（TMP＝tax matters partner）が職務権限を行使することになっている。

　これに対して，事業体実在説（entity theory）に傾斜したBBAパートナーシップ手続では，パートナーシップ代理人（partnership representative）は，そのパー

---

[69] もっとも，こうした減額手続は，小規模パートナーシップの場合を除き，パートナーが100人を超え，数千人もいる大規模パートナーシップでは，租税実務上は採りえない選択といえる。

トナーシップのパートナーである必要はない（IRC6223条 a 項〔BBA〕）。また，IRS は，パートナーシップ税務調査の実施に先立つ通知や暫定パートナーシップ調整（proposed partnership adjustment）または最終パートナーシップ行政調整（FPAA＝final partnership administrative adjustment）通知は，各パートナーにする必要はなく，これをパートナーシップ代理人にすることで足りる。

また，パートナーシップおよびそのすべてのパートナーは，パートナーシップ代理人ならびにパートナーシップにかかるあらゆる行政手続および司法手続上の最終決定に拘束される（IRC6223条 b 項〔BBA〕）。

(a) 税務調査手続の改正点

BBA パートナーシップ手続のもと，パートナーシップに対する IRS の税務調査は，調査官とパートナーシップ代理人の両当事者の間での手続としてデザインされている。また，調査が終了すれば，IRS は，暫定パートナーシップ調整（proposed partnership adjustment）通知書をパートナーシップ代理人に交付し，それに同意すれば，帰属不足税額（imputed underpayment）を納付することになる。

一方，パートナーシップ代理人が暫定パートナーシップ調整に同意しなければ，帰属不足税額の減額を求めて270日以内に IRS に対して追加資料を提出することになる。IRS は，270日経過後，パートナーシップ代理人に対して最終パートナーシップ行政調整（FPAA）通知書を交付する（IRC6231条 a 項 3 号〔BBA〕）。

(b) 訴訟の開始

パートナーシップ代理人は，最終パートナーシップ行政調整（FPAA）通知書の交付を受けて，その内容に納得しない場合には，その通知書を受領した日から90日以内に，連邦租税裁判所（U.S. Tax Court）に対して，IRS が決定した帰属不足税額の再調整を求めて提訴することができる（IRC6234条 a 項〔BBA〕）。パートナーシップ代理人は，連邦租税裁判所に代えて，パートナーシップの主たる事務所が登録されている州を管轄する連邦地方裁判所（U.S. District Court）または連邦請求裁判所（U.S. Court of Federal Claims）に対し，帰属不足税額の再調整を求めて訴訟を提起することもできる（IRC6234条 a 項〔BBA〕）。この場合には，パートナーシップ代理人は，最終パートナーシップ行政調整（FPAA）通知書に記載された帰属不足税額をいったん IRS に納付（供託／deposit）する必要がある。

パートナーシップ代理人からの提訴を受理した場合，裁判所は，最終パート

ナーシップ行政調整（FPAA）通知書に記載されたそのパートナーシップのレビュー年（review year）の所得，ゲイン（利得），損失，所得控除または税額控除などIGLDCすべての項目，パートナー間へのこれらの項目の適正な配賦および当該パートナーシップが負う制裁（民事罰）の課否，加算金または増差額について裁断する権限を行使できる（IRC6234条 c 項〔BBA〕）。

行政手続または司法手続を経て最終的に決定された帰属不足税額を負担する義務は，直接パートナーシップが負う。パートナーシップのパートナーは，当該パートナーシップが負担した帰属不足税額を連帯して負担する必要があるのかどうかについて税法（IRC）には特段の規定を置いていない。

⑹ 小 括

アメリカビジネス界では，1970年代後半から，パートナーシップは，最もポピュラーな事業体として幅広い分野で選択・活用されてきている。所有と経営が一体化し，パススルー課税が認められる事業体であり，かつパートナー間での損益の配賦などは，パートナーシップ契約でかなり自由にでき，柔軟性（flexibility）のある事業体であることが理由である。

その反面，1970年代後半から，パートナーシップの"濫用"が目立ってきた。まさに，パートナーシップの持つ"柔軟性"と"濫用"とは表裏一体の関係にあるといってよい。各種節税計画（tax saving plans），さらには濫用的なタックスシェルター（abusive tax shelters）や租税回避スキーム（tax avoidance schemes）のビークル（vehicle）としてのパートナーシップの想定外の利用の広がりである。エンロン，GEなどアメリカの名立たる企業までもが，このビークルの利用者であった。

連邦税制には，久しくパートナーシップ独自の体系だった租税手続はなかった。このため，パートナーシップをめぐる環境整備が久しくアメリカ税界の重い課題となっていた。1982年にはじめてTEFRAパートナーシップ手続が導入された。しかし，TEFRAパートナーシップ手続は，導入から30年以上経過して，その問題点も浮き彫りになってきた。とりわけ，事業体擬制説と事業体実在説とが交差する形のパートナーシップ税務調査手続などが，パートナーシップやパートナーのタックス・コンプライアンス／自発的納税協力負担を重くし，かつ連邦課税庁／内国歳入庁（IRS）の事務の効率化を阻害する要因にもなっていた。そこで，連邦議会は，パートナーシップ租税手続の改革に着手した。連

邦議会は，2015年11月2日に「超党派予算法 (BBA = Bipartisan Budget Act of 2015)」を成立させた。BBA は，「パートナーシップ税務調査および調整 (Partnership Audits and Adjustments)」の規定 (BBA 1101条) を含んでいる。この規定は，現行の TEFRA パートナーシップ手続を刷新し，効率化をはかることが狙いである。

　新たな BBA パートナーシップ租税手続は，2017年12月31日後 (2018年1月1日以後) に始まる課税年に実施される税務調査および提出するパートナーシップ納税申告書から適用される。新手続は，課税庁 (IRS) の事務負担の軽減，パートナーシップ租税手続の簡素化が狙いであるとされる。しかし，この新手続についても始動前から数多くの疑問が提起されている。

6　連邦の租税徴収手続の概要

　納税者が連邦税を滞納したとする。この場合に，IRSは，滞納した納税者（滞納者）に滞納額＋附帯税の督促をする。そして，法定期限まで納付がないときに，その納税者の租税債務に充当する目的で，当該納税者の給与を差し押さえる，財産に対して連邦税リーエン／先取特権の設定登記をする，車やボートなどの動産を差し押さえ換価する，銀行口座や投資口座，生命保険を差し押さえるといった手続に入る。こうした手続は，一括して「徴収手続（collection process/collection procedure）」と呼ばれる。こうした徴収手続／滞納処分を行うIRSの部門は「徴収部門（Collection Division）」と呼ばれる。W＆I局，SB/SE局などIRS4局はそれぞれ徴収部門を置いている（名称や担当業務の範囲や役割は，局（ODs）によりことごとく異なる。また，組織改革の頻繁に行われている。）。各局の徴収部門でコンプライアンス業務を専門に担当するIRSの職員は「徴収官（IRS Tax collector, Revenue Officer）」，上級職員は「歳入官（Revenue Agent）」と呼ばれる。

　滞納者は，生活上，事業上の困難などを理由にIRSの徴収手続に速やかに応じることができない場合には，時機を得た的確な法的対応が求められる。条件により，滞納者は，IRSの徴収職員ないし不服審査官との話し合いを通じて，「IRSの再出発プログラム（IRS Fresh Start Program）」を活用することにより，カード支払（payment with credit or debit card），分割納付合意（installment agreement），合意による滞納税額免除（OIC＝offer in compromise），差押・連邦税リーエン／先取特権設定・登記の回避も可能になる。

A　連邦租税徴収手続法制の基本

　連邦税の徴収手続を開始する最初のステップは，IRSによる不足額の査定／賦課（assessment of deficiency）である（IRC6201条a項，財務省規則301.6201-1(a)）。査定は，納税者が納税申告書を提出した後か，またはIRSが不足額を決定した後に行われる。

　原則として，IRSは，公的記録簿に不足額が登載されるまで，徴収を開始す

ることはできない（IRC6203条）。言い換えると，税額が記録された日が査定日となる。ちなみに，連邦政府（IRS）は，査定日から10年間，滞納者に対して不足額の納付を求めることができる。

ここでいう「不足額（deficiency）」とは，申告書に記載された額を超えて賦課される税額を指す。この額の算定にあたっては，以前に不足額として賦課され額（または賦課手続を経ないで徴収された額を含む。）を差し引き，法的に認められた人的控除額等を超える額を加えることになっている（IRC6211条）。

査定後，IRSは，滞納した納税者に対して，滞納税額と附帯税額を督促する通知をしなければならない（IRC6303条a項）。IRSは，納税者に査定税額の通知・納付の督促を行わない限り，徴収手続を開始することはできない。連邦税法は，IRSが，査定日から60日以内に納税者に対し査定額および納付の督促を通知（Notice of the assessment and demand for payment）するように求めている（IRC6303条a項）。

通知を受けた納税者は督促通知を受けてから10日内に不足額を納付しなければならない。ただし，実務的には，IRSのコンピュータシステムにおいて納付がない場合には，連邦税リーエン／先取特権の登記が行われる旨の警告や賃金や銀行口座その他の財産が差し押さえられる旨の警告を行う文書や自動電話が数週間おきに繰り返される仕組みになっている。このことから，実際の納期限は相当あとになる。

いずれにしろ，IRSからの繰り返しの督促にも拘らず納税者が，滞納額を納付しないとする。この場合には，連邦税リーエン／先取特権（Federal Tax Lien）が自動的に発生し，当該納税者が所有するすべての財産（査定前に保有していた財産＋査定後の所得した財産）に付される（IRC6321条，6331条a項）。ただし，連邦税リーエン／先取特権は，正式な連邦税リーエン／先取特権通知書（NFTL＝Notice of Federal Tax Lien）の登記が完了するまでは，善意の第三者には優先しない（IRC6331(d)(1)）[70]。

---

[70] なお，IRSの小規模企業／自営業（SB/SE）局における連邦税リーエン／先取特権処理の中央管理は，IRSのシンシナティキャンパスが担当している。See, IRS, Guidelines for Processing Notice of Federal Tax Lien Documents

【図表Ⅲ-36】連邦税法上の徴収行為関連用語の定義

① **連邦税リーエン／先取特権（Federal tax lien）**：連邦税リーエン／先取特権とは，連邦租税債権を保全するために，家屋や車両，賃金，銀行口座をはじめとした滞納者が有するすべての財産（査定前に保有していた財産＋査定後の所得した財産）に設定され，他の債務に先立った徴収できる法的請求権を指す。IRSが納税者に督促した納期限が到来した租税債務を負担しなかったと同時に自動的で成立し，滞納額を他の債務者に優先して徴収することができる。滞納者に関係する他の債権者に対して，政府（IRS）が当該滞納者の財産上の法的権利を有することを周知することが目的である。

② **リーエン／先取特権通知書（NFTL＝Notice of Federal tax lien）**：NFTLは，連邦税の滞納者（債務者）に対する公的通知書である。連邦租税債権を徴収するために滞納者が有するどのような財産に連邦税リーエン／先取特権が付され・登記されているかを，滞納者に通知する文書である。

③ **差押（levy）**：差押えとは，IRSが，督促により滞納額の納付を促しても納付がされない場合に，その滞納額（租税債務）に充当するために，滞納者が有する財産を処分しこれを換価できる状態にしておく手続を指す。連邦税リーエン／先取特権にはそれ自体に自力執行力がないことから，IRSは，その権利を実現するためには，民事訴訟を提起するか，行政上の差押えによる必要がある。ちなみに，IRCは，13のカテゴリーの差押禁止財産産（Property exempt from levy）を列挙している（IRC6334条a項）。

(1) 連邦税リーエン／先取特権の法的性格

連邦税リーエン／先取特権は，滞納者が滞納額に附帯税額を含めた額の督促を受けた後に（after demand），当該額を納付しない場合，当該納税者が所有するすべての財産（査定前に保有していた財産＋査定後の所得した財産）に対して，査定（assessment）時に遡って成立する（IRC6321条，6322条）。ちなみに，IRSは，連邦税リーエン／先取特権通知（NFTL＝Notice of Federal tax lien）を，その納税者が所在する地域を所管する郡（カウンティ）などの登記所に登記しなければ，第三者（他の債権者）に対抗することはできない（IRC6323条a項）。

連邦税リーエン／先取特権は，いったん発生すれば，連邦（IRS）は自力で納税者の財産を差し押さえることができる。しかし，IRSには，緊急賦課（jeopardy assessment）（IRC6332条d項3号）などの例外を除き，法令に従った厳格な手続を踏むように求められる。すなわち，IRSは，法定期限内に査定を行い，かつ督促を行うことや，徴収手続開始前に10日間の猶予を与えることなどの手続を遵守しなければならない。

【図表Ⅲ-37】差押予告通知書（Notice of intent to levy）のサンプル

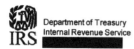

Department of Treasury
Internal Revenue Service

Notice	CP504
Tax Year	2014
Notice date	December 16, 2016
Social Security number	
To contact us	Phone
Your Caller ID	
Page 1 of 5	

Notice of Intent to Levy

Amount due immediately:

This is a notice of intent to seize ("levy") your state tax refund or other property. As we notified you before, our records show you have unpaid taxes for the tax year ending December 31, 2014 (Form 1040). If you don't call us immediately or pay the amount due, we may seize ("levy") your property or rights to property (including any state tax refunds) and apply it to the ▮▮▮ you owe.

Billing Summary

Tax you owe
Failure-to-pay penalty
Interest charges
Amount due immediately

What you need to do immediately

Pay immediately

- Pay the amount due of ▮▮▮. If you fail to pay by January 26, 2015, interest will increase and additional penalties may apply. If you don't pay by January 26, 2015, we may seize ("levy") your property or rights to property (including any state tax refunds). **You can pay online now at www.irs.gov/directpay.**

Continued on back...

Payment

Notice	CP504
Notice date	December 16, 2016
Social Security Number	

- Make your check or money order payable to the United States Treasury.
- Write your Social Security number ▮▮▮, the tax year (2014), and the form number (1040) on your payment and any correspondence.

Amount due immediately

INTERNAL REVENUE SERVICE

(2) 徴収上の適正手続審理 (CDP heading) とは

　連邦リーエン／先取特権が発効したとする。この場合，IRSは，すでにふれたように，当該リーエン／先取特権通知書 (NFTL = Notice of Federal tax lien) を登記し，それを公示することになる。しかし，この公示が行われると，滞納納税者の信用度に大きな影響を及ぼす。連邦議会で，1996年～7年にかけて，この公示が納税者の権利保護の視点から問題となり，1998年の法改正 (T3/RRA 98) につながった。

　T3/RRA 98は，IRSの徴収手続において滞納者に対して徴収上の適正手続審理 (CDP hearing) を受ける権利を保障するための法改正を行った (IRS6230条, 6330条)。すなわち，納税者の財産差押え (levy) 処分や連邦税リーエン／先取特権通知書 (NFTL) の登記に関し，納税者に徴収上の適正手続 (collection due process) を保障するために，滞納者に対して「連邦税リーエン／先取特権登記通知書 (NFTL)」と「Notice CP 504〔差押予告通知 (Notice of intent to levy)〕」の双方を，配達証明郵便または書留郵便で送付するように求めた。連邦税リーエン／先取特権登記通知書 (NFTL) は，登記から5営業日以内に送付しなければならない (IRC6320条a項1号)。一方，差押予告通知は，差押より30日前に送付しなければならない (IRC6330条a項1号)。その際に，滞納者は30日以内に審理 (CDP hearing) を申し立てる権利がある旨を教示するための通知書 (Notice of your rights to a hearing) も同封しなければならない。

　ちなみに，差押予告通知書CP504〔Notice of intent to levy〕のサンプルは，【図表Ⅲ-37】のような内容になっている。

　1998の法改正 (T3/RRA 98) で，内国歳入法典 (IRC) に盛られた徴収上の適正手続審理 (CDP hearing) の概要は，次のとおりである。

【図表Ⅲ-38】徴収上の適正手続審理 (CDP hearing) の概要

> ・IRSは，差押処分を行うにあたっては，連邦税リーエン／先取特権登記通知書 (NFTL)」と「差押予告通知書 (Notice of intent to levy)」の双方を，差押え先立つ30日前までに納税者に郵便で通知しなければならず，その際に，徴収上の適正手続審理 (CDP hearing／以下「CDP審理」という。) を受ける権利がある旨を教示する通知書 (Notice of your right to a hearing) を同封するものとする (IRC6330条)。
> ・納税者は，NFTLの登記から5日終了後または最初の差押予告通知を受けてから30日以内に，文書でCDP審理をIRSに申し立てることができる (財務省規則

301.6330-1(c)(2), Q&A-C3)。
- CDP 審理を求めた場合，IRS の不服審査部（Appeals Division）の不服審査官（appeals officer）が担当し，IRS と納税者双方の意見を聴取して判断するものとする（IRC6330条 c 項 1 号）。不服審査官は，前職務において当該事案を担当した者であってはならない（IRC6320条 b 項 3 号，6330条 b 項 3 号）。納税者は，担当不服審査官がその事案を IRS のコンプライアンス（調査／徴収）部門で関与した経歴があるときには，当該不服審査官を忌避する権利を有する。
- CDP 審理は，原則として，1 課税期間に 1 回申し立てることができる（IRC6330条 e 項 1 号）。
- IRS の不服審査部での不服審査手続は，通例インフォーマルな場合が多い。CDP 審理は，インフォーマルか，フォーマルか，法令上の特段の定めがない。実務上は，インフォーマルでよいと解されている。
- 審査実務の現場では，CDP 審理は，インフォーマルな対面審理（face-to-face hearing）のみならず，電話の通話（telephone conversation/communication）の手法も活用されている。この場合，通話は録音されることが多い。ただし，CDP 審理に関し，担当不服審査官が，対面審理も通話審理も行わず，書面審理で下した決定は無効とする合衆国租税裁判所の判決もある（Mayer v. Commissioner, 115 T. C. 417, at 422-23 (2000)）。もっとも，本事案については，滞納者が IRS の不服審査部では審理の対象とならない憲法上の争点についてだけを問題にしていたことにも留意する必要がある。
- 加えて，IRS 審査部は，書簡審理（correspondence hearing）の手法も活用している。租税裁判所も，CDP 審理の内容により，書簡審理を有効と判断している（例えば，Aston v. Commissioner, 85 T.C.M (CCH) 1260 (2003); Elek v. Commissioner, 85 T. C. M. (CCH) 1170 (2003)）。
- 納税者は，審理手続において，善意の配偶者の抗弁，証券の提供，他の財産での代替納付，分割納付合意，滞納者と IRS の徴収官との間で滞納額の一部を一括または分納する合意書（OIC＝offer in compromise）を交わすことにより残りの滞納金額を免除する制度（IRC7122条／IRM8.23.1）の利用を申し出ることができる（IRC6330条 c 項 2 号 A）。
- CDP 審理が対面で実施される場合には，通例，IRS の不服審査部の事務所が利用される。
- IRS 不服審査部は，IRS と納税者双方の主張を勘案して決定するものとする（IRC6330条 c 項 3 項）。
- 不服審査官の決定に満足しない場合には，滞納者は，裁判所に訴訟を提起することができる（IRC6330条 d 項 1 号）。
- IRS は，不服審査部での聴聞，審査，訴訟期間中は差押手続をすることができない（IRC6330条 e 項 1 号）。

(3) 合意による滞納税額免除（OIC）制度

合意による滞納税額免除（OIC＝Offer-in-compromise）制度とは，滞納者からの申請に基づき，滞納者と政府（IRS の徴収官）との間で滞納額の一部を一括また

は分納する合意書を交わすことにより，残りの滞納金額を免除する仕組み（IRC7122条／IRM5.8.1.1.1, 8.23.1）である（以下「滞納税額免除」または「OIC」という。）[71]。

滞納税額免除／OIC 制度は，滞納者に納付資力がないと思われる（財務省規則301.7122-1(a)(2)(B)）など一定の理由がある場合で，分割納付合意（installment agreement）では助けにならないと判断されるときに，当該滞納者とIRSとの合意の基づき滞納額を一部または全部を免除する仕組みである。一般に，滞納額が，その納税者の納付能力を著しく超えていると判断される事例に限り適用される。もっとも，納税者が資産を保有してとしても，その資産が文化財に該当し処分できない事例などにも，例外的に適用される【☞本書第Ⅴ部**3**】。

(4) 分割納付合意（installment agreement）

納税者が税金を滞納し，滞納額の納付に困難を抱えているとする。この場合で，IRS は，分割納付に応じることが滞納税の満額またはその一部の徴収を容易にすると認められるときには，その額を納税者が納付することを条件に，分割納付に滞納者と書面で合意するように求められる（IRC6159条 a 項）。

とりわけ，個人の場合で，次の要件にあてはまる少額の滞納について，IRSは，滞納税の満額について分割納付合意を結ぶように求められる（IRC6159条 c項）。

【図表Ⅲ-39】少額の滞納と分割納付合意の条件

> ① 滞納総額が10,000ドル以下であること。
> ② 納税者が過去5年間連邦所得税申告書を提出しかつ連邦税の納付をしてきたこと，および所得税納付のための分割納付の合意がなかったこと。
> ③ IRS の求めに応じて納税者が提供した情報に基づき，IRS が，納税者は財政上の理由により期限までに納税できないと決定したこと。
> ④ 当該合意が3年以内の全額納付を定めていること。
> ⑤ 合意の有効期間中，納税者は税法の規定を遵守することに同意すること。

[71] なお，IRC7122条〔合意〕は，合意（compromise）による紛争解決に関する手続について定めた規定である。税法のもとで発生した民事／行政（civil）上のみならず，刑事（criminal）上の合意も対象となる。ちなみに，財務長官は，IRC7122条のもとでの滞納税額免除／OIC に関する権限をIRS に付与している（IRM5.8.1.1.2.1）。加えて，内国歳入庁長官は，財務省規則3-1.7122-1に基づき，①徴収可能性の懸念（DATC＝Doubt as to Collectability），債務の懸念（DATL＝Doubt as to Liability）または③効率的な税務行政（ETA＝Effective Tax Administration）促進の3つの理由のうち，いずれか1つに基づいて債務免除に合意する権限を付与されている（IRM5.8.1.1.2.2）。

ちなみに、この IRS に対し個人の少額の滞納額にかかる分割納付を義務付けた IRC の規定は、T3/RRA 98で盛り込まれたものである。

もっとも、分割納付は、①納税者が合意の日前に不正確なまたは不完全な情報を提供していた、②徴収が危殆に陥っている、③滞納者の財務状態に重要な変更が生じた、④納付を中断したときなどの事実があった場合には、認められない（IRC6159条 b 項）。

B　伝統的な訴訟前紛争解決手続の基本

IRS が納税者に発する30日レターは、税務調査結果を通知すると同時に、不服申立ての権利（appeal's right）を教示する文書である[72]。納税者は、30日レターの送達から30日以内に IRS の不服審査部（Appeals Division）、不服審査局（Appeals Office）に通常の不服申立てなどの手続を開始できる（財務省規則601.105(d)(2)(i)～(iv)）。

IRS の不服審査部は、納税者から不服申立てがあった場合、不服審査官（Appeals Office Representative/Appeals Officer）が、納税者、その代理権限証書を有する代理人[73]と協議（conference）を開始する。IRS 不服審査部は、IRS 執行（Compliance）部門、すなわち調査／徴収（Examination/Collection）部門から完全に独立している。不服審査官は、納税者、IRS いずれにも偏することなく、公正かつ厳正に税額を決定するように求められる（財務省規則601.106(f)(1)～(2)）。

IRS 不服審査官が、事案を審査した結果、「不足額があり、解決は不可能」と判断する場合には、IRS は、一般には「90日レター（90 day letter）」とよばれる「不足税額通知書（NOD＝notice of deficiency）」を納税者に送達する（IRC6121条、IRM8.2.2.1 (05-29-2014)）。

一方、納税者が、30日レターの送達日から期間内に不服審査部に対して不服申立手続を開始しないとする。この場合も、不服審査を行ってそれが棄却されたときと同様に、IRS は、「90日レター（90 day letter）」を納税者に送達する。

90日レターの送達により、納税額が正式に確定する。もっとも、納税者は、

---

[72] 伝統的な紛争解決プロセスについては、See, Your Appeal Rights and How to Prepare a Protest if You Don't Agree（Publication 5, Rev. 01-1999）. Available at: https://www.irs.gov/pub/irs-pdf/p5.pdf

[73] ここでいう代理人とは、弁護士（attorney at law）、公認会計士（CPA）、登録税務士（enrolled agent）など、IRS の前で納税者を代理できる有資格者を指す。

90日レターの送達を受けてから90日以内に，増差額（不足額＋加算税）を未納付のまま合衆国（連邦）租税裁判所（U.S. Tax Court）に提訴する途を選択できる。あるいは増差額（不足額＋加算税）を納付したうえで，連邦地方裁判所（U.S. District Court）または連邦請求裁判所（U.S. Claims Court）に還付請求訴訟を提起ことができる。95％以上の納税者が，訴訟の場として，租税訴訟に特化した特別裁判所である連邦租税裁判所を選択している【☞本書第Ⅵ部❷】。

IRSが90日レターを送付したのにもかかわらず，納税者が，期日までに納付しないとする。この場合には，連邦租税裁判所に提訴しているときなどを除き，IRSは，滞納／徴収手続（collection process）に入ることになる。

以上が，伝統的な訴訟前紛争解決手続の概要である。

第Ⅳ部
可視化する連邦租税手続

　アメリカ連邦税務の可視化が急速に進んできている。今日，納税者は，自己と課税庁（IRS／内国歳入庁）職員との面談（in-person interview）内容の音声収録（録音／audio recording）を求めることができる。その射程は，「課税処分のための調査過程（civil tax audit process）」[1]のみならず，「滞納／徴収過程（collection process）」や「不服申立手続（appeals procedure）」[2]にまで及ぶ[3]。

　連邦税法（IRC）は，税務調査／面談を可視化する狙いで，税務調査を音声録音（音声収録）する手続を定めている（IRC7521条）。調査を受ける納税者（その代理人を含む。以下，同じ。）は，調査を録音する旨を課税庁（IRS）に事前通知をすれば，自費で録音装置などを用意したうえで税務調査（面談）を音声録音できる。加えて，調査／面談を実施した課税庁は，その録音のコピーの実費提供を受けることができる。一方，課税庁（IRS）も，必要に応じて，調査を受ける納税者に事前通知したうえで税務調査を音声録音できる。この場合，調査を受けた納税者は，税務調査を実施した課税庁（IRS）からその録音のコピーまたは筆記録の実費提供を受けることができる。

　税務調査の可視化，音声録音手続の法認は，本来，納税者の権利利益の保護が目的である。すなわち，調査を受ける納税者が，税務調査官（Revenue Agent）

---

[1] ちなみに，租税犯則調査・査察プロセス（criminal audit process）については，当然に音声収録（録音）・録画される。I.R.M（内国歳入マニュアル）9.4.5.7，9.4.5.8，9.4.5.9参照。
[2] I.R.M（内国歳入マニュアル）8.61.5参照。
[3] わが国では，2016（平成28）年5月26日に，第90回国会で成立した刑事訴訟法等の一部改正法では，録音・録画の対象が裁判員裁判になる事件と検察の独自捜査事件に限定されている。しかし，警察段階での取調で多くの虚偽自白がつくられていること，志布志事件，厚労省元局長事件，PC遠隔操作冤罪事件，さらには痴漢冤罪事件のような裁判員対象事件以外でも冤罪が多発している。このことから，すべての事件の被疑者および参考人の取調を録音・録画の対象とすべきであるとの意見もある。取調の可視化についての論点について詳しくは，小坂井久「取調べ可視化の時代」季刊刑事弁護82号10頁以下参照。

に丁重な扱いを期待するとともに，自己の清廉性を証するための証拠資料を音声で確保することが狙いである。

　ただ，税務調査の音声録音手続の別の使い方にも注意が要る。なぜならば，課税庁（IRS）は「民事・刑事同時並行調査（civil-criminal parallel audit）」を進めているからである【☞本書第Ⅴ部❷】。この調査手法では，課税処分のための民事の税務調査（civil tax audit）で音声収録された証拠資料は，租税犯則調査（criminal tax audit/investigation）にも使うことが容認される。したがって，調査録音コピーがIRSの調査部門から犯則部門の特別調査官（Special Agent）の手にわたり，そのコピーを証拠資料にして連邦検察（U.S. Attorney）に告発され，調査を受けた納税者が連邦検察の刑事訴追を受ける【☞本書第Ⅶ部❸】という想定外のシナリオもあり得る。

　民事・刑事同時並行調査は，調査対象納税者の憲法および租税手続上の権利にマイナスに作用することから，その積極的活用には大きな疑問符がついている。しかし，法的な歯止めはかかっていない。納税者による安易な税務調査の音声収録に警鐘を鳴らす税の専門職も多い。調査を受ける納税者は，税務調査の音声録音には慎重な判断が要る。

　ちなみに，連邦課税庁（IRS）は，職員の守秘義務を楯に税務調査をはじめとした租税手続の可視化を阻むような主張はしていない。

1 納税者に面談収録権を法認した経緯

　アメリカにおいて、連邦納税者の面談収録権（taxpayer's right to record interview）は、連邦税法（IRC／内国歳入法典）の一部改正法である「1988年納税者権利章典法（Taxpayer Bill of Rights Act of 1988）」、通称で「T1」、によってはじめて法律上の権利（statutory right）として認められた[4]【☞本書第Ⅲ部**1**A】。

　それ以前、納税者の面談収録権は、1963年に、カリフォルニア北部地区連邦地方裁判所が下したモット　対　マックマーオン（Mott v. MacMahon, 214 F. Supp. 20〔N. D. Cal. 1963〕）事件判決に依拠して、判例法上の納税者の権利として法認されたものである。Mott判決で、裁判所は、税務調査の際に、被調査者である納税者は、調査内容の記録するための、自己の負担で認定速記者（CSR = certified shorthand reporter）[5]を依頼する権利があると判示した。この判決に基づき、連邦課税庁である内国歳入庁（IRS = Internal Revenue Service）は、内国歳入マニュ

---

(4) 納税者権利章典法一般について詳しくは、拙著『先進諸国の納税者権利憲章〔第2版〕』（中央経済社、1996年）第11章、石村耕治編『現代税法入門塾〔第8版〕』（清文社、2016年）76頁以下参照。

(5) アメリカ各州には、州法に基づく「認定速記者（CSR = certified shorthand reporter）」という専門職制度がある。認定速記者／CSRは、法廷速記者（court reporter）の一種である。適性試験や適格審査を受け、一定の水準のスピードで速記できる能力を有する者を、職業倫理を遵守し、かつ継続的な研修を受けることなどを条件に認定する。一般に、各州裁判所事務局（State Court Administrator Legal Authority）などが、認定試験や継続研修、認定番号（Certificate number）の交付などの事務を所管している。また、当該事務局は、全国的認定資格【全国法廷記録者協会（NCRA = National Court Reporters Association）または全国真正記録者協会（NVRA = National Verbatim Reporters Association）に認定された登録専門報告者（RPR = Registered Professional Reporter）または登録真正報告者（CVR = Certified Verbatim Reporter）であるかどうかなどの審査】との調整事務を行う。認定速記者／CSRは、高度な電子的音声収録技術が発展する以前は、必須の専門職であった。ただ、収録された音声を文章に変換する電子技術がいまだ発展途上にあることから、今日、認定速記者／CSRは、収録された音声を文章に変換するデータ起しなどに傾斜する形で、その職務を遂行している。認定速記者／CSR制度の沿革について詳しくは、See, Thomas M. Dunlap, "People You Should Know: The Court Reporters," 69 J. Mo. B. 270 (2013). 多くの州において、法廷記録を、これまでの速記者が作成する文書媒体記録・保存に代えて、音声録音データによる記録・保存が法認されるのかどうかが争われている。州の法曹団体などは、音声録音データ保存を法認するように求めて州議会へ働きかけを行っている例も散見される。その一方で、法廷速記者からなる職業団体が職域保全のための法廷闘争を展開している例もみられる。See, Glenn S. Koppel, "A Tale of Two Counties: Divergent Responses in Los Angeles and Orange County Superior Courts to the Ban on Electronic Recording in California Court Reporters Ass'n v. Judicial Council," 37 San Diego L. Rev. 47 (2000)

アル（IRM = Internal Revenue Manual）のなかで，行政上の譲与（administrative concession）として，次の4要件を満たすことを条件に，被調査者である納税者に対して課税庁担当官との面談の収録（audio recording of interview）を容認した。すなわち，①部門統括官（GM = Group Manager）の承認を受けること。②納税者またはその代理人が収録装置を用意すること。③IRS も自己の収録装置を使って収録に参加が認められること。④収録は，適切な場所，通例 IRS 事務所（地域署）で行われること（IRM4245, at 7309-223 to-24〔Sept. 4, 1985〕）[6]。

しかし，内国歳入マニュアル（IRM）を典拠に，IRS が納税者サービスの一環として，面談録音を認めるのでは，課税庁側に大きな裁量権を付与することにもつながる。面談録音が認められた納税者と認められなかった納税者との間に不公平が生じ，租税正義に反する結果を招きかねない。また，課税庁の現場職員の偏見などによって面談録音を認められなかった納税者が，司法救済を求めるとしても，裁量権の範囲内として門前払いになるおそれも強くなる。税務職員の偏見によって面談録音を拒否された納税者が，租税正義を求めて争うにしても，納税者側の立証責任は重い。

こうした内国歳入マニュアル（IRM）を典拠に面談録音を認めるという当時の課税実務上の問題に対処する狙いから，連邦議会は，1988年に連邦税法（IRC）の一部改正法（Taxpayer Bill of Rights Act of 1988），通称で「T1」，を成立させ，そのなかで，法律上の権利としての納税者の面談収録権（statutory taxpayer's right to record interview）を法認した。

ちなみに，民事，つまり課税処分および徴収処分のために税務調査ならびに不服審査にかかる面談収録においては，被調査者の身柄拘束を伴わないことなどから，音声録音（音声収録／audio recording）のみが認められる。ビデオ録画や撮像などは認められない。

---

(6) See, Creighton R. Meland, "Omnibus Taxpayers' Bill of Rights Act: Taxpayers' Remedy or Political Placebo?," 86 Mich. L. Rev. 1787, at 1792 et seq.; John J. Cross III, "Taxpayer Bill of Rights," 75 A. B. A. J 76 (1989).

2 納税者の面談収録権を法認した典拠

　連邦納税者がIRSとの面談内容の収録を求める権利は，法律上の権利（statutory taxpayer's right to record interview）として認められている。その典拠となる連邦税法上の規定（内国歳入法典／IRC7521条〔納税者との面談にかかる手続〕a項〔面談の収録〕）は，次のように定める。

【図表Ⅳ-1】内国歳入法典上の「面談の収録」を認める根拠規定（仮訳）

内国歳入法典（IRC）第7521条〔納税者との面談にかかる手続〕
第a項〔面談の収録〕
第1号〔納税者による収録〕
　内国歳入庁の上級職員または職員は，課税処分または徴収に関し納税者本人との面談（in-person interview）を行う場合で，当該納税者から事前の請求があるときは，当該納税者の負担及び装置を使って当該調査の音声録音をすることをその納税者に認めるものとする。
第2号〔内国歳入庁の上級職員または職員による収録〕
　内国歳入庁の上級職員または職員は，前号に規定する面談を収録することができる。（A）この場合において，当該上級職員または職員は，その面談に先立ち収録する旨を納税者へ通知し，かつ，（B）納税者から求めがある場合でその納税者が収録の筆写または写しの費用を負担するときには，その納税者に当該収録の筆写または写しを提供するものとする。
第b項〔保護措置〕
第1号〔進め方の説明〕
　内国歳入庁の上級職員または職員は，最初の面談前もしくは面談時に，納税者に対して次のことを説明するものとする。
　　（A）課税処分に関する納税者本人との面談の場合には，調査の進め方および進行に伴う納税者の権利，または，
　　（B）租税の徴収に関する納税者本人との面談の場合には，徴収の進め方および進行に伴う納税者の権利
第2号〔専門職と相談する権利〕
　納税者が，面談時において，内国歳入庁の上級職員または職員に対して，弁護士，公認会計士，登録税務士（enrolled Agent），登録年金計理士（enrolled actuary）その他内国歳入庁のもとで納税者を代理することができる者と相談することを望んだ場合（ただし，第78章第A節に基づき発行された行政召喚状により開始された面談は除く。）には，当該職員は，その納税者が1つ以上の質問に応答しているかどうかに拘わらず，面談を中止しなければならない。

第 c 項〔委任状を有する代理人〕
　弁護士，公認会計士，登録税務士，登録年金計理士その他内国歳入庁のもとで納税者を代理することができる者（ただし，内国歳入庁のもとでの業務を禁止されている者または停止されている者を除く。）は，当該納税者からの成文の委任状を得ている場合には，第 a 項に規定する面談においてその納税者を代理することができる。内国歳入庁の上級職員または職員は，第78章第 A 節に基づき発行された行政召喚状による場合を除き，納税者に対して代理人を伴うように求める必要はない。当該職員は，代理人を求めることが内国歳入庁による当該納税者に対する検査や捜索の不当な遅延または妨害を招くと信じる場合には，直属の上司の同意を得て，当該納税者にその旨を直接告知することができる。

第 d 項〔一定の捜索に対する本条の不適用〕
　本条は，内国歳入庁の上級職員または職員による刑事調査または捜索には適用されない。

3 税務調査過程での面談収録

　連邦における税務調査（tax audit）は，実施手法の面からみると，大きく「書簡調査（correspondence examination）」(財務省規則601.105(b)），「机上調査／署内調査（office audit）」(同601.105(b)(2)(ii)）および「実地調査（field audit）」(同601.105(b)(3)）に分けることができる【☞本書第Ⅲ部**3**図表Ⅲ-17】。内国歳入庁（IRS）調査官と納税者本人との面談（in-person interview）は，署内調査の一環として納税者を署に呼び出して面談する場合や，納税者の事業所や居宅などでの実施調査／臨場調査の進行過程において面談する場合がある[7]。

　いずれの本人面談の場合にも，面談内容の収録（音声録音）が税法上の明文規定（内国歳入法典／IRC7521条〔納税者との面談にかかる手続〕a項〔面談の収録〕）を典拠に認められている。つまり，納税者が面談内容の収録を求める権利は，法律上の権利（statutory taxpayer's right to record interview）として認められている。

　この規定を受けて，アメリカ連邦課税庁である内国歳入庁（IRS）は，内国歳入マニュアル（IRM＝Internal Revenue Manual）のなかに「面談の音声録音の求め（Requests to Audio Record Interview）」に関する定めを置き，音声録音の実務取扱いについて規定している。

　加えて，IRS／内国歳入庁が納税者向けに出している事務運営指針『納税者としてのあなたの権利（Your Rights as a Taxpayer）』では，次のように宣言している。納税者である「あなたは，わたしたちIRSの調査官，不服申立担当官または徴収担当官との面談についてはすべて，音声録音をするができます。ただし，わたしたちIRSへの録音の申出は，面談の10日前までに文書で行ってください。」[8]

(1) IRSによる「面談の音声収録」に関する実務取扱い

　納税者の面談内容の収録（音声録音）権は税法上の明文規定（内国歳入法典／IRC7521条a項）で認められている。課税処分のための税務調査過程において，

---

(7) See, IRS, The Examination (Audit) Process. Available at: http://www.irstaxattorney.com/Audit-Techniques-Guide/examination_audit_process.html
(8) 【☞本書第Ⅲ部**1**B】石村耕治編『現代税法入門塾〔第8版〕』前掲注(4), 82頁参照。

内国歳入庁（IRS）は，内国歳入マニュアル（IRM＝Internal Revenue Manual）で，「面談の音声収録の求め（Requests to Audio Record Interviews）」に関し，次のような取扱いをする旨を規定している。

【図表Ⅳ-2】IRM の面談の音声収録の求めの規定（仮訳）

- 内国歳入マニュアル（IRM）4.10.3.3.6〔2016年2月26日〕）
〔面談の音声収録の求め〕
1．内国歳入法典（IRC）7521条 a 項は，納税者および内国歳入庁職員は，納税者「本人（in-person）」との面談（interview）は，それぞれの当事者の事前通知をすることを条件に，音声（audio）収録（record）をすることができる，と規定している。
　　〔注記〕
　　納税者またはその代理人は，歳入庁が知るもしくは知らないに拘わらず，電話による面談（telephone interview）を収録する権利を有していない。納税者が通話中に会話を収録し始めた場合，または調査官（examiner）が収録に気づいた場合には，当該調査官は，その納税者もしくは代理人に対して収録を停止するように勧告するものとする。収録が停止されない場合，調査官は，通話を停止し，かつその旨を様式第9984号〔調査官活動記録書（Examining Officers Activity Record）〕に記載するものとする。詳しくは，IRM5.1.12.3(3)〔面談の納税者による収録（Taxpayer Recording of Interview）〕を参照。
　　カメラ，ビデオテープ収録装置および電子映像収録装置は認められない。しかし，いかなる場合においても，職員はこの種の装置を物理的に差し押さえてはならない。詳しくは，IRM25.5.5.4.4〔進行状況を音声録音する権利（Right to Make an Audit Recording of the Proceeding）〕を参照。

2．**納税者の求め（Taxpayer Requests）**：IRS ノーティス（Notice）89-51〔納税者との面談に関する手続（Procedures Involving Taxpayer Interviews）〕に基づき，納税者またはその資格ある代理人が調査の進行過程を音声収録することの求めがあった場合には，面談を実施している歳入庁の上級職員若しくは職員は，次のすべての要件を満たすときには，それも認めるものとする。
　A．納税者またはその資格ある代理人が収録装置を準備すること。
　B．歳入庁は，（歳入庁の装置を使って）その進行過程に係る自己の収録を再生できること。
　C．収録は，適切な場所，通例，内国歳入庁の収録が再生可能な装置を備えた歳入庁舎内で行われること，および，
　D．歳入庁職員を除くその進行過程関係者全員が音声収録に同意し，かつ，関係者全員が自己の身元およびその進行過程における自己の立場を名乗ること。

3．納税者または資格ある代理人は，調査進行過程の音声収録を求める場合には，歳入庁の面談を担当する上級職員若しくは職員あてにその求めをするものとし，かつ，歳入庁はその求めを収録される面談の10歴日前までに受領していなければならない。

歳入庁は，10歴日前までに通知を受領していない場合には，その裁量において，予定どおりに面談を実施するか，または新たな実施日を設定する。

4．**内国歳入庁主導の収録（IRS Initiated Recordings）**：歳入庁は，レター（Letter）2156号〔面談の収録（Recording Interviews）〕を使って10歴日前までに通知をしたうえで音声録音をすることができる。すべての歳入庁主導の収録は，現場統括官（Field Territory Manager）承認を受けなければならない。

5．収録のはじめに，面談を担当した調査官は，自分の身元，その面談の日時，場所及び目的を名乗るものとする。加えて，音声録音には，次の事項を収録するものとする。
　A．納税者または証人の氏名
　B．各調査関係者の立場表明を含む，全収録関係者の身元
　C．面談中の関係者の出入り時刻
　D．進行過程において提示または議論された文書が，その事案ファイルにある他の資料とマッチする場合に，音声録音が有益な記録となるだけ十分に詳しい説明
　E．最後に，進行過程が終了した旨，面談にかかる総収録時間（例えば，音声録音の継続時間）および収録が終了した旨を宣言すること。

6．音声収録物には，納税者の氏名，社会保障番号（SSN），調査実施年，面談の日時，総収録時間を記したラベルを貼ったうえで，調査調書（workpaper）を添付し，丈夫な封筒に入れ密封するものとする。様式（Form）5344号〔調査終了記録（Examination Closing Record）〕のうえに「収録済み面談音声録音同封（RECORD INTERVIEW AUDIO RECORDING ENCLOSED）」と記載すること。

- 内国歳入マニュアル（IRM）5.1.12.3〔2014年8月5日〕

〔**納税者による面談の収録（Taxpayer Recording of Interviews）**〕
1．内国歳入法典（IRC）第7521条〔納税者との面談に係る手続〕の規定に基づき，納税者は，納税者「本人（in-person）」との面談（interview）を音声録音する権利を有している。レター（Letter）89-51号（1989-17 I. R. B. 21）に基づき，納税者は，10歴日前までに文書で事前通知するように求められる。

2．納税者は，10歴日前までに文書で通知しない場合には，予定どおり実施された面談を受けるか，新たな面談日を設定するか，選択をすることになる。納税者は，自分で収録の装置を準備しなければならない。収録は，納税者の負担で，テープ，速記，その他の手法で行うことができます。納税者は，面談をビデオ収録で記録する権利を有していない。

3．納税者または代理人は，歳入庁が知るもしくは知らないに拘わらず，電話による面談（telephone interview）を収録する権利を有していない。納税者が通話中に会話を収録し始めた場合，または調査官が収録に気づいた場合には，当該調査官は，その納税者または代理人に対して収録を停止するように勧告するものとする。収録

が停止されない場合，丁寧に通話を停止し，かつその経緯を文書で残すものとする。

• 内国歳入マニュアル（IRM）5.1.12.3.1 [2014年8月5日]
〔求めへの同意（Agree with the Request）〕
1．面談の収録の求めがあった場合，その部門の統括官（GM＝Group Manager）の承認を得たうえで収録に同意する。適切な文書による求めを受け取った後に，統括係官（GM）に通知し，その後，面談予定を内国歳入庁（IRS）の所在地で組み直し，かつ，面談の収録に供するための作動する収録装置をIRSに提供される。

2．収録装置，適切な場所が供されない場合，必要な装置および適切な場所が準備できるまで，面談は延期されかつ予定は組み直される。

• 内国歳入マニュアル（IRM）5.1.12.3.2 [2012年9月20日]
〔面談のビデオ撮りまたは撮像の求めの拒否（Deny Requests for Video or Film Interviews）〕
1．いかなる面談のビデオ撮りまたは撮像の求めの拒否
2．納税者からの面談のビデオ撮りまたは撮像の求めの文書を事案ファイルへ添付すること。

• 内国歳入マニュアル（IRM）5.1.12.3.3 [2012年9月20日]
〔収録を中断する場合（When to Interrupt the Recording）〕
1．その部門の統括官（GM）は，納税者の行動が通常の徴収手続にとり明確に規律を乱すと考える場合には，音声録音を停止するものとする。
2．納税者からの面談の音声録音の求めの文書を事案ファイルへ添付すること。
3．収録を停止させたその部門の統括官（GM）が自分の事例歴にその旨を記録すること。
4．収録の写しを事例ファイルに添付すること。

• 内国歳入マニュアル（IRM）5.1.12.3.4 [2012年9月20日]
〔音声収録手続（Audio Reporting Procedures）〕
1．収録が行なわれているときはその部門の統括官（GM）が出席できるように予定を組むこと。
〔例外〕
　統括官（GM）が出席できないときには，他の歳入庁職員が出席できるように予定を組むこと。
2．収録のはじめに，自分の身元，その面談の日時，場所および目的を名乗ること。
3．各面談関係者に対して，次のことをするように求めること。
　A．自分の身元を名乗ること。
　B．進行過程において自分の立場を述べること。
　C．音声収録をすることに承諾および同意すること。
4．面談中に出入りした関係者の披露しかつ身元を確認すること。
5．進行過程において提示された文書記録が，その事案ファイルにある他の資料とマ

ッチする場合に，音声録音が有益な記録となるだけ十分に詳しい説明をすること。
6．面接の最後に，進行過程が終了した旨および収録が終了した旨を宣言すること。
7．面接の最後に，収録装置を切ること。
8．収録の写しを事例ファイルに添付すること。

- 内国歳入マニュアル（IRM）5.1.12.3.5［2008年5月20日］

〔収録の筆写（Transcript of Recording）〕
1．収録の全部または一部がその事案ファイルにある他の資料とマッチする場合で，音声録音が有益な記録となるときに，それを筆写すること。
2．納税者は，歳入庁が主導して実施した面談の収録の複製または面談の筆写の写しを入手することができる。この場合において，納税者は，事前にその複製または写しの費用を支払うものとする。

(2) 補論：オーストラリアにおける税務調査過程の面談収録

ここで，グローバルな税務手続可視化の動向を探るという意味で，オーストラリアの現状を紹介する。オーストラリア国税庁（ATO＝Australian Taxation Office）も，事務運営方針『納税者憲章：あなたが予備調査または調査対象とされた場合』（ATO, Taxpayers' Charter: If you're subject to review or audit,（NAT 2558-04.2013））』[9]のなかで，音声録音を認めて，次のように宣言している[10]。

【図表Ⅳ-3】オーストラリア国税庁（ATO）の税務調査過程の面談収録方針

■ATO（国税庁）は，納税者が，いかなる会話または面談をオーディオ録音すること，またはその記録を作成することを認めます。この場合，納税者は，オーディオ録音の副本（コピー）をATOに提供するように求められます。
■ATOは，面談内容を録音することが相当であると考え，かつ納税者が録音に同意する場合には，納税者に事前に通知したうえで録音をすることができます。この場合，ATOは，面談に終了後にその録音の副本を無料で納税者に提供することになっています。
■ATOは，納税者から請求があれば，会話または面談の文書化された記録の副本に署名のうえ納税者に提供します。ATOは，この記録に納税者の署名を求める場合，どのような理由でそれを求めるのかを説明します。

---

(9) See, at 8-9. Available at: https://www.ato.gov.au/About-ATO/About-us/In-detail/Taxpayers--charter/Taxpayers--charter--if-you-re-subject-to-review-or-audit/
(10) 詳しくは，ジャスティン・ダブナー「オーストラリアの税制と税務手続の概要」国民税制研究第2号（2016年，国民税制研究所）33頁：http://jti-web.net/archives/736参照。なお，オーストラリアの場合は，税務調査の音声録音は，納税者に対して制定法上の権利として認めているアメリカとは異なり，納税者サービスの一環，行政上の譲与（administrative concession）として認められている。

(3) わが国における税務調査可視化の現状

アメリカでは，課税処分等のための税務調査／面談の音声収録を，納税者の法律上の権利として認めている。一方，オーストラリアでは，納税者サービスの一環として，行政上の譲与として課税処分等のための税務調査／面談の音声収録を認めている。納税者の権利擁護の視角からすると，音声録音面では，アメリカが格段に進んでいる。

また，米豪両国とも，納税者の求めに応じて税務調査／面談の音声収録を認める一方で，課税庁側にも，納税者の同意を前提に，その過程に参加する形で課税音声収録を認めている。

これらアメリカやオーストラリアと対照的なのが日本である。わが国税当局は，「質問応答記録書」のような制度の導入には熱心である[11]。しかし，調査の録音，第三者の立会いなど調査時手続や調査後手続に可視化にはまったく後向

---

[11] 2013（平成25）年6月26日に，国税当局（国税庁）は，国税職員向けの内部通達（「質問応答記録書作成の手引について」（課税情報総括課第3号））を出し，「質問応答記録書」制度を導入した。質問応答記録書は，国税内部の通達された法定外行政文書である。このことから，本来，一般納税者や税理士などは目にすることのできない性格の行政文書である。しかし，関係者に努力により，情報公開法に基づく開示請求の結果，その制度の内容や様式などか明らかにされている（タインズ／TAINS）。質問応答記録書制度は，国税職員（調査官）が，税務調査の際に，「必要がある」と判断した場合には，調査した納税者等（被調査者）に協力を求め「質問応答記録書」を作成し，署名捺印をお願いできる仕組みである。調査官は，国税当局から，実施したすべての税務調査について質問応答記録書を作成するようには指示されていない。調査において聴取した事項のうち重要なものについて，事実関係の正確性を期すために，必要と判断した場合に限り，その要旨を調査担当者と納税義務者等の質問応答形式等で作成するように指示されている。質問応答記録書は，法定外の行政文書であることから調査官からお願いがあった場合，納税者（被調査者）は，記録書の作成に協力し，その後の署名捺印に応じるか，断るかは，まったく「任意」である。質問応答記録書は，調査官が主導して"課税処分のための客観的な証拠資料がない場合に，証拠をつくりあげることにある"。言い換えると，"調査した納税者が納得していない国税当局（税務署）の主張（指摘事項）の裏付けを取るための証拠資料の作成"が狙いである。質問応答記録書は，「納税申告書」などとは異なり，国税当局が，課税処分のためだけに利用する行政文書ではない。調査後の不服申立て（原処分庁への再調査の請求や国税不服審判所への審査請求），税務訴訟などの手続においても証拠となる行政文書である。このことから，納税者（被調査者）は，記録書の作成に協力するか，断るか，さらには作成された書面への署名捺印に応じるか，断るかは，慎重に判断する必要がある。質問応答記録書は，納税者（回答者）に交付することを目的に作成される行政文書ではないことから，回答した納税者に対し作成された記録書の写し（コピー）は交付されない。質問応答記録書は，警察署での被疑者取調の際に取調官によって作成される「供述調書」（刑事訴訟法198条3項）とほぼ同じ形式になっていることに留意する必要がある。いずれにしろ，この制度では，調査／面談の音声録音（音声収録）手続については一切ふれていない。アメリカの実情に学んではどうか。拙論「『質問応答記録書』制度と税務調査の可視化」税制研究71号（2017年3月）参照。ちなみに，アメリカ連邦税務では，質問応答記録書（Q & A Statement）は，民事の税務調査には使われておらず，租税犯則調査／刑事税務調査にのみ用いられている【第Ⅳ部 5 (2)⑯および第Ⅶ部 3 A】。

きである。「課税処分のための調査」において，調査を受ける納税者が，調査の録音，第三者の立会いなどを主張すれば，守秘義務などを理由に，調査官は調査を打ち切り，推計課税で課税処分をしてくるといった実情にある。

いずれにしろ，わが国において，質問応答記録書制度の対象となる回答者である納税者への質問応答記録書のコピーの交付という，最も低いレベルの可視化も実施できないようでは，世界の笑いものにされかねない。

ちなみに，租税手続，租税行政の可視化という場合には，広義では，連邦財務省や課税庁（IRS）保有情報の開示制度も含む[12]。

---

[12] 連邦は，連邦財務省や内国歳入庁（IRS）保有情報の開示を制度的に保障するために，次のような準拠法や規定を定めている。①連邦情報自由法／情報公開法（FOIA＝Freedom of Information Act of 1996），②内国歳入法典（IRC）6103条〔申告書および申告情報の秘密ならびに開示（Confidentiality and disclosure of returns and return information）〕および6110条〔書面確認の閲覧（Public inspection of written determinations）〕ならびに③連邦プライバシー法（Privacy Act of 1974）。連邦課税庁保有情報の開示制度について詳しくは，拙著『アメリカ連邦税財政法の構造』（法律文化社，1995年）第5章参照。

4 滞納／徴収過程，不服審査過程での面談収録権

　連邦課税庁（IRS＝Internal Revenue Service／内国歳入庁）は，「課税処分のための調査過程（civil audit process）」に加え，「滞納／徴収過程（collection process）」にかかる課税庁職員と納税者などとの面談の音声収録（録音）を認めている。

(1) 滞納／徴収手続の適正化のための聴聞を受ける納税者の権利

　内国歳入法典（IRC）は，内国歳入庁（IRS）の徴収部門は，納税者の財産を強制徴収処分に付す場合ないし納税を担保するための先取特権（lien／リーエン）を付す場合には，当該納税者に対して，その旨を通知すると同時に，IRSの不服審査職員が参加した「徴収適正手続のための聴聞を受ける権利（CDP hearing ＝collection due process hearing）を通知しなければならない旨を規定している（IRC6330条，6320条）。これら規定は，内国歳入法典（IRC）の1998年一部改正法である IRS 再生改革法（IRS Restructuring and Reform Act of 1998），通称で「T3」，により，納税者の手続上の権利を強化するために設けられた規定である。その狙いは，内国歳入庁（IRS）の徴収部門（Collection）による徴収行為ないし先取特権の設定行為に正当な根拠がありかつ適正であるかどうかを確認するために，IRS の不服審査部門に介在させ，独立した審査を求める機会を納税者に保障することにある【☞本書第Ⅲ部❶A】。

　納税者は，IRS の徴収部門から「徴収の意向通知書及び聴聞に受けるあなたの権利通知書（Notice of Intent to Levy and Notice of Your Right to a Hearing）」（IRC6320条），「連邦租税先取特権申請通知書及び聴聞に受けるあなたの権利通知書（Notice of Federal Tax Lien Filing and Notice of Your Right to a Hearing）」（IRC6330条）の送達を受けた場合，租税債務を納付する，あるいは IRS の徴収漢検紛争処理手続などで分割納付に合意するなどで決着をはかることも一案である。しかし，納税者が IRS の徴収処分に同意できない場合には，送達を受けた日から30日内に，様式「徴収適正手続のための聴聞の請求（Request for a Collection Due Process Hearing form）」を提出しなければならない。

　徴収適正手続のための聴聞（CDP ヒアリング）は，不服審査部（不服審査局）審査官，納税者本人または本人の代理人が参加して開催される。CDP ヒアリン

グ（徴収適正手続のための聴聞）は，性格的には"非公式（informal in nature）"とされ，対面の会合（face to face meeting）である必要はない。電話を使った審理（telephonic CDP hearing）も頻繁に活用されている[13]。審理が終われば，不服審査官は，最終決定書を発行する。納税者が当該決定に不満な場合には，当該決定書送達の日から30日以内に連邦租税裁判所（U. S. Tax Court）に申立て（petition）して，司法審査を求めることができる[14]。租税裁判所は，申立てを受けてから30日（決定書発行から60日）以内に裁断を下すように求められる（IRM5.1.9.3.11）。

(2) 滞納／徴収手続の聴聞の録音をめぐる判例の動向

問題は，納税者が徴収適正手続のための聴聞（CDPヒアリング）を収録（音声録音）することが認められるかどうかである。

すでにふれたように，内国歳入法典（IRC）7521条〔納税者との面談に係る手続〕a項〔面談の収録〕は，納税者に対してIRS職員との面談内容を収録する権利（taxpayer's right to record in-person interview）を認めている。

徴収適正手続のための審理（CDPヒアリング／CDP hearing）は，IRS職員である不服審査部（不服審査局）審査官，納税者本人または本人の代理人が参加して開催される。

このことから，かねてから，CDPヒアリング／審理（CDP hearing），とりわけ電話を使ったCDP審理（telephonic CDP hearing）が，内国歳入法典（IRC）7521条a項にいうIRS職員との面談（in-person interview）が該当するかどうかが争われてきた。

この点については，1988年の法改正により制度が導入された当初から，合衆国（連邦）租税裁判所（U. S. Tax Court）を中核的な紛争解決の場として利用する形で争われてきた。

訴訟に及んだケースでは，一般的に，CDPヒアリング／聴聞において，納税者が，音声録音を開始する旨を告知したところ，そのヒアリング／聴聞に参加していたIRSの不服審査官が，別の機会を設定することなしに突然ヒアリング

---

[13] 電話を使ったCDPヒアリング／聴聞を実施せざるを得ない背景には，CDPヒアリングが，納税者が確定申告をしたIRS所轄署の不服審査官が余りにも多くの事案を抱え繁忙にため即応が難しく，同州内にある他の署，または近隣他州のIRS署の不服審査官の応援を仰がざるを得ない事情もある。

[14] ちなみに，合衆国（連邦）租税裁判所（U. S. Tax Court）は，司法裁判所（Judicial Court）の1つである。わが国でも，国税不服審判所を創設する折に，学界などからは，独立性確保の視点からアメリカモデルに倣った国税に特化された司法裁判所の創設の提案もあった。しかし，最終的には，国税専門の不服審判所を国税庁内部に創設する形で着地した経緯がある。

／聴聞を中止したことが発端となっている。そこで，そのヒアリング／聴聞に参加していた納税者が，IRSの不服審査部を相手に，徴収適正手続のための聴聞を受ける権利（IRC6330条，6320条）および納税者がIRS職員との面談内容の収録する権利（IRC7521条a項1号）を侵害されたことを理由に訴えている。

租税裁判所の裁断は，当初，CDPヒアリング／聴聞，とりわけ電話を使った審理（telephonic CDP hearing）は，内国歳入法典（IRC）7521条a項にいうIRS職員との面談（in-person interview）には該当しないとしてIRSの行為を支持する判決と，逆に該当するとしIRSの行為を違法とする判決に分かれた[15]。しかし，全体的にみると，CDPヒアリング／聴聞を音声録音し，それを文章に変換して作成した資料は，IRSの不服審査部の判断に対する司法審査に資するというのが，租税裁判所での支配的な判断である。すなわち，収録された記録があれば，その後の争訟手続をスムースに進めることに役立つ，という考え方が多数を占めている。

もっとも，税法の適用・解釈においては，できる限り「文理解釈（literal interpretation）」を用いるべきであるとする考えが強い。こうした立場からは，内国歳入法典（IRC）7521条a項にいうIRS職員との「面談（in-person interview）」には，同6330条および6320条にいう「ヒアリング／聴聞（hearing）」を含むと解することには疑問も呈されている。これに対して，IRC7521条a項が納税者に対してIRS職員との「面談（in-person interview）」の音声収録を認めた立法事実にもっと着眼すべきであるとの声もある。すなわち，一般に納税者は税の専門家でもない。このため，圧倒的な専門知識が豊富なIRS職員と対峙する場合，IRS主導で作成された記録文書だけでは，争訟過程において真実を証明するのは至難である。このことが，納税にIRS職員との面談内容の収録を求める権利（taxpayer's right to record in-person interview）を法認した立法事由である。したがって，こうした点にウエイトを置いて法の適用・解釈をすべきであるとする主

---

[15] See, *e.g.*, Keene v. Commissioner, 121 T.C.8, at 9 (2003)【納税者は対面のCDPヒアリング／聴聞を音声録音する権利がある。】; Calafati v. Commissioner, 127 T.C.219, at 229-32 (2006)【納税者は電話によるCDPヒアリング／聴聞を音声録音する権利はない。】; Simien v. Internal Revenue Service, 2007-1 U.S.T.C P50, 352,99 A.F.T.R.2d 1017 (W.D.La.2007)【租税裁判所は，納税者は電話を使ったCDPヒアリング／聴聞を音声録音する権利はないと裁断。連邦地裁は，納税者は電話を使ったCDPヒアリング／聴聞を音声録音する権利はないと裁断】一連の関連判例評釈を含め詳しくは，See, Gregory W. Carey, "Turn Off the Tape Recorder at Telephonic Collection Due Process Hearings," 61 Tax Law. 303 (2007).

張である。また，1998年の立法時当時からみると，今日，電子技術の高度化が著しい。事務効率促進の観点から電話などの通信手段を使った面談が出現するのは自然な成り行きである。こうした現実を捨象して，現実空間（real space）での対面（face-to-face）のみを「面談（in-person interview）」と解するのもアナクロニズムではないかとの批判が噴き出ていた。

(3) IRS不服審査部での対面協議の音声録音・速記記録に関する新方針

IRS不服審査部は，"納税者は対面のCDPヒアリング／聴聞を音声録音する権利がある"と判示した租税裁判所Keene判決〔121 T.C.8 (2003)〕を重くとらえた。この判決を契機に，不服審査部は，CDPヒアリング／聴聞を音声録音のみならず，従来からの審査手続全体の可視化方針の見直しの検討を続けていた。そして，2015年に，それまでの方針を転換し，「原則としてすべての争点に関する対面協議（face-to-face conference）の音声録音（audio recording）や速記記録（stenographic recording）を認める」方針を打ち出した（IRM8.6.1.5.2 (06-25-2015)）。

① 不服審査にかかる対面協議の音声収録の要件

IRS不服審査部の新方針では，IRSのコンプライアンス（調査／徴収）部門と同様に，内国歳入法典（IRC）7521条b項1号に基づいて，①不服審査部所管事項に関する対面協議の音声録音（audio record）を認める。ただし，この場合，音声録音を求める納税者は，対面協議実施日より少なくとも10日前に不服審査部に，その旨を通知しなければならない。この場合，不服審査部も，自前の装置を使って音声録音ができることになっている（IRM8.6.1.5.2.3）。

② 不服審査にかかる対面協議の速記記録の要件

IRS不服審査部の新方針では，対面協議の音声収録に加え，対面協議の速記記録（stenographic recording）を認める。ただし，この場合，速記記録を求める納税者は，①対面協議の適格を有する納税者であること，および②対面協議実施日より少なくとも10日前に不服審査部にその旨を通知することが必要である（IRM8.6.1.5.2.4）。なお，不服審査部が認める速記記録であるためには，対面協議の速記記録を裁判所等が任用する公認の資格を有する速記者（court reporter）が行わなければならない（IRM8.6.1.5.2.5）。

不服審査部は，納税者が速記記録した協議についてこれらを音声収録することができる。また，当該納税者に，速記記録の写しを求めることができる。この場合，速記記録の入手費用を検討し，余りにも高額なときには，入手しない

判断もできる（IRM8.6.1.5.2.6）。

ちなみに，ビデオ収録は，これを認めないものとする（IRM8.6.1.5.2.8）。

③ **納税者から事前通知のない収録の事務取扱い**

納税者は，対面協議の収録を求める場合には，少なくともその10日前に不服審査部にその旨を通知するように求められる。仮に，納税者がこの事前通知を怠ったとする。この場合，不服審査部は，その裁量で，IRSが準備した収録装置を使ってもらう，予定どおり協議を実施するまたは新たな日程を組むなどの対応を含め，決定することができる（IRM8.6.1.5.2.9）。

④ **不服審査部統括係官（ATM）のへの報告**

納税者から対面協議の収録の事前通知がない場合の取扱いについて，これを不服審査部統括官（ATM＝Appeals Team Manager）に報告しなければならない。納税者が，以前に不服審査部が取り扱わない憲法問題や宗教問題のような不適切な問題を持ち出した経緯がある場合には，2人の不服審査部職員が収録に立ち会うことになっている（IRM8.6.1.5.2.10）。

⑤ **音声収録手続**

収録開始後，はじめに，協議を行う不服審査部統括係官（ATM）は，自分の名前・所属等を名乗ったうえで，次の情報を読み上げ記録する。①開始日，②時間，③場所，④事案の名称，⑤手続の目的（IRM8.6.1.5.3.1 (11-06-2007)）。

不服審査部統括係官（ATM）を含む，すべての協議参加者は，それぞれ自分の名前等を名乗ったうえで，音声収録に同意しなければならない。後で参加する者または中途で退出する者もそれぞれ自分の名前等を名乗ったうえで，テープに記録しなければならない（IRM8.6.1.5.3.2）。

収録手続のなかで，文書記録が提出されたまたは討議されたとする。この場合には，事案ファイルにある他の資料と比較確認できるように十分に説明が尽くされる必要がある。協議を収録するのに一本以上のテープが必要になる場合には，事案の名称や日時などを吹き込み，各テープには継続を確認できるようにしなければならない（IRM8.6.1.5.3.3）。

協議または収録した会議が終了した場合，その旨をテープに残すものとする。事案ファイルに不服審査部のテープを保管するものとする（IRM8.6.1.5.3.4）。納税者に交付する不服審査部のテープの写しに関する負担金または費用については，別途規定する（IRM8.6.1.5.3.1.5）。

5 租税犯則調査，査察過程の可視化

　内国歳入庁（IRS）は，年間2億件を超える申告書を全米10カ所のサービスセンターで処理している。IRSサービスセンターでは，申告書データを管理するとともに，税務調査対象にする申告書の選定業務を行っている。IRSは，税務調査対象に選定された申告に関し，「課税処分のための税務調査（civil tax investigation）」を実施し，租税ほ脱の疑いのある事案に対しては「租税犯則調査（criminal tax investigation）」を実施している。

　租税犯則調査（査察）を担当するIRS職員は「特別調査官（Special Agent）」とよばれる。租税犯則調査は，IRSの「刑事捜査部（CI/CID＝Criminal Investigation Division）」が担当している。

　一般に，租税犯則手続の可視化については，IRSの特別調査官による「租税犯則調査の録画・録音」が中心的な課題である。

(1) 租税犯則事件の処理の流れ

　内国歳入庁（IRS）の刑事捜査部（CI/CID）は，犯則調査を通じて租税犯罪の立件に必要な証拠資料を収集にあたる。IRSの刑事捜査部は，収集した証拠を固め，犯則（税法違反）の事実があると判断した場合には，その事件を連邦司法省（DOJ＝Department of Justice）の租税部（Tax Division）に引き渡す。司法省租税部は，IRSの刑事捜査部から引き継いだ事件を審査し，訴追のため連邦地検（U. S. Attorney）に送致することが本務である。

　しかし，今日，租税犯則事件，とりわけ租税ほ脱（脱税）事件は極めて複雑になってきていることから，司法省租税部は，重大事件について直接法廷において立証活動をすることも少なくない。すなわち，被告人・被疑者である納税者を有罪に導くために，法廷に立つ担当の連邦検事（U. S. Attorney）に対して司法省租税部の法務官（council）[16]が助言をし，積極的な支援をするのが一般的である。

---

[16] 司法省租税部の法務官は，租税犯則事件訴訟における連邦検事への助言のみならず，納税者からの課税処分の取消訴訟（還付請求訴訟），財務省が発遣した規則（regulations）およびIRS通達の妥当性を争う連邦地方裁判所および連邦請求裁判所での訴訟に，被告人（連邦側）として参加する任務をこなしている。

(2) 租税犯則調査手続と犯則調査過程に録画・録音の典拠

連邦税の租税犯則調査（以下「租税犯則調査」ともいう。）は，内国歳入庁（IRS）の刑事捜査部（CI/CID）の特別調査官（Special Agent）が中心となって実施される。IRS は，租税犯則調査にかかる被疑者や証人の権利を保護するために，内国歳入マニュアル（IRM）で，面談を実施する目的や権限などを明定している（IRM9.4.5.2（07-06-2015））。

① 租税犯則調査の類型と定義

IRS は，「租税犯則調査」を，3 つの類型に分けて次のように定義している（IRM9.4.5.2（02-01-2015））。

【図表Ⅳ-4】「租税犯則調査」の類型と定義

> ① **面談（interview）**：面談とは，情報を入手する目的で 2 人以上の者の間で開催される会合を指す。一般に，面談は，争点の解決または探索の目的でフォーマルな勧告（consultation）または取調（interrogation）と関係してくる。
> ② **取調（interrogation）**：取調とは，情報を入手する目的で被疑者に尋問するための面談を指す。
> ③ **協議（conference）**：協議は見解（views）の交換を指す。しばしば，協議は，他方当事者の見解や主張（contentions）を聴くための取調を含む。

② 租税犯則調査の目的

租税犯則調査における面談（interview）は，手がかり（leads）の入手，情報の解析および証拠の確保が目的である。証人の証言および被疑者の自白または告白は，租税犯則調査の進行に重要な要素である。

一般に司法手続においては，証拠は，証人の証言によって固められる。このことから，特別調査官の任務は，調査の対象者や証人に時機を得た面談を実施し，かつこれらの人たちの供述を正確な文書にすることである（IRM9.4.5.3.2）。

③ 租税犯則調査権限の法的典拠

内国歳入法典（IRC）7602 条は，歳入長官またはその代理官に対して，帳簿や書類を検査し，かつ宣誓をうえ証言を求める権限を付与している。

また，IRS の特別調査官は，権限委任命令（Delegation Order No 4）に基づいて，行政召喚状（サメンズ／summons）を発行し送達すること，帳簿や書類を検査すること，証人に質問すること，ならびに宣誓のうえ証言を求めることができる（IRM9.4.5.4（05-15-2008）[17]。

④ 租税犯則調査の準備

IRSの特別調査官は，調査対象者または証人との面談に先立ち，面談をする特別調査官は，次の準備をする必要がある（IRM9.4.5.5（02-01-2015））。

【図表Ⅳ-5】租税犯則調査実施に先立ち特別調査官が準備すること

> ・質問の目的を決定すること。
> ・あらかじめ収集したい情報をできるだけ詳細に一覧にすること。
> ・利用できるすべての情報をレビューすること。
> ・面談ファイルを作成すること。
> ・面談が，調査対象者，その代理人，申告作成者，対象者の現在の従業者に対して実施される場合，または納税者の帳簿および書類の検査に関係する場合には，当初IRSに提出された納税申告書（original tax return）を入手すること。

⑤ 租税犯則調査における面談中の注意事項

IRSの特別調査官は，調査の性格が「刑事（criminal）」であるとし被調査者に威圧を与えることは禁止される。ただし，被調査者が行政調査の段階ですでに面談を受けている場合，または求めている情報の入手にこうした告知が必要な場合は別である。また，証人が協力を拒む場合にもこうした告知は有用といえる。

IRSの刑事捜査部（CI/CID）は，被調査者に対して不要な不安を与えないために慎重に調査を実施する配慮をしなければならない。例えば，特別調査官が，証人がその住所に居住しているかどうかを知るために近隣の人に接触するとする。この場合，自分が犯則調査で情報を入手すための行動している特別調査官である旨を相手に告知する必要がないときも多い（IRM9.4.5.6（02-01-2015））。

⑥ 被調査者の役割

被調査者の役割は，質問に答え，かつ適正な説明をすることである。特別調査官は，被調査者に対して，その調査に関する自己の考え方を伝えるように奨励されている。被調査者は，合衆国憲法修正第5条で黙秘権／自己負罪の特権が保障されており，質問の答えることにより犯罪を問われる疑いがあると感じた場合にはその権利を行使できる。ただし，この憲法上権利は，被調査者だけに保障される。

被調査者は，犯則調査開始後速やかに面談に応じなければならない。被調査

---

(17) なお，特別調査官の権限について詳しくは，IRM25.5.4〔サメンズ―帳簿の検査と証人〕を参照。

者に対する面談の開始が遅れた場合には，その理由を調査ファイルに記載するものとする（IRM9.4.5.6.4.1（02-01-2005））。

⑦ **証人の役割**

証人は，IRSの特別調査官が行ういずれの法的および合理的な質問に答えなければならない。ただし，証人は，その質問に答えることで自分が犯罪者として責任を問われることになる場合には，回答を拒否することができる。回答により提供される情報により自分以外の者が責任を問われることになるときには，この拒否権の行使はできない（IRM9.4.5.6.4.2（05-15-2008））。

⑧ **特別調査官の役割**

特別調査官は，調査に関しいかなる事項についても被調査者に質問すべきである。ただし，特別調査官は，特定の情報を明かすことにつながる質問をすることが政府の利益に反することになるであろうと思う場合には，その限りではない。特別調査官は，証拠の形成に責任を持つものとし，かつ適切と信じるいかなる方法においても面談を行うものとする。特別調査官は，協同調査官（corporation agent）が被調査者に質問をすることをゆるす場合には，協同調査官に使用する用法や技法を説明しなければならない。特別調査官は，調査過程においては，あらゆる有用な情報を入手するために被調査者に対して迅速に面談をすべきであり，かつ被調査者が目下の犯則事件に参加し説明を尽くす機会を与えるべきである。各被調査者との面談においては，少なくとも2人の調査官と1人のIRS速記者がいるものとする。

特別調査官は，被調査者またはその代理人との会話において，調査のいかなる刑事要素に歩み寄ることにつながるようないかなる表現も，これを注意深く避けなければならない。

特別調査官は，適時に，あらゆる主要な証人と面談すべきである。可能な限り，各証人との面談には，少なくとも2人の調査官が参加すべきである。ただし，面談が被調査者に関し何ら個人的なつながりのない第三者たる帳簿保存者に関する者である場合には，その面談は1人の特別調査官で実施できる。

特別調査官は，証人と面談をする場合，客観的に振る舞い，かつ被調査者の人格を傷つけるような言動をすることを禁止される。

特別調査官は，未成年者との面談が必要かどうか決定する場合には，租税犯則（CT=Criminal Tax）法律顧問部（Counsel）の助言を求めなければならない

((IRM9.4.5.6.4.3 (05-15-2008)))。

⑨　共同調査官の役割

　IRS の歳入官（Revenue Agent/Revenue Officer）は，面談中に租税または会計処理上の争点が出てきた場合には，特別調査官を支援することができる。協同調査官（corporation agent）は，特別調査官がその事項について証人と話し合いを開始するまでその証人に質問してはならない（IRM9.4.5.6.4.4 (02-01-2005)）。

⑩　会計士である代理人の役割

　会計士は，あらゆる記帳および会計事項について，自己の依頼人を支援する義務を負っている（IRM9.4.5.6.4.5 (06-30-1998)）。

⑪　弁護士である代理人の役割

　弁護士は，話し合いをしているいかなる事項についても，自己の依頼人に法的助言をする義務を負っている。これは，面談における弁護士の基本的な任務である（IRM9.4.5.6.4.6 (02-01-2005)）。

⑫　記録者の役割

　記録者（recorder）の任務は，面談の永久記録を作成することにある。記録者自ら，または記録者に代わって，機械式もしくは電子式の記録装置を使用することができる。ただし，この場合，その手続に参加するすべての当事者が，その装置の利用に同意しなければならない（IRM9.4.5.6.4.7 (02-01-2005)）。

⑬　面談の記録

　面談の目的は，調査の展開に必要なあらゆる事実を収集し，かつ問題の解決をはかることにある。各面談およびコンタクトの永久記録を作成する必要がある。記録には，将来の利用に向けて保存されるべき調査に関する事実を記録すべきである。記録には，特別調査官本人の身元確認ができる内容を残し，かつ必要に応じ被調査者が自己の憲法上の権利の教示を受けた旨を残さなければならない。

　加えて，特別調査官が，調査の刑事的な性格をより明確に表示する必要性があると信ずる場合には，そうした追加的な表示をする利用も附記するものとする（IRM9.4.5.7.2）。

　面談の記録は，通例，①宣誓供述書（Affidavit），②記録書（Statement），③質問応答記録書（Question & Answer Statement）のうちの１つをとるものとする（IRM9.4.5.7 (05-15-2008)）。

⑭ 宣誓供述書

宣誓供述書（Affidavit）は，事実に関する任意になされた手書きもしくは印刷された宣言書（declaration）または記録書（statement）で，それを作成する当事者が権限を有する調査官の前で宣誓（oath）または確約（affirmation）により真実であることが確認されたものを指す（IRM9.4.5.7.1.(02-01-2005)）。

⑮ 記録書

記録書（Statement）は，事実問題に関する宣言書（declaration）である。記録書は，様式を問わないが，それを作成した者の署名と日付を記載する必要がある。また，可能であれば，証人も，その記録書に署名し　かつその記録書を読みかつ理解した旨または調査官に読んでもらった旨を表明すべきである。記録書は，一般に，証人の意見と感想を記載したものであり，証人の宣誓，宣誓供述などを得ることが難しい場合に活用する（IRM9.4.5.7.2(02-01-2005)）。

⑯ 質問応答記録書

質問応答記録書（Question & Answer Statement）とは，①面談で各参加者が行った質問，応答および発言の完全な写し（transcript）であり，かつ，②記録者（recorder）の口述記録または機械式もしくは電子式の記録装置から作成されるものとする。

速記者（stenographer）を用意できない場合には，事前に証人に通知したうえでまたは黙示の同意で，機械式もしくは電子式の記録装置を使って発言を記録するものとする。発言の写しを作成するに使われた原本は，これを保存するものとし，調査ファイルに挿入するものとする。なぜならば，法廷で発言が問われた場合に必要となるかも知れないからである。発言の写しは，模様のなしのレターサイズ，ボンド紙で，各質問に連番を付し，次の項目を記載したうえで，作成するものする。

【図表Ⅳ-6】質問応答記録書記載項目一覧

① 証言が得られた日時および場所
② 出席した全員の氏名および肩書。証人支援のために出席した弁護士または会計士を含む。また，各人の出席した理由。ただし，自明のときは除く。
③ 質問した人および応答した人の氏名および肩書
④ 証言をした各人の氏名と住所
⑤ 証言に関連する事項

⑥　面談の目的
⑦　必要に応じ，証人および弁護士に対して行った自己負罪特権／黙秘権の教示に関する情報
⑧　宣誓に関する管理
⑨　記録書に記載された質問および応答は，自由かつ任意，拘束なしに，特別調査官による保証または約束なしに行われたこと。
⑩　証人が記録書作成に応じるように求める要請，ならびに質疑応答記録の写しを点検しかつそれに署名する機会
⑪　供述書の結語（ジュルアト／jurat）：宣誓を主宰する調査官が結びの言葉を記載する。場合によっては，証人との面談に同席した他の調査官も記載することもできる。
⑫　出席した政府側証人の署名
⑬　記録書，その作成に使用した原情報源を含む，を作成した者の署名および認定資格
⑭　記録書が機械式または電子式で作成された場合には，その同意書（IRM9.4.5.7.3（02-01-2005））。

⑰　**記録外発言**

記録外発言（off-record discussion）は，被調査者の面談中は認めないものとする。記録外発言が証人との面談中に行われる場合，その時間は最小限にしなければならない（IRM9.4.5.7.3.1（02-01-2005））。

⑱　**面談覚書**

面談覚書（Memorandum of Interview）は，インフォーマルな記載またはメモ書きすることを望む者に関する情報を含む文書を指す。面談で起こったことの記録である。遅滞なく，次の項目を記載した完成版の面談覚書を作成するものとする。

【図表Ⅳ-7】面接覚書記載項目一覧

①　面談の日付，時間，場所および出席者の名簿ならびに記録された事項
②　特別調査官が本人確認した方法
③　面談中に証人が憲法上の権利があることの教示を受けたかどうか
④　面談中に入手した証言，証拠，手がかり
⑤　面談に出席した特別調査官の署名および面談覚書に署名した日付
⑥　実際の覚書作成日

覚書は，面談中に出てきた情報ならびに自由な意見，結論および無関係の資料を記載するものとする（IRM9.4.5.7.4（05-15-2008））。

⑲ 面談を記録する権利

　取調（interrogation）または協議（conference）は，IRS（内国歳入庁）の職員である速記者によってのみ記録ができる。このルールは，SSA（Social Security Administration／社会保障省）の特別調査官による場合には，適用しないことができる。IRSまたは証人（被調査者を含む。）の求めがある場合，SSAは，連邦検察（U.S. Attorney）付速記者，連邦地裁の裁判所報告者（court reporter），各州において裁判所報告者として認定または免許を受けた裁判所報告者を利用することが認められる。速記者（stenographer）を用意できない場合には，事前に証人に通知したうえでまたは黙示の同意で，機械式もしくは電子式の記録装置を使って発言を記録することができる。証人が反対する場合，取調官は，発言を機械式または電子式で記録することができない。証人が発言を機械式または電子式で記録することを選択する場合，IRSは独自に記録をする

　証人または被調査者は，証言を記録するために自分で費用を負担して有資格の報告者を雇い入れることができる。ただし，この場合，IRSも，費用負担をしてその写しを入手するか，機械式もしくは電子式の記録装置を使って発言を記録するか，または自己の速記者もしくは報告者を使って記録することができる。もっとも，この場合，IRSは，証言内容を開示することが税務行政に重大な影響を及ぼすことを理由に，IRSの報告者でないまたは速記者でない者による逐語的記録（verbatim recording）を認めない権限を留保している（IRM9.4.5.8（05-15-2008））。

⑳ 面談記録の保存

　あらゆる面談記録は，速記者によるか，機械式もしくは電子式の記録装置によるか，または手書メモによるかを問わず，保存するものとする（IRM9.4.5.9（06-30-1998））。

㉑ 機会式または電子式の記録装置の使用

　特別調査官は，機会式または電子式の記録装置を使用して被調査者または証人の発言記録している場合，IRM9.4.5.9.1に規定すると同様の方法で，その旨のラベルを貼るものとする。

第V部
申告納税法制の展開

1 計算違い等を理由に不足額通知の適用除外とする場合の租税手続

　一般にアメリカ居住者である連邦個人納税者（以下「納税者」という。）は，年分の確定申告にあたり，様式1040〔連邦個人所得税申告書（Form 1040: U.S. Individual Income Tax Return）〕に，各種所得の金額および所得合計額を記載する。その際に，所得によっては，その計算にあたって，必要経費（expenses），取得費等，雇用主から弁償されない給与所得者の勤務関連費（employment related expenses）などの計算明細ないし内訳を明らかにした別表C〔事業収支計算明細書（Schedule C: Profit or Loss From Business）〕や別表D〔譲渡損益計算明細書（Schedule D: Capital Gains and Losses）〕，様式2106〔従業者勤務費内訳書（Form 2106: Employee Business Expenses）〕などに明細を記載したうえで提出する必要がある。また，様式W-2〔給与所得の源泉徴収票（Form W-2: Wage and Tax Statement）〕，様式W-3〔源泉徴収集計表（Form W-3: Transmittal of Wage and Tax Statements）〕や，源泉徴収税額が記載された様式1099-INT〔受取利息の法定調書（Form 1099-INT: Interest Income）〕などの法定資料を添付する必要がある。

　納税者は，指定されたIRSキャンパスに申告書を提出することになっている。課税期間が1月1日から12月31日までの個人所得税の様式1040〔連邦個人所得税申告書（Form 1040）〕の提出期限は，翌年の4月15日（2016年については休日をはさむことになるので4月18日）までである（IRC6072条a項）。

　仮にニューヨーク州内に住所を有する個人が，様式1040〔連邦個人所得税申告書（Form 1040）〕を期限内に提出するとする。この場合，文書申告であれば，ニューヨーク州居住個人を所管するミズーリ州のIRSカンザスシティ（Kansas

City）キャンパスに郵送で提出することになる。一方，電子申告 (e-Tax) であれば，ニューヨーク州居住者を所管するマサチューセッツ州のIRSアンドーバー（Andover）キャンパスに提出することになる。

申告書を受理したIRSキャンパス，当該キャンパスをカバーするIRSコンピュータセンターは，コンピュータ・プログラム（DIFシステム），自動低申告者チェックプログラム（AUR program＝Automated underreporter program），目視チェックなどを実施する。その結果，「問題あり」とのことでヒット（抽出）した場合，個人所得税の申告書（Form 1040）については，その申告書を作成した納税者に対し書簡調査を実施する。

納税者が提出した申告書にミスを発見し，そのミスが法令に列挙された「計算違い等」にあたる場合には，IRSキャンパス，センターは，問題のある申告書を提出した納税者に対して略式査定通知（summary assessment notice）をし，回答を得て訂正・処理することになっている（IRC6213条g項2号）。当該納税者に送付し，計算違い等の訂正を求める略式査定通知は，通称で「IRS CP 2000 Letter」，「CP 2000 Notice」と呼ばれる。

A 略式査定通知書（CP 2000 Notice）の概要

2015課税年（2014課税年分申告）において，IRSキャンパス，センターは，個人納税者が提出した所得税申告書のうち，計算違い等を理由に，おおよそ170万件の略式査定通知書（CP 2000 Notice）を発している[1]。

このように，IRSキャンパス，センターは，略式査定通知（CP 2000 Notice）を用いて，納税者から提出された申告書に対する初期的なスクリーニング，計算違い等の訂正を行っている。言い換えると，IRSキャンパス，センターから送付を受けて所轄局（OD＝operating division），この事案では「給与・投資所得局（W&I＝Wage and Investment Division）」，の歳入調査官が手にする申告書はおおむね，初期のスクリーニングが終わったものである。

給与・投資所得局（W&I Division）の歳入調査官は，送付されてきた調査対象事案を再度チェックし，納税者の申告額に納得できない場合には，その事案に対する「課税処分のための税務調査（civil tax investigation/civil tax audit）」を実施

---

[1] See, IRS, Data Book 2015 (October1, 2014 to September 30, 2015) at 37.

する。

　調査の結果，①申告是認の場合（③減額を全額容認する場合を含む。）には，IRSは，被調査者たる納税者に対して，申告是認通知（no change letter）を交付する（財務省規則601.105(d)(1)(4)，IRM4.18.8.2（09-12-2004））。

　一方，IRSは，調査の結果，②増差税額（不足税額／deficiency）を確認した場合，③減額を全額容認しない場合（つまり，③減額を全額容認する場合は除く。），または④減額請求を否認する場合には，担当調査官は，その納税者にその旨を説明し，その調査結果を受け入れる機会を与える（財務省規則601.105(b)(4)，601.105(d)(1)(i)～(ii)）。

　この段階で，調査部門と納税者が，調査報告書内容（②，③または④）に合意したとする。この場合には，納税者は，様式870〔不足税額の査定および徴収制限解除同意書（Form 870: Waiver of Restriction on Assessment and Collection of Deficiency in Tax)〕に署名するように求められる。加えて，IRSはこの納税者に対して追加納付を求める正式な不足税額通知書（SNOD＝statutory notice of deficiency notice）を送付する。その不足税額通知書（SNOD）には，増差額等（不足額）に加え不足額に対する民事罰（civil penalty/IRC6651条以下）つまり各種の附帯税（以下「増差税額等」または「不足額」という。）がかされる。

　一方，調査結果に基づく追加額（不足額／増差額＋附帯税）についてIRSと納税者が合意できなかったとする。この場合，IRSの歳入調査官は，「仮不足税額通知書（proposed notice of deficiency/preliminary notice of deficiency）」，通称では「30日レター（30 day letter）」を，納税者に対して送達し，追加額（増差税額等）の納付を求めることができる。30日レターは，税務調査結果を通知すると同時に，不服申立ての権利を教示する文書である（財務省規則601.105(d)(1)(iv)）。30日の間を与える「仮」通知とは，納税者は応答するまでに30日間の時間が保障されるということである。納税者は，合意していない点については，「正式」通知があるまでは時間をかけて精査し，インフォーマルな救済手続を利用するなどの対応を考えることができる。

　この場合には，納税者は，不服申立手続を開始することになる。通例，IRS所轄局のコンプライアンス部門から独立・不偏の不服申立部門（Appeals Division/local Appeals Office）の不服審査官（Appeals Officer）に文書で不服申立て（protest）をし，協議（conference）を求めることになる。不服申立てがあれば，

不服審査官と納税者（または／およびその代理人）との間で協議が持たれる。不服審査官との協議は，納税者自身または／およびその代理人が，対面（in person），書簡（correspondence）もしくは電話（telephone）で行うことになっている。双方に都合のよい場所・時間に協議（conference）が持たれる。

不服審査官と納税者との間での協議が合意に達しないとする。この場合には，協議の申立てがない場合と同様に，IRSは，納税者に正式な不足税額通知書（SNOD＝statutory notice of deficiency notice）〔通称では「90日レター（90 day letter）」〕を送付することになっている（IRC6201条，6212条）。以上が，正式な不足税額（更正）通知（SNOD）手続である。

アメリカの場合，税法本法（IRC）に，略式査定書発行の対象となる計算違い等にあたる事例を列挙するとともに，調査に基づく正式な査定通知書（SNOD）の適用除外とする場合の法定手続を定めているのが特色である。

(1) 計算違い等を理由とする略式査定通知書

IRSは，納税者から提出を受けた様式1040「連邦個人所得税申告書（Form 1040: U. S. Individual Income Tax Return）」の記載にミスがあることを発見したとする。この場合，そのミスが税法に列挙された「計算違い等（math or clerical error）」の項目（類型）にあてはまるときには，IRSは，例外的に，税務調査を実施することなしに，増差税額に延滞税，加算税を加えた追加額案または過大申告額の減額（以下「増差税額等」という。）案（proposed amount due ＄○○○）とその理由を記した略式査定通知書（summary assessment notice/CP 2000 Notice）を発する権限（summary assessment authority）を付与されている（IRC6213条b項・g項）。

IRSが納税者宛に発行・送付する略式査定通知書（CP 2000 Notice）は，「計算違い等を理由とする略式査定通知書（summary assessment notice for mathematical errors）」ないし「過不足納付の調整案通知書（Notice of Proposed Adjustment for Underpayment/Overpayment）」とも呼ばれるが，正式の不足税額通知書（SNOD）とは別のものである。納税者は，略式査定通知書で指摘されたミスの訂正に応じれば，その案件は落着となる。したがって，正式の不足税額通知書（SNOD）〔90日レター〕はもはや発行されない。この点に着眼し，略式査定通知書（CP 2000 Notice）による手続は，一般には「計算違い等を理由とする不足税額通知（SNOD）の適用除外手続（math error exception procedure）」とも呼ばれる。

■1　計算違い等を理由に不足額通知の適用除外とする場合の租税手続　439

(2) 略式査定通知書（CP 2000 Notice）サンプル

IRSが発行する略式査定通知書（CP 2000 Notice）は，次のとおりである。

【図表V-1】　IRS CP 2000〔略式査定通知書〕サンプル（抜粋／1頁目）

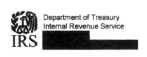

Notice	CP2000
Tax Year	2013
Notice date	November 3. 2014
Social Security number	
AUR control number	
To contact us	Phone
	Fax
Page 1 of 6	
AUR Bar Code	

Changes to your 2013 Form 1040
Proposed amount due: $▅▅▅

The income and payment information we have on file from sources such as employers or financial institutions doesn't match the information you reported on your tax return. If our information is correct, you will owe $▅▅▅ (including interest), which you need to pay by December 3, 2014.

Summary of proposed changes

Tax you owe	$
Payments	
Interest charges	
Amount due by December 3, 2014	$

What you need to do immediately

Review this notice, and compare our changes to the information on your 2013 tax return.

If you agree with the changes we made
- Complete, sign and date the Response form on Page 5, and mail it to us along with your payment of $▅▅▅ so we receive it by December 3, 2014..
- If you can't pay the amount due, pay as much as you can now, and make payment arrangements that allow you to pay off the rest over time. If you want to apply for an installment plan, send in your Response form AND a completed Installment Agreement Request (Form 9465). Download Form 9465 from www.irs.gov, or call 1-800-829-3676 to request a copy. You can also save time and money by applying online if you qualify. Visit www.irs.gov. and search for keyword: "tax payment options" for more information about:
  - Installment and payment agreements
  - Payroll deductions
  - Credit card payments

If you don't agree with the changes
- Complete the Response form on Page 5, and send it to us along with a signed statement and any documentation that supports your claim so we receive it by December 3, 2014..

If we don't hear from you

If we don't receive your response by December 3, 2014, we will send you a Statutory Notice of Deficiency followed by a final bill for the proposed amount due. During this time, interest will increase and penalties may apply.

Continued on back...

(3) 略式査定通知書（CP 2000 Notice）サンプルの邦訳（仮訳）

IRSが発行し納税者に送付する略式査定通知書（CP 2000 Notice）は，通例5～8頁程度である。この通知書の様式・記載内容（1頁目）を仮訳し，アバウトに図説すると，【図表Ⅴ-2】のとおりである（なお，納付税額案等の数字は筆者の想定）。

B 略式査定通知の手順

IRSキャンパス，当該キャンパスをカバーするIRSコンピュータセンターが，納税者から提出を受けた申告書の内容に問題を発見したとする。この場合，当該キャンパス，センターは，最初に，その申告書が，①税務調査（audit, examination）に基づく正式な不足税額通知書（SNOD）を発行して手続を進める事案（IRC6212条）か，②計算違い等を理由に略式査定通知書（CP 2000 Notice）を発行して手続を進める事案（IRC6213条b項）かに選別することになる。

例えば，問題が，納付税額，源泉税額，予定納税（中間申告）額にかかわる申告書，所得控除額や税額控除額にかかわる申告書などの事案ついては，所轄局（OD = operating division）～この事案ではIRSの給与・投資所得局（W&I = Wage and Investment Division）～に送り，当該局の歳入調査官が調査を実施したうえで，その調査結果に基づきIRSと納税者の間で合意が成立しなければ，最終的には正式な不足税額通知（SNOD）手続により決着をはからなければならない（IRM 21.5.4.2.1）。

これに対して，当該IRSキャンパス，センターが，納税者が行った申告内容について，税法に定める16の「計算違い等（math or clerical error）」項目（IRC 6213条g項2号A～P）に該当すると考える場合には，略式査定通知（CP 2000 Notice）手続を通じて決着をはかることができる。

略式査定通知書（CP 2000 Notice）手続の特徴は，IRSが，納税者に対し，①計算違い等にあたる旨の理由を附記した略式査定を通知し，納税者がその略式査定に同意したうえで当初申告額の職権変更〔増差税額等の納付，過納付額の還付〕に応じるか，②その略式査定通知に応じないで60日以内に略式査定の停止（abatement）を求めたうえで，税務調査に基づく正式な不足税額通知（SNOD）を受けるか，を選択できる途を開いていることにある。

納税者は，IRSの略式査定通知（CP 2000 Notice）に同意できないとする。この場合には，通知から60日以内に略式査定の停止を求めるとともに，証明資料を

1 計算違い等を理由に不足額通知の適用除外とする場合の租税手続　441

【図表Ⅴ-2】IRS CP 2000〔略式査定通知書〕サンプル（1頁目）の邦訳〔仮訳〕

IRS　財務省
内国歳入庁
AUR　xxxxxxx
ペンシルバニア州フィラデルフィア

クライアント名（氏名/名称）
住所：○○州，地名，〒番号

通知書　CP2000
課税年　2013年
通知日　2013年5月28日
社会保障番号　xxx-xx-xxxx
AUR 管理番号　xxxxxxxxx
IRSのコンタクト先
　電話番号　xxxxxxxxxx
　Fax 番号　xxxxxxxxxx

あなたの2013年所得税申告書（様式1040）の変更点

納付税額案：　320ドル

私ども IRS が雇用主または金融機関のような情報源から入手しファイルしている所得や支払情報と，あなたが自身の納税申告書で報告した情報とが一致しません。仮に私どもの情報が正しいとすれば，あなたは，2014年12月3日までに320ドル（利子税を含む。）の納付が必要となります。

変更案の概要

あなたが負う税額	309 ドル
納付額	0
利子税額	11 ドル
2013年6月27日までの納付額	320 ドル

あなたが迅速にすべきこと

この通知書を読んで，あなたの2013年所得税申告書内容に対する私どもIRSの変更点を比べてください。

あなたが私どもの変更に同意する場合

・この通知書の5頁目に添付している応答様式〔Response form〕に日付を記載し，署名したうえで，320ドルを添えて，2014年12月3日までに私どもが受け取れるようにして郵送してください。
・あなたが，この納付額全額を支払えない場合には，現在納付できる額を支払ってください。そのうえで，納付期限を超えて納付するための納付合意を結んでください。分割払プランの申請を望むときには，応答様式に加え，様式9465〔分割合意申請書（Form 9465: Installment Agreement Request）〕に記載し郵送してください。必要な申請書の様式は，ネットまたは電話で入手できます。あなたは，電子申請の適格者であれば，IRS にオンライン申請し，時間とお金を節約できます。また，「税金納付選択肢（tax payment options)」のキーワードを打ち込むことで，次の項目についてより詳しい情報が得られます。
　―分割および納付合意
　―給与からの天引き
　―クレジットカード納付

あなたが私どもの変更に同意しない場合

・5頁目に添付している応答様式〔Response form〕にその旨を記載し，その他あなたの主張を裏付ける署名入りの文書や証拠資料を添付したうえで，2014年12月3日までに私どもが受領できるように送付してください。

あなたから応答がない場合	あなたから，2014年12月3日までに何の応答もない場合には，私どもは納付税額案の最終督促となる正式な不足額通知書（SNOD）を送付します。これまでの期間に対する利子税額が加算され，かつ加算税額も加算されます。

【図表V-3】 略式査定通知の手順の構図〔チャート〕

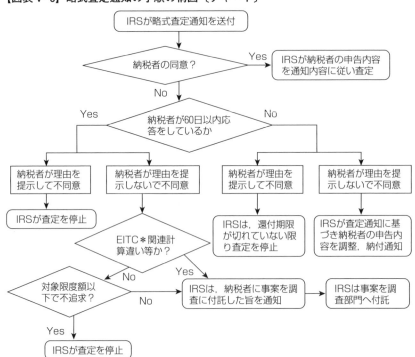

* EITC（勤労所得税額控除/Earned income tax credit）」（IRC32条），いわゆる「給付つき税額控除」

提供するなど理由をあげ，あるいは理由をあげることなしに当該査定に同意しない旨を電話，対面，文書などで課税庁に通知することができる。通知を受けた IRS は，その通知を精査したうえで，正式な不足税額通知（SNOD）を行うことを狙いに税務調査を開始できる。

なお，計算違い等を理由とする略式査定通知（CP 2000 Notice）を受けた納税者は，正式な不足税額通知（SNOD）の送付を受けた納税者とは異なり，連邦租税裁判所（U.S. Tax Court）へ提訴ができない（IRC6213条 b 項 1 号）。60日以内に略式査定通知（CP 2000 Notice）をした IRS の所轄局への不同意通知，略式査定の停止を求めることができるに過ぎない（IRC6213条 b 項 2 号 A・B）。

ちなみに，正式な不足税額通知（SNOD）を受けた納税者は90日以内に，連邦

租税裁判所へは係争税額を納付することなしに，提訴することができる。これに対して，納税者が，連邦地方裁判所（Federal District Court），連邦請求裁判所（Court of Federal Claims）へは係争税額を納付したうえで提訴しなければならないことになっている（IRC6511条）。納税者は，連邦租税裁判所への提訴と連邦普通裁判所への提訴の途を選択できる。

こうしたことから，納税者は，IRSからの略式査定通知（CP 2000 Notice）に同意することは，結果的には，係争税額を納付しないで連邦租税裁判所で訴訟を起こす権利を奪われることになる。

(1) 略式査定通知手続の手順

内国歳入マニュアル（IRM）などを参考に，計算違い等を理由とする略式査定通知（CP 2000 Notice）手続および納税者の応答手続は，簡潔にまとめてみると，次のとおりである。

【図表Ⅴ-4】計算違い等を理由とするIRSの略式査定通知手続および納税者の応答手続

(A) 課税庁（IRS）が納税者に計算違い等を理由とする略式査定を通知する[2]。
  通知書には，次の事項を記載するものとする（IRM21.5.4.3.2 (10-01-2002)）。
  ① 納税者がこの通知を受け取ることになった理由
  ② IRSが納税者の申告書に変更を加えた理由
  ③ 納税者がこの変更に同意する場合に取るべき手続
  ④ 納税者がこの変更に同意しない場合に取るべき手続
  (i) 理由[3]をあげて同意しない旨の応答をする（substantiated response）。
  (ii) 理由をあげないで同意しない旨の応答をする（unsubstantiated response）。
(B) 納税者が略式査定通知に同意する旨の応答をする場合（agreed response）[4]
(C) 納税者は，通知書を受け取ってから60日以内に記載された略式査定の停止を求めることができる（IRC6213条b項2号A）[5]。
(D) IRSは略式査定の停止を求められた場合，60日間は，当該査定額の徴収手続などの執行は停止される（IRC6213条b項2号B）。
(E) 納税者は，通知書を受け取ってから60日以内に略式査定の停止を申し出た場合，当該申出は不服申立て（protest）として取り扱われる（IRM21.5.4.4.4）。

---

[2] ちなみに，納税者は，計算違い等を理由とする略式査定通知を受け取った場合，当該通知に対する同意／不同意することなしに，自発的に修正申告をすることができる（IRM21.5.4.3.1.）。
[3] 実務的には，納税者は，自らがあるいは税務専門職の手を借り，必要な証明資料の添付を含む報告書を作成しIRSに不同意の「理由」を提示することになる。
[4] 納税者から通知から60日以内に応答がない（無応答）の場合も，黙示の同意があったものとして取り扱われる。なお，納税者は，60日以内に応答が不可能なときは，30日の期限延長を申し出ることができる。

(F) 計算違い等を理由とする賦課（調整）が行われた場合，当該租税債権は徴収手続の対象となり，かつ納税者が60日以内に略式査定停止の申出をしていない場合，納税者は徴収にかかる手続的適正について争うことができる。
(G) 納税者は，納税者権利擁護官サービス（TAS＝Taxpayer Advocate Service）[6]の支援を受ける要件を充足できれば，略式査定通知手続について救済を求めることができる（IRMPart 13）。

(2) 「計算違い等」とは

内国歳入法典（IRC）は，正式な不足税額通知（更正処分／SNOD）の対象外となる「計算違いまたは記載の誤り（mathematical or clerical error）」（「計算違い等」）を，次のように定義している（IRC6213条g項2号）。

【図表Ⅴ-5】「計算違い等」とは

- 申告書に記された計算違い（IRC6213条g項2号A）
- 申告書に記された他の情報から税率表の不正確な適用が明らかである（IRC6213条g項2号B）
- 申告書への矛盾する記載（IRC6213条g項2号C）
- 申告書への必要な証明情報の提出もれ（IRC6213条g項2号D）
- 法定限度額を超える所得控除額ないし税額控除額（IRC6213条g項2号E）
- 各種人的控除を受けるに必要な者の納税者番号の記載漏れなど（IRC6213条g項2号F～P）

これらの事項（類型）に関する具体的取扱いについては，例示を含め，財務省規則（Treasury Regulations）や内国歳入マニュアル（IRM）に盛られてい

---

(5) 理由をあげないで略式査定の停止を申し出てきた場合，IRSは，当該停止を認めることになる。組織内部では，この略式査定停止の申出を異議申立て（protest）として取り扱い，その事案を調査部門に委ねることになる。調査部門は，調査を実施したうえで決定（determination）を下し，その決定を当該納税者へ通知することになる。その納税者は当該決定に同意しないで，不足税額（更正処分）通知（SNOD）を受けるに先立ちその決定の審査（appeal）を申し出ることができる。一方，不足税額（更正処分）の通知が行われた場合には，当該不足税額通知（更正処分／SNOD）の是非の裁断を求めて，連邦租税裁判所に訴えを提起することができる（IRM21.5.4.3.1.（10-01-2009））。
(6) TASは，IRSの内部にあって納税者の権利擁護を専門に担当する部署である。TASの定員は約2,200人で，IRS職員総数の2％を占める。年間約30万件の苦情を処理している。See, HP of TAS. Available at: http://www.taxpayeradvocate.irs.gov/　また，アメリカのTASをはじめとした納税者支援サービスの仕組みについて詳しくは，拙論「開かれた税務支援のあり方を日米比較で検証する(1)～(5)」税務弘報55巻5号～10号，拙論「納税者の権利保護のための納税者サービス改革の課題」月刊税務事例　41巻4号参照。ちなみに，わが国には，2001年以降，73人以内で「納税者支援調整官」制度が置かれている（財務省組織規則466条の2）。

C 計算違い等の事例分析

IRSは，申告内容を問う場合，納付税額，源泉税額，予定納税（中間申告）額にかかわる事項，所得控除額や税額控除額にかかわる事項などについては，正式な不足税額通知（更正処分／SNOD）手続によらなければならない（IRM 21.5.4.2.1 (10-01-2011)）。したがって，略式査定通知（CP 2000 Notice）手続によるのは「計算違い等」の事項に限定される（IRC6213条g項2号）。

このように，計算違い等を理由とする略式査定通知（CP 2000 Notice）を行う事項は法令に限定列挙されている。にもかかわらず，税務の現場ではこの手続をめぐりIRSと納税者の間で紛争が絶えない。以下に具体的な事例に基づいて，「計算違い等」の意味内容を精査してみる。

(1) 申告書に記された計算違い等

納税者が提出した申告書の数値に計算の間違い（mathematical error appearing upon the return）がある場合である（IRC6213条g項2号A）。すなわち，足し算，引算，掛算，割算等に間違いがある場合である。このような「単なる計算の間違い（mere mathematical mistake）」については，争点はなく，IRSは略式査定通知（CP 2000 Notice）手続によることができる。しかし，これら以外はこの手続による裁量を有せず，通常の不足税額通知（更正処分／SNOD）手続によらなければならない。

IRSが略式査定通知（CP 2000 Notice）手続を用いて納税者に訂正を求めることができるのは，申告書に記された納税総額は正確であるのにもかかわらず調書等からの転記事項等の額に誤りがあるなどの事案に限られる。具体的には，例えば，いわゆる「つまみ申告」の事例で納税者が申告書に記載していない金額がありIRSが手許で確認できる法定資料に基づき略式査定通知（CP 2000 Notice）で納税者に申告書の訂正を求めたことを差し止めて争われた事例がある。司法は，従来から，IRSが正式な不足税額通知（更正）処分に代替する形で計算違い等を理由とする略式査定通知（CP 2000 Notice）の活用することの統制に概して消極的である[7]。

(2) 申告書に記された他の情報から税率表の不正確な適用が明白

納税者が，正式な税率表（tax table）を使用して計算していないことが明らか

---

[7] See, *e.g.*, Maria Reppetti, DC-CA 55-1 USTC, Maria Repetti v. Jamison, 131 F. Supp. 626, affirmed 239 F. 2d 626 (1956) DC-CA, 55-1 USTC.

な場合（IRC6213条 g 項 2 号 B），IRS は，略式査定通知（CP 2000 Notice）手続を使って納税者に訂正を求めることができるかどうかが問われる。

例えば，結婚している納税者が，夫婦合算申告書（MFJ＝married filing jointly）ではなく各自が個別申告書を提出しているとする。この場合で，納税者が，夫婦合算申告書（MFJ）用の税率表を使って課税所得を算出しその額を記載しているときには，IRS は略式査定通知（CP 2000 Notice）手続を使って納税者に訂正を求めることができる。

一方，夫婦合算申告書は，法的に婚姻関係にあるカップル納税者のみが使用できる。したがって，IRS は略式査定通知（CP 2000 Notice）手続を使って納税者に税額計算の訂正を求めるにあたっては，事実上の婚姻（*de fact* marriage）関係ではなく，法律上の婚姻（*de jure* marriage）関係にあるのかどうかに基づいて判断する必要がある。

(3) 申告書への矛盾する記載

納税者が申告書に矛盾する記載をしている場合（IRC6213条 g 項 2 号 C），IRS は，その記載を正すために略式査定通知（CP 2000 Notice）を行うことがゆるされるのかどうかが問われる。

例えば，納税者が申告書の最初のページにある 6 つの項目の人的控除を求めその記載をしているとする。ところが，次のページでは 7 つの項目の人的控除について計算しその総額を記載している。IRS は，6 つの項目の人的控除の請求額が正しいと考えるとする。この場合には，どちらの記載が正確なのかを判断する適格な証拠がないことから，その記載を正すために略式査定通知（CP 2000 Notice）を行うことはゆるされない。

また，例えば，納税者が申告書に扶養親族の 3 人を掲げ，総計では 4 人と記載しているとする。この場合には，どちらの記載が正確なのかを判断する適格な証拠がないことから，その記載を正すために略式査定通知（CP 2000 Notice）を行うことはゆるされない。

(4) 申告書への必要な証明情報の提出漏れ

一般に，アメリカの納税者は，年分の確定申告にあたり，様式1040〔連邦個人所得税申告書（Form 1040: U.S. Individual Income Tax Return）〕に各種所得金額や所得合計額を記載する。その際に，所得によっては，その計算にあたり，必要経費，所得費等，雇用主から弁償されない給与所得者の勤務関連費

（employment related expenses）などの計算明細書ないし内訳を明らかにした別表C〔事業収支計算明細書（Schedule C: Profit or Loss From Business）〕，別表D〔譲渡損益計算明細書（Schedule D: Capital Gains and Losses）〕，様式2106〔従業者勤務費内訳書（Form 2106: Employee Business Expenses）〕などに詳細を記載したうえで提出する必要がある。また，様式W-2〔給与所得の源泉徴収票（Form W-2: Wage and Tax Statement）〕や様式W-3〔源泉徴収集計表（Form W-3: Transmittal of Wage and Tax Statements）〕，受取利息にかかる源泉徴収税額が記載された様式1099-INT〔受取利息の法定調書（Form 1099-INT: Interest Income）〕などの法定資料を添付する必要がある。

　こうした法定資料（証明情報）が添付されていない場合でそれらの提出を求めたのにもかかわらず納税者が応じないときには，IRSは略式査定通知（CP 2000 Notice）により当該費用や税額等を否認できる（IRC6213条g項2号D）。これに対して，IRSの求めに応じて納税者が必要とされる法定資料を提出した場合で，略式査定通知（CP 2000 Notice）が行われているときには，当該納税者は，当該略式査定通知（CP 2000 Notice）に同意せずに当該賦課の停止の申出を行ったものとみなされる。また，その納税者がIRSの求めに応じて提出した法定資料に計算違い等がある場合，IRSは，当該納税者に二次的な略式査定通知（CP 2000 Notice）を行うことができる。ただし，IRSは，その法定資料の内容等に疑問を持つ場合には，略式賦課手続を用いることはできない。税務調査を実施したうえで正式な不足税額通知（更正処分／SNOD）手続によるように求められる。

(5) 法定限度額を超える所得控除額ないし税額控除額

　連邦税法（IRC）は，各種の❽所得控除（income deductions）や⓬税額控除（tax credits）を置いている。これらの措置には，それぞれ限度枠（statutory limit）が設けられている。それら限度枠は，金額，比率，項目などの形で規定されている【☞本書第Ⅰ部❶H・J】。

　連邦税法（IRC）は，申告書に記載された所得控除額ないし税額控除額が法定限度額を超えることが明らかな場合には，当該納税者に略式査定通知（CP 2000 Notice）を行うことを認めている（IRC6213条g項2号E）。

　したがって，例えば，項目別控除（実額控除）を選択する個人納税者が，公益増進団体（public charities）に対し寄附金を支出したとする。この場合，現金での支出については調整総所得（AGI＝Adjusted gross income）の50％まで控除でき

る（IRC170条b項）。IRSが，納税者が誤って50％を超える金額まで所得控除していることが分かったとする。この場合，その記載を正すために略式査定通知（CP 2000 Notice）を行うことはゆるされるものと解される。しかし，課税庁は，寄附先である公益増進団体が適格団体でないことを理由にこの略式賦課通知（CP 2000 Notice）を使って所得控除を否認することはゆるされない。これは，明らかに計算違い等にはあたらないからである。

(6) **各種人的控除を受けるに必要な者の納税者番号の記載漏れなど**

連邦税法（IRC）は，申告書には，納税者自身や各種人的控除対象者の納税者番号（TIN＝Taxpayer Identification Number），個人の場合は社会保障番号（SSN＝Social security Number），を記載するように求めている。

しかし，納税者が，申告書にこれらのTINを記載していない場合または記載されているTINが不正確な場合，IRSは，当該納税者に対し略式査定通知（CP 2000 Notice）を行いその告知を求めることができる。ちなみに，申告書に記載が求められるTINは，納税者自身（IRC151条）のTINに加え，次のような所得控除，税額控除項目にかかる各個人のTINである（IRC6213条g項2号F〜P）。

①扶養控除（dependents, IRC152条），②子どもおよび扶養税額控除（Child and Dependent Care Credit／IRC21条），③勤労所得税額控除（EITC＝Earned Income Tax Credit／IRC32条），④子ども税額控除（Child Tax Credit／IRC24条），⑤生涯教育税額控除（Lifetime Learning Credit／IRC25条のA第b項，様式8863），⑥はじめての住宅購入者税額控除（First-Time Homeowner Credit／IRC36条）など【☞本書第Ⅰ部■H・J】。

D 計算違い等を理由とする不足税額通知（更正処分）の適用除外の沿革と現状分析

今日，アメリカの課税実務において，計算違い等を理由とする略式査定通知（CP 2000 Notice）手続は，安易な利用に対する納税者からの厳しい批判，理由附記の不十分さなど通知手続の適正化や透明化など重い検討課題をいくつも抱えながらも，幅広い利用に供されている。

(1) **計算違い等を理由とする不足税額通知（更正処分）の適用除外規定の沿革**

「計算違い等を理由とする不足税額通知（更正処分／SNOD）の適用除外（math error exception）」が，最初に連邦税法に盛られたのは，1926年のことである。

1926年歳入法（Revenue Act of 1926）は，次のように規定していた。

「納税者は，自らの申告書の書面に記載された額が計算違いであり，申告書に記載された納税額が過大であり，かつ査定税額が計算違いのない正確な課税標準に基づいているまたは基づくであろうことの通知を受けた場合，当該通知は，〔中略〕査定通知（更正処分の通知）とみなされない。」

1926年当初の規定では，申告書の「計算違い（math errors）」（例：2＋2＝5）だけが，適用除外とされた。したがって，申告書への「記載の誤り（clerical error）」は，不足税額通知（更正処分）の適用除外項目として税法に盛られていなかった。1926年歳入法に盛られたこの計算違いの規定は，1954年内国歳入法典に継受された。

これは，1976年の税制改正で，「記載の誤り（clerical error）」（例：非適格事項の記載，適格事項の不記載など）も不足税額通知（更正処分／SNOD）の適用除外，略式査定通知（CP 2000 Notice）手続の対象に拡大された[8]。この「計算違い（math errors）」＋「記載の誤り（clerical error）」というカテゴリーの追加は，その後の略式査定通知（CP 2000 Notice）手続利用拡大の契機となった。

1976年以降も，不足税額通知（更正処分／SNOD）の適用除外，つまりIRSの略式査定通知（CP 2000 Notice）手続の適用になる範囲は若干拡大されたが，それでも「計算違い」や「記載の誤り」の事項（類型）に限定された。しかし，その後，略式査定通知（CP 2000 Notice）手続の対象となる事項（類型）は徐々に広がりを見せ，今日では16の事項にまで及んでいる（IRC6213条g項2号A～P）。

これが，今日の「IRS CP 2000 Letter」，「CP 2000 Notice」洪水・濫発の原因となっているわけである。

(2) **1976年の略式査定にかかる租税手続の抜本的な整備**

一方で，計算違い等を理由とする不足税額通知（更正処分／SNOD）の適用除外の適用範囲の拡大やIRSによる略式査定（CP 2000 Notice）手続の幅広い利用が，濫用を生み，納税者の手続上の権利を危うくしているとの声が大きくなっていた。

こうした批判に応え，連邦議会は，「記載の誤り（clerical error）」というカテゴリーの追加をした同じ1976年に，次のような連邦議会の立法意思（legislative

---

(8) Public Law No. 94-455 1206条b項（1976）現IRC6213条g項2号。

intent）に基づいて，納税者の手続上の権利保障を狙いに，IRS の計算違い等を理由とする不足税額通知（更正処分／SNOD）の適用除外ないし略式査定通知（CP 2000 Notice）権限を適正化するために租税手続の抜本的な整備を行った[9]。

「法改正は，IRS が計算違い等に対して略式査定手続を活用することにより，〔中略〕納税者がその間違いに対して説明できるようにすること，〔中略〕納税者は，一定の期間内に IRS に対してその査定額の停止を申し出られるようにすること，〔中略〕また，IRS は当該納税者がその略式査定に同意するまで，または当該略査定課額の停止を請求できる期間が経過するまで〔中略〕当該略式査定にかかる徴収手続を開始してはならないことを定めるものである。」

1976年の税制改正は現行の手続法制の根幹をつくりあげたわけであるが，そのポイントは，次のとおりである。

【図表Ⅴ-6】現行の略式査定手続確立の理由

> ① IRS の略式査定権限を行使できる範囲を明確にする。
> ② 計算違い等にかかる IRS の略式査定権限を適正化するために，通知から60日以内に納税者が略式査定権限に不同意（異議の申し出）する権利を付与し，納税者の保護策を強化する。
> ③ 略式査定通知を受けた納税者は，当該略式査定の停止を申し出る権利を有する。
> ④ 納税から不同意の応答があった場合，IRS の徴収手続は停止される。

以上のようなアメリカの計算違い等を理由とする不足税額通知（更正処分／SNOD）の適用除外（ないし略式査定通知（CP 2000 Notice）手続）をめぐる手続法制の沿革・整備状況を概観してみると，わが国での非調査行為を理由とする申告指導（要請）の濫用統制や手続法制整備の論点が浮き彫りになる[10]。

(3) 略式査定通知手続の運用状況分析

統計によると，IRS は，例えば，2010課税年（分析期間は2010年1月1日から2010年7月23日）までの期間に，個人や法人などに対して約860万件を超える計算違い等を理由とする増差税額等の略式査定（CP 2000 Notice）を通知している。このうち，133,186（全体の1.6％）が，略式査定通知（CP 2000 Notice）に不同意で争う旨の応答をしている[11]。

---

[9] See, General Explanation of the Tax Reform Act of 1976, 94th Cong., 2d Sess., 372-74 (1976): 1976-3 (vol. 2) C. B. 1, at 384-86.
[10] 拙論「調査行為と非調査行為の峻別と租税手続の日米比較：計算違い等を理由とする更正処分の適用除外と租税手続のあり方（上）（下）」月刊税務事例45巻3号・4号参照。

1 計算違い等を理由に不足額通知の適用除外とする場合の租税手続　451

【図表Ⅴ-7】略式査定通知の件数と同意／不同意の件数（2010課税年）

略式査定通知の件数	対象納税者の数	比率
総通知発行件数	8,579,242	100%
納税者同意件数	8,446,956	88.4%
納税者不同意件数	133,186	1.6%
理由の提示あり 理由の提示なし	128,860 4,326	96.8% 3.2%

　この数字をどのように評価すべきかについては，議論のあるところである。略式査定通知（CP 2000 Notice）は，アメリカの税界で定着した手続になっているとの見方がある。その一方で，かなりの件数の申告が，計算違い等の名のもとに正式な税務調査，不足税額通知（更正処分／SNOD）の手続を経ずに課税庁の計算違い等を理由とする略式査定通知（CP 2000 Notice），さらにはそれに呼応した納税者の"黙認"で職権処理される結果になっているのではないかとの見方がある。

　連邦財務省の租税行政監察総監（TIGTA＝Treasury Inspector General for Tax Administration）が2010年1月1日から7月23日までに実施したサンプル調査によると，抽出した略式査定通知（CP 2000 Notice）278件のうち18件が計算違い等を理由とする不足税額通知（更正処分／SNOD）の適用除外の対象外のものであり，実質的に納税者の更正の請求権が侵害される結果となっていると報告している[12]。

(4) EITC導入と略式査定通知の利用拡大

　アメリカの場合，給与所得者向けの年末調整制度（year-end adjustment procedures）がないことから，全員確定申告が原則となっている[13]。また，「勤労所得税額控除（EITC＝Earned income tax credit）」を導入しており（IRC32条），給与所得者はもちろんのこと事業所得者などであっても"働いても貧しい人たち

---

[11] See, TIGTA (Treasury Inspector General for Tax Administration), Some Taxpayer Responses to Math Error Adjustments Were Not Worked Timely and Accurately (July 7, 2011) Reference Number: 2011-40-059, at 3. Available at http://www.treasury.gov/tigta/auditreports/2011reports/201140059fr.pdf
[12] See, TIGTA, 前掲注[11], at 3.
[13] 詳しくは，本書第Ⅰ部 1 A参照。

(the working poor)"は，EITC を受けるためには還付申告が必要となる。EITC は，大量の還付申告者を生む[14]。ところが，EITC の仕組みは複雑であり，EITC 還付申告の3割近くが過誤申告・不正申告の温床と化している深刻な常態にある[15]。

連邦の EITC は1975年に導入された。連邦個人所得税制の EITC を導入して以降，過誤申告の件数が急激に拡大した。こうした状況に効率的に対応する狙いから，IRS は，過誤申告対策に略式査定（CP 2000 Notice）手続を頻繁に活用するようになっている[16]。この背景には，申告書に記載から所得控除額ないし税額控除額が法定限度額を超えることが明らかな場合などには，当該納税者に略式査定通知（CP 2000 Notice）で対処することを認めていることがあげられる（IRC6213条 g 項 2 号 E）。

E　問題の所在〜納税者の権利保護と税務行政の効率性確保

アメリカの場合，当初，計算違い等を理由とする略式査定通知（CP 2000 Notice）は，極めて限定された事項（類型）に適用されていた。しかし，その後，その適用範囲は次第に拡大していった。とりわけ，大量の勤労所得税額控除（EITC）関連の過誤申告に効率的に対応する狙いから，IRS は，計算違い等を理由とする略式査定権限を幅広く行使する傾向を強めた。しかし，納税者に対し必要以上に過重な説明責任を課す結果となり，納税者がやむなく略式査定通知（CP 2000 Notice）内容に同意せざるを得ない状況をつくりあげていることが懸念された。こうした懸念は，連邦財務省の租税行政監察総監（TIGTA）や政府検

---

[14] 2014年分の納税申告においては，2,750万人を超える納税者が，EITC を通じて667億ドル近くの還付を受けている。See, IRS, Statistics for Tax Returns with EITC (December 2015). Available at https://www.eitc.irs.gov/EITC-Central/eitcstats

[15] See, Center on Budget and Policy Priorities, Earned Income Tax Credit, Overpayment and Error Issues (April 19, 2011). Available at http://www.cbpp.org/files/4-5-11tax.pdf また，邦文による分析として，拙論「給付（還付）つき税額控除と納税者サービス：アメリカの『働いても貧しい納税者』の自発的納税協力問題を検証する(1)〜(6)」税務弘報56巻 9 号〜57巻 5 号参照。また，拙論「給付（還付）につき税額控除をめぐる税財政法の課題〜アメリカの『働いても貧しい納税者』対策税制を検証する」白鷗法学15巻 1 号参照【☞本書第Ⅳ部❻】。

[16] 連邦税法（IRC）では，税制インセンティブとして各種の税額控除（tax credits）を活用する傾向を強めている。しかし，税額控除は，所得控除（income deduction）に比べて計算が複雑であり，納税者の過誤申告が増える原因となっている。もっとも，計算ソフトが普遍化している今日，マニュアル（手作業）で計算する場合は別として，納税者にとり，税額控除も所得控除も計算の負担は同じであるという意見もある。

1 計算違い等を理由に不足額通知の適用除外とする場合の租税手続　453

査院（GAO＝Government Accounting Office）が，還付申告が遅延しないように，納税者が納税申告書への各種税額控除や還付つき税額控除の記載にあたり過誤や不実記載への即応態勢の確立を求めていることにも原因がある[17]。しかし，税収の確保や納税者の還付申告の迅速化，機敏な対応を求める政府諸機関の要請や政治の動きが，課税庁（IRS）を略式査定権限に過大に依存する方向へ導いているとすれば，これまで納税者の手続上の権利保護の強化に励んできた連邦議会の努力に水を差すことになりかねない。

　課税庁（IRS）内部に設けられた納税者権利擁護官サービス（TAS＝Taxpayer Advocate Service）なども，計算違い等を理由とする略式査定権限の拡大に伴う納税者への必要以上に過重な説明責任の転嫁や，略式査定通知（CP 2000 Notice）の濫発に伴う納税者から提出された証明資料や質問などへのIRSの非効率な対応，遅延などによる納税者サービスの劣化や権利侵害可能性の高まりに対して警鐘を鳴らすようになった[18]。「連邦納税者400人に1人」が「IRS CP 2000 Letter（略式査定通知）」を受け取っているという濫りな送付状況に対する納税者の反発が予想以上に強まっているためである[19]。

　納税者権利擁護官サービス（TAS）は，IRSが発した略式査定通知（CP 2000 Notice）に関する納税者への対応態勢の効率化に加え，通知書に附記された理由の不十分さ，分かり難さなどから，納税者が十分に状況を把握できないまま通知内容に同意を勧奨されることのないように，制度の改善・透明化をはかるよう繰り返し求めている。TASは，こうした状況を改善し，納税者の手続上の権利を保護するため，IRSに対して，計算違い等を理由とする略式査定権限（math error authority）の安易な利用を内部統制する仕組みの確立，新たな分野への適用拡大にあたっては納税者の権利への影響評価の実施，略式査定通知（CP

---

[17]　See, TIGTA, 前掲注[11] at 5 *et seq.*; GAO, Recovery Act: IRS Quickly Implemented Tax Provisions, but Reporting and Enforcement Improvements are Needed (February 2010) GAO 10-349. Available at http://www.gao.gov/new.items/d10349.pdf

[18]　See, *e.g.*, TAS,"Most Serious Problem: Math Error Authority," 2003 Annual Report to Congress at 113 *et seq.*; TAS,"Expansion of Math Error Authority and Lack of Notice Clarity Create Unnecessary Burden and Jeopardize Taxpayer Rights," 2011 Annual Report to Congress (volume 1) at 74 *et seq.*; TAS, "MATH ERROR NOTICES: The IRS Does Not Clearly Explain Math Error Adjustments, Making It Difficult for Taxpayers to Understand and Exercise Their Rights," 2014 Annual Report to Congress (volume 1) at 163 *et seq.*

[19]　略式査定通知は，一般の納税者には「IRSの手紙による拷問」に映るとの鋭い指摘まである。See, Ashlea Ebeling, "IRS Torture By Mail," Forbes Magazine (March 29, 2010).

2000 Notice) に盛られた理由の明確化を勧告している[20]。

また，税界では，IRSによる略式査定通知（CP 2000 Notice）手続の安易な汎用が，税務調査およびそれに基づく正式な不足税額通知（更正処分／SNOD）を経て納税者に増差額等の負担を求め，かつ，納税者がその処分に不服の場合には争訟により解決をはかることができる正規の租税手続を迂回される事態を招いているのではないかと危惧する声が強まっている[21]。納税者の申告した税額等に変更を加えるには，納税者の争訟権を保障するためにも，正式な査定通知（不足税額通知／SNOD）手続によるのが常道であり，原点に立ち返り，略式査定通知（CP 2000 Notice）はあくまでも計算違い等を理由とする例外的な事案に限り活用すべきであるとの声が大きくなっている。

---

[20] See, TAS, 2011 Annual Report・前掲注(8) at 92.
[21] See, William D. Elliott, "The Math or Clerical Error Exception," Journal of Tax Practice & Procedure (June-July 2011) at 25.

2　民事・刑事同時並行調査の拡大と納税者の権利

　わが国の税務調査法制とは異なり，連邦の税務調査法制は，①課税処分のための調査，②滞納処分のための調査，③租税犯則調査／査察が，不可分の形で規定されているのが特徴である（IRC7602条 b 項）。このため，①・②・③とも，基本的には同じ法制を活用する仕組みになっていることについては，すでにふれた。

　こうした税務調査法制から生じる問題も少なくない。1つは，歳入調査官が課税処分のための調査（民事調査／civil audit）を装って，実質的には犯則調査／査察（criminal audit/criminal investigation）を実施し，刑事訴追を求めて司法省に告発するための証拠を収集する事案の増加である。また，IRS の歳入調査官（または IRS 徴収部の歳入官）が，同時並行的に租税犯則調査／査察が実施されていることを被調査者に告知しないまま，課税処分のための民事調査を実施している例も少なくない。こうした調査は，一般に「民事・刑事同時並行調査（IRS civil-criminal parallel audit/examination）」，「並行手続（parallel proceeding）」とも呼ばれる[22]。

A　問題の所在

　かつて連邦裁判所は，民事・刑事同時並行調査を認めることに消極的であった。なぜならば，同時並行調査は，その運用の仕方によっては，刑事手続に関し個人の人権を保護するために被調査者に認められた自己負罪の権利／黙秘権（連邦憲法修正第5条）などを実質的に反故にするおそれが強いからである[23]。IRS が実施する民事調査に被調査者やその代理人を巻き込み，そこで入手した証拠

---

[22]　わが国の場合は，国税通則法において，課税処分のための調査のために国税職員に付与された権限は，「犯罪捜査のために認められたものと解してはならない。」（法74条の8）と明文で規定している。もっとも，課税処分のための税務調査で収集された証拠等を犯則調査などに流用することに対し制限をかけることについて司法は消極的であり（最高裁第二小法廷平成16年1月20日決定・判例タイムズ244号167頁）歯止めはかかっていない。拙論「判例研究：課税処分のための調査結果の犯則調査への流用の適否と証拠能力」白鷗法学24号（2004年）参照。

[23]　See, Shiv Narayan Persaud, "Parallel Investigations Between Administrative and Law Enforcement Agencies: A Question of Civil Liberties," 39 Dayton L. Rev. 77 (2013).

を流用し，被調査者の租税犯罪を問うことは，違法に収集された証拠をもとに被調査者を処罰するに等しく，違法との判決も少なくなかった。

言うまでもなく，課税処分のための調査（民事調査）は，申告内容が正しいかどうかを精査することが狙いである。犯則調査とは異なり租税犯罪の摘発が本来の目的ではない。アメリカ法は，刑事手続に対しては，個人の事件を保護するために被調査者に自己負罪の権利／黙秘権を保障し，当局の調査権行使に厳しい憲法上の制約（連邦憲法修正第5条）をかしている。したがって，こうした租税犯則調査に対する憲法上の保護措置を回避（バイパス）する目的で税務調査官が課税処分のための調査（民事調査）を活用する実務を放置しておくわけにはいかない。

従来，IRSは，民事調査進行中に租税犯罪の嫌疑が出てきたら，民事調査をいったん停止して，新たに犯則調査に入るのがルールであった。ところが，近年は，民事の調査と刑事の調査を同時に並行させて行う調査が増加してきている。

IRSの民事・刑事同時並行調査について，CPAや税務弁護士など税の専門職からは，クライアントである納税者の民事調査に立会い，IRSの歳入調査官の求めに協力しさまざまな情報を提供したあげく，クライアントがその資料で刑事告発されるおそれもあることは大きな問題である，との強い警鐘が発せられている。また，これら税の専門職は，税務調査に立ち会った場合に，クライアントから過誤（misconduct）を理由に訴えられることを危惧する声が高まってきている[24]。

(1) IRSの民事・刑事同時並行調査に関する考え方

IRSの民事・刑事同時並行調査には，強い批判がある。にもかかわらず，IRSは，この種の調査を強化してきているようにもみえる。

IRSが同時並行調査の最大のターゲットとしているのは，「濫用的タックスシェルター（Abusive tax shelter）」である[25]。また，IRSは，民間の納税申告書作成業者（return preparer）【本書第Ⅳ部❹】もターゲットとしている[26]。

民事・刑事同時並行調査をどう進めるかについて，政策方針を含め，IRSは内国歳入マニュアル（IRM）に次のように規定する。

---

[24] See, Justin J. Andreozzi *et.al.*, "The Treat of Parallel Investigations: When Civil Isn't Civil," The Tax Adviser（Aug, 2015）.

【図表V-8】 民事・刑事並行調査に対する IRS の考え方

- 内国歳入マニュアル（IRM1.2.13.1.11（10-05-2005））
〔政策方針〕
1 　刑事および民事の視点から見た執行
2 　刑事の税務調査および民事の税務調査は，税法を執行し，かつ自発的納税協力を促すことが目的である。経験に照らすと，ある事案について刑事と民事双方の観点から同時に調査を実施しようとすると，刑事事件の成立を危殆に陥れかねないことがわかる。したがって，刑事目的での法執行の利益を優先するには，民事よりも刑事手続を優先すべき事案であることを確認する必要がある。濫用的租税スキームの利用および当該スキームにより現に発生している歳入損失の拡大を効果的に規制するためには，濫用的プロモーターや納税申告書作成業者に対する民事と刑事双方の調査活動を同時並行して実施するものとする。
3 　犯則調査の対象となっていない同じ租税その他の種類の租税にかかる課税期間における民事の執行活動
4 　犯則調査の対象となっていない同じ租税その他の種類の租税にかかる課税期間における民事の執行活動（強制徴収活動を含む。）は，通例，犯則調査または他の種類の租税にかかる課税期間その後の起訴の成立に危険を及ぼさない。したがって，他の課税期間または他の種類の租税の課税期間にかかる租税債務に対する民事の執行活動は，同時に進行するものとする。ただし，犯則調査実施期間中に民事の調査行為の一部または全部を停止させることについて権限ある部門間での合意がある場合はその限りではない。権限ある部門は，悪い結果を最小限にするためには，予定されている民事の執行活動を調整しなければならない。調整のための会合は，少なくとも 3 か月に 1 回は開催しなければならない。

(25) 「タックスシェルターとは何か」については，さまざま定義されている。一般には，IRS がターゲットとしている「Abusive Tax Shelter（濫用的タックスシェルター）」，すなわち実際に行われていない経済取引を，私法上有効な取引であるかのような外観を装い，高い節税効果を得るために組まれるスキームを指すことが多い。IRS はどのような取引をタックスシェルターにあたるかをリストアップ（Listed Transaction）し，公開している。タックスシェルターは投資銀行，会計事務所，法律事務所のような「プロモーター（Promoter）」と呼ばれる租税計画専門家が考案し，マーケティングしていることが多い。IRS は，税務調査，和解，訴訟などの手法を使って，Promoter に対する規制を強化している。See, Ethan S. Burger, et al., "KPMG and "Abusive" Tax Shelters: Key Ethical Implications for Legal and Accounting Professionals," 31 J. Legal Prof. 43 (2007); Jared T. Meier, "Understanding the Statutory Tax Practitioner Privilege: What Is Tax Shelter "Promotion"?" 78 U. Chi. L. Rev. 671 (2011).
(26) アメリカでは，全員確定申告を原則とし，年末調整の仕組みもない所得税制を敷いている。毎年，大量の確定申告をさばくために，民間の納税申告書作成業者（return preparer）が，政府規制のかかっていない申告書作成業務において需要な役割を演じている。近年，IRS は，申告書作成業務を政府規制で囲い込み，資格化しようとした。しかし，裁判所が待ったをかけたため，頓挫した。詳しくは，拙論「アメリカで新たに誕生した税務専門職制度：登録納税申告書作成士（RTRP）」獨協法学92号（2013年），同「アメリカで頓挫した登録納税申告書作成士資格（RTRP）制度」JTI 税務ニューズ 2 号（2014年）Available at: http://jti-web.net/wordpress/wp-content/uploads/2014/10/276e82a84e262117f8e8c61990e640bb1.pdf

5　また，マニュアルの本条項は，プロモーターが組んだ犯則調査の対象になるような租税スキームに参加した者に対する所得税調査にも適用される。参加者に対する所得税調査をプロモーターに対する犯則調査と同時に実施する場合には，民事の調査官は予定している活動を犯則調査官に知らせておくべきである。民事の調査官と犯則調査官は，それぞれの法務官を通じて，民事の行為が犯則調査またはその後の起訴を危殆に陥れると思われる場合には，話合いをするものとする。

6　犯則調査部門（CI），コンプライアンス（調査／徴収）部門，それぞれの部門の法務部門（Counsel）は，同時に並行して調査を開始することについて合意にいたらなかったとする。この場合，上級のレベルで解決がはかられるものとする。〔以下，邦訳省略〕

7　犯則調査関連事案への民事の執行活動

8　犯則調査が関係する同じ課税期間および同種の租税にかかる課税期間に関する民事の執行活動が，その後の起訴を危殆に陥れるかも知れないとする。この場合，犯則調査および起訴事案に対する民事の執行活動に及ぼす影響については慎重に判断すべきである。犯則調査部門（CI），コンプライアンス（調査／徴収）部門，それぞれの部門の法務部門（Counsel）は，進行について合意にいたらなかった場合には，上級のレベルで解決がはかられるものとする。ただし，原則として，提出された申告書に記載された納税額に対する徴収行為は停止しないものとする。

9　濫用的プロモーターおよび納税申告書作成者を規制するための民事および刑事執行活動

10　一般に，犯則調査または犯則手続と関わりの深い濫用的租税回避取引のプロモーターや納税申告書作成業者に対する民事罰（Civil Promoter Penalty）の賦課や差止請求は，遅延がゆるされない。民事差止請求は，プロモーターや納税申告書作成業者が濫用的租税回避商品取引を速やかに停止させることが目的である。すなわち，違法な租税スキームや当該スキームの活用に伴い発生する歳入損失の拡大を規制することになる。

11　IRSの民事部門および刑事部門は，租税回避商品のプロモーションまたは納税申告書の作成を速やかに停止されるために，プロモーターまたは申告書作成業者に対する適切な行動を検討するものとする。こうした行動は，犯則調査のみで，民事の税務調査のみで，あるいは民事と犯則を並行する調査で遂行することができる。犯則調査の実施もしくは司法省への送付があったまたはその可能性があるということだけでは，差止めのための調査または差止めのための司法省への送付を当然に遅らせるまたは止めるべきではない。

12　民事の調査，検査，手続その他犯則または民事の調査の実施時期が問題になったとする。この場合，民事の調査官，犯則の調査官，その上司，法律顧問部およびその幹部の間の話合いで解決をはかるものとする。問題が，司法省，合衆国検察官事務局へ付託されたときには，意思決定過程には，それらの担当者も参加するものとする。

13　犯則調査部門（CI），コンプライアンス（調査／徴収）部門が，調査の進め方について合意に達することができないとする。この場合には，別途，各部門の上席に覚書を送付するものとする。覚書には，調査の対象とする事項，行動計画の概要を記載し，かつ並行調査実施の障害となりうる民事の特定の行動を記載するものとする。各部門の上席が合意に達し得ないときには，犯則調査部門（CI）のプロモーター対策専門班，

金融犯罪専門班などの支援を得て，問題の解決にあたるものとする。〔以下，邦訳省略〕

- **(IRM9.5.1.5 (09-27-2011))**
〔並行調査（Paral1el Investigation）〕

内国歳入法典（IRC）は，濫用的な租税スキームに対処する民事および刑事の規定を置いている。状況により，IRS は，関連する刑事事件の成立を危殆に陥れることを回避するために，犯則調査が終わるまで民事調査を停止することがある。その一方，合衆国財務省の多大な損失をもたらすことになる進行中の濫用的な租税スキームを対処するために，刑事調査と民事調査は同時に並行して実施することもある。マニュアルの本条項は，並行調査を実施する場合に，IRS の査察部（CI）の関与と責務について，特別調査官に手引を提供するものである。同時に，内国歳入マニュアル（IRM）4.32.2〔濫用的な租税回避取引（ATAT＝Abusive Tax Avoidance Transaction）〕プロセス同時並行調査に関する査察部（CI）とコンプライアンス部門との間での政策および手続について詳しく解説をしており，参考にすべきである。

3 合意による滞納税額免除／OIC 制度

　合意による滞納税額免除（OIC＝Offer-in-compromise）制度とは，滞納者からの申請に基づき，滞納者と政府（IRS の徴収官）との間で滞納額の一部を一括または分納する合意書を交わすことにより，残りの滞納金額を免除する仕組み（IRC7122条／IRM5.8.1.1.1，8.23.1）である（以下「滞納税額免除」または「OIC」という。)[27]。

　滞納税額免除／OIC 制度は，滞納者に納付資力がないと思われる（財務省規則301.7122-1(a)(2)(B)）など一定の理由がある場合で，分割納付合意（installment agreement）では助けにならないと判断されるときに，当該滞納者と IRS との合意の基づき滞納額を一部または全部を免除する仕組みである。一般に，滞納額が，その納税者の納付能力を著しく超えていると判断される事例に限り適用される。もっとも，納税者が資産を保有したとしても，その資産が文化財に該当し処分できない事例などにも，例外的に適用される。

A　滞納税額免除／OIC 制度の創設趣旨

　滞納税額免除／OIC（＝offer-in-compromise）制度は，1998年の IRS 再生改革法（RRA 98），通称で「T3」，で創設され，その後内国歳入法典（IRC）7122条 c 項〔滞納税額免除申請原則（Rules for submission of offers-in-compromise)〕に盛られた【☞本書第Ⅲ部**1** A(3)】。滞納者の権利利益保護が目的であるが，具体的な制度創設の趣旨は，次のとおりである（IRM1.2.14.1.17，5.8.1.1.3）。

---

[27]　なお，IRC7122条〔合意〕は，合意（compromise）による紛争解決に関する手続について定めた規定である。連邦税法（IRC）のもとで発生した民事／行政（civil）上のみならず，刑事（criminal）上の合意も対象となる。ちなみに，財務長官は，IRC7122条のもとでの滞納税額免除／OIC に関する権限を IRS に付与している（IRM5.8.1.1.2.1）。加えて，内国歳入庁官は，財務省規則3-1.7122-1に基づき，①徴収可能性の懸念（DATC＝Doubt as to Collectability），債務の懸念（DATL＝Doubt as to Liability）または③効率的な税務行政（ETA＝Effective Tax Administration）促進の3つの理由のうち，いずれか1つに基づいて債務免除に合意する権限を付与されている（IRM IRM5.8.1.1.2.2)。

【図表Ⅴ-9】滞納税額免除／OIC制度の創設趣旨とは

・IRSは，租税債務を全額徴収することは不可能であり，かつ応じた免除額が潜在的な徴収額に合理的に反映する場合に，滞納税額免除／OICを承認するものとする。滞納税額免除／OICは，その時点で徴収できない事案と宣告すること，または長期の分割納付合意（installment agreement）に付すことへの合法的な代替措置である。滞納税額免除／OICの趣旨は，できるだけ早期，かつ最少の政府負担で，潜在的に可能な徴収額を確保することにある。
・滞納税額免除／OICが滞納税に対する可能な解決手段であるとする。この場合，その事案を担当するIRS職員は納税者と取り得るべき合意について話合いをし，かつ，必要に応じて必要な様式の作成を支援する。納税者は，最初の個別合意案に参加する責任を負うものとする。
・滞納税額免除／OICプログラムは，納税者が自己の負担能力に合った的確な合意案を作成し，かつIRSが早急かつ合理的な決定をすることによってのみ成功を確実にする。納税者は，自己の負担能力を証明するために合理的な資料作成に努めなければならない。最終的な目標は，納税者とIRS双方の最良の利益において合意がなされることにある。また，適切な免除を認めることは，その納税者に対して将来，申告や納付に関するあらゆる要件を遵守することへの期待と再出発につながる。
・特別の事情がある場合は別として，滞納税額免除／OIC申請は，債務を全額一括で納付できると信じられる場合，制定法上の徴収期間内に分割納付できると信じられる場合，またはその他の徴収方法で納付できると信じられる場合には，認めないものとする。

B 滞納税額免除／OIC申請

個人納税者が，生活上困窮し，滞納額を納付することが著しく困難であるとする。法人納税者が，事業経営が著しく悪化し，滞納額を納付することが困難であるとする。あるいは，滞納額の徴収が，効率的な税務行政の趣旨にはそぐわないとする。こうした場合に，滞納者は，IRSとの合意による滞納税額免除／OIC制度の申請をすることができる。

滞納税額免除／OIC申請にあたり，滞納者は，様式656〔滞納税額の免除（Offer in Compromise）〕に必要事項を記載し，IRSが当該滞納者の財産状態を精査するうえで必要となる情報を提供するように求められる。加えて，滞納者は，税額査定にかかる消滅時効の延長に同意するように求められる。

(1) IRSでのOIC申請事案の処理

滞納税額免除／OIC申請があれば，IRSの徴収職員（Revenue Agent, Revenue Officer）は，調査（offer investigation）を実施し，滞納者が保有する財産を基に実

現可能な純財産価額 (net realizable equity) や, 当該滞納者の現在および将来の所得額などを考慮し, 免除を認めるかどうかを決定することになる。調査は, 適時性 (timeliness) を重視して, 納税者またはその代理人と協力して効率的に実施するように求められる。

IRSは, 連邦司法省 (DOJ) が取り扱っている租税事案にかかる滞納税額免除／OIC申請は, これを受理しない原則になっている (IRM5.8.1.3.1)。

IRSは, 納税者が滞納税額免除／OIC（= offer-in-compromise）にかかる手続をとっている場合, 次の期間は, 差押え (levy) を行うことを禁止される (IRC6331条k項, IRM8.23.1.2)。

【図表Ⅴ-10】滞納税額免除／OIC申請に伴う差押え禁止期間

- 滞納税額免除／OIC申請期間中
- 申請に対する拒否処分後30日間
- 拒否処分にかかるIRS不服審査部への不服申立期間中

ただし, 例えば, IRSが以前から滞納者の賃金への差押え (levy) を継続している最中に, 当該滞納者が滞納税額免除／OIC申請を行ったとする。この場合には, OIC申請の審査中も, 当該差押えは継続できるものと解される。

(2) OIC申請事案の拒否処分

2005年の改正税法 (TIPRA = Tax Increase Prevention and Reconciliation Act of 2005) により, 2006年から滞納金額免除／OIC制度は改正され, 改正点はその後 IRC7122条 c 項〔滞納税額免除申請原則 (Rules for submission of offers-in-compromise)〕に挿入された。主な改正点は, 次のとおりである。

【図表Ⅴ-11】2006年の滞納金額免除／OICの変更点

- 滞納者が, 5回以下の分納 (lump sum cash offer) を申し出る場合には, IRSの滞納額の20%を, 様式656〔滞納税額の免除 (Offer in Compromise)〕を添えて, 前払するものとする (IRC7122条 c 項1号Aのⅱ)。
- 分割納付申請 (periodic payment offer) をする滞納者は, 前払の納税をしたうえで（払戻しはできない。), 分割期限が到来している他の滞納金額免除／OICにかかる納税をするものとする。
- IRSが, 2年以内に行った滞納金額免除／OIC申請に対する決定をしない場合には, 申請は許可されたものとみなす。

4 税務専門職制度の拡大と頓挫した申告書作成業者(RTRP)規制

　アメリカは，おおよそ3億2,160万の人口を抱え，連邦個人所得税（Federal Individual Income Tax）については全員確定申告をするのが原則となっている。毎年，法人その他を含め年間2億430万件（2015課税年）を超える確定申告書の提出がある。そのうち，連邦個人所得税申告書（Form 1040, 1040-A, 1040-EZ）【☞本書第Ⅰ部❶D】は，1億5,000万件近くの数に及ぶ（2015課税年）[28]。このことから，官民で幅広く提供される税務サービス，とりわけ確定申告・還付申告のための税務書類の作成およびそれにかかわる税務相談サービス（以下「納税申告書作成業務」，「納税申告書作成サービス」または「納税申告支援」ともいう。）が重要な役割を演じてきている。

　連邦個人所得税（以下「所得税」ともいう。）の納税申告書作成サービスは，無償のものから有償のものまで多岐にわたる。とりわけ，大量の個人納税者が期限内に（通例，12月末で年度を終了させ，それに続く翌年1月15日から4月15日までに）確定申告・還付申告を終えるのには，民間の納税申告書作成サービスはなくてはならない存在である。アメリカでは，こうした業務は久しく，公認の税務専門職（tax practitioners）ではない納税申告書作成業者（TRP＝tax return preparers）によっても，有償で幅広く提供されてきた。

【図表Ⅴ-12】アメリカの民間税務サービス提供事業者の種類（2012年前まで）

◎税務専門職	人数
・弁護士（Attorneys）	約120万人
・公認会計士（CPA＝Certified Public Accountant）	約65万人
・登録年金数理士（Enrolled Actuary）	
・登録税務士（EA＝Enrolled Agent）	約4万7千人
・登録退職計画士（ERPA＝Enrolled Retirement Plan Agent）	
◎非税務専門職	
・納税申告書作成業者（TRP＝tax return preparers）	約120万人

---

[28]　See, IRS, 2015 Data Book, at 4.

一方，納税者側も一般に，他人に有償で自分の納税申告書の作成を依頼する場合，料金や契約手続の手軽さなどから，非専門職である納税申告書作成業者（TRP）を選択してきていた。TRPへの依頼は全納税者の半数以上に及ぶ。

これら有償で所得税申告書の作成を行う民間の非専門職の納税申告書作成業者（TRP）は，2009年統計で，全米に最大でおおよそ120万人いると見積もられている。また，これらTRPにより，有償で8,660万件程度（全個人所得税申告書の80％超）の納税申告書や還付申告書を含む各種税務書類の作成および当該作成書類にかかる税務相談サービスが提供されてきた[29]。

連邦課税庁である内国歳入庁（IRS＝Internal Revenue Service）による申告後の税務調査は，平均で見ると，総申告件数の１％程度である。しかし，IRS各キャンパスの申告処理センターが，計算違い等（math or clerical error）を理由に納税者に送付する略式査定通知（CP 2000 Notice）【☞本書第Ⅴ部❶】は，2015年統計で170万件，総申告件数の10％程度にも及ぶ。

こうした過誤のある申告書の多くが，市民ボランティアを募りIRSのバックアップで，全米で実施されているボランティア所得税申告プログラム（VITA＝Volunteer Income Tax Assistance Programs）【☞本書第Ⅲ部❶B(2)】を通じて作成されたものであることや[30]，民間の納税申告書作成業者（TRP）にかかわるものであることが以前から問題になっていた。税界には，諸州が，州レベルで行っている申告書作成者規制[31]などを参考に，何らかの資質（QC）向上のための政府規制が必要との声があがっていた。

連邦財務省は，2011年６月３日に，政府規制により，IRSを規制主体とした

---

[29] See, IRS Publication 4832, Return Preparer Review (December 2009), at 9. Available at: http://www.irs.gov/pub/irs-pdf/p4832.pdf なお，数値は，各種統計により異なる。
[30] 財務省租税行政監察総監（TIGTA＝Treasury Inspector General for Tax Administration）が，VITAの運営について実施した覆面調査（mystery shopping test）では，申告者作成ボランティアが作成した申告書の61％に過誤や計算違い等が見つかったと報告されている。See, TIGTA, Accuracy of tax returns: The quality assurance processes, and security of taxpayer information return programs for the volunteer program (2011) at 6.
[31] カリフォルニア，メリーランド，ニューヨーク，オレゴンなどでは，州レベルで，免許制度の導入【資格試験，学歴要件，実務経験要件，年次研修，登録などの義務化】の形で納税申告書作成業者（TRP）規制を実施している。これら州の制度には，IRSは関与しておらず，消費者保護の立場から州独自の政策方針に沿って実施されている。したがって，後記の連邦RTRP制度実施違法判決の効力は及ばない。ちなみに，これら独自のTRP規制を実施している州において，過誤申告や不正申告の比率は他の州とは変わりがなく，規制の効果には疑問符が付いている。また，連邦税務についての州別の規制は，専門職市場の自由に対する桎梏と見る向きもある。なお，州レベルでのTRP規制について詳しくは，各州のホームページ（HP）を参照。

「登録納税申告書作成士（RTRP＝Registered Tax Return Preparer）」という新たな「士業」の創設に踏み切った。この制度改正は，納税申告書作成業者の業務に大きな影響を及ぼす。資格試験や適格審査（以下「資格試験等」という。）に合格しない業者は，場合によっては廃業を余儀なくされるからである。

アメリカでは，民間の税務サービスについて，税務専門職による「税務書類の作成」および「税務相談」業務については久しく，いわゆる「名称独占」の政策を維持してきた。すなわち，「税務書類の作成」および「税務相談」業務については，無償か有償かを問わず，専門職の名称を用いなければ，誰でも行えることとされてきた。しかし，連邦財務省は，民間の有償の納税申告書作成サービスの質の向上を狙いに，連邦個人所得税申告書作成業務への政府規制強化による登録納税申告書作成士（RTRP）制度を創設，いわゆる税務書類の作成業務の「有償独占」の方向へ大きく舵を切る方針を打ち出した。

A　アメリカの税務専門職制度の変容

民間の税務専門職が提供する税務サービス業務は，大きく次の3つに分けられる。すなわち，①「税務書類の作成」【納税申告書，申請書，請求書等の作成】，②「税務相談」【租税の計算，納税申告や主張，陳述等にかかる相談】および③「税務代理」【納税申告，申請，請求，不服申立て，税務調査や処分に対する主張，納税者の代理行為等】である[32]。

また，これら民間の税務サービスを提供する税務専門職の業務独占の形は，大きく，次の3つに分けて把握できる。すなわち，①「無償独占」【一定の税務専門職以外（以下「非税務専門職」ともいう。）は，ただ（無償，無料）でも，他人の依頼を受けて，規制された税務サービスを繰り返し行ってはならない】，②「有償独占」【非税務専門職は，ただ（無償，無料）であれば，他人の依頼を受けて，規制された税務サービスを繰り返し行ってもよい】および③「名称独占」【税務専門職は専門職の名称（ブランド）を使って，報酬を得て（有償，有料）で規制された税務サービスを提供できる一方で，非税務専門職も，専門職のブランドを使わなければ報酬を得て（有償，有料）で規制された税務サービスを提供できる】である[33]。

---

(32)　わが国の税理士法2条1項1〜3号参照。
(33)　石村耕治編『現代税法入門塾〔第8版〕』（清文社，2016年）173頁以下参照。

【図表Ⅴ-13】税務専門職の業務独占の形態（わが税理士法を参考とした場合）

① 「無償独占」
税理士登録した者以外の者（非税理士）は，ただ（無償・無料）であっても，他人の依頼を受けて，規制された税理士業務（税務代理，税務書類の作成，税務相談）を繰り返し行ってはならないということ（税理士法基本通達2-1）。

② 「有償独占」
非税理士であっても，ただ（無償・無料）であれば，他人の依頼を受けて，規制された税理士業務（訴訟の補佐・陳述）を繰り返し行っていいということ。

③ 「名称独占」
税理士は，税理士という名称（ブランド）を使って，報酬をもらって（有償・有料で）その業務（例えば記帳代行）ができるが，非税理士も，税理士のブランドを使わなければ，有料でその業務を行っていいということ。

【図表Ⅴ-14】民間の税務専門職サービスの類型（わが税理士法を参考とした場合）

① **税務代理**（税理士法2条1項1号）　　　　　　　　　　　《無償独占》
税務申告，申請，請求または異議や国税不服審判所などへの不服の申立て，税務調査や処分に対しての主張，陳述，代理または代行行為

② **税務書類の作成**（法2条1項2号）　　　　　　　　　　　《無償独占》
税務申告書，申請書，請求書，不服申立書などの作成

③ **税務相談**（法2条1項3号）　　　　　　　　　　　　　　《無償独占》
税務申告や主張，陳述について，租税の計算に関する事項の相談

④ **付随業務**（法2条2項））　　　　　　　　　　　　　　　《名称独占》
財務書類の作成，会計帳簿の記帳代行その他財務に関する事務

⑤ **訴訟の補佐・陳述**（法2条の2第1項）　　　　　　　　　《名称独占》
弁護士（訴訟代理人）といっしょに裁判所に，許可を要することなく出廷し，補佐人として租税に関する事項についての陳述（ただし尋問は不可）。具体的には，申告・調査・処分に関する事項や国税債権不存在訴訟など"官対民"訴訟に加え，相続税争い関連訴訟や税理士損害賠償請求訴訟など"民対民"訴訟にも及ぶ（ただし刑事関連訴訟は対象外（刑事訴訟法42条1項））。

＊ほかに，地方公共団体の外部監査（地方自治法252条の28）や株式会社の会計参与（会社法326条，333条1項，374条1項など）がある。

アメリカにおいては，従来は，税務専門職による「税務書類の作成」および「税務相談」業務については久しく，いわゆる「名称独占」の政策を維持してきた。すなわち，「税務書類の作成」および「税務相談」業務については，無償か有償かを問わず，専門職のブランドを使わなければ誰でも行えることとされてきた。しかし，近年，民間の税務サービスにかかる質の管理向上を狙いに政府

規制の強化により，いわゆる「有償独占」の政策に転換する方向を目指した。言い換えると，この政策転換が実現したとしても，税務専門職(tax practitioners)以外(以下「非税務専門職」ともいう。)の者も無償であれば，依頼を受けて第三者に対してこれら税務書類の作成および税務相談サービスを提供できる方向を目指した。

これら無償の税務サービス，とりわけ納税申告書作成サービスの存在意義は重い。なぜならば，連邦個人所得税については全員確定申告をするのが原則となっているからである[34]。毎年1億5,000件近くの数の確定申告や還付申告が連邦の課税庁である内国歳入庁(IRS＝Internal Revenue Service)に押し寄せる。納税申告書作成サービス，納税申告支援に対する納税者からのニーズは旺盛である。IRSは，行政サービスの一環として税務申告支援プログラムを実施している。加えて，IRSは，市民ボランティアなどの手を借りて，申告期のみならず，申告前や申告後の支援を含む大掛かりな無償の税務支援プログラム(VITA，TCEなど)を実施している【☞本書第Ⅲ部１B(3)】。さらに，企業も金融サービス・商品の販売の際に，顧客に対して税務申告支援を含む各種無償の税務サービスを提供している。

このように，アメリカにおける所得税の納税申告書作成サービスは，無償のものから有償のものまで多岐にわたる。とりわけ，大量の納税者が期限内に(通例，12月末で年度を終了させ，それに続く翌年4月15日までに)確定申告・還付申告を終えるのには，IRSの監理のもと市民ボランティアなどを動員して申告期に実施される無償の納税申告支援プログラムが大きく貢献している。

一方，有償の税務サービス，とりわけ納税申告書作成業務は，税務専門職(tax practitioners)【公認会計士(CPA＝Certified Public Accountant)，登録税務士(EA＝Enrolled Agent)[35]，弁護士(Attorney)[36]，登録退職計画士(ERPA＝Enrolled Retirement Plan Agent)，登録年金数理士(Enrolled Actuary)[37]】に加え，非専門職／IRSへの登録を要しない(unenrolled)の納税申告書作成業者(TRP)が行うものがある。

---

[34] ただし，非居住者(non-resident)である学生(student)，交換教授(teacher/researcher)および訓練生(trainee)に該当する者(F, J, M, Qビザ所持者)で，アメリカ国内源泉の所得がない場合は，個人所得税の申告書(様式1040-NRなど)の提出義務が免除される。ただし，免除対象者であることを申請するための書類〔様式8843〕を期日(暦年の場合は4月15日)までに提出する義務がある。

現在，CPA と弁護士は州の資格であるが，有資格者数は CPA が約65万人，弁護士が約120万人である。また，連邦（IRS 登録）の資格である EA は約 4 万 7 千人である。これら税務専門職のうち，アメリカ公認会計士協会（AICPA＝American Institute of Certified Public Accountants）は「会計士行動規程（Code of Professional Conduct）」[38]その他会員が税務専門職として業務をする場合の協会独自の基準／倫理（例えば，税務サービス基準書／SSTS＝Statements on Standards for Tax Services No. 1〜7/November 2009）などを定めている。また，アメリカ法曹協会

---

(35) これらの税務専門職のうち，わが国の税理士に相当する専門職は，登録税務士（EA＝Enrolled Agent）である。EA の資格を取得するには，原則として「登録税務士特別登録試験（SEE＝Enrolled Agent Special Enrollment Examination）」（以下「EA 資格試験（SEE）」ともいう。）および適格審査に合格する必要がある。ただし，前 IRS 職員には，EA 資格試験（SEE）が免除され，職歴に基づき EA 登録が認められる。EA 資格試験（SEE）は，IRS が所管し，認定事業者であるプロメトリック社（Prometric Inc.／デラウエア州法人）に委託して実施している。EA 資格試験（SEE）は，連邦税に関する次の 3 科目（3Part）からなる。① SEE1：Part1〜個人（Individuals／個人所得税全般），② SEE2：Part2〜企業（Businesses／法人企業および個人企業の所得課税。パートナーシップや資産移転（遺産／贈与）税を含む。）ならびに③ SEE3：Part3〜（Representation／, Practice and Procedures／税務代理，実務および手続。専門職倫理等を含む。）。1 科目ずつの受験できる。受験申込はオンラインで行われる。各科目とも，3 時間半，100問の択一試験である。全米の主要都市に設置されているプロメトリック社の試験センターで，コンピュータ設備を使って電子媒体で実施される（日本でも 4 か所で受験可能である。）。EA 資格試験（SEE）の合否は，試験終了後に直ちに知ることができる。科目受験合格の 2 年まで繰り越しできる。詳しくは，See, IRS/Prometric, SEE Candidate Information Bulletin. Available at: https://www.prometric.com/en-us/clients/SEE/Pages/landing.aspx; http://www.irs.gov/Tax-Professionals/Enrolled-Agents/Special-Enrollment-Examination-Questions-and-Official-Answers

(36) アメリカにおける訴訟代理は，原則として弁護士の無償独占業務である。しかし，CPA など他の税務専門職も，資格試験合格を前提に，司法裁判所である連邦租税裁判所（U.S. Tax Court）において税務代理ができる。詳しくは，拙論「アメリカにおける非弁護士の税務訴訟代理資格制度――わが国における税理士の出廷陳述権等の課題」税務弘報49巻 6 号 6 頁以下参照【☞本書第Ⅴ部 **5**】。

(37) 登録年金数理士は，1974年従業者退職所得保障法（ERISA＝Employee Retirement Income Security Act of 1974）に基づいて，被用者の退職年金数理計算，退職年金税務にかかる税務代理などを行う資格を有する者である（IRC 7701条ａ項35号）。登録年金数理士にかかる資格試験や懲戒権は，連邦の独立委員会である「年金数理士登録合同委員会（Joint Board＝Joint Board for the Enrollment of Actuaries）」が有している。【合同委員会は，財務長官が任命した 2 人，労働長官が任命した 2 人および破綻した年金計画への保証業務を担当する ERISA に基づいて設けられた連邦の独立行政機関である年金給付保証会社（PBGC＝Pension Benefit Guaranty Corporation）の代表 1 人の計 5 人の委員で構成される。登録年金数理士の受験資格や試験内容【実務経験，基本知識や年金数理知識を問う試験】等は，合同委員会規則（Joint Board Regulations）に規定されている。ただし，資格試験はすべて，年金数理士協会（SOA＝Society of Actuaries）が代行して実施している。また，合同委員会規則には，年金数理士の行動基準，継続研修，資格更新，資格停止処分やそれに対する不服申立手続，登録手数料などについても規定している。Available at: http://www.irs.gov/Tax-Professionals/Enrolled-Actuaries/Enrolled-Actuary-Information

(38) 邦訳としては，飯塚毅監訳『アメリカ公認会計士協会 会計士行動規程（1998年版）』（TKC 出版，1995年）参照。

(ABA＝American Bar Association）は「模範法律家職務規則（Model Rules of Professional Conduct）」⑶その他会員が税務専門職として業務をする場合の協会独自の基準／倫理などを定めている。このことから，公認会計士（CPA）や弁護士が一番高い専門職基準／倫理が求められているといってよい。ただ，有償の納税申告書作成業務全体に占める割合は，CPA（30％程度），弁護士（2％程度）である。

その次に高い専門職基準／倫理を求められるのは，登録税務士（EA）である。実働のEAは4万人程度とみられる。前IRS職員が特例試験でEAになっている場合が多く，公職を通じて培われた経験で，税務調査立会い，滞納処分手続や不服申立手続などでの税務代理の面で独自の存在感を発揮している。

しかし，従来から個人納税者が有償で納税申告書の作成を依頼する場合，その半数以上は，料金や契約手続の手軽さなどから，非専門職である納税申告書作成業者（TRP）を選択してきた。とりわけ，料金の透明さやサービスの均等化がすすんでいるH&R BlockやJackson Hewittのような大規模な納税申告書作成サービス全国チェーン（large national chains）が大きな役割を演じている。

B　民間納税申告書作成業者への規制強化を求める動き

すでにふれたように，民間の非専門職の納税申告書作成業者（TRP）については，カリフォルニア州やオレゴン州，ニューヨーク州，メリーランド州など一部の州を除き，州および連邦による政府規制は久しく行われていなかった。しかし，こうした民間の納税申告書作成業者（TRP）が支援・作成した申告書内容の過誤や虚偽還付申告が以前から問題になっていた。この背景には，連邦個人所得税制に勤労所得税額控除（EITC＝Earned income tax credit）や子ども税額控除（Child tax credit）のように複雑な給付（還付）型税額控除（refundable tax credit）の仕組みなどが導入されたこともある【☞本書第Ⅰ部**1**J】⑷。いずれにしろ，税界には，資格試験制度導入を含むTRPに対する何らかの政府規制が必要であるとの声が次第に大きくなっていた。

全国登録税務士連盟（NAEA＝National Association of Enrolled Agents）は，職域の保全と税務サービスの質的向上を狙いに，連邦議会に対し，久しく民間の個

⑶　邦訳としては，日弁連訳『完全対訳 ABA法律家職務模範規則』（第一法規，2006年）参照。
⑷　詳しくは，拙論「給付（還付）つき税額控除をめぐる税財政法上の課題」白鷗法学15巻1号1頁以下参照。

人納税申告書作成業者（TRP）を規制するための試験制度の導入するための議員立法を求めて政治的な働きかけ（ロビイング）を行っていた[41]。

また，連邦財務省の租税行政監察総監（TIGTA）や政府検査院（GAO＝Government Accounting Office）などの政府機関も，民間の個人納税申告書作成業者（TRP）が作成した申告書の過誤や虚偽還付の法的統制の必要性を勧告する報告書を作成・公表していた[42]。

C 新たな「士業」創設による税務専門職への政府規制強化の実施

2010年1月4日に，内国歳入庁（IRS）シュルマン（Douglas Shulman）長官（当時）は，消費者保護団体，他の行政機関および税務専門職との公開討論を含む6か月にわたる検討結果を，「申告書作成者調査最終報告書（Return Preparer Review Final Report）」と題する報告書（以下「IRS 最終報告書」という。）にまとめ公表した。この IRS 最終報告書では，納税申告書作成者にかかる資格制度を新たに設けるように求めている[43]。

納税申告書作成者に対する新たな資格審査制度の骨子は，次のとおりである。手続は，①納税申告書作成者 ID 番号（PTIN＝Preparer Tax Identification Number）の取得，②生涯有効資格試験および適格審査への合格，③合格者の IRS での登録納税申告書作成士の指定，④年次の継続研修の受講，ならびに⑤年次の適格審査および更新手数料の支払などである。

IRS 最終報告書をもとに，連邦財務省は，2011年6月3日に，改定したサーキュラー230規則（Circular No. 230 Regulations/Rev. 8-2011）（以下「サーキュラー230規則」または「改正 C230規則」ともいう。）を公表した[44]。このサーキュラー230規則は，その表題も「IRS のもとでの業務に関する規則（Regulations

---

[41] NAEA は，IRS が実施する税務専門職であることを認定する資格試験に合格した登録税務士（EA）の任意加入の全国組織である。NAEA の働きかけでつくられた議員立法としては，例えば，上院法案832号・2005年納税者保護・支援法（S. 832, The Taxpayer Protection and Assistance Act of 2005）【☞本書第Ⅷ部[7](4)～(5)】。

[42] See, TIGTA, Most Tax Returns Prepared by a Limited Sample of Unenrolled Preparers Containing Significant Errors (Reference No. 2008-40-171, 2008). Available at: http://www.treasury.gov/tigta/auditreports/2008reports/200840171fr.pdf; GAO, Testimony Before the Committee on Finance, U. S. Senate, Paid Tax Return Preparers: In a Limited Study, Chain Preparers Made Serious Errors (Statement on Michael Brostek) (GAO-06-563T, 2006). Available at: http://www.gao.gov/new.items/d06563t.pdf

[43] See, IRS Publication 4832, Return Preparer Review (December 2009), at 1 *et. seq.*

Governing Practice before the Internal Revenue Service)に改められ[45]、この改正C230規則のなかに、登録納税申告書作成士（RTRP＝Registered Tax Return Preparer）の指定制度の細目を定めた。

この指定制度創設については立法根拠の不透明さを指摘する向きもあった。しかし財務省／IRSは、そうした疑念を払拭することなく、それまであった財務省規則（サーキュラー230規則）の改正（行政立法）で新制度創設をはかった[46]。新たにできあがった「士業」制度の骨子は、次のとおりである。

【図表Ⅴ-15】登録納税申告書作成士（RTRP）制度の骨子

> ① サーキュラー230規則【内国歳入庁（IRS）の所管事項にかかる業務に関する規則】を、既存の税務専門職（弁護士、CPA、EAなど）に加え、連邦個人所得税申告書作成業務への政府規制強化に伴い新設される「登録納税申告書作成士（RTRP）」にも適用する。
> ② RTRPになるためには、生涯有効資格試験【試験時間2時間半／120問、受験料116ドル、受験資格18歳以上、回数制限なし】に合格することを要する。
> ③ 加えて、適格審査【納税義務遵守状況や制裁の対象となる不法かつ不名誉な行為等の有無のチェック】に合格することを要する。
> ④ 合格者はIRSでの登録納税申告書作成士の指定（designation）を受けることを要する。
> ⑤ RTRPは、手数料を支払ったうえで納税申告書作成者ID番号（PTIN＝Preparer Tax Identification Number）の取得および年次の（適格審査を含む。）更新【取得時の手数料現在65.25ドル／更新時の手数料現在63ドル】を要する。
> ⑥ IRS認定の継続研修機関（民間業者や大学など）において毎年、15時間の継続研修【2時間の専門職倫理、3時間の連邦税の改正点の研修、10時間の連邦税上の課題についての研修】を受けることを要する。

---

(44) サーキュラー230規則は、連邦規則集（CFR＝Code of Federal Regulations）のタイトル31、サブタイトルA、パート10（2011年6月3日）に編入されている。このことから、サーキュラー230規則は、「CFRパート10」とも称される。

(45) これまでの規則（Rev. 4-2008）の表題は、「IRSのもとでの弁護士、公認会計士、登録税務士、登録年金会計士、登録退職年金計画士および不動産鑑定士の業務に関する規則（Regulations Governing the Practice of Attorneys, Certified Public Accountants, Enrolled Agents, Enrolled Actuaries, Enrolled Retirement Plan Agents, and Appraisers before the Internal Revenue Service)」であった。

(46) See, Sagit Leviner, "The Role Tax Preparers Play in Taxpayer Compliance: An Empirical Investigation with Policy Implication," 60 Buffalo L. Rev. 1079 (2012); Steve R. Johnson, "The IRS's Effors to Regulate Unlicensed Tax Return Preparers: Loving and Legitimacy: IRS Regulation of Tax Return Preparation," 59 Vill. L. Rev. 515 (2014); Elaine Smith, "Regulating Tax Prepares: Transforming Loving From a Stumblng Block to a Stepping Stone," 83 UMKC L. Rev. 1079 (2015).

D　現業者の登録納税申告書作成士（RTRP）への移行手続

　連邦個人所得税申告書作成業務に特化した「士業」である登録納税申告書作成士（RTRP）制度発足に伴い，現業者に対する暫定措置と新たに RTRP を目指す者への手続が整備された。現業者，すなわち従来から有償で他人の連邦個人所得税申告書作成業を営んできた者は，申請により，IRS から「暫定的な納税申告書作成者 ID 番号（provisional PTIN）」が付与される。暫定的な PTIN を取得した者は，2013年12月31日までに，登録納税申告書作成士（RTRP）の資格を取得するなどして必要な移行手続を完了する必要がある。すなわち，2012年4月19日までに暫定 PTIN を取得すると，適格審査を受け PTIN 更新手数料を支払うことを条件に，2013年12月31日まで，有償での連邦個人所得税申告書作成業務を継続できる。2013年12月31日後は，IRS 監理のもとで認定民間事業者が実施する筆記の①納税申告書作成士（RTRP）資格試験や IRS が実施する②適格審査に合格し，納税申告書作成者 ID 番号（PTIN）を取得している必要がある。ただし，弁護士，公認会計士（CPA），登録税務士（EA）など既存の税務専門職としての資格を有し有償で連邦個人所得税申告書作成業務（以下たんに「納税申告書作成業務」ともいう。）を行っている者は，①登録納税申告書作成士（RTRP）の資格試験を免除される。

　ちなみに，今回の制度改正では，登録納税申告書作成士（RTRP）のみならず，CPA，税務弁護士，EA などを含む税務専門職（tax practitioners）界全体を規制する担当部署として，IRS に，内国歳入庁官の指揮監督に服する「IRS 専門職責任室（OPR = Office of Professional Responsibility）」を設置することとされた（サーキュラー230規則10.1）。

　この専門職責任室（OPR）が，IRS のもとで業務を行う各種税務専門職の資格にかかわる業務（RTRP 資格試験，適格審査，登録，指定，PTIN の発行・更新，継続研修などを含む。），専門職基準／倫理の適用や懲戒手続などを統一的に担当することとされた（IRM1.1.20.1）。

　IRS の OPR は，2016年9月1日に，納税申告書作成者 ID 番号（PTIN）取得者に関する統計を公表した。その内訳は，次のとおりである[47]。

---

(47)　Available at: http://www.irs.gov/Tax-Professionals/Return-Preparer-Office-Federal-Tax-Return-Preparer-Statistics

【図表V-16】PTIN取得者の数（2016年9月1日現在，IRSのOPR公表）

2016年の納税申告書作成者ID番号（PTIN）取得者総数＊	724,232
専門職別の取得者数＊＊	
・弁護士（Attorneys）	30,918
・公認会計士（CPA）	213,350
・登録年金数理士（Enrolled Actuary）	325
・登録税務士（EA）	51,755
・登録退職計画士（ERPA）	744
その他の資格	
・年次申告期（AFS）プログラム修了者で認定証の交付を受け，IRSの連邦税申告書作成者名簿（IRS preparer directory）登載者	62,508

〔注記〕
＊　2010年9月28日以降のPTIN取得者数は1,236,830人
＊＊　PTIN取得者によっては，重複する専門職に就いている場合もある。

E　問われる行政立法による「士業」創設

　新たな登録納税申告書作成士（RTRP）制度は，行政立法（サーキュラー230規則の改正）によって創設された。連邦議会には，法的根拠があいまいなままでの新制度創設に批判的な意見があった。連邦議会上下両院には，法的根拠を与えるための立法案も提出されている。

　各種税務専門職がIRSのもとで業務を行うことについて，連邦財務省／IRSは，1884年7月1日に施行された合衆国法典タイトル31第330条（31 USC 330）〔財務省所管事項にかかる業務（Practice before the Department）〕を典拠に財務省規則などを制定して規制を実施している。ただ，330条は，「財務長官は，財務省のもとでの代理人の業務（the practice of representatives of persons）を規制することができる。」と規定している（同条a項1号）。しかし，納税申告書作成者は，他人の納税申告書などを作成するのが主たる業務で，課税庁（IRS）との折衝（税務代理）を主たる業務としていない。このことから，現行の330条a項1号の規定を厳格に解釈すると，この規定を根拠に納税申告書作成者に対する政府規制を加えることは難しい。ところが，財務省／IRSは，この疑問点には特段の配慮をせずに，財務省規則（サーキュラー230規則の改正）などの行政立法により納税申告書作成業務に対する新たな政府規制を実施した。

このことに対しては連邦議会から反発が出ている。2012年6月28日には，連邦議会上院および下院にはそれぞれ，上院法案3355号（S.3355）[48]および下院法案6050号（H.R.6050）[49]の形で，2012年納税者権利章典法（Taxpayer Bill of Rights Act of 2012）案が提出された。これらの法案のなかには，連邦所得税申告書作成者の法規制を狙いとした202条〔連邦所得税申告書作成者の規制（Regulation of Federal Income Tax Return Preparers）〕が盛られている。具体的には，合衆国法典31巻330条a項1号に必要な文言（イタリック体部分）を挿入し，「財務長官は，財務省のもとでの代理人（連邦納税申告書，資料その他の提出物の作成にあたる納税申告書作成者を含む。）の業務を規制することができる。」との改正を加えるものである。この改正条項を成立させることにより，制定法（合衆国法典）に根拠を置いたうえで，財務省規則などで連邦所得税申告書作成業者（TRP）に対する規制を実施する途を模索している。

F　登録納税申告書作成士（RTRP）指定制度の概要

納税申告書作成者（TRP＝Tax Return Preparer）とは，自身または1人以上の者を雇用し，他人の依頼を受けて有償で納税申告書の作成または還付請求（還付申告書の作成）を行う者を指す（IRC7701条a項36号A）。したがって，打込み，写しの作成その他計算の補助を行う者，企業内において従業者として雇用主や他の従業者の納税申告書の作成ないし還付請求（還付申告書の作成）を行う者などは，納税申告書作成者にはあたらない（IRC7701条a項36号B）。

2010年12月31日後，納税申告書作成者（TRP）もしくはその従業者または双方は，他人の依頼を受けて作成した納税申告書または還付申告書に財務長官が発行した納税申告書作成者ID番号（PTIN＝Preparer Tax Identification Number）を記載するように求められることになった（IRC6109条c項，財務省規則1.6109-2）。

ちなみに，財務長官は，必要に応じて，納税者や納税申告書作成者などに対して本人確認番号を付与する権限を有している（IRC6109条a条4号）。2010年12月31日後，納税申告書作成者（TRP）は，他人の依頼を受けて有償で作成した納税申告書または還付申告書に対し，財務長官が発行した納税申告書作成者ID番号（PTIN）を記載するように義務付けられた[50]。PTINの不記載は処罰の対象

---

[48]　Available at: http://www.govtrack.us/congress/bills/112/s3355
[49]　Available at: http://www.govtrack.us/congress/bills/112/hr6050

4 税務専門職制度の拡大と頓挫した申告書作成業者（RTRP）規制　475

となる（IRC6695条 c 項）。言い換えると，納税申告書作成者（TRP）はもちろんのこと，公認会計士（CPA）や弁護士，登録税理士（EA）なども含め，PTINを申請し登録納税申告書作成士（RTRP）の指定を受け有効な PTIN を取得しない限り，他人の依頼を受けて有償で納税申告書または還付申告書を作成できなくなった。

(1) RTRP の業務独占の範囲

登録納税申告書作成士（RTRP）は，税務調査について，納税者の納税申告書ないし還付申告書に署名している場合，関与した課税年または期間について，当該申告書に限りIRSの職員，納税者権利擁護官サービス（Taxpayer Advocate Service）その他のIRS職員等との折衝において依頼人である納税者を代理することができる。

この点は，100年以上にわたり，民間の納税申告書作成業者に付与されてきた従来の実務を確認するに過ぎないことといえる。一方，今回の行政規制では，登録納税申告書作成士（RTRP）には，IRSないし財務省の争訟手続においては，依頼人である納税者を代理するいかなる権限も認めない旨を明確にした（サーキュラー230規則10.3(f)(3)）。

以上の点について，サーキュラー230規則10.3(f)(2)および(3)では，次のように規定する。

【図表Ⅴ-17】RTRP の業務独占の範囲

・サーキュラー230規則10.3(f)(2)　登録納税申告書作成士（RTRP）としての業務は，作成しかつ署名をした納税申告書および還付申告書その他の書類でIRSに提出されるものに限定される。RTRPは，納税申告書もしくは還付申告書の全部または実質的に全部を作成できるものとする。IRSは，様式，指示その他適切な手引きのか

---

(50) ちなみに，年々悪化するなりすまし犯罪対策から，財務省／IRSは，税務に対し個人の共通番号である社会保障番号（SSN＝Social Security Number）の利用を段階的に止めてきている【☞本書第Ⅴ部❾】。こうした現状を踏まえ，今回，納税申告書作成者ID番号には税務分野に固有の識別子（番号／PTIN）を導入・採用することになった。したがって，2011年1月1日以降は，登録納税申告書作成者（RTRP）は，共通番号／SSNの利用はできず，個別番号であるPTINの使用を義務付けられる。ちなみに，税務専門職に対し一定の手数料を負担させ財務長官が発行した納税申告書作成者ID番号（PTIN）の取得，更新を義務付ける制度については反発がないわけでもない。1公認会計士（CPA）が，財務長官にはこうした受忍義務を課す権限はなく違法であるとして訴訟を提起した。第11巡回区連邦控訴裁判所は，法令（内国歳入法典／IRC6109条 a 項4号等）は，財務長官に対し手数料を課す一般的な権限を認めているという理由で，この訴えを棄却し，確定した（Brannen v. United States, 682 F. 3d 1316 (11th Cir. 2012)）。

> たちで，RTRP が作成しかつ署名する申告書もしくは還付申告書を指定するものとする。
> ・サーキュラー230規則10.3(f)(3)　登録納税申告書作成士（RTRP）は，自らがその納税者の納税申告書ないし還付申告書に署名している場合，税務調査については，関与した課税年または期間について，IRS（納税者権利擁護官サービス（TAS）を含む。）の職員，顧客サービスまたはその他の職員もしくは従業員との折衝において納税者を代理することができる。規則や告示に別段の定めがある場合を除き，この調査立会い権限は，IRS または財務省の不服申立担当官，職員，弁護人その他相当の職員もしくは従業員との折衝において代理を立てることを求められる状況にあるかどうかにかかわらず，納税者を代理することができる個人である資格を認めるものではない。また，CFR パート10に基づく RTRP の権限は，IRS に提出するための納税申告書および還付申告書その他の書類の作成に必要な範囲に限られ，依頼人や第三者に対する税務相談ができる権限を与えるものではない。

　登録納税申告書作成士（RTRP）資格試験等に合格し，IRS の指定（designation）を受けた者は，「IRS により登録納税申告書作成士として指定された（designated as a Registered Tax Return Preparer by the Internal Revenue Service）」の表記ができる。しかし，「認定（certified）」ないし IRS の職員との関係があるようないかなる表記も使用することはできない。

(2)　RTRP 資格試験の免除対象となる税務専門職

　弁護士，公認会計士（CPA），登録税務士（EA）など，既存の税務専門職としての資格を有している者は，登録納税申告書作成士（RTRP）資格試験を免除される。

　なお，現時点では，今回の政府規制は，個人納税申告書〔様式1040：連邦個人所得税申告書（Form1040: U.S. Individual Income Tax Returns)〕シリーズ（ただし，Form 1040-PR および Form 1040-SS を除く。）作成業者に限定される。つまり，有償であっても個人所得税以外の納税申告書（以下「様式1040シリーズ以外の申告書作成者」ともいう。）を作成する業者は，RTRP 資格試験等を免除される。

　したがって，様式1040シリーズ以外の申告書作成者は，登録納税申告書作成士（RTRP）の指定を受けることなしに，様式1040シリーズ以外の納税申告書について，次のことがゆるされる（IRS Notice 2011-6）。

【図表Ⅴ-18】非 RTRP 業者の有償業務の範囲

① 作成または作成を支援した納税申告書に署名すること

④　税務専門職制度の拡大と頓挫した申告書作成業者（RTRP）規制　477

②　納税者の納税申告書ないし還付申告書に署名している場合，関与した課税年または調査期間について，IRS の職員，納税者権利擁護官サービス（TAS）その他の IRS の従業者との折衝において関与納税者を代理すること

(3) RTRP 資格試験等の免除対象となる税務支援ボランティア

全員確定申告をする仕組みのもと，アメリカでは，毎年，1億人を超える大量の納税者が，期限内に連邦個人所得税確定申告ないし還付申告をするように求められる。こうした仕組みのもとでは，とりわけ零細事業者を含む低所得者や高齢者が期限内に申告を完了できるようにするには，無償の納税申告書作成サービス（税務申告支援）は極めて重い意味を持つ。IRS 監理のもと，市民ボランティアを動員し，さまざまな納税申告支援プログラムを通じて実施されている[51]。

これらの税務申告支援プログラムに参加する市民ボランティアで納税申告書の作成にあたる者については，IRS 主導で別途特別の資格認定（IRS Link & Learn Taxes）が行われていることから[52]，RTRP 資格試験や適格審査は免除される。

①　市民ボランティアによる税務支援プログラム

アメリカでは，勤労所得税額控除（EITC）や子ども税額控除（Child tax credit）のような複雑な給付（還付）型税額控除の仕組みを導入している。EITC にかかる還付申告だけでも，2012年ベースでみても2,700万人を超える[53]。こうした人たちの多くは，コマーシャル・ベースの有償の納税申告書作成業者（TRP）を活用する資金的な余裕がない。しかし，これら民間の有償の納税申告書作成業者（TRP）に依頼する資力のない人たちのためには，大量の市民（民間）ボランティアを取り込んだ民間の各種税務申告支援プログラムが用意されている【☞本書第Ⅲ部❶B(2)】。

これら連邦個人所得税の申告に関する無償の税務支援プログラムは多岐にわたり，きめ細かな仕組みになっている。アメリカにおける無償の税務申告支援

---

[51] 拙論「税務支援の拡充と税理士の業務独占のあり方：開かれた税務支援のあり方を日米比較で検証する」白鷗法学13巻2号49頁以下参照。

[52] See, IRS, Link & Learn Taxes. Available at: http://www.irs.gov/Individuals/Link-%26-Learn-Taxes

[53] See, IRS, Statistics for Tax Returns with EITC 2012, Available at: http://www.eitc.irs.gov/central/eitcstats/

プログラムは従来,「申告期支援」,すなわち「税務書類の作成」およびその作成にかかる一部「税務相談」に限られてきた。しかし,今日,無償の税務申告支援の範囲は,「申告前支援」,すなわち記帳や納税資金計画やそれらに関係する税務相談のような領域にまで及んでいる。さらには,「申告後支援」,すなわち,税務調査,徴収手続,税務争訟などに関する「税務代理」の領域にまで広がりをみせてきている。

このように,アメリカにおける税務支援制度の1つの特徴は,「申告期 (filing) 支援」はもちろんのこと,「申告前 (pre-filing) 支援」や「申告後 (post-filing) 支援」にまで及んでいることである。したがって,わが国のような,税務専門職が業務独占を護ることを主眼とし,主に「申告期支援」に特化した制度とは大きな違いをみせている。

今日,こうした無償の各種税務支援プログラムは,アメリカにおける申告納税制度を維持・発展させる,とりわけ「働いても貧しい人たち (the working poor)」にも極めて複雑な還付申告書の作成を強いる勤労所得税額控除 (EITC) をスムースに展開させるうえで必要不可欠な存在となっている[54]。

G　納税者本人および非専門職によるIRSのもとでの業務

個人である納税者は,本人であることを証明できる何らかの適正な身分証明書を提示して,IRSのもとで自らの税務業務を行うことができる (サーキュラー230規則10.7(a))。また,親族や従業員などの個人は,専門職資格がなくとも,次の状況においては,納税者を代理してIRSのもとで一定の業務を行うことができる (サーキュラー230規則10.7(c))。ただし,税務専門職業務の停止処分や資格をはく奪された個人を除く (サーキュラー230規則10.7(c)(2))。

---

[54] ちなみに,わが国では,共通番号(個人番号／マイナンバー)を活用し給付つき税額控除の一種である勤労所得税額控除 (EITC) 導入を軽々に説く主張も散見される。しかし,アメリカでは,共通番号である社会保障番号 (SSN) がなりすまし犯罪のツールと化し,IRSは,分野別の個別番号へ大きくシフトしてきている【☞本書第V部⑨】。また,EITCの導入には,現行の年末調整制度を原則廃止とし,全員確定申告の仕組みに大きくシフトさせる必要がある。また,税理士制度を有償独占の仕組みに代え,市民ボランティアなどを活用した税務支援を大幅に拡大する必要もある。申告インフラ整備の展望なしにEITC導入を唱えるのは,まさに木を見て森を見ずの主張のようにも見える。アメリカではこれだけ税務支援を徹底しても,EITC関連還付申告全体の約3割が過誤申告ないし不正申告が発見される深刻な状況にある。See, Center on Budget and Policy Priorities, Earned Income Tax Credit, Overpayment and Error Issues (April 19, 2011). Available at: http://www.cbpp.org/files/4-5-11tax.pdf

【図表V-19】IRSのもとで業務が認められる非専門職である個人の範囲

- 個人は自己の直系親族を代理できる（サーキュラー230規則10.7(c)(1)(i)）。
- 個人雇用主の常勤の従業者はその雇用主を代理できる（サーキュラー230規則10.7(c)(1)(ii)）。
- パートナーシップ（組合）の一般パートナー（組合員）は当該パートナーシップを代理できる（サーキュラー230規則10.7(c)(1)(iii)）。
- 法人（親法人，子法人その他の関連法人を含む。）社団その他の組織グループの真の役員または常勤の従業者は，当該法人，社団または組織グループを代理できる（サーキュラー230規則10.7(c)(1)(iv)）。
- 信託，倒産管理財産，後見財産もしくは遺産の常勤従業者は，当該信託，倒産管理財産，後見財産もしくは遺産を代理することができる（サーキュラー230規則10.7(c)(1)(v)）。
- 行政機関，行政庁または公社の職員もしくは従業者は，その職務遂行において当該機関，庁または公社を代理することができる（サーキュラー230規則10.7(c)(1)(vi)）。
- 個人は，合衆国外において個人または団体を代理しかつ当該代理が合衆国外で行われる場合には，IRSの吏員のもとで代理することができる（サーキュラー230規則10.7(c)(1)(vii)）。

H 有償の納税申告書作成業務に必須の納税申告書作成者ID番号（PTIN）

連邦財務省は，2010年12月31日後は，すべての納税申告書作成業者（TRP）に対して，納税申告書作成者ID番号（PTIN＝Preparer Tax Identification Number）を取得するように義務付けた[55]。これにより，有償で連邦個人所得税申告書【様式1040：連邦個人所得税申告書（Form1040: U. S. Individual Income Tax Returns）シリーズ】の作成する業務を行う者はもちろんのこと，有償で様式1040シリーズ以外の申告書を作成する業務を行う者も，IRSに申請して納税申告書作成者ID番号（PTIN）を取得しなければならないことになった（IRS Notice 2011-6）。

納税申告書作成者ID番号（PTIN）導入の狙いは，全員確定申告を原則としてきた連邦個人所得税制を支える民間の納税申告書作成業者（TRP）に対して投網を打つ形で政府規制をかけることにある。このことから，弁護士や公認会計士（CPA）など既存の税務専門職やその事務所の補助者などを含め，PTINなしには有償で個人所得税の確定申告書を作成することができない形で規制が実

---

[55] See, 75 Federal Regulation 60309, 60315 (proposed September, 2010). なお，サーキュラー230の最新の改正（Treasury Department Circular No. 230: Rev. 6-2014）は，2014年6月12日に発遣されている。

施されることにした。

(1) 既存の税務専門職

　納税申告書作成者ID番号（PTIN）は，既存の税務専門職【公認会計士（CPA），登録税務士（EA），弁護士（Attorney），登録退職計画士（ERPA＝Enrolled Retirement plan agent），登録年金数理士（Enrolled Actuary）】に対しては，原則として本人の申請に基づき自動的に付与される。申請に基づきPTINを自動付与するのは，これらの専門職はそれぞれ，所属する専門職団体が実施する独自の専門職倫理／執務規程，資格試験や継続研修などの制度があり，税務専門職として一定の資質を保持できているとの理由による。

　連邦の税務専門職資格制度では，一定の勤務期間を経たIRS職員で，善行な者に対して登録税務士（EA）または登録退職計画士（ERPA）資格を付与している[56]。したがって，これらの免除者は，登録納税申告書作成士（RTRP）資格試験を受ける必要がない。言い換えると，これら双方の専門職資格の取得は，正規の試験のほかに，一定の勤務期間を経た前IRS職員に対する試験免除による途がある。

　この点について，サーキュラー230規則§10.4では，次のように規定する。

【図表V-20】前IRS職員の試験免除による税務専門職資格の取得の仕組み

> **サーキュラー230規則10.4〔登録税務士，登録退職計画士または登録納税申告書作成士となる資格〕**
>
> ・サーキュラー230規則10.48(a)〔試験による登録税務士登録〕　内国歳入庁長官またはその代理官は，現在その他有効な税申告書作成者ID番号（PTIN）等を有しかつCFRパート10【つまりサーキュラー230規則を指す。以下同じ。〔筆者〕】に基づいて規制される専門職としての資格停止または資格はく奪に値する行為をしていない18歳以上の申請人が，IRSが実施するまたはIRSの監督のもとで実施される税務に関する筆記試験で特別の能力があることを示した場合，登録税務士（EA）として登録を認めるものとする。
> ・サーキュラー230規則10.48(b)〔試験による登録退職計画士（ERTA）登録〕　内国歳入庁長官またはその代理官は，現在その他有効な税申告書作成者ID番号（PTIN）等を有しかつCFRパート10に基づいて規制される専門職としての資格停止または

---

[56]　ちなみに，わが国の税理士法（3条および8条1項4号以下）は，一定の勤務期間を経た国税職員等に対して税理士試験の試験科目の一部の免除等を認めている。仮に将来のTPP（環太平洋パートナーシップ協定）交渉など税務専門職サービスの自由化を含むその資格付与のあり方が問われた場合でも，アメリカの税務専門職試験／試験免除制度を範とする限りでは，この点は大きな争点にならないように思われる。

資格はく奪に値する行為をしていない18歳以上の申請人が，IRSが実施するまたはIRSの監督のもとで実施される退職計画に関する筆記試験で特別の能力があることを示した場合，登録退職計画士（ERTA）として登録を認めるものとする。
・サーキュラー230規則10.48(c)〔登録納税申告書作成士（RTRP）の指定〕　内国歳入庁長官またはその代理官は，現在その他有効な税申告書作成者ID番号（PTIN）等を有しかつCFRパート10に基づいて規制される専門職としての資格停止または資格はく奪に値する行為をしていない18歳以上の個人が，IRSが実施するまたはIRSの監督のもとで実施される連邦納税申告書作成に関する筆記試験で能力があることを示し，かつ，その他IRSが定めた前提基準に適合する場合，登録納税申告書作成士（RTRP）として指定（designate）するものとする。
・サーキュラー230規則§10.48(c)〔前IRS従業者の登録〕　内国歳入庁長官またはその代理官は，CFRパート10に基づいて規制される専門職としての資格停止または資格はく奪に値する行為をしていない申請人を，その者のIRSでの過去の業務および専門的な経験の基づき，登録税務士（EA）または登録退職計画士（ERTA）としての登録を認めるものとする。ただし，次の要件を満たさなければならない。
 (1) 前従業者は，IRSの様式に基づいて登録を申請し，かつ，当該様式で求められた情報その他申請人が適格となる経験がありかつ研修を受けている旨の情報を提供すること。
 (2) IRSの前従業者の登録にかかる部局が，申請人が，IRSに雇用されていた期間の仕事の内容および職位に関する詳細な報告書ならびに申請人の雇用が専門的その他の観点から承認に値する旨の推薦書を添付すること。
 (3) 申請人のIRSでの前雇用に基づく登録税務士としての登録は，制限なく代理を認めるものであること，特定の事項のみに関し代理が認められるものであること，または，申請人が前職に就いていた特定の部門ないし部署でのみ代理が認められるものであること。申請人のIRSでの前雇用歴に基づく登録退職計画士としての登録は，適格退職計画事項のみに関し代理が認められるものであること。
 (4) 申請人のIRSでの前雇用に基づく登録税務士または登録退職計画士としての登録申請は，前雇用を離れてから3年以内に行われていること。
 (5) 申請人のIRSでの前雇用に基づく登録税務士としての登録は，5年以上のIRSでの継続的な雇用に基づいていること。また，この場合，申請人は，当該雇用の期間において，所得税，遺産税，贈与税，雇用税または個別消費税に関する内国歳入法典（IRC）および財務省規則の適用および解釈に常時従事していたこと。
 (6) 【登録退職計画士（ERTA）に関する要件の邦訳は省略】
 (7) 本条(d)項前(5)および(6)に関して，内国歳入法典（IRC）の規定の適用および解釈の職位の雇用に総計で10年以上就いていた場合，申請の日に先立つ5年のうち少なくとも3年間は，5年の継続的雇用に相当するものとする。
・サーキュラー230規則10.48(e)〔自然人〕　業務登録は，自然人にのみ認められる。
・サーキュラー230規則10.48(f)〔適用日時〕　本条（10.48）は，2011年8月2日から適用する。

(2) 指定登録納税申告書作成士

一方，これら既成の税務専門職以外で，新たに政府規制によりつくられた税務専門職である指定登録納税申告書作成士（designated RTRP）になるのには，資格試験や適格審査に合格したうえでIRSでの登録納税申告書作成士の指定を受け，PTINを申請するように求められる（サーキュラー230規則10.4(c)）。

(3) 税務専門職事務所の補助者「監督された申告書作成者」

また，これら既成の税務専門職および指定登録納税申告書作成士（designated RTRP）の使用人その他の従業者で，これら専門職の指揮命令・監督を受けて，申告書作成業務を補助する者は，「監督された申告書作成者（supervised preparer）」としてPTINを申請することができる。監督された申告書作成者とは，次のような個人を指す。

【図表Ⅴ-21】監督された申告書作成者とは

> 　監督された申告書作成者とは，有償で申告書を作成する者であるが，納税申告書に署名せず，かつ，署名するように求められず，①弁護士事務所もしくは公認会計士（CPA）事務所，または，②その他弁護士，CPA，登録税務士（EA）により80％を超える持分を保有する認可された事務所，に雇用される個人を指す。加えて，有償の納税申告書作成者として監督された申告書作成者が作成した申告書に署名した弁護士，CPA，EA，登録退職計画士（ERPA），登録年金数理士（Enrolled Actuary）の監督を受ける者を指す。
>
> 　監督された申告書作成者は，①自らが作成するまたは作成を補助した納税申告書に署名してはならない。また，②補助者の資格で作成または作成を補助した納税申告書についてIRSとの関係において納税者を代理することはできない。さらに，③サーキュラー230規則【IRSのもとでの実務に関する規則】の適用ある税務専門職とはみなされない。したがって，登録納税申告書作成士（RTRP）の資格試験や継続研修の対象外となる。

すなわち，「監督された申告書作成者」とは，登録申告書作成者となることなしに，指定登録納税申告書作成士の監督のもとで事務補助者として雇用される者を指す[57]。

ちなみに，監督された申告書作成者がPTINを申請するあるいは更新する場合には，監督者である雇用主のPTINを添付しなければならない。監督者のPTINは有効なものでなければならない。

---

[57] 既存の納税申告書作成業者で既定の期間内に資格試験に合格できない者に対する救済措置にもなり得る。

I 登録納税申告書作成士（RTRP）資格試験等の概要

すでにふれたように，有償で個人所得税申告書作成業を営もうとする者は，暫定納税申告書作成者ID番号（暫定PTIN）を取得している者も含め，2013年12月31日後は，IRSが実施するまたはIRSの監督のもとで実施される税務に関する筆記の納税申告書作成士（RTRP）資格試験および適格審査に合格している必要がある。ただし，弁護士，公認会計士（CPA），登録税務士（EA）などは，既存の税務専門職としての資格を有しており登録納税申告書作成士（RTRP）資格試験を免除される。

(1) RTRP資格試験の概要

筆記試験「IRS登録納税申告書作成士（RTRP）試験（IRS Registered Tax Return Preparer Test）」は，IRS監理のもと[58]，認定事業者であるプロメトリック社（Prometric Inc.／ディラウエア州法人）に委託して実施されている[59]。同社の試験センターは，全米の主要都市に設置されている。試験は，4月1日から15日までのシステム改定の期間を除き，年間を通じていつでも受けることができる。受験回数には制限がない。理論的には合格するまで毎日受験も可能である。障害者は，障害を持つアメリカ人保護法（ADA＝Americans with Disabilities Act）に基づき，特段の設備設定を求めることができる。ただし，英語の障壁は障害とはみなされない。

受験申込は，www.irs.gov/ptinへアクセスしてプロメトリック社のオンライン・システムを通じて行う。申込予約が完了すれば，当該申込人に電子メールでその旨が通知される。

受験料（手数料）は，申込ごとに116ドルである。いったん支払った受験料は返済されないし，他に譲渡することもできない。ただし，試験申込予約を，他の日ないし試験場に変更したい場合には，プロメトリック社へ通知を要し，再予約が当初の予約日から30暦日後への変更であれば，追加受験料はいらない。

---

[58] See, IRS, Registered Tax Return Preparer Competency Test Information http://www.irs.gov/Tax-Professionals/Registered-Tax-Return-Preparer-Competency-Test-Information

[59] プロメトリック社とIRSと共同でRTRP受験案内（candidate information bulletin）を発行している。See, IRS, Registered Tax Return Preparer Test (Prometric, effective April 16, 2012). Available at: http://www.irs.gov/pub/irs-utl/rtrpcandidateinfobulletin.pdf また，You Tubeで，実際の試験場での受験環境を観ることができる。Available at: http://www.youtube.com/watch?v=SnCuf3mTFwo&feature=youtu.be ちなみに，プロメトリック社は，各州で実施される公認会計士（CPA）試験などの実施も請け負っている。

これに対して，5暦日ないし29暦日後への変更であれば，35ドルの追加受験料を支払うように求められる。さらに，4暦日以内への変更であれば，追加受験料として再度116ドル全額を支払うように求められる。受験予約日に故意に受験しなかった場合や受験が認められなかった場合には，受験料は返済されない。したがって，新たに受験予約をする場合には再度116ドルを支払う必要がある。災害等により試験場が閉鎖された場合には，受験料を支払うことなしに再度受験予約をすることができる。

① RTRP資格試験センターでの受験

登録納税申告書作成士（RTRP）資格試験は，IRSの認定を受けたプロメトリック社が同社の試験センターで，コンピュータ設備を使って電子媒体で実施している。したがって，文書媒体の試験ではない。各人は予約した日時に試験場へ出向き，不要な物をロッカーに入れ，割り当てられたブースに入り，スクリーンを検索しながら解答する仕組みである。

受験者は，コンピュータのハードの知識や難しい操作技能を必要としない。予約時間の30分前に受験できる態勢にあるように求められる。

本人確認ができる証票を持参，提示するように求められる。本人確認ができない場合には，受験放棄とみなされる。

受験者は，受験にあたりIRSと試験内容を開示しないことを約する旨（non-disclosure agreement）に同意するように求められる。受験者は，試験中に参考資料，IRS刊行物17号（個人向け税金ガイド），様式1040および様式1040解説を参照することができる。ただし，これらの参考資料は，受験者が電子媒体の試験を受けている試験場のブースの同じスクリーン上において電子媒体で提供される。

受験者は，自身で参考資料を持参することは認められていない。試験時間が限られていることから，受験者は，本当に必要な箇所に限り当該電子媒体の参考資料を参照するように推奨されている。

受験者は，試験中，スクリーン上の計算機を使用することができる。加えて，試験センターは，受験者に対し，手で持てる，音の出ない，ソーラーあるいは電池で動く計算機を提供する。受験者は，試験会場へ自身の計算機を持ち込むことはできない。

さらに，受験者には，メモ用紙と鉛筆が提供される。自身のものは持ち込むことができない。試験センターの監督者は，試験の終了時にすべてのメモ用紙

や鉛筆を回収することになっている。試験会場からメモ用紙を持ち出すことは不正行為とみなされる。

プロメトリック社は、試験センターにおいてすべての受験者に公平は環境を保障するために、受験状況を録音および録画する権利を留保している。その他，詳細な規則を定めている。

② RTRP 資格試験の内容と出題形式

登録納税申告書作成士（RTRP）資格試験は、120問である。うち，100問は択一，残り20問は Yes, No で答えるものである。試験は，2時間半である。

試験分野は，連邦個人所得税に限定される。したがって，法人税やパートナーシップ課税などは出題外である。

ただ，税法に関する質問は45％程度，残りはサーキュラー230規則や専門職倫理についての質問である。その構成は，次のとおりである。

【図表V-22】RTRP 資格試験の出題内容

分野	科目
分野1	基本作業および納税者情報の収集
分野2	所得および資産の取扱い
分野3	所得控除および税額控除
分野4	他の租税
分野5	申告書完成までのプロセス
分野6	実務および手続
分野7	専門職倫理

〔注記〕2013年3月31日まで，すべての参照は，内国歳入法典（IRC）については，2011年12月31日までの改正による。特別の言及がある場合を除き，すべての問題は2011年暦年に関するものである。サーキュラー230規則に関する問題は，2011年8月の改正による。

RTRP 資格試験の出題形式（question types）は一様ではない。問題形式としては次のような例をあげることができる。

【問題例】納税者が，合衆国市民か居住納税者かを判定する場合には，所得税申告書に記載する必要がないのは次のいずれの項目か。
A）総所得金額
B）申告時の課税単位の選択（夫婦個別申告／夫婦合算申告／寡婦（寡夫）／単身者等）
C）稼得地
D）年齢

【問題例】個人納税者の申告書は，様式1040および別表Cからなる。申告期限の延長がない場合，当該申告書の提出期限はいつか。
A）3月15日
B）10月15日
C）4月15日
D）6月15日

【問題例】関与先である納税者が，前年の申告書の作成のための事業経費となる受領書を作成者へ提供した。当該納税者が，現在税務調査にあっていることを理由に，申告書作成者に対してこれらの領収書を返還してもらえるのか質問してきた。申告書作成者は当該領収書の返還に同意しなかった。作成者はサーキュラー230規則に違反するか(60)。
A）違反する
B）違反しない

③ RTRP 資格試験結果の通知

　受験者は，IRSからRTRP資格試験結果の通知を受け取ることができる。試験結果は，試験終了後10日以内に提供される。各試験結果は，部外秘とされる。したがって，IRSは，本人以外にはその結果を漏らしてはならない。

　採点は，質問への正解率に応じて50ないし500となる。点数は，質問により異なる。350が適格審査に入る際の合格最低点になっている。合格，不合格の結果は，次のような手続につながる。

---

(60) サーキュラー230規則10.28〔関与先の記録の返還〕では，原則として，税務専門職は，関与先が連邦納税義務を果たすのに必要ないかなる書類も，関与先からの求めがあれば速やかに返還しなければならないと規定する。したがって，正解はAとなる。

4 税務専門職制度の拡大と頓挫した申告書作成業者(RTRP)規制　487

【図表Ⅴ-23】 RTRP 資格試験結果の通知

> 【合格の場合】合格した場合，試験結果は「合格」のかたちで表記される。点数は表記されない。合格（または不合格）通知は受験日から10日以内に行われる。
> 【不合格の場合】不合格になった場合，試験結果は「不合格」のかたちで表記される。この場合，受験者が将来の試験準備に役立つように，自己診断に役立つ情報が次のような1ないし3の表記をしたうえで提供される。
> 　　1　最低合格点よりはかなり低い。
> 　　2　最低合格点とは開きがある。
> 　　3　おおむね最低合格点に近い。
> 【再試験】試験に不合格となった場合，再度受験料を支払ったうえで再試験の予約をすることができる。受験の回数制限はない。
> 　不合格となった場合，自己の試験結果について，プロメトリック社およびIRSに対して調査を依頼することができる。

(2) 適格審査の概要

　適格審査（suitability checks）においては，申請人が，制裁（サーキュラー230規則10.50）の対象となる「不法かつ不名誉な行為（incompetence and disreputable conduct）」を行っていないかどうかが精査される（サーキュラー230規則10.51）。

① **申請人の納税義務遵守状況**

　適格審査は，申請人自らの納税義務の履行状況から始まる。つまり，申請人が，すべての納税義務を適正に申告し，かつ，適正に納付しているかどうかが精査される。問題が指摘された場合，申請人は，不合格とされるが，その問題を解決したうえで再度申請をすることができる（76 Fed. Reg. 32286, 32290 (June 3, 2011)）。

② **申請人の不法かつ不名誉な行為その他の違反の有無**

　次に，税務専門職が，申請書を受理した日現在で，「不法かつ不名誉な行為」を含む，それぞれの「専門職団体から資格はく奪ないしは資格停止に該当する行為」（サーキュラー230規則§10.51）その他の違反（サーキュラー230規則10.52）をしていないかどうかを精査する。

　「不法かつ不名誉な行為」について，サーキュラー230規則10.51は，【図表Ⅴ-24】のように規定する。

　サーキュラー230規則の改正に先立っては，改正案に対するパブリックコメントの徴収が行われた。しかし，徴収したコメントを織り込んだとされるこの最終規則に対しては税の実務界からの多様な意見や批判が寄せられている[61]。

【図表Ⅴ-24】「不法かつ不名誉な行為」の範囲

サーキュラー230規則10.51〔不法かつ不名誉な行為〕

・**サーキュラー230規則10.51(a)〔不法かつ不名誉な行為〕** 税務専門職は，不法かつ不名誉な行為に対して10.50等に基づいて制裁を科されるものとする。

(1) 連邦税法に基づく刑事罰で有罪宣告を受けたこと。

(2) 不誠実または信託違反に関し刑事罰で有罪宣告をうけたこと。

(3) IRSのもとで専門職として行った業務が不適切な行為として連邦法または州法に基づいて重罪で有罪宣告を受けたこと。

(4) その情報が虚偽または誤解を招くことを知りながら，財務省，その職員もしくは従業者または審判所に対して，係争中もしくは係争することになる連邦税に関する事項に関して，虚偽もしくは誤解を招く情報を提供すること，または，いかなる方法においても虚偽もしくは誤解を招く情報の提供に加担すること。この場合において，「情報（information）」の定義には，文書か口頭かを問わず，証言における事実その他の事項，連邦納税申告書，財務諸表，登録申請書，宣誓供述書，宣言，その他資料や書類を含むものとする。

(5) 仕事を得るために依頼人または依頼人になると思われる人を騙す意思で虚偽もしくは誤解を招く表現を用いること，または，IRSまたはその職員もしくは従業者から特別の配慮または行動を得るために懇意になることは，10.30で禁じられる仕事の勧誘（solicitation of employment）にあたること。

(6) 故意に連邦税法に違反する連邦納税申告書を作成すること，または，いかなる連邦税の賦課ないし納付を故意に免れること，免れようとすること，または，免れるもしくは免れようとすることに加担すること。

(7) 依頼人もしくは依頼人になると思われる人に連邦税法違反を故意に支援する，相談に乗るまたは推奨することまたは教示すること，または，依頼人もしくは依頼人になると思われる人に連邦税の賦課ないし納付を免れる違法なプラン（租税計画）について故意に相談に乗るまたは教示すること。

(8) 連邦の租税その他の負担金の納付目的で依頼人から収受した資金を適正かつ速やかに納付しないことまたは不正に充当すること。

(9) 威圧，虚偽の告発，脅迫もしくは実力により，ないし特別の利益供与を教示もしくは約束することにより，または，贈答，恩典もしくは等価物を与えることにより，直接ないし間接に，IRSの職員ないし従業者に対し職務行為に影響を与えようとするまたは影響を実際に与えるもしくは影響を与えることに同意させようとすること。

(10) 弁護士，公認会計士（CPA），公会計士（public accountant）もしくは年金数理士のような専門職業務の資格はく奪または資格停止【以下，邦訳省略】

(11) 他の者が資格はく奪，資格停止もしくは非適格である期間に，その者がIRSのもとでの業務を行うことを故意に支援するまたはあおること。

(12) IRSのもとでの業務に関し，侮蔑的な行為をすること。例えば，軽蔑する言語の使用，誤りの告発や文書を作成すること，または，虚偽であることを知りながら，悪意のもしくは誹謗中傷する事項を公開もしくは配布すること。

(13) 故意，過失または完全な無能力から，誤った意見（false opinion）を表示す

ること。この場合，連邦税法に関して生じた問題について，故意もしくは過失により誤った意見表示をすること，または，無能な意見を表示することを含む。ここ(13)にいう誤った意見とは，法律および事実問題にかかる故意の不実記載をすること，現行法のもとで正しいと認められていない立場の主張，違法もしくは虚偽とされている行為について相談に乗るまたは支援すること，法により開示が求められている事項を秘匿すること，意見に盛られた重要な事実を示した情報が意図的に重要視されていないことないし提供された重要な事実が虚偽もしくは誤っていることが原因である場合を含む。また，ここ(13)にいう過失の行為（reckless conduct）とは，その状況において専門職が遵守すべき通常の注意基準から著しくかけ離れた高度に不当な手落ちまたは不実表示を指す。その行為が，専門職の，故意，過失または完全な無能力を一因としているのかどうかを斟酌して判断される。完全な無能力（gross incompetence）とは，完全な無関心，その状況において完全に不十分な準備および依頼人に対する義務を常時履行していないことに起因する行為を含む。
(14) 連邦税法が専門職の署名を義務付けているのにもかかわらず，専門職により作成された納税申告書に故意に署名しないこと。ただし，署名しないことに，合理的な理由がありかつ故意の不作為でない場合は別である。
(15) 内国歳入法典で認められていない方法で，適切な管轄の裁判所の命令に反してまたは10.60に規定された手続をとる行政法判事（administrative law judge）の命令に反して，納税申告書または納税申告書情報を故意に開示もしくは利用すること。
(16) 専門職が作成した納税申告書を連邦税法に基づいて電磁その他電子媒体で提出するように義務づけられているのにもかかわらず，それをしないこと。ただし，受忍義務を果たさないことに，合理的な理由がありかつ故意の不作為でない場合は別である。
(17) 専門職が，現在有効な PTIN その他既定の確認番号を有していないのにもかかわらず，故意に納税申告書または還付申告書の全部もしくは実質的に全部を作成しまたは署名すること。
(18) CFR パート10において当該専門職が IRS の職員または従業者のもとで納税者を代理することが認められていないのにもかかわらず，それをすること。
- **サーキュラー230規則10.51(b)〔適用日〕** 本条（10.51）は，2011年8月2日から適用する。

10.51〔不法かつ不名誉な行為〕の列挙項目に対しては，とりわけである。登録納税申告書作成士（RTRP）の資格の維持や，納税申告書作成者ID番号（PTIN）の得喪に直結するからである。

　一例をあげてみたい。IRSは，10件を超える依頼者からの納税申告書を扱う納税申告書作成士（事務所を含む。）を「特定納税申告書作成士（specified tax return preparer）」と呼んでいる。特定納税申告書作成士は，2012年1月1日以

降，依頼人である納税者の帳簿組織の電子化設備等が不完全であることなどから電子申告しないことを望んでいるなど特段の理由がある場合を除き，文書申告をすることは認められない（Revenue Procedure 2011-25）。このため，特定納税申告書作成士が文書申告をするには，IRS に提出する文書申告書に「様式8948〔作成士による電子申告しないことの説明（Preparer Explanation for Not Filing Electronically）〕を添付するように求めている[62]。この点について，サーキュラー230規則10.51〔不法かつ不名誉な行為〕では，上記(16)のように，登録申告書作成士（RTRP）が当該説明書を添付しないなどの受忍義務違反を「不法かつ不名誉な行為」の1つに掲げている。しかし，こうした些細なことまで適格審査基準に掲げることに対しては批判も強い[63]。

③　その他の違反の有無

また，適格審査においては，申請人が「その他違反」（サーキュラー230規則10.52）をしていないかどうかを精査する。この点について，サーキュラー230規則10.52は，次のように規定する。

【図表Ⅴ-25】「違反」の範囲

> サーキュラー230規則10.52〔制裁の対象となる違反〕
> ・サーキュラー230規則10.52(a)〔制裁の対象となる違反〕　専門職は，次のような場合，10.50に基づき制裁される。
>   (1)　CFR パート10に定める規則（ただし10.33を除く。）に対する故意の違反，または，
>   (2)　10.34，10.36または10.37に違反する過失または完全な無能力（10.51(a)(13)の定義のもの。）
> ・サーキュラー230規則10.52(b)〔適用日〕　本条（10.52）は，2007年9月26日以降に生じた行為から適用する。

(3)　継続研修プログラム

登録納税申告書作成士（RTRP）として IRS のもとで業務を行う個人は，登録

---

[61] See, Kip Dellinger, "Tax Practice Conduct Standards: Some New, Some Revised," J. of Tax Practice & Procedure (August-September 2011) at 35 *et seq.*; Monte A. Jackel, "Proposed Regs Change Landscape of Tax Practice," Tax Notes (October, 22, 2012) at 437 *et seq.*

[62] IRS, Most Tax Return Preparers Must Use IRS e-file. Available at: http://www.irs.gov/Tax-Professionals/e-File-Providers-&-Partners/Most-Tax-Return-Preparers-Must-Use-IRS-e-file

[63] See, CCH Tax News, "IRS Releases Final Circular 230 Regs: Clarified Professional Standards and Registered Tax Return Preparer Designation," J. of Tax Practice & Procedure (June-July 2011) at 48 *et seq.*

税務士（EA）や登録退職計画士（ERPA）と同様に，義務付けられた継続研修を受け，登録を更新し，納税申告書作成者ID番号（PTIN）の記載された有効なカードまたは証票を保持しなければならない（サーキュラー230規則10.6(a)および(b)）。したがって，定期的な更新をせず有効なカードまたは証票を保持していない者は，有資格者であっても，IRSのもとでRTPRとしての業務を行うことはできない。

PTINの更新の条件として，すべてのIRSの指定を受けた登録納税申告書作成士（RTRP）は，EAやERPAと同様に，年1回15時間の継続研修プログラム（continuing education programs）を履修するように義務付けられている（サーキュラー230規則10.6(e)(3)）。内訳は，専門職倫理2時間，連邦税法改定3時間，連邦税法上の課題10時間である（サーキュラー230規則10.6(e)(3)）。継続研修は，民間事業者や大学などIRS認定継続研修事業者（IRS Approved Continuing Education Providers）が提供するものに限られる[64]。

(4) 専門職基準／倫理と登録納税申告書作成士（RTRP）

IRSの指定を受けた登録納税申告書作成士（RTRP）は，年次の登録料の支払を条件に納税申告書作成者ID番号（PTIN）を取得し，有償で法定された範囲の納税申告書等の作成業務ができる。もっともRTRPの代理権限は極めて限定される。すなわち，「RTRPは，自らがその納税者の納税申告書ないし還付申告書に署名している場合，税務調査については，関与した課税年または期間について，IRS（TAS＝納税者権利擁護官サービスを含む。）の職員，顧客サービスまたはその他の職員もしくは従業員との折衝において納税者を代理することができる。規則や告示に別段の定めがある場合を除き，この調査立会い権限は，IRSまたは財務省の不服申立担当官，職員，弁護人その他相当の職員もしくは従業員との折衝において代理を立てることを求められる状況にあるかどうかにかかわらず，納税者を代理することができる個人である資格を認めるものではない。

また，この条項に基づくRTRPの権限は，IRSに提出するための納税申告書

---

[64] RTRPに対する継続研修については，年次の試験や評定を加味すべきであるとの主張もある。しかし，申告期に業務が集中する専門職に試験対策などの過大な負担を強いる制度見直しに対しては賛否両論がある。See, Patrick E. Tolan, Jr., "It's About Time: Registration and Regulation Will Boost Competence and Accountability of Paid Tax Return Preparers," 31 Va. Tax Rev. 471, at 499 *et seq.* (2012).

および還付申告書その他の書類の作成に必要な範囲に限られ，顧客や第三者に対する税務相談ができる権限を与えるものではない。」(サーキュラー230規則10.3(f)(3))。

このように，登録納税申告書作成士（RTRP）は，納税申告書作成者ID番号（PTIN）を取得する税務専門職（tax practitioners）の仲間入りを果たしたものの，既存の税務専門職，すなわち，公認会計士（CPA），登録税務士（EA），弁護士（Attorney）などとは，必ずしも同等の法的取扱いが行われているとはいえない。

このように，新たに誕生した税務専門職であるRTRPは，伝統的な税務専門職とは，専門職基準／倫理や専門職特典などさまざまな面で法的な違いがある。ここ**4**ですべてを取り上げる余裕はない[65]。そこで，例えば，RTRPと「納税者―税務専門職間秘匿特権」の問題をあげてみよう。

既存の税務専門職，すなわち，公認会計士（CPA），登録税務士（EA），弁護士（Attorney），登録退職計画士（ERPA），登録年金数理士（Enrolled Actuary）などは，IRSまたは財務省の不服申立担当官，職員，弁護人その他相当の職員もしくは従業者との折衝において，関与先である納税者を代理する権限を有している。そして，これら既存の税務専門職は，連邦税に関して税務調査や滞納処分事項を含む税務相談において関与先である納税者と交わした内容について一定の秘匿特権を保障されている（IRC7525条）。

この制定法上の納税者―税務専門職間秘匿特権（tax practitioner-taxpayer privilege）は，久しく弁護士と依頼人との間で認められてきたコモンロー上および判例法で確立されてきた秘匿特権を税務専門職一般に広げようとの趣旨で，1998年の税制改正法で導入されたものである[66]。こうした秘匿特権は，納税申告書に作成および提出には適用がない。

J　頓挫した登録納税申告書作成士（RTRP）制度

連邦は，今日まで他人の個人所得税申告書を有償で作成する（税務書類の作成）業務を営むのには，特段の資格を必要としない基本政策を維持してきている。

---

[65] See, Kip Dellinger, "Tax Practice Conduct Standards: Some New, Some Revised," J. of Tax Practice & Procedure (August–September 2011) at 35 *et seq.*; "Thinking About Tax Practice Quality Control," J. of Tax Practice & Procedure (October–November 2012) at 49 *et seq.*; "Thinking About Due Diligence in Tax Practice," J. of Tax Practice & Procedure (December 2012-January 2013) at 49 *et seq.*

すなわち，納税申告書を作成する知識のある者は誰でも，無償，有償で，他人の個人所得税申告書を作成できる状況にある。こうした税務書類の作成業務を名称独占とする政策は，政府規制の強化を嫌い，自己責任を重んじるウイングからは強い支持を受けている。しかし，その一方で，こうした自由放任政策のもと，民間の納税申告書作成業者の作成した申告書の計算違い，さらには不正申告が増加し，税務コンプライアンス上の課題となっていた。そこでIRSやその上部組織である財務省（Treasury Department）は，新たに登録納税申告書作成士（RTRP＝Registered Tax Return Preparer）の資格制度の創設することで，対応策を示すに至ったことについては，すでにふれた。

【図表Ⅴ-26】登録納税申告書作成士（RTRP）資格制度の骨子

> ① サーキュラー230規則【IRSのもとで業務に関する規則】を，既存の税務専門職（弁護士，CPA，EAなど）に加え，連邦個人所得税申告書作成業務への政府規制強化に伴い新設される「登録納税申告書作成士（RTRP）」にも適用する。
> ② RTRPになるためには，生涯有効資格試験【試験時間2時間半／120問，受験料116ドル，受験資格18歳以上，回数制限なし】に合格することを要する。
> ③ 加えて，適格審査【納税義務遵守状況や制裁の対象となる不法かつ不名誉な行為等の有無のチェック】に合格することを要する。
> ④ 合格者はIRSでの登録納税申告書作成士の指定（designation）を受けることを要する。
> ⑤ RTRPは，手数料を支払ったうえで納税申告書作成者ID番号（PTIN＝Preparer Tax Identification Number）の取得および年次の（適格審査を含む。）更新【取得時の手数料現在65.25ドル／更新時の手数料現在63ドル】を要する。
> ⑥ IRS認定の継続研修機関（民間業者や大学など）において毎年，15時間の継続研修（CE＝continuing education）【2時間の専門職倫理，3時間の連邦税の改正点の研修，10時間の連邦税上の課題についての研修】を受けることを要する[67]。

---

(66) 納税者―税務専門職間秘匿特権は，納税者の権利保護を狙いとして1998年税制改正法である「IRS再生改革法（RRA 1998＝IRS Restructuring and Reform Act of 1988)」で導入された。この法改正以前は，歴史的に認められてきた弁護士－依頼人特権（attorney-client privilege）は別として，会計士－依頼人特権（accountant-client privilege）は，いくつかの州で州法により州税に関して認められてきたに過ぎなかった。むしろ，判例は，連邦税務実務に会計士－依頼人特権を認めることには否定的であった。See, *e.g.*, Couch v. United States, 409 U.S. 322 (1973), United States v. Arthur Young, 465 U.S. 805 (1984). 1998年税制改正法は，こうした先例（判例法）の効力を否定し，伝統的な弁護士－依頼人特権を連邦納税者-連邦税務専門職間にも広げる意味を持つのであった。もっとも，この特権は，脱税相談およびIRS以外の連邦機関（例えば，連邦証券取引委員会（SEC＝Securities and Exchange Commission）等）や裁判所からの情報開示などには不適用とされ，対抗できない。ちなみに，その後，2004年税制改正法である「アメリカ人の雇用創設法（American Jobs Creation Act of 2004)」は，IRC7525条b項を改正し，節税スキーム（tax shelter）の推奨については納税者-税務専門職間秘匿特権を一部制限した。

この新たな登録納税申告書作成士（RTRP）の資格制度に対しては，スタート時点から，申告者作成業界関係者のなかから強い反対の声があがった。業界関係者が，政府規制による新たな職業をつくることにつながるRTRP制度に反対し自己責任を重んじるウイングからの支援を受けて，RTRPは違法として訴訟を提起した。結果的に，財務省／IRS側が敗訴し，RTRP制度の強制実施は見送られた。

現在，RTRP制度のもと，申告者作成業者は，納税申告書作成者ID番号（PTIN）の取得・更新を義務付けられている。しかし，資格試験の受験などはあくまでも任意となっている。

(1) 納税申告書作成者による訴訟

財務省／IRSが既存のサーキュラー230規則を改正し，新たな登録納税申告書作成士（RTRP）制度を創設したことについては賛否が分かれる[68]。2012年3月に，この新制度に反対する3人の納税申告作成業者が，連邦の首都にあるコロンビア特別区連邦地方裁判所（U. S. District Court for District of Columbia）に対し，この規制実施の差止めを求める訴訟を提起した。訴えの理由は，財務省／IRSが実施した規制は，財務省規則（サーキュラー230規則）で行われているが，連邦法の根拠を欠いており，違法とのことである[69]。

すでにふれたように，現行の合衆国法典タイトル31第330条（31 USC 330）〔財務省所管事項にかかる業務（Practice before the Department）〕は，「財務長官は，財務省のもとでの代理人の業務を規制することができる。」と規定している（同

---

[67] なお，申告書作成者（TRP）や登録税務士（EA）は，IRSがバックアップするボランティア所得税申告プログラム（VITA＝Volunteer Income Tax Assistance Programs）や高齢者納税相談プログラム（TCE＝Tax Counseling for the Elderly）【☞本書第Ⅳ部⑤】に無償ボランティアとして参加し，資質審査者（quality reviewer），納税申告書作成者（tax return preparer）または税法講師（tax law instructor）として，最低10時間奉仕すると，継続研修（CE）の10単位を取得することができる。See, IRS, Fact Sheet: Continuing Education Credits for SPEC VITA/TCE Partners and Volunteers.

[68] See, Allen Buckley, "Is Treasury's New Rag Scheme for Return Preparers Lawful?," Tax Notes (October 15, 2012) at 285 et seq.

[69] ちなみに，この訴訟は，政府規制で新たな職業を創設することなどに反対し，政府規制撤廃を掲げるバージニア州アーリントンにある弁護士事務所「正義研究所（Institute for Justice）」の弁護士が訴訟代理を担当している。ちなみに，学界では，租税行政庁が政府規制であらたな専門職を創設するのは，権力分立（separation of powers）の原則に抵触する。したがって，この種の専門職が必要というのであれば，連邦議会が直ちに立法作業をすすめるべきであるとする意見が強い。See, Donald T. Williamson & James S. Gale, "RTRPs and Their 'Practice' Before the IRS," Tax Notes (April 8, 2013) at 179 et.seq.

条a項1号)。しかし，納税申告作成者は，他人の納税申告書などを作成すること（税務書類の作成）が主たる業務である。課税庁との折衝など税務代理を主たる業務としていない。したがって，この330条a項1号を根拠にして，申告書作成業務に規制を加えることは違法の可能性が濃い。原告は，この点を問うたものである。

(2) 連邦地裁でのIRS敗訴判決の経緯

2013年1月18日，コロンビア特別区連邦地方裁判所は，原告の訴えを認め，「財務省／IRSは，申告作成業者を規制する権限を有しない」との理由で，財務省／IRSにこの規制実施は違法，執行を停止する裁断を下した (Sabina Loving, et al. 対 IRS, 917 F. Supp. 2d 67（D. D. C 2013)）[70]。

その後，裁判所と財務省／IRS／連邦司法省との間で幾度か折衝が行われた。その結果，裁判所は，最終の司法判断が確定するまでの期間は，既存の申告書作成業者や新たに登録納税申告書作成士（RTRP）を目指す者は，あくまでも"任意で（on a voluntary basis)"資格試験等や継続研修などを受けることができることとされた。

(3) 連邦控訴審でもIRS側敗訴判決

IRSは，2013年3月に，本件裁断を不服として，コロンビア特別区巡回区連邦控訴裁判所（U.S.Court of Appeal for the District of Columbia Circuit）に控訴した[71]。このため，最終の司法判断が確定するまで，この資格制度の正式実施は法的には停止されることになった。

2013年9月24日に審理が開始された。控訴裁判所は，2014年2月11日に。原告勝訴の連邦地裁の裁断を支持し，RTRP制度の強制実施の停止を命じた（IRS対 Sabina Loving, et al., 742 F. 3d 1013（D. C. Cir. 2014))。

(4) IRSが上告断念，控訴審の原告勝訴判決が確定

2014年5月3日に，IRSは，本件について連邦最高裁判所への上告を断念した。これにより，本件は原告勝訴で幕を閉じることになった。

---

[70] Available at: http://www.naea.org/sites/default/files/pdf/loving_decision.pdf
[71] なお，控訴審は，2013年9月24日に始まった。訴訟の動きについては，任意団体である全国登録納税申告書作成者連盟（NARTRP = National Association of Registered Tax Return Preparers）や税務専門職全国会（NSTP = National Society of Tax Professionals），全国会計士会（NSA = National Society of Accountants）などのホームページ（HP）で参照できる。Available at: https://www.nartrp.com/，http://www.nstp.org/，http://www.nsacct.org/home

IRS およびその上部機関である連邦財務省（Treasury Department）は，司法（裁判）で争うことはやめて，RTRP 制度の合法的な創設に向けた立法的な手当を求め連邦議会に働きかけを強める方向に方針を転換した。

IRS は，RTRP 制度を申告書作成業者（TRP）に強制はできないことから，当面は，「任意」の制度として運営を続ける方針である。加えて，任意の「納税申告書作成者向けの年次申告期プログラム（AFSP＝Annual Filing Season Program for Tax Return Preparers）」（以下「AFS プログラム」ともいう。）を立ち上げ，申告書作成業者（TRP）をこのプログラムに囲い込み，実質的に規制を強化する構えである。

K　IRS「AFS プログラム」を開始

IRS は，申告書作成業者（TRP）に対し新資格（RTRP）の取得を強制することは違法との判決の確定を受けて，RTRP 制度を任意の制度として再出発させた。加えて，IRS は，2014 年 6 月 30 日に，任意の「年次申告期（AFS）プログラム」を開始した[72]。

この AFS プログラムは，「レベニュープロシージャー（IRS 手続通達）2014 年第 42 号〔Revenue Procedure 2014-42：年次申告期（AFS）プログラム（Annual Filing Season Program）〕を典拠に実施され，納税申告書作成者の任意参加の形を採っている[73]。任意の資格試験に合格し正規の登録納税申告書作成士（RTRP）として登録をしていない納税申告書作成者（TRP）に対し，次の要件を充足する場合に，IRS が修了認定証（Record of Completion）を交付する仕組みになっている。

【図表V-27】IRS の年次申告期（AFS）プログラム修了認定証交付要件

> ①　IRS から有効な納税申告書作成者番号（PTIN＝Preparer Tax Identification Number）の交付を受けていること。
> ②　IRS が認定した業者（IRS-approved provider）が開講する，基本的な申告書作成問題および年次の税制改正（tax refresher course）に関する18時間の継続研修（continuing education）を受講し，かつ，試験に一定の得点で合格していること。

---

[72]　See, IRS, Revenue Procedure 2014-42（Annual Filing Season Program）. Available at: http://www.irs.gov/pub/irs-drop/rp-14-42.pdf

[73]　Available at: https://www.irs.gov/pub/irs-drop/rp-14-42.pdf

③ サーキュラー230規則 第10. 51〔IRSのもとでの業務に関する規則（Regulations Governing Practice Before the IRS)〕を遵守する旨に同意すること

　ちなみに，年次申告期（AFS）プログラムに参加し，修了認定証の交付を受けた者（AFSプログラム参加者／IRM1.1.20.3-9）は，IRSの連邦税申告書作成者名簿（IRS preparer directory）に登載される。この名簿登載記録は，IRSのウェブサイト／ホームページを通じて公開される。したがって，年次申告期（AFS）プログラムへの参加は任意とはいうものの，修了し，名簿登載ができた方が，納税申告書作成サービスを受注するうえでは，プラスに作用することになる。他の同業者との市場競争上，優越的な地位を与えるインセンティブにもなる。IRSも当然，そうしたアナウンス効果を狙い，ひいては新資格（RTRP）制度の実現につなげたいとの思惑もある。

　IRSおよびその上部機関である連邦財務省は，当面は，こうした任意の「年次申告期（AFS）プログラム」を粛々と推進することで，名誉挽回を目指す方針である。その一方で，強制的な専門職資格（RTRP）制度の創設については，連邦議会に対して法的な手当を講ずるように働きかけを強める構えである[74]。

L　全米公認会計士協会が「IRSのAFSプログラムは違法」と提訴

　IRSが実施した納税申告書作成者向けの年次申告期（AFS）プログラムに対し，思わぬところから異論が出てきた。アメリカ公認会計士協会（AICPA＝American Institute of Certified Public Accountants）が，2014年7月15日に，IRSが実施した年次申告期（AFS）プログラムは，違法であり，直ちに停止されるべきであるとして，IRSを被告にコロンビア特別区連邦地方裁判所（U.S District Court for the

---

[74]　See, William D. Elliott, "Selected Issues from the 2013 National Taxpayer Advocate Report," J. of Tax Practice & Procedure（April-May 2014）27, at 29. ちなみに，登録納税申告書作成士（RTRP）資格試験制度の創設は，IRSの全国納税者権利擁護官（National Taxpayer Advocate）事務局や連邦財務省の租税行政監察総監（TIGTA）などが，民間の納税申告書作成業者が過誤申告ないし不正還付申告にかかわっている例が多いとの報告などが直接のインセンティブになっている。このことから，「新（RTRP）資格試験制度は根拠法が不透明で違法・執行停止」との司法判断が出たことは，IRSにとりかなりの重荷になっている。連邦議会には，以前から登録納税申告書作成士（RTRP）資格試験制度の創設にかかる議員立法案が提出されていた。拙論『透明な租税立法のあり方』（東京税理士政治連盟，2007年）92頁以下参照。

District of Columbia) に訴えを起こしたのである[75]。

　AICPA は，登録納税申告書作成士（RTRP）制度が連邦地裁や控訴裁判所で違法と判断されたのにもかかわらず，IRS が AFS プログラムを導入し，それへの"任意参加"を装って，事実上の強制登録納税申告書作成士（RTRP）制度を"裏口実施"しようとしていることを重く見た。

　この AFS プログラムには，参加した事業者は参加しない事業者に比べ，申告書作成業務市場で優越的な地位を保障されるというインセンティブが隠されている点を問題にした。その一方で，過誤申告や不正申告に加担した納税申告作成業者に対する職業倫理などにはまったくふれておらず，納税申告書作成サービスを利用する一般消費者を保護する使命がひとかけらもないものであると批判した。AICPA は，この AFS プログラムは，裁判所の登録納税申告書作成士（RTRP）資格試験実施停止命令を巧みに潜り抜けた脱法プログラムであるとの理由で，その即時停止を求めて，連邦地裁に IRS を相手に提訴した[76]。

　この訴訟により，IRS の AFS プログラムは，出だしでつまずいた形となった。

(1) 連邦地裁の判断

　この訴えを受けて，コロンビア特別区連邦地方裁判所は，本件の審理を開始した。しかし，IRS の申立てを受け入れて，2014年10月24日に，AICPA には原告適格がないとして，訴えを棄却／却下した（AICPA v IRS, 114 AFTR 2d 2014-6451)。AICPA は，この連邦地裁の判断を不服として，コロンビア特別区巡回区連邦控訴裁判所（Court of Appeals for the District of Columbia/D. C. Circuit）に控訴した。

(2) 連邦控訴裁判所の判断

　コロンビア特別区巡回区連邦控訴裁判所は，2015年11月4日に，控訴人のAICPA には原告適格があるとの判断をし，本件をコロンビア特別区連邦地方裁判所に差し戻した（AICPA 対 IRS, 116 AFTR 2d 2015-6628）。

---

[75] 訴訟内容について詳しくは，Available at: http://www.aicpa.org/Advocacy/Legal/DownloadableDocuments/AICPA_v_IRS.pdf

[76] See, AICPA, Press Release: AICPA Files Federal Lawsuit Against IRS Challenging Purportedly "Voluntary" Program for Tax Return Preparers (July 15, 2014); Alistair M. Nevius, "AICPA sues IRS to stop return preparer program," Journal of Accountancy (July 15, 2014). Available at: http://www.journalofaccountancy.com/News/201410547.htm

(3) 連邦地裁の判決

控訴裁判所の差戻しの判断を受けて、コロンビア特別区連邦地方裁判所は、あらためて、AFSプログラム実施の典拠となっている「レベニュープロシージャー（IRS手続通達）2014年第42号〔Revenue Procedure 2014-42（年次申告期プログラム／AFSP＝Annual Filing Season Program）〕の執行停止の是非について審理をすすめることになった。

連邦地裁は、粛々と審理を進め、2016年8月3日に、原告であるAICPAの訴えを認めず、被告であるIRSの主張を求め、AFSプログラムは違法ではないとの判断を下した（118 AFTR 2d 2016-5089）[77]。

M 連邦議会の出番

IRSにとり、「新（RTRP）資格試験制度は根拠法が不透明で違法・執行停止」との司法判断が出たことは、かなりの重荷になっている。また、AICPAが、IRSの納税申告書作成者向けの年次申告期（AFS）プログラムは違法であるとして、執行停止を求め提訴したことも心労になっている。2016年8月3日にコロンビア特別区連邦地方裁判所は、AFSプログラムは違法ではないとの判断を下したことから、IRSは、一息ついた形になっている。しかし、IRSは、連邦財務省と一緒になって、連邦議会が早急に必要な立法措置を講じるように働きかけを強める必要性に迫られている。

各種税務専門職がIRSのもとで業務を行うことについて、連邦財務省／IRSは、1884年7月1日に施行された合衆国法典タイトル31第330条（31 USC 330）〔財務省所管事項にかかる業務（practice before the Department）〕を典拠に財務省規則などを制定して規制を実施している。ただ、330条は、「財務長官は、財務省のもとでの代理人の業務（the practice of representatives of persons）を規制することができる。」と規定している（同条a項1号）。しかし、納税申告書作成者は、他人の納税申告書などを作成するのが主たる業務で、課税庁（IRS）との折衝（税務代理）を主たる業務としていない。

このことから、現行の330条a項1号の規定を厳格に解釈すると、この規定を根拠に納税申告書作成者に対する政府規制を加えることは難しい。

---

[77] See, News, AICPA loses challenge to IRS return preparer program（August 5, 2016, THOMSON REUTERS）

ところが，財務省／IRS は，こうした疑問点には特段の配慮をせずに，財務省規則（サーキュラー230規則の改正）などの行政立法により納税申告書作成業務に対する新たな政府規制を実施した。それが，今，裁判所から総スカンを喰い，違法とされ，RTRP 資格制度の執行停止を命じられた。

　こうした司法判断が出る前から，IRS／財務省のやり方に対しては連邦議会から大きな疑問符がついていた。こうした問題が出てくることを想定して，早くから（2012年6月28日に），連邦議会上院および下院にはそれぞれ，上院法案3355号（S. 3355）[78] および下院法案6050号（H. R. 6050）[79] の形で，2012年納税者権利章典法（Taxpayer Bill of Rights Act of 2012）案が提出されていた。

　これらの法案のなかには，連邦所得税申告書作成者の法規制を狙いとした202条〔連邦所得税申告書作成者の規制（Regulation of Federal Income Tax Return Preparers）〕プランが盛られていた。具体的には，合衆国法典タイトル31第330条 a 項1号に必要な文言（イタリック体部分）を挿入し，「財務長官は，財務省のもとでの代理人（連邦納税申告書，資料その他の提出物の作成にあたる納税申告書作成者を含む。）の業務を規制することができる。」との改正を加えるものである。最近も，数多くの法案が連邦議会上下両院に提出されている【☞本書第Ⅷ部**7**(5)】。

　IRS／連邦財務省は，連邦議会との対話に真摯な態度で臨む必要が出てきた。この場合，上にあげた改正条項を連邦議会で成立させることにより，制定法（合衆国法典）に根拠を置いたうえで，財務省規則などで連邦所得税申告書作成業者（TRP）に対する規制を実施する途を模索するのも一案である。

　もっとも，過剰な政府規制を嫌う国民性から，連邦議会がすんなりと IRS／連邦財務省の要請を受け入れ，登録納税申告書作成士（RTRP）制度の導入が決まるかどうかは不透明である。

---

[78] Available at: http://www.govtrack.us/congress/bills/112/s3355
[79] Available at: http://www.govtrack.us/congress/bills/112/hr6050

5 連邦租税裁判所での訴訟代理と非弁護士司法資格試験制度

　連邦納税者は，連邦課税庁であるIRS（内国歳入庁／＝Internal Revenue Service）が申告内容を是認せずに税務調査結果に基づいて不足税額通知処分（NOD＝notice of deficiency），一般に「90日レター（90day letter）」と呼ばれる書面，の送付を受けたとする。この場合，IRSの不服審査部（IRS Appeals Division）に不服申立てをすることができる【☞本書第VI部❶】。しかし，不服審査が不調に終わり，裁判所に救済を求めると決めたときには，第1審の事実審裁判所である次の3つの連邦裁判所のうち1つを選択して訴えを起こすことになる。それらは，合衆国（連邦）租税裁判所（U.S. Tax Court）[80]，連邦地方裁判所（U.S. District Court）[81]，連邦請求裁判所（U.S. Court of Federal Claims／旧U.S. Claims Court）[82]である【☞本書第VI部❷】。

　しかし，現実には，納税者は，圧倒的に租税訴訟の場としては合衆国（連邦）租税裁判所（以下「租税裁判所」ともいう。）を選んでいる。2013財政年をとると，全米で提起された全租税訴訟の95％以上は，租税裁判所が取り扱っている[83]。

　この背景には，租税裁判所の場合，申立手数料は一律60ドルと，原告である納税者の負担が軽いこともある[84]。加えて，租税裁判所は，本部は連邦の首都であるワシントンD.C.にあるものの，裁判官が，指定された全米主要都市（46州およびコロンビア特別区／全米74都市〔2017年1月現在〕）の連邦合同庁舎ビルに設置された法廷を巡回して審理する態勢にあることから，納税者は居住する場所の近くで税金裁判ができることもある。さらに，納税者は，争点金額〔すなわち，不足税額通知処分取消訴訟では増差額（不足額＋加算税）〕が50,000ドルを超

---

[80] 　根拠法は，「内国歳入法典（IRC＝Internal Revenue Code）」（合衆国法典タイトル26／26 U.S. Code）7442条

[81] 　根拠法は，連邦「裁判所・裁判手続法（Judiciary and Judiciary Procedure）」（合衆国法典タイトル28／28 U.S. Code）1330条ないし1367条

[82] 　根拠法は，連邦「裁判所・裁判手続法（Judiciary and Judiciary Procedure）」（合衆国法典タイトル28／28 U.S. Code）1491条ないし1509条

[83] 　不足額還付訴訟（refund cases）だけをとってみても，連邦地方裁判所への訴えは平均で年100～200件程度，連邦請求裁判所への訴えは平均で年50件程度である。

[84] 　ただし，負担能力のない納税者には，本人からの申請があった場合，偽証罪の適用を前提とした署名を求めたうえで費用が免除される。

【図表V-28】連邦租税訴訟における事実審裁判所の主な特質とその比較

	連邦租税裁判所 (U.S. Tax Court)	連邦地方裁判所 (U.S. District Court)	連邦請求裁判所 (U.S. Court of Federal Claims)
・特徴	特別裁判所（民事の租税事件に特化）。原告は、少額租税事件（争点額が5万ドル未満）の選択可	普通裁判所（民事／刑事双方のさまざまな事件を扱う。）	普通裁判所（民事／刑事双方のさまざまな事件を扱う。）
・不足税額完納の要否	不要（執行停止）	必要（執行不停止）	必要（執行不停止）
・陪審審理	不可	可能	不可
・上訴裁判所	連邦控訴裁判所	連邦控訴裁判所	連邦巡回控訴裁判所
・先例拘束性のある判例	控訴する連邦控訴裁判所の判例	控訴する連邦控訴裁判所の判例	連邦巡回控訴裁判所の判例
・憲法上の所在	連邦憲法第1条上の存在	連邦憲法第3条上の存在	連邦憲法第1条上の存在
・被告	IRS長官[85]	合衆国	合衆国
・連邦政府側の代理人	IRSの首席法律顧問官室の法律顧問官[86]	連邦司法省（DOJ）訴訟部の訟務検事	連邦司法省（DOJ）訴訟部の訟務検事
・納税者側の代理人	弁護士、非弁護士（CPA, EA）（本人訴訟も可）	弁護士	弁護士
・訴訟手続の根拠法・規則	内国歳入法典（IRC）、租税裁判所規則（TC規則）	連邦裁判所・裁判手続法、連邦民事訴訟規則	連邦裁判所・裁判手続法、連邦民事訴訟規則
・裁判官の任用	19席。大統領が、連邦議会上院の助言と承認を得て政治任用。任期15年、再任を妨げない。70歳定年	677席。大統領が、連邦議会上院の助言と承認を得て政治任用。任期は終身	16席。大統領が、連邦議会上院の助言と承認を得て政治任用。任期は15年、再任を妨げない
・巡回か否か	巡回型裁判所（1庁。全米74か所）	非巡回型裁判所（全米13庁）	非巡回型裁判所（1庁）

えない場合には、少額租税事件（S cases/S事件）としてかなりインフォーマルな形で審理が進められることもある（IRC7463条）。また、租税裁判所では、連邦租税裁判所少額租税事件／S事件（U.S. Tax Court small tax case）か連邦租税裁判所通常租税事件（U.S. Tax Court regular tax case）かを問わず、争点金額を未納付のまま訴訟（prepayment actions）を起こすことができる。身近で税金裁判がで

---

[85] IRC7452条によると、財務長官（Secretary of the Treasury）が当事者となる。しかし、法の授権などを受けて、現実には、IRS長官（Commissioner of IRS）が被告になる。
[86] IRC7452条に基づき、法律顧問官（Attorney for IRS Chief Counsel/Field Attorney）またはその代理官が、財務長官（Secretary of the Treasury）の監督のもと、同長官から委任を受けて訴訟代理の権限を行使する。

き，しかもあまり裁判費用がかからないということから，租税裁判所は，「国民の税金裁判所（The Peoples' Court of Tax）」とも呼ばれる[87]。

租税裁判所には，2014年7月31日現在の数値を例にしてみると27,245件が係争中で，うち19,403件が，本人訴訟（pro se case）である。つまり，全体の約71％が訴訟代理人のついていない訴訟である。

租税裁判所は弁護士強制主義を採っていない。しかし，納税者は，訴訟の内容によっては，自分の権利を護るために，訴訟を支援してくれる弁護士を必要とする場合もある。そこで，租税裁判所では，所得が高くないなどが理由で，自前で弁護士を依頼することが難しい納税者を対象に，裁判所と大学や民間税務支援団体，弁護士会などとタイアップして無償または実質的に無償の各種税務訴訟代理プログラムを開設している。

具体的には，IRSの低所得納税者クリニック（LITC＝Low Income Taxpayer Clinics）プログラム，または租税裁判所の大学タックスクリニック（Academic Tax Clinic）プログラムその他民間税務支援団体の税務訴訟支援プログラム【☞本書第Ⅴ部6】，アメリカ法曹協会（ABA＝American Bar Association）の各州・各地区所属の弁護士の自発的公益活動（voluntary pro bone publico service）の一環として立ち上げられている「カレンダー・コール・プログラム（Calendar Call Program）」という名称の無償訴訟代理プログラムなどがある。

一方，税金専門に租税裁判所で争う納税者が，有償で訴訟代理を依頼したいとする。この場合，弁護士以外の税務の専門職にも依頼することが可能である。租税裁判所では，訴訟代理人として弁護士（attorney）に加え，公認会計士（CPA）ないし登録税務士（EA）など税務の専門職で租税裁判所が実施する資格試験に合格した者も訴訟代理人を務めることを認めているからである。

連邦租税裁判所が非弁護士に訴訟代理資格を付与しているには，歴史的経緯にもよる。つまり，1924年に創設された租税裁判所の前身は，連邦「租税不服審判所（BTA＝Board of Tax Appeals）」である。租税不服審判所（BTA）では，公認会計士（CPA）は，弁護士と同等に争訟代理が認められていた。BTAの創設当時，連邦に所得税が導入されて11年目で，税務実務はほぼ会計士が取り仕切っていた。「審判所（Board）」から「裁判所（Court）」への転換[88]後も，公認会計

---

[87] See, L. Paige Marvel, "The Evolution of Trial Practice in the United States Tax Court," 68 Tax Law. 289 (2015).

士（CPA）に継続的に争訟代理権限を保障する意味をかねて非弁護士にも訴訟代理資格を付与しているのが理由である。

租税裁判所は、おおむね2年に1回、公認会計士（CPA）ないし登録税務士（EA）など非弁護士（non-attorney）で、租税裁判所で訴訟代理人になりたいと望む者を対象に、税務訴訟代理司法資格試験を実施している。租税裁判所内に設けられた連邦租税裁判所協議会（Conference of the U.S. Tax Court）は、「非弁護士試験の作成・採点手続（Procedures for Preparation and Grading of the Nonattorney Examination）」（1995年12月1日）を採択している。この手続を典拠に、租税裁判所内に3人の委員からなる委員会（Panel of Three Examiners／以下「非弁護士司法資格試験委員会」という。）を設置している。この租税裁判所の非弁護士司法資格試験委員会は、おおむね2年に1回実施される試験において、少ない場合には50人以下、多くても120人程度の受験者向けに筆記試験問題を作成し、かつ採点を行っている。

そこで、ここでは、アメリカの税務専門職制度を概観したうえで、租税裁判所の無償の税務訴訟代理プログラム、さらには連邦租税裁判所の非弁護士の税務訴訟代理（司法）資格試験制度（U.S. Tax Court non-attorney examination）について点検する。

A　アメリカの税務専門職制度の概要

税務専門職（tax professionals）制度は、国により異なる。また、税務訴訟代理のできる専門職についての政府規制も、国によりまちまちである。そこで、アメリカにおける税務訴訟代理の問題を検討するに先立ち、アメリカの税務専門職制度および税務訴訟代理が認められる専門職について、簡単にふれておきたい。

(1)　税務専門職制度の概要

アメリカの場合、税務専門職としては、①弁護士（Attorney-at-law）、②公認会計士（CPA＝Certified Public Accountant）および③登録税務士（EA＝Enrolled Agent）などをあげることができる。これらのうち、①と②は各州ベースの資格である。

---

(88)　当時、名称転換の1つの理由として、この機関は全米を巡回して争訟を処理することから、「裁判所（Court）」になると国中の裁判所の法廷（courtrooms）を借りて事件処理ができるメリットがあることがあげられた。

これに対して③は連邦（国）ベースの資格である。

【図表V-29】税務専門職制度

	①弁護士	②公認会計士（CPA）	③登録税務士（EA）
加入専門職団体	アメリカ法曹協会（ABA）	アメリカ公認会計士協会（AICPA）	全国登録税務士連盟（NAEA）＊
加入	任意加入	任意加入	任意加入
監督機関	州最高裁判所	州当局	内国歳入庁（IRS）
税務代理	可	可	可
典拠	財務省規則〔サーキュラー230（Circular 230）〕		
訴訟代理	可	租税裁判所では，司法資格試験合格者は可	

＊全国登録税務士連盟（NAEA＝National Association of Enrolled Agents）および各州の登録税務士会への加入は任意である。

(2) 税務と政府規制

アメリカでは，各種「税務書類の作成」や「税務相談」は，税務専門職の独占業務になっていない。このため，有償，無償を問わず，原則として誰でもできる。つまり，この種の業務については，後にふれるように，あえて強い「政府規制」をかけずに，「市場競争」原理に委ねる公共政策を選択しているわけである[89]。

連邦財務省およびその執行行政庁である内国歳入庁（IRS）は，納税者の依頼を受けてIRS所管の業務にかかわり，依頼人の権利，特権または債務について，IRSの職員に対する表示行為を代理できる者を，上記①，②，および③などに限定している。つまり，「内国歳入庁の所管事項について他人を代理して（税務代理）業務ができる専門職」を制限し，その専門職の独占業務とする政策を実施している。

しかし，「税務代理」以外の，例えば納税申告書の作成やそれにかかわる税

---

[89] 連邦財務省は，2011年に，IRSと一緒になって，消費者である納税者保護の観点から有償で納税申告書の作成をする事業者に対する政府規制を打ち出した。具体的には，政府が当該事業者の「資質保証」をする目的で，新たな税務専門職を創設すべく，登録納税申告書作成士（RTRP＝Registered Tax Return Preparer）試験を，政令（サーキュラー230規則改正）で実施した。しかし，RTRPは，政府規制により新たな専門職をつくることに反対するウイング（勢力）から強い反対にあい，2013年に裁判所により違法とされ，頓挫した【☞本書第V部**4**】。

務相談などの業務は,「内国歳入庁の所管事項にかかる業務」にストレートに該当しない。

　したがって,①弁護士,②公認会計士(CPA),③登録税務士(EA)などの資格を有しない者も納税申告書の作成等の業務を行うことができる。①弁護士,②CPAや③EA,さらには④登録保険計理士や⑤その他特例適用者のほか,アメリカには,他人のために納税申告書を有償で作成することを主な業務とする⑥"Tax Return Preparer(TRP)"という名称の職業人がいる。わが国では,「納税申告書作成者」ないし「納税申告書準備者」(以下「TRP」または「納税申告書作成者」)と訳されている。

　TPRという分類上の職種は,主に依頼人である納税者を消費者保護の視角から保護し,TRPによる虚偽申告書の作成を規制することを狙いに,1976年の連邦の法令ではじめてつくられた。①,②,③などの専門職の場合は,審査ないし試験に合格してはじめて資格が得られることになっている。

　これに対して,⑥TRP,つまり「納税申告書作成者」の場合には,有償で所得税の納税申告書の作成を行うなど一定の法定要件が連邦法や財務省規則(Treasury Dept. Circular 230／以下「サーキュラー230規則」ともいう。)に定められている⑼⁰⁾。これらによると,①弁護士および②公認会計士(CPA)は,申請すれば,IRS所轄事項に関して納税者の税務代理できる資格を自動的に認められる。これらの者の他に,③登録税務士(EA)の資格を有する者もIRS所轄事項に関して納税者の税務代理できる資格が認められる。EAの資格は,非CPAでEA資格試験に合格した者または前IRS職員で,サーキュラー230規則に定める職歴など資格要件を充足する者が取得できる(サーキュラー230規則 10.3(c), 10.4および10.6)。また,④登録保険計理士(Enrolled Actuary),つまり保険加入者のために保険料率や配当などを計算し,スキームを立てる専門職である保険計理士(actuary)で,保険計理士登録合同委員会(Joint Board for the Enrollment of Actuaries)に登録した者,⑤その他特例として税務代理が認められる者も,限定された範囲でIRS所管の業務を行うことができる(サーキュラー230規則 10.3(d)および(e))。

⑼⁰)　具体的にどのような専門職が「内国歳入庁の所管事項にかかる業務(Practice before the Internal Revenue Service)」を代理できるのかについては,法律(Act of Nov. 8, 1965, Public Law 89-332 第1条a項)および連邦財務省規則(Treasury Dept. Circular 230／サーキュラー230)による。

ちなみに，税務代理の対象となる「内国歳入庁の所管事項にかかる業務（practice before the IRS）」とは，「内国歳入庁が執行する法律もしくは規則に基づいて，依頼人の権利，特権または債務に関して，内国歳入庁またはその上級職員もしくは職員に対する表示行為にかかるあらゆる事項を指す。当該表示行為とは，必要書類の作成および提出，内国歳入庁との応対およびやり取り，ならびに協議，審査および折衝における依頼人の代理等を指す。」(サーキュラー230規則10.2(a))。

これらTRP規制の対象となる者も，連邦税の電子申告を代行する業務を行う場合には，「内国歳入庁認可電子申告業者（Authorized IRS e-file Provider）」として，新たに連邦の課税庁の認可を，受けなければならない。すなわち，電子申告仲介業務については，弱い形であるが，政府規制をかけている。この規制の下，法令の要件をクリアできるものは，個人・法人等を問わず，電子申告者の認可を受けることができる。

B 連邦租税裁判所での訴訟代理

先にふれたように，アメリカにおいては，連邦課税庁である「内国歳入庁の所管事項にかかる業務（practice before the IRS）」について「税務代理」ができる者は，原則として，①弁護士，②公認会計士（CPA）ないし③登録税務士（EA）に限られている。したがって，IRS不服審査部（Appeals Division）に対する不服申立ての代理は，これらの専門職のみができる原則になっている。

一方，「連邦租税裁判所の所管事項にかかる業務（practice before the Tax Court）」についても，それに従事できるのは一定の有資格者に限られている。具体的には，①弁護士に加え，②公認会計士（CPA）ないし③登録税務士（EA）など「非弁護士（non-attorneys）」で租税裁判所が実施する資格試験に合格した者のみができることになっている。したがって，連邦租税裁判所において，納税者に代わり訴訟手続をすることや法廷で陳述・主張を行うなどの「訴訟代理」は，これら有資格者だけが行うことができる原則になっている（IRC7452条）。

言い換えると，CPAないしEAであっても，無資格者である場合には，連邦租税裁判所では，証人として出廷するときを除いて，法廷で陳述（address）することは認められない。この場合には，無資格者は，裁判所の許可を得て，本人訴訟に臨んでいる納税者に，補佐人（advisor）として付き添って，その納税

者を法廷で補助支援することを認められるに過ぎない。

(1) 租税裁判所の特徴

連邦租税裁判所（U.S. Tax Court）（以下「租税裁判所」ともいう。）は，司法機関の1つとして制度化されている。つまり，合衆国〔連邦〕憲法1条に従い，連邦（合衆国）憲法1条に基づき「法律により創設された裁判所」である。具体的には，内国歳入法典（IRC）サブチャプターC（7441条以下）に基づいて創設されている司法裁判所である。

納税者は，IRSが行った連邦税の課税処分を司法の場で争う場合，いくつかの裁判所の選択が可能である。すなわち，①租税事件だけを取り扱う特別裁判所である合衆国（連邦）租税裁判所か，②普通裁判所である連邦地方裁判所（U.S. District Court）ないし③連邦請求裁判所（U.S. Claims Court）のいずれかを選択した上で，提訴することができる【☞本書第Ⅵ部2】。

租税裁判所は，独自の執務・手続規則（Tax Court Rules of Practice and Procedure／以下「TC規則（TC Rules）」という。）を定め，それに基づいて組織の運営を行い，訴訟手続を進めている。

租税裁判所の場合には，裁判手続の面からみると，陪審裁判（jury trial）がないこと，弁護士強制主義を採っておらず本人訴訟（pro se case）ができること（TC規則24条4項），普通裁判所である連邦地方裁判所などに比べ訴訟手続が簡略であること（TC規則70条a項1号），さらに執行停止が原則であること（すなわち，増差税額を納付しないまま提訴（prepayment actions）ができること。）なども特徴の1つといえる。

(2) 弁護士強制主義を採らない租税裁判所の現実的な対応

租税裁判所の訴訟手続において，納税者（原告／petitioner）は，IRS長官（被告／respondent）を相手に租税訴訟を提起する。IRS（被告）側は，IRSの首席法律顧問官室の法律顧問官（Attorney for IRS Chief Counsel/Field Attorney）ないしその代理官が代理する。一方，納税者（原告／petitioner）側も，自前で訴訟代理人を選任できる。ただし，特別裁判所である租税裁判所は，地方裁判所および請求裁判所のような普通裁判所とは異なり，弁護費用のない納税者に弁護士をつけてやる権限を有していない。つまり，弁護士強制主義を採っていない。この点が，租税裁判所で，広く本人訴訟（pro se case）を認めている大きな理由といえる。もちろん，納税者は，自らで弁護士費用を捻出し，訴訟代理人に訴訟手続

を委任することができる。また，低所得である場合には，裁判手数料の免除に加え，無償の訴訟代理人サービスを受けることができる[91]。

しかし，弁護士強制主義を採っていないことが，租税裁判所の訴訟手続において厳格な証拠法のルールなどを排除できる一方で，逆に複雑な事件やIRS職員の権利濫用的な税務調査などを問う場合には，原告である納税者が，訴訟技術に長けた熟練したIRS法律顧問官（Attorney）と対峙するのが難しいことも少なくない。この点は，納税者の権利保護の観点から厳しく問われるところでもある。そこで，租税裁判所は，税務という特殊な分野であることも織り込んで，弁護士のほかに，裁判所の許可を得れば弁護士以外で，租税裁判所が実施する資格試験に合格した公認会計士（CPA）その他登録税務士（EA）などの税務専門職も訴訟代理できる仕組みを採り入れている。とりわけ，租税訴訟では，弁護士よりも税務処理の面で豊富な知識と経験を有するCPAやEAの方が，納税者の権利を的確に保護できるとの意見も反映してデザインした制度であるとされる。

ここで問題になるのは，司法機関である連邦租税裁判所で，どのような資格試験に合格した弁護士以外の税務専門職が「訴訟代理」を行うことができるのかである。

C　租税裁判所での非弁護士の税務訴訟代理と司法資格試験制度

わが国の場合，国税不服審判所は国の行政機関の1つとして制度化されている。また，税理士は，国税不服審判所での税務代理が認められている（税理士法2条1項1号）。これに対して，アメリカの租税裁判所は司法機関の1つとして制度化されている。したがって，弁護士は別として，公認会計士（CPA）ないし登録税務士（EA）のような職業専門家やそれ以外のボランティアなどの「非弁護士（non-attorneys-at-law）」が，弁護士と同等に租税裁判所で「訴訟代理」ができるのかどうかが問題となる。

とりわけ，アメリカにおいては，民間ボランティアによる税務援助は，「税

---

[91]　納税者が低所得者の場合で，例えば勤労所得税額控除（EITC）の適用【☞本書第Ⅰ部❶J(1)】などを争点に租税裁判所に少額租税事件／S事件として訴訟を提起しているときには，全米25の都市の巡回法廷では，IRSの低所得納税者クリニック（LITC＝Low Income Taxpayer Clinics）プログラム，または租税裁判所の大学タックスクリニック（Academic Tax Clinic）プログラムを活用し，無償で訴訟代理の支援を受けることができる【☞本書第Ⅴ部❻EおよびF】。

務書類の作成」のみならず，広く「税務代理」，さらには「訴訟代理」についても行われていることから，この点は重要なポイントとなる。

(1) 非弁護士の訴訟代理資格

租税裁判所での訴訟代理の資格については，「TC 規則（TC Rules）」に定めがある。この規則によると，端的にいえば，弁護士（attorneys）は，その専門職としての資格から，当然に租税裁判所での訴訟代理など「租税裁判所の所管事項にかかる業務（practice before the court）」ができる。一方，CPA や EA その他の者，つまり「非弁護士（non-attorneys）」は，租税裁判所が実施する筆記試験「非弁護士司法資格試験（nonattorney examination）」に合格した者のみが「租税裁判所の所管事項にかかる業務」を代理することができることになっている（TC 規則200条）。

(2) 非弁護士の司法資格試験制度

公認会計士（CPA）ないし登録税務士（EA）など「非弁護士」は，訴訟代理など「租税裁判所の所管事項にかかる業務」を代理する場合には，租税裁判所が実施する試験に合格し，その資格を得るように求められる。この点について，TC 規則200条〔業務を行う資格付与および定期的な登録費用（Admission to Practice and Periodic Registration Fee）〕において，次のように定める（2017年1月1日現在）。

【図表 V-30】TC 規則200条〔業務を行う資格付与および定期的な登録費用〕（仮訳）

第 a 項〔要件〕第 1 号〔通則〕 租税裁判所の所管事項にかかる業務を行う資格申請者は，租税裁判所に対して，その者が善良な倫理感および名声を有し，かつ案件にかかる表示行為および訴訟において他人を代理するに必要な要件を備えていることを証明しなければならない。また，申請者は，本規則に定める他の要件を充足しなければならない。資格申請者が本規則の要件を充足しない場合には，租税裁判所は，当該資格申請者の所管事項にかかる業務を代理する資格をはく奪することができる。

第 2 号〔弁護士である資格申請者〕 弁護士は，すべてに記載済みの申請書に，租税裁判所が規定した手数料，付録 II 参照，および資格を付与した所轄裁判所の書記官が発行した有効な証明書を添えて租税裁判所の資格担当書記官に申請し，業務を代理する資格を得ることができる。当該有効な証明書には，その申請者が，合衆国最高裁判所または合衆国のいずれかの州，ワシントン D. C. またはいずれかの準州，領域，領土にある最高位もしくは所轄の裁判所の所管事項にかかる業務資格を有しており，かつ名声ある弁護士会員であることを証するものとする。裁判所の有効な証明書とは，申請書の提出日に先立つ90日以内に発行されたものを指す。

第 3 号〔非弁護士である資格申請者〕 申請者は，弁護士でない場合には，すべてに

記載済みの申請書に，租税裁判所が規定した手数料，付録Ⅱ参照，を添えて，本条第ｂ項に掲げられた住所宛に租税裁判所の資格担当書記官に対して申請しなければならない。また，当該申請者は，業務資格が認められる条件として，租税裁判所が行う筆記試験により自らが裁判所で代理する必須な能力がある旨を裁判所に証明しなければならない。筆記試験は，弁護士以外の申請者に対し，2年を超えない回数で実施する。試験の日程は，少なくとも実施の6か月前までに公示するものとし，租税裁判所が当該試験の日時を発表するものとする。租税裁判所は，申請書の形式が整っている場合には，各申請者に対して出席すべき場所と日時を通知する。また，申請者は，当該試験を受ける証拠として，試験官に対しその通知書を呈示しなければならない。

第ｂ項〔申請書〕 租税裁判所の所管事項にかかる業務を行い得る資格申請書は，本裁判所所定の書式によるものとする。申請書式およびその他必要な情報は，次のあて先に請求し，入手する。資格担当書記官（Admissions Clerk），合衆国租税裁判所（United State Tax Court），400 Second St N.W. Washington, D.C. 20217　申請手数料支払の様式については，本規則第11条を参照せよ。

第ｃ項〔推薦人〕 試験により資格の付与を受けた申請者は，租税裁判所の所管事項にかかる業務が認められるためには，少なくとも2人の推薦を受けなければならない。各々の推薦人は，本条第ｂ項に掲げられた住所宛に租税裁判所の資格担当書記官に対して直接推薦状を送付するものとする。この場合において，当該推薦状は内密情報として取り扱うものとする。推薦人は，申請者が本条第ａ項3号に定める筆記試験に合格した通知が行われた後速やかに推薦状を送付するものとする。推薦人は，申請者について自らが知り得ていること，申請人の倫理観および名声に関する意見，ならびに租税裁判所の所管事項にかかる業務についての申請者の適性に関する意見を，十分かつ率直に述べるものとする。租税裁判所は，推薦人が2人以下の場合においても申請書を受理する裁量権を有するものとする。

第ｄ項〔資格付与〕 申請者は，資格申請を承認されかつ本条に規定するその他の申請要件を充足した場合には，租税裁判所が定める宣誓または宣誓に代わる確約をしたうえで，租税裁判所の所管事項にかかる業務をする資格が付与される。当該申請者は，資格証書を受け取る権利がある。

第ｅ項〔住所の変更〕 租税裁判所の所管事項に業務を行う資格を付与された者は，送達上の事務所の住所に変更が生じた場合には，速やかに本条第ｂ項に掲げられた住所あてに資格担当書記官に対し通知するものとする。本条第ｅ項で求められる通知の様式および方法については，付録Ⅰにある様式10を参照せよ。弁護に出廷する者の記録番号を得るための個別通知申請については本規則第21条ｂ項4号を参照せよ。

第ｆ項〔法人および事務所の不適格性〕 法人および事務所には，租税裁判所の所管事項にかかる業務が認められず，または資格が付与されない。

第ｇ項〔定期的な登録手数料〕第1号 租税裁判所の所管事項にかかる業務を行う資格が付与され業務を行える者（practitioner）は，定期的な登録手数料を支払うものとする。登録手数料の額および支払回数は租税裁判所が決定するものとする。ただし，その額は，暦年ごとに30ドルを超えないものとする。書記官は，本条第ｇ項第1号の規定を遵守しないすべての業務を行える者の氏名に入った不適格者一覧を

> 備え付けるものとする。業務を行える者で，不適格者一覧に記載されている者は，租税裁判所において訴訟を開始する，または係争中の事件を弁護するために出廷はできないものとする。業務を行える者で，不適格者一覧に記載された者の氏名は，現在まで未払いとなっている登録手数料が支払われ，かつすべての手続が継続状態になるまで当該一覧から削除されないものとする。定期的な登録手数料は，業務に従事しているかどうかにかかわらず，租税裁判所の所管事項にかかる業務を行う資格が付与されている者はすべて支払わなければならない。支払いの様式については，本規則第11条を参照せよ。
> **第2号** 本条第g項第1号の規定する手数料は，本裁判所が懲戒問題を追及するために独立した弁護士を雇う場合に充当されるものとする。本規則第202条第h項を参照せよ。

(3) 筆記試験制度の概要

租税裁判所の非弁護士司法資格試験委員会は，おおむね2年1回，非弁護士を対象に，租税裁判所で訴訟代理をする資格を付与するために筆記試験を実施している。その実施機関，試験科目，採点などの概要は，次のとおりである。

① 試験科目

試験科目およびそれぞれの科目の全体からみた割合は次のとおりである。

【図表Ⅴ-31】試験科目および配点割合

> ・租税裁判所執務・手続規則 （TC規則＝Tax Court Rules of Practice and Procedure）当該規則に対する暫定の新規則および改正を含む（25%）
> ・連邦証拠規則 （Federal Rules of Evidence）（25%）
> ・連邦税 （Federal Taxation）（40%）
> ・法倫理 （Legal Ethics）アメリカ法曹協会の模範弁護士行動規程（ABA Model Rules of Professional Conduct）を含む（10%）

② 非弁護士司法資格試験委員会とは

すでにふれたように，租税裁判所協議会（Conference of the U.S. Tax Court）は，「非弁護士試験の作成・採点手続（Procedures for Preparation and Grading of the Nonattorney Examination）」（1995年12月1日／以下「試験手続」ともいう。）を採択している。この試験手続に基づいて，租税裁判所は3人の委員からなる委員会（Panel of Three Examiners／以下「非弁護士司法資格試験委員会」という。）を設置している。この租税裁判所の非弁護士司法資格試験委員会が，筆記試験問題を作成し，かつ採点を行っている。

試験手続に基づき，非弁護士司法資格試験委員会の試験問題の作成・採点を

含む業務運営を簡潔に図説すると，次のとおりである。

【図表Ⅴ-32】租税裁判所・非弁護士（司法資格）試験委員会の業務運営の概要

○**非弁護士試験の問題作成と採点に関する手続**
1995年12月1日租税裁判所協議会採択
A　非弁護士司法資格試験委員会（以下「委員会」という。）
1．委員会の委員長（chairperson）は，他の2人の大学教授を試験委員（examiner）として委嘱する。1人は証拠法の問題を作成し，もう1人はアメリカ法曹協会の模範弁護士行動規程の問題を作成する。試験委員は，国中の異なる地域出身であるのが望ましい。
2．委員会は，試験を作成するとともに採点をする。試験委員は，試験する科目に関するその者の専門知識および法的知識を試験する経験に基づいて選考される。委員長は，すべての試験問題を堅実かつ統一性をもって精査したうえで承認する。
B　利益相反　試験委員は，試験委員としての自己の適切な職務遂行に支障となるまたは支障となっている，相反する利害，相反する職務もしくは相反する義務を有してはならない。試験委員は，非弁護士試験の応募者向けの準備を行う課程に参加してはならない。
C　報酬　すべての試験委員は，委員会の委員との契約により支払を受ける。
○**非弁護士試験に関する手続**
　非弁護士である資格申請者に対して租税裁判所が実施する試験には，次のような手続が実施される（TC規則200条a項3号参照）。
A　試験
1．記述試験
　a．非弁護士試験は，記述式試験である。試験は，論述問題と択一問題に解答する形である。
　b．試験は，少なくとも2年ごとに実施される。試験に先立つ少なくとも6か月前までには当該試験の日時および場所が公告される（TC規則200条a項3号参照）。
2．試験の目的
非弁護士試験の目的は，租税裁判所での訴訟の準備および法廷で当事者を代理する申請者の資質を考査することにある（TC規則200条a項1号参照）。
3．試験科目
非弁護士試験の範囲となる科目は，次のとおりである（%は，各論題に占める試験のおおよその数値）
　a．租税裁判所執務・手続規則（TC規則＝Tax Court Rules of Practice and Procedure）（25%）
　b．連邦証拠規則（Federal Rules of Evidence）（25%）
　c．連邦税（Federal Taxation）（40%）
　　ⅰ．所得税
　　ⅱ．遺産および贈与税
　　ⅲ．租税手続および法分析
　　ⅳ．内国歳入法典（IRC／改正を含む。）の構造および歴史，ならびに歳入法に関

する一般的な課題および重要な事件における裁判所の解釈
　　　ⅴ．租税裁判所事件に適用される憲法および一般的実定法
　　ｄ．法倫理((Legal Ethics)アメリカ法曹協会の模範弁護士行動規程（ABA Model Rules of Professional Conduct）を含む。(10％)（TC 201条１項ａ号）
４．過去問題集の入手
　申請者は，至近の非弁護士試験問題の写しを，400 Second Street, N.W. Washington D.C. 20217，租税裁判所の書記官から，１頁あたり50セントの手数料を支払うことにより入手することができる。
Ｂ　非弁護士試験問題の作成および採点
１．非弁護士試験問題の作成および採点
　非弁護士試験は，登録，倫理および懲戒委員会（Committee on Admission, Ethics and Discipline）の指導のもと，必要に応じて税務専門職や裁判所職員の協力を得て実施される。
２．問題の作成
　試験委員は，非弁護士試験に使用する問題作成の責任を負う。
３．採点過程
　試験委員は，当該試験の採点について責任を負う。各問題に対するすべての解答は，同じ試験委員により採点される。
４．別表記採点（nonidentity grading）
　各申請者の身元は，採点過程において，試験委員には知らされない。各申請者には，自己の問題解答冊子に記載するための受験番号が配付される。裁判所（したがって，試験委員ではない。）は，各申請者の受験番号を記載した記録を保存する。
５．非弁護士試験の合格に必要な知識水準
　試験委員は，裁判所に対して申請者が試験に合格したかどうかを通知する。試験委員は，申請者が試験に合格したと結果を出すにあたり，委員の判断により，申請者が各試験科目において熟達度に至っている決定しなければならない。試験は，申請者が熟達度を示せるように，したがって，各申請者が各試験科目で70％の採点を得たならば，試験を合格できるように作成しなければならない。
６．再採点の義務（automatic regarding）
　試験委員は，ほぼ合格に近い10位までの試験答案（およびほぼ合格に近い同じ10位のすべての試験答案）再度採点するものとする。これは，各々の試験科目について行われる。試験問題の再点検を，当該問題を当初作成した試験委員が行う。再採点は，申請者に試験の合格結果が通知される前に行う。試験答案の再採点が行なわれたとしても，申請者にはその旨を通知しない。試験委員は裁判所に最終の試験採点を提示する。
７．業務登録（admission to practice）
　申請者は，試験に合格しない場合には，裁判所の所管事務にかかる業務をする登録ができない。裁判所は，試験に合格した申請者が，倫理観を含む当該申請者の関する必要な要件を精査したうえで，業務登録の資格を備えているかどうかを判断する。
Ｃ　申請者の試験後の権利（post examination rights of applicants）
１．不合格申請者
　不合格申請者（および不合格申請者に限る。）は，裁判所が定めた手数料を支払っ

> て自己の答案および各解答に対して得た採点の写しを入手することができる。この申請は，試験に合格しなかった申請者にその旨の通知が裁判所から送達されてから60日以内に裁判所書記官に行われなければならない。裁判所は，模範解答または合格点を取った答案の写しは提供しない。
> 2．最終試験結果の再考は計算誤りに限定
> 受験者【訳注・申請者】が合格結果の再考を申し立てた場合，当該申請者の採点について事務的な計算誤りのある旨を指摘したときは別として，最終試験結果を再考しない。
> 3．最終試験結果についての事情聴取または面談はしない
> 不合格申請者が試験結果を争うための試験委員もしくは裁判所との試験後事情聴取または個人的な面談は，これを実施しない。
> 4．試験答案保存ポリシー
> 合格および不合格申請者の試験答案は，裁判所が当該申請者に合格かどうかの通知を行ってから120日後に廃棄する。ただし，不合格となった申請者が自己の採点の再考を求めている場合には（前記C-2），当該申請者の請求に関し裁判所が最終判断をしてから60日間はその答案を廃棄しない。
> D　再試験（reexamination）
> 非弁護士試験申請者は，何回でも試験を受けることができる。

③　筆記試験の実施

　TC規則200条a項3号によると，租税裁判所は，非弁護士に対する「租税裁判所の所管事項にかかる業務」を行うための資格試験は，2年を超えないごとの回数で実施し，少なくとも実施の6か月前までに実施日時を公示することとされている。最近の例では，この規則に従い，2016年11月15日（火）に，租税裁判所の裁判長が，次のとおり，試験の実施を発表している[92]。

【図表Ⅴ-33】非弁護士に対する資格試験の実施

> ・**試験の日時**：2016年年11月15日（火）午後12：15～
> ・**試験の場所**：ロナルド・レーガンビル・国際貿易センター
> 　　　　　　　アトリウム・ホール（Atrium Hall）
> 　　　　　　　1300 Pennsylvania Ave., N.W. Washington, D.C. 20004
> ・**応募締切り**：2016年10月11日

④　過去問題集の入手

　非弁護士で「租税裁判所の所管事項にかかる業務」の資格申請をするために

---

[92] See, Tax Court, Information for applicants who are not attorneys at law recognizing admission to practice before the court. Available at: http://www.ustaxcourt.gov/forms/Nonattorney_Info.pdf

この試験を受ける者は，過去問題集（copies of prior examinations）を入手することができる。この場合，裁判所の書記官に1頁あたり50セントを支払うように求められる。

【図表Ⅴ-34】過去問題集の入手手数料

- 2010年問題集～16頁（8ドル）
- 2012年問題集～17頁（8ドル50セント）
- 2014年問題集～18頁（9ドル）

⑤ **筆記試験の合否判定および答案の処置**

試験内容は，日本流に解釈し，誤解を恐れずに端的にいえば，a）裁判所規則，b）税法 c）民事訴訟法，それにd）弁護士倫理といった科目にあたるといえる。したがって，税務専門の「トライアル・ロイヤー（訴訟弁護士）」としての資質の有無を問う試験とみることができる。

受験者は，この試験に合格するためには，各科目とも70％以上の正解率を得るように求められる。この試験に合格しない資格申請者には，租税裁判所の所管事項にかかる業務を行う資格が付与されない。裁判所は，申請者がこの試験に合格した後に，推薦状やその他の事実を審査して，資格の付与を行う。

筆記試験に不合格になった者は，1頁あたり50セントを支払って，自分の回答と点数のコピーを入手することができる。当該コピーの請求は，裁判所が試験の不合格通知を発してから60日以内に受領されなければならない。また，裁判所は，申請者が不合格の通知を受けてから90日以内に採点に誤りがあることを申し立てない限り，試験結果について見直しを行うことはない。不合格となった申請者については，試験後にいかなる意見陳述や面談の機会も与えられることはない。

すべての試験の答案は，不合格となった申請者からの申立てがあり，その事案が未解決であるものを除いて，各人に対し合格，不合格通知が行われてから120日後に廃棄される。見直しを求めた申請者からの答案は，裁判所がその申請に対し最終決定を行ってから60日後に廃棄される。ちなみに，次回の筆記試験は2018年秋を予定している。

(4) **非弁護士に対する資格試験の実施状況**

非弁護士に対する資格試験の現実については，その制度とともに，試験のや

り方や合格率などを精査すると分かりやすい。

① **受験環境の概要**

非弁護士に対する資格試験は，2年に1度の割合で，連邦の首都，ワシントンD.C.で，午後12：00頃から4：00頃までの4時間にわたり実施される。試験会場において，受験者は，裁判所側が用意し，席上配付された，内国歳入法典，租税裁判所執務・手続規則（TC規則），およびアメリカ法曹協会（ABA）の模範弁護士行動規程を使用することができる。受験者には，各16頁の5冊の冊子が配られ，解答を書くことになっている。メモ用紙および，ペンまたは鉛筆も配られる。一定の制限があるものの，計算機の使用もゆるされる。採点は，租税裁判所判事の監督の下，試験委員会で行われている。

② **試験合格者数と有資格者の割合**

合格には，各科目とも70％以上の正解率が求められる。2014年までの試験の受験者数や合格率などが公表されている。公表された資料によると，次のとおりである。

【図表Ⅴ-35】最近の受験状況と結果

実施年	受験者数	合格者数	合格率
2000	102	17	16.67%
2002	47	7	14.89%
2004	72	4	5.56%
2006	58	6	10.34%
2008	54	8	14.81%
2010	83	8	9.64%
2012	77	11	14.29%
2014	126	23	18.25%

ちなみに，1943年の租税裁判所の創設以降，「租税裁判所の所管事項にかかる業務」を行うことを認められた者（有資格者）の数は，古い資料よりないが，1996年現在で，弁護士は13万人を超えるのに対し，CPAなど非弁護士はわずか202人である。

③ 問われる租税裁判所非弁護士司法資格試験

　この租税裁判所が実施する非弁護士司法資格試験の合格率からも推測されるように，非弁護士に対する試験は極めて難関なものになっている。また，受験者数と合格率双方のファクターから見ても，試験として体裁をなしていないのではないかとか，さまざまな批判が渦巻いているのも事実である。

　租税裁判所での訴訟代理業務における弁護士と非弁護士との有資格者割合は，余りにもアンバランスである。このため，弁護士を護るために，わざと試験を難しいものにしているのではないかとか勘ぐられたりしており，この資格試験に対する不満は，非常に強い。また，すでにふれているように，TC 規則200条 a 項2号では，弁護士に対しては，税務が専門かどうか実際に試験をせずに，ほぼ自動的に「租税裁判所の所管事項にかかる業務」を行うことを認めている。しかし，この点に関し，特許の分野では，連邦の特許控訴審判所（Board of Patent Appeals）業務を行う資格者試験では，弁護士も，化学専門家や技術専門家と同等に，試験を受けるように求めている。言い換えると，租税裁判所とは異なり，弁護士だけを優先する政策を選択していない。特許控訴審判所での訴訟代理の例と比べても分かるように，租税裁判所での訴訟代理業務において弁護士のみを優先するのは余りにも不公平ではないか，との批判がある。

　しかし，一方では，大量の弁護士がいるアメリカ社会において，公認会計士（CPA）などが行う訴訟代理に対する需要があまり多いとはいえないという現実も無視しえない。弁護士が毎年大量に誕生する態勢にあることから，果して非弁護士に対し，租税裁判所での訴訟代理を認めることにどれだけの実益があるのか疑わしいとする声もある。

　また，CPA と弁護士とでは，職業倫理基準も異なる。このことから，会計業務や税務書類の作成など多彩な業務をこなしている CPA が，同時に訴訟代理を担当することによる利益相反行為を心配する声もある。利益相反行為を防ぐためには，どのようなスタンダードを確立すべきか，先行して検討されるべきである，との声も強い。

　ちなみに，隣国カナダでは，司法府に属する連邦租税裁判所においては，非弁護士の訴訟代理を認めていない。また，非弁護士に対する資格試験も実施していない。こうした公共政策を選択している背景には，量産される弁護士の職域を保護しようという意図に加え，職業倫理上の問題があるようである。

④ 非弁護士に対する資格試験の課題

非弁護士に対する資格試験改革を望む声も次第に大きくなってきている。この試験の不合理さの是正を求めて訴訟に及ぶケースも出てきている。租税裁判所側にも，こうした批判に対し前向きに対応しようとする姿勢も出てきている。

一例をあげてみよう。かつて TC 規則は，受験回数を一生涯に 3 回までに制限していた。しかし，受験者から訴訟が提起され[93]，1996年 7 月 3 日に，租税裁判所は受験回数制限を撤廃した。

また，不合格とされた受験者からは，租税裁判所が合格者の人数に一定の枠を設けているのではないか調査するように求めた訴えが起こされている[94]。

(5) 無資格者と租税裁判所の所管事項にかかる業務

原則として，租税裁判所が実施する筆記試験「非弁護士司法資格試験（nonattorney examination）」試験に合格し，訴訟代理ができる資格を取得しない限り，「租税裁判所の所管事項にかかる業務」を行うことはできないことになっている。しかし，租税裁判所は，例外的に，非弁護士に対しても，一定の範囲まで租税裁判所の所管事項にかかる業務に関与することを許可している[95]。

① CPA や EA などの場合

公認会計士（CPA）や税務代理士（EA）など非弁護士は，原則として，租税裁判所の試験を受け，資格を取得しない限り，「租税裁判所の所管事項にかかる業務」を行うことはできないことになっている。しかし，これら非弁護士は，その依頼人が課税処分の取消しを求め，租税裁判所に訴えを提起することにした場合には，その訴状を準備することが認められている。（ただし，依頼人が，租税裁判所ではなく，連邦地方裁判所ないし連邦請求裁判所に訴えを提起する選択をした場合には，その限りではない。）

ちなみに，租税裁判所においては，係争税額が50,000万ドル未満の場合には，1 頁の簡易な項目別記入式の定型の訴状が用いられることになっている【☞本書第Ⅵ部**2** B(1)④】。統計によると，全訴えの90％近くが50,000ドル未満の少額租

---

[93] See, Reed v. Tax Court, 46-2 USTC (CA-DC). 本件では，2 回受験に失敗した者がその規則を違法として争った。しかし，裁判所は，原告にはいまだ 3 回目の機会が保障されているとして，訴えを棄却した。この訴訟を契機に，裁判所は規則を改正し，受験回数制限を撤廃した。
[94] 裁判所はこの訴えを却下した。See, Sidney H. Goldin v. U. S. USDC-DC, 96CV00658.
[95] See, David M. Fogel, "Non-lawyers' Handbook for Assisting Clients with Their Tax Court Cases," J. of Tax Practice & Procedure (June-July 2005) at 55 *et seq*.

税事件／S事件訴訟である。

　租税裁判所の所管事項にかかる業務を行うことが認められた有資格者であるCPAないしEAは，依頼人である納税者に代わって作成した訴状に署名することができる。これに対して，無資格者であるCPAやEAは，自署ができない。依頼人である納税者に，すべての提出書類への署名を求めなければならない。公式に認められているわけではないが，租税裁判所は，無資格者であるCPAないしEAが，納税者の代理人として提出書類の作成をした場合には，署名をすることを認めている[96]。

　通例，租税裁判所が事件を受理した後に，被告である課税庁（IRS）は，その事件を庁内の審査部（Appeals Division）に付託し，和解（settlement）の可能性を探ることが多い。再審査手続において，納税者は，IRSの所管事項にかかる業務を行うことができる資格のある者であれば，CPA，EAなど誰に代理を依頼してもよいことになっている。IRS審査部は，裁判が開始される直前まで，納税者と和解の可能性を探ることになる。また，租税裁判所が受理した事件の80％以上が，裁判前または裁判後に任意の法的拘束力のある仲裁（voluntary binding arbitration）を通じて解決に至っている[97]。

　一般に，納税者の「税務代理」をしているCPAやEAは，租税裁判所での「訴訟代理」を行う資格を有していない場合が多い。したがって，これら訴訟代理を行う資格のないCPAないしEAは，租税裁判所に提出する訴状などの書類を作成する一方で，IRS審査部との和解交渉を開始するといった手法を用いて事件の解決に努めている。

　和解が成立せずに租税裁判所で事案の審理が開始されたとしても，多くの場合，証人による立証は求められない。つまり，書面審理で終了することが多い。事実問題が争われ，係争税額も少額の場合には，弁護士に依頼するのは極めて不経済である。訴状を含む提出書類の作成は，原告となっている納税者の税務代理をしているCPAないしEAに依頼する方が経済的である。租税裁判所に

---

[96] See, Kraacsh, 70 TC 623 (1978).
[97] TC規則124条は，当事者に対し，裁判中または裁判開始前に，事実認定の争いについて，代替的紛争解決（ADR＝Alternative Dispute Resolution），つまり任意の法的拘束力のある仲裁（voluntary binding arbitration）を通じて解決をはかるための申立てを行うことを認める。また，こうした申立てがあった場合，租税裁判所長官（Chief Judge）は，判事や特別事実審判事（STJ）に付託して，その申立ての処理およびその後の仲裁の監督を求めることができる旨規定する。

おいて、経済的負担が本人訴訟を多くする最大の原因となっている。

納税者の「税務代理」をしている CPA ないし EA は、租税裁判所での「訴訟代理」を行う資格がある場合には、弁護士と同等に法廷で弁論を行うことになる。しかし、納税者は、依頼している CPA ないし EA が「訴訟代理」を行う資格を有していない場合には、本人訴訟で臨むか、あるいは新たに弁護士に事件の解決を依頼する必要がある。

本人訴訟の場合、租税裁判所は、「訴訟代理」を行う資格のない CPA などが、法廷で補佐人として付き添って、納税者を補助支援することは許可している。また、証人として出廷することも認めている。しかし、「訴訟代理」を行う資格のない CPA などが、訴訟代理人として法廷で陳述することは認めていない。

また、訴訟の内容によっては、納税者の権利を護るために、弁護士が必要とされる場合もある。こうした場合には、たとえ納税者が「税務代理」を依頼している CPA などが同時に租税裁判所での「訴訟代理」を行う資格を有していたとしても、新たに訴訟代理人として弁護士を雇う必要が出てくる。訴訟手続についての経験の浅い CPA ないしは EA では、たとえ訴訟代理の資格を有していたとしても、勝ち目がない事件も少なくないからである[98]。

② **大学タックスクリニックでの訴訟支援の場合**

アメリカにおいては、所得税の納付について、わが国の年末調整のような制度はない。このため、納税者は、給与所得者を含め、原則として全員確定申告をするように求められる。その一方で、膨大な数の連邦納税者の所得税確定申告を支援するための「税務援助」制度がよく整備されている。民間ボランティアによるものを含め、連邦所得税上の税務援助プログラムには、次のような種類のものがある【☞本書第Ⅴ部6】。

【図表Ⅴ-36】税務支援プログラムの種類

- ・ボランティア所得税援助(VITA＝Volunteer Income Tax Assistance)プログラム
- ・高齢者向け税務相談 (TCE＝Tax Counseling for Elderly) プログラム
- ・学生タックスクリニック (STC＝Student Tax Clinic) プログラム
- ・低所得納税者クリニック (LITC＝Low-Income Taxpayer Clinics) プログラム
- ・IRS 納税者権利擁護官サービス (TAS＝Taxpayer Advocate Service)
- ・IRS 納税者支援センター (TAC＝Taxpayer Assistance Center)

---

[98] 詳しくは、See, Starkman, "The Tax Court Exam," Tax Adviser (June, 1996) at 373.

アメリカの税務援助制度の特徴は，端的にいえば，税務援助はすべて課税庁（IRS／内国歳入庁）主導で実施され，その運営などに職業専門家団体などは関与していないことである。IRSやNPO（民間非営利団体）が民間ボランティアを募集し，研修を実施した後に，「納税申告書の作成」およびそれにかかわる「税務相談」を担当してもらう態勢にある。こうした制度がある背景には，わが国などとは異なり，無償の「税務書類の作成」や「税務相談」は，政府規制の対象となっていないといった事情がある。

すでにふれたように，IRS主導で実施している税務援助プログラムは，税務代理や訴訟支援をも含み，多岐にわたっている。そのほとんどは，無償ないしは実質的に無償である。

例えば，「学生タックスクリニック・プログラム（STCP＝Student Tax Clinic Program）」は，個人，法人を問わず，税務調査での税務代理，審査請求での税務代理および租税裁判所での訴訟代理の業務分野に関し，十分な資力がないため職業専門家のサービスが受けられない納税者を対象に，無償の支援を行おうというものである[99]。

STCPの支援業務参加者は，法科大学院（ロースクール）および経営大学院（ビジネススクール）の学生である。すでにふれたように，アメリカでは，「IRSの所管事項にかかる業務」，つまり「税務代理」が，CPAや弁護士，EAなど税務専門職の独占業務とされている。したがって，大学が開設したSTCPに登録し，税務代理ボランティアを希望する者は，IRSの本部の業務局長から特別の許可を得るように求められる。許可が得られれば，当該学生は「IRSの所管事項にかかる業務」について，「税務代理」を行うことができる（サーキュラー230規則10.101条）。

また，「租税裁判所の所管事項にかかる業務」，つまり「訴訟代理」は弁護士やCPACなどで租税裁判所が実施する司法資格試験に合格した非弁護士の独占業務とされている。しかし，租税裁判所は，特例として，大学が開設したSTCPに登録したロースクールの学生が，「租税裁判所の所管事項にかかる業務」を行う資格のある弁護士の指導のもとで行う場合に限り，租税裁判所での訴訟代理を行うことを認めている。つまり，裁判所の許可を前提に，ロースク

---

[99] 各大学が開設するSTCPは，租税裁判所を含む他の連邦裁判所での租税訴訟の支援も対象としている。

ールのボランティア学生は，訴訟代理人とともに出廷し，陳述することが認められる。

　租税裁判所は，弁護士強制主義を採っていない。しかし，所得が高くないなどが理由で，自前で弁護士を依頼することが難しい納税者（原告）を対象に，学生タックスクリニック・プログラム（STCP＝Student Tax Clinic Program）などとタイアップして，無償または実質的に無償の各種税務訴訟代理プログラムを開設している。租税裁判所では，「大学タックスクリニック（Academic Tax Clinic）」プログラムと呼んでいる。2014年末で，約110の大学タックスクリニックが，租税裁判所でのボランティア訴訟支援（訴訟代理）の任にあたっている。

　アメリカでは，かねてから，富裕層よりも貧困層が税務調査で苦しめられる傾向があり，問題となっていた。その背景には，富裕層はCPAや弁護士に税務代理や訴訟代理を依頼する資力があるのに対して，貧困層はそうした資力に欠けるという，経済的格差の面での事情がある。

　こうした問題に対処するために，T3/RRA98〔1998年IRS再生改革法／第3次納税者権利章典法〕【☞本書第Ⅲ部１A(3)】3601条で設けられ，内国歳入法典（IRC）7526条に盛られたのが低所得納税者クリニック（LITC＝Low-Income Taxpayer Clinics）プログラムである[100]。

　LITCは，租税の賦課・徴収や税務調査プロセスでの税務代理，審査請求での税務代理および租税裁判所での訴訟代理の業務分野に関し，十分な資力がないため職業専門家のサービスが受けられない納税者を対象に，無償の支援を行おうというものである。

　LITCも，STCP（租税裁判所の大学タックスクリニックを含む。）と同様の要件のもと，参加するボランティア学生に対し，特例として，一定の条件のもとで税務代理や訴訟代理の資格を付与している。

(6) 租税裁判所での無償訴訟代理プログラムと弁護士の自発的公益活動

　納税者が，IRSの課税処分を租税裁判所で争うとする。租税裁判所の法廷においては，被告であるIRS側はIRS長官の委任を受けてIRSの首席法律顧問官室の法律顧問官（Attorney for IRS Chief Counsel/Field Attorney）またはその代理官が代理する。一方，原告である納税者は，租税裁判所に提訴する場合，代理人

---

[100]　See, Keith Fogg, "Taxation with Representation: The Creation and Development of Law Income Taxpayer Clinic," Tax Law. 3 (2013).

なしの本人訴訟（pro se case, personal representation without counsel）を行うことができる（TC規則24条ｂ項）。しかし、原告（納税者）が税務の素人である場合、太刀打ちは至難である。争点額が5万ドルに満たない場合に選択できる少額租税訴訟（S事件）（TC規則172条）では、本人訴訟が95％を超える（通常租税事件のみでみると、本人訴訟の比率はおおよそ50％である。）。

租税裁判所は、本人訴訟が蔓延する現実をよしとはしていない。定型化された訴状（petition）への記載はともかく、さまざまな証拠の提出や司法召喚状（サピーナ／subpoena）手続など税務の素人では手におえない手続も多く、訴訟事務の停滞につながることもある。しかし、もっと心配されるには、複雑な租税事件の場合には、訴訟代理人が必須となることである。IRSの租税訴訟のプロである法律顧問官に税金に長けていない原告（納税者）が素手で立ち向かうのを座視していては、納税者の権利救済機関としての「justice」の理念や役割はかすんでしまう。

そこで、租税裁判所は、「justice」、「Taxation with Representation（代理ある課税）」をモットーにして、「カレンダー・コール・プログラム（Calendar Call Program）」という名称で無償訴訟代理プログラムを立ち上げ、弁護士の自発的公益活動（voluntary pro bone public service）の一環として、弁護士に対して原告（納税者）の訴訟代理を支援するように求めている[100]。

① 弁護士の自発的公益活動とは

アメリカ法曹協会の模範弁護士行動規程（ABA Model Rules of Professional Conduct／以下「ABA模範弁護士行動規程」という。）第6.1条は、弁護士の自発的公益活動（voluntary pro bone publico service）のタイトルで、次のように規定する。

【図表V-37】ABA模範弁護士行動規程第6.1条〔弁護士の自発的公益活動〕（仮訳）

（公益活動）
規程第6.1条　自発的公益活動
　いずれの法律家（lawyer）も、有償で法務サービスを受けることのできない人たちに当該サービスを提供する社会的責任を有する。法律家は、年に公益的法務サービス（pro bone publico legal service）を最低でも50時間提供するように推奨される。この責任を果たすために、法律家は、次のことをするものとする。
　第ａ項　次のものに、料金を課すことなしにまたは料金支払いを期待することなしに、

---

[100] See, Clinical, Student Practice & Bar Sponsored Calendar Call Program. Available at: https://www.ustaxcourt.gov/clinics_calendar_call.htm

不特定多数を基準に50時間の法務サービスを提供するものとする。
　　第1号　資力の乏しい人たち（persons of limited means），または，
　　第2号　本来的に資力の乏しい人たちの需要に応えるための活動する慈善，宗教，公民，コミュニティ，政府および教育目的の団体
　第b項　次のような追加的なサービスをすること。
　　第1号　個人，集団または団体で，市民権，市民的自由もしくは公民権の擁護または保護を目的するもの，または慈善，宗教，公民，コミュニティ，政府および教育上の団体でその目的を推進するもので，標準的な法務費の支払がその経済的な資源を大きく削ぐまたは不適切と思われる場合に，法務サービスを無償または実質的に価格を下げて提供すること。
　　第2号　資力の乏しい人たちに対して実質的に価格を下げて法務サービスを提供すること。
　　第3号　法律，法制または法務専門職を改正する活動の参加すること。
　加えて，法律家は，資力の乏しい人たちの法務サービスを提供する団体を支援するために，自発的に金銭的な貢献するものとする。

② 納税者の裁判地選択権

　租税裁判所は，巡回型の裁判所（circuit courts）として設置されている。裁判官が，指定された全米主要都市（46州およびコロンビア特別区／全米74都市〔2017年1月現在〕）の連邦合同庁舎ビルに設置された法廷を持ち回りで巡回して審理する。

　納税者は，IRSとの裁判を租税裁判所で行うことを選択した場合，裁判地を選択できる。手続上，納税者は，定型の訴状（petition）に加え，TC様式5〔裁判地の申請書（Form 5: Request for place of trial）〕【☞本書第Ⅵ部❷B(3)】のなかにリスト化された裁判地（全米74都市）の1つに☑を入れたうえで，その申請書を訴状に添付する形で提出するように求められる（TC規則140条）。

　租税裁判所長官は，裁判や審理の日時と場所は，原告（納税者）に租税裁判所に出廷するために相当の機会を保障すべく，当該原告（納税者）にできるだけ不都合ではなくかつ費用負担が可能な範囲であるように配慮して決めるように求められている（IRC7446条）。

　租税裁判所長官の監督のもと，租税裁判所事務局は，原告（納税者）から提出されたTC様式5〔裁判地の申請書〕の希望に沿って，提訴件数や裁判官の処理状況などを織り込んで，全米各巡回区での裁判日程を組み，公表している。具体的には，2016年冬季全裁判日程表（2016 Winter Term Combined Trial Sessions），2017年春季全裁判日程表（2017 Spring Term Combined Trial Sessions），2017年秋季全裁判日程表（2017 Fall Term Combined Trial Sessions）（休暇となる夏季を除く。）

といった形で公表している。

③ 租税裁判所の「カレンダー・コール・プログラム」

租税裁判所は，「カレンダー・コール・プログラム（Calendar Call Program）」という名称で無償訴訟代理プログラムを立ち上げている。「法廷日程（に沿ったボランティア訴訟代理人）召集計画」とでも邦訳できる。このプログラムは，2007年に，3つの巡回裁判開催地（都市）で実施されたのが始まりである。その後，徐々に拡大し，2014年末では21の裁判開催地（都市）で実施されている。したがって，47すべての裁判開催地（都市）で実施されているわけではない。

この租税裁判所主導のプログラムは，裁判所の各季の全裁判日程表（Term Combined Trial Sessions）に沿って，自前で弁護士に依頼する資力を欠く原告（納税者）に，その裁判開催地で，弁護士の自発的公益活動時間を提供してもらって，無償または実質的に無償で訴訟代理をしてもらおうというものである。もちろん，裁判開催地は全米74都市にわたることから，法廷日程に沿って各地でボランティア弁護士を召集する緻密な作業が要る。また，各州または各地の法曹協会（State or local Bar Associations）のタイアップが必要である。

連邦租税裁判所　ニューヨーク市　238法廷（public use）

いずれにしろ，例えば，巡回裁判開催地がニューヨーク市（New York City）であるとする。この場合，租税裁判所事務局は，同市における裁判日程（trial session）のなかにおおよそ100件の法廷日程（calendar）を組み込む。そのうえで，裁判開催日からおおよそ5か月前までに，原告（納税者）および被告（IRS長官）宛に裁判通知書（notice of trial）を発送（郵送）する。

　もちろん，現実には，原告（納税者）が，租税裁判所から訴状を受理した事件（ドケテッドケース／docketed cases）の80％以上（年によっては90％近く）が，裁判開始前または裁判中，時としては裁判後に任意の法的拘束力のある仲裁（voluntary binding arbitration）または和解（settlements）したうえでの「合意判決（stipulated decision）」により終結に至っている事実を織り込んで考える必要はある（TC規則91条）[102]【☞本書第Ⅵ部C(3)】。すなわち，残りの20％から10％程度が，正式の裁判を経て，裁判官（judge）または裁判官部（division）から意見（opinion），それに基づいた判決（decision）の言渡しを受けている状況にある[103]【☞本書第Ⅵ部2 B(3)】。

　この点は横に置くとして，租税裁判所は，裁判日程（trial session）開始初日（通例月曜日）の朝の最初の行事が，「カレンダー・コール」である。租税裁判所の書記官が法廷日程（trial calendar）に登載された事件一覧を使って召集をかける。その際に，書記官が，本人訴訟をしている原告（納税者）に対して，カレンダー・コール・プログラムに従いその日に，（租税裁判所と地元弁護士会との協定に基づき弁護士の自発的公益活動（voluntary pro bono publico service）の一環として）ボランティアとして召集され，裁判所に詰めている弁護士（ほかに大学タックスクリニック（Academic Tax Clinic）」プログラムに参加した法科大学院などの学生がいる場合にはその学生も含む。）を紹介する。

　原告（納税者）は，これらの代理人に依頼したいと思う場合には，開廷中のその旨を裁判長に申し出て，認められれば，所得税限などの法定要件を満たすことができれば，無償で訴訟代理サービスの提供を受けることができる。ちなみに，これらの代理人は，裁判所または被告（IRS）に味方する者ではない。

---

[102] ちなみに，ドケテッドケースで行われる和解合意は，意思表示と承諾（offer and acceptance）で成立する一種の契約である。したがって，仮に裁判官の承認がなくとも当事者を拘束するとされている。合意判決について，当事者は原則として上訴できない。租税裁判所においては，大多数の紛争が合意判決で終結している。

[103] 租税裁判所は，裁判官または裁判官部が示した意見（opinion）に従い，判決（decision）を下す。「opinion」を，ここでは「（裁判官の）意見」と邦訳しておく。アメリカ法において，判決（decision/judgment）は，わが国判決の「主文」に相当し，opinionは「理由」に相当するとみてよい。

アメリカ法曹協会（ABA）の課税部門（Tax Section）のタックスクリニック委員会（Tax Clinic Committee）は，積極的にカレンダー・コール・プログラムの推進に取り組んできている。ただ，仮に州や地域の法曹協会（弁護士会）の協力が得られたとしても，多くの弁護士は必ずしも税法や税務が専門ではない。また，裁判日程（trial session）に合わせて十分な数の税務専門のボランティア弁護士を擁するのは，裁判所にとっても容易いことではない。現在稼動しているカレンダー・コール・プログラムは，かなり限定的なものである。それでも，租税裁判所と巡回裁判地の州や地域の法曹協会（弁護士会）と度重なる協議を重ね，合意に至った結果である[104]。

④ 「カレンダー・コール・プログラム」の実際

租税裁判所の裁判日程（trial session）開始初日（通例月曜日）の朝の最初の行事が，「カレンダー・コール」である。法廷において，裁判所書記官が，裁判所が正式に訴状を受理した事件（ドケテッドケース／docketed cases）のうち，原告である納税者と被告IRSとの間の和解で解決できていない事件名を読み上げる。これが，「カレンダー・コール」と呼ばれる事務である。「法廷召集」とでも邦訳できる[105]。その際に，カレンダー・コール・プログラムを導入している巡回裁判開催地（2014年末では21の裁判開催地（都市））では，書記官が，本人訴訟をしている原告（納税者）に対して，カレンダー・コール・プログラムに従いその日に，ボランティアとして召集され，裁判所で待機している弁護士名を紹介する。併せて「大学タックスクリニック（Academic Tax Clinic）」プログラムに参加した法科大学院などの学生で租税裁判所において訴訟代理を認められたボランティアの紹介も行う。紹介は，次のようである。

「本裁判所から，弁護士が代理されていない原告の方に対して特別のお知らせをします。今朝，本法廷には，〔ABAの●●州●●支部会，●●大学タックスクリニックから〕代理人（representatives）が招聘に応じて裁判所に来ており

---

[104] See, Peter J. Panuthos, "The United States Tax Court and Calendar Call Programs," 65 Tax Law. 439（2015）.
[105] この目的は，法廷日程（trial calendar）に従って，当事者が法廷に時間どおり出席しているかどうかを確認することにある。納税者は，自分の名前が呼ばれた時に，前に進み出て，裁判官の前で自分の名前を告げて本人であることを確認する。その後，被告IRSの代理人を務める首席法律顧問官室の法律顧問官（Attorney for IRS Chief Counsel）も，裁判官の前で自分の名前を告げて本人であることを確認する。その後，裁判官が，事件の内容や種類を確認するためにいくつかの質問をすることになる。

ます。どなたであるかを確認できるように，どうかご起立ください。【代理人起立】」

　租税裁判所の裁判日程に従い，ワシントンD.C.から巡回裁判地に着任している担当裁判官は，裁判前の打合せで，当日召集に応じているボランティア訴訟代理人の存在を確認している。原告である納税者が，開廷後にカレンダー・コールされているボランティア訴訟代理人に相談したいと思う場合には，裁判官にその旨を申し出ることになる。

　裁判官は，原告（納税者）の申出を受け入れ，その事件の裁判を租税裁判所の裁判日程内の別の日時に開くことを決定することができる。この場合，裁判官または書記官は，被告（IRS）やボランティア訴訟代理人とも協議したうえで，新たに決定された開廷日時を言い渡すことになっている。もっとも，裁判官は，その日の日程に余裕があると判断したときには，原告（納税者）に対して午前中にボランティア訴訟代理人と相談するように求め，同日午後に再度開廷する旨を言い渡すこともできる。

　状況にもよるが，この延期された時間を使って，時には，原告（納税者）抜きで，ボランティア訴訟代理人と被告（IRS）の訴訟代理人（法律顧問官）との専門家同士の話し合いになることも少なくない。この話し合いにより，裁判所が正式に訴状を受理した事件（ドケテッドケース／docketed cases）に下すことのできる裁判上の和解（settlement）に基づく「合意判決（stipulated decision）」で決着をはかる途も探ることも多い（TC規則91条）。あるいは，裁判所での決着を早めるため，税務に長けていない原告との協議では難しかった専門家の視点からの争点整理が行われることが多い。

D　特例試験化の経緯と試験制度改革の動き

　話を租税裁判所での非弁護士の訴訟代理資格問題に戻す。連邦租税裁判所は，1942年に創設された。その前身は，1924年に創設された連邦「租税不服審判所（BTA＝Board of Tax Appeals）」である。租税不服審判所では，公認会計士（CPA）は弁護士と同等に争訟代理が認められていた。審判所の創設当時，所得税が導入されて11年目で，税務実務は会計士が取り仕切っていた。

　当時も，「審判所」という名称にもかかわらず，連邦議会は実質的に「裁判所」の創設が狙いであったとの議論があった。この議論の背景にあったのは，

裁判所であれば、そこでの実務は弁護士が独占すべきであるという権益擁護の主張であった。

租税裁判所での実務を行う職業資格制度は、こうした弁護士界と会計士界との権益のぶつかり合いのなかでつくられたという背景がある。

(1) 資格試験制度創設の起源

1942年に、租税不服審判所は、今日の合衆国租税裁判所（Tax Court of the United States）に名称・組織変更された。裁判所（Court）という名称が用いられたことから、会計士界から「同裁判所での実務は弁護士に限定されるのではないか」との危惧が示された。その当時、連邦議会で立法に携わっていたジョン・ディンゲル（John Dingell）議員（当時）は、会計士界の意向を受けて、1942年制度改正法のなかに、「〔租税裁判所の所管事項にかかる〕業務にかかわる資格を有する者は、専門職業家の一員でないことを理由に、その資格を否定されることはないものとする。」との規定（通称「ディンゲル修正条項」）を挿入した。ちなみに、ディンゲル修正条項は、その後も維持され、内国歳入法典（IRC）7452条として、今日まで変更を加えられることなくそのまま定められている。

租税裁判所は、このディンゲル修正条項のもと、いかなる個人も租税裁判所の所管事項にかかる業務を行う機会を与えられるとの方針を堅持している。また、この方針に基づき、所管事項にかかる業務を独占的に行う資格を与えることを狙いとした試験制度を創設した。その際に、弁護士には、筆記試験を免除し、自動的に資格を得られることとした。

こうした資格試験制度の結果は、先にふれたように、租税裁判所での訴訟代理を行える有資格者が、弁護士は13万人以上なのに対し、CPAなど非弁護士はわずか200〜300人という数に表れている。非弁護士は、租税裁判所という重要な職域から完全に放逐される形になったといっても過言ではない。

本来、租税裁判所の所管事項かかわる業務を行う資格を与える試験制度は、弁護士と非弁護士とが同等の基準で行われるのが前提であったはずである。ところが、現行の資格試験制度は、非弁護士に対する難解な「特例試験」制度と化してしまっているわけである。ある意味では、三権分立のルールのもと、司法府に属する租税裁判所は、自らが持つ裁判所規則制定権限のなかで、弁護士の権益を最大限に擁護する形で、租税裁判所で実務を行う職業資格制度を構築してしまったともいえる。

(2) 資格試験制度改革の動き

1983年に，当時，連邦下院歳入委員会委員長であったダン・ロステンコウスキー（Dan Rostenkowski）議員（当時）は，租税裁判所における非弁護士に対する資格試験制度を廃止し，少額税務訴訟についてはCPAやEAなど非弁護士も「租税裁判所の所管事項にかかる業務」を行えるようにする議員立法（下院法案第3475/H. R. 3475）を提出した。非弁護士に対する少額税務訴訟に限定した訴訟代理権付与の提案は，1984年の税制改正法案（下院法案第4170号／H. R. 4170, Tax Reform Act of 1984）にも盛られた。しかし，上下両院協議会での協議会の段階で削除されてしまった[106]。

1991年に，連邦議会で，レオン・パネッタ（Leon Panetta）下院議員（当時）は，租税裁判所において本人訴訟が多い点を問題にした。その原因は，税務代理をCPAないしEAに依頼している納税者が，租税裁判所では新たに弁護士を雇わざるを得ない法環境に置かれていることにある，との指摘を行った。こうした法環境を改善し，納税者の権利を保護する観点から，少額税務訴訟に限定し，非弁護士に対し試験なしで訴訟代理権を付与する法案（H. R. 1485）を議会に提出した。しかし，この法案も，実質審議に至らず，廃案とされた。試験制度改革が実現にまで至れないのは，連邦議会の議員に弁護士出身者が多いことも一因といわれている。

---

[106] アメリカの租税立法過程について，詳しくは【☞本書第Ⅷ部】参照。

6　民間ボランティアによる税務支援プログラム

　個人納税者は，課税年（1月1日から12月31日）分の確定申告書（以下，とくに言及のない場合には還付申告書を含む。）や法定資料を，原則として翌年の1月15日から4月15日までにIRSに提出するように求められる（IRS 6572条a項）。居住者の場合は，一般に様式1040〔連邦個人所得税申告書（Form 1040）〕やそれに関連する法定資料の提出が求められる。

　アメリカには，わが国の年末調整のような仕組みがなく，全員確定申告をするのが原則となっている。しかし，連邦税法（IRC）は難解である。また，勤労所得税額控除（EITC）や子ども税額控除（Child tax credit）のような煩雑な給付（還付）型税額控除の仕組みを導入している。

　納税者本人の知識だけで正確に税額を計算し，確定申告書や法定資料に必要事項を記載し，提出するのは容易ではない。

　多くの納税者は，有償の税務専門職【公認会計士（CPA），登録税務士（EA），弁護士】やコマーシャル・ベースの有償の申告書作成業者（TRP＝tax return prepares）の支援を得て，確定申告書や法定資料の作成をしている。しかし，すべての納税者が有償の申告書作成サービスを受ける資力があるとはいえない。低所得者や零細自営業者など有償の申告支援サービスを受ける余裕のない納税者には，大量の市民ボランティアを取り込んだ民間の各種税務申告支援プログラムが用意されている。

　これら民間ボランティアによる無償の納税申告支援プログラムは多様である。それらのなかでも，個人所得税の確定申告期にIRSがボランティアを募り，IRSがバックアップして各地で開設される「ボランティア所得税申告プログラム（VITA＝Volunteer Income Tax Assistance Programs）」や，約3,600万人の会員を擁するアメリカ退職者連盟基金（AARP Foundation＝American Association of Retired Person Foundation）[107]とIRSがタイアップして開設されている高齢者納税相談プ

---

[107]　アメリカ退職者連盟（AARP＝American Association of Retired Person）は，会員3,600万人を有し，50歳以上の人なら誰でも会員になることができる無党派のアメリカ最大の非営利団体である。近年，「退職者」から「50歳以上」に会員資格を変更し，会員獲得に努めていることから，従来の名称から退職者を払拭する狙いもあり，正式名称を「AARP」に変更している。

ログラム (TCE = Tax Counseling for the Elderly) が，最も一般的に利用されている[108]【☞本書第Ⅲ部**2** C(2)】。

VITA プログラムは1969年に始まった。現在，主に❸総所得 (GI = gross income)〔いわゆる「年収」〕が5万4,000ドル以下の納税者，勤労所得税額控除 (EITC = earned income tax credit) 適用納税者，体の不自由な納税者，または英語が堪能でない納税者などが対象である[109]。全国におおよそ5,200の税務支援会場が設けられている。一方，TEC プログラムは，主に，60歳以上の納税者の確定申告書の作成，年金や退職後計画などに関係した税務相談などのサービスを提供している (26 CFR[110] Part 601, Subpart H〔Tax Counseling for the Elderly (601.801-601.805)〕，IRM22.30.1.5.2.1)[111]。2014年度申告期実績では，約347万件余りの申告書が，VITA プログラムないし TEC プログラムを通じて作成されている。

VITA/TEC プログラムに無償ボランティアとして参加する者は，連邦税法 (IRC) 上の有償の「納税申告者作成者 (TRP = tax return preparer)」としての規制は適用除外になる (IRC7701条 a 項31号，財務省規則301.7701-15(f))。

ちなみに，VITA/TEC プログラムにボランティアとして参加を希望する者は，申告書作成や電子申告／送達など，職種によっては E-ラーニングなどを通じた一定の研修，試験に合格することが条件になっている[112]。

A 税務支援プログラムの種類

アメリカにおける民間ボランティアによる無償の連邦個人所得税申告支援プログラム (以下「税務支援プログラム」ともいう。) は多岐にわたり，きめ細かな仕組みになっている。連邦の無償の税務支援プログラムは従来，「申告期支援」，すなわち「税務書類の作成」およびその作成にかかる一部「税務相談」に限られてきた。しかし，今日，無償の税務支援の範囲は，「申告前支援」，すなわち記

---

[108] IRS は1978年歳入法 (Revenue Act of 1978) 136条に基づき，AARP と協力協定 (cooperative agreement) を締結し，TCE プログラムを実施している。
[109] See, IRS, Free Tax Return Preparation for Qualifying Taxpayers. Available at: https://www.irs.gov/individuals/free-tax-return-preparation-for-you-by-volunteers
[110] ちなみに，CFR = Code of Federal Regulations，通例「連邦規則集」と邦訳する。
[111] VITA や TCE のほか，さまざまな民間ボランティアを活用した申告支援プログラムがある。詳しくは，拙論「税務支援の拡充と税理士の業務独占のあり方：開かれた税務支援のあり方を日米比較で検証する」白鷗法学13巻2号 (2006年) 参照。
[112] See, IRS, Link & Learn Taxes linking volunteers to quality e-learning. Available at: https://apps.irs.gov/app/vita/

帳や納税資金計画やそれらに関係する税務相談のような領域にまで及んでいる。さらには，「申告後支援」，すなわち，税務調査，税務争訟，徴収手続などに関する「税務代理」の領域にまで広がりをみせてきている。

このように，アメリカにおける税務支援制度の1つの特徴は，「申告期（filing）支援」はもちろんのこと，「申告前（pre-filing）支援」や「申告後（post-filing）支援」にまで及んでいることである。したがって，わが国のような，税務専門職が業務独占を護ることを主眼とし，主に「申告期支援」に特化した制度とは大きな違いをみせている。

今日，こうした無償の各種税務支援プログラムは，アメリカにおける自主申告納税制度を維持・発展させるうえで必要不可欠な存在となっている[113]。とりわけ，低所得者向けの勤労所得税額控除（EITC）にかかる還付申告だけでも，2014課税年ベースでみても2,750万件を超える[114]。民間ボランティアによる無償の税務支援プログラムは，「働いても貧しい人たち（the working poor）」に極めて複雑な還付申告書の作成を強いる勤労所得税額控除（EITC）をスムースに展開させるうえでも，不可欠な存在となっている。

連邦税上の税務支援プログラムには，おおまかにまとめて示すと，次のようなものがある[115]。

---

[113] ちなみに，わが国では，共通番号（個人番号／マイナンバー）が導入されたことから，不正還付が防止できる環境が整ったこと，容易に給付つき税額控除の一種である勤労所得税額控除（EITC）導入ができると，軽々に説く主張も散見される。しかし，アメリカでは，共通番号である社会保障番号（SSN）がかなり以前から実施されてはいるものの，EITCの不正還付防止に有効なツールにはなっていない。むしろ，SSNは，なりすまし（IDT）不正申告者向けに犯罪のツールと化し，深刻な事態となっている。IRSは，2011年1月には，IRSは，なりすまし（IDT）不正申告被害者向けに，9ケタのSSNとは別途の6ケタの限定番号「身元保護個人納税者番号（IP PIN＝Identity Protection Personal Identification Number）」を交付・利用に踏み切っている【本書第Ⅳ部[7]】。また，EITCの導入には，現行の年末調整制度を原則廃止とし，全員確定申告の仕組みに大きくシフトさせる必要がある。また，税理士制度を有償独占の仕組みに代え，市民ボランティアなどを活用した税務支援を大幅に拡大する必要もある。申告インフラ整備の展望なしにEITC導入を唱えるのは，まさに木を見て森を見ずの主張のようにも見える。アメリカではこれだけ納税申告支援を徹底しても，内国歳入庁（IRS）によると，2013課税年で，EITCにかかる過大還付申告件数は，還付総額ベースでみると，その22パーセントから26パーセント，金額的には133億ドルから156億ドルにのぼると報告されている See, See, TIGTA, The IRS Fiscal Year 2013 Improper Payment Reporting Continues to Not Comply with the Improper Payments Elimination and Recovery Act (March 31, 2014).

[114] See, IRS, Statistics for Tax Returns with EITC 2015, Available at: https://www.eitc.irs.gov/EITC-Central/eitcstats

[115] 詳しくは，拙論「開かれた税務支援のあり方を日米比較で検証する(1)〜(5)」税務弘報2007年5月号〜10月号参照。

【図表Ⅴ-38】税務支援プログラムの種類

・ボランティア所得税援助（VITA＝Volunteer Income Tax Assistance）プログラム
・高齢者向け税務相談（TCE＝Tax Counseling for Elderly）プログラム
・学生タックスクリニック（STC＝Student Tax Clinic）プログラム
・低所得納税者クリニック（LITC＝Low-Income Taxpayer Clinics）プログラム
・IRS納税者権利擁護官サービス（TAS＝Taxpayer Advocate Service）
・IRS納税者支援センター（TAC＝Taxpayer Assistance Center）

* このほかに，あまり一般的ではないが，・軍隊ボランティア所得税援助（M-VITA＝Military Volunteer Income Tax Assistance）プログラム，・ボランティア大使館・領事館税務援助（VECTA＝Volunteer Embassy and Consulate Tax Assistance）プログラムなどがある。
** また，IRSのテレタックス【TELETAX 800-829-4477】サービスがある。納税者は，電話すれば，録音された税務取扱い情報（150項目程度）を聞くことができる。

　ちなみに，一時，IRSの文書に税務支援プログラムを表記する頭字語（acronym）として「VRPP」が使われたことがある。「ボランティア申告書作成プログラム（VRPP＝Volunteer Return Preparation Program）」と邦訳できる。「VRPP」の頭字語が使われ出したのは2005年10月頃からである。現在，連邦の税務支援プログラムを束ねているIRSの給与・投資所得局「W&I（＝Wage and Investment）Division」【☞本書第Ⅲ部❶C⑷】のなかにある「利害関係者協力・教育・連携（SPEC＝Stakeholder Partnership, Education and Communication）部」が，VITAやTCEのプログラム（VITA, M-VITA, TCE, AARP/TCE）を統合するプログラムに「VRPP」という言葉を使いだしたのが，その始まりである。

　VITAという言葉1つをとってみても，納税者や税界が30年以上慣れ親しんできた名称である。いわば確立されたブランドであり，役人の一方的な発想でいきなり新（頭字）語を使うやり方に対し，長年税務支援に取り組んできている各界から一斉に反発の声があがった。2006年5月に，IRSは，アンケート調査[16]やVRPPの使用実態調査を実施した。2006年12月，IRS本部のSPEC部長は，現場での混乱を鎮めるために公式見解を発表した。これによれば，「VRPP」の頭字語はボランティア税務支援プログラムの表記には使用しないこと，この頭字語はSPECのボランティア税務支援プログラムの評価プログラ

[16] 2006年5月にIRSは，アンケート調査を実施，有効回答数9,281のうち，新頭字語「VRPP」の使用に賛成する数は241であった。

ム「VRPP Quality and VRPP QIP (quality improvement program)」にのみ使用することになった[117]。

B　アメリカの各種税務支援プログラムの検証

連邦個人所得税の申告義務（filing requirement）のある者は，所得税の確定申告期間内（原則として翌年の1月15日から4月15日まで）に個人所得税の申告書を作成し，提出しなければならない（法典6072条(a)）。ただし，書式4868を提出した場合，4か月の提出期限の自動延長が可能である（財務省規則1.6081(a)(1)および(2)(i)）。

民間ボランティアの参加を得てIRSのバックアップで実施されている税務支援プログラムは，個人所得税の申告書の作成および提出にあたり，有償の税務専門職や申告書作成業者に依頼する十分な資力のない納税者や不都合な納税者を支援することが狙いである。利用対象者は，低所得者はもちろんのこと，中所得者，高齢者，障害者，移民，学生などであり，そのニーズに応えて，さまざまなメニューが用意されている。これら税務支援プログラムの利用者は，源泉所得税の過納額の還付申告ないし勤労所得税額控除（EITC）を受けるための還付申告を行う者がほとんどである。

アメリカにおける無償の税務支援プログラムの特徴は，端的にいえば，税務支援はすべて課税庁（IRS＝内国歳入庁）と課税庁のバックアップを受けた民間非営利公益団体（NPO）主導で実施されていることである。その運営などに税務の専門職団体はほとんど関与していないことである。すでにふれたように，現在，課税庁（IRS）のバックアップを受けて実施している税務援助プログラムは多岐にわたる。そのほとんどは，無償ないしは実質的に無償である。NPOなどが民間（市民）ボランティアを募集し，そのボランティアに課税庁（IRS）がお膳立てした一定の研修を実施した後に，納税申告書の作成およびそれにかかる税務相談を担当してもらう態勢にある。また，近年，これまでの「申告期」支援に加え，税務調査や税務争訟などにおける税務代理など，いわゆる「申告後（post-filing）」支援態勢も整備されてきている[118]。

---

[117] Comment on SPEC Director, SPEC's Volunteer Programs, available at http://www.vita-volunteers.org/documents/VRPP-QIP_VRPP_vs_VITA/VRPP-QIP_VRPP_vs_VITA.pdf

[118] ボランティアによる税務支援の問題点について詳しくは，See, TIGTA, Improvement Are Needed to Ensure Tax Returns Are Prepared Currently at Internal Revenue Service Volunteer Income Tax Assistance Sites（August 2004, Department of Treasury）を。

(1) 課税庁の改革と税務支援強化の意義

連邦議会は，1998年に IRS 再生改革法（RRA98＝IRS Restructuring and Reform Act of 1998，通称で「T3」），を制定した【☞本書第Ⅲ部❶A(3)】。議会は，そのなかで，とりわけ，税務調査や犯則調査の実施など納税者に対する申告後（post-filing）の執行が重くならないように，そのために申告前（pre-filing）の納税者教育と税務支援を強化する政策を実施するように求めた。つまり，議会は，連邦課税庁（IRS）に対して，従来の執行中心のアプローチ（enforcement-focused approach）からサービス主導のアプローチ（service-oriented approach）に大きく転換し，大胆な IRS の組織再生・改革を求めたわけである。

これに応えて，IRS は，抜本的な組織改革を実施し，「すべての納税者に最高のサービスを提供する」方針をうたった IRS の使命宣言「納税者としてのあなたの権利（Your Right as a Taxpayer）」を公表した【☞本書第Ⅲ部1B】。従来の「クライアント・サービス」の手法から，民間の「カスタマー・サービス」手法の導入による納税者サービスの徹底，課税庁職員の服務ルールの適正化，租税手続の適正化・透明化を推進した。さらには，納税者教育とサービスの改善をモットーに税務支援制度の強化・多角化，大胆な民間（市民）ボランティアの活用をはじめとした「国民の国民による国民のため」の申告納税制づくりに大きく舵を切ったわけである。

また，抜本的な組織改革の一環として，IRS は，既存の組織を再編し，新たに給与所得者や自営業者を担当する部署として IRS の給与・投資所得局（W&I Division）【☞本書第Ⅲ部❶C(4)】のなかに利害関係者協力・教育・連携（SPEC＝Stakeholder Partnership, Education and Communication）部を立ち上げた（IRM1.1）。SPEC は，VITA プログラムや，TCE プログラム，STC プログラムなど IRS が展開している一連の税務支援プログラムを束ねる役割を担っている（IRM 22.30.1.3）。SPEC は，固有のデータベースを稼動させて，VITA や TCE，さらには STCP などのボランティア参加者や設置場所，その他膨大な情報を保有している。このデータベースを使って，即応性のある納税者サービスを実施している。学生タックスクリニック・プログラム（STCP）に関するあらゆるデータも，SPEC のデータベースによって全米規模で管理されている。

税務支援を求める納税者も，税務支援に参加したい納税者も共に，地元の IRS の SPEC 班へ連絡すれば，その斡旋をしてくれる。

(2) 税務支援プログラムでの SPEC の役割

　IRS の給与・投資所得局（W&I Division）の SPEC（利害関係者協力・教育・連携）部の業務は，IRS に様式1040〔連邦個人所得税申告書（Form1040: U. S. Individual Income Tax Return)〕の提出を義務付けられるカスタマーである納税者，やパートナーである非営利団体，信仰を基盤とする団体など各種の納税者団体とのリエゾン，納税者教育の推進に加え，各種税務支援プログラムを企画，監督など広範にわたる（IRM22.30.1.1, 22.30.1.4, 22.30.1.5)。税務支援プログラムに関しては，VITA プログラムを例にとると，支援の必要な低所得者を支援会場に誘導し，電子申告を奨励し，申告書作成の精度を高めることなどである。また，各種税務支援プログラムに参加する3万人を超える支援ボランティアに関する情報を各種 NPO と固有のデータベースで共有している。また，VITA の報告書システムの開発，支援会場の管理・運営方法の指導などである。

　以下に，代表的な税務支援プログラムについて，もう少し掘り下げて点検してみる。

C　ボランティア所得税援助（VITA）プログラムの概要

　ボランティア所得税援助（VITA＝Volunteer Income Tax Assistance）プログラムは，アメリカで最もポピュラーなものである。所得税の確定申告期間（原則として翌年の4月15日まで）に個人所得税の申告書の提出にあたり，その作成を有償の税務専門職や申告書作成業者に依頼する十分な資力のない納税者や不都合な納税者を支援するために実施されているものである（IRM22.30.1.5）。

　VITA プログラムは，参加ボランティアの数が全米で7万人，特設会場が1万4千箇所を超え，利用数も190万件を超える，最も一般に普及した税務支援プログラムの1つである。例年，支援会場は，1月末か2月初旬から4月15日の個人所得税の申告期限日までの間に，さまざまな場所に開設される。

(1) VITA プログラムの実際

　ボランティア所得税援助（VITA）は，所得税の確定「申告期」に特化した期間限定型税務援助プログラムである。常時税務相談を受け付けている恒久的支援を行うプログラムや「申告後」支援を行うプログラムなどとは異なる。VITA プログラムは，もっぱら IRS に様式1040〔連邦個人所得税申告書〕（州によっては，特設会場で，連邦個人所得税に加え，州個人所得税，さらには地方個人所得税の

確定申告書の作成支援を同時に行っているところもある。）の作成およびそれに関連する税務相談，申告期限内提出を狙いとしたものである。

VITAプログラムは，IRSの給与・投資所得局（W&I Division）のSPAC部のバックアップを得て，民間（市民）ボランティアの協力を得て運営され，各種の税務専門職団体はまったく関与しない形で運営されているのが特徴である。このプログラムにおける主役は，無償で支援サービスを提供するIRSのパートナーである民間（市民）「ボランティア」と，IRSのカスタマーで無償の支援サービスの提供を受ける「納税者」である。IRSのパートナーである各種民間ボランティア団体は，このプログラムをIRSから助成金を得て実施している[119]。助成金は，実施会場の運営費，納税申告用オンラインソフトの購入費などに充当される。

VITAプログラムをはじめとして各種IRSの申告書作成プログラムに参加するボランティアは，申告書には署名をしない。スーパーバイザーが，チェックした後に，会場番号を記載し，かつVITAスタンプを押印することになる。ちなみに，ボランティア申告書作成者は，1997年連邦ボランティア保護法（Volunteer Protection Act of 1997）によりある程度債務不履行責任を免除される[120]。

VITAプログラムの実施会場は，一般に，コミュニティセンター，図書館，学校，教会，商店街など，来訪者に便利な場所に設定されている。大学の単位認定ボランティア課程と連動する形で援助業務が行われている場合には，大学のキャンパス内に設定されている例もある。

(2) **支援ボランティアとは**

このVITAプログラムにおける税務支援業務は，公募に応じ研修を受けた民間ボランティアが担当している。その職種も，受付から，申告書作成の支援業務の担当，コンピュータ専門，通訳など実に多彩である[121]。ボランティアには，大学生，法科大学院生，税務専門職団体の会員，退職者，宗教団体の有志，軍隊の有志，市民団体の有志など，さまざまな市民が参加している。支援ボラン

---

[119] See, IRS, Publication 4671〔VITA Grant Program: Overview and Application Instructions〕(Rev. 4-2016).

[120] もっとも，同法は適用要件が厳しくザル法との指摘もある。See, Kenneth W. Biedzynski, "The Federal Volunteer Protection Act: Does Congress Want to Play Ball?," 23 Seton Hall Legis. J. 319 (1999).

[121] See, IRS, Choose Your Tax Volunteer Role. Available at: https://www.irs.gov/individuals/choose-your-tax-volunteer-role

ティアに対する研修は，IRSの研修担当のSPEC部が，ボランティアに都合のよい場所で，毎年，12月から翌年1月にかけて実施している（内国歳入マニュアル22.30.1.4.2.2 (10-01-2007)）。また，今日では，インターネットを使ったE-ラーニングの方法でも研修や試験を受けることができる。

ボランティアは，その適性に応じて，VITAプログラムに参加が求められる。仕事の種類は，①直接の申告書作成業務や②申告指導から，③VITA会場の案内・運営や④広報活動まで，さまざまである。VITAプログラム（その他TCEプログラムなども含む。）で税務支援ボランティアをしたい人は，地元のIRSのSPEC部の事務所に連絡すれば，必要な情報が得られる。

(3) VITAプログラムでの納税申告書作成方式の多様化

VITAプログラムにおける納税申告書作成方式は，IT技術の発展とともに大きく変化してきている。

【図表Ⅴ-39】VITAプログラムでの納税申告書作成方式の種類

- **伝統的方式**：プログラム実施会場で，納税者と認定ボランティア申告書作成者が，申告書を対面で作成，確認して行く方式である。納税者は，完成された申告書に署名する。原則として，納税者は，実施会場に1回出向くことで申告書を提出することができる。提出された納税申告書は，実施会場からIRSに電子申告（e-file）で送達される。
- **バーチャル方式**：2つの実施会場を開設し，VITAプログラムのカスタマーである納税者の申告書情報を送達する方式である。すなわち，①情報入手会場（intake site）と②申告書作成会場（preparation site）を設け，①の会場において認定ボランティア申告書作成者が納税者から基本的な納税情報や身元確認情報を入手し，郵便，Faxなどで②の会場に送達し，②の会場が申告書を作成し，当該納税者から得た署名をスキャナーで読み取り，電子申告（e-file）をする方式である。障害のある納税者や高齢者の自宅から納税申告を望む納税者など向けの方式として利用されている。
- **自書作成申告支援方式（FSA＝Facilitated Self-Assistance）**：この方式（FSA）は，納税申告書ソフトを使って納税者身自らが納税申告書を作成し，かつ電子申告（e-file）できるように支援するものである。納税者は，多様な申告ソフトのなかから最適なものを選択し，ネットを通じて無償で入手することができる。

(4) VITAプログラム実施会場の質的要件

VITAプログラムやTCEプログラム実施会場について，IRSは，厳しい質的な管理を実施している。具体的は要件（QSR＝Quality Site Requirements）をあげると，次のとおりである（IRM22.30.1.3.13.1）。

【図表Ⅴ-40】 VITA/TCE プログラム実施会場の質的要件（QSR）

- **認証**：すべてのボランティアは，VITA/TCE プログラム実施会場で働くに先立ち，毎年，ボランティア行動基準（VSC＝Volunteer Standards of Conduct）に関する研修を受け，かつ，様式13615〔ボランティア行動基準協定：VITA/TCE プログラム（Form 13615: The Volunteer Standards of Conduct Agreement: VITA/TCE Programs）〕に署名するものとする。加えて，ボランティアは，ボランティア行動基準（VSC）テストを80％以上の点数で合格しなければならない（IRM22.30.1.3.13.1.1-1）。
- ボランティアで，税法問題に回答する，税法を教える，納税申告書を作成するまたは修正するさらには完成された納税申告書の質的審査を実施する者は，税法の知識について認証を受けるものとする。すべての VITA/TCE の講師および実施会場の質的審査者は，申告書作成ボランティア研修の基礎コースまたはそれ以上（申告書の複雑さによる）のコースを受講・合格することでその資質の認定を受けるものとする（IRM22.30.1.3.13.1.1-2）。
- すべての実施会場コーディネーターは，毎年，「実施会場コーディネーター研修」を受けるものとする。実施会場コーディネーターおよびボランティアは，進行プロセスを確認するために「受付／面接および資質審査」を受けるものとする。この研修は，「税金の学習と連帯（Link & Learn Taxes）」を使って実施する（IRM 22.30.1.3.13.1.1-6）。
- **情報入手／面談プロセス**：すべての実施会場においては，いずれの認定 VITA/TCE ボランティアも，申告書を作成する場合には，様式13614-C〔情報入手／面談および良質チェックシート（Form 13614-C: Intake/Interview and Quality Review Sheet）〕を使用するものとする（IRM22.30.1.3.13.1.2-1）。
- **質的チェックプロセス**：IRS 認定ボランティアが作成したすべての申告書は，質的チェックを行い，かつカスタマーである納税者と確認の話合いをするものとする。納税者は，自己の申告書が適切な水準のボランティアにより作成されていないと思う場合には，別の IRS 認定ボランティア作成者に依頼をする，または他の実施会場にいる適切な水準の IRS 認定ボランティア作成者に依頼することができる。情報入手／面談および良質チェックプロセスでは，①写真入りの ID を使った納税者および配偶者の身元確認，②カスタマーである納税者が自己の申告書に署名する前に当該納税者は提供した情報に最終的に責任を有する旨の説明，③面談を通じて質問の仕方を含め申告書作成プロセスについて説明などを行うものとする（IRM 22.30.1.3.13.1.2）。
- **参考文献**：各実施会場は，ボランティアが利用できるように，次の参考資料を１部（文書または電子で）備え付けるものとする（IRM22.30.1.3.13.1.4）。
  - 刊行物4012〔ボランティア資源ガイド（Publication 4012: Volunteer Resource Guide）〕
  - 刊行物17〔あなたの連邦個人所得税（Publication 17: Your Federal Income Tax for Individuals）〕
  - ボランティアタックス警戒事項（VTA＝Volunteer Tax Alerts）

・**ボランティア協定**：すべてのボランティア（実施会場コーディネーター，申告書作成者，資質審査者，受付など）は，実施会場で仕事を開始する以前に，ボランティア行動基準（VSC）研修を修了し，かつ，様式13615〔ボランティア行動基準協定〕を遵守することを確約するものとする（IRM22.30.1.3.13.1.5）。
・**遅滞なしの申告**：すべての実施会場は，いかなる申告書も，遅滞なく電子申告ができるまたは納税者の手渡せるようにするものとする（IRM22.30.1.3.13.1.6）。
・**市民権**：すべてのVITA/TCE実施会場，さらには民間人に申告書作成サービスを提供している軍隊の実施会場は，刊行物4053/4053（SP）〔あなたの市民権は護られています（Publication 4053/4053 (SP): Your Civil Rights are Protected)〕を掲示するものとする。市民権の掲示については，AARP（＝American Association of Retired Persons）～旧称は全米退職者連盟～が，IRSのバックアップを得て実施する高齢者向け税務相談（TCE＝Tax Consulting for Elderly）プログラムについても同様とする（IRM22.30.1.3.13.1.7）。
・**実施会場ID番号**：VITA/TCE実施会場で作成されたすべての申告書には，正確な実施会場ID番号（SIDN＝Site Identification Number）を記載するものとする（IRM22.30.1.3.13.1.8）。
・**電子申告ID番号**：VITA/TCE実施会場で作成されたすべての電子申告書には，正確な電子申告ID番号（EFIN＝Electronic Filing Identification Number）を記載するものとする（IRM22.30.1.3.13.1.9）。
・**安全，プライバシーおよび守秘義務**：申告書作成業務においては，刊行物4299〔プライバシー，守秘義務および行動基準：公衆の信頼（Publication 4299: Privacy, Confidentiality and Standards of Conduct: A Public Trust)〕に列挙されたすべてのガイドラインを遵守する（IRM22.30.1.3.13.1.10）。

(5) IRSの納税申告書作成ボランティアの研修制度

　以上のように，アメリカでは，様式1040〔連邦個人所得税申告書〕にかかる無料（無償）の申告支援は幅広く民間（市民）ボランティアが担っている。いずれのタイプの税務支援サービスも，NPOが課税庁（IRS）をタイアップ（連携）して，基本的なコミュニティサービスの一環としてすすめられている。
　IRSは，こうした申告支援プログラムに参加を望む市民の研修に力を入れている。ボランティアの研修は，会場に集まってもらいIRSのSPEC職員が講師を務め，支援業務に必要な知識を教授する方法で行われている。こうした伝統的な方法に加え，近年ではE-ラーニングの方法が普及してきている。研修資料としては，年次ベースの研修ガイドである「ボランティア向けの申告書作成プログラム（VTPP＝Volunteer Tax Preparation Program）」を，『税金の学習と連帯（Link & Learn Taxes)』（2015年版）のタイトルで，発行している（IRM22.30.1.3.13.1.1-8）[22]。

【図表V-41】IRS の研修ガイド『税金の学習と連帯』の内容骨子

演習項目	研修コース		
	基礎	上級	国際
入門および執行ガイドライン	○	○	○
演習1　はじめに	○	○	○
演習2　申告書の選択と申告書の記載説明	○	○	○
演習3　所得	○	○	○
演習4　諸控除と税額計算～概算控除	○	○	○
演習5　勤労所得税額控除	○	○	○
演習6　子供税額控除	○	○	○
演習7　子供および扶養税額控除	○	○	○
演習8　教育税額控除	○	○	○
演習9　雑損控除	○	○	○
演習10　所得の調整	×	○	○
演習11　年金所得	×	○	○
演習12　株式譲渡	×	○	○
演習13　自宅の譲渡	×	○	○
演習14　申告書の提出	○	○	○

　この研修ガイドは，9つのコースからなっている（IRM22.30.1.3.13.1.1-7）。すなわち，「基礎コース（Basic Course）」，「上級コース（Advanced Course）」，「プエルトリコ・コースⅠ・Ⅱ（Puerto Rico Course）」，「留学生・学者（Foreign Student and Scholars）」，「軍隊コース（Military Course）」，「国際コース（International Course）」，「借金返済コース（Cancellation of Debt）」および「健康貯蓄口座コース（HSA＝Health saving Accounts Course）」である[123]。

　各コースは若干，内容が異なる。おおむね，所得税申告書作成の仕方の説明

---

[122]　See, Tax Year 2016 Link & Learn Taxes e-Learning, available at http://www.irs.gov/app/vita/index.jsp
[123]　https://www.irs.gov/individuals/link-learn-taxes

を中心に，法令遵守（コンプライアンス）と業務倫理基準などを加えて，項目別に編集されている。各コースで学習する演習項目を一覧にまとめて図にして示すと，【図表Ⅴ-41】のとおりである。

それぞれのコースにより演習内容および難易度は異なる。演習項目ごとに小テストを受け，自分の習熟度をチェックできるようになっている。

パソコン画面を通じて電子学習を終えた人は，試験を受けることになる。合格すれば，認定ボランティア（recognizing volunteer）となることができ，認定式の開催や修了証の授与などで賞賛される。不合格の人には，再試験も途も用意されている。課税庁（IRS）は，こうした一般市民・納税者向けの研修を納税者教育の中核にすえて，申告支援ボランティアの育成に努めている[124]。

また，IRSは，『刊行物1084：IRSボランティア支援会場コーディネーター・マニュアル（Publication 1084: IRS Volunteer Site Coordinator's Handbook）のような，VITAやTCEの運営マニュアル，ガイドラインなどの開発・作成を担当している。

(6) EITCとVITAプログラムの接点

VITAプログラムでは，サービスを利用できる納税者について制限を設けている。すなわち，IRSへの様式1040〔連邦個人所得税申告書〕の提出が求められる給与所得者や自営業者で，❸総所得（GI＝gross income）〔いわゆる「年収」〕が5万4,000ドル（約540万円，1ドル＝100円で換算）以下の者が対象である。したがって，無償の税務援助の提供先は，譲渡所得とか複雑な税額計算の伴う納税申告者は除かれ，比較的単純な給与所得や年金所得などの申告をする低所得者および中所得者，高齢者，体の不自由な人，英語が母国語でない人などとなっている。援助業務の範囲は，基本的な個人所得税申告書の作成およびそれに伴う税務相談，申告指導などである。

このVITAプログラムを最も利用している納税者層は，勤労所得税額控除（EITC）の適用を受けて還付申告をする人たちである。このため，税務支援会場によっては，例えば「EITC/VITA 2016: tax season」といったポスターが掲げられているところもある。また，ほとんどの会場で，連邦所得税上のEITCに加え，州所得税上の勤労所得税額控除（EITC）にかかる還付申告につ

---

[124] Course Introduction. Available at: https://apps.irs.gov/app/vita/content/globalmedia/4491_course_introduction.pdf

いても，無償の電子申告（e-file）も行っている。

　近年，EITCの適用対象である働いても貧しい人たち向けの税務支援には，低所得納税者クリニック（LITC＝Low-Income Taxpayer Clinics）プログラムが整備されてきている。したがって，EITCの適用対象納税者は，この人たち用に特化したLITCプログラムで税務支援を受けられる。もっとも，LITCプログラムは，その開設場所の数が限られており，かつ，非英語圏以外の出身者を主な顧客として「申告後支援」（還付申告後に課税庁から納税者に照会があった場合の応答の補佐，税務調査への立会い，争訟代理，通訳など）に焦点を絞ってサービスを提供しているのが実情である。このため，EITCの適用対象納税者の多くは，還付申告時の支援サービスをVITAプログラムに求めている。いわば"VITAなくしてEITCなし"といった一枚のコインの表と裏のような関係にあるといえる。

D　高齢者向け税務相談（TCE）プログラムの概要

　この高齢者向け税務相談（TCE＝Tax Consulting for Elderly）プログラムは，60歳以上の個人納税者を対象とした無償の税務支援を狙いとしたものである（26 CFR[25] Part 601, Subpart H〔Tax Counseling for the Elderly (601.801-601.805)〕，IRM22.30.1.5.1.1, 22.30.1.5.2.1)。年金所得や投資所得などでくらしている人たち向けの税務支援プログラムである。低所得者はもちろんのこと，中間層に属する所得者も，このプログラムを利用し，依頼できることになっている。

　TCEプログラムにおける税務相談業務は，一般に，民間非営利公益団体（NPO）に加入する退職者がボランティアとして参加し，担当している。こうしたNPOは，このプログラムをIRSから助成金を得て実施している。IRSから得た助成金の多くは，運営費に加え，無償の税務相談業務を実施する際にボランティアに生じた，交通費，電話代などの自己負担した参加費用の実費弁償に充てられている。TCEプログラムでは，来場が困難な依頼人も少なくないことなども考慮して，高齢者が所在する場所に出向いて支援することも多い。高齢者施設，自宅訪問など，依頼人の都合を考えたうえで実施されている。

(1)　タックスエイド・プログラムの実際

　AARP（＝American Association of Retired Persons）〜旧称は全米退職者連盟〜は，

---

[25]　ちなみに，CFR＝Code of Federal Regulations，通例「連邦規則集」と邦訳する。

1958年に創設され，現在，3,500万人を超える会員を擁する巨大なNPOの1つである[126]。その組織は全米に張り巡らされている。年金や高齢者福祉，税制上の支援措置など多様な政策提言を行い，強い政治的発言力を持つ団体である[127]。

AARPは，内国歳入庁（IRS）の高齢者向け税務相談（TCE＝Tax Counseling for Elderly）プログラムの一環として，自前の「タックスエイド・プログラム（Tax-Aide Program）」を実施している。このプログラムは，1968年にIRSとの協定を締結したうえで開始された。この税務援助プログラムの実施母体は，AARPの傘下にある「AARP基金（AARP Foundation）」である[128]。

AARPのタックスエイド・プログラムは，1986年の発足当時は，4人のボランティアで約100人の依頼人を対象とした極めて小規模なものであった。しかし，各年の確定申告期には，研修を受け認定された32,000人を超えるボランティアの参加を得て，全米5,000を超える援助会場で，194万人もの依頼人を対象に実施されるに至っている。プログラム開始以来，今日までで，利用者は延5,000万件を超える。

このプログラムは，毎年，確定申告期の2月1日から4月15日まで開催される。残りの期間には，このプログラムは電話を使ったオンラインの税務相談を受け付けている。主として50歳以上（以前は60歳以上）の納税者を対象に確定申告書の作成，さらには申告書の電子送達を手掛けている[129]。

また，AARPのタックスエイド・プログラムでは，申告書の作成に加え，各種の高齢者向けの税務相談にも応じる仕組みになっている。寝たきりの高齢者に対しては自宅や施設を訪問して，税金の無料相談に応じる態勢を敷いている。高齢者が介護を必要としている場合には，介護者が，電話とかインターネットなどでAARPとコンタクトを取り，事情を説明しアポイントをとり，税務援助ボランティアの訪問サービスが受けられる。一方，AARPのタックスエイ

---

[126] See, http://www.aarp.org/

[127] とくに連邦の首都ワシントンD.C.のあるAARP傘下のNPOである「高齢者向け立法協議会（Legal Counsel for Elderly, Inc.）」は，連邦議会に対し積極的なロビイング（政治的な働きかけ～法律制定陳情活動）を行っている政策提言団体（advocacy organization）である。

[128] この基金は1968年に創設された。わが国でいう，いわゆる"特定公益増進法人（特増法人）"～アメリカ税法では「パブリック・チャリティ（public charity）」と呼ばれる～の認定を受けた団体である。したがって，この基金に支出した寄附金については，個人の場合には所得の50％まで所得控除ができる【☞本書第Ⅱ部**2**図表Ⅱ-10】。

[129] See, About AARP FoundationTax-Aide. Available at: http://www.aarp.org/money/taxes/info-2004/about_aarp_taxaide.html

ド・プログラムに参加したボランティアに対しては，その活動のため出費した交通費，通信費，食事代などについて，AARP基金が資金を提供し，実費弁償することになっている。

(2) EITCとTCEとの接点

AARPの高齢者向け税務相談（TCE）プログラムは，は，50歳以上の人たちが利用できる。年金所得や投資所得などを得てくらしている人たちに的を絞った税務支援プログラムである。一方，勤労所得税額控除（EITC）が適用を受けられる人は，25歳以上，64歳以下で，勤労性所得の稼得者でなければならない。しかも，年間の投資所得も一定額（2015年，2016年申告では3,400ドル）を超えてはならない（IRC32条ⅰ項，Revenue Procedure 2014-61, 2015-53)【☞本書第Ⅰ部■J(1)】。こうしたEITC適用要件から，EITC適用対象者でTCEプログラムを利用して税務支援を受けている人は，かなり限定されるものとみられる。

E 学生タックスクリニック・プログラム（STCP）の概要

アメリカの税務支援制度は，「申告前」支援や「申告期」支援に加え，「申告後（post-filing）」支援にまで及んでいるのが特徴である。学生タックスクリニック・プログラム（STCP＝Student Tax Clinic Program）は，「申告後」支援制度の1つである。学生タックスクリニックのサービスは，税務調査を受ける，不服申立てをする，または連邦租税裁判所（Tax Court）に提訴する際に，代理人を依頼する資力に乏しい納税者を対象に提供されている。STCPは，ロースクール（法科大学院）の学生やアカウンティングスクール（会計大学院）の学生が主体となって，税務専門職ないしは大学教員の指導・監督の下で実施されている。依頼人である納税者は，必ずしも低所得者である必要はない。無償またはほぼ無償でこのサービスを利用することができる。

(1) 学生タックスクリニックの開設と政府規制の緩和

アメリカの場合，「内国歳入庁の所管事項にかかる業務（practice before the Internal Revenue Service)」について税務代理ができる者は，原則として，弁護士，CPA，ないしはEA（登録税務士）などに限られている。これら有資格者以外の者が税務代理を行う場合には，税務代理にかかる政府規制にふれるおそれがある[20]。この問題を回避するとともに，これらの学生に実務研修の機会を与え，かつボランティア精神を養ってもらおうという趣旨で，開設されているのが，

学生タックスクリニック (STC) である。

学生タックスクリニック・プログラム (STPC) は，かつて，IRS の給与・投資所得局 (W&I Division = Wage and Investment Division)【☞本書第Ⅲ部❷A(4)】内に置かれている「利害関係者協力・教育・連携 (SPEC = Stakeholder Partnership, Education and Communication) 部」(IRM1.1.13.7.5)[(131)] が所管していた。しかし，1998年の IRS 再生改革法 (RRA98 = IRS Restructuring and Reform Act of 1998／第3次納税者権利章典法)，通称では「T3」，の制定を契機に，次第に IRS の全国納税者権利擁護官 (NTA = National Taxpayer Advocate) 事務局の納税者権利擁護官サービス (TAS = Taxpayer Advocate Service)【☞本書第Ⅲ部❷B】が所管している後述の「低所得納税者クリニック (LITC) のプログラム」のなかに吸収され今日に至っている。

現在，大学が設置している学生タックスクリニック・プログラム (STPC) は，税務代理を中心とした連邦租税裁判所 (U.S. Tax Court) の「大学タックスクリニック・プログラム (Academic Tax Clinic Program)」と連動する形で存続しているものが多い。

この学生タックスクリニック・プログラム (STCP) は，日本の法制に照らして誤解をおそれずにひとことでいえば，いわゆる「臨税（臨時の税務書類の作成等）」（税理士法50条）を税務代理（同法2条1項1号）にまで広げて許可することに等しいとみてよい。

(2) 学生タックスクリニック・プログラムへの参加資格

IRS は，ロースクールやアカウンティングスクールが，学生タックスクリニック・プログラム (STCP) へ参加を希望する場合には，次のような要件を満たすように求めている。

【図表Ⅴ-42】STCP への最低参加要件

・各種の大学評価機構から認定をうけた教育機関であること。
・クリニックには認定をうけた法科大学院ないし会計大学院で開設されている個人所得税の科目を受講した学生のみを配置していること。

[(130)] See, IRS, Publication 947 (Practice before the IRS and Power of Attorney (Rev. April 2015).
[(131)] SPEC は，納税者教育を含むさまざまな顧客（納税者）サービスをこなす部門である。主なサービスの1つに，申告書の作成にあたり支援を必要とする納税者へ，VITA や TCE など無償の支援サービスの斡旋がある (IRM20.30.1)。

- クリニックには，弁護士，公認会計士（CPA），登録税務士（EA）法学教授，会計学教授による十分な監督が行われるかたちで学生を配置すること。
- 支援した納税者には名目的な金額を超える料金を課さないこと，および1回の相談では，調査，徴収もしくは争訟問題に関する支援を求めたそれぞれの納税者に対し1つ以上の相談に乗ること（ただし，初回の相談を越えて支援を行うかどうかは，それぞれのクリニックの裁量によるものとする）。個々の事例の相談にあたり生じた実費（例えば，記録謄本の請求代，資料調査費，複写代）は，相談に訪れた納税者に支払を求めることができるものとする。
- クリニック所長は，クリニックの活動と利益相反（conflicting interests ～財務省規則の定めるところによる。）となる問題が生じた場合には，その活動に従事しない旨の求めに従うこと。
- IRSのSTCP地域担当係は，所轄の各クリニックの開設期間終了時に，相談に訪れた納税者の延人数，調査，不服申立に基づく協議に関して内国歳入庁の所管事項にかかる業務について税務代理をした納税者の延人数，調査および不服申立において税務代理をした件数

(3) 大学タックスクリニックでの訴訟代理

　働いても貧しい人がIRSに不服申立をしたがらちが明かず，裁判所に訴えたいといって学生タックスクリニックに駆け込んできたとする。この場合，税務代理だけが認められているIRSの特別許可で訴訟支援をすることはできない。訴訟代理については裁判所から別途の許可を得なければならない。第一審となるアメリカの連邦租税裁判所（U.S. Tax Court）は司法裁判所として構成されている。ここで訟務代理のできる者（有資格者）は，①弁護士，さらには②公認会計士（CPA）や登録税務士（EA）その他非弁護士で租税裁判所が実施する試験に合格した者に限られている。したがって，学生タックスクリニック・プログラム（STCP）に参加する法曹資格のないロースクールやアカウンティングスクールの学生は，原則として租税裁判所の所管事項にかかる業務を行うことはできない。しかし，租税裁判所は，特別の「大学クリニカル・プログラム（Academic Clinical Programs）」[132]を組んでおり，このプログラムの参加し，裁判所から特別の許可があれば，学生は例外的に訴訟代理が認められることになっている[133]。この場合，租税裁判所は，当該学生には，租税裁判所で業務を行える有資格者（a member of the Tax Court Bar）の指揮監督のもとで訴訟代理をする場合に限り，許可を与えることになっている。

---

[132] プログラムを，内国歳入庁（IRS）は「学生タックスクリニック（Student Tax Clinic）」と呼んでいるが，租税裁判所は「大学タックスクリニック（Academic Tax Clinic）」と呼んでいる。

① **連邦租税裁判所の承認要件**

毎年１月，租税裁判所は，各大学のタックスクリニックに対して，２月15日までに，次のことを確認するように求める。

【図表Ⅴ-43】連邦租税裁判所による大学タックスクリニックの承認要件

- 法科大学院が提供するタックスクリニック・プログラムは，アメリカ法曹協会（ABA）に認定された学術的かつ実務的な弁護訓練の単位を修得できるものであること。大学タックスクリニック（academic tax clinic）が，連邦租税裁判所の名声のある有資格会員である弁護士（所長）のより指揮監督されており，かつ，その者が租税裁判所との折衝において連絡役を務めること。
- 公的サービス，司法的・管理面での経済性などをねらいとした事例評価のためのガイドラインを制定していること。ガイドラインは，租税裁判所に訴えを提起しているまたは提起しようとしている低所得の納税者に対し必要な支援が与えられるように導いていること。
- 所長は，大学タックスクリニックに参加しているすべてに人たちに対して，租税裁判所業務・手続規則および細則を完全に遵守し，法廷開催期日，裁判の準備を監督し，かつ，事件についての審理，裁判もしくはその他の処理に適切に対処することについて，常に裁判所および提訴人である納税者に対してあらゆる責任を負う旨を公告すること。租税裁判所は，学術的タックスクリニックが納税者に対してこの旨を記した公告を文書で渡すこと，各事件簿に当該公告の副本を保存することを推奨しているが，その副本を裁判所に提出するようには求めていない。
- 大学タックスクリニックが大学以外のタックスクリニック（nonacademic tax clinic）を併設している場合には，そのタックスクリニックにかかる要件も充たすこと。
- 租税裁判所裁判長に対して，毎年２月15日までに，①クリニック所長の氏名，住所，租税裁判所での登録番号および電子メールアドレスを含む連絡先情報，②クリニックが業務を行う場所もしくは地域，③裁判所が，来る年に納税者がクリニックのサービスを利用できる旨を知らせる際に使える新訂された１頁の紹介書（stuffer letter）（そのサンプルを添付のこと）④大学タックスクリニックが，租税裁判所が求めた遵守事項に従う旨を記した文書，⑤前記の大学タックスクリニック・ガイドラインへの電子接続先，⑥来る年の法科大学院の授業日程の副本もしくは電子接続先，⑦可能であれば，この文書を提出する前年中に大学タックスクリニックが相談にのり納税者が租税裁判所に係争している事件のおおよその件数，⑧大学タックスクリニックが租税裁判所との交流において低所得納税者を支援しやすくするに役立つ改善案。裁判長へ提出される文書や，クリニック紹介書は，文書媒体でもよい。ただし，PDFフォーマットを使う場合には，電子メールに添付するものとする。

(133) See, U.S. Tax Court, Clinics & Student Practice: Office of Chief Counsel Student Practice Program, available at http://www.ustaxcourt.gov/clinics_chief_counsel.htm; Clinics & Student Practice: Academic Clinical Programs, available at http://www.ustaxcourt.gov/clinics_academic.htm

・裁判所提出された資料で，情報内容に重要な変更がある場合にはすみやかに裁判長に通知するものとする。

② 連邦租税裁判所での訴訟代理

大学タックスクリニックを通じて連邦租税裁判所に提出される訴状，訴答その他の書類については，次のように取り扱われる。

【図表V-44】クリニックを通じて租税裁判所に提起された訴訟での代理

・大学タックスクリニックをとおして訴状を租税裁判所に提出するとする。この場合，訴状に記載される訴訟代理人の名前は，クリニックの所長とするものとし，かつ，所長はその事件の主任弁護人となるものとする。ただし，租税裁判所の有資格会員であれば，訴状に他の弁護士を主任弁護人として指定できるものとする。租税裁判所の名声ある有資格会員であれば，訴状に氏名を記載することができるが，学生の名前は記載することができない。
・租税裁判所に訴状が提出され，かつ，訴訟提起者が弁護人により代理されていないとする。この場合，クリニックの所長が弁護人の欄に署名し，租税裁判所の有資格会員であれば，他の人がその事件の主任弁護人に指定できるものとする。
・訴訟提起に伴い租税裁判所に提出されるいかなる訴答，申立，訴訟上の合意その他の書面も，主任弁護人が点検しかつ署名しなければならない。
・大学タックスクリニックの所長その他主任弁護人は，裁判を取り下げるあるいは弁護人をかえて効率化をはかるのが必要かつ適切であると判断したとする。この場合には，裁判所規則（TC規則）に従ってこれを行わなければならない。
・いかなる訴答，申立て，裁判の通知，その他裁判所の書類については，クリニック所長が個人責任を負うものとする。他の弁護士が主任弁護人を務めている場合も同様とする。裁判所の書記官は，裁判所規則に従い，命令や裁判の通知をはじめとしたあらゆる書類を主任弁護人に対してのみ送達するものとする。
・クリニック所長もしくは主任弁護人は，事件について連絡をとる場合には，唯一裁判所または裁判所書記官とするものとする。参加学生は，事件について裁判所と連絡をとることはできないものとする。

③ 税務訴訟手続への学生の参加

学生タックスクリニックを通じて租税裁判所へ訴訟が提起され，要件を充足し，訴訟が開始されることになったとする。この場合，大学タックスクリニックの単位を取得するための履修登録をし，かつ，その大学で名声がある学生は，次の手続を踏んで，租税裁判所での訴訟手続に参加することができる。

【図表 V-45】タックスクリニック履修登録学生の税務訴訟への参加手続

> ・大学タックスクリニックの主任弁護人が，租税裁判所の手続に学生を参加させたいとする。この場合，主任弁護人は，訴訟提起者から学生がその裁判に参加することについて事前に文書で同意を得るように求められる。大学タックスクリニックは，その同意書を保存しなければならないが，裁判所には提出する必要がないものとする。
> ・裁判の審理がはじまってから，主任弁護人は，裁判所に対して，クリニックの単位の履修登録をした学生が手続に参加する許可を求めることになる。
> ・裁判所から裁判手続への参加が許可されれば，主任弁護人は，その事件の審理ないし裁判の間，訴訟提起者の席にいて法廷内に滞在することになる。裁判に参加を許された学生は，判事の裁量に基づいて，審理ないし裁判手続の全部または一部について訴訟提起者を代理することになる。ただし，判事はいつでも，自らの裁量で，学生に手続の停止を命じ，主任弁護人に対して審理ないし裁判を完了するように求めることができる。

(4) STPC と EITC との接点

すでにふれたように，近年，学生タックスクリニック・プログラム（STPC）は，後にふれる低所得納税者クリニック（LITC＝Low-Income Taxpayer Clinics）プログラムにとって代わられつつある。しかし，STPC は，学生の実地研修の"場"と，専門職候補がボランティア精神を培う"機会"を確保する意味では，高い評価がなされている。

F 低所得納税者クリニック（LITC）プログラムの概要

低所得納税者クリニック（LITC＝Low-Income Taxpayer Clinics）プログラムは，課税庁（IRS）を抜本的に納税者本位の組織につくりかえることを目指した1998年の IRS 再生改革法（IRS Restructuring and Reform Act of 1998）のもとではじめられた。LITC プログラムは，低所得納税者クリニック（LITC）を設けて IRS の納税者保護の基本方針に共鳴し低所得者向けの税務支援プログラムを実施する教育機関（大学）や非営利公益団体（NPO）対し，IRS が助成金を交付して，こうした活動を支援することを狙いとしたものである（IRC7526条）。

(1) LITC プログラムの狙い

低所得納税者クリニック（LITC）プログラムにおける IRS の納税者保護の基本方針は，次のとおりである[04]。

6 民間ボランティアによる税務支援プログラム 553

> ① IRS と争っている低所得納税者に対して法律上の援助を与えること
> ② 英語が第二の言語である個人に対し課税上の権利および義務を助言すること

　こうした基本方針からも分かるように，LITC プログラムは，①課税庁と紛争を抱えている低所得納税者に対する「税務相談 (tax consultancy)」や「税務代理 (tax representation)」，さらには②非英語圏出身の移民の人たちに対する課税上の権利・義務についての「専門通訳 (professional ELS service)」支援を目的に活動している団体や機関に対して，課税庁 (IRS) が助成金を交付して，その活動を奨励しようというものである[135]。つまり，①低所所得者を対象に税務調査や税務争訟，租税徴収など「申告後 (pro-filing)」紛争に対する「税務代理」を中核にすえた支援と，②移民の納税者などに対する「申告前」・「申告期」・「申告後」にわたり専門通訳支援の2つからなる恒久的な税務支援プログラムといえる。ボランティア所得税援助 (VITA) プログラムのような，「申告期支援」を狙いとした期間限定型の支援プログラムとは一味違う。

　低所得納税者クリニック (LITC) プログラムは，課税庁サイドからみた場合と利用者（納税者）サイドからみた場合とでは異なる評価ができる。

　課税庁サイドからみると，各種の非営利公益団体 (NPO) や大学などに助成金を交付することにより，勤労所得税額控除 (EITC) の対象となるような低所得者，とりわけそのうち非英語圏出身の移民で，課税庁と紛争を抱えている納税者に対する課税庁の納税者サービスをアウトソーシング（民間委託）する形で，「申告後 (pro-filing)」紛争に対する支援を強化することに狙いがある。したがって，"敵に塩を送る"プログラムのようにも取れないこともない。このような形をとる背景には，税務紛争処理手続において，課税庁が同時に納税者の代理をすることはできないことから，利益相反 (conflict of interest) を回避することに大きな狙いがある[136]。

---

[134] IRS, Information for Taxpayers Seeking LITC Services. Available at: https://www.irs.gov/advocate/low-income-taxpayer-clinics/low-income-taxpayer-clinic-income-eligibility-guidelines
[135] その経緯について詳しくは，See, J. Spragens & N. Abramowitz, "IRS Modernization and Low-Income Taxpayers," 53 Administrative L. Rev. 701 (1991).
[136] See, Conflicting Interests, Treasury Department Circular No. 230 (Revised 7-94). 31 Code of Federal Regulations Subtitle A, Part 10Regulations Governing the Practice of Attorneys, Certified Public Accountants, Enrolled Agents, Enrolled Actuaries and Appraisers before the Internal Revenue Service, available at http://www.prenhall.com/nellen/html/Circ230.htm

一方，利用者サイドからすると，課税庁から独立した機関（大学）ないし団体（NPO）から無償ないしほぼ無償で「税務相談」に加え，とりわけ「税務代理」および「専門通訳」支援が受けられるメリットがある。

近年，連邦課税庁（IRS）は，執行面から，勤労所得税額控除（EITC）の"精度"をあげる努力を続けてきている【☞本書第Ⅳ部❻】。その狙いは，納税者による意図的な「過大還付（overpayments）」に歯止めをかけることにあることは，あらためて指摘するまでもない。これに伴い，課税庁はEITCにかかる還付申告を行った人たちへの税務調査（照会・質問検査）を強める傾向にある【☞本書第Ⅲ部❹】。当然，低所得納税者クリニック（LITC）へ駆け込み支援を求める人たちの数も増えている。

(2) IRSのLITCプログラム事務局

LITCプログラムの所轄は，IRSの組織内にありながらも，独立性の強い1部局である「納税者権利擁護サービス（TAS＝Taxpayer Advocate Service）」である【☞本書第Ⅲ部2B】。このプログラムの直接の担当は，TASのLITCプログラム事務局（TAS LITC Program Office）の長（Director）である。LITCプログラム事務局は，IRSの全国納税者権利擁護官（National Taxpayer Advocate）に対して直接報告する義務を負うことになっている。加えて，LITCプログラムの申請・助成金交付事務，さらには助成金交付先への指導・助言・監督などを担当することになっている[137]。

LITCプログラム事務局は，プログラム管理部長，紛争・通訳プログラム部長その他クリニックとの連絡担当職員からなる。

ちなみに，前記とおり，大学タックスクリニック・プログラム（STCP）の所轄は，IRS（内国歳入庁）本庁の専門職責任事務局長（Director, Office of Professional Responsibility）となっており，LITCプログラムとは所轄が異なる。

① クリニックの管理・運営主体

LITCプログラムに申請し助成金の交付の対象となるクリニックの管理・運

---

[137] TAS, LITC: Low Income Taxpayer Clinic Program Report (December, 2015). Available at: https://www.irs.gov/pub/irs-pdf/p5066.pdf なお，TASのLITCプログラムへの助成金配付の効率性や使途などについては，TIGTAが監査を実施している。See, TIGTA, The Taxpayer Advocate Service Can More Effectively Ensure Low Income Taxpayer Clinics Are Appropriately Using Grant Funds (July 2011). Available at: https://www.treasury.gov/tigta/auditreports/2011reports/201110067fr.html

営主体としては，2つが想定されている。1つは，①認定された法律，経営，会計系の大学院である。もう1つは，②非営利公益団体（NPO）である。前者の場合，その担い手は，そこに在籍する学生が教員の助言を得て，IRSと審査請求および裁判所で争っている納税者の税務代理を担当することになる。後者の場合には，その担い手は，弁護士[138]やCPA，EA，さらには退職した課税庁職員などである。

② LITCプログラム助成ルール

助成金は「個人」には交付されない。交付対象は，「団体」に限られている。IRSが，低所得納税者クリニック（LITC）の開設，運営および維持のために，各適格団体に対し交付する助成額は，年間10万ドルまでとされている。申請により助成は3年の期間まで認められる。ただし，助成金は，各年の予算期間ごとに交付される。つまり，1年目は申請に基づいて，そして2年目，3年目は，初年度の評価に基づいて交付されることになる。助成金の使途は，支援プログラム業務に費消されなければならず，目的外費消は厳しく制限されている[139]。

(3) 低所得納税者クリニック（LITC）プログラムの実際

低所得納税者クリニック（LITC）プログラムは，かねてから，勤労所得税額控除（EITC）の対象となる低所得者，さらにはその大きな割合を占める移民や海外からの就労者に対する納税者サービスが極めて手薄であることが指摘され，課税庁改革の一環として，この課題に対応しようということで誕生したものである。このプログラムに参加する支援ボランティアは，それぞれのクリニックにより異なる。

① LITCの所在地と相談メニュー

内国歳入庁（IRS）は，納税者の便宜を考え，低所得納税者クリニック一覧（LITC List）を公示（Publication）し，情報提供を行っている。このリストによると，2016年8月現在で，全米で138箇所ある[140]。

州により，その数や活動には，ばらつきがみられるが，全米各州には少なく

---

[138] この場合には，専門職に求められている一定の社会奉仕義務を果たすためにボランティア活動を望む人たちを含む。

[139] LITCプログラムへの助成金申請について詳しくは，See, TAS, LITC: 2017 Grant Application Package and Guidelines. Available at: https://www.irs.gov/pub/irs-pdf/p3319.pdf

[140] See, IRS Publication 4134〔Low Income Taxpayer Clinic List〕(Rev. 8-2016).Available at: https://www.irs.gov/pub/irs-pdf/p4134.pdf

【図表Ⅴ-46】支援対象者の年収制限ガイドライン（2016暦年）

世帯員数	年収制限（平均）＊
1人	2万9,700ドル（326万7,000円）＊＊
2人	4万50ドル
3人	5万400ドル
4人	6万750ドル
5人	7万1,100ドル
6人	8万1,450ドル
7人	9万1,825ドル
8人	10万2,225ドル（1,124万4,750円）
8人を超える場合には，1人につき1万0,400ドルを追加	

＊　アラスカ州，ハワイ州を除く。
＊＊　1ドル＝110円で換算

とも1箇所は置かれている。カリフォルニアなど移民や難民が多く集まっている州の大都市には，多言語によるサービスを提供しているクリニックもある。

② 支援対象者の年収制限ガイドライン

低所得納税者クリニック（LITC）は，課税庁から助成金を受けてはいるが，その運営は課税庁から完全に独立している。誰を雇用するか，どれだけのボランティアを募集するかなどについては，それぞれのLITCの自主性に任されている。

ただ，助成金や利用料，寄附金などの費消に関する会計報告や事業活動報告など，透明性の確保に関しては一定の受忍義務を負う。また，LITCプログラムにおける支援対象者は，「低所得納税者（low income taxpayer）」に限られることから，各LITCが目安とする年収制限ガイドラインが示されている[141]。具体的には，次のとおりである。

低所得納税者クリニック（LITC）は，給与所得者や年金所得者はもちろんのこと，小規模事業者なども，支援の対象としている。ただ，支援対象になるか

---

[141] See, LITC: 2017 Grant Application Package and Guidelines. Available at: https://www.irs.gov/pub/irs-pdf/p3319.pdf

どうかについては，次のような一応の年収制限がある[142]。

③ クリニックの支援業務の法的定義

全米各所に開設されているクリニック（LITC）では，一定の「紛争（controversy）」および「専門通訳」にかかる支援業務を実施している。それぞれの法的定義を探ってみる。

【図表Ⅴ-47】クリニックで取り扱う「紛争」の意義

- IRSによる税額算定，徴収，調査，不服申立てにかかる事案
- 連邦裁判所（連邦租税裁判所を含む。）での連邦税事件にかかる代理
- クリニックが連邦税上の紛争に関係している場合で，州および地方税にかかる低所得納税者の代理または委任
- 無申告者の申告書作成支援
- 連邦税および州税にかかる成りすましの被害者の支援
- クリニックが関与している納税者の紛争処理に必要な場合の修正申告書の作成

【図表Ⅴ-48】クリニックでの「適格専門通訳活動(qualifying ESL activities)の意義

- クリニックが主催しかつ通訳が必要な納税者が参加する連邦納税者の権利・義務に関する教育相談プログラム
- 通訳の必要な納税者に対する合衆国納税者としての権利や義務に関する直接的な相談
- 連邦所得税申告書その他の法定書式の作成に関し通訳を必要とする納税者に対する実際の支援

④ クリニックにおける具体的な支援対象の範囲

具体的にどのような支援が受けられるのか，以下においては，支援対象の範囲について探ってみたい。

【図表Ⅴ-49】低所得納税者クリニックでの具体的な支援対象者の範囲

IRSから「納税者としてのあなたの権利」の送付を受けた人
「申告後」に，課税庁（IRS）は，納税者に対して照会「お尋ね」を送ったり，税務調査（質問検査）を実施したり，さらには更正処分や強制徴収を行う通知をする際には，

---

[142] この場合の「低所得」かどうかの判断基準は，毎年，諸般の要因を考慮して改定される。その際には，連邦健康・人間サービス省（HHS＝Department of Health and Human Services）が毎年公表している連邦貧困ガイドライン（Federal Poverty Guidelines）が参考にされている。Available at: https://www.irs.gov/advocate/low-income-taxpayer-clinics/low-income-taxpayer-clinic-income-eligibility-guidelines

必ずパンフレット「納税者としてのあなたの権利（Your Rights as a Taxpayer）」を同封することになっている。したがって，一般に，低所得納税者で，このパンフレットを受け取った人は，クリニック（LITC）での支援を受けられる対象者と推定される。

所得税納税申告書の提出
一般に，クリニックでは，「申告後」支援に重点が置いている。しかし，非英語圏出身者などの場合で，専門通訳が必要なときには，「申告前」支援および「申告期」支援も行っている。したがって，クリニックでは，勤労所得税額控除（EITC）を受けるための還付申告書の作成および提出についても支援を受けることができる。

延納手続・納税する資力のない人
クリニックでは，納税資金が不足している人や納税する資力がない人は，延納その他の手続，納税者に代わっての課税庁との折衝などの面でも，支援を受けることができる。

勤労所得税額控除（EITC）で紛争を抱えている人
低所得者の還付申告の大多数は，勤労所得税額控除（EITC）に関するものある。ただ，EITCに関し，単純な故意または過失により更正（不足額通知）処分を受けた場合には2年間，偽りその他不正な行為により課税処分を受けた場合には10年間，この控除を受けることはできないことになっている（IRC32条k項）。このため，低所得者の場合，「申告後」の課税庁との紛争の多くはEITC適用にかかる適格証明に関するものであり，こうしたことで紛争を抱えた場合には，クリニックで支援を受けることができる。

税務調査対象者
課税庁（IRS）は，勤労所得税額控除（EITC）の疑わしい還付申告書の抽出を，電子調査手法を用いて実施している。疑わしい納税者は調査対象に選定され，その人には照会「お尋ね」が送付される。その納税者にはタイムリーな応答が求められる。通例，扶養する子どもの出生証明，在学証明，医療記録などの追加提出を求められる。また，場合によっては，納税者は，証明資料を持参して課税庁に出向いて質問検査を受けるように通知を受けることがある。低所得者で，こうした調査通知を受けた人は，調査への立会や質問への補佐などの面で，クリニックが提供している専門的な支援サービスを受けることができる。

更正処分（不足額）通知を受けた人
移民の納税者の場合，自分は合衆国に居住し世帯主であっても，妻子は母国に居住していることも多々ある。この場合，申告書で請求した扶養控除は否認され，更正処分（不足額）の通知を受けることになる。この場合，納税者に代わり課税庁との折衝，不服申立手続などの面で，クリニックで支援を受けることができる。

責任のない配偶者であることを理由に救済を受けたい人
アメリカでは夫婦合算申告ができる。ただ，夫婦合算申告した場合に，一方の配偶者が，他方の配偶者または元配偶者の申告により，課税庁と紛争になることが多々ある。この場合で，当該一方の配偶者に責任がないとの説明ができるときには，課税庁に「責任のない配偶者の救済（innocent spouse relief）」〔詳しくは，Publication 971（Rev. October, 2014）参照〕を申請することができる。低所得者で，この救済を受けようとする人は，クリニックで支援を受けることができる。

修正申告・期限後申告をしたい人
申告した内容にミスがあり，修正申告したい人や更正の請求をしたい人，さらには，理由があり申告期限内に申告ができず期限後に申告したい人は，低所得者であれば，クリニックで支援を受けることができる。

不服申立てをしたい人
課税庁（IRS）から更正（不足額）処分の通知などを受け取り，不服申立てをしたい人は，追徴額を支払った上で，低所得者であれば，課税庁との協議の代理を含め，クリニックで支援を受けることができる。

租税裁判所などへ訴えたい人
納税者は，還付請求が否認され90日以内に追徴額の支払を求めた更正（不足額）処分の通知を受けた場合に，その期間内に，追徴額を支払わずに連邦租税裁判所に提訴できる。あるいは，税務調査後30日以内に追徴額の支払を求めた更正（不足額）処分の通知を受けた場合に，その期間内に追徴額を支払ったうえで，その額の還付を求め，不服申立て，さらには連邦地方裁判所ないしは連邦請求裁判所に提訴できる。この場合，低所得者であれば，クリニックで争訟支援を受けることができる。

　これまでみてきたところからも分かるように，クリニック（LITC）が提供するサービスは，低所得者の「申告後支援」に重点をおいている。この背景には，申告納税制度を維持し，かつ，働いても貧しい人たちにも自発的納税協力を仰ぐには，この人たち向けの税務支援インフラの充実は避けて通れない政策課題であることに対する幅広いコンセンサスがある。とりわけ，アメリカでは，福祉と税制とを融合させ，働いても貧しい人たちに対し所得補償をするために，勤労所得税額控除（EITC）を導入している。この控除を受けるには還付申告が不可欠である。ところが，こうした人たちの多くは，毎日のくらしに必死で，法的知識に長けておらず，適格証明にも不慣れである。当然，税務調査（照会・質問検査）に合う可能性も高くなる。こうした税務に不慣れで，しかも有償の税務専門職に依頼する資力のない人たちに特段の配慮をするのは当たり前のことである。まさに，「申告後支援」に力点をおいたLITCプログラムは，働いても貧しい人たち向けの社会的ライフラインとして存在しているとみてよい。

7　勤労所得税額控除（EITC）と税務コンプライアンス

　個人所得税[143]は，各納税者の税金を負担する能力（担税力）を考慮して課税できる仕組みになっている。累進税率に加え，さまざまな人的控除[144]を取り入れて課税できるからである。人的控除は，個人所得税に特有の仕組みであり，「所得控除（income deduction）」または「税額控除（tax credit）」のいずれかの方式を選んで，あるいは双方を併用することで制度化できる。双方の違いの特徴をひとことでいえば，「所得控除」は，高所得者層にも恩恵が及び，ある意味ではバラマキにつながりがちになる。これに対して，「税額控除」は，低所得者層に恩恵が行きわたるのが特徴といえる。

　税額控除とは，所得額に税率をかけて算出された所得税額から一定の税額を差し引く（軽減する）仕組みである[145]。さらに，この税額控除は，大きく「給付（還付）つき」と「給付なし（非還付）」のタイプに分けることもできる[146]。わが国でも，これまで所得課税（所得税や住民税など）に一部税額控除が採用されてきているが，もっぱら「給付なし（非還付）」タイプのものである[147]。

　給付（還付）つきの税額控除の１つである「勤労所得税額控除（EITC/EIC＝

---

[143]　個人に対する所得課税は，わが国の場合，国税（所得税）と地方税（いわゆる個人住民税）とに分かれている。したがって，個人所得税とは，学問上は双方を含むものとしてとらえる必要がある。
[144]　個人所得税に特有の控除は，「人的控除」と「物的控除」とに分ける手法もある。ここでは，双方を峻別せずに，"個人所得税に特有な控除" をトータルで人的控除ととらえている。したがって，納税者やその世帯の財産に関する一定の支出に対する控除である住宅借入金等特別控除（租税特別措置法41条）なども含めて人的控除ととらえている。ただし，外国税額控除（所得税法95条）のように，法人と個人に共通し，もっぱら二重課税の調整を狙いとした性質の控除は除いて，とらえている。
[145]　わが税法では，個人に適用ある税額控除は，(1)所得税本法と(2)租税特別措置に定めるものとに分かれる。前者(1)としては，二重課税の排除を狙いとしたもので，①配当控除（所得税法92条），②外国税額控除（同95条）がある。一方，後者(2)としては，政策減税を狙いとしたもので，①住宅借入金等特別控除【いわゆる住宅ローン控除】（租税特別措置法41条），②寄附金控除（同18条，19条）などがある。詳しくは，石村耕治編著『現代税法入門塾〔第8版〕』（2016年，清文社）3.4参照。
[146]　少し話がややこしくなるが，実定税法上制度化されているかどうかは別として，学問的には「給付なし（非還付）」タイプの税額控除は，さらに，次の年に繰り越せる（または前の年に繰り戻せる）タイプとそうでないタイプに細分できる。
[147]　わが税法でも，一部人的控除に税額控除方式を採用している。例えば，住宅借入金等特別控除【いわゆる住宅ローン控除】（租税特別措置法41条），既存住宅の耐震改修の場合の特別控除（同41条の19の２），さらには，廃止になった定率減税（旧負担軽減措置法6条）などがある。しかし，いずれも，給付なし（非還付）タイプのものである。

earned income tax credit）は，負の所得税（negative income tax）の考え方をベースにしている(148)。ひとことでいえば，勤労によって得た所得に対して一定率（水準）の所得税額を軽減し，その水準に達しない人に対して，下回る差額を負の課税，つまりマイナスとなる分の税額を生活のための給付金として支給・還付する仕組みである。所得の再分配機能の強化にもつながるとされる。従来の"福祉"にかえて，"税制"を使い「働いても貧しい人たち（working poor）」を支援する仕組みとして注目され，一種の所得補償の仕組みとして，アメリカなど先進諸国で導入されている。最近，わが国でも導入の是非について議論が活発になってきている。

アメリカやカナダなどのように，国によっては人的控除に所得控除方式（exemptions, deductions for personal and dependency exemptions）よりも税額控除方式（personal tax credits）を幅広く採用するところもある。しかも，アメリカのように，さまざまな"給付（還付）タイプ（refundable types）"の税額控除（tax credits）【☞本書第Ⅰ部**1**J】を採用し，それを貧困対策／就労支援／子ども支援の核にすえている国もある(149)。

A　理論の起源

給付（還付）つき税額控除の1つである「勤労所得税額控除（EITC）」の下地となっている「負の所得税」の理論を提唱したのは，ノーベル経済学賞を受賞し，2006年に亡くなったミルトン・フリードマン（Milton Friedman）や，その妻ローズ・フリードマン（Rose Friedman）である。アメリカのレーガノミックス（レーガン政権）やイギリス・サッチャー政権の経済政策の理論的支柱にもなった(150)。

フリードマン夫妻のオリジナルな提案は，現在の所得税システムをベースに，生活保護や公的年金などを廃止し，課税最低限の上にも下にも（正または負の一

---

(148) See, Robert I Lerman, Welfare Reform Alternatives: Employment Subsidy Proposals Versus the Negative Income Tax (University of Wisconsin--Madison. Institute for Research on Poverty, 1977). 給付（還付）つき税額控除は，「負の所得税（negative income tax）」という考え方を織り込んで制度化されているが，双方は必ずしも同じものではない。

(149) See, Chuck Marr et al., "EITC and Child Tax Credit Promote Work, Reduce Poverty, and Support Children's Development, Research Finds," (Center on Budget and Policy Priorities, updated October 1, 2015) Available at: http://www.cbpp.org/research/federal-tax/eitc-and-child-tax-credit-promote-work-reduce-poverty-and-support-childrens

定率の）フラットタックスを課すことによって，福祉を税体系のなかに織り込もうというものである。税制は簡素化されることに加え，官僚や行政機構の縮小・廃止やコスト削減にもつながる。ムダを省き効率的な配分システムや高い最低保障が可能になるというシナリオである。

このアイディアが評価されるのは，「福祉の税制への融合（integration of tax and welfare programs）」，つまり福祉（welfare）を税制（tax system）のなかに取り込むことにより，現行の公的扶助と同じ効果を，効率的に実現できるという点である。「税制を活用した福祉改革（tax-based welfare reform）」といわれるところでもある。伝統的な福祉制度改革の選択肢として今ある所得税制を活用しようという提案である。

B　勤労所得税額控除の概要

アメリカの連邦所得税上の EITC 制度は，一定額以上の勤労性の強い所得（勤労所得）のある世帯に対して税額控除が適用され，所得が増加するにつれて控除額が逓減・消失し，所得が低すぎて控除しきれないときにはその分を還付（戻し税）する仕組みになっている（IRC32条）。確認しておくが，アメリカの EITC の適用対象は，給与所得者（salaried income earner）や自営業者（the self-employed）など実質的に勤労性の強い所得（earned income）を得てくらしており，所得が法定基準より低い人たちに対する所得補償制度である。したがって，働いていない個人を適用対象としていない。言い換えると，失業中，求職中，などで緊急を要する人たち[150]や，利子・配当のような金融所得などでくらしていける不労所得者向けの所得補償制度ではない[152]。

連邦所得税上の勤労所得税額控除（EITC）制度は，1975年に，社会保障税を埋め合わせると同時に額に汗して働くことにインセンティブを与えることを狙

---

[150] Milton Friedman, Capitalism and Freedom, at 190-195（1962, Chicago U. P.）【邦訳】熊谷尚夫・西山千明・白井孝昌訳，『資本主義と自由』（1975年マグロウヒル好学社），Milton Friedman & Rose Friedman, Free to Choose: A Personal Statement, at 115-27（1980, Harcourt Brace Javanovich）【邦訳】西山千明訳『選択の自由～自立社会への挑戦』（日経ビジネス人文庫，2002年）参照。
[151] 「勤労所得」には，課税対象とされるか否かを問わず，休業補償，雇用保険給付その他各種の社会保障給付は含まない。
[152] EITC 適用の消極要件として，一定額以上の投資所得を有する人は除外されている。投資所得には，課税対象利子や配当，譲渡所得などが含まれる。ただし，自営に供していた事業の譲渡からのゲインなど，投資目的ではないものは，勤労所得に含まれる。

いに導入された。導入後，この制度は拡大の一途をたどり，2014課税年において2,750万人を超える連邦個人納税者に適用されるに至っている[153]。

EITCの適用要件はさまざまある。まず，大きく3つのタイプの所得が判定基準となる。①勤労所得（earned income），②調整総所得（adjusted gross income）および③投資所得（investment income）である。次に，適格子ども（qualifying children）の有無，数などである。さらに，納税者の申告形態（filing status）などである。これらの適格要件を充足することを前提に，EITC還付額は，対象者の上限額内での年間勤労所得額により算定される【☞本書第Ⅰ部❶J(1)】。

(1) メリットとデメリット

勤労所得税額控除（EITC），つまり福祉と税制との融合については，例えば，次のようなメリットとデメリットが指摘されている。

【図表Ⅴ-51】勤労所得税額控除（EITC）のメリットとデメリット

> **メリット**・従来から福祉は，働けないで貧しい人を対象としている。このため，働いても貧しい人たち（working poor）を支援する仕組みがうまく機能していないという問題がある。この点について，勤労所得税額控除（EITC）では，自営・被用を問わず，働いても貧しい人たちが，福祉の方に引きずられるのを防ぎ，生活を支援し，かつ，働くことを奨励する，ひいては貧困を解消するのに役立つとされる。現行の所得税制を活用し確定申告によることから，申請手続もいらず福祉へ依存する恥辱感の解消にもつながるとされる。
> ・勤労所得税額控除（EITC）では，少しでも働けばその分だけ所得が増えて行くことから，労働意欲も阻害しないよさもあるとの指摘がある。
> ・勤労所得税額控除（EITC）では，現行の公的扶助のように本人による任意の申請によるわけではないことから，皆が等しく取り扱われ公平であるとされる。
> ・勤労所得税額控除（EITC）では，さらに，政府の社会保障・福祉部門のリストラ，財務・税務部門に統合できることから，小さな政府の考え方に資するとされる。
> **デメリット**・一般に，勤労所得税額控除（EITC）では，労働促進効果が強調されるきらいがある。しかし，給付（還付）を期待して必要以上には働かないとする労働阻害作用もあるはずである。この点の分析のあいまいさが指摘される。
> ・勤労所得税額控除（EITC）は，"世帯"の"勤労所得"をベースとした仕組みである。課税単位につき"個人"を基本としている国にあっては，租税理論上はもちろんのこと税務執行上も，所得把握に"世帯"の基準を用いることには，むしろ時代に逆行するのではないかということで，消極的な意見がある。また，この結果，共稼ぎ世帯などが不利になることも考えられ，また，"結婚懲罰税（marriage penalty tax）"として機能することが危惧される。さらに"勤労所得"，つまりフ

---

[153] 2016年統計によると，2014課税年におけるEITC関連還付額は667億ドルにのぼる。See, IRS, Statistics for Tax Returns with EITC (January, 2016).

- ローの所得をベースにすることから，資産，ストックのある人にも，たんにフローの所得が十分にないという理由で給付を行う結果になりかねないとの批判がある。
- 勤労所得税額控除（EITC）は，福祉予算を組んで議会の承認をえるという手続が省略されることにもなりかねない。このことから，憲法に盛られた財政民主主義，つまり財政議会中心主義や国費支出の事前議決，予算の作成・議決などの原則をないがしろにすることにもつながりかねず，その幅広い活用には消極的な意見もある。
- 勤労所得税額控除（EITC）を積極的に導入するとしても，租税歳出予算（tax expenditure budgets）のような税制上の特恵措置を通じた歳入損を予算にあげて議会が審議できる仕組みの導入（制度改革）と表裏一体で議論されないと，予算規模の正確な開示や議会の財政コントロール権限が阻害されることにもなりかねない。
- 勤労所得税額控除（EITC）が的確な内容となるためには，つねに制度を改正する必要にせまられる。その結果，税制簡素化の理念とは程遠いほど制度が複雑になり，働いても貧しい人たちにとり確定申告，自発的納税協力（voluntary tax compliance）がきわめて過大な負担となる問題がある。働いても貧しい人たちへの納税者教育，無償の税務支援など，申告納税にかかる徹底した環境（申告納税インフラ）整備ができるかどうかが問われてくる。課税庁サイドに，徹底したサービス主導のアプローチ（service-oriented approach）〜租税手続改革立法をすすめる一方で，納税者を主役とする課税庁の使命を説明した文書を作成・頒布，申告支援や納税者権利擁護部門などを充実して自発的納税協力をすすめる方法〜をとる覚悟が必要とされる。そうした覚悟がなく，課税庁が従来型の執行中心のアプローチ（enforcement-focused approach）に固執する場合，働いても貧しく納税知識にたけていない納税者層は，課税庁による照会，税務調査と控除適用停止（実質所得補償ゼロ状態の招来）などの制裁措置[54]の犠牲になりかねない。
- 勤労所得税額控除（EITC）は，勤労所得のある個人あるいは世帯に対し税金の還付申告の仕組みを活用して所得補償額を一括給付する仕組みである。このため，失業中の人たちなど所得のない人には，恩恵が及ばない。いいかえると，無所得の個人や世帯の緊急的な要請には即応できない欠点がある。したがって，失業中の個人や世帯向けには即応性に富む現金給付の方がすぐれている。
- 勤労所得税額控除（EITC）による「福祉」と「税制」の一体化は，政策の失敗があれば政府の福祉部門と税制部門の全壊につながるおそれもあるとの指摘がある。危機管理の視点から，むしろ，双方は，融和すれども分離しておくことが望ましいとする意見がある。

(2) 伝統的な「所得」概念との接点

「所得（income）」とは何かについては久しく争われてきたところである[55]。「包括的課税ベース（CTB = Comprehensive Tax Base）」を支持する論者は，課税ベ

---

[54] 過去に EITC/ETC の申告をして，IRS から過誤申告ないし不正申告を問われた場合，納税者には附帯税（ペナルティー）がかされ，かつ２年間 EITC/ETC の申告が認められない。また，虚偽申告と判断された場合は10年間 EITC/ETC の申告が認められない（IRC32条 k 項）。

ースをできるだけ広くとらえようとする。このことから，各種の課税除外をはじめとした租税特別措置に対して否定的な考えをとる。

包括的課税ベースを検討する場合，所得を測定する方法が問題になる。従来から研究されてきた所得を測定する方法は，大きく2つに分けられる。1つは，各人が稼得する所得（income）を基準にする方法【稼得型所得概念】である(156)。そして，もう1つは，「消費（consumption）」あるいは「支出（expenditure）」を基準とする方法【消費型・支出型所得概念】である(157)。現在，各国で幅広く採用されている所得概念は，前者【稼得型所得】である(158)。

所得を基準にするにしろ消費【支出】を基準にするにしろ，「包括的課税ベース（CTB）」を測定する場合，議論は，一般に，いずれが効率性（efficiency）と公正性（fairness）に奉仕するかに重点をおいて展開されている(159)。例えば，「効率性」の面からの議論では，広い課税ベースは，狭い課税ベースよりも中立で

---

(155) 「所得」の定義については，社会保障制度と所得税制とで一致しているのが理想である。しかし，現実の法制において双方は必ずしも一致しない。双方がそれぞれ独立てでデザインされている場合には，これでもよい。しかし，一部であっても社会保障制度を税制に組み込もうとする場合には，双方の乖離をどう考えるかは重い課題となる。ここでは，所得税制からみて，「所得」とは何かについて検討をすすめる。

(156) See, David J. Shakow, Taxation Without Realization: A Proposal for Accrual Taxation, 134 U. Pa. L. Rev. 1111 (1986).

(157) See, J. J. S. Brooks, "Taxation and Human Capital," 13 Am. J. Tax Policy 189 (1996).

(158) 所得（資金）があるために消費が可能であるという視点から，消費に対する課税はその源泉である所得（資金）への直接課税で代替できる。この場合，消費税は，間接税ではなく，直接税として構成することが可能である。1955年に，当時ロンドン大学教授であったカルドア卿（N. Kaldor）は，直接税としての消費税である「支出税（expenditure tax, consumption tax）」を提唱した。1950年代に，インドやスリランカは，これを導入したが，すぐに廃止した。また，1978年には，当時ロンドン大学の教授であったミード（J. E. Meade）が主宰するミード委員会（Meade Committee）報告書も，直接税としての「累進総合支出税（progressive universal expenditure tax）」の導入を提唱した。なお，付加価値税（VAT）等の一般消費税も，同じく課税ベースを「消費」に求める。ただ，課税方式上，支出税は物品やサービス購入のための所得（資金）源泉への直接課税を行う仕組みになっている。これに対して一般消費税では，物品やサービスの価格に租税を上乗せし間接税を課す仕組みになっている。イギリスはもちろんのこと，アメリカでも，この支出税に関する研究がすすんでいる。See, Nicholas Kaldor, An Expenditure Tax (Allen & Unwin, 1955); Board of Inland Revenue, An Expenditure Tax (Central Division [Board of Inland Revenue], 1978)

(159) W. D. Andrews," Personal Deductions in an Ideal Income Tax," 86 Harv. L. Rev. 309 (1972); W. D. Andrews, "A Consumption-Type or Cash Flow Personal Income Tax, "87 Harv. L. Rev. 1113, (1974); A. C. Warren, Jr., "Fairness and a Consumption-Type or Cash Flow Personal Income Tax, "88 Harv. L. Rev. 931 (1975); Michael J. Graetz, "Implementing a Consumption Tax, "92 Harv. L. Rev. 1575 (1979); A. C. Warren, Jr., "Would a Consumption Tax Be Fairer Than an Income Tax?, "89 Yale L. J. 1081 (1980); R. L. Doernberg, "A Workable Flat Rate Consumption Tax," 70 Iowa L. Rev. 425 (1985).

あるとされる。したがって，例えば帰属所得（imputed income）なども課税ベースに入れるべきであるとの主張につながってくる。公正性の面でも，同じような議論が展開されている。いかなる個人も，同じ活動をしている場合には，等しく課税されるべきであるとの主張が適例の1つである。もちろん，こうした点については，すでに数えられないほどの議論展開がなされてきたし，また，今後もこうした議論が展開されるであろうことは，ここにいうに待たない[160]。

　こうしたCTBにかかる効率性とか公正性に関する伝統的な議論は，政府の課税部門は「課税」に関する政策のみを実施するという前提で展開されてきた。言い換えると，政府の「課税」部門が「福祉」政策や「労働」政策，「教育」政策[161]まで含めて実施することはない，との前提で議論が展開されてきた。いわば，縦割りの論理に基づいていたといえる。

　こうした縦割りの論理を超えて，仮に「福祉」政策の実施するために勤労所得税額控除（EITC）のような給付（還付）つき税額控除（refundable tax credit）の仕組みを活用するとする。この場合には，目指すところは，福祉（welfare）を税制（tax system）のなかに取り込むことにより，現行の公的扶助と同じ効果あるいはそれ以上の効果をいかに"効率的"に実現できるかに置かれることになる。ということは，それまで包括的課税ベース（CTB）の実現において展開してきた前提が崩れ，その前提で展開されてきた効率性とか公正性の議論が意味を持たなくなることも当然考えられる。また，税額控除をはじめとしたさまざまな課税除外措置を"悪玉"扱いしてきた従来からある「包括的課税ベース（CTB）侵食論」を論拠にしては，給付（還付）つき税額控除をうまく説明できなくなることも当然考えられる。

　逆に，給付（還付）つき税額控除のように，税制を通じて福祉（歳出）を行うことについては，"効率性"に資するのではないか。したがって，むしろ問われるべきところはいかに「歳出の可視化（visibility of spending）」をすすめるべきか

---

[160] See, I. Boris & A. Bittker, "A 'Comprehensive Tax Base' as a Goal of Income Tax Reform," 80 Harv. L. Rev 925 (1967); R. A. Musgrave, "In Defense of an Income Concept," 81 Harv. L. Rev. 44 (1967); Joseph Pechman, "Comprehensive Income Taxation: A Comment," 81 Harv. L. Rev. 63 (1967); C. Eugene Steuerle, Contemporary U. S. Tax Policy (Urban Institute Press, 2004).

[161] 例えば，働きながら学びたい人たちを支援する教育政策は，教育費控除ないし学生控除のような税制を通じるのではなく，教育を担当する政府部局が直接の補助金（direct subsidy）を交付することにより実現されるべきであるとの考え方が典型的である。詳しくは，拙著「求められる能力開発投資支援税制の整備」税務弘報53巻6号参照。

にかかってくる，と論点をシフトすることが考えられる。こうした"見える化"の課題を解決するために，アメリカでは，さまざまな租税特別措置を通じて間接的に支出された歳出を「租税歳出（tax expenditures）」とよび，「租税歳出予算（tax expenditure budget）」の形で予算に計上する仕組みを整備している。

さらに，政策実現に租税歳出を活用することにより，課税庁が，教育分野が専門でもないのに教育政策に関与することになり，または，環境分野が専門でないのに環境政策に関与することになるのでよいのかといった疑問も投げかけられている。従来の縦割り政府組織論者からの批判も当然あり得る[162]。

ちなみに，政策目的で設けられる各種非給付（非還付型）の税額控除については，これを租税歳出（tax expenditures）とみることには，比較的抵抗が少ないものと思われる。しかし，給付（還付型）の税額控除は，これを租税歳出とすべきか，それとも直接歳出（direct expenditures）とすべきか，については意見の分かれるところかも知れない。

(3) 租税歳出概念との接点

アメリカで考案された租税歳出（tax expenditures）論の核心は，政府の政策プログラムへの公的資金提供は，できるだけ直接歳出（direct expenditure）によるべきであり，したがって税制を通じて行われるべきではないとする点にある[163]。従来から，政府は，政策プログラムを実施するにあたり，歳出予算を組んで支出する方法に加えて，税制上の特別措置を定め租税を減免することにより支出を行う方法が幅広く選択してきている。アメリカの学者は，こうした税制を通じた支出に「租税歳出（tax expenditure）」という名称を付してその統制のための議論を展開してきた[164]。

(4) 包括的所得概念への回帰と租税歳出の位置

租税歳出概念の発案者であるサリーは，「租税歳出」の概念を定義し，「通常の課税ベース（normative tax base）」から逸脱したものが租税歳出にあたるとす

---

[162] See, D. A. Weisbach *et al.*, "The Integration of Tax and Spending Programs," 113 Yale L. J. 955, at 983（2004）.
[163] See, S. S. Surrey, Pathways to Tax Reform: The Concept of Tax Expenditures（Harvard U. P., 1973）.
[164] 租税歳出の概念形成にあたっては，財政学者スタンリー・サリーの貢献によるところが大きい。See, Surry & P. R. McDaniel, Tax Expenditures（Harvard U. P., 1985）. サリーの租税歳出論に関する邦文での研究として詳しくは，拙論「租税歳出概念による租税特別措置の統制」〔石村耕治著〕『アメリカ連邦税財政法の構造』（1995年，法律文化社）所収参照。

る。人的な所得控除，非課税，税額控除などは，通常の課税ベースのカテゴリーに入るとされ，かつ"善玉"の直接歳出と同じとみなすことができるとする。次に，連邦予算のなかでは，"悪玉"の租税歳出が十分に透明化されておらず，予算の規模も過少に見積もられる結果となっていることを批判した。そして，「租税歳出予算」を組んで，こうした租税歳出項目についても，直接歳出との対比においてトータルに把握できるように可視化（見える化）をすすめる必要性を説いた。

サリーが開いた租税歳出概念による財政統制の理論は，幅広い支持を得て，今日ではアメリカ税財政法学界では幅広く受け入れられるに至っている。その一方で，例えば，ある所得控除項目ないし税額控除項目が"通常の課税ベース"のカテゴリーに入るとされれば，租税歳出と分類されないことになる。逆に，そのカテゴリーから外れると租税歳出に分類されることになる。こうした"善玉"，"悪玉"二分論に対しては，包括的課税ベース（CTB）論者から，その判定の不透明さなどに対して批判がないわけではない[165]。

いずれにしろ，サリーが開いた租税歳出理論によると，社会的ないし経済的な政策実現に向けて公的資金提供をする場合に，税制上の措置を通じて歳出をすることは，直接歳出に比べると劣等なものであると評価される。したがって，できる限り直接歳出に切り替えられるべきであるとの提案を含むものである。また，租税歳出により公的資金の提供を行うことは，結果的に課税庁がカネの管理を仕切ることになり，議会の財政的なコントロールが弱くなってしまうことを指摘する[166]。したがって，政府の「課税」部門が，「福祉」政策や「労働」政策，「教育」政策まで含めて実施するのは適切ではないとの結論に至る。

もっとも，こうした考えたに対しては"効率的ではない"という批判もある。また，憲法上のルールを遵守し，政府の直接介入を防ぐためには，直接歳出（補助金等）ではなく，租税歳出（非課税等）を選択せざるをえない場合も少なくないとの意見もある。こうした意見に配慮して，どうしても税制を政策的に活用せざるをえない場合には，税法にサンセット（日切れ・時限）条項を挿入する

---

[165] See, B. I. Bittker, "Accounting for Federal 'Tax Subsidies' in the national Budget," 22 National Tax J. 244, at 244-45 (1969); T. L. Hungerford et al., "Tax Expenditures: Trends and Critiques," CRS Report for Congress (2006, Library of US Congress)

[166] See, P. R. McDaniel, "Institutional Procedures for Congressional Review of Tax Expenditures," 8 Tax Notes 659, at 660 (1979).

などして，議会での税制法案審議手続を通じて一定のコントロールをおよぼす工夫が必要であるとの示唆もある[167]。

また，個人の自主納税申告（voluntary self-assessment）を前提とする税制下にあって，自発的納税協力を仰ぐためには，税制はできるだけ簡素化する必要がある。ところが，政策実現に向けた公的資金の提供を税制上の支援措置を通じて行うことは，税制をいたずらに複雑にする。助成金の支給などをみても分かるように，直接歳出の方が簡素である[168]。

こうした批判があることを前提に，それでなおかつ公的資金の提供にあたり税制上の支援措置を選択するとする。この場合に求められるのは，できる限り租税歳出と直接歳出とが等しい条件になるようにアレンジすることである[169]。

連邦議会の行政監視を補佐する機関として置かれているのが政府検査院（GAO = Government Accountability Office）である[170]。GAOは，租税歳出についての調査を行い1994年6月に報告書[171]を作成し，大統領府（Executive Office of the President）に置かれている行政予算管理局（OMB = Office of Management and Budget）に対して，租税歳出についてもっと開かれた政策論議と租税と歳出とを表裏一体の形で検討・評価するように勧告している。こうした報告書は，2005年9月[172]にも公表されている。2005年9月の報告書では，過去30年間にわたり，連邦各省庁の官僚からの聴き取りなど（実施期間：2003年8月から2005年7月

---

[167] See, Surry & McDaniel, *supra* note31, at 54-65.

[168] See, Surry & McDaniel, *supra* note30, at 93.

[169] See, E. A. Zelinsky, "Tax 'Benefits' Constitutionally Equivalent to Direct Expenditures?," 112 Harv. L. Rev. 380 (1998).

[170] AGO（旧会計検査院〔General Accounting Office〕2004年7月7日に改称）は，連邦議会に設けられている機関である。連邦議会が行政監視権能を行使するうえで重要な役割を演じている。GAOの業務は，各行政機関の施策評価（プログラム評価），実績評価（パフォマンス評価）などが中心である。他に，問題となった事例の財務監査や，連邦議会の立法の補佐などもこなしている。このように，GAOは，立法府に置かれた公金の使途などを含めた行政機関の業務を評価・監視する機関である。連邦議会ないし議員の要請に応じて活動を開始する。つまり，GAOは，議会などからの要請があれば，公金支出のチェックを含む施策の経済性・効率性の面から問題の行政機関に対し検査を実施し，議会に協力する。GAOには，独自の調査権はないが，資料提出を求める権限がある。検査結果は，報告書にまとめられ，依頼先である議会に提出され，検査対象となった機関にも送られる。また，GAOは，議会上下両院の委員会公聴会で，召喚に応じて証言にも立っている。GAOの検査報告書や，GAOスタッフが議会委員会に召喚されて証言した内容報告書は，一般にも公表されている。詳しくは，拙著「アメリカの租税立法過程の研究（上）」白鷗法学14巻1号149頁以下参照【☞本書第Ⅷ部5】。

[171] See, GAO, Tax Policy: Tax Expenditures Deserve More Scrutiny, GAO/GGD/AIMD-94-112 (Washington, D. C., June 3, 1994). Available at http://archive.gao.gov/t2pbat3/151813.pdf

まで、報告書草案に対して、行政予算管理局長、財務省長官、内国歳入庁長官からコメントを徴収）を通じて、租税歳出が、①経済、政府支出および連邦予算との対比において、その数や規模において、どのような変転をしてきたか、②政府執行部は租税歳出をどうのように精査してきたのかを含む1994年以降の租税歳出の金額的な増加について分析を行っている。公表された報告書では、租税歳出の数が、1974年から2004年の間に67から146にまで増加したこと、税収減の総額が2,400億ドル（内、個人所得税分は1,870億ドル）から7,300億ドル（同、4,870億ドル）にまで膨張したことなどが明らかにされている。また、報告書では、政府（執行部）の租税歳出の"見える化"の努力の跡がほとんど"見えない"こと、租税歳出創設当初の狙いとその達成率について、効率的な評価方法を定めたうえで定期的な点検、再点検が行われていないことを指摘している。昨今の財政赤字のあり方を考える場合に、こうした点検、再点検は重く受け止めるように求めている。とりわけ、租税歳出を通じた社会保障支出を再点検するうえで、的確な評価は必要不可欠であるとしている。

　例えば、勤労所得税額控除（EITC）1つ取り上げても、連邦財務省は内国歳入庁（IRS）と協力して、「過大還付」封じを狙いに適用適格の的確化と納税者教育の徹底に務めている形跡はみられる。しかし、ITC の適用により働いても貧しい納税者がどの程度まで労働市場へ参加がすすんだのか、また、貧困解消を狙いとした他の連邦プログラムに比べ著しい貢献度を測定できたのかなど、まったくその"効果"ないし"実績"が公開されないまま、租税歳出を使ったEITC の仕組みが脈々と続けられてきていることを問うている[173]。EITC に限らず、あらゆる種類の現行の租税歳出について個々に、大統領府の行政予算管理局は、財務省長官と協議したうえで、租税歳出の大胆な"見える化"をすすめる方策を立て、それをすすめるように求めている。

　ちなみに、連邦議会の上下両院合同租税委員会（JCT＝Joint Committee on Taxation）は、租税歳出の見積を実施している。JCT は、政策目的で設けられる各種給付（還付型）の税額控除を、非給付（非還付）型の税額控除と同様に租税歳

---

[172] See, GAO, Tax Expenditures Represent a Substantial Federal Commitment and Need to Be Reexamined, GAO-05-690（Washington, D.C., September 23, 2005）. Available at http://www.gao.gov/new.items/d05690.pdf

[173] See, GAO, Tax Expenditures Represent a Substantial Federal Commitment and Need to Be Reexamined, *supra*, note 38, at 71.

出とみたうえで，EITC関連租税歳出を2014〜2018財政年は700億ドル前後と見積もっている[174]。

(5) 租税歳出論からみた社会保障支出

どのように租税歳出を定義するかは一様ではない。1974年議会予算・執行留保規制法（Congressional Budget and Impoundment Control Act of 1974）[175]は，租税歳出に関し，次のように規定する（3条(a)(3)）。

「『租税歳出』は，連邦税法に規定する総所得からの特別の除外，免除もしくは控除または特別の税額控除，特別の税率もしくは課税繰延から生じる歳入の損失をいう。また，『租税歳出予算』とは，先に定義された租税歳出の一覧をいう。」

こうした定めから分かるように，連邦法は，租税歳出として6つのタイプをあげている。それらは，①「非課税（exclusions）」，②「免税（exemptions）」，③「所得控除（deductions）」，④「税額控除（credits）」，⑤「軽減税率（preferential tax rates）」および⑥「課税繰延（deferral of tax liability）」である。ただ，総所得からの「特別のまたは特恵的な（special or preferential）」各種課税軽減免除措置をあげ，これらから生じる歳入損が租税歳出にあてはまるとする。裏返せば，純所得の算定にあたっての総所得からの通常必要なあるいは一般的な経費控除を認める措置等は，原則として租税歳出にあてはまらないことになる。このため，こうした法的類型化にかかわらず，具体的に租税歳出にあてはまるかどうかの判断については，必ずしも意見の一致をみているわけではない[176]。

いずれにしろ，租税歳出は，包括的課税ベース（CTB）論からみると，あるべき課税ベースを侵食し，課税の基本原則である水平的な公平（horizontal equity），垂直的な公平（vertical equity）ないし累進性（progressivity）を阻害する大きな要因であると映る。

---

[174] JCTは，租税歳出を構成する非給付（非還付型）の税額控除と，直接歳出にも分類できる給付（還付型）の税額控除双方を一括して減収試算を行っている。See, JCT, "Estimates of Federal Tax Expenditures for Fiscal Years 2014-2018, at 32（August 5, 2014, JCX-97-14). Available at: https://www.jct.gov/publications.html?func=startdown&id=4663

[175] アメリカにおいては，予算や法律であること，すなわち予算法律説に拠っていることについては多言を要しない。この1974年議会予算・執行留保規制法は，予算法制定過程において徐々にではあったが余りにも強大になりすぎた政府側の予算編成権限の規制，および租税歳出の予算計上を法的に認知するために，従来からアメリカの財政基本法といわれてきた1921年予算会計法（Budget and Accounting Act of 1921）に修正を加えることを狙いとした法律である。この法律についての邦文の研究として詳しくは，田中治『アメリカ財政法の研究』（1997年，信山社）第5章参照。

ただ，租税歳出のかなりの部分は，社会保障関連にかかわるものであるのも事実である。社会保障施策（entitlement programs）は，大きく個人の生活の改善にかかわるものと，家族の生活の改善にかかわるものに分けられる。その範囲は，教育，健康，住宅，生活補償など政府の幅広い政策プログラムにまで及ぶ。こうした施策の多くに対しては租税歳出を通じて公的資金が提供されている。この種の租税歳出は「社会的租税歳出（social tax expenditure）」ともよばれる[176]。まさに，ETIC がその典型である。しかも，この働いても貧しい家族を支援する仕組みとして制度化されている ETIC に対する評判は，概して悪くない[178]。

(6) 租税歳出と直接歳出との対比

社会保障施策（entitlement programs）を実施するとする。この場合に，必要な公的資金は，"租税歳出" を通じて給付することもできるし，"直接歳出" を通じて給付することもできる[179]。例えば，1975年に連邦所得税に導入された勤労所得税額控除（EITC＝Earned Income Tax Credit）は前者の例である。一方，1939年に連邦政府かはじめた食料支給券プログラム（FSP＝Food Stamp Program）は後者の例である。現在，双方は，合衆国で最大の社会保障プログラムである。FSPは，連邦農務省（U.S. Department of Agriculture）が管理し，合衆国内に居住

---

[176] わが国を例として見てみても，人的控除のような所得税制に固有の仕組みに由来する歳入損は，いわゆる"政策税制"とは区別し，後者を議会の承認を得ない形での支出につながる"悪玉"の"裏口歳出"とみる見解もある。北野弘久『税法学原論〔第6版〕』（2007年，青林書院）69頁，72頁参照。ただ，こうした見方によれば，基礎控除（所得税法86条）や配偶者控除（所得税法83条）とかはよいとしても，配偶者特別控除（所得税法83条の2）などについては，所得税制の固有の仕組みに由来するといえるのかどうか悩ましいところがある。片稼ぎ世帯を優遇しすぎ，ワーキングウーマンを逆差別する形になっているとの批判があるからである（全国婦人税理士連盟編『配偶者控除なんかいらない』（1994年，日本評論社）参照）。一方で，事業性（事業，不動産，山林など）の所得の計算にあたり控除できる必要経費が租税歳出にあたらないとすれば，給与所得の計算において特例として認められている特定支出控除（所得税法57条の2第2項）は，租税歳出にあたらないとみてよい。

[177] 研究者によっては，租税歳出を，大きく「社会的租税歳出（social tax expenditure）」と「企業租税歳出（business tax expenditure）」とに分類する。See, Eric Toder, The Changing Composition of Tax Incentives: 1980-99（1999, Urban Institute）.

[178] See, V. J. Hotz et al., Examining the Effect of the Earned Income Tax Credit on the Labor Market Participation of Families on Welfare (National Bureau of Economic Research Working Paper No. 11968, 2006). なお，ETIC に対する批判的な論文として，See, A. L. Alstott, "The Earned Income Tax Credit and the Limitations of Tax-based Welfare Reform," 108 Harvard L. Rev. 533 (1995). この論文を紹介した邦語の研究ノートとして，佐藤英明「アメリカ連邦所得税における稼得所得税額控除（EITC）について」総合税制研究11号56頁（2003年）参照。

[179] See, Daniel Shaviro, "The Minimum Wage, the Earned Income Tax Credit, and Optimal Subsidy Policy," 64 U. Chi. L. Rev. 405 (1997).

する低所得の人たちが日常生活に必要な食料を購入できるようにクーポン券（バウチャー）を支給する現物給付プログラムである[180]。今日では，かつての紙媒体での支給にかえて，電子給付振込（EBT = Electronic Benefit Transfer）カードが活用されている。給付事務は各州が担当している。

① **食料支給券プログラムを例にした評価**

すでにふれたように，食料支給券プログラム（FSP）は，低所得の人たちに対し，日常生活に必要な食料を購入できるようにクーポン券（バウチャー）を支給するものである。"直接歳出"の方法によっている。FSP が，"租税歳出"の方法によらないのは，緊急性（emergency）への対応を考慮してのこととされる。つまり，EITC のような税制を通じた福祉システムでは，確定申告が完了してはじめて還付（キャッシュバック）が受けられる。こうしたシステムでは，支援に時間がかかり，支援が緊急に必要とされる時に対応が難しい[181]。こうしたところに，FSP が税制から自立した制度としてデザインされている大きな理由がある。実際，FSP は，申請者が業務時間内に窓口で申請したその日に給付を受けられる[182]。

もっとも，こうした「応答性（responsiveness）」を前面に押し出した形での理由付けには批判がないわけではない[183]。問われるべきは，むしろ，食料支給券受給者のおおよそ3分の2が受給後4か月以内に平均で20％程度収入が落ちている点ではないかとの指摘もある[184]。

また，FSP での救済期間は短く，通例，個人ないし世帯を短期間救済することを狙いとしている。したがって，EITC のような税制を通じた福祉システムとは異なり，長期的視点にたった個人ないし世帯の生活改善を狙いとした仕組みではない。

給付について，即応性ないし緊急性が求められる場合には，わが国の制度に即していえば，自主的な申請を原則とした失業給付，生活保護給付といった直

---

[180] See, M. J. Trebilcock et al., "Government by Voucher," 80 Boston U. L. Rev. 205 (2000).
[181] See, A. L. Alstott, "The Earned Income Tax Credit and the Limitations of Tax-Based Welfare Reform," *supre*, note44.
[182] See, 7U. S. C. 2020(e)(2)(B)(iii).
[183] See, D. A. Weisbach et al., *supra* note28, at 1017.
[184] See, Philip Gleason et al, U. S. Dep't of Agriculture, The Dynamics of Food Stamp Program Participation in the Early 1990s (1998) at 35-40. available at http://www.fns.usda.gov/oane/menu/Published/fsp/files/Participation/dynamics.pdf.

接支出の方がすぐれているといえる。これは，災害等にあった場合の対応を例にとってみれば，よく分かる。雑損控除（所得控除）のような税制上の措置（所得税法72条）よりも，現金支給のような直接支出の方が即応性ないし緊急性があることから自明のところである[185]。

FSPのような直接支出を運用する行政コストが，勤労所得税額控除（EITC）のような税制を使った制度よりも格段に高いのは自明のところである。しかし，即応性ないし緊急性という要請を織り込んで考えると，税制に取り込めない社会保障ないし福祉にかかる給付があることが分かる[186]。

② **使途非限定型 対 使途限定型，一括給付型 対 定期的給付型**

勤労所得税額控除（EITC）の場合，給付金に対しては，使途制限がない。したがって使途制限があった方がよい場合には問題になる。例えば，食料支給券プログラム（FSP）において，クーポン券（バウチャー）で（現実には現在はポイントカード）で購入できる物品やサービスは限定される。酒類やたばこなどの嗜好品は購入できない。

また，EITCの場合は所得税の還付申告で給付される所得補償の仕組みであり，還付額は年1回，一括給付（lump sum payment）される。これに対して，FSPの場合は定期的給付の仕組みを取っている。

使途制限がなく，一括給付されるEITCの場合，受給者は給付金を証券投資や教育投資に回してもいい。使途目的に縛りがないことや一括給付されることで，受給者は収受した給付金を，知恵を絞ってある程度長期的な視点にたって自在に費消・投資できる。つまり，受給者は"結果責任"を問われることになるが，自己の経済行動を変える機会を与えられることにもなる[187]。

(7) **予算法の視点からみた給付（還付）つき税額控除の位置**

現代アメリカにおける国庫からの支出（歳出）は，大きく2つに分けることができる。1つは，年次の歳出（予算充当）手続（appropriations）を通じて行われ

---

[185] 詳しくは，拙論「アメリカの被災者支援税制の分析」白鷗法学18巻2号（2011年）181頁以下参照。
[186] See, V. J. Hotz et al., 注[178], note44, at 191. もっとも，現実の税制では，こうした一括給付の弱点をカバーする狙いから，一定の要件のもとで，前払い（advance payments）の仕組みを取り入れている。例えば，同居する子どもが1人以上いるEITC対象者の場合，最大で1人の子どもに対して適用される税額控除最高額の60パーセントまで前払いの形で確定申告前に現金給付を受けることができる。ただしこの特例の適用は，適格子どもがいるときに限られる（IRC3507条b項）。
[187] See, T. M. Smeeding et al., "The EITC: Expectation, Knowledge, Use, and Economic and Social Mobility," 53 Natonal Tax J. 1189, at 1202（2000）.

るものである。つまり，裁量の余地のあるプログラム（施策）などに対する歳出（支出）である。「裁量的経費」支出とも呼ばれる。例えば，営造物を構築するには予算措置を講じる必要がある。しかし，その営造物を構築しなければ予算措置を講じる必要がなくなる。まさに，議会に裁量の余地がある歳出（支出）といえる。もう1つは「義務的経費」支出である。これには，さまざまな社会保障制度（entitlements）上のプログラム（施策）通じた歳出（支出）が当てはまる[88]。

【図表Ⅴ-52】国庫からの支出と歳出予算充当手続（法案）との関係

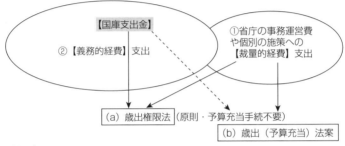

《注記》
①省庁の事務運営費や個別の施策（プログラム）への支出【裁量的経費】
　：（全体の3分の1）　(a) + (b)
②義務的経費（entitlements）
　：（全体の3分の2）　(a) のみで支出が可能

(a) 「歳出権限法（authorization acts）」
　　〜各省庁に支出することを授権する個別の法律
(b) 「歳出（予算充当）法案（appropriation bills）」
　　〜毎年，連邦省庁が国庫からの支出を行うことを認める法律

「裁量的経費」にしろ，「義務的経費」にしろ，この種の歳出（支出）は，直接の経費支出の形ではなく，税制上の課税緩和措置（tax subsidies），つまり「租税歳出（tax expenditures）」を選択し，課税軽減・免除などの形でも歳出（支出）することも可能である。むしろ，直接支出よりも，租税歳出の形が選ばれることも少なくない。

例えば，さまざまな社会保障プログラムへの公的資金の投入は，いったんそれを決めれば，永続的に歳出が続くことになる。プログラムによっては，歳出の停止・廃止は困難である。この場合，直接支出よりも租税歳出の形が選ばれるとする。例えば，勤労所得税額控除（EITC）のような税制上の措置は，その典型例に1つである。税制改正ということがなければ，議会のチェックを受け

576　第Ⅴ部　申告納税法制の展開

ることなく、その措置が廃止されるまで、歳出損の形で租税歳出が続くことになる。もちろん、特定産業に対する税制上の支援措置などのように、サンセット（日切れ・時限）条項などの設定が可能な場合も少なくない。しかし、一方でEITCのように、廃止が困難な措置も多い。このように、現代における予算過程では、予算（歳出）法のなかで税法（歳入法）を可決するという伝統的な形式とは別の次元において、税法（歳入法）との関係が極めて密接になっているといえる[188]。

C　勤労所得税額控除（EITC）と税務コンプライアンス

勤労所得税額控除（EITC）の仕組みでは、現行の公的扶助と同じ効果を、今ある所得税制を活用して実現しようというアイディアである。手続的にみると、福祉のような個別の申請にかえて、確定申告を活用しようというものである。

---

[188] ちなみに「予算」いついて、英米仏独などでは、"年税主義"、つまり"各税法は1年限りの効力〔時限法〕とみる"の伝統のもと、予算（歳出）と租税など（歳入）を一体化してとらえる考え方が脈々と続いてきている。また、この考え方のもとでは、「予算」を"法律"とする考え方が支配的である。これに対して、わが国の場合、明治憲法下でとられた"永久税主義"およびその伝統のもと、予算（歳出）と租税など（歳入）とを切り離してとらえる考え方が、支配的である一般に、予算の性格については、大きく①予算行政説、②予算法律説、③予算法形式説の三つに分けることができる。①予算行政説とは、予算は、法的な性格を持つものではなく、たんなる行政措置とみる考え方である。したがって、予算の法的拘束力を否定することとなる。わが国の場合、この見方は、明治憲法下では支配的だったが、現行憲法下ではなじまないとされている。②予算法律説とは、予算を法律の形式とする考え方である。例えば、イギリスの場合、成文憲法は存在しないが、コモンロー（慣習法）として、予算は法律あるいは議会の予算決議の形式をとることとなっている。これが、他のヨーロッパ諸国にも広まった（小嶋和司『憲法と財政制度』〔1988年、有斐閣〕3頁参照）。例をあげると、ドイツ連邦共和国基本法（110条）アメリカ合衆国憲法（1条第9節第7号）、フランス第5共和国憲法（47条）は、明文で予算が法律であることをうたっている（初宿正典・辻村みよ子編『新解説世界憲法集』〔2006年、三省堂〕参照）。ちなみに、ドイツの場合は予算が形式的に法律であるとされるが、アメリカやイギリス、そしてフランスでは、予算は形式的にも実質的にも法律とされる（手島孝『憲法解釈二十講』〔1980年、有斐閣〕245頁参照）。③予算法形式説は、予算に法的性格を認める一方、法律とは異なる国法の特殊なものとみる考え方である。この見方が広く支持される理由は、(a)予算は政府（国家機関）を拘束するが、逆に一般国民を拘束しないこと、(b)予算の提出権は内閣にだけあり、衆議院に先議権があること～つまり、憲法上、法律と予算とでは、提案権が限定され、審議および議決の方式も異なること、(c)また、わが国の場合、歳入に関しては永久税主義の伝統が強く（各税法は1年限りの効力〔時限法〕とされていない。そのために、歳入予算はたんなる見積もりとならざるをえない）のに対し、予算は、会計年度ごとに提出され、審議され、成立すること。こうした点を考えると、予算を法律と同じとみることはできないとする見方です。わが国では、「予算法形式説」が一般に支持されている。いわゆる租税歳出を点検する場合には、予算の法的性格にもメスをいれる必要がある【➡本書第Ⅷ部❶】。

[189] アメリカ予算過程についての邦文の研究として詳しくは、拙論「アメリカの租税立法過程の研究（上）」白鷗法学14巻1号参照。

ということは，申告納税制度の拡充につながり，いわゆるタックス・コンプライアンス，つまり自発的納税協力（voluntary tax compliance）という，新たな大きな課題を生み出すことにもつながる。とりわけ，わが国の場合，転職回数も多く年末調整手続の対象にもならない「働いても貧しい人たち」に対する確定申告支援問題は重い課題である[190]。したがって，こうした人たちに対応できる課税庁の納税者サービス態勢づくり，さらには，税務支援の仕組みを整えるかが大きな課題となる。

アメリカは，早くから勤労所得税額控除（EITC）の仕組みを導入している国の1つである。ここでは，働いても貧しい人たちにとり，EITCにかかる自発的納税協力（voluntary tax compliance），つまり"給付"を受けるための還付申告が極めて大きな社会的負担となっている。課税庁の納税者サービス態勢の整備，"民力"を活用した確定申告支援インフラの充実などに並々ならぬ努力を重ねてきている。官民をあげて取り組んでいる申告支援サービスの内容は，EITCの適格証明，所得税申告書の作成，照会・税務調査，争訟などに多岐にわたる。わが国でも勤労所得税額控除（EITC）の仕組みを導入するというのであれば，当然こうした課題を視野に入れて論じるべきである。課税庁の納税者サービスのあり方や"民力"を活用した確定申告支援インフラの充実のための税務専門職の職業独占を緩めるための税理士法改正などを含め，掘り下げて多角的に検討する必要がある【☞本書第Ⅴ部 6】。

(1) 還付申告者の自発的納税協力の課題

勤労所得税額控除（EITC）が的確な内容となるためには，常に制度を改正する必要に迫られる。その結果，税制簡素化の理念とは程遠いほど制度が複雑になり，働いても貧しい人たちにとり，確定申告，自発的納税協力（voluntary tax compliance）が極めて重い負担となるという悩ましい問題がある。

アメリカは，1975年に勤労所得税額控除（EITC）試行をはじめ，1978年に本格稼動させたが，常にコンプライアンス問題に悩まされてきた。働いても貧しい人たちへの納税教育，無償の税務支援など，申告納税にかかる環境（申告納税インフラ）整備に苦悩し，この問題解決に多大な精力を注いできた。こうした苦

---

[190] 勤労所得税額控除（EITC）を積極的に推進しようと唱えるわが国の財政学者の多くは，この仕組みが給付の申請手続にかえて確定申告手続を活用することから，申告支援インフラの確立なくしてはうまく機能しないことについてはあまりふれていない。彼ら自身が，いわゆるサラリードワーカーで年末調整手続に馴らされていることが，この背景にあるのかも知れない。

悩は，新たに勤労所得税額控除（EITC）を導入するとなれば，なおさら深刻になるようにみえる。なぜならば，福祉の"申請"には国民を参加させても，納税"申告"からは勤労国民を一貫して排除する姿勢を取り続けてきた国柄にあるからである。一方，勤労所得税額控除（EITC）を導入するとなると，課税庁サイドにも，徹底したサービス主導のアプローチ（service-oriented approach）～租税手続改革をすすめる一方で，納税者を主役とする課税庁の使命を説明した文書を作成・頒布，還付申告者を中核とした納税者教育や申告支援制度の整備，納税者権利擁護部門などを充実して自発的納税協力をすすめるなど～をとる覚悟が求められる。逆に，そうした覚悟がなく，課税庁が従来型の執行中心のアプローチ（enforcement-focused approach）に固執するとなると，働いても貧しく納税知識に長けていない納税者層は，課税庁による税務調査（照会・質問検査）と控除適用停止（実質所得補償ゼロ状態の招来）などの制裁強化措置の犠牲になりかねないからである[191]。また，課税庁と争いたくとも，働いても貧しい人たちはその原資や資質を欠くことケースが多い。不服申立や裁判など争訟手続を含む申告後支援（post-filing assistance）のためのインフラの整備が急務となる。こうしたインフラ整備がすすまないと，働いても貧しい人たちは泣き寝入りせざるを得なくなる。勤労所得税額控除（EITC）を導入しているアメリカの現状をひとことで紹介すれば，IRSの納税者支援センター（TAC＝Taxpayer Assistance Centers）も，ボランティア市民の参加を得て実施している無償の税務支援プログラム，とりわけ「ボランティア所得税援助（VITA＝Volunteer Income Tax Assistance）会場も，働いても貧しい還付申告者で埋まっており，税務コンプライアンスの問題は常にこの人たちを軸に検討されているということである。

(2) EITC申告特有のコンプライアンスの課題

すでにふれたように，給付（還付）つき税額控除を制度化したアメリカの勤労所得税額控除（EITC）では，その適用を受けるためには，還付申告をすることが必要となる。EITCについては，伝統的な福祉とは異なり，恥辱感を伴いがちな申請が不要である，とよくいわれる。しかし，これは，勤労所得税額控除（EITC）導入積極論者の"甘いささやき"ないし"国柄を無視した考え方"

---

[191] Stephen D. Holt, "Keeping it in Context: Earned Income Tax Credit Compliance and Treatment of the Working Poor," 6 Conn. Pub. Int. L. J. 183 (2007); L. Lederman, "The Interplay Between Norms and Enforcement in Tax Compliance," 64 Ohio St. L. J. 1453 (2003), L. Book, "The Collection Due Process Rights," 41 Houston L. Rev. 1145 (2004)

ともとれる。

　アメリカでは，全員確定申告を前提とする申告納税制度を採用している。大半の国民が，所得税の確定申告を行うことについて，差ほど苦痛を感じていない国柄にある。このことを捨象しては大きな誤りをおかしかねない。逆に，わが国は，大半の給与所得者に確定申告をさせないようにし，雇用主に年末調整を義務付けている国柄にある。こうした国においては，"還付申告で福祉"には異論が多発するおそれもある。手続的には福祉の申請の方が簡素，確定申告をするのはかなわない，との反応が出る可能性は高い。

　とりわけ，働いても貧しい人たちの場合は一般に，非正規雇用に就いて転職回数も多いものとみられる。また，小規模な店舗を構え細々と自営している人や，移動販売などで額に汗して駆けずりまわっている零細自営業者には，記帳もままならないケースが多いものとみられる。こうした人たちでも，正確な所得や税額が確定には所得税の確定申告をする必要がある。しかし，現状では，こうした人たちが確定申告（還付申告）をしていないことも少なくない。とりわけ非正規雇用に就いている人の場合では，そのほとんどは源泉所得税を取られっぱなしになっているようにもみえる。こうした税金に対する無知を放置することは，税収減にはならないという意味では，行政サイドには都合がよいのかも知れない。しかし，こうした認識のままでは，いかに給付（還付）つき税額控除ないし勤労所得税額控除（EITC）の効用を説いてみても，絵に描いたもちと化すおそれもある。したがって，課税庁が，こうした人たちを対象とした納税者教育や申告支援に積極的でないとすれば，新制度の導入はこうした人たちのくらしの改善にはつながらない。給付（還付）つき税額控除ないし勤労所得税額控除（EITC）の導入を考えるというならば，同時に，課税庁の納税者サービスのあり方も問う必要がある。つまり，働いても貧しい人たちにも納税者サービスができる課税庁づくりの作業からはじめる必要がある。

　一方で，勤労所得税額控除（EITC）の仕組みでは，還付申告手続次第で"給付"額を操作することも可能である。"つまみ申告"や適用適格の偽装をはじめとしたさまざまな虚偽申告で，不正還付を受けようとする人が多発するおそれも出てくる。このため，いわゆる「過大還付申告（overclaims）」対策が重い課題となる。当然，勤労所得者も法定外照会や税務調査（質問検査）の対象となってくる【☞本書第Ⅳ部❶】。また，福祉プログラムの申請の場合と同様に，今度は

課税庁が，税額控除対象者に関する適格審査業務を担当する必要が出てくる。働いても貧しい人たちとの対応に不慣れな課税庁が，この種の業務をうまくこなしていけるのかどうかについては悩ましいところもある。こうした人たちに向けた"申告前"の納税者教育を含めた納税者サービスが重い役割を演じることになる。また，税務支援の充実も不可欠である。税務支援は，"申告期"の還付申告書の書き方のみならず，"申告前"の納税者教育，さらには"申告後"の調査立会いや争訟代理などにまで広げる必要が出てくる【☞本書第Ⅱ部❶D】。

共通番号（個人番号／マイナンバー）が導入されており，不正還付は防止できるといった短絡的な見方もある。しかし，アメリカの実情をみる限りでは，勤労所得税額控除（EITC）の過誤還付や不正還付に防止には，アメリカの個人用の共通番号である社会保障番号（SSN＝Social Security Number）はほとんど役に立っていない【☞本書第Ⅴ部❾】。

(3) **EITC の過大還付申告の原因と対策**

2015課税年（2014課税年分申告）において，IRS キャンパス，センターは，個人納税者が提出した所得税申告書のうち，計算違い等を理由に，おおよそ170万件の略式査定通知書（CP 2000 Notice）を発している【☞本書第Ⅴ部❶】[92]。

連邦課税庁（IRS）が個人所得税に関して発行する略式査定通知書（CP 2000 Notice）の半数以上が勤労所得税額控除（EITC）関連であるとの報告もある。もちろん，近年，略式査定通知書が過剰なまでに送付されている背景には，IRSが連邦議会から過大還付申告に執行段階で積極的に対応するようにとの強い圧力を感じていることがある[93]。

アメリカの勤労所得税額控除（EITC）の執行上の問題が山積している。連邦の課税庁である内国歳入庁（IRS）長官が，連邦議会公聴会証言で語ったように，EITC は，アメリカで「最も成功した貧国対策プログラムの一つ」であると同時に，「過大還付申告」の解消が執行面での重い課題になっている[94]。過大還付申告の原因は，さまざまである。もちろん「故意」を原因とするケースが多い。その一方で，税法上の手続の複雑さなどを原因とする「過失」のケースも少な

---

[92] See, IRS, Data Book 2015 (October1, 2014 to September 30, 2015) at 37.

[93] See, Nina Olson, National Taxpayer Advocate, IRS, "Tax Fairness: Policy and Enforcement," Testimony before U.S. House of Representatives Appropriations Sub-committee on Financial Services and General Government (March 5, 2007). Available at: http://www.irs.gov/pub/irs-utl/nta_testimony_houseapprops_030507_v7.pdf.

くない。EITCにかかる税法上の手続が複雑化する背景には，連邦議会が予算に占めるEITC関連租税歳出の緊縮を狙いに，課税上の現業部門に対するEITC制度のさらなる効率化をすすめるようにプレッシャーをかけている事実があることも否定できない。

また，近年における家族の居住形態の多様化も，EITCの手続を煩雑にする大きな要因である。すでにふれたように【☞本書第Ⅰ部**1**J(1)】，例えば，半年以上同居し扶養する子どもを持つ親は，EITCを適用したうえで申告書を作成・提出することができる。しかし，この場合，夫婦個別申告（MFS）以外の申告をする納税者でなければならない。ところが，夫婦の離婚ないし別居により，子どもと同居していない親が誤って申告でEITC適用を受けていることが多々ある。この場合で，同居していない親が子どもの養育費を支出しているときには，手続がもっとややこしくなる。この事例では，子どもと同居していないが離婚の際の協定などで養育費を負担することになっているとすれば，その親は，確定申告の際に，その子ども分の子女養育費税額控除（nonrefundable child and dependent tax credit）の適用を受けることができる（IRC21条）。このため，双方の親が，非給付（非還付）型の子女養育費税額控除に加え，誤って給付（還付）型の勤労所得税額控除（EITC）（IRC32条）の適用を求めて還付申告をしているもとも少なくない。

また，アメリカでは，夫婦は，通例，夫婦合算申告書（MFJ）を提出する。しかし，別居している場合には，それぞれが個別申告をすることが少なくない。この場合，子どもと同居する親がEITCの適用を求めて還付申告をしようとする際には極めて複雑なルールが適用される。例えば，その親は，配偶者と当該課税年度中の6か月以上にわたり別居し，かつ，一方で適格者である子どもとも同様の期間同居していなければならない（IRC32条c項3号）。また，その親は，申告時に世帯主の地位になければならない。つまり，「世帯の維持基準（household maintenance test）」の要件を充足するように求められる。この基準は，極めて複雑で難解である[195]。このため，例えば，夫と別居はしているが，いまだ離婚していない低所得のシングルマザーが，誤ってEITCの適用を求めて還

---

[194] See, IRS Commissioner Mark Everson, Testimony before the Senate Homeland Security and Governmental Affairs Committee (March 9, 2006). Available at: http://hsgac.senate.gov/_files/030906Everson.pdf

付申告する事例が数多く出てくる原因ともなっている。

アメリカの勤労所得税額控除（EITC）は，扶養する子どもがいる世帯を主な対象としている。このため，家族関係のめまぐるしい変更は，なおさら手続を複雑にしている。もっとも，こうした複雑さからくる誤り（多くの場合，過大還付申告）が，EITCの"還付（給付）つき（refundable）"という特徴的な仕組みが大きな原因となっているとの確証はない，との報告もある[195]。

一般に，勤労所得税額控除（EITC）関連の過誤申告ないし不正申告の三大原因は，①所得額にかかる過誤（income reporting error），②適格子どもにかかる過誤（qualifying child error）および③申告資格にかかる過誤（filing status error），である[197]。

(4) EITCの過大還付申告の比率

連邦の課税庁である内国歳入庁（IRS）によると，2013課税年で，EITCにかかる過大還付申告件数は，還付総額ベースでみると，その22パーセントから26パーセント，金額的には133億ドルから156億ドルにのぼると報告されている[198]。もっとも，この数値は正確ではないとの批判もあり，数値は，調査する政府機関により大きな差がある。

すでにふれたように，食料支給券プログラム（FSP）は，低所得の人たちに対し，日常生活に必要な食料を購入できるようにクーポン券（バウチャー）を支給するものである。このFSPの場合は，執行上のコストは真に執行上発生したコストであるといわれる。これに対して，EITCにかかる執行上のコストといわれる額のほとんどは，実質的に「過大還付（overpayments）」にかかるコストではないかと揶揄されている。

(5) 議会によるEITC過大還付申告対策

EITCにかかる過大還付申告の原因はさまざまである。執行上の問題につい

---

[195] 例えば，適格証明にあたり，還付申告をする人は，世帯支出の半分以上の額を自己の所得から負担していること，また，その場合の所得の計算にあたっては子ども向けの収受した養育費や公的扶助プログラムからの給付金は，たとえ世帯支出に充当されているとしても，差し引いて金額を算定することなど，手続は極めて煩雑である。

[196] See, J. McCubbin, "EITC Noncompliance: The Determinants of the Misreporting of Children," 53 National Tax J. 1135 (2000).

[197] See, M. L. Crandall-Hollick, "The EITC: Administrative and Compliance Challenges," Congressional Research Service 7-5700 R43873 (April 2015).

[198] See, TIGTA, The IRS Fiscal Year 2013 Improper Payment Reporting Continues to Not Comply with the Improper Payments Elimination and Recovery Act (March 31, 2014).

7 勤労所得税額控除（EITC）と税務コンプライアンス　583

ては，課税庁が対応を探ることができる。しかし，制度的な欠陥等については，立法府が対応を考えざるをえない。近年，連邦議会がとった主な対応策をみてみる。

① **統一基準の策定**

2004年に，連邦議会は，同年の改正税法である勤労世帯減税法（Working Families Tax Relief Act of 2004）の一部として「適格子どもに関する統一的定義（Uniform Definition of Qualifying Child）」の規定を盛り込んだ。これにより，連邦税法上，申告の際に勤労所得税額控除（EITC），子ども税額控除，扶養控除の対象となる適格「子ども」の要件を明確にした。この法的手当により，現在は，適格「子ども」は，その課税年のうち6か月以上同居していることや，同じ屋根のもとでくら（同居）していることなど，各控除の適用にあたっては，同一の基準で判定される。

② **連邦議会の動向**

大統領は，2007年2月に連邦議会への予算教書の提出に際し，EITCについての政策指針を公表した[199]。その骨子は，次のとおりである。

【図表Ⅴ-53】2008予算教書に盛られた大統領のEITC政策指針

> ・結婚しているが別居している子持ち夫婦がEITC還付申告をする際の手続の簡素化
> ・適格子どもと同居しているが，その子どもについては還付申告をしていない人に対し少額のEITC還付申告を認めるための対応措置
> ・低所得者向けの申告支援を強化することをねらいに，連邦課税庁（IRS）が主導し，ボランティア市民の参加を得て実施している無償の税務支援プログラム，とりわけ「ボランティア所得税援助（VITA＝Volunteer Income Tax Assistance）プログラム」を拡充するために，投入している予算の大幅な増額

(6) 過大還付申告対策の真の狙い

連邦課税庁（IRS）や連邦議会がEITCの"精度"をあげる努力を続けている大きな狙いは，「過大還付（overpayments）」の防止にあることは，あらためて指摘するまでもない。しかし，その背景には，別の理由もある。1つは，不正防止の観点から，勤労所得税額控除に関し，単純な故意または過失により更正処分を受けてから2年間，偽りその他不正な行為により課税処分を受けてからは

---

[199] See, Department of the Treasury, General Explanations of the Administration's Fiscal Year 2008: Revenue Proposal (February 2007) at 51, 55.

10年間，この控除を受けることができないことになっていること（IRC32条k項）への配慮である。つまり，ちょっとした間違いでも2年間もEITCを受けられなくなり，所得補償を受けられなくなると，低所得者はますます生活に困窮することになる。これでは，EITCの本旨に反し，逆にEITCが働いても貧しい人たちをますます逆境に追いやる負の仕組みと化すおそれがあるからである。

もう1つは，連邦のEITCにならって，州レベルでも州所得税にEITCを導入していることがあり，連邦の問題が州にも波及しやすい構図になっていることがある。2016年1月現在，所得税を州税に採用している州のうち26州＋ワシントンD.C.が，働いても貧しい低所得者層一般を対象にした"州独自のEITC"を導入している。こうした州では，一般に，連邦の課税ベースに準拠して州所得税額を計算する仕組みになっているところが多い[200]。また，州は，勤労所得税額控除（EITC）の対象要件については連邦に準じており，たんに控除率や控除額の面で独自の基準を定めている例が多い。

また，連邦にならって州所得税にEITCを導入している州の多くでは，電子申告を連邦と州とをリンケージさせ，連邦・州共同電子申告インフラ（joint federal/state e-file system）の構築していることがある。こうした仕組みの下では，連邦と州のEITCの適用対象要件を統一化しているのみならず，電子還付申告において連邦のEITCの適用対象要件に該当しない人については，州所得税の電子還付申告において州のEITCの適用対象要件に該当しないと自動的に判定され，はじかれることになっている[201]。

いずれにしろ，州レベルでの州所得税へのEITCを導入がすすむについて，連邦のEITC改善策の進展状況は，州にも大きな影響を及ぼす構図になっていることは見逃せない。

---

[200] See, Erica Williams, "How Much Would a State Income Tax Credit Cost in 2017?" (January 13, 2016, Center on Budget and Policy Priorities).
[201] ただし，カリフォルニア，メイン，マサチューセッツ，ミネソタなどいくつかの州においては，自動判定されない仕組みになっている。

8 政教分離課税制度～政教分離の壁を高くするための税制とは

　アメリカ合衆国（連邦）憲法修正1条「合衆国議会は，国教の樹立を規定し，または宗教の自由な活動を禁止する法律〔中略〕を制定することはできない」とうたっている。これにより，宗教の自由な活動（信教の自由）を保障するとともに，国教の樹立（公定宗教）[202]を禁止すること，つまり，「政教分離」の原則を明らかにしている。アメリカは，憲法で，国家（政府）と宗教との厳格な分離（stark independence or separation）を指向する国の1つといえる。

　アメリカにおける政教分離の原則は，2つの不可分な側面を持ち，あたかも一枚の硬貨のようなものだともいわれる。つまり，1つは，国家は宗教に介入してはならないという「宗教の国家からの自由」の側面である。そして，もう1つは，宗教は国家に介入してはならないという「国家の宗教からの自由」の側面である。このように，宗教と政治が相互に不介入の立場で自律できてはじめて，"政教分離"の確立は可能になり，ひいては"信教の自由"も積極的に保障できる[203]。

　連邦税法[204]のもとでは，教会や宗教団体は，宗教活動に専念している限り"非営利公益"団体とされる。また，この場合，他の民間非営利公益団体と同じように，"本来の事業（宗教活動）は課税除外"とされる。一方，連邦税法は，選挙運動や立法活動を行うなど，宗教活動に専念していない教会や宗教団体に対

---

[202] この規定は，アメリカの建国は，イングランド国教会（Church of England）の抑圧から新大陸に逃げてき歴史的経緯なども織り込んで制定されたものである。正確に言えば，国教（state religion）の樹立を禁止するというよりも，国教会（state church）の樹立を禁止するという趣旨であろう。See, Esbeck, "Dessent and Disestablishment: The Church-State Settlement in the Early American Republic," 2004 BYU L. Rev. 1385. 信教の自由について，一般に，わが国では「政教分離（separation of religion and state）」の視点から議論が展開される。これに対して，欧米では絶大な権力を振るってきた国教会のあり方を中心に議論が展開されてきており，「教会と国家の分離（separation of church and state）」に議論の比重が置かれている。本章では，わが国での"常識"的なとらえ方に倣う形で議論を展開する。イングランド国教会法制について詳しくは，拙著『イングランド国教会法の構造』（白鷗大学法政策研究所叢書3　2010年）参照。

[203] See, Levy, The Establishment Clause, at 165～85（1986）. Perry, Religion in Politics: Constitutional and Moral Perspectives（1997）, Wald, Religion and Politics in the United States（3rd ed., 1997）.

[204] 連邦税法，さらにはこの連邦税法の規定を模範とした各州の税法や地方団体の税条例などにおいても，同様の規定を置いている場合が多い。

しては，規制税の賦課，宗教活動に対する課税処分などによる厳しい対応をしている。これは，教会や宗教団体が，税制上の支援措置を受けて政治活動をすることにつながらないようにすることが狙いである。

こうした課税または税制を通じた政治活動の規制措置については，その是非をめぐりさまざまな意見がある。社会の安寧や福利をはかることに狙いがある教会や宗教団体を含む民間非営利公益団体の自律性・不偏不党性を担保する仕組みと評価する向きもある。その一方で，政教分離の保障というよりも，教会や宗教団体に対する世俗法による規制（他律）ないし課税権力の常時介入をゆるす仕組みと見る向きもある。頓挫したが，この規制課税措置の撤廃を狙いとした"礼拝施設における選挙演説解禁法"案の成立に向けた宗教界右派(Religious Rights) の積極的な動きもあった。ここでは，教会その他宗教団体に対する連邦税上の政治活動規制課税（政教分離課税）に焦点をあてて，その構造および推移について分析する。

A　アメリカの宗教団体法制の特質

単一国家 (unitary country) であるわが国においては，宗教法人法（1951年法律126号）という国のレベルでの法律で宗教団体の法人格制度について規律している。これに対して，連邦国家 (federal country) であるアメリカにおいては，宗教団体の法人格制度について，国，すなわち連邦レベルで規律する法律は存在しない。州レベル，すなわち各州法（正確には50州＋連邦首都圏地域～ワシントンD.C.）で規律している。このことから，アメリカにおいて，宗教団体が法人になるための法律を制定することは，各州の立法管轄になっている。後にふれるカリフォルニア州やニューヨーク州の例からも分かるように，各州における宗教法人を含む非営利法人法制はまちまちである。また，ウエストバージニア州やバージニア州のように，歴史的な経緯から宗教団体に対し法人格を認めない州もある[205]。

このように，アメリカ諸州の宗教法人法制は，実に多様である。また，宗教法人は社団的な色彩が強いのも特徴である。しかし，諸州の法制は，宗教団体がそれ自体として独立した法人格を取得できるかどうかを基準に，大きく次の

---

[205] See, Church and State in American History, at 68～87 (1965). アメリカ諸州の宗教法人法制について，詳しくは，拙著『アメリカ連邦税財政法の構造』（1995年，法律文化社）296頁以下参照。

ように類型化することができる。

(1) 「宗教集団」自体は，法人格を取得できないとする考え方に従う州

　宗教集団の財産の所有・管理等の俗事（secular or temporal matters）については，当該集団の構成員である信徒に代わって事務を行う，1人または集団に受託者（trustee or trustees）を選任し，これに一任する方式を採る州である[206]。この場合，受託者は宗教集団から自立し，「信託（trust）」の法理に基づき事務を行う。あるいは，「受託者法人（trustee corporation）」ないしは「一人法人（corporation sole）」を設立し，法人格を取得したうえで事務を行うことになる。例えば，アラスカ州はこのタイプの法制を採用する[207]。なお，一人法人の仕組みになじまない宗派の場合，同州の非営利法人法のもとで，宗教活動を本来の事業とする法人を設立することも可能である。

　また，ユタ州の場合，同州の法人法典第7章〔一人法人〕の定めに従い，司教などの聖職者の長が，法人規則を制定し，それを州の所轄部局〔ユタ州では法人・商法典局〕に申請し，認証書の交付を受ける，という手続を踏むこととなる[208]。この州の場合も，一人法人になじまない宗派については，同州の非営利法人法のもとで，宗教活動を本来の事業とする法人を設立することも可能である[209]。

(2) 宗教団体は，俗事処理という限定目的で法人格の取得ができるという考え方に従う州

　宗教団体は，俗事処理という限定目的で法人格の取得ができるという考え方に従う州の場合，礼拝施設の管理・運営をはじめとした多様な俗事を処理するために，宗教集団は，「宗教法人（religious corporation）」を設立することができる。イリノイ州やニューヨーク州をはじめとした多くの州が，一般の非営利法人から特化した形の宗教法人の設立を認める[210]。したがって，受託者が法人格

---

[206] 教会や宗教団体の活動は，大きく①儀式行事や礼拝などの宗教活動を行う「聖」の側面と，②礼拝施設を中心とした財産の管理・運営など世俗的な事務を行う「俗」の側面からなる。双方は，宗教よっては厳格に分別できないこともあるであろう。しかし，宗教法（各宗教の自律規範）と世俗法（国家的法律）との峻別を前提に議論を進める場合には，常に「聖俗分離の原則」に留意する必要がある。
[207] Alaska Stat sec 10.40.010～10.40.150.
[208] Utah Code Ann sec 16-7-1～16-7-11.
[209] Id., Utah Code Ann sec 16-6-21.
[210] ILCS sec 805; NY Religious Corp Law sec 1-352.

を取得することは認められない。すなわち、この場合、宗教集団の構成員たる信徒は、設立発起人（incorporators）となり、受託者は役員（officers）となる。

固有の宗教法人法を有する州では、イリノイ州のように、宗教団体に対し一般の非営利法人法のもとでの法人格の取得を認めないとするところが多い[211]。

一方、一般に非営利法人法制のなかで、宗教団体に対し法人格を付与する州も少なくない。例えば、テキサス州[212]やペンシルバニア州[213]などが、こうした州である。

(3) 宗教団体と州法

現在、宗教団体に対し、法人格の取得を認めない州は、非常に限られている。もちろん、どの州にあっても、「人格なき教会（unincorporated church）」の場合には、教会財産の管理・運営について、委託者となる信徒は、自分らのなかから受託者を選任し、かつ当該教会を受益者とする信託（trust）制度を利用するのが一般的である。

ちなみに、すでに若干ふれたように、受託者法人制度を導入する州においては、団体たる受託者（trustee organization）は、受託者法人（trustee corporation）を設立し、その運営をする場合には、その州の非営利法人法のなかにある受託者法人関連条項または独立した受託者法人法（Trustee Corporation Act）に準拠するのが一般的である。

現在、ニューヨーク州やカリフォルニア州をはじめとする多くの州では、俗事処理を担う機関ないしは団体という意味での「宗教目的（religious purpose）」を有する宗教法人の設立を認めている。つまり、例えば、ニューヨーク州法は、宗教法人法（Religious Corporation Act）を制定し、単位団体ないし単立団体としての宗教団体が法人格を得喪変更する場合の手続を定めている。また、カリフォルニア州は、法人法典（Corporations Code）のなかにある非営利法人法（Nonprofit Corporation Law）の第4部：非営利宗教法人（Nonprofit Religious Corporations）に、宗教団体が法人格を得喪変更する場合の手続を定めている[214]。

法人格の得喪変更の手続は、州により異なる。一般には、単位団体ないし単

---

[211] See, *e.g.*, Stony Island Church of Christ v. Mannings, 509 NE 2d 572 (1987).
[212] Tex Rev Civ. Stat. Ann. act 1396-2.11(B).
[213] Pa. Stat. Ann. title 15, sec 5101 *et seq.*
[214] カリフォルニア州宗教法人法の邦訳（抄訳）については、国立国会図書館調査及び立法考査局「宗教団体とカルト対策」外国の立法201号、210頁以下参照（1997年、紀伊国屋書店）。

立団体の礼拝施設など宗教用財産の所在する州の法律に基づき，法人規則 (article of incorporation, charter) および付随規則 (by-laws) を作成し，その他必要な書類を添付し州当局に提出し，州務長官の認証 (certification) を受ける。そのうえで，当該財産所在州の地方団体（カウンティ，シティ，タウン等）の権限ある当局に届出をするという手続による[25]。

(4) 宗派組織と宗教法人法との接点

アメリカの宗教集団は，自治・独立型のものと階層型のものに大別できる。それぞれのタイプにより，上位団体 (parent organization) または包括団体 (umbrella organization) と単位団体 (unit organization) の関係は異なる。

自治・独立型，すなわち会衆派教会 (congregational church) において，単位教会は各々独立し自治権を有している。すなわち，論理的には，例えば，バプティスト教会 (Baptist Church ～大文字のCに注意) なるものは存在せずに，各単立教会として数多くのバプティスト教会 (Baptist church ～小文字のcに注意) が存在するだけである。したがって，宗派の教義，礼拝および儀式などに関する内部の宗教法（教憲・教規など）は，原則として各単立教会の独自の決定・判断に委ねられている。このため，宗派全体としての統一性は，あくまでも各単立教会の自主的な意思に従い，統一協定を締結して保つ形になっている。

これに対し，ローマ・カソリック教会 (the Roman Catholic Church ～大文字のCに注意) やモルモン教会 (the Mormon Church，ただし，正式名称は The Church of Jesus Christ of Latter-Day Saints) のような上位または包括団体を有する聖職位階制の宗派において，各単位教会は，たんなる支部であり，独立した自治権を有していない。すなわち，こうした宗派にあっては，各単位教会は，上位団体の宗教法（教憲・教規など）の支配を受ける。

歴史的に，アメリカの宗教団体法制は，包括団体を有しない自治・独立型の会衆派の考え方を基盤にして確立されたことや，連邦法ではなく，各州法が宗教法人設立の準拠法になっていることなどから，多州間にわたるネットワーク基地としての上位または包括団体に対しては法人格を認めるに至っていない[26]。

---

[25] 例えば，カリフォルニア非営利法人法9121条参照。なお，カリフォルニア非営利公益法人法の邦訳については，雨宮・石村ほか訳『全訳・カリフォルニア非営利公益法人法』(2000年，信山社) 参照。また，アメリカの地方団体制度について詳しくは，拙論「アメリカの地方税財源制度」〔日本財政法学会編〕『地方税財源確保の法制度〔財政法叢書20〕』(2004年，竜星出版) 48頁以下参照。

B 宗教団体等への課税除外措置の特質

連邦国家であるアメリカ各州の非営利団体法制に準拠してつくられた各種団体の組織や運営は一様ではない。この点は、教会や宗教団体、さらにはその他宗教団体（いわゆる「宗教系団体」）とて例外ではない。連邦税法（内国歳入法典／IRC）は、こうした多様性に配慮しながらも、これらの団体を連邦のスタンダード（基準）で束ねる役割を担っている。

(1) 非営利団体免税制の意味

わが国の場合、宗教法人を含む公益法人等については、非営利の任意団体（人格のない社団等）が各所轄行政庁の認証または許可を得て法人格を取得した場合には、収益事業所得以外については等しく、自動的に法人税上（および金融収益については所得税法上）の課税除外措置を享受できることになっている。また、住民税など各種地方税についても同様に幅広く課税除外が認められている。わが国は、いわゆる公益法人等非課税制を採用しているからである[217]。

これに対して、アメリカ法においては、非営利の任意団体は、法人格を取得したとしても、同時に、課税除外など各種の税金上の措置を自動的に享受できない原則になっている。すなわち、非営利法人免税制を採用しているためである。新たに連邦税法および各州の州税・地方税上の免税資格承認のための審査基準をクリア（充足）できてはじめて本来に事業や関連事業が課税除外となる。したがって、ごく一部の例外を除き、法人格を取得した後、課税庁に申請して、個別の免税審査を受けるように求められる。

わが法人税法上、任意団体（人格のない社団等）は、非収益事業が非課税とされる（法人税法4条1項・2項但書）。こうした団体が、たんに法人格を取得したことで非収益事業が課税対象になるのでは合理的とはいえない。そこで、イコール・フッティング（民間企業との競争条件の均等化）の観点から、法人税法（ないし法人格を付与した準拠法）でもって公益法人等の非収益事業を任意団体の非収益事業の場合と同等に非課税としているわけである。わが国の場合、公益法人等

---

[216] See, Whelan, "Church in Internal Revenue Code: The Definitional Problems," 45 Fordham L. R 885, at 901-6.

[217] なお、近年成立した公益法人制度改革関連3法では、「一般社団法人・一般財団法人」と「公益社団法人・公益財団法人」の二階建ての非営利・公益法人制度を採用した。新非営利・公益法人制度では、法人設立許可主義は廃止されたというものの、いわゆるこれまでの「非課税制」から「免税制」への大転換になる。

の非収益事業に対する非課税措置は，特典というよりも，イコール・フッティングの観点から採られた当然の措置といえる。

　これに対して，アメリカ連邦税法（IRC）においては，任意団体（人格のない社団等）の非収益事業は課税とされる。したがって，非営利団体は，法人格のあるなしにかかわらず，非収益事業について，課税除外を望むものは課税庁（連邦／IRS＋州＋地方団体）に対し個別に申請をし，審査を受けたうえで免税適格を得るように求められる。

　内国歳入法典（IRC）501条 a 項は，一定の適格非営利法人（qualified nonprofit corporations）に対し連邦所得税[218]を免除している[219]。法典501条 c 項 3 号は，連邦所得税を除外される団体（以下「課税除外団体（exempt organizations）」ともいう。）として，「もっぱら宗教，慈善，学術，公共安全の検査，文芸もしくは教育上の目的でまたは児童もしくは動物の虐待防止の目的で設立され，かつ，運営されている」非営利法人をあげている。したがって，教会その他宗教団体は，この法典501条 c 項 3 号のもとで，一般的には「慈善団体（charities）」として言いならされている民間公益（慈善）団体の 1 つとして課税を除外されている[220]。

(2) 教会および宗教系団体の定義

　連邦税法（内国歳入法典）は，厳密にいえば，「教会（churches）や宗教団体（religious organizations）」と「その他宗教団体（other religious organizations）」（いわゆる「宗教系団体」）とを区別して，課税取扱いをしている。ただ，実務上は，こうした区別にはあまり注目されていない。また，各州の宗教法人法や州税法においても，こうした区別は必ずしも明瞭にはなっていない。

---

[218] すでにふれたように，アメリカ連邦所得税は，個人所得税（individual income tax）と法人所得税（corporate income tax）とを包摂する税目である。

[219] 法典上，tax exemption の文言が用いられている。学問上，①課税の対象から除外された一定の物，行為または事実に関して当初から納税義務が成立しないという意味での"非課税"という文言と，②一定の法定要件の充足を前提として，申告等の特別な手続を待って課税除外とされた場合に，いったん成立した納税義務を事後に解消し消滅させるという意味での"免税"という文言が，概念上区分して使われている。ただ，法令上は，例えば，租税特別措置法40条〔宗教法人など公益法人等に対し財産を寄附する場合〕のように，税務行政庁の事前承認を前提として非課税取扱いが行われていることも少なくない。つまり，本来の概念上の意味での①非課税でもなく，②免税でもない課税取扱いが多々ある。また，免税と非課税の双方を包摂する意味では，"課税除外"の文言が用いられている。一方，アメリカ税法上，tax exemption の文言は，わが国における①非課税，②免税，さらには③前二者の中間に属する措置を包摂する形で使われている。

[220] 本稿では，免税の根拠などについてはふれない。この点について，詳しくは，拙著『日米の公益法人課税の構造』（成文堂，1992年）93頁以下参照。

教会や宗教団体が，法典の下での適格宗教団体（qualified religious organizations）にあたるのかどうかは，法典501条 a 項のもとでの所得税上の非課税資格ないし免税資格承認を得るうえで極めて重要である。この非課税資格ないし免税資格承認を得るためには，教会ないし宗教団体は法典501条 c 項 3 号に定められる団体に当てはまらなければならない。法典501条 c 項 3 号は，「教会，その完全な付属機関（integrated auxiliaries）および教会の包括組織（conventions）または連合体（associations）ならびに修道会（religious orders）」を，適格団体の1つとしている。その他，社会保障税納付等の義務または免除などに関して，法典のなかに定められている教会や宗教団体，さらには宗教系団体の定義は実に多様である。

　連邦税法（内国歳入法典／IRC）は，「教会や宗教団体」と「宗教系団体」[21]はともに，本来の事業（宗教活動＋公益事業＋前2者との関連事業）に課税しないことにしている。つまり，課税除外としている。しかし，厳密にいうと，課税除外の方法や課税庁への報告書の提出，さらには政治活動の制限などの面で，「教会や宗教団体」と「宗教系団体」は異なる取扱いがなされている。

① 「教会」の意味

　「教会（church）」とは何かについて，法典は，とくに定義していない。逆に，世俗法で「教会」を明確に定義することは，憲法違反とする見方もある[22]。しかし，連邦課税庁である内国歳入庁（IRS）は，税法の適用上，形式的には「礼拝施設（place of worship）を有する団体」を「教会」としている。したがって，イスラム教の礼拝堂であるモスク（mosques），ユダヤ教の礼拝堂であるシナゴーグ（synagogues），仏教などの社寺（shrine, temple）などを含む。さらに，すでにふれたような，もっぱら教会から原資を得て活動している，完全な附属機関（integrated auxiliaries）および教会の包括組織（conventions）または連合体

---

[21] いわゆる礼拝施設を備える教会（church）は，宗教団体（religious organization）と同義で扱われることも多い。また，連邦税法はともかく，各州法では，教会という分類ではなく，宗教団体という分類で，立法を行っている例も多い。そこで，ここ**8**では，「教会」と礼拝施設を備えている「宗教団体」とを同一に取り扱う。一方，礼拝施設などを備えていない，法典501条 c 項 3 号のもとで免税となる宗教の振興等を目的とした宗教研究所や宗教界同体，聖職者の組合などは「宗教系団体」という文言をあてることにする。わが法のもとでも，日本宗教連盟や新日本宗教団体連合会のような団体は宗教法人ではなく，財団法人である。また，仏教の学術的な研究を行っている東洋哲学研究所のような団体も，宗教法人ではなく財団法人である。

[22] Hopkins, The Law of Tax-Exempt Organizations (10th ed., 2010) at 219.

(association) ならびに修道会 (religious orders) なども，ここでいう「教会」[223]に あたる。

② 「宗教系団体」の意味

「宗教系団体」とは何かについても，法典はとくに定義をしていない。しかし，IRS は，礼拝施設を備えていない，あるいは日常的に礼拝行為をしていない，特定の宗派や教派に属せず，宗教の研究や宗教の振興などの活動を行っている団体を指すとしている[224]。

(3) 宗教活動への課税除外措置

連邦税法 (IRC) は，宗教活動に専念している「教会その他の宗教団体」については，当然に課税除外 (*per se* exemption, statutory exclusion) となる非課税の取扱いをしている。一方，例えばキリスト教の教えをベースとした非営利公益活動をするような「宗教系団体」については，個別申請に基づき課税除外とする免税の取扱いをしている。(したがって，誤解をおそれずにいえば，アメリカは，教会免税制ないし宗教団体免税制というよりも，わが国と同じように，教会非課税制ないし宗教団体非課税制を採っているといった方より正鵠を射ている。)

いずれにせよ，こうした措置は，政教分離原則のもと，教会や宗教団体の自律を促す一方で，宗教活動に対して課税権力が過度に介入しないようにするための措置ととれる[225]。

① 教会その他の宗教団体に対する課税除外手続

一般に，ホームレス救済やフードバンクの運営，人間環境保護などをさまざまの目的で設立，活動をしている各種市民団体や私立大学など法典501条 c 項 3 号上の民間非営利公益団体は，非営利公益事業には連邦所得税がかからない。しかし，この場合，必ず内国歳入庁 (IRS) に対し様式1023〔法典501条 c 項 3 号のもとでの免税申請書 (Application for Recognition of Exemption Under Section 501(c)(3) of the Internal Revenue Code)〕を提出し (法典508条 c 項)，免税資格審査を受ける必要がある。

---

[223] わが法でいう「宗教団体」と同義とみてよい。
[224] なお，教会に附属する学校や墓地なども，これら宗教系団体に含まれる。法人化する場合には，教会とは別途の州法人法上の手続が必要である。また，連邦税法上，本来に事業について課税除外の取扱いを受けるには，別途に免税資格承認審査が必要である。
[225] また，適格教会や適格宗教団体は，免税資格承認を得た非営利・公益団体一般に求める年次報告書（様式990）の提出も免除される。See, IRC6033条 a 項 2 号, Revenue Procedure 86-23, 1986-1CB4.

【図表V-54】様式1023〔Form 1023：法典501条c項3号のもとでの免税申請書〕(抜粋)

Form **1023** (Rev. December 2013) Department of the Treasury Internal Revenue Service	**Application for Recognition of Exemption Under Section 501(c)(3) of the Internal Revenue Code** ▶ (Use with the June 2006 revision of the Instructions for Form 1023 and the current Notice 1382)	(00)	OMB No. 1545-0056 **Note:** *If exempt status is approved, this application will be open for public inspection.*

Use the instructions to complete this application and for a definition of all **bold** items. For additional help, call IRS Exempt Organizations Customer Account Services toll-free at 1-877-829-5500. Visit our website at **www.irs.gov** for forms and publications. If the required information and documents are not submitted with payment of the appropriate user fee, the application may be returned to you.

Attach additional sheets to this application if you need more space to answer fully. Put your name and EIN on each sheet and identify each answer by Part and line number. Complete Parts I - XI of Form 1023 and submit only those Schedules (A through H) that apply to you.

Part I Identification of Applicant

1	Full name of organization (exactly as it appears in your **organizing document**)	2	c/o Name (if applicable)
3	**Mailing address** (Number and street) (see instructions)　　Room/Suite	4	Employer Identification Number (EIN)
	City or town, state or country, and ZIP + 4	5	Month the annual accounting period ends (01 – 12)
6	Primary contact (officer, director, trustee, or **authorized representative**) a Name:	b	Phone:
		c	Fax: (optional)
7	Are you represented by an authorized representative, such as an attorney or accountant? If "Yes," provide the authorized representative's name, and the name and address of the authorized representative's firm. Include a completed Form 2848, *Power of Attorney and Declaration of Representative*, with your application if you would like us to communicate with your representative.	☐ Yes	☐ No
8	Was a person who is not one of your officers, directors, trustees, employees, or an authorized representative listed in line 7, paid, or promised payment, to help plan, manage, or advise you about the structure or activities of your organization, or about your financial or tax matters? If "Yes," provide the person's name, the name and address of the person's firm, the amounts paid or promised to be paid, and describe that person's role.	☐ Yes	☐ No
9a	Organization's website: b Organization's email: (optional)		
10	Certain organizations are not required to file an information return (Form 990 or Form 990-EZ). If you are granted tax-exemption, are you claiming to be excused from filing Form 990 or Form 990-EZ? If "Yes," explain. See the instructions for a description of organizations not required to file Form 990 or Form 990-EZ.	☐ Yes	☐ No
11	Date incorporated if a corporation, or formed, if other than a corporation.　(MM/DD/YYYY)　/　/		
12	Were you formed under the laws of a **foreign country**? If "Yes," state the country.	☐ Yes	☐ No

For Paperwork Reduction Act Notice, see page 24 of the instructions.　　Cat. No. 17133K　　Form **1023** (Rev. 12-2013)

　これら民間非営利公益団体とは対照的に，同じ法典501条c項3号上の団体である教会その他の宗教団体は必ずしも様式1023〔IRC501条c項3号のもとでの免税申請書〕をIRSに提出し免税資格審査を受ける必要はない。

　しかし，現実には，多くの教会や宗教団体がIRSに対して免税資格承認申請をして，免税資格承認決定書（determination letter）を得ている。

この背景には，次のような理由がある[226]。

【図表V-55】教会その他の宗教団体に対する課税除外手続

> ○各州の下位にある地方団体が課す不動産取得税や売上税などについて免税措置の適用を受ける場合に，教会や宗教団体であっても，IRS発行の免税承認決定書（determination letter）の提示を求めるケースが多い。
> ○IRSは，免税資格承認を受けた団体（免税団体）で，寄附者が所得控除できる公益寄附金の受入団体（公益増進団体／public charities）の名簿を公表している[227]。アメリカの場合，教会や宗教団体に支出した寄附金は公益寄附金控除の対象となる。教会や宗教団体は，免税資格承認を受けていれば，IRS発行の上記の名簿に掲載される。IRSは寄附先が公益増進団体かどうかは，この名簿で容易に確認できる。ひいては寄附者は，確定申告において，容易に寄附金控除が受けられる。
> ○教会や宗教団体が，ホームレス救済など公益的なプログラムを企画し，政府から助成金の支給を受ける際に，免税資格承認決定書の添付を求められること多い。

② グループ免税資格承認制度

宗派（ないし教派など）の包括組織ないし連合体は，内国歳入庁（IRS）に対し，グループ免税資格承認（group exemption letter, group ruling）を求めることができる[228]。宗派の包括組織（上位団体）ないし連合体が，グループ免税資格承認を受けている場合には，系列の単立教会や単位団体などは，個別の承認を受ける必要がない。したがって，包括団体を有しない自治・独立型の会衆派の宗派であっても，包括組織がグループ免税資格承認を受けている場合には，その包括組織が毎年IRSに対しグループ内の異動情報を提出することで足りる。言い換えると，包括組織のリストに掲載されていれば，各単立教会は個別の免税資格承認を受ける必要がない[229]。

例えば，各州のバプティスト包括組織（協議会）の多くはグループ免税資格承認を受けている。この場合，単立のバプティスト教会は，州協議会の布教プログラムに参加し，教憲・教規などを誠実に守って布教活動をしていることで，

---

[226] Note, "Should Churches Have A Determination Letter From the IRS," 2 MosherLaw Nonprofit Update (Mosher & Associates, 2nd Quarter, 2002).

[227] IRS Publication 78, Cumulative List (CL) of Organizations Described in Section 170(c) of the Internal Revenue Code of 1986. ただし，後にふれるようなグループ免税資格承認のスキームで免税資格承認を受けている場合には，包括組織ないし連合体の名称だけが名簿に掲載される。単立教会名は，この名簿には個別に掲載されない。

[228] See, Revenue Procedure 80-27, 1980-1 C.B. 677.

[229] See, IRS Publication 4573: Group Exemptions (Rev. 6-2007).

免税適格教会・宗教団体とみなされる[230]。もちろん，こうした単立教会は，包括組織のリストに掲載されなくとも，宗教活動は当然に課税除外になることについては，すでにふれたところである。

(4) 教会や宗教団体の免税資格承認基準

内国歳入庁（IRS）は，教会や宗教団体から免税資格承認の申請があった場合，形式面および実質面の双方から審査を実施する。

① 形式的な審査基準

教会のような特殊な団体の場合，課税庁は，形式的な免税資格承認審査にあたっては，さまざまな困難が伴う。審査のあり方によっては，課税庁（IRS）が，申請した宗派の教憲・教規などを精査し，"宗教"どうかを判断することになりかねないからである。政教分離原則からして，大きな問題になりかねない。

すでにふれたように，法典のもとで適格教会・宗教団体であるためには，申請団体は法典501条c項3号に定められる団体に当てはまらなければならない。法典501条c項3号は，「教会，その完全な付属機関（integrated auxiliaries）および教会の包括組織（conventions）または連合体（association）ならびに修道会（religious orders）」を適格教会・宗教団体としている。こうした要件のもと，内国歳入庁（IRS）が申請団体を形式的に審査する基準は，「組織形態基準（operational test）」とも呼ばれる。具体的には，次のようなものである[231]。

審査対象団体が，(a)〔申請者個人から〕独立した法的実在（ただし，法人，信託，人格のない社団のいずれであるかは問わない）であること，(b)正式な教義および礼拝様式に関する教憲・教規などを有すること，(c)既定かつ独自の宗教統治機構を有すること，(d)独自の宗教的な歴史を有すること，(e)正式な経典および戒律を有すること，(f)信徒は他の教会または宗派の関係者ではないこと，(g)聖職者としてその宗派の祭祀を司る資格のある宗教教師〜キリスト教の牧師・司祭・イスラム教の導師（imam）・ユダヤ教のラビ（rabbis）など〜のいる確固たる団体であること，(h)既定の修行課程を修了した，選ばれた聖職者としての資格のある宗教教師を有すること，(i)その団体に関する文献を有すること，(j)既

---

[230] See, Davis & Maxwell, Church Incorporation and Related Legal Issues (1999 Executive Board of Tennessee Baptist Convention).

[231] See, IRS Manual, Exempt Organizations Examination Guidelines Handbook, IRM7 (10) 69-321.3. Note, "Emerging Criteria for Tax Exempt Classification for Religious Organizations," Taxes-The Tax Magazine (Jun. 1982) at 61〜65.

定の礼拝施設を備えること，(k)定期的に信徒総会を開催していること，(l)定期的に礼拝を行っていること，(m)宗教教育目的での日曜学校を有すること，ならび(n)宗教教師を養成する学校を有することなど，を求めている。

　課税除外資格承認審査にあたり，審査対象団体がこれらすべての要件をクリア（充足）できるのは，若干の既成宗派を除き困難である場合も少なくない。したがって，内国歳入庁（IRS）も，審査実務においては，こうした基準を審査の際の一応の目安として利用している。裁判所も，IRSの拒否処分の適否について判断が求められた場合には，必ずしも14（a～n）の基準の適合性に固執していない。これらの基準のうち，いくつかは差ほど重視する必要がないとする一方で，定期的に礼拝を行っており，その礼拝が開かれた形で行われているかなどは重視する。加えて，裁判所独自の判断基準も示しており，例えば，アパートの一室で，家族縁者だけで，礼拝所を設置し，礼拝を行っている団体は，「教会」にあたらないとしている(232)。

　また，こうした14の基準によると，例えば，礼拝施設などを備えないで，ラジオやテレビなどを通じて伝道や募金をしている，いわゆる"メディア伝道師"のケースなどが問題となる。IRSは，こうしたケースでは，自動的に課税除外適格が得られる「教会」には該当しないとしている。こうしたケースでは，たとえ法人格を得ていたとしても，宗教よりも，むしろ教育を目的とする団体にあてはまり，したがって，「宗教系団体」として免税資格承認を得てはじめて募金収入などが課税除外となるとした。裁判所も，このIRSの判断を支持している(233)。

　例えば，歯科医師の宣教団で，外国でのゴスペル（キリスト教の布教）と歯科治療の改善を目的としたものは，「教会」にはあたらないとされる。この団体の場合は，いかなる教会・宗教団体の傘下にもなく，その構成員はさまざまなキリスト教の教派からなり，特定のキリスト教派の教義を広め，信者でない者を対象とした布教を行い信者の獲得も目指していないため，「宗教系団体」とされた(234)。

---

(232) See, American Guidance Foundation, Inc. v. United States, 490 F. Supp. 304 (1980).
(233) See, *e.g.*, American Guidance Foundation, Inc. v. US, 490 F Supp 304, 306 (1980).
(234) Chapman v. Commissioner, 48 T.C. 358 (1967).

② 実質的審査基準

内国歳入庁は、課税除外資格承認にあたり、前記形式的審査に加え、審査対象団体の「目的 (purpose)」が何であるかについて実質的審査を行う。この審査は、「団体目的」判定基準にしたがって行われる。すなわち、例えば、申請団体が、もっぱら免税目的で設立されかつ「私的」ではなく「慈善」目的に奉仕しているかどうかについて審査をする。さらに、この実質審査では、申請団体の運営が、実際に、前記免税目的および「慈善」目的に沿って継続的に行われているかどうかについて審査をする。一般に、この審査は、「団体運営 (operation)」判定基準による審査とも呼ばれる。

この基準のもと、いったん免税資格承認を受けた団体であっても、もっぱらその団体の本来の目的に沿った運営が行われていないと判断される場合には、内国歳入庁は、介入処分 (intermediate sanction) としてあるいは制裁措置として規制税 (excise tax) を賦課し、運営の是正を求める[235]。また、こうした介入処分を行ったのにもかかわらず団体運営が正常化されていないと見られるときには、内国歳入庁は、課税除外資格（免税資格）の取消処分 (revocation of tax exempt status)、すなわち宗教活動への課税処分を行うことができる。

内国歳入庁による介入処分もしくは制裁措置または課税除外資格承認（免税資格）取消処分の事由で主なものとしては、次の3つをあげることができる[236]。

(a) 政治活動を理由とする処分

課税除外適格団体であっても、一般に「行動 (action)」団体といわれるように、「その団体の『実質的 (substantial)』活動部分が法律制定に影響を及ぼすための宣伝活動もしくはそれを試みようとすること、または、公職への候補者のための選挙運動への参加もしくは介入することにある場合」には、制裁措置ないし宗教活動への課税処分の対象となり得る。すなわち、教会は、宗教活動に課税されることなどを覚悟したうえでなければ、「実質的な法律制定活動（ロビイング）」および「選挙運動への参加・介入」はできない。言い換えると、ロビイン

---

[235] この"介入処分制度"は、1996年の税制改正で導入されたものである。不処分 (inaction) と厳しい免税資格承認取消処分（宗教活動・公益事業への課税処分）とを折衷させる性格を持つ金銭的な制裁である。団体とその役員間での不当な自己取引などにペナルティを課し、団体運営の是正を求める場合に適用される処分である。

[236] 詳しくは、拙著『日米の公益法人課税の構造』、第5章、前掲注(220)参照。また、See, Hopkins, The Law of Tax-Exempt Organizations (10th ed., 2011) at 427 et seq.

グについては，"実質的な"程度[237]に至らない限り許容されるが，選挙運動への参加・介入は，直接・間接を問わず，全面的に禁止される。したがって，例えば，教会や宗教団体が公職への候補者あるいは政党を支持・不支持の表明をすることは，禁止される。また，教会や宗教団体が特定候補者や政党の選挙キャンペーンの場所として，礼拝堂などの非課税施設の利用を認めた場合，間接的な参加・介入とみなされる。この場合，たとえ場所代の支払があったとしても，黙示の推薦とされるおそれがある。

(b) 課税除外団体の私物化を理由とする処分

法典501条c項3号は，免税の要件として，団体の「純益のいかなる部分」も「個人持分主または個人の利益」に供されないように求める。したがって，教会や宗教団体を含む課税除外団体（免税団体）が私益に供されている事実があるとすれば，処分の対象となる。問題となる典型的なケースは，団体とその役員間での不当な自己取引（self-dealing transactions）や役員の不当に高額な報酬，不当な経済的利益（報酬外給付）などである[238]。適格教会・宗教団体の場合には，制裁措置ないし宗教活動への課税処分の対象となり得る。

(c) 営利企業化を理由とする処分

連邦所得税法は，免税団体に対し一定の収益事業（関連事業および非関連事業）活動を行うことを認める。しかし，教会や宗教団体がねずみ講式の物品販売を行う例のように，その団体の「実質的」活動部分が，営利企業の活動と同様になってしまっている場合，つまり収益活動がその教会や宗教団体の本来の活動に転化してしまっている場合で，特別の理由が見出し得ないときには，制裁措置ないし宗教活動への課税処分の対象となり得る。

(d) 法令違反等を理由とする処分

免税団体は，その活動が違法であったり，公序に違反するものであったりしてはならない，とされる。したがって，教会や宗教団体に法令違反等があった場合には，刑事制裁に加え，課税上の制裁措置ないし宗教活動への課税処分の対象となり得る。

---

[237] 「実質的」といった不確定概念については，問題が多い。一応，形式基準が示されてはいるものの，教会や宗教団体には適用がない。

[238] See, Kaufman, "The Intermediate Sanctions Regulations are Final〜 No More Excuses," J of Taxation（Apr. 2002）240.

C 宗教団体等の政治活動と規制課税

アメリカ社会における宗教ないし教会および宗教団体ならびに宗教系団体（以下「宗教団体等」ともいう。）の影響力は無視できない。これら宗教ないし宗教団体等が，保守的であるにしろあるいは逆に社会改革に積極的であるにしろ，アメリカ社会の世論形成に果たしてきた役割は大きい。人工妊娠中絶の非合法化や同性愛者の婚姻を禁じる世俗法制定に向けた宗教界の運動などに見られるように，選挙民の政治意識の形成や投票行動にも大きな影響を及ぼしている。憲法上の政教分離原則の存在にもかかわらず，政治の動きを左右している現実があることは否定できない[239]。

すでにふれたように，宗教団体等は，その団体の「実質的（substantial）」活動部分が法律制定に影響を及ぼすための宣伝活動若しくはそれを試みようとすること，または公職への候補者のための選挙運動への参加もしくは介入することにある場合」には，課税庁の介入処分ないし宗教活動（本来に事業）への課税処分（課税除外資格取消処分）の対象となる。

(1) 政治活動を理由とする課税（課税除外資格取消）処分事件

アメリカにおいて，法典501条c項3号のもとで課税除外資格を得た宗教団体等が，実質的政治活動を行ったことを理由に，課税処分（課税除外資格取消処分）を受け，宗教活動にも課税を受けたケースは少なくない。ただ，課税庁（内国歳入庁／IRS）の課税処分（課税除外資格取消処分）に対し司法判断を求めたケースの数は限られている。

課税庁の課税処分（課税除外資格取消処分）が裁判で争われ，よく知られているケースとしては，1970年代初頭に起きたクリチャン・エコーズ教団事件と1990年代末に起きたブランチ伝道団事件があげられる。

① クリスチャン・エコーズ教団事件

クリスチャン・エコーズ教団 対 合衆国事件（Christian Echoes National Ministry, Inc. v. U.S. 以下「クリスチャン・エコーズ教団事件」）[240]は，アメリカにおける

---

[239] 通例，教会や宗教団体は，法典501条c項4号団体〜一般に社会活動団体（social welfare organization）と呼ばれる〜を組織し，選挙運動が自由にできる政治活動委員会（PAC＝Political Action Committee）を組織して活動を行っている。詳しくは，拙著『アメリカ連邦税財政法の構造』第9章，前掲注[205]，参照。See, The American Center for Law and Justice, Church, Free Speech, and the Regulations of the IRS Regarding Elections, at 4〜5.

[240] 470 F 2d 849 (1972).

政教分離原則と宗教活動非課税制との接点上の課題を検討するうえでも伝説的かつ重要なケースである。本件を提起したクリスチャン・エコーズ教団とは，レベレント・B・J・ハーゲス (Reverent B. J. Hargis) とその反共キリスト教運動グループにより創設された右翼的な宗教団体である。オクラホマ州法に準拠して宗教法人として設立されたクリスチャン・エコーズ教団は，その教憲のなかで，聖書の強い信念に基づき世界の宗教の撲滅や転覆をたくらんでいるあらゆる「無神論勢力」を戦うことをうたっている。この目的を達成するために，伝道，日曜礼拝その他の活動，さらには各種の活動者年次総会の開幕，2種類の雑誌の発行および宗教放送を行っていた。これらの活動や年約1,000回を超える礼拝を通じて，ハーゲス氏は共産主義，社会主義および政治的なリベラリズムに挑戦的な説教を行っていた。また，この教団およびハーゲス氏は，しばしば政治的主張を行ったり，正式な推薦の形ではなかったが，公職選挙の候補者への支持を表明したりもした。もっとも，特定の法律の制定を呼びかけるまたはそれに反対するキャンペーンを行ったのは，非常にまれなことであった[241]。

(a) IRSの課税除外資格取消・課税処分

1962年に，IRSは，税務調査を実施し，クリスチャン・エコーズ教団が，①もっぱら宗教目的で活動していないこと，②実質的に法律制定を促進する活動を行っていたこと，および③選挙運動に参加または介入していたことを理由として，同教団の課税除外資格を取消し，宗教活動にも課税処分を行った。クリスチャン・エコーズ教団は，この処分に同意せず，実質的に法律制定促進活動を行ったとみなされた年度にさかのぼって税金を払い，課税除外資格取消処分の取消および追加納付額の還付を求めて司法救済を求めた[242]。

(b) 連邦地方裁判所判決

オクラホマ北部地区連邦地方裁判所 (U.S. District Court for the Northern District of Oklahoma)（以下「連邦地裁」という。）の判決では，問題とされた教団の活動は，「原告の宗教上の信念からくるものであり，それはたんに原告の信ずる宗教ならびに教義概念の解釈の表明および布教に付随するものであった。〔中略〕さらに，このような原告の活動は，原告の全体的な活動の関係から見ればささいなものである」と判示した。また，裁判所は，「原告の行った『その日の時事問

---

[241] 470 F 2d 849, 851〜2.
[242] 470 F 2d 849, 852〜3.

題』についての見解表明は，禁止されている政治運動及び立法活動への参加にあたる行為ではない。したがって，内国歳入法典の条項に違反するものではない。〔中略〕教会および宗教団体は，その日の目だったできごとから隔絶して存在し得ない。」という理由を示したうえで，IRS は，悪意をもって当該教団の課税資格の変更を行ったと判示した。さらに，裁判所は，政府や司法府が教会や宗教団体の活動が宗教にあたるのか政治にあたるのかを判断することは，連邦憲法修正第1条の禁止するところであり，IRS が確たる証拠や憲法上の正当な理由もなしに修正第1条に違反して課税除外資格の取消を行ったことは明らかであると判示した[243]。

(c) 連邦控訴裁判所判決

連邦政府は，連邦地裁が連邦制定法を違憲と判断したという理由で，連邦最高裁判所へ飛躍上告を行った。しかし，最高裁は，連邦地裁が制定法を法令違憲としてはおらず，運用違憲を示唆したにとどまるとし，飛躍上告を認めなかった[244]。このため，本件は，第10巡回区連邦控訴裁判所（United States Court of Appeals for the Tenth Circuit）（以下「連邦控訴裁判所」または「控訴審」という。）で審理された。

連邦控訴裁判所は，連邦地裁の「法律制定活動」についての解釈に誤りがあるとし，地裁判決を破棄した。そして，クリスチャン・エコーズ教団が行った「ワシントンの政策決定に影響を与えるために議員に手紙を書こう」とか，「主要テレビ局の偏向報道に対し議会の調査を要求しよう」，「共産圏諸国との外交関係を断絶しよう」ないし「連邦所得税を廃止しよう」というようなアピールに注目した。さらに，同教団の行った，公民権立法，1976年公正選挙法，核兵器実験禁止条約，パナマ運河条約および銃器所持取締立法などに関し，世論を特定の主張に賛成するように誘導する説教をも問題にした。裁判所は，このような活動のすべてが，世論を集約，定型化するための間接的な運動を通じて立法に影響を与えるものであったと判断した。さらに，裁判所は，連邦税法上の政治活動の禁止を前提条件として課税除外資格を認める条項の合憲性にふれ，連邦憲法修正第1条にいう信教の自由は，課税除外取扱いをする範囲内でのみ

---

[243] No. 67-C-114, N. D. Ok. 7a. (1971). なお，本件地裁判決は，裁判例集に未搭載である。See, Burns, "constitutional Aspects of Church Taxation," 9 Colum. J. L & Soc. Prob. 646, 673 (1973).
[244] 404 U. S. 561 (1972).

制限されるわけであり，この取扱いはむしろ，政教分離の壁を高くかつ強固なものにしているとし，合憲の判断を下した[245]。

控訴審判決は，法典501条 c 項 3 号のもとで課税除外資格を得た宗教団体に禁止される「立法に影響を及ぼす活動」には，議会への直接的なロビイングのみならず，ある政治問題について世論や投票人の注意を喚起するための広報宣伝活動，すなわち草の根ロビイング（または間接的ロビイング）も含まれるとする，極めて拡大した解釈をとる判断を示したものといえる。宗教各界は，この判決に異論を唱えた。被控訴人であるクリスチャン・エコーズ教団側は，移送命令請求により，連邦最高裁の判断を求めようとしたが，受理されなかった[246]。このため，本件控訴審判決は確定した。

② ブランチ伝道団事件

ブランチ伝道団（Branch Ministries, Inc.）は，ニューヨーク州ビングハムトンに，ピアス・クリーク教会（Church at Pierce Creek）を開設し，1983年に IRS から課税除外資格承認を得た[247]。ピアス・クリーク教会は，1992年の大統領選挙投票日の 4 日前の10月30日に，ワシントン・タイムス紙（Washington Times）と URS トゥディ（USA Today）紙に，ビル・クリントン候補の道徳面での問題や人工妊娠中絶などの政策を攻撃する意見広告を掲載した。それから 3 年後の1995年に，IRS は，ピアス・クリーク教会の課税除外資格取消処分を行った。この意見広告が，教会をはじめとした法典501条 c 項 3 号のもとで課税除外資格を得た公益団体に禁止される「法律制定に影響を及ぼす活動」や「公職への候補者のための選挙運動もしくは介入」にあたるというのが，処分の理由であった。

ピアス・クリーク教会（ブランチ伝道団の単位団体）は，この IRS の処分を不服として，1995年 4 月にコロンビア特別区連邦地方裁判所（United States District Court for the District of Columbia）（以下「連邦地裁」という。）に提訴した。教団側は，IRS には課税除外資格承認を取り消す権限がない。したがって，IRS の処分は，連邦憲法修正第 1 条および1993年信教の自由復活法（1993 Religious Freedom

---

[245] 470 F 2d 849, 555 (1972).
[246] 414 U.S. 864 (1973).
[247] この教会は，400人程度の信徒を擁し，戦闘的な反中絶団体として，多くの宗教界右派からも幅広い支持を受けていた。現在，この教会は廃止され，課税除外資格なしで別の名称（Landmark Church）で活動している。See, Boston, "Pious Politicking Penalized," Church & State (May 1999)

Restoration Act）に違反するというのが提訴の理由であった。この訴訟は，多くの宗教団体にも支持された。しかし，一方では，政教分離を求めるアメリカ市民連合（Americans United for Separation of Church and State）のような市民団体は，1993年信教の自由復活法が宗教団体による政党政治の関係する選挙キャンペーン活動までをも保護するものではないとして，IRS の処分を支持する動きをみせた。

連邦地裁は，同年4月30日に，IRS の主張を支持する略式判決を下した[248]。地裁判決を不服として，教団側はコロンビア特別区巡回区連邦控訴裁判所（U. S. Court of Appeals for the District of Columbia Circuit（以下「連邦控訴裁判所」または「控訴審」という。）に控訴した。教団側は，連邦地裁での主張に加えてクリントン候補は，選挙キャンペーンの一環として，"教会行脚"を行っており，IRS の処分は，反クリントン陣営に対する報復の色彩が強く，偏頗的なものである主張した。また，教団側は，意見広告は，選挙運動への介入をしようという意図よりも，むしろ，キリスト教信仰者に警鐘を鳴らしただけであると主張した。

しかし，連邦控訴裁判所は，IRS の処分は，信教の自由を侵すものではなく，妥当であると判断した。また，IRS の処分が偏頗的，差別的と主張するのであれば，同じような主張をしたのにもかかわらず処分を受けていない教団がいることを立証すべきであり，それができない以上，その主張には根拠がないと判示した[249]。

(2) 教会や宗教団体による政治活動の法的限界

クリスチャン・エコーズ教団事件にみられたように，教会や宗教団体に許容される政治活動の限界が明確ではなかった。連邦税法は，「実質的な法律制定活動」または「実質的な選挙運動への参加もしくは介入」を行った場合には，課税除外資格承認の取消処分につながるといった概括基準を示すのみであった。この点は，宗教団体のみならず，法典501条 c 項 3 号のもとで免税適格を得た団体に共通する問題でもあった。

連邦税法は，営利の事業を営む個人や法人は，支出した直接のロビイング費については，法定限度額までの所得控除を認める[250]。また，事業者団体や労働

---

[248] Branch Ministries, Inc. *et al* v. Rossotti, 40 F. Supp. 2d 15 (D. D. C. 1999). See, Stokeld, "Church That Ran Anti-Clinton Ads Sues IRS Over Loss of Exemption," Exempt Organization Tax Rev. (May, 1995).

[249] Branch Ministries, Inc. *et al* v. Rossotti, 211 F. 3d 137 (D. C. Cir. 2000).

組合も同様の費用を経費控除ができる[250]。さらに，在郷軍人会のように，非営利団体の種類によっては，ロビイング活動を行ったとしても，献金者側の寄附金控除が認められる[252]。

このような，理論整然としない形での課税取扱いに対しては，かねてから批判が多かった。1969年に，アメリカ法曹協会（ABA＝American Bar Association）は，非営利団体が，その免税資格および寄附者側の寄附金控除を否認されることなしに，立法府との直接折衝（ロビイング）が認められるように法律改正を行うように決議を採択した。

① 不成立に終わった形式基準の導入

ABAの決議を契機に，マスキー上院議員とスミングトン下院議員との協同提案による，政治活動規制緩和のためのマスキー・スミングトン法案が作成された。同法案は，その後修正が加えられ，ウルマン下院議員が提案者となり，下院1370号（ウルマン法案）として連邦議会に提出された[253]。

この法案は，免税団体が，選択により，免税目的のために年間支出総額の20％までを「法律制定に影響を及ぼす」活動に支出し，かつ，当該20％のうち5％までを，その団体の免税目的とは無関係の間接ロビイング費および直接ロビイング費に支出することを認めることを骨子としたものであった。この法案に対し，ほとんどの非営利団体が賛意を表明した。これに対し，主要な教会や宗教団体は，教会や宗教団体による法律制定活動に対してはいかなる制限も課されるべきではないという信念から，法案に反対する旨を表明した。1972年5月の連邦議会の本会議における本法案に関する公聴会において，全国教会協議会およびその他主要な宗教団体は，議会は連邦憲法修正第1条における教会と国家との特別の取扱いを認識すべきこと，また，ウルマン法案にいう20％および5％という形式基準を法定することは，究極において，その測定および調査をめぐり，政府，すなわち税務当局の宗教への介入を容認することになるとし，法案に反対の意を表明した[254]。結局，1972年ウルマン法案は成立にいたらなかった。その後，73年，74年，75年のも同様の法案が提案されながらも，議会で

---

[250] IRC sec 162(e).
[251] Reg. sec. 1.162-2(c)(3).
[252] IRC sec. 170(c)(3) & (4).
[253] H. R. 13720, 92nd Congress, 2nd Session (1972). See, Hearing on Legislative Activity by Certain Types of Exempt Organizations Before the House Commission on Ways and Means, 2〜4.

② 新たな支出基準の導入

1975年6月に，新たにコーナビル議員から法案が提出され[255]，1976年の連邦議会での審議に付された[256]。コーナビル法案は，法典501条c項3号にいう「実質的」立法活動か否かを，直接ロビイングおよび間接ロビイングに支出される金額に基づいて判定できるように形式基準を明確にしたものである。この法案の骨子は，免税団体の免税目的に対する本来的支出に比例して，100万ドルを上限に，次のような額まで累進的に立法活動に対する支出許容額の増加を認めていく，いわゆる「支出基準（expenditure test）」導入の，提案である。

【図表V-56】コーナビル法案に盛られた免税目的への支出許容基準

免税目的への支出額	ロビイングに認められる非課税限度額
50万ドル未満	免税目的に対する支出の20％まで
50万ドル以上～100万ドル未満	10万ドル＋免税目的に対する支出のうち50万ドル以上の額の15％
100万ドル以上～150万ドル未満	17万5千ドル＋免税目的に対する支出のうち100万ドル以上の額の10％
250万ドル以上	免税目的に対する支出のうち25万ドル以上の額の5％。ただし，総額で100万ドルまで

また，間接的なロビイングについては，一般的な立法活動に対する法定許容非課税限度額の25％まで認められる。さらに，これら双方の限度額を超える部分に対しては25％の税率で規制税が課される。当該課税年から遡って4年間にわたりこれらの限度額のいずれかを引き続き超過しているときには，免税資格承認の取消を受ける。

以上のような内容を骨子とする「支出基準」を導入する提案は，1976年税制改革法に盛られ，審議の末に成立した。この改正は，やさしく言えば，免税団体が行う政治活動（political activity）のうち，公職の候補者に対する支援などの選挙運動（electioneering）については従来どおり全面的に禁止する一方で，立法

---

[254] *Id.*, at 194～200, 282～3, 303～12.
[255] H. R. 8021, 94th Cong., 1st Session (1975).
[256] H. R. 13500, 94th Cong., 2nd Session. (1976).

活動（lobbying or influencing legislation）については，これを法認し，その許容限度額を法的に明確にしたものである。もっとも，教会や宗教団体については，これらの改正点について，適用除外とされている。したがって，選挙運動および立法活動の双方が，従来どおり全面禁止とされる。

　こうした背景には，教会・宗教団体およびその関係議員らの，教会や宗教団体による法律制定促進活動には何らの制限も課されるべきではないという強い信念があったと見てとることもできる。ある意味では，支出基準の教会・宗教団体への適用除外という形で，政教分離の視角から，国家の課税権行使による教会・宗教団体への過度な介入を阻止できたともいえる[257]。

③　支出基準の限界

　先にふれたブランチ伝道団事件[258]は，支出基準の導入を目指したコーナビル提案が成立した後に起きた。この事件は，支出基準が教会や宗教団体へは適用除外とされたことも一因で起きたともいえる。また，この事件は，教会や宗教団体に対しては，いかなる活動が「実質的な法律制定活動」または「実質的な選挙運動への参加・介入」にあたるのか，コーナビル提案は何の回答も用意しえなかったことを証明したともいえる。言い換えると，相変わらず，教会や宗教団体が関連する法律制定活動については，課税庁や裁判所に，ケース・バイ・ケースでの判断することをゆるす土壌を提供している。法的安定性や予測可能性を確保する環境の整備は急務となっている。

D　内国歳入庁のガイドライン

　1992年にピアス・クリーク教会（ブランチ伝道団）に対する政治活動を理由とする課税除外資格取消処分・宗教活動への課税処分が問題になった頃から，政治活動の限界についての不明瞭さが強く指摘されるようになった。宗教界では，内国歳入庁（IRS）に対し，教会や宗教団体にゆるされる政治活動の限界についてセーフハーバー（安全基準）を定めたガイドラインを用意するように求める声があがっていた[259]。

　こうした声に応える形で，IRSは，1994年7月に，『教会および宗教団体向け

---

[257] See, Carroll, "Religion, Politics, and The IRS: Defining the Limits of Tax Law Controls on Political Expression by Churches," 76 Marq. L. R. (1992).
[258] Branch Ministries, Inc, v. Rossotti, 40 F Supp 2d 11 (1997).

税金ガイド（Tax Guide for Churches and Religious Organizations）』（以下「IRS 教会税金ガイド」）を公表した。その後の経過を踏まえ，2002年7月に，IRS 教会税金ガイドの改定版を出した。最新版は2015年版である[(260)]。

この IRS 教会税金ガイドでは，課税除外資格承認手続を中心に，教会や宗教団体に許容される政治活動の限界についても詳しく解説している。この IRS 教会税金ガイドは，IRS の説明によると，教会や宗教団体の自発的な納税協力（taxpayers' compliance）に奉仕することが狙いであるとされる。しかし，現実には，教会や宗教団体の政治活動の許容限度についての公定解釈として一人歩きする可能性もある。宗教界に与える影響は，決して小さくない。以下，IRS 教会税金ガイドを抜粋・仮約しながら，その内容を分析してみる。

(1) 実質的なロビイング活動とは何か

教会を含む法典501条 c 項3号のもとで免税資格を得た団体（免税団体）は，「実質的に法律制定（legislation）に影響を与える活動」〜一般に，実質的ロビイング活動（substantial lobbying activity）と呼ばれるもの〜を行うと，課税除外資格に影響がある。その程度によっては，課税除外資格の承認取消につながるおそれもある。IRS 教会税金ガイドでは，まず，実質的なロビイングとは何かについてふれている。

① 「法律の制定（ロビイング）」の意味

IRS 教会税金ガイドでは，「法律の制定（ロビイング）」の意味について，次のような解釈を示している[(261)]。

「法律の制定（legislation）」とは，連邦議会，州議会，地方議会その他の類似する統治団体による，法律，法案，決議もしくはそれに類する問題（例えば任命官職についての立法府への確認）にかかわる行為，または州民投票，州民発案投票，憲法修正もしくはこれらに類する手続における一般市民による行為などを指す。ただし，執行機関，司法機関または行政機関による行為は含まない。

教会や宗教団体は，次の場合には，法律制定に影響を与える行為とされる。例えば，法律制定を提案，支持または反対する目的で，立法府の構成員もしくは職員と接触する，または接触するように市民に働きかけをすること。また，

---

(259) See, Stokeld, 前掲注(218)参照。
(260) IRS, Tax Guide for Churches and Religious Organizations (Publication 1828, Rev. 8-2015) Catalog No. 21096G (hereinafter cited as IRS Church Tax Guide).
(261) IRS Church Tax Guide, at 6.

法律の制定に賛成または反対する主張をすること。

　教会や宗教団体は，その活動がロビイングにあたらない限り，公共政策問題に自らがかかわることができる。例えば，教会は，免税資格の取消を心配することなしに，教育目的での集会を持ち，教育的な資料を準備し頒布することができ，または教育的な観点から公共政策問題を検討することができる。」

　② **ロビイング活動の測定**

　教会や宗教団体の法律制定（ロビイング）活動制限については，何らの公的な基準もなかった。この点，IRS教会税金ガイドは，禁止・制限されるロビイング活動の判定や処分についての一定の基準を示している[262]。

　(a)　実質的部分基準（substantial part test）

　教会や宗教団体の法律制定に影響を及ぼす活動が，その団体の総体的な活動の実質的な部分を占めるに至っているかどうかについては，各ケースにおけるあらゆる関連する事実や状況を考慮して判断するものとする。IRSは，ロビイング活動が実質的な程度に至っているのかどうかを判定する場合には，その活動に費消した時間（有償の職員による労働はもちろんのことボランティアによる労働も含む。）や当該団体が支出した費用を含む，多様な要素を検討する。教会や宗教団体は，この実質的部分基準を利用しなければならない。なぜならば，教会や宗教団体は，支出基準の利用が認められていないからである。

　(b)　過多なロビイング活動に対する処分

　実質的部分基準によると，教会や宗教団体は，いかなる課税年においても，過多なロビイング活動をした場合には，課税除外資格を失い，その結果としてあらゆる所得が法人所得課税の対象となる。また，課税除外資格を喪失した課税年のロビイング支出に対しては，5％の規制税が課される。さらに，団体の管理者が課税除外資格の喪失につながるおそれがあることを知りながら当該ロビイング支出に，単独または共同で，同意している場合には，それら管理者に対しても当該支出に課された5％の規制税に相当する額が賦課される[263]。

　(c)　支出基準

　教会には適用はないものの，一定の宗教団体（いわゆる宗教系団体）には，ロビイング活動を測定する方法として，選択的に，法典501条h項に定める支出基

---

[262]　IRS Church Tax Guide, at 6〜7.
[263]　IRS Church Tax Guide, at 6.

準の適用を認められる。支出基準によると，団体のロビイング活動に対する支出額が原則として法典4911条に定められた金額を超えない限り，その団体の課税除外資格を危うくするおそれがない。原則として，制限額は団体の活動規模によるが，100万ドルを超えてはならない。

宗教団体は，支出基準の選択適用を受ける場合には，IRS書式5768〔適格法典501条c項3号団体による法律制定に影響を及ぼす支出をするための選択・選択の撤回(Election/revocation of Election by an Eligible IRC Section 501 (c)(3) Organization To Make Expenditures To Influence Legislation)〕を課税年中に提出しなければならない。この選択は，団体が撤回しない限り，後続年も効力を有する。この選択を撤回したときには，撤回申請をした翌年から効力を有する[264]。
（以下，邦訳略）

(d) 過多なロビイング活動に対する処分

実質的部分基準によると，宗教系団体は，過去4年間にわたり過多なロビイング活動をした場合には，課税除外資格を失い，その結果としてあらゆる所得が課税対象となる。また，その団体は，いずれの年に関しても，ロビイング支出限度額を超えた場合には，当該超額の25％に相当する額の規制税を賦課される[265]。

(2) 公職選挙キャンペーン活動とは何か

すでにふれたように，ピアス・クリーク教会（ブランチ伝道団）事件[266]では，公職選挙の候補者を攻撃するネガティブ選挙キャンペーン活動を理由に，課税除外資格取消処分が行われた。このケースからも分かるように，教会を含む免税団体は，公職選挙キャンペーン活動（公職選挙運動）にかかわることは絶対に禁止されている。違反すると，直ちに課税除外資格の取消につながることが分かる。

① 「公職選挙キャンペーン活動」の意義

IRS教会税金ガイドは，教会や宗教団体が絶対に行ってはならない公職選挙キャンペーン活動（公職選挙運動）について，次のような指針を示している[267]。

内国歳入法典によると，教会や宗教団体を含む，すべての法典501条c項3

---

[264] IRS Church Tax Guide, at 7.
[265] IRS Church Tax Guide, at 7.
[266] Branch Ministries, Inc. v. Rossotti, 40 F Supp 2d 11 (1997).
[267] IRS Guide, at 6〜7.

号団体は，直接もしくは間接を問わず，公職への候補者のための（または反対するための）選挙運動への参加または介入することは絶対に禁止されている。公職への候補者のためにまたは反対するために，当該団体に代ってまたは当該団体が選挙キャンペーン基金に支出を行うこともしくは公式な立場表明（口頭であるか文書であるかは問わない。）を行うことは，明らかに選挙キャンペーン活動の禁止にふれる。この禁止に違反することは，課税除外資格の不承認または取消，さらには一定の規制税の賦課処分につながる[268]。

　事実や状況によっては，一定の活動または支出が禁止されないこともある。例えば，一定の投票者教育活動（公開討論会への出席や投票者教育ガイドを含む）は，政党色のない形で実施される場合には，禁止される選挙キャンペーンにはあたらない。また，投票人登録や反対投票活動のような，投票に行くように呼びかける活動は，政党色のない形で実施される限りにおいて，禁止される選挙キャンペーンにはあたらない。一方，(a)他の候補者に対するのと比べ，ある特定の候補者をひいきする，(b)特定の候補者に反対する形をとる，または(c)特定の候補者もしくは候補者グループをひいきする効果があるような，偏見の証拠が伴う投票者教育または選挙人登録を呼びかける活動は，禁止される選挙運動への参加もしくは介入にあたる[269]。

② 宗教指導者による個人の活動

　教団の教祖など指導的立場にある人物が，教会ないし宗教団体としてではなく，個人として選挙運動にかかわる場合が問題になる。個人としての政治的な意見を表明する自由や参政する権利が尊重されるべきは当然である。他方，こうした人物の教団や信者などに対する影響力などを考慮する必要もある。こうした相対立する保護法益の比較考量について，IRS教会税金ガイドは，ケース設定を含め，次のような指針を示している[270]。

　選挙キャンペーン活動の禁止は，教会や宗教団体の指導者が，個人として，政治的な問題について自らの意見を自由に表現することに制限を加えることを狙いとしていない。また，これら指導者は，重要な公共政策上の問題について意見表明することを禁止されていない。しかし，指導者は，所属する団体が法

---

[268] IRS Church Tax Guide, at 7.
[269] IRS Church Tax Guide, at 7.
[270] IRS Church Tax Guide, at 8.

典501条c項3号のもとでの課税除外資格を継続するためには，その団体の公式な出版物ないし教会の公式行事において党派性のある意見を表明することはできない。宗教指導者は，教会の行事や出版物以外で行った意見表明が団体に帰属する潜在的な危険性を避けるために，個人の資格で話したり，書いたりした場合には，自己の意見表明が個人的なものであり，しかも所属する団体の見解の表明を意図したものでないことを明示するように勧めたい。

宗教指導者による公職候補者推薦に関しては，次のようなケースを設定できる[27]。

ケース1

> A牧師は，J教会の聖職にあり，その地域では良く知られている。J教会の許しを得て，選挙候補者Tは，候補者Tを個人的に推薦するA牧師を含む著名な5人の聖職者の名前を，地方新聞の全面広告に掲載した。その広告において，AはJ教会の牧師と確認できる。その広告では，「各個人の肩書や所属は，たんに本人確認のために掲載している。」と記されている。その広告の費用は，候補者Tの選挙運動委員会が負担している。広告費用はJ教会が負担していないこと，広告はJ教会の公式出版物に掲載されていないこと，および推薦はAの個人的な資格で行われていることから，その広告は，J教会による選挙キャンペーンへの参加にはあたらない。

ケース2

> B牧師はK教会の聖職の地位にある。K教会は，月刊の教会ニュースを発行し，すべての信者に配布している。各号において，B牧師は，「私の意見」と題されたコラムを執筆している。選挙の前の月，B牧師は，「私の意見」で，「私の個人的な意見であるが，候補者Uは再選されるべきである。」と書いた。その号について，B牧師は，ニュースの「私の意見」欄の部分にかかる費用を個人的な資金から支払った。こうした自己負担をしたとしても，そのニュース自体は教会の公的な出版物である。特定候補者の推薦は，K教会の公式な出版物に表明されていることから，K教会に帰属し，選挙キャンペーンに参加したことになる。

ケース3

> C牧師はL教会の聖職の地位にあり，その地域で良く知られている。選挙の3週間前に，C牧師は，候補者Vの選挙運動本部での記者会見の席に臨み，候補者Vは再選されるべきである旨を表明した。C牧師は，L教会に代って表明をしたものではない。C牧師の推薦は，地方新聞の1面で報道され，その記事のなかで，CはL教会の司祭

---

[27] IRS Church Tax Guide, at 8.

として紹介されている。C牧師は，候補者推薦を，教会の公式行事のなかで行っていないこと，教会の公式出版物のなかで行っていないこと，およびL教会を代表して意見表明を行っていないことから，C牧師の行動は，L教会に帰属せず，選挙キャンペーンへの参加にあたらない。

ケース4

D牧師はM教会の聖職の地位にある。選挙直前のM教会での定例礼拝の際に，D牧師は，来る選挙での投票の重要性を含む，数多くの論点について説教をし，「投票することはあなた方の義務であり，候補者Wに投票しなさい。」という言葉で締め切った。D牧師の言葉は，候補者Wの支持を教会の公式礼拝の際に指示したものであり，M教会に帰属し，選挙キャンペーンへの参加にあたる。

③ 一選挙候補者の演説依頼

教会や宗教団体が，さまざまな行事に政治家に依頼して演説をしてもらうことがある。こうした演説を選挙候補者に求める場合，特定候補の支援に結びつきやすいことから問題が多い。こうした点について，IRS教会税金ガイドは，ケース設定を含め，次のような指針を示している[272]。

事実や状況により，教会や宗教団体は，免税適格を危険にさらすことなしに，行事で演説してもらうために複数の選挙候補者に招くことができる。複数の選挙候補者は，複数候補者の資格でまたは個人の資格で（一候補者としてではなく），依頼を受けることができる。

(a) 一候補者としての演説

教会や宗教団体は，他のあらゆる法典501条c項3号団体と同様に，候補者をその行事に一候補者として演説をしてもらうために招待する場合には，次のような手順を踏まなければならない[273]。

・その行事は，同じ職を求めている選挙候補者に対し平等な機会を与えるものであること，
・その行事は，その候補者に支持または反対の意思を示すものでないこと（この点については，その候補者が紹介され候補者の出席に関する周知の際に，明確に表明されるものとする。），および，
・政治献金の募金が行われないこと。

---

[272] IRS Church Tax Guide, at 11〜12.
[273] IRS Church Tax Guide, at 11.

(b) 平等な参加の機会の保障

　教会や宗教団体は，他のあらゆる法典501条 c 項 3 号団体と同様に，複数の候補者に平等な参加の機会を保障しているかどうかの決定にあたり，各候補者の意見表明の方法に加え，招待した行事の性質を考慮しなければならない。例えば，教会ないし宗教団体が，一候補者に出席率のよい年次の晩餐会で演説するように依頼をする一方で，対立候補者に閑散とした通常総会で演説するように依頼する場合には，たとえ双方の演説者の意見表明方法においては平等であるとしても，禁止される選挙キャンペーン参加にあたる可能性がある[274]。

(c) 公開討論会

　しばしば，教会や宗教団体は，公開討論会で話してもらうために数人の候補者を招待する。公開討論会に公職を求めている候補者が関係しているとしても，免税目的である教育活動にあたるものとして，免税適格を保持することができる。ただし，その討論会が候補者によっては取扱いに格差がある形で運営されている場合には，選挙運動への参加または介入にあたるとみなされる。団体は討論会で話をしてもらうために数人の候補者を招待する場合には，次のような要素を考慮すべきである[275]。

> ・候補者に対する質問が独立した無党派の討論者により準備され，かつ発言されているかどうか。
> ・候補者が討論する議題が，求めている職に選出され，かつ公益性を有する広範な論点および，候補者がそれらに見解表明ができるかどうか。
> ・各候補者が討議される論点について自分の意見をいう機会が平等に与えられているかどうか。
> ・候補者が，その団体の立場，議題，政策綱領または表明に同意または反対が求められるかどうか。
> ・司会者は，質問に対し意見を出しまたは特定の候補者が同意または反対である旨をいえるのかどうか。

　次の 2 つのケース事例は，教会や宗教団体が，信徒会で候補者に話してもらうために招待する場合に関するものである[276]。

---

[274] IRS Church Tax Guide, at 11.
[275] IRS Church Tax Guide, at 11〜12.

ケース5

E牧師はN教会の聖職の地位にある。選挙の1か月前にE牧師は，N教会が所在する連邦下院議員選挙区で立候補している3人を，定例の礼拝の一部として，信徒向けに演説してもらうために，3週間にわたり各日曜日1人ずつの形で招待した。各候補者には，平等に演説の機会が与えられ，信徒からのさまざまな話題について質問がなされた。E牧師は，各候補者の紹介の際に，経歴に説明を加えること，ないしどの候補者をも推奨することもなかった。N教会は，こうした活動をしたとしても，選挙運動への介入にはあたらない。

ケース6

F牧師はO教会の聖職の地位にある。F牧師は，上院議員候補Xを，11月の選挙前の日曜礼拝の際に，信徒の前で説教をしてもらうために招待した。演説のなかで，X候補は，「あなた方の票のみならず，火曜に大量の票が得られるように，あなた方の情熱，献身，そして喜んで少し多く歩き回るようにお願いします。」と述べた。F牧師は，その選挙期間中に，他の候補者には信徒の前で演説するように招待しなかった。こうした運動は，公式な礼拝のときに実施されていることから，O教会に帰属する活動である。X候補の選挙運動を支援するねらいから，O教会の施設を演説場所として選択的に提供することにあったとみられることから，O教会の行為は，選挙運動への介入にあたる。

(d) 候補者としてではない演説

教会や宗教団体は，他の法典501条c項3号団体と同様に，候補者ではない資格（信徒の資格を含む。）で演説してもらうために選挙候補者を招待することができる。例えば，選挙候補者が，(i)現在公職にあるもしくは以前に公職にあった，(ii)政治以外の分野の専門家といえる，または(iii)著名人もしくは顕著な軍歴，法曹歴または公務歴を有している場合には，公人といえる。1人の候補者が候補者ではない資格で，行事で演説するために招待された場合には，教会や宗教団体は，他のすべての候補者に対し平等な機会を与えることが必要である。その場合，教会や宗教団体は，次のことを確認しなければならない[277]。

---

[276] IRS Church Tax Guide, at 12～13.
[277] IRS Church Tax Guide, at 13～14.

> ・個人は候補者でない資格でのみ演説すること。
> ・個人ないし教会のいかなる代表者も，立候補や選挙について触れてはならないこと。
> ・その候補者の出席に際していかなるキャンペーン活動もしてはならないこと。

　さらに，教会や宗教団体は，行事において候補者の出席を知らせる際に，その候補者が出席している資格を明確にし，かつその個人が選挙候補者であることまたは次の選挙について言及してはならない。
　次のケースは，公職にある者が教会や宗教団体に，候補者としてではなく，公的な資格で顔を出した場合にあたる。

ケース7

> 　P教会は州都にある。G牧師は，日常的に，礼拝の際に公職者が出席していることを知っている。知事選の最中，候補者であるY副知事が　水曜の夕方の祈禱会に出席していた。G牧師は，副知事の出席は本人の日常の行動であることを知っており，「私どもは今夜の礼拝にY副知事の参加をいただき大変光栄です。」と述べた。G牧師は，お礼の言葉のなかで副知事が候補者であることないし選挙については触れていない。P教会は，G牧師の行為により選挙活動に介入したことにはならない。

ケース8

> 　H牧師は，Q教会の司祭の職にある。Q教会はコミュニティ・センターを建設中である。H牧師は，Q教会を含むその地域の代表としてZ下院議員を，コミュニティ・センターの起工式に招待した。Z下院議員は，再選に出馬の予定である。H牧師は，Z下院議員の紹介に際に，本人の出馬ないし選挙については言及しなかった。Z下院議員本人も，出馬や選挙については言及しなかったし，Q教会ではいかなる献金活動もしなかった。Q教会は，選挙運動には介入していない。

④　投票人用ガイド

　教会や宗教団体は，公職選挙での投票人を教育する活動の一環として，しばしば信者向けの「投票人用ガイド（Voter Guide）」を発行する。こうしたガイドは，投票人が，さまざまな論点について候補者の考えを知り場合に役立つことも多い。その一方で，特定候補を推薦あるいは妨害する内容であったり，党派色の濃いガイドであったりした場合には，実質的に特定候補の選挙活動のへの支援または妨害に結びつくことも考えられる。また，信者などに対する影響力などを考える必要もある。市民団体も，この種の投票人用ガイドを問題視し，

ガイドを用意ないし配布した教会や宗教団体の課税除外資格承認を取り消すように法廷闘争を展開してきている[278]。内国歳入庁（IRS）が，投票人用ガイドを使って，教会や宗教団体が実質的に選挙運動への支援または妨害を行ったと判断すると，課税除外資格承認の取消処分を受ける可能性がある[279]。IRS ガイドは，投票人用ガイドの発行・配布について，ケース設定を含め，次のような解釈・基準を示している[280]。

　教会ないし宗教団体によっては，他の法典501条 c 項 3 号団体と同様に，投票人用ガイドを配布して，投票人に対する教育活動を行っている。通例，投票人用ガイドは，選挙運動期間に配布されかつすべての候補者がさまざまな争点についてどのような見解に持っているのかについての情報提供をすることにある。これらのガイドは，投票人を教育する目的で配布することができる。しかし，選挙される公職の候補者に賛成または反対する目的で利用されてはならない。

　教会や宗教団体が発行または配布する投票人用ガイドが，禁止される選挙キャンペーン活動にあたるのかどうかを判断する場合には，次のような事実や状況を注意深く点検することが手助けになる[281]。

> ・候補者の立場と団体の立場とが比較されるのかどうか，
> ・ガイドには，その候補者がその職に選出されるにあたり見解を表明することが求められる広範な争点が含まれているかどうか，

---

[278] See, U. S. Catholic Conference v. Abortion Rights Mobilization, Inc., 487 U. S. 72 (1988). 本件では，フィラデルフィア・カソリック大司教管区が，中絶，同性愛などについて，公職候補者の見解を掲載した投票人用ガイドの発行をアナウンスしたことから，市民団体が，カソリック教会の課税除外資格承認の取り消すように求めて争った。最高裁は，市民団体に原告適格がないとしたことから，訴訟は認められなかった。その後，同大司教管区は，発行計画を中止した。

[279] IRS は，教会や宗教団体，さらには宗教系団体を含むさまざまな法典501条 c 項 3 号団体が出版・配布しているおびただしい数の投票人用ガイドをチェックしている。宗教界右派（Religious Right）を自認するクリスチャン連合（Christian Coalition）も，党派色の濃い投票人ガイドを出版したかどで，免税資格承認の取消処分を受けている。また，メディア伝道師であるパット・ロバートソンが資金提供している法典501条 c 項 3 号団体であるクリスチャン放送ネットワーク（CBN＝Christian Broadcasting Network）は，党派色の強い投票人放送ガイドを放映したことを理由に，免税資格承認の 2 年間停止を受けている。このように，IRS のチェック対象は，出版物はもちろんのこと，投票人放送ガイドのような放映内容にも及んでいる。See, AU Special Report, Urgent Memorandum for Churches Concerning Distribution of "Voter Guides" in 2000 Presidential and Congressional Elections," "Legal Requirements for Voter Guides to Qualify as Permissible Voter Education," (AU, 2000).

[280] IRS Church Tax Guide, at 14～15.

[281] IRS Church Tax Guide, at 15～16.

- 争点についての記述が中立的かどうか，
- 職を求めているすべての候補者が含まれているかどうか，および，
- 各候補者の立場が，質問への回答に形でそれぞれの候補者自身の言葉で記述されているかどうか，または，すべての候補者の立場を中立，不偏，かつ完全に編集しているかどうか。

教会が投票人用ガイドを配布する際には，次のような状況のケースがある。

ケース9

R教会は，選挙前に投票人用ガイドを配布することにする。投票人用ガイドは，州の知事選のすべての候補者に送付された質問書に答えて出された各点についてそれぞれの候補者からの簡潔な見解表明を集めて作成されている。質問書での争点は，幅広い問題にわたっており，もっぱら有権者一般に重要かつ興味があるかどうかを根拠にR教会が選定した。質問者書も投票人用ガイドも，内容や構成において，不偏であり，特定の候補者ないし候補者グループを率いたりするものではない。R教会は，選挙運動に参加または介入はしていない。

ケース10

S教会は，選挙運動期間中に投票人用ガイドを配布することにする。投票人用ガイドは，主要な公職を求める候補者に送られた質問書に対する回答を使って作成された。質問書は幅広い問題にわたってはいるが，特定の争点についての質問の仕方が偏向しているとの証拠がある。こうした形でつくられた質問書を使うことは，S教会が選挙運動の参加または介入することになる。

E　IRSの課税除外（免税）審査手続に関する議会の調査

1992年にピアス・クリーク教会（ブランチ伝道団）に対する政治活動を理由とする課税除外（免税）資格取消処分が問題になった頃から，宗教界では，教会や宗教団体の政治活動の限界についての不明瞭さが強く指摘されるようになった。課税除外資格審査手続を通して内国歳入庁（IRS）が，当時のクリントン政権の政策に敵対する教会や宗教団体を狙い撃ちしているのではないかとの声が大きくなっていった。連邦議会でも，IRSが，免税資格承認の権限を武器に，教会を含む法典501条c項3号団体に対する不当な権限の行使があったり，権限の濫用があったりしたのではないか，と問題になった。

1997年3月25日に，連邦議会上下両院の有志議員が，両院合同課税委員会（Joint Committee on Taxation）の委員長に書簡を送った。そのなかで，特定の免

税団体や人物に対し，IRSが政治的な動機に基づいて税務調査や課税取扱いの変更をしていないかどうか調査するように求めた。

この求めに応じて，同委員会のスタッフがIRSに対する調査を実施し，2000年3月16日に「IRSの免税団体事務取扱に関する告発についての調査報告書（Report of Investigations of Allegations Relating to Internal Revenue Service Handing of Tax-Exempt Organization Matters）」（以下「議会調査報告書」という。）を委員長に提出した[282]。

(1) 合同委員会調査報告書の分析

2000年の議会調査報告書は，免税団体のうち，法典501条c項3号団体〔公益（慈善）団体〕と法典501条c項4号団体〔社会活動団体〕に対する免税資格承認事務に絞った調査結果を公表したものである。したがって，免税団体全般について実施された調査ではないし，宗教団体に限って実施された調査でもない。以下，この議会調査報告書の骨子を分析・紹介する。

① IRSの免税団体事務取扱いに関する告発の概要

議会調査報告書では，まず，今回の調査がなぜ実施されたのか，その理由をあげている[283]。

1996年当初から，さまざまなメディア報道を通じて，IRSが免税団体に対し，政治的な狙い撃ち調査を実施しているとの告発があった。また，IRSの調査に関して，合同委員会スタッフに対し書面または個人的な面談に形で告発があった。

いくつかの告発は，特定の免税団体の政治およびロビイング活動についてのIRS業務に関するものであった。他の告発は，ビル・クリントン政権に敵対する見解を持つ団体に対する狙い撃ち的なIRS業務に関するものであった。これらの告発のあらましは，次のとおりである。

> ・IRSは，ビル・クリントン政権の敵対する政治的な見解を表明していると思われる団体の免税申請に対する決定通知書（determination letter）の取扱事務を偏向させていた。
> ・IRSは，クリントン政権と見解を同じくする団体に対し，決定通知書を不適切に承

---

[282] Joint Committee on Taxation ～ JCT Press Release: 00-02（March 16, 2000, hereinafter cited as PCT Press Release).
[283] PCT Press Release, at 1.

> ・IRSは，クリントン政権の政策に敵対的なまたは批判的な免税団体（およびその団体に関係する個人）に対する調査事務を偏向させた。
> ・IRSは，免税団体の活動について，クリントン政権に賛同しない団体には調査を実施し，もう一方で賛同した団体には調査を実施しなかった。
> ・IRSは，特定の免税団体について，ホワイトハウスその他クリントン政権に同調しかつ狙い撃ちされた団体とは反対の見解を持つ影響力のある個人（例えば議員）が提供した情報に応じる形で，不適切に調査を開始していた。
> ・IRS職員は，クリントン政権に敵対する見解をとる免税団体の担当になった場合，偏頗的な取扱いをした。

② 合同委員会スタッフによる調査原則

合同委員会スタッフによる調査は，次の事項に焦点を絞って実施された[284]。(a) IRSは，免税団体の政治およびロビイング活動に関する法律をどのような原則で執行していたのか，(b) IRSは，免税団体からの免税申請に関する決定通知書をどのような原則で取り扱っていたのか，(c) IRSは，調査対象をどのような原則で選定していたのか，ならびに(d) IRSによるある特定の免税団体および当該団体に関係する個人にかかる事務取扱い

③ 特定の免税団体および個人に関するIRSの取扱い

合同委員会スタッフは，142の団体や個人を調査対象に選定した[285]。これらの対象は，(a)メディア報道，(b)免税団体や個人との接触，(c) IRSなどから提供された情報，および(d)議会筋からの情報をもとに選定された。142のうち，130余りが具体的な調査が必要なケースとみた。これらの団体については，IRS本庁が必要な資料を準備した。これらのうち，IRSの納税者事務を評価するために83を取り上げて調査を実施した。

また，合同委員会スタッフは，調査に慎重を期すために，この分野の事務に関係ある57人のIRSの元および現職員と面談を行った。資料と事実との整合性がない場合には，さらにIRS職員との面談を実施した。

合同委員会スタッフは，メディアで報道された関係者を拾い上げ，面談を実施するとともに，ケースによっては文書での報告を求めた。

④ その他の資料の調査

合同委員会スタッフは，一般に入手できる情報に加え，次のような情報も調

---

[284] PCT Press Release, at 1.
[285] PCT Press Release, at 2.

査した[286]。(a)1990年から1998年までの免税団体に関するあらゆる免税資格決定通知書および税務調査データ，(b)1995年から1997年までのあらゆる議会からIRSに対する対応，(c)1990年から1997年までのIRSの執務情報および報告書，(d)IRSの対応および事例追跡制度，(e)IRSマニュアル手続，(f)特定の納税者事務と職員に関係および職員の業務にかかるIRS，財務省およびホワイトハウスの方針ならびに手続，(g)1990年から1998年までの免税団体事務に関するIRS職員による不当行為についてのすべての告発，ならびに⑧司法省，財務省およびホワイトハウスに提供された情報

⑤ **合同委員会スタッフによる調査結果の概要**

合同委員会スタッフによる調査は，IRSから提供を受けた納税者の申告情報をかなり利用している[287]。こうした情報は，守秘義務の対象となっており，合同委員会スタッフは本人確認ができる形では開示できないことになっている。したがって，この調査でも，特定の団体や個人について言及していない。また，この調査報告書を作成するにあたっては，IRSから提供された情報に加えて，他の連邦機関からの情報やそこの職員などとの面談で得た情報を活用した[288]。

(2) **合同委員会調査報告書の意義**

この調査は，その内容から分かるように，連邦議会が，政治的な偏向がうわさされるIRSの課税除外（免税）審査手続やそれに関連する税務調査を牽制する意味合いが強い。言い換えると，IRSが当時のクリントン政権に敵対的な政治行動をとる宗教界右派系の団体の課税除外資格取消処分やこうした団体への狙い撃ち的な税務調査を実施したことに対する宗教族議員による反撃とみることができる。課税除外（免税）資格承認制度の政治的な運用を通じた"宗教界右派いじめ"の事実があったのかどうかが焦点になっている。この調査では，IRSの課税除外（免税）審査手続が，法令に照らして実施されているとしても，免税団体にとり煩雑であり，一部過酷になっている実態などが浮き彫りにされた。

また，この調査は，連邦議会が，将来的な課税除外（免税）手続の中立的な運用のあり方や政治活動規制課税の緩和など，免税団体に対する租税政策の選

---

[286] PCT Press Release, at 2.
[287] PCT Press Release, at 3.
[288] PCT Press Release, at 3 *et Seq.*

択・変更の必要性の有無を検討する際の検討資料や現状認識を深める意味合いもあった。

F　信教の自由と世俗法上の受忍義務との接点

アメリカでは，宗教もしくは信仰を根拠に，または教会や宗教団体の自律性を根拠に，さまざまな世俗法上の受忍義務を解除してもらうことを狙いとした立法を求める動きが活発である。後にふれるように，他の免税団体と区別して，教会や宗教団体に対してだけ選挙運動を行うことを認めるように求める法案もその1つといえる。連邦議会や各州の議会では，この他にも信教の自由を保障する基本法をつくり，信仰を根拠に，さまざまな世俗法のもとで課される受忍義務の解除を求める立法活動は活発である。宗教界からの求めに応じてつくられるこの種の立法案に対しては，NPO関係者や識者，司法府などの間では，消極的・批判的な見解が支配的である。

(1)　信教の自由と世俗法上の受忍義務との考量基準

従来から，信教の自由の保障を実のあるものにするために，教会や宗教団体の自律と世俗法により課される受忍義務とをどのように融合させて，世俗法(国家法)秩序を維持していくべきかどうかは，アメリカ社会における重い課題である。司法府は，判例の蓄積を通じて一定の基準を示してきているので，まず，この点について分析してみる。

司法府が示した基準は，おおまかに分けると2つある。1つは，シャーバート(Sherbert)事件[289]で示された基準である。この事件では，信仰を理由に土曜日の就労を拒否したため解雇され，この場合には，就労拒否が原因でも失業保険給付を受けられる"正当な理由"に該当しないとする当局の判断の妥当性を争った。この事件において，連邦最高裁は，"国民の権利義務を制限する連邦政府や州政府の行為の合憲性が支持されるためには，たんに正当な政府の利益があることを立証するだけでは不十分で，やむにやまれぬ利益(compelling interest)を達成するに必要最小限の制限となる手段であり，他にもっと制限的でない規制手段が存在しないことを立証しなければならない"。したがって，"表面的には中立的に見える受忍義務であっても，信仰の自由に対し不当に重

---

[289] Sherbert v. Verner, 374 U.S. 398 (1962).

い負担を課す結果となってはならない"と判示し，判断基準を明らかにした。

その後のヨーダー（Yoder）[290]事件では，この基準に従い，200年以上も継続されてきたアーミッシュ宗派独自の宗教教育を否定し，同宗派の子女に義務教育を強いることは不当に重い負担にあたる，との判決を下した。

これら2つの事件を通じて，俗にシャーバート・ヨーダー基準（Sherbert-Yoder Test）という呼び名で，法的拘束力ある基準として確立をみた。この基準は，その後に生じた信教の自由と世俗法上の受忍義務との接点上の課題を解決する裁判で，久しく判断基準として利用された。

しかし，その後，司法府は，スミス（Smith）事件[291]で，これまでの基準を変更する判断を下した。この事件では，薬物依存症治療施設で働く者が，アメリカ先住民教団の宗教儀式に違法な薬物であるペヨーテ（サボテンから抽出される幻覚作用のある薬物）を使用していたことを理由に解雇された。違法な薬物使用が解雇理由であったために雇用保険の給付が受けられなかった。このため，シャーバート・ヨーダー基準に基づいて，信仰の自由を侵害する不当な拒否処分であるとして争われた。この事件において，連邦最高裁は，これまでの基準によらず，"信仰の自由を根拠に，世俗法によって一般に課される受忍義務を解除するように求めることはできない"という新たな基準（スミス基準）を示した。最高裁は，シャーバート・ヨーダー基準は純粋な民事上のケースであり，スミス事件のような刑事上のケースとは分けて考える必要があることも強調した。

(2) 州への適用は違憲とされた1993年信教の自由復活法

その後，1993年に連邦議会は，「信教の自由復活法（RFRA＝Religious Freedom Restoration Act）」を制定した[292]。この法律は，連邦憲法修正1条に保障された信教の自由から派生する宗教を根拠とした諸権利（religion-based rights）を制定法で明確にすることにある。いわば，信教の自由・個人の自律を保障するための"基本法"的な性格の法律である。とりわけ，RFRAは，スミス事件で示された基準を変更し，旧来のシャーバート・ヨーダー基準を復活・法定ことに狙いがあった。

RFRAの目的は，簡潔にいうと，次のとおりである。

---

[290] Wisconsin v. Yoder, 406 U.S. 205 (1972).
[291] Employment Division, Department of Human Resources v. Smith, 494 U.S. 872 (1990).
[292] 法案は，連邦下院では1993年10月27日に，満場一致で可決された。また，上院でも，1993年11月3日に，97対3で可決された。1993年11月16日に，クリントン大統領が署名し発効した。

【図表V-57】信教の自由復活法（RFRA）の目的

・政府は，世俗法上の受忍義務を強いるにやむにやまれぬ理由がある場合を除き，信教の自由を制限してはならない。
・政府は，世俗法により受忍義務を課し信教の自由を制限する必要があると立証した場合には，その制限はやむにやまれぬ最小なものになるように努めなければならない。

　その後，RFRA は，フローレス（Flores）事件における連邦最高裁判決[293]で，州への適用は憲法違反の判決を受けた。連邦最高裁は，RFRA は，連邦のみならず，州や地方団体にも及ぶ立法であるとされながらも，適用範囲が明確に定められていないことなどを理由に，RFRA の州への適用は連邦憲法修正14条のもとで認められた連邦議会の権限をゆ越し，違憲であるとの判断を下した[294]。この最高裁判決により，州レベルではスミス基準は復活をとげた。しかし，RFRA はその後も連邦へは継続的に適用されている。

　一方で，RFRA の連邦レベルでの適用について，連邦最高裁は，2006年2月21日に，Gonzales 対 O Centro Espírita Beneficente União do Vegetal 事件判決[295]において，連邦の捜査当局（FDA＝連邦薬物取締局）が宗教儀式に使用する薬物を禁止するには，RFRA のもとでのやむにやまれぬ利益を達成するに最小に必要な措置であるのか当局は立証するように求められる。しかし，本件では，その立証が十分になされていないので禁止はできないと判示した。本件においては，連邦の捜査当局（FDA＝連邦薬物取締局）がニューメキシコ州にあるブラジル人の教会で儀式に使用しているお茶を押収したことから，当局の行為は宗教の自由な活動に実質的な制限を加えようとするものであり違法，かつ，将来的にそのお茶の輸入が止まることで宗教儀式ができなくなるとし，RFRA の下，

---

[293] City of Boerne v. Flores, 521 U.S. 507 (1997). 本件では，テキサス州にある教会が，施設が手狭になったため，礼拝施設の拡張の許可を市当局に求めたところ，同市が歴史保存地域あることを理由に請求を却下した。そのため，教会側は，RFRA に準拠して，市の不許可処分は，信教の自由を侵害するとして争ったものである。一方，市側は，不許可処分は正当であり，むしろ RFRA は，州や地方団体の権限に介入する法律であり，違憲であるとの判断を求めた。

[294] City of Boerne v. Flores, 521 U.S. 507 (1997). See, Williamson, "City of Boerne v. Flores and Religious Freedom Restoration Act: The Delicate Balance between Religious Freedom and Historic Reservation," 131 Fa. St. U. J. of Land Use & Environment L. (1997). G. P. Magarian, "How to Apply the Religious Freedom Restoration Act to Federal Law Without Violating the Constitution," 99 Mich. L. Rev. 1903 (2001).

[295] 546 U.S. 418 (2006).

当局は、その規制手段が最も制限的でないものであり、かつ、他にもっと制限的でない手段がなかったことを証明する義務を負うとして、教会側が訴えたものである。最高裁は"政府側の立証がRFRAの求める程度にまで至っておらず、連邦政府機関は真正な宗教上の儀式に規制された薬物を使用することを禁止することはできない"との見解を示した。

② 1999年信教の自由保障法

連邦議会は、RFRAの州レベルでの適用は違憲との判決を受けた後、シャーバート・ヨーダー基準の全面復活に向けて立法活動を開始した。1999年「信教の自由保障法（RLPA = Religious Liberty Protection Act）」を連邦議会に上程した。7月15日に、下院では可決したが、上院では可決にいたらなかった。その後、シャーバート・ヨーダー基準の適用を、宗教ないし信仰とゾーニング（土地利用圏域設定）や刑務所・病院などの施設収容者の間に起きる接点上の課題に絞った形の「宗教的な土地利用および施設収容者法（RLUIPA = Religious Land Use and Institutionalized Persons Act）」案が上程された。同法案は、2000年7月に両院で可決、9月に施行された[296]。この法律の施行により、例えば、イスラム教の受刑者が、収容施設内で料理係を命じられ、たとえ手袋をしたとしても、豚の調理を拒否する法的根拠が与えられることになる、と評価する意見がある。一方で、受刑者に受忍義務を課す世俗法上の矯正システムが崩壊してしまうことが危惧されるとして、違憲とみる意見も強い[297]。この法律、さらには、各州の同種の法律に対しても、司法府による違憲判断が続出する可能性もある[298]。

連邦議会や各州の州議会は、憲法に保障された抽象的な信教の自由の意味を具体化させる狙いから、さまざまな形の"信教の自由保障基本法（general religious liberty basic statutes）"を制定してきている。こうした法律は、やさしくいえば、「政府は、世俗法で安易に受忍義務を課すことによって、実質的に信教の自由を侵してはならない。」といった基準を定めるものである。こうした立法提案

---

[296] See, e.g., Religious Institutions Group & the RLUIPA Litigation Task Force, Q&A About the Federal Religious Land Use Law of 2000（Jan. 2001, Sidley Austin Brown & Wood's）.
[297] See, e.g., News Release, "Becket Fund Backs Constitutionality of RLUIPA in Pennsylvania Prisoner Case,"（Apr. 2002, The Becket Fund for Religious Liberty）.
[298] とりわけ、各州の地方団体における土地の利用規制・圏域設定（zoning）条例が、教会や宗教団体の礼拝施設には施行できなくなるケースが続出し、問題が深刻化している。連邦下級審では、RLUIPAに対する違憲判決が出てきている。See, e.g., Whitman & Plivose-Fenton, "News ～ Religious Land Use and Institutionalized Persons Act,"（Oct. 2002, Illinois Municipal League）.

が目白押しの状況になっている背景には，政府規制立法の増加とともに，世俗法と教義・戒律（教憲・教規）などとの接点上の課題が山積し，宗教界がこうした事態を憂慮している事情がある。また，宗教界に迎合し，宗教票を狙いとした議員の下心があることも見逃せない。ただ，司法府や識者などは，宗教界への迎合の結果から生み出される立法を必ずしも歓迎していない。

(3) **司法府と立法府とのバトル**

司法府には，市民権法（Civil Rights Acts）を制定し，公権力的行為の理論（state action theory）の展開[299]により永年にわたり私人間での差別の是正に努めてきたという，ある種の自負がある。こうした自負は，アメリカ裁判所の司法積極主義の伝統に根ざすとことも大きい。ところが，信教の自由保障法はこうした伝統を台無しにしてしまうのではないか，との危惧がある。

もちろん，これまでも，司法府は，信仰を理由に特定の曜日に就労を拒否する自由[300]，信仰を理由に親が子どもに義務教育を受けさせない自由[301]，信仰を理由に警察官が例外的にあご鬚をはやす自由[302]など，個別の事例ごとに事情を十分に精査したうえで，世俗法上の受忍義務を解除してきた。したがって，司法府は，信教の自由をベースとした個人の自律を"神格化"する世俗法の制定に嫌悪感を隠せない。むしろ，裁判を通じて個別に判断をして，その必要に応じて信教の自由を優先させていく法律運用政策の方が，他の保護法益との比較考量も可能になり，柔軟性があるとみる傾向が強い。RFRA の州への適用に対する連邦最高裁の違憲判決も，こうした理由に根ざすところが大きいとみてよい。

もっとも，司法府が，こうした法律を嫌悪する理由はこればかりではない。違憲判断が下された背景には，この種の法律は，信教の自由を楯に，例えば，子どもに義務教育を受けさせないことを正当化したり，地方団体のゾーニングの適用を免れたり，男女雇用機会均等法の適用を免れたり，宗教礼拝に禁止された薬物を利用することなどを際限なく正当化してしまう"魔法の杖"のよう

---

[299] 公権力的行為の理論について邦文の研究として，君塚正臣「アメリカにおけるステイト・アクション理論の現在」関西大学法学論集51巻5号参照。

[300] See, *e.g.*, Sherbert v. Verner, 374 U. S. 398 (1962).

[301] See, *e.g.*, Wisconsin v. Yoder, 406 U. S. 205 (1972).

[302] See, Fraternal Order of Police v. City of Newark, 170 F. 3d 359 (1999), *cer.* Denied, No. 98-1919, 68 U. S. L. W. 3223 (1999).

(4) 学問的な見解

確かに，信仰ないし宗教を根ざした諸権利を保護するための基本法の制定は，世俗法上の受忍義務の解除の是非について予測可能性を高め，ひいては政教分離の壁を高くするために必要であるようにも見える。しかし，見方を変えると，信仰ないし宗教を根拠に各種の世俗法上の受忍義務に対する強行性ある適用除外 (mandatory religious exemptions from general laws) をつくることにもつながる。この点は，多くの学説が，こうした基本法の制定に否定的な論理を展開する理由でもある[303]。

すでにふれたように，こうした信教の自由を保障するための基本法は不要であるとする考え方は，司法府でも優勢である。宗教の教義や戒律，信仰など宗教上の事項には，公序良俗に反する行為などにあたらず，かつ，他人の権利を毀損するものでないことなどの条件が整えば，世俗法上の受忍義務を解除しても問題がない場合も少なくない。個々の事例に即して，個別的に判断を加える形の方が，世俗法の遵守，政教分離の障壁の強化に資する。逆に，信教の自由保障基本法のよう法律をつくるこことには問題が多い。場合によっては，特定の宗派の教義や戒律・祭祀などを根拠に，さまざまな制定法上の受忍義務を解除することにつながり，これは，見方によっては，世俗法で特定宗派の教義や戒律・祭祀などを保護するとの同様の効果を生む。幅広く受忍義務を解除することにより，さまざまな世俗法の立法目的の弱体化，ひいては政教分離の障壁を低める結果を生むなどの危険性の方が高い。

G 頓挫した"礼拝施設における選挙演説解禁法"案

教会や宗教団体だけに，他の免税団体と区別して，選挙運動を認めるように求める法案の成立を求める動きがある。こうした立法活動は，信仰ないし宗教を根拠に，教会や宗教団体の自律性の確保を目指し，さまざまな世俗法上の受

---

[303] See, Eisgruber & Sager, "Why the Religious Freedom Restoration Act is Anconstitutional," 69 NYU L. R. 437 (1994); Eisgruber & Sager, "Congressional Power and Religious Liberty After City of Boerne v. Flores," 1997 Sup. Ct. R. 79 (1997); Lupu, "The Case Against Legislative Codification of Religious Liberty," 21 Cardozo L. R. 565 (1999). なお，信教の自由の制定法化に賛成する学説として，Laycock, "Free Exercise and the Religious Freedom Restoration Act," 62 Fordham L. R. 883 (1994).

忍義務の解除を狙いとした立法を求める一連の動きの1つとみることができる。

課税除外（免税）措置を通じて教会ないし宗教団体に対する選挙活動の禁止をする現行制度に対する宗教界右派（Religious Rights）系の教団や連邦議員の不満は大きい。すでにふれたように，宗教界右派系の議員などからの求めに応じ，連邦議会は，内国歳入庁（IRS）の免税審査手続に関する調査を実施し，公聴会を開催した。宗教界右派の要求はさらにエスカレートし，メディア伝道師として有名なパット・ロバートソンが主催するアメリカン宗教と正義センター（American Center for Law and Justice）などが後押しする形で，教団の選挙活動を容認する法案の作成作業に入った。2002年2月に，宗教界右派系議員は，「礼拝施設における選挙演説保護法（Houses of Worship Political Speech Protection Act）」案（下院2357号），並行法案として「2001年明瞭な線引き法（Bright Line Act of 2001)」案（下院2931号）（以下，双方を一括して「礼拝施設における選挙演説解禁法案」ともいう。）を下院に提出した。こうした礼拝施設における選挙演説解禁法案に対しては，宗教界も割れた。また，政教分離を求めるアメリカ市民連合（AU＝Americans United for Separation of Church and State）のような市民団体も，これらの法案に反対する強力なキャンペーンを行った。その後，議会での審議が行われ，礼拝施設における選挙演説保護法案は，2002年10月2日に，投票の結果，賛成178票に対し，反対239票で否決された[304]。

(1) 問われる礼拝施設における選挙演説の解禁

連邦税法は，教会や宗教団体が，礼拝施設[305]での政治色のある選挙演説を禁止し，これを行った場合には，課税除外資格の取消処分を行う政策を維持している。この政策は，政教分離の障壁を高く保つことに貢献しているものの，政治活動や選挙運動に熱心な教団にとっては極めて不満である[306]。こうした政策を一挙に転換してしまおうということで，2002年2月に，宗教界右派系議員は，「礼拝施設における選挙演説保護法（Houses of Worship Political Speech Protection Act）」案（下院法案2357号），並行法案として「2001年明瞭な線引き法（Bright Line Act of 2001)」案（下院法案2931号）を，連邦議会下院に提出した[307]。

---

[304] AU Press Release, "Church Electioneering Bill Rejected in House of Representatives," (Oct. 2, 2002).

[305] 「礼拝施設」とは，教会の天主堂・会堂，拝殿などのように，十字架，神体，聖像など信仰の対象を安置ないし表徴し，または儀式行事や礼拝など宗教活動を行う建物と敷地を指す。修道院などは別として，原則として一般大衆が自由に出入できる公衆性，自由性があることが必要である。

① 法案の骨子

「礼拝施設における選挙演説保護法」案（下院法案2357号）は，教会ないし宗教団体の宗教活動収入の5％まで政党色のある選挙運動に支出することを認めるとともに，形式基準を導入し20％まで立法活動に支出することを認めようという趣旨のものである。一方，「2001年明瞭な線引き法（Bright Line Act of 2001）」案（下院2931号）は，宗教以外の法典501条ｃ項3号団体に適用ある支出基準よりも緩和された明瞭な基準を，宗教団体に適用しようという趣旨のものである。つまり，すでにふれたように，現行の支出基準では，本来の事業支出が50万ドル未満の場合には，その20％までを直接的なロビイングに支出することが認められ，50万ドル以上については本来の事業支出額が多くなるに従いその比率は段階的に低くなる仕組みになっている。この基準を緩和するとともに，政党色のある選挙運動に対する支出についても，明確に線引きをして宗教活動収入の5％まで認めようという趣旨のものである。もっとも，この法案では，「選挙運動への参加」とは，どのような活動を指すのか明確にされていない。5％許容限度額には，特定候補のための選挙運動への支出のみならず，ネガティブ・キャンペーンへの支出，政党色のない投票者のための候補者紹介ガイドの作成・配布のための支出などをも含むのかは定かではない[308]。

② 政治活動の自由化が狙いの法案

いずれにしろ，礼拝施設における選挙演説解禁法案が通過することは，究極的には，聖職者が教会，寺院，モスク，ないしシナゴーグなどの礼拝施設で，課税除外資格を失うことなく政党色の強い選挙演説を自由に認め，公益寄附金控除の対象となる信者からの喜捨金をそうした選挙活動に費消することを認め

---

[306] 例えば，この法案の成立を積極的に推進しているクリスチャン連合（Christian Coalition）は，1999年7月10日に，政治活動を理由に法典503条ｃ項3号上の免税団体としての資格承認の取消処分を受けている。その後，一定の政治活動が許される法典501条ｃ項4号団体としての免税資格承認申請を行ったが，拒否処分にあった。See, AU Special Report, Religion and Politics. なお，この法案に賛成した団体は，The American Family Research Council, James Dobson of Focus on the Family, The Southern Baptist Convention, National Congress of Black Churches などである。また，メディア伝道師の，Pat Robertson, Jerry Falwell などは，当時この立法活動の中心人物である。

[307] See, AU News, "Mixing Churches and Politics: A Bad Deal for All Concerned," Church & State (Feb. 2002).

[308] See, Elizabeth A. Livingston, "A Bright Line Points Towards Legal Compromise IRS Condoned Lobbying Activities for Religious Entities and Non-Profits," 9 Rutgers J. Law & Relig 12 (2008).

ることにもつながる⁽³⁰⁹⁾。また，現在，連邦税法上，選挙候補者や政党に対する政治献金所得控除の対象とならない。ところが，こうした法案は，宗教団体を抜け道（loophole, conduit）にして，実質的に政治献金をすることも可能にする。教会や宗教団体は，原則として免税資格承認を受けることなく当然に宗教活動が課税除外となり，IRS への年次報告書（様式990）の提出も免除されている。このした法環境も視野に入れて考えると，礼拝施設における選挙演説解禁法案は，アメリカの宗教団体に対する政治活動規制課税を抜本的に転換してしまうことにつながる法案といえる。

(2) **法案に関する議会公聴会での議論**

2002年5月14日に，連邦下院歳入委員会（Committee on Ways and Means）の監視小委員会は，「宗教団体に対する内国歳入法典501条 c 項 3 号上の要件審査に関する公聴会（Hearing on Review of Internal Revenue Code Section 501(c)(3) Requirements for Religious Organizations）」を開催した。当時，議会に上程されていた礼拝施設における選挙演説保護法案や2001年明瞭な線引き法案に関する各界からの意見を求めるためである。内国歳入庁（IRS）の免税団体担当部長であるスティーブン・T・ミラー（Steven T. Miller）氏や NPO 法制・税制の権威であるブルース・R・ホプキンス（Bruce R. Hopkins）氏，さらにはこの法案に賛成・反対の意思を表明している宗教各界の代表を呼び，証言を求めた⁽³¹⁰⁾。

議会公聴会では，礼拝施設における選挙演説解禁法案（下院法案2357号，下院法案2931号）について並行して審議され，賛否両論が展開された。各証言に加え，証人と小委員会委員との間で質疑応答がなされた。以下に，証言と質疑応答を分析してみる。

この法案は，礼拝施設での選挙演説を解禁することが狙いである。IRS のミラー部長の応答によると，証言時までの過去20年間に教会で免税資格承認を取り消され宗教活動に課税を受けた事例は 2 件，宗教系団体は 4 〜 5 件のみとのことである。また，過度な宗教活動を理由に規制税を賦課された宗教系団体は 2 件とのことであった⁽³¹¹⁾。こうした課税庁（IRS）の処分件数から見る限りでは，

---

(309) 連邦税法（IRC）は，教会や宗教団体に支出した寄附金に対して，一定枠まで寄附金控除を認める。
(310) Hearing before the Subcommittee on Oversight of the Committee on Ways and Means, House of Representatives, 170 Congress, 2nd Session, Committee on Ways and Means, Subcommittee on Oversight, 5-14-02 Testimony Serial 107-69 (May 14 2002).
(311) Hearing on RO Taxation, at 11and 15.

教会や宗教系団体は，現行法のもとでも，かなり政治活動がゆるされているとみてよい。これは，先にふれた，IRSの『教会及び宗教団体向け税金ガイド (Tax Guide for Churches and Religious Organizations)』（以下「IRS教会税金ガイド」という。）をみても，分かる。全候補に中立，公平な配慮を行うなど一定の条件を満たせば，教会は，政治フォーラムなどを開催することも可能である。したがって，ホプキンス証人（NPO税制の権威・前ジョージワシントン大学教授・弁護士）が指摘したように，基本的には，現行法の改正の必要性は少ないといえる。むしろ，この法案は，無条件で教会が党派性の強い政治発言ができるようにすることを求めていると解してよい[312]。

例えば「2001年明瞭な線引き法（Bright Line Act of 2001）」案（下院2931号）では，政党色のある選挙運動に対する支出についても，明確に線引きをして宗教活動収入の5％まで認めるように提案する。この点について，法案に反対するリン証人（政教分離を求めるアメリカ市民連合／Americans United for Separation of Church and States）代表役員・ユナイテッドキリスト教会牧師・弁護士）は，巨大宗教団体の場合，5％とは，200万ドル～300万ドルを選挙運動に投入できることになる，と指摘する[313]。礼拝堂において献金皿で集められた浄財が，献金者の意思とは無関係に，聖職者の意のままに選挙運動資金に回せる仕組みをつくる法案であるとの見方も正鵠を射ている。したがって，この法案を通すことは，道徳的な罪以外の何ものでもないとの批判も分かる。教会の清廉性のみならず，政治の清廉性を確保するうえでも，悪法であるとの指摘は，正鵠を射ている。

一方で，IRSのミラー部長の応答からも明らかなように，課税庁は，教会の政治活動を常時モニターしていることが分かる[314]。ケネディ証言（コーラル・リッジ教団／Coral Ridge Ministries代表）が指摘するように，選挙シーズンになると，聖職者は課税庁の介入に戦々恐々としながら信徒の前で説教をしているのが常態であるのが真実であるとすれば，健全とはいえない。また，政教分離の視角からも問題なしとはしない。もちろん，連邦税法（IRC）には，「教会に対する税務上の質問および検査の限界（restrictions on church tax inquiries and examinations）」（法典7611条）の定めがある【☞本書第Ⅲ部4B】。この規定は，通称で，「教

---

[312] Hearing on RO Taxation, at10.
[313] Hearing on RO Taxation, at 32.
[314] Hearing on RO Taxation, at13.

会税務調査手続法（CAPA＝Church Audit Procedures Act）と言い習わされているように，教会の税務調査に対してのみ適用される。立法趣旨は，教会に対する適正な課税を行うための調査（質問・検査）を禁止することにあるのではない。むしろ，教会の特性に考慮し，政府・行政が，"税務調査"の名を借りて教会内部活動・自律性に不要な介入を行うことのないように，特別に厳正な手続を定めたものである。つまり，調査通知や調査範囲の限定などを徹底することにより，"事前手続"を十分に保障し，教会と課税庁との間での不要な摩擦を回避しようというものである[35]。こうした規定があるために，逆に，IRS は，教会内部に対する監視よりも，第三者からの情報提供によっている，と IRS のミラー部長は答えている[36]。免税資格承認手続をとおして，課税権力が教会や宗教団体の宗教活動の内容に深くかかわっている実態が分かる。

　こうした常態を解消するためには，①教会は，宗教活動への課税権力の介入を回避するためにも，政治的な言動や選挙候補者の支援をしないのも一案である。しかし，教会が沈黙するのでは，問題の解決にならないとの批判も無視しえない。したがって，一方では，②教会が今以上に社会での積極的な役割を果たすためにも，礼拝施設での政治活動を自由化するのも一案である。まさにフォントリー証言（バプティスト教会牧師・前連邦下院議員）にあったように，アメリカ市民権運動で果たした教会の役割を忘れてはならない。また，これまでも多くの発展途上国で，独裁政権の圧制にあえぐ市民の人権救済に教会が大きな役割を演じている例も無視しえない。

　こうしたさまざまな要因を勘案すれば，教会ないし宗教団体の政治活動について，①，②のいずれの公共政策を選択すべきかどうかは重い課題である。②を選択した場合，巨大な教団が選挙資金源と化したり，集票マシーンと化したりすることは，避けがたい。この点は，宗教団体の政治活動規制が弱いわが国で実証済みのところである。とくに，世俗法の制定過程において議員立法が徹底されているアメリカにおいては，教会に対する政治活動の解禁は，由々しい問題となるのは目に見えている。結果として，憲法が保障する政教分離の壁を低めることにもつながりかねない問題をはらんでいる。

　いずれにしろ，礼拝施設における選挙演説解禁法案の審議をめぐる議会公聴

---

[35] 詳しくは，拙著『アメリカ連邦税財政法の構造』前掲注[25]，323頁以下参照。
[36] Hearing on RO Taxation, at 13.

会での証言や質疑応答は，こうした論点を考える際のさまざまなヒントを提供してくれたといえる。

(3) 政治活動規制課税と表現の自由

「合衆国憲法修正第1条は，教会の牧師や司祭をはじめとした宗教教師には，宗教，道徳に加え，政治問題について表現する自由を保障している。」というのが宗教右派系議員の主張である。まさに，礼拝施設における選挙演説解禁法案は，こうした主張に裏づけられたものである。言い換えると，これらの法案は，憲法が認める表現の自由を聖職者にも制度的に保障するための制定法を定めることが狙いである。

しかし，ブランチ伝道団事件判決[317]で示されたように，税制を介して選挙活動を禁止する政策が宗教礼拝の自由にとり実質的な重荷（substantial burden）にはなっていないというのが司法府の判断である。識者やNPO関係者なども，この司法府の判断に同調する。とりわけ，教会や宗教団体は，法典501条c項4号団体〜一般に社会活動団体（social welfare organization）と呼ばれる〜を組織し，その団体が，選挙運動が自由にできる政治活動委員会（PAC＝Political Action Committee）を組織して活動を行うことができる。このことから，免税資格承認制度を通じた選挙活動規制課税政策の継続は，宗教礼拝の自由にとり不当に重い負担になっているとはいえないとする判断が支配的である[318]。

表現の自由を根拠に聖職者に礼拝施設での自由な選挙演説を認めようとする礼拝施設における選挙演説解禁法案に対しては，宗教界を含む各界から異論が噴出した[319]。2002年5月に行われたギャラップ・インターフェイスアライアンス共同調査（Gallup/Interfaith Alliance Foundation poll）によると，聖職者の77％がこの法案に反対との結果が出た[320]。礼拝施設における選挙演説保護法案については，2002年10月2日に，投票の結果，賛成178票に対し，反対239票で否決されたことについてはすでにふれた[321]。

---

[317] Branch Ministries, Inc. *et al* v. Rossotti, 85 AFTR 2d Par. 2000-666 (2000).
[318] See, *e.g.*, Rutkowski, "Comment on The Houses of Worship Political Protection Act (HR2357) and The Bright Line Act of 2001 (HR2931), Committee on Ways and Means, Subcommittee on Oversight, 5-14-02 Testimony.
[319] 政教分離を求めるアメリカ市民連合（Americans United for Separation of Church and State）をはじめとし，NAACPなどである。
[320] See, AU Press Release, "Religious Leaders Say: Oppose H. R. 2357 and H. R. 2931," (May 14, 2002).

(4) 問われる宗教を根拠とする政治活動規制課税の緩和策

政治活動規制課税の適用があるのは，教会や宗教団体だけではない。法典503条 c 項 3 号団体には等しくこの規制が適用になる。したがって，政治活動規制課税の緩和を求めるのであれば，法典503条 c 項 3 号団体に等しく適用ある形で緩和を求めるべきである。あるいは，政教分離原則の支配が及ぶ宗教団体以外の法典503条 c 項 3 号団体に対してこそ，こうした緩和が必要なようにもみえる[321]。言い換えると，宗教団体にだけ政治活動規制緩和策を講じるのは，他の法典503条 c 項 3 号団体に対する"逆差別"を生む。宗教票に魅せられてこうした理論整然としない法案が連邦議会に出てくることについては強い批判がある。

2001年 1 月に，連邦議会下院には，「非営利団体選挙演説保護法（Nonprofit Political Speech Protection Act）」案（下院法案355号）が提出されている。この法案は，教会などを含め，法典503条 c 項 3 号団体には等しく一定枠までの選挙活動費の非課税支出を認めようという提案を中核とするものである[323]。

H 近年の政教分離課税制にかかる税務執行の動向

連邦の政教分離税制度は，教会ないし宗教団体が，公職選挙キャンペーン活動（公職選挙運動）その他特定の立法活動（lobbying or influencing legislation）を行うことを禁止することを核とする。この税制は，表現の自由や信教の自由を保障して合衆国（連邦）憲法に抵触するのかどうかについて，立法府を中心に久しく議論が展開されてきた。しかし，この税制は，1954年につくられて以来，その骨格は不変のまま今日まで維持されてきている。

(1) IRS 政治活動コンプライアンス機動班（PACI）の立上げ

この制度の執行を現場で担当するのは内国歳入庁（IRS）である。2004年に，IRS は，教会その他の宗教団体を含む各種法典501条 c 項 3 号団体が禁止活動を監視するために，政治活動コンプライアンス機動班（PACI＝Political Activities

---

[321] AU Press Release, "Church Electioneering Bill Rejected in House of Representatives," (Oct. 2, 2002).

[322] See, Comment, Bills to Allow Church Electioneering," OMB Watch (2001).

[323] しかし，その後，この法案の提案者（インディアナ州選出のジョーンズ共和党議員）は，選挙演説支出を宗教団体に絞った形で認める法案に賛同した。このため，その後，下院法案355号は動きを止めた。See, Note, "House Bills Would Allow Religious Congregations to Use Funds for Partisan Politics," (Oct. 1, 2001).

Compliance Initiative）を立ち上げた。

　PACIは，2006年の連邦中間選挙時をターゲットに法典501条 c 項 3 号団体の公職選挙キャンペーン活動（公職選挙運動）の監視を実施した。この結果，44の教会によるコンプライアンス違反を摘発し，うち13の事例では「教会の聖職者が日常の礼拝行為において特定候補を推薦する発言をしていた。」と指摘した[324]。

　PACIは，2008年11月までに，教会その他の宗教団体関連の47件を含むトータルで110の問題事例を発見し，そのうち107件の調査を終えた。しかし，免税資格承認の取消処分をしたのは 5 件に過ぎなかった。そのうち，教会その他の宗教団体関連の取消処分は 0 件であった。

(2)　最近の教会の政治活動にかかる IRS の質問権限の行使事例

　すでにふれたように，アメリカにおいて，連邦課税庁（IRS）が教会その他の宗教団体に対する税務調査にあたっては，内国歳入法典7611条〔教会税務調査手続法（CAPA）〕に定める特別の手続に従うように求められる【☞本書第Ⅲ部❹B参照】。すなわち，IRSは，被調査者である教会その他の宗教団体に厳正な手続を踏んだうえで「質問（inquiries）」をしたうえで，その結果を精査する。そのうえで。さらに「検査（investigations）」が必要であると判断するに至ったときには，厳正な手続を踏んだうえで検査を実施することができる。ここでいう質問とは，「通常の照会（routine request）とは異なる（財務省規則301.7611-1 Q&A 4)。通常の照会については，原則としてこの特別の手続の適用はない。

　IRSは，政治的な紛争になることを危惧して，政治活動を利用に法典7611条に定める「質問」，さらには「調査」の対象となった教会その他の宗教団体の名称を公表していない。しかし，文献などによると，次のようなIRSの質問権限の行使事例が報告されている。

①　オールセインツ教会事例

　オールセインツ教会（All Saints Church）は，カリフォルニア州パサデナに所在する教会である。2005年 6 月に，IRSの免税団体・統治団体局（TE/GE Division)【☞本書第Ⅲ部❷A(4)参照】は，教会に対して，2004年10月31日にゲスト牧師が行った説教について質問をしたい旨の通知書を送付してきた。IRSは，そ

---

[324]　IRS, 2006 Political Activities Compliance Initiative, at 3-4 (2007).

の牧師が行った，当時の大統領候補であったケリー上院議員と再選を目指すジョージ・ブッシュ大統領について「イエス・キリストがケリー上院議員とブッシュ大統領の討論に参加したならばどうなるか」の説教を問題にしていた。IRSの質問は，いくつかの教会の政治活動に関する新聞記事をもとにしていた[325]。教会は，説教は，イラク戦争に反対する意見を説いただけであり問題はないとし，IRSの質問には回答をしなかった。同教会は，IRSに対して，質問が許容されるために必要となる「合理的確信要件（reasonable belief requirement）」を充足していないことや他の501条c項3号団体が同様の活動をしているがこれらの活動をどう考えているのかを問うた。2006年9月，教会は，同教会の代理人がIRSの調査官との面談をするように求めた召喚状に応じない決定を下した。

IRSは，2007年9月，オールセインツ教会は禁止される公職選挙キャンペーン活動（公職選挙運動）を行っていると解されるが，免税資格承認取消処分の対象とはしない旨の決定を教会に対して通知した。IRSは，同教会に対して，今後説教壇でゲスト・スピーカーに政治的な意見を表明させないこと，同教会のホームページ上でも特定の公職候補者について関心を集めないようにすることを勧告した。

これに応えて，オールセインツ教会は，IRSとIRS業務の監視機関である財務省租税行政監察総監（TIGTA = Treasury Inspector General for Tax Administration)【☞本書第Ⅲ部**2**A(3)参照】宛に，今回のIRSの税務執行の問題点を指摘した書簡を送付した。この書簡では，教会に対する調査手続を定めた法典7611条a項に抵触する適正を欠いた質問手続，IRSが教会の納税申告書情報を連邦司法省（DOJ）と違法に共有していとこと，連邦司法省（DOJ）の職員の政治的な任用がこうした質問における不適切な運用の原因となっているのではないか，さらには，質問検査の終了を通知するIRSの通知書の不十分な記載内容などを指摘した[326]。

② キリスト連合教会事例

2008年2月20日，IRSの免税団体・統治団体局（TE/GE Division）は，キリス

---

[325] See, John Getlin, "The Race for the White House: Pulpits Rung with Election Message," L. A. Times (Nov. 1 2004).

[326] See, Erika Lunder & L. Paige Whitaker, "Church and Campaign Activity: Analysis under Tax and Campaign Finance Laws," CSR Report for Congress (April 14, 2008).

ト連合教会（UCC＝United Church of Christ）に対して，同教会（UCC）が，免税資格を危殆に陥れる連邦税法（IRC）で禁止される公職選挙キャンペーン活動（公職選挙運動）を行っているかどうかについて質問を開始したい旨通知した。IRSは，通知書のなかで，次の点を指摘し，UCCは連邦税法（IRC）で禁止される公職選挙キャンペーン活動（公職選挙運動）を行っていると合理的に確信できるとし，法典7611条 a 項に基づいて求められるIRSの質問に応じるように求めた[327]。

【図表Ⅴ-58】IRSの指摘事項

> UCCのウェブサイトに，合衆国大統領候補バラク・オバマ上院議員が，2007年6月3日にハートフォード市民センターでキリスト連合教会（UCC）の2年毎の教会総会議に集まった約1万人の信徒の前で演説をした旨含むいくつかの記事をアップしたこと。加えて，同センターの外でオバマ候補の選挙キャンペーンを推進するために，40人のボランティアスタッフを配置したこと。

UCC関係者は，UCCの1信徒であるオバマ上院議員が自らの信仰について教会の総会議で語ることは，政治とは無関係であり，IRSは，教会の政治活動に対する萎縮効果を期待したものと思われるが，実質はたんなる嫌がらせに過ぎない，と批判した。とりわけ，UCCの総会議への招待はオバマ上院議員がCUUの1信徒であること，同議員を大統領候補になる前の2006年5月に招待を決定していたこと，オバマ候補の演説を聴いたのは総会議出席の信徒であり公衆ではないことなどをあげて反論した[328]。

2008年5月13日，IRSは，UCCの主張を理解し，UCCは連邦税法（IRC）で禁止される公職選挙キャンペーン活動（公職選挙運動）を行っているとはいえない裁断した。これに伴い，IRSは，UCCは継続して免税資格を維持できる旨をUCCに通知し，決着をはかった[329]。

(3) 説教壇自由日曜日（Pulpit Freedom Sunday）運動

IRSは，2004年の政治活動コンプライアンス機動班（PACI）の監視活動と前後する形で，法典501条 c 項 3 号団体への教育・指導活動を格段に強化し始めた。

---

[327] See, Letter from Marsha Ramirez, Director, EO Examinations, to United Church of Christ, dated Feb. 20 2008. Available at: http://d3n8a8pro7vhmx.cloudfront.net/unitedchurchofchrist/legacy_url/27390/lettrirs.pdf?1418457201

[328] Available at: http://archive.wfn.org/2008/02/msg00183.html

[329] See, Donald C. Clark, "Symposium 2013: Religious Practice: Counseling and Representing Faith Based Organizations: Testimony: The Sharing of a Candidate's Faith Journey is Not Impermissible Campaign Activity," 14 Rutgers J. Law & Relig. 459 (2013).

また，2007年6月18日には，レベニュールーリング（Revenue Ruling）2007-41を発遣し，法典501条c項3号団体が，禁止される政治活動にあたるのかどうかを判定する際に参考にできる21の事例をあげ，自発的な法令遵守を強化するように訴えた。

こうしたIRSの公職選挙運動監視活動に対する宗教界の反発も強い。2008年に，33のキリスト教の宗教教師からなるグループが，アライアンス・ディフェンス基金（Alliance Defense Fund）の支援を受けて，「説教壇自由日曜日（Pulpit Freedom Sunday）」運動を開始した[330]。現在，2000人を超える宗教教師が参加している。この運動では，「IRSは，牧師に説教すべきことやすべきでないことを指図している。こうした指図を認める法律は，IRSが『政治的』とレッテルを張ることにより説教の検閲をしているに等しく，合衆国（連邦）憲法修正第1条が保障する言論の自由や信教の自由からしてゆるされないことである。」旨主張している。

この運動に参加する宗教教師は，政治的な発言を含んだ説教を録音し，IRSにその録音を送付する運動を行っている。これにより，IRSが免税資格承認取消処分を行った場合には，訴訟に訴える戦術を展開している[331]。今後の動向が気になるところである[332]。

◆小括：政教分離の壁を高くするための税制のあり方

アメリカの教会や宗教団体に対する政治活動規制課税（政教分離課税）の最近までの動きを分析してみた。アメリカは，教会や宗教団体に対する連邦の政治活動規制を課税庁（IRS）に委ねる公共政策を選択，久しく実施してきたことが分かる。こうした背景には，連邦国家体制のもと，教会や宗教団体法制については州が専属的な立法管轄権をしていることも一因である。つまり，連邦が全国規模での統一的な規制を実施するには，課税庁（IRS）の権限を活用せざるを得ない実情にあることも無視し得ない。

---

[330] See, Alliance Defense Fund, Speak Up Movement, Pulpit Freedom Sunday FAQ.
[331] IRSは，説教壇自由日曜日（Pulpit Freedom Sunday）運動に参加する教会や牧師に対し特段の執行強化策を講じていない。アライアンス・ディフェンス基金（Alliance Defense Fund）は，保守派のトランプ大統領の誕生を機に，この運動を再構築し，その主張の実現をねらっている。
[332] See, Dallas Dean, "A Little Rule that Goes a Long Way: A simplified Rule Enforcement the 501 (c)(3) Ban on Church Campaign Intervention," 28 J.L. & Politics 307 (2013).

こうした法制のもと，アメリカにおいては，政教分離原則，つまり政府と教会・宗教団体との間での相互不介入の原則は，"課税庁（IRS）と教会"との間で展開してきたといっても過言ではない。課税庁（IRS）は，宗教活動を課税除外にする仕組みを通じて，教義や礼拝行為などには介入しないとはいうものの，実例を積み重ねる形で教会や宗教団体に介入してきている。また，課税庁（IRS）は，宗教活動を課税除外にする仕組みを通じて，教会や宗教団体の政治活動に規制をかけている。一方，宗教界は，ガイドラインなどを通じた課税庁（IRS）による一連の政府規制の強化が進むにつれて，萎縮し課税庁（IRS）の支配に服するか，あるいは自らの自律性を武器に課税庁（IRS）に挑戦し議会に立法的な対応を求める動きを強めている。宗教界の積極派は，信教の自由復活法や宗教的な土地利用および施設収容者法のような，教会や宗教団体の自律，信徒個人の自律とぶつかる世俗法上の受忍義務を，宗教ないし信仰を理由に解除を求めることもできる法律の制定を議会に求め，議会もこうした要請に応えた。また，こうした宗教界の積極派の動きに呼応する形で，議会は，課税庁（IRS）の免税審査手続疑惑に関する調査を実施した。議会は，さらに，宗教界の要請に応える形で礼拝施設での選挙演説解禁法案を成立させようとした。宗教界が割れたため，この法案は未成立に終わったが，その裏では，宗教票への議会の期待と不安が交差していた。

　司法府は，宗教界と立法府との間でのこうした取引を座視していたわけではなかった。1993年信教の自由復活法の州への適用を違憲として制限した。また，2000年に成立した「宗教的な土地利用および施設収容者法」に対しても，各地で違憲判決が続出している。

　現実の政教分離状態はともかくとして，アメリカ憲法が目指す政教分離は「絶対的な分離」であるとされる。ある意味では，現行の教会ないし宗教団体に対する政治活動規制課税は，この「絶対的な分離」の考えに由来するのかも知れない。同時多発テロの発生以降，アメリカ政治は，保守化傾向が著しい。国民のマジョリティも，宗教の多様性よりも，キリスト教への一元的集約化を志向しているようにもみえる。事実上，2004年のジョージ・ブッシュ大領領が再選された大統領選挙以降，IRSは，教会ないし宗教団体に対し政治活動を理由とする定期的な免税資格承認取消処分は行っていない。

　保守派のトランプ大統領の登場も相まって，キリスト教の世界観のさらなる

普遍化にもつながりかねない礼拝施設での選挙演説解禁法案の再上程もありえないことではない。こうした風潮のもと，司法府はアメリカ憲法に定められた「絶対的な政教分離」について，どのような舵取りをしようとしているのであろうか。その方向次第では，アメリカにおける教会や宗教団体に対する政治活動規制課税（政教分離課税／tax law: keeping church and state separate: electing the higher wall of separation between church and state）の仕組みが大きく変動しかねない状況にある。

9 悪用に歯止めがかからない共通番号／社会保障番号

　アメリカでは，個人の共通番号である「社会保障番号（SSN＝Social Security Number）」を搾取し，巧妙な手口で悪用したなりすまし犯罪（IDT＝identity theft）が，全米規模で猛威を振っている。

　こうした背景には，社会保障番号（SSN）の利用規制をしないで，野放図に官民の幅広い分野で自由に利用させてきた経緯がある。対面取引が陰りを見せる一方で，ネット取引，電子納税申告などが急激な伸びを示してきており，これが，SSN悪用に拍車をかけている。連邦議会でも，他人のSNNを悪用による虚偽申告の急増について繰り返し問題にし，対応策を模索してきている[333]。

　連邦個人所得税の課税期間は暦年である。つまり1月1日から12月31日までである。課税最低限を超え，追加納税の必要がある個人納税者（納税申告者）あるいは税金を払いすぎの納税者（還付申告者）は，様式1040〔連邦個人所得税申告書（Form 1040）〕を法定期限までに提出しなければならない。様式1040の提出期限は，翌年の1月15日から4月15日[334]である（IRC6072条a項）。

　連邦所得課税においては，給与所得者である納税者が雇用主に提出する様式W-4〔扶養控除等申告書（Form W-4：Employee's Allowance Certificate）〕【☞本書第Ⅰ部 1 図表Ⅰ-42】には，扶養家族の個人番号（SSN）の記載は不要である。すなわち，扶養家族全員の共通番号／個人番号である社会保障番号（SSN）を雇用主に提出させ，雇用主の手許に大量のSSNが"沈殿"するような危ない番号政策を採っていない。あくまでも，扶養家族のSSNは，各納税者の年次の確定申告書

---

[333] 例えば，2012年5月8日に，連邦議会下院歳入委員会（U. S. Senate Committee on Finance）は，監視小委員会（Oversight Subcommittee）と社会保障小委員会（Subcommittee on Social Security）とが合同小委員会・公聴会「なりすまし犯罪と不正申告関する公聴会（Hearing on Identity Theft and Tax Fraud）を開催し，SSNを悪用したなりすまし不正申告の実態解明および対策を探っている。See, HEARING: Chairmen Boustany and Johnson Announce Hearing on Identity Theft and Tax Fraud. Available at: http://waysandmeans.house.gov/event/chairmen-boustany-and-johnson-announce-hearing-on-identity-theft-and-tax-fraud/　なお，合同小委員会公聴会での証言の邦訳（抄訳）および解説については，CNNニューズ75号10頁以下参照。Available at: http://www.pij-web.net/cnn/CNN-75.pdf

[334] ただし，提出期限日が，土曜，日曜または祝日となる場合は，その次の営業日が申告書の提出期限となる（IRC7503条）。

である様式1040〔連邦個人所得税申告書（Form 1040)〕に記載して課税庁（IRS）に直接提出するように求めている。また，個人雇用主も，様式W-2〔給与所得の源泉徴収票（Form W-2: Wage and Tax Statement)〕【☞本書第Ⅰ部❶図表Ⅰ-7】をはじめとした各種支払調書などには，SSNではなく，申請に基づいてIRSが発行する「雇用主番号（EIN＝Employer Identification Number)」を記載することになっている。わが国のように，個人雇用主の場合には，各種支払調書などに自己の個人番号（マイナンバー）の記載を求め共通番号／個人番号の野放図な頒布につながるような危ない番号利用政策は実施していない。

　アメリカには，わが国にあるような年末調整制度がない。このことから，給与所得者を含め全員確定申告するのを原則としている。

　連邦課税庁であるIRS（Internal Revenue Service／内国歳入庁）は，2015年期を例にすると，2億430万件を超える納税申告書および法定資料を全米10か所のIRSキャンパス申告センターで処理している[335]。

　IRSは，早くから個人の納税者番号（ITIN＝individual Taxpayer Identification Number）として，SSN（社会保障番号）を税務に転用して使ってきた。しかし，他人のSSNを悪用した不正申告が年々急激に増加し，その対応に苦慮してきた。

　2011年1月には，IRSは，なりすまし（IDT）不正申告被害者向けに，9ケタのSSNとは別途の6ケタの限定番号「身元保護個人納税者番号（IP PIN＝Identity Protection Personal Identification Number)」を交付・利用に踏み切っている。

　この新しい身元保護個人納税者番号（IP PIN）は，納税者になりすまし犯罪（IDT）の被害リスクがある限り継続的に，次の申告期の開始前までに発行される。2015歴年分納税申告期（2016年1月15日～4月18日）に，IRSは270万人に身元保護個人納税者番号（IP PIN）を発行（紛失等による重複発行を除く。）している。

　一方，国防総省（DOD＝Department of Defense）は，長い間，個人番号として使ってきた共通番号（SSN／社会保障番号）の利用を止めて，新たな11ケタの「国防総省本人確認番号（DOD ID number)」を使うことにした。

　こうした共通番号（SSN）から分野別の限定番号【IRSのIP PIN，国防総省のDOD ID numberなど】の利用にみられるように，連邦各省庁はなりすまし犯罪（IDT）撲滅に向けて対応を急いでいる。しかし，SSNの悪用，不正申告の

---

[335] See, IRS, Data Book 2015, at 2. Available at: https://www.irs.gov/pub/irs-soi/15databk.pdf

増加にはストップがかかっていない。状況は改善に向かうというよりは、悪化の一途をたどっている。

近年は、フィッシングのみならず、標的型マルウエアメールやランサムメールなどを使って、大量のSSNやSSN情報を搾取し、不正申告に悪用するケースも目立ってきている

【図表V-59】アメリカの紙製SSNカード（サンプル）

A　ネットを使ったなりすまし申告とは

アメリカでのなりすまし犯罪は、従来、現実空間（real space）で深刻化していた。しかし、IT技術の進展とともに、近年では、ネット空間／サイバースペース（cyber space）でのなりすまし犯罪が急激な広がりをみせ、目に見えないところでの対策に手を焼く事態になってきている。

(1) 「フィッシング」や「マルウエア」とは

ネット空間／サイバースペースで、不法に個人情報を収集する手法には、大きく分けると、「フィッシング」と「マルウエア」がある。

① 「フィッシング」とは

「フィッシング」とは、IRS、インターネット・プロバイダー、金融機関などの名を語り正規のEメールやウェブサイトを装い、共通番号（SSN）、暗証番号やクレジットカード番号などを詐取する手法である。「釣り」を意味する「fishing」が語源であるが、偽装の手法が洗練されていることから「phishing」と綴っている。

リンクをクリックすると、そのIRS、インターネット・プロバイダー、金融

機関の正規のWebサイトと，個人情報入力用のポップアップウィンドウが表示される。メインウィンドウに表示されるサイトは「本物」で，ポップアップページは「ニセモノ」である。本物を見て安心したユーザーがポップアップに表示された入力フォームに共通番号（SSN），暗証番号やパスワード，クレジットカード番号などの秘匿情報を入力・送信すると，犯人に送信される。

② 「マルウエア」とは

「マルウエア（malware）」とは，具体的にはコンピュータウイルス，ワーム，スパイウエアなどを指す。「mal」は「過誤，災難」を意味することから，パソコンに悪害を及ぼす有害なソフトウエアを指す造語である。

犯人は，この有害なソフトウエアを使って他人のパソコン（PC）に侵入してウイルス感染や破壊活動を行ったり，なりすまし犯罪に使うための共通番号（SSN），暗証番号やパスワード，クレジットカード番号などの秘匿情報などを自分に送信させたりすることができる。「標的型マルウエアメール」とも呼ばれる。わが国でも，日本年金機構が，マルウエアメールで大量の年金関連顧客情報を抜き取られたことで大きなニュースになった。

(2) なりすまし不正申告の急増

アメリカにおけるなりすまし犯罪（IDT）は，伝統的には，ネット空間よりも，現実空間（real space）で多発している。つまり，個人の財布や郵便物などから個人の情報を抜きとり，それらをなりすまし犯罪に使うという手法である。また，個人情報を抜取は，古くなり廃棄されたパソコン（PC）や，行政機関や企業が捨てた書類やごみ箱に捨てられたレシートなどを使って行われるケースも少なくない。さらに，なりすまし犯罪者は，無断で被害者の請求書等の送付先の住所変更をして被害者の個人情報を入手し，それをなりすまし犯罪に盗用する手口を使うこともある。

税や社会保障関連のなりすまし犯罪は急増している。とりわけ，納税者が他人によるなりすまし（IDT）不正還付申告の被害が深刻である。その構図は，おおむね【図表Ⅴ-60】のとおりである。

【図表Ⅴ-60】 なりすまし不正還付申告の構図

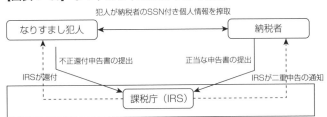

　不正還付申告関連のなりすまし犯罪（IDT）は，犯人がさまざまな手段を用いて不正に入手した納税者（本人／被害者）共通番号（SSN）やSSN付き個人情報などを使って還付申告（tax refund）することによって行われる。なりすまし不正還付申告の場合，通例，納税者本人（被害者）は，IRSから重複申告などが行われている事実の通知を受けるまでは分からないことが多い。電子申告（e-file）の普及も手伝ってか，IRSは，なりすましの不正還付申告の著しい増加に手を焼いている。

　犯人は，偽名の使用ではなく，不正に入手した他人の氏名や共通番号（SSN），ラップトップのPCと電子私書箱を使って容易に税金の不正還付を受けている実態がある。とりわけ，これら不正還付申告では，確定申告期の早い時期に，納税者本人（被害者）が還付申告をするよりも先に還付申告をしているのが特徴である。

　現在，IRSは，支払調書と申告情報との突合（データ照合）に各納税者の共通番号（SSN）に大きな信頼を置き，かつ，早い者順に還付のためのデータ・マッチングを実施し，還付金を送金する態勢にある。一方，なりすまし還付申告者も，還付金の受取に，現金小切手ではなく，金融口座への振込を希望することも，なりすまし犯罪の発覚を遅らせる要因になっている。

(3) **IRSの名を語ったフィッシング・メールの急増**

　近年増加傾向にあるのが，課税庁（IRS）の名を語って納税者情報を入手する手口である。電話や手紙，電子メール（E mail）などで，犯人が，共通番号（SSN）氏名，生年月日を含むSSN付き個人情報の入手を図ろうとするケースが増えてきている。現実には，課税庁（IRS）は，電話や手紙，Eメールで納税者に個人情報のみを提出するように要請することはない。しかし，犯人のこうした手口に引っかかる納税者も少なくない。

連邦取引委員会（FTC＝Federal Trade Commission）は，各種の国内外の商取引規制に加え，消費者保護などの業務を所管する。FTC が消費者から受け付けたなりすまし犯罪（IDT 被害届，すなわち身元盗用被害届・宣誓供述書（Identity Theft Victim's Complaint and Affidavit）分析すると，近年，電話や手紙などを使った不正な納税者情報に入手よりも，ネット空間を通じ，フィッシング・メールなど洗練された偽装手法を駆使して不正な納税者情報を入手する手口が急増しているという。

連邦課税庁である IRS 関連でも，最悪期の2012年には当初の2か月間だけでも，数億人のインターネットユーザーを対象としたフィッシング・メールが3度も頒布されている。2012年1月の IRS の名を語った偽装メールでは，ユーザーがポップアップに表示された入力フォームに氏名・住所・共通番号（SSN）・生年月日などの秘匿情報を入力・送信すると早期の税金還付が受けられる旨を告知していた。

また，同じく，2012年2月の偽装メールでは，納税申告書を提出しなければ1万ドルの加算税が課されることをうたい，ポップアップに表示された入力フォームに氏名・住所・共通番号（SSN）・生年月日などの秘匿情報を入力し確認を促す通知が行われた。

この事件後，IRS は緊急の対応策を講じたものの，次々と出現する新手のサイバー詐欺，対策が後手に回り，連邦議会などから厳しい追及を受けている。

(4) なりすまし不法就労と不正申告

不法就労が絡んだなりすまし不正申告が，IRS（連邦課税庁）にとり，かなり厄介な問題となっている。犯人は，極めて巧妙な手段を用いて不正に入手した納税者（本人）の氏名や共通番号（SSN）付き個人情報を使って，短期の仕事に就くことが主な狙いであるからである。

IRS は，申告期前になりすまし不法就労の事実をつかむのは至難の業である。なぜならば，IRS は，なりすまし犯人の雇用主からの給与所得関連の支払調書の提出を受け，被害者である納税者本人の確定申告を受けて，申告後に双方のデータを突合（照合）してはじめて犯罪事実を認識するケースが多いからである。

9 悪用に歯止めがかからない共通番号／社会保障番号

【図表Ⅴ-61】なりすまし不法就労(A)の構図

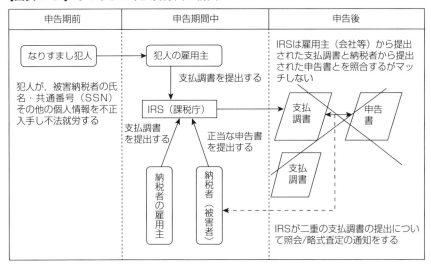

前記【図表Ⅴ-61】から分かるように，なりすまし不法就労の場合，不正還付申告を目的とする場合とは異なり，ほとんどの場合，犯人は確定申告をすることはない。一方，被害者である納税者（本人）は，事実を知らずに確定申告をすることになる。

IRS は，なりすまし犯人の会社や事業主（雇用主）から提出された支払調書と，被害者である納税者（本人）が給与所得者（wage earners）である場合にはその雇用主から提出された支払調書を受け取ることになる。

この場合，IRS は，その納税者が複数の事業者のもとで就労できる状況にはないと読んだときには，どちらか一方はなりすまし不法就労ではないかと疑うことになる。そして，IRS は，その納税者に対して，「誰か他人があなたの名前や共通番号（SSN）を使って不法就労をしているのではないか」との照会／通知を行うことになる。

【図表Ⅴ-62】なりすまし不法就労(B)の構図

申告期前	申告期間中	申告後
なりすまし犯人 犯人が，被害納税者の氏名・共通番号（SSN）その他の個人情報を不正入手し不法就労する	犯人の雇用主 ↓支払調書を提出する IRS（課税庁） ↑正当な申告書を提出する 納税者（本人/被害者）	IRSは雇用主（会社等）から提出された支払調書と納税者から提出された申告とを照合するがマッチしない 支払調書 ⇔ 申告書 IRSが申告内容について照会/略式査定の通知をする

　一方，【図表Ⅴ-62】のように，被害者である納税者（本人）が自営業者（self-employed）などで，給与所得者でない場合には，雇用主から課税庁（IRS）に支払調書の提出がない。この場合，本人から提出された申告内容となりすまし犯人の会社（雇用主）から提出された支払調書の内容とを照合（突合／データ照合）することになる。当然，双方はマッチしないことになり，IRSは被害者である納税者（本人）に照会／通知を行うことになる。

　この場合も，被害者である納税者（本人）は，IRSからこうした紹介／通知を受けてはじめて自分がなりすまし犯罪に被害にあっていることに気づくことになる。

(5) IRSのなりすまし不正申告防止策と被害者救済策の概要

　IRSは，2004年から継続的に，税務関連なりすまし問題への包括的な対策を実施している。これら一連の対策は，基本的には税務行政におけるなりすまし犯罪の防止・減少を狙いとしたものである。大きく分けると，不正防止策と被害者救済策の2つの柱からなる。

　具体的には，納税者教育の視角から，なりすまし不正申告犯罪の手口や対処方法，被害者救済手続の利用方法，被害者へのカウンセリング，なりすまし不正申告で被害を受けた個人納税者向けの「身元保護個人納税者番号（IP PIN＝Identity Protection Personal Identification Number）」の発行などである。

　一方，IRSの納税者サービス改善の面からは，なりすまし不正申告で財政的のみならず心理的にも被害を受けた納税者への電話や窓口での対応の仕方や被

害者救済手続の説明の仕方などについて，現場で被害者へ対応する職員の定期的な研修の実施である。

IRSは，なりすまし不正申告対策としては，2011年初頭に，高度申告書処理プログラム（Enhanced Return Process Program）を稼働させた。このプログラムおよびその後の関連プログラムで，IRSは，連邦司法省（DOJ＝Department of Justice）と連邦地検検事補事務所（local Assistant U. S. Attorneys'offices）の協力を得ながら，次のような具体的な対応策が講じている。

【図表Ⅴ-63】なりすまし不正申告防止策と被害者救済策の概要

> ① 潜在的ななりすまし不正申告の機械的な検索・ろ過の強化
> 　IRSは，申告書処理前あるいは還付前に過誤申告を機械的に探知する能力を増強するための検索・ろ過するための新たなシステム（account indicators／納税者別情報口座追跡警鐘制）を稼働させた。このシステムでは，納税者の納税状況に一定の変化が生じている場合に，その納税者の申告書に警鐘が付くかたちになっている。従来からIRSの申告処理システムでは，当年の申告と前年の申告との間に納税状況に大きな変化が生じて場合には，警鐘，ヒット（当たり）が付くかたちにデザインされてはいた。しかし，必ずしもなりすまし不正申告に対応したものではなかった。そこで，潜在的ななりすまし不正申告を機械的に検索・ろ過する機能を強化した。
> 　ただ，こうした検索・ろ過機能の強化策には問題がないわけではない。2009年を取ってみても，１千万件の納税者の住所変更，4600万件の雇用主変更，何百万件の死亡と出生がある。実際に，これらの変更情報や新規情報が，過誤申告・不正申告の探知システムにおいて，警鐘，ヒットとなる主な原因となっている。これらの警鐘，ヒットされた申告事案は，手作業で丹念に精査する必要がある。しかも，処理を必要とする件数が膨大であり，すべてのヒット事案を精査すると，税額の還付が遅延する結果につながる。
> 　このように，潜在的ななりすまし不正申告の機械的な検索・ろ過の強化によるヒット事案の増加は，税額還付の遅延と表裏一体の関係にあり，諸刃の剣にもなりかねない問題もある。
> ② 身元保護個人納税者番号（IP PIN）の発行
> 　2011年１月から，IRSは，なりすまし不正申告の被害を受けた個人納税者向けに「身元保護個人納税者番号（IP PIN＝Identity Protection Personal Identification Number）」の発行の試行を始めた。共通番号（SSN）はいったん他人に不正使用されると，その被害を食い止めることは難しい。
> 　現在のアメリカのように，一つの番号を多目的（汎用）するフラット・モデルの共通番号制は，なりすまし犯罪の餌食にある可能性が高く，時代遅れで極めて危険な番号制に仕組みである。共通番号（SSN）ではなりすまし不正申告への抜本的な対策は難しい。言い換えると，分野別に異なる番号を使い，各種情報を紐付け・データ照合するセクトラル・モデルの番号制が安全で今の時代にもマッチする。
> 　こうしたことも織り込んで，IRSは，なりすまし不正申告の被害を受けた個人納税

者を対象に課税分野に限定して使用する「身元保護個人納税者番号（IP PIN）」を発行することにした。

　ちなみに，2011年に，国防総省（DOD＝Department of Defense）は，これまでの共通番号（SSN）に換えて，新たな国防省本人確認番号（DOD identification number）を導入し，この分野別の個人番号を「共通アクセスカード（CAC＝Common Access Card/DOD ID card)」に表記することになった。

　わが国では，現在，アメリカにまねて，この時代遅れの危ないフラット・モデルの共通番号制を採用し汎用する方向だが，今一度精査する必要がある。法人，個人とも課税庁が発行する納税者番号を使うべきである。

③　データ照合の早期実施

　現在，IRSは，確定申告期間が過ぎてから，会社をはじめとした各種支払機関から提出された支払調書と納税者から提出された申告書とのデータ照合（突合）を実施している。しかし，これでは，なりすまし申告の発見が遅れることになる。そこで，データ照合をできるだけ早めることで，なりすまし犯の発覚に努めることとする。

④　故人納税者の身元を使った不正申告対策

　IRSは，故人納税者の身元を使ったなりすまし不正申告の増加に頭を悩ませている。すなわち，なりすまし犯人は，インターネット・サーフィンをし，最近死亡した納税者の氏名・住所・共通番号（SSN）などを探し出して，なりすまし不正申告に使う事案の増加である。

　そこで，IRSは，故人納税者の金融機関口座を確認・監視するシステムを稼働させている。現在，約23万の金融機関口座が指定されている。

　また，社会保障省（SSA）と共同で，死亡者情報の早期確認態勢の確立に努めることにした。

⑤　IRS査察部門でのなりすまし不正納税申告への対応

　IRSは，租税犯則部／査察（CI＝Criminal Investigation）の人員を活用し，他人の氏名・共通番号（SSN）などを盗用したなりすまし不正納税申告を探索，調査，防止策を強化している。2011財政年度において，IRS査察部（CI）は，276件のなりすまし不正納税申告を調査し，218件の告発を行った。そのうち，165件を有罪に持ち込んだ。その後も，なりすまし犯罪（IDT）で，起訴，有罪判決を受ける者の数は減少していない。

　もっとも，なりすまし不正納税申告にかかる刑事告発は，本来，連邦司法省（DOJ＝Department of Justice）の所管であり，IRSがこの種の事案に積極的に対処することには限界があるのも事実である。

　2012年1月に，IRSとDOJは，105件のなりすまし不正納税申告に関する全国捜査を実施した。この23州に及ぶ全国捜査に関連して，IRSは，150箇所の還付小切手を換金する事業者を訪問調査し，なりすまし不正納税申告犯との関与の実態を究明した。

　こうした一連のなりすまし不正納税申告に関する調査や摘発を行うことにより，一定の犯罪抑止効果は期待できる。ただ，2009年に摘発したなりすまし不正還付申告を例にみても，平均で1件あたり不正還付額は約3,400ドル程度である。血税を使った対応に対しては，"費用 対 効果"の面で大きな疑問符が付いていることも忘れてはならない。

(6) なりすまし不正申告への納税者心得10箇条

連邦課税庁（IRS）と連邦取引委員会（FTC）は，納税者がなりすまし不正納税申告被害にあわないようにするために，次のような「納税者心得10箇条」を公表している。

【図表Ⅴ-64】なりすまし不正申告への納税者心得10箇条

> 第1　IRSは，Eメールで納税者と接触を始めることはありません。
> 第2　あなたが，IRSの名を語った詐欺のEメールを受け取ったときには，IRSのphishing@irs.govへそのEメールを転送してください。
> 第3　なりすまし犯は，次のような手口であなたの個人情報を入手します。
> ・あなたの財布を盗む
> ・電話やEメールで，誰かがあなたの個人情報を必要としていることを装う
> ・あなたの個人情報を求めてゴミ箱などをあさる
> ・あなたが安全でないインターネット・サイトへ提供した情報を入手する
> 第4　あなたが，「www.irs.gov」ではじまらないIRSの名を語った請求をするインターネット・サイトを発見した場合，それをIRSのphishing@irs.govへ電子メールで通知してください。
> 第5　安全なインターネット・サイトかどうかを確認したい場合には，FTC（連邦取引委員会），www.ftc.gov/idtheftにアクセスしてください。
> 第6　あなたの共通番号（SSN）が盗まれた場合，他人がそれを使って職に就くかも知れません。この場合，その他人に給与を支払った雇用主が，あなたの共通番号（SSN）と支払給与額を記載した支払調書をIRSに提出するかも知れません。したがって，あなたが確定申告をした場合に，IRSは過少申告とみなす可能性があります。
> 第7　IRSから，複数の納税申告書が提出されている旨の通知，または，あなたが知らない雇用主から給与所得の支払調書が提出されている旨の通知を受け取った場合，あなたの身元が盗用された可能性が出てきます。この場合，できるだけ速やかにIRSの通知書の記された連絡先へ応答してください。
> 第8　現時点で，あなたの納税記録がなりすまし被害にあっていないとしても，財布の紛失，クレジットカードの利用歴や信用報告書に疑問を感じる場合には，あなたはIRSに対して自己の正確な身元を提供する必要があります。この場合，あなたは，社会保障カード，運転免許証，パスポートのような行政機関発行の有効な本人確認情報の副本を，警察署発行の紛失証明書や，様式14039〔身元盗難宣誓供述書（Form 14039: ITA＝Identity Theft Affidavit）〕を添えて，提出する必要があります。なお，あなたは，IRSの身元保護機動班（Identity Protection Specialized Unit），相手方払い電話800-908-4490，にコンタクトできます。あなたは，www.ftc.gov/idtheftにアクセスして，FTC発行の手引書を参照しながらなりすまし被害報告書を作成することができます。
> 第9　あなたは，課税目的で，仕事に就いた場合には雇用主に，自己の口座を開設している金融機関に対して，あなたの共通番号（SSN）を提示してください。あなた

の共通番号（SSN）を記載したカードや書類を日常的に持ち歩かないでください。
第10　なりすまし犯罪の被害報告の仕方、フィッシングその他不正行為の手口をはじめとしたなりすまし犯罪に関する詳しい情報については、IRSのHPの「なりすまし犯罪（IDT＝Identity Theft）に関するサイトへアクセスしてください。

B　IRSのなりすまし申告被害者の救済手続

　例えば、ニューヨーク州に住所を持つ合衆国市民である納税者が、様式1040〔連邦個人所得税申告書（Form 1040）〕に必要事項を記載し、追加納税あるいは税金の還付（tax refund）を受けるための電子申告をするとする。この場合は、IRSのウェブサイトからマサチューセッツ州にあるIRSアンドーバー（Andover）キャンパスの申告処理センター（Internal Revenue Submission Processing Center）宛に、様式1040に法定資料を添付して電子送付することになる。

　一方、様式1040を文書で申告する場合には、ミズーリー州にあるIRSカンザスシティ（Kansas City）キャンパスのIRS申告処理センター（Internal Revenue Submission Processing Center）宛に、法定資料を添付して郵送することになる。

　　郵送先：Internal Revenue Submission Processing Center
　　　　　　2306　East Bannister Road
　　　　　　Kansas City, MO 64131

　ところが、所管のIRSの申告処理センターから、誰かがすでにその納税者のSSNや個人情報を使って還付申告をしている旨の通告（Notice CP 2000等）を受けたとする。この場合、なりすまし申告の被害にあった納税者は、どのような手続を踏んだらよいのであろうか。

(1)　IRSからの通知

　一般に、他人が自分のSSNや個人情報を盗用して、様式1040〔連邦個人所得税申告書〕を提出した場合、本人が自分の申告書を提出するまでは、二重の申告が行われている事実は容易に発覚しない。

　IRSの申告処理センターは、同じSSNの記載された2通の様式1040〔連邦個人所得税申告書〕を受領した場合、第2番目の様式1040を受理しないことになる。IRSは、第2番目の様式1040を提出した納税者に対して、その年分の様式

9 悪用に歯止めがかからない共通番号／社会保障番号　653

【図表Ⅴ-65】 様式1040〔連邦個人所得税申告書（Form 1040）〕（1頁）

1040がすでに受理されている旨を記した通知（Notice CP 2000等）を文書で行うことになる。

この通知を受けて，納税者は必要な手続を開始することになる。

もっとも，IRSからの通知がない場合でも，他人が自分になりすまして様式1040を提出していると疑われるときには，その納税者は必要が手続を開始することも可能である。

(2) 様式14039（Form 14039）への記載

納税者が，誰か他人が自分のSSNを使いなりすまして様式1040〔連邦個人所得税申告書〕を提出しているとの疑いを持ったとする。この場合，その納税者は，所管のIRSの申告処理センターに，様式14039〔身元盗難宣誓供述書

【図表Ⅴ-66】様式14039〔身元盗難宣誓供述書〕（抜粋）

(Form 14039: Identity Theft Affidavit)〕に必要事項を記載して提出することになる。いわゆる「被害届」の提出である（ちなみに，FTC（連邦取引委員会）は，消費者保護の観点からIDT問題を取り扱っており，なりすまし不正申告の被害者は，「身元盗用被害届・宣誓供述書（Identity Theft Victim's Complaint and Affidavit）」をFTCへ提出することもできる。）。

IRSの様式14039〔身元盗難宣誓供述書〕には，被害者の詳細，コンタクト先，被害納税者の代理人がいる場合には，その詳細，宣誓，日付，署名などを記載するように求められる。

(3) 様式14039（Form 14039）の送付

なりすまし（IDF）不正申告の被害を受けた納税者は，"被害届"である様式14039〔身元盗難宣誓供述書〕に必要な記載をしたうえで，自分の社会保障カ

ードのコピーおよび運転免許またはパスポートその他身元確認のできる証票のコピーを添付して，IRS に送付することになる。また，納税者は，IRS から，不正申告に関するその他の通知（Notice CP 2000等）をもらっている場合には，そのコピーも添付する必要がある。

被害者である納税者は，これまで IRS がなりすまし不正申告に関係するいかなる通知をもらっていない場合には，下記の住所に書類を郵送することになっている。

郵送先：Internal Revenue Service
　　　　P. O. Box 9039
　　　　Andover, MA　01810-0939

IRS は，被害届（様式14039〔身元盗難宣誓供述書〕）の提出を受けて，専従班【IRS なりすまし被害者支援班（IDTVA＝Identity Theft Victim Assistance）】が早急に事案を調査し，必要な対応策を講じることになる。

⑷　**IRS の納税者保護プログラム（TPP）**

IRS は，なりすまし不正申告の問題に対応するための IRS 納税者保護プログラム（TPP＝Taxpayer Protection Program）を組んでいる（IRM25.25.6）。TPP では，なりすまし不正申告ではないかと疑われる場合には，その申告書を提出した納税者に，IRS にコンタクトして，30日以内に自分の身元確認を行うように求める書簡を送ることになっている。

また，なりすまし不正申告の被害を受けたと思う納税者は，TPP に電話または電子メールでコンタクトを取り，対応について相談することができる。

ちなみに，IRS は，納税者保護プログラム（TPP）を通じて，2015年５月末までの１年間に，なりすまし（IDT）の疑いのある67万1,733件（重複は除く。）の不正申告書を確認している[336]。

---

[336] See, IRS, Global Identity Theft Report（May 31, 2015）; IRS, Global Identity Theft Report（May 31, 2014）.

【図表V-67】 TPP で確認されたなりすまし不正申告件数の推移

(5) IP PIN とは何か

2011年1月から，IRS は，身元保護 PIN プログラム（IP-PIN=Identity Protection PIN program）を開始している。このプログラムは，IRS が，なりすまし被害にあった個人納税者向けに，独自に「身元保護個人納税者番号（IP PIN=Identity Protection Personal Identification Number）」を交付することが目的である。

自分の SSN（社会保障番号／共通番号）が他人に悪用され，なりすまし犯罪の被害者となった個人納税者が，SSN 以外の公認の番号で納税申告書の提出ができるように支援することが狙いである。IP PIN は，IRS が発行する6ケタの番号である。連邦の様式1040〔連邦個人所得税申告書〕事務にのみ利用できる限定番号である。

連邦個人所得税申告では，単身者申告，夫婦個別申告（MFS=marriage filing separately）のほかに，夫婦合算申告（MFJ=married filing jointly）もできる。夫婦合算申告（MFJ）を選択し，配偶者のどちらかがなりすまし被害者である場合も考えられる。この場合，なりすまし被害を受けた配偶者は，IP PIN の交付を受けて，様式1040〔連邦個人所得税申告書〕にその IP PIN を記載することになる。一方，なりすまし被害者ではない配偶者は，様式1040〔連邦個人所得税申告書〕に，SSN（共通番号／社会保障番号）を記載することになる。

IP PIN（身元保護個人納税者番号）を新たに制度化した理由は，納税者が以前に IRS に対して自分の身元を証明する情報を提供しており，かつ，IRS が当該納税者は有効な SSN（共通番号／社会保障番号）の保有者であることを確認できるようにすることにある。

納税者は，IRS から交付された身元保護個人納税者番号（IP PIN）を使って申告書を提出すると，申告時に，標準的な申告手続により有効な納税申告書を提

⑨ 悪用に歯止めがかからない共通番号／社会保障番号　657

出したものとして正式に処理される。

① IP PIN の交付手続

　自分の SSN が悪用され，なりすまし不正申告の被害を受けた個人納税者が，身元保護個人納税者番号（IP PIN）の交付を希望するとする。この場合，当該納税者は，まず，IRS に対してオンライン（ネット），または電話で，IP PIN を申請する自分が，本人であることを証明するように求められる。したがって，申請者は，IRS から確認コード（information code）を受領するために，電子メールアドレスと携帯電話等で IRS とコンタクトできるような環境にあることが必要になる。こうした環境設定が整い，IRS による身元確認が完了すれば，申請

【図表Ⅴ-68】通知書 CP01A〔IP PIN 通知書〕（抜粋）

者は，オンラインで IP PIN の交付を受けることができる（IRS.gov/getanippin）。

その後，IRS は，その納税者に対して，毎年12月に「通知書 CP01A〔私どもIRS はあなたに IP PIN を交付した（Notice CP01A: We assigned you an IP PIN）〕」【図表Ⅴ-68】を用いて，新しい IP PIN を郵送で交付することになっている。

ちなみに，現行のルールでは，納税者はいったん IP PIN の交付申請をし，それが認められた場合には，任意に IP PIN の利用を止めること（opt out）はできないことになっている。その後の課税年にわたっても，当該納税者はあらゆる自分の連邦個人所得税関係の納税申告書や各種法定資料に，SSN に代えてIP PIN を記載するように求められる。

② **IP PIN の再発行（再交付）**

納税者が，IP PIN が記された通知書 CP01A〔IP-PIN 通知書〕を紛失した，あるいは新しい IP PIN を受け取っていないとする。この場合，当該納税者は，IRS に届出をし，既定の身元確認手続を踏んだうえで，IRS から IP PIN の再交付（再発行）を受けることができる。

③ **州所得税との関係**

IP PIN は，連邦個人所得税の申告に関してのみ使用できる番号である。したがって，州の個人所得税の申告には使用することができない。また，州が個人所得税に関しなりすまし被害者向けに独自の IP PIN を交付している場合，その IP PIN は，連邦の個人所得税申告には使用することはできない。

④ **IP PIN の交付実績**

この新しい IP PIN は，納税者になりすまし（IDT）不正申告の被害リスクが続く限り，継続的に毎年，申告期の開始前（通例，各年12月末）までに IRS から交付される。

IP PIN 導入直後の2012暦年分申告期に，IRS は，25万2,000人に IP PIN を交付している。それが，2015暦年分申告期（2016年1月15日～4月18日）には，270万件の IP PIN を交付している。また，2016年1月15日から始まった2015暦年分申告をチェックし，2016年2月末までに約800件の IP PIN を悪用した不正申告を発見している[337]。

---

[337] See, IRS Statement on IP PIN（March 7, 2016）.

(6) IRSからの身元確認の求め

IRSは，怪しい様式1040〔連邦個人所得税申告書〕の提出をストップしたい場合には，納税者に，書簡5071C (Letter 5071C) を送付することになっている。書簡5071Cは，2015年に導入された。納税者の正確な身元を確認することを目的としたものである。身元確認が済めば，その旨は，郵便で通知される。IRSは，この通知を電話や電子メールでは行わないことになっている。

身元確認にあたり，被害者である納税者は，IRSに，次の情報を提供するように求められる。

【図表Ⅴ-69】書簡5071C (Letter 5071C) で提出が求められる情報

> ① 氏名，生年月日および連絡先情報
> ② SSNまたは個人納税者確認番号 (ITIN＝individual taxpayer identification number)
> ③ 前課税年の連邦所得税申告書（様式14039），様式W-2〔給与所得の源泉徴収票 (Form W-2: Wage and Tax Statement)〕，別表A〔項目別控除明細表 (Schedule A: Itemized Deductions)〕など

C　連邦議会・政府検査院 (GAO) の報告書

アメリカでは，個人の共通番号である「社会保障番号 (SSN＝Social Security Number)」を搾取し，巧妙な手口で悪用したなりすまし犯罪 (IDT) が，全米規模で猛威を振っている。IRSは，このところ，矢継ぎ早に，なりすまし不正申告防止対策を打ち出して対応に努めている。しかし，なりすまし不正申告はさらに悪化の一途をたどっている。

アメリカの政府検査院 (GAO＝Government Accountability Office) は，連邦議会の要請に従い，2016年5月に，報告書『なりすましと租税詐欺 (Identity Theft and Tax Fraud)：内国歳入庁は納税者保護プログラムのリスク査定を改訂する必要がある (IRS needs to update its risk assessment for the taxpayer protection program)』（A4 63頁）を作成し，議会に提出した[338]。

アメリカの政府検査院 (GAO＝Government Accountability Office) は，わが国の会計検査院のモデルともなった連邦議会直属の機関の1つである。その検査の

---

[338] Available at: http://www.gao.gov/assets/680/677406.pdf#search＝'GAO+IDENTITY+THEFT+AND+TAX+FRAUD'

90％以上は，連邦議会からの検査要請に基づいて実施されている。

GAO の報告書『なりすましと租税詐欺（Identity Theft and Tax Fraud）』では，IRS の他人の SSN を悪用したなりすまし不正申告対策に一定の評価を下しながらも，現在のなりすまし不正申告対策の改訂を求め，次のような報告を行っている。

(1) GAO はなぜこの検査を実施したのか

2014年，内国歳入庁（IRS）は，概算で225億ドルものなりすまし（IDT＝identity theft）不正還付の防止に成功した。しかし，その一方で，31億ドルにものぼるなりすまし（IDT）不正還付に応じてしまった。なりすまし（IDT）不正還付は，個人の身元確認情報を入手し，それを悪用し不正な還付申告を行う形で行われる。IRS は，納税者の本人確認やなりすまし（IDT）不正還付の防止に努力しているものの，この種の犯罪は進化し，対策コストも高くなっている。

【図表Ⅴ-70】IRS のなりすまし不正還付の評価額（2014年期）

IRSがなりすまし不正還付と評価した概算総額（256億ドル：2014年期）		
《なりすまし不正還付防止推定額》	《不正還付した額》	《不明な額》
88%（225億ドル）	12%（31億ドル）	?

政府検査院（GAO）は，IRS のなりすまし（IDT）不正還付対策を検査するように要請を受けた。本報告書は，① IRS の納税者保護プログラム（TPP＝Taxpayer Protection Program）のパフォーマンスを査定し，かつ，② IRS の2014年度のなりすまし（IDT）不正還付対策コストの評価を行うものである。GAO は，IRS の納税者保護プログラム（TPP）を査定するために，IRS の検討結果や指導書をレビューし，かつ IRS の職員と面談を実施した。加えて，GAO は，異なる視角から IRS の納税者保護プログラム（TPP）分析を実施した場合には，どのような効果が得られるのかを検証するためのシナリオ分析を実施した。IRS のなりすまし（IDT）対策コスト評価を支援するために，GAO は，GAO コストガイド（GAO Cost Guide）に示された選択的最良の実務に基づき IRS の方法論を評価した。

(2) GAO の勧告事項

GAO は，IRS が自己の納税者保護プログラム（TPP）を改訂し，かつ，今回

の査定において特定されたリスクを縮小するための適切な行動をとるように勧告する。加えて，GAO は，還付額のしきい値を撤廃し，かつ利用できるあらゆる申告水準のデータを活用できるようにし，なりすまし（IDT）対策コスト評価を改善するように勧告する。

　IRS は，GAO の IRS 納税者保護プログラム（TPP）に関する勧告，および IRS のリスク査定の改訂に同意した。IRS は，GAO のなりすまし（IDT）対策コスト評価勧告に沿った行動を実施した。

(3) GAO が発見した事項
① IRS 納税者保護プログラム（TPP＝Taxpayer Protection Program）

　納税者保護プログラム（TPP）とは，疑念のある納税申告者の身元を確認することにより，なりすまし（IDT）不正還付を防止するプログラムである。IRS は，納税者保護プログラム（TPP）を強化する努力をする一方で，不正を行った者が，その後もすり抜け，不正還付を行っていないかのチェックを実施している。TPP では，真の納税者が知っているべき質問に答えさせることにより納税者の本人確認を実施している。しかし，不正を行った者は，納税者の個人確認情報（PII＝personal identification information）を入手することにより，すり抜けられる。IRS は，160万件の申告書が納税者保護プログラム（TPP）の対象となると見積もっている。これは，2015年申告期では，TPP の本人確認をすり抜けた7,200件ほどのなりすまし不正申告者に対して3,000万ドルを還付することにもつながることを意味する。GAO の分析では，この金額はもっと高くなると見積もっている。IRS は2012年期において納税者保護プログラム（TPP）のリスク査定を実施したのにもかかわらず，その後，IRS は，なりすまし（IDT）不正還付への現存する脅威〜とりわけ不正申告者のうち，本人確認用の質問をすり抜けるに使う真の納税者の個人確認情報（PII）を保有する者の脅威〜を反映させた形でリスク査定に改訂を加えていない。連邦の電子本人確認ガイダンスは，各機関にプログラムのリスク査定を実施するように義務付けている。改訂されたリスク査定は，納税者保護プログラム（TPP）を強化し，IRS の本人確認の機会の支援につながる。本人確認の強化は，IRS の歳入損失を少なくし，かつ，不正の被害者となるまじめな納税者が数を減少させる。

② なりすまし不正還付コスト評価（IDF Refund Fraud Cost Estimate）

　GAO の勧告に従い，IRS は，2014年期なりすまし不正還付コスト評価を改

善するための努力の一環として，新たな方法論を採用した。しかし，評価には，特定の還付額層のしきい値（threshold）にあてはまらない申告書は含んでいない。IRS職員によると，当該しきい値はIRSの執行事務に優先順位を付けるためのものであるという。しかしながら，しきい値を置くということは，不完全な評価を招くことにもつながる。改善された評価は，どのようにして不正がIRSの防御をすり抜けているのかをよく理解するのに役立つ。GAOコストガイド（GAO Cost Guide）は，コスト評価にはあらゆる関連費用を含むように求めている。加えて，IRSが不正を防止により得た還付額の評価は，グローバル報告書（Global Report）に基づくものとする。グローバル報告書では，IRSが不正申告書をとらえた場合にはその都度計算に入れることになっており，申告書によっては，複数の数を計算に入れることになる。IRSはこの情報源を使用する。なぜならば，なりすまし（IDT）不正還付に関する公式な記録であることからである。GAOコストガイドは，各機関は，評価にあたっては原始データを使用すること，さらには，そのデータには失念も含むこととしている。グローバル報告書によること，したがって申告書段階でのデータを使わないことにより，IRSは，なりすまし（IDT）不正還付に関する不正確な評価にもつながる。このことは，増大するなりすまし（IDT）不正還付を監視しかつそれに戦闘を挑むIRSや議会の努力を無にすることにもつながる。

D　小　括

　誰か他人が自分のSSNを悪用し自分になりすまして，連邦個人所得税申告書（様式1040）を提出していると疑いが出てきたとする。この場合には，そのなりすまし犯罪者（IDT）は，税務だけでなく，他の情報犯罪にも関与している可能性が出てくる。とりわけ，アメリカでは，他人のSSNを悪用してつくられたクレジットカード詐欺が重大な社会問題になっているからである。

　したがって，IDTの被害者は，まず，アメリカ三大信用情報機関に連絡して，他人が自分のSSNを悪用して，クレジットカードをつくり，支払不能に陥り，ブラック情報として登載されていないかどうかをチェックする必要がある。そのうえで，これら信用情報機関が，自分知らないところで開設されたクレジット口座に関するクレジット情報を不要に蓄積しないように凍結する手続をとる必要がある。

FTC（連邦取引委員会）が公表したなりすまし犯罪（IDT）報告によると，FTCに対して被害届，すなわち「身元盗用被害届・宣誓供述書（Identity Theft Victim's Complaint and Affidavit）」の提出により報告があった被害／苦情件数は，官民全体で2015年は49万件あまり（2014年は33万2,600件余り），不法就労など給与所得還付申告関係で2015年は22万件あまり（2014年は10万9千件余り）である[339]。（IRSとFTCとの被害報告件数は必ずしも一致しない。）

すでにふれたように，連邦課税庁であるIRSは，2011年1月から，身元保護PINプログラム（Identity Protection PIN program）を開始した。交付件数は次第に増え，2015暦年分申告期（2016年1月15日～4月18日）には，270万件の身元保護個人納税者番号（IP PIN）を交付している。

全国納税者権利擁護官（NTA=National Taxpayer Advocate）」[340]は，IRS内部にありながら，納税者権利擁護官サービス（TAS=Taxpayers Assistance Service）を提供することにより，IRSの執行部門から独立して納税者からの苦情処理や，執行体制の見直しを求める報告を連邦議会に行う組織である（IRC7803条c項，7811条）。NTAは，その年次報告書（annual reports）で，毎年のように，IDT問題の深刻さとIRSの対応の不十分さを指摘している。IRSのIP PINの発行件数は増減を繰り返し，IRSの身元保護機動班（Identity Protection Specialized Unit）もその力量は定かではない，申告期になりすまし（IDT）被害に苦しむ納税者がIRSの納税者保護プログラム（TPP）にコンタクトしても電話は繁忙を理由にほとんどつながらないなど，IRSがIDT対応で抱える問題点を鋭く指摘し，IRSに抜本的なIDT対策の講じるように勧告する報告を行っている[341]。

アメリカは，おおよそ3億2,160万の人口を抱え，法人その他を含め年間2億430万件を超える確定申告書の提出がある。IRSは，納税者保護プログラム（TPP）を通じて，2015年5月末までの1年間に，なりすまし（IDT）の疑いのあ

---

[339] Available at: https://www.ftc.gov/system/files/attachments/press-releases/ftc-announces-significant-enhancements-identitytheft.gov/idt-complainttrends_jan2016.pdf

[340] NTAは，各州に最低1か所は地方事務所（local Taxpayer advocate）を設置しており（IRC7803条c項4号A），納税者がIRS職員の税法の執行に関し深刻な困難に陥っているまたは陥るおそれがあると判断される緊急事案に対しては納税者救済命令（TAO=taxpayer assistance orders）を出す権限を付与されている（IRC7811，財務省規則301.7811-1，IRM13.1.20）。Available at: http://taxpayeradvocate.irs.gov/about-tas

[341] See, *e.g.*, TAS, 2014 Annual Report to Congress — Vol. 2, at 45 *et seq.*; TAS, Fiscal Year 2016 Objectives Report to Congress — Vol. 1 at 28 *et seq.*

る67万1,733件（重複は除く。）の不正申告を摘発している。また，2015年暦年分申告期に，IRSは，270万件のIP PINを交付（紛失等による再交付分は除く。）している。

このような数値をどのようにとらえるは悩ましいところである。ただ，共通番号であるSSNの悪用は深刻で，税務分野だけをみて見ても，不正利用が年をおうごとに巧妙になり，対応が後手に回っている感も否めず，減少の兆しを見せていない。IRSやFTC，DODなど行政側となりすまし犯（IDT）とがイタチごっこを繰り返しており，手が付けられなくなっている実情を垣間見ることができる。

わが国政府は，個人番号（マイナンバー）の官民事務への幅広いエスカレート利用に走る愚策を進めている。危ない共通番号（SSN）の悪用，なりすまし犯罪対策でムダガネを使い，悪戦苦闘しているアメリカの実情は，対岸の火事といってはいられない。このまま利用拡大の愚策を進めれば，ジワジワと，アメリカのようななりすまし（IDT）犯罪者天国と化すのも時間の問題であろう[342]。

安心・安全な社会とは，人生80年の時代にあって，個人番号（マイナンバー）のような原則生涯不変の危ない背番号を汎用するような愚策を実施しないことにあるのだが……。

一度動き出した血税濫費につながる危ない永久公共事業をどう止めるかは，重い国民的な課題である。

---

[342] プライバシー・インターナショナル・ジャパン（PIJ）発行のCNNニューズ（季刊）各号を参照。Available at: http://www.pij-web.net/

第Ⅵ部
連邦の租税争訟制度

　英米法系における争訟手続の特徴としてあげられるのは，「不服審査前代替紛争解決手続（Pre-Appeals Alternative Dispute Resolution Procedures）」や「裁判前代替紛争解決手続（Pre-Trial Alternative Dispute Resolution Procedures）」の積極的な活用である。

　連邦納税者は，IRS（内国歳入庁）の処分や事実行為などに不満があった場合，IRS内部に設けられた不服審査制度の利用を選択できる。しかし，今日，IRS内に設けられた納税者を救済するための連邦の不服審査（IRS Appeals）制度はここ20年で様変わりした。従来からあるIRSの「通常の不服審査（normal Appeal）」に加え，各種の代替的紛争解決プログラム（ADR＝Appeals Dispute Resolution Programs, Alternative Dispute Resolution Programs）の相次ぐ導入がその原因である。

　連邦納税者は，行政段階での納税者救済手続，すなわちIRSの不服審査手続を利用してもIRSとの紛争を解決できないとする。この場合，IRSに不足額を納付して一件落着とすることも可能である。しかし，さらに司法裁判所に裁判を起こして救済を求め争うことも可能である。連邦納税者には，租税訴訟で争うとした場合，3つのルートが開かれている。1つは，増差額（不足額＋加算税等）を未納付のまま連邦租税裁判所（U.S. Tax Court）で争う途である（IRC6213条a項）。2つ目は，増差額を納付したうえで，連邦地方裁判所（U.S. District Court）で争う途である。そして3つ目は，増差額を納付したうえで，連邦請求裁判所（U.S. Claims Court）で争う途である。2つ目および3つ目の途を選択した場合には，納税者は，還付請求訴訟で争うことになる。

　これら司法審査を求める場合にも，裁判所は，納税者に「代替紛争解決手続（Alternative Dispute Resolution Procedures）」の積極的活用を促している。

1　IRS 不服審査制度

　連邦課税庁である内国歳入庁（IRS）が納税者に発する30日レターは，税務調査結果を通知すると同時に，不服申立ての権利（appeal's right）を教示する文書である[1]。納税者は，30日レターの送達から30日以内に IRS の不服審査部（Appeals Division），不服審査局（Appeals Office）に通常の不服申立てなどの手続を開始できる（財務省規則601.105(d)(2)(i)〜(iv)）。

　IRS の不服審査部は，納税者から不服申立てがあった場合，不服審査官（appeals office representative/appeals officer）が，納税者，その代理権限証書を有する代理人[2]と協議（conference）を開始する。IRS 不服審査部は，IRS 執行（Compliance）部門（examination/collection）から完全に独立している。不服審査官は，納税者，IRS いずれにも偏することなく，公正かつ厳正に税額を決定するように求められる（財務省規則601.106(f)(1)〜(2)）。

　このように，連邦納税者は，IRS（内国歳入庁）の処分や事実行為などに不満があった場合，IRS 内部に設けられた不服審査制度の利用を選択できる。しかし，今日，IRS 内に設けられた納税者を救済するための連邦の不服審査（IRS Appeals）制度はここ20年で様変わりした。従来からある IRS の「通常の不服審査（normal Appeal）」に加え，各種の代替的紛争解決プログラム（ADR＝Appeals Dispute Resolution Programs）の相次ぐ導入がその原因である。

　IRS 不服審査部が提供する ADR プログラムは，費用や時間の面から合理的であり，一般にその有用性が高く評価されてきている。また，連邦議会も，税務訴訟に伴う納税者側の重い負担の回避，紛争解決の迅速化をはかるために，一層の不服申立制度の効率化を求め，ADR プログラムの拡大に向けて積極的な立法措置を講じてきている[3]。

　IRS 不服審査官が，事案を審査した結果，「不足額があり，解決は不可能」と

---

(1) 伝統的な紛争解決プロセスについては、See, Your Appeal Rights and How to Prepare a Protest if You Don't Agree (Publication 5, Rev. 01-1999). Available at: https://www.irs.gov/pub/irs-pdf/p5.pdf
(2) ここでいう代理人とは，弁護士（attorney at law），公認会計士（CPA），登録税務士（enrolled agent）など，IRS の前で納税者を代理できる有資格者を指す。

判断する場合には，IRSは，一般には「90日レター（90 day letter）」とよばれる「不足税額通知書（NOD＝notice of deficiency）」を納税者に送達する（IRC6121条，IRM8.2.2.1（05-29-2014））。

一方，納税者が，30日レターの送達日から期間内に不服審査部に対して不服申立手続を開始しないとする。この場合も，不服審査を行ってそれが棄却されたときと同様に，IRSは，「90日レター（90 day letter）」を納税者に送達する。

90日レターの送達により，納税額が正式に確定する。90日レターの送達を受けた納税者が，増差額（不足額＋加算税）を納付すれば，一件落着となる。もっとも，当該納税者は，90日レターの送達を受けてから90日以内に連邦裁判所に訴えて，IRSの処分等に対して司法判断を求めることもできる。

A　IRS不服審査部の組織と運営

IRSの「不服審査部（Appeals Division）」は，1927年に創設された。IRSの内部の機関でありながらも，創設当初から極めて独立性の高い組織である。伝統的にIRSの執行（compliance）部門，すなわち調査・滞納／徴収（examination/collection）部門とは，別系統の組織として存続してきている。

(1)　IRSの不服審査部の変容

IRSの不服審査部は，1998年の内国歳入法典（IRC）の一部改正法であるIRS再生改革法（IRS Restructuring and Reform Act of 1998），通称「T3」の制定により，さらに大きく変貌をとげた【☞本書第Ⅲ部**1**A(1)】。この法改正により，不服審査部は，従来の課税庁（IRS）寄りの姿勢は改められ，執行／コンプライアンス部門からより独立性が高く，不偏の立場を貫ける組織に変革された【☞本書第Ⅲ部**1**D】[(4)]。

[(3)] 連邦議会は，1990年に行政的紛争解決法（ADRA＝Administrative Dispute Resolution Act of 1990）を制定し，連邦行政機関に各種の代替的紛争解決手続（ADR）を導入することを義務付けた。こうした連邦政府の方針に沿い，IRSも，1995年からADRを整備，プログラムを拡充してきた。しかし，各種ADRプログラムでは，久しくその対象が，納税者と執行／コンプライアンス（調査／徴収）部門の間での事実問題を争点にする紛争に限定されてきた。このため，納税者は，法律問題を争点にIRSと争う場合には，司法裁判所を利用せざるを得なかった。もっとも，近年，IRSは，この点の改善に結局的に取り組み，不服審査部（Appeals）の不服審査官（appeals officers）に弁護士やCPA資格を有する者を多数採用してきている。そのうえで，新たに立ち上げたADRプログラムでは，法的争点を含め対応できる仕組みにデザインしている。1990年のADRAについて詳しくは，See, Margaret Ward," Legislative Development: Public Fuss in a Private Forum," Harv. Negotiation L. Rev. 217（1997）．

(2) IRS不服審査部の特質

今日，IRSの不服審査部は，紛争解決の迅速化に力点を置き，多様な代替的紛争解決（ADR）プログラムを導入し，納税者のインフォーマルな駆け込み救済に積極的に奉仕できる組織に生まれ変わっている。不服審査部は，IRS全体で1,000人弱の職員がおり，年おおよそ10万件の紛争処理を行っている[5]。

【図表Ⅵ-1】IRS不服審査部の特質

① IRSの不服審査部による救済手続は，納税者が裁判手続（司法手続）を踏むことなしに，無償でIRSによる紛争処理手続（行政手続）を通じて問題解決をはかることを促進することにある。

② 不服審査部の使命は，納税者側にも課税庁（IRS）側にも，公正かつ不偏の立場で，租税紛争の処理にすることにある。
 ・このため，不服審査官には不偏の立場が求められる[6]。
 ・不服審査官は，いったん審査部の所属した後は，例えば以前IRSの執行／コンプライアンス（調査または徴収／examinationまたはcollection）部門に在職していたとすればそこへ戻ることはない（ノーリターン・ルール／no return rule）。
 ・不服審査官は，不服申立てをした納税者を交えることなしに，IRSの執行／コンプライアンス部門の担当官と交渉してはならない（片面的交渉の禁止ルール／*Ex parte communication rule*）。

③ 納税者との協議・合意による紛争処理が基本である。

④ IRSの執行／コンプライアンス部門から独立した不服審査部の審査官（Appeals hearing officer）が，納税者や執行部門の担当官との協議（conference）を通じて合意形成に向け説得をすることが基本ルールである。このため，連邦税法（IRC）は，それぞれの担当官に納税者と合意する権限を付与している（IRC6159条，7121条，7122条）。

⑤ 納税者が司法審査を求めて裁判所に提訴した事案（ドケテッドケース／docked case）について，その訴訟を担当する裁判所は，再びIRS不服審査部に送付し，協議による合意で解決をはかることも可能である。

---

(4) IRS不服審査部の独立性の評価については，連邦財務省租税行政監察総監（TIGTA）が評価書を公表している。See, Treasury Inspector General for Tax Administration (TIGTA), The Overall Independence of the Office of Appeals Appears to be Sufficient (September, 2005) Reference Number: 2005-10-141 Available at: https://www.treasury.gov/tigta/auditreports/2005reports/200510141fr.pdf

(5) IRS不服審査部についての邦文による分析として，菅原万里子「アメリカ合衆国の租税手続における訴訟前の不服申立手続」租税訴訟6号（財経詳報社，2012年）参照。

(6) 不服審査官は，厳密には，税額確定にかかる不服申立てを担当する不服審査官（AC＝appeals officer）〔IRM8.1.3.4〕と，滞納／徴収過程での不服申立てを担当する和解担当官（SO＝settlement officer）〔IRM8.1.3.6〕に分けられる。

IRS 不服審査部は，制度的には大きく改革されたものの，実務面ではさらなる見直しの必要な点が指摘されている。アメリカ法曹協会（ABA＝American Bar Association）が，税務実務家（税務弁護士）会員を対象に実施したアンケート調査では，制度改革に現場が追い付いていっていない実情が浮き彫りにされた。例えば，紛争解決の迅速化方針が優先し，現場では必ずしも租税正義を実現する結果にはつながっていないきらいがある。不服審査部の現場では，IRS の執行（compliance）部門（examination/collection）の影響を受けやすい体質は大きく変わっていない等々[7]。

(3)　IRS 不服審査部の所管事項

　IRS 不服審査部が所管する不服審査事項は，おおまかにまとめてみると，次のとおりである。

【図表Ⅵ-2】IRS 不服審査部が所管する事項

> ①　納税者が，IRS 調査（examination）部門による調査結果に基づき，30日レターの送達を受けた後に，司法審査を求めずに，直ちに IRS 不服審査部へ不服申立てをした事案（ノンドケテッドケース／non-docked case）
> ②　納税者が，90日レターの送達を受けた後に，再度 IRS の調査部門に異議申立て（protest）を行うが，調査（Examination）部門が納税者のその申立てを認めなかったことから，いったん増差額（不足額）を納付したうえで連邦地方裁判所または連邦請求裁判所に処分の取消および還付請求訴訟を提起する前に，IRS の不服審査部へ不服申立てをした事案（ノンドケテッドケース／non-docked case）
> ③　納税者が，90日レターの送達を受けた後に，IRS 不服審査部に不服申立てを行わずに合衆国租税裁判所に訴訟を提起し受理され（ドケテッドケース／docked case），租税裁判所がそのケースを IRS 不服審査部に送付した事案
> ④　納税者が，90日レターの送達を受けた後に，合衆国租税裁判所に訴訟提起をしなかったことから，IRS の滞納／徴収（Collection）部門が徴収手続を開始した場合において，税額の減額または分割納付を求めて IRS の不服審査部へ不服申立てをした事案（ノンドケテッドケース／non-docked case）
> ⑤　納税者が，90日レターの送達を受けた後に，合衆国租税裁判所に訴訟を提起せず，IRS の滞納／徴収（Collection）部門が徴収手続を開始し，納税者の財産を強制徴収処分に付すないし納税を担保するための先取特権（lien／リーエン）を付す予告を行った場合において，当該滞納／徴収部門から受けた徴収適正手続のための聴聞を受ける権利（CDP hearing＝collection due process hearing）を行使し，

---

[7]　IRS 不服審査部の独立度の客観的な評価について詳しくは，See, American Bar Association, Section of Taxation, Survey Report on Independence of IRS Appeals（ABA, August 11, 2007）. Available at: http://www.americanbar.org/content/dam/aba/migrated/tax/irs/survey/appealssurvey07.authcheckdam.pdf

> IRS不服審査部がその聴聞／ヒアリングに参加する事案（ノンドケテッドケース／non-docked case）

B 整備されたIRSの納税者駆け込み救済手続の整備

　IRSには，かつて「納税者第一（Taxpayers' First）」の精神に欠けていた時代があった。納税者は，IRSの税務調査に合い調査官から「申告内容に問題なし」とされても，いつIRSから申告是認通知書（no change letter）が届くのかもはっきりしなかった。逆に，調査官が不足額（増差額）を発見したことから，調査を受けた納税者が異議申立て（protest）をし，協議（conference）の申し入れをしても，いつ協議が始まるのかも定かではなかった。また，協議が不調に終わり，30日レターの送付を受け，IRSの不服審査部へ不服申立てをしても，多忙を理由に長期間待たされるのが常態であった。場合によっては，たらいまわしされ，近隣州のIRS署の不服審査官が担当するというケースも多々あった。

　これが，近年のIRS改革で一変した。調査を受けた納税者は，原処分局に協議にための異議申立てをすると同時並行的に，IRSの不服審査部に対してインフォーマルな「不服審査前ADR手続（Pre-Appeals ADR/ Alternative Dispute Resolution Procedures）」を申し立てることが可能になった。つまり，IRSの調査部門との紛争解決の迅速化のために，法制を整備し，伝統的な訴訟前紛争解決手続（通常の不服申立て）とは別のルートが開かれたわけである。これにより，納税者は，IRSの通常の不服申立てをする前に，不服審査部に駆け込んで早期にインフォーマルに救済を仰げるようになった。

　こうした駆け込み救済を可能にしたのは，1995年に，内国歳入法典（IRC）〔本法〕に「不服紛争解決手続（ADR＝Appeals Dispute Resolution Procedures）」（IRC7123条）についての規定が置かれたからである。言い換えると，この本法に盛られた規定は，納税者にADRを利用する法的権利を付与するのが狙いである。

　そして，この規定を典拠に，IRSの納税者サービスのルールを記した内国歳入マニュアル（IRM＝Internal Revenue Manual）に明文規定を置いて，紛争処理の迅速化に向けた「代替的紛争解決手続（ADR＝Alternative Dispute Resolution Procedures）」，さらにはこれらの手続をより進化させた「早期解決（fast track）」の仕組みを整備した。（IRM8.26.）。

(1) 内国歳入法典に規定する不服紛争解決手続（ADR）の概要

内国歳入法典（IRC）は，連邦納税者が内国歳入庁（IRS）不服審査部（Appeals Office）に救済を求める際に選択できるさまざまな不服紛争解決手続（ADR＝Appeals Dispute Resolution Procedures）を定めている。その概要は，次のとおりである（IRC7123条）[8]。

【図表Ⅵ-3】 IRCに規定するIRS不服審査部が提供する不服紛争解決手続（ADR）の概要

> ① **不服審査への早期付託手続**（Early Referral to Appeals Procedures）：IRSの調査または徴収を受けている納税者が，1つ以上の未解決の争点について，IRSの調査部門または徴収部門からIRSの不服審査局（Appeals Office）に早期付託をするように求める手続である（IRC7123条a項）。
>
> ② **代替的紛争解決手続**（ADR＝Alternative Dispute Resolution Procedures）：ADRは，大きく，次に2つに分けられる（IRC7123条b項）。
>
> (a) **調停**（Mediation）：納税者またはIRS不服審査局が，(i)不服審査手続，または(ii)法典7121条もしくは7122条に基づくクロージング・アグリーメント（closing agreement）を結ぼうとしたがそれができなかった場合において，未解決の争点について非拘束的な調停（non-binding mediation）を求める手続である（IRC7123条b項1号）。
>
> (b) **仲裁**（Arbitration）：不服審査局仲裁プログラム（Appeals Arbitration program）は，納税者およびIRS不服審査局が共同で，(i)不服審査手続，または(ii)法典7121条もしくは7122条に基づくクロージング・アグリーメント／終結合意（closing agreement）を結ぼうとしたがそれができなかった場合において，未解決の争点について法的拘束力のある仲裁（binding arbitration）を求める手続である（IRC7123条b項2号）。様式866，様式906の作成・提出が求められる。不服審査局仲裁プログラムは，数年の試行を経て，2006年10月30日から正式に発効した（Revenue Procedure 2006-44）。
> この不服審査局仲裁プログラムでは，仲裁の対象は特定の事案に関する事実問題に限定され，法律問題は対象外とされる。また，仲裁事案が手続要件を充足しているかどうかについては，仲裁を開始する要件を所管する地区の不服審査局の職員が判断するのではなく，IRS本庁（National Office）の不服審査局の担当官が判断することになっている。このプログラムは，必ずしも「カスタマー第一」の仕組みになっておらず，利用は低迷していた。IRSは2015年9月にこのプログラムを廃止した（Revenue Procedure 2015-44）。ちなみに，公表されて統計によると，2006年のプログラム開始以降は廃止されるまでの14年間で利用実績は2件であった[9]。

---

[8] See, Payton H. Robinson, "Alternative Dispute Resolution Procedures with IRS Appeals," 23 Utah Bar J. 18（2010）; Stephen Folan, "Even ADR Must Pay Its Dues: An Analysis of the Evolution of the Internal Revenue Service's ADR Programs and They Still Need to Grow," 13 Pepp. Disp. Resol. L. J. 281（2013）.

> ちなみに，このプログラム廃止後，納税者やIRSは，後述の不服審査後ADR（Post-Appeals ADR）【不服審査後調停手続】の利用が可能である（Revenue Procedure 2014-63, 2014-53 I. R. B. 1014）。

　以上が，内国歳入法典（IRC）に定めるインフォーマルな不服紛争解決手続（ADR＝Appeals Dispute Resolution Procedures）の概要である。

(2) 内国歳入マニュアルなどで設けられた早期不服紛争解決手続の概要

　IRSは，こうした内国歳入法典（IRC）に規定するADR手続（＝Appeals Dispute Resolution Procedures）を具体的にデザインし，それを実施するために，内国歳入マニュアル（IRM＝Internal Revenue Manual）や手続通達（Revenue Procedure）などに，さらにきめ細かな規定をおいている。これらを典拠に，各種の効率的な早期不服紛争解決手続（Fast Track Dispute Resolution Procedures），つまり"インフォーマルな駆け込み救済手続"の拡充をはかっている。

　最近の傾向としては，このような紛争の「早期解決（ファストトラック／fast track）」型の特徴に加え，事実認定（factual issues）と法律適用（legal issues）の双方に関する紛争解決型の特徴を有するADR手続／プログラムの導入が多いのも特徴である。したがって，従来の事実認定に傾斜したADR手続とは大きく異なる傾向を見せているといえる。IRSは，納税者がコストのかかる司法審査に訴えなくとも，IRS段階で事実認定のみならず法律適用にかかる紛争解決も可能なADR手続の充実に向けて走り出しているようにも見える。

　IRSが，これら納税者サービスの一環として実施している各種インフォーマルなADRプログラムは，通常の不服審査手続（normal Appeals）を起点にして，大きく(A)「不服審査前ADR（Pre-Appeals ADR）」と(B)「不服審査後ADR（Post-Appeals ADR）」とに分けることができる。(A)と(B)に属する各種ADR手続／プログラムの概要を紹介すると，次のとおりである[10]。

---

(9) See, John Keenan et al., IRS Watch: Repeal of Post-Appeals Arbitration," J. Tax Practice & Procedure (Oct.-Nov. 2015) at 18 et seq.

(10) ちなみに，IRSが，内国歳入マニュアル（IRM）などを典拠に，納税者サービスの一環として実施する各種ADR手続／プログラムの改変が激しい。2017年1月1日現在でのADR手続／プログラムによっている。

【図表Ⅵ-4】早期不服紛争解決手続の概要

(A) 不服審査前ADR（Pre-Appeals ADR）

(a) **小規模企業／自営納税者向け早期和解手続（SB/SE FST＝Fast Track Settlement for Small Business/Self-Employed Taxpayers）**：SB/SE FST手続は，IRSが，納税者サービス改善の一環として，内国歳入法典（IRC7123条b項1号）に基づく「調停（Mediation）」手続をスピード・アップし，早期解決をはかるために，内国歳入マニュアル（IRM）に基づいて2001年に「早期調停（FTM＝Fast Track Mediation）」の名称で導入された。2001年6月に試行を開始し，2003年から本格稼働した。その後，「小規模企業／自営納税者向け早期和解（SB/SE FST）」手続に名称変更され，今日にいたっている（IRM6.26.2）。SB/SE FST手続は，小規模企業／自営業者（Small Business/Self-Employed〔SB/SE〕）が対象である。申立てがあってから60日以内の解決が目途とされる（IRM8.26.2.2.1.3）。SB/SE FST手続の目的や概要は，次のとおりである。

- **SB/SE FST手続の概要**：SB/SE FST手続は，事実認定についてIRSの調査〔examination〕）部門と納税者との間で争いがある場合に，納税者がIRSの不服審査部（Appeals Division）に対し正式な不服申立てをする前に，不服審査部の調停手続に長けた不服審査官（appeals officer）が「中立的当事者（neutral party）」として調停に参加し，「仮不足額通知書（preliminary letter）」（通常「30日レター（30 day letter）」）の発行前に，早期に紛争解決をはかることがねらいである（ノンドケテッドケース／non-docked case）。手続は，IRS調査部門の職員と納税者との協議に，不服審査官が参加する形で進められる。

- FTS手続は，あくまでもIRSの不服審査部が，IRS調査部門の職員と納税者との間で合意に達するように支援することが目的である。したがって，納税者は，この手続で外部の代理人を参加させるような選択はできない。

- FTS手続は，完全に任意であり，IRSの調査側も納税者側も，いつでも手続の中止を文書で申し出ることができる（IRM8.26.2.8.3）。また，他の紛争解決手続に変更する旨を決める必要もない。例えば，IRSの調査部門とIRSの不服審査部との間での調停が不成立に終わった場合，納税者はIRSの調査部門に30日レターの発行を求めることができる。

(b) **大企業／国際納税者向け早期和解手続（LB/I FST＝Fast Track Settlement for Large Business and International Taxpayers）**：LB/I FST手続は，2012年に開始された（IRM8.26.1）。IRSの不服審査部が，前記(a)旧FTM手続を大企業や中規模企業（Large and Mid-size Business〔LMSB〕）に拡大適用する形で2003年から開始したFTSを大企業／国際納税者向け（LB/I＝Large Business and International Taxpayers）に改変したものである。申立てがあってから120日以内の解決が目途とされる（IRM8.26.1.4.1）。

LB/I FST手続の目的は，SB/SE FST手続とほぼ同じである[11]。LB/I FST手続では，事実上の争点に加え，法律上の争点についても和解の対象となるのが特徴で

---

[11] See, Publication 4539, Fast Track Settlement - A Process for Prompt Resolution of Large Business and International Tax Issues Available at: https://www.irs.gov/pub/irs-pdf/p4539.pdf

ある（IRM8.26.1.3.2.1）。
- (c) **滞納／徴収事案早期調停（FTM＝Fast Track Mediation for Collection Case）**：FTM手続は，納税者とIRSの滞納／徴収（collection）部門との間で紛争がある場合に，IRSの不服審査部の調停手続に長けた不服審査官（appeals officer）が「中立的当事者（neutral party）」として調停に参加し早期解決をはかることが目的である（IRM8.26.3）。2014年にIRSの不服審査部が開始した。小規模企業／自営業者（Small Business/Self-Employed〔SB/SE〕）が対象である。申立てがあってから30〜40日以内の解決が目途とされる（IRM8.26.3.1.7）。
- (d) **早期付託手続（ER＝Early Referral Procedure）**：ER手続は，納税者とIRS執行（compliance）部門つまり調査・滞納／徴収（examination/collection）との間で一部の争点について紛争がある場合に，納税者またはIRSの執行部門のいずれかが，当該争点に絞って早期にIRSの不服審査部門に付託して解決をはかることが目的である（IRM8.26.4.1）。

 ER手続を，納税者側が申し立てる場合には，IRSの該当部門の統括官（GM＝Group Manager）にその旨を申し出る必要がある（IRM8.26.4.2.1）。ER手続は，非公式な手続であり，統括係官は応じないことも可能である。ただし，応じない場合には，納税者は，協議を求めることができる（IRM8.26.4.2.1 Note）。納税者は，IRSの不服審査部に提出する早期付託申立書（ER request）には，①申立人である納税者および争点に関するすべての関係当事者の身元，②争点が関係する課税期間とER申立てをする事項，③その他争点に関する期日や適用ある法令，代理人がいる場合にはその旨などを記載する必要がある（IRM8.26.4.2.2〜3）。
- (e) **免税団体／統治団体向け早期和解手続（TE/GE FTS＝Fast Track Settlement for Tax-Exempt/Government Entities Taxpayers）**：免税団体や統治団体である納税者とIRSの滞納／徴収（collection）部門との間で紛争がある場合に，IRSの不服審査部の調停手続に長けた不服審査官（appeals officer）が「中立的当事者（neutral party）」として調停に参加し早期解決をはかることが目的である（IRM8.26.7.1）。2014年にIRSの不服審査部が開始した。免税団体や統治団体（Tax-Exempt/Government Entities〔TE/GE〕）が対象でことが特徴である。申立てがあってから60日以内の解決が目途とされる（IRM8.26.7.1.2）。

(B) **不服審査後 ADR（Post-Appeals ADR）**
- (f) **滞納／徴収事案以外の不服審査後調停手続（PAM＝Post Appeals Mediation Procedures for Non-Collection Cases）**：POM手続は，IRS不服審査部に通常の不服審査（normal appeal）を申し立てたが不調に終った後に，再度争点を解決するためにIRS不服審査部に申し立てる調停である（IRM8.26.5.1）。2015年末に導入された（Revenue Procedure 2014-63, 2014-53 I. R. B. 1014）。

 納税者または通常の不服審査を行ったIRSの不服審査部のいずれも，この手続を申し立てることができる。調停人としては，当事者が合意すれば，IRS不服審査部の審査官以外の外部の仲裁人を選任することもできる。ただし，外部者を選任した場合には，納税者側にも応分のコスト負担が生じる。事実問題に加え法律問題も，この調停の対象となる。前記(d)のER手続で解決できなかった争点なども対象となる（IRM8.26.5.3.3）。ただし，裁判所で係争中の事案（ドケテッドケース／docked case）は対象とならない。

ちなみに、この種の PAM 手続では、IRS の滞納／徴収部門にかかる争点は対象外である（IRM8.26.5.3.4）。

(g) **滞納／徴収事案の不服審査後調停手続（徴収関係 PAM＝Post-Appeals Mediation Procedures for Collection Cases）**：PAM 手続は IRS 不服審査部に滞納／徴収事案に関しフォーマルな不服審査を申し立てたが不調に終った後に、再度争点を解決するために IRS の不服審査官に求める調停である（IRM8.26.9.1）。
内国歳入法典（IRC）は、滞納者が生活困窮状態にあることや滞納額が生活再建に重い負担になるなどの理由（ただし破産などは除く。）があれば、滞納者と IRS の徴収官との間で滞納金額の一部を一括または分納する合意書（OIC＝offer in compromise）を交わすことにより、残りの滞納金額を免除する制度がある（IRC7122条／IRM8.23.1）。IRS 徴収官は、滞納者から OIC 申請があった場合、滞納税の全額を分割して納付する合意書（installment agreement）の締結を勧奨することが多く、OIC の締結には概して消極的である[12]。また、仮に OIC に合意に達したとしても、徴収官は、滞納者の納付能力の算定にあたり保有資産や収入予測を高く見積りがちで、滞納者との争いが絶えない。また、滞納者が OIC 紛争をフォーマルな IRS 不服審査部で争っても認められないことも多い[13]。徴収関係 PAM は、こうした事案に焦点をあてて、不服審査後調停手続で滞納者救済の機会を広げるのが目的である。OIC 事案のほか、滞納源泉税事案などが主な対象である（IRM 8.26.9.2.1）。徴収関係 PAM は、2008年に試行を開始し、2015年に正式に導入された（Revenue Procedure 2014-63, 2014-53 I. R. B. 1014）。事実問題に加え、法律上も問題も、この調停の対象となる。

(3) IRS の ADR に対する評価

IRS 不服審査部の各種早期不服紛争解決手続（Fast Track Dispute Resolution Procedures）には、原則として「片面的交渉の禁止ルール（*Ex parte* communication rule）【不服審査官は、不服申立てをした納税者を交えることなしに、IRS の執行／コンプライアンス部門、すなわち調査／徴収（examination/collection）部門の担当官と交渉してはならないとするルール】が適用になる。ところが、SB/SE FST 手続および LB/I FST 手続などでは、このルールが適用除外とされる（IRM8.26.2.14, 8.26.1.3.1）。

この点について、学者の意見や前記アメリカ法曹協会（ABA＝American Bar Association）のアンケート調査などでは、こうした適用除外措置は、紛争解決の

---

[12] 通例、滞納者から OIC の申請があれば、IRS の OIC Unit（OIC 専従班）が滞納者の経済生活状況の分析や納付可能額試算にあたることになる。徴収官は、OIC 専従班の分析結果に基づいて合意内容を決定することになる。

[13] See, Sandy Freund, "Effective Tax Administration Offers in Compromise: Why So Ineffective," 34 Va. Tax Rev. 157 (2014).

迅速化を優先するあまり，IRS の不服審査部の独立性・中立性を犠牲にしすぎ，不服審査部が，執行（compliance）部門，すなわち調査・滞納／徴収（examination/collection）部門，との癒着を生む懸念がある旨指摘している[14]。

不服審査前 ADR（Pre-Appeals ADR）の利用度と比べると，不服審査後 ADR（Post-Appeals ADR）の利用度が低調である旨指摘されている。この背景には，課税権力を行使する機関である IRS 内部に設けられた権利救済制度は，"独立性""不偏性"面で，納税者からいまだ十分な信頼を勝ち得ていない実情がある。

IRS は，こうした実情を勘案し，不服審査後調停手続（PAM）では，IRS 外からの調停人を起用できるようなデザインも採りいれた。しかし，こうした対応が，逆に納税者側への応分のコスト負担になっており，皮肉にも納税者が不服審査後調停手続（PAM）の活用に消極的になる要因となっている。

C　租税訴訟準備にあたっての検討課題

IRS が納税者に発する30日レターは，税務調査結果を通知すると同時に，不服申立ての権利（appeal's right）を教示する文書である[15]。納税者は，30日レターの送達から30日以内に IRS の不服審査部（Appeals Division），不服審査局（Appeals Office）に通常の不服申立てなどの手続を開始できる（財務省規則601.105(d)(2)(i)～(iv)）。

IRS の不服審査部は，納税者から不服申立てがあった場合，不服審査官（appeals office representative/appeals officer）が，納税者，その代理権限証書を有する代理人[16]と協議（conference）を開始する。IRS 不服審査部は，IRS 執行（compliance）部門，すなわち調査・滞納／徴収（examination/collection）部門，から完全に独立している。不服審査官は，納税者，IRS いずれにも偏することなく，公正かつ厳正に税額を決定するように求められる（財務省規則601.106(f)(1)～(2)）。

IRS 不服審査官が，事案を審査した結果，「不足額があり，解決は不可能」と

---

(14)　本章・注(8)参照。
(15)　伝統的な紛争解決プロセスについては，See, Your Appeal Rights and How to Prepare a Protest if You Don't Agree（Publication 5, Rev. 01-1999）. Available at: https://www.irs.gov/pub/irs-pdf/p5.pdf
(16)　ここでいう代理人とは，弁護士（attorney at law），公認会計士（CPA），登録税務士（enrolled agent）など，IRS の所管事項にかかる業務について納税者を代理できる有資格者を指す。

判断する場合には，IRSは，一般には「90日レター（90 day letter）」と呼ばれる「不足税額通知書（NOD＝notice of deficiency）」を納税者に送達する（IRC6212条，IRM8.2.2.1 (05-29-2014)）。

一方，納税者が，30日レターの送達日から期間内に不服審査部に対して不服申立手続を開始しないとする[17]。この場合も，IRSは，不服審査を行ってそれが棄却されたときと同様に，IRSは，「90日レター（90 day letter）」を納税者に送達する（ただし，納税者が国外にいる場合には，150日レターとなる。以下，同じ。）。

90日レターの送達により，納税額が正式に確定する。もっとも，納税者は，90日レターの送達を受けてから90日以内に増差額（不足額＋加算税）を納付したうえで，連邦地方裁判所（U.S. District Court）または連邦請求裁判所（U.S. Claims Court）に還付請求訴訟（refund suits）を提起ことができる。あるいは，未納付のまま連邦租税裁判所（U.S. Tax Court）に提訴する途を選択できる。ただし，納税者は，未納付訴訟（prepayment actions）を選択し敗訴した場合には，経過利子（interest）[18]を負担するように求められる（IRC6601条および6621条）。

IRSが90日レターを送付したのにもかかわらず，納税者が，期日までに納付しないとする。この場合には，連邦租税裁判所（U.S. Tax Court）に提訴しているときなどを除き，IRSは，滞納／徴収手続（collection process）に入ることになる。以上が，伝統的な訴訟前紛争解決手続の概要である。

しかし，すでにふれたように，アメリカでは，裁判開始前代替紛争解決手続，裁判時代替紛争解決手続，さらには裁判後代替紛争解決手続と，納税者はそれほど容易く司法審査を受けられる常態にはない。また，受けられたとしても，すぐには解放されない。

連邦納税者が連邦税につきIRSと紛争を抱え，連邦裁判所で司法審査を求める場合に，点検すべき課題について点検する。

(1) 出訴期限とは

納税者と裁判所の間でしばしば問題になるのは，出訴期限についてである。

---

[17] 納税者は，IRSの徴収行為にかかる決定通知処分（IRS Notice of Determination Concerning Collection Action/IRC6320条および6339条d項1号）の取消を求めて裁判で争う場合に限り，いわゆる「不服申立前置主義」が適用になる（IRC6330条b項1号）。したがって，IRSの不足額通知処分（IRS Notice of Deficiency/ IRC6213条a項）の取消を求めて裁判で争う場合などについては，「不服申立前置主義」は採られていない（IRC6213条a項）。

[18] わが税法にいう延滞税・還付加算金・利子税に相当するとみてよい。

期限についての起算が，不足税額通知書（NOD）を「受け取って（receipt）」から90日ではなく，IRSによる「発送（mailing）」から90日であるからである（IRC 6213条a項）。いわゆる「到達主義」ではなく「発信主義」を基本としていることに注意を払う必要がある。また，出訴期限は極めて厳格であり，期限経過後は納税者に対する滞納／徴収手続が開始される（IRC6213条c項）。

納税者は，IRSの課税処分に納得できず，ついに90日レターの送付を受けることになった場合で，争いを続けたいときには，争点金額を未納付のままできるだけ速やかに合衆国（連邦）租税裁判所に提訴すれば問題はない。しかし，訴訟をするとなると，専門職との相談，訴状の作成や証拠資料の整理など時間を要する。出訴期限を忘れないためにも，納税者は，IRSからの不足税額通知書の封筒を捨てないで，大切に保存するのも一案である。

(2) 「不足額あり」の意味

納税者は，IRSの処分の違法を最後まで争いたいとする。この場合，注意しなければならないのは，IRSから不足税額通知書（NOD＝notice of deficiency/deficiency notice），つまり90日レターが発せられる前に争点金額を納付してはならないことである。なぜならば，これでは，もはや「不足額（deficiency）」が存在しないことになるからである。したがって，納税者は，90日レターが送達された日以後に，不足税額を納付したうえでIRSを相手に還付請求訴訟（refund suits）を起こすか，不足税額を未納付のまま訴訟（prepayment action）を起こすかを決めなければならない。でないと，裁判所への「入場券（admission ticket）」を入手できなくなってしまうからである。とりわけ，納税者は，連邦租税裁判所に提訴を望む場合は，注意を要する。

また，納税者は，IRSの不服審査部（Appeals Division）との協議が合意に達すると，様式870〔税の不足額の査定および徴収ならびに過大査定の制限の放棄（Form 870: Waiver of Restrictions on Assessment and Collection of Deficiency in Tax and Acceptance of Overassessment）〕，または様式870-AD〔不足税額の査定および徴収ならびに過大査定の制限の放棄書（Form 870-AD：Offer to Waive Restrictions on Assessment and Collection of Tax Deficiency and to Accept Overassessment）などを提出することになる。これら様式870シリーズに署名しIRSに提出した場合には，

---

(19) See, e.g., Whitney 対 United States, 516 F. 2d 896（9th Cir. 1987）.
(20) See, e.g., Bendheim 対 Commissioner, 214 F. 2d. 26（2d Cir. 1954）.

納税者は，当該不足税額を徴収されることに同意したことになる[19]。したがって，IRS は，不足税額通知を発する義務がなくなる[20]。この結果，納税者は，その後において還付請求訴訟を提起することはできないことになるので注意を要する。

ここで，様式870と様式870-AD，さらには法典7121条に基づくクロージング・アグリーメント（終結合意／closing agreement）と，納税者の争訟権との関係について，もう少し深く比較点検してみると，次のようになる。

【図表Ⅵ-5】様式870，クロージング・アグリーメント，様式870-AD の比較

- **様式870** 納税者は，この様式870（Form 870）に署名したとしても，原則として，その納税者は，後に還付請求訴訟を起こすことを妨げられない。課税庁（IRS）の方も，後に新たな事実が出てきた場合には，再調査して増差額を賦課（再査定）することは妨げられない。もちろん，この場合，消滅時効（statute of limitations）の問題を射程に入れて考える必要がある。
- **クロージング・アグリーメント／終結合意** クロージング・アグリーメント／終結合意（closing agreement）とは，完全に紛争を終わらせるための IRS と納税者間での税法（IRC）上の明文規定に基づく「最終的かつ結論的な（final and conclusive）」合意である。IRS は，重大な事実について虚偽，違法行為，不正表示などがない限り撤回はできない。
- **様式870-AD** この様式870-AD（Form 870-AD）は，様式870とクロージング・アグリーメント／終結合意との中間に位置する合意である。納税者は様式870-AD に署名するに際して還付請求訴訟を起こさないことに同意するとともに，課税庁（IRS）も原則として再調査を開始しないことに合意する文書である。様式870-AD は，IRS 不服審査部で頻繁に利用されている。納税者が，様式870-AD の合意を破って還付請求訴訟を起こした場合，IRS は，衡平法上のエストッペル（禁反言／estoppel）の法理を主張し，棄却を求めて争うことになる。裁判所によっては，納税者が不正な表示をしていない場合には，様式870-AD に還付請求訴訟を明文で禁止する旨の記載があったとしても，エストッペル（禁反言）の法理の適用を認めず，訴訟継続を認める[21]。

(3) 裁判前代替紛争解決手続の積極的な活用

司法審査を求める場合にも，裁判所は，納税者（原告）に「裁判前代替紛争解決手続（Pre-Trial Alternative Dispute Resolution Procedures）」の積極的活用を促している。

---

[21] このほかに，連邦破産手続の開始（institution of a bankruptcy proceeding）後には，IRS の課税処分の違法を争う訴訟は制限を受ける。See, 11 U.S.C 362 (a)(8); Kane v. Commissioner, 93 T.C. 382 (1989).

全税務訴訟の90％以上は，合衆国（連邦）租税裁判所に提訴されている。租税裁判所は，連邦租税裁判所執務・手続規則（United States Tax Court Rules of Practice and Procedure／以下「TC規則」という。）で，納税者が訴状（petition）を提出し受理（docket）した事件（ドケテッドケース／docketed cases）について，積極的に裁判外和解（settlement）を行うように推奨している（TC規則110条）。

　被告（IRS）の訴訟代理を務める首席法律顧問官室の法律顧問官（Attorney for IRS Chief Counsel/Field Attorney）やその代理官は，正式な裁判が開始されるまでのおおよそ6か月の間に，原告（納税者）と協議や会合を重ね，「和解（settlement）」したうえで「合意判決（stipulated decision）」に持ち込もうとする。また，納税者が90日レター（不足税額通知書）の送達を受けた後に，IRS不服審査部に不服申立てを行わずに連邦租税裁判所に訴えを起こし受理された事件（docketed case）においては，半ば「和解」を強いるような形で，裁判所がその事件をIRS不服審査部に送致することも多い（IRM8.4.1）。現実には，「訴訟多発国」といわれるアメリカの納税者は，なかなか正式な裁判を受ける権利を行使させてもらえない常態にある。

　すでにふれたように，様式870と様式870-ADのようなIRSによる「不服審査前代替紛争解決手続（Pre-Appeals Alternative Dispute Resolution Procedures）」を使った「和解」事件（ノンドケテッドケース／non-docketed cases）では，仮に納税者がこれらの様式に署名したとしても，原則として，その納税者は，後に還付請求訴訟を起こすことを妨げられない。

　これに対して，連邦租税裁判所が正式に訴状を受理した事件（ドケテッドケース／docketed cases）にかかる裁判前代替紛争解決手続では，状況が異なる。被告（IRS）の代理人である法律顧問官（Field Attorney）またはその代理官は，訴状のコピーを受け取ると直ちに，正式に裁判で争うことにならないように「裁判上の和解」に向けて，原告（納税者）と協議ないし会合を開始する。粘り強い協議や会合を重ね，納税者とIRSとの間で和解が成立した場合，IRSは和解協定（合意決定書）を作成することになる。納税者は，和解文書に納得できたときには，それに署名し，それをIRSに送り返す。IRSの法律顧問官（Field Attorney）も，和解合意書に署名し，それを租税裁判所へ送り返す。租税裁判所は，公的記録となる合意判決（stipulated decision）を下し，下した判決の写しを納税者に送付する（TC規則91条）。この手続が，納税者が起こした訴訟日前に完了した場合に

は，納税者は裁判に出頭する必要はなくなる。

　ちなみに，ドケテッドケースで行われる和解合意は，意思表示と承諾（offer and acceptance）で成立する一種の契約である。このことから，仮に裁判官の承認がなくとも当事者を拘束するとされている。合意判決について，当事者は原則として上訴できない。租税裁判所においては，大多数（おおよそ9割）の紛争が合意判決で終結している。アメリカにおいては租税紛争の解決方法として和解合意が多用されている実態が垣間見える。

　ドケテッドケースで使える合意判決とは，原告（納税者）と被告（IRS／課税庁）双方の合意のもとに裁判所によって下される判決である。IRSにとり，この紛争解決メニューは，司法の"お墨付き"を得て紛争を早期に決着を付けられる。確かに，ノンドケテッドケースで使える自前の和解・合意メニューよりは美味しい。裁判所にとっても，合意判決は，負担軽減・効率化に資するメニューである。しかし，真摯に訴訟に臨んだ原告（納税者）にとっては，行政と司法がタイアップして仕上げた巧妙なカラクリとも映る。

(4) 「不足税額通知」とは何か

　すでにふれたように，納税者は，連邦租税裁判所で訴えを起こす場合，「不足税額通知（NOD＝notice of deficiency／deficiency notice）」の送達を受けていることが1つの重要なポイントとなる。内国歳入法典（IRC）は，不足税額通知（書）とは，IRSが最終的に決定した不足税額を配達証明郵便（certified mail）または書留郵便（registered mail）で行う通知書であると定義している（IRC6111条，6212条）。不足税額通知（書）には，10日レター（10-day letter），30日レター（30-day letter）は含まれない。不足税額通知（書）（NOD）は，必ずしも申告書の提出およびそれに伴う税務調査に基づいて通知される必要はない[22]。ただし，T3/RRA98〔1998年IRS再生改革法／第3次納税者権利章典法〕【☞本書第Ⅲ部■A(3)】の制定に伴い，IRSは，1990年1月2日以後に郵送するすべての不足税額通知書（NOD）には，不足する本税（tax due），経過利子（interest），民事制裁（加算税など）の金額およびその根拠（basis）を記載するように義務付けられている。もっとも，当該通知書への記載が不十分（inadequate）であったとしても，当該通知書（NOD）は直ちに無効とされない（IRC7522条，6213条a項）。

---

[22] See, Cadle 対 Commissioner, 62 T.C.M（CCH）768; Estate of Gillespie 対 Commissioner, 103 T.C.395（1994）.

同様に，連邦租税裁判所も，今日，訴状に添付される不足税額通知書（またはその写し）には，TC規則で，納税者に納付を求める不足税額を正当化する根拠が記載されていることを求めている（TC規則34条b項8号）[23]。

また，不足税額通知書（NOD）は，配達証明郵便（certified mail）または書留郵便（registered mail）正しい納税者の知り得る最新の住所（taxpayer's last known address）宛に送達されている必要がある（IRC6212条a項およびb項）[24]。さらに，当該通知書（NOD）には，納税者が90日以内に裁判所に訴えを起こす権利があることを教示する通知，最寄りのIRSの納税者権利擁護官（IRS Taxpayer Advocate）事務所の所在地および電話番号も含まれている必要がある（IRC6212条a項）。

(5) 還付請求訴訟における「完納」要件とは

納税者は，IRSから不足税額通知書（NOD），90日レターの送達を受けて，裁判所の選択にあたり，いくつか考慮すべき事柄がある。その1つは，「経過利子（interest）」の発生である（IRC6601条および6621条）。すなわち，不足税額をIRSに納付した後（IRC6213条d項）に，還付請求訴訟（refund suits）を起こせば，敗訴しても，経過利子の納付は必要がない。これに対して，納税者は，未納付のまま訴訟（prepayment action）を起こせば，継続的に経過利子が発生し，敗訴した場合に，不足する本税（tax due）や民事制裁（いわゆる加算税など）に加え，経過利子の負担も重くのしかかってくる。

連邦租税裁判所は，納税者が不足額の再決定（redetermination of deficiency）を求めて提訴してきた場合，これら増差額を未納付のままでもよいとしているが，不足税額通知書（NOD）の送付を受けた後にその額を完納したうえで還付請求訴訟の形で争う途を選択することを禁止してはいない（IRC6213条a項）。

納税者が，還付請求訴訟の形で争う場合には，訴訟を提起する前に増差額を完納（payment of tax in full）」するように求められる。この「完納要件（full payment requirement）は，Flora 対 United States（362 U.S. 145 (1960)）事件連邦最高裁判決で示されたものである。Flora事件最高裁判決では，完納の対象となる税額とは所得税についていうと争われている課税年の不足額＋民事制裁

---

[23] なお，裁判所規則などには，条・項・号などの表記を付けないのが一般的と見られるが，本書においては，分かりやすくするためにあえてこれらの表記を付すことにする。

[24] もっとも，現在は，IRSが指定した民間宅配事業者による送達も認められる See, Federal Express. Estate of Cranor 対 Commissioner, 81 T.C.M. (CCH) 1111, T.C. Memo 2001-27.

(いわゆる加算税など)を含めた金額であると判示している。したがって,経過利子は含まない[25]。

納税者が,還付請求訴訟の形で争う場合には,不要な経過利子の発生を防ぎ,提訴する裁判所の選択肢を広げることはできる。後にふれるように,納税者が,訴訟の場所として租税専門の特別裁判所である連邦租税裁判所(U.S. Tax Court)を選んだ場合には,被告である課税庁側の代理人はIRSの首席法律顧問官室の法律顧問官(Attorney for IRS Chief Counsel/Field Attorney)である(IRC7801条)。これに対して,納税者が,訴訟の場所として,連邦地方裁判所(U.S. District Court)ないし連邦請求裁判所(U.S. Court of Federal Claims)のような普通裁判所を選んだ場合には,被告は連邦政府となり訴訟代理人は連邦司法省(DOJ)租税部(Tax Division)の検事(United States Attorney／合衆国の代理人)になる(合衆国法典タイトル28第516条)[26]。したがって,納税者側も,租税裁判所では,租税裁判所執務・手続規則(TC規則)が適用になり,TC規則のもとでは本人訴訟も可能である(TC規則172条)。ところが,これら普通裁判所では,連邦民事訴訟規則(Federal Rules of Civil Procedures)や連邦証拠規則(Federal Rules of Evidence)が厳格に適用になる。本人訴訟は至難で,税務専門の訴訟代理人(弁護士)の依頼が必須になる。一方,課税庁(IRS)も,これら普通裁判所での訴訟に備えるため,証拠収集を目的に原告である納税者を対象とした再調査を実施する必要が出てくる。納税者は,還付請求訴訟の途を選ぼうとする場合,こうした多くのマイナス面も織り込んで考える必要がある。

(6) 立証責任

民事の租税訴訟において立証責任(burden of proof)については,訴訟内容により異なる。しかし,従来から,例えば,典型的なIRSの不足税額通知処分(NOD/90日レター)の違法性を争う取消訴訟における立証責任は,原告(納税者)側にあるとされてきた。90日レターに記載されていない主張,虚偽(fraud),つまり脱税(tax evasion)その他不正行為(IRC7454条a項),90日レターに記載のない新規の争点などについては被告(IRS)側に立証責任はあるものの,IRSが不

---

[25] 所得税はよいとして,この完納要件は,遺産税,個別消費税など他の税目では,裁判例の蓄積が十分ではなく,不透明である。
[26] 連邦の検察官は,政府が当事者となる刑事事件のみならず,民事(行政)事件も担当する。ちなみに,ニューヨーク南部地区など3地区においては,政府側の代理人は,連邦検事補(assistant U.S. attorneys)である。

足税額通知（NOD）で行った内容については，基本的に原告（納税者）側に立証責任はあるとされてきた。

この背景には，課税庁（IRS）が行った課税処分や決定処分には不文の「適法性の推定（presumption of correctness/presumption of fairness）」ルールが適用になるとされてきた経緯がある[27]。この適法性の推定ルールとは，わが国でいう行政法上の公定力の理論に近い。すなわち，IRS が不足額通知で行った内容については，正式の取り消されない限り適法の推定を受けるという論理になる。

学問上，「立証責任（burden of proof）」は，「説得責任（burden of persuasion）」と「証拠提出責任（burden of production/burden of going forward with the evidence）」からなるとされる[28]。「説得責任」とは，当事者は，主張する事実について，事実認定者であるもう一方の当事者を説得する責任を負うとするものである。「証拠提出責任」とは，その責任を負う当事者が必要な量の証拠を提出すべきであるとするものである。

① 立証責任を IRS 側に転嫁することを容易にする法改正

適法性の推定ルールを典拠に展開されてきた伝統的な立証責任の考え方は，T3/RRA98〔1998年 IRS 再生改革法／第3次納税者権利章典法〕，通称では「T3」，【☞本書第Ⅲ部❶A(3)】の制定により，納税者が一定の要件をみたす場合には，その責任を IRS に転嫁できるように改正された。

この改正点は，次のような内国歳入法典（IRC）7491条 a 項〔立証責任（Burden of proof）〕に挿入された[29]。

【図表Ⅵ-6】IRC7491条 a 項【立証責任（Burden of proof）】（仮訳）

第 a 項　納税者が信用できる証拠を提出した場合の責任の転嫁
第 1 号　通則
　いかなる裁判所の手続においても，納税者は，A または B により課された納税者の租税債務を確認するための事実認定上の争点（factual issues）について，信用できる証拠（credible evidence）を提出している場合には，財務長官が当該争点にかかる立証責任を負うものとする。
第 2 号　制限

---

[27] See, Sean M. Moran, "The Presumption of Correctness: Should the Commissioner be Required to Carry the Internal Burden of Production," 55 Fordham L. Rev. 1087 (1987).
[28] See, Clifford S. Fishman, Jones on Evidence §3.4 (7th ed. 1992).
[29] See, John A. Lynch, Jr., "Burden of Proof in Tax Litigation under I. R. C. §7491―Chicken Little was Wrong!!," 5 Pitt. Tax Rev. 1 (2007).

> 前号は，次の場合に限り，争点に対して適用するものとする。
>   A　納税者が，いかなる項目を立証するために内国歳入法典（合衆国法典タイトル26）に定める要件を遵守していること。
>   B　納税者は，内国歳入法典で求められるすべての記録と保存し，かつ財務長官の合理的な証言録取，情報提供，資料提出，会合および面談の求めの協力すること。
>   C　第7430条第ｃ項第４号Aⅱに規定するパートナーシーシップ，法人または信託の場合
>   Cは，いかなる適格撤回可能信託（qualified revocable trust）（第645条第ｂ項１号に定義するもの。）には適用しないものとする。
> 第３号　調整
>   第１号は，いかなる争点についても内国歳入法典の他の規定が当該争点について特別の立証責任を課している場合には，適用しないものとする。
> 第ｂ項　関連しない納税者の統計情報の利用
>   個人納税者の場合，財務長官は，いかなる裁判所の手続においても　関連しない納税者の統計情報の利用を通じてのみ財務長官が所得を推計できる項目に関しても立証責任を有するものとする。
> 第ｃ項　制裁
>   内国歳入法典に別段の規定がある場合であっても，財務長官は，いかなる裁判所の手続においても，本法典に基づきかされた制裁，追加税または増差額に関して証拠提出の責任を有するものとする。

　IRC7491条ａ項〔立証責任〕の規定の制定により，民事租税訴訟にかかる立証責任は，財務長官，つまりIRS側に大きくシフトされたようにもみえる。しかし，法文には，「信用できる証拠（credible evidence）を提出している場合」とか，「納税者は，内国歳入法典（IRC）で求められるすべての記録と保存し，かつ財務長官の合理的な証言録取，情報提供，資料提出，会合および面談の求めの協力すること。」のようないくつもの条件が付されている。その諾否を大きく裁判所の判断や課税庁（IRS）側の裁量に委ねる形となっている。伝統的な「適法性の推定」ルールに大きな変化をもたらす改正であったのかどうか大きな疑問符がついている[30]。

　また，IRC7491条ａ項〔立証責任〕規定が対象とするのは，もっぱら事実認定上の争点（factual issues）に限られることから，争点が事実認定と法の適用・解釈の双方にわたる事件には，この立証責任転嫁規定がどのように適用されるのかが問われてくる。

---

[30]　See, Steve R. Johnson, "The Dangers of Symbolic Legislation: Perceptions and Realities of the New Burden-of-Proof Rules," 84 Iowa L. Rev. 413, at 424（1999）.

立証責任については，もう1つ注意をすべき課題がある。それは，連邦租税裁判所は，不足税額訴訟の場合[31]，少額租税事件／S事件を選択したときを除き，「新たな争点（ニューイシュー／new issue）」によって，当初送達された不足税額通知書（original notice of deficiency）に記載された金額を超えた不足税額を容認する判断を下す権限を有することである（IRC6214条a項）。つまり，租税裁判所は，いわゆる「総額主義」的な裁断も可能になっているわけである。「争点の追加（ニューイシュー）」は，「ニューマター（new matter）」とも呼ばれる。納税者は，租税裁判所での裁判で，IRSの罠（trap）にはまり，ニューイシューまたはニューマターを問われ，わずかばかりの不足税額を争うはずであったのに，総額主義の適用を受けて，逆に巨額の追徴税額を払うはめに至ることが時としてある。

　この点，連邦地方裁判所や連邦請求裁判所における還付請求訴訟の場合，合衆国政府は，還付請求額と同額までは「ニューイシュー」によって通算できるが，還付請求額を超えて「ニューイシュー」による不足額を請求することはできないことになっている。

　納税者は，不足税額未納付のまま連邦租税裁判所で，通常租税事件（regular tax case）の形態を選択しIRSの課税処分を争う場合，こうした危険性も織り込んで裁判に臨む必要がある。

---

[31] その他，TEFRAパートナーシップ事件（TEFRA partnership case）にかかる訴訟の場合も同様である（TC規則230条以下および300条以下）。

Column 連邦司法省と連邦検察／連邦検事

 ここで，連邦司法省（DOJ＝Department of Justice）と連邦検察について，ふれておく。連邦司法省（DOJ）のトップである「司法長官（Attorney General）」は，わが国の法務大臣，検事総長および内閣法制局長官をあわせたような職位である。司法長官は，原則として法曹資格を持つ者から，大統領が連邦議会上院の助言と承認を得て政治任用する。

 「連邦検察／連邦検事（United States Attorney/U.S. Attorney）」は，司法長官と同じく，大統領が連邦議会上院の助言と承認を得て政治任用する。連邦地方裁判所の管轄区域ごとに1人配置される。任期は4年で再任も妨げない。その職名（U.S. Attorney）からも分かるように，「合衆国の代理人」である。すなわち，連邦政府を法律上代理する法曹有資格者を意味する。司法長官のもとで，連邦法にかかわる刑事事件の捜査，起訴および公判の維持に加え，連邦政府が当事者となる民事訴訟（わが国でいう行政訴訟も含む。）における訴訟代理人としての職務をこなす。なお，わが国の執行官の相当する連邦執行官（U.S. Marshal）は，司法省の所管である。

 また，司法長官は，連邦検事（U.S. Attorney）を補佐する人員として「連邦検事補（AUSA＝Assistant United States Attorney）」を雇用できる。連邦検事補（AUSA）は，管轄区域ごとに1人ずつ配置されている連邦検事（U.S. Attorney）の訟務を支援・補佐する。連邦検事補（AUSA）は，任地である管轄区域から25マイル以内に居住するように求められ，その事務は，管轄区域内で取り扱う事件の起訴や弁護に限られる。俸給は，実務経験などにもよるが，一般に最低年俸で5万ドル～6万ドル（1ドル＝100円換算で500～600万円）程度である。若い企業弁護士や行政庁の法務官などからの転職者も少なくない。

 連邦検事は，連邦検事補も含め，一般に「検察官（prosecutor）」とも呼ばれる。

 連邦司法省においては，①司法長官／検事総長（Attorney General），②司法副長官／次長検事（Deputy Attorney General），その次に③「司法次官（Associate Attorney General）」の職位がある。司法次官は，大統領が連邦議会上院の同意と承認を得て政治任用する。例えば，連邦司法省租税部（DOJ Tax Division）は，司法次官が統括している。

 ほかに，「連邦訟務長官（United States Solicitor General）」の職位がある。連邦訟務長官は，大統領が連邦議会上院の同意と承認を得て政治任用する。連邦政府が当事者となっている訴訟に際し，連邦最高裁判所で政府のために弁論を行う。

（ちなみに，各州の検察官は，「DA＝District Attorney」と呼ばれる。「地方検察／地方検事」と邦訳できる。その職名から分かるように，「地区の代理人」である。DAは，現場で訴追事務等を担当する地方検事補（ADAs＝Assistant United States Attorneys）を指揮・監督する。地方検察／地方検事（DA）は，州知事など首長の任命または選挙で選ばれる。地方検事／地方検事（DA）は，連邦検察／連邦検事（U.S. Attorney）とは別の存在である。）

2　連邦民事租税訴訟制度

　連邦納税者は，行政段階での納税者救済手続を利用しても IRS との紛争を解決できないとする。この場合，IRS に不足額を納付して一件落着とするか，または司法裁判所に訴訟を提起して救済を求めるかを決めることになる。連邦における租税訴訟ルートを簡潔に図示すると，次のとおりである。

【図表Ⅵ-7】連邦における租税訴訟ルート

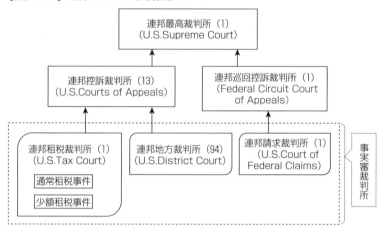

【図表Ⅵ-8】各連邦裁判所の大統領政治任用裁判官の席数（任期）一覧

裁判所名	裁判官の席数（任期）
・連邦最高裁判所	9席（議会上院に助言と承認を得て大統領が政治任用・終身）
・連邦控訴裁判所	179席（議会上院に助言と承認を得て大統領が政治任用・終身）
・連邦巡回控訴裁判所	16席（議会上院に助言と承認を得て大統領が政治任用・終身）
・連邦地方裁判所	677席（議会上院に助言と承認を得て大統領が政治任用・終身）
・連邦請求裁判所	16席（議会上院に助言と承認を得て大統領が政治任用・15年で再任可）
・連邦租税裁判所	19席（議会上院に助言と承認を得て大統領が政治任用・15年で再任可）

＊ただし，終身任用が多いため，任用する裁判官の数は大統領により異なる。

A　連邦における民事租税訴訟ルート

連邦租税訴訟は，大きく民事租税訴訟（civil tax litigations）と刑事租税訴訟（criminal tax litigations）【☞本書第Ⅶ部3】に分けられる。連邦納税者は，連邦税の課税処分等についてのIRSとの紛争を，民事租税訴訟を提起して解決をはかろうとする場合，第一審として3つある連邦裁判所の1つを選択することになる。

(1)　連邦租税訴訟ルートの選択肢

連邦納税者は，IRSとの連邦税上の紛争を，司法裁判所に訴訟を提起して救済を求めると決めたときには，連邦地方裁判所（U.S. District Court）[32]，連邦請求裁判所（U.S. Court of Federal Claims／旧 U.S. Claims Court）[33] 連邦租税裁判所（U.S. Tax Court）[34]の3つから1つの裁判所を選択することになる。

納税者は，これら事実審裁判所（trial courts）が下した判決に不服があるとする。この場合には，13の巡回区からなる連邦控訴裁判所（U.S. Courts of Appeals）[35]，または全国を担当する連邦巡回控訴裁判所（Federal Circuit Court of Appeals）[36]に控訴（上訴）できる。さらに，連邦最高裁判所（U.S. Supreme Court）[37]に上告（上訴）できる。ただし，連邦控訴裁判所や連邦最高裁判所は，極めて例外的な場合を除き，直接事実問題（factual issues）については審理せず，法律問題（legal issues）のみを審理する。

---

[32] 根拠法は，連邦「裁判所・裁判手続法（Judiciary and Judiciary Procedure）」（合衆国法典タイトル28／28 U.S. Code）1330条ないし1367条。ちなみに，連邦地方裁判所（U.S. District Court）は民事・刑事双方を扱い，670人前後の裁判官からなる。全米に94の地区があり，各地区には1人以上の裁判官が配属されている。裁判官を，大統領が連邦上院の助言と承認を得て，終身で政治任用（political appointment）する【☞本書第Ⅷ部】。連邦地方裁判所は事実認定に加え，法律の適用・解釈についても判断を下す裁判所である。

[33] 根拠法は，連邦「裁判所・裁判手続法（Judiciary and Judiciary Procedure）」（合衆国法典タイトル28／28 U.S. Code）1491条ないし1509条。

[34] 根拠法は，「内国歳入法典（IRC＝Internal Revenue Code）」（合衆国法典タイトル26／26 U.S. Code）7442条。

[35] 根拠法は連邦「裁判所・裁判手続法（Judiciary and Judiciary Procedure）」（合衆国法典タイトル28／28 U.S. Code）1291条ないし1292条。

[36] 連邦控訴裁判所（U.S. Courts of Appeals）は，連邦巡回区（U.S. Court of Appeal for the Federal Circuit）を含め，現在，13の巡回区からなる。179の法定席数（authorized judgeships）の裁判官からなり，大統領が連邦上院の助言と承認を得て，終身で政治任用（political appointment）する【☞本書第Ⅷ部】。連邦控訴裁判所は事実認定の問題には関与せず，もっぱら法律の適用・解釈についても判断を下す裁判所である。

[37] 根拠法は連邦「裁判所・裁判手続法（Judiciary and Judiciary Procedure）」（合衆国法典28巻／28 U.S. Code）1251条ないし1259条。

一般に，多くの連邦納税者は，連邦租税訴訟を提起する場合，租税専門の特別裁判所である連邦租税裁判所を選択する。また，連邦租税裁判所の判決に対する控訴審は，連邦控訴裁判所（U.S. Courts of Appeals）が排他的管轄権を有している。連邦巡回控訴裁判所（Federal Circuit Court of Appeals）は，極めて例外的な場合を除いて，連邦租税裁判所の判決に対する管轄権を有しない（IRC7482条a項）。

【図表Ⅵ-9】連邦納税者が一般に選択する民事租税訴訟ルート

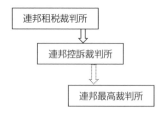

連邦控訴裁判所は，専門性が高く連邦租税裁判所の控訴審としては高く評価されている。控訴審判決に不服がある場合は，連邦最高裁判所に対して上告受理の申立て（certiorari／サーシオレイライ）をする[38]。

(2) 連邦租税訴訟における事実審裁判所の特質とその比較

連邦納税者は，事実審裁判所（trial courts）段階における訴訟場所（裁判所）の選択にあたり，いくつか検討すべき点がある。それらは，訴訟を提起するにあたり，あらかじめ不足税額を納付したうえで還付請求の形でないと提訴（refund suits）できないかどうか，または未納付のまま提訴（prepayment actions）ができるかどうか，さらにはそれぞれの裁判所が下した過去の裁判例を精査し自己に有利な判決を期待できるのかどうかということなどである。また，陪審裁判（jury trial）を選択できるのか，さらには，本人訴訟（pro se case）が可能か，

---

[38] 「certiorari（サーシオレイライ）」または「writ of certiorari（リット・オブ・サーシオレイライ）」は，「上告受理」「上告受理状」とでも邦訳できる。事実審裁判所（trial court）ないし下級の控訴裁判所（inferior appeals court）からあがってきた訴訟事件を再審理する際に採られる手続について使われる言葉である。敗訴した訴訟当事者が，連邦最高裁判所に対して，下級審判決を再審査してくれるかどうか（上告を受理してくれるかどうか）を問う場合にする申立てである。連邦最高裁判所規則（Rules of the U.S. Supreme Court／連邦最高裁規則）は，「上告受理状に基づく審査は，権利の事項ではなく，裁判所の裁量事項であり，上告受理の申立て（a petition for writ of certiorari）は，やむにやまれぬ理由（compelling reasons）がある場合に限り認められるものとする。」（10条）と規定する。ちなみに，上告受理管轄について，その原則や手続を含め，連邦最高裁規則10条ないし16条に規定されている。

または代理人訴訟をするとしても訴訟代理人として弁護士以外の税務専門職，例えば公認会計士（CPA）ないし登録税務士（EA）など，を依頼できるのかなども重要である【☞本書第Ⅴ部**5**】。

【図表Ⅵ-10】連邦租税訴訟における事実審裁判所の主な特質とその比較

	連邦租税裁判所 (U.S. Tax Court)	連邦地方裁判所 (U.S. District Court)	連邦請求裁判所 (U.S. Court of Federal Claims)
・特徴	特別裁判所（民事の租税事件に特化）。原告は，少額租税事件（争点額が5万ドル未満）の選択可	普通裁判所（民事／刑事双方のさまざまな事件を扱う。）	普通裁判所（民事／刑事双方のさまざまな事件を扱う。）
・不足税額完納の要否	不要（執行停止）	必要（執行不停止）	必要（執行不停止）
・出訴期限	不足税額通知日から90日以内	不足額納付日から2年。ただし，申告書提出日から3年以内	不足額納付日から2年。ただし，申告書提出日から3年以内
・陪審審理	不可	可能	不可
・上訴裁判所	連邦控訴裁判所	連邦控訴裁判所	連邦巡回控訴裁判所
・先例拘束性のある判例	控訴する連邦控訴裁判所の判例	控訴する連邦控訴裁判所の判例	連邦巡回控訴裁判所の判例
・憲法上の所在	連邦憲法第1条上の存在	連邦憲法第3条上の存在	連邦憲法第1条上の存在
・被告	IRS長官[39]	合衆国	合衆国
・連邦政府側の代理人	IRSの首席法律顧問官室の法律顧問官[40]	連邦司法省租税部（DOJ Tax）の訟務検事	連邦司法省租税部（DOJ Tax）の訟務検事
・納税者側の代理人	弁護士，非弁護士（CPA，EA）（本人訴訟も可）	弁護士	弁護士
・訴訟手続の根拠法・規則	内国歳入法典（IRC），租税裁判所規則（TC規則）	連邦裁判所・裁判手続法，連邦民事訴訟規則	連邦裁判所・裁判手続法，連邦民事訴訟規則
・裁判官の任用	19席。大統領が，連邦議会上院の助言と承認を得て政治任用。任期15年，再任を妨げない。70歳定年	677席。大統領が，連邦議会上院の助言と承認を得て政治任用。任期は終身	16席。大統領が，連邦議会上院の助言と承認を得て政治任用。任期は15年，再任を妨げない
・巡回か否か	巡回型裁判所（1庁・全米74か所）	非巡回型裁判所（全米13庁）	非巡回型裁判所（1庁）

[39] IRC7452条によると，財務長官（Secretary of the Treasury）が当事者となる。しかし，法の授権などを受けて，現実には，IRS長官（Commissioner of IRS）が被告になる。

[40] IRC7452条に基づき，法律顧問官（Attorney for IRS Chief Counsel/Field Attorney）またはその代理官が，財務長官（Secretary of the Treasury）の監督のもと，同長官から委任を受けて訴訟代理の権限を行使する。

事実審裁判所（trial courts）の特質を比較して図示すると，【図表Ⅵ-10】のとおりである。

B 連邦租税裁判所

納税者が，IRSから不足税額通知書（(NOD＝Notice of Deficiency)，一般に「90日レター（90 day letter）」と呼ばれる書面，の送達を受けたとする。そして，当該通知処分の違法を裁判で争うと決めたとする。この場合，90日以内に3つある連邦裁判所から1つを選んで租税訴訟を起こすことになる。当該納税者が，「国民の税金裁判所（The Peoples' Court of Tax）」と呼ばれる[41]連邦（合衆国）租税裁判所（U.S. Tax Court）（以下，たんに「租税裁判所」ともいう。）を選んだとする。この場合は，増差額（不足額＋加算税等）を納付しないまま訴訟ができる。また，裁判所に納付する費用（fees for filing petition）も一律60ドルであり，原告である納税者の負担は軽い[42]。

租税裁判所[43]は，その名のとおり，租税訴訟の専門の特別裁判所である。連邦納税者は，2013財政年をとると，全米で提起された全租税訴訟の95％以上は，租税裁判所が取り扱っている[44]。また，2014年7月31日時点で，租税裁判所には，27,245件が係争中で，うち19,403件，約71％が，本人訴訟（pro se case），つまり訴訟代理人がついていない訴訟である[45]。

納税者は，連邦の首都ワシントンD.C.にある租税裁判所の本部（400 Second Street NW, Washington, D.C. 20217-0002）宛に訴状（petition）を提出（郵送）するように求められる[46]。しかし，納税者は，裁判官が指定された全米74の主要都市を巡回して裁判を行っていることから，至近の都市で裁判（審理）を受けることができる。

ただ，注目すべき現実もある。それは，租税裁判所が受理した事件の80％以

---

[41] See, L. Paige Marvel, "The Evolution of Trial Practice in the United States Tax Court," 68 Tax Law. 289 (2015).
[42] ただし，負担能力のない納税者には，本人からの申請があった場合，偽証罪の適用を前提とした署名を求めたうえで費用が免除される。
[43] ちなみに，カリフォルニア，ニューヨーク，ニュージャージー，ジョージア，インディアナ，オハイオなどでは，州税（下位の統治団体の租税も含む。）にかかる紛争を裁く州租税裁判所（state Tax Court）を設置している。したがって，連邦税等にかかる民事の税務訴訟だけを管轄する連邦租税裁判所（U.S. Tax Court）と混同しないように注意が必要である。
[44] 不足税額還付訴訟（refund cases）だけをとってみても，近年，取扱件数は，連邦地方裁判所では年平均で100～200件程度，連邦請求裁判所で50件程度である。

上(年によっては90%近く)が,裁判前または裁判後に法的拘束力のある任意の仲裁(voluntary binding arbitration)により終結に至っていることである。この背景には,被告であるIRS側や原告である納税者側,租税裁判所側のさまざまな事情がある。IRS側には,現場職員は徴税に忙殺されており,納税者との仲裁(和解)により税収面での多少の犠牲を払ったとしても,裁判対応に費やすコストや時間的ロスを抑えたい,という事情がある。一方,納税者側も,租税裁判所に提訴してから実際の裁判開始まで,通例,少なくとも6か月は待たされることから,心理的な負担が重い。加えて,訴訟が開始されても,少額租税事件／S事件の場合でも,判決までには1年くらいかかり,通常租税事件ではもっと長くかかるという問題がある。さらに,租税裁判所側も,毎年2万〜3万件の全租税訴訟の95%以上を取り扱う超多忙な常態にあり,迅速な裁判を求める納税者の期待に応えられない実情にある[47]。原告納税者が,長期化する裁判に目切を付けて,IRSとの仲裁(和解)に走ったとしてもあながち責められないところがある。「タックスコート(Tax Court)」は,「タックスペイアー・ファースト(Taxpayer First)」の身近な存在であるが,その実像が必ずしも闘う納税者に十分に理解されてはいないようにみえる。

[45] とりわけ争点額が5万ドルに満たない場合に選択できる少額租税事件(S事件)においては,本人訴訟が95%を超える。(この結果,通常租税事件のみで見ると本人訴訟の比率はおおよそ50%である。)なお,納税者が低所得者の場合で,例えば勤労所得税額控除(EITC)の適用【☞本書第Ⅰ部J(1)】などを争点に租税裁判所に少額租税事件／S事件として訴訟を提起しているときには,全米25の都市の巡回法廷では,IRSの低所得納税者クリニック(LITC=Low Income Taxpayer Clinics)プログラム,または租税裁判所の大学タックスクリニック(Academic Tax Clinic)プログラムを活用し,無償で訴訟代理の支援を受けることができる。加えて,租税裁判所は,「カレンダー・コール・プログラム(Calendar Call Program)」という名称で無償訴訟代理プログラムを立ち上げ,弁護士の自発的公益活動(voluntary pro bone public service)の一環として,弁護士に対して原告(納税者)の訴訟代理を支援するように求めている【☞本書第Ⅴ部5および6】。
[46] 今日,租税裁判所は,「納税者(the taxpayer)」を,訴状の提出後は,「原告(petitioner)」と呼ぶことになっている。このように,連邦裁判所である租税裁判所が独自の文言を使っているのは,924年に創設された租税裁判所の前身が連邦「租税不服審判所(BTA=Board of Tax Appeals)」であった歴史的経緯などにもよる。
[47] 租税裁判所は,代替的紛争解決(ADR=Alternative Dispute Resolution)手続の活用に積極的である。TC規則124条は,当事者に対し,裁判中または裁判開始前に,事実認定の争いについて,代替的紛争解決(ADR),つまり法的拘束力のある任意の仲裁(voluntary binding arbitration)を通じて解決をはかるための申立てを行うことを認める。また,こうした申立てがあった場合,租税裁判所長官(Chief Judge)は,判事や特別事実審判事(STJ)に付託して,その申立ての処理およびその後の仲裁の監督を求めることができる旨を規定する。ちなみに,このTC規則124条は,代替的紛争解決(ADR)手続を積極的に採り入れるために近年改正されたものである(2011年5月5日に施行)。

(1) 租税裁判所の組織と運営

租税裁判所は，連邦（合衆国）憲法第1条に基づき「法律〔内国歳入法典（IRC）〕により設置された裁判所」である（IRC7441条）。言い換えると，連邦憲法第3条に基づいて連邦裁判所法（合衆国法典タイトル28〔司法部および司法手続（Judiciary and Judicial Procedures）〕）を典拠に設置されている他の連邦裁判所とは異なる。内国歳入法典（IRC）は，次のように規定している。

【図表Ⅵ-11】内国歳入法典（IRC）7441条〔（法的）地位〕（仮訳）

> 合衆国憲法第1条に基づき，合衆国租税裁判所という名称の記録裁判所（court of record）をここに設置する。租税裁判所の構成員は，租税裁判所長官（chief judge）および裁判官（judges）である。租税裁判所は，政府の行政部から独立しており，かつその1機関ではない。

① 租税裁判所が取り扱う訴訟事件

租税裁判所が取り扱う事件の大半は，個人所得税，法人所得税，遺産税，贈与税，超過利潤税その他特定の個別消費税に関する課税庁（IRS）の不足税額通知処分（NOD＝Notice of Deficiency）やIRSの徴収行為にかかる決定通知処分（IRS Notice of Determination Concerning Collection Action／TC規則330条以下）などの取消を求める訴訟である。

これらに他に，夫婦連帯納付義務の善意の配偶者に対する救済（innocent spouse relief）請求訴訟（Actions for Determination of Relief From Joint and Several Liability on a Joint Return），労働者の分類（源泉所得税や雇用関係税の対象となる従業者か，そうでない一人親方か／IRC7436条）【☞本書第Ⅰ部❶L(2)①】にかかるIRSの決定（IRS Determination of Worker Classification）の取消を求める訴え（TC規則290条以下），経過利子（interest）の減免申請をしたのにもかかわらず，IRSが経過利子を減免しない旨の最終決定通知処分を行ったことから当該処分の取消を求める訴え（TC規則280条以下）である。

さらに，一定の宣言的判決の請求（declaratory judgment／210条以下），情報公開（disclosure actions／220条以下），内部告発訴訟（whistleblower actions／TC規則340条以下）などの事件も取り扱う[48]。

加えて，アメリカでは最もポピュラーな事業体[49]であるパートナーシップの

---

[48] See, IRM8.4.1.3 (08-09-2011)【Jurisdiction of the Tax Court】．

関する租税訴訟（partnership actions/TC 規則240条以下）や大規模パートナーシップ訴訟（large partnership actions/330条以下）も取り扱う⁽⁵⁰⁾。

②　租税裁判所の裁判担当者

租税裁判所は，制定法に基づき司法機関の１つとして制度化されており⁽⁵¹⁾，次の構成員で裁判を担当している。

【図表Ⅵ-12】租税裁判所の裁判を担当する構成員（2017年１月１日現在）

- **裁判官（judges）**　15年の任期で，大統領が連邦議会上院の助言と承認を受けて任命する（IRC7443条）。租税裁判所は，長官（Chief Judge）を少なくとも２年ごとに任命する（IRC7444条ｂ項）。任期を終了する裁判官は，文書により，大統領に再任を希望することができる（IRC7447条ｂ項３号）⁽⁵²⁾。長官を含め，法定席数は19席（政治任用職）である。
- **現役復帰裁判官（senior judges）**　租税裁判所長官（Chief Judge）から委嘱を受けて退職後に現役復帰して裁判を担当する裁判官である（IRC7447条ｃ項以下）⁽⁵³⁾。11席である。
- **特別事実審裁判官（STJ＝special trial judges）**　租税裁判所長官が任命する主に争点額が５万ドルを超えない少額租税事件（Ｓ事件）および争点額が１万ドルを超えない通常租税事件を担当する租税裁判所の職員である（IRC7443条のＡ第ａ項，TC

⑷⁹　2015課税年のパートナーシップに情報申告書である様式1065〔連邦パートナーシップ所得の申告書（Form 1065: U.S. Return of Partnership Income）〕の提出件数は388万３千件を超える。これに対して，同課税年の普通法人（株式会社などＳ法人）の申告件数は221万６千件程度である。See, IRS Data Book 2015（March 2016）at 4.

⑸⁰　連邦議会は，1982年に課税の公平・財政責任法（TEFRA（テフラ）＝ Tax Equality and Fiscal Responsibility Act of 1982）の名称で年次の税制改正を行い，パートナーシップ独自の行政調整／税務調査手続および訴訟手続の仕組み（通称で「TEFRA パートナーシップ手続」と呼ばれる。）を構築した【☞本書第Ⅲ部⑤】。この手続の実施に伴い，租税裁判所もパートナーシップ事件を広く所轄することになった。TEFRA パートナーシップ手続では，新たに「税務パートナー（TMP＝Tax Matters Partner）」，「最終パートナーシップ行政調整（FPAA＝final partnership administrative adjustment）」，「パートナーシップ項目（partnership items）」などの文言が規定された。このため，租税裁判所は，個別事件における事実認定上の争点のみならず，これら新たな文言の適用・解釈などを含め大量のパートナーシップ関係事件の処理をするように迫られている。See, "The Evolution of Trial Practice in the U.S. Tax Court," 68 Tax Law. 289（2015）.

⑸¹　租税裁判所は1924年に設置された前身の「租税不服審判所（BTA＝Board of Tax Appeals）」が1942年に現在の「連邦租税裁判所（Tax Court of the United States）」に名称変更されたことから，司法裁判所（judicial court）なのか，準司法機関（tribunal）なのか，久しく争いのあるところであった。現在は，租税裁判所は，司法裁判所であるとの見解が定着している。租税裁判所の歴史的分析について詳しくは，See, Harold Dubroff & Brant J. Hellwig, United States Tax Court: An Historical Analysis（2nd ed., GPO, 2014).Available at: http://www.ustaxcourt.gov/book/Dubroff_Hellwig.pdf

⑸²　自動的に再任（再び政治任用）されるのが原則である。しかし，ブッシュ政権やクリントン政権の時に再任が問題化した事例が報告されている。

規則3条d項および180条以下)。裁判長 (chief STJ) を含め5席である。

租税裁判所長官は，裁判官を1人以上からなる「部 (divisions)」に配属することができる。複数の裁判官からなる部（以下「裁判官部」という。）については，その長 (chief)，つまり裁判長，を指名する。ある裁判官部において，欠員またはそこに配属された裁判官が欠席もしくは職務遂行不能を原因に，その裁判官部の定員を下回る場合には，長官は，他の裁判官を配属する，または裁判官の増員を待つことなく業務の遂行にあたるように命じることができる（IRC7444条c項)。

ちなみに，租税裁判所の裁判官は，ほぼロースクール出身者であるが，多様な分野の出身者で構成されている。前職が，租税弁護士，連邦課税庁 (IRS)，連邦財務省，連邦司法省 (DOJ)，連邦議会の税法条文作成担当職員であったものなどから成る。

③ 本人訴訟も可能，ただし陪審審理はなし

租税裁判所の法廷においては，被告 (IRS) 側は IRS 長官の委任を受けて IRS の首席法律顧問官室の法律顧問官 (Attorney for IRS Chief Counsel/Field Attorney) が代理する。一方，原告（納税者）は，租税裁判所に提訴する場合で，代理人なしの本人訴訟 (pro se case, personal representation without counsel) を行うことができる（TC 規則24条 b 項）。これは，少額租税訴訟を望むときも同様である（TC 規則172条）。確かに，租税裁判所では，原告（納税者）側は本人訴訟で臨む場合が多い。その比率は7割程度にまで及んでいる。

しかしながら，複雑な租税事件の場合には，原告（納税者）には訴訟代理人が必須となる。納税者が租税裁判所で訴訟代理人を依頼する場合に，連邦地方裁

---

(53) 連邦裁判官で，15年の定期勤務または定年退職し年金を受給している者について，有償または実質的なボランティア（無償）で，一般に現役裁判官の年間仕事量の15％程度の社会貢献を求める制度がある（合衆国法典タイトル28〔司法部および司法手続〕第294条など）。一般に「現職復帰裁判官 (senior judge)」制度と呼ばれる。永年にわたる訴訟現場で培った実務的な貴重な知識と連邦の歳出削減，さらには政府の「人生80歳ルール (Rule of 80)」などに沿って採られている政策である。租税裁判所は，合衆国法典タイトル28ではなく，内国歳入法典 (IRC)（合衆国法典タイトル26）が典拠法となっているため，租税裁判所の裁判官の定年（70歳）等については，IRC に具体的に規定している。IRC7447条 c 項〔退職裁判官の復帰 (Recalling of retired judges)〕以下では，租税裁判所長官に，有償かつ年間90日を限度に，退職した裁判官に対し現役復帰を要請する権限を付与している。

判所や連邦請求裁判所とは異なり，必ずしも弁護士（attorneys at law）である必要はない。しかし，租税裁判所の所管事項にかかる業務（practice before the Court）を行うことを公認された者を選任しなければならない。租税裁判所は，訴訟代理人として，弁護士（attorneys at law）のほかに，②公認会計士（CPA）ないし③登録税務士（EA）など「非弁護士（non-attorneys）」で租税裁判所が実施する司法資格試験資格試験に合格した者のみを公認している（TC規則200条a条1号ないし3号）【☞本書第Ⅴ部5】[54]。

一方，すでにふれたように，租税裁判所では，陪審審理（jury trial）の制度がない。合衆国（連邦）憲法修正第7条は，民事事件における陪審審理を保障し，次のように規定する。

【図表Ⅵ-13】連邦憲法修正第7条〔民事事件における陪審審理の保障〕（仮訳）

> コモンロー上の訴訟において，訴訟額が20ドルを超えているときは，陪審による裁判を受ける権利が保障されなければならない。この場合において，陪審によって認定された事実は，コモンローの原則によるほか，合衆国のいずれの裁判所において再審理されないものとする。

租税裁判所は，民事租税事件を所轄する。したがって，陪審審理がないことは，連邦憲法修正第7条に抵触するかどうかが問われる。民事の租税訴訟では，納税者が陪審審理を望む場合には，陪審審理ができる連邦地方裁判所（U.S. District Court）に訴えを提起する途が確保されている。このことから，租税裁判所が陪審審理を認めていないことは，憲法修正第7条に抵触しないと解されている。

民事租税事件を所轄租税裁判所には，陪審審理がない。このこと手伝って，連邦証拠規則（Federal Rules of Evidence）[55]は，他の裁判所に比べると緩やかに適用される。また，連邦民事訴訟規則（FRCP＝Federal Rules of Civil Procedure）[56]

---

[54] したがって，租税裁判所において，訴訟当事者に代わり訴訟手続を行うことや，法廷で陳述・主張を行うなどの「訴訟代理」は，これら有資格者だけが行えるのが原則になっている。言い換えると，CPAないしEAであっても，無資格者である場合には，連邦租税裁判所では，証人として出廷するときを除いて，法廷で陳述（address）することは認められない。この場合，無資格者は，裁判所の許可を得て，本人訴訟に臨んでいる納税者に，補佐人（advisor）として付き添って，その納税者を法廷で補助支援することを認められるに過ぎない【☞本書第Ⅴ部5】。
[55] 民事裁判と刑事裁判の双方に共通して適用になる証拠の法理を定めたもの。
[56] FRCPは，1938年に連邦最高裁判所が定めた規則である。

ではなく，租税裁判所執務・手続規則（Tax Court Rules of Practice and Procedure／TC 規則（TC Rules））に基づいて手続が進められる[57]。

④ 訴状のひな型

租税裁判所の訴訟手続においては，納税者が原告（petitioner）となり，IRS 長官（Commissioner of Internal Revenue）が被告／respondent）となる[58]。訴状（petition）

【図表Ⅵ-14】租税裁判所へ提出する訴状〔定型：簡素版〕（抜粋）

```
                    UNITED STATES TAX COURT
                        www.ustaxcourt.gov

    (FIRST)    (MIDDLE)      (LAST)
    _____
    (PLEASE TYPE OR PRINT)      Petitioner(s)
                                              }
                  v.                            Docket No.
    COMMISSIONER OF INTERNAL REVENUE,
                                Respondent

                          PETITION

1. Please check the appropriate box(es) to show which IRS NOTICE(s) you dispute:

   □ Notice of Deficiency              □ Determination of Worker Classification*

   □ Notice of Determination Concerning Collection Action    □ Notice of Determination Concerning Your Request for
                                                              Relief From Joint and Several Liability*
   □ Notice of Final Determination Not to Abate Interest*

      *Please see the Court's Web site, www.ustaxcourt.gov, or information booklet for additional information
       if (1) you filed a claim for interest abatement or requested relief from joint and several liability, and the
       IRS has not made a determination, or (2) the petition involves a worker classification case.

2. Provide the date(s) the IRS issued the NOTICE(S) checked above and the city and State of the IRS office(s) issuing
   the NOTICE(S): _____

3. Provide the year(s) or period(s) for which the NOTICE(S) was/were issued: _____

4. SELECT ONE OF THE FOLLOWING:
      If you want your case conducted under small tax case procedures, check here:   □    (CHECK
      If you want your case conducted under regular tax case procedures, check here: □    ONE BOX)

         NOTE: A decision in a "small tax case" cannot be appealed to a Court of Appeals by the taxpayer or the IRS.
         If you do not check either box, the Court will file your case as a regular tax case.

5. Explain why you disagree with the IRS determination in this case (please list each point separately):
   _____
   _____
   _____
```

---

[57] Tax Court, The Introduction of the United States Tax Court. Available at: http://ustaxcourt.gov/ustc_video_welcome.htm

[58] ちなみに，租税裁判所以外の連邦裁判所では，原告は「plaintiff」，被告は「defendant」，そして，訴状は「complaint」である。

〔定型：簡素版〕を掲げると，【図表Ⅵ-14】のとおりである（TC規則付録様式第2）。

納税者は，訴状に，まず，①自己の名前または名称を記載する。次に，②訴えの対象となる課税庁（IRS）の処分や決定の種類欄に☑を入れる。その後に，③IRSから送達された通知書（Notice）や発行した所轄署の名称を記載する。次に④(a)「少額租税事件（small tax cases, S cases）」として訴訟を提起するのか，それとも(b)「通常租税事件（regular tax cases）」として訴訟をするか，どちらかの欄に☑を入れる。争点金額〔すなわち，不足税額通知処分の事件では増差額（不足額＋加算税）〕が5万ドルに満たない場合には，(a)「少額租税事件／S事件」として訴訟を選択できる[59]。その後，IRSの処分に同意できない理由を記載する。

(2) 巡回型の裁判所としての租税裁判所

租税裁判所は，巡回型の裁判所（circuit court）として設置されている。裁判官が，指定された全米主要都市（46州およびコロンビア特別区／全米74都市〔2017年1月現在〕）の連邦合同庁舎ビルに設置された法廷を巡回して審理する。

原告（納税者）は，IRSとの裁判を租税裁判所で行うことを選択した場合，裁判地の選択が可能になっている。したがって，租税裁判所事務局が，提訴件数や裁判官の処理状況などを勘案して，全米各巡回区での裁判日程を組み，公表することになっている。具体的には，2016年冬全季裁判日程表（2016 Winter Term Combined Trial Sessions），2017年春季全裁判日程表（2017 Spring Term Combined Trial Sessions），2017年秋季全裁判日程表（2017 Fall Term Combined Trial Sessions）（夏季を除く。）といった形で公表している。

各巡回区で開催される法廷は，審理する事件の範囲からみると，次のように区分できる。

【図表Ⅵ-15】各巡回法廷で審理する事件の範囲

> (i) 通常租税事件（regular tax cases）のみを審理する巡回区
> (ii) 少額租税事件（small tax cases, S cases）のみを審理する巡回区
> (iii) 通常租税事件＋少額租税事件の双方を審理する巡回区

---

[59] もっとも，少額租税事件／S事件を選択すると，原告（納税者），被告（IRS）ともに敗訴しても，控訴（appeal）ができないので，争点金額が5万ドルに満たない場合でも，(i)通常租税事件の途を選択するケースもある。

例えば，2017年春季全裁判日程表をみると，ニューヨーク州のニューヨーク市，カリフォルニア州のサンフランシスコやロサンゼルスなどでは，(i)の審理と(ii)の審理が別々の日に行われている。これに対して，ハワイ州のホノルルやテキサス州のサンアントニオなどでは，(iii)の審理が特定日（1日）に行われている。また，カンザス州のウティカでは，(ii)のみの審理が行われている。さらに，メリーランド州のボルチモアやニューヨーク州バッファローなどでは，租税裁判所は永続的な法廷を持っておらず，必要に応じて適切な施設を借りて法廷とし，審理を行っている。

連邦租税裁判所　カリフォルニア州サンフランシスコ 2-1408法廷（public use）

(3) 原告（納税者）による裁判開催地の選択

原告（petitioner(s)／納税者）が，課税庁（IRS）との租税訴訟の場として租税裁判所（U.S. Tax Court）を選択したとする。租税裁判所は全国各地を巡回して裁判を開催する仕組み（circuit court）にある。このことから，原告（納税者）は，裁判地を選択できる。

手続上，原告（納税者）は，訴状（petition）を提出する際に，TC様式5〔裁判地の申請書（Form 5: Request for place of trial）〕【図表Ⅵ-16】のなかにリスト化された裁判開催地（全米74都市）の1つに☑を入れたうえで，その申請書を訴状に添付し提出するように求められる（TC規則140条）。

(4) 通常租税事件と少額租税事件

租税裁判所への提訴は，納税者からの「訴状の提出／訴えの提起（filing of a

【図表Ⅵ-16】TC 様式 5〔裁判地の申請書〕

FORM 5—REQUEST FOR PLACE OF TRIAL
(See Rule 140.)
www.ustaxcourt.gov
UNITED STATES TAX COURT

....
Petitioner(s)
v.
COMMISSIONER OF INTERNAL REVENUE,
Respondent

Docket No.

REQUEST FOR PLACE OF TRIAL

PLACE AN X IN ONE BOX. REQUEST A CITY MARKED * ONLY IF YOU ELECTED SMALL TAX CASE STATUS ON FORM 2. ANY OTHER CITY MAY BE REQUESTED FOR ANY CASE, INCLUDING A SMALL TAX CASE.

ALABAMA
☐ Birmingham
☐ Mobile
ALASKA
☐ Anchorage
ARIZONA
☐ Phoenix
ARKANSAS
☐ Little Rock
CALIFORNIA
☐ Fresno*
☐ Los Angeles
☐ San Diego
☐ San Francisco
COLORADO
☐ Denver
CONNECTICUT
☐ Hartford
DISTRICT OF
　COLUMBIA
☐ Washington
FLORIDA
☐ Jacksonville
☐ Miami
☐ Tallahassee*
☐ Tampa
GEORGIA
☐ Atlanta
HAWAII
☐ Honolulu
IDAHO
☐ Boise
☐ Pocatello*
ILLINOIS
☐ Chicago
☐ Peoria*
INDIANA
☐ Indianapolis
IOWA
☐ Des Moines

KANSAS
☐ Wichita*
KENTUCKY
☐ Louisville
LOUISIANA
☐ New Orleans
☐ Shreveport*
MAINE
☐ Portland*
MARYLAND
☐ Baltimore
MASSACHUSETTS
☐ Boston
MICHIGAN
☐ Detroit
MINNESOTA
☐ St. Paul
MISSISSIPPI
☐ Jackson
MISSOURI
☐ Kansas City
☐ St. Louis
MONTANA
☐ Billings*
☐ Helena
NEBRASKA
☐ Omaha
NEVADA
☐ Las Vegas
☐ Reno
NEW MEXICO
☐ Albuquerque
NEW YORK
☐ Albany*
☐ Buffalo
☐ New York City
☐ Syracuse*
NORTH CAROLINA
☐ Winston-Salem
NORTH DAKOTA
☐ Bismarck*

OHIO
☐ Cincinnati
☐ Cleveland
☐ Columbus
OKLAHOMA
☐ Oklahoma City
OREGON
☐ Portland
PENNSYLVANIA
☐ Philadelphia
☐ Pittsburgh
SOUTH CAROLINA
☐ Columbia
SOUTH DAKOTA
☐ Aberdeen*
TENNESSEE
☐ Knoxville
☐ Memphis
☐ Nashville
TEXAS
☐ Dallas
☐ El Paso
☐ Houston
☐ Lubbock
☐ San Antonio
UTAH
☐ Salt Lake City
VERMONT
☐ Burlington*
VIRGINIA
☐ Richmond
☐ Roanoke*
WASHINGTON
☐ Seattle
☐ Spokane
WEST VIRGINIA
☐ Charleston
WISCONSIN
☐ Milwaukee
WYOMING
☐ Cheyenne*

....　　..................................
Signature of Petitioner(s) or Counsel　　　　　　Date

petition)」に始まる（不足税額通知処分の違法を争う場合にはTC規則34条）。納税者（原告／petitioner）は，出訴期限内に訴状を提出するように求められる。また，一律60ドルの申立手数料を支払う必要がある（TC規則11およびTC規則付録Ⅱ第a項1号）。租税裁判所が納税者からの提訴を受理すると，課税庁（IRS）は，判決が下されるまで課税処分や決定処分を停止することになる。

　すでにふれたように，租税裁判所が担当する訴訟は，大きく「通常租税事件（regular tax case）」と「少額租税事件（small tax case）」とに分けられる（IRC7463条およびTC規則170条以下）。少額租税事件は，「Ｓ事件（S cases）」とも呼ばれる。租税裁判所では，少額租税事件／Ｓ事件として訴訟を提起できる要件にあてはまらない場合には，納税者の選択にもかかわらず，原則として通常租税事件として訴訟手続が進行することになる。

　① **少額租税事件の要件**

　租税裁判所は，少額租税事件／Ｓ事件（small tax case, S cases）の対象となるかどうかについて，次のような基準を明確にしている。

【図表Ⅵ-17】少額租税事件／Ｓ事件として争える基準

> (a)　納税者が，IRSの不足税額通知処分（NOD＝IRS Notice of Deficiency）の取消を求め裁判で争う場合で，その課税年の増差額（不足額＋加算税等）が50,000ドルを超えないとき。〔出訴期限：通知から90日【90日レター】，通知が国外の場合は150日〕
>
> (b)　納税者が，IRSの徴収行為にかかる決定通知処分（IRS Notice of Determination Concerning Collection Action）の取消を求め裁判で争う場合で，すべての課税年の滞納総額が50,000ドルを超えないとき。〔出訴期限：通知から30日以内〕
>
> (c)　納税者が，夫婦連帯納付義務の善意の配偶者に対する救済（innocent spouse relief）請求にかかるIRSの決定通知処分（IRS Notice of Determination Concerning Your Request for Relief From Joint and Several Liability）[60]

---

[60]　ちなみに，「joint and several liability」とは，「共同的かつ個別的な責任」という意味である。すなわち，租税債務を負う者が複数いても，各人が個別に租税債務全額に責任を負うということになる。いわゆる，わが国でいう「連帯納付義務」を意味する。連邦個人所得税について夫婦合算申告（MFJ＝married filing jointly）をする場合，それぞれの配偶者が，所得税額，不足額，延滞税などについて「共同的かつ個別的な責任」を負うことになっている。この連邦納付責任ルールは，夫婦の離婚後も適用されるのが原則である。離婚後，前妻が，前夫の不足税額などについて連帯納付義務をIRSに問われた場合，そうした事実をまったく知らなかったこと（善意）を理由にIRSに救済を申し立て，それが認められないときに，IRS不服審査部に審査請求ができ，そこで認められなければ裁判所に救済を求めることができる【☞本書第Ⅰ部**1**A(3)および第Ⅲ部**1**A(3)】。

の取消を求め裁判で争う場合（TC 規則320条以下）で，すべての課税年につき配偶者が求めた連帯納付解除総額が50,000ドルを超えないとき。〔出訴期限：通知から90日以内〕
(d) 納税者が，労働者の分類（源泉所得税や雇用関係税の対象となる従業者か，そうでない一人親方か／IRC7436条）【☞本書第Ⅰ部**1**L(2)①】にかかる IRS の決定（IRS Determination of Worker Classification）の取消を求め裁判で争う場合（TC 規則290条以下）で，IRS との四半期の争点金額が50,000ドルを超えないとき。〔出訴期限：通知から90日以内〕
(e) 納税者が，正当な理由のあることを申し立てて経過利子（interest）の減免申請をしたのにも拘わらず，IRS が経過利子を減免しない旨の最終決定通知処分を行ったことから当該処分の取消を求め裁判で争う場合（TC 規則280条以下）で，その減免金額が50,000ドルを超えないとき。この場合，IRS が180日以内に最終決定通知書を納税者に送付しないときも含む。〔出訴期限：通知から150日以内〕

② **少額租税事件／S 事件と控訴**

納税者（原告）は，租税裁判所に少額租税事件／S 事件として提訴した場合，敗訴しても，原告（納税者），被告（IRS）双方とも控訴はできない（not appealable）（IRC7463条 b 項）。また，少額租税事件にかかる租税裁判所の判決は，先例拘束性も有しない（IRC7463条 c 項）。ちなみに，租税裁判所での大多数の訴訟は，少額租税事件／S 事件である。

③ **少額租税事件／S 事件の特質**

納税者は，上記①に掲げたようないくつかの典型的な争点について，少額租税事件／S 事件として租税裁判所に救済を求めることができる。しかし，やはり少額租税事件／S 事件の中核を占めるのは，(a) IRS の不足税額通知処分（NOD＝Notice of Deficiency）の違法を争う裁判である。

争点金額〔すなわち，不足税額通知処分の事件では増差額（不足額＋加算税等）〕が50,000ドルを超えない少額租税事件／S 事件では，かなりインフォーマルな形で審理が進められる（IRC7463条 a 項）。

租税裁判所規則（TC Rules）は，少額租税事件／S 事件の審理について，「通常の手続に従いつつも，できる限りインフォーマルに（informally）に行うものとし，かつ，裁判所により証拠価値があるとみなされた場合には証拠能力を認めるものとする」と定める（TC 規則174条 b 項）。また，「裁判所が命じる場合を除き，弁論趣意書（briefs）および口頭陳述（oral arguments）を必要としない。」と定める（TC 規則174条 c 項）。

一般に，争点額が50,000ドルを超えない少額租税事件／S事件の審理は，特別事実審裁判官（STJ＝special trial judges）が担当する（TC規則182条）。
　なお，原告（納税者）は，手続を少額租税事件／S事件として進めることを望む場合には，訴訟の提起時にその旨を求めなければならない（TC規則171条a項）。この場合において，被告（IRS／内国歳入庁長官）が原告（納税者）の少額租税事件／S事件として手続を進める求めに反対のときには，その旨の裁判所に申し立てなければならない（TC規則171条b項）。
　被告（IRS）からこのような少額租税事件／S事件として手続を進めることに反対する申立てがあった場合でも，原告である納税者は，租税裁判所に対して，審理開始前までに，なおも少額租税事件／S事件として手続を進めるように申し立てることができる（TC規則171条c項）。こうした原告からの申立てがあった場合，租税裁判所は，少額租税事件／S事件として取り扱うか，または審理開始前まで少額租税事件／S事件として取り扱わない旨の命令を発することができる。原告は，こうした命令が発せられない場合には，少額租税事件／S事件として取り扱う選択が認められ，かつ裁判所もそれに同意したと解することができる（TC規則171条d項）。

(5) 「ニューイシュー」，「ニューマター」問題

　租税裁判所は，不足税額通知処分取消訴訟の場合で[61]，納税者（原告）が少額租税事件／S事件を選択したときを除き，「新たな争点（ニューイシュー／new issue）」によって，当初送達された不足税額通知書（original notice of deficiency）に記載された金額を超えた不足税額を容認する判断を下す権限を有している（IRC6212条a項）。すなわち，租税裁判所は，いわゆる「総額主義」的な裁断も可能になっている。
　「新たな争点（ニューイシュー）」は，「ニューマター（new matter）」とも呼ばれる。
　納税者（原告）は，ニューイシューまたはニューマターの出現により，わずかばかりの不足税額を争うはずであったのに，総額主義の適用を受けて，逆に巨額の追徴税額を払うはめに至ることが時としてある。
　この点，連邦地方裁判所や連邦請求裁判所における還付請求訴訟の場合，合

---

[61]　その他，TEFRAパートナーシップ事件（TEFRA partnership case）にかかる訴訟の場合も同様である（TC規則230条以下および300条以下）。

衆国政府は、還付請求額と同額までは「ニューイシュー」によって通算できるが、還付請求額を超えて「ニューイシュー」による不足額を請求することはできないことになっている。

納税者は、租税裁判所で通常租税事件の途を選択しIRSの処分を争う場合、この点を織り込んで裁判に臨む必要がある。

IRS（被告）が、租税裁判所の通常訴訟事件にかかる訴訟において、ニューイシューまたはニューマターを主張した場合、それについての立証責任を原告（納税者）、被告（IRS）、いずれの側が負うことになるのかが問われる。

この点について、租税裁判所（TC）規則は、被告（IRS）が当初送達した不足税額通知書（NOD）に記載された税額の増額を主張した場合、または裁判中に被告（IRS）が増差額を主張した場合もしくは不正申告（fraud）の申立てを行った場合などには、立証責任は被告（IRS）が負うとしている（TC規則1421条a項1号）。

(6) 租税裁判所における訴訟プロセスと具体的な手続

租税裁判所における原告（納税者）および被告（IRS）に求められる具体的な手続について、訴訟前・訴訟時・訴訟後などいくつかのプロセスに分けて、その概要を図説すると、次のとおりである[62]。

【図表Ⅵ-18】裁判プロセスごと（裁判前・裁判時・裁判後等）の手続の概要

○事件の開始（commencement of Case）
・納税者が、IRSの不足税額通知処分の取消を求めて、租税裁判所（U. S. Tax Court）で争うとする。この場合、納税者は、必要事項を記載した定型の①「訴状（petition）」に、②「TC様式5〔裁判地の申請書（Form5: Request for Place of Trial）〕」、③「様式4〔納税者確認番号（TIN）提出書（Form4: Statement of TIN）〕」および④「60ドルの手数料（小切手等）」（ただし、納税者の資力が乏しい場合には、裁判手数料の免除申請（Application for Waiver of Filling Fee）ができる。）を添えて、ワシントンD. C. の租税裁判所事務局（U. S. Tax Court of Washington D. C.）に郵送する（なお、租税裁判所は、訴状等の電子提出を認めていない。しかし、訴状以外の訴訟資料の電子提出を認めている。）。
・納税者は、租税裁判所では、争点金額（5万ドルのしきい値）等により、(a)通常租税事件（regular tax case/Non-S case）訴訟によるか、(b)少額訴訟事件／S事件（small tax case/S-case）訴訟によるか、選択できる。

---

[62] 以下の図表の作成にあたっては、租税裁判所（U. S. Tax Court）のウェッブページのTaxpayer Information: Introductionを参照した。Available at: http://ustaxcourt.gov/taxpayer_info_intro.htm

- 納税者は，租税裁判所では弁護士強制主義を採っていないことから，本人訴訟ができる。しかし，訴訟代理も依頼できる。この場合，依頼できる訴訟代理人は，次の者に限られる。①租税裁判所の所管事項にかかる業務（practice before the Tax Court）を代理できる弁護士または他の有資格者。②低所得納税者クリニック（LITC＝Low-Income Taxpayer Clinics）プログラム，またはカレンダー・コール・プログラム（Calendar Call Program）【弁護士の自発的公益活動（voluntary *pro bone publico* service）を利用した無償訴訟代理プログラム】にボランティア参加した弁護士。
- 納税者は，ワシントンD.C.の租税裁判所事務局宛に前記①，②，③の原本および④を送付し，事務局が納税者の訴訟を受理する（docket される）と，訴状受理書面が郵送されてくる。当該書面には事件番号（ドケット・ナンバー／docket number）が記されている。たとえば，訴状の提出が2017年であると，ドケット・ナンバーの末2ケタは，「-17」となる。したがって，(a)通常租税事件の場合は「12345-17」となる。一方，(b)少額租税事件／S事件の場合には，末尾にSが入り「12345-17S」となる。その後，納税者は，租税裁判所およびIRSに送付する訴訟関係資料には，その付番されたドケット・ナンバーを記載することになる。
- ちなみに，ドケット・レコード（受理された訴訟事件記録）は租税裁判所のウェブサイトで閲覧できる（Docket Inquiry System）。
- 納税者は，①，②，③および④の副本（写し）に加え，自己の氏名および事件番号（ドケット・ナンバー）を課税庁（IRS）の首席法律顧問官室の法律顧問官（Attorney for IRS Chief Counsel/Field Attorney）に郵送する。この場合，③様式4を除き，自己の個人用の共通番号／社会保障番号（SSN）を絶対に記載したものを送付してはならない。個人情報保護に観点から，IRSに送付する文書等には，すべて事件番号（ドケット・ナンバー）を使用しなければならない。
- 納税者による租税裁判所への訴状（petition）の提出と同時に，これに対するIRSの答弁書（Answer）が租税裁判所に提出される（TC規則36条）。IRSの法律顧問官（Field Attorney）の氏名およびコンタクト先は，答弁書（Answer）の最終頁に掲載されている[63]。
- 訴状の提出後，租税裁判所の手続において，納税者は「原告（petitioner）」と呼ばれ，課税庁（IRS）は「被告（respondent）」と呼ばれる。
- 訴訟当事者（party）である原告（納税者）または被告（IRS）は，さまざまな「申立て（motion）」をすることができる（TC規則50条以下）。「申立て（motion）」は，裁判所に特段にして欲しい事項から，一方の当事者（party）が他方の当事者に対して何かをするように裁判所に命じて欲しい事項まで多岐にわたる。申立てがあった場合，もう一方の当事者は，裁判所に対してその申立てを却下（dismiss）するように申し立てることができる。また，裁判所も職権でその申立てを却下することができる（TC規則53条）。
- 例えば，原告（納税者）が租税裁判所に申立て（motion）をするとする。この場合，

---

[63] 一般に，民事訴訟事件においては，「訴状の提出（filing a Complaint/filing a Petition）」とこれに対する「答弁書の提出（filing an Answer）」をセットにして「訴答手続（pleading）」と呼ぶ（TC規則36条以下）。

当該原告（納税者）は，同時に被告（IRS）の法律顧問官（Field Attorney）（他に訴訟に参加している当事者がいればその者も含む。）にもその写しを送付するように求められる。裁判所に申立てをする場合には，当該申立人は，「TC様式9〔送達証書（Form 9: Certificate of Service）〕」（TC規則付録1）を添付しなければならない（TC規則21条b項1号）。

FORM 9
CERTIFICATE OF SERVICE
(See Rule 21(b)(1).)
www.ustaxcourt.gov

This is to certify that a copy of the foregoing paper was served on .... by (delivering the same to .... at .... on ....) or (mailing the same on .... in a postage-paid wrapper addressed to .... at ....).

Dated: ....

....
Party or Counsel

・裁判所に行われる申立て（motions）は多様である。いくつかの例をあげると，次とおりである。

裁判所への典型的な申立て（motions）の例

> ・訴訟手続続行の申立て（Motion for continuance）
> ・修正訴状提出許可の申立て（Motion for leave to file an amended petition）
> ・裁判地変更の申立て（Motion to change place of trial）
> ・略式判決の申立て（Motion for summary judgment／TC規則121条b項）
> ・完全合意した事件の提出の申立て（Motion for submission of case fully stipulated／TC規則122条）
> ・意見再考の申立て（Motion for reconsideration of opinion）
> ・判決無効の申立て（Motion to vacate decision）
> ・弁護士費用および裁判費用の申立て（Motion for attorneys' fee and costs／IRC7430条a項）

《略式判決の申立てがあった場合》
・裁判所に対して，裁判開始前に，被告（IRS）から略式判決の申立て（Motion for summary judgment）があったとする。この場合，裁判官は，正式な裁判を行うことなしに事件が裁断すべきかどうかについて，当事者が提出した資料を審査する。
・この場合，原告（納税者）は，事実関係を確認し，その事実を確認する証拠を提出しなければならない。すなわち，略式判決の申立てに同意するのではなく，積極的に反証しなければならない。そうした反証や証拠は，偽証の罪（perjury）で処罰されることもある旨を認める宣誓のうえ提出することになる。
・略式判決の申立ての対象となるのは，事実上の争点のみならず，法律の適用・解釈上の争点も含む。原告（納税者）は，被告（IRS）の法律の適用・解釈に同意でき

ない場合には，係争中の事件に適用できる法律の条項，規則その他の典拠をあげて反証しなければならない。
・被告（IRS）から略式判決の申立てがあったのにも拘わらず，原告（納税者）が反証をしなかった場合には，裁判所は，被告（IRS）の申立てを承認する根拠とすることができる（TC 規則121条 c 項および123条 b 項）。
・租税裁判所が，被告（IRS）から略式判決の申立てに基づき被告（IRS）側に有利な裁断をした場合，正式な裁判は開かれないことになる。原告（納税者）敗訴の判決となる。
・これは，原告（納税者）が租税裁判所に略式判決の申立てをし，裁判所がその申立てを認め，被告（IRS）敗訴の判決を下した場合も同様である。正式な裁判は開かれないことになる。

○**裁判前（Before Trial）**
《原告（納税者）が，ドケット・ナンバー／事件番号受領後の作業》
・納税者は，租税裁判所から事件番号（ドケット・ナンバー／docket number）を受け取った後，裁判が始まる前に，次のようなことに対処する必要が出てくる。
　1．被告（IRS）の法律顧問官（Field Attorney）は，原告（納税者）が提出した訴状（petition）に対する被告（IRS）の答弁書（Answer）を裁判所に提出する。答弁書では，原告（納税者）が訴状で訴えた内容を認めるか否定するかの見解を示している。ときおり，被告（IRS）の答弁書では，原告（納税者）の訴えを判断する十分な情報がないという見解を示すこともある。答弁書の目的は，原告（納税者）である納税者の訴えに対し被告（IRS）に応答してもらうとともに，裁判所に双方の間の不一致な点を理解してもらうことにある。また，答弁書の目的は，原告（納税者）が，訴訟の相手方である被告（IRS）の訴訟代理人である IRS の法律顧問官（Field Attorney）の氏名，住所，電話番号などコンタクト先を知り得る手段を提供することにある。
　2．答弁書の提出後，被告（IRS）が，原告（納税者）との協議または会合の予定を組むために接触してくる。一方，裁判所は，答弁書の提出があってから，6か月以内に裁判に付すことができるように予定を組む。原告（納税者）は，被告（IRS）から連絡がない場合には，対面か電話で協議を持つように IRS に電話か手紙で連絡すべきである。協議または会合を開く理由は，係争中の事件の争点のすべてまたはいくつかについて合意（和解）し，かつ事実についても合意に達しようとするものである。原告（納税者）は，予定された協議または会合に参加し，その際には，争点としている項目について自らの主張を証するに必要なあらゆる資料を持参すべきである。
　3．被告（IRS）は，原告（納税者）と争っている事件について合意（和解）が成立した場合には，合意文書（和解合意書）を作成する。原告（納税者）は，合意（和解）文書に同意できたときには，それに署名し，それを IRS に送り返す。IRS の法律顧問官（Field Attorney）も，合意文書（和解合意書）に署名し，それを租税裁判所へ送り返す。租税裁判所は，公的記録となる判決を下し，下した判決の写しを原告（納税者）に送付する。この手続が，原告（納税者）が起こした訴訟日前に完了した場合には，原告（納税者）は裁判所に出頭する必要はなくなる。

《原告（納税者）が，裁判開始前までに合意（和解）できなかった場合》
・裁判開始前までに，原告（納税者）と被告（IRS）が合意（和解）にこぎつけるのは，容易いことではない。しかし，原告（納税者）は，自分が正しいということを裁判官に納得させるためにも，被告（IRS）の法律顧問官と話し合いをし，事実認定で合意（納税者と IRS の法律顧問官との間で事実認定とそれを裏付ける資料が正しいことに合意）できることを「事実に関する合意書（stipulation of facts）」にまとめることは重要である。
・「事実に関する合意書」は，さまざまな争点や資料の信ぴょう性などについて，原告（納税者）と被告（IRS）の法律顧問官との間でのやり取りを文書にしたものである。裁判開始後の争点整理や裁判の効率化に資する。

《原告（納税者）の立証に必要な証言や証拠資料の入手方法》
・裁判では，原告（納税者）が立証するのにあたり，本人はもちろんのこと第三者の証言や証拠資料が重要な役割を果たす。第三者が保有する資料が必要な場合には，その者に任意で提出を要請することができる。また，第三者の証言が必要な場合には，その者に任意で裁判所へ出頭し証言をするように要請することができる。しかし，第三者がそうした任意の要請に応じない場合には，裁判所は，原告（納税者）が求めた資料，証言を強制的に求めるために，その要請を拒否する場合には裁判所侮辱罪（contempt of court）を問われる旨を条件に，裁判所へ出頭するように召喚状（サピーナ／subpoena）を発することができる（TC 規則147条）。
例えば，夫婦合算申告（MFJ=married filing jointly）をする場合，それぞれの配偶者が，所得税額，不足税額，延滞税などについて「共同的かつ個別的な責任」を負うことになっている。この連帯納付責任ルールは，夫婦の離婚後も適用されるのが原則である。離婚後，前妻が，前夫の不足税額などについて連帯納付義務を IRS に問われた場合，そうした事実をまったく知らなかったこと（善意）を理由に IRS に救済を申し立て，それが認められないときに，IRS 不服審査部に審査請求ができ，そこで認められなければ裁判所に救済を求めることができる。この救済を租税裁判所に求めた場合で，立証に元夫が保有する資料の提出を任意で要請したものの，元夫がまったくその要請に応じないときには，裁判所は，元夫に資料持参で裁判所へ出頭するように召喚状（サピーナ／subpoena）を発することができる。

○**裁判時（During Trial）**

《裁判開始当日》
・租税裁判所の裁判日程（trial session）開始初日（通例月曜日）の朝の最初の行事が，「カレンダー・コール」である。法廷において，裁判所書記官が，裁判所が正式に訴状を受理した事件（ドケテッドケース／docketed cases）のうち，原告（納税者）と被告（IRS）との間の合意（和解）で解決できていない事件名を読み上げる。これが，「カレンダー・コール」と呼ばれる事務である。「法廷召集」とでも邦訳できる。
・租税裁判所は，各地の弁護士会（local ABA）とタイアップして「カレンダー・コール・プログラム（Calendar Call Program）」という名称で無償訴訟代理プログラムを立ち上げ，弁護士の自発的公益活動（voluntary *pro bone* public service）

の一環として，弁護士に対して原告（納税者）の訴訟代理を支援するように求めている。
- 裁判所は，裁判初日にカレンダー・コールをする際に，カレンダー・コール・プログラムを導入している巡回裁判開催地（2014年末では21の裁判地（開催都市））では，書記官が，本人訴訟をしている原告（納税者）に対して，カレンダー・コール・プログラムに従い，その日に，ボランティアとして召集され，裁判所で待機している弁護士を紹介する。併せて「大学タックスクリニック（Academic Tax Clinic）」プログラムに参加した法科大学院などの学生で租税裁判所において訴訟代理を認められたボランティアの紹介も行う。
- 租税裁判所の裁判日程にしたがい，ワシントンD.C.から巡回裁判地に着任している担当裁判官は，裁判前の打合せで，当日召集に応じているボランティア訴訟代理人の存在を確認している。原告（納税者）が，開廷後にカレンダー・コールされているボランティア訴訟代理人に相談したいと思う場合には，裁判官にその旨を申し出ることになる。
- 裁判官は，原告（納税者）の申出を受け入れ，その事件の裁判を租税裁判所の裁判日程内の別の日時に開くことを決定することができる。この場合，裁判官または書記官は，被告IRSやボランティア訴訟代理人とも協議したうえで，新たに決定された開廷日時を言い渡すことになっている。もっとも，裁判官は，その日の日程に余裕があると判断したときには，原告（納税者）に午前中にボランティア訴訟代理人と相談するように求め，同日午後に再度開廷する旨を言い渡すこともできる。
- 状況にもよるが，この延期された時間を使って，時には，原告（納税者）抜きで，原告のボランティア訴訟代理人と被告（IRS）の法律顧問官（Field Attorney）との専門家同士の話合いになることも少なくない。この話合いにより，裁判所が正式に訴状を受理した事件（ドケテッドケース／docketed cases）に下すことのできる裁判上の和解（settlement）に基づく「合意判決（stipulated decision）」で決着をはかる途も探ることも多い（TC規則91条）。あるいは，裁判所での決着を早めるため，税務に長けていない原告（納税者）との協議では難しかった専門家の視点からの争点整理が行われることが多い。
- いずれにせよ，裁判所書記官がカレンダー・コールを行った後に，原告（納税者）およびIRSの法律顧問官（Field Attorney）が，裁判官に対して名前を名乗る。
- 裁判官は，形式的な質問をし，事件の概要を確認する。その後，裁判官または書記官は，裁判日程に従い，具体的な審理の日時や時間を定め，双方に知らせる。
- 裁判日程がはじまる2週間ほど前に，両当事者が裁判官室を訪問し，法廷開催日について事前に打ち合わせをすることができる。その打合せで，当事者と裁判所との間で開催日時につき合意に達したとする。この場合，当事者はカレンダー・コールに出席する必要はない。
- 原告（納税者）は，指定された期日・時間に出廷しない場合には，原則として敗訴となる。したがって，原告（納税者）は，特段の事情が発生し，当日出廷できないことが明らかになったときには，裁判所に訴訟手続続行の申立て（Motion for continuance）をしたうえで，裁判官と話し合うべきである。

《法廷での審理》
- 裁判所書記官が事件名を呼び上げ，その後，原告（納税者）およびIRSの法律顧問官（Field Attorney）がそれぞれ名乗る。
- 裁判官が形式的な質問をし，事件の概要を確認した後で，事実に関する合意書（stipulation of facts）や裁判前メモランダム（覚書）などを裁判記録に織り込む。
- その後，裁判官は，原告（納税者），続いて被告（法律顧問官）に，冒頭陳述（opening statement）を許可する。
- 続いて，原告（納税者）側の証人尋問（direct examination）が行われる。一般に，原告側の最初の証人は原告自身であることも多い。宣誓（an oath）のうえ証言をする。その後，証人に対して反対尋問（cross-examination）が行われる。
- 原告（納税者）側の証人尋問が終了すると，被告（IRS）側が証人尋問を開始する。
- こうした過程を通じて，裁判官は，両当事者に質問をし，証拠の信ぴょう性などを確認していく。すべての証人が証言を終え，かつすべての資料が証拠記録に編入した段階で裁判は終了し，記録は閉鎖される。すなわち，裁判所は，これ以降，証拠の提出を認めない。

○裁判後（After Trial）

《裁判終了後の手続[64]》
- 裁判官は，裁判後に，当事者に対して裁判後弁論趣意書（posttrial briefs）の提出，当事者間での口頭での議論，または法的典拠を記載した覚書もしくは意見書の提出を認める。また，裁判後，裁判官は留意事項などを言い渡す。

《いつ裁判官は判決を言い渡すのか》
- 裁判官は，納税者の訴えに対していつまで判決を言い渡さなければならないのか明確な期限はない。裁判官は，裁判日程内に開催された法廷で，裁判官席から口頭で（oral）意見 opinion）（一般に「裁判官席意見（Bench Opinion）」とも呼ばれる。）を言い渡すこともできる。裁判官席意見は，事実認定や法の適用・解釈が明確な場合に限られる[65]。したがって，裁判官が，裁判官席意見を言い渡さない場合には，時間をかけた精査を要する。裁判官は，裁判日程終了後，ワシントンD.C.の本部へ帰り，その事件の証言や証拠資料（認定事実等）を再点検したうえで，できるだけ速やかに意見（opinion）を言い渡すことになる。
- 連邦税法（IRC）は，「租税裁判所は，すべての事実認定事項，裁判官意見およびメモランダムを文書で報告するものとする。」（IRC7459条b項）と規定する。すなわち，裁判所は原則として文書で意見を言い渡すように求められる。このことも手伝って，口頭による「裁判官席意見（Bench Opinion）」は全判決の10％弱と見られる。

---

[64] See, Gerald Kafka & Mary A. McNulty, "Tax Court Decisions: Briefing, Opinion, and Decision, Rule 155, and Supplemental Proceedings," Practical Tax Lawyer（Summer, 2014）5.

[65] 「裁判官は，その事件の事実認定について結論に達し，かつその事件に適用すべき法が明確である場合には，口頭で事実の認定および意見を言い渡す裁量権を有する。」（20 Fed. Proc., L. Ed. § 48.1104）。

- 租税裁判所の内部での判決（主文）確定手続は，若干ユニークである（IRC7459条ないし7460条）。
- すなわち，裁判官または各裁判部（division/IRC7460条 a 項）は，地方巡回からワシントン D.C. の本部の帰還した後に，事実認定等（finding of fact）や裁判部意見（division opinion）を記載した「審理報告書（report）」（案）を作成するように求められる（IRC7459条 a 項）。
- 裁判官または裁判部が作成した審理報告書（案）は，租税裁判所長官（Chief Judge）に提出される。
- 租税裁判所長官は，審理報告書（案）の提出を受けてから30日以内に，内部審査（稟議）に付すかどうかを決定する。納税者は，この決定を争って控訴できない[66]。
- 長官が，内部審査（稟議）に付さないと決定した場合には，「裁判所の審理報告書（record）に示された租税裁判所の判決（decision）[67]となるものとする」と規定する（IRC7459条 a 項）。
- 逆に，長官が，内部審査（稟議）に付すと決定した場合には，審理報告書（案）は，大統領に任用された19人の裁判官全員出席会議（full court）による内部審査（稟議）に付される（IRC7460条 b 項）。
- この長官に提出する「審理報告書（report）」（案）について，法廷現場では，本人訴訟（pro se case）が多いことや満足な弁論趣意書（briefs）を作成できない訴訟代理人（弁護士）も少なくないことなどから，指揮をとる裁判官は，裁判所の書記に対して，その事件の理由を記した意見（opinion）が核となることを想定した「審理報告書（report）」（案）を作成するように依頼している。
- 租税裁判所長官は，内部審査（稟議）に付すかどうかの決定の任にあたっている。しかし，実務的には長官一人で精査し決定しているわけでない。長官は，この決定を，裁判所の職員である書記官に委ねることはできないので，実務的には複数の経験豊富な弁護士に委嘱して行っている[68]。
- これらの専門職は，裁判官から提出された審理報告書を，裁判例の継続性，先例拘束性などさまざまな観点から精査し，長官に最終意見を答申（recommendation）する。
- 答申の対象は，裁判官が提出した審理報告書を19人の裁判官全員出席会議（full court）による内部審査（稟議）に付すかどうかの事項に加え，事件を租税裁判所の意見（opinion）として公表し『租税裁判所報告書集（Tax Court Reports）』に登載すべきかどうかの事項，さらにメモランダム判決（memorandum opinion）として，商業出版されている裁判例集に登載許諾を与えるべきかどうかの事項などである。
- 長官は，これらの専門職が答申（勧告）した意見に必ずしも従う必要はない。

---

[66] See, Sisto Financial Corp. 対 Commissioner, 149 F. 2d 268, at 269-70 (2d Cir. 1945).

[67] ちなみに，「opinion」を，ここでは「（裁判官の）意見」と邦訳しておく。アメリカ法において，判決（decision/judgment）は，わが国判決の「主文」に相当し，opinion は「理由」に相当するとみてよい。

[68] 裁判所内部での訴訟関係実務について詳しくは，前コーエン連邦租税裁判所長官の講演録が参考になる。See, Mary Ann Cohen, "How to Read Tax Court Opinions" 1 Houston Business & Tax Law J. 1 (2001).

- ちなみに，通常租税事件とは異なり，争点税額が5万ドルを超えない場合に納税者が選択できる少額租税事件／S事件については，略式意見（summary opinion）によることになっている。これらS事件の略式意見は，典拠／先例（president）としての引用は認められない（IRC7463条b項）。

《租税裁判所の審理報告書の種類》
- 法的に処方された「意見（opinion）」を記した「審理報告書（report）」は，租税裁判所の公式な『報告書集（Tax Court Reports）』に登載・公表される（IRC7462条）
- 租税裁判所の裁判官または裁判官部の裁断理由を記した「意見（opinions）」は，これまで紹介してきたことを含め，大きく次に3つに整理（リステイト）ことができる。

  1．**裁判官席意見（Bench Opinion）** 「裁判官席意見（Bench Opinion）」とは，裁判官が通常租税事件および少額租税事件／S事件（争点税額が5万ドルを超えない事件）の双方について，裁判日程内に，口頭で言い渡す裁判官の判断理由である。ただし，裁判所は，裁判終了後数週間以内に，その意見の記録の写しを原告（納税者）に送付しなければならないことになっている（IRC7459条b項）。「裁判官席意見」は，先例としての拘束力を有しない（IRC7459条b項，TC規則152条）。2008年3月1日以降，すべての裁判官席意見は，電子送達され，かつ，納税者は「租税裁判所ドケテッド事件検索システム（Tax Court's Docked Inquiry System）にアクセスすれば，ネット検索ができる。

  2．**略式意見（Summary Opinion）** 「略式意見（Summary Opinion）」とは，少額租税事件／S事件に対して言い渡された判断理由である。略式意見は，先例拘束性を有しないとともに，控訴の対象にもならない。

  3．**租税裁判所意見（Tax Court opinion）またはメモランダム意見（Memorandum Opinion）** 「メモランダム意見（Memorandum Opinion）」は，一般に，法的争点が余り重要ではない場合，すなわち法的争点は解決済みで事実認定の裁断が重要な事件の場合に，裁判官が言い渡す意見である。租税裁判所長官（Chief Judge）が，通常租税事件にかかる判決を「租税裁判所意見（Tax Court opinion）」として言い渡すのか，あるいは「メモランダム意見（Memorandum Opinion）」として言い渡すのかを決定する。

《租税裁判所の『報告書集』登載様式》
- 『租税裁判所報告書集（Tax Court Reports）』には，「原告・スミス　対　被告・内国歳入庁長官・租税裁判所判決146巻10頁2016年（Smith, Petitioner v. Commissioner of Internal Revenue, Respondent, 146 T. C. 10 (2016))のような形式で登載される。
- 租税裁判所の意見（opinions）は，毎日，租税裁判所のウェブサイトに午後3：30以降（東部時間）に更新・掲載される。また，裁判官席意見（Bench Opinion）は，2008年3月1日以降に公表された分については，租税裁判所のウェブサイトで閲覧できる。

《勝訴，および敗訴の場合の控訴》
- 裁判官の意見（opinions）には，原告（納税者）および被告（IRS）の側からみて，争点について，全部勝訴の場合と一部勝訴の場合がある。言い換えると，全部敗訴

- の場合と一部敗訴の場合がある。リーエン／先取特権（lien）または差押（levy）【☞本書第Ⅲ章6】関連訴訟の場合には，IRSに対して徴収方法の再考を求めるために差し戻す意見もある。
- 原告（納税者）は，租税裁判所から郵送で裁判官（裁判官部を含む。以下同じ。）が出した「意見（opinion）」を受け取る。租税裁判所は，意見を送付した日に，裁判所のウェブサイトに午後3：30以降（東部時間）をその意見を掲載する。裁判所職員が，原告（納税者）に，意見が裁判所のウェブサイトに掲載された旨を電話で通知する。
- 裁判官は，意見のなかで，法廷での審理を重ねた後に到達した理由について説明している。
- 裁判所は，裁判官が理由を示した意見（opinion）に従い，判決（decision）を下す。「意見（opinion）」と「判決（decision）」は同じものではないので，注意を要する。すなわち，意見（opinion）は，特定の争点について租税裁判所が審理したうえで，裁判所がとしての判決をするために提出する決定文書（written determination）である。裁判所の判決は，その意見に基づいてなされ，不足税額または過納税額などはその判決によって決定される。裁判所が判決として記録すれば，その判決に不満な原告（納税者）には，その判決をもとに控訴する途が拓かれる（IRM35.9.11（08-11-2004））[69]。
- 原告（納税者）は，判決に不満があるとする。この場合で，少額租税事件／S事件（争点税額が5万ドルを超えない事件）のときは，原告（納税者）・被告（IRS）双方とも控訴ができない。判決は終局的なものになる。これに対して，通常租税事件（非S事件）のときには，連邦控訴裁判所（U.S. Court of Appeals）に控訴するか，判決の送達から30日以内に租税裁判所に意見再考の申立て（Motion for reconsideration of opinion/post-trial motion）をすることができる（TC規則161条）。意見再考の申立ては，新たな証拠が見つかったとか，審理中に提起できなかった争点があったなどの根拠をあげて行う。しかし，意見再考の申立ては，裁判官の偏見などを根拠とする場合を除いて，通例，その意見を言い渡した裁判官が担当する。このため，意見再考の申立ては判決に計算上の過誤があったとか，きわめて例外的に認められるに過ぎない。

《納税者の控訴条件と手続の実際》
- 原告（納税者）は，租税裁判所に通常租税事件（非S事件）を提起しており，かつ敗訴した場合で，その判決に不満なときは，連邦控訴裁判所（U.S. Court of Appeals）に控訴できる。納税者が控訴するには，裁判官の見解（opinion）が租税裁判所で判決（decision）として正式に記録される必要がある。ちなみに，判決日（date of decision）とは，不足税額，税額，過納税額などが裁判所の命令で特定された日を指す（IRC7459条c項）。
- 納税者は，控訴をするには，まず，判決が記録された日から90日以内に「控訴状

---

[69] See, IRM36.2.5.2（08-11-2004）【Tax Court Opinions and Decisions】（前略）当事者は，通常，判決に先立って出される意見または事件を処理するための命令をもとに控訴することはできない（The parties may not appeal opinions that are usually issued in advance of the decision or order disposing of the case.）。See CCDM 35.9.1, Tax Court Opinions and Decisions.

(Notice of Appeal) を租税裁判所に提出しなければならない。応訴する形で控訴 (cross-appeal) する側（この場合は IRS）は，控訴状を，判決日から120日以内に提出するように求められる (IRC7483条／IRM36.2.5.6.4.1 (08-11-2004))。ちなみに，控訴状提出にかかる手数料は500ドルである（TC 規則190条ないし193条）。
・連邦控訴裁判所（U.S. Court of Appeals）は，13の巡回区（circuits）に分かれている。納税者は，適切な巡回区に控訴する必要がある。個人納税者の場合は，その者が住所を有する巡回区，一方，法人納税者の場合には，主たる事業所または本店のある場所を管轄する巡回区となる (IRC7482条 b 項 1 項／IRM36.2.5.8 (05-02-2012))。なお，当事者は，合意により指定された巡回区以外で裁判を受ける選択（Stipulating to venue）ができる (IRC7482条 b 項 2 号／IRM36.2.5.8.1 (08-11-2004))。
・納税者（控訴人）が控訴した場合，被控訴人（IRS 長官）の訴訟代理人，連邦財務省（Department of Finance）から連邦司法省（DOJ＝department of Justice）に移行する。
・連邦控訴裁判所は法律審であるから，新たな証拠を精査することはせず，一審の事実認定を前提に判断を行う。さらに事実認定が必要な場合は租税裁判所に差し戻す。
・租税裁判所は，原告（納税者）が裁判所に提出した資料を返還しない。しかし，原告（納税者）は，提出した資料のコピー（写し）を保存していない場合には，裁判所のコピー作業部（Court's Copywork Section）から，有償でそのコピー（写し）を入手できる。また，裁判所の「e-アクセス」に登録している場合には，無償で，閲覧，ダウンロード，プリントアウトができる（TC 規則 付録Ⅱ）。
・連邦税法（IRC）は，行政不服申立および訴訟（租税裁判所での訴訟を含む。）で訴訟代理人に払った負担その他一定の費用について，勝訴した当事者（ただし政府を除く。）に，原則として，合理的な額までの弁償（awarding of cost s and certain fees）を認める。原告（納税者）は，弁護士費用および裁判費用の申立て（Motion for attorneys' fee and costs）をする必要がある (IRC7430条 a 項)。もっとも，弁償は限定的である。例えば，原告（納税者）が被告（IRS）を相手に弁償を求めた場合では，被告（IRS）が自らの立場が実質的に正当化される (substantially justified) ことを立証 (establish) するときには，原告（納税者）は勝訴当事者とみなされない (IRC7430条 b 項, IRM35.10.1)。弁護士費用および裁判費用の申立ては，両当事者間で和解が成立するまで，または租税裁判所が意見（opinion）を言い渡すまで，これを行うことはできない[70]。

(7) 小 括

連邦租税争訟の多くは，IRS の不足税額通知処分（NOD＝notice of deficiency）を争うものである。連邦納税者が，行政段階での納税者救済手続，すなわち

---

[70] IRS 再生改革法（RRA98＝IRS Restructuring and Reform Act of 1988/RRA 98），いわゆる「T3」による租税手続改革に1つである「納税者への争訟費用の補償権限の拡大」を狙いに導入されたものである【☞本書第Ⅲ部❶(3)】。なお，現行の IRC7430条は，租税裁判所が，パートナーシップ関係訴訟も取り扱うべく，1982年に，課税の公平・財政責任法（TEFRA＝Tax Equality and Fiscal Responsibility Act of 1982）の名称の年次の税制改正法に基づいて改正されている。

IRSの不服審査手続を利用してもIRSとの紛争を解決できないとする。この場合，IRSに不足税額を納付して一件落着とすることも可能である。しかし，さらに司法裁判所に訴訟を起こして救済を求め争うことも可能である。連邦納税者には，事実認定および法の適用・解釈について租税訴訟で争うとした場合，3つのルートが開かれている。1つは，増差額（不足額＋加算税等）を未納付のまま連邦租税裁判所（U.S. Tax Court）で争う途である（IRC6213条a項）。2つ目は，増差額を納付したうえで，連邦地方裁判所（U.S. District Court）で争う途である。そして3つ目は，増差額を納付したうえで，連邦請求裁判所（U.S. Claims Court）で争う途である。2つ目および3つ目の途を選択した場合には，納税者は，還付請求訴訟で争うことになる。しかし，実際には，95％もの連邦租税訴訟は，合衆国（連邦）租税裁判所（U.S. Tax Court）で争われている。

本書では，連邦地方裁判所（U.S. District Court）や連邦請求裁判所（U.S. Claims Court）で争う手続についてはほとんどふれなかった。ふれる実益がないわけではないが，むしろ租税裁判所の手続に傾斜する形で論じた方が，リーダーズ・ファースト（読者第一）の精神にかなうのではないかと考えたからである。

ただ，アメリカにおいては，行政争訟の段階に加え，これら租税裁判所に司法審査を求める場合にも，裁判所は，納税者に「代替紛争解決手続（Alternative Dispute Resolution Procedures）」の積極的に活用するように促している。

わが国でも，東京都外形標準課税条例無効等確認訴訟事件[71]にみられるように，裁判所から和解勧告が行われた事例[72]もないわけではない。しかし，極めて例外的な事例とみてよい[73]。

「和解（仲裁）」という手続の汎用により，「訴訟社会」と言われながらもなか

---

[71] 東京地裁平成14年3月26日判決・判例時報1787号42頁，東京高裁平成16年1月30日判決・判例時報1814号44頁。

[72] 2003（平成15）年に最高裁が勧告した「東京都外形標準課税条例無効確認等請求上告及び上告受理申立事件に関する和解」案は，東京都が，税率を条例施行当初にさかのぼり0.9％とする改正条例が成立・施行された後直ちに，①既に納付された税額との差額に，法令の定めるところにより，還付加算金を加えて返還すること。②原告は速やかに上告を取り下げ，都および都知事はその取り下げに同意すること，訴訟費用は各自の負担とすることを骨子とする，訴訟上の和解である。

[73] わが国では，学問上，憲法84条に定める租税法律主義から派生する「合法性の原則」から，法律の根拠に基づくことなしに，租税の減免や徴収猶予を行うことはゆるされないし，また納税義務の内容や徴収の時期・方法等について租税行政庁と納税義務者との間で和解なり協定なりをすることはゆるされないとする見解が支配的であり，租税事件において和解（仲裁）はほとんど行われていない。租税事件の和解についてわが国での議論展開として詳しくは，篠原克岳「税務手続への和解の導入に関する検討：法的判断過程の分析に基づく試論」税務大学校論叢78号（2014年）参照。

なか正式な裁判を受ける権利が保障してもらえないアメリカと，訴訟社会化の傾向を強めていながらも，租税法上の「合法性の原則」の呪縛から「和解（仲裁）」がゆるされないわが国との現状を比較して考えると，租税手続の効率化の視点から，ADR／代替紛争解決手続（Alternative Dispute Resolution Procedures）にどのような法的評価を加えていくかは，わが国でも重い課題である。文化の違いだけでは片づけられない。

第Ⅶ部
連邦租税制裁法制と連邦刑事租税訴訟

　ホームズ裁判官は，「租税は，私たちが文明社会に対して支払う対価である (Taxes are the price we pay for civilized society)」[1]と述べた。この言葉からも分かるように，アメリカ租税法制の基本的な役割は，政府の運営に必要な歳入を確保することにある。言い換えると，連邦租税制裁法制 (federal laws on civil and criminal tax sanctions) は，租税法制全体のなかでは，連邦政府の運営に必要な歳入（租税収入）を侵害する行為を制し，歳入を防衛することを狙いに設けられているとみてよい。

　内国歳入法典／アメリカ連邦税法 (IRC = Internal Revenue Code) は，民事制裁／民事罰 (civil sanctions/civil penalties) と刑事制裁／刑事罰 (criminal sanctions/criminal penalties) の2種類の制裁／罰則を規定している。同じ作為・不作為に対して，民事制裁と刑事制裁双方の対象とすることも可能である。言い換えると，一方の制裁（例えば民事）がかされた場合，他方の制裁（例えば刑事）をかすことができないという関係にはない。したがって，納税者等は，租税犯罪で有罪宣告を受け，拘禁刑／自由刑 (imprisonment) もしくは高額の罰金または併科という厳しい刑事制裁を受けたとしても，さらに民事制裁を受ける可能性がある。あるいは，納税者等が刑事制裁からは解放されたとしても，なおも民事制裁を受ける可能性がある。

　すなわち，例えば，ある納税者が，脱税（租税ほ脱犯）(IRC2701条) を理由に起訴され，5年の拘禁刑／自由刑に25万ドルの罰金を併科する旨の判決を受けたとする。この場合，IRSは，当該納税者に対して，脱税にかかる不足額の75％相当額の民事制裁／民事罰を課すことができる (IRC6651条 f 項)。

---

(1) Compania General de Tabacos de Filipinas v. Collector of Internal Revenue, 275 U.S. 87, at 100 (1927) (dissenting opinion).

ただし，自らに科された刑事制裁を争った訴訟において，内国歳入庁（IRS）や連邦検察は，被告人である納税者等が故意に法的義務を免れたこと，さらには訴追にかかる犯罪事実を「合理的な疑いを超える程度」（beyond a reasonable doubt）まで立証しない限り，有罪にすることは難しい。これに対して，民事制裁を争った訴訟において，IRSは，「明確かつ納得できる証拠（clear and convincing evidence）」があることを立証できれば十分である。

　アメリカでは，租税犯則事件を含め，刑事事件裁判においては，90％以上が，被告人による有罪の答弁，「司法取引（plea bargaining）」（「答弁取引」ともいう。）合意で実質的に裁判は終結し，公判（正規の裁判／正式事実審理）にまで至っていない。したがって，租税犯則事件にかかる訴訟については，陪審，裁判官による公判審理よりも，むしろ起訴の是非を問う大陪審，そこからの正式起訴状の発行に伴う連邦検察による連邦地方裁判所への訴追（起訴），罪状認否（アラインメント／arraignment），公判前審問，有罪の答弁，司法取引までの過程を知ることが重要になる。

　近年，連邦司法省（DOJ＝Department of Justice），連邦検察／連邦検事（U.S. Attorney）は，経済犯罪で訴追可能な巨大企業について，犯罪に直接かかわっていない無実（善意）の従業者やステークホルダー（利害関係人）などを保護する観点から，巨額の制裁金およびコンプライアンス計画の実施などを条件に当該企業を赦免（amnesty）するために，しばしば「起訴猶予合意（DPA＝Deferred Prosecution Agreement）」ないし「不起訴合意（NDA＝Non-Prosecution Agreement）」という手法を活用してきている。アメリカに進出しているわが国の大企業も，連邦司法省（DOJ）ないし連邦検察と起訴猶予合意（DPA）を結び，一定に保護観察期間を経て，赦免されるケースが出ている。しかし，「巨大すぎて刑務所送りにはできない（too big to jail）」とする考えを背景にした不起訴合意（NDA）不起訴合意（NDA）手続の汎用については，裁量権の濫用，あるいは，いわゆる"検察ファッショ"につながりかねないことから，賛否が分かれるところである。

1 主な連邦租税民事制裁の概要

　連邦租税民事制裁については，内国歳入法典（IRC）に詳しく規定されている。IRCは，150種類にも及ぶ租税民事制裁／民事罰が規定する。
　連邦租税民事制裁制度は，1980年代に，アメリカ法曹協会（ABA＝American Bar Association）から，公平性に欠け，不当の過酷かつ複雑であり，納税者の自発的な納税協力を仰ぐうえで問題であるとの厳しい批判を浴びた[2]。連邦議会は，1989年の税制改正法（IMPACT＝Improved Penalty Administration and Compliance Tax Act of 1989）で，一連邦租税民事制裁制度の全面改正を実施した。しかし，この改定を経た後も，制度の複雑さなどに対する批判が絶えなかった。
　そこで，連邦議会は，1998年に，IRS再生改革法（RRA98＝IRS Restructuring and Reform Act of 1998／第3次納税者権利章典法），通称では「T3」，を制定して，さらに連邦租税民事制裁制度の適正化をはかった【☞本書第Ⅲ部**1**(A)(3)】。この適正化措置により，例えば，IRSには，納税者に送付する民事制裁賦課通知書（notice of penalty）のなかに，民事制裁／民事罰の種類（name），IRC上の根拠規定，制裁額の算定根拠などを記載することが義務付けられた（IRC6751条）。
　以下に，主な連邦租税民事制裁／民事罰を分析して，その概要を一覧にすると，次のとおりである。

【図表Ⅶ-1】主な連邦租税民事制裁二種類とその概要

> 《主な民事制裁》
> ① **期限内申告をしているが履行懈怠の場合（timely filers who do not pay total due）**：税額を納付するまで滞納額に対して，毎月0.5％（ただし，最大で25％まで）制裁を課す（IRC6651条 a 項 1 号）。
> ② **期限後申告で履行懈怠の場合（late filers）**：1か月あたり5％（ただし，最大で25％まで）制裁を課す（IRC6651条 a 項）。

---

(2) ちなみに，アメリカ法曹協会（ABA）租税部（Tax Section）の民事租税・刑事租税罰委員会（Civil and Criminal Tax Penalties Committee）は，永続的に，民事租税制裁／刑事租税制裁法制の適正化に取り組んできている。See, ABA Section of Taxation Civil and Criminal Tax Penalties Committee. Available at: http://apps.americanbar.org/dch/committee.cfm?com＝TX307000; ABA Tax Section, Statement of Policy Favoring Reform of Federal Civil Tax Penalties（April 21, 2009）.

③ **①と②が併課される場合（combined penalties）**：無申告に対する制裁から不納付に対する制裁を差し引いた額まで制裁を課す（IRC6651条ａ項）。
④ **不誠実な申告書が提出されている場合（frivolous tax submissions）**：１件あたり5,000ドルの制裁を課す（IRC6702条）
⑤ **源泉徴収税額の期限内未納付（failure to make timely deposits of tax）**：未納付額に応じ２％～10％（ただし，滞納通知後に支払が行われた場合には15％）の制裁を課す（IRC6656条）。
⑥ **申告にかかる失念（mistakes）**：過少申告額へ20％の制裁を課す（IRC6662条）。
⑦ **民事詐欺（civil fraud）**：過少申告額へ75％の制裁を課す（IRC6663条）。
⑧ **経過利子（interest）**：納税者は，あらゆる過少申告および期限後申告を行った場合に，その民事制裁にかかる経過利子を納付するように求められる。経過利子は，申告期限日から本税に加え，経過利子および民事制裁額が完納されるまで引き続き発生する（IRC6621条ａ項２号）。経過利子率は，連邦短期金利に３％を加算した利率であり，四半期ごとに調整され，毎日複利計算される（IRC6601条）。一方，過誤納金にかかる利子（interest on overpayments）は，過誤納された日から発生する（IRC6601条ｂ項）。ただし，IRSが，申告書の提出期限から45日以内に過誤納金を還付した場合には，経過利子は支払われない（IRC6601条ｅ項）[3]。

---

(3) 講学上は，納税者が租税の納付を延滞した場合または還付の場合に，納付すべき税額に付加される経過利子（interest）が"制裁"といえるかどうかが問われる。

2　主な連邦租税刑事制裁の概要

　租税犯とは，租税の賦課，徴収および納付に関連する犯罪を指す。租税犯は，大きく連邦の租税債権を直接侵害する脱税犯と，連邦の租税債権確定および徴収権の正常な行使を阻害する危険があるために罰せられる租税危害犯に分けることができる。内国歳入法典（IRC）は，連邦租税犯に刑事罰で制裁を科す各種規定を置いている（IRC6201条以下）。また，連邦税法（IRC）で処罰の対象となる行為については，連邦刑法・刑事訴訟法（合衆国法典タイトル18／18 U. S. Code）でも処罰・訴追の対象とする場合がある。

　連邦租税犯の主体には，納税義務者（納税者）に限らず，連邦租税収入を侵害する行為をした者その他その謀議に加わった者を含む。また，租税犯を構成するには，「故意（willfully）」の要件を充足するとともに，各租税犯に固有の個別的な要件を充足する必要があるとされる（U. S. v. Bishop, 412 U. S. 346 (1973)）。連邦租税犯の公訴時効は，原則として3年である。ただし，重要な連邦租税犯については6年である（IRC6531条）。以下に，主な連邦租税犯，刑事制裁／刑事罰を分析して，その概要を一覧にすると，次のとおりである。

【図表Ⅶ-2】主な連邦租税犯の種類とその定義

条文〔表題〕	定義
IRC7201条 **租税ほ脱罪** (Tax evasion)	内国歳入法典（IRC）に基づき課されるいかなる租税またはその納付を，故意にほ脱または侵害しようとした者は，重罪として，次の刑で処罰される。 ・5年以下の拘禁刑（自由刑ともいう。以下同じ。），もしくは ・25万ドル以下（法人の場合は50万ドル以下）の罰金， ・または双方を併科。加えて，訴追費用を課す。
IRC7202条 **不徴収罪** (Willful failure to collect or pay over taxes)	内国歳入法典（IRC）に基づき課されるいかなる租税（例えば，源泉徴収税）を故意に徴収せず，報告せず，かつ納付しない者は，重罪として，次の刑で処罰される。 ・5年以下の拘禁刑，もしくは ・25万ドル以下（法人の場合は50万ドル以下）の罰金， ・または双方を併科。加えて，訴追費用を課す。

IRC7203条 **故意の申告書・情報の不提出または税額不納付** (Willful failure to file return, or pay tax)	内国歳入法典（IRC）もしくはそのもとで発せられる規則に基づき課されるいかなる租税または中間納税の申告書を，法定期限までに故意に作成・提出しない行為，納税しない行為または記録を保存しない行為は，軽罪として，次の刑で処罰される。 ・1年以下の拘禁刑，もしくは ・10万ドル以下（法人の場合は20万ドル以下）の罰金， ・または双方を併科。加えて，訴追費用を課す。
IRC7206条1号 **虚偽報告** (Fraud and false statement)	いかなる者も，虚偽罪を問われることを承知のうえ作成された宣誓文その他宣誓文による証明がなされた申告書，陳述書その他の書面であって，あらゆる重要な部分について真実かつ正確であると信じていないものを故意に作成，署名した場合には，重罪として，次の刑で処罰される。 ・3年以下の拘禁刑，もしくは ・25万ドル以下（法人の場合は50万ドル以下）の罰金， ・または双方を併科。加えて，訴追費用を課す。 　ちなみに，この税法上の虚偽報告制裁規定（IRC7206条1号）は，しばしば「租税偽証罪（tax perjury）」とも呼ばれる。また，租税偽証罪は，法人も対象とされていることから，連邦刑法の偽証罪よりも処罰の対象が広い。
IRC7206条2号 **ほう助・教唆** (Aiding and abetting)	いかなる者も，内国歳入法典（IRC）に基づくまたは内国歳入法典に基づき発生する事項にかかわる申告書，請求書その他の文書で，その重要な部分が詐欺的もしくは虚偽であるものを作成しまたは提出することを故意にほう助し，教唆し，または助言指導する場合には，重罪として，次の刑で処罰される。この場合において，当該申告書，請求書その他の文書を提出する権限を有しまたは提出すべき者が，詐欺的であることや虚偽でありことを知りまたは同意しているかどうかは問わない。 ・3年以下の拘禁刑，もしくは ・25万ドル以下（法人の場合は50万ドル以下）の罰金， ・または双方を併科。加えて，訴追費用を課す。
IRC7207条 **虚偽文書の提出** (Submission of fraudulent documents)	いかなる者も，重要な部分について詐欺的または虚偽であると知りながら，故意にリストや申告書，帳簿，陳述書その他の文書を内国歳入庁（IRS）に提出するまたは提示する場合には，軽罪として，次の刑で処罰される。 ・1年以下の拘禁刑，もしくは ・1万ドル以下（法人の場合は5,000ドル以下）の罰金 ・または双方を併科 　ちなみに，本罪は，IRC7206条1号〔虚偽報告〕とは，次のいくつかの点で異なる。 ・虚偽文書につき，偽証罪を問われることを知りながら署名している必要はない。 ・本罪は，偽証の文書を提出・提示する者に適用されるのに対して，IRC7206条1号〔虚偽報告〕は，文書の署名者に限り適用される。

IRC7212条ａ項 **法の執行妨害**[4] (Attempts to interfere with administration of internal revenue law)	①贈賄，暴力または脅迫（脅迫状または脅迫電話を含む。）により，公務中の連邦政府上級職員もしくは職員を脅迫または妨害しようとすること，②前記①以外の方法のより，贈賄，暴力または脅迫（脅迫状または脅迫電話を含む。）により，税法の適正な執行妨害しようとすることは，次の刑で処罰される。 《個人の場合》 ・1年以下の拘禁刑，もしくは ・3,000ドル以下の罰金 ・または双方を併科 《法人の場合》 ・3年以下の拘禁刑，もしくは ・5,000ドル以下の罰金， ・または双方を併科
連邦刑法371条 **共謀罪**[5] (Conspiracy to commit offence or to defraud the U.S.)	《連邦税法（IRC）で処罰の対象となる行為については，連邦刑法・刑事訴訟法（合衆国法典タイトル18／18 U.S. Code）でも処罰・訴追の対象となる場合がある。共謀罪（conspiracy）がその１つである[6]。》 ２人以上の者が，合衆国に対して犯罪行為を行うことまたは何らかの方法もしくは何らかの目的のための合衆国もしくはその政府機関に詐欺行為を行うことについて共謀し，それらの者の１人以上の者が当該共謀内容の達成のために何らかの行為をしたときに，共謀した各人は，重罪として，次の刑で処罰される。 ・5年以下の拘禁刑，もしくは ・25万ドル以下（法人の場合は50万ドル以下）の罰金， ・または双方を併科

---

(4) これらのほかに，7216条〔申告書作成事業者による申告書情報の無許可開示（return preparer disclosure of unauthorized information）などでも処罰されることがある。

(5) 連邦検察／連邦検事（U.S. Attorney）は，納税者に加えて，会計士や弁護士を訴追する場合に，この共謀罪の規定を用いることがある。租税犯罪では無罪となっても，共謀罪は別個の犯罪であることから，被告は共謀罪で有罪になることがある。

(6) 共謀罪のほかに，連邦刑法・刑事訴訟法（合衆国法典タイトル18／18 U.S. Code）1001条〔虚偽報告（false statement）〕，同1621条〔偽証（perjury）〕，同1956条・1957条〔資金洗浄（money laundering）〕などでも処罰されることがある。さらには，現金取引報告法（currency transaction reporting：合衆国法典タイトル26／26 U.S. Code）や銀行秘密法（bank secrecy act：合衆国法典タイトル26／26 U.S. Code）などでも処罰されることがある。

3 連邦刑事租税訴訟の概要

　連邦の租税犯罪の処罰手続は，内国歳入庁（IRS＝Internal Revenue Service）の民事税務調査，それに続く犯則調査／刑事税務調査，犯則調査結果に基づく連邦司法省租税部（Department of Justice Tax Section/DOJ Tax）への告発，告発に基づく連邦検察／連邦検事による刑事訴追（起訴），租税刑事訴訟とステップアップしていく。

A　税務調査から刑事訴追（起訴）までのステップ

　IRSが実施する税務調査は，大きく「民事税務調査（civil tax audit, civil tax investigation）」【☞本書第Ⅲ部 3 D(1)】[7]と「犯則調査／刑事税務調査（criminal tax audit, criminal tax investigation）」に分けることができる。

　民事の税務調査は，IRSの歳入調査官（Revenue Agent）が中心になって実施することになっている。歳入調査官が，調査を実施した結果，被調査者（納税者）が連邦税法（および連邦税法に関連する法律を含む[8]。以下「連邦税法等」ともいう。）の規定に違反しているとの疑いを持ったとする。この場合，その歳入調査官は，IRSの犯則調査／査察部（CI＝Criminal Investigation）にその旨を申告する。この申告に従い[9]，IRSの犯則調査／査察部（CI）の特別調査官（Special Agent）が，犯則調査（刑事税務調査）を実施することになる[10]。

(1)　IRSの犯則調査／査察部（CI）での犯則調査の対象

　IRSの犯則調査／査察部（CI）は，連邦税法違反に加え，連邦税法以外の法令違反を理由にIRSの犯則調査の対象となる例を，以下のような「違法源泉所得

---

(7)　民事税務調査は，IRSの調査部門（Examination Division）の職員が担当している。これらの職員は一般に，「民事調査担当官（civil agents）」と呼ばれる。「歳入調査官（Revenue Agent）」，税務調査担当官（Tax Examiner）」に加え，徴収部門の「歳入官（Revenue Officer）」などからなる。
(8)　ただし，連邦税法関連法にかかる犯則調査を行う場合には，連邦司法省租税部（DOJ Tax）から同意を得る必要がある（IRM9.4.9.2（02-11-2013）の6 Note）。
(9)　このほかに，CIは，外部の情報提供者（informant），内部告発者（whistleblower）から得た情報に基づいて犯則調査が実施する場合がある。ちなみに，IRSの内部告発者局（IRS Whistleblower Office）は，IRSに不正に納税義務を免れている者の告発があった場合には，当該内部告発者（informant）に対して，その告発が真実であり，かつ政府がその者から脱税額を徴収できたことを条件に，増差額の30％を限度に報奨金（award）を支払うことになっている（IRC7623条）。

プログラム（Illegal Source Income Program）」のなかで明らかにしている（IRM 9.5.3.3）。

【図表Ⅶ-3】「違法源泉所得プログラム」で IRS の犯則調査の対象となる例

- **破産（Bankruptcy）** 破産手続に関して，破産財団からの違法な引出，充当，または流用などにかかる犯則調査
- **金融機関詐欺（Financial Institution Fraud）** 銀行，信用組合，貯蓄組合，小切手換金事業者，貯蓄貸付組合，株式仲買人，その他政府規制を受ける機関にかかる犯則調査
- **社会保障給付および補助金詐欺（Entitlement & subsidy fraud）** 各種政府管掌プログラムの横領，濫費，不正充当，または欺罔にかかる犯則調査
- **保険詐欺** 健康保険以外の保険業の横領，濫費，不正充当，または欺罔にかかる犯則調査
- **年金詐欺（Pension Fraud）** 年金基金の不正流用または濫費にかかる犯則調査
- **公的汚職（Public corruption）** 政府の上級公務員または公務員による公的信頼違反のかかる犯則調査
- **通信販売詐欺（Telemarketing fraud）** 電話もしくは通信手段を使った商品ないしサービスの不正な売込，勧誘または販売にかかる犯則調査
- **組織犯罪撲滅部隊（Organized Crime Strike Force）** 特定組織犯罪集団にかかる犯則調査。ただし，この犯則調査は，組織犯罪撲滅部隊による調査の一部を構成する。
- **なりすまし犯罪（Identity theft）** IRS の犯則調査／査察部（IC）が，還付申告詐欺および資金洗浄取締スキームを発端とした実質的な租税および資金洗浄規制違反の調査と並行して連邦刑法・刑事訴訟法（18 U.S.Code／合衆国法典タイトル18第1028条）に基づく訴追のための告発をするための犯則調査
- その他

---

(10) 本来，民事の税務調査と刑事の税務調査では，調査対象となった納税者（target taxpayer）に適用される憲法上の人権保護基準が異なる。この点から，納税者や納税者に関与している税の専門家が危惧している問題は，IRS が民事の税務調査で得られた証拠に基づいて納税者に民事制裁を課した後に，その証拠を IRS の犯則調査／査察部（CI）に提供し，刑事制裁の証拠に転用することに対する法的ルールや統制が外部者にはよく見えてこないことである。また，比較的に厳格な憲法上の人権保護基準が適用となる犯則調査を"円滑化"するために，IRS の犯則調査／査察部（CI）の法執行官（law enforcement office）適格を有する特別調査官（Special Agents）が自由な裁量で民事の税務調査部門へ調査事案を回付し，実質的な犯則調査を行っている実務も問われている。対象納税者やその代理人は，調査事案が刑事調査部門から民事調査部門（またはその逆）へ回付された事実の詳細，理由などの告知を受けられる手続，不当な回付に対する納税者の介入権の確立などが急がれている。See, Amanda A. Cochran, "Evidence Handed to the IRS criminal Division on a 'Civil' Platter: Constitutional Infringements on Taxpayers," 91 J. Crim. L. & Criminology 699 (2001); Shiv Narayan Persaud, "Parallel Investigation between Administrative and Law Enforcement Agencies: A Question of Civil Liberties," 39 Dayton L. Rev. 77 (2013).

これらの犯則調査は、しばしば、他の連邦、州、地方団体の法執行機関と連携して実施される。

いずれにしろ、IRSは、連邦税法その他IRS長官の所管となる連邦法（連邦税法等）に違反する疑いのある被調査者（納税者）を独自で起訴（訴追）する権限を有していない。調査結果に基づき訴追が妥当と思われる場合には、その納税者を連邦検察／連邦検事（U.S. Attorney）に告発することになる。

IRSからの告発を受けて、連邦検察は、事件を精査したうえで、訴追（起訴）の適否を決定する。それに先立ち、通例、その納税者（被調査者・被疑者）【実務的にはその代理人（representative, attorney）】と協議（conference）をする。その協議が不調に終われば、訴追（訴追）の適否を連邦大陪審に諮り、訴追（訴追）相当の結論となれば、事件を連邦地方裁判所（U.S. District Court）の手に委ねることになる[11]。

租税犯則調査から刑事訴追（起訴）までのステップをおおまかに並べてみると、

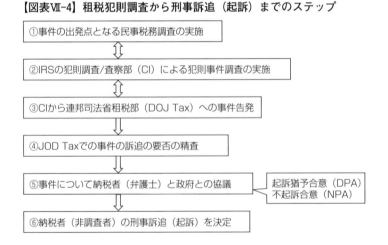

【図表Ⅶ-4】租税犯則調査から刑事訴追（起訴）までのステップ

---

[11] 連邦司法省（DOJ）、連邦検察庁（Office of the U.S. Attorney）は、連邦検察マニュアル（USAM＝U.S. Attorney Manual）Title 6／タイトル6【租税犯則事件手続（Criminal Tax Case Procedures）】を発遣して、連邦検事（U.S. Attorney）および連邦検事補（ASUA＝Assistant U.S. Attorney）に対して租税犯則事件にかかる統一的な取扱い基準を明確にしている。連邦検察マニュアル（USAM）の内容は、DOJ独自の調査、IRSとの共同調査、大陪審から依頼された調査、捜索令状、なりすまし犯罪調査、連邦検事の職責、起訴（刑事訴訟）関連手続まで多岐にわたる。

次のとおりである。

また、連邦租税犯罪事件を立件するために、被調査者（納税者）を告発し、刑事訴追するまでの手続には、次のような担い手がかかわる。

【図表Ⅶ-5】連邦租税犯則手続の担い手

> ・IRS の犯則調査／査察部（CI＝Criminal Investigation）の特別調査官（Special Agents）
> ・連邦司法省租税部（DOJ Tax＝Department of Justice, Division of Taxation／通称 Tax Division）付検事（(U. S. Attorney)
> ・連邦地検（district USAO）／連邦検事（U. S. Attorney）およびの検事補（AUSA＝Assistant U. S. Attorney）

(2) IRS 犯則調査／査察部（CI）の役割

IRS の犯則調査／査察部は、以前の名称が、CID（＝Criminal Investigation Division）であった。このことから、略称として、「CI」のほか、税の実務家の間では現在も「CID」と呼ばれることも多い。

IRS の犯則調査／査察部（CI）は、連邦租税犯罪にかかわった納税者など[12]を調査し、告発して刑事訴追（起訴）を求める任務を負う組織である[13]。告発先は、

【図表Ⅶ-6】連邦租税犯則事件の訴追（起訴）のための告発先

---

[12] 納税者本人に加え、その代理人や共犯者、さらにはタックスシェルターのような租税回避スキームを販売したプロモーター（IRC6011条 g 項、6111条ないし6112条）なども含まれる。もっとも、従来は、タックスシェルター・プロモーター規制違反については民事制裁の対象になり、刑事制裁のための犯則調査の対象となることは少なかった。しかし、近年、刑事制裁の強化は顕著である。とりわけ、タックスシェルター（租税回避）業界に対する規制に向けて、IRS および連邦司法省（DOJ）は、民事制裁に加え、訴追による刑事制裁を一層強める傾向にある。See, Michelle M. Kwon, "The Criminality of 'Tax Planning'," 18 Fla. Tax Rev. 153（2015）.

[13] IRS の犯則調査／査察部（CI）の任務や職務権限などについては、IRS の内国歳入マニュアル（IRM）パート 9（Part 9）に詳しい。

連邦司法省租税部（DOJ Tax）付検事（U.S. Attorney）または／および連邦地検の連邦検事（U.S. Attorney），連邦検事補（AUSA）（以下，連邦司法省租税部（DOJ Tax）と連邦検事（U.S. Attorney），連邦検事補（AUSA）を一括して「連邦検察」ともいう。）である。ちなみに，連邦検事，連邦検事補は，一般に「検察官（prosecutor）」とも呼ばれる。

① IRSの特別調査官

IRSの犯則調査／査察部（CI）の調査担当職員は，「特別調査官（Special Agent）」と呼ばれる。IRSは，2,800人から3,000人の特別調査官を擁している。CIは，IRS本部で，犯則調査の企画立案および犯則事務に関する全国的な調整などにあたっている職員と，全国30を超えるIRSサービスセンターにある事務所の現場で犯則調査を行っている職員（field officers）からなる。

現場では，特別調査官に加え，調査事務の円滑化に，調査分析官（Investigation Analysts），脱税調査補助官（Tax Fraud Investigation Assistants），コンプライアンス支援補助官（Compliance Support Assistants）などの後方部隊が犯則調査業務の支援を行っている。特別調査官は，初動の犯則調査段階では，調査対象納税者（target taxpayers）の金融資産の流れを監視していることもあって，通常，IRSの徴収部門（Collection Division）による徴収行為は停止される。

IRSの犯則調査／査察部（CI）の特別調査官は，法執行官（law enforcement officers）であり，逮捕権および武器を携行する権限を有している（IRC7608条a項）。

例えば，特別調査官が，納税者を拘束（逮捕）して犯則調査（custodial interviews）を行うとする。あるいは，納税者を拘束（逮捕）せずに犯則調査（non-custodial interviews）を行うとする。いずれの場合も，特別調査官は，当該納税者に連邦憲法上の権利があることを告知するように求められる（IRM 9.4.5.11.3.1（05-15-2008））。

すなわち，この場合には，1996年に連邦最高裁が言い渡した「ミランダ告知ルール」（Miranda v. Arizona, (384 U.S. 436 (1966))が適用になる。このルールでは，「被疑者は，取調べに先立ち，被疑者には黙秘権があり，いかなる供述内容も，法廷で本人に不利に使われる可能性があること，本人は弁護士の同席を求める権利があり，本人が弁護士を自前で雇えない場合には，取調べの前に弁護士を選任してもらえること，を予告されなければならない。」，とされる。

一般に，この告知ルールは法執行官である警察官が逮捕して取調べをする際に適用されることで知られている。IRS は，IRS の犯則調査／査察部（CI）の特別調査官も，法執行官であることから，この告知ルールを適用することにしているわけである。ちなみに，裁判例によると[14]，IRS の特別調査官が，納税者に権利告知をしないで実施された犯則調査で得られた証拠は排除される（IRM 9.4.5.11.3.1（05-15-2008））。

特別調査官は，連邦大陪審／起訴陪審（federal Grand Jury）からの依頼を受けて，証拠収集支援のための調査を実施することができる（IRM25.1.5）。しかし，この場合の調査は，IRS の犯則調査／査察部（CI）本来の調査には該当しない。したがって，IRS の内国歳入マニュアル（IRM）で特別調査官に求められる連邦憲法上の権利告知ルール（IRM9.4.5.11.3.1（05-15-2008））は適用されない。この場合，特別調査官は連邦検察のルール，指示に従うことになる（9.4.5.11.3.1.2（02-01-2005））。

IRS の租税犯則調査において，特別調査官は，財務長官から権限の委任を受けて，納税者その他第三者に対して資料の提出および宣誓のうえ証言を求める狙いで IRS 行政召喚状／サメンズを発することができる（IRC7602条）【☞本書第Ⅲ部4C】。加えて，内偵，情報提供者の活用をはじめとしたさまざまな調査手法を用いることができる。

IRS の特別調査官は，連邦検事（U.S. Attorney）または連邦検事補（AUSA）の支援を得て，裁判所に捜査令状（search warrants）を請求することができる（IRM 9.4.9.2（02-11-2013））。この場合，IRS の特別調査官は，犯罪があったと信じられる相当の理由（probable cause）を示さなければならない。

② 犯則調査／査察部付法務官（CI Counsel）

IRS の犯則調査／査察部（CI）には，IRS の首席法律顧問官室（Office of Chief Counsel）から CI に赴任している法務官 Criminal Tax Counsel/CI Counsel）がおり，特別調査官（Special Agent）は，調査のすべての段階でこれら法務官（IC Counsel）から法的助言を得られる仕組みになっている。

従前は，犯則調査／査察部付法務官（CI Counsel）は，IRS 全体に奉仕する IRS 首席法律顧問官（Attorney for IRS Chief Counsel）の監督のもと別の事務所にいた。

---

[14] U.S. v. Leahey, 434 F. 2d 7（1st Cir. 1970）; U.S. v. Heffner, 420 F. 2d 809（1969）.

つまり、「外部法務官（outside counsel）」のような存在であった。しかし、今日では、CI内法務官（in-house counsel）として法的助言をする職務を遂行している。

納税者（被調査者）やその代理人（弁護士・公認会計士（CPA）・登録税務士（EA）など）は、概して、脱税の嫌疑者の訴追の告発の要否を現場のIRS特別調査官（Special Agent）が決めていると思いがちである。しかし、実際は、裏方で手綱を引いている法務官（CI Counsel）が牛耳っていることに留意すべきである。

③ **IRSの犯則調査／査察部（CI）による連邦検察への告発**

IRSの犯則調査／査察部（CI）による犯則調査／査察は、時間を要する。しかし、ほとんどの租税犯罪の公訴時効（Periods of limitation on criminal prosecutions）は3年ないし6年であることから（IRC6531条）、効率的な調査が求められる。

IRSの犯則調査／査察部（CI）が、犯則調査を実施したものの、犯則（税法違反）の事実をはっきりと確認できなかったときには、当該事案を連邦検察に告発することを断念（declination/declined criminal referrals）する（IRM25.1.3.5）。この場合、IRSの犯則調査／査察部（CI）は、その事案をIRSの徴収部門（Collection Division）の送ることになる。

一方、IRSの犯則調査／査察部（CI）は、犯則調査を実施し、租税犯則（税法違反）の事実があると見たときには、連邦検察に告発（recommend）し、連邦検察が訴追（prosecution）の要否を精査することになる。この場合、IRSの犯則調査／査察部（CI）は、刑事送致書（CRL=Criminal Reference Letter）を作成し、その事件を連邦司法省租税部（DOJ Tax）に送致する（IRM31.4.7）。事件の送致のカギとなるのは、IRSの犯則調査／査察部（CI）の特別調査官報告書（SAR=Special Agent Report）である。特別調査官報告書（SAR）は、IRS段階での租税犯則事件手続の要となる文書であり、連邦司法省租税部（DOJ Tax）への送致に先立ち、IRSの犯則調査／査察部（CI）付法務官（CI Counsel）により慎重に審査される。

④ **IRSの犯則調査／査察部（CI）が告発を見送る際の判断基準**

IRSの犯則調査／査察部（CI）が、連邦司法省租税部（DOJ Tax）に訴追を求めて告発するかどうかは、現場の裁量によるところが大きい。しかし、IRSは、できるだけ現場での裁量権行使を統制するために、内国歳入マニュアル（IRM）で統一基準を示している（IRM9.5.3.3.1.2.1）。

すでにふれたように、IRSは、連邦税法（IRC）に加え、一部連邦税法関連法の執行も併せて担当している。このことから、告発の要否の決定、告発見送り

の基準については,「連邦税法違反に適用される基準」(例えば,連邦税法(IRC)上の虚偽報告(IRC7206条1号))と,「連邦税法関連法に適用される基準」(例えば,連邦銀行秘密開示法(Bank Secrecy Act)に基づく外国開設口座の報告義務違反など)とに分けて点検することも可能である。しかし,ここでは,双方を一括して図説すると,次のとおりである。

【図表Ⅶ-7】IRS が告発を見送る際の判断基準

①**自発的な開示(voluntary disclosure)** 納税者が,自らの違法行為を自発的に完全に開示したとする。この場合,納税者に民事罰は課されるが,刑事訴追は免れることも可能である。
・アメリカ居住者(納税者)は,国外(offshore)に開設した口座に年1万ドルを超える金銭や財産を保有している場合に,毎年,IRS に報告する義務がある[15]。しかし,刑事制裁の対象となる報告漏れが多発し,犯則調査対象も増えてきていた。そこで,2009年に,IRS は,報告漏れのオフショア口座(OVDP=Offshore Voluntary Disclosure Program)の自発的な開示を奨励するためのプログラムを期限付きで実施した。その後,適用条件を厳格にしたうえで,IRS が停止のアナウンスをするまで無期限にこのプログラムを継続している[16]。
・納税者による違法行為の自主的な開示による起訴ための告発の見送りについて,IRS の内国歳入マニュアル(IRM)は,調査上の他のあらゆる要素を加味して,訴追の告発をするかどうかを判断するものとしている(IRM4.26.1.6)。納税者は,自発的な開示であると認められるためには,IRS の犯則調査が開始される前,または通常 IRS に租税ほ脱の事実の発生を気づかせる前に,開示する必要があるとされる(IRM9.5.11.9(12-02-2009))。ただし,犯則調査が開始された後の開示は,自発的とみなされず,IRS は,刑事罰に加え,民事罰も追及することになる。
②**脱税額の規模** 納税者が,芸能人や政治家のように世間の注目を浴びる者である場合やその行動が見過ごせないほど軌道を逸脱している場合ではなく,かつ脱税の規模が相当額にいたっていないときには訴追の告発は見送られる。目安は脱税額が2,500ドルか否かとされる。
③**納税者の健康状態** 租税ほ脱があった場合,納税者の健康状態がどうかも,起訴を告発するかどうかの基準とされる。
④**故意の立証の可能性** 租税犯罪については,政府側は常に「故意(willfulness)」を立証するように求められる。このことから,故意を裏付ける証拠(evidence)が十分に得られない場合には,IRS は訴追の告発を見送ることになる。

---

[15] 連邦銀行秘密開示法(Bank Secrecy Act)に基づく外国銀行・金融機関口座報告制度(Report of Foreign Bank and Financial Accounts(FBAR)Procedures)である。同法1010.350条は,報告義務者は IRS 長官に報告するように求めている。
[16] See, IRS, Offshore Voluntary Disclosure Program: Frequently Asked Questions and Answers 2014.

B 連邦司法省租税部（DOJ Tax）による訴追，連邦刑事租税訴訟

連邦司法省租税部（DOJ Tax）は，連邦税法のコンプライアンス（自発的納税協力）を高めるために全国的な租税犯則事件訴追基準（national prosecution standard）の策定などの事務を担当している[17]。

連邦司法省租税部（DOJ Tax）は，350人の検事（U.S. Attorneys）を擁しており，次の担当課からなる。

【図表Ⅶ-8】連邦司法省租税部（DOJ Tax）の主な組織

- ①連邦民事租税訴訟担当課（Civil Trial Sections）
- ②連邦不正請求告発法（Federal False Claims Act）法廷[18]担当課　（Court of Federal Claims Section）
- ③連邦租税犯則事件担当課（CES＝Criminal Enforcement Section）
- ④上訴（appeals）担当課（Appellate Section）

連邦司法省租税部（DOJ Tax）は，連邦を当事者とする実質的にすべての民事（行政）や刑事の租税訴訟において，連邦政府側の代理人を務めている。連邦司法省租税部（DOJ Tax）による連邦側の代理は，連邦地方裁判所（Federal District Courts），破産裁判所（U.S. Bankruptcy Court），連邦請求裁判所（U.S. Court of Federal Claims）での係争事件はもちろんのこと，連邦租税裁判所（U.S. Tax Court）から連邦控訴裁判所（U.S. Court of Appeals）に控訴（appeals）された民事租税事件ならびに連邦最高裁判所（U.S. Supreme Court）に上告受理の申立て（a petition for writ of *certiorari*）された事件にまで及ぶ（ただし，納税者が原告となってIRSを相手に第1審として連邦租税裁判所（U.S. Tax Court）に提起した民事租税関連事件は除く[19]。）。これらの事務は，①「連邦民事租税訴訟担当課」（Civil Trial Sections）が担っている。

---

[17] See, DOJ Tax Division, Criminal Tax Manual (2012). ちなみに，連邦検察庁（Office of the U.S. Attorney）は，全米で約5,500人の検察官（検事・検事補）を擁しており（See, U.S. Department of Justice FY2013 Budget Request），連邦地裁に委ねる刑事訴追は，毎年，約10万件にのぼる（See, U.S. Department of Justice Annual Statistical Report, FY2014, Table 1)。

[18] 連邦不正請求告発法（Federal False Claims Act）について詳しくは，石村耕治「アメリカにおける民間の公金使途監視団体の活動」白鴎法学17巻2号29頁以下（2010年）参照。

[19] 租税に特化された特別裁判所である連邦租税裁判所へ提訴された事件については，IRC7452条に基づき，IRSの法律顧問官（Attorney for IRS Chief Counsel/Field Attorney）またはその代理官が，財務長官（Secretary of the Treasury）の監督のもと，同長官から委任を受けて訴訟代理の権限を行使する【☞本書第Ⅵ部❷B】。

③ 連邦刑事租税訴訟の概要　735

【図表Ⅶ-9】連邦刑事租税訴訟ルート

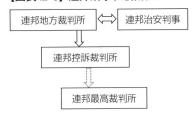

連邦検察は，連邦租税犯罪を問う場合，被疑者を起訴し，その判断を連邦地方裁判所[20]の判断に委ねることになる。連邦地方裁判所が下した判決に不満な場合には，原告（連邦政府），被告（納税者）いずれも，連邦控訴裁判所[21]に上訴／控訴（appeal）できる。さらに，連邦控訴裁判所の判決に不満な場合には，連邦最高裁判所（U.S.Supreme Court）に上告受理の申立て（a petition for writ of *certiorari*）ができる。これらの訟務事務はDOJ Taxの④「上訴（appeals）担当課（Appellate Section）」が担っている。

(1) 連邦司法省租税部（DOJ Tax）連邦租税犯則事件担当課（CES）の所掌事務

連邦司法省租税部（DOJ Tax）は，司法次官（AAG=Associate Attorney General）に率いられている。司法次官（AAG）は，租税犯則事件に加え，反トラスト違反，市民権法違反などの訴追（起訴）を主たる任務とする部門の総責任者である。連邦司法省租税部（DOJ Tax）において租税犯則事件を担当する部署は，③「連邦租税犯則事件担当課」（CES=Criminal Enforcement Section）（以下「犯則事件担当課」ともいう。）である。

犯則事件担当課（CES）は，連邦税のほ脱罪（Tax evasion/ IRC7201条），不徴収罪（Willful failure to collect or pay over taxes/ IRC7202条），故意の申告書・情報の

---

[20] 連邦地方裁判所（U.S.District Court）は民事・刑事双方を扱い，670人前後の裁判席からなる。全米に94の地区があり，各地区には1人以上の裁判官が配属されている。裁判官を，大統領が連邦上院の同意と承認を得て，終身で政治任用（political appointment）する【☞本書第Ⅷ部】。連邦地方裁判所は事実認定に加え，法律の適用・解釈についても判断を下す裁判所である。

[21] 連邦控訴裁判所（U.S.Courts of Appeals）は，1982年の裁判所再編で設けられた関税や知的所有権などの関する上訴を管轄する連邦巡回区（U.S. Court of Appeal for the Federal Circuit）を含め13の巡回区からなる。179の裁判席からなり，大統領が連邦上院の助言と承認を得て，終身で政治任用（political appointment）する【☞本書第Ⅷ部❶】。連邦控訴裁判所は事実認定の問題には関与せず，もっぱら法律の適用・解釈についても判断を下す裁判所である。

不提出または税額不納付（Willful failure to file return, or pay tax/ IRC7203条），虚偽報告（Fraud and false statement/IRC7206条1号）などの事件を取り扱っている。訴追（起訴）に向けた証拠資料の収集・整理および訴追（起訴）手続を進めている。

このため，犯則事件担当課（CES）付検事は，拠資料の収集には，IRSの犯則調査／査察部（CI）の特別調査官に協力を仰ぐ。加えて，訴追（起訴）の準備については，連邦地方裁判所の各連邦裁判地区に少なくとも1人は配置されている連邦地検の連邦検事補（AUSA）の支援を求める。

連邦検事（U.S. Attorney）または連邦検事補（AUSA）は，連邦地裁の法廷で，連邦租税犯則事件を含む刑事事件の訴追（起訴）と担当する一方，租税裁判所以外の連邦事実審裁判所（連邦地方裁判所および連邦請求裁判所）において，連邦政府が提訴され被告となった民事租税事件や，連邦租税裁判所を含めた連邦事実審裁判所から上訴された民事および租税事件にかかる訴訟の政府代理人を務めている[22]。

連邦司法省租税部（DOJ Tax）の犯則事件担当課（CES）付検事は，連邦の首都，ワシントンD.C.を拠点としている。犯則事件担当課（CES）は，地域的所轄に分かれている。例えば，合衆国の「南部（Southern）」地域は，南部CESが担当している。このほかに，「北部（Northern）」，「西部（Western）」に加え，ニューヨークやロサンゼルス，サンフランシスコのような大都市には，事務所が置かれている。犯則事件担当課（CES）付検事は，ワシントンD.C.を本拠としているものの，特定の事件を担当する目的で各地域に赴任する。

(2) 刑事訴追の実際

連邦司法省（DOJ）犯則事件担当課（CES）の人員は限られている。租税犯則事件の処理には，協力と優先順位を考える必要がある。悪質な脱税者を戒めることにより，税法を遵守してまじめに納税している人たちのモラルをたたえることも織り込んで，効果的な訴追（起訴）をする必要がある[23]。

---

[22] IRSの不足税額通知処分（NOD）の違法を争う民事租税訴訟では，政府側代理人は，IRSの首席法律顧問官室の法律顧問官（Attorney for IRS Chief Counsel/Field Attorney）である。このことから，連邦検事や連邦検事補が連邦政府の代理人となるのは，納税者が連邦地方裁判所ないし連邦請求裁判所に提起した税額還付訴訟の場合となる。

[23] 連邦司法省租税部（DOJ Tax）の犯則事件担当課（CES）は，IRSの犯則調査／査察部（IC）から告発を受けた事件を精査せずに，IRSに再調査をするまたは調査を打ち切るように意見を付けて，その事件をIRSに差し戻すことがある。また，事件によっては，捜査対象者（target）が居住する連邦地方裁判所の裁判地区に配置されている連邦検事補（AUSA）に委嘱する場合がある。

連邦租税犯則事件関連の訴追は、このところ年平均で2,500件程度（2,000〜3,000件の間）である。そのうち、公判（正規の裁判／正式事実審理）で裁断されることになるのは、そのうちの3％程度である。

(3) 大陪審による不当な起訴の統制

連邦および諸州の刑事訴訟手続においては、検察の不当な起訴を防ぐために起訴を市民チェックする仕組みとして大陪審（grand jury）の制度が採られている[24]。

例えば、内国歳法典（IRC）7201条は、「租税またはその納付を、故意にほ脱または侵害しようとした者を5年以下の拘禁刑、25万ドル以下（法人の場合は50万ドル以下）の罰金、または併科して処罰する。」と規定している。1年を超える拘禁刑（imprisonment）が課される犯罪は、重罪（felony）であり、この場合には、起訴相当か否かを、連邦大陪審／起訴陪審（Federal Grand Jury）での評議・票決で決定する必要がある。

連邦大陪審／起訴陪審が起訴相当と決定したときには、連邦治安判事（U.S. magistrate judge）に対し正式起訴状（indictment）を送付し、連邦治安判事は、被疑者に対し連邦地方裁判所判事のもとで裁判を開始し、裁判陪審裁判／審理陪審（jury trial）を受け、判決（judgment）・刑の宣告（sentencing）を受けることを選択できる旨を説明する[25]。

連邦地方裁判所（U.S. District Court）で裁判を受ける場合で、裁判陪審裁判／審理陪審（jury trial）の開催が必要となるときには、事実問題については、12人の陪審員（jury）が評決することになる。連邦検事は、租税犯則事件においては、被告人である納税者が故意に法的義務を免れたこと、さらには訴追にかかる犯罪事実を「合理的な疑い」を超える程度（beyond a reasonable doubt）まで立証しない限り、有罪の評決を引き出すことは難しい。

連邦大陪審制度（federal grand jury）制度は、1年を超える拘禁刑の伴う刑事事件の処理にあたり、被告人を正式裁判で裁くのに相当な理由があるのかどうかを市民目線で精査し、決定する刑事訴訟手続である。連邦検察による起訴の

---

[24] わが国の刑事訴追では、検察官による不当な不起訴を是正するために、検察審査制度はあるが、不当な起訴をチェックする刑事手続上の制度はない。ただ、学問上、あるいは判例上は、「公訴権濫用論」がある（最高裁決定昭和55年12月17日・刑集34巻7号672頁。もっとも、この法理の適用により控訴提起が無効とされた事例はない。

[25] 連邦刑法・刑事訴訟法（合衆国法典タイトル18/18 U.S. Code）3401条。

適否を精査するうえで一定の役割を演じている[26]。アメリカの租税犯則事件にかかる刑事訴訟手続を精査する場合には、わが国には存在しない連邦大陪審の役割を理解しておく必要がある。

C 連邦租税犯則者の起訴（Prosecution）と連邦大陪審（Grand July）

アメリカの「陪審」制度は、大きく「大陪審（grand jury）」と「小陪審（petit jury）に分けられる。「陪審」の構成員である陪審員（juror）は、いずれの場合も、一般市民から選ばれる。連邦の「大陪審」は、被疑者を起訴するか否かを不偏な（impartial）立場から審理・決定する機関である。「起訴陪審」とも呼ばれる。一方、連邦の「小陪審」は、刑事裁判、さらには被疑者／被告が原告の損害を与えたかどうかの民事裁判における事実問題について不偏な立場から審理・決定する機関である。一般には「審理陪審（trial jury）」と呼ばれる。大陪審・小陪審の名称は、大陪審の方が小陪審よりも構成員の数が多いことに起因する。大陪審は、不偏な立場から被疑者を起訴するか否かを審理・決定する機関（sovereign body）であるが、裁判所は、大陪審に権限の踰越や濫用がある場合には、その監督権限を行使して、介入することができる[27]。

陪審は連邦のものと各州のものがある。連邦犯罪を取り扱う大陪審についての準拠法は、連邦刑事訴訟規則（FRCP＝Federal Rules of Criminal Procedure/Fed. R. Crim. P）（以下「刑訴規則」ともいう。）である（刑訴規則6条）。公益（public interest）上の必要性に応じて、連邦地方裁判所（U.S. District Court）が召喚できる陪審員（Jurors）の数は、大陪審は16人から23人である（刑訴規則6条a項1号）。ちなみに、小陪審は6人から12人である（刑訴規則24条a項1号）[28]。裁判所は、召喚した陪審員のなかから1人の陪審員長（foreperson）および陪審員長代理（deputy foreperson）を任命する。陪審員長は、宣誓のうえ、すべての「正式起訴状（インダイトメント／indictments）」に署名する（刑訴規則6条c項）。

合衆国（連邦）憲法は、軍で起きた事件を除き、「何人も、大陪審の告発（presentment）または正式起訴（インダイトメント／indictment）によらなければ、死刑

---

[26] 州の刑事訴訟手続においては、大陪審の制度を廃止し、予備審問または尋問裁判の制度を導入している。

[27] See, *In re* Investigation of World Arrangements, 107 F. Supp. 628, 629 (D. D. C. 1952).

[28] わが国で裁判員（lay judges）との比較で陪審／陪審員（jury）という場合には、仕組みは異なるものの、誤解を恐れずにいえば、小陪審／審理陪審（pity jury/trial jury）に匹敵する。

にあたる罪またはその他の不名誉な罪〔自由刑を科せられる犯罪〕にとわれない。」（修正第5条）と定める。このことから，死刑または自由刑／拘禁刑を科す犯罪については正式起訴（インダイトメント）が必要となる。なお，告発（プレゼントメント）とは，大陪審が陪審員自らの知識または私人からの情報に基づいて捜査を行う場合に用いられていたものであるが，現在では，公訴権は政府が独占するとの考えから用いられていない。

この合衆国憲法における大陪審／起訴陪審の規定は，連邦犯罪にかかる被疑者が検察の専断だけで起訴され，裁かれるのを防ぐことが狙いである。すなわち，大陪審／起訴陪審は，「被疑者が罪を犯したと信じるに足る相当の理由があり，裁判にかけるべきである」のか否かを，市民目線で決めることがその役割である[29]。

(1) 連邦大陪審の対象となる租税犯則事件

連邦刑事訴訟規則（FRCP）は，死刑または1年を超える自由刑／拘禁刑で処罰され得る連邦犯罪（ただし，法廷侮辱罪を除く。），すなわち重罪（felony）については正式起訴状によらなければならないと定める（刑訴規則7条a項1号）[30]。一方，自由刑／拘禁刑の上限が1年以下の軽罪（misdemeanor）については，連邦検察官の簡略起訴状（information）[31]により起訴することができると定める（刑訴規則7条a項2号）。

連邦租税犯則（federal tax crimes）事件については，内国歳入庁（IRS）の犯則調査／査察部（CI）からの訴追勧告（recommendation to prosecute）を受けて，連邦司法省租税部（DOJ Tax）犯則事件担当課（CES）の指揮のもと，CES付連邦検事または連邦検事補（AUSA）が被疑者たる納税者の起訴（提訴）する決定を行う。しかし，連邦司法省租税部（DOJ Tax）は，負担軽減と起訴事務の効率化を狙いに，軽微な租税犯則事案については罪状を1年以下の軽罪（misde-

---

[29] See, Niki Kuckes, "The Democratic Prosecutor: Explaining the Constitutional Function of the Federal Grand Jury," 94 Geo. L. J. 1265 (2006).

[30] 連邦大陪審の審査の対象となるのは，連邦犯罪（federal offense）である。例えば，殺人（murder）は，各州が州法に準拠して処罰する犯罪である。したがって，殺人が行われた州の地方検事（DA＝District Attorney）が事件の訴追を担当する。しかし，連邦職員が殺害された場合には，連邦が処罰する犯罪となる。したがって，連邦検察が事件の訴追を担当する。州税や地方税の脱税は，各州が処罰する犯罪である。したがって，その州の地方検事が事件の訴追を担当する。しかし，連邦税の脱税は，連邦が処罰する犯罪である。したがって，連邦検察が事件の訴追を担当する。

[31] わが国の略式起訴とアメリカの"information"とは仕組みが異なることから，ここでは「簡略起訴」と邦訳しておく。

meanor）を問う形とし，大陪審／起訴陪審での審理を避け，検察官の「簡略起訴状（information）」で決着をはかる事件も多い。

(2) 連邦大陪審の陪審員の選任

連邦大陪審の陪審員は，所轄の連邦地方裁判所（以下「裁判所」ともいう。）が小陪審と同じ陪審員候補者団名簿（array）から選んで召喚し，解任されるまで務めるように求められる[32]。裁判所は，公益上の必要がある場合に限り，陪審員に18か月以上その任にあたるように求めることができる。ただし，延長期間は，法に別段の定めのある場合を除き，6か月を超えてはならない（刑訴規則6条g項）。裁判所は，正当な理由を示し，陪審員を，一時的にまたは永久に解任することができる。永久に解任した場合には，新たな陪審員を選任することができる（刑訴規則6条h項）。

小陪審／審理陪審（pity jury）においては，選任された陪審員について，連邦検事（U.S. Attorney）もしくは連邦検事補（AUSA）および弁護人双方が理由ありの忌避または理由なしの忌避（peremptory challenges）を行うことができる（刑訴規則24条b項）。これに対して，大陪審（grand jury）においては，選任された陪審員について，連邦検事（U.S. Attorney）もしくは連邦検事補（AUSA）・弁護人双方が，陪審員の選任ないし召喚方法などから大陪審の違法性，さらには召喚された陪審員が適格性などの理由を示し，忌避を行うことができる（刑訴規則条b項1項）。また，当事者は，大陪審の違法性または召喚された陪審員の適格性などを理由に，正式起訴（indictment）を取り下げるように申し立てることができる（刑訴規則6条b項2項）。

連邦には対審式の予備尋問（*voir dire*）の制度はあるものの，今日，事実上ほとんど実施されない。このことから，実際の連邦大陪審／起訴陪審では，陪審員の選任問題が最終的に決着すると，指揮を執る連邦検事（U.S. Attorney）もしくは連邦検事補（AUSA）から，大陪審の権限や犯罪事実や罪状などの概要についての説明が行われる。内容としては，事件の概要に加え，連邦大陪審は連邦検察が行う起訴を不偏の機関として精査する責務があること，連邦検察は「連邦政府の代理人」として証拠を提出することを認識すべきこと，大陪審には証

---

[32] 通例，陪審員の大陪審への出席は，各会期あたり1～3日程度である。また，主宰する連邦地裁は，規程に従い，陪審員に対して，40ドルの日当，1マイルあたり55セントの交通費を支払い，かつ駐車場を用意する。

人に質問をし，追加の証人を要求する権限があること，証言の信用性については自らの判断に従うべきこと，起訴するために必要な証明度などの説明である。

(3) 連邦大陪審構成員の守秘義務，手続の非公開

連邦大陪審での審理に出席できるのは，連邦検事（U.S. Attorney）または連邦検事補（AUSA），陪審員，尋問を受ける証人，通訳人（必要な場合に限る。），記録係（速記係または録音装置の操作係）のみであり，評議（deliberation）や票決（voting）には陪審員（耳や会話が不自由な陪審員がいる場合は必要な通訳人を含む。）以外の者は出席できない（刑訴規則6条d項）。これらの構成員は守秘義務を負う（刑訴規則6条e項2号B）。これは，連邦大陪審の捜査機関としての機能を強めるとともに，連邦検事（U.S. Attorney）または連邦検事補（AUSA）および大陪審が，起訴・不起訴の判断について世論の不要な影響を受けないようにすることが主な狙いである。また，喚問され出席した証人が報復を受けないように保護することも重要な目的である。加えて，起訴前の被疑者が公衆の目のさらされることを防ぐ意味もある。しかし，これは，反面，被疑者・弁護人の立場から見ると，「密室協議」のように映るとともに，大陪審の審理に手続的な瑕疵があっても追及が難しいことにもつながる。

連邦大陪審の手続は，裁判手続と異なり，非公開である[33]。評議や票決を除くすべての大陪審の手続については，これを記録係（速記係または録音装置の操作係）が記録を作成し，封印することになっている。この場合，仮に記録ミスがあったとしても，起訴には影響がないものとされる。これらの記録は連邦検事（U.S. Attorney）または連邦検事補（AUSA）が管理することになっている（刑訴規則6条e項1号）。

このように，連邦大陪審の手続には裁判官は出席できないことから，連邦検事（U.S. Attorney）または連邦検事補（AUSA）が手続を司ることになる。被疑者は，原則として自分の起訴を決定する大陪審手続には出席して意見を述べることがゆるされない。つまり，被疑者には出席権・供述権はない。また，大陪審がいつ開催されるのかも知るすべもない。被疑者の弁護人も，大陪審の手続には出席できない。こうした透明性を欠いた大陪審制度については，研究者や実務家などから批判が出ているところである[34]。

---

[33] See, Douglas Oil Co. of Cal. v. Petrol Stops Northwest, 441 US 211 (1979).

(4) 連邦大陪審の調査権

　連邦検察官，すなわち連邦検事または連邦検事補には，起訴を求める政府側の代理人としての役割と同時に，連邦大陪審に法的助言を行うという役割もある。連邦検察官は，大陪審の権限について説明するとともに，その事件で起訴するに必要な犯罪の成立要件について説明を行う。

　連邦大陪審には，証人を喚問し証拠を提出したうえで証言を求めることをはじめとして強力な調査権限が与えられている。ただし，証人を喚問する目的は，明確である必要がある。また，ほかで起訴されている事件に関する証拠を収集する目的で証人を喚問することは権限踰越ないし濫用となる。証人には，裁判の場合と同様，一定の証言拒否特権がある。

① 司法召喚状の発行

　連邦大陪審は，裁判所に対して，罰則付きの召喚状（サピーナ／subpoenas）を発するように求めることができる。司法召喚状は大きく，次に2つに分けることができる。

【図表Ⅶ-10】司法召喚状の種類

> (a)　証人召喚状（subpoena *ad testificandum*）：　陪審に出頭し証言を求める召喚状
> (b)　文書提出召喚状（subpoena *duces tecum*）：陪審に資料，検査結果，録音などを提出するように求める召喚状

　連邦大陪審は，裁判所に対して，(a)と(b)を一体とした形で，証人を喚問し証拠を提出したうえで証言するように強制するために罰則付きの司法召喚状（subpoenas）を発するように求めることができる。召喚状には，裁判所の名称および印章，手続の表題，証人が出席し，証言する日時や場所などが記載される（刑訴規則17条 a 項）。裁判所は，被疑者からの申立てによる指名された証人の召

---

(34) 州レベルでは，大陪審改革が進んでおり，州法上の重罪犯に対する大陪審／起訴陪審を廃止する州，選択とする州など，さまざまである。この背景には，合衆国憲法修正第5条上の大陪審／起訴陪審を強制するルールは，州憲法に同様の規定がある場合などを除き，及ばないとする考え方がある。また，陪審員に守秘義務を課すことで，憲法上保障され黙秘権／自己負罪拒否の権利（rights against self-incrimination）を反故にする形で証人に証言を強要し，公訴権を市民からなる大陪審／起訴陪審に委ねる政策は不透明で，新たな専断的な仕組みにつながっており，改革が必要であるとの意見もある。See, John F. Decker, "Legislating New Federalism: The Call for Grand Jury Reform in the States," 58 Okla. L. Rev. 341 (2005).

喚状の求めがあれば，それに応じなければならない。この場合，被疑者に資力がなければ，政府が負担を肩代わりする（刑訴規則17条b項）。裁判所（地裁または治安判事）は，十分な理由を示さないで，連邦大陪審の召喚に応じない者を裁判所侮辱罪（contempt）で処罰することができる（刑訴規則17条g項）。

裁判所は，司法召喚状の発行にあたり，大陪審の審理はもちろんのもと，陪審員および連邦検察官の指揮権には深く関与しないように求められる[35]。

② **IRSの犯則調査／査察部(C)Iの特別調査官に対する調査支援の求め**

また，連邦大陪審（federal grand jury）は，内国歳入庁（IRS）の犯則調査／査察部（CI）の特別調査官（special agent）（その代理官を含む。以下同じ。）に対して調査支援を求めることができる（IRM9.5.2, 25.1.5）。ただし，この場合のCIの調査は，IRSの課税処分のための調査や犯則調査など（行政調査）には該当しない。

すでにふれたように，IRSのCIの特別調査官には，内国歳入法典（IRC），連邦刑法・刑事訴訟法（合衆国法典タイトル18／18 U.S. Code）などを典拠に，税法（tax）違反に加え，銀行秘密法（bank secrecy act）や資金洗浄（マネーローンダリング／Laundering）〔（合衆国法典タイトル26／26 U.S. Code）1956条・1957条〕など連邦税法以外の法令違反にかかる起訴の準備，裁判，量刑に関する証拠収集を支援する権限が与えられている（IRM9.5.2.1）。

IRSの犯則調査／査察部（IC）による連邦大陪審の調査支援は，大きく①大陪審からの直接要請による場合（IRM9.5.2.3.1）と，②IRS主導の場合（IRM9.5.2.3.1.1），さらには，連邦検察，つまり③連邦司法省租税部（DOJ Tax）犯則事件担当課（CES）または連邦検事（U.S. Attorney）もしくは連邦検事補（AUSA）からの要請を根拠とする場合（IRM9.5.2.3.1.2）とに分けることができる。

例えば，連邦税法（IRC）違反や租税関連犯罪について，IRS主導で大陪審の調査支援を行う場合および連邦検察から支援要請に応じる形で大陪審の調査支援を行う場合，IRSの犯則調査／査察部（CI）所属の特別調査官は，まず，様式9131〔大陪審調査要請書（Form 9131: Request for Grand Jury Investigation）〕を作成・署名したうえで，当該様式を犯則調査／査察部付法務官（CI Counsel／以下「CI法務官」という。）に審査するように求めなければならない。CI法務官は，審査後に，犯則評価覚書（CEM＝Criminal Evaluation Memorandum）を作成し，IRS

---

[35] See, United States v. United States District Court, 238 F. 2d 713 (4th Cir.), *cert.* denied, 352 U.S. 981 (1957).

の特別調査官に必要な指示をすることになる（IRM9.5.2.3.1, 9.5.2.3.1.2）。

次に，IRSの犯則調査／査察部（CI）の担当の特別調査官（SAC＝Special Agent in Charge）（以下「租税犯則担当特別調査官」という。）は，すべての租税その他の情報についてIRSの所掌事務の範囲内で刑事訴追の可能性があるかどうかを精査する。租税犯則担当特別調査官（SAC）（その代理官を含む。以下同じ。）は，CIが大陪審の調査に参加すべきであると信じるときには，連邦検察に対し，要請承認の手続を説明する。同時に，様式9131〔大陪審調査要請書〕を作成し，CI法務官の審査を受けることになる。逆に，IRSの租税犯則担当特別調査官（SAC）は，IRS犯則調査／査察部（CI）が大陪審の調査に参加すべきではないと信じるときには，その理由を記載した文書で連邦検察に通知することになる。その際，すべての大陪審関係の資料を連邦検察に返却する（IRM9.5.2.3.1.3）。

IRSの犯則調査／査察部（IC）に対して，大陪審から税法違反や租税関連犯罪についての直接の調査要請があった場合，IRS犯則調査／査察部（IC）の上席特別調査官（SSA＝Supervisory Special Agent）の承認とCI法務官の審査を受ける必要がある。CI法務官は，審査後に，犯則評価覚書（CEM）を作成し，租税犯則担当特別調査官（SAC）に必要な指示をすることになる（IRM9.5.2.3.1.5）。

ちなみに，IRSは，原則として，調査要請を通じて大陪審から入手した納税者情報を自らの課税処分に利用することはできない（IRM9.5.2.4.3）。

③　IRSの行政召喚状と大陪審の司法召喚状の対比

IRSの犯則調査／査察部（CI）の主たる職務は，租税の徴収というよりは，租税犯を連邦検察に告発し，刑事訴追を求めるための十分な証拠（evidence）を収集することにある。行政召喚状／サメンズ（administrative summons）やジョン・ドー召喚状／サメンズを使うなど犯則調査を通じて，被疑者や証人を喚問し証拠の提出を求め，かつ証言を求めることで告発・刑事訴追に必要な証拠の収集をはかる【☞本書第Ⅲ部❹C】。また，IRSの犯則調査／査察部（CI）は，連邦検察，すなわち連邦司法省（DOJ）や連邦検察官からの要請や，連邦大陪審（Federal Grand Jury）からの要請に従い，訴追（indictment）に必要な証拠収集を支援するための調査を実施する任務も負っている。この場合も，IRSの犯則調査／査察部（CI）は，証拠収集の支援のあたり行政召喚状／サメンズを活用することができる。

一方で，大陪審は，裁判所の力を借りて，独自に司法召喚状を使って，被疑者の刑事訴追を治安判事ないし地方裁判所に答申するための証拠収集，調査を

実施することができる。

　これら行政召喚状（administrative summons）と大陪審召喚状（Grand Jury summons）にはどのような違いがあるのかをおおまかにまとめてみると，次のとおりである。

【図表Ⅶ-11】IRS の行政召喚状と大陪審の司法召喚状との対比

(a) IRS の犯則調査／査察部（CI）の行政召喚状
- IRS は，連邦地方裁判所（以下「裁判所」という。）の介在なしに行政召喚状／サメンズ（administrative summons）を発することができる。しかし，当該召喚状／サメンズを受け取った納税者等が，自発的に協力しない場合には，IRS 独自にその召喚状／サメンズを強制的に執行はできない。このことから，納税者等の自発的な協力が得られない場合には，その執行を連邦地方裁判所へ求めなければならない（IRC7604条）。
- IRS は，裁判所に対して，納税者が出頭要請に応じる命令を発するように求める。この場合，IRS は，裁判所に対して推定「善意（good faith）」である旨の理由を示さなければならない。一般に，「パウエル要件（Powell requirements）」と呼ばれる，4つのポイントを立証するように求められる（Powell v. U. S., 379 U. S. 48 (1964)）（後記注㊱参照）【☞本書第Ⅳ部**2**】。
- 召喚される納税者等は，4要件を充足していない旨を申し立て，反論することができる。しかし，召喚される納税者等は，その反論が認められない場合には，その召喚状／サメンズの執行に応じる義務が生じる。召喚状／サメンズの強制執行命令に応じない場合には，裁判所侮辱罪（contempt of court）で処罰され，罰金もしくは拘禁または併科される。
- 納税者は，IRS の召喚要請に応じ，IRS の事務所内または納税者の事業所などで面談に応じる場合，自身の選択で公認された代理人（弁護士，CPA，登録税務士（EA）など）を依頼し，立会いを求めることができる。
- 納税者は，あらかじめ IRS に通知して，面談内容の音声録音をすることができる（IRC7521条 a 項）。

(b) 大陪審の召喚状
- 大陪審召喚状（Grand Jury summons）は，連邦検察の支援を得て，裁判所に依頼して発することができる。（FRCP 17条 a 項）。裁判所は，被疑者からの申立てによる指名された証人の召喚状の求めがあれば，それに応じる義務がある。裁判所（地裁または治安判事）は，十分な理由を示さないで，連邦大陪審の召喚に応じない者を裁判所侮辱罪（contempt）で処罰することができる（刑訴規則17条 g 項）。
- 連邦大陪審に召喚された証人は，しばしば，地方検事の事務所で面談の形で証言を求められる。また，連邦大陪審において宣誓のうえ証言を求める場合でも，証人は公認された代理人（弁護士，CPA，登録税務士（EA）など）を依頼し，立会いを求めることができない。
- 召喚された証人は，証言内容の音声録音をすることができない。

D　起訴，罪状認否，公判前審問

連邦法や裁判所規則などは，刑事裁判を開く前に，一連の手続をとるように求めている。例えば，納税者が，法執行官である IRS の特別調査官（Special Agent）が脱税（IRC7201条）の容疑で納税者を拘束して犯則調査をする場合で，その拘束が長時間にわたる場合には，納税者などに憲法上の権利が問題になる[36]。

また，すでにふれたように，連邦検察官，すなわち連邦検事ないし連邦検事正（AUSA）は，租税犯則被疑者の起訴の適否を連邦大陪審（grand jury）の判断に委ねなければならない。連邦大陪審が起訴を相当と決定した場合，事件を連邦地方裁判所（U.S. District Court）の手に事件を委ねることになる。連邦裁判所は，公判（正規の裁判／正式事実審理）の開催に先立ち，罪状認否（アラインメント／arraignment），公判前審問（Pretrial hearing）を開催する。

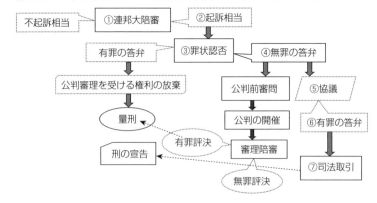

【図表Ⅶ-12】大陪審による起訴相当決定から司法取引までの流れ

---

[36] 通例，逮捕され長時間拘束された被疑者は，連邦裁判官，連邦治安判事（U.S. magistrate judge）のもとに連れていかれる。こうした出頭は「不必要な遅滞なく」（通例最長で48時間以内に）行われなければならいことになっている。また，この場合には，1996年に連邦最高裁が言い渡した「ミランダ告知ルール」（Miranda v. Arizona, (384 U.S. 436 (1966)) が適用になる。このルールでは，被疑者は，取調べに先立ち，被疑者には黙秘権があり，いかなる供述内容も，法廷で本人に不利に使われる可能性があること，本人は弁護士の同席を求める権利があり，本人が弁護士を自前で雇えない場合には，取調べの前に弁護士を選任してもらえること，を予告されなければならない，とされる。この告知ルールは警察官が被疑者を拘束（逮捕）して取調べをする場合にも適用される。ちなみに，IRS は，犯則調査を開始するにあたっては，納税者を拘束しているかいないかにかかわらず，憲法上に権利告知をするように特別調査官に義務付けている（IRM9.4.5.11.3.1 (05-15-2008)）。

(1) 正式起訴状の発付または不起訴

　連邦検察官は，起訴するに十分なだけの証拠があることを大陪審に示さなければならない。連邦大陪審の陪審員の数は最小16人，最大23人である。票決でそのうち少なくとも12人が賛同しなければ起訴できない。大陪審の決定は，起訴相当（true bill）か，不起訴相当（no true bill）のいずれかである。大陪審が起訴するに足る十分な相当の理由（sufficient probable cause）があるということで起訴を相当と決定したときは，連邦治安判事（U.S. magistrate judge）に対し，正式起訴状を送付する（刑訴規則6条f項）。正式起訴状の送付を受けて，連邦治安判事は，被疑者に対し連邦地方裁判所判事のもとで陪審裁判／審理陪審（jury trial）を受け，判決（judgment）・刑の宣告（sentencing）を受けることを選択できる旨を説明する（18 U.S. Code／合衆国法典タイトル18第3401条〔軽罪；保護観察法（Misdemeanors; application of probation laws）〕a項・b項）。

　一方，大陪審の陪審員が，評議の結果，起訴するに足る十分な相当の理由がないとした場合には，不起訴（no true bill, no bill）相当の決定をする。

　連邦大陪審は，起訴するに足りる証拠があると考える場合であっても，起訴状の発付を答申しないことができる。小陪審の場合と異なり，大陪審の不起訴権限は判例上も明示的に認められている。連邦検察は，大陪審が不起訴を相当とする決定をしたとしても，十分な証拠があり有罪を確信できるときには，訴訟手続を開始することは可能である。しかし，実務的には，起訴を断念するのが常である。

　なお，大陪審の手続には「二重の危険／二重処罰の禁止（double jeopardy）」ルールは適用ないとされている。このため，いったん大陪審が起訴状の発付を拒否した場合であっても，連邦検察が同じ事件を再度大陪審に付託することは連邦国憲法上ゆるされると解されている[37]。

---

[37] 連邦憲法は，刑事犯罪にかかわった被疑者（the accused）や被告（defendant）に対しては黙秘権／自己負罪拒否の権利（rights against self-incrimination）や二重の危険／二重処罰の禁止の危険からの保護（protection against double jeopardy）を明確に保障している（修正第5条）。このことから，大陪審による起訴し得るかどうかの決定は，被疑者への自白の強要による証拠固めによるべきではなく，政府が全面的に証拠固めの責任を負うべきであるし，また，大陪審は，一度危険な状態に置かれた刑事事件については再度起訴を決めることはできないとする学者の見解もある。See, e.g., Alfredo Garcia, "The Fifth Amendment: A Comprehensive and Historical Approach," 29 U. Tol. L. Rev. 209 (1998).

(2) 罪状認否（アラインメント）

　起訴されると，裁判所の公開に法廷において，裁判長は，被告人（defendant）または被疑者（person accused of a crime）（以下「被告人」という。）に対する「罪状認否（アラインメント／arraignment）」を行い，答弁を求める（刑訴規則10条）。被告人本人の同意が得られれば，罪状認否（アラインメント）をビデオ法廷方式で行うこともゆるされる（刑訴規則10条 e 項）。

　罪状認否（アラインメント／arraignment）における「答弁（plea）」には，①「有罪の答弁（Plea of guilty）」，②「不抗争の答弁（Plea of *nolo contendere*）」および③「無罪の答弁（Plea of not guilty）」[38]の3つがある。

　罪状認否（アラインメント）において，被告人が①有罪の答弁または②不抗争の答弁をすると，公判審理を受ける権利を放棄したものとされえ，事件は量刑手続に移るため，その法的効果は大きい。

　被告は，①有罪の答弁，（または②不抗争の答弁）をする場合には，裁判官は，その答弁を正式に受理するかどうかの判断にあたっては，被告人がその意味をよく理解し，任意に答弁しているのかを確認しなければならない（刑訴規則11条）。このことから，被告人は，①有罪の答弁する場合には，必ず法廷に出席するように求められる。

　裁判所が，被告人の①有罪の答弁を正式に受理すると，裁判所は「公平で正当な理由（fair and just reason）」がある場合を除き，その答弁を量刑前に取り消すことをゆるさない。

(3) 公判前審問

　一方，被告人が，裁判所の罪状認否において③無罪の答弁をしたとする。この場合には，「公判前審問（Pretrial hearing）」に入る[39]。公判前審問は，争点を円滑かつ集中して審理できるように，訴因を明確にし，かつ法廷に提出する証拠を整理し，審理計画をつくるのが狙いである。当事者からの申立て（motion）に基づき，さまざまな審問が開かれる（刑訴規則12条）。

　こうした公判前審問をする一方，被告人やその代理人（弁護士）は，連邦検察（検察官）と協議を行う。被告人が，いったん③無罪の答弁をして争う姿勢を示

---

[38] ②「不抗争の答弁」は，この刑事訴訟では訴因について争わない旨の答弁であり，①有罪の答弁とほぼ同じ効果がある。しかし，民事訴訟ではこれを援用できないという点で，有罪に答弁とは異なることになる。したがって，わが国の法的効果の伴わない罪状認否とは異なる。

[39] ちなみに，わが国の公判前整理手続は，アメリカ法のこの「公判前審問」に倣ったものとされる。

した後に，連邦検察（検察官）との間での協議を行うのは，有利な条件で「司法取引（plea bargaining）」（刑訴規則11条 c 項）をするためである。

事実，連邦税の脱税犯罪（ほ脱犯罪）を問われた「租税犯則事件（criminal tax case）」にかかるほとんどの訴訟では，第1回公判期日前までに，被告人は①有罪の答弁（②不抗争の答弁を含む。）に転じ，司法取引（答弁取引）で決着をはかるのが常道となっている。

E 租税犯則事件訴訟における司法取引の所在

これまで見てきたように，連邦の租税犯則事件の調査から裁判に至る過程には，被告人・被疑者である納税者（taxpayer）はもちろんのこと，その代理人（弁護士），連邦司法省租税部（DOJ＝Department of Justice, Tax Division）や連邦検察に加え，連邦の課税庁である内国歳入庁（IRS＝Internal Revenue Service）も関係してくる。

アメリカにおいては，租税犯罪をはじめとして経済犯罪裁判には幅広く「司法取引」（「答弁取引」ともいう。）が活用されている。司法取引は，刑事事件の迅速処理を狙いに被疑者から重要な供述を得るため幅広く採り入れられている司法手続の1つである。司法取引とは，ひとことでいうと，刑事裁判において，被告人（defendant）が，罪を認めること（pleading guilty to the offense）を条件に，検察官が罪状の取り下げ，量刑の軽減（a reduced sentence）などを保証する取引を指す。

アメリカの連邦や州の刑事裁判では，ほとんどの場合，1回目の罪状認否（アラインメント／arraignment）で，被告人は無罪を主張する。無罪を主張すると，公判期日が設定され，その後，会議室（conference room）で，被告人・被告人の弁護人・検察官，事件によっては裁判官を交えて，裁判の進行について関係者以外立入禁止の協議（"in chambers" conference）が持たれる。

この協議が，実質的に"司法取引"の場となり，いくつかの罪状の取り下げを行うか，またはどの程度の刑罰の減刑で事件を決着させるかの取引が行われる。合意に達すれば，検察官と被告／弁護人の間で合意書（plea agreement）が作成される。司法取引の交渉内容については，合意書が締結されるまで公開してはならないことになっている[40]。

統計的にみても，アメリカの90％を超える刑事裁判において，量刑は司法取

引（答弁取引）で決まる。この意味では，極めて効率的ともいえる[41]。また，納税者やその代理人にとっても，「勝ちか負けか（all-or-nothing）」の結論しかない本訴で争うよりも予測可能性を高め「justice」に資するとの見方もある[42]。

しかし，その一方で，司法取引の拡大により，陪審による正式な裁判手続は回避され，被告人の有罪の答弁により99％を超える有罪率につながっていることも重い現実して受けとめなければならない[43]。多くの刑事訴訟を専攻する学者や弁護士は，合衆国憲法で被告人・被疑者に保障された刑事司法上の「人権（civil rights）」，「justice」が"風前の灯火"になっている実情に危機感をあらわにしている[44]。「Tax Justice」，「Criminal Justice」などさまざまな価値観がぶつかり合う実情にある[45]。

ちなみに，租税関連事件ではないが，わが国の自動車部品メーカーのタカタ株式会社（Takata Corporation，以下「タカタ」という。）は，2015年11月に，欠陥エアバッグ問題でアメリカ連邦運輸省の道路交通安全局（NHTSA）から適切なリコールや情報開示をしていなかったことを理由に，アメリカ国内で被害を拡大したとして2億ドルの民事制裁金をかされた。また，連邦司法省（DOJ）は，アメリカ欠陥エアバッグ問題で不正な試験データと誤解を生じさせるような報告書を公表することにより自動車メーカーや消費者に対する通信詐欺（wire fraud）違反を問うた。タカタは，ミシガン州の連邦大陪審で，起訴相当の決定

---

[40] ちなみに，租税犯則事件以外の裁判では，裁判への被害者の参加権（victim's rights）が問われてきている今日，司法管轄によっては，司法取引の場で被害者が意見を述べる機会を与えているところもある。また，連邦最高裁の判決（Santobello v. New York, 404 U.S. 257 (1971)）に従い，合意書に盛られた条件／量刑が法的拘束力を有するためには，担当裁判官の承諾が必要とされている。

[41] See, Russell D. Covey, "Plea Bargaining and Price Theory," 84 Geo. Wash. L. Rev. 920 (2016).

[42] See, Gregory M. Gilchrist, "Bargaining for More Trials" 60 Champion 20 (2016); Gregory M. Gilchrist, "Trial Bargaining," 101 Iowa L. Rev. 609 (2016).

[43] See, John Rappaport, "Criminal Procedure in the Spotlight: Unbundling Criminal Trial Rights," 82 U. Chi. L. Rev. 181 (2015).

[44] わが国では，2016（平成28）年5月24日に，犯罪捜査の手法を大きく変える刑事司法改革関連法が成立した。これに伴い，2年後までに日本型「司法取引／答弁取引（plea bargaining）」が導入される。司法取引の対象としては，組織犯罪や薬物取引などが大きく注目を浴びている。しかし，広く「経済犯罪」も司法取引の対象となる。すなわち，租税犯罪（脱税）や独禁法違反罪（談合や価格カルテルなど），金融商品取引法違反罪（粉飾決算，インサイダー取引など），詐欺や横領，贈収賄などの「ホワイトカラークライム（white color crime）」も広く司法取引の対象となる。現在にところ，租税犯則事件訴訟に対して，司法取引がどのような影響を及ぼすのかについて，わが国の税の専門家や研究者の関心はあまり高くない。

[45] アメリカの「司法取引」については刑事司法の面から研究も多いことから，ここでは，これ以上深く立ち入らない。

を受けた。その後，ミシガン東部地区連邦地方裁判所（U.S.District Court for the Eastern District of Michigan）での罪状認否後，連邦司法省詐欺部（DOJ Fraud Division）と協議を開始し，2017年1月に，10億ドルの制裁金の支払と3人の元取締役を通信詐欺（wire fraud）と共謀罪（conspiracy））〔連邦刑法・刑事訴訟法（合衆国法典タイトル18/18 U.S.Code）371条〕[46]の嫌疑で起訴することを内容とする司法取引に応じた[47]。

F　司法省の起訴猶予合意（DPA）・不起訴合意（NPA）の所在

連邦司法省（DOJ）は，経済犯罪で訴追可能な巨大企業を赦免（amnesty）するために，しばしば「DPA＝Deferred Prosecution Agreement」という手法を活用してきている。「起訴猶予合意」，「起訴延期合意」と邦訳できる。ここでは，「起訴猶予合意」の邦訳を使う。また，DPA（起訴猶予合意）に加え，NDA（non-prosecution agreement）「不起訴合意」（仮訳）という赦免の方法もある[48]。

【図表Ⅶ-13】起訴猶予合意（DPA）と不起訴合意（NPA）との主な違い

起訴猶予合意（DPA）の特徴	不起訴合意（NPA）の特徴
・DPAは，連邦検察が被疑者に起訴（訴追）する旨を告げた後に，刑事訴追（起訴）を回避する可能性を探り，検察官と被疑者である企業との間で協議し，一定の条件を遵守するとした合意 ・合意条件：①巨額の金銭制裁金（通例，罰金，規制当局への課徴金，消費者への補償金の支払や支払のための基金（restitution fund））の負担，②企業統治の改善計画，③外部監視者（monitor）の導入，④被害者弁償等，⑤自発的情報公開，⑤カウンセリングの受入れ，⑥連邦検察の犯罪調査（捜査）に無条件で協力する ・1～3年の保護観察期間の設定，その期間経過後は，起訴しない。 ・裁判所による合意の遵守状況の監督	・NPAは，起訴しないことを前提に検察官と被疑者である企業との間で協議し，巨額の（罰金／課徴金／損害賠償金な等）の負担をほぼ唯一の条件とした合意 ・一定の合意条件：巨額の金銭制裁（通例，罰金，規制当局への課徴金，消費者への補償金の支払や支払のための基金（restitution fund））の負担など ・裁判所による合意の遵守状況の監督はなし。

---

[46] 連邦の犯罪である「郵便・通信詐欺（mail & wire fraud）」や「conspiracy（共謀罪）」は，企業犯罪の摘発にもしばしば用いられるが，いずれもわが国にはない犯罪類型である。

[47] See, "Takata agrees to pay $1 billion in criminal penalties," Detroit Free Press (January 13, 2017).

[48] See, U.S. Attorney's Manual: 163. Selection and Use of Monitors in Deferred Prosecution Agreements and Non-Prosecution Agreements with Corporations〕Available at: https://www.justice.gov/usam/criminal-resource-manual-163-selection-and-use-monitors

連邦司法省（DOJ）は，被疑者に新たな法的な受任義務を課すことになる起訴猶予合意（DPA）や不起訴合意（NPA）を，連邦検察の訴追にかかる裁量権（prosecutorial discretion）に基づき，連邦検察マニュアル（U.S. Attorney Manual 9-28.000-9）に規定されたガイドライン「事業組織にかかる連邦訴追原則（Principles of Federal Prosecution Of Business Organizations）」に従って締結している[49]。

(1) 起訴猶予合意（DPA），不起訴合意（NPA）とは何か

起訴猶予合意（DPA）や不起訴合意（NPA）とは，検察官と被疑者との間で締結される合意である[50]。被疑者である企業が起訴相当の罪を犯しても，合意された内容を遵守する限り，検察官は手続の進行を止め，被疑者である当該企業が一定期間（certain period of time）合意された条件を遵守した場合，公訴を断念する（dismissal）というものである。メリットとしては，猶予の対象となった被疑者が公訴で有罪判決を受けないことから，各種事業免許の取消し等への影響を避けられ，従業員等への影響を食い止め雇用が護れること，被害者が早めに被害弁償を受けられることなどがあげられる。

しかし，起訴猶予合意（DPA）ないし不起訴合意（NPA）という司法取引もどきの合意（guilty-plea-esque agreement）は，公判（正規の裁判／正式な事実審理）なしに事件を決着させるという点で，刑事司法全体，連邦法人企業犯罪取締実務に与える影響は大きい[51]。

(2) 起訴猶予合意（DPA），不起訴合意（NPA）の企業犯罪への拡大

当初，起訴猶予合意（DPA）ないし不起訴合意（NPA）は，個人の犯罪が対象であったが，その後，企業犯罪にも活用されるようになった。起訴猶予合意（DPA）ないし不起訴合意（DPA）が注目を浴びるようになったのは，1992年の投資銀行「ソロモン・ブラザーズ（Salomon Brothers）」と連邦司法省（DOJ），連邦証券取引委員会（SEC＝Securities and Exchange Commission）との間で結ばれたないし不起訴合意（NPA）である。ソロモン・ブラザーズは，連邦財務省証券

---

[49] Available at: https://www.justice.gov/usam/usam-9-28000-principles-federal-prosecution-business-organizations
[50] 一種の「保護観察期間（a term of probation before a conviction）の設定」に相当するともいえる。
[51] See, Joe Albano & Alexander Sanyshyn, "Corporate Criminal Liability," 53 Am. Crim. L. Rev. 1027 (2016).

(U. S. Treasury securities／事実上のアメリカ国債)の取引にかかる大掛かりな違法行為を摘発された。しかし，多額の民事制裁(2億9千万ドル)と，政府の調査(強制調査に伴い被調査者に認められる憲法上の権利放棄を含む。)に全面的に協力すること，自発的に情報公開をすること，コンプライアンス・プログラムを導入することなどを条件に，連邦司法省(DOJ)，連邦証券取引委員会(SEC)と不起訴合意(NPA)を締結するに至った。このソロモン・ブラザーズとの不起訴合意(NPA)が，連邦における企業犯罪への最初の不起訴合意(NPA)ケースとされる。

一方，企業犯罪への最初の起訴猶予合意(DPA)は，1993年にアメリカ・ロサンゼルスの軍用航空機の防弾板専門メーカーであるアルモル・アメリカ社(AoA＝Armour of America)が2万ドルの民事制裁とコンプライアンス・プログラムを導入することなどを条件に，連邦司法省(DOJ)と締結した合意が，連邦における企業犯罪への最初のケースとされる。

その後，起訴猶予合意(DPA)は徐々に増加していったが，企業犯罪にかかる起訴猶予合意(DPA)制度整備の契機となったのは，「ホルダー・メモ(Holder memo)」と呼ばれる文書である。1999年6月16日，当時のエリック・ホルダー(Eric Holder)司法副長官は，通称「ホルダー・メモ」[52]を公表し，企業犯罪にかかる起訴(訴追)基準は，「企業文化を積極的に変化させること」を目的に，8つの基準で行う旨をアナウンスした。それらは，犯罪の性質，経営者の関与の程度のほか，自発的な情報開示，コンプライアンス・プログラムの導入，是正措置の実施，積極的な捜査協力，株主や従業員，利害関係人(ステークホルダー)への説明責任を果たすことなど。

ホルダー・メモは，連邦検察マニュアル(U. S. Attorney Manual)に起訴猶予合意(DPA)締結の際のガイドラインとして規定された。ホルダー・メモは，本人の当初の意図とは異なり，連邦検察官による企業犯罪の起訴のあり方に大きな影響を与え，不起訴合意(NPA)が企業犯罪の赦免に利用されるようになった。

その後，2003年には，当時のラリー・トンプソン(Larry Thompson)司法副長官は，通称「トンプソン・メモ」を公表した[53]。トンプソン・メモでは，後述

---

[52] See, Memorandum from Eric Holder, Deputy Attorney General, U. S. Department of Justice, to Component Heads and U. S. Attorneys, Federal prosecution of corporations (June 16, 1999) at Part 1.A.

の連邦検察の配慮を欠いた公訴により廃業したアーサー・アンダーセン会計監査事務所（Arthur Andersen LLP）事件で学んだことも織り込んで，企業犯罪にかかる「訴訟前変更DPA（pretrial diversion DPA）」を提案したことが目新しい点である。

また，2008年に，スイスのプライベートバンク大手「UBS AG（Union Bank of Switzerland）」の勧誘を受けて，多くの富裕なアメリカ人が，オフショア・タックスヘイブンに法人を設立し法人名義の秘密口座を開設し，アメリカで申告しなかった所得や金融資産などをそこに移転し，不正に蓄財をしていた大掛かりな事件（以下「スイスUSB銀行事件」という。）が発覚した[54]。このスイスUSB銀行事件でも，連邦司法省（DOJ）は，同行と起訴猶予合意（DPA）を締結し，決着をはかっている[55]。

租税関連の刑事事件ではないが，トヨタ自動車（以下「トヨタ」という。）は，2009年秋から2010年初頭にかけてアメリカで発生した大規模なリコール問題で，通信詐欺（wire fraud）〔連邦刑法・刑事訴訟法（合衆国法典タイトル18/18 U.S. Code）1343条〕違反を問われた。すなわち，トヨタは，故意に，「アクセルペダルの戻り不良」および「フロアマットのアクセルペダルへの引っ掛かり」の両リコールに関連する情報を連邦関係当局に報告せず，かつ誤解を生じさせるような情報を公表することによって，アメリカの消費者に車を買うように勧誘し，詐欺を働いたとされ，通信詐欺違反を問われたのである。その後，トヨタは，2014年3月に，連邦司法省詐欺部（DOJ Fraud Division）との間で，12億ドルの制裁金の支払などを条件とした起訴猶予合意（DPA）を締結し，事件を終結させている[56]。

---

[53] See, Memorandum from Larry Thompson, Deputy Attorney's Office, Principle of Federal Prosecution of Business Organization 3 (Jan. 20, 2003).

[54] ちなみに，連邦議会は，スイスUSB銀行事件を契機に，2010年3月18日に「外国口座税務コンプライアンス法（FATCA＝Foreign Account Tax Compliance Act）」を成立させ，同日に施行している。FATCAは，アメリカに進出している外資系企業が本国の親会社や本社などに一定の支払をする場合で，高率（30％）の源泉課税を避け，二国間租税条約条の税率での源泉課税を受けたいときなどにも，当該外資系企業にも域外適用（extra-territorial application）される。様式W-8BEN〔合衆国源泉徴収税および報告のための受益者の資格証明（事業者用）（form W-8Ben: Certificate of Status of Beneficial Owner for the U.S. Tax Withholding and Reporting (Entities)）〕などの事業体内保存が義務付けられる。

[55] See, DOJ, USB Enters into Deferred Prosecution Agreement (Feb. 18, 2009). Available at: https://www.justice.gov/opa/pr/ubs-enters-deferred-prosecution-agreement

[56] See, Kelsey Mays, "Toyota to Pay $1.2 Billion to Settle U.S. Criminal Probe," (March 19, 2014). Available at: https://www.cars.com/articles/2014/03/toyota-to-pay-12-billion-to-settle-us-criminal-probe/

起訴猶予合意（DPA）の利用は，1993年〜2001年〔11件〕，2002年〜2005年〔23件〕，2006年〜2008年〔66件〕，近年は，年100件を超える程までに至っている。

(3) 起訴猶予合意（DPA），不起訴合意（NPA）の実際

起訴猶予合意（DPA）ないし不起訴合意（NPA）は，連邦証券取引委員会（SEC＝Securities and Exchange Commission）[57]，内国歳入庁（IRS），連邦取引委員会（FTC＝Federal Trade Commission）のような連邦機関が，企業の経済犯罪にかかる犯則調査を行い，その結果，連邦司法省（DOJ）ないし連邦検察（U.S. Attorney）が，調査対象企業（target entity）を起訴（訴追）する最終決定をするに際して，当該調査対象企業と協議することで始まる。協議の結果，合意にいたれば，起訴猶予合意（DPA）ないし不起訴合意（NPA）を締結することになる。

そこで，次に，多用されている起訴猶予合意（DPA）が，どのように，企業犯罪の赦免に利用されえているのかについて，わが国でもよく知られている実例をもとに点検してみたい。

① アーサー・アンダーセン事件

2001年10月に，アメリカの有力経済紙『ウォールストリート・ジャーナル』などが，連邦証券取引委員会（SEC）が任意でエンロン社（Enron Creditors Recovery Corp.）不正会計疑惑を調査していることを報じた。この調査に連座する形で，粉飾決算，不正会計を問われたエンロン社の会計監査に関与していたアーサー・アンダーセン会計監査事務所（Arthur Andersen LLP）が，エンロン社やアーサー・アンダーセン事務所内の大量の書類やメール等の破棄を指示していたことが発覚した[58]。このことを理由に，アーサー・アンダーセンは，連邦検察から文書破棄の罪〔連邦刑法・刑事訴訟法（合衆国法典タイトル18/18 U.S. Code）1512条ｂ項２号ＡおよびＢ〕などを問われた。

当初，連邦証券取引委員会（SEC）や連邦司法省（DOJ）は，訴追前協議において，巨額の課徴金の納付や政府の調査への全面協力，コンプライアンス・プログラムの導入などを条件に，起訴猶予合意（DPA）の締結を提案してきた。しかし，アーサー・アンダーセンは，課徴金が余りにも高額であること，政府

---

[57] 連邦司法省反トラスト部（DOJ Antitrust Division）は，法人赦免ポリシー（Corporate Leniency Policy）に基づいて，独占禁止法違反の企業犯罪の赦免のための合意を締結している。

[58] See, Barbara Ley Toffler, Final Accounting--Ambition, Greed and the Fall of Arthur Andersen 228 (Broadway Books 2003); Peter C. Fusaro and Ross M. Miller, What Went Wrong at Enron (John Wiley & Sons 2002).

側の刑事訴訟には勝てる見込みがあること，起訴猶予合意（DPA）は逆に顧客からの訴訟を誘発することなどを憂慮し，提案に応じなかった。

これを受けて，連邦司法省（DOJ）は，アーサー・アンダーセンを起訴する決定をした。書類を廃棄した数あるアーサー・アンダーセン国内支部事務所の1つが所在する地域を管轄するテキサス南部地区連邦地方裁判所（U.S. District Court for the Southern District of Texas）（以下，たんに「連邦地裁」ともいう。）に提訴した。連邦大陪審が開かれ，連邦検察によるアーサー・アンダーセンの起訴（訴追）は相当（true bill）であるとし承認された。連邦検察によるアーサー・アンダーセンの起訴は連邦地裁の手に委ねられた。

当初，アーサー・アンダーセンは，連邦地裁で行われる1回目の罪状認否（アラインメント／arraignment）で，無罪の答弁をして争う姿勢を示した後に，連邦検察（検察官）と協議を行い，その後に有罪の答弁の転じ，有利な条件で「司法取引（plea bargaining）」をする戦術を考えていた。

しかし，連邦証券取引委員会（SEC）は，法律上有罪となった会計監査事務所が証明した監査報告書を受理することできない。この戦術では，アーサー・アンダーセンの顧客はいなくなってしまう。このため，罪状認否（アラインメント）で無罪の答弁をして，公判審理で争うことにした。しかし，この戦術もうまくは運ばなかった。

2002年5月2日，連邦地裁は，陪審（審理陪審／trial jury）の有罪評決に基づき，本件原告の連邦政府勝訴，本件被告アーサー・アンダーセン（被告）に対し，5年間の保護観察・50万ドルの罰金の有罪判決を下した[59]。アーサー・アンダーセン（被告）は，同地裁に，陪審の評決を無効とする判決を求める申立て（motion for a judgment of acquittal）を行ったが，その申立ては却下された（U.S. v. Arthur Andersen LLP, S. D. Tex. 2002/Cr. No. H-02-121）。

この連邦地裁判決後の2002年8月31日，「世界6強（Big &）」（当時）の一翼を担い，世界に従業員約8万5,000人を擁するグローバル会計監査事務所は，廃業に追い込まれた。

その後，アーサー・アンダーセン（被告）は，連邦地裁判決を不服として，第5巡回区連邦控訴裁判所（U.S. Court of Appeals for the Fifth Circuit）に控訴した。

---

[59] See, Kelly, James, "The Power of an Indictment and the Demise of Arthur Andersen" 48 S. Texas L. Rev. 509（2006）．

しかし，同裁判所は，2004年6月16日に，連邦地裁の陪審（審理陪審／trial jury）の評決は正しいとして，公訴棄却の判決を下した（U.S. v. Arthur Andersen LLP, 374 F.3d 281 (2004)）。

公訴棄却の判決を受けて，アーサー・アンダーセンは，文書破棄を処罰する連邦刑法・刑事訴訟法（合衆国法典タイトル18／18 U.S.Code）1512条b項の本件への適用・解釈は違法であるとして連邦最高裁判所（U.S. Supreme Court）に上告受理の申立て（a petition for writ of *certiorari*）をし，受理された。2005年5月31日に，連邦最高裁判所は，本件への文書破棄罪の適用・解釈は誤り・違法であるとし，アーサー・アンダーセンに対する下級審の有罪判決を破棄した（Arthur Andersen LLP v. United States, 544 U.S. 696 (2005)）[60]。

最高裁判決では，上訴人（上告人）であるアーサー・アンダーセンを勝訴としたが，そのそもそもの原因は，連邦検察の「文書」についての誤った解釈にある，とした（554 U.S. 696, at 707-08）。すなわち，刑事裁判において，死刑または自由刑／拘禁刑を科す犯罪について，被告を正式に起訴するには，連邦大陪審（起訴陪審／grand jury）による正式起訴（インダイトメント／indictments）を認める判断が必要となる。連邦大陪審は，連邦検察の多大な影響化にある。連邦検察が，文書破棄罪の対象となる「文書」の解釈について陪審員に誤った教示を行うと，その解釈が一人歩きし，連鎖的に，誤った大陪審の起訴相当の判断，誤った起訴陪審の評決，さらには誤った地裁判決につながる。

アーサー・アンダーセンは，最高裁の「正義」の裁断に敬意を表した。しかし，時はすでに遅すぎた。大陪審による正式起訴（インダイトメント／indictments）が決定された時点で，アメリカ国内では28,000人にも及ぶ犯罪行為には直接加担していない無実（善意）のアーサー・アンダーセン従業者が解雇された。アーサー・アンダーセンは「連邦政府は，このことを深刻に受け止め自戒が必要である」との苦言を呈した[61]。

2008年に，連邦司法省（JOD）は，アーサー・アンダーセンに対し，起訴猶予合意（DPA）案を示したが，アーサー・アンダーセンは話し合いに応じなかった。

---

[60] アーサー・アンダーセン事件最高裁判決の分析として，See, "The Supreme Court, 2004 Term: Leading Cases," 119 Harv. L. Rev. 404 (2005).
[61] See, Mark Coultan, "Andersen Wins in Supreme Court," Sydney Morning Herald (June 2, 2005).

② **KPMG 事件**

2002年,「世界5強 (Big 5)」(アーサー・アンダーセンが廃業して5強体制になった。) の一翼を担う KPMG 会計監査事務所に対して, 不法な租税回避 (tax shelter fraud) スキームを顧客に販売した疑いで内国歳入庁 (IRS) による租税犯則調査, 続いて連邦司法省 (DOJ) による訴追のための調査 (捜査) が開始された。

アーサー・アンダーセンの崩壊を目の当たりにしていた KPMG は,「戦わずして勝つ」途を模索した。連邦司法省 (DOJ) との起訴猶予合意 (DPA) の締結に向けて協議を開始した。2005年5月29日, 4億5,600万ドルの制裁金を支払うとともに, 将来の強制調査に協力することなどを内容とする起訴猶予合意 (DPA) を連邦司法省 (DOJ) と締結した[62]。その1年半後の2007年1月3日に, 連邦司法省 (DOJ) は, KPMG が合意条件を履行したと判断し, 公訴を断念した[63]。

③ **「巨大すぎて刑務所送りにはできない (too big to jail)」ルールの透明化**

俗に「アンダーセン・ショック (Andersen effect)」といわれるように, アーサー・アンダーセンのような大企業の犯罪摘発に続く刑事訴追は, 信用失墜による企業崩壊にもつながる。この結果として, 大量の善意 (無実) の専門職や従業者の失職など, さまざまな教訓を残した。アメリカ法曹界や経済界には, アーサー・アンダーセン事件を契機に, 連邦司法省 (DOJ), 連邦検察 (U.S. Attorney) は,「巨大すぎて刑務所送りにはできない (too big to jail)」とする考えを背景にした起訴猶予／不起訴ルールの必要性を学んだのでないか, と指摘する声もある。

連邦司法省 (DOJ) および連邦検察は, 善意 (無実) の第三者が企業犯罪に連座して不利益を被らないように, 起訴猶予合意 (DPA) や不起訴合意 (NPA) を締結する場合のルールの透明化に向けた努力を続けている。具体的には, 連邦検察マニュアル (U.S. Attorney Manual) 9-28.000-9に, 次のような項目・注解からなるガイドライン「事業組織にかかる連邦訴追原則 (Principles of Federal

---

[62] See, DOJ, KPMG Deferred Prosecution Agreement, at 2 (August 26, 2005).
[63] しかし, 現実には, KPMG が, 連邦司法省 (JOD) との起訴猶予合意 (DPA) を締結し決着をはかった後も, 合意に盛り込まれた「将来的な強制調査協力」や「顧客等から訴えられた従業者の訴訟費用の肩代わり」の範囲などをめぐり, 連邦司法省 (JOD), 顧客, 従業者と KPMG との間での紛争が絶えていない。See, Gordon Bourjaily, "DPA DOA: How and Why Congress Should Bar the Use of Deferred and Non-Prosecution Agreements in Corporate Criminal Procedures," 52 Harv. J. on Legis. 543, at 548 *et seq.* (2015).

Prosecution Of Business Organizations）」を発遣して，その姿勢を明確にしている。

【図表Ⅶ-14】事業組織にかかる連邦訴追原則（項目一覧）

・9-28.000	企業訴追の関する基本原則	
・9-28.100	連邦検察官の責務および企業指導者の責務	
・9-28.200	企業責任の一般的検討	
・9-28.210	個人犯罪者にかかる焦点	
・9-28.300	考慮すべき要因	
・9-28.400	特別の政策的な考慮	
・9-28.500	法人内における犯罪行為の広がり	
・9-28.600	法人の前歴	
・9-28.700	法人の価値	
・9-28.710	弁護士―依頼人特権保護および職務活動成果の保護	
・9-28.720	協力：関係事実の開示	
・9-28.730	調査（捜査）妨害	
・9-28.740	協力申出：免責特権の放棄	
・9-28.750	法人への依頼人特権の放棄要請または職務活動成果保護の放棄要請がこの指針（policy）に反していないかどうかの監視	
・9-28.800	企業コンプライアンス・プログラム	
・9-28.900	自発的開示	
・9-28.1000	損害賠償および改善	
・9-28.1100	付随的な効果	
・9-28-1200	民事または規制の選択	
・9-28-1300	個人の訴追の妥当性	
・9-28.1400	制裁金の選択	
・9-28.1500	法人との答弁合意	

これら事業組織にかかる連邦訴追原則に盛られた項目の1つ，例えば，9-28.1100〔付随的な効果（Collateral Consequences）〕においては，企業犯罪にかかる起訴（訴追）検討に伴い連邦検察官が斟酌すべき点について，次のように述べる。

【図表Ⅶ-15】企業犯罪の起訴の要否の精査に際し斟酌すべき付随的効果（抜粋）

A．**原則（General Principle）** 検察官は，刑事犯罪で法人を処罰すべきどうか，また，企業の刑事事件をどのように処理すべきかを決定する場合には，企業への有罪宣告，正式起訴（インダイトメント）に伴う付随的な効果を考慮するものとする。

B．**注解（Comment）** 自然人または法人を処罰するかどうかの決定要因の1つは，見込まれる罰則がその犯罪の性格および重大性からして適切かどうかである。法人

の場合を考えてみると，検察官は，その法人の従業者，投資家，年金受給者および顧客の多くは，その法人の規模および性格ならびに業務上の役割にもよるが，犯罪行為においていかなる役割も演じていない，犯罪行為を知らないまたはそれを防止することは不可能であるにもかかわらず，それらの人たちに及ぼす実質的な効果を斟酌する必要がある。また，検察官は，政府契約への暫定的参加停止，または健康介護プログラムのような連邦助成プログラムへの参加資格のはく奪のような，非刑事制裁（科料支払が伴う程度のものを含む。）を検討すべきである。特定の事件に対して適切かつ必要とされる非刑事制裁の適否の判断は，所管する機関の責任であり，かつ典拠となる制定法，規則および政策に基づいて決定されるものとする。

法人に対するほぼすべての有罪宣告は，個人に対するほぼすべての有罪宣告と同様に，善意の第三者に影響を与えるが，たんにこうした影響があることでもって法人の起訴を止めるのには十分とはいえない。このことから，付随的な効果の妥当性を評価するにあたっては，すでに述べてきたさまざまな要因，例えば，犯罪行為の広がり，法人のコンプライアンス・プログラムの妥当性を，この要因の重要性の決定において考慮に入れるべきである。例えば，その事件における不正行為が広範に及んでおり，かつ法人の部内に広がっている（またはその法人の複数の部を超えて広がっている）場合には，法人の起訴に積極的になり得る。〔中略〕

一方，法人に対する有罪宣告伴う付随的な効果が，善意の第三者に対して重大である場合，適用法律の遵守および再犯防止をねらいとした条件を付した不起訴合意（NPA）または起訴猶予合意（DPA）を検討することが適切である。この種の合意は，第一の選択である正式起訴（criminal indictment）でもなく，第二の選択である起訴回避（declination）でもないという意味で第三の選択といえる。起訴回避は，法人犯罪者に何の制裁をしないで犯罪を見逃すことにつながる。有罪宣告は，犯罪行為に加担していない無実（善意）の第三者に重大な権利利益侵害の結果をもたらすことにつながる。適切な状況下においては，不起訴合意（NPA）または起訴猶予合意（DPA）が，法人業務の清廉性を回復し，かつ犯罪行為をした法人の財政能力の保全にも資する。加えて，政府は合意に重大な違反をした反抗的な法人を起訴する権限を留保することもできる。この種の合意は，ほかにも，被害者への迅速な賠償金の支払のような重要な目的を確保できる。法人に対する刑事制裁金の賦課その他の選択的な制裁は，公正な結果を導き出す現実的かつ理性のある方法として評価される必要がある。法律を遵守したうえで推奨できるという意味で，司法省の要請にも資する。〔2015年11月改定〕

検察官は，アメリカ籍法人または多国籍法人の場合には，問題となった法人に関する司法省内の他の事項についても決定をするように努めなければならないことに留意すべきである。多数地区に関わるまたは世界的な不起訴合意（NPA）または起訴猶予合意（DPA）は，法執行上の利益および公益にも関係する。こうした合意は，所管の地区または司法省職員の承認が得られてはじめて締結することができる。

(4) 起訴猶予合意（DPA），不起訴合意（NPA）制度の課題

　連邦司法省（DOJ）ないし連邦検察（U.S. Attorney）は，「訴追にかかる裁量権（prosecutorial discretion）」を享受している。このことは，言い換えると，ターゲットとなった企業は，連邦司法省（DOJ）ないし連邦検察（U.S. Attorney）の言いなりになるしかないことを意味する[64]。

　起訴猶予合意（DPA）は，起訴する側と起訴される側との間の「協議」，「合意」に基づき，起訴（訴追）が回避される仕組みである。とは言っても，いかに有能な企業弁護士がその協議に関与したとしても，実質，企業側には，自由な意思で合意する裁量などはない。したがって，起訴猶予合意（DPA）には連邦検察の持つ「訴追にかかる裁量権」が「訴追権の濫用（prosecutorial abuse）」につながる危険性が常につきまとう[65]。起訴猶予合意（DPA）を汎用することについては，連邦憲法のもとで「裁判を受ける権利」を基調に展開されてきたアメリカ刑事司法の伝統崩壊を危ぶむ声も強い[66]。

　また，起訴猶予合意（DPA）は，検察官が，自己の有する裁量権に基づき，犯罪を問われた企業側に対して，起訴（訴追）しない条件として新たにさまざまな受忍義務（mandates）を課す。しかし，このように，検察官が，はっきりした法的典拠もないのに裁量権に基づき，新たにさまざまな受忍義務を課すことは，「法の支配」ルールとぶつかるおそれがある。例えば，租税犯との間で，巨額の制裁金の支払を条件に連邦検察との間で起訴猶予合意（DPA）をすることは，「法の支配」，租税法律主義から派生する合法性の原則とぶつかるのではないか。起訴猶予合意（DPA）を拡大していくことは，いかに「巨大すぎて刑務所送りにはできない（too big to jail）」ことから現実的な対応が求められるとしても，連邦憲法に定められた三権分立のルールからみても好ましくないとの声もある[67]。

　さらに，起訴猶予合意（DPA）は，犯罪企業側は，連邦検察の犯罪調査（捜査）に無条件で協力することを実質強制される。この結果，弁護士―依頼人特

---

[64] See, Lisa Kern Griffin, "Compelled Corporation and the New Corporate Criminal Procedure," 82 N.Y.L. Rev. 311 (2007).
[65] See, Erik Paulsen, "Imposing Limits on Prosecutorial Discretion in Corporate Prosecution Agreements," 82 N.Y.U.L. Rev. 1434 (2007).
[66] See, John C. Coffee, Jr., "Deferred Prosecution: Has it gone too far?," Nat'l. L. J. (July 25, 2005) at 13.
[67] See, Jennifer Arlen, "Prosecuting Beyond the Rule of Law: Corporate Mandates Imposed through Deferred Prosecution Agreements," 8 J. of Legal Analysis 191 (2016).

権 (attorney-client privilege), 自己負罪の権利 (self-incrimination privilege) など連邦憲法が保障した権利などは風前の灯火と化してしまう。

裁判所による起訴猶予合意 (DPA) の遵守状況の監督 (court supervision of compliance with a DPA) の仕組みも問われている。なぜならば, 裁判所は, 合意条件の内容が憲法上の権利侵害や法令に抵触していたとしても, 介入できる権限が付与されておらず, 黙認を強いられる構図にあるからである。たんなる「番犬 (watchdog)」として参加することにより, 不法を保護しかねない立場に置かれることも危惧されている。

連邦司法省 (DOJ) は, この企業の起訴猶予にする起訴猶予合意 (DPA) に関するガイドラインを, 頻繁に改訂している。その背景は,「巨大すぎて刑務所送りにはできない (too big to jail)」という現実を受け容れ, かつ巨大企業の犯罪行為を立証しながらも「巨悪」を見逃し, 訴追 (起訴) に躊躇している連邦司法省 (DOJ), 連邦検察 (U.S. Attorney) に対する一般市民からの批判の高まりがある。最も公益 (public interest) を優先すべきはずの連邦検察が, 企業利益 (corporate interests) を優先し, 起訴 (訴追) に尻込みする姿に, 一般市民が喝采を送るわけがない。

(5) 起訴猶予合意 (DPA) 制度の制定法による廃止論

「起訴猶予合意 (DPA)」は, しばしば「司法取引 (plea bargaining)」と比較される。これは, 双方とも, "公判審理" にまで到達しないという意味では, 現象的に同じように見えるからであろう。

企業犯罪を実質的に "無罪放免" にしてしまう「起訴猶予合意 (DPA)」よりは, 曲がりなりにも法廷での「有罪の答弁 (Plea of guilty)」を起訴とする「司法取引」の方が, 取引の合意内容を公益保護の観点から裁判官が精査できることから[68], まだゆるせるとの声もある。

いずれにせよ, 現行の起訴猶予合意 (DPA) ないし不起訴合意 (NPA) に対する識者の危惧は,「巨大すぎて刑務所送りにはできない (too big to jail)」とする

---

[68] 例えば, 連邦司法省 (DOJ) と嫌疑者企業との司法取引のよる罰金等が強行性のある連邦判決ガイドライン (U.S. Sentencing Guideline) 以下の金額で合意されているなど合意内容が不適当と思われる場合には, 裁判官は「公益保護 (protection of public interest)」の観点から受け入れないことができる。See, e.g., U. S. v. Orthofix, Inc., U. S. District Court District of Mass. (No. 12-10374-WGY) Memorandum (July 26, 2013). Available at: https://jenner.com/system/assets/assets/7436/original/U. S._20v._20Orthofix_2012-10169.pdf

隠れた起訴猶予／不起訴基準で,「司法」がまったく関与できない形で,「巨悪」が赦免されてしまうところにある⒆。

連邦司法省（DOJ）ないし連邦検察（U.S. Attorney）の起訴にかかる裁量権に基づき実施されている「起訴猶予合意（DPA）」制度は,「法の支配」の著しい形骸化につながっていることから, 連邦議会が, 制定法（statute）で禁止すべきであるとの意見も出てきている⒇。

⒆ 連邦議会も, DPA や NPA に関心を示している。See, GAO, "Corporate Crime: Preliminary Observations on DOJ's Use and Oversight of Deferred Prosecution and Non-Prosecution Agreements," GAO-09-636T (2009).

⒇ See, Gordon Bourjaily, "DPA DOA: How and Why Congress Should Bar the Use of Deferred and Non-Prosecution Agreements in Corporate Criminal Procedures," 52 Harv. J. on Legis. 543, at 560 *et seq.* (2015).

4 民事租税制裁と刑事租税制裁との接点上の課題

　これまでみてきたように，連邦税法（IRC）は，さまざまな種類の租税制裁を定めている。これらの制裁は，大きく「民事租税制裁（civil tax sanctions）」と「刑事租税制裁（criminal tax sanctions）」（以下，それぞれたんに「民事制裁」，「刑事制裁」ともいう。）に分けることができる。民事制裁，刑事制裁に適用される連邦憲法上の原則，司法上の法原則は必ずしも同じではない。

　例えば，刑事制裁にかかわった被疑者（the accused）や被告（defendant）に対しては，合衆国（連邦）憲法に定める黙秘権／自己負罪拒否の権利（rights against self-incrimination）が保障される（修正第5条）。これに対して，各種の民事制裁を課すにあたっては，黙秘権／自己負罪拒否の権利は保障されない。また，納税者等の同一の行為（作為）・不作為に対して民事制裁，刑事制裁の双方をかす場合には，連邦憲法に定める二重の危険／二重処罰の禁止の危険からの保護（protection against double jeopardy）が及ぶのかどうかが問題になる。

　また，連邦納税者が自らにかされた租税制裁（民事租税制裁と刑事租税制裁）の妥当性を問う場合に，濫訴をコントロールする司法（訴訟手続）上のコラーテラル・エストッペル（collateral estoppel／同一争点排除）原則が足かせになる[71]。この司法手続上の原則は，簡潔にいうと，前訴において当事者間で確定した訴訟上の争点（事実認定）については，後訴においても拘束力を有するとするものである[72]。したがって，当事者は，後訴において同じ争点について異なる主張を行うことが許されないとするものである。

　以下に，連邦税法（IRC）上の租税制裁（民事租税制裁と刑事租税制裁）をめぐるいくつかの接点上の課題について簡潔にまとめてみる。

---

[71] コラーテラル・エストッペル（collateral estoppel）原則は，「記録による禁反言」を起源に，「同一争点排除（issue preclusion）」原則とも呼ばれる。一方，リース・ジュディケイタ（*res judicata*）原則は，「同一請求排除（claim preclusion）」とも呼ばれる。See, Allan D. Vestal, Res Judicata/Preclusion (M. Bender, 1969). 日本法にいう「既判力」に相応するとみてよい。

[72] もっとも，訴訟実務では，双方の原則が必ずしも厳密に区分して適用されていない。

A 租税制裁の憲法上の限界〜租税制裁と二重の危険／二重処罰の禁止原則

連邦税法（IRC）は，さまざまな種類の租税制裁を定めている。これらの制裁は，連邦憲法上の制限を受ける。

連邦憲法修正第5条は，「二重の危険／二重処罰の禁止（double jeopardy）」原則を規定している。この原則は，当初，同じ犯罪に対する「複数回の訴追（multiple prosecutions）の禁止」を意味するものと解されていた。

それが，1980代後半に入り，連邦最高裁判所は，この原則を「複数回の懲罰（multiple punishment）の禁止」を意味するものと解するようになった。すなわち，連邦最高裁は，U.S.対 Halper 事件判決〔490 U.S. 435（1989）〕において，すでに刑事制裁／刑事罰に処せられた者に対して民事制裁／民事罰を課し得るか否かは，当該民事制裁／民事罰が，連邦政府に生じた損失の回復手段という性質を有するか否かにかかっており，専ら刑罰の特質である報復または抑止の手段としか説明できない場合（thought to be explainable only as serving either retributive or deterrent purposes）には，二重の危険／二重処罰の禁止原則に違反し，後の制裁を課すことはゆるされないとした。

このことから，1つの行為に対して刑事制裁／刑事罰を科した後に，刑事制裁／刑事罰に相当するような過酷な民事制裁／民事罰を課す場合には，複数回の懲罰にあたるのかどうかが問われることになる（See, Hudson 対 U.S. 事件判決〔522 U.S. 93（1997）〕）。

例えば，連邦最高裁は，Montana Dept. of Revenue 対 Kurth Ranch 事件判決〔511 U.S. 767（1994）〕において，薬物犯罪で起訴された被告に対して，1987年モンタナ州危険薬物税法（Dangerous Drug Tax Act）に基づき犯罪収益に対して懲罰的で過酷な課税したことは，二重の危険／二重処罰の禁止原則と抵触し違憲となると判断している[73]。

---

[73] See, *e.g.*, Lisa Melenyzer, "Supreme Court Review: Double Jeopardy Protection from Civil Sanctions after Hudson v. U.S.," 89 J. Crim. L. & Criminology 1007 (1999); Sarah Jean Watterson, "Putting the Halper Genie Back in the Bottle: Examining United States v. Ursery in Light of Halper, Austin, and Kurth Ranch," 1997 B.Y.U. L. Rev. 235; Theresa M. Elliott, Department of Revenue of Montana v. Kurth Ranch: The Demise Of Civil Tax Fraud Consequences?," 48 Vand. L. Rev. 1421 (1995).

B 租税制裁を争う訴訟と訴訟手続上の原則

裁判所は，コラーテラル・エストッペル（collateral estoppel／同一争点排除）原則のもと，前訴（original suit）において当事者間で確定した争点については，再度訴訟／再訴（relitigation）において主張することを制限することができる[74]。また，リース・ジュディケイタ（res judicata）原則，すなわち「同一請求排除（claim preclusion）」のもと，裁判所は，前訴（original suit）において当事者間で確定した請求については，再度訴訟／再訴において請求することを制限することができる。これらの司法手続上の原則が，租税制裁を争う訴訟に及ぼす効果について分析してみる。

(1) 租税制裁にかかる訴訟とコラーテラル・エストッペル原則およびリース・ジュディケイタ原則

コラーテラル・エストッペル（collateral estoppel／同一争点排除）原則やリース・ジュディケイタ（res judicata／同一請求排除）原則が目標とするところは，限られた「私訴（private litigation）および公訴（public litigation）資源（resources）を公正かつ効率的に活用しようとすること」にあることについて異論はない[75]。また，裁判所は，これらの訴訟手続上の原則を，税務訴訟における原告側または被告側の訴えを排除する狙いで活用してきているもの事実である。

ただ，これらの原則は，その適用にあたり，双方とも同じ意味と解してよいのか，あるいはコラーテラル・エストッペル（collateral estoppel／同一争点排除）原則は，リース・ジュディケイタ（res judicata／同一請求排除）原則のような厳格さを求められないと解すべきなのかなどについては，学説，裁判例上，争いのあるところである。また，前訴における争点が純粋に法の適用問題（pure question of law）である場合には，同じ争点の後続の訴訟に適用できるのかどうかについては争いのあるところである[76]。

コラーテラル・エストッペル原則の濫りな適用を防ぐために，その適用にあたっては，前訴と後訴における事実の認定上および法の適用上の争点が同一であることを要件とする判例もある（Commissioner 対 Sunnen 事件判決〔333 U.S. 591

---

[74] See, e.g., Allen v. McCurry, 449 U.S. 90, at 94 (1980); Parklane Hosiery Co. v. Shore, 439 U.S. 322, at 326 (1979).

[75] See, e.g., National R.R. Passenger Corp. v. Pa. Pub. Util. Commission, 288 F.3d 519 (3d Cir. 2002).

[76] See, e.g., Note, "Collateral Estoppel as to Questions of Law in Federal Tax Cases," 35 Iowa L. Rev 700 (1950).

(1948)〕)。

　いずれにせよ，これらの原則の司法手続への適用の仕方によっては，裁判所の効率的な運用には資するかも知れないが，納税者ないし課税庁（IRS）の訴訟権行使にとり桎梏となり得る。以下に，具体的な裁判例をアトランダムに取り上げ，コラーテラル・エストッペル（collateral estoppel／同一争点排除）原則，リース・ジュディケイタ（res judicata／同一請求排除）原則の適用状況を精査してみる。

①　Montana 対 U.S. 事件判決

　司法は，従来から，納税者の訴訟権を制限する方向の導きかねないことから，コラーテラル・エストッペル（collateral estoppel／同一争点排除）原則，リース・ジュディケイタ（res judicata／同一請求排除）原則の適用拡大には慎重であった。しかし，これらの原則の適用拡大のターニングポイントとなったのが，Montana 対 U.S. 事件判決〔440 U.S. 147 (1979)〕である。本件は，モンタナ州の公的建設計画取引に1％の取引高税（Montana 1% gross receipt tax）を課す税法（以下「モンタナ取引高税」という）の合憲性が争われた事案である。

　モンタナ取引高税法は，私的建設計画取引は課税対象としておらず，公的建設計画取引だけを課税対象としており州および連邦憲法に違反するとして，モンタナ州で連邦政府との間で間接計画取引を行っている連邦の建設業者（Kiewit）が，モンタナ州を相手に1971年にモンタナ州地方裁判所に訴訟を提起した。モンタナ州地方裁判所は，モンタナ取引高税を合憲とした。建設業者（Kiewit）は，モンタナ州最高裁判所に飛躍上告を行ったものの，2013年1月10日に州最高裁もモンタナ取引高税を合憲とする判決を下した（第1次訴訟）[77]。

　そこで，建設業者（Kiewit）は，第2次訴訟として，第1次訴訟では争点とされていなかった納付済みのモンタナ取引高税の還付を求めてモンタナ州地裁に提訴した。モンタナ州地裁は，コラーテラル・エストッペル（collateral estoppel／同一争点排除）原則やリース・ジュディケイタ（res judicata／同一請求排除）原則を適用し，その訴えを却下した州地裁の判断を支持した。この州最高裁の決定を受けて，この訴訟を当初から支援していた連邦政府は，連邦地方裁判所に，モンタナ州を相手に，モンタナ取引高税法は州および連邦憲法に違反するとし

---

[77]　Peter Kiewit Sons' Co. v. State Board of Education, 505 P. 2d 103 (1973).

て，訴訟を提起した。連邦地裁は，連邦政府が第１次訴訟の州最高裁判決には拘束されないこと，そしてモンタナ取引高税法は，連邦憲法第６条２項〔Supremacy Clause／連邦法規優先条項〕に違反すると判断した。この連邦地裁判断を不服として，モンタナ州は，連邦最高裁判所に飛躍上告した。連邦最高裁は，上告を受理し，連邦地裁の判断を覆し，本件にコラーテラル・エストッペル（collateral estoppel／同一争点排除）原則を適用し，連邦政府は州最高裁判決に拘束されるとの裁断を下した[78]。

すでにふれたように，Commissioner 対 Sunnen 事件判決〔333 U.S. 591 (1948)〕では，コラーテラル・エストッペル原則の適用にあたっては，前訴と後訴における①事実の認定上および②法の適用上の争点が同一であることを要件とする旨求めていた。これに対して，本件（Montana 対 U.S. 事件）判決では，前訴と後訴における①事実認定上の争点が必ずしも同一である必要はない，つまり要件としない旨判示した[79]。

② Union Carbide Corp 対 Commissioner 事件判決

1980年の Union Carbide Corp 対 Commissioner 事件判決〔74 T.C. 220 (1980)〕では，被告（respondent）である内国歳入庁（IRC）（Y）が，原告（X）の関連会社間取引における減耗控除（percentage depletion allowance）[80]にかかる外国税額控除額の計算を否認し，不足額通知処分を行った。Xは，この処分を不服として，連邦租税裁判所（U.S. Tax Court）に提訴した。この本件において，Xは，前課税年に同じ争点について旧連邦請求裁判所（U.S. Court of Claims）判決（Union Carbide Corp. v. United States, 612 F.2d 558 (Ct. Cl. 1979)）において，処分は違法，申告是認の判決が下されており，裁判所はコラーテラル・エストッペル（collateral estoppel／同一争点排除）原則，リース・ジュディケイタ（res judicata／同一請求排除）原則を適用し，Yの処分を違法と判決するように求めた。これに対

---

[78] ちなみに，コラーテラル・エストッペル（collateral estoppel／同一争点排除）原則は，訴訟当事者（parties）に加え，その承継人（privy）との間でも拘束力を持つとされることから（See, Roscoe Pound, Jurisprudence §147, at 604 (1959)），当初の訴訟の一方当事者である建設業者（Kiewit）から引き継ぐ形で訴訟当事者となった連邦政府に第１次訴訟の既判力が及ぶことについては，問題がないと解される。

[79] 後継の判決としては，1988年の合衆国租税裁判所における Peck 対 Commissioner 事件判決〔90 T.C. 162, at 166-67 (1988)〕参照。

[80] 天然資源の生産によって埋蔵量が減少する減耗（depletion）を補充するための探鉱費用に充てるため，課税上売上げまたは利益の一定割合を控除する課税取扱いである（IRC613条）。

して，Yは，コラーテラル・エストッペル原則やリース・ジュディケイタ原則は，純粋な法適用の争点には当然に適用がない旨主張し，訴えを棄却するように求めた。

租税裁判所は，本件における争点は，前訴 (1979年の連邦請求裁判所判決〔612 F. 2d 558 (1979)〕) で裁断済みであるとして，Yの主張を認めず，コラーテラル・エストッペル原則やリース・ジュディケイタ原則を適用し，Xの主張を認め，Yの処分を違法とした。Yは，租税裁判所の判決を不服として第2巡回区連邦控訴裁判所へ控訴した。しかし，連邦控訴裁判所は，Yの主張を認めず，控訴を棄却した (Union Carbide Corp. v. Commissioner, 671 F. 2d 67 (2d Cir. 1982))。

(2) 租税制裁にかかる訴訟とコラーテラル・エストッペル原則の展開

連邦税法 (IRC) は，租税またはその納付を，故意にほ脱または侵害しようとした者を5年以下の拘禁刑，25万ドル以下 (法人の場合は50万ドル以下) の罰金，または併科して処罰することになっている (IRC7201条)。すなわち，連邦は，租税ほ脱をした納税者には，刑事制裁が科すことができる。同時に，内国歳入庁 (IRS) 長官は，当該ほ脱にかかる過少申告額に75％の民事制裁を課すことができる (IRC6653条b項)。

この場合，被疑者である納税者が当該刑事制裁を争ったときには，IRSや連邦検察は伝統的に，当該納税者が故意に法的義務を免れたこと，さらには訴追にかかる犯罪事実を「合理的な疑いを超える程度」(beyond a reasonable doubt) まで立証するように求められる[81]。これに対して，納税者がIRS長官の課した民事制裁を争ったときには，IRSは「明確かつ納得できる証拠 (clear and convincing evidence)」があることを立証することで足りる[82]。

連邦納税者が，連邦，IRSにより自らにかされた租税制裁 (民事租税制裁または刑事租税制裁) に不満であり，その妥当性を司法の場で問うとする。この場合，裁判所は，司法 (訴訟手続) 上のコラーテラル・エストッペル (collateral estoppel／同一争点排除) 原則の適用の仕方によっては，その訴えを門前払いにできる。

例えば，連邦納税者が，自らにかされた刑事租税制裁 (例えば，3年の拘禁刑＋10万ドルの罰金) および民事租税制裁 (例えば，10万ドル) を司法の場で争ったとす

---

[81] See, *e.g.*, Linquata v. U. S., 173 F. 2d 201, at 201-03 (1st Cir.) *cert. denied*, 337 U. S. 916 (1949).
[82] See, *e.g.*, Raley v. Commissioner, 676 F. 2d 980, at 983-84 (3d Cir. 1982); Bryan v. Commissioner, 209 F. 2d 822, at 825 (5th Cir. 1945), cert. denied, 348 U. S. 912 (1955).

る。裁判所は、IRS、連邦検察が、当該刑事制裁の適用要件である「故意のほ脱（willfully attempt to avoid）」について、合理的な疑いを超える程度まで立証したことから違法はないとし、納税者敗訴の判決を下したとする。この場合で、当該納税者が、後続の訴訟で民事制裁を争ったときには、あらためて当該民事制裁の適用要件である「詐欺（civil fraud）」の有無を判断しなければならないかどうかが問われる。確かに、刑事制裁の場合の立証責任と民事制裁の場合に立証責任は異なる。しかし、刑事制裁の立証責任の方が重いことから、裁判所は、コラーテラル・エストッペル（collateral estoppel／同一争点排除）原則を適用して、訴訟手続の重複を回避する判断を下すことも可能である。事実、裁判所は、納税者が刑事租税制裁の違法性を争い（前訴で）敗訴した後に民事租税制裁の違法性を争って（後訴を提起した）場合には、司法手続の効率性確保の観点から、後訴に対してコラーテラル・エストッペル（collateral estoppel／同一争点排除）原則の適用を拡大する傾向にある。

　また、例えば、夫婦合算申告書（MFJ＝married filing jointly）【☞本書第1部**1**A(3)】を提出したカップル納税者が、故意に租税ほ脱をしたとの理由で刑事制裁を受けたとする。この刑事制裁を司法の場で争ったものの、納税者が敗訴したとする。この場合、一方の配偶者（例えば夫）が故意に問題の申告書を提出したことに連座する形で処罰された他方の無実の配偶者（innocent spouse／例えば妻）は、別訴で争うことができるかどうかが問われる。言い換えると、裁判所は、コラーテラル・エストッペル（collateral estoppel／同一争点排除）原則を適用し、この訴えを門前払いにできるかどうかである。

　具体的な裁判例は見出し得ないが、一般に、裁判所は、この原則を拡大適用（broader application）すれば、こうした訴えを門前払いにできると解されている[83]。

(3) パートナーシップを使った租税回避スキーム関連訴訟へのコラーテラル・エストッペル（同一争点排除）原則適用の可否

　1982年に、連邦議会は、課税の公平・財政責任法（TEFRA）を制定し、連邦税法（IRC）に「TEFRA パートナーシップ手続（TEFRA partnership procedures）」

---

[83] ちなみに、連邦裁判所は、訴訟の洪水から司法を護る視点からも、この原則の拡大適用の動きを強めてきている。See, Grover Hartt & Jonathan Blacker, "Judicial Application of Issue Preclusion in Tax Litigation: Illusion or Illumination," 59 Tax Law. 205 (2005).

というパートナーシップ独自の租税手続を構築した【☞本書第Ⅲ部**4**C】。TRFRAの改正点は，その後，連邦税法／内国歳入法典（IRC）6046条のA，6221条から6234条に挿入された。

どのようにパートナーシップに課税するかについては，事業体擬制説（aggregate theory）と事業体実在説（entity theory）の立場がある。アメリカのパートナーシップ課税においては，伝統的に事業体擬制説（aggregate theory）の考え方が採り入れられてきた。このため，パートナーシップ自体を納税主体（taxable entity）としては取り扱っていない。

こうした伝統に従い，パートナーシップに対する税務調査や徴収手続も，事業体擬制説に傾斜する形で構築されてきた。しかし，1982年に確立されたTEFRA（テフラ）パートナーシップ手続では，「事業体実在説（entity theory）」の考え方を採り入れ，パートナーシップに対する直接の税務調査やパートナーシップからの増差額の徴収，パートナーシップへの訴訟当事者適格の付与などの規定を盛り込んだ。

すでにふれたように，連邦議会が，こうした手続改革を実施した背景には，1970年代後半から，アメリカビジネス界で広がったパートナーシップ（partnership）の事業体を選択・活用した濫用的なタックスシェルター（abusive tax shelters）や租税回避スキーム（tax avoidance schemes）の否認，課税の適正化に向けて積極的に対応しようとする立法意思があった[84]。

ただ，連邦議会は，TEFRAパートナーシップ手続の構築が，パートナーシップの事業体を選択・活用した濫用的なタックスシェルターや租税回避スキーム否認処分を争う訴訟手続におけるコラーテラル・エストッペル（collateral estoppel／同一争点排除）原則の適用の促進につなげることは想定していなかった。

---

(84) 1982年に導入されたTEFRAパートナーシップ手続は，導入から30年以上経過して，その問題点も浮き彫りになってきた。とりわけ，事業体擬制説と事業体実在説とが交差する形のパートナーシップ税務調査手続などが，パートナーシップやパートナーのタックスコンプライアンス／自発的納税協力負担を重くし，かつ連邦課税庁／内国歳入庁（IRS）の事務の効率化を阻害する要因にもなっていた。そこで，オバマ政権は，2015年11月2日に「超党派予算法（BBA＝Bipartisan Budget Act of 2015）」を成立させ，そのなかに「パートナーシップ税務調査および調整（Partnership Audits and Adjustments）」の規定（BBA 1101条）を織り込み，効率的な新たなパートナーシップ手続（以下「BBAパートナーシップ手続」という。）を制定した。BBAパートナーシップ手続は，連邦税法／内国歳入法典（IRC）6221条から6241条〔BBA〕84に挿入された。新たな手続は，2017年12月31日後（2018年1月1日以後）に始まる課税年に実施される税務調査および提出するパートナーシップ納税申告書から適用される【☞本書第Ⅲ部**4**C(5)】。

つまり，当初から，TEFRAパートナーシップ手続の構築が，コラーテラル・エストッペル（collateral estoppel／同一争点排除）原則を刺激し，濫用的なタックスシェルターや租税回避スキーム問題解決にプラスになる相乗効果を生むと期待していたわけではない。

しかし，TEFRAパートナーシップ手続の構築により，訴訟手続にコラーテラル・エストッペル（collateral estoppel／同一争点排除）原則が幅広く反映される傾向を一段と強めている。パートナーシップ課税に関する争点を統一的に解決することにより，裁判所によりまちまちな判断が下されることによる人的資源の浪費を回避することにもつながっている。

一般に，パートナーシップ（partnership）の事業体を選択・活用した濫用的なタックスシェルターは，同じような内容のスキームであることが多い。そこで，パートナーシップＡ（以下「Ａ」という。）のスキームが濫用的なタックスシェルターであるとして，IRSが課税上の特典が否認し，Ａの税務パートナー（TMP）が訴訟を提起して敗訴したとする。パートナーシップＢ（以下「Ｂ」という。）が，Ａと同様のスキームを活用していたところ，IRSが濫用的なタックスシェルターであるとして課税上の特典が否認したので，Ｂの税務パートナー（TMP）が訴訟を提起したとする。この場合，裁判所は，コラーテラル・エストッペル（collateral estoppel／同一争点排除）原則を適用し，Ｂの訴えを門前払いにできるかどうかが問われる。この場合，Ａの裁判所とＢの裁判所が異なるときはどうであろうか。

Weiner対U.S.事件〔255 F. Supp. 2d 673（S. D. Tex. 2002）〕において，IRSはパートナーシップは虚偽の租税回避スキームであるとして，原告（Ｘ）であるWeinerがパートナーとなっているパートナーシップから配賦を受けた損失を否認し，Ｘに経過利子（IRC6621条）を賦課したことから，Ｘは，IRSの当該賦課処分は違法であるとして，テキサス南部地区連邦地方裁判所で，その取消を求めて争った。連邦地裁において，本件の被告である連邦（U.S.）側（Ｙ）は，同じ内容の租税回避スキームが以前に連邦租税裁判所で裁断（棄却）済みであることを理由に，コラーテラル・エストッペル（collateral estoppel／同一争点排除）原則を適用し，Ｘは，租税裁判所の裁断に拘束される旨主張した。連邦地裁は，租税裁判所で取り上げた争点と同裁判所で取り上げた争点がすべての点では同じではないこと，そしてコラーテラル・エストッペル（collateral estoppel／同一争

点排除）原則は厳格に適用されるべきであるとして，Yの主張を認めなかった。

　結果はともあれ，本件は，裁判所が，パートナーシップの濫用的なタックスシェルターや租税回避スキームを否認したIRSの処分を裁断する際に，コラーテラル・エストッペル（collateral estoppel／同一争点排除）原則の適用を主張して反論する可能性のあることを議論した事例といえる。

第Ⅷ部
連邦の租税立法過程および官職政治任用制度の検証

　連邦国家であるアメリカ合衆国（以下「アメリカ」）は，政治システムとしては，「大統領制（Presidential System of Government）」をとっている。大統領制のもとでは，立法府である連邦議会の議員と同じように，大統領も，国民の選挙によって選ばれる。内閣総理大臣（首相）を，国会議員のなかから選ぶ「議院内閣制（Cabinet System of Government）」をとるわが国やイギリスなどとは異なる。

　連邦は，厳格な三権分立制を採るために，法律の発議権は議員にのみある。さらに，財務長官（Secretary of the Treasury）や内国歳入庁長官（Secretary of the Internal Revenue Service）など主要な税財政官職は，大統領とそのスタッフが選び，政治任用（ポリティカルアポイントメント／political appointment）する仕組みになっている。したがって，わが国のように，"政策は行政府の役人が独占"し，政権が交代したとしても財務官僚など行政府の幹部は同じ顔ぶれという構図にはならない。

　アメリカに場合，政権交代があると，行政府の主要なポストの顔ぶれはことごとく代わってしまう。これが，政権交代で新たな租税政策や税制改革法案が示された場合でも，税務官僚などの抵抗がなくスムースにすすむ理由の1つである。

　アメリカ連邦議会（U.S. Congress）は，上院（Senate）と下院（House of Representatives）からなり，法案を提出できるのは上院議員と下院議員だけである。つまり，「議員立法」のルートだけが認められているわけである。これは，合衆国（連邦）憲法が厳格な三権分立制を規定していることによる。アメリカの租税立法過程においては，個人主義を基調とする連邦議会における租税立法は，あくまでの，各議員の提案を基調とし政治主導で進められる。

　年次の税制改正は，連邦の財政年度（fiscal year），つまり10月1日から翌年の

9月30日，に合わせて実施されるのが慣わしである。この年次の税制改正の場合，当初，大統領が年頭の「一般教書演説（annual State of the Union Message）」（年頭の「一般教書」，「経済教書」，「予算教書」など）で見直しを勧告・提案する。連邦財務省（Federal Department of Treasury）など行政府は，大統領に依頼されれば，"政府法案（administrative bill）づくり"を支援する。しかし，政府租税立法の原案つくりにおいて，財務省など行政府が主役を演じることはない。財務省などの支援を得て大統領が準備した法案は，議員発議の形で議会に出すことになる。

連邦議会の主要な権能は，大きく分けると4つある。最も重要なのは①「法案その他の案件の審議」である。この他に，②「行政府の監視」，③「国勢調査」，そして大統領による④「政治任用官職の承認」である。

連邦議会は，1789年に発足して以降，現在のわが国と同じように，「委員会中心主義」を採っている。したがって，これらの権能は，通例，連邦議会上下両院に置かれているさまざまな種類の委員会および，そのもとで必要に応じて設けられる小委員会で行使される。基本的には，「立法委員会」，「行政監視委員会」，「国政調査委員会」または「承認委員会」で行使される。この場合，「公聴会（hearing）」制度が重要な役割を果たす。この制度が形骸化してしまったわが国とは対をなす。

連邦議会は，①「法案その他の案件の審議」について，税制改正法案のように，その法案が歳入に関係する場合には，連邦憲法の定めに従い，まず下院の歳入委員会（House Ways and Means Committee）に付託する。同委員会（committee）は，小委員会（sub-committees）を設け公聴会を開いて，徹底的に質疑応答（ディベート）をすることになる。上院の財政委員会（Senate Committee on Finance）も同様である。ただ，下院とは異なり，上院は歳入に関する法案の発議はできない。しかし，下院法案を大幅に修正することや，場合によっては否決もできる。下院による再議決または自然成立のような下院の優位性を認めるルールもない。このように，議会の租税関連委員会は，税制改正法案提案者が透明な形で説明責任を果たすとともに，税制改正法案に対して，各界からさまざまな関係者を呼んで徹底的な質疑応答を展開するフォーラムである。

次に，②「行政府の監視」については，所管となる常任委員会や特別委員会で採り上げられる。この他に，連邦議会下院には「監視小委員会（Subcommittee on Oversight）」が置かれている。この小委員会は，連邦租税行政庁（課税庁／IRS）

の納税者サービスに常時目を光らせている。課税庁（IRS）による納税者に対する不適切な権限行使があれば，すぐに公聴会を開催し，その場への責任者の招聘・喚問の手続をとれる態勢になっている。一方，連邦議会上院財政委員会にも，「課税・内国歳入庁監視小委員会（Subcommittee on Taxation and IRS Oversight）が置かれている。この小委員会は，税務行政の透明化・適正化などの面から，IRSの納税者サービスのモニターを行っている。ここでも，必要に応じて公聴会を開催し，IRS職員などを招聘・喚問し，質疑応答を展開し問題を精査している。その内容は，「小委員会報告書（Subcommittee Reports）」として必ず公表されている。つまり，わが国とは異なり，報告書の作成・公表義務を伴う租税行政庁（IRS）を常時監視できる態勢になっているわけである。まさに，立法府は，行政府の役人の面従腹背をゆるさない仕組みとなっている。国民・納税者も，小委員会報告書を通じて「知る権利」を享受できる仕組みになっている。

　アメリカでは，税制改正法案に関係する“特殊利益集団”と“官庁・議員・議会スタッフ”との間のパイプ役は，一般に“ロビイスト（法律制定陳情者）”という職業人があたっている。連邦憲法は，国民・納税者に請願権を保障している。したがって，国民・納税者は，自らが，または代理人であるロビイストを雇って，自己の租税政策実現のための法案の提出や修正・改廃の陳情を行う権利を有している。ただ，一方で，ロビイストの活動により立法府が汚職や不正疑惑の温床にならないように手立てを講じている。連邦議会は，具体的な対応先として，上下両院の倫理規則やロビー活動公開法（Lobbying Disclosure Act of 1995）などを定め，透明化をはかっている。しかし，いまだ不適切なロビイング活動が後を絶たず，近年，さらに，立法過程の透明化責任を強化するためのさまざまな対応策を探る動きが加速している。また，これら特殊利益を代理するロビイストと対峙し，“公益”を代表し，政策提言・法案評価を実施するNPO/NGOが積極的に活動しているのもアメリカでの特記すべき現象といえる。毎議会期に膨大な数の議員立法が出される実情にあって，法案の“品定め”，第三者評価を実施する数多くのNPO/NGPが国民・納税者に有益な情報を提供できる仕組みも構築されている。

　議員が租税立法に積極的に関与できる政治システムは，三権分立の原点に立って考えると，ある意味では当たり前のことである。このための議会スタッフ

の人員数が多く，多様な立法補佐機関が整備されているのも，"租税政策の政治主導"がはっきりしているアメリカならではのことといえる。また，議会各院の委員会や小委員会公聴会での証人喚問権は，司法手続的な手法を加味し，"議会侮辱（contempt of legislature）"を問える威力を背景とした，極めて強力なものである。こうした仕組みをとおして，立法府である議会は，③「行政の監視」，さらには④「国勢調査」の権能がいかんなく発揮できる態勢になる。加えて，主要な税務執行官職の"大統領による政治任用（ポリティカルアポイントメント）の承認"の任務もこなす。"租税政策の政治主導態勢は，一方で，"議会の専制化"，"三権の適正配分"という面から，慎重な評価が必要なのも事実である[1]。

米連邦議会の愛称"ティーポット・ドーム（Teapot Dome）"

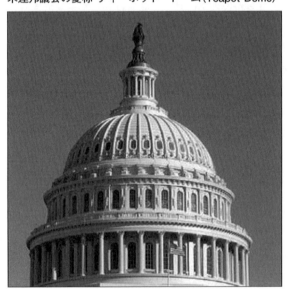

---

[1] 第Ⅸ部は，石村耕治「アメリカの租税立法過程の研究」白鷗法学14巻1号（2007年）をコンパクトにし，最新化して掲載した。また，わが国の租税立法過程の分析について詳しくは，石村耕治「租税立法過程」〔日本財政法学会編〕『財政法の基本課題（財政法講座一巻）』（勁草書房，2005年）参照。

1　大統領制のもとでの連邦議会の立法プロセス

　アメリカ連邦議会（U.S. Congress）は，上院（Senate）と下院（House of Representatives）からなる。連邦議会は，ほぼ民主党と共和党の二大政党で構成されている。大統領は，国民から直接選ばれることから，その存立の基盤は，国民にある。議会の支持のあるなしにかかわりなく，任期の4年間在職できる。これは，共和党が議会の多数派となっても，民主党出身のオバマ大統領（当時）が政権を維持できたことからも一目瞭然である[2]。言い換えると，アメリカ型の政治システムは，議院内閣制のもと多数党から首相（内閣総理大臣）を選ぶわが国やイギリスなどの仕組みとは異なる。わが国の地方議会においても，このアメリカ型の政治システムがとられている。ある意味では，アメリカの大統領は，わが国の知事や市長など"首長"と同じようなステータスにあるといえる。

(1)　大統領府

　連邦国家であるアメリカは，「大統領制（Presidential system of government）」を採っている。大統領は，連邦憲法のもとで広範な執行権限が与えられている。大統領の権限執行を支えているのが「大統領府（EOP＝Executive Office of the President）」である[3]。

ホワイトハウス

---

(2)　See, Michael Doran, "NYU/UCLA Tax Policy Symposium Politics and Taxation: Tax Legislation in the Contemporary U.S. Congress," 67 Tax L. Rev. 555（2014）
(3)　See, Kate Andrias, "The President's Enforcement Power," 88 N.Y.U.L. Rev. 1031（2013）.

大統領府やホワイトハウス事務局の機構は，その時々の政権の意向により，頻繁に改変されている。新たな組織は，大領領令（executive orders）で設置されることが多い。今回のトランプ大統領の誕生により，大きく変わるものと思われる。

　大統領府は，従来から「ホワイトハウス事務局（White House Office）」，「行政管理予算局（OMB＝Office of Management and Budget）」，「経済諮問会議（Office of Economic Advisors）」，「合衆国通商代表部（U.S. Trade Representatives）」など9つの機関からなる。これらのうち，側近として直接大統領の政策立案などを補佐している組織が"ホワイトハウス事務局（White House Office）"である。ホワイトハウス事務局は10以上の機関からなる。代表的なものをあげれば，「内政会議（Domestic Policy Council）」，「国家安全保障会議（Homeland Security Council）」，「国家経済会議（National Economic Council）」などがある[4]。

　2016年12月現在，大統領府と，大統領職務の直接補佐するホワイトハウス事務局の機構は，次のとおりである[5]。

【図表Ⅷ-1】大統領府とホワイトハウス事務局の組織（2016年12月現在）

```
大統領府（EOP＝Executive Office of the President）の組織
○経済諮問会議（Council of Economic Advisers）
○環境評価会議（Council on Environmental Quality）
○国家安全保障会議（National Security Council）
○政権運営局（Office of Administration）
○行政管理予算局（Office of Management and Budget）
○国家薬物規制政策局（Office of National Drug Control Policy）
○科学技術政策局（Office of Science and Technology Policy）
○合衆国通商代表部（Office of the United States Trade Representative）
◎ホワイトハウス事務局（White House Office）
　　　　　⇩
◎ホワイトハウス事務局の組織
○内政会議（Domestic Policy Council）
　・国家エイズ政策局（Office of National AIDS Policy）
　・信仰基盤・地域社会発案局（Office of Faith-based and Neighborhood Partner-
　　ships）
　・社会改革・市民参加局（Office of Social Innovation and Civic Participation）
```

---

(4) 廣瀬淳子「オバマ政権の大統領行政府とホワイトハウスの機構：アメリカにおける行政機関の再編」外国の立法246号（2010年12月）参照。
(5) 2013年時点で，大統領府（EOP）の総数1,854人である。

・ホワイトハウス僻地評議会（White House Rural Council）
○国家安全保障アドバイザー（National Security Advisor）
○国家経済会議（National Economic Council）
○内閣局（Office of Cabinet Affairs）
○首席補佐官室（Office of the Chief of Staff）
○コミュニケーション局（Office of Communications）
○報道官局（Office of the Press Secretary）
・広報業務（Media Affairs）
・調査（Research）
・スピーチ執筆（Speechwriting）
○電子戦略局（Office of Digital Strategy）
○大統領夫人局（Office of the First Lady）
・外交行事担当官室（Office of the Social Secretary）
○法制局（Office of Legislative Affairs）
○管理行政局（Office of Management and Administration）
・ホワイトハウス人事（White House Personnel）
・ホワイトハウス運営（White House Operations）
・通信局（Telephone Office）
・来訪者局（Visitors Office）
○大統領執務室（Oval Office Operations）
○大統領人事局（Office of Presidential Personnel）
○渉外政府間問題局（Office of Public Engagement and Intergovernmental Affairs）
・公民参加局（Office of Public Engagement）
○婦女子会議（Council on Women and Girls）
・政府間問題室（Office of Intergovernmental Affairs）
・都市問題室（Office of Urban Affairs）
○日程局（Office of Scheduling and Advance）
○スタッフ秘書局（Office of the Staff Secretary）
・大統領書簡（Presidential Correspondence）
・幹部書記（Executive Clerk）
・記録管理（Records Management）
○ホワイトハウス法律顧問局（Office of the White House Counsel）

　すでにふれたように，上院と下院からなるアメリカ連邦議会では，法案を提出できるのは上院議員と下院議員だけである。つまり，公式には「議員立法」のルートだけが認められているわけである。これは，合衆国（連邦）憲法が厳格な三権分立制を規定していることによる。

　アメリカの政党は，議院内閣制の国の政党のように，その所属議員を党議で拘束して行動するようなことはない。このため，まさに，"一人一党"といって

も過言ではない常態にある。また，大領領は，いわゆる"与党"の党首ではない。このため，大統領は，議会を通したい法案がある場合には，議員一人ひとりに対して説得工作をする必要がある。このため，1人の議員の法案への抵抗は，会期末にあるとか審議時間に制約がある場合には，大統領の拒否権に近い効果をもつこともある。

こうした個人主義の進んだ国の立法府の姿と見比べて，わが国の国会議員にかされる"党議拘束"を再考すべきであるとする見方も一考に値する。

(2) 大統領とは違う議員の存立基盤

連邦議会の議員は，大統領とは，その存立の基盤が大きく異なる。上院議員（100人・任期2年）は州の代表であり，下院議員（435人＋属領などからの代議員・任期6年で2年ごとに3分の1改選）は選挙区の代表である。いずれの議員の場合も，特定の地域やグループの利益を最大限に大事にする傾向にある。とりわけ，上院議員の場合，任期は2年である。このため，絶えず次の選挙を意識する必要がある。アメリカで議員立法の数が極端に多いのは事実である。ただ，この背景には，再選を目当てに注目を浴びるような法案を出して，選挙民の関心をひきつけようとする議員のパフォーマンスもあるのではないかといわれている。

(3) 議案にはどのような種類があるのか

連邦議会では，すべての法案は議員提出の形で上程される。ただ，議会での議決の対象となるものには，ここでいう「法案（bill）」のほかにもある。

一般に，アメリカ議会に出される議案は，①「法案（bills）」のほかに，②両院共同決議案（joint resolutions）」，③「両院一致決議案（concurrent resolution）」，④単独決議案（simple resolutions）」の4つの種類がある。

こうした議案があることを知っておくことは，アメリカの租税政策や租税立法について踏み込んだ検討する場合には，大きな助けとなる。

そこで，連邦議会で使われている議案の種類とその意義をおおまかにまとめて図にすると，次のとおりである。

【図表Ⅷ-2】アメリカ連邦議会での議案の種類

① **法案**（bills）
　法案は，税制改正，歳出予算，その他さまざまな政策や給付プログラムなどを実施する法律をつくるもとなる文書を指す場合に使われる。公法案（public bills）と私

法案（private bills）に分けることができる。一般にほとんどが公法案なのが実情である。制定手続は，どちらも同じである。
② **両院共同決議案**（joint resolutions）
条約廃止，憲法修正案，条文の誤正，戦争宣言など，極めて限定された場合に使われる。
③ **両院一致決議案**（concurrent resolution）
予算決議（budget resolution），両院合同委員会の開催など，両院にかかる議会運営上の事項に使われる。両院の賛成で成立する。
④ **単独決議案**（simple resolutions）
各院が意思表示をする場合，議院運営や議事手続，議長や委員会委員長，委員の選出などをする場合に使われる。

(4) 連邦議会の会期

連邦議会の「会期」は，連邦議会では，下院議員の任期にあわせて，奇数年の1月3日正午に始まり，次の奇数年の1月3日（休日のときは休日の翌日）正午に終わる2年を「1議会期（Congress）」という。つまり，現議会期は，2017年1月3日から始まっている。

ただ，「議会期」は，連邦憲法が，議会は少なくとも年1回召集すると定めている（第1条4節2項）。このため，奇数年の「第1会期（First Session）」と，偶数年の「第2会期（Second Session）」に分かれる。つまり，2年にわたる「議会期（Congress）」は，2回の「会期（Sessions）」に分かれるわけである。第1会期と第2会期は，ともに，1月3日正午から開かれる。連邦憲法でそう規定している（修正第20条2節）。

現議会期（第115議会：2017年〜2018年）を例にすると，第1会期は，2017年1月3日正午から始まった。一方，第2会期は，2018年1月3日正午からということになる。

閉会は，連邦憲法によると，毎年，原則7月31日である。ただし，戦争状態にある場合とか，両院一致決議案が通過した場合は別である。通例，この両院一致決議案のなかには，緊急の必要がある場合には上下両院の院内総務が協議した上で再召集できる旨が盛られている。つまり，通例は，必要がある場合には議会を臨時に開くこともあることを前提に，一応会期は7月31日で終わるということである。

もっとも，一般に，両院一致決議により，11月か12月に閉会する。選挙があ

る年は10月で閉会する。

(5) アメリカでの予算と租税立法の関係

英米法の伝統のもとでは，予算（歳出）法のなかで税法（歳入法）を可決するという形式は脈々と息づいている。これは，アメリカの税財政法の仕組みが，予算決議が可決するまでは歳入法案の審議をはじめることはできないとのルールのもとにあることからも分かる。もっとも，このルールは，議院規則や連邦議会の両院一致決議案（concurrent resolution）により変更することも可能である。したがって，実質的には，議会において予算決議が行われる前に，歳入法（税法）の審議をはじめることができる。こうした特例が数多く存在することから，租税立法過程よりも予算に関する議会立法過程が余りにも複雑になってしまっているとの指摘もある[6]。

① 予算教書の意義

アメリカでは，大統領が議会に法案を提出することはできない。その代わり，重要な政策については，大領領が議会へ「教書（message）」を送付する形で勧告・提案をする仕組みとなっている。①一般教書演説（State of the Union Message）」（毎年1月），②「経済教書（大統領経済報告：Economic Report of President）」（毎年2月），③「予算教書（Budget Message）」（毎年2月）などが代表的なものである。これらはまとめて三大教書と呼ばれている。

これらのうち，「予算教書」とは，大統領が，議会に対して政府予算案の勧告・提案という形で議会に提出したものを指す。予算教書には，政府予算案のほかに，税制改正を必要とする財政運営の指針や国防予算などが含まれている。議院内閣制を採るわが国では，政府予算案は国会での審議の対象となる。一方，大統領制を採るアメリカでは，政府予算案は議会に対する勧告・提案に過ぎない。議会は法的に拘束されることはない。アメリカでは，議会に予算編成権があり，かつ，行政府には法案提出権がない。言い換えると，具体的な予算法案の作成作業は議会が行わなければならない。連邦の財政年度は，10月から翌年の9月末までである。したがって，予算教書を受け取った議会は，予算（歳出）関連法案を自らの意思で作成し，遅くとも9月末までに審議を終える必要がある。

---

[6] See, C. D. Block, "Pathologies at the Intersection of the Budget and Tax Legislative Processes," 43 B. C. L. Rev. 863, at 871 (2002).

【図表Ⅷ-3】連邦予算の成立過程

・2月第1月曜日	大統領が予算教書という形で予算案を議会に提出する。予算教書は、大統領府にある行政管理予算局（OMB）が作成する。
・2月15日	議会予算局（CBO）が、予算決議案作成の基礎資料となる歳出・歳入見積など財政方針に関する報告書を作成し、連邦議会両院の予算委員会に提出する。
・予算教書から6週間以内	上下両院の各常任委員会は所管の施策（プログラム）に関する予算について見積をそれぞれの院の予算委員会に提出する。各院の予算委員会は、公聴会を開催、その後予算決議案を作成する。
・4月15日まで	上院予算決議案、下院予算決議案を上下両院協議会で調整、両院一致予算決議案を作成することになる。この場合において、上院・下院において両院一致予算決議案を承認する最終期日（もっとも、一般にこの期日は厳守されない）。
・5月15日	予算決議が間に合わない場合を含め、下院はこの日から歳出委員会で個別の歳出（予算充当）法案の審査をはじめてもよい。予算決議で予算の総額が決まり、歳出委員会に裁量的経費が配分される。歳出委員会は、これを13の小委員会に配分。各小委員会は、大統領の予算案や前年度の歳出（予算充当）法などを基に歳出（予算充当）法案を作成する。小委員会での審査が終わると、親委員会に報告される。親委員会でその法案の審査が終わると、本会議に報告される。
・6月30日	下院の歳出（予算充当）法案の審査終了期日（もっとも、この期日は厳守されないことも多い。）
・7月〜	下院を通過した歳出（予算充当）法案は、上院に送られる。上院では、通例、上歳出（予算充当）法案が可決されている。この場合、上院歳出（予算充当）法案の可決を無効としたうえで、下院法案を上院法案に書き換える修正をし、上院本会議で可決する。通例、下院法案との相違点は、上下両院協議会で調整する。
・9月末まで	両院協議会で調整がついた歳出（予算充当）法案は各院で可決され、大統領が署名を経て成立する。
・10月1日	新財政年度の開始日。この日に至っても歳出（予算充当）法案の審議が終了していない場合には、暫定歳出（予算充当）法案（continuing appropriation）法案が作成され、継続決議（continuing resolution）で承認される。継続決議には期限があり、その期限前に歳出（予算充当）法案が成立すれば、その決議は無効になる。

ちなみに，予算教書は法的には勧告・提案程度の意味しかないが，実際は問題のない部分はそのまま受け入れられるのが常である。これは，予算（歳出）関連法案について大統領は，賛成できないとすれば，拒否権（veto）を行使することができることになっていることが背景にある[7]。議会は，ホワイトハウス事務局のスタッフなどとの交渉を通じて，予算教書の内容を予算（歳出）関連法案にかなり反映させているのが実情である。アメリカ連邦予算が成立するまでの過程は，次のとおりである。

② **予算教書と租税立法との接点**

連邦憲法は，「議会が租税を賦課徴収する権限を有する」（第1条8節1項）と定めている。したがって，形式的には，議会だけが税法を定める権限を有している。にもかかわらず，大統領は，連邦予算の勧告・提案を行うことが本来の目的である「予算教書」のなかで，しばしば，重要な税制改正を勧告・提案する。その際には，連邦関連各省庁の政策専門家が練り上げた法案を添えて，連邦議会に必要な立法を行うように勧めるのが慣わしである。

大統領は，2月の最初の月曜日に，「予算教書」を連邦議会に提出する。連邦義議会は，必ず大統領の勧告・提案を採択するように求められてはいない。しかし，大統領の勧告・提案は，予算に関する連邦議会での質疑討論の出発点になるのが常である。また，すでにふれたように，この勧告・提案には，増税や減税につながる重要な税制改正提案を含んでいるのが常である。大統領の予算勧告・提案に含まれた税制改正案は，かなり具体的かつ詳細な内容となっている。

大統領の予算勧告・提案があると，議会予算局（CBO＝Congressional Budget Office）や，大統領府に置かれている経済諮問会議（Council of Economic Advisors）が，議会の上下両院合同租税委員会（Joint Committee on Taxation）と協議のうえ，議会予算局（CBO）が作成した歳入見積などを使って，大統領の勧告・提案の歳入に対する影響評価書を作成する。

4月15日までに行われることになっている予算決議（concurrent budget resolution／両院一致決議）では，この影響評価書に基づき，歳入総額の修正を勧告する。しかし，この予算決議では，歳入法（税法）にどのような修正を加える

---

(7) See, Gordon T. Butler, "The Line Item Veto and the Tax Legislative Process: A Futile Effort at Deficit Reduction, But a Step Toward Tax Integrity," 49 Hastings L.J.1 (1997).

えるべきかについての勧告はしない。これは，この領域が議会下院歳入委員会（House Ways and Means Committee）と上院財政委員会（Senate Committee on Finance）などの所管になっているからである[8]。

連邦憲法は，「歳入の賦課に関するすべての法案は，先に下院に発議しなければならない」（第1条7節1項）と定めている。したがって，歳入の賦課が関係する税法案（税制改正法案）は，下院に提出，先議の対象とされる。歳入法（税法改正）の法案の場合，具体的な審議は，下院の歳入委員会で開始されることになっている。もっとも，議会上院は，下院とは異なり歳入に関する法案の発議はできないが，下院法案を審査し大幅な修正を加えることも，あるいは否決することもできる。これは，連邦憲法が「歳入の賦課に関するすべての法案は，先に下院に発議しなければならない。ただし，他の法案におけると同様に，上院はこれに対して修正案を発議し，または修正を付して同意することができる」（第1条7節1項～傍点引用者）とも定めているからである。このように，上院には歳入の賦課が関係する税法案（税制改正法案）について先議権はないが，下院による再議決ないし自然成立のような下院の優位性を認めるルールもないわけである。言い換えると，歳入の賦課が関係する税法案（税制改正法案）はもちろんのこと，あらゆる法案の審議・審査において，連邦憲法上，議会下院と議会上院とは独立かつ対等であり，双方の議決が完全に一致しない限り，大統領の署名を求めることはできない構図になっている。

---

(8) アメリカ連邦議会について詳しくは，松橋和夫「アメリカ連邦議会上院における立法手続」レファレンス（2004年5月号），同「アメリカ連邦議会上院の権限および議事運営・立法補佐機構」レファレンス（2003年4月号）参照，廣瀬淳子『アメリカ連邦議会』（公人社，2004年）参照。

> **Column** 「予算」の性格をめぐる三つの考え方を比べてみる

「予算」について，英米仏独などでは，"年税主義"，つまり"各税法は1年限りの効力〔時限法〕とみる"の伝統のもと，予算（歳出）と租税など（歳入）を一体化してとらえる考え方が脈々と続いてきている。また，この考え方のもとでは，「予算」を"法律"とする考え方が支配的である。これに対して，わが国の場合，明治憲法下でとられた"永久税主義"およびその伝統のもと，予算（歳出）と租税など（歳入）とを切り離してとらえる考え方が，支配的である

一般に，予算の性格については，大きく分けると，①予算行政説，②予算法律説，③予算法形式説がある。わが国では，「予算法形式説」が一般に支持されている。

① **予算行政説**

予算は，法的な性格を持つものではなく，たんなる行政措置とみる考え方である。したがって，予算の法的拘束力を否定することとなる。この見方は，明治憲法下では支配的でしたが，現行憲法下ではなじまないとされている。

② **予算法律説**

諸外国の例をみると，予算が法律の形式をとることが多い。イギリスの場合，成文憲法は存在しないが，コモンロー（慣習法）として，予算は法律あるいは議会の予算決議の形式をとることとなっている。これが，他のヨーロッパ諸国にも広まった（小嶋和司『憲法と財政制度』〔1988年，有斐閣〕3頁参照）。

ドイツ連邦共和国基本法（110）アメリカ合衆国憲法（1条第9節第7号），フランス第5共和国憲法（47）は，明文で予算が法律であることをうたっている（初宿正典・辻村みよ子編『新解説世界憲法集』〔2006年，三省堂〕参照）ちなみに，ドイツの場合は予算が形式的に法律であるとされるが，アメリカやイギリス，そしてフランスでは，予算は形式的にも実質的にも法律とされている（手島孝『憲法解釈二十講』〔1980年，有斐閣〕245頁参照）。

③ **予算法形式説**

予算に法的性格を認める一方，法律とは異なる国法の特殊なものとみる考え方である。この見方が広く支持される理由は，(a)予算は政府（国家機関）を拘束するが，逆に一般国民を拘束しないこと，(b)予算の提出権は内閣にだけあり，衆議院に先議権があること～つまり，憲法上，法律と予算とでは，提案権が限定され，審議および議決の方式も異なること，(c)また，わが国の場合，歳入に関しては永久税主義の伝統が強く（各税法は1年限りの効力〔時限法〕とされていない。そのために，歳入予算はたんなる見積もりとならざるをえない）のに対し，予算は，会計年度ごとに提出され，審議され，成立すること。こうした点を考えると，予算と法律とを同じとみることはできないとするものである。

2　立法能力で競う議員

　連邦議会では、政府立法を制度として認めていない。このため、議員立法一辺倒である。1議会期（2年）における法案と両院共同決議案は、下院で2,000～3,000件、上院で千数百件におよぶ。まさしく、ここも、競争社会そのものである。
　このように、議員が、競い合って、各界から多様な意見をくみ取り、法案という形で国民の代表者で構成される連邦議会に出てくる仕組みも、アメリカという"国のかたち"といえる。

(1)　真に立法能力が問われる議員

　連邦議会では、法律をつくるルートが"議員立法"だけとなると、法案を準備できる"人材"が求められる。たんなる所属政党の"人手"のような議員は生き残りが難しい。厳格な三権分立のもとにあるアメリカでは、行政府の片棒をかついでいるような議員はあまり必要とされない。議員には、"立法府の構成員である"という自覚が求められる。
　また、提出するには賛成議員が何人以上必要であるといったような要件はない。複数議員による共同提出の場合は、法案の最初に氏名が入る人を提出者（Sponsor）、二番目以後に名前が入る人を共同提出者（Cosponsor）という。上院議員が出す法案は「上院法案（Senate Bill）」、一方、下院議員が出す法案は「下院法案（House Bill）」と呼ばれる。

(2)　法案の並行審査とは

　連邦議会において、法案は、議員1人でも提出できる。また、法案の成立の可能性を高めるのは、共同提出者あるいは賛同者を募るのも一案である。連邦議会の場合、これらの方法に加え、同じ趣旨の法案を他の院にも出してもらうように他の院所属の議員に働きかけることがよく行われる。この場合には、下院と上院で同じ趣旨の法案が並行して委員会にかけられ審査が行われることになる。これを"法案の並行審査"という。また、こうした法案を「並行法案（companion bills）」という。ちなみに、わが国では、並行審査（同一議案審議）は、戦後の一時期は認められていたが、現在は禁止されている（国会法56条の4）。

アメリカの議員には,「実現したい政策内容が同じであっても,別に法案が同じである必然性はない。」, という考え方が強くある。また,すでにふれたように,連邦議会では,議員は1人でも法案を出すことができる。ある意味では,個人主義の伝統の強いアメリカならではの当然の慣わしといえるのかも知れない。

法案の提出については,下院では,議員が仕上げた法案を,ホッパー(hopper)と呼ばれる箱に投入するか,担当事務官に手渡せば,それで提出手続は完了である。一方,上院議員は,午前の本会議中の指定時間内に提出することになっている。

並行法案は,それぞれの院で審査されることになる。ただ,最終の段階では,次のような調整が行われることになる。

【図表Ⅷ-4】並行法案の並行審査と調整の仕方

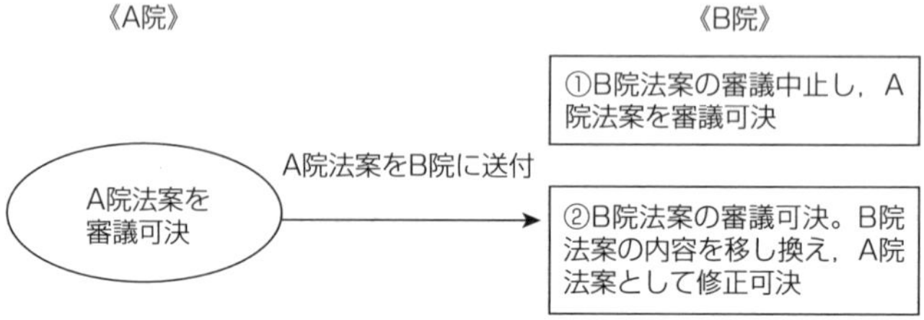

《A院》　　　　　　　　　　　　　　　《B院》

①B院法案の審議中止し,A院法案を審議可決

A院法案を審議可決　──A院法案をB院に送付──▶

②B院法案の審議可決。B院法案の内容を移し換え,A院法案として修正可決

調整には2つの選択肢がある。①1つは,A院で審議が終わりA院法案の送付を受けたB院は,それと同趣旨の内容の自院で審議しているB院法案の審議を中止し,A院から送付の法案を審議する方法である。

②もう1つは,A院で審議が終わりA院法案の送付を受けたB院は,A院法案にB院法案の内容を移しかえ,これをA院法案として修正可決する方法である。この場合,A院法案の法案番号はA院のものですが,内容はB院のものになる。

①,②,いずれの場合も,A・B間の相違点は,後に両院協議会を開いて調整をして,最終法案にし,本会議で可決成立をはかることになる

議員提出にかかる租税立法の場合にも,現実には,ほとんどの場合,この並行審査になっている。

(3) 実質的には大統領提出(政府)法案が半数以上

わが国の「役所立法」・政府提出法案のようなルートは,形式的にはアメリ

カにはないことになっている。つまり、アメリカ連邦議会では、法形式的には議員立法のルートより認められていない。ただ、実際には、議会に提出される法案のなかには、大統領、行政官庁から依頼を受けて、議員が提出するものも多い。大統領がかかわって与党議員を通じて議会に提出された法案は、「政府法案（administrative bill）」とも呼ばれる。

　連邦憲法は、「大統領は、随時連邦の状況について連邦議会に情報を提供したり、また自ら必要かつ良策と考える施策について、議会にこれを審議するように勧告するものとする。」（第2条3節）と定める。

　これを受けて、大統領は、年頭の「一般教書演説（annual State of the Union Message）」、「経済教書」、「予算教書」などのほか、随時出される「行政書簡」のなかで政策を明らかにする。これらのなかで、公約した政策の実現に向けて、連邦各省庁の政策専門家が練った法案を添えて、連邦議会に必要な立法を行うように勧める。この他に、議会各院や議員に書簡を送り法律をつくるように要請することも行っている。

　大統領の要請によってつくられた法案は、所管の委員会の委員長あるいは筆頭委員に提出される。行政庁からの依頼でつくられた法案、とくに税制改正法案の場合で、大規模な税制改正などを行うときには、連邦財務省が法案を仕上げて、下院歳入委員会の委員長か筆頭議員に依頼するのが慣例になっている。

　ただ、議員自身の提案でない法案（政府法案）については、「依頼により（By Request）」と法案に表記される。もっとも、実際には、表記されないものも多い。この他、市民団体や州ないし地方団体などからの依頼によって提案される法案もある[9]。

(4) "政府立法" も議員関与で提案する仕組みの重み

　大統領とか行政庁から依頼された政府法案は、議員がそのまま、連邦議会に提出することはない。議員は、そうした法案の場合にも、利害関係団体の意見を取り入れたうえで、最終調整された法案を議会に提出するのがふつうである。このため、実際には、大統領の提出にかかる政府法案なのか、議員作成にかかる法案なのか、区別がつきにくい。

　このように、アメリカでは、法案提出権は議員にあるため、形式的にはすべ

---

[9] See, K. W. Simon, "Congress and Taxes: A Separation of Powers Analysis," 45 Miami L. Rev. 1005 (1991).

て議員立法なわけである。しかし，実際に成立している法律の半数以上は，大統領が所属する政党の議員を通じて提出される実質的に大統領提案になる政府法案であるといわれている。

よく考えてみれば，立法府は唯一の立法機関であるはずである。いかなる法案も必ず議員の手を通して提出されなければならないという，アメリカの流儀は極めて"常識"的といえるのではないか。見方を変えると，わが国ではこうした常識が通用しにくいわけである。ほとんどの法案は行政府が仕上げて内閣を通じて立法府に出てくる。議員は法案作成にはほとんどアンタッチャブルである。税金の立法では，対案も出てこない。

まさに，こうしたところに，わが国の立法プロセス面での重い課題が潜んでいるのではないかと思う。わが国では，裁判所も，「政府立法は憲法違反ではない」との判決を下している。このことから，仮に政府立法を禁止しようとするのであれば，憲法改正が必要ともいえる。

いずれにしろ，アメリカの連邦議会では，財務省から大統領を通じて税制改正法案が議会に出され，まともな議論もなしに成立することはない。これは，アメリカにおいては，実質的な意味での"政府立法"も，形式的には議員の関与を経て出さないといけないという"抑えの効く"仕組みになっていることも幸いしている。

ともかく，アメリカでは，行政府の長官や局長などの幹部は，大統領が政治任用する仕組みになっている。オバマ氏からトランプ氏に大統領の交代があると，政治任用による4,000を超える官職が交代する。したがって，アメリカでは，

連邦議事堂

税制のあり方や課税政策の策定が，どこかの国とは異なり，「官僚主導か，政治主導か」は問題にされることはないわけである。むしろ，いわゆる"政 対 政"の構図において，大統領と連邦議会，そのどちらが主導権を握るかが重みを持つわけである。

3 連邦議会の法案審議プロセスとは

　法案提出について議員立法のルートより認められていない連邦議会においては，議員が積極的に立法活動を行うには，立法スタッフが欠かせない。連邦議会は，2万5,000人以上の常勤の職員を抱えており。これ以外に非常勤の職員もいる。

　また，各議員には必ず立法担当秘書（Legislative Assistant）が1人つく。この秘書が，議院法制局（Office of Legislative Counsel）の補佐を受けて法案を仕上げる。また，アメリカは，法案審議における委員会中心主義をとっているが，法案付託先の委員会の場では，この秘書が補佐にあたる。この秘書は，所管の省庁の役人や付託先委員会スタッフと，日程その他の調整を担当する。

　議会に提出された法案は，成立に至るまでさまざまな段階を踏む必要がある。連邦議会では，直接本会議で審議される法案もあるが，わが国と同じように，法案の審議は一般に"委員会中心主義"に従っている。この点は，本会議中心主義をとるイギリスなどとは大きく異なるところである[10]。

　法案審議の第1段階は，それぞれの政策にマッチした議会の委員会に付託することである。

(1) 連邦議会にある委員会の種類

　連邦議会の上院や下院には，さまざまな委員会が設けられている。これらの委員会は，大きく①「常任委員会（standing committee）」，②「両院協議会（conference committees）」，③「特別委員会（special, select committees）」，④「両院合同委員会（Joint committees）」，⑤「下院全院委員会（committees of the whole house）」の5つに類型化できる[11]。

　これらすべて委員会が常に租税政策や租税立法に関係してくるわけではない。しかし，さまざまな委員会があることを知っておくことは，大事である。とりわけ，アメリカの租税政策や租税立法の成り立ちについて深くつめていく場合

---

[10] See, Valerie Heitshusen, "Introduction to the Legislative Process in the U.S. Congress," CRS Report for Congress (November 30, 2012, CRS, Library of Congress).

[11] See, Judy Schneider," The Committee System in the U.S. Congress," CRS Report for Congress (Updated March 21, 2007, CRS, Library of Congress,).

には必要不可欠な基礎知識ともいえる。

そこで，連邦議会の委員会の種類とその目的を簡潔にまとめて図示すると，次にとおりである。

【図表Ⅷ-5】連邦議会にある委員会の種類

① **常任委員会（standing committee）**
常設の委員会。法案審査＋行政府の監視が主な任務である。運営や人選は議院規則（Rules of the Senate, Rules of the House）などによる。
② **上下両院協議会（conference committees）**
上院通過法案と下院通過法案の相違点の調整をねらいに法案ごとに設置される。
③ **特別委員会（special, select committees）**
各院の決議で設置。特定の政策課題の調査が中心である。原則として法案審査はしない。
④ **両院合同委員会（joint committees）**
両院一致決議ないし議院規則で設置される。立法権限はない。特定の政策課題の調査・行政監視・両院運営の協議が主な任務である。
⑤ **下院全院委員会（committees of the whole house）**
法案審査の迅速化をねらいに，本会議に代替して下院議員全員で開催される会議である。討論時間は1人5分，定足数も100人に緩和などの特則が多い。上院にはない。イギリスの下院にも同様の委員会がある。

(2) 法案の委員会審査とは

アメリカ連邦議会では，仕上がった法案は，それぞれの院に設けられている「常任委員会」に付託される。第114回議会（2015年1月3日開会）現在，上院は21の常任委員会をもっている。下院は20の常任委員会を持っている。ちなみに，常任委員会は，法案審査に加え，行政監視も主な任務としている。また，極めてまれであるが，より慎重な審査が必要である場合には，法案によっては，「特別委員会（select committees, special Committees）」に付託されるものもある。

【図表Ⅷ-6】上下両院の委員会の数と租税関連委員会名【第114回議会】

下院委員会	数	課税関係委員会
・常任委員会（standing committees）	21	歳入委員会（Ways and Means）
・特別委員会（select committees）	1	
・両院合同委員会（joint committees）	4	租税委員会（Joint Taxation）
上院委員会	**数**	**課税関係委員会**
・常任委員会（standing committees）	20	財政委員会（Finance）

・特別委員会 (special, select committees) 4
・両院合同委員会 (joint committees)　　4　租税委員会 (Joint Taxation)

　原則として，仕上がった法案は，上院，下院，いずれにも提出できる。ただし，連邦憲法は，歳入を伴う法案は，下院に上程されなければならないと定める。したがって，税法案は，下院に提出される。このことから，税制改正法案の場合，具体的な審議は，下院の歳入委員会（House Ways & Means Committee）で開始されることになる。
　一般に，委員会に付託された法案は，まずスクリーニング（選り分け）にかけられる。1議会期（2年間）で2,000～3,000件近くの法案が提出されるのが実情である。なかには，法案提出理由が不透明なもの，著しく特定の業界益に偏ったもの，たんなるアリバイづくりで緊急性がないものなどが混在している。
　この選り分け作業は，常任委員会とその下にある小委員会（sub-committees）で行われる。それぞれの委員長，小委員会委員長が，法案の命運を左右する力を持っており。まな板にのるかどうかは，政治的な判断で決まる要素も強いのが実情である。

(3)　連邦議会委員会における公聴会制度

　ある法案がいずれかの院（ただし，税制改正法案は下院）に提出され，その院の所管の常任委員会でのスクリーニング（選り分け）にかけられ，委員会が審査に付すと決定したとする。この場合，下院では，委員長の判断により，その法案を小委員会に付託するのがふつうである。小委員会では，「公聴会（hearing）」と「マークアップ（逐条）審査」が行われる。つまり，最初のスクリーニング（選り分け）で，審査対象に選ばれた法案は，小委員会に回され，はじめに公聴会を開催して審査されることになる。これまで公聴会を開かないで成立した法律はない。
　この点，わが国の形骸化してしまっている公聴会（国会法51条）のイメージとは，まったく異なる認識が必要である。
　ここで，アメリカ連邦議会の「公聴会（hearing）」制度について，もう少し掘り下げて点検してみたい。

① 権能面からみた公聴会の類型

　公聴会は，権能面からみると，次のように類型化できる。

【図表Ⅷ-7】 権能面からみた公聴会の類型

(a) **法案その他の案件審議目的の公聴会（legislative hearing）**
議会上下両院の委員会や小委員会で開催される公聴会の多くは、「法案その他の案件審議のための公聴会」である。立法活動が連邦議会の本来に権能であることから、この種の公聴会は最も一般的なタイプのものである。

(b) **行政府の監視目的の公聴会（oversight hearing）**
連邦議会は、伝統的に、上下両院に置かれた各種委員会において公聴会を開催して、公共政策の執行状況を審査、管理、監督するために行政府の監視を行っている。こうした「行政府の監視目的の公聴会」は、委員会が、特定の行政庁が所管するプログラム（施策）の執行状況が思わしくないとみられる場合や、所管の行政庁が委員会の任意の調査に非協力である場合などに開かれる。実務的には、当該プログラムの所管となる議会委員会が監視目的の公聴会を開催し、問題の行政庁の責任者などを証人として召喚して、証言を求め、質疑を行う。

(c) **国政調査目的の公聴会（investigative hearing）**
「国政調査目的の公聴会」は、公務員がその地位を利用して不正行為を働いている場合、市民を保護するために立法府独自の調査が必要と思われる場合などに、関係者などに召喚状を発して、所管の委員会公聴会に証人として喚問し、証言を求め、質疑をとおして疑惑を解明することをねらいに開かれる。国政調査目的の公聴会は、司法手続的な性格を有し、他の種類の公聴会と比べると、対審的な性格が濃い。召喚された証人は、宣誓したうえで証言が求められ、偽証ないし資料提出を拒否した場合には、議会侮辱罪（contempt of Congress）を問われる。

(d) **政治任用官職の承認目的の公聴会（confirmation hearing）**
アメリカでは主要な行政官職は、大統領が政治任用（political appointment）することになっている。最高裁判事、省庁の長官・副長官、CIAやFBI長官、大使の任用などにみられるように一部の官職については、上院での承認決議が求められている。一般に、PAS（Presidential Appointment with Senate Confirmation）と呼ばれる官職である。上院本会議で承認する場合も多いが、承認に先立ち委員会を開催して、質疑をとおして人物調査を実施することもある。こうした公聴会を、「政治任用官職の承認目的の公聴会」という。

② 証人招聘・召喚手続

議会の委員会や小委員会で公聴会を開催するにあたり、最も重要なのは、「招聘ないし喚問する証人の選任（selecting and inviting witnesses）」である。誰しも公聴会に証人として出席する固有の権利は有していない。したがって、証人として公聴会に出席し証言するためには、まず、招聘される必要がある。一方で、委員会や小委員会は、証人として招聘したのにもかかわらず公聴会出席に任意に応じない場合には、状況によっては議会侮辱（contempt of Congress）を問える威力を背景とした議会の証人喚問権（subpoena power）に基づいて、証人と

して召喚し，なかば強制的に，証言を求めることができる。

　公聴会で証言を求めて招聘した場合，ほとんどの人は任意に応じるのがふつうである。召喚状を用いた強制召喚は，全体からみれば極めて少ない。強制召喚例のほとんどは，国政調査目的の公聴会に関係している。

　公聴会に招聘する証人の人選は，委員会スタッフが行っている。委員会スタッフは，証人候補と事前に面談を行っている場合も多い。招聘される公聴会の種類や案件にもよるが，人選にあたっては，関係各界からできるだけ広く証言を求められるように配慮される。とりわけ，"法案その他の案件の審議"を狙いとした委員会の公聴会では，ふつうの市民はもちろんのこと，連邦行政府，州・地方団体，学界，ビジネス界，利害関係団体などから，それぞれ証人が選ばれている。この場合，審査している案件のすべての争点を網羅できるように配慮が加えられている。証人が多い場合には，公聴会は複数日にわたることも多い。下院の場合，少数党の委員は，少なくとも公聴会の一日に自己の人選にかかる証人を招聘できる規則になっている。ただし，この申請は，少数党の委員の多数により決定し，事前に委員会委員長に対して行う必要がある。

　招聘する証人が決まれば，委員会委員長が，各証人に，公聴会の目的，日時，開催場所，証言してほしい事項と条件，審査案件，委員リスト，招聘にかかる費用弁済，担当スタッフその他の公聴会出席に必要な資料を含めた招聘状を送達する。招聘状では，事前に，証人の略歴と予定される証言内容文書，また，委員会によっては，予定される証言内容の電子データ，を委員会の事務担当者へ送付するように求める。

　証人が任意の招聘に応じない場合には，召喚状を発することになる。この場合，委員の過半数が出席した委員会で表決を求めることになる。委員会にもよるが，多くの場合，賛否は過半数で決する。もっとも，委員会は，一定の条件を付したうえで，召喚する権限を委員長に一任することもできる[12]。

③ 召喚権とその法的限界

　連邦議会の委員会や小委員会では，数多くの公聴会が開かれる。公聴会に証人として招聘された場合には，それに任意に応じるのがふつうである。法案そ

---

[12] See, Christopher M. Davis, "House Committee Hearings: Arranging Witnesses: Analyst on Congress and the Legislative Process," CRS Report for Congress (August 25, 2015, CRS, Library of Congress).

の他の案件にかかる公聴会への出席であれば，公共政策上の課題に対して自己の主張を述べる機会が与えられるわけであり，比較的受け入れやすい。シンクタンクの研究員の職にある人のように，自分の売り込みの機会にもなることから，すすんで応じるケースもある。しかし，その招聘が，国政調査目的の公聴会に関係している場合には，出席をためらうのは誰しも当然である。汚職その他不正行為の糾弾，個人に思想や信条が深くかかわる事件などに関係している場合には，とりわけである。公聴会出席に任意に応じない場合，委員会や小委員会は，議会侮辱（contempt of Congress）を問える威力を背景とした議会の証人喚問権（subpoena power）をかざして証人喚問し，なかば強制的に証言を求めることができる

　連邦憲法には，こうした議会の調査権・証人喚問権を明示的に認める規定は存在しない。しかし，憲法の起草者は，議会はたんなる立法者であるだけでなく，調査権を持ち，公職の行為を常に監視になければならないとも述べている。一般には，連邦憲法第1条1節に定める連邦議会の立法権を遂行するために認められる"黙示的権限（implied power）"に由来すると解されている[13]。

　しかし，一方で，こうした議会の証人喚問権は，個人の人権保護とのかねあいで由々しい問題をはらんでいる。とりわけ，東西冷戦が加熱していた当時，アメリカ議会では反共産主義（マッカーシズム）の嵐が吹き荒れ，議会委員会（通称「マッカシー委員会」）公聴会では，喚問された証人個人の思想にまで調査が及び，人権保護の面で禍根を残したことは，いまだ記憶に新しい。したがって，議会の証人喚問権は無制限に認められると解してはならない。まず，議会が定めたルールに従って行使されなければならない[14]。また，思想の自由，良心の自由，自己負罪特権[15]，その他の憲法上の権利，守秘義務や企業秘密などとの比較考量の上，許容範囲が策定されなければならない[16]。

　一方，議会公聴会での命令に従わなかった場合の議会侮辱罪（contempt of Congress）の適用についても，委員会の調査の必要性と証人の受忍義務とのバランスを考量したうえで，妥当性が判断される必要がある[17]。また，議会の権

---

[13] See, McGrain v. Daugherty, 272 U.S. 135, at 174 (1927).
[14] See, Wilkinson v. United States, 365 U.S. 399, at 408-9 (1961).
[15] See, M.E. O'Nell, "The Fifth Amendment in Congress Revising Against Compelled Self-incrimination," 90 Geo. L. J. 2445 (2002).
[16] See, R. Berger, "Congressional Subpoenas to Executive Officials," 75 Colum. L. Rev. 865 (1975).

能と直接関係のない事項についてまで調査権・喚問権を行使して公聴会で証言を求めることは消極的に解される。例えば，委員会が，係争中の裁判情報，純粋な私事，ないし犯罪捜査のような本来的に他の機関に専属するような事項や情報を調査・喚問するような場合が典型である。こうした事項について調査・喚問することは，調査・喚問権限のゆ越・濫用につながる可能性が高い[18]。

④ **公聴会の運営**

公聴会の日程は，遅くとも開催日より1週間前に，電子媒体（議会各院のホームページ（HP））や文書媒体を通じて，事前に幅広く一般に公表される。公聴会は，公開が原則になっており，審査状況は一般に放映される。公聴会の多くは，連邦の首都であるワシントンD.C.で開催される。

すでにふれたように，アメリカ議会の委員会や小委員会の公聴会多くは，①法案その他の案件審査目的（legislative purpose）で開催される。この他に，公聴会は，②行政府の監視目的（oversight purpose）で開催される。この種の公聴会は，連邦行政機関の運営の一般的な監視はもちろんのこと，法律に基づいて行政が実施している各種プログラム（施策）の執行状況，とりわけ年次の公金の充当に先立って過年度の使途状況や業務効率化の達成度合・実績評価などに焦点を当てて，関係者に証言を求める形で行っている。すでにふれた下院歳入委員会の「監視小委員会」や上院財政委員会の「課税・内国歳入庁監視小委員会」が開催する公聴会が，行政府の監視を目的としたものの典型といえる。

この他に，③国政調査目的の公聴会がある。いわゆる"国政調査委員会"での公聴会である。1973年のウォーターゲート事件や1987年のイラン・コントラ事件をはじめとしたさまざまな疑惑の解明に向けて議会特別委員会で開かれるのが，この種の公聴会である。

公聴会に証人として招聘された場合，それに任意に応じるのがふつうである。証人が任意の招聘に応じない場合には，議会侮辱を問える威力を背景とした議会の証人喚問権に基づいて，証人として喚問し，証言を求めることができる[19]。

---

[17]　See, Anderson v. Dunn, 6 Wheat. 204, at 228 (1821). 現行法の量刑は，"過料もしくは拘禁，または併科"の仕組みになっている。

[18]　召喚された証人の人権保護の観点から，証人は，任意で補佐人を伴って出席する権利（right to counsel）を有している。See, R. L. Claveloux, "The Conflict Between Privilege and Congressional Oversight: The Gorsuch Controversy," 1983 Duke L. J. 1333 (1983).

[19]　See, Louis Fisher," Congressional Investigations: Subpoenas and Contempt Power," CRS Report for Congress (April 2, 2003, CRS, Library of Congress).

こうした例は，とりわけ③国政調査目的の公聴会の場合に多くみられる。

(4) 法案審査目的で開かれる公聴会

①法案その他の案件審査目的／法案審査目的（legislative purpose）での公聴会の件に話を戻す。連邦議会の権能は，委員会中心主義のもと，通例，上下両院に公聴会の開催日時は，連邦議会各院のホームページ（HP）などを通じて，事前に広く国民に知らされる。公聴会では，連邦議員はもちろんのこと，その政策・法案に利害関係を有する人，学識経験者などが証人として喚問される。閣僚および行政府高官は，委員会の求めに応じて証人として出席し，意見陳述がゆるされる。ただし，厳格な三権分立のルールのもと，行政府の官僚が，議会で発言する権限は認められていない。法案に関心のある一般国民も，申し出て自発的に発言することができる。ただ，大統領は，出席しないのが永年の慣行になっている。意見陳述に先立って宣誓を求められる場合もある。もっとも，宣誓は省略されるのがふつうである。ただ，偽証があった場合には処罰の対象となる。

公聴会では，証人はあらかじめ意見書を提出するように求められる。委員会スタッフは，事前に提出された意見書をもとに，議員が証人にする質問を検討する。委員会スタッフは，事前に証人に面会して意見を聴くこともともできる。また，委員会スタッフ自身も，委員会では，委員長の許可を求めたうえで，証人に質問をすることもできる。公聴会の記録は，議会各院のホームページ（HP）に公表される。

連邦議会下院委員会での審議シーン

(5) マークアップ（逐条修正）審査とは

「マークアップ・セッション（mark-up session／逐条修正会議）」とは，常任委員会または小委員会が，法案審査の公聴会を終え，院（本会議）での立法手続をすすめるべきであるとの勧告を決めた後に，その委員会委員に対しその法案に修正を加える機会を与えるために持たれる会議である。この会議は，その法案をその院の本会議で審議するに先立って行われる。

こうしたことから，法案についての公聴会が終ったとする。この場合は，その後直ちに委員会の委員だけの会議（executive session），つまり「マークアップ・セッション（逐条修正会議）」が持たれることになる[20]。ここでは，まず，法案に対する賛否を問うことになる。賛成ならば，次に，法案を一条ごとに「ここは妥協できる」，「ここは妥協できない」といったやり方で，審査していく。

この会議を開くのは，小委員会の場合は，親（全体）委員会での法案への広範な支持を得ることが主な狙いである。マークアップ会議で合意すれば，修正法案がつくられる。このマークアップ（逐条修正）会議を終えた法案は，ある意味では，参加者が逐条的に損得の判断でつぶしあった結果であるともいえる。

マークアップ（逐条修正）会議は，各院の本会議での法案修正に比べればかなり非公式な手続に従ってすすめられる。これは，委員会または小委員会（以下「委員会」という。）は委員の数も限られていることから，効率的な会議運営をすすめる観点からも，厳格な手続で議事を縛る必要性が少ないからである。また，各院の規則も，マークアップ会議には幅広い裁量を認めている。マークアップ会議は，進行手順からみると，大きく①予備的決定事項と②実質的逐条修正審査からなる。前者①予備的な決定事項においては，(a)日程および議案の決定，(b)ベース法案の選択，(c)第一読会（first reading）および(d)趣旨説明（opening statements）の開催のステップを踏んで行われる。これらの手続は，実質的逐条修正に入るための予備的なプロセスといえる。このプロセスが終わると，次に，②実質的逐条修正審査にすすむことになる。

ここでは，(e)質疑討論，さらには(f)修正案の採決，(g)親（全体）委員会（ただし審査が親（全体）委員会ではじめられている場合は本会議）への報告へと進むことに

---

[20] より厳密にいえば，理論的には小委員会に付託して公聴会・マークアップ会議のプロセスに加えて法案審議をしている場合と，小委員会に付託せずに親（全体）委員会が直接公聴会・マークアップ会議のプロセスを通じて法案審査をしている場合などが想定される。

なる[21]。

これらの進行手順を図表にすると、次のとおりである。

【図表Ⅷ-8】小委員会でのマークアップ会議の進行手順

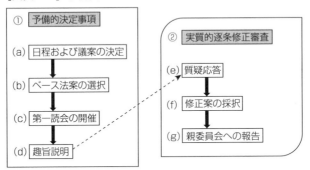

① **予備的決定事項**

マークアップ会議の開催に前後して、日程や逐条修正の対象にする法案、さらには、第一読会の開催、趣旨説明が行われる。こうした予備的な事項を決めてはじめて、本来的な任務である法案逐条修正審査に進むことができる。

(a) 日程および議案の決定

マークアップ会議の運営は、原則として、上下それぞれの院の規則および各委員会の規則、慣行をもとにすすめられることになっている。したがって、マークアップ会議の運営は、それぞれの常任委員会により細部では異なるものの、全体としてみれば似通った点も多い。日程調整や提出資料の収集をはじめとした会議の準備は、委員会スタッフが行う。マークアップ会議は、原則として公開される。ただし、重要法案などの場合、マークアップ会議に先立って、委員長ないし小委員長が非公式に委員を招集し、調整をはかることが多い。

ほとんどの場合、どの法案を逐条修正のベース法案として選ぶかは、委員会の委員長の判断による。したがって、この点で意見集約に手間取ることは少ない。もっとも、院の規則には、この権限について明示するところがない。一般に、この委員長の権限は、委員会の日程および議案を決める委員長の権限に由来すると解されている。審査対象となる法案にもよるが、修正案は、委員会ス

---
[21] ただし、親（全体）委員会から始まっている場合には、⑦本会議への報告、⑧本会議での審議と進むことになる。

タッフの手により作成される場合が多い。委員会スタッフのところには，官民を問わずさまざまなプレッシャーグループ（圧力団体）からの陳情が寄せられており，その法案をめぐる事情に精通しているからである[22]。税制改正法案の場合は，連邦財務省スタッフなども修正案作成に補佐・協力している。

(b) ベース法案の選択

マークアップ会議の日程や議案が決まると，次の予備的な作業は，逐条修正の対象とする法案の選択である。つまり，委員長が，会議で，当初の法案に修正を加えるか，あるいは委員会スタッフが準備した代替法案を採択するかどうかを問う。

選択は二者択一となるが，1つは，議員が提出した法案を逐条修正の対象に選ぶことである。もう1つは，委員会に正式に付託されていない法律草案を逐条修正の対象とすることである。この場合，議事を，当該草案の作成支援をした委員会スタッフ，ふつう議院法制局（Office of Legislative Council／立法顧問局とも邦訳される。）付の弁護士，が支援する。通例，この法律草案は，「討議草案（discussion draft）」ないし「スタッフ草案（staff draft）」と呼ばれる。マークアップ会議で大幅な修正が加えられた場合，その法案は下院では「クリーン法案（clean bill）」と呼ばれる。一方，上院では「独自法案（original bill）」と呼ばれる。この場合，この法案には新たな法案番号が付される。本会議に送付されることになった場合には，旧い法案は廃棄される[23]。

マークアップ（逐条修正）の対象とする法案は，俗に「ベース法案（base text）」あるいは「クルマ（vehicle）」と呼ばれる。この選択は極めて重要である。なぜならば，この選択が逐条修正に関する質疑討論の根幹をなすからである。この段階で，選ばれた法案は，一条ごとに逐条チェックされ，各条に加えられた修正点はそのまま残され，最終的には本会議に対し立法勧告として送られる。したがって，本会議で法案が採択されるかどうか，言い換えると多数の賛成が得られるかどうかは，マークアップ会議でのベース法案の選択にかかっていると

---

[22] See, Judy Schneider, "House Committee Markup: Preparation," CRS Report for Congress (Updated March 13, 2007 CRS, Library of Congress).

[23] ちなみに，小委員会が設けられている場合で，後に親（全体）委員会でマークアップ会議が開かれるときには，すでに小委員会でのマークアップ作業を終えており，小委員会は親（全体）委員会に対し速やかに立法手続に入るように勧告を行うのが常である。したがって，この場合には，親（全体）委員会でのマークアップ作業で得られた成果をもとに，作業をはじめることになる。

いえる。

(c) 第一読会の開催

マークアップ会議は，通例，委員長による委員会招集および議案の提案で開始される。委員長は，会議の開催が同委員会規則に定められた要件をみたしているかどうかを確認するように求められる。委員長は，まず法定定足数をみたしていることを宣言する。その後，委員長は，委員会が法案，決議案その他の案件の審査を行うものであることを宣言したうえで，本格的にマークアップ（逐条修正）会議での作業にとりかかる。

委員会の書記は，ベース法案の全文を読み上げることになる。ただし，全員一致の賛成の議決があれば，特定の条項ないし全条項の読上げ・朗読を省略することができる。省略されるのがふつうである。なぜならば，委員は，すでに法案に目を通しており，公聴会などを通じてその法案に精通しているからである。全員一致の賛成の議決が得られない場合，委員が法案の第一読会を省略する動議を出すのがふつうである。この点に関し，下院規則（第6第1(a)(1) (B)）では，案件の印刷されたコピーが配られている場合，委員会または小委員会が第一読会を省略する特権，および委員が質疑討論省略動議を出せる旨規定している。

(d) 趣旨説明

委員長は，ベース法案をマークアップ会議での実質審査に付すにあたり，その法案とその法案に関連する政策上の争点についての説明をする。次に，少数党筆頭委員（ranking minority party member）に発言を許可する。さらに，委員長は，他の委員に政党間での修正をはかるための発言を認める。委員の発言の順位は，委員会の先任者優先慣行（seniority order）に従うのが常である。しかし，時によっては，委員会への出席順位に従って認められることがある。

五分間制限ルール（five-minute rule）のもと，委員に認められる発言時間は5分以内である。もっとも，少数党筆頭委員に対しては，それ以上の時間の発言を認めることがある。いずれにせよ，マークアップ会議で修正を求めた委員はいずれも，委員会が質疑討論を終結する動議に賛成する議決をしない限り，5分以内で発言ができる原則になっている。

② **実質的逐条修正審査**

逐条修正の対象とするベース法案全文の読上げ（またはその全文もしくは一部の

省略),趣旨説明が終わると,続いて本格的なマークアップ(逐条修正)会議に入ることになる。マークアップ会議における修正案の提出や質疑討論のやり方は,本会議での質疑討論のやり方と酷似している。

会議においては,委員長が,書記官にベース法案の最初の一条を読むように指示する。読み終わると,各委員はその条項へのそれぞれの修正案を提示する。その条項に対する修正に関する質疑討論(debate)が行われる。その結果,修正が盛り込まれるか,全体が修正されることになる。それが確認されると,委員長が,書記官にベース法案の第二条を読むように指示する。同様の手順で逐条的に最終条項まで次々と手続がすすめられる。

もっとも,こうしたやり方は,今日では,極めて意見の対立がある法案の逐条修正の場合に限られる。言い換えると,マークアップ会議では,ほとんどの法案について,全員一致の賛成の議決を得て,特定の条項または全条項の査読を省略するのが常である。この背景には,今日,多くの法案は,表題,章,節,条,項,号等々と長文に及んでいる現実がある。こうした場合,委員長は,全員一致の賛成の議決を得て,表題ごと,章ごとの単位で逐条修正をすすめるのがふつうである。

(e) 質疑討論

マークアップ会議は,5分間制限ルールに基づいて,1条ごとに提出される修正案に対する「質疑討論(debate)」の形ですすめられる。ここでいう「質疑討論」とは,本来,修正提案者に対し口頭で疑義をただすとともに,委員同士が自由に討論することを指す。したがって,修正案に関係のない"質問"を認めることではない。

ただ,マークアップ会議における実際の質疑討論では,5分間制限ルールがあることも手伝って,委員間での質疑,論戦はほとんどなされない。委員があらかじめ用意してきた修正案を朗読,説明する場となっているのが実情である。

委員長は,まず,修正案の提案者に対して,5分間その提案理由を説明することを認める。次に,委員長は,その修正案に反対する委員に5分間反対理由を説明することを認める。原則として,いかなる委員も,同じ修正案に対して1回以上発言をすることは認められない。ほとんどの委員会では,委員の面する証人席に,緑,黄,赤のライト(またはディジタル時計)があり,発言する委員は残り時間を認識できる。委員は,5分を超えて発言を望む場合には,全員一

致の賛成が必要になる。

　逐条修正の質疑討論において，委員長は，通例，伝統的な手続に従って議事をすすめる。すなわち，委員長は，多数党委員と少数党委員が交互に発言するのを許可し，発言の順序は委員会の先任者優先慣行に従って決められる。ただ，近年，先任者優先慣行に対する議会内外からの強い批判に応えるため，委員長は，発言の順序を無視し，あえて若手の委員に発言を許可することも多くなってきている。

　また，委員が発言中に，他の委員ないし同じ党の同僚委員が，「貴殿に譲っていただきたいのですが (Will you the gentleman yield?)」と発言することがある。その委員が同意すれば，他の党の委員ないし同じ党の同僚委員は残り時間内で発言することができる。同僚の委員に譲った場合で，委員長の許可があるときには，時間内で2人の委員が交互に発言することができる。この場合，5分を超えて発言を望むときには，全員一致の賛成が必要になる。逐条修正の質疑討論において，委員長は，必要がある場合には，委員会スタッフないし行政府の職員が質疑に参加することを許可する。

　修正案の提案者は，全員一致の賛成なしにその提案を取り下げることができる。ただし，すでにその修正が終っている場合は別である。一方，質疑討論中の修正案を修正したい場合には，全員一致の賛成が必要である。

　逐条修正の質疑討論において，委員長ないし修正原案の提案者が，質疑討論中の修正案に対する採決を求める機が熟していると判断したとする。この場合，委員のなかから「質疑討論の終結・打切り動議 (non-debatable motions)」を提案する手法が使われる。

　マークアップ会議運営上利用される主な質疑討論終結・打切り動議には，大きく分けて2つの種類がある。1つは，「先決問題の動議 (motion to order the previous question)」であり，もう1つは「質疑討論終結の動議 (motion to close debate)」である。

「先決問題の動議」とは，修正原案に対する再修正案，再再修正案が出され引き延ばしの動きが見られる場合などに，修正に関する質疑討論中に，参加している委員が，その修正は先決済みであることの確認と議事進行を求める動議を提出するものである。この動議が出されると，委員長が直ちに採決を実施する。多数決で賛成が得られると，会議では，その修正案に関してはそれ以上質疑討

論を続けることができなくなる。また，その修正案に対してはいかなる再修正案の提出も認められなくなる。仮に，再修正案の質疑討論の最中に，委員から動議が出され，会議が採決によりその再修正案は先決済みの問題であるとして議事進行を決めたとする。この場合には，当該採決は修正原案に対する修正案，つまり「第一次修正案（first degree amendment）」として取り扱われる。ちなみに，先決問題の動議は，いまだ修正が行われていない条項などに対しては提出することができないことになっている。これは，とりわけ少数党の委員の権利を保護することが狙いである。

　次に，「質疑討論終結の動議」についてふれる。委員は，マークアップ会議において，第一読会終了後ないしその省略の採決があった後に，打切り動議を出すことができる。こうした終結動議は，大きく(i)修正原案や修正原案の修正案，(ii)いまだ修正が行われていない条項等，ないし(iii)法案自体を対象に提出することができる。終結動議は，端的にいえば，マークアップ会議そのものの終結を求めることを意味する。この種の動議提出により，具体的には，マークアップ会議が，開催後直ちに終結におよぶ場合，一定時間後に終結におよぶ場合，ないし一定の逐条修正を終えた後に終結におよぶ場合が想定される。

　一般に，「先決問題の動議」は，質疑討論の動きを速めることを狙いに出されることが多い。その一方で，「先決問題の動議」がうまく機能しないときには，一定の逐条修正を終えた後に「質疑討論終結の動議」を出すことで議事促進をはかろうとする傾向がうかがえる。

　ちなみに，マークアップ会議に出される動議は，これらの他にもさまざまある。

　(f)　修正案の採決

　小委員会でマークアップ会議を開催している場合には，その会議の終了後，審査した法案を親（全体）委員会に報告するかどうかの採決を行う。可とされれば，審査した法案にかかる小委員会報告書がつくられ，親（全体）委員会に報告される。

　親（全体）委員会が，小委員会から審査した法案に関し報告を受けたとする。この場合，親（全体）委員会は，自らで公聴会を開催し，マークアップ（逐条修正）会議を持ち，調整がついた時点で，その院の本会議にその法案を報告するかどうか採決することができる。あるいは，公聴会を省略し，親（全体）委員会

でのマークアップ会議を開催し，法案にそこで提案された修正を加えた後速やかに採決することもできる。

上院・下院双方とも，親（全体）委員会が，その法案に関し委員だけのマークアップ会議を持つがどうかは，通例，当該委員会の3分の1の定足数を満たした（委員会によってはより過重な要件が課される場合もある。）会議で議決するように求めている[24]。マークアップ会議の開催を議決したとする。この場合には，基本的には，前記小委員会で行われると同様の法案の逐条審査が行われることとなる。

(g) 本会議への報告

マークアップ会議での審査・採決を終えた後，その結論は親（全体）委員会，つまり常任委員会，へ送られる。常任委員会は，その院（本会議）に「報告」するかどうかの議決を行うことになる。常任委員会での議決は，委員の過半数が出席しかつその過半数で可否が決まることになっている。なお，議決にあたり，上院の場合には，委員の欠席・委任状による投票を認める。これに対して，下院の場合には，委任状による投票を認めていない。

(6) 上院・下院本会議への委員会報告書の提出

常任委員会が，審査した法案をその院の本会議に「報告（report）」すると決めたとする。この場合，本会議に対し十分な説明責任を果たさなければならない。というのは，常任委員会の本来の役割は，法案その他の案件の本会議での最終的な議決を効率的に行うための予備的な審査を行うことにあるからである。こうしたことから，常任委員会は，その院への報告の際に，「法案」に加え，その法案に関する「報告書」を提出するのが常である。これは，下院の場合には当院の規則（22条2項）で，一方上院の場合には慣例により，求められているからである。このため，本会議に報告を決めた場合，常任委員会の委員長は，委員会スタッフに対して「委員会報告書（committee report）」の作成を求めることになる。通例，委員会報告書には，法案の目的・趣旨，委員会での審査経緯，

---

[24] ちなみに，例えば下院規則（第XI第2(h)(1)）によると，本会議に案件を報告する場合の採決が有効に成立するためには委員の過半数が実際に出席した会議で表決を求める必要がある。ただ，マークアップ会議の議事を行い，または議決をするために必要な定足数については，特段に定めを置いていない。これは，マークアップ会議を効率的に運営するために，過半数の要件を強制しないことに狙いがあると解されている。このため，マークアップ会議の定足数は，3分の1を下回らない範囲内で（下院規則第XI第2(h)(3)）各々の委員会規則の定めるところによることになる。実際，ほとんどの常任委員会では，規則で3分の1を定足数の基準と定めている。

委員会での修正案，現行法との新旧対照，法案に対する関係行政機関のコメント，委員会で出た多数意見や少数意見，支出（予算）が伴う法案の場合には当該法律の施行に伴う概算費用見積等が盛り込まれている。

(7) 上院・下院本会議での審議

すでにふれたように，アメリカ議会では，法案（その他の案件）の審議・審査については委員会中心主義をとっている。とはいっても，本会議での法案審議を形だけに終わらせてよいということを意味しているわけではない。実際，各院の本会議では法案をその院に所属する議員全員で徹底的にディベート・審議していることから，本会議はその院での最終的な意思を固めるフォーラムとなっている。各院本会議の審議過程は，下院と上院とでは大きく異なる。各院での審議は，あらかじめ定められた規則に基づいて，法案ごとに「議員運営委員会（上院では Committee on Rules and Administration，下院では Rules Committee）」が定めるルールに沿って行われる。

① 本会議での法案審議・採決

議会本会議では，所管した委員会の委員長から法案の審査経過および結果が報告される。また，委員会審査に参加していない議員がその法案の評価をするに有用な材料を提供し，かつ，一般国民の知る権利を保障する狙いから，「委員会報告書（Committee Report）」が公表される。委員会報告書には，法案提出の目的と趣旨，その内容，賛否両論の記載，政府の主張，問題点，委員会での修正点，委員会での審査経過，少数意見を含む採決での各委員の賛否などが盛り込まれている。

本会議での法案審議は，委員会報告書などの資料が各議員に配布された後に出席した議員全員で質疑討論する形で徹底的に行われる。審議が終了すると，法案の採決が行われる。

② 他院での法案審議

一院を通過した法案は，他院に送られる。先議した議院から法案の送付を受けた議院は，委員会審査・公聴会，マークアップ（逐条修正）会議，本会議での審議・採決と進むことになる。審議の結果，無修正で可決できれば，法案は両院を通過することになる。

一方，になる。修正可決されれば，両院に意思が一致しないことになる。この場合，法案は，先議の議院に送り返されること先議の議院の修正に後議の議

院で賛成が得られないとする。この場合には，両院協議に入ることになる。

③ 上下両院協議会での協議

上下両院協議会 (conference committee) は，上院通過法案と下院通過法案の相違点の調整を狙いに法案ごとに設置される。

上下両院協議会の協議員は，それぞれの院の議長が任命することになっている。通例，委員長は，多数党 (majority party) から2人，少数党 (minority) から1人の割合で，計10人の協議員を選ぶ。

協議の成立には，各院の協議員の過半数の賛成が必要とされる。わが国のような衆議院の優位をうたった特別多数決による再議決制度はない。このことから，アメリカの場合，協議が整わなければ，法案は必ず廃案になる。逆に，協議が整い，各院の協議員の過半数の賛成で了承されると，両院一致の決議になる。

一般に協議の結果，合意に達した法案は，当初の原案とは大きく異なったものになるのがふつうである。合意に達した法案は，両院本会議で可決し，大統領の署名を得れば，法律として成立する。以上が，法案成立までのプロセスである。

連邦議会上下両院協議会での審議シーン

4 連邦議会の租税立法プロセスとは

　原則として，議員が仕上げた法案は，連邦議会上院，下院，いずれにも提出できる。ただ，連邦憲法は，「歳入の賦課に関するすべての法案は，先に下院に提出しなければならない」(第1条7節1項)としている。したがって，税制改正法案は，下院に提出，先議される。すなわち法案審査は，下院の歳入委員会(House Ways & Means Committee)で開始される。

　連邦憲法は，大統領が合衆国の現状に関する情報を連邦議会に報告し，さらには大統領が必要かつ有用と判断する諸施策を連邦議会に検討するように勧告できる旨規定している(第2条3節)加えて，連邦「議会が租税を賦課徴収する権限を有する」(第1条8節1項)と規定している。こうした憲法の構図から，大統領は，しばしば，税制改正を勧告するが，議会のみが税制を改正する権限を行使できるという鉄則は曲げることはできない。

(1) 大統領による定例の税制改正法案の準備

　連邦において，定例の連邦税制改正は，実質的には大統領が提案している。大統領が提案する税制改正の原案，いわゆる「政府法案(administrative bill)」は，連邦財務省(Treasury Department)の租税政策局(Tax Policy Office)の租税法制部(Tax Legislative Counsel)のスタッフが準備している。この原案の準備段階においては，他の行政庁，とりわけ内国歳入庁(IRS=Internal Revenue Service)や，産業界，税務の専門職界など各界から意見や提案が数多く寄せられる。

　ひとたび原案ができあがると，財務省はそれをホワイトハウスに送り，大統領や顧問に目通しを求める。大統領と財務省との間で，細部にわたり原案の修正が続けられる。

　修正が一段落すると，大統領は，議会に対し税制改正法案を正式に提出する旨のメッセージを送る。理論的には，大統領は，議会に対して税制改正のメッセージをいつでも送ることができる。しかし，大統領は，年1回メッセージを送るのが慣わしになっている。通例，大統領は，議会に対する年頭教書(annual State of the Union)(年頭の「一般教書」，「経済教書」，「予算教書」など)を発表する機会を利用して税制改正案について言及する。その際に，公約した政策の実現に

> **Column** 連邦財務省・「租税法制顧問官室」とは
>
> 連邦財務省（Treasury Department）の「租税法制顧問官室（TLC Office＝Office of Tax Legislative Counsel）」は，財務省の租税政策担当副長官（Assistant Secretary, Tax Policy）の監督のもと，首席租税法制顧問官（TLC＝ Tax Legislative Counsel）に率いられる組織である。①副租税法制顧問官（Deputy Tax Legislative Counsel），②租税立法担当副租税法制顧問官（Deputy Tax Legislative Counsel, Tax Legislation）③規制業務担当職員租税立法担当副租税法制顧問官（Deputy Tax Legislative Counsel for Regulatory Affairs）および④担当租税法制顧問官補佐，弁護士―アドバイザー，租税専門家（Associate Tax Legislative Counsel, Attorney-Advisors, Taxation specialists）などのスタッフで構成される。
>
> 大統領やそのスタッフの求めに応じて内国税に関する政策の策定や税制改正法原案の作成業務をこなしている。これらに加えて，財務省規則（案）（(Proposed) Treasury Regulation），レベニュールーリング（Revenue Ruling），レベニュープロシージャー（Revenue Procedure），その他の事務運営方針（guidance）策定の仕事をこなしている。さらに，租税法制顧問官室（TLC Office）は，官僚が租税問題で議会公聴会の喚問に応じて証言する際の原案の作成，議会スタッフが租税に関する議員提出法案をまとめる際の法技術的な支援などの仕事もしている。ただ，連邦憲法は，厳格な三権分立の原則を徹底させているので，行政府にあたる租税法制顧問官室（TLC Office）は，立法府に対しては，あくまでの"裏方"の存在として支援をしている。

向けて，税制については財務省の政策専門家が練り上げた法案を添えて，連邦議会に必要な立法を行うように勧告する。

大統領の要請に従い財務省によって仕上げられた税制改正法案は，連邦憲法の定めに従い先議が義務付けられている下院の議長に送付される。議長は，歳入委員会に回し，委員長が提出する慣わしである。

(2) 議員による税制改正法案の準備

一方，連邦議会上院，下院の議員も，自主的に法案を準備して，税制改正を目指そうとする動きも活発である。上院議員は州の代表であり，下院議員は選挙区の代表である。とりわけ，下院議員は任期が2年のため，絶えず次の選挙を考えなければならない。有権者の関心の高い課題について政策論争を活発化させるような法案を出して選挙民の関心をひきつける必要がある。

議員は一般に，選挙民である納税者に関心が高く，好感を持って迎えられる提案は，税務行政の透明化，課税手続の適正化であることをよく知っている。

こうしたところに，議員提出にかかる「納税者権利章典法（TBOR＝Taxpayer Bill of Rights of 1988）」（第1次納税者権利章典法（TBOR1＝Omnibus Taxpayer Bill of Rights 1），通称で「T1」と呼ぶ。）や「内国歳入庁再生改革法（RRA＝IRS Restructuring and Reform Act of 1998）」〔通称で「T3」と呼ばれる法律（RRA98，以下「RRA 98」ともいう。）〕の成立【☞本書第3部❶A】，さらには「納税者保護及びIRS説明責任法（下院法案1528号〔H. R. 1528：Taxpayer Protection and IRS Accountability Act of 2003〕）のような，一連の納税者権利擁護立法が出現する背景がある[25]。

アメリカ連邦議会の1議会期（Congress）は2年である。2年にわたる議会期は，奇数年の1月3日から始まる「第1会期（First Session）」と，偶数年の1月3日から始まる「第2会期（Second Session）」に分かれる。

第1会期に提出される歳入が関係する税制改正法案は，奇数年の4月〜7月頃に下院に提出される。これは，税制改正法案は，下院に提出，先議の対象とされることになっていることからである。具体的な審議は，下院の歳入委員会（House Ways & Means Committee）から始まることになっている。もっとも，歳入が関係しない租税手続にのみ関連するような税制改正法案で，上院議員が提案するものは，上院に提出される。

アメリカ議会には党議拘束はない。また，1人でも法案提出は可能である。また，法案の成立の可能性を高めるのには，共同提出者あるいは賛同者を募るのも一案である。アメリカの場合，この方法に加え，同じ趣旨の法案を他の院にも出してもらうように他の院所属の議員に働きかけることがよく行われる。

この場合には，下院と上院で同じ趣旨の法案が並行して委員会にかけられ審査が行われることになる。これを法案の並行審査という。また，こうした法案を「並行法案（companion bills）」という。並行法案は，他者との政策の違いを浮き彫りにしようというものではない。したがって，"対案"とは異なる。

並行法案は，それぞれの院で審査されることになる。ただ，最終の段階では両院で調整が行われることになる。租税立法，税制改正法においては，並行法案の提出，並行審査がふつうになっている。

---

[25] 石村耕治『先進諸国の納税者権利憲章〔第2版〕』（中央経済社，1996年）参照。

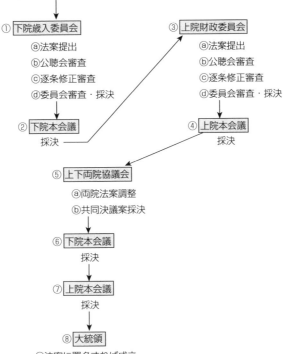

【図表Ⅷ-9】連邦税法の立法プロセスのあらまし

(3) 下院歳入委員会での税制改正法案の審議

　大統領の求めに応じて財務省などの支援を得て仕上げられた税制改正法案は，議会下院議長に送付される。これは，基本的には，議員立法による税制改正法案の場合と同じである。

　下院議長は，議員から提出された税制改正法案の方については，まず，これらをまずスクリーニング（選り分け）にかける。このスクリーニングを通過し，審査対象となった税制改正法案は，下院歳入委員会で審査されることになる。「納税者保護および IRS 説明責任法（下院法案1528号〔H. R. 1528〕Taxpayer Protection and IRS Accountability Act of 2003)」のような，一連の納税者権利擁護立法は，

こうしたスクリーニングを経て，委員会審査の対象になったものである【☞本書第Ⅲ部**1** A】。

アメリカ連邦議会での委員会審査に先立ち，ほとんどの法案は小委員会での「公聴会（hearing）」にかけられる。これは，税制改正法案の場合も同じである。

① 公聴会での審査

アメリカの場合，税制改正法（act）には，例えば，レーガン政権時代の「経済再建税法（Economic Recovery Tax Act of 1981）」，ブッシュ政権の「2004年アメリカ人の雇用創設法（American Jobs Creation Act of 2004）」や「2005年納税者保護及び支援法（Taxpayer Protection and Assistance Act of 2005）」，オバマ政権時代の「2015年アメリカ人を増税から保護する法律（Path Act＝Protecting Americans from Tax Hikes Act 2015）」といったような名称が付されている。こうした個別の改正税法（Act）は，成立後に，連邦税法を集成した内国歳入法典（Internal Revenue Code of 1986）に編入されることになる。

税制改正法について，歳入委員会小委員会で開催される公聴会では，まず，財務長官が発言する。その後，予算管理局長（Director of the Office of Management and Budget）をはじめとした閣僚の発言が続く。

さらに，委員会公聴会には審査中の税制改正法案に利害関係を有する者，学識経験者などが証人として喚問される。行政府高官も，委員会公聴会の求めに応じて証人として出席し，意見陳述がゆるされる。これらの証人に対しては，委員会の委員から，審査中の税制改正が経済ないし特定グループの納税者にどのような影響が考えられるかなどの質問が行われる。一方，この税制改正法案の修正を加えることを求めて，さまざまな納税者層から，歳入委員会を構成する委員に対してさまざまな請願が続く。

② 監視小委員会での公聴会の開催

また，税制改正法案や税制上の政策面での個別の重要な課題を検討しようとなったとする。この場合には，監視小委員会（Sub-committee on Oversight）で，公聴会（hearing）を開催して，各界から証言を求めて検証することになる。下院歳入委員会には，「貿易」，「健康」をはじめとして6つの小委員会が置かれています。「監視」も，こうした小委員会の1つである。

監視小委員会では，税務面での課題について，近年では，例えば，「課税庁（IRS）の租税債務徴収改善のための民間債務徴収機関活用に関する公聴会

(Hearing on the Use of Private Collection Agencies to Improve IRS Debt Collection: Tuesday, May 13, 2003)」，「IRS コンピュータシステムの最新化の努力に関する公聴会（Hearing on IRS Efforts to Modernize its Computer Systems: Thursday, February 12, 2004)」がもたれた[26]。

(4) マークアップ（逐条修正）審査とは

公聴会を終えると，歳入委員会の委員だけの審査（executive session）を行うことになる。ここでは，まず，一条ごとの「マークアップ・セッション（mark-up session～逐条修正審査）」を行い，修正案がつくられる。

マークアップ・セッションは非公式な会議である。しかし，この会議には，委員会スタッフ，財務省スタッフ，内国歳入合同協議会のスタッフが参加し，資料や情報提供を行う。また，一般にも公開され，マスメディアや利害関係人の傍聴がゆるされる。政権サイドからもスタッフが参加し，委員会メンバーに助言する。下院歳入委員会マークアップ・セッションでの議事は，記録として残され，「マークアップ資料（Markup Documents）」として，同委員会のホームページ（HP）で公開されている。

いずれにしろ，修正案は，委員会の了承を得れば，下院本会議に報告される。

(5) 下院本会議での法案審議・採決

連邦議会下院本会議においては，委員会委員長から法案の審査経過および結果が報告される。その際に，歳入委員会審査に参加していない議員がその法案の採決に参加するに必要な材料が盛られた「委員会報告書（Committee Report）」などが公表される。

委員会報告書には，法案提出の目的と趣旨，その内容，賛否両論の掲載，政府の主張，問題点，委員会での修正点，委員会での審査経過，審査採決での各委員の賛否などが盛り込まれている。ちなみに，この委員会報告書は，"立法事実（legislative facts）"そのものである。裁判所や内国歳入庁（IRS）は，改正税法の適用・解釈に疑義が生じた場合には，この委員会報告書を"典拠"の1つとして活用する。

本会議での法案審議は，委員会報告書などの資料が各議員に配付された後に議員全員で行われる。審議が終了すると，法案に対する採決が行われる。

---

[26] なお，下院歳入委員会，監視小委員会について，資料を含め詳しくは，Available at: http://waysandmeans.house.gov/

(6) 上院での法案審議

連邦議会下院本会議を通過した法案は，上院に送られる。下院から法案の送付を受けた上院は，下院修正法案の上院財政委員会 (Senate Finance Committee) での審査・公聴会，マークアップ審査と進む。

ただ，通例，並行法案が提出されている。したがって，下院から送付されてきた法案と，上院に提出された並行法案との調整を行うことになる。

① 上院財政委員会での審査・本会議での審議採決

連邦議会上院歳入委員会での修正を含んだ税制改正法案は，上院本会議において全員で審議する。審議の結果，無修正で可決できれば，法案は両院を通過する。この場合，税制改正法案は，直ちに大統領に送られることになる。

一方，上院本会議で修正可決となれば，両院に意思が一致しないことになる。この場合，法案は，下院に送り返されることになる。上院の修正に下院で賛成が得られないとする。この場合には，両院協議に入ることになる。

上院財政委員会は，委員会審査や公聴会の内容を「委員会報告書 (Committee Report)」として，公表している。

② 課税・内国歳入庁監視小委員会

連邦議会の委員会の重要な任務は2つある。1つは"法案の審査"，そしてもう1つは"行政府の監視"である。"行政府の監視"の面で，上院財政委員会には，「国際取引・関税・国税競争」，「財政責任・経済成長」，「保健介護」など6つの小委員会 (subcommittees) が置かれている。これらの小委員会は立法権限を有しない。すなわち，"立法委員会"ではない。

「課税・内国歳入庁監視」小委員会 (Subcommittee on Taxation and IRS Oversight) も，こうした小委員会の1つとして存在している。この小委員会は，6人の委員からなり，税務行政の透明化，適正化などの面から，IRSサービスのモニターを行っている。小委員会は公聴会を開催し，その内容は，「小委員会報告書 (Subcommittee Report)」として公表される。

(7) 上下両院協議会での協議とは

すでにふれたように，連邦憲法上，連邦議会上院には，歳入の賦課が関係する税制改正法案についての先議権はない（第1条7項）。しかし，連邦議会では下院による再議決または自然成立のような下院の優位性を認めるルールもないわけである。言い換えると，歳入の賦課が関係する税制改正法案はもちろんの

こと，あらゆる法案の審議・審査においても，連邦憲法上，議会下院と議会上院とは独立かつ対等である。また，連邦憲法は，下院に先議権を認めながらも，「ただし，他の法案におけると同様に，上院に対して修正案を発議し，または修正を付して同意することができる」（第1条7節1項～傍点引用者）とも定める。このことから，上院は，下院の税制改正法案を自由に修正することが」でき，または否決もしくは審議未了・廃案にすることも可能である。

いずれにしろ，双方の院の議決が完全に一致しない限り，大統領の署名を求めることはできないことになっている。このことから，ほとんどの場合，上下両院協議会（conference committee）の開催は不可欠といえる。

連邦議会上下両院協議会（conference committee）の協議員は，それぞれの院の議長が任命する。通例，委員長は，多数党（majority party）から2人，少数党（minority party）から1人の割合で，計10人の協議員を選ぶ。

協議の成立には，各院の協議員の過半数の賛成が必要とされる。連邦議会には，わが国のような衆議院の優位をうたった3分の2以上の特別多数決による再議決ルールはない。このことから，アメリカの場合，協議が整わなければ，法案は必ず廃案になる。逆に，協議が整い，各院の協議員の過半数の賛成で了承されて，両院一致の決議になる。

一般に協議の結果，合意に達した法案は，当初の原案とは大きく異なったものになるのがふつうである。これは，ある意味では，少数党と多数党の代表が，逐条的に損得の判断で原案をつぶしあった結果ともいえる。

さらに，合意に達した法案は，下院本会議および上院本会議で可決すれば，大統領に送られる。

(8) 大統領の署名と税務行政庁の対応

大統領が，両院が可決した税制改正法案に署名をすれば，法律として成立する。署名をしなくとも，10日間過ぎれば，法律は成立する。一方，大統領が，両院が可決した税制改正法案に署名せずに10日間を経ないで会期が終了する場合には，法案は廃案になる。

大統領が，法案に強く反対な場合には，その理由を付して議会につき返すこともできる。この場合，両院本会議でそれぞれ3分の2以上の多数でその法案を了承すれば，法律として成立する。

大統領は，税法改正法案を最終的にどのように取り扱うかについては，閣僚

である財務長官の助言を求めるのがふつうである。大統領が税制改正法案に署名したとする。この場合，財務省は，直ちに準備していた規則を公表する。また，内国歳入庁（IRS）は，納税者向けの各種書式や解説書の作成にとりかかる。

(9) 税法改正の実際

どこの国でも新税の創設ということはめったにない。ということは，租税立法とは，現行税法の一部を改正するということになるのがふつうである。これは，アメリカでもほぼ同じで，現行税法の一部改正とは，具体的には，現行「内国歳入法典（Internal Revenue Code of 1986）の一部改正」を意味する。

わが国では，税制改正法案には，「所得税法等の一部を改正する法律案」といった法令用語の常識にそった名称が使われるのが常である。これに対して，アメリカでは，法案のネーミング（名称）にはかなり親しみやすいものが使われる。

例えば，第108回国会の第1会期（2003年1月3日～）中の，2003年7月25日に，議会下院に，企業減税を主な内容とした税制改正法案（下院法案2896号〔H. R. 2896〕）が出された。この法案につけられた名称は，「アメリカ人の雇用創出法（American Jobs Creation Act）」である。

一方，同じ会期中の2003年9月18日に，上院には，いわゆる"並行法案"としての税制改正法案（上院法案1637号〔S. 1637〕）が提出された。この法案につけられた名称は，「アメリカのビジネス再生強化法（JOBS Act＝Jumpstart Our Business Strength（JOBS）Act）」である。これらの法案は，和風にいうと，いずれも現行の「内国歳入法典（Internal Revenue Code of 1986）の一部を改正する法律案」である。

話をもとに戻すが，下院法案2896号と上院法案1637号は，それぞれの院で審査を順次すすめていった

下院での審議が終わり下院法案の送付を受けた上院は，2004年7月15日に，下院法案に上院法案の内容を移しかえ，これを下院法案として修正可決した。

このケースでは，上院法案の法案番号や名称は下院のもの（下院法案2896号，American Jobs Creation Act）になったが，内容は上院のものになった。

その後，2004年7月29日から，上下両院協議会を開いて法案内容の比較調整をした。2004年10月5日に，上下両院協議会は上院の修正案を承認した。その後，両院で話がついた最終法案は，2004年10月7日に，両院の本会議で可決成

立した。そして，大統領の署名を得て，2004年10月22日に，「2004年アメリカ人の雇用創出法」(Public Law 108-357〔公法108-357号〕) として公布された。公布後，この2004年アメリカ人の雇用創出法の改正点は，連邦の税法を集成した租税法典である1986年内国歳入法典 (IRC = Internal Revenue Code) に挿入された。一方，連邦財務省も，この改正法の施行に伴って必要とされる財務省規則 (Treasury Regulations) を公表した。

Column 英米仏独の議員立法・政府立法を比べてみる

①**イギリス**：　政府立法＋議員立法
　イギリスは，コモンロー（慣習法）の伝統の強い国である。裁判所の積み重ねられた判例の（先例）が重視される国である。成文憲法はない。慣習法および議会の慣習により，従来から政府立法ルートと議員立法ルートとが共存してきている。ただ，わが国と同様に，政府立法が圧倒的多数を占める実情にある。
②**アメリカ**：　議員立法のみ
　アメリカは，合衆国（連邦）憲法第１条〔連邦議会〕１節〔立法権，両院制〕「この憲法によって付与される立法権は，すべて合衆国連邦議会に属する。」および同第１条８節で〔連邦議会の権限〕18項「前記の権限，およびこの憲法により合衆国政府またはその各部門もしくは公務員に対し付与された他の一切の権限を執行するための，必要かつ適切なすべての法律を制定すること。」で，立法権は，形式的にはもっぱら議会に属することを明文で定めている。
③**フランス**：　政府立法＋議員立法
　フランスは，第５共和国憲法第39条〔法律の発議権〕１項で「法律の発議権は，首相および国会議員に競合して属する。」と定めて，政府立法ルートと議員立法ルートの双方あることを明文で確認している。
④**ドイツ**：　政府立法＋議員立法
　ドイツは，ドイツ連邦共和国基本法第76条〔法律案の提出〕１項で「法律案は，政府を通じて，連邦議会のなかから，または連邦参議院を通じて，連邦議会に提出する。」と定めて，政府立法ルートと議員立法ルートの双方あることを明文で確認している。
　＊初宿正典・辻村みよ子編『新解説世界憲法集』（三省堂，2006年）参照

5 立法補佐機関とは

アメリカでは、各連邦議員の個人秘書として、立法担当秘書（LA＝Legislative Assistant）が登用されているのがめだつ。また、アメリカ連邦議会の立法補佐機関も、非常に充実している。この背景には、連邦憲法の厳格な三権分立のルールのもと、議員立法の形でないと、議会に法案を提出できない制度となっていることも関係している。

連邦議会の立法補佐機関としては、①各委員会のスタッフ（Committee Staff）、②議院法制局（Office of Legislative Counsel）、③政府検査院（GAO＝Government Accountability Office〔2004年に改称〕、旧 General Accounting Office）、④議会予算局（CBO＝Congressional Budget Office）、⑤議会調査局（CRS＝Congressional Research Service）がある[27]。

【図表Ⅷ-10】連邦の立法補佐機関の構図

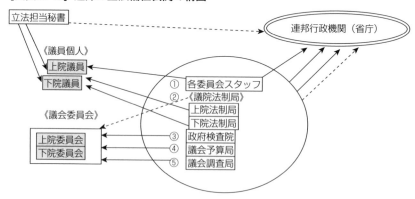

(1) 各委員会のスタッフ

連邦議会上下両院には、さまざまな委員会が置かれている。これら各種委員会のスタッフ（Committee staff）は、わが国でいう議院事務局委員部の担当する国会委員会の運営、委員会調査室が担当する立法調査、法制局が担当する法案

---

[27] アメリカの立法補佐機関について、邦文による研究としては、渡瀬義男『アメリカの財政民主主義』（日本経済評論社、2012年）参照。

修正の支援などの業務をこなしている。現在，常勤，非常勤を含め，1,200〜1,300人程度いる。

委員会スタッフの任免権は，各委員会の委員長（慣例により多数党の議員）にある。ただ，スタッフの3分の1は，少数党の筆頭委員により任免されることになっている。終身雇用ではなく，委員会は随時スタッフを任免できる。

ちなみに，2016年11月の連邦議員の中間選挙では，民主党が敗北し，共和党が上下両院で多数党になった。このため，2017年1月3日から始まった第115回議会（2017年1月3日から2019年の会期末まで）では，上下両院の委員会および小委員会（sub-committees）の委員長および小委員長はすべて共和党所属の議員になった。委員会スタッフも大幅に入れ替わった。

委員会スタッフの仕事の内容は，委員会により異なる。しかし，各委員会に共通する仕事は，おおまかにいえば，次のとおりである。

【図表Ⅷ-11】議会委員会スタッフに共通する業務

- 委員会，小委員会の会議の日程調整と議題の設定
- 公聴会（hearings）の設定と運営
- 立法調査
- 法案修正案の準備
- 委員会報告書や小委員会報告書の作成
- 両院協議会報告書の作成
- マスメディアやロビイストなどとの対応

委員会スタッフには独自の調査権限は与えられていない。しかし，調査依頼をした議会委員会が持つ国政調査権の授権を受け，議員にかわって活動する場合には，政府の各省庁に対して文書などの提出を求めることができる。

雇用の流動性の高いのがアメリカ社会の特徴である。委員会スタッフの多くの前職が行政府のスタッフであったケースもめだつ。

(2) 議院法制局

議院法制局（Office of Legislative Counsel 〜 立法顧問局とも邦訳される。）は，上院，下院の双方に置かれている。

現在，上院法制局（Senate, Office of Legislative Counsel）は，25人程度の弁護士と事務スタッフで構成されている[28]。一方，下院法制局（House, Office of Legislative Counsel）は，35人程度の弁護士と事務スタッフで構成されている。

各院の法制局は，各議員や議会委員会からの依頼に基づいて，法案の作成，修正案の作成，委員会報告書の作成にあたり，法律専門家の立場から助言・支援を行っている。助言・支援サービスは，超党派的かつ秘密厳守で提供される。
　他の立法補佐機関に比べると，規模的にも小さいことから，議院法制局のスタッフは，法令用語の常識に従い条文の書き方支援など法案作成の法技術的補佐のみを行う。つまり，あくまで依頼者の提案した政策内容を忠実に法律案の形に表現する役割を担っているだけである。言い換えると，"法制局自らは政策を提言せず"のルールに従い，議員などを補佐する立場で仕事をするスタッフである。
　法制局は法案内容の審査などもする立場にない。議員の方も，法制局を活用するかどうかは，まったく自由である。わが国の法制局とは，規模も役割もかなり違う。

(3) 政府検査院

　連邦の政府検査院（GAO＝Government Accountability Office／旧会計検査院〔General Accounting Office〕）は，会計検査に加え，連邦議会の立法の補助や政府の政策評価（プログラム評価）なども行っている。連邦議会内に設置された機関である。わが国の会計検査院などとは異なり，その業務の大半は，政府機関の活動について，議会からの求めに応じて実施されたものである。
　2004年7月7日に，旧会検査院（General Accounting Office）の名称が，「政府検査院（GAO＝Government Accountability Office）」に改称された。GAO改正法の表題がGAO人的資本改革法（GAO Human Capital Reform Act of 2004）であることからも分かるように，2004年の組織改革では，とりわけ，スタッフの任期雇用制や成功報酬制の導入など，人材活用の効率化がはかられた。
　議会から依頼された報告書は，依頼した議会委員会のほか，検査の対象となった連邦機関にも提供されている。また，GAOは，議会委員会の召喚に基づいて証言に立っている。
　議会下院歳入委員会や上院歳入委員会は，GAOに依頼して，IRS（内国歳入庁）業務に関し，度々検査を行っている。アメリカIRSの業務の透明化・効率化・納税者サービスの改善状況などを点検する。この場合，議会の上下両院の

---

⑳ See, Matthew E. Glassman *et al.*, "Office of Legislative Counsel: Senate," CRS Report for Congress (March 31, 2008, CRS, Library of Congress).

報告書はもちろんのこと，GAO 報告書も非常に参考になる。GAO 報告書は，GAO のホームページ（HP／http://www.gao.gov/）にアクセスすれば，容易に入手できる。GAO が検査を実施し作成・提出した検査報告書や，GAO スタッフが議会委員会に召喚されて証言した内容報告書としては，例えば，次のようなものがある。

【図表Ⅷ-12】議会からの依頼なども基づく IRS 業務の検査・証言に関する GAO 報告書の例

- **2001年1月10日下院歳入委員会監視小委員会提出の検査報告書**
《報告書（GAO-02-205）表題》「税務行政：サービス要因から分析した電子申告の処理費用の過去および将来へのインパクト（Tax Administration: Electronic Filing's Past and Future Impact on Processing Costs Dependent on Several Factors）」http://www.gao.gov/new.items/d02205.pdf
《報告書のあらまし》IRS の電子申告（e-file）処理がコスト高で，効率化を求めた内容。

- **2006年4月15日上院歳入委員会での証言報告書**
《証言報告書（GAO-06-563T）表題》「有償の申告作成業者：チェーン展開している申告書作成業者が犯している重大な過ちを中心に（Paid Tax Return Preparers: In a Limited Study, Chain Preparers Made Serious Errors）」http://www.gao.gov/new.items/d06563t.pdf
《証言のあらまし》有償の申告書作成業者（Paid Tax Return Preparers）が作成した申告書の記載に重大な誤りが多いことを指摘した証言。有資格者である税務代理士（EA＝Enrolled Agent）などにも同様の問題があるが，この証言では，とくに現在政府規制の対象となっていない有償の申告書作成業者で，チェーン展開で業務を行っているものに対し資格試験などを設けて資質管理（QC）の徹底をはかるべきであると提言したもの。

- **2006年11月15日下院歳入委員会監視小委員会提出の検査報告書**
《報告書（GAO-07-27）表題》「税務行政：確定申告期のサービスは改善傾向と一層のコスト削減の可能性（Tax Administration: Most Filing Season Services Continue to Improve, but Opportunities Exist for Additional Savings）」http://www.gao.gov/new.items/d0727.pdf
《報告書のあらまし》2006確定申告期では，IRS の予算の38％が申告書の処理および税務支援に費消された。2001年以降，業務の効率化はすすんでいるが，電子申告の伸びはなく，IRS のコスト削減の数値目標も不透明であることを指摘した内容。

- **2016年9月13日下院歳入委員会監視小委員会提出の検査報告書**
《報告書（GAO-16-787）表題》「租税債務の徴収：IRS の滞納調査事案の選択における実地調査プログラムの目的とアクセスリスクの明確な定義の必要性」（Tax Debt Collection: IRS Needs to Define Field Program Objectives and Assess Risks in Case Selection）http://www.gao.gov/assets/680/679711.pdf

《報告書のあらまし》IRS は強制徴収対象納税者の選択の自動化する一方で，実施調査による面談対象の選定を手動で行っている結果，双方の手続に齟齬が生じており，この業務での内部統制の必要性を指摘した内容

(4) 議会予算局

議会予算局（CBO＝Congressional Budget Office）は，連邦議会の予算，法案を審議する場合に必要となる経済，予算関係の情報を提供することを任務としている。1974年議会予算・支出統制法（Congressional Budget and Impoundment Control Act of 1974）もとで，1975年2月から業務を開始した。現在，スタッフが230人あまりの組織である[29]。

議会予算局（CBO）は，大統領府（EOP）に置かれた行政管理予算局（OMB＝Office of Management and Budget）とは，異なる組織である。

議会予算局（CBO）は，とりわけ議会上下両院の予算委員会や下院歳入委員会，上院財政委員会が税制改正法案や予算案の起草や審議を行う際に求められる財務，予算，プログラム分析などの情報の提供を，報告書の作成や議会証言の形で行っている。

各財政年度に，議会予算局は，40前後の調査・報告，概要書，12号の月刊バジェットレビュー（Monthly Budget Review），30前後の書簡，裏づけ資料を公表した。また，議会公聴会では，20回前後の召喚に応じた。

これらの他に，各年，600件近くのコスト見積，1,000件近くの州，地方団体，民間部門の諸計画の影響分析などを行っている。

(5) 議会調査局

連邦議会調査局（CRS＝Congressional Research Service）は，連邦議会が必要とするあらゆる立法上の課題を調査し，信頼できる情報を提供することを狙いに設けられている機関である。議会調査局は，もっぱら連邦議会に奉仕するための機関である。

1914年に，立法考査局（Legislative Reference Service）として設立1970年の立法府再編法（Legislative Reorganization Act of 1970）で，現在の名称になった。立法府内にある議会図書館（Library of Congress）の1部局となっている。しかし，人事や予算面では，自立している。議会調査局は，もっぱら議員，議会の委員会

---

[29] See, An Introduction to the Congressional Budget Office. Available at: https://www.cbo.gov/about/overview

およびそのスタッフから直接依頼を受けて，超党派で秘密を厳守して調査・分析を行う。

議会調査局は，独自の調査権限は与えられていない。しかし，調査依頼をした議会委員会から授権を受けその委員会の機関として活動する場合には，政府の各省庁に対して文書などの提出を求めることができる。現在，調査部門は次の5部調査局門に分かれている。

【図表Ⅷ-13】議会調査局（CSR）スタッフに共通する調査業務

> ・国内法（American Law）
> ・国内社会政策（Domestic Social policy）
> ・外務・防衛・取引（Foreign Affairs, Defense and Trade）
> ・政府・財政（Government and Finance）
> ・資源・科学・産業（Resource, Science and Industry）

この他に，「知的サービスグループ（KSG＝Knowledge Service Group）」がある。このグループは，調査専門員と弁護士と一緒になり，より高度の分析を行う人員で構成されている。議会の要請がより高度なものである場合に精密な調査・分析を担当している。

議会考査局は，総スタッフ数はおおよそ600人である。年報（The Congressional Research Service, Annual Report: Fiscal Year 2015）を出している[30]。これによると，2015財政年度の予算は1億700万ドル弱，総サービス件数はおおよそ59万7,000件であった。

(6) 民間シンクタンクの役割

アメリカでは，数多くの民間のシンクタンク（think tanks）も，民間の立場から重要な立法補佐機能を担っている。民間の有能なシンクタンクは，政府にこびることなく自立して政策提言を行っている。

アメリカ・エンタープライズ研究所（AEI＝American Enterprise Institute）やヘリティッジ・ファウンデーション（Heritage Foundation）のような保守的な機関，アメリカ議会センター（Center for American Progress），進歩的政策研究所（Progressive Policy Institute），カト研究所（Cato Institute），ブルッキングス・インスティチュート（Brookings Institution）のような中道・リベラルな機関まで，さ

---

[30] Available at: https://www.loc.gov/crsinfo/about/crs15_annrpt.pdf

まざまである(31)。これらのシンクタンクは，時の政権や次の政権の政策決定に影響を及ぼせるような"民力"をもっているものも少なくない。民間ベースの立法府の補佐機関と呼ぶに足る存在であるといえる(32)。

これに対して，わが国の民間シンクタンクのほとんどは，"役所の御用聞き"ビジネスが成り立っているのが実情である。したがって，真に役所から自立して民間で"政策研究"ができる基盤・力量がないのが実情である。民間ベースの立法府の補佐機関と呼ぶには程遠い状態にあるといえる。

ちなみに，アメリカの場合，行政府の長官や局長などの幹部は，大統領とそのスタッフが政治任用することになっている。また，議会スタッフも，多数党が政治任用することになっている場合も少なくない。政権交代，多数党と少数党の入れ代わりがあった場合には，これら政治任用の官職にあった人の転身先が問題になる。この場合，民間シンクタンクが選択肢の１つに選ばれている。

これは，言い換えると，シンクタンクの研究員は，次期政権の政治任用の官僚予備軍とみることもできる。また，研究員にとっては，政権が代わっても，一貫した政策を研究できる場所であるともいえる。

---

(31) See, James G. McGann (ed.), Think Tanks and Civil Societies: Catalysts for Ideas and Action (Transaction Publishers, 2002).
(32) 例えば，邦語の文献としては，横江公美『第五の権力アメリカのシンクタンク〔文春新書397〕』（2004年，文藝春秋）参照。

6　租税立法過程への直接参加とは

　合衆国（連邦）憲法修正第1条は，市民に対し「苦情処理を求めて政府に対し請願する」権利を保障している。このことから，個人や団体は，自らが，あるいは他人に依頼して，政府の公務員に影響を及ぼすグループに参加する形で，請願をすることが認められる。

　こうした請願権の範囲内で，国民・納税者は，議会や行政府が自分の意見を取り上げてくれるように，議員や官僚などに対して，直接面談ないし書面で，請願する権利を有している。国民・納税者は，こうした請願権を行使する形でも租税立法過程に直接参加することもできる。

　こうした請願を集団で行う団体は，一般に"圧力団体（pressure groups）"と呼ばれる。アメリカでは，こうした圧力団体は，大きく"特殊利益（special interest）"の実現をめざすものと，"公益（public interest）"の実現を目指すものに分けられる。

　前者は，特定の業界益など，その団体の構成員（メンバー）の利益の実現を目指す団体を指す。一方，後者は，その団体の構成員の利益よりはむしろ，社会全体の利益の実現を目指す団体を指す[33]。

　双方の間に明確な線引きをするのは必ずしも容易ではない。誤解をおそれずにいえば，○×工業会とか，いわゆる業界団体，さらには労働団体の多くは，前者に当てはまる。一方，公共政策に関する政策提言型のNPO・NGO（advocacy organizations）の多くは，後者に当てはまる。

(1)　憲法が保障する請願権とロビー活動

　連邦憲法は，国民・納税者に請願権を保障している。このことから，請願権の範囲内で，国民・納税者は，議会や行政府が自分の意見を取り上げてくれるように，議員や官僚などに対して，直接面談ないし書面で，請願する権利を有している。

---

[33] See, *e.g.*, William L. Cary, Pressure Groups and the Revenue Code: A Requiem in Honor of the Departing Uniformity of the Tax Laws, 68 Harv. L. Rev. 745, 747-48 (1955); Note, Tax Equity and Ad Hoc Tax Legislation, 84 Harv. L. Rev. 640 (1971); Stanley S. Surrey, The Congress and the Tax Lobbyist - How Special Tax Provisions Get Enacted, 70 Harv. L. Rev. 1145, 1147 (1957).

アメリカにおいて，政府の政策，立法活動を促進することを狙いとしたさまざまな働きかけを行うことをロビー活動，ロビイング（lobbying〜法律制定陳情活動）という。

例えば，自動車業界が政府に低公害車の販売促進を狙いに，税制上の支援措置を講じて欲しいとする。この場合，アメリカでは，議会の議員や議会スタッフ，財務省など行政府の役人などに立法措置を講じるようにロビー活動を行う専門家を雇うのがふつうである。こうしたロビー活動を行う人は「ロビイスト（lobbyist〜法律制定陳情者）」と呼ばれる。

ロビイストによるロビー活動は，連邦レベルでは，議会上院議員，下院議員，立法担当議員秘書，議会スタッフ，さらには行政機関（省庁）などにまで及ぶ。政策の実現のための法案提出の働きかけはもちろんのこと，提出された法案の成立に向けた各種立法補佐機関への工作・働きかけまで行う。

ロビイストの多くは，退職した前あるいは元議員であることも多い。こうしたロビイストの活動は，しばしば議員や行政府職員の汚職や不正疑惑の原因になったりもしている。連邦議会は，外国代理人法（Foreign Agents Registration Act of 1938）やロビー活動公開法（LDA＝Lobbying Disclosure Act of 1995）を制定し，不透明なロビー活動に規制をかけている[34]。

また，議員とロビイストの関係に批判が集まる事態を受け，前議員に上院，下院のフロア，ジムなどへの立ち入りを認めている特権を廃止すること狙いとした法案が提出されたりしている。

(2) ロビー活動公開法とは

ロビー活動公開法（LDA）は，連邦レベルで個人または団体でロビー活動する人に一定の規制を加えるものである。規制のあらましは，次のとおりである。

【図表Ⅷ-14】ロビー活動公開法のあらまし

《規制対象者〔個人の場合〕》
　次のいずれかの要件に当てはまる個人は，登録が求められる。
・過去6か月以上の期間に，ロビー活動で5,000ドル以上の報酬を受け取った者，またはロビー活動に2万ドル以上の支出をした者
・1回以上のロビー活動の接触をした者

---

[34] See, "Towards a Madisonian, Interest-Group-Based, Approach to Lobbying Regulation," 58 Ala. L. Rev. 513（2007）.

・過去6か月以上の期間に，団体または特定の顧客のためのロビー活動に，その者の時間の20％を費消している者

《規制対象者〔団体の場合〕》

次の要件に当てはまる団体は，登録が求められる。

・過去6か月以上の期間に，ロビー活動に2万ドル以上の支出をした者。

《ロビー活動とは》

ロビー活動のための接触に費消した時間およびそうした接触を支援するための努力を指す。ただし，次の場合は，公共政策に影響を及ぼすことにあたらない。

・議会での証言
・各種の請願
・喚問等に応じての陳述
・パブリックコメントの提出
・公的意見表明またはメディアを使った意見表明
・情報公開の申請
・もっぱら司法，刑事または民事法上の手続に関し官庁との直接折衝
・特定の問題について公務員と接触するように民間人に奨励する，いわゆる「草の根ロビー活動」

《ロビー活動のための接触》

・政策または法律の作成，改正，採決に関し，規制された立法府の公務員，規制された行政府の公務員とのあらゆる接触で，文書か口頭かを問わない。この場合において，連邦のプログラムまたは政策（契約，助成，許可を含む）の管理または執行にかかる者に対する折衝を含む。また，上院の承認にかかる官職にある者に対する折衝を含む。

《規制された立法府の公務員とは》

・議員
・議会の公務員
・議員，委員会，指導的なスタッフなどの授権を受けて活動する職員または個人
・上下両院の事務総長事務局の上級職員

《登録手続》

ロビイストまたはロビー活動団体は，ロビー活動の接触の日か，ロビー活動に従事した日のいずれか早い方の日から45日以内に登録しなければならない。

・登録においては，上院の事務総長および下院の事務総長に対し，次の情報を開示して，申請しなければならない。
・登録者の氏名，住所，事務所の電話番号，主たる事務所および事業活動の概要
・登録者の顧客の氏名，住所，主たる事務所および事業活動の概要
・ロビー活動の対象としている問題，できるだけ詳細に記載すること。
・ロビイストとして活動することが期待されている従業者
・6か月間に1万ドル以上を提供し，かつ，登録者のロビー活動の監督において重要な部分を占める団体がある場合には，その詳細
・登録者のロビー活動を左右している外国の企業がある場合には，その詳細

《登録者の義務》
　登録した個人または団体は，その登録の継続を望む場合には，6か月ごとに報告書を提出しなければならない。登録の抹消を望む場合には，その旨の申請をしなければならない。
・報告書には，次の事項を記載しなければならない。
・ロビー活動の対象としている一般的な問題，現在業務の対象としている問題，法案整理番号や関係部署での活動など，できる限り詳細するものとする。
・登録団体の従業者がロビイストである場合，その者が接触した議会や連邦行政機関の一覧
　過去6か月間にロビイストとして活動した従業者の氏名
・登録申請書に掲げた外国企業から供与された利益の開示
・過去6か月間にロビー活動で費消した支出額の善意での概算

《罰則》
　両院の事務総長は，この法律を執行する。報告書の提出がない場合には，督促をする。
・60日以内に応答がない場合には，連邦検察に調査を依頼する。
・受忍義務違反は，5万ドル以下の過料に処せられる。

(3) ロビイストと議員立法の第三者評価

　一般に，業界団体など特殊利益の実現を目指す圧力団体のほとんどは，自らがロビイスト（法律制定陳情者）であるか，外部のロビイストを雇っている。同時に，業界団体やそのメンバー企業は多くは，議員への政治資金の提供も行っている。このため，ロビー活動が政治腐敗や汚職の誘引になることも少なくない。

　政治腐敗や汚職を防止するため，ロビー活動に対して一定の規制を設けている国も多い。すでにふれたように，アメリカにおいては，選挙で選出された公務員以外の者がロビー活動を行うにはロビイストとしての登録をする必要がある。

　連邦上院議員（100人・任期2年）は州の代表であり，下院議員（435人＋属領などからの代議員・任期6年で2年ごとに3分の1改選）は選挙区の代表である。いずれの議員の場合も，特定の地域やグループの利益を最大限に尊重する。

　アメリカでは，ロビー活動の必要性を認める考え方が支配的である。議員が特殊利益団体や選挙区の利益にそった政策をすすめるのは理にかなっており，ロビイストはその手助けをしているに過ぎないとする"性善説"の主張が広く受け入れられている[35]。

連邦のロビー活動公開法（LDA）は，むしろ，こうした"性善説"に立った規制法であるといえる。ロビー活動を禁止するのではなく，透明化し，ロビイストを議会と利益団体との間の"仲人"として活用することを認める政策を後押しする法律といえる。

しかし，議員が一般国民・納税者の利益をないがしろにし，一方的に特定の支援者の特殊利益にかなった政策や立法を推進することについては，問題がないとはいえない。

アメリカには，どちらかといえば"性悪説"の立場から，"公益"重視をモットーにロビー活動問題に取り組む市民団体（NPO・NGO）が数多く存在する。ロビイング規制政策の課題を掘り下げて考えるうえで，こうした市民団体の存在は非常に重要である。

消費者運動の元祖ともいわれるラルフ・ネーダー弁護士が率いる市民団体「パブリック・シチズン（Public Citizen）」も，そうした公益の実現をめざす団体の1つである[36]。パブリック・シチズンは，2005年7月に『議会からKストリートへの旅路』（The Journey from Congress to K Street）と題するレポートを発表した（Kストリートは連邦の首都ワシントンD.C.においてシンクタンクやロビイストの事務所が集中する通りである。）。この報告書は，外国代理人法やロビー活動公開法（LDA）に従い議会事務局に提出されたロビイスト登録文書を分析したものである。1998年以降に辞めた連邦議員198名のうち43％がロビイスト登録し，彼らがどういった活動に手を染めているかを描き出している[37]。また，近年，インターネットの普及に伴い，「ガブトラック US（GavTrack.us）」のように，連邦議会での立法情報をホームページ（HP）で公開し，民主主義の基本である"開かれた政府"の実現を目指す NPO・NGO も増えてきている[38]。ガブトラック US は，どの議員がどういった法案に賛成しているのかなどを詳細に分析し，HP で公開している。いわゆる市民による議員立法の第三者評価をする機関である。

---

[35] See, William V. Luneburg," The Evolution of Federal Lobbying Regulation: Where We Are Now and Where We Should Be Going," 41 McGeorge L. Rev. 85 (2009).
[36] 市民団体／パブリック・シチズンについては，Available at: http://www.citizen.org/Page.aspx?pid=183
[37] なお，パブリック・シチズンの他の報告書については，Available at: http://www.citizen.org/documents/BankrollersFinal.pdf
[38] ガブトラック US について詳しくは，Available at: https://www.govtrack.us/

議員が特定の圧力団体（プレッシャーグループ）のロビイング（法律制定陳情活動）のさそいに乗り，あるいは献金や票狙いに偏頗的な議員立法に手を染めることも当然考えられる。こうした議員立法を一般人の常識的な評価に委ねるためにも，こうした市民による議員立法第三者評価制度は必要不可欠である。

アメリカの立法活動にかかるロビー問題を掘り下げて検証する場合には，"特殊利益"団体の存在とともに，こうした"公益"団体の存在や活動も忘れてはならないといえる[39]。

(4) 政権交代とロビイストへの転身

2016年11月の連邦議員の中間選挙では，民主党が敗北し，共和党が上下両院で多数党になった。このため，2017年1月3日から始まった第115回議会（2017年1月3日から2年間）では，委員会スタッフも大幅に入れ代わった。職を失った前委員会スタッフもロビイスト登録をし，「Kストリート事務所（K Street firms）」へ転職する例も多い。ちなみに，アメリカには，「ロビーウオッチ（Lobby Watch）」のような，ロビイスト問題を，公益実現の視点から，市民サイドに立って，批判的に検討してきている多くのNPOが存在する[40]。

二大政党制のもと，選挙で，多数党と少数党の立場が急変すると，議会委員会スタッフも大幅な入換えになるのがアメリカ政治の現場である。大統領交代の場合も同様に，政治任用（political appointment）の官職に就ける人が入れ代わる【☞本書第Ⅷ部⓫】。こうしたスタッフの再就職先の1つが，シンクタンク，そしてもう1つがロビイスト事務所である事実も，今一度掘り下げて検討してみなければならないといえる。

(5) まだまだの法案PC手続

ところで，租税立法をもっと一般国民・納税者に身近な存在にするために使われる制度として，法案に対するパブリックコメント（PC＝Public Comment ～法案PC）手続がある。法案PC制度とは，やさしくいえば，法律原案に対する"意見公募制度"である。この法案PC手続は，裏返してみると，国民・納税者にとっては，租税立法に参加する手続であるわけである。

アメリカでは，法案（bills）に対するPC手続は，少なくとも連邦議会の状況

---

[39] 詳しくは，石村耕治「アメリカにおける民間の公金使途監視団体の活動：公金を使わない公金の監視のすすめ」白鷗法学17巻2号（2012年）参照。
[40] なお，市民団体「ロビーウオッチ（Lobby Watch）」については，Available at: http://www.lobbywatch.org/lobbywatch.html

をみる限りでは，制度としては確立をみていないといえる。議会上院歳入委員会のホームページ（HP）を閲覧してみると，「パブリックコメント（PC＝Public Comment）」の欄はある。しかし，正式な意見公募に応じて意見を提供しているというより，特定の法案に対し関心のある団体や個人が自由に意見を寄せて，それを委員会が任意に掲載しているといった感じである。むしろ，議員や議会スタッフ，官僚などと，口頭ないし書面でコンタクトする形，あるいはロビイストを使った直接コンタクトが一般的なようにもみえる。

(6) **規則（委任立法）に対する PC 手続の現状**

一方，アメリカでは，行政府が定める委任立法に対する PC 制度の方は，よく発達している。これは，わが国の行政手続法（1993〔平成5〕年法律88号）に盛られた「意見公募手続」（39条～43条）（2006年1月1日施行）が，アメリカの行政手続法（APA＝Administrative Procedure Act／合衆国法典（U.S.C）551～559条）上の"通知と説明（notice and comment）"の制度にならったものであることからも自明のところである。

例えば，連邦財務省（Treasury Department）は，議会で税制改正が成立をみた場合，「規則案（proposed regulations）」を公表して，パブリックコメント手続を開始する。もっとも，すべての規則がパブリックコメント（PC～意見公募）手続の対象となるわけではない。例えば「暫定規則（temporary regulations）」，「手続的規則（Procedural regulations）」については，意見公募手続をとるように求められない。その一方で，「法創造的規則（legislative regulations）」とか「解釈規則（interpretive regulations）」については，意見公募（PC）手続をとるように求められる。

どのような規則などがパブリックコメント（PC）手続の対象になるのか，あるいは対象にならないのかについて，おおまかにまとめて図にしてみると，【図表Ⅷ-15】のとおりである。

ただ，APA（連邦行政手続法）が1946年につくられた法律であること，税法は他の分野に比べると改廃が激しく規則原案を公表しコメントを求める時間的余裕がないことなどから，意見公募（PC）手続が正常に機能していないとの批判がある。また，何が，適用除外の「暫定規則」ないし「手続的規則」にあたるのかをめぐっては争いが絶えないところである。

ちなみに，連邦税法関係の規則案は，酒類・たばこ税関係を除いて，通例，

財務省の租税法制顧問官室（Office of Tax Legislative Counsel）が作成する。そして，財務省公報室（Office of Public Affairs）が，パブリックコメント手続をとる。「財務省の○×にかかる規則案に関するパブリックコメントの募集（Treasury Requests Public Comment on Proposed Regulation on...）」といった形で，ホームページ（HP）上などで，公示する。そして，募集に応じて提出された意見は，財務省の判断で，最終規則に反映されることになる[41]。

このように，規則など委任立法の起草者は，その趣旨を分かりやすく提示し，説明責任（アカウンタビリティ）を果たす義務がある。とりわけ，複雑な利害がからむような規則制定については，国民・納税者からくみ上げた意見などを取り入れ，慎重な検討が必要である。まさに，規則PC手続ないし規則PC制度は，国民・納税者に説明責任を尽くし，国民・納税者の生の声を聴いたうえで最終規則を練り上げる狙いで設けられるものである。

【図表Ⅷ-15】パブリックコメント（PC）手続の要否

対象	制定機関	PCの要否
・内国歳入法典	連邦議会	×
・法創設的規則	財務省	○
・解釈的規則	財務省	○
・暫定規則	財務省	×
規則案	財務省	○
・手続的規則	財務省	×
・歳入ルーリング	内国歳入庁	×
・歳入プロシージャー	内国歳入庁	×
・レタールーリング	内国歳入庁	×

---

[41] See, "Public Participation in the Adoption of Temporary Tax Regulations," 44 Tax Law. 343 (1991).

7　税務専門職団体によるロビー活動の実際

　アメリカの税務の専門職団体も，専門職の法的環境の整備や納税者の権益保護の面で，ロビー活動（法律制定陳情活動）とは無縁でいられない。多くの税務の専門職団体は，積極的なロビー活動をしている。アメリカでの動きに興味のある人も多いのではないかと思う。そこで，税務専門職業界のロビー活動の実際について，事例分析の形で紹介したい。

　連邦は，今日まで他人の個人所得税申告書を有償で作成する（税務書類の作成／Preparation of Returns）業務を営むのには，特段の資格を必要としないとの基本政策を維持してきている。すなわち，納税申告書を作成する知識のある者は誰でも，無償，有償で，他人の個人所得税申告書を作成できる状況にある。こうした税務書類の作成業務を名称独占とする政策は，政府規制の強化を嫌い，自己責任を重んじるウイングからは強い支持を受けている。しかし，その一方で，こうした自由放任政策のもと，民間の納税申告書作成業者の作成した申告書の計算違い，さらには不正申告が増加し，税務コンプライアンス上の課題となっていた。

　そこで，アメリカの全国登録税務士連盟（NAEA＝National Association of Enrolled Agents／以下「全国税務士連盟」という。）は，有償で他人の納税申告書の作成を業としている者を対象に政府規制をかけ，新たの「登録申告書作成士（EP＝enrolled preparer）」資格制度を設けるための税制改正を求め，連邦議会にロビイングを行った。

　この事例は，アメリカにおける税務専門職団体によるロビー活動の実際を知るうえで有益である。以下に，分かりやすく紹介する。

(1)　税務専門職団体，NAEA とは

　わが国の税理士資格に近いものとして，アメリカには「登録税務士（EA＝enrolled agent）」の資格がある。税務の専門職は，ほかに公認会計士（CPA＝Certified Public Accountant）や弁護士（attorney-at-law）がいる。登録税務士（EA）や弁護士は各州ベースの資格であるが，EA は国家（連邦）ベースの資格である。EA は，その始まりが1884年にまでさかのぼる専門職である【☞本書第Ⅴ部④】。

EA（登録税務士）は，各州にある会員団体（単位会）に加入することになっている。全国登録税務士連盟（NAEA＝National Association of Enrolled Agents／以下「全国税務士連盟」という。）にも加入できる[42]。

　NAEA（全国税務士連盟）は，法人格をもち，同法人の附属定款（NAEA Bylaws）によると，カリフォルニア州共益法人法（California Mutual Nonprofit Law）のもとで設立された法人である。ちなみに，アメリカの場合，非営利公益法人は，営利法人の場合と同様に，いずれかの州の法律に基づいて法人になる仕組みになっている。これは，連邦国家体制にもと，私法の分野は，連邦ではなく，州が所管することになっているによる。NAEA（全国税務士連盟）は，全米規模（2つ以上の州）で活動する法人であるが，1972年にカリフォルニア州法のもとで登記し，法人格を取得しているわけも，こうした連邦と州とのすみ分けの法制があるためである[43]。NAEA法人の主たる事務所は，現在，連邦の首都ワシントンD.C.に置かれている。職員は，連邦議会へロビー活動を行う担当を含め10数人，年間予算は，2千～3千万ドル程度とみられる。

　EA有資格者約4万6,000人のうち，NAEA（全国税務士連盟）には公表約1万1,000人が加入している。NAEAへの加入資格は，内国歳入庁（IRS）発行の有効な登録カードをもっている人（active enrolled agent status）と，過去5年にわたりEA業務の経験があり，かつ，財務省規則サーキュラー230に定める「活動停止中のEA資格（inactive retirement status）」を有する人である（10.6(k)）[44]。前者は正会員，後者は名誉会員である。名誉会員には定期研修が免除される。

(2) ロビー活動をする税務専門職団体の課税上の地位

　NAEA（全国税務士連盟）のような非営利の事業者団体（専門職団体）は，連邦法人所得課税上，公益法人には分類されないが，非営利共益法人として免税団体になっている。非収益事業は課税除外となる。

---

[42] Available at: http://www.naea.org/

[43] 加州の非営利法人法制について詳しくは，雨宮・石村ほか訳著『全訳・カリフォルニア非営利公益法人法』〔2000年，信山社〕参照。

[44] 財務省規則サーキュラー230（Treasury Department Circular No. 230）の正式名称は，「IRS所管事項にかかる業務に関する規則（Regulations Governing Practice before the Internal Revenue Service）」である。最新の改正（Rev.6-2014）は，2014年6月12日に発遣された。なお，公務に就くなど懲戒以外の理由で活動停止中（inactive retirement status）のEAも，IRSの専門職責任局（OPR）に様式8554〔IRS所管事項にかかる業務代理登録更新申請書（Form 8554: Application for Renewal of Enrollment to Practice Before the Internal Revenue Service）〕を提出して，EAの資格を維持できる。

NAEAのような非営利の事業者団体は、連邦議会や財務省などへ活発なロビー活動を行っている。しかし、こうした団体は、免税資格を維持するには、政治活動の面ではさまざまな制約を課される。そのうち、もっとも重要なのは、事業者団体は、政治団体とは異なり、議員や議員になろうとする人（公職への候補者）の集票活動・選挙運動（electioneering）が全面的に禁止されていることである。したがって、団体施設内で「○×さんを励ます会」のような形で特定議員や議員候補の選挙活動をした場合、団体として特定候補の選挙運動を支援した場合には、その団体免税資格が取り消されるおそれがある。取り消されれば、全事業が所得課税の対象となる。

　一方、事業者団体は、非収益事業から法定限度額まで次のようなロビー活動費の支出は認められる。したがって、この種の費用を限度内で支出している限り、免税資格を取り消されることはない[45]。

【図表Ⅷ-16】事業者団体に認められるロビー活動費とは

> ① **直接的ロビー活動費**
> 　議員や官僚などと接触し、特定の法案に対して賛成または反対するように働きかけをする活動（法律制定に影響を及ぼす活動）に使われる費用である。議会・官僚陳情活動費ともいえる。
> ② **間接的ロビー活動費**
> 　「○×法改正に反対（賛成）しましょう」といったPRのように、世論や投票人への注意を喚起するために使われる政治広報活動費である。草の根ロビー活動（grassroots lobbying）費ともいう。

(3) アメリカでは税務書類作成業務は名称独占

　アメリカにおいては、税務に携わる職業人としては、①CPA（公認会計士）や③EA、③弁護士、さらには④登録保険計理士や⑤その他特例適用者のほか、⑥有償で他人のために納税申告書の作成することを主な業務とする業者（申告書作成業者／Return Preparer）がいる。これらのうち、①、②、③、④、⑤は、「免許ある税務専門職（licensed tax professional）」と呼ぶ人もいる。⑥と区別するためである。

　アメリカでは、1976年以前は、有償・無償を問わず、他人のための納税申告

---

[45] 石村耕治「連邦政治資金課税の構造」『アメリカ連邦税財政法の構造』〔1995年、法律文化社〕第9章参照。

書の作成はその能力があれば誰でもでき，申告書の作成などについて政府規制はほとんどなかった。

しかし，⑥申告書作成業者による虚偽記載などが問題となったために，1976年に，"Tax Return Preparer（TRP～納税申告書作成者）"という職種分類が設けられ，財務省規則（サーキュラー230）で，納税申告書の作成業務に対してはじめて本格的な政府規制（TRP規制）が加えられることになった。もっとも，TRP規制は，無償ボランティアで申告書の作成支援をしている人には適用にならない。

【図表Ⅷ-17】TRP規制のあらまし

> ① **記録の作成・保存義務（Housekeeping Rules）** TRP規制の対象となる人は，作成した申告書への署名，その申告書のコピー（写し）の保存，顧客リストの作成・保存等をしなければならない（IRC6107条）。
> ② **依頼人情報の不正開示に対する制裁** TRPが依頼人情報を本人の同意なしに開示することは禁止される。違反行為には制裁がかされる（IRC7216条）。
> ③ **虚偽申告書作成に対する制裁** TRPは，故意に虚偽の申告書を作成した場合などには，処罰の対象とされます（IRC6694条および6695条）。
> ④ **IRSに対する差止請求権の付与** 上記①の受忍義務違反，②ないしは③に該当する不正行為や違法行為があった場合には，IRSは連邦地方裁判所に対し差止請求ができる。また，TRPにあてはまる人が非弁護士ないしは非CPAである場合には税務代理は認められない。それにもかかわらず，当該TRPが税務代理を行っているときには，IRSは裁判所に差止命令を求めることができる（IRC7407条）。

わが国の個人の確定申告は3月15日が期限である。これに対してアメリカは1か月遅れの4月15日が期限である。アメリカには年末調整制度はなく，全員確定申告を前提とする制度を採っている。アメリカは，おおよそ3億2,160万の人口を抱え，連邦個人所得税（federal individual income tax）については全員確定申告をするのが原則となっている。毎年，法人その他を含め年間2億430万件（2015課税年）を超える確定申告書の提出がある。そのうち，個人所得税申告書（Form 1040, 1040-A, 1040-EZ）【☞本書第Ⅰ部❶D】は，1億5,000万件近くの数に及ぶ（2015課税年）[46]。このことから，官民で幅広く提供される税務サービス，とりわけ確定申告・還付申告のための税務書類の作成およびそれにかかわる税

---

[46] See, IRS, 2015 Data Book, at 4.

務相談サービス（以下「納税申告書作成業務」，「納税申告書作成サービス」または「納税申告支援」ともいう。）が重要な役割を演じてきている。約1億5,000万件のうち，5割を少し超える数の確定申告書が，有償の納税申告書作成業者，残りが，納税者本人や資格ある税務専門職，さらには「ボランティア所得税援助（VITA＝Volunteer Income Tax Assistance）プログラム」や「高齢者向け税務相談（TCE＝Tax Counseling for Elderly）プログラム」など無償の申告支援ボランティアプログラム参加者，の手で作成されたことになる。

確かに，アメリカでは，どの分野でも法令遵守・職業倫理がますます厳しく問われるようになってきている。こうした流れに素早く乗り，課税庁（IRS）は，VITAやTCEのような無償の申告支援プログラムに参加を希望する市民ボランティアの研修にも力を入れてきています。年次ベースの研修ガイド『税金の学習と連帯（Link & Learn Taxes）』を発行し，能力検定試験の実施を含め「納税申告書作成ボランティア向けのプログラム（VTPP＝Volunteer Tax Preparation Program）」を実施してきている【☞本書第Ⅴ部**6**】。

このような法令遵守強化の流れをくんで考えると，有償で納税申告書作成を生業とする人たちが，法令遵守（コンプライアンス）・職業倫理などが不透明まま業務をやり続けている現状がやり玉にあげられたのも，偶然ではないようにみえる。

⑷ NAEAの税務書類作成業務の有償独占化運動

税務の専門職とされるCPA（公認会計士），EA（登録税務士），弁護士などはもちろんのこと，こうした"免許ある税務専門職"以外でも有償で他人の納税申告書を作成すると，TRP（納税申告書作成者）規制の対象となる。

ただ，免許ある税務専門職が虚偽申告書を作成してTRP規制違反で摘発されるケースはあまり多くはない。問題となるのは大方，こうした免許ある専門職以外で，スーパーマーケットなどの片隅を借りて，確定申告期に，有償で納税申告書作成を生業とする人たちである。かねてから，この人たちの法令遵守（コンプライアンス）・職業倫理などを含めQC（資質管理）の悪さが問題になっていた。

そこで，この人たちが行う納税申告書作成業務に規制をかけよういう動きが，"免許ある税務専門職"界から出てきたわけである。

NAEA（全国税務士連盟）は，この規制強化策の旗振り役を演じていた。具体

的には，納税申告書作成業務に政府規制をかけ，新資格試験制度の導入と継続研修の義務付けを柱として，現在名称独占になっている税務書類の作成業務と税務相談業務のうち前者の業務を有償独占とする法改正を内国歳入法典（連邦税法典）に盛り込む政策提言をした。

NAEAは，先頭を切って積極的なキャンペーンを張り，連邦議員にロビイング攻勢をかけ，ついには法案の提出にまでこぎつけた。

仕上がった法案によると，新たに設けられる「登録申告書作成士（EP＝enrolled preparer）」資格制度では，有償で他人の納税申告書の作成を業としている人が規制の対象となる。もっとも，CPA（公認会計士），EA（登録税務士），弁護士などすでに"免許ある税務専門職，さらにはVITA（ボランティア所得税援助プログラム）やTCE（高齢者向け税務相談プログラム）のような無償の申告支援プログラムへの参加者は，EPの資格がなくとも，従来どおり申告書の作成をすることができることになっている。

また，法案では，資格試験制度が設けられ，EPになるには，連邦税の申告書の作成に関する知識，専門職倫理に関する知識を問う試験に合格しなければならないとしている。さらに，開業しているEPは，IRSの専門職責任局（OPR＝Office of Professional Responsibility）の監督を受け，継続研修が義務化されることになっている。

(5) 税務書類作成業務有償化法案の行方

連邦議会第109議会第1会期〔2005年1月3日〜〕の2005年4月18日に，上院に，法案「2005年納税者保護及び支援法」〔上院法案823号〕（S.832: The Taxpayer Protection and Assistance Act of 2005）が提出された。法案提案者には，ジェフ・ビンガマン上院議員（民主党・ニューメキシコ州選出）を筆頭に，11人の共同提案者が加わった。同法案には，納税者保護の一環として，新たな「登録申告書作成士（enrolled preparer）」という税務専門職の資格（連邦資格）を設けるための条項，「連邦納税申告書作成者の規制（Regulation of Federal tax return preparers）」が入っている。この部分は，まさに，NAEA（全国税務士連盟）の政策提言をそのまま法案化したものである。

この上院法案832号には，資格を得ないで有償で連邦所得税申告書を作成したうえで署名をした人は，1件につき500ドルの罰金をかす規定も盛られている。

【図表Ⅷ-18】 上院法案832号 (S. 832) 〔抜粋〕

S. 832

To amend the Internal Revenue Code of 1986 to provide taxpayer protection and assistance, and for other purposes.

IN THE SENATE OF THE UNITED STATES

APRIL 18, 2005

Mr. BINGAMAN (for himself, Mr. SMITH, Mr. BAUCUS, Mr. GRASSLEY, Mr. AKAKA, Mr. SCHUMER, and Mr. PRYOR) introduced the following bill; which was read twice and referred to the Committee on Finance

A BILL

To amend the Internal Revenue Code of 1986 to provide taxpayer protection and assistance, and for other purposes.

Be it enacted by the Senate and House of Representatives of the United States of America in Congress assembled,

SECTION 1. SHORT TITLE; AMENDMENT OF 1986 CODE.

(a) SHORT TITLE.—This Act may be cited as the "Taxpayer Protection and Assistance Act of 2005".

(b) AMENDMENT OF 1986 CODE.—Except as otherwise expressly provided, whenever in this Act an amendment or repeal is expressed in terms of an amendment to, or repeal of, a section or other provision, the reference shall be considered to be made to a section or other provision of the Internal Revenue Code of 1986.

SEC. 4. REGULATION OF INCOME TAX RETURN PREPARERS.

(a) AUTHORIZATION.—Section 330(a)(1) of title 31, United States Code, is amended by inserting "(including compensated preparers of tax returns, documents, and other submissions)" after "representatives".

(b) REQUIREMENT.—

　2005年4月に提出されたこの法案は，下院で先議が求められる歳出の賦課に関する法案でないことから，上院財政委員会に付託された。同委員会でのスクリーニング（選り分け）を何とかパスし，審査対象に選ばれた。しかし，審査は遅々として始まらず，小委員会での公聴会「あなたの税金の申告，どれくらいかかるのか (Preparing Your Taxes: How Costly Is It?)」が開かれたのは，翌年の第

109回議会第 2 回期〔2006年 1 月 3 日～〕の2006年 4 月 4 日に至ってからのことであった。

その後，2006年 6 月28日に，この上院法案823号は，他の上院法案1321号「2005年電話利用税廃止法（S. 1321: Telephone Excise Tax Repeal Act of 2005)」（上院法案1321号～リチャード・サントラム議員（共和党・ペンシルバニア州選出）＋17人の共同提案者）に併合され，法案の名称も，「2006年電話利用税廃止・納税者保護及び

【図表Ⅷ-19】 上院法案1321号（S. 1321）〔抜粋〕

109TH CONGRESS
2D SESSION

S. 1321

[Report No. 109–336]

To amend the Internal Revenue Code of 1986 to repeal the excise tax on telephone and other communications services.

IN THE SENATE OF THE UNITED STATES
JUNE 28, 2005

Mr. SANTORUM (for himself, Mr. CRAPO, Mr. SMITH, Mr. HAGEL, Mr. ENSIGN, Mr. ALLEN, Mr. COBURN, Mr. THUNE, Mr. CHAMBLISS, Mr. SESSIONS, Mr. ALLARD, Mr. COCHRAN, Mr. ISAKSON, Mr. HATCH, Mr. CRAIG, Mr. BROWNBACK, Mr. TALENT, and Mr. KYL) introduced the following bill; which was read twice and referred to the Committee on Finance

AN ACT

To amend the Internal Revenue Code of 1986 to repeal the excise tax on telephone and other communications services.

Be it enacted by the Senate and House of Representatives of the United States of America in Congress assembled,
SECTION 1. SHORT TITLE.

This Act may be cited as the "Telephone Excise Tax Repeal Act of 2005".

SEC. 2. REPEAL OF EXCISE TAX ON TELEPHONE AND OTHER COMMUNICATIONS SERVICES.

　(a) IN GENERAL.—Chapter 33 of the Internal Revenue Code of 1986 (relating to facilities and services) is amended by striking subchapter B.

　(b) CONFORMING AMENDMENTS.—

　　(1) Section 4293 of such Code is amended by striking "chapter 32 (other than the taxes imposed by sections 4064 and 4121) and subchapter B of chapter 33," and inserting "and chapter 32 (other than the taxes imposed by sections 4064 and 4121);".

支援法」〔上院法案1321号〕になった。法案のマークアップ（逐条修正）セッションがもたれ，内容も大幅に修正された。

2006年9月15日に，修正法案は，上院財政委員会の全員会議にかけられた。しかし，中間選挙をひかえ，9月29日に，財政委員会は，この法案に対する最終判断を下すことなく休会になり，年末で審査未了になってしまった。結局，修正法案は，上院の委員会審査未了で，下院に送付されることもなく，廃案に追い込まれてしまったのである。廃案の背景には，申告書作成業界などによる，上院財政委員会所属の議員やスタッフなどへの法案反対の強力な政治的な働きかけ（ロビイング）が功を奏した結果だとうわさされている。

(6) 各界からの異論・反論で頓挫した NAEA 提案

NAEA（全国税務士連盟）のような業界団体がこうした法案を議員立法であげてきたことに対しては，当初から異論・反論があった。

この法案に盛られた新税務専門職創設の提案は，いわゆる「税務書類の作成」業務の"有償独占"化につながる提案である。悪玉扱いされた申告書作成業界は，「EA 業界は，"納税者の保護"の衣で争点をぼかしている。その本心は，市場競争を避け政府規制で"業界益"をはかろうということだ。」との不信感をあらわにした。また，「登録申告書作成士の資格は，EA や CPA などは取得することなしに当然に申告書の作成業務ができるとしており，差別的な性格をもっている。」との批判もあった。さらに，「NAEA は，登録申告書作成士（EP）の資格をつくっても，多くの弱小の税務書類作成業者は，試験に受からないだろうとみている。となると顧客は EA の方に大量に流れてくるとの皮算用なのだろう。」との鋭い指摘もあった。

申告書作成業者やその他の税務専門家の会員からなる全国税務専門職連盟（NATP＝National Association of Tax Professionals）も，NAEA が深く関与してつくられた上院法案832に対し，批判的なコメントを出した[47]。

新たな資格を公的資格にすることについて，課税庁にとっては納税者サービス以外の業務の増大につながる。このため，内国歳入庁（IRS）サイドからも，民間資格の途あるいは EA 試験を含めた民営化の途を探って欲しい旨の選択肢が示されるなど，この法案に消極的な姿勢をうかがうことができた。

---

[47] See. NATP, Comments to Senate Bill 832: The Taxpayer Protection and Assistance Act of 2005 （May 6, 2005）.

NAEAの政策提言には，消費者・納税者の保護をお題目に，政府規制で業界益を拡大しようという意図が見え隠れしていたことは確かである。国民・納税者の申告義務を"業界益"に見立てて，政府規制で囲い込もうとする税務専門職界の政策提言やロビイングのあり方が問われた。これは，法案を付託された上院財政委員会での廃案を目指した"牛歩"審査にもみてとれる。

　ちなみに，アメリカは，専門職のQC（資質管理）は，強い政府規制によるのではなく，競争原理，消費者（国民・納税者）の選択に任せ，職業賠償責任訴訟を通じて悪質な人を淘汰していくという，民主導ですすめる方法が，広く支持されている。NAEA（全国税務士連盟）は，業界益確保に血眼になり，近視眼的なロビー活動，過度な政治依存で勇み足になっていたのではないかともいわれている[48]。

(7) その後の経過

　このように，2004年頃に始まった"免許ある税務専門職"界から納税申告書作成業務に規制をかけようという動きは，2006年には頓挫した。NAEA（全国税務士連盟）は，この規制強化策の旗振り役を演じた。

　しかし，連邦は，その後も，他人の個人所得税申告書を有償で作成する（税務書類の作成／Preparation of Returns）業務を営むのには，特段の資格を必要としないとの基本政策を維持してきている。すなわち，納税申告書を作成する知識のある者は誰でも，無償，有償で，他人の個人所得税申告書を作成できる状況にある。

　こうした税務書類の作成業務を名称独占とする政策は，政府規制の強化を嫌い，自己責任を重んじるウイングからは強い支持を受けている。しかし，その一方で，こうした自由放任政策のもと，民間の納税申告書作成業者の作成した申告書の計算違い，さらには不正申告が増加し，税務コンプライアンス上の課題となっていた。

　そこで内国歳入庁（IRS）やその上部組織である財務省（Treasury Department）は，新たに登録納税申告書作成士（RTRP＝Registered Tax Return Preparer）の資

---

[48] See, Further, Hearing, Fraud in Income Tax Return Preparation, Subcommittee on Oversight, Committee on Ways and Means U.S. House of Representatives, 108th Congress, 1st Session (July 20, 2005); Hearing, Preparing Your Taxes, the Senate Finance Committee, 109th Congress, 1st Session (April 4, 2006). 石村耕治『透明な租税立法のあり方』（東京税理士政治連盟，2007年）第10章参照。

格制度の創設することで，対応策を示すに至ったことについては，すでにふれた【☞本書第Ⅹ部**4**】。

2010年1月4日に，内国歳入庁（IRS）シュルマン（Douglas Shulman）長官（当時）は，消費者保護団体，他の行政機関および税務専門職との公開討論を含む6か月にわたる検討結果を，「申告書作成者調査最終報告書（Return Preparer Review Final Report）」と題する報告書（以下「IRS最終報告書」という。）にまとめ公表した。このIRS最終報告書では，納税申告書作成者にかかる資格制度を新たに設けるように求めた[49]。

納税申告書作成者に対する新たな資格審査制度の骨子は，次のとおりである。手続は，①納税申告書作成者ID番号（PTIN＝Preparer Tax Identification Number）の取得，②生涯有効資格試験および適格審査への合格，③合格者のIRSでの登録納税申告書作成士の指定，④年次の継続研修の受講，ならびに⑤年次の適格審査および更新手数料の支払などである。

IRS最終報告書をもとに，連邦財務省は，2011年6月3日に，改定したサーキュラー230規則（Circular No. 230 Regulations/Rev. 8-2011）（以下「サーキュラー230規則」または「改正C230規則」ともいう。）を公表した[50]。このサーキュラー230規則は，その表題も「IRS所管事項にかかる業務に関する規則（Regulations Governing Practice before the Internal Revenue Service）」に改められ[51]，この改正C230規則のなかに，登録納税申告書作成士（RTRP＝Registered Tax Return Preparer）の指定制度の細目を定めた。

この新たな登録納税申告書作成士（RTRP）の資格制度に対しては，スタート時点から，申告者作成業界関係者のなかから強い反対の声があがった。業界関係者が，政府規制による新たな職業をつくることにつながるRTRP制度に反対し自己責任を重んじるウイングからの支援を受けて，RTRPは違法として訴

---

[49] See, IRS Publication 4832, Return Preparer Review (December 2009), at 1 *et. seq.*
[50] サーキュラー230規則は，連邦規則集（CFR＝Code of Federal Regulations）のタイトル31，サブタイトルA，パート10（2011年6月3日）に編入されている。このことから，サーキュラー230規則は，「CFRパート10」とも称される。
[51] これまでの規則（Rev. 4-2008）の表題は，「IRSのもとでの弁護士，公認会計士，登録税務士，登録年金会計士，登録退職年金会計画士および不動産鑑定士の業務に関する規則（Regulations Governing the Practice of Attorneys, Certified Public Accountants, Enrolled Agents, Enrolled Actuaries, Enrolled Retirement Plan Agents, and Appraisers before the Internal Revenue Service）であった。

訟を提起した。結果的に，財務省／IRS側が敗訴し，RTRP制度の強制実施は見送られた。

現在，RTRP制度のもと，申告者作成業者は，納税申告書作成者ID番号（PTIN）の取得・更新を義務付けられている。しかし，資格試験の受験などはあくまでも任意となっている。

しかし，IRSが実施した納税申告書作成者向けの年次申告期（AFS）プログラムに対し，思わぬところから異論が出てきた。アメリカ公認会計士協会（AICPA＝American Institute of Certified Public Accountants）が，2014年7月15日に，IRSが実施した年次申告期（AFS）プログラムは，違法であり，直ちに停止されるべきであるとして，IRSを被告に連邦コロンビア特別地域地方裁判所（U.S District Court for the District of Columbia）に訴えを起こしたのである[52]。

AICPAは，登録納税申告書作成士（RTRP）制度が連邦地裁や控訴裁判所で違法と判断されたのにもかかわらず，IRSがAFSプログラムを導入し，それへの"任意参加"を装って，事実上の強制登録納税申告書作成士（RTRP）制度を"裏口実施"しようとしていることを重く見た。

このAFSプログラムには，参加した事業者は参加しない事業者に比べ，申告書作成業務市場で優越的な地位を保障されるというインセンティブが隠されている点を問題にした。その一方で，過誤申告や不正申告に加担した納税申告作成業者に対する職業倫理などにはまったくふれておらず，納税申告書作成サービスを利用する一般消費者を保護する使命がひとかけらのないものであると批判した。AICPAは，このAFSプログラムは，裁判所の登録納税申告書作成士（RTRP）資格試験実施停止命令を巧みに潜り抜けた脱法プログラムであるとの理由で，その即時停止を求めて，連邦地裁にIRSを相手に提訴した。連邦地裁は，粛々と審理を進め，2016年8月3日に，原告であるAICPAの訴えを認めず，被告であるIRSの主張を求め，AFSプログラムは違法ではないとの判断を下した（118 AFTR 2d 2016-5089）。この訴訟により，IRSのAFSプログラムは，出だしでつまずいた形となった[53]。

---

[52] 訴訟内容について詳しくは，Available at: http://www.aicpa.org/Advocacy/Legal/DownloadableDocuments/AICPA_v_IRS.pdf
[53] その後の経緯を含めて詳しくは，【☞本書第Ⅹ部❹J】参照。

8　委員会による「議会の行政府監視」権能の行使

　連邦議会上下両院の各種委員会にとり最も重要なのは，いうまでもなく"立法委員会"として議会の立法権能を発揮することである。しかし，これらの委員会は"行政監視委員会"としての顔も持っている。連邦議会は，伝統的に，上下両院に置かれた各種委員会において公聴会を開催して，公共政策の執行状況を審査，管理，監督するために行政府の監視を行ってきている。
　こうした議会の「行政府の監視 (Congressional oversight)」権能は，委員会制度をとおして，特定の行政庁が所管するプログラム（施策）の執行状況が思わしくないとみられる場合や，所管の行政庁が委員会の任意の調査に非協力である場合などに行使される。実務的には，当該プログラムの所管となる議会委員会が監視目的の公聴会 (oversight hearing) を開催し，問題の行政庁の長などを証人として召喚し，証言を求め，質疑を行う形で行使される。
　ちなみに，"行政監視委員会"は，「議会の国政調査 (Congressional investigations)」権能[54]に基づいて設けられる"国政調査委員会 (investigating committees)"と，常任委員会で証人召喚権を駆使して実施されるなどの面で，共通する要素も多い。しかし，両者は，一般に区別してとらえられている。

(1)　議会の行政府監視権能行使の法的根拠

　アメリカ連邦議会の「行政府監視 (Congressional oversight)」の権能については，連邦憲法上は明文規定がない。一般には，連邦憲法1条1節「この憲法により与えられる立法権はすべて合衆国連邦議会に属する」にある議会の立法権を達成するための権限に含まれる「黙示の権能 (implied power)」であると解されている。したがって，議会の行政府監視権能は，三権分立の民主政体のもと，権力を相互に"チェック・アンド・バランス"するために必須のものとされる。
　連邦憲法によると，議会は，さまざまな連邦プログラムに予算を充当する権限を有し，他に軍隊を維持し宣戦を布告することから州際通商や国際通商を規制することまで広範な権限を有している（連邦憲法第1条8節1項～17項）。加えて，

---

[54]　ここでは，議会の国税調査権能については取り上げないが，文献紹介としては，See, Matthew Mantel, "Congressional Investigations: A Bibliography," 100 Law Libr. J. 323 (2008).

連邦議会は，こうした権限「およびこの憲法により合衆国政府またはその各部門もしくは公務員に対し与えられて他の一切の権限を執行するために，必・要・か・つ・適・切・なあらゆる法律を制定」(同18項～引用者傍点)する権限を有している。まさに，議会の行政監視権能は，こうした憲法上の規定に由来すると解されているわけである。一方，連邦最高裁判所も，1927年に，議会の行政監視権能を認める判断を下している[55]。

一般に，連邦憲法の"必要かつ適切 (necessary and proper)"の文言は，議会がそこに設けている委員会を通じて行政の執行状況を監視できる法律を制定することを認める，と解されている。これを受けて，議会は，自らの行政府監視権能を法的に確認すべく，各種の法律を定めている。「1946年議会再編法 (Legislative Reorganization Act of 1946)」が最初の根拠法である。この法律は，1970年に改正，適正化された。このほか，「1993年政府業績・成果法 (Government Performance and Results Act of 1993)」は，連邦行政機関が立てたプログラムの執行計画，目標および成果を年次報告書にして議会に報告するように義務付ける。同法によると，各機関の監察総監 (IG＝Inspector General) は，浪費，不正，濫費等の事実を発見した場合には，その機関の長と議会に対して報告するとともに，是正措置を講じるように勧告する[56]。同時に，監察総監は，とくに重大な問題については，その機関の長が調査し報告書を作成した上で，それを公表するように指示する。その長は，その報告書を7日以内に議会にも送達することになっている。一方，その機関の監察総監は，公聴会での証言，面談，書簡，電子メールなどをとおして議員，議会スタッフとの交渉をすすめることになる。さらに，「2000年報告書整理法 (Reports Consolidation Act of 2000)」は，報告書の送達にあたり，各機関の監察総監が，決められたフォーマットに従い，その機関の最も重大な運営，執行上の問題を確認し，改善点をまとめるように求めている。これは，報告様式をフォーマット化し，各行政機関の運営状況と改善点を効率的にまとめて公表するように求めることで，議会，大統領および一般大衆に対する説明責任を容易に果たせるようにしようという趣旨のものである。

また，連邦公務員法 (Civil Service Reform Act of 1978) その他さまざまな連邦

---

[55] See, McGrain v. Daugherty, 273 U.S. 135, at 177 (1927).
[56] 1978年監察総監法 (Inspector General Act of 1978) は，連邦の各行政機関に監察総監室の設置を義務付け，その機関の職員から申立てのあった苦情その他の内部通報を調査し，その長への報告ないし必要な場合には是正措置の勧告を行う権限を与え，同時に議会への報告などを義務付けた。

法に盛られた公的部門での内部通報（whistleblowing）を促す規定も，議会や議員などに対し有益な内部情報を提供する根拠法になっている[57]。例えば，軍隊内部通報者保護法（Military Whistleblower Protection Act／合衆国法典タイトル10／10 U. S. Code）1034条〔保護される通信：報復的人事の禁止〕では，兵役に就いている者と連邦議員または軍の監察総監（IG）との通信を制限することを禁止している。また，通信したことで報復的な人事をすることも禁止している。これにより，内部通報者を保護するとともに，現実の運用実績はともかくとして，制度として連邦議会が軍に対する監視権能を行使できる仕組みになっている。

(2) 議会の行政府監視権能行使と上下各院の規則

上下各院の規則は，各院の個々の委員会が所管する事項に関する行政府の監視権能について規定している。通例，議会の行政府監視権能は，常任委員会を通じて行使されるが，案件によっては特別委員会を通じて行使されることもある。例えば，下院規則では，所管の常任委員会は，行政府の監視を行う場合には小委員会を設けてこれを行うように求めている。また，下院規則では，各委員会に対して，それぞれの監視議題のリストを作成し，下院の政府改革委員会（House Committee on Government Reform）へ提出するように求めている。これは，議会が，下院に置かれている委員会全体にどのような議題があるのかを確認することが狙いである。なお，下院政府改革委員会は，下院各委員会での議題を収集・統括し，印刷物にする任務を負っている。

さらに，議会は，租税行政庁（IRS／内国歳入庁）の監視については，恒久的な「両院合同委員会（joint committees）」とりわけ「両院合同租税委員会（JCT＝Joint Committee on Taxation）」，下院歳入委員会に置かれた「監視小委員会（Subcommittee on Oversight）」，上院財政委員会に置かれた「課税・内国歳入庁監視」小委員会（Subcommittee on Taxation and IRS Oversight）などをとおしても，これを実施している。

(3) 連邦議会の行政府監視の目標

連邦議会によるこの種の"監視（oversight）"のターゲット（標的）は，「行政府（executive branch）」である。行政府監視の目標を，具体的に図示すると，次のとおりである[58]。

---

[57] See, B. D. Fong, "Whistleblower Protection and the Office of Social Counsel: The Development of Reprisal in the 1980's," 40 Am. U. L. Rev. 1015（1991）.

【図表Ⅷ-20】連邦議会による行政府監視の具体的な目標

- 政府作用の効率性，経済性および能率の改善，
- プログラム（施策）評価および業績評価，
- 質の悪い管理，浪費，濫費，恣意的かつ気紛れな行動または違法かつ違憲な行動の防止ならびに抑止，
- 市民権および憲法上の権利の保護，
- 公益が関係する行政府の施策を保護し，かつ，一般大衆に周知すること，
- 新たな法案を発議するためまたは現行法を改正するための情報を収集すること，
- 立法意思を行政に遵守させること，ならびに，
- 行政による議会の権能および特権に対する侵害を防止すること。

(4) 議会の行政府監視権能への期待と課題

　連邦労働省（Labor Department）の職員は，勤労感謝の日が近づくと，労働安全基準に違反した企業の摘発を行い，"実績"を誇張する。しかし，見方によっては，普段の執行の怠慢を帳消しにするマスメディアを意識した恣意的な行政権限の行使に映る。また，財務省（Treasury Department）の職員は，海外援助を専門とするNGOに対して，テロ支援国家との関係があるとの理由で，そのNGOの資産の凍結処分を行う。「2000年国際緊急経済権限法（International Emergency Economic power Act of 2000)」が，こうした処分を是認しているからである。しかし，NGO活動の理念に抵触する可能性が極めて高く問題の多い処分である。さらに，国土安全保障省（Homeland Security Department）の職員は，テロ支援国家からの入国者を空港で待ち受け，その人に政治難民申請を出す余裕を与えない形で，その人を「入国不許可（non-fly）」リストに掲載し，帰国させる決定を下す。表面的には，業務を効率的にこなしているようにみえる。しかし一方では，難民の人権は確実におろそかにされている。

　行政機関によるこうした一連の処分・決定などは，明らかに役人的発想（bureaucratic）で，恣意的（arbitrary）かつ気紛れ（capricious）な処分・決定とみてとれる。そのおおもとの原因は，行政府に認められた幅広い裁量にある。

　ただ，こうした事例については，裁判所に訴えたとしても，十分な救済を受けることは難しいのが実情である。その背景には，司法府が，行政府の裁量を

---

(58) See, L. Elaine Halchin & Frederick M. Kaiser, "Congressional Oversight," CRS Report for Congress (October 17, 2012, CRS, Library of Congress); Alissa M. Dolan et al.," Congressional Oversight Manual," CRS Report for Congress (December 19, 2014, CRS, Library of Congress).

できるだけ幅広く認めようという傾向が強く，かつ，「政治問題（political question）」として深入りを避ける傾向があるからである。結果として，こうした問題を抱えた人たちにとっては，司法府は必ずしも信頼できる場所とはいえなくなっている。唯一，議会が支援を求められる最後の頼みの場所となる。こうした場合，議会は，行政府監視権能を発揮して，公聴会を開いて，問題の究明をすることができるからである。

　しかし，問題はそう簡単に解決できるわけではない。議会サイドには，議会独自の問題もある。その1つは，議会委員会での公聴会開催へのステーク（stake／利害）が，一般大衆・選挙民サイドと議員サイドでは大きな開きがあるからである。すなわち，一般大衆・選挙民サイドでは，行政府の役人発想的な思考や裁量の統制に大きな期待をいだいているのに対して，議員サイドでは，これから自らが立てる政策についてのヒントを得たいとの期待が大きいことである。したがって，一般大衆・選挙民サイドは，事例のできるだけ早い究明や問題解決が第一になる。これに対して，後者は，事例を素材にして，新たな政策の発案，法案作成につなげたいという思惑が先行する。このため，問題事例について，委員会や小委員会公聴会の開催，委員会スタッフによる慎重な聞き取り調査，議員と問題となった行政庁との直接協議等々とテマ・ヒマをかけた作業につながる[59]。また，議会は，裁判所のように個別の事例を解決する場所ではない。むしろ，個別の事例を素材に，その行政機関が抱える制度的な欠陥を指摘し，必要に応じて制度改革を促すための質疑討論（ディベート）するフォーラムである。

　確かに，議会の監視委員会の特質に対する一般大衆・選挙民の理解不足がある。しかし，一方で，監視委員会を"新政策の発掘場"とみる議員の思惑がある。双方のギャップをどう埋めていくかは重い課題である[60]。

---

[59]　See, M. McCubbins & T. Schwartz, "Congressional Oversight Overlooked: Policy Patrols Versus Fire Alarms," 28 Am. J. Pol. Sci. 165, at 166-68（1984）.
[60]　See, Note, "Auditing Executive Discretion," 82 Notre Dame L. Rev. 227, at 244 et seq.（2006）.

9　両院合同委員会

　連邦議会には，現在，恒久的な「両院合同委員会（joint committees）」は，上下両院に4つ置かれている。両院合同委員会は，上下両院一致決議ないし議院規則で設置されることになっている。立法権限はない。つまり，いわゆる"立法委員会"ではない。特定の政策課題の調査・行政監視・両院運営の協議などが主な任務である。

(1)　両院合同租税委員会（JCT）の概要

　連邦議会には，現在ある4つの恒久的な上下両院合同委員会のうち「両院合同租税委員会（JCT＝Joint Committee on Taxation）」が最も重要である。下院歳入委員会（40人）と上院財政委員会（20人）から任命された委員からなる。他の両院合同委員会と比べると，数多くの専門スタッフを抱えた機動性のある委員会である[61]。

　両院合同租税委員会（JCT）は，内国歳入法典（IRC）の下で設けられている（8001条～8005条，8021条～8021条）。JCTの委員は，それぞれの院の議長が任命することになっている。計10人で構成される。その内訳は，下院歳入委員会から5人（うち多数党から3人，少数党から2人），上院財政委員会から5人（うち多数党から3人，少数党から2人）である。また，通例，委員長は，多数党から選ばれる。

(2)　両院合同租税委員会（JCT）の任務や権限

　両院合同租税委員会（JCT）の任務については，法律で一応の範囲が明確にされている。内国歳入法典（IRC）によれば，両院合同租税委員会（JCT）は，次のような任務をこなすように求められている。

【図表Ⅷ-21】JCTの任務の範囲

① 内国歳入諸税の運用および効果ならびに当該諸税の執行を調査すること，
② 内国歳入諸税の簡素化の方法および対応措置を調査すること，
③ これらの調査結果を下院歳入委員会および上院財政委員会（または下院および上院）へ報告し，検討し，かつ勧告を行うこと（以上，IRC8022条），ならびに，

---

[61]　See, C. J. Deering & S. S. Smith, Committees in Congress (3rd ed., 1997, CQ. Press).

④ 所得税もしくは遺産・贈与税その他内国歳入法典6405条に定める租税に関し200万ドルを超える還付または税額控除の伴う案件がある場合、それを審査すること（IRC6405条）
⑤ 下院または上院で審議されているあらゆる租税立法にかかる歳入見積を提供すること（議会予算法204条1項）。

また、両院合同租税委員会（JCT）は、次のような権限を行使することができる。

【図表Ⅷ-22】JCT が行使できる権限の範囲

① 納税申告書および申告書情報を入手しかつ検査すること（IRC6103条 f 項）。
② 公聴会を開催し、証人に資料を持参させたうえで召喚すること、宣誓をさせることおよび証言を求めること
③ 資料や冊子を収集すること、ならびに、
④ 必要な出費をすること（以上、IRC8012条）。
⑤ 両院合同租税委員会（JCT）は、委員長または副委員長の同意を得て、内国歳入庁（IRC）の税法の執行に関する調査をはじめとした内国歳入税務に関する調査、報告および検討を行う目的で、内国歳入庁（IRS）その他執行機関から直接に納税申告書、申告書情報またはデータを入手すること（IRC8023条）。

両院合同租税委員会（JCT）は、議決機関ではない。しかし、その任務の性格からみて、行政府の実情を精査し必要がある場合には新たな立法につなげるという責務を負った広い意味での立法補佐機関の1つとみることも可能である。

もっとも、JCT が、税務行政監視に関し大幅な調査権限を有していることについては、連邦憲法に組み込まれている三権分立の観点から疑問符がついている。例えば、JCT は、前記【図表Ⅷ-21】④のとおり「所得税もしくは遺産・贈与税その他内国歳入法典6405条に定める租税に関200万ドルを超える還付または税額控除の伴う案件がある場合、それを審査すること（IRC6405条）」ができることになっている。また、【図表Ⅷ-22】の①のとおり、JCT は、「納税申告書および申告書情報を入手しかつ検査すること（IRC6103条 f 項）」もできることになっている。

しかし、こうした調査権能行使は、行政機関である課税庁（IRS）、さらには連邦租税裁判所（U.S. Tax Court）をはじめとした司法府の権能とも深く関係するものである。立法府の一組織である JCT が、この面での調査に踏み込みすぎると、いわば「議会歳入庁（Congressional Revenue Service）」と化し、三権分立

の理念とぶつかるのではないかとの強い懸念が示されている[62]。

---

[62] See, Amandeep S. Grewal,"The Congressional Revenue Service," 2014 U. Ill. L. Rev. Online 689 (2014).

10　委員会報告書等の意義と課題

　すでにふれたように，連邦議会では，法案その他の案件について，付託された委員会および小委員会では，公聴会を開催し，証人を喚問して審査を行うのが常である。各委員会は，こうした審査の過程および結果を集成しかつ公表するように求められている。このことから，最終的には，審査過程や結果は報告書にまとめられ，各委員会ホームページ（HP）などの電子媒体その他文書媒体で，幅広く一般に公表している。この報告書の作成・公表義務は，国民の知る権利を保障する視点からはもちろんのこと，本来は，むしろ議会侮辱（contempt of Congress）の威力を背景に証人喚問をする場合の手続的保障の視点から求められているものと解される。

　連邦議会の各種委員会報告書などの法案審査資料は，税法分野についていえば，税法案（税制改正法案）の成立後に，当該税法に関する"立法事実（legislative facts）"または"立法意思（legislative intent）"を確認するうえで，重要な意味を持つことも少なくない。とりわけ，課税取扱いをめぐる租税行政庁（IRS）との意見の相違があった場合や税務争訟の場面で，"典拠"として期待できる可能性もある。

　しかし，近年，こうした法案審査資料の存在意義を逆手にとった税法案（税制改正法案）に利害を有する納税者やロビイスト（法律制定陳情者）による不適切な立法活動が目立ってきている。法案の委員会審査段階で，議員や議会スタッフに対し，法案成立後当該納税者に有利な解釈や課税取扱いになる発言をするように働きかけを行い，委員会報告書などの法案審査資料に記録・証拠を残そうとする動きを強め，問題となっている。

(1)　法案審査資料の作成・公開の意義

　成立した税法に関する"立法事実（legislative facts）"ないし"立法意思（legislative intent）"は，一般に，下院歳入委員会や上院財政委員会の報告書（committee reports），法案に関する公聴会資料，両院協議会報告書（conference report）などで確認することができる。こうした法案審査資料は，成立した税法の注解にもなり得るし，改正の理由を確認のみならず，課税取扱いを確認する際の証拠に

もなり得る。

通例，下院歳入委員会や上院財政委員会の報告書（committee report）は，両院合同租税委員会（JCT = Joint Committee on Taxation）のスタッフが，連邦財務省租税法制部の支援を得て作成している。しかし，下院歳入委員会や上院財政委員会の報告書，両院協議会報告書に盛られた内容に関する最終責任は各院の委員会が負うことになっている。

これらの委員会報告書には，法案提出の目的と趣旨，その内容，賛否両論の記載，政府の主張，問題点，委員会での修正点，委員会での審査経過，審査採決での各委員の賛否などが盛り込まれている。したがって，"立法事実"ないし"立法意思"を証する公式な資料といえる。裁判所や内国歳入庁（連邦租税行政庁／IRS）は，法案成立後に改正税法の解釈・適用などに疑義が生じた場合には，これら委員会報告書を"典拠"の1つとして活用するのが常である。

さらに，税法案が成立した後に，両院合同租税委員会スタッフが新たに制定された法律についての「一般的な解説書（General Explanation）」を執筆することがある。この解説書は，一般に，カバーが青色であることから，「JCT 青書（JCT Blue Book）」と呼ばれる。この青書は，しばしば裁判所の判例や内国歳入庁通達などで引用されることがある。しかし，税法案が成立した後に作成されることから，公式には立法事実を証する資料として認められていない[63]。

(2) 両院協議会報告書に盛られた「法典外税規定」の実例分析

仮に上院税制改正法案（Senate Tax Reform Bill）に，上下両院協議会で調整した法案（Joint Committee Tax Reform Bill））に挿入された条項が組み入れられ，法律になったとする。一方，下院税制改正法案（House Tax Reform Bill）には，当該条項が組み入れられていないとする。この場合，的確な立法意思は，両院協議会報告書（Conference report）と，それを継受した上院財政委員会報告書（Senate Finance Committee Report）を読めば，確認できることになるはずである。しかし，議会各院本会議は，両院協議会法案に挿入された文言や条項をもとに採決を行い，税法となる。言い換えると，上院委員会報告書，下院委員会報告書ないし両院協議会報告書のいずれかに記載された文言等に基づいて採決が行われるわけではない。したがって，成立した税法の規定の意味が明確である限

---

[63] See, C. H. Hanna, "The Magic in the Tax Legislative Process," 59 SMU L. Rev. 649, at 662 (2006).

り，いずれの報告書の文言も信頼できる"典拠"として引用されるべきではない。しかし，その意味が不明確である場合には，両院協議会報告書のような法案審査資料の活用が考えられる。

　この点について実例をあげて，問題点を探ってみよう。1986年税制改正法（Tax Reform Act of 1980）の成立以前は，例えば過少申告とみなされ加算金（interest～わが国の国税上の加算税に相当）が課された場合，支払った加算金は，支払利子（interest expense）として，項目別控除（itemized deduction）において，調整総所得金額（AGI=adjusted gross income）から実額控除することが認められていた【☞本書第Ⅰ部**1**】。ところが，1986年税制改正法の全面実施以降は，こうした加算金は，「個人的利子（personal interest）」として，控除の対象から除外されたのである。この点について，内国歳入法典（IRC）163条h項2号〔個人的利子〕は，次のように規定する。

【図表Ⅷ-23】法典（IRC）163条h項2号に規定する「個人的利子」除外例

> 第2号〔個人的利子〕　本号において「個人的利子」とは，内国介入法典（IRC）のもとで控除の対象となる次のもの（A～F）を除く利子を指す。
> (A) 取引または事業上の債務に対し支払ったもしくは発生し，適切に配賦された利子（ただし，従業員が遂行した取引または事業上の役務にかかるものを除く。）
> (B) 投資上の利子（本号Dに規定するもの。）
> (C) 納税者の投資活動にかかる所得または損失の計算においてIRC469条の適用対象となる利子
> (D) 適格居住用資産にかかる利子（第3号に規定するもの。）
> (E) IRC6163条に基づいて認められる納税支払期限の延長に関しIRC2001条のもとで課される不納付分に対しIRC6601条のもとで支払われる利子，および，
> (F) IRC221条のもとで控除が認められる利子（教育ローンにかかる利子）

　以上のように，内国歳入法典163条h項2号は，「個人的利子」とされない6つの類型を例示している。しかし，法典163条h項2号Aのもとで，控除の対象となる事業にかかる利子にあたるのか否かについては，争いが絶えない。

　この点について，1986年税制改正法に関する両院協議会報告書には，次のような説明が盛られている。「協議会での合意により，個人的利子は控除できない。個人的利子とは，取引または事業上の債務に対し支払ったもしくは発生し，適切に配賦された利子（ただし，従業員が遂行した取引または事業上の役務にかかるものを含む。），投資上の利子，または納税者の投資活動にかかる所得または損失の

計算において第469条の適用対象となる利子を除く,利子を指す。また,個人的利子には,原則として税の過少申告にかかる加算金を含む。」(訳者傍点)

この両院協議会報告書によると,税の過少申告にかかる加算金はほとんどの場合,個人的利子にあたり,控除対象にならないことははっきりしている。ただ,問題は,両院協議会報告書に盛られた「原則として(generally)」という文言である。この文言は法文(法典)には規定されておらず,見方を変えると,控除の対象となる税の過少申告にかかる加算金があり得ると解することができる。同報告書では,具体的な事例はあげられていない。また,どういった経緯で,あるいはどの協議員の意見に基づいて,この文言が報告書に盛られたのも定かではない。

いずれにしろ,この文言が報告書に盛られたことで,将来的には,税の過少申告にかかる加算金であっても控除の対象にできるものがあるとの途を開いていることは確かである[64]。こうした文言は,「法典外税規定(non-code tax provisions)」とも呼ばれる。こうした法典外税規定の活用に対しては,極めて限られた納税者に恩典ないし経過措置をとることにもつながることから,強い批判がある[65]。

(3) 法案審査資料の濫用統制の課題

このように,税法案(税制改正法案)に関する委員会審査の段階での質疑討論を集成・公開したさまざまな法案審査資料は,成立した税法の解釈・適用にあたり重要な意味を持つことになる。また,本来的には,立法過程の公開,透明化,説明責任の強化に資するものといえる。しかし,近年,こうした法案審査資料の存在意義を逆手にとり,税法案(税制改正法案)に重大な利害を有する納税者やロビイスト(法律制定陳情者)が,法案の委員会審査段階で,議員や議会スタッフに対し,法案成立後当該納税者に有利な解釈や課税取扱いになる発言をするように働きかけを行い,委員会報告書などの法案審査資料に記録・証拠を残そうとする動きを強め,問題となっている[66]。

税法の規定をみた限りでは,当該規定が適用除外となっていないのに,法案

---

[64] See, *e.g.*, Jeffrey H. Birnbaum & Alan S. Murray, Showdown at Gucci Gulch (1987).

[65] See, Lawrence Zelenak, Are Rifle Shot Transition Rules and Other Ad Hoc Tax Legislation Constitutional?," 44 Tax L. Rev. 563 (1987).

[66] See, "Pathologies and the Intersection of the Budget and Tax Legislative Process," 43 B.C.L Rev. 863 (2002).

審査資料を精査すると，特定の納税者層には当該規定が適用にならない構図になっているなどの問題である。つまり，税法の規定とは明らかに抵触する課税取扱いが法案審査資料に掲載されており，課税庁や裁判所がこうした法案審査資料に拘束される事例が多発している問題である。立法過程の活動の公開を狙いに作成される法案審査資料の濫用統制に向けて，ロビー活動の透明化（transparency）や説明責任（accountability）強化は重要な政策課題の１つになっている。

　近年，連邦議会においては，「立法過程改革（legislative process reform）」の議論が盛んである。この面でのさまざまな議員立法が議会に出されている。これら数ある法案のなか，例えば，第109議会に出された「2006年立法の透明性及び説明責任法（Legislative Transparency and Accountability Act of 2006）」（上院法案2346号／S. 2346〜審議未了）では，法案の最終協議を行う上下両院協議会（conference committee）が作成したすべての両院協議会報告書（conference reports）を，全議員および一般大衆に対して，当該報告書についての下院ないし上院の本会議での審議に入る二四時間前までにインターネットで各院のホームページ（HP）に公開することを義務付けることを提案している（同法案104条参照）。2006年以降，同様の法案は，毎年のように議会に上程されている。

　連邦の立法過程においては，上下双方の院の議決が完全に一致しない限り，大統領の署名を求めることはできない構図になっている。このため，実際には，上院通過法案と下院通過法案の相違点の調整を狙いに，ほとんどの法案について上下両院協議会が設置される。したがって，両院協議会報告書のHP公開の提案は，上下両院協議会の開催は不可欠になっている実情をくみ取った現実的な提案といえる。言い換えると，アメリカの場合，協議が整わなければ，法案は必ず廃案になる。逆に，協議が整い，各院の協議員の過半数の賛成で了承されて，両院一致の決議になる。このことから，両院協議会報告書には，税法案（税法改正法案）に重大な利害を有する納税者やロビイスト（法律制定陳情者）からの陳情内容がふんだんに盛られている。両院協議会報告書を早急に公開し，大衆監視のもとに置くことは，法案審査資料への特殊利益の挿入を防止することにもつながり，濫用統制に資することにもなる。また，法案の本会議での審議のあり方にも影響を及ぼさずにはおかない。

11　大統領の官職の政治任用と上院での承認

　連邦議会の主要な権能は、大きく分けると4つある。最も重要なのは「法案その他の案件の審議」である。この他に、「行政府の監視」、「国勢調査」、そして大統領「政治任用官職の承認（上院）」である[67]。

　アメリカでは主要な行政官職は、直接大統領が政治任用する職（PAs＝Presidential political appointments）（以下「PAs」または「大統領任用職」という。）になっている[68]。

　4年ごとに行われる大統領選挙直後、「合衆国政府の政策推進およびその支援にあたる官職（United States Government Policy and Supporting Positions）」一覧が発行される[69]。一般には、「Plum Book」（大統領が任命権を持つ連邦政府官職［ポスト］一覧表。Plum＝任命の意味である。）と呼ばれる。4年ごとに連邦議会上院と下院がかわるがわる発行する。

　連邦人事管理局（OPM＝Office of Personal Management）などの調査や2016年版プラムブック（Plum Book）によると、直接大統領が任用する者に加え、直接大統領が任用しないが、大統領任用職（PAs）が任用し大統領府（EOP＝Executive Office of the President）が承認した政治任用する非職業（noncareer／ノンキャリアの上級管理職（SES＝Senior Executive Service））やスケジュールC政治任用一般職を加えると、政治任用者は総数で3,800程度とされる[70]。

---

[67]　連邦の政治任用の仕組みと最近の改革の問題点について詳しくは、See, Maeve P. Carey," Presidential Appointments, the Senate's Confirmation Process, and Changes Made in the 112th Congress," Congressional Research Service report (Oct. 9, 2012, CRS, Library of Congress). また、邦文によるアメリカの公務員任用制度の分析については、人事院「平成15年度　年次報告書」第1部「政治任用」第2節「各国の状況」【アメリカ】を参照。

[68]　ホワイトハウスは、政治任用した人物リストをホームページ（HP）で公開している。See, White House, Nominations & Appointments. Available at: https://www.whitehouse.gov/briefing-room/nominations-and-appointments

[69]　See, "United States Government Policy and Supporting Positions," Committee on Oversight and Government Reform U. S. House of Representatives: 112th Congress, 2d Session (December 1, 2012).

[70]　See, "United States Government Policy and Supporting Positions," Senate, Committee on Homeland Security and Governmental Affairs (December 1, 2016/Plum Book).

(1) 職域から見た大統領任用職 (PAs)

大統領任用職 (PAs) は,就任する職域に応じて,大きく次の3つに分けることができる。

【図表Ⅷ-24】大統領任用職域の区分

> **大統領府 (EOP＝Executive Office of the President)【PAs 全体の29%】**
> 大統領府 (EOP) において,PAs (大統領任用職) は,直接大統領へのアドバイスや事務支援に携わる。また,外交,国際経済政策,国内安全保障などさまざまな分野でのアドバイスをする。そのた,ホワイトハウスと連邦議会,各種連邦の政策執行機関,州や地方政府との間の関係業務に携わる。
> **連邦省庁や政策執行機関 (federal agencies or departments)【PAs 全体の4%】**
> 連邦省庁その他政策執行機関において,PAs は,直接それぞれの業務を指揮・監督する職務に責任を負う。また,PAs は,議会上院での承認を要する PAs の候補者選任の支援にも携わる。さらに,PAs は,国連やその機関の合衆国代表としての任務を遂行する。外交官として海外にも赴任する。全国がん協会 (National Cancer Institute) や全国保健協会 (National Institutes of Health) のような非政策執行機関のトップにまで及び。
> **連邦の委員会等 (federal commissions, councils, committees, boards or foundations)【PAs 全体の67%程度】**
> 　連邦にはさまざまな独立行政委員会や機関,基金などがある。これらの委員会や機関の構成員や長は PAs である。

① 大統領任用職 (PAs) の任用資格と任用期間

大統領任用職 (PAs) の多くは,その職位の就くにあたり特別の資格を必要としない場合も多い。とりわけ,PAs で,議会上院の承認を要しない職位については,大統領の政治的な好みで任用される場合が多い。しかし,連邦の委員会等における PAs に就くにあたっては,法的に認められた各種の資格を持っていることが条件となっていることも少なくない。

ほとんどの大統領府 (EOP) や連邦省庁その他政策執行機関において常勤で働く PAs は,期間の定めのない雇用になっている。一方,連邦の委員会等の PAs は,3年または長くて6年の期間職務に就くことになっている。

② 有給か無給か

政府検査院 (GAO＝Government Accountability Office) の調査によると,大統領任用職 (PAs) の多くは,原則無給である。とりわけ,連邦の独立行政委員会や機関,基金など (federal commissions, councils, committees, boards or foundations) の

PAsは，まったく無給か，634ドル以下の日当を受けるに留まる。

残り有給の大統領任用職（PAs）は，とりわけ連邦省庁や政策執行機関（federal agencies or departments）のPAsの職務給は，連邦公務員向け各種給付を含め，年俸で99,628ドル～180,000ドル程度である。しかし特別に例外もある。例えば，全国がん協会（National Cancer Institute）や全国保健協会（National Institutes of Health）のような非政策執行機関のトップは350,000ドルの年俸を得ている。

(2) 4つの類型の連邦政治任用職

広く連邦の「政治任用職（politically appointed positions）」という場合には，大きく次の4つに分かれる。

【図表Ⅷ-25】連邦における「広義の政治任用職」

> ①議会上院承認必要官職（PAS＝Presidential Appointment with Senate Confirmation）【GAOの2012年統計では，1,217】
> 　大統領が任用し，連邦議会上院の承認を要する官職である。連邦最高裁判事，省庁の長官・副長官，CIAやFBI長官，大使の任用など一部の官職については，上院での助言と承認（advice and consent）決議が求められている。一般に，PAS（Presidential Appointment with Senate Confirmation）と呼ばれる官職である。「大統領任命上院承認必要官職（PAS）」とでも邦訳できる。省庁の各省長官，副長官，長官補佐（次官），局長など。大統領府の首席補佐官，次席補佐官，上級顧問など
> ②議会上院承認不要官職（PSs/PA＝Presidential Appointment without Senate Confirmation）【GAOの2012年統計では，321】
> 　大統領が任用し，連邦議会上院の承認を要しない官職である。一般に，PSs（Presidential Appointment without Senate Confirmation）と呼ばれる官職である。「大統領任命上院承認不要官職（PA）」とでも邦訳できる[71]。PAは，PASの推薦により任用され，PASの手足となって働くことが多い。
> ③非職業／ノンキャリア政治任用上級管理職（NC-SES Appointments＝Non-career Senior Executive Service Appointments）【GAOの2012年統計では，789】
> 　各省の局長より下位のノンキャリアの上級管理職（SES＝Senior Executive Service）への政治任用[72]。上級管理職への政治任用は，連邦人事管理庁（OPC）の

---

[71] 大統領任命上院承認不要官職（PA）321のうち，163は，オバマ政権が2012年8月10日に連邦議会を通過させた大統領任用効率化・合理化法（Presidential Appointment Efficiency and Streamlining Act of 2011）により増加した分である。これら163の人事は，それまで上院の常任委員会での公聴会および承認を要した分である。なお，政府検査院（GAO）は，こうした合理化法案の問題点を分析している。See, GAO, "Characteristics of Presidential Appointments That Do Not Required Senate Confirmation," Briefing for the Senate Committee on Homeland Security and Government Affairs and House of Representatives Committee on Oversight and Government Reform (February 7, 2012).

承認を条件に，各省のトップが任命できる。各省が，連邦人事管理庁（OPC）に任用人事の承認申請をするには，事前に大統領府（EOP）の承認が必要とされる。SESは，PASの推薦により任用され，PASの手足となって働くことが多い。SESの年俸は，2013年統計では，119,554ドル〜179,700ドルである。省庁の長官首席補佐官など。ホワイトハウス連絡官など。

④**非職業／ノンキャリア政治任用スケジュールC一般職（Non-career Schedule C position Appointments）【GAOの2012年統計では，1,392】**

非職業（ノンキャリア），つまり外部人材，の一般管理職への政治任用。一般管理職への政治任用は，連邦人事管理庁（OPC）の承認を条件に，各省のトップが任命できる。各省が，連邦人事管理庁（OPC）に任用人事の承認申請をするには，事前に大統領府（EOP）の承認が必要とされる。スケジュールC政治任用一般職は，スタッフ助手からスピーチライターまでさまざまである。年俸は，2013年統計では，67,114ドル〜155,500ドルと幅がある。スケジュールC政治任用一般職は，PASやPAの手足となって働くことが多い。もっとも，政治的褒美（political favors）の色合いの濃い任用とされる。省庁長官室のスタッフ，議会担当官，政策分析官など。ホワイトハウスのスピーチライターなど

(3) 議会上院承認の要否から見た大統領任用職（PAs）

大統領任用職（PAs）は，任用先と議会上院承認の要否の基準に基づくと，次のように分類することができる。

【図表Ⅷ-26】任用先と議会上院承認の要否の基準による分類

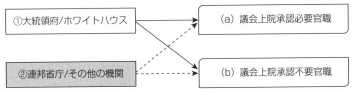

大統領任用職で議会上院の承認を要しない官職と，議会上院の承認を要する官職の区別は，連邦憲法を基軸としたアメリカの政治任用の仕組みを理解するうえで，重要なポイントとなる[73]。

すでにふれたように，最高裁判事，財務長官をはじめとした省庁の長官・副

---

[72] SESは，ジミー・カーター大統領の時代に，1978年公務員改正法（Civil Service Reform Act of 1978）により，1979年に設けられたランキングの仕組みである。

[73] William G. Ross," The Senate's Constitutional Role in Confirming Cabinet Nominees and Other Executive Officers," 48 Syracuse L. Rev. 1123（1998）; Josh Chafetz,"Advise and Consent in the Appointments Clause: From Another Historical Perspective," 64 Duke L. J. 173（2015）

【図表Ⅷ-27】連邦の政治任用の仕組み

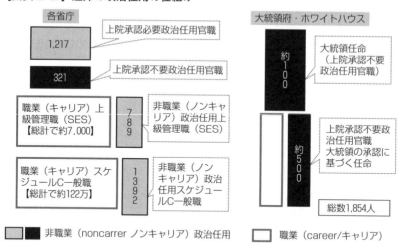

【図表Ⅷ-28】各連邦裁判所の大統領政治任用裁判官の席数（任期）一覧

裁判所名	裁判官の席数（任期）
・連邦最高裁判所	9席（議会上院に助言と承認を得て大統領が政治任用・終身）
・連邦控訴裁判所	179席（議会上院に助言と承認を得て大統領が政治任用・終身）
・連邦巡回控訴裁判所	16席（議会上院に助言と承認を得て大統領が政治任用・終身）
・連邦地方裁判所	677席（議会上院に助言と承認を得て大統領が政治任用・終身）
・連邦請求裁判所	16席（議会上院に助言と承認を得て大統領が政治任用・15年で再任可）
・連邦租税裁判所	19席（議会上院に助言と承認を得て大統領が政治任用・15年で再任可）

＊ただし、終身任用が多いため、任用する裁判官の数は大統領により異なる。

長官，長官補佐（局長），CIAやFBI長官，大使の任用など一部の官職については，連邦憲法第2条2節2項に基づき，連邦議会上院での助言と承認（advice and consent）決議が求められている。一般に，PAS（Presidential Appointment with Senate Confirmation）と呼ばれる官職である。

【図表Ⅷ-29】合衆国憲法第 2 条第 2 節第 2 項

> 第2項　大統領は，上院の助言と承認を得て条約を締結する権限を有する。この場合においては，出席する上院議員の3分の2の同意がなければならない。大統領は，大使その他の外交使節および領事，最高裁判所の判事，ならびに法律によって設置される他のすべての合衆国の公務員で，この憲法にその任命に関して別段の定めのない者を指名し，上院の助言と承認を得て任命する。ただし，連邦議会は，法律によって適当と認める下級職員の任命権を，大統領のみに，または法律裁判所もしくは各部局の長に付与することができる。

　連邦上院本会議で承認する場合もあるが，承認に先立ち常任委員会を開催して，委員長や委員が，候補者に質問をし証言を求めることにより人物調査を実施することが多い。こうした公聴会を，「政治任用官職の承認目的の公聴会 (confirmation hearing)」という。

　公聴会を終え，委員長が報告書を作成し，当該委員会で表決，最終的には，議会の本会議での承認を要する。一般に，大統領の交代があると，政治任用などにより3800を超える官職の交代があるのがふつうである。このような任用プロセスを通じて，議会は役人の独走などがないようにコントロールを行うとともに，行政府への監視機能を発揮できる仕組みになっているわけである。大統領の任期は，一期4年（2期8年まで）である。

　このようにアメリカでは主要な行政官職は外部から政治任用になっていることも大きく影響し，税制のあり方や課税政策の策定が，わが国とは異なり，「官僚主導か，政治主導か」は問題にされることは少ない。むしろ，いわゆる"政対政"の構図において，大統領と連邦議会，どちらが主導権を握るかが重みを持つ。

(4) 大統領任用財務官職候補者の選定

　大統領やそのスタッフが候補者を確定するまでには，官職によっては比較的長い時間を要する場合もある。いわゆる"身体検査（人物調査）"が必要だからである。議会での承認がスムーズにすすむように，個人の能力はもちろんのこと，人望や家族関係，健康状態や婚姻外異性関係，金銭問題，過去に政治疑惑や不正行為にかかわっていないかなど，徹底したチェックが行われる。

　租税行政分野では，連邦財務省（本省）のトップである財務長官（Secretary of the Treasury）はもちろんのこと，複数いる財務副長官（Deputy Secretary of the

【図表Ⅷ-30】連邦財務省の機構（2017年1月現在）

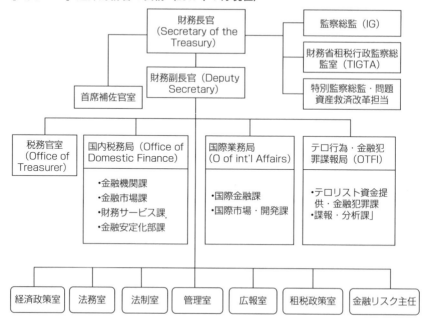

Treasury），各局を統括する局長／財務長官補佐（Undersecretaries of the Treasury），さらには外局である内国歳入庁長官（Commissioner of IRS）なども，議会上院の助言と承認を要する政治任用の官職になっている。この承認手続は，上院の常任委員会が大統領指名官職候補の承認に関する公聴会を（confirmation hearing of administration nominees）開催してすすめられる。

(5) 上院での承認手続の実際

上院の常任委員会による大統領指名官職候補の承認手続は，政治的な駆け引きのなかで，公聴会を開催し，ネット中継などを含め広く公開して実施される。オバマ政権からトランプ政権への移行に伴い，上院常任委員会での政治任用人事が活発化している。

① 議会上院での承認手続の流れ

ここで，上院での承認公聴会プロセスの一例を紹介すると，次のとおりである[74]。

【図表Ⅷ-31】 連邦議会上院常任委員会での政治任用承認ケース

2015年4月20日 オバマ大統領（当時）は，アダム・スズービン（Adam J. Szubin）氏を連邦財務省「テロ行為・金融犯罪諜報局（OTFI＝Office of Terrorism and Financial Intelligence）」担当の財務長官補佐（undersecretary）に任用するために，議会上院で承認手続を行うように付託した。財務長官補佐（undersecretary）の官職は，上院の承認を要する大統領指名官職の一つである。議会上院の銀行・住宅・都市問題委員会（Senate Committee on Banking, Housing, and Urban Affairs）[75]が公聴会を開いて質問をし，証言を求める。

当初，この人事についての議会上院での承認手続が遅々として進まなかった。候補者スズービン氏の前職が，OTFI内部に設置されている外国資産凍結部（OFAC＝Office of Foreign Assets Control）のヘッド（Director）で，オバマ政権が進める核合意のまとめ役としてイラン問題に深くかかわっていたこと。また，ユダヤ系の団体やイスラエルとの関係が深いこと。さらには，銀行・住宅・都市問題委員会のリチャード・シェルビー（Senator Richard Shelby）委員長が，イランとの安易な核合意に反対している共和党所属であることなどが理由と報じられている。

2015年9月17日 ようやく，上院の銀行・住宅・都市問題委員会が，大統領指名官職候補スズービン氏の承認に関する公聴会（confirmation hearing）を開催した。9月17日（日）午前8時から1時間余りの間，ワシントンD.C.上院事務局ビル（Dirksen Senate Office Building）で開催された。スズービン氏は，妻子および両親を伴って公聴会へ参加した。シェルビー委員長の続き，長老委員が次々とスズービン氏に質問を行い証言を求める形で進められた。

2016年3月10日 上院の銀行・住宅・都市問題委員会は，スズービン氏は適格である旨報告するようにシェルビー委員長に命じた。

シェルビー委員長は，文書化しない形で，銀行・住宅・都市問題委員会に報告を行った。

上院の銀行・住宅・都市問題委員会は，スズービン氏が財務省のテロ行為・金融犯罪諜報局（OTFI＝Office of Terrorism and Financial Intelligence）担当の財務長官補佐として適格かどうかの投票を行った。同委員会は，14対8（10人の民主党所属議員＋4人の共和党所属議員 対 8人の共和党所属議員）の表決により，この政治任用案件を承認した。

② 公聴会での議事進行手順

2015年9月17日（日）午前8時から，アダム・スズービン（Adam J. Szubin）氏を連邦財務省「テロ行為・金融犯罪諜報局（OTFI＝Office of Terrorism and

---

[74] See, Actions: PN371-114th Congress (2015-2016). Available at: https://www.congress.gov/nomination/114th-congress/371

[75] 上院銀行・住宅・都市問題委員会（Senate Committee on Banking, Housing, and Urban Affairs）は，委員長が共和党所属議員，長老委員が民主党所属議員で，共和党所属議員12人と民主党所属議員10人で構成されている。Available at: https://www.govtrack.us/congress/committees/SSBK

Financial Intelligence)」担当の財務長官補佐（undersecretary）に任用するために，議会上院での承認公聴会は，連邦議会上院の銀行・住宅・都市問題委員会（Senate Committee on Banking, Housing, and Urban Affairs）リチャード・シェルビー委員長の開会宣言に始まり，次の手順で実施された[76]。

【図表Ⅷ-32】財務省副長官の指名承認公聴会の手順

①委員会委員長の公聴会開催宣告
②推薦人のあいさつ
③委員会委員長の公聴会開催の趣旨説明
④委員会委員の補足説明
⑤名候補の適格性に関する質疑討論
　(a)候補者本人からの能力開示説明
　(b)長老委員からの質問
　　・財務省や議会との協調性
　　・議会の招聘・喚問に対する対応意思
　　・その他その職務に就くに必要な経験
⑥委員長の閉会宣言

　この指名官職承認公聴会の公表されている報告書を読むと分かることがある。それは，議会側が，租税政策ないし税制改正（このケースでは，テロ犯罪資金規正，マネーローンダリング規制，経済制裁等々）はあくまでも"政治主導"で行うことを官職候補者に告知し，かつ，その候補者が議会ないし大統領の手足となって働く意思があるかどうかを確認することに重点が置かれていることである。ひとことでいえば，「官僚の面従腹背を政治主導でコントロールしようという趣旨」ととれる。

　また，指名官職承認公聴会で各委員から質問を受け，的確な答えがなかった事項については，さらに，委員会は追加資料の提供を求めることになる。候補者は，上院本会議での承認を得て，長官補佐の就任の宣誓を終えることになる。

(6) トランプ政権での財務長官の政治任用の実際

　トランプ大統領の誕生に伴い，新たな財務長官（Secretary of the Treasury）として，スティーブン・ムナチン（Steven Mnuchin）氏【邦語ではムニューチンと

---

[76] なお，この政治任用承認事案では，上院の銀行・住宅・都市問題委員会（Senate Committee on Banking, Housing, and Urban Affairs）で公聴会が開催されたが，財務長官や財務副長官，内国歳入庁（IRS）長官などの承認事案は，一般に上院の財政委員会（Senate Finance Committee）が所管する。

も呼ばれている。】が，政治任用された。ムナチン氏は，53歳，ユダヤ系で，イエール大学卒業後，たたき上げ富豪の父ロバート・ムナチン（Robert Mmuchin）に続き，1985年にゴールドマン・サックス（GS＝Goldman Sachs）入りし，頭角を現したウォール街出身者である。

2002年にGSを退き，ソロス・ファンド・マネジメント（Soros Fund Management）在籍，2004年にはジョージ・ソロス（George Soros）氏の支援を得て，GSの仲間とともにヘッジファンドであるデューン・キャピタル・マネジメント（DCM＝Dune Capital Management）を立ち上げた。DCM設立後，ハリウッドに進出し，映画会社21世紀フォックスに投資し，2009年の大ヒット作（blockbuster）「アバター（Avatar）」など数々の映画興行を成功に導いた。

2008年の米大統領・民主党予備選ではクリントン候補を支援する一方，共和党にも多額の献金をし，2016年の大統領選挙ではトランプ陣営の選対本部の財務責任者を務めた。この生き馬の目を抜くような生き方（Water sleeps, the enemy wakes.／水は眠っても敵は眠らず。）への功労をたたえ，トランプ氏はムナチン氏に財務長官の椅子を与えた。

ウォール街やハリウッドとの人脈が豊富であるムナチン氏，トランプ氏双方とも，「敏腕（highflier）で，賢い（smart）男」との評価を受ける半面，「政治には素人（novice）」と厳しい声も聞かれる。連邦議会上院での指名承認では，ウォール街との関係が問われた。トランプ大統領自身，大統領選では，クリントン候補をはじめ他の共和党大統領候補とウォール街とのパイプを批判し，GSを槍玉に挙げていた。加えて，ムナチン氏がサブプライム危機に際し，これを最大のビジネスチャンスととらえ巨額の利益を得たという事実も，議会上院での承認の際に問われた。

ムナチン氏は2017年2月13日に，連邦議会上院財政委員会（Senate Finance Committee）で，53対47の表決で承認された後，本会議でも承認され，財務長官に就任した。今後，政権閣僚として「アメリカ経済再生ファースト」に向けて走り出すものと思われる。

その内容は，①ウォール街や世界の投資家・富裕層の利益を最大限に尊重するとともに，外国投資家が保有する多額の米国債（treasury bonds）の問題に対応すること。このために，②2008年の金融危機のときに，金融機関の暴走にストップをかける狙いで制定した金融機関規制法（Dodd-Frank Act of 2010）を廃

止または見直すこと。加えて，③財務省の外局である「内国歳入庁（IRS＝Internal Revenue Service）」その他の政策執行機関による社会保障その他福祉の垂流しに歯止めをかけるために，社会保障給付・福祉の執行態勢の抜本的な見直しを行うことなどである。

12 大統領令とは何か

アメリカ大統領が，連邦政府や軍に対して出す大統領府令（E.O.＝executive orders）その他の大統領令（Presidential orders）（以下「大統領令」という。）[77]が問われている。大統領令は，連邦議会の承認なしに実施され，次の理由で失効するまで法的拘束力を有する[78]。

【図表Ⅷ-33】大統領令が失効する主な理由

- 連邦議会が当該大統領令を無効にする法案を通過させた場合（ただし，大統領は当該法案に対し拒否権を発動できる。）
- 連邦裁判所（最終的には連邦最高裁判所）が当該大統領令を違法・違憲とした場合
- 大統領が，以前に出した大統領令を失効させる新たな大統領令を出した場合

大統領令の公布は，初代のジョージ・ワシントン（George Washington）の時代にまで遡る。歴史的にみると，1940年代の太平洋戦争時に，日系アメリカ人を強制収容所（assembly centers）送りとしたのも，当時のルーズベルト大統領（Franklin D.Roosevelt）が出した「大統領府令9066号（E.O.＝Executive Order No.9066)」であった。

また，アメリカ国防総省の諜報機関である国家安全保障局（NSA＝National Security Agency）や中央情報局（CIA＝Central Intelligence Agency）の職員であったエドワード・スノーデン（Edward Snowden）氏は，アメリカの諜報活動情報を世界にリークし，ロシアに事実上亡命したことで名を馳せた。この事件のもと

---

[77] 邦語で「大領令（Presidential orders）」という場合，一般に「executive orders」，「presidential proclamations」および「presidential memoranda」の3つを指すと理解されている。しかし，実際には，これらのほか，「administrative orders」，「certificates」，「designations of officials」，「general licenses」，「interpretations」，「letters on tariffs and international trade」，「military orders」，その他の国家安全保障関係文書（national security instruments）（具体的には，「national security action memoranda」，「national security decision directives」，「national security reviews」，「national security study memoranda」，「presidential review directive」および「presidential decision directives」など），「presidential announcements」，「presidential findings」，「presidential reorganization plans」，ならびに「presidential signing statements」などの名称の多様な大統領令がある。

[78] See, "The Use and Abuse of Executive Orders and Other Presidential Directives," 5 Tex. Rev. Law & Pol. 267 (2001).

となった国家安全保障局（NSA）の諜報活動も，法律ではなく，大統領府令12333号（E. O. No. 12333／通称は「トゥエルブ・トリプル・スリー」）に基づき実施されている。

大統領令を最も汎用したのは，ルーズベルト大統領である。同大統領は，在任中に，実に3,721件の大統領府令（executive orders）を発した。ビル・クリントン（Bill Clinton）政権も大統領令を利用したことでよく知られている。

議会が共和党の手中にあり，ねじれ状態のなかオバマ（Barack Obama）政権が，大統領府令を汎用し，法学界などから注目を浴びた[79]。オバマ前大統領は，8年の在任中に277件の大統領府令（executive orders）を発しているが，過去100年間の比較でみると，その数はむしろ少ない方である。オバマ前大統領の場合は，大統領府令（executive orders）よりも執行府覚書（executive memoranda）などを多用したことも一因と見られる。

(1) トランプ政権による大統領令の濫発

そして今，想定外のトランプ大統領が誕生し，矢継ぎ早に大統領府令（executive orders）や大統領府覚書（executive memoranda）などを出して，前政権の置き土産の一掃に乗り出した。

【図表Ⅷ-34】トランプ政権が発足時に出した主な大統領府令や大統領府覚書一覧

- **オバマケアの廃止・再編**（Sweeping overhaul of Obama's affordable care act〔正式名称：Minimizing the Economic Burden of the Patient Protection and Affordable Care Act Pending Repeal〕）【Executive order on Jan. 24, 2017, E. O. No. 13765】
- **TPP永久離脱**（Permanent withdrawal from Trans-Pacific Partnership）【Presidential memorandum on Jan. 23, 2017】
- **連邦公務員の増員凍結**（Federal hiring freeze）【Presidential memorandum on Jan. 23, 2017】
- **オバマ政権が環境規制目的で凍結した石油パイプライン建設再開**（Keystone XL and Dakota Access pipelines）〔正式名称：Expediting Environmental Reviews and Approvals for High Priority Infrastructure Project〕」【Executive order on Jan. 24, 2017, E. O. No. 13766】
- **メキシコ国境への壁建設**（Building the U. S.-Mexico border wall〔正式名称：Border Security and Immigration Enforcement Improvements〕）【Executive order on Jan. 25, 2017, E. O. No. 13767】

---

(79) See, U. S. Senator Ted Cruz, "Lawless: The Obama Administration's Expansion of Executive Power," 19 Tex. Rev. Law & Pol. 1 (2014).

> - 中東・アフリカ7か国出身者の入国一時停止およびシリアからの難民受入れの無形限停止 (Ban on refugees)〔正式名称：Protecting the Nation From Foreign Terrorist Entry Into the United States〕【Executive order on Jan. 27, 2017, E. O. No. 13769】
> - 外国テロリストの合衆国入国からの国家の保護〔正式名称：Protecting the Nation From Foreign Terrorist Entry Into the United States〕【Executive order on March. 6, 2017, E. O. No. 13780】

　＊大統領令／Executive orders（E. O.）は，必ず Federal Register（連邦官報）に登載される。

　前記一覧からもわかるように，トランプ政権は，前オバマ政権の政策の失効につながるさまざまな選挙公約を，大統領府令で実施する動きが目立つ。良識ある市民が，国民の分断をさらに深めかねない独断的な大統領令の汎用について，議会制民主主義を破壊に導く道具の濫用ではないか，あるいは大統領独裁への危惧を感じ取ったとしても無理のないことである。これまで，「大統領令」について，アメリカ市民のみならず，世界の政財界人・法政研究者などは，差ほど注目してこなかったが，一気に脚光を浴びることになった[80]。

① 大統領令第13769号の違憲性・違法性，執行の差止めを問う訴訟

　トランプ大統領は，2017年1月27日に，中東・アフリカ7か国出身者の入国一時停止およびシリアからの難民受入れの無期限停止（Ban on refugees）（Executive order on Jan. 27, 2017, E. O. No. 13769）の大統領令第13769号に署名，公布した。これに伴い，同日，イラクからニューヨーク州のジョン・F・ケネディ国際空港に正式の難民ビザを持って到着したイラク人（Darweesh）が当局（U. S. Customs and Border Protection）により空港内に拘束された。ちなみに，このイラク人は，アメリカ陸軍に通訳として10年以上従事し，アメリカ市民権を有している。

　このイラク人の救済にあたったのがアメリカ自由人権協会（ACLU＝American Civil Liberties Union）である。同協会所属の弁護士は，入国を認められず空港内に拘束されている原告を代理して，この大統領令は，①移民について出身国に基づく差別を行うことにつながり，連邦憲法修正第5条に定める適正手続およ

---

[80] See, Coby Hagan, "Myth or Reality: Obama's Presidential Power Grab by Way of Executive Order, 84 UMKC L. Rev. 493（2015）.

び1965年移民帰化法（INA＝the Immigration and Nationality Act of 1965）などに抵触し違憲・違法であること，ならびに①正式の難民ビザを持って到着した難民の同大統領令第13769号の執行差止めを求めてニューヨーク東部地区連邦地方裁判所へ緊急の集団訴訟を提訴した。同地裁のアン・ドネリー（Judge Ann Donnelly）判事は，2017年1月28日午後9時に，原告への執行の差止請求を認め，本案について最終判決が確定するまで原告の暫定的な入国を認めるとともに，難民として承認され有効なビザを保有しアメリカに入国し各地の空港に拘束されている人たちおよびこれら関係諸国出身で入国を認められた人たちを有効な入国リストから削除することを禁止する命令を入管職員に発した（Darweesh 対 Trump 事件決定，No. 1: 17-cv-00480（E. D. N. Y. 2017））[81]。

また，大統領令第13769号は，特定の国または特定の宗教を信じる者の入国を適正な審査手続を経ずに禁止するもので，連邦憲法修正第1条に保障する「信教の自由（religious freedom）」や修正第5条に保障する「法の適正手続（due process of law）」を侵害することを理由に，政府機関や議会からも批判が相次いだ。また，複数の州，人権団体や市民団体が，全米各地の連邦地方裁判所に対し，違憲・違法であることを理由に，この大統領令に執行を差し止める訴訟を相次いで提起した。

【図表Ⅷ-35】大統領令の違憲・違法を問う訴訟ルート

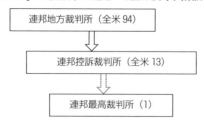

ワシントン州司法長官は，同州知事とともに，2017年1月30日，中東・アフリカ7か国出身者の入国一時停止（Temporary restraining order）を命じた大統領令第13769号は，連邦憲法に違反し無効である旨の宣言的判決（declaratory relief），および当該大統領令執行の差止めを求めて，ワシントン西部地区連邦地方裁判

---

[81] Michael D. Shear, Nicholas Kulish & Alan Feuer, Judge Blocks Trump Order on Refugees Amid Chaos and Outcry Worldwide, New York Times (January 28, 2017).

所 (United States District Court for the Western District of Washington) に対して，トランプ大統領および連邦国土安全保障省（DHS）を相手に提訴した。同時に，ワシントン州司法長官は，同地裁に，大統領令第13769号の執行を即時停止する暫定的差止め命令を出すように申立てをした。

②　連邦地裁は，大統領令第13769号の執行差し止めを命令

ワシントン州司法長官が，大統領令第13769号を違憲・違法とした理由は，次のとおりである。

【図表Ⅷ-36】ワシントン州が大統領令第13769号を違憲・違法として訴えた理由一覧

> ①法の下での平等な保護を否定しており，連邦憲法修正第5条の適正手続条項に反する。
> ②1つの宗教を他に優先することになり，連邦憲法修正第1条の国境公認禁止条項【信教の自由の保障】に反する。
> ③手続的適正手続（procedural due process）を保障した連邦憲法修正5条の適正手続条項に反する。
> ④差別的な査証手続を求めており，連邦移民・帰化法（INA）に違反する。
> ⑤亡命および退去強制の留保を否定しており，連邦移民・帰化法（INA）に違反する。
> ⑥拷問に反対する国連決議（U. N. Convention against Torture）に違反する。
> ⑦連邦信教の自由回復法（Religious Freedom Restoration Act）に違反する。
> ⑧手続的に連邦行政手続法（APA＝administrative Procedure Act）に違反する。
> ⑨実体的に連邦行政手続法（APA＝administrative Procedure Act）に違反する。

同連邦地裁は，2017年2月3日，大統領令第13769号が違憲，違法であるとの訴えの審理が終了するまで，この大統領令の執行を全米的に暫定的に差し止める命令を出した。そのうえで，両当事者に対して，2月6日までに，その主張（belief）を裏付ける証拠を提出するように命じた（State of Washington 対 Donald J. Trump, *et al* 事件決定（Feb. 3, 2017））。

③　連邦政府・大統領は，控訴裁判所へ上訴（控訴）

その後，2017年2月4日に，連邦司法省・連邦検事は，この連邦地裁差止め命令を不服として，カリフォルニア州サンフランシスコに本部のある第9巡回区連邦控訴裁判所（U.S. Court of Appeals for the 9th Circuit）に，地裁の暫定的な差止め命令の停止を求めて，緊急の申立てを行った。同じ日の遅く，同控訴裁判所は，連邦の不服申立てを認めない決定をした。

同控訴裁判所は，3人の判事からなる全員法廷（3 judge panel）で大統領令

(E. O. No. 13769)にかかる事件を審理することにした。ちなみに，控訴裁判所の全員法廷の判決・決定は，拘束力のある判例を構成することにつながるため，巡回区における他の連邦裁判所は，同様の事件についてその判断に従うように求められる。

④ **連邦控訴裁判所は，連邦地裁命令を支持**

2017年2月9日，同控訴裁判所は，全員一致で，連邦の不服申立てを認めない決定に対する大統領からの緊急の申立てを棄却した。このため，大統領令第13769号が違憲・違法かどうかの裁判所の判断が確定するまで，執行が停止することになった。

この大統領令の違法・違憲を問う一連の訴訟が続く中，トランプ大統領は，連邦の「三権分立」の統治ルール，「司法の独立」をあざけるような発言を繰り返し，連邦裁判所の裁判官の偏向を問う発言を繰り返した。

⑤ **連邦政府・大統領は，連邦最高裁への上告（上訴）を断念**

トランプ政権は，この件を連邦最高裁判所へ上訴（上告／appeal）しても，裁判官が8人（保守4人，リベラル4人，欠員1人）の現状では，賛否同数になり，控訴審の決定が維持される可能性が高い。そこで，連邦最高裁への上告を断念し，合憲判断が得られる新たな大統領令の公布の途を探った。

⑥ **問われる新たな大統領令の公布**

2017年3月8日，トランプ大統領は，新たな中東・アフリカ6か国出身者の90日間の入国制限（＋難民受入れの120日間禁止＋シリア難民の120間受入禁止。ただし，グリーンカード保有者や二重国籍者は対象外）を命じた大統領令第13780号に署名，公布した。この大統領令に，ハワイ州をはじめとしたいくつかの州は直ちに異論を唱え，連邦地方裁判所に執行停止，違憲を申し立てた。

(2) **大統領令による租税政策の実施**

一般に，税制改正は，連邦議会の制定法によるべきであり，大統領令によることにはなじまないとされる。過去の大統領令およびそれらにかかる裁判例を取り上げ，問題点を点検する。

① **問われたオバマ政権下での大統領令による租税政策の実施**

オバマ政権は，大統領選の公約の柱として「包括的移民法制改革（Comprehensive Immigration Reform）」を掲げ，包括的移民制度改革法案（Comprehensive Immigration Reform Bill）の成立を期していた。オバマ政権の移民

制度改革の核となったのは，必要書類不備滞在者（undocumented immigrants）[82]の強制送還（国外退去）を一時的に猶予し，かつ就労資格を付与する，または子ども（DREAMers）の呼び寄せを認めるなどの家族支援を行おうという趣旨のものである（以下「猶予措置（deferred action plan）」ともいう。）。しかし，連邦議会が共和党の手中にあり，ねじれ状態のなか，こうした猶予措置を認める改革法案は，医療制度改革（Obama Affordable Care）と同様に，連邦議会共和党の反対が強く審査は遅々としてすすまなかった。そこで，オバマ大統領（当時。以下同じ。）は，法改正ではなく，大統領令による制度改革を目指す方針に転換した。

2014年11月20日，オバマ大統領は，猶予措置を認める「DAPA（＝Deferred Action for Parent of Americans and Lawful Permanent Residents）」および2012年からすでに実施されていた「DACA（＝Deferred Action for Children Arrivals）」の適用を拡大する大統領令（以下「executive actions／必要書類不備滞在者猶予措置令／DACA・DAPA」ともいう。）に署名，公布した。

オバマ大統領が出した必要書類不備滞在者猶予措置令に盛られたDAPAでは，次の要件を充足すること前提に，必要書類不備滞在者の3年間の暫定在留および就労許可を認めることを内容とするものである。

【図表Ⅷ-37】猶予措置を認めるDAPAの適用要件の骨子

- 合衆国の5年以上滞在していること。
- アメリカ市民権またはグリーンカード（永住権）を保有する子どもがいること。
- 犯歴審査に合格すること。
- 納税に同意すること。

また，これら猶予措置が認められた必要書類不備滞在者は，就労および納税申告にあたっては，社会保障番号（SSN＝Social Security Number）に代えて，連邦課税庁（IRS／内国歳入庁）が申請に基づいて発行する個人納税者確認番号（ITIN＝individual Taxpayer Identification Number）を使って確定申告することが認められる。加えて，これらの者の確定申告にかかる各種人的控除（所得控除）や「働いて貧しい人たち（the working poor）」を対象とした勤労所得税額控除（EITC／

---

[82] 一般に，差別を避けるために，「不法移民（illegal immigrants）」や「不法外国人（illegal aliens）」の文言に代えて，「必要書類不備滞在者／移民（undocumented immigrants）」の文言が使われている。

EIC）をはじめとした各種税額控除）【☞本書第Ⅰ部❶Ｊ】も，一定の範囲で認められる。

本来，これら猶予措置が認められた必要書類不備滞在者には社会保障番号（SSN）が交付されないことになっており，連邦所得税確定申告書〔様式1040（Form 1040)〕に本人および扶養家族の社会保障番号（SSN）【☞本書第Ⅴ部❾】の記載がなければ，これらの控除，とりわけ EITC/EIC は受けられないのが原則となっている。しかし，IRS（内国歳入庁）の法律顧問官は，従前から個人納税者確認番号（ITIN）で確定申告をしていても，社会保障番号（SSN）の交付が受けられた暁には，修正申告をすれば法定期間制限まで遡って勤労所得税額控除（EITC）を受けられる旨の通達（IRS memorandum）を発遣している[83]。この通達に基づく控除額が数十億ドルにも上っており，税法に基づかない大統領令に付随する租税負担の宥恕と認識され[84]，問題視する声も強くある[85]。

この必要書類不備滞在者猶予措置令は，最大で必要書類不備滞在者500万人にも及ぶことにもつながることから，職を奪われかねない市民層からの反発も強い。

テキサス州をはじめとしたいくつかの州から，オバマ大統領が出した必要書類不備滞在者猶予措置令（executive action）（以下，たんに「オバマ大統領令」ともいう。）は，違憲，違法，無効であるとの声が上がった。2015年11月5日に，テキサス州をはじめとした15の州およびワシントン D.C.（X＝原告・被控訴人・被上告人）が（出訴後さらに9州が訴訟参加）共同で，オバマ大統領令の執行の差止めを求めて，連邦政府（Y＝被告・控訴人・上告人）を相手取り連邦地裁に提訴するに至った。

テキサス州他側（X）の主張は，①オバマ大統領令は，連邦憲法第2条3節〔大統領のその他の権限〕の「大領領は，法律を誠実に執行されることに留意

---

[83] See, Memorandum from Acting Assistant Chief Counsel (Employee Benefits), Office of Chief Counsel, IRS, U. S. Department of the Treasury on Claiming Previously Denied Earned Income Tax Credit Due to Invalid Social Security Numbers to Candice v. Cromling, Earned Income Tax Credit Program Manager, IRS, Treasury Dept. (June 9, 2000). Available at: https://www.irs.gov/pub/irs-wd/0028034.pdf#search=%27http%3A%2F%2Fwww.irs.gov%2Fpub%2Firswd%2F0028034.pdf%27

[84] See, Jan C. Ting, "U. S. Immigration Policy and President Executive Order for Deferred Action," 66 Syracuse L. Rev. 65, at 70 (2016).

[85] See, Guy Benson, "Why Yes, Obama is Looking into Raising Taxes by Executive Order," Townhall (March 3, 2015). Available at: http://townhall.com/tipsheet/guybenson/2015/03/03/wh-yes-obama-is-looking-into-raising-taxes-by-executive-order-n1964793

すること」という，いわゆる「法律の誠実執行配慮条項（Take Care Clause）」，および，適正なパブリックコメント手続などを踏まずに執行されていることから行政手続法（APA = Administrative Procedure Act）に違反するというものであり，かつ，②この違憲および違法なオバマ大統領令の執行の差止めを求めた。

このオバマ大統領令（必要書類不備滞在者猶予措置令／DACA・DAPA）をめぐる訴訟は，最終的には，裁判所がオバマ大統領令の執行差止めを認め，テキサス州他側（X）が勝訴，連邦政府側（Y）が敗訴する形で決着をみたが，その経緯は，次のとおりである。

【図表Ⅷ-38】オバマ大統領令（必要書類不備滞在者国外退去猶予措置令）執行差止訴訟の経緯

- **第1審／連邦地方裁判所判決（2015年2月16日）【連邦政府敗訴】** テキサス州他（X）は，オバマ大統領令は違憲・違法であるとの理由でその執行の差止めを求めて，テキサス州ブロンズビル（Brownsville）にあるテキサス南部地区連邦地方裁判所（U. S. District Court for the Southern District of Texas）に集団訴訟を提起した。連邦政府側（Y）は，テキサス州他側（X）には原告適格（standing）がない旨主張した。これに対して，Xは，連邦のDAPAおよびDACAプログラムの拡大により猶予された必要書類不備滞在者がテキサス州で運転免許証を申請した場合，州政府による財政補助が行われることになり，このための財政支出が数百万ドルにも及ぶことをあげ，原告適格を有する旨反論した。同連邦地裁は，Xの原告適格を認めるとともに，2015年2月16日に，Xの主張を認め，オバマ大統領令の執行を差し止める裁断をくだした（Texas対United State事件，86 F. Supp. 3d 591 (S. D. Tex. 2015)）。
- **控訴審／連邦控訴裁判所判決（2016年4月18日）【連邦政府敗訴】** 連邦政府（Y）は，2015年11月9日に，連邦地裁判決を不服として，ルイジアナ州ニューオーリンズにある第5巡回区連邦控訴裁判所（Federal 5th Circuit Court of Appeals）に控訴した。同連邦控訴裁判所は，2016年4月18日に，連邦地裁の執行差止の判決を支持し，連邦政府（Y）の控訴を棄却する判決をくだした（Texas対United States事件，787 F. 3d 733 (5th Cir. 2015)）。その理由として，判決多数意見では，オバマ大統領令が典拠としている連邦移民帰化法（INA = Immigration and nationalization Act of 1965）では，連邦政府による一律の国外退去猶予行為（deferred action）を法認していないことから，大統領令の執行は違法となることをあげた。これに対して，少数意見では，国外退去猶予行為は，起訴裁量（prosecutorial discretion）の範囲内にあることから，司法審査の対象外（non-justiciable）であるとして，多数意見に反対した。
- **上告審／連邦最高裁判所判決（2016年6月23日）【連邦政府敗訴】** 連邦政府（Y）は，連邦控訴裁判所の判決を不満として連邦最高裁判所（U. S. Supreme Court）に上告受理の申立て（a petition for writ of *certiorari*）を行った。連邦最高裁は，

> 2016年1月19日に上告を受理した。そして、2016年6月23日に、連邦最高裁は、「法廷での判断はまったく同数に分かれたものの、下級審の判決は承認された（The judgment is affirmed by an equally divided Court.)。」旨、9文字の主文のみで、理由／裁判官の意見（opinion）なしの判決をくだした（United States 対 Texas 事件、June 23 2016, 579 U.S.___）。すなわち、賛否同数ということは、下級審での大統領令の執行を差し止める判断が支持され、連邦は敗訴したことを意味する[86]。

2016年6月23日の連邦最高裁判決を受けて、オバマ大統領（当時）は、同日、連邦議会上院共和党がスカリア最高裁裁判官の死去に伴うガーランド連邦控訴裁判所判事の連邦最高裁判事への任用を妨害した結果でもあるとの認識を示したうえで、「今日の最高裁の裁断（ruling）は、この国で生活し、家族を養い、働く機会を望み、懸命に税金を払い、軍務にも就き、この国を心から愛し、これからもっと貢献しようとしている数百万人の夢見る人たちを深い悲しみに陥れるものである。」と批判した[87]。

一方、この訴訟を提起し勝訴したテキサス州のパクシトン・W・デリンジャー（Texas Attorney General Paxton Walter Dellinger）司法長官は、「この件は、オバマ大統領の執行権限の拡大の企ての主要なつまずきであり、権力の分立および法の支配を信じる人々の勝利である。」との声明を出した[88]。

2016年6月23日の連邦最高裁判決に従い、テキサス州をはじめとして全米25の州がオバマ大領領令（必要書類不備滞在者猶予措置令／DACA・DAPA）の執行を停止したことから、オバマ政権が目指した移民制度改革は、事実上凍結されるに至った。

---

[86] 連邦最高裁判事の席数は9人であるが、2016年2月13日に、レーガン政権が任命した保守派のアントニン・スカリア裁判官（Justice Antonin Scalia）が急逝し、後任にオバマ大統領はリベラルなメリック・B・ガーランド（Merrick B. Garland）コロンビア特別区巡回区連邦控訴裁判所判事を任用しようとしたが、連邦議会上院の共和党議員の強く反対し空席が続いていた。2017年1月31日、トランプ大統領は、保守派の第10巡回区連邦控訴裁判所のニール・ゴースッチ（Neil Gorsuch）判事を、連邦最高裁判事に政治任用する旨をアナウンスした。ちなみに、連邦憲法第2条2節2項は、最高裁判事の正式な任用には、連邦議会上院での助言と承認決議が必要であると規定している。2017年3月現在、連邦議会上院は100人（民主48人＋共和52人）の議員からなる。

[87] President Obama delivered remarks on the Supreme Court ruling on United States v. Texas (June 23, 2016). Available at: https://obamawhitehouse.archives.gov/blog/2016/06/23/president-obama-supreme-court-ruling-immigration-reform

[88] See, Adam Liptak & Michael D. Shear, "Supreme Court Tie Blocks Obama Immigration Plan," The New York Times (June 23, 2016). Available at: https://www.nytimes.com/2016/06/24/us/supreme-court-immigration-obama-dapa.html

ヒラリー・クリントン民主党大統領候補は，先の大統領選挙キャンペーンにおいて，自分が勝利した暁には，これら500万人にも及ぶ必要書類不備滞在者に対し，連邦移民・帰化法（INA＝Immigration and nationalization Act of 1965）212条d項5号／合衆国法典タイトル8第1182条d項5号）に基づき仮放免（parole）を与えることを公約した[89]。しかし，大方の予想に反してトランプ大統領の誕生をみた現在，流れが変わり，連邦の移民関連法の厳格な執行により，これら必要書類不備滞在者の国外退去手続が進められている。トランプ政権は，オバマ政権が出した必要書類不備滞在者猶予措置令によるDACA・DAPAプランの廃止，これらのプランに基づき強制送還（国外退去）を猶予されている必要書類不備滞在者の厳格な再審査を開始している。

また，IRS（連邦課税庁）が，新政権の必要書類不備滞在者排斥政策に沿って個人納税者確認番号（ITIN）の交付を厳格化すれば，就労および所得課税上の人的控除の適用も大きく縮減される可能性も強い。

ちなみに，オバマ政権は，大統領令による大企業への租税特別措置の制限や節税策封じを検討したこともあった。

② 民主党サンダース議員の大統領令による租税政策実施案

2016年2月の大統領民主党予備選挙前後に，民主党のサンダース（Bernie Sanders）候補が，選挙キャンペーンにおいて，共和党支配下にある連邦議会が大企業・富裕層への増税案に同意しない場合には，大統領令により実現する方向を打ち出す注目すべき提案を行った[90]。これに対して，ヒラリー・クリントン民主党大統領候補は，選挙キャンペーンにおいて，サンダース上院議員の大企業・富裕層への増税案に賛意を示す一方で，議会の同意を得て税制改正で実現をはかる提案を行った[91]。

---

[89] オバマ前大統領も，彼の「前倒し恩赦（advance parole）」の執行を狙いとした必要書類不備滞在者猶予措置令（DACA・DAPA）の法的根拠として，INA 212条d項5号を持ち出している。しかし，INA 212条d項5号は，司法長官が，緊急の人道的理由などで「個別ベース（on a case by case basis）」で仮放免を判断するものとしており，500万人もの無審査仮放免には大きな疑問符がついていた。また，アメリカ市民権を有する子どもは，その子が21歳になるまでグリーンカードを保有する直系親族である両親の身元保証人になることはできない（INA 201条，合衆国法典タイトル8第1151条b項2号Ａⅰ）。

[90] サンダース候補は，法人納税者が利用している節税策を封じるとともに，個人納税者については，給与所得が年収25万ドル以上の納税者には，長期キャピタルゲインに対する軽減税率の適用を制限する政策を打ち出した。See, Nick Timiraos, "Sanders to Obama: Don't wait for Congress on Tax Overhauls, The Wall Street Journal（March 1, 2015）．

サンダース上院議員の大統領令による増税（税制改正）は，「租税正義（tax justice）」実現が狙いであるとしても，問題なしとはしない。なぜならば，連邦憲法修正第16条は，所得にかかる租税を賦課しかつ徴収する権限を連邦議会に付与すると規定するからである。言い換えると，「大統領令による税法制定（tax laws by executive orders）」については，「課税は制定法による創造物である（Taxation is a creature of statutes）」というアングロ・アメリカ法の伝統的な基本原理，連邦憲法に定める租税法律主義（No taxation without statutes）の原則とぶつかるからである。

また，いったん大統領令に基づく増税の途を開くことは，減税の途も開くことにもつながる。増税ないし減税が大統領の一存で決定できる仕組みは，一見効率的なようにもみえるが，連邦憲法に規定された租税立法手続を形骸化してしまうことにつながる。

(3) 大統領令と法の支配

アメリカは「法の支配（rule of law）」に重きを置く国として評価されてきている。それでは，大統領令はどのような法的典拠に基づいて発せられているのであろうか。

大統領令の法的典拠としては，直接，連邦憲法の「執行権はアメリカ合衆国大統領に属する。」（第2条第1節1項）規定があげられる。加えて，1949年連邦財産・管理サービス法（FPASA＝Federal Property and Administrative Services Act of 1949）があげられる。また，1947年国家安全保障法（NSA＝National Security Act of 1947）なども典拠とされる。ちなみに，FPASAは，連邦政府の調達および財産管理の効率化ならびに経済性を改善するために発遣される大統領令に典拠を与えることを目的に制定された法律である。

いずれにしろ，立法府がつくる制定法（statutes）では複雑な法案審査手続，各政府機関が発遣する規則（regulations）の場合にはパブリックコメントの徴収などの制定手続（notice-and comment rulemaking processes）を踏む必要がある。こ

---

[91] クリントン候補は，「高所得者への租税歳出（優遇措置）に一定の制限をかける」政策を打ち出した。投資家で億万長者であるウォーレン・バフェット（Warren Buffett）氏の提案に沿って，年収100万ドルを超える納税者は，投資所得か勤労所得か否かを問わず，30％の税率で課税するとともに，年収500万ドルを超える納税者については，4％の付加税を負担するように求める政策を打ち出した。See, Hannah-Fraser-Chanpong, "In Obama, Hillary Clinton promises to expand Buffett rule," CBS News (Dec. 16, 2015).

れに対して，大統領令の場合には，こうした手続がなく，大統領が署名・公布すれば，発効する。このため，難しい立法手続を回避する狙いで，大統領令が選択される場合が多い。特定国からの移民や難民流入の制限，人工妊娠中絶の制限，差別解消のための優遇措置（affirmative action）の廃止など，市民の人権や自由の伸縮にかかわる政策を，一介の大領領令で執行できるとすれば，法的コントロールを考えないわけにはいかない。事実，連邦最高裁を含め司法の場で争われた多くの著名な裁判例は，三権分立および国家安全保障に加え，市民的自由をめぐる大統領令の適用・解釈，合憲性にかかわるものである。

(4) 大領領令統制のための公聴会開催および権力分立回復法案

ビル・クリントン政権時代に，大統領令が汎用された。この状態を危惧した連邦下院議員から，2000年前後に，連邦議会下院の司法委員会（House Judiciary Committee）および下院規則委員会（House Rules Committee）には，歯止め策を講じることを目的とした複数の下院一致決議（House Concurrent Resolution）案が共和党下院議員（共同提案者75人）から提出された。下院司法委員会は，この決議案に関する公聴会を開催した。この決議案は，大統領は，「合衆国憲法第1条8節〔連邦議会の権限〕に規定する議会の権限および責務を侵害する執行令（大領領令），または執行令のために特に連邦資金支出に充当の必要がない執行令（大領領令）は，単に勧告的なものであり，かつ法律の制定が伴わない限り拘束力を有しないものとする。」旨を内容とするものである。この決議案は日の目をみなかった。仮に日の目を見たとしても，この決議案に盛られた「単に勧告的（advisory only）」の意味，さらには，憲法上の「連邦議会の権限および責務を侵害する（infringe）する」大領領令といった不明瞭な文言は，憲法上の大統領の執行権（executive power）とどのように調整すべきかなど，さらに精査すべき点も多々ある。

また，同じ2000年前後に，連邦議会下院には，議会と大統領の「権力分立回復法（Separation of Powers Restoration Act of 1999）」（下院法案2655号）の名称を付した"大統領令統制法案"も提出された。この1999年下院法案2655号「権力分立回復法」案は，成立には至らなかったが，「大領領令」の定義，や憲法または法律に抵触する大統領令を争う際に原告適格の規定など，多くの興味なる論点が明確化されている[92]。

そこで，以下に，権力分立回復法案の重要なポイントをまとめてみる。

【図表Ⅷ-39】 大統領令統制のための権力分立回復法案のポイント

- **法案の趣旨**
  議会と大統領との間の権力分立を回復すること。
- **法案の目的**
(1) 政府の権限に歯止めをかけるため，憲法の起草者は，連邦の権限を政府の相互に平等な3つの部門に帰属させた。各部門は，固有の限定された権限を有し，かつ合衆国憲法を擁護，維持する相互に平等な責務を有する。
(2) 最高裁判事が述べたように，「権力分立の原則は，1787年の制憲会議で採択されたように，効率性を推進することになるのではなく，恣意的な権限行使を防ぐことにある。その目的は衝突を回避することにあったのではない。むしろ，政府の権限を3つの部門に配分することに伴う必然的な衝突により，専制から国民を護ることにある（Myers 対 United States 事件，272 U. S. 52, 293 (1926)。ただし，ブランダイス判事は反対意見）。
(3) ジェームス・マジソンは，彼の著書『フィデラリスト』47頁で，モンテスキューを引用し，「立法権限と執行権限，または統治組織を同じ者に握られている場合には自由がなくなる可能性がある。」と述べている。
(4) 憲法第1条は，「すべての立法権限は連邦議会に属する。」と規定する。
(5) 議会の委員会の文書では，「大統領は，個人市民およびその権利に関与する権限または権利を有しないことから，当該権限や権利が憲法の規定または制定法によって大統領に付与されている場合を除き，大統領布告（proclamation）は，付与された権限に基づいていない限り，法的拘束力を有せず，かつ，積極的に評価してもせいぜい勧告的な意味を有するに過ぎない（第85回連邦議会第1回期，「執行命令および布告：大統領の権限利用の研究（1957年版）」）としている。
(6) 最高裁判所は，仮に大統領が，議会の承認なしに，議会のみが行使できる行為を遂行できるとした場合，「議会は，それによって憲法に基づいて合衆国政府またはそのいかなる部門の職員の付与された権限を遂行するために必要かつ適切な法律を制定する専属的な憲法上の権限を失うことはない。」と述べている（Youngtown Sheet & Tube Co. 対 Sawyer 事件，343 U. S. 579 (1952))。
(7) その他
- **議会の戦争権限決議廃止**
  実効性のない戦争権限決議（war powers resolution）を廃止すること[93]。
- **大統領の国家緊急事態宣告権限の議会への移譲**
  各種制定法に基づき大領領に付与されている国家安全保障のための国家緊急事態宣告にかかる各種権限を議会に移譲すること[94]。
- **大統領令への法的根拠明示要件**
  (1) 大統領は，大統領令を出す場合には，実際に大統領が行う行為を是認する根拠となる特定の制定法または憲法上の規定を明記すること。

---

[92] 権力分立回復法案は，その後，第107回連邦議会（2001～2002年）に，下院法案864号「2001年権力分立回復法（H. R. 4768 - Separation of Powers Restoration Act of 2001）」として提出されたが廃案となった。

(2)　前記(1)に規定する根拠となる特定の制定法または憲法上の規定を明記しないで公布された大統領令を無効とすること。
・**大統領令効力の限定**
　(1)　大統領令は，原則として法律ではなくまたは法的強制力を有せず，かつ，その適用および効力は執行部門に限定される。
　(2)　ただし，次の場合には，前記(1)の例外とする。①合衆国に対する罪にかかる刑の執行停止または特赦（ただし弾劾の場合を除く。）にかかる大統領令，②合衆国軍の最高司令官としての職責を果たす行為にかかる大統領令，③特定の議会制定法に基づく大統領令，④条約に基づき発する大統領令，⑤その他
・**大統領令を争う原告適格**
　次の者は，①大統領令が憲法の規定または制定法で認められた権限を越えている，②連邦議会の権限を侵害している，③大統領令への法的根拠明示要件をみたしていない，または④憲法で付与された州の権限が侵害されていると思う場合には，裁判所でその効力を争う資格が認められる。
　(1)　議会およびその構成員：議会下院，議会上院，上院議員，下院議員
　(2)　州および地方政府：州や地方などの統治団体の長またはその代理人
　(3)　権利利益を侵害された人
・**「大統領令」の定義**
　(1)　「大統領令（Presidential order）」とは，大統領府令（Executive order）」，「大統領布告（Proclamation order）」または「大統領指令（Presidential directive）」を指す。

---

(93)　戦争権限決議（war powers resolution）は，1973年に成立した連邦議会上下労両院合同決議（joint resolutions）であり，アメリカ大統領の指揮権に制約を課すものである。この決議はニクソン大統領の拒否権を覆して（両院の3分の2以上の賛成による再可決）により成立した。事前の議会への説明努力義務，事後48時間以内の議会への報告義務，60日以内の議会からの承認などを骨子とする。ベトナム戦争への反省から，制定された。しかし，ビル・クリントン政権時に，ユーゴスラビアの解体に伴うコソボ（Kosovo）への米軍派兵が行われ，連邦議会は60日以内の宣戦布告をせずに，軍事活動が継続された。その当時，トム・キャンベル下院議員（共和党・カリフォルニア選出）は，戦争権限決議の履行を求め，コロンビア地区連邦地方裁判所に提訴した。しかし，同地裁は，政治問題原則（political question doctrine）を楯に門前払いとした。この事実などをあげ，下院法案2655号（H. R. 2655）では，実効性のない戦争権限決議の廃止を求めている。ただし，この点については，異論も少なくない。

(94)　連邦憲法には，明示的な国家緊急権規定が存在しないため，緊急事態には，英米法特有の制度である"martial rule"に基づき，大統領が，公共の安全を保障するため，国家緊急事態宣告（presidential declaration of states of national emergency）を発し，法律で明示的に禁止されていないあらゆる措置を講ずることとされている。このような広範な大統領の権限に対し，連邦議会は，立法権を確保するために，1970年代に，「戦争権限決議」，「国家緊急事態法（National Emergency Act）」，「国際緊急経済権限法（International Emergency Economic Powers Act）」などの制定を通じて，一定の制約を試みている。しかし，現実には，その後も平和時に，大統領の国家緊急事態の宣告（presidential declaration of states of national emergency）が濫用されている。下院法案2655号（H. R. 2655）では，国家緊急事態の宣告を行う権限を議会のみに帰属させることをうたっている。ただし，この点については，緊急事態を宣言する権限が大統領の権限であるとの考え方が固まっていることから，異論も少なくない。See, "The Use and Abuse of Executive Orders and Other Presidential Directives," 5 Tex. Rev. Law & Pol. 267, at 313 *et seq.* (2001).

(2) これらのほか，その名称を問わず，その他大統領または大統領府の行為を形式的に周知するために大統領および大統領府の職員が発する文書

　以上のような内容を盛り込んだ権力分立回復法（Separation of Powers Restoration Act of 1999）」（下院法案2655号／H. R. 2655）は，廃案になった。確かに，「戦争権限決議」や「国家緊急事態の宣告を行う権限の大統領から議会への移譲」など，より慎重な精査を要する重い課題を含んだ提案であった。しかし，この法案は，議会がいかに大統領令に「法の支配」を徹底させるかを考えるうえでの1つのモデルを示した点では高く評価されている[95]。

(5) 大統領令と司法審査

　大統領令は，初代のジョージ・ワシントンの時代にまで遡るが，連邦裁判所は，150年以上にわたり，数多くの大統領令の司法判断を下してきた。

　アメリカの統治機構においては，三権分立の原則のもと，国家権力を「執行権（executive power）」，「立法権（legislative power）」および「司法権（judicial power）」に分立し，チャック・アンド・バランスを保つ形で行使される。その一方で，「司法権の優位（judicial supremacy）」の原則も貫かれている。すなわち，執行権も立法権も，争いがある場合，最終的には司法権／司法府の判断に委ねられることになる。

　連邦憲法に抵触する立法権の行使について，司法府／裁判所は，違憲立法審査権を行使できる。また，大統領令をめぐる訴訟においては，市民や州政府など原告（X）は，連邦の首都ワシントンD.C.にあるコロンビア特別区連邦地方裁判所（U. S. District Court for the District of Columbia）をはじめとした各地区の地方裁判所に提訴することになる。そして，原告（X）または被告（Y）が，地裁の裁断に不満な場合には，連邦控訴裁判所（U. S. Courts of Appeals／正式名称は「連邦巡回区控訴裁判所」）に控訴することになる。例えば，ワシントンD.Cの場合には，コロンビア特別区巡回区連邦控訴裁判所（U. S. Court of Appeals for the District of Columbia Circuit／通称で「D. C. Cir.」）に控訴する。さらに，控訴審の裁断に不満な訴訟当事者は，その後，連邦の首都であるワシントンD.Cにある連邦最高裁判所（U. S. Supreme Court）に最終審査を委ねることになる[96]。

---

[95] See, William J. Orson, Analysis of H. R. 2655: The Separation of Powers Restoration Act. Available at: http://www.reocities.com/CapitolHill/Lobby/1221/hr2655an.htm

[96] See, Erica Newland, "Executive Orders in Court," 124 Yale L. J. 2026 (2015).

一般に，大統領令を司法審査に付すにあたり主に問題となる点は，次のとおりである。

【図表Ⅷ-40】大統領令が司法審査対象となるかどうかの主な判断基準

- **政治問題論（political question doctrine）** 政治問題論とは，いわゆる「統治行為」，つまり司法に問われた事がらが「高度の政治性を有する場合には司法審査になじまない（political questions are nonjusticiable）」する考え方である。この理論のもとでは，司法はもっぱら「法的問題（legal question）」を裁断する政府の部門であり，「政治問題（political question）」を裁断する部門ではないという理由で，裁断をくだすことを忌避するのが道理にかなっているとされる[97]。
- **大統領の裁量論（Presidential discretion）** 例えば，一般に，恩赦（仮放免等を含む。）を与える大統領令は，大統領の執行権限の裁量の範囲にあるとされる。したがって，原告は，争った大統領令が，大統領に付与された裁量権を著しく逸脱し不合理である旨の立証が必要となる。
- **原告適格要件（standing requirements）** 「議員の原告適格（congressional standing）」に基づいて大統領令の違法，無効を争う途がある。また，大統領令による権利利益を侵害される一般市民も，原則として原告適格があるとされる。ただし，事件によっては，議員の原告適格に基づき大統領令の適用により当該議員が侵害されたと訴える権利利益が「総体的に抽象的かつ広く拡散しており（wholly abstract and widely dispersed）」，具体性を欠くとして棄却される例も少なくない[98]。

(6) 小　括

現在，大統領令を問いただすためには，司法審査による途を探るより有効な手立てはない。しかし，司法審査に訴えても，一般に，最終判断を得るまでには時間がかかる。かつて，連邦議会には，大統領令を法的にコントロールする狙いで「権力分立回復法（Separation of Powers Restoration Act of 1999）」（下院法案2655号）が上程されたことがある。この法案が廃案になった後は，同じような内容の法案は，連邦議会には上程されていない。しかし，傍若無人なトランプ政権の誕生により，市民の自由権の侵害につながりかねない大統領令の濫発が問われている。今まさに，大統領令に対し，「法の支配」を及ぼし，いかに社会正義（social justice）を確保するかが重い課題となっている。連邦議会は，大統

---

[97] ちなみに，トランプ政権誕生前までに，コロンビア特別区巡回区連邦控訴裁判所および連邦最高裁判所に限って見ても，700件を超える大統領令の司法審査を行ってきている。
　See, Nada Mourtada-Sabbah, The Political Question Doctrine and the Supreme Court of the United States（2007, Lexington Book）．

[98] See, *e.g.*, Chenoweth v. Clinton, 181 F. 3d 112, at 115（D. C. Cir. 1999）．

領令を使った権利侵害（presidential usurpations）に歯止めをかけるために再びこの種の法律の制定を検討する時機にあるのではないか。

　いずれにしろ，大統領令による租税の創設，増税ないし減税（税制改正）は，「所得にかかる租税を賦課しかつ徴収する権限を連邦議会に付与する」と規定する連邦憲法修正16条に抵触する。言い換えると，「大統領令による課税（Taxation by executive orders）」は，「課税は制定法による創造物である（Taxation is a creature of statutes）」というアングロ・アメリカ法の伝統的な基本原理，連邦憲法に定める租税法律主義（No taxation without statutes, No taxation without representatives）の原則に反する。

あとがき

　最後に，本書の構成について，簡潔な解説を加えておきたい。

　アメリカ合衆国（以下「アメリカ」または「合衆国」という。）は，「連邦国家（federal state）」である。わが国のような「単一国家（single state）」とは対をなす。連邦国家であるアメリカの税制は，大きく①「連邦（federal）」，②「州（state）」および③「地方団体（local）」に分けて検証することができる。

　本書は，①「連邦（federal）」の税制について検証するものである。とりわけ，連邦個人所得税と法人所得税に傾斜する形で，租税実体法と租税手続法双方の基本的な仕組みをついて点検するものである。申告納税（self-assessment／voluntary assessment）制度は，連邦における所得課税制度などの根幹をなす。

　本書第Ⅰ部では，申告納税制度を理解するうえでの基礎知識となる連邦所得税制について，租税実体法の面から分析する。アメリカの事業経営においては，個人事業（self-employed）の形態や法人（corporation）形態の選択が可能である。また，アメリカビジネス界では，事業をする場合，パートナーシップ（任意組合／partnership）形態の選択もごく一般的であるのが特徴である。そこで，第Ⅰ部では，連邦の個人所得税（Federal individual income tax）や連邦法人所得税（Federal corporate income tax）に加え，連邦パートナーシップ課税（Federal partnership taxation）の法制分析を行う。さらに，アメリカ特有の代替ミニマム税（AMT＝alternative minimum tax）の法制分析を試みる。代替ミニマム税（AMT）は，納税者が実質的経済所得を有し，連邦所得税を負担する能力があるにもかかわらず，税制上の課税繰延項目や租税優遇措置（租特項目／租税歳出）を利用し，納付税額を極端に抑えていると判断される連邦納税者を対象に追加的に課税することをねらいとした租税である。政策減税（租税歳出）の縮小は政治的に容易ではないものの，代替ミニマム税（AMT）は申告納税制度を煩雑にしていることから，納税者からの根強い批判がある。わが国でも，政策減税が消費税収の4分の1（4兆円）の額にまで及ぶとの試算もあり，対岸の火事とみてはいられない。

本書第Ⅱ部では，連邦法人所得税法上の重要なテーマを取り上げ，精査した。パススルー課税，営利／非営利ハイブリッド事業体課税，留保金課税，余剰食料寄附促進税制，同性配偶者課税など現代的なテーマの焦点を絞り，検討した。

本書第Ⅲ部では，本書の中核をなす連邦の税務組織と租税手続法の仕組みを分析した。申告納税制度のもと，連邦政府（Federal Government）は，税の賦課徴収にあたり，納税者に自発的納税協力（voluntary compliance）を仰ぐことになる。納税者は，法定期限までに自主的に税額を計算したうえで連邦課税庁である内国歳入庁（IRS＝Internal Revenue Service, 以下「IRS」ともいう。）に確定申告をし，当該税額を法的期限まで納付をする（または納め過ぎの税額の還付を求める）ことになる。納税者が，確定申告をする義務が生じているのにもかかわらずその義務を履行しない，または確定申告もしくは還付申告をしたが，IRS がその申告内容に疑問があるときに，IRS は納税者などに対して税務調査（書簡調査，署内調査／呼出調査，実地調査／臨場調査）を実施することになる。

税務調査は，IRS の執行／コンプライアンス（compliance），すなわち調査／徴収（examination/collection），業務のなかでも最も重要な位置を占める。IRS による税務調査の存在が，納税者の自発的納税協力の精度を高める機能を発揮していることも，あながち否定しえない事実である。

調査結果に基づき，IRS は，被調査者となった納税者に対して，申告是認（no-change）通知，または不足税額／更正・決定（deficiency）（以下，たんに「不足額」または「更正」ともいう。）通知を行う。この通知を行う際に，IRS は納税者に不服申立権をはじめとした『納税者としてのあなたの権利』の教示を行うように求められる。

納税者が，法定期限までに通知された不足税額／更正・決定税額（附帯税を含む。以下，同じ。）を納付しないとする。この場合に，IRS は，その納税者に納付の督促をすることになる（ただし，その納税者が IRS の徴収手続に不服を唱え争訟手続をとる途を選んだ場合を除く。）。IRS が督促をしたのにもかかわらず，当該納税者が法定期限までに不足税額／更正・決定税額を納付しないとする。この場合に，IRS は，滞納手続／徴収手続（collection procedures）を開始することになる。滞納者は，生活上，事業上の困難などを理由に IRS の滞納手続／徴収手続に速やかに応じることができないことも考えられる。この場合に，滞納者は，状況により，IRS との話合いを通じて，分割納付合意（installment agreement）または合意

による滞納税額免除（OIC＝offer in compromise）のような「再出発プログラム（IRS Fresh Start Program）」を活用できる。

　本書第Ⅳ部では，可視化する連邦租税手続について分析する。アメリカにおいては，近年，税務（行政）の可視化が，申告納税を義務づけられる納税者の権利利益を保護する政策のなかで重視されている。今日，税務面での可視化は大きな広がりをみせており，納税者は，課税処分のための調査（civil tax investigation）や租税犯則調査／査察（criminal tax investigation）過程に加え，滞納／徴収過程（collection process）や不服審査過程（appeals process）にかかる課税庁職員と納税者などとの面談の音声収録（録音）を権利として法認されている。こうした連邦税務の可視化が広がりを見せる背景には，税務行政過程が十分に可視化されていないと民事／行政（civil）か刑事（criminal）かを問わず，いわゆる"ねつ造"，つまり納税者の自由な意思に反するかたちでIRSにより記録書類が作り上げられても，納税者がその事実をしっかりと確認・証明するのは至難という積み重なる体験があった。

　税務を可視化し，課税という貨幣形態による公権力の行使が不当または違法でないように抑止できる仕組みを法定することが，納税者救済手続の要となって当然である。

　わが国では，最近，刑事事件の取調手続の適正化・透明化に向けて，一部ではあるが取調の録音・録画制度の導入が決まった。取調時の供述調書のねつ造，えん罪などを防ぐことが主なねらいである。

　本書第Ⅴ部では，申告納税法制上の重要なテーマを取り上げ，分析した。問われる略式査定通知書（CP 2000）の汎用，民事・刑事同時並行調査と納税者の権利，合意による納税額免除（OIC）制度，専門職制度改革，税務支援制度，税務コンプライアンス面からみた勤労所得税額控除（EITC）制度，政教分離課税制度，共通番号／社会保障番号（SSN）の悪用の実態と対策などテーマは多岐にわたっている。読者が現代連邦申告納税法制の深層を知るうえでの手がかりになることを願っている。

　本書第Ⅵ部では，連邦の租税争訟制度を分析する。まずIRSの不服審査部のサービスについて分析し，その後租税訴訟の手続の実際について分析する。わが国の場合，国税に関し，税務調査の結果に基づき行われた処分に不服な場合には，原処分庁への再調査の請求（旧異議申立て），国税不服審判所への審査請求，

さらには裁判所への提訴とステップ・アップしていく仕組みにある。アメリカにおける連邦税にかかる争訟手続は，わが国とはかなり異なる。連邦租税不服審査制度においては，わが国の国税不服審判所のような職権主義／書面審査主義に基づき裁決を下す機関は存在しない。連邦課税庁／IRS内部にありながらも，IRSの税務執行／コンプライアンス（compliance）部門から独立した不服審査部門（Appeals Division／Appeals Office）の不服審査官（Appeals Hearing Officer）が，各種紛争解決プログラムに参加し，納税者（またはその代理人）とIRS職員との対面によるインフォーマルな仲裁・調停を通じて解決をはかる仕組みになっている。紛争解決手続において，IRSの不服審査官は，IRSの執行／コンプライアンス，すなわち調査／徴収，部門から独立し，納税者および執行部門双方に不偏の立場でその任にあたる。アメリカの連邦税務行政過程を精査する場合には，こうした制度的な特徴をつかみ，IRSの「執行／コンプライアンス（調査／徴収）部門」と「不服審査部門」とを対峙させる形で分析しなければ，真の姿を描写し得ない。

　今日，IRSの不服審査部門は，「代替的紛争解決（ADR＝Alternative dispute resolution）プログラム」，さらにはこれらの手続をより進化させた各種「早期処理（fast track）プログラム」などを整備し，迅速に「仲裁・調停・和解」を強力に推進する姿勢を強めている。こうした姿勢が強まるに従い，逆に，紛争解決"手続の迅速化と丁寧な手続"とのバランスをどのように確保するのかが重い課題として浮上してきている。

　納税者は，IRS不服審査を経ても問題を解決できない場合には，連邦司法裁判所へ提訴し，救済を求めることができる。この場合，当該納税者は，提訴先となる3つの連邦事実審裁判所を選択することができる。しかし，実際には95％の納税者が合衆国（連邦）租税裁判所（U.S. Tax Court）を選択する。そこで，租税訴訟に特化した特別裁判所である連邦租税裁判所の租税訴訟手続に傾斜する形で点検した。ただ，アメリカにおいては，行政争訟の段階に加え，これら租税裁判所に司法審査を求める場合にも，裁判所は，納税者に対して「代替紛争解決手続（Alternative Dispute Resolution Procedures）」，すなわち裁判上の「和解」を積極的に活用するように促している。これに対して，わが国では，憲法84条に定める租税法律主義から派生する「合法性の原則」のもと，租税行政庁と納税義務者との間で和解なり協定なりをすることは許されないとする支配的

な見解のよる呪縛から，裁判上の「和解」がほとんど行われていない。

　本書第Ⅶ部では，連邦の租税制裁法制と連邦刑事租税訴訟手続について分析する。まず，連邦租税刑事制裁法制を連邦租税民事制裁法制と比較する形で点検する。次いで，連邦刑事租税訴訟手続について，IRSにより租税犯則調査から連邦司法省租税部による刑事訴追（起訴）の準備，連邦検察の訴訟参加までステップ・アップしていく形で分析する。アメリカでは，租税犯則事件を含め，刑事事件については，90％以上が，被告人による有罪の答弁，司法取引合意で実質的に裁判は終結し，公判（正規の裁判／正式事実審理）を開くまでにいたっていない。そこで，大陪審からの正式起訴状の発行に伴う，連邦検察による連邦地方裁判所への訴追（起訴），罪状認否（アラインメント），公判前審問，有罪の答弁，司法取引までの過程をピンポイントで点検した。したがって，陪審，裁判官による公判審理，量刑・刑の宣告などについては，ふれていない。加えて，第Ⅶ部では，租税民事制裁と租税刑事制裁との接点上のいくつかの課題について点検した。連邦租税民事制裁，連邦租税刑事制裁，連邦刑事租税訴訟制度，租税刑事制裁と租税刑事制裁との接点上の課題などを点検した。

　本書第Ⅷでは，連邦の所得課税法制や申告納税法制をデザインする連邦の租税立法過程について，「官職政治任用制度」や「大統領令」の所在などを含め検証を試みた。連邦議会での租税立法がどのように行われているのか，そのプロセスおよび補佐組織などを分析した。加えて，連邦財務省の主要官職を含め数千人を超える非職業官職を大統領が政治任用する仕組みや連邦議会上院での承認プロセスなどを分析した。

　大統領は，連邦各省の長官（閣僚）などを政治任用し，選挙などで約束した移民政策や減税政策などの早期実現を目指す。こうした自己の政策について，連邦議会に立法を促しても，議会の立法手続は複雑かつ長期にわたり，与野党対立のなか遅々として進まず，積極的な協力は期待薄である。早急に自己の政策を実施するには，勢い大統領令を利用することになる。しかし，大統領令は，生煮え，不完全なものも少なくない。連邦憲法とぶつかる，市民の権利利益や州政府の政策とぶつかるなどで，司法の場でせめぎ合いになる。わが国とは，一味違う三権分立（separation of powers），司法の優位（judicial supremacy）の実像が浮かび上がる。

事項索引

あ 行

アーサー・アンダーセン事件 … 755
RTRP 資格試験の内容と出題形式 … 485
IRA 控除額（IRA deduction） … 23
IRS 運営局（ODs ＝ Operating Divisions） … 324, 337
IRS が告発を見送る際の判断基準 … 733
IRS 刊行物1号〔納税者としてのあなたの権利（Publication 1: Your Rights as a Taxpayer）〕 … 325
IRS 刊行物594号〔IRS 徴収手続（Publication 594: IRS Collection Process）〕 … 325
IRS 刊行物971号〔善意の配偶者の救済（Publication 971: Innocent Spouse Relief）〕 … 325
IRS キャンパス（IRS Campus） … 347
IRS キャンパスの申告処理センター（Internal Revenue Submission Processing Center） … 352
IRS 教会税金ガイド（Tax Guide for Churches and Religious Organizations） … 607
IRS 局長（Division Commissioner） … 337
IRS 申告書作成者調査最終報告書（Return Preparer Review Final Report） … 847
IRS 再生改革法（RRA 98 ＝ IRS Restructuring and Reform Act 1998） … 335
IRS 首席法律顧問官室法律顧問官（Attorney for IRS Chief Counsel/Field Attorney） … 508
IRS 申告処理センター（Internal Revenue Submission Processing Center） … 14
IRS 政治活動コンプライアンス機動班（PACI ＝ Political Activities Compliance Initiative） … 634
IRS 専門職責任室（OPR ＝ Office of Professional Responsibility） … 472
IRS 通達 … 335
IRS 登録納税申告書作成士（RTRP）試験（IRS Registered Tax Return Preparer Test） … 483
IRS なりすまし被害者支援班（IDTVA ＝ Identity Theft Victim Assistance） … 655
IRS 納税者権利擁護官サービス（TAS ＝ Taxpayer Advocate Service） … 345
IRS 納税者支援センター（TAC ＝ Taxpayer Assistance Center） … 342, 345
IRS「納税者としてのあなたの権利：納税者権利章典」（Your Rights as a taxpayer: Taxpayer Bill of Rights） … 327
IRS 納税者保護プログラム（TPP ＝ Taxpayer Protection Program） … 655
IRS の見解に反論し，意見を聴いてもらう権利 … 329
IRS の再出発プログラム（IRS Fresh Start Program） … 399
IRS の特別調査官（Special Agent） … 730
IRS の内部告発者局（IRS Whistleblower Office） … 726
IRS の犯罪調査／査察部（CI ＝ Criminal Investigation） … 726
IRS の犯罪調査／査察部（CI）による連邦検察への告発 … 732
IRS の身元保護機動班（Identity Protection Specialized Unit） … 663
IRS の免税団体事務取扱に関する告発についての調査報告書（Report of Investigations of Allegations Relating to Internal Revenue Service Handing of Tax-Exempt Organization Matters） … 619
IRS 不服審査部（Appeals Division） … 341, 406, 425, 666
IRS 不服審査部が所管する事項 … 669
IRS 不服審査部の特質 … 668
IRS 本庁（national office） … 335

項目	頁
IRC上の個別の配賦規制措置	133
IGLDC項目	128
IP PINの交付実績	658
add-on方式	88
アメリカ公認会計士協会（AICPA = American Institute of Certified Public Accountants）	468, 848
アメリカ人を増税から保護する法律（PATH Act = Protecting Americans from Tax Hikes Act of 2015）	386
アメリカの課税除外団体の種類	169
アメリカの借用概念論	305
アメリカの税務専門職（tax professionals in the U. S.）	504
アメリカ法曹協会（ABA = American Bar Association）	164, 669
アメリカ法曹協会の模範弁護士行動規程（ABA Model Rules of Professional Conduct）	524
アメリカ法廷弁護士協会（ATLA = Association of Trial Lawyers of America）	246
アメリカ連邦法人所得税の超過累進税率	84
アラインメント／罪状認否（arraignment）	746
新たな「士業」創設	470
新たな争点／ニューイシュー／ニューマター（new issue/new matter）	686
EITCの過大還付申告	580
委員会報告書等の意義と課題	857
イコール・フッティング／民間企業との競争条件の均等化（equal footing）	590
遺産財団（estate）	144
異性婚カップル（different-gender couples/heterosexual married couples）	290
一定の棚卸資産その他の資産の寄附にかかる特例（Special rule for certain contributions of inventory and other property）	267
一般教書演説（State of the Union Message）	776, 784
衣類や家財（Clothing or household items）の寄附	265
「違法源泉所得プログラム」でIRSの犯則調査の対象	727
インダイトメント／正式起訴状（indictments）	738
ウインザー事件	285
ウインザー事件違憲判決	285
請負者（independent contractor）	58
受取人の社会保障番号（Recipient's SSN）	23
受取配当金（Ordinary dividends）	16, 80
受取配当控除（DRD = Dividends received deduction）	82
受取離婚手当（Alimony received）	16
受取利息（Taxable interest）	16, 80
裏打ち源泉徴収（back-up withholding）	73
売上原価（Cost of goods sold）	80
売上総収益（Gross profits from sales）	80
永住権（green card）	879
営利企業化を理由とする処分	599
営利事業会社（for-profit business corporation）	75
営利／非営利ハイブリッド会社（for-profit/not-for-profit hybrid companies）	160
営利／非営利ハイブリッド事業体（for-profit/not-for-profit hybrid entity）	155
AFSプログラム（AFSP = Annual Filing Season Program for Tax Return Preparers）	496
ABA模範弁護士行動規程（ABA Model Rules of Professional Conduct）	524
S事件／少額訴訟事件（U. S. Tax Court small tax case）	502

S法人／小規模事業会社（S corporation = small business corporation）··············76, 156
S法人に対する含み利得課税（S corporation built-in gains tax）··············151
HSA勘定の控除（Health savings account deduction）··············23
エネルギー効率居住用資産税額控除（Residential energy efficient property credit）··············39
LLC参考ガイドシート（Limited Liability Company Reference Guide Sheet）··············213
応能負担原則（ability to pay principle）··············5
オート祝儀（auto-gratuities）··············68
オールセインツ教会事例（All Saints Church）··············635
オバーゲフェル（Obergefell）事件判決··············316
音声録音（audio recording）··············409, 425

か　行

カード支払（payment with credit or debit card）··············399
会計士－依頼人特権（accountant-client privilege）··············493
外国口座税務コンプライアンス法（FATCA = Foreign Account Tax Compliance Act）··············754
外国代理人法（Foreign Agents Registration Act of 1938）··············830
会社関係人利害考量法（non-shareholder constituency statute）··············200
解釈通達（revenue rulings）··············335
改正統一パートナーシップ法（RUPA = Revised Uniform Partnership Act）··············108
ガイドラインの解説書（Instructions for Limited Liability Company Reference Guide Sheet）··············213
外部の情報提供者（informant）··············726
下院（House of Representatives）··············779
下院歳入委員会（House Ways and Means Committee）··············776
下院歳入委員会での税制改正法案の審議··············815
下院全院委員会（committees of the whole house）··············795
下院法案（House Bill）··············789
下院本会議での法案審議・採決··············817
書留郵便（registered mail）··············681
各委員会のスタッフ（Committee Staff）··············822
各州の法人法（state Corporation Code）··············75
各種申告書の提出先··············348
学生奨学ローン利子控除（Student loan interest deduction）··············23
学生タックスクリニック・プログラム（STCP = Student Tax Clinic Program）··············547
学生タックスクリニック（STC = Student Tax Clinic）プログラム··············345
確定決算主義··············76
可視化する連邦租税手続··············409
家事使用者税（Householder Employer's Tax）··············70
貸倒損失（Bad debts）··············80
課税繰延項目（tax deferrals）··············86
課税除外団体の私物化を理由とする処分··············599
課税除外適格の審査基準··············177
課税所得（taxable income）··············6, 78
課税・内国歳入庁監視小委員会（Subcommittee on Taxation and IRS Oversight）··············777
課税の公平・財政責任法（TEFRA = Tax Equality and Fiscal Responsibility Act）··············385
課税は制定法による創造物である（Taxation is a creature of statutes）··············890

片面的交渉の禁止ルール（*Ex parte* communication rule）……………………………675
合衆国通商代表部（U.S. Trade Representatives）…………………………………………780
合衆国市民や居住者（居住外国人／U.S. citizens and resident aliens）…………………12
合衆国の源泉徴収税および報告のための受益者の資格証明書（個人用）（Form W-8BEN（Certificate of Status of Beneficial Owner for United States Tax Withholding and Reporting (Individuals)））……340
合衆国の源泉徴収税および報告のための受益者の資格証明書（事業体用）（Form W-8BEN-E〔Certificate of Status of Beneficial Owner for United States Tax Withholding and Reporting (Entities)））……340
過払社会保障税額控除（Credit for overpayment of social security taxes）………………39
株式会社（regular corporation/*per se* corporation）………………………………………157
株式賞与（stock bonus）…………………………………………………………………………73
過不足納付の調整案通知書（Notice of Proposed Adjustment for Underpayment/Overpayment）…438
株主利益極大化主義（profit maximization principle）………………………………………155
株主利益至上主義（shareholder primacy principle）…………………………………………155
仮不足税額通知書（proposed notice of deficiency/preliminary notice of deficiency）……363, 437
カレンダー・コール・プログラム（Calendar Call Program）…………………………524, 692
監視小委員会での公聴会の開催………………………………………………………………816
完納要件（full payment requirement）…………………………………………………………682
還付（給付）型の税額控除（refundable tax credit）…………………………………………40
還付税額（tax refund）……………………………………………………………………………6
還付請求訴訟（refund suits）……………………………………………………………………677
簡略起訴状（information）………………………………………………………………………739
議院内閣制（Cabinet System of Government）………………………………………………775
議員による税制改正法案の準備………………………………………………………………813
議院法制局（Office of Legislative Counsel）……………………………………………822, 823
議会上院承認必要官職（PAS：Presidential Appointment with Senate Confirmation）……864
議会上院承認不要官職（PSs/PA：Presidential Appointment without Senate Confirmation）……864
議会調査局（CRS = Congressional Research Service）………………………………………822
議会の「行政府の監視（Congressional oversight）」権能…………………………………849
議会侮辱（contempt of legislature）……………………………………………………………778
議会予算局（CBO = Congressional Budget Office）……………………………………822, 826
危急の法理（emergency doctrine）……………………………………………………………242
期限後申告の履行懈怠者（late filers）…………………………………………………………721
期限内申告をしている履行懈怠者（timely filers who do not pay total due）………………721
記載の誤り（clerical error）………………………………………………………………353, 368
基準価額（basis）………………………………………………………………………………119
偽証（perjury）…………………………………………………………………………………725
机上調査／署内調査（office audit）……………………………………………………………415
帰属不足税額（imputed underpayment）………………………………………………………394
起訴相当（true bill）……………………………………………………………………………747
起訴陪審（Federal Grand Jury）………………………………………………………………737
起訴猶予合意（DPA = Deferred Prosecution Agreement）…………………………720, 751
90日レター（90 day letter）……………………………………………………………………364
給付（還付）型税額控除（refundable tax credits）……………………………………39, 561
給与および賃金（Salaries and wages）…………………………………………………………80
給与所得者（wage or salary income earner）…………………………………………………18

給与・投資所得局（W & I = Wage and Investment Division）……………………338
給与にかかる源泉税額控除（Credit for taxes withheld on wages）……………39
教育者費用控除（Educator expenses）……………………………………………23
教会および宗教系団体の定義………………………………………………………591
教会および宗教団体向け税金ガイド（Tax Guide for Churches and Religious Organizations）………607
教会に対する税務上の質問および検査の限界……………………………………375
教会や宗教団体の免税資格承認基準………………………………………………596
協議（conference）……………………………………………………………363, 406
行政管理予算局（OMB = Office of Management and Budget）………………780
行政召喚状（administrative summons）……………………………368, 378, 745
行政上の差押え………………………………………………………………………401
行政的紛争解決法（ADRA = Administrative Dispute Resolution Act of 1990）……………667
行政手続法（APA = Administrative Procedure Act）……………………………835
行政府の監視目的の公聴会（oversight hearing）………………………………797
共通番号／社会保障番号（SSN = Social Security Number）……………………641
共謀罪（Conspiracy to commit offence or to defraud the U. S.）……………725
勤務関連費用項目一覧…………………………………………………………………29
虚偽申告書（false return）…………………………………………………………840
虚偽文書の提出（Submission of fraudulent documents）………………………724
虚偽報告（false statement）…………………………………………………………725
虚偽報告（Fraud and false statement）…………………………………………724
巨大すぎて刑務所送りにはできない（too big to jail）……………………720, 758
キリスト連合教会（UCC = United Church of Christ）…………………………636
記録外発言（off-record discussion）………………………………………………433
記録書（Statement）…………………………………………………………………431
緊急賦課（jeopardy assessment）…………………………………………………401
キントナー規則（Kintner Regulations）…………………………………148, 184
勤務関連費（employment related expenses）………………………………………13
金融機関詐欺（Financial Institution Fraud）……………………………………727
勤労所得税額控除（EITC/EIC = earned income tax credit）………39, 343, 560, 582
勤労所得税額控除：所得額にかかる過誤（EITC/EIC：income reporting error）……………582
勤労所得税額控除：申告資格にかかる過誤（EITC/EIC：filing status error）……………582
勤労所得税額控除：適格子どもにかかる過誤（EITC/EIC：qualifying tax error）……………582
勤労所得税額控除と自発的納税協力（EITC and voluntary tax compliance）……………576
勤労所得税額控除（EITC/EIC）のメリットとデメリット………………………563
グリーンカード（green card）／永住権…………………………………………879
クリスチャン・エコーズ教団事件…………………………………………………600
グループ免税資格承認（group exemption letter, group ruling）………………595
クロージング・アグリーメント／終結合意（closing agreement）……………679
経営判断の原則（BJR = business judgment rule）………………………………196
経過利子（interest）…………………………………………………………………722
経済教書／大統領経済報告（Economic Report of President）…………………784
経済諮問会議（Office of Economic Advisors）……………………………………780
経済的二重課税………………………………………………………………………180
経済的利得（economic gains）…………………………………………………………6

事項索引 901

計算違い（math or clerical error）··438, 444
計算違い等の事例分析···445
計算違い等を理由とする不足税額通知（更正処分／SNOD）の適用除外（math error exception）···448
計算違い等を理由とする略式査定通知書（summary assessment notice for mathematical errors）···438
刑事規則（FRCP = Federal Rules of Criminal Procedure/Fed. R. Crim. P）·············738
形式的審査基準··177, 596
刑事制裁（criminal sanctions/criminal penalties）································719
刑事税務調査（criminal tax audit/criminal tax investigation）·····················726
刑事租税訴訟（criminal tax litigations）···689
刑事罰（criminal sanctions/criminal penalties）··································719
契約関係理論（"nexus of contracts" theory）·····································198
欠損金控除（net operating loss deduction）··81
欠損金控除および特別控除前の課税所得（taxable income before net operating loss deduction and special deductions）··81
現役復帰裁判官（senior judges）··695
減額請求否認··362
減額容認··362
原価償却費（depreciation）···80
現金主義（cash method）··80
原告（納税者）による裁判開催地の選択···700
検察官（prosecutor）··687
検事総長（Attorney General）···687
検事補（AUSA = Assistant U. S. Attorney）······································729
源泉税（withholding tax）··6
源泉徴収税額表方式（wage bracket method）······································62
源泉徴収税額の期限内未納付（failure to make timely deposits of tax）·············722
現物資産（in kind property）···119
憲法が保障する請願権とロビー活動··829
減耗償却費（depletion）···80
故意の行為（intentional conduct）···244
故意の申告書・情報の不提出または税額不納付（willful failure to file return, or pay tax）·······724
合意（agreement）···131
合意による滞納税額免除（OIC = offer in compromise）·····················399, 404
合意判決（stipulated decision）···527
公益寄附金（charitable contributions）··80
公益寄附金受入特定団体（specific recipient organizations of charitable contributions）···171
公益信託（charitable trust）···154, 160
公益増進団体（public charities）··174, 262
公益目的資産の継承的処分（CAS = charitable assets settlement）·················163
公開会社（publicly held corporations）···198
拘禁刑（imprisonment）···719
公権力的行為の理論（state action theory）······································626
広告宣伝費（advertising）···80
控除額控除（total deductions）···81
高所得者への人的控除額の逓減・消失··32

公正かつ正当な税制を期待する権利……330
公正な市場価額（FMV = fair market value）……263
公聴会での審査……816
公的汚職（public corruption）……727
公的出捐基準／パブリックサポート基準（public support tests）……212
合同会社／リミテッド・ライアビリティ・カンパニー（LLC = limited liability company）……145, 156
高度申告書処理プログラム（Enhanced Return Process Program）……649
公認会計士（CPA = Certified Public Accountant）……463
公認電子申告プロバイダー（Authorized IRS e-File Providers）……351
公判前審問（Pretrial hearing）……748
項目別控除（実額控除／itemized deductions）……24
合理的な疑いを超える程度（beyond a reasonable doubt）……720
高齢者向け税務相談（TCE = Tax Counseling for Elderly）プログラム……342, 344, 532, 545
国産品販促控除（Domestic production activities deduction）……81
国政調査目的の公聴会（investigative hearing）……797
国内生産活動控除（domestic production activities deduction）……23
国防総省（DOD = Department of Defense）……642
国防総省本人確認番号（DOD ID number）……642
国民の税金裁判所（The Peoples' Court of Tax）……503
個人所得税（individual income tax）……1
個人退職金口座（IRA）分配金（IRA = individual retirement account distributions）……16
個人退職プラン（IRA = individual retirement arrangements）……73
個人の納税者番号（ITIN = individual Taxpayer Identification Number）……642
子ども税額控除（child tax credit）……38
個別解釈通達（revenue rulings）……335
個別報告項目（separate reporting of partnership items）……128
コミュニティ益会社（CIC = community interest company）……158
子守税（nanny tax）……70
コモンロー婚（common-law marriage）……311
コモンロー上の善きサマリア人の法理（Good Samaritan doctrine）……241
雇用関係税（employment taxes/payroll taxes）……1, 147
雇用税徴収納付代行事業者（payroll service/payroll agency）……57
雇用主（employer）……57
雇用主拠出の年金（pension, annuity）……73
雇用主番号（EIN = Employer Identification Number）……52
コラーテラル・エストッペル（collateral estoppel）……766
婚姻許可状（marriage license/marriage certificate）……311
婚姻州基準ルーリング……311
婚姻州／婚姻地（state/place of celebration rule）基準……312
婚姻尊厳法（RFMA = Respect for Marriage Act）……300
婚姻防衛法（DOMA = Defense of Marriage Act）……285
コンタクトレター（contact letter）……354, 356
コンピュータ・プログラム（DIFシステム）……436
コンプライアンス（compliance）……544
コンプライアンス部門（Compliance Division）……359

さ　行

サービス料金（service charge）······68
最終決定を受ける権利······329
歳入調査官（Revenue Agent）······355
罪状認否／アラインメント（arraignment）······746
歳入官（Revenue Officer）······359
歳入調査官（Revenue Agent）······726
裁判官／判事（judges）······695
裁判官席意見（Bench Opinion）······713
裁判後弁論趣意書（posttrial briefs）······711
裁判所が正式に訴状を受理した事件（docketed cases）······528, 529
裁判所侮辱罪（contempt of court）······709
裁判前代替紛争解決手続（Pre-Trial Alternative Dispute Resolution Procedures）······665
財務省（Treasury Department）······846
財務省規則（Treasury Regulations）······321
財務省規則サーキュラー230規則（Circular No. 230 Regulations/Rev. 8-2011）······470, 838
財務省租税行政監察総監（TIGTA = Treasury Inspector General for Tax Administration）······336
財務省副長官の指名承認公聴会の手順······870
財務長官（Secretary of the Treasury）······775
差押（levy）······401
差押予告通知（Notice CP 504 = Notice of intent to levy）······403
査定／賦課（assessment）······362
査定／賦課手続（assessment procedure）······109, 365
サブチャプターK税制······111
サメンズ（administrative summons）······368, 378, 745
30日レター（30 day letter）······363, 437
C法人／普通法人（C corporation）······76
自営業者健康保険控除（Self-employed health insurance deduction）······23
自営業者税（self-employment taxes）······72, 147
自営業のSEP, SIMPLE, 適格プランの控除額（Self-employed SEP, SIMPLE, and qualified plans）······23
しきい値（threshold）······12
識別関数（DIF = Discriminant inventory function system）······353
事業型私立財団（private operating foundations）······175
事業活動にかかる総収入または売上高（gross receipts or sales）······80
事業所得・損失（business income or (loss)）······16
事業体擬制説（aggregate theory/aggregate approach）······111
事業体実在説（entity theory/entity approach）······111, 395
事業年（fiscal year）······82
事業のための合理的必要性······230
資金洗浄（money laundering）······725
事件番号（docket number）······706
資産の基準価額／税務上の簿価（taxpayer's basis of the property）······20
資産の売却その他処分（sale or other disposition of property）······18
事実上の婚姻（*de fact* marriage／内縁）······304

事項索引

事実審裁判所（trial courts）……690
事実問題（factual issues）……689
子女養育費税額控除（child and dependent care credit）……38
事前照会文書回答（private letter rulings）……335
次長検事／司法副長官（Deputy Attorney General）……687
実額控除（itemized deductions）……6, 24
質問応答記録書（Question & Answer Statement）……431
質疑討論……806
失業補償給付金（unemployment compensation）……16
実質的審査基準……178
実質的経済効果に基づく配賦規制……134
実質的審査基準……598
実質的な経済効果（substantial economic effect）……134
実地調査官（Field Auditor）……359
実地調査／臨場調査（Field examination/audit）……356, 415
指定登録納税申告書作成士（designated RTRP）……482
私的利益増進禁止原則（PBD = private benefit doctrine）……163
私的流用禁止原則（PID = private inurement doctrine）……206
自動低申告者チェックプログラム（AUR program = Automated underreporter program）……352, 436
自発的納税協力（voluntary tax compliance）……564
支払離婚手当（Alimony paid）……23
支払利子／経過利子（interest）……80
シビルユニオン（civil union）……310
司法次官（AAG = Associate Attorney General）……687, 735
司法上の経済的実質主義に基づく配賦規制……135
司法長官／検事総長（Attorney General）……687
司法取引（plea bargaining）……749
司法副長官（Deputy Attorney General）……687
資本勘定（capital account）……119
資本資産（capital assets）……19
資本損益（capital gains and losses）……19
資本持分（capital interest）……119
シャウプ勧告……85
社会益増進会社／B会社（B corp = benefit corporation）……191
社会益増進合同会社（BLLC = benefit limited liability company）……190
社会起業家（social entrepreneurs）……155
社会的営利会社（social primacy company）……194
社会的責任ポートフォリオ投資（SRI = socially responsible investment）……155
社会投資家（social investors）……155
社会保障給付および補助金詐欺（entitlement & subsidy fraud）……727
社会保障給付金（social security benefits）……16
社会保障施策（entitlement programs）……572
社会保障税（social security tax）……53, 54
社会保障省（SSA = Social Security Administration）……321
社会保障番号／共通番号（SSN = Social Security Number）……52, 641

事項索引　905

社会目的会社（SPC = social purpose corporation）……………………………………157, 193, 194
赦免（amnesty）………………………………………………………………………………720
重過失（gross negligence）…………………………………………………………………244
従業員（employee）……………………………………………………………………………58
宗教団体等の政治活動と規制課税……………………………………………………………600
自由刑（imprisonment）………………………………………………………………………719
終結合意／クロージング・アグリメント（closing agreement）………………………364, 679
重罪（felony）…………………………………………………………………………………739
住所州／地基準（state/place of domicile rule）……………………………………………312
州所得税・地方団体住民税の還付金等（taxable refunds, credits, or offsets of state and local income taxes）……16
修繕費（repairs and maintenances）…………………………………………………………80
住宅ローン利子税額控除（mortgage interest credit）………………………………………38
柔軟目的会社（FPC = flexible purpose corporation）……………………………………193
州法の統一に関する全米長官会議（ULC = Uniform Law Commission／正式名称は National
　Conference of Commissioners on Uniform State Laws）……………………………180
収録の筆写（transcript of Recording）……………………………………………………419
授業料控除（tuition and fees）………………………………………………………………23
趣旨説明………………………………………………………………………………………805
首席法律顧問官（Chief Counsel）……………………………………………………………341
受贈者に対する非課税取扱い…………………………………………………………………265
出資（contribution）…………………………………………………………………………119
出資時の含み益，含み損の配賦適正化措置…………………………………………………133
受動的活動関連損失の損益通算を同種の活動関連所得内に制限する措置………………133
巡回型の裁判所（circuit courts）……………………………………………………………525
純キャピタルゲイン額（capital gain net income）…………………………………………80
純収益（net earnings）………………………………………………………………………75
上院（Senate）…………………………………………………………………………………779
上院・下院本会議への委員会報告書の提出…………………………………………………809
上院財政委員会（Senate Committee on Finance）………………………………………776
上院での法案審議……………………………………………………………………………818
上院法案（Senate Bill）………………………………………………………………………789
生涯教育およびアメリカ人の機会均等（旧ポープ奨学金教育）税額控除（lifetime learning credit
　and American opportunity tax credit）…………………………………………………39
生涯有効資格試験および適格審査への合格…………………………………………………847
障害を持つアメリカ人保護法（ADA = Americans with Disabilities Act）……………483
少額租税事件／S事件（small tax cases/S cases）…………………………………………699
少額租税事件／S事件と控訴…………………………………………………………………703
少額租税事件／S事件の特質…………………………………………………………………703
少額租税事件の要件…………………………………………………………………………702
上下両院協議会（conference committee）……………………………………………795, 811
上下両院協議会での協議……………………………………………………………………811
小規模企業・自営業局（SB/SE = Small Business/Self-Employed Division）…………338
小規模企業／自営納税者向け早期和解手続（SB/SE FST = Fast Track Settlement for Small
　Business/Self-Employed Taxpayers）……………………………………………………673
小規模事業会社／S法人（S corporation = small business corporation）………………156

小規模パートナーシップ···393
小規模パートナーシップ適用除外（SPE = small partnership exception）···············389
上告受理の申立て（a petition for writ of *certiorari*）································690
証拠資料（documentation）··354
証拠提出責任（burden of production/burden of going forward with the evidence）·······684
消失控除（phase-in, phase out）···43
上訴（appeals）担当課（Appellate Section）··734
譲渡益・譲渡損（capital gain or (loss)）···16
譲渡費用（selling expenses）··20
常任委員会（standing committee）···795
証人召喚状（subpoena ad testificandum）··742
小陪審（pitty jury）··738, 740
情報申告書（information return）··111
消滅時効（statute of limitations）···679
書簡5071C（Letter 5071C）···659
書簡調査（correspondence examination/audit）·······················30, 354, 356, 415
食料寄附法（Good Samaritan Food Donation Acts）··································235
食料支給券プログラム（FSP）···573
食料棚卸資産（food inventory）··268
食料棚卸資産の寄附にかかる特例（special rule for contributions of food inventory）····268
食料棚卸資産の寄附にかかる評価特例措置···268
助成型私立財団（private non-operating foundations）··································175
所得控除（income exemption deduction）··5
所得税額（income tax）···6
所得調整控除（'above the line' deductions）··6
署内調査（Office examination/audit）··356, 415
処分違憲（as-applied constitutional challenge）··290
ジョン・ドー召喚状／サメンズ（John Doe summons）·································380
知らされる権利··328
私立財団（private foundations）···174, 262
人格のない非営利社団（unincorporated non-profit association）·······················160
信教の自由と世俗法上の受忍義務···622
信教の自由復活法（RFRA = Religious Freedom Restoration Act of 1993）·············623
信教の自由保障法（RLPA = Religious Liberty Protection Act of 1999）················625
申告期支援··344
申告後支援··344
申告資格（filing status）··5
申告書作成者調査最終報告書（Return Preparer Review Final Report）················847
申告是認··361
申告是認通知（no change letter）···437
申告にかかる失念（mistakes）··722
申告納付（self-assessment）··225
申告前支援··344
信託（trust）··144
人的控除（personal exemption）··30

人的控除等（exemptions: deductions for personal and dependency exemptions）·················· 6
人的所有会社税（PHC tax = Personal holding company tax）·················· 222
信任義務（fiducialy duty）·················· 196
審理陪審（trial jury）·················· 738, 740
税額控除（tax credit）·················· 5, 6, 37
税額査定（assessment of tax）·················· 461
政教分離課税制度：政教分離の壁を高くする税制とは（Tax law：keeping church and state separate：Electing the higher wall of separation between church and state）·················· 585
政教分離を求めるアメリカ市民連合（AU = Americans United for Separation of Church and State）·················· 628
政権交代とロビイストへの転身·················· 834
政治活動を理由とする処分·················· 598
正式起訴状（indictments）·················· 738
正式な不足税額（更正処分）通知書（SNOD = Statutory notice of deficiency）·················· 366
政治任用（political appointments and nominations）·················· 334, 775
政治問題論（political question doctrine）·················· 889
税金の学習と連帯（Link & Learn Taxes）·················· 542
税制を活用した福祉改革（tax-based welfare reform）·················· 562
政府検査院（GAO = Government Accountability Office）·················· 569, 822
政府検査院報告書『なりすましと租税詐欺』（Identity Theft and Tax Fraud）·················· 659
政府統治機関（governmental instrumentalities）·················· 160
政治任用官職の承認目的の公聴会（confirmation hearing）·················· 797
政府法案（administrative bill）·················· 776
税法改正の実際·················· 820
税務支援プログラム·················· 532
税法上の危険負担ルール（at-risk rules）適用による規制·················· 133
税務上の簿価（taxpayer's basis of the property）·················· 20
税務書類作成業務の有償独占化運動·················· 841
税務書類作成業務有償化法案·················· 842
税務書類の作成（preparation of Returns）·················· 846
税務調査（tax audit）·················· 415, 455, 476, 554, 558, 726
税務調査担当官（tax examiner）·················· 355, 359
税務と政府規制·················· 505
税務パートナー（TMP = Tax Matters Partner）·················· 389
税率表（tax rate schedules）·················· 5
説教壇自由日曜日（Pulpit Freedom Sunday）運動·················· 637
説得責任（burden of persuasion）·················· 684
前 IRS 職員の試験免除による税務専門職資格の取得の仕組み·················· 480
善意の食料寄附と保健衛生規制·················· 255
全国税士連盟（NAEA = National Association of Enrolled Agents）·················· 837
全国登録税務士連盟（NAEA = National Association of Enrolled Agents）·················· 469, 837
全国納税者権利擁護官（NTA = National Taxpayer Advocate）·················· 336, 341
電子連邦税納付システム（EFTPS = Electronic Federal Tax Payment System）·················· 56
宣誓供述書（affidavit）·················· 379, 431
選択適格事業体（eligible entity）·················· 145

早期解決 (fast track) ……………………………………………………………………670
早期付託手続 (ER = Early Referral Procedure) ……………………………………674
早期不服紛争解決手続 (Fast Track Dispute Resolution Procedures) ……………672
総合課税方式 (comprehensive income tax system) …………………………………5
増差額確認 ………………………………………………………………………………362
総収入金額 (gross receipts or sales) …………………………………………………18
総所得 (GI = gross income) ……………………………………………………6, 9, 78, 80
総所得合計額 (total gross income) ……………………………………………………80
総所得総算入方式 (all-inclusive income approach, all-inclusive income concept) …4
総賃貸額 (gross rents) …………………………………………………………………80
争点の追加／新たな争点／ニューイシュー／ニューマター (new issue／new matter) …686
相当の注意義務 (reasonable care) ……………………………………………………242
総ロイヤルティ額 (gross royalties) ……………………………………………………80
組織犯罪撲滅部隊 (Organized Crime Strike Force) ………………………………727
訴状 (petition) …………………………………………………………………………698
組成 (formation) …………………………………………………………………117, 118
租税回避スキーム (tax avoidance schemes) …………………………………………142
租税公課 (taxes and licenses) …………………………………………………………80
租税歳出 (tax expenditure) ……………………………………………………106, 567
租税歳出予算 (tax expenditure budget) ………………………………………106, 567
租税裁判所 (S. Tax Court) ……………………………………………………………523
租税裁判所意見 (Tax Court opinion) …………………………………………………713
租税裁判所：意見再考の申立て (motion for reconsideration of opinion) ………707
租税裁判所が取り扱う訴訟事件 ……………………………………………………694
租税裁判所：完全合意した事件の提出の申立て (motion for submission of case fully stipulated／TC規則122条) ……………………………………………………………707
租税裁判所協議会 (Conference of the U. S. Tax Court) …………………………512
租税裁判所：裁判地変更の申立て (motion to change place of trial) ……………707
租税裁判所：修正訴状提出許可の申立て (motion for leave to file an amended petition) …707
租税裁判所：訴訟手続続行の申立て (motion for continuance) …………………707
租税裁判所長官 (Chief Judge) ………………………………………………………693
租税裁判所の裁判担当者 ……………………………………………………………695
租税裁判所の所管事項にかかる業務 (practice before the Court) ………………697
租税裁判所の大学タックスクリニック (Academic Tax Clinic) プログラム ……509
租税裁判所：判決無効の申立て (motion to vacate decision) ……………………707
租税裁判所：弁護士費用および裁判費用の申立て (motion for attorneys' fee and costs/IRC 7430条a項) ………………………………………………………………707
租税裁判所：略式判決の申立て (motion for summary judgment／TC規則121条b項) ………707
租税犯則調査／査察 (criminal tax investigation) …………………………………427
租税犯則調査／査察過程の可視化 …………………………………………………427
租税法律主義 (No taxation without statutes/No taxation without representatives) …890
租税ほ脱罪 (tax evasion) ……………………………………………………………723
租税優遇項目／租税特別措置 (tax preferential) ……………………………………86
速記記録 (stenographic recording) …………………………………………………425
租特透明化法 ……………………………………………………………………………90

その他の純ゲイン（またはロス）（net gain (or loss)）……………………80
その他の損益（other gains or (losses)）……………………16
その他の大統領令（Presidential orders）……………………873
損失控除に基準価額内規制……………………133

た 行

第1次納税者権利章典法「T1」（TBOR1＝Taxpayer Bill of Rights 1）……………………323
第2次納税者権利章典法「T2」（TBOR2＝Taxpayer Bill of Rights 2）……………………323
第3次納税者権利章典法「T3」（TBOR3＝Taxpayer Bill of Rights 3）……………………323, 324
第4次納税者権利章典法「T4」（TBOR4＝Taxpayer Bill of Rights 4）……………………323, 327
第一読会の開催……………………805
大学タックスクリニック（Academic Tax Clinic）……………………523
大企業・国際局（LB & I＝Large Business and International Division）……………………338
大企業／国際納税者向け早期和解手続（LB/I FST＝Fast Track Settlement for Large Business and International Taxpayers）……………………673
大規模宴会特別料金（large party charge）……………………67
大規模な納税申告書作成サービス全国チェーン（large national chains）……………………469
退職貯蓄拠出税額控除（retirement savings contributions credit/saver's credit）……………………39
代替的紛争解決手続（ADR＝Alternative Dispute Resolution Procedures）……………………671
代替的紛争解決プログラム（ADR＝Appeals Dispute Resolution Programs, Alternative Dispute Resolution Programs）……………………665
代替ミニマム税（AMT＝alternative minimum tax）……………………1, 86
代替ミニマム税（AMT）の計算……………………91
大統領制（Presidential System of Government）……………………775
大統領任用職（PAs＝Presidential political appointments）……………………862
大統領の署名と税務行政庁の対応……………………819
大統領令統制のための権力分立回復法案（Separation of Powers Restoration Act of 1999）……………………885
大統領府（EOP＝Executive Office of the President）……………………779
大統領府覚書（executive memoranda）……………………874
大統領令による租税政策の実施……………………878
大統領府令（E.O.＝executive orders）……………………873
大統領令と司法審査……………………888
大統領令と法の支配……………………884
大統領令による課税（Taxation by executive orders）……………………890
滞納税額免除／OIC（＝offer-in-compromise）……………………460
滞納対応制度（default regime）……………………393
滞納／徴収事案以外の不服審査後調停手続（PAM＝Post Appeals Mediation Procedures for Non-Collection Cases）……………………674
滞納／徴収事案早期調停（FTM＝Fast Track Mediation for Collection Case）……………………674
滞納／徴収事案の不服審査後調停手続（徴収関係PAM＝Post-Appeals Mediation Procedures for Collection Cases）……………………675
大陪審召喚状（Grand Jury summons）……………………745
対面（in person）……………………363
対面協議（face-to-face conference）……………………425
代理人を依頼する権利……………………329
高い質のサービスを受ける権利……………………329

タックス・インデクセーション（tax indexation）……7
タックスコンプライアンス（自発的納税協力）……87
タックス・コンプライアンス担当官（Tax Compliance Officer）……359
タックスシェルターとは何か……457
棚卸資産項目（inventory items）……124
棚卸資産（inventory）の寄附……265
単一国家（single state/unitary country）……303, 586
短期資本損益（short-term capital gain or loss）……20
単身者（single）……6
担税力（ability to pay income tax）……86
団体運営基準……178
単独決議案（simple resolutions）……783
チェック・ザ・ボックス・ルール（CTB = Check-the-box rule）……146, 185
チップ・プール・分配協定（tip-sharing agreement）……67
地方検事（DA=District Attorney）……687
仲裁（arbitration）……671
超過累進税率（progressive tax rates）……5, 6
長期資本損益（long-term capital gain or loss）……19
長期資本利得（long capital gains）……22
調査終了記録（Examination Closing Record）……417
調査部門（Examination Division）……359
調査報告書（audit report）……361
徴収上の適正手続審理（CDP hearing）……329, 403, 669
徴収の意向通知書及び聴聞に受けるあなたの権利通知書（Notice of Intent to Levy and Notice of Your Right to a Hearing）……422
徴収部門（Collection Division）……359
調整総所得（AGI = adjusted gross income）……6
調停（mediation）……671
超党派予算法（BBA = Bipartisan Budget Act of 2015）……386
勅許団体（specially chartered organization）……160
賃金・給与・チップ等（wages, salaries, tips, etc.）……16
賃借料（rents）……80

つ

追加的子ども税額控除（additional child tax credit）……39
通常所得（ordinary income）……33
通常租税事件（regular tax cases）……699
通常損益（ordinary gains and losses）……19
通常の控除／経費項目（business expenses & specific deductions）……80
通常の控除項目／費用（common business deductions/expenses）……78
通常の不服審査（normal Appeal）……666
通常必要な各種費用（ordinary and necessary expenses）……18
通信販売詐欺（telemarketing fraud）……727
通達（Revenue Rulings, Letter Rulings）……321
通知書 CP01A〔IP PIN 通知書〕……657
DIF システム（Discriminant Inventory Function System）……352
TC 規則（U. S. Tax Rules of Practice and Procedure）……508

定額控除 (standard deductions)·· 6, 24
定款 (corporate charter)··· 75
定期預金早期引出しにかかる違約金 (penalty on early withdrawal of savings)·········· 23
低収益合同会社 (L3C = low-profit limited liability company)·················· 156, 188
低所得納税者クリニック (LITC = Low-Income Taxpayer Clinics) プログラム······· 345, 552
適格受取配当 (qualified dividends)··· 16
適格寡婦／寡夫 (qualified widower, surviving spouse)································ 6
適格子ども (qualifying child)·· 31
適格承認決定書 (determination letter)··· 177
適格親族 (qualifying relative)··· 32
適正な納税額以上の支払いをしない権利·· 329
適法性の推定 (presumption of correctness/presumption of fairness)················· 684
適用違憲 (as-applied constitutional challenge)····································· 290
手続通達 (revenue procedures)·· 335
TEFRA パートナーシップ手続 (TEFRA partnership procedures)··················· 385, 387
電子申告 (electronic filing/e-file)··· 351
統一 LLC 法 (ULLCA = Uniform Limited Liability Company Act)····················· 180
同一請求排除原則 (res judicata)··· 766
同一争点排除原則 (collateral estoppel)·· 766
統一非営利人格のない社団法 (UUNAA = Uniform Unincorporated Non-profit Association Act)··· 160
導管課税 (conduit tax treatment)··· 143
導管理論 (conduit theory)·· 143
同性婚カップル (same-gender married couples/same-sex married couples)············ 290
同性配偶者に関する課税取扱い·· 285
当然に課税除外／非課税 (per se tax exclusion)······································· 154
答弁取引／司法取引 (plea bargaining)·· 749
登録税務士 (EA = Enrolled Agent)··· 463
登録退職計画士 (ERPA = Enrolled Retirement Plan Agent)························ 463, 480
登録年金数理士 (Enrolled Actuary)·· 463, 480
登録納税申告書作成士 (RTRP = Registered Tax Return Preparer)·················· 471, 847
登録納税申告書作成士 (RTRP) 資格試験·· 483
特定事業経費 (certain business expenses of reservists, performing artists, and fee-basis government officials)···· 23
特定世帯主 (head of household)··· 6
特定目的会社 (SPC = special purpose company)······································· 144
特定目的事業体 (SPV = special purpose vehicle)································ 144, 194
特別委員会 (special, select committees)·· 795
特別控除項目 (special deductions)·· 78, 81
特別事実審裁判官 (STJ = special trial judges)······································ 695
特別調査官 (Special Agent)·· 360
独立した紛争解決の場で，IRS の決定に不服申立てする権利···························· 329
特例大規模パートナーシップ (ELPs = electing large partnership rules)·············· 393
ドケット・ナンバー (docket number)··· 706
ドケテッドケース (docketed cases)·· 528, 529
ドケテッドケース／司法審査を受理された事案／裁判所で係争中の事案 (docked case)········· 669
ドメスティックパードナーシップ (domestic partnership)···························· 310

共稼ぎ夫婦（married two-earner couples）……………………………………………………7
取戻課税（taxes for recapture）…………………………………………………………………149
頓挫した登録納税申告書作成士（RTRP）制度…………………………………………………492

な 行

内国歳入庁（IRS = Internal Revenue Service）……………………………………321, 334
内国歳入庁主導の収録（IRS initiated recordings）……………………………………………417
内国歳入庁長官（Secretary of the Internal Revenue Service）…………………………334, 775
内国歳入庁認可電子申告業者（Authorized IRS e-file Provider）……………………………507
内国歳入庁（IRS）の所管事項にかかる業務に関する規則（Regulations Governing Practice before the Internal Revenue Service）…471
内国歳入法典（IRC = Internal Revenue Code）………………………………………………1
内国歳入法典（IRC）上の根拠規定………………………………………………………………369
内国歳入マニュアル（IRM = Internal Revenue Manual）…………………………………411
内部告発者（whistleblower）………………………………………………………………………726
内部留保（reserves）……………………………………………………………………………222
内部留保金（accumulated earnings）……………………………………………………………222
なりすまし犯罪（identity theft）………………………………………………………………727
なりすまし不正還付コスト評価（IDF Refund Fraud Cost Estimate）…………………………661
なりすまし不正還付申告の構図……………………………………………………………………645
なりすまし不正申告への納税者心得10箇条………………………………………………………651
なりすまし不法就労………………………………………………………………………………647
二重課税（double taxation）……………………………………………………………………75, 222
二重の危険／二重処罰の禁止の危険からの保護（protection against double jeopardy）……747
二重の危険／二重処罰の禁止（double jeopardy）……………………………………………765
2分の1自営業者税（One-half of self-employment tax）………………………………………23
日本の任意組合課税………………………………………………………………………………112
ニューイシュー（new issue／new matter）……………………………………………686, 704
ニューマター（new issue／new matter）………………………………………………686, 704
任意の法的拘束力のある仲裁（voluntary binding arbitration）……………………………527
任意労働者分類和解プログラム（CCSP = Voluntary Classification Settlement Program）…59
認定速記者（CSR = certified shorthand reporter）…………………………………………411
年金詐欺（pension fraud）………………………………………………………………………727
年金，賞与等の計画費用（pension, profit-sharing, etc. plans）……………………………81
年金・退職年金（pensions and annuities）……………………………………………………16
年次の継続研修……………………………………………………………………………………847
年末調整制度（year-end adjustment procedures）…………………………………………451
農業所得（損失）（farm income or (loss)）……………………………………………………16
納税者救済命令（TAO = taxpayer assistance orders）………………………………………336
納税者権利章典法（TBOR = Taxpayer Bill of Rights）………………………………………322
納税申告書作成業者（TRP = tax return preparers）…………………………………………463
納税者としてのあなたの権利：納税者権利章典（Your Rights as a taxpayer: Taxpayer Bill of Rights）…328
納税者の面談収録権（taxpayer's right to record interview）………………………………411
納税者番号（TIN = taxpayer identification number）………………………………………52
納税者本人に対する控除（exemption for the taxpayer）……………………………………31
納税申告書作成者ID番号（PTIN = Preparer Tax Identification Number）…………470, 847

納税申告書作成者向けの年次申告期プログラム（AFSP = Annual Filing Season Program for Tax Return Preparers）…496
納付税額（tax payment）…6
ノンドケテッドケース／司法審査を求めず直ちにIRS不服審査部へ不服申立てした事案（non-docked case）…669
ノンリコース負債にかかるパートナーシップ持分の基準価額内制限…133

は　行

パーセンテージ方式（percentage method）…62
パートナーシップ段階査定・徴収（partnership level assessment and collections）…393
パートナーシップ（partnership）…76
パートナーシップ：IGLDC項目…116
パートナーシップからの分配…124
パートナーシップ：基準価額（basis）…119
パートナーシップ：強制的な終了／解散（involuntarily terminating partnership）…124
パートナーシップ契約（partnership agreement）…115, 118
パートナーシップ：現物資産（in kind property）…119
パートナーシップ：合意による終了／解散（voluntarily terminating partnership）…124
パートナーシップ項目（partnership items）…388
パートナーシップ：個別報告項目（separate reporting of partnership items）…128
パートナーシップ：資本勘定（capital account）…119
パートナーシップ：資本持分（capital interest）…119
パートナーシップ：出資（contributions）…118
パートナーシップ税務調査手続…383
パートナーシップ：組成（formation）…117
パートナーシップ代理人（partnership representative）…393
パートナーシップ：棚卸資産項目（inventory items）…124
パートナーシップの終了／解散…124
パートナーシップの所得その他項目のパススルー…127
パートナーシップの組成と出資・分配…118
パートナーシップ：配賦／パススルー（path-through）…127
パートナーシップ：非個別報告項目（non-separate reporting of partnership items/ordinary items）…128
パートナーシップ：不認識ルール（non-recognition rule）…119
パートナーシップ：分配（partnership distribution）…124
パートナーシップ：分配割当額（distributive share）…131
パートナーシップ：分配割当比率（distributive share ratio）…131
パートナーシップ：未実現債権（unrealized receivables）…124
パートナーシップ持分（partnership interest）…119
パートナーシップ持分の基準価額…120
パートナーシップ持分の処分（disposition of partner's interest/disposition of partnership interest）…122
パートナーシップ：利益持分（profit interest）…119
パートナー段階査定・徴収（partner level assessments and collections）…393
パートナーへの別表K-1の交付…127
配偶者に対する控除（exemption for the spouse）…31
陪審裁判（jury trial）…508
配達証明郵便（certified mail）…681
配当の極大化／追求（profit maximization）…197

配賦（path-through）……………………………………………………………………118
ハイブリッド事業体（hybrid entities）……………………………………………144
パウエル要件（Powell requirements）………………………………………………379
破産（bankruptcy）……………………………………………………………………727
パススルー（path-through）…………………………………………………………118
パススルー課税（path-through taxation）…………………………………………143
パススルー事業体（path-through entities）………………………………………143
働いても貧しい人たち（working poor）……………………………………………561
発生主義（accrual method）……………………………………………………………79
発信主義（mailbox rule）……………………………………………………………347
パナマ文書（Panama Papers）………………………………………………………382
パブリック・サポート・テスト／公的出捐基準（public support tests）………212
犯則事件担当課（CES = Criminal Enforcement Section）………………………735
犯則調査（criminal tax audit, criminal tax investigation）……………………726
犯則調査／査察部（CI = Criminal Investigation）………………………………341
犯則調査／査察部付法務官（CI Counsel）…………………………………………731
犯則調査部門（CI = Criminal Investigation）……………………………………360
B会社（B Corporation = benefit corporation）……………………………………156
BBAパートナーシップ税務調査手続の要点…………………………………………387
BBAパートナーシップ手続……………………………………………………………391
非営利／公益団体（non-profit charitable organizations）………………………154
非営利社団（unincorporated non-profit association）……………………………154
非営利法人（non-profit corporation）………………………………………………160
非課税所得（exclusions）…………………………………………………………6, 78
非課税所得項目（gross income exclusions）…………………………………………9
非課税利息（tax-exempt interest）……………………………………………………16
非関連事業所得（UBIT = unrelated business income tax）………………………162
非給付（非還付）型の税額控除（nonrefundable tax credits）……………………38
非居住外国人（non-resident aliens）…………………………………………………12
非個別報告項目（non-separate reporting of partnership items/ordinary items）……128
非事業用エネルギー財産税額控除（nonbusiness energy property credit）………39
非職業／ノンキャリア政治任用上級管理職（NC-SES Appointment=Non-career Senior Exective Service Appointment）…864
非職業／ノンキャリア政治任用スケジュールC一般職（Non-career Schedule C Position Appointment）…865
非チップ給与（non-tip wage）…………………………………………………………68
BIG税（BIG tax）…………………………………………………………………150, 151
引越費用（moving expenses）…………………………………………………………23
必要経費（expenses）……………………………………………………………………13
必要書類不備滞在者（undocumented immigrants）………………………………878
必要書類不備滞在者に対する大統領猶予令（Exective deferred action for undocumented immigrants）……879
必要書類不備滞在者猶予措置令（executive action）………………………………880
一人親方／請負者（independent contractor）………………………………………58
非パートナーシップ項目（non partnership items）………………………………388
非弁護士試験の作成・採点手続（Procedures for Preparation and Grading of the Nonattorney Examination）………504, 512
非弁護士司法資格試験（nonattorney examination）………………………………510

事項索引 915

非弁護士司法資格試験制度……501
秘密を保護される権利……329
評価性資産……262
評議（deliberation）……741
標準控除（standard deductions）……6, 24
ビル・エマーソン善きサマリア人食料寄附法／善意の食料寄附法（Bill Emerson Good Samaritan Food Donation Act of 1996）……246
ファストトラック／早期解決（fast track）……672
フィーデング・アメリカ（Feeding America）……239
フードスタンプ法（Food Stamp Act of 1964, as amended）……238
フードバンク（Food Bank）……238
夫婦合算申告書（MFJ = married filing jointly）……6, 8, 446
夫婦個別申告（MFS = married filing separately）……6
不起訴合意（NDA = Non-Prosecution Agreement）……720, 751
不起訴相当（no true bill）……747
福祉の税制への融合（integration of tax and welfare programs）……562
含み利得税（built-in gains tax）……150, 151
福利厚生費（employee benefit programs）……81
不抗争の答弁（plea of nolo contendere）……748
不誠実な申告書が提出されている場合（frivolous tax submissions）……722
不足税額（deficiency）……678
不足税額（更正処分）通知書（SNOD = Statutory notice of deficiency）……366
不足税額通知書（NOD = notice of deficiency）……364
不足税額の再決定（redetermination of deficiency）……682
附属定款（articles of incorporation）……75
不徴収罪（willful failure to collect or pay over taxes）……723
普通法人（per se corporation/regular corporation）……76
物価調整（indexing for inflation）……5
不認識ルール（non-recognition rule）……119
負の所得税（negative income tax）……5, 40, 561
不服審査官（appeals office representative/appeals officer）……360, 666
不服審査局（Appeals Office）……360, 666
不服審査後 ADR（Post-Appeals ADR）……674
不服審査部門（Appeals Division/Appeals Office）……341, 359, 360, 666
不服審査への早期付託手続（Early Referral to Appeals Procedures）……671
不服審査前 ADR（Pre-Appeals ADR）……673
不服審査前代替紛争解決手続（Pre-Appeals Alternative Dispute Resolution Procedures）……665
不足税額通知書（deficiency notice/notice of deficiency）……362
不服紛争解決手続（ADR = Appeals Dispute Resolution Procedures）……670, 671
不服申立て（appeals）……406, 437, 501
「不法かつ不名誉な行為」の範囲……488
部門統括官（GM = Group Manager）……412
扶養控除（dependency exemption）……30
プライバシーの権利……329
プラムブック／大統領任用ポスト一覧表（Plum Book）……862

916　事項索引

ブランチ伝道団事件……………………………………………………………………603
プログラム関連投資（PRI = program related investment）………………………189
プロメトリック社（Prometric Inc.）…………………………………………………483
分割納付合意（installment agreement）………………………………………399, 405
文書申告（paper filing）………………………………………………………………351
文書提出召喚状（subpoena duces tecum）…………………………………………742
分析官（classifier）……………………………………………………………………352
分配（distribution）……………………………………………………………………124
分配禁止原則（non-distribution constraint rule）………………………………163, 206
分配割当額（distributive share）……………………………………………………131
分配割当比率（distributive share ratio）……………………………………………131
並行手続（parallel proceeding）………………………………………………………455
閉鎖会社（closely held corporations）………………………………………………198
ベース法案の選択………………………………………………………………………804
並行法案（companion bills）…………………………………………………………789
返金や値引き（return and allowances）………………………………………………80
弁護士（Attorneys）……………………………………………………………………463
弁護士―依頼人特権（attorney-client privilege）…………………………………493, 761
弁護士の自発的公益活動（voluntary *pro bono* public service）…………………524
法案（bills）……………………………………………………………………………782
法案その他の案件審議目的の公聴会（legislative hearing）………………………797
法案 PC 手続……………………………………………………………………………834
包括的パートナーシップ濫用規制ルール（PAAR = partnership anti-abuse rule）……136
ほう助・教唆（aiding and abetting）…………………………………………………724
法人／会社（corporations）……………………………………………………………75
法人擬制説（theory that treats the company as a legal fiction/aggregate theory）……75
法人実在説（separate taxable entity theory/entity theory）………………………75, 180
法人所得税（corporate income tax）……………………………………………………1
法廷速記者（court reporter）…………………………………………………411, 425
法的拘束力のある任意の仲裁（voluntary binding arbitration）…………………693
法の執行妨害（attempts to interfere with administration of internal revenue law）……725
法の適正手続（due process of law）…………………………………………………285, 876
法の平等保護（equal protection of the laws）………………………………………285
法律婚（*de jure* marriage）……………………………………………………………304
法律上の権利としての納税者の面談収録権（statutory taxpayer's right to record interview）………412
法律問題（legal issues）………………………………………………………………689
法令違憲（facial constitutional challenge/facial invalidation of statutes）…………290
法令違反等を理由とする処分…………………………………………………………599
法令遵守（compliance）………………………………………………………………544
ポークバスターズ（pork busters）……………………………………………………90
保険詐欺…………………………………………………………………………………727
補足的栄養支援プログラム（SNAP = Supplemental Nutrition Assistance Program）……238
ボランティア救助者のコモンロー上の責任（volunteer rescuers' liability at common law）……240
ボランティア救助者の法理（volunteer rescuer doctrine）…………………………242
ボランティア所得税（申告）援助（VITA = Volunteer Income Tax Assistance）プログラム……344, 538

ポリティカルアポイントメント（political appointment）･････････････････････････････････775
ホワイトハウス事務局（White House Office）･･･780
本会議への報告･･809
本人訴訟（*pro se* case, personal representation without counsel）････････････････････････696

ま 行

マークアップ（逐条修正）審査･･802, 817
未実現債権（unrealized receivables）･･124
ミニマム税（minimum tax）･･･87, 88
未納付訴訟（prepayment actions）･･･677
未必の故意（recklessness）･･244
身元盗用被害届・宣誓供述書（Identity Theft Victim's Complaint and Affidavit）････････646, 654
身元保護個人納税者番号（IP PIN = Identity Protection Personal Identification Number）･･･････642
民間企業との競争条件の均等化／イコール・フッティング（equal footing）････････････････590
民間シンクタンク･･･827
民事税務調査（civil tax audit/civil tax investigation）･････････････････････････････････････726
民間ボランティア･･･532
民事・刑事同時並行調査（IRS civil-criminal parallel audit/examination）････････････････････455
民事詐欺（civil fraud）･･･722
民事制裁（civil sanctions/civil penalties）･･719
民事租税訴訟（civil tax litigations）･･･689
民事調査（civil audit/civil examination）･･359, 455
民事罰（civil sanctions/civil penalties）･･719
無形評価性資産（intangible appreciated property）･･･････････････････････････････････････263
無罪の答弁（plea of not guilty）･･748
明確かつ納得できる証拠（clear and convincing evidence）････････････････････････････････720
明瞭な線引き法（Bright Line Act of 2001）･･628
メディケア税（Medicare tax）･･･53, 54
メモランダム意見（Memorandum Opinion）･･･713
メルトン・フリードマン（Melton Friedman）･･･197
免税（tax exemption）･･154
免税団体・統治団体局（TE/GE = Tax Exempt & Government Entities Division）････････････339
免税団体／統治団体向け早期和解手続（TE/GE FTS = Fast Track Settlement for Tax-Exempt/
　Government Entities Taxpayers）･･･674
面談覚書（Memorandum of Interview）･･･433
面談記録の保存･･434
面談の音声録音の求め（Requests to Audio Record Interview）･･････････････････････････････415
面談を記録する権利／面談収録権（statutory taxpayer's right to record interview）･･････415, 434
目別控除（itemized deductions）･･･6
黙秘権／自己負罪拒否の権利（rights against self-incrimination）････････････････････････････747
持分の処分（disposition of partner's interest/disposition of partnership interest）･･････････････122
模範非営利法人法（MNCA = Model Nonprofit Corporation Act）･･･････････････････････････164
模範連邦善きサマリア人食料寄附法／善意の食料寄附法（Model Good Samaritan Food Donation Act）･･･245

や 行

役員報酬（compensation of officers）··80
やむにやまれぬ理由（compelling reasons）································690
有形評価性資産（tangible appreciated property）·······················263
有罪の答弁（plea of guilty）··748
養子税額控除（adoption credit）··38
善きサマリア人食料寄附法（Good Samaritan Food Donation Acts）······235
善きサマリア人の法（Good Samaritan law）······························241
予算教書（Budget Message）··784
余剰食料寄附促進税制···235, 257
予定納税（estimated tax）··6
予定納税（estimated tax payments）··82
予定納税制度の納付（estimated tax payment）·····························49
予納税額控除（credit for prepayment of taxes）···························39
呼出調査（office examination/audit）······································356

ら 行

濫用的タックスシェルター（abusive tax shelter）················89, 142, 456
リーエン／先取特権通知書（NFTL = Notice of Federal tax lien）········401
リース・ジュディケイタ（*res judicata*）·····································766
利益持分（profit interest）··119
利害関係者協力・教育・連携（SPEC = Stakeholder Partnership, Education and Communication）····537
利害関係人考量法（stakeholder statute）··································196
立証責任（burden of proof）··683
リバース・ハイブリッド事業体（reverse hybrid entities）················145
リミテッド・ライアビリティ・カンパニー（LLC = Limited Liability Company）·····145
略式意見（Summary Opinion）··713
略式査定通知（summary assessment notice/IRS CP 2000 Letter/CP 2000 Notice）········355, 368, 436
略式査定通知書（CP 2000 Notice）サンプル·································439
略式査定通知手続の手順··443
留保金課税制度···222
留保金税（AET = Accumulated earnings tax）····························222
両院一致決議案（concurrent resolution）··································783
両院共同決議案（joint resolutions）··783
両院合同委員会（joint committees）································795, 854
臨場調査（field examination/audit）······································356
礼拝施設における選挙演説保護法（Houses of Worship Political Speech Protection Act）」案········628
暦年（calendar year）···82
レギュラー・ハイブリッド事業体（regular hybrid entities）··············145
連邦官報（Federal Register）···875
連邦議会下院監視小委員会（Subcommittee on Oversight）················776
連邦議会調査局（CRS = Congressional Research Service）···············826
連邦議会の立法補佐機関··822
連邦刑事訴訟規則（FRCP = Federal Rules of Criminal Procedure/Fed. R. Crim. P）·······738

連邦検察（United States Attorney/U. S. Attorney）……687
連邦検察マニュアル（U. S. Attorney Manual §9-28.000-9）……752
連邦検事（United States Attorney/U. S. Attorney）……687, 729
連邦検事補（AUSA = Assistant United States Attorney）……687
連邦憲法修正第7条〔民事事件における陪審審理の保障〕……697
連邦公益寄附金税制の概要……169
連邦控訴裁判所（U. S. Courts of Appeals）……688, 690
連邦国家（federal country/federal state）……303, 586
連邦最高裁判所（U. S. Supreme Court）……688
連邦財務省（Treasury Department）……321
連邦財務省租税行政監察総監（TIGTA = Treasury Inspector General for Tax Administration）……451
連邦財務省・租税法制顧問官室……813
連邦失業保険税法（FUTA = Federal Unemployment Tax Act）……55
連邦司法省（DOJ = Department of Justice）……687
連邦司法省詐欺部（DOJ Fraud Division）……754
連邦司法省租税部（DOJ Tax = Department of Justice, Division of Taxation）……687, 729, 749
連邦社会保障省（SSA = Social Security Administration）……52
連邦社会保障税（FICA tax = Federal insurance contribution act taxes）……54
連邦巡回控訴裁判所（Federal Circuit Court of Appeals）……688, 690
連邦証拠規則（Federal Rules of Evidence）……697
連邦訟務長官（United States Solicitor General）……687
連邦請求裁判所（U. S. Court of Federal Claims）……677, 688, 691
連邦政府検査院（GAO = Government Accountability Office）報告書「なりすまし犯罪と租税詐欺（Identity Theft and Tax Fraud）」（2016年）……659
連邦税務調査法制……367
連邦税リーエン／先取特権（Federal tax lien）……400, 401
連邦租税裁判所（U. S. Tax Court）……677, 688, 691
連邦租税裁判所協議会（Conference of the U. S. Tax Court）……504
連邦租税裁判所：原告（petitioner ／ taxpayer）……508
連邦租税裁判所執務・手続規則（U. S. Tax Rules of Practice and Procedure）……508
連邦租税裁判所少額租税事件（U. S. Tax Court small tax case）……502
連邦租税裁判所通常租税事件（U. S. Tax Court regular tax case）……502
連邦租税裁判所での訴訟代理……501
連邦租税制裁法制（Federal laws on civil and criminal tax sanctions）……719
連邦租税犯則事件担当課（CES = Criminal Enforcement Section）……734, 735
連租税不服審判所（BTA = Board of Tax Appeals）……503
連邦大陪審（Federal Grand Jury）……737
連邦治安判事（U. S. magistrate judge）……735, 746
連邦地検（district USAO）……729
連邦地方裁判所（U. S. District Court）……677, 688, 691
連邦取引委員会（FTC = Federal Trade Commission）……646
連邦の政府検査院（GAO = Government Accountability Office）……824
連邦の租税徴収手続（collection process/collection procedure）……399
連邦パートナーシップ課税法……108
連邦不正請求告発法（Federal False Claims Act）法廷担当課（Court of Federal Claims Section）……734

連邦法人所得税申告書〔様式1120（Form 1120: U.S. Corporation Income Tax Return）〕…………77
連邦法先占の法理（federal preemption doctrine/federal preemption of state law）……………247
連邦民事訴訟規則（FRCP = Federal Rules of Civil Procedure）………………………………697
連邦民事租税訴訟担当課（Civil Trial Sections）…………………………………………………734
連邦予算の成立過程………………………………………………………………………………785
老年および障害者税額控除（credit for elderly and the disabled）………………………………38
ロックフェラー基金／財団………………………………………………………………………189
ロビー活動公開法（LDA = Lobbying Disclosure Act of 1995）……………………………777, 830
ロビイストと議員立法の第三者評価……………………………………………………………832

わ 行

和解（settlement）………………………………………………………………………364, 527

INDEX

A

'above the line' deductions（所得調整控除）······6
a petition for writ of certiorari（上告受理の申立て）······690
AAG = Associate Attorney General（司法次官）······687, 735
ABA Model Rules of Professional Conduct（アメリカ法曹協会の模範弁護士行動規程）······524
ABA = American Bar Association（アメリカ法曹協会）······164, 669
ability to pay income tax（担税力）······86
ability to pay principle（応能負担原則）······5
abusive tax shelter（濫用的タックスシェルター）······89, 142, 456
Academic Tax Clinic Program（租税裁判所の大学タックスクリニック・プログラム）······509
accountant-client privilege（会計士 – 依頼人特権）······493
accrual method（発生主義）······79
accumulated earnings（内部留保金）······222
ADA = Americans with Disabilities Act（障害を持つアメリカ人保護法）······483
additional child tax credit（追加の子ども税額控除）······39
administrative bill（政府法案）······776
administrative summons（行政召喚状／サメンズ）······368, 378, 745
adoption credit（養子税額控除）······38
ADR = Alternative Dispute Resolution Procedures（代替的紛争解決手続）······671
ADR = Appeals Dispute Resolution Procedures（不服紛争解決手続）······670, 671
ADR = Appeals Dispute Resolution Programs, Alternative Dispute Resolution Programs（代替的紛争解決プログラム）······665
ADRA = Administrative Dispute Resolution Act of 1990（行政的紛争解決法）······667
advertising（広告宣伝費）······80
AET = Accumulated earnings tax（留保金税）······222
affidavit（宣誓供述書）······379, 431
AFSP = Annual Filing Season Program for Tax Return Preparers（納税申告書作成者向けの年次申告期プログラム）······496
aggregate approach（事業体擬制説）······111
aggregate theory（事業体擬制説／法人擬制説）······75, 111
AGI = adjusted gross income（調整総所得）······6
agreement（合意）······131
AICPA = American Institute of Certified Public Accountants（アメリカ公認会計士協会）······468, 848
aiding and abetting（ほう助・教唆）······724
alimony paid（支払離婚手当）······23
alimony received（受取離婚手当）······16
All Saints Church（オールセインツ教会事例）······635
all-inclusive income approach/all-inclusive income concept（総所得総算入方式）······4
amnesty（赦免）······720

AMT = alternative minimum tax（代替ミニマム税）··1, 86
APA = Administrative Procedure Act（行政手続法）··835
appeals（不服申立て）··406, 437, 501
Appeals Division（不服審査部門）··341, 359, 360, 666
Appeals Office（不服審査局）···360, 666
appeals office representative（不服審査官）··360, 666
Appeals officer（不服審査官）··360, 666
Appellate Section（上訴担当課）··734
Arbitration（仲裁）···671
arraignment（アラインメント／罪状認否）···746
articles of incorporation（附属定款）···75
as-applied constitutional challenge（処分違憲／適用違憲）··290
assessment（査定／賦課）··362
assessment of tax（税額査定）···461
assessment procedure（査定／賦課手続）···109, 365
ATLA = Association of Trial Lawyers of America（アメリカ法廷弁護士協会）·····················246
at-risk rules（税法上の危険負担ルール）···133
Attempts to interfere with administration of internal revenue law（法の執行妨害）······················725
Attorney for IRS Chief Counsel（IRS首席法律顧問官室法律顧問官）··508
Attorney General（検事総長／司法長官）··687
attorney-client privilege（弁護士―依頼人特権）··493, 761
Attorneys（弁護士）··463
AU = Americans United for Separation of Church and State（政教分離を求めるアメリカ市民連合）········628
audio recording（音声録音）··409, 425
audit report（調査報告書）··361
AUR program = Automated underreporter program（自動低申告者チェックプログラム）·····352, 436
AUSA = Assistant United States Attorney（連邦検事補）···687, 729
Authorized IRS e-File Providers（公認電子申告プロバイダー／内国歳入庁認可電子申告業者）·············351, 507
auto-gratuities（オート祝儀）···68

B

B corp = benefit corporation（社会益増進会社／B会社）··191
B Corporation = benefit corporation（B会社）··156
back-up withholding（裏打ち源泉徴収）··73
bad debts（貸倒損失）···80
bankruptcy（破産）···727
basis（パートナーシップ：基準価額）··119
BBA = Bipartisan Budget Act of 2015（超党派予算法）··386
Bench Opinion（裁判官席意見）··713
beyond a reasonable doubt（合理的な疑いを超える程度）···720
BIG tax（BIG税）··150, 151
Bill Emerson Good Samaritan Food Donation Act of 1996（ビル・エマーソン善きサマリア人食料
　／寄附法善意の食料寄附法）···246
bills（法案）···782
BJR = business judgment rule（経営判断の原則）···196

BLLC = benefit limited liability company（社会益増進合同会社）··················190
Bright Line Act of 2001（2001年明瞭な線引き法）·····························628
BTA = Board of Tax Appeals（連邦税不服審判所）······························503
Budget Message（予算教書）··784
built-in gains tax（含み利得税）··150, 151
burden of going forward with the evidence（証拠提出責任）·················684
burden of persuasion（説得責任）··684
burden of production（証拠提出責任）···684
burden of proof（立証責任）···683
business expenses & specific deductions（通常の控除／経費項目）·········80
business income (or loss)（事業所得・損失）···································16

C

C corporation（C法人／普通法人）··76
Cabinet System of Government（議院内閣制）··································775
Calendar Call Program（カレンダー・コール・プログラム）············524, 692
calendar year（暦年）··82
capital account（パートナーシップ：資本勘定）······························119
capital assets（資本資産）···19
capital gain net income（純キャピタルゲイン額）······························80
capital gain or (loss)（譲渡益・譲渡損）···16
capital gains and losses（資本損益）···19
capital interest（パートナーシップ：資本持分）······························119
CAS = charitable assets settlement（公益目的資産の継承的処分）········163
cash method（現金主義）··80
CBO = Congressional Budget Office（議会予算局）·····················822, 826
CCSP = Voluntary Classification Settlement Program（自発的労働者分類和解プログラム）···········59
CDP hearing（徴収上の適正手続審理）·································329, 403, 669
Certain business expenses of reservists, performing artists, and fee-basis government officials（特定事業経費）················23
certified mail（配達証明郵便）··681
CES = Criminal Enforcement Section（連邦租税犯則事件担当課／犯則事件担当課）···········734, 735
charitable contributions（公益寄附金）··80
charitable trust（公益信託）···154, 160
Chief Counsel（首席法律顧問官）··341
Chief Judge（租税裁判所長官）···693
child and dependent care credit（子女養育費税額控除）······················38
child tax credit（子ども税額控除）···38
CI Counsel（犯則調査／査察部付法務官）·······································731
CI = Criminal Investigation（IRSの犯則調査／査察部）·············341, 360, 726
CIC = community interest company（コミュニティ益会社）················158
circuit courts（巡回型の裁判所）···525
Circular No. 230 Regulations（財務省規則サーキュラー230規則）·····470, 838
civil audit（民事調査）···359, 455
civil examination（民事調査）···359, 455

civil fraud（民事詐欺）……………………………………………………………………722
civil penalties（民事制裁／民事罰）…………………………………………………719
civil sanctions（民事制裁／民事罰）…………………………………………………719
civil tax audit, civil tax investigation（民事税務調査）……………………………726
civil tax litigations（民事租税訴訟）…………………………………………………689
Civil Trial Sections（連邦民事租税訴訟担当課）……………………………………734
civil union（シビルユニオン）…………………………………………………………310
classifier（分析官）………………………………………………………………………352
clear and convincing evidence（明確かつ納得できる証拠）………………………720
clerical error（記載の誤り）……………………………………………………353, 368
closely held corporations（閉鎖会社）………………………………………………198
closing agreement（クロージング・アグリーメント／終結合意）…………………679
collateral estoppel（コラーテラル・エストッペル／同一争点排除原則）…………766
Collection Division（徴収部門）………………………………………………………359
collection procedure（連邦の租税徴収手続）…………………………………………399
collection process（連邦の租税徴収手続）……………………………………………399
Committee staff（各委員会のスタッフ）……………………………………………822
committees of the whole house（下院全院委員会）………………………………795
common business deductions/expenses（通常の控除項目／費用）…………………78
common-law marriage（コモンロー婚）………………………………………………311
companion bills（並行法案）……………………………………………………………789
compelling reasons（やむにやまれぬ理由）…………………………………………690
compensation of officers（役員報酬）…………………………………………………80
compliance（コンプライアンス／法令遵守）…………………………………………544
Compliance Division（コンプライアンス部門）……………………………………359
comprehensive income tax system（総合課税方式）…………………………………5
concurrent resolution（両院一致決議案）……………………………………………783
conduit tax treatment（導管課税）……………………………………………………143
conduit theory（導管理論）……………………………………………………………143
conference（協議）………………………………………………………………363, 406
conference committee（上下両院協議会）………………………………………795, 811
Conference of the U. S. Tax Court（連邦租税裁判所協議会）……………………504, 512
confirmation hearing（政治任用官職の承認目的の公聴会）………………………797
conspiracy to commit offence or to defraud the U. S.（共謀罪）…………………725
contact letter（コンタクトレター）………………………………………………354, 356
contempt of court（裁判所侮辱罪）……………………………………………………709
contempt of legislature（議会侮辱）…………………………………………………778
contribution（出資）……………………………………………………………………119
contributions（パートナーシップ：出資）……………………………………………118
corporate charter（定款）………………………………………………………………75
corporate income tax（法人所得税）……………………………………………………1
corporations（法人）……………………………………………………………………75
correspondence audit（書簡調査）……………………………………30, 354, 356, 415
correspondence examination（書簡調査）……………………………30, 354, 356, 415
cost of goods sold（売上原価）…………………………………………………………80

court reporter（法廷速記者）……………………………………………………411, 425
CP 2000 Notice（略式査定通知）………………………………………355, 368, 436
CPA ＝ Certified Public Accountant（公認会計士）…………………………463
credit for elderly and the disabled（老年および障害者税額控除）……………38
credit for overpayment of social security taxes（過払社会保障税額控除）……39
credit for prepayment of taxes（予納税額控除）………………………………39
credit for taxes withheld on wages（給与にかかる源泉税額控除）……………39
criminal penalties（刑事制裁／刑事罰）………………………………………719
criminal sanctions（刑事制裁／刑事罰）………………………………………719
criminal tax audit（刑事税務調査）……………………………………………726
criminal tax audit, criminal tax investigation（犯則調査）…………………726
criminal tax investigation（刑事税務調査／租税犯則調査）………………427, 726
criminal tax litigations（刑事租税訴訟）………………………………………689
CRS ＝ Congressional Research Service（連邦議会調査局）………………822, 826
CSR ＝ certified shorthand reporter（認定速記者）…………………………411
CTB ＝ Check-the-box rule（チェック・ザ・ボックス・ルール）………146, 185

D

DA＝District Attorney（地方検事）……………………………………………687
de fact marriage（事実上の婚姻／内縁）………………………………………304
de jure marriage（法律婚）………………………………………………………304
default regime（滞納対応制度）…………………………………………………393
deferred income（退職金）…………………………………………………………73
deficiency（不足額）………………………………………………………………678
deficiency notice（不足税額通知書）……………………………………………362
deliberation（評議）………………………………………………………………741
dependency exemption（扶養控除）………………………………………………30
depletion（減耗償却費）……………………………………………………………80
depreciation（原価償却費）…………………………………………………………80
Deputy Attorney General（次長検事／司法副長官）…………………………687
designated RTRP（指定登録納税申告書作成士）………………………………482
determination letter（適格承認決定書）………………………………………177
DIF：Discriminant inventory function system（識別関数）…………………353
different-gender couples（異性婚カップル）……………………………………290
Discriminant Inventory Function System（DIF システム）…………………352
disposition of partner's interest（パートナーシップ持分の処分）…………122
disposition of partnership interest（パートナーシップ持分の処分）………122
distribution（分配）………………………………………………………………124
distributive share（パートナーシップ：分配割当額）………………………131
distributive share ratio（パートナーシップ：分配割当比率）………………131
district USAO（連邦地検）………………………………………………………729
Division Commissioner（IRS 局長）……………………………………………337
docked case（ドケテッドケース／司法審査を受理された事案／裁判所で係争中の事案）………669
docket number（ドケット・ナンバー／事件番号）……………………………706
docketed cases（ドケテッドケース／裁判所が正式に訴状を受理した事件）………528, 529

documentation（証拠資料）……354
DOD ID number（国防総省本人確認番号）……642
DOD = Department of Defense（国防総省）……642
DOJ Fraud Division（連邦司法省詐欺部）……754
DOJ Tax = Department of Justice, Division of Taxation（連邦司法省租税部）……687, 729, 749
DOJ = Department of Justice（連邦司法省）……687
DOMA = Defense of Marriage Act（婚姻防衛法）……285
domestic partnership（ドメスティックパートナーシップ）……310
Domestic production activities deduction（国内生産活動控除／国産品販促控除）……23, 81
double jeopardy（二重の危険／二重処罰の禁止）……765
double taxation（二重課税）……75, 222
DPA = Deferred Prosecution Agreement（起訴猶予合意）……720, 751
DRD = Dividends received deduction（受取配当控除）……82
due process of law（法の適正手続）……285, 876

E

E. O. = executive orders（大統領府令）……873
EA = Enrolled Agent（登録税務士）……463
Early Referral to Appeals Procedures（不服審査への早期付託手続）……671
economic gains（経済的利得）……6
Economic Report of President（経済教書／大統領経済報告）……784
educator expenses（教育者費用控除）……23
e-file（電子申告）……351
EFTPS = Electronic Federal Tax Payment System（電子連邦税納付システム）……56
EIN（雇用主番号）……52
EITC/EIC and voluntary tax compliance（勤労所得税額控除と自発的納税協力）……576
EITC/EIC：filing status error（勤労所得税額控除：申告資格にかかる過誤）……582
EITC/EIC：income reporting error（勤労所得税額控除：所得額にかかる過誤）……582
EITC/EIC：qualifying tax error（勤労所得税額控除：適格子どもにかかる過誤）……582
EITC/EIC = earned income tax credit（勤労所得税額控除）……39, 343, 560, 582
electronic filing（電子申告）……351
eligible entity（選択適格事業体）……145
ELPs = electing large partnership rules（特例大規模パートナーシップ）……393
emergency doctrine（危急の法理）……242
employee（従業者）……58
employee benefit programs（福利厚生費）……81
employer（雇用主）……57
employment related expenses（勤務関連費）……13
employment taxes（雇用関係税）……1, 147
Enhanced Return Process Program（高度申告書処理プログラム）……649
Enrolled Actuary（登録年金数理士）……463, 480
entitlement & subsidy fraud（社会保障給付および補助金詐欺）……727
entitlement programs（社会保障施策）……572
entity approach（事業体実在説）……111, 395
entity theory（事業体実在説／法人実在説）……111, 395

INDEX 927

EOP = Executive Office of the President（大統領府）·······················779
equal footing（イコール・フッティング／民間企業との競争条件の均等化）······590
equal protection of the laws（法の平等保護）·······························285
ER = Early Referral Procedure（早期付託手続）····························674
ERPA = Enrolled Retirement Plan Agent（登録退職計画士）··········463, 480
estate（遺産財団）···144
estimated tax（予定納税）··6
estimated tax payment（予定納税制度）··49
estimated tax payments（予定納税）··82
ex parte communication rule（片面的交渉の禁止ルール）···················675
Examination Closing Record（調査終了記録）·································417
Examination Division（調査部門）···359
exclusions（非課税所得）···6, 78
Exective deferred action for undocumented immigrants（必要書類不備滞在者に対する大統領猶予令）········879
executive action（大統領令猶予措置令）··880
executive memoranda（大統領府覚書）··874
exemption for the spouse（配偶者に対する控除）·······························31
exemption for the taxpayer（納税者本人に対する控除）·························31
exemptions: deductions for personal and dependency exemptions（人的控除等）·······6
expenses（必要経費）··13

F

face-to-face conference（対面協議）···425
facial constitutional challenge（法令違憲）···································290
facial invalidation of statutes（法令違憲）···································290
factual issues（事実問題）···689
failure to make timely deposits of tax（源泉徴収税額の期限内未納付）······722
false return（虚偽申告書）···840
false statement（虚偽報告）···725
farm income (or loss)（農業所得（損失））·······································16
fast track（ファストトラック／早期解決）·································670, 672
Fast Track Dispute Resolution Procedures（早期不服紛争解決手続）······672
FATCA = Foreign Account Tax Compliance Act（外国口座税務コンプライアンス法）······754
Federal Circuit Court of Appeals（連邦巡回控訴裁判所）··············688, 690
Federal corporate income tax（連邦法人税）····································75
Federal False Claims ActCourt of Federal Claims Section（連邦不正請求告発法（法廷担当課））···734
Federal Grand Jury（起訴陪審／連邦大陪審）·································737
federal laws on civil and criminal tax sanctions（連邦租税制裁法制）······719
federal preemption doctrine（連邦法先占の法理）···························247
federal preemption of state law（連邦法先占の法理）························247
Federal Register（連邦官報）···875
Federal Rules of Evidence（連邦証拠規則）·································697
federal state（連邦国家）···303, 586
Federal tax lien（連邦税リーエン／先取特権）·························400, 401
Feeding America（フィーデング・アメリカ）·································239

felony（重罪） 739
FICA tax = Federal insurance contribution act taxes（連邦社会保障税） 54
fiducially duty（信任義務） 196
Field Attorney（IRS首席法律顧問官室法律顧問官） 508
field audit（実地調査／臨場調査） 356, 415
Field Auditor（実地調査官） 359
field examination（実地調査／臨場調査） 356, 415
filing status（申告資格） 5
financial institution fraud（金融機関詐欺） 727
fiscal year（事業年） 82
FMV = fair market value（公正な市場価額） 263
Food Bank（フードバンク） 238
food inventory（食料棚卸資産） 268
Food Stamp Act of 1964, as amended（1964年フードスタンプ法） 238
Foreign Agents Registration Act of 1938（外国代理人法） 830
formation（パートナーシップ：組成） 117
for-profit business corporation（営利事業会社） 75
for-profit/not-for-profit hybrid companies（営利／非営利ハイブリッド会社） 160
for-profit/not-for-profit hybrid entity（営利／非営利ハイブリッド事業体） 155
FPC = flexible purpose corporation（柔軟目的会社） 193
fraud and false statement（虚偽報告） 724
FRCP = Federal Rules of Civil Procedure（連邦民事訴訟規則） 697
FRCP = Federal Rules of Criminal Procedure/Fed. R. Crim. P（連邦刑事訴訟規則） 738
frivolous tax submissions（不誠実な申告書が提出されている場合） 722
FSP（食料支給券プログラム） 573
FTC = Federal Trade Commission（連邦取引委員会） 646
FTM = Fast Track Mediation for Collection Case（滞納／徴収事案早期調停） 674
full payment requirement（完納要件） 682
FUTA = Federal Unemployment Tax Act（連邦失業保険税法） 55

G

GAO = Government Accountability Office（連邦の政府検査院） 569, 822, 824
GI = gross income（総所得） 6, 9, 78, 80
GM = Group Manager（部門統括官） 412
Good Samaritan doctrine（コモンロー上の善きサマリア人の法理） 241
Good Samaritan Food Donation Acts（善きサマリア人食料寄附法） 235
Good Samaritan law（善きサマリア人の法） 241
governmental instrumentalities（政府統治機関） 160
Grand Jury summons（大陪審召喚状） 745
green card（グリーンカード／永住権） 879
gross income exclusions（非課税所得項目） 9
gross negligence（重過失） 244
gross profits from sales（売上総収益） 80
gross receipts or sales（総収入金額／事業活動にかかる総収入または売上高） 18
gross rents（総賃貸額） 80

H

gross royalties（総ロイヤルティ額）……80
group exemption letter, group ruling（グループ免税資格承認）……595

H

head of household（特定世帯主）……6
health savings account deduction（HSA 勘定の控除）……23
heterosexual married couples（異性婚カップル）……290
House Bill（下院法案）……789
House of Representatives（下院）……779
House Ways and Means Committee（下院歳入委員会）……776
Householder Employer's Tax（家事使用者税）……70
Houses of Worship Political Speech Protection Act（礼拝施設における選挙演説保護法案）……628
hybrid entities（ハイブリッド事業体）……144

I

Identity Protection Specialized Unit（IRSの身元保護機動班）……663
identity theft（なりすまし犯罪）……727
Identity Theft and Tax Fraud（政府検査院報告書『なりすましと租税詐欺』）……659
Identity Theft Victim's Complaint and Affidavit（身元盗用被害届・宣誓供述書）……646, 654
IDF Refund Fraud Cost Estimate（なりすまし不正還付コスト評価）……661
IDTVA = Identity Theft Victim Assistance（IRSなりすまし被害者支援班）……655
imprisonment（拘禁刑／自由刑）……719
imputed underpayment（帰属不足税額）……394
in kind property（パートナーシップ：現物資産）……119
in person（対面）……363
income exemption deduction（所得控除）……5
income tax（所得税額）……6
independent contractor（一人親方／請負者）……58
indexing for inflation（物価調整）……5
indictments（インダイトメント／正式起訴状）……738
individual income tax（個人所得税）……1
informant（外部の情報提供者）……726
information（簡略起訴状）……739
information return（情報申告書）……111
installment agreement（分割納付合意）……399, 405
Instructions for Limited Liability Company Reference Guide Sheet（ガイドラインの解説書）……213
intangible appreciated property（無形評価性資産）……263
integration of tax and welfare programs（福祉の税制への融合）……562
intentional conduct（故意の行為）……244
interest（経過利子／支払利子）……80, 722
Internal Revenue Submission Processing Center（IRSキャンパスの申告処理センター）……14, 352
inventory items（パートナーシップ：棚卸資産項目）……124
investigative hearing（国政調査目的の公聴会）……797
involuntarily terminating partnership（パートナーシップ：強制的な終了／解散）……124
IP PIN = Identity Protection Personal Identification Number（身元保護個人納税者番号）……642

IRA deduction（IRA 控除額）···23
IRA = Individual retirement account distributions（個人退職金口座（IRA）分配金）···········16
IRA = individual retirement arrangements（個人退職プラン）······························73
IRC = Internal Revenue Code（内国歳入法典）··1
IRM = Internal Revenue Manual（内国歳入マニュアル）·································411
IRS Campus（IRS キャンパス）··347
IRS civil-criminal parallel audit/examination（民事・刑事同時並行調査）····················455
IRS CP 2000 Letter（略式査定通知）···355, 368, 436
IRS Fresh Start Program（IRS の再出発プログラム）·····································399
IRS Initiated Recordings（内国歳入庁主導の収録）······································417
IRS Registered Tax Return Preparer Test（IRS 登録納税申告書作成士（RTRP）試験）·······483
IRS Whistleblower Office（IRS の内部告発局）···726
IRS = Internal Revenue Service（内国歳入庁）······································321, 334
itemized deductions（別表 A〔項目別控除明細書〕）···································6, 26
ITIN = individual Taxpayer Identification Number（個人の納税者番号）····················642

J

jeopardy assessment（緊急賦課）···401
John Doe Summons（ジョン・ドー召喚状／サメンズ）··································380
joint committees（両院合同委員会）··795, 854
joint resolutions（両院共同決議案）··783
judges（裁判官）···695
jury trial（陪審裁判）···508

K

Kintner Regulations（キントナー規則）···148, 184

L

L3C = low-profit limited liability company（低収益合同会社）····················156, 188
large national chains（大規模な納税申告書作成サービス全国チェーン）···················469
Large party charge（大規模宴会特別料金）···67
late filers（期限後申告で履行懈怠の場合）··721
LB & I = Large Business and International Division（大企業・国際局）····················338
LB/I FST = Fast Track Settlement for Large Business and International Taxpayers（大企業／国際納税者向け早期和解手続）··673
LDA = Lobbying Disclosure Act of 1995（ロビー活動公開法）·····················777, 830
legal issues（法律問題）··689
legislative hearing（法案その他の案件審議目的の公聴会）······························797
Letter 5071C（書簡5071C）···659
levy（差押）··401
lifetime learning credit and american opportunity tax credit（生涯教育およびアメリカ人の機会均等（旧ホープ奨学金教育）税額控除）·······································39
Limited Liability Company Reference Guide Sheet（LLC 参考ガイドシート）··············213
Link & Learn Taxes（税金の学習と連帯）··542
LITC = Low-Income Taxpayer Clinics（低所得納税者クリニック）·················345, 552

INDEX 931

LLC = Limited Liability Company（リミテッド・ライアビリティ・カンパニー／合同会社）····145, 156
long capital gains（長期資本利得）····22
long-term capital gain or loss（長期資本損益）····19

M

mailbox rule（発信主義）····347
marriage certificate（婚姻許可状）····311
marriage license（婚姻許可状）····311
married two-earner couples（共稼ぎ夫婦）····7
math error exception（計算違い等を理由とする不足税額通知（更正処分／SNOD）の適用除外）····448
math or clerical error（計算違い）····438, 444
mediation（調停）····671
Medicare tax（メディケア税）····53, 54
Melton Friedman（メルトン・フリードマン）····197
Memorandum of Interview（面談覚書）····433
Memorandum Opinion（メモランダム意見）····713
MFJ = married filing jointly（夫婦合算申告書）····6, 8, 446
MFS = married filing separately（夫婦個別申告）····6
minimum tax（ミニマム税）····87, 88
mistakes（申告にかかる失念）····722
MNCA = Model Nonprofit Corporation Act（模範非営利法人法）····164
Model Good Samaritan Food Donation Act（模範連邦善きサマリア人食料寄附法／善意の食料寄附法）····245
money laundering（資金洗浄）····725
mortgage interest credit（住宅ローン利子税額控除）····38
motion for attorneys' fee and costs（租税裁判所：弁護士費用および裁判費用の申立て／IRC 7430条 a 項）····707
motion for continuance（租税裁判所：訴訟手続続行の申立て）····707
motion for leave to file an amended petition（租税裁判所：修正訴状提出許可の申立て）····707
motion for reconsideration of opinion（租税裁判所：意見再考の申立て）····707
motion for submission of case fully stipulated（租税裁判所：完全合意した事件の提出の申立て／TC 規則122条）····707
motion for summary judgment（租税裁判所：略式判決の申立て／TC 規則121条 b 項）····707
motion to change place of trial（租税裁判所：裁判地変更の申立て）····707
motion to vacate decision（租税裁判所：判決無効の申立て）····707
moving expenses（引越費用）····23

N

NAEA = National Association of Enrolled Agents（全国登録税務士連盟）····469, 837
Nanny tax（子守税）····70
national office（IRS 本庁）····335
NC-SES Appointment=Non-career Senior Exective Service Appointment（非職業／ノンキャリア政治任用上級管理職）····864
NDA = Non-Prosecution Agreement（不起訴合意）····720, 751
negative income tax（負の所得税）····5, 40, 561

net earnings（純収益）···75
net gain (or loss)（その他の純ゲイン（またはロス））·······································80
net operating loss deduction（欠損金控除）··81
"nexus of contracts" theory（契約関係理論）··198
new issue（ニューイシュー／新たな争点／争点の追加）·······································686, 704
new matter（ニューマター／新たな争点／争点の追加）·······································686, 704
NFTL = Notice of Federal tax lien（リーエン／先取特権通知書）·······································401
no change letter（申告是認通知）··437
No taxation without statutes/No taxation without representatives（租税法律主義）·······································890
no true bill（不起訴相当）··747
NOD = notice of deficiency（不足税額通知書）··364
non partnership items（非パートナーシップ項目）··388
nonattorney examination（非弁護士司法資格試験）··510
nonbusiness energy property credit（非事業用エネルギー財産税額控除）·······································39
Non-career Schedule C Position Appointment（非職業／ノンキャリア政治任用スケジュールＣ一般職）··865
non-distribution constraint rule（分配禁止原則）·······································163, 206
non-docked case（ノンドケテッドケース／司法審査を求めず直ちにIRS不服審査部へ不服申立てした事案）··669
non-profit charitable organizations（非営利／公益団体）··154
non-profit corporation（非営利法人）··160
non-recognition rule（パートナーシップ：不認識ルール）··119
nonrefundable tax credits（非給付（非還付）型の税額控除）··38
non-resident aliens（非居住外国人）··12
non-separate reporting of partnership items/ordinary items（パートナーシップ：非個別報告項目）··128
non-shareholder constituency statute（会社関係人利害考量法）··200
non-tip wage（非チップ給与）··68
normal Appeal（通常の不服審査）··666
Notice CP 504=Notice of intent to levy（差押予告通知）··403
notice of deficiency（不足税額通知書）··362
Notice of Intent to Levy and Notice of Your Right to a Hearing（徴収の意向通知書及び聴聞に受けるあなたの権利通知書）··422
Notice of Proposed Adjustment for Underpayment/Overpayment（過不足納付の調整案通知書）···438
NTA = National Taxpayer Advocate（全国納税者権利擁護官）·······································336, 341

O

ODs = Operating Divisions（IRS運営局）·······································324, 337
office audit（机上調査／署内調査／呼出調査）·······································356, 415
Office examination（署内調査／呼出調査）·······································356, 415
Office of Economic Advisors（経済諮問会議）··780
Office of Legislative Counsel（議院法制局）·······································822, 823
off-record discussion（記録外発言）··433
OIC = offer in compromise（合意による滞納税額免除）·······································399, 404
OIC = offer-in-compromise（滞納税額免除）··460

OMB = Office of Management and Budget（行政管理予算局）･････････････････････780
One-half of self-employment tax（2分の1自営業者税）････････････････････････････23
OPR = Office of Professional Responsibility（IRS専門職責任室）･･････････････････472
ordinary and necessary expenses（通常必要な各種費用）････････････････････････18
ordinary dividends（受取配当金）･･16, 80
ordinary gains and losses（通常損益）･･19
ordinary income（通常所得）･･･33
Organized Crime Strike Force（組織犯罪撲滅部隊）････････････････････････････727
other gains（or losses）（その他の損益）･･16
oversight hearing（行政府の監視目的の公聴会）･･････････････････････････････797

P

PAAR = Partnership anti-abuse rule（包括的パートナーシップ濫用規制ルール）･･･136
PACI = Political Activities Compliance Initiative（IRS政治活動コンプライアンス機動班）････634
PAM = Post Appeals Mediation Procedures for Non-Collection Cases（滞納／徴収事案以外の不服審査後調停手続）･･674
PAM = Post-Appeals Mediation Procedures for Collection Cases（滞納／徴収事案の不服審査後調停手続（徴収関係））･･675
Panama Papers（パナマ文書）･･･382
paper filing（文書申告）･･351
parallel proceeding（並行手続）･･･455
partner level assessments and collections（パートナー段階査定・徴収）･･････････393
partnership（パートナーシップ）･･･76
partnership agreement（パートナーシップ契約）････････････････････････････115, 118
partnership distribution（パートナーシップ：分配）････････････････････････････124
partnership interest（パートナーシップ持分）････････････････････････････････････119
partnership items（パートナーシップ項目）････････････････････････････････････388
partnership level assessment and Collections（パートナーシップ段階査定・徴収）･･393
partnership representative（パートナーシップ代理人）･･････････････････････････393
PAS：Presidential Appointment with Senate Confirmation（議会上院承認必要官職）････864
PAs = Presidential political appointments（大統領任用職）･･････････････････････862
PATH Act = Protecting Americans from Tax Hikes Act of 2015（アメリカ人を増税から保護する法律）･･386
path-through（パートナーシップ：配賦／パススルー）････････････････････118, 127
path-through entities（パススルー事業体）････････････････････････････････････143
path-through taxation（パススルー課税）･････････････････････････････････････143
payment with credit or debit card（カード支払）･･･････････････････････････････399
payroll agency（雇用税徴収納付代行事業者）･････････････････････････････････57
payroll service（雇用税徴収納付代行事業者）･････････････････････････････････57
payroll taxes（雇用関係税）･･1, 147
PBD = private benefit doctrine（私的利益増進禁止原則）････････････････････････163
penalty on early withdrawal of savings（定期預金早期引出しにかかる違約金）･･････23
pension fraud（年金詐欺）･･･727
pension, annuity（雇用主拠出の年金）･･73
pension, profit-sharing, etc. plans（年金, 賞与等の計画費用）････････････････････81

pensions and annuities（年金・退職年金）·· 16
per se corporation（株式会社／普通法人）·· 76, 157
per se tax exclusion（当然に課税除外／非課税）·· 154
percentage method（パーセンテージ方式）·· 62
perjury（偽証）··· 725
personal exemption（人的控除）··· 30
petit jury（小陪審）··· 738, 740
petition（訴状）··· 698
petitioner（連邦租税裁判所：原告）·· 508
phase-in, phase out（消失控除）·· 43
PHC tax = Personal holding company tax（人的所有会社税）·· 222
PID = private inurement doctrine（私的流用禁止原則）··· 206
place of celebration rule（婚姻州／婚姻地基準）·· 312
place of domicile rule（住所州／地基準）··· 312
plea bargaining（司法取引／答弁取引）·· 749
plea of guilty（有罪の答弁）·· 748
plea of nolo contendere（不抗争の答弁）·· 748
plea of not guilty（無罪の答弁）·· 748
Plum Book（プラムブック／大統領任用ポスト一覧表）·· 862
political appointment（ポリティカルアポイントメント）·· 775
political appointments and nominations（政治任用）·· 334, 775
political question doctrine（政治問題論）·· 889
pork busters（ポークバスターズ）·· 90
Post-Appeals ADR（不服審査後ADR）··· 674
posttrial briefs（裁判後弁論趣意書）··· 711
Powell requirements（パウエル要件）··· 379
practice before the Court（租税裁判所の所管事項にかかる業務）··· 697
Pre-Trial Alternative Dispute Resolution Procedures（裁判前代替紛争解決手続）························· 665
Pre-Appeals ADR（不服審査前ADR）··· 673
Pre-Appeals Alternative Dispute Resolution Procedures（不服審査前代替紛争解決手続）············ 665
preliminary notice of deficiency（仮不足税額通知書）·· 363, 437
Preparation of Returns（税務書類の作成）··· 846
prepayment actions（未納付訴訟）·· 677
Presidential orders（その他の大統領令）··· 873
Presidential System of Government（大統領制）·· 775
presumption of correctness（適法性の推定）··· 684
presumption of fairness（適法性の推定）·· 684
pretrial hearing（公判前審問）·· 748
PRI = program related investment（プログラム関連投資）·· 189
private foundations（私立財団）·· 174, 262
private letter rulings（事前照会文書回答）··· 335
private non-operating foundations（助成型私立財団）·· 175
private operating foundations（事業型私立財団）··· 175
pro se case, personal representation without counsel（本人訴訟）·· 696
Procedures for Preparation and Grading of the Nonattorney Examination（非弁護士試験の作成・

採点手続）···504, 512
profit interest（パートナーシップ：利益持分）···119
profit maximization（配当の極大化／追求）··197
profit maximization principle（株主利益極大化主義）·····································155
progressive tax rates（超過累進税率）···5, 6
Prometric Inc.（プロメトリック社）···483
proposed notice of deficiency（仮不足税額通知書）·································363, 437
prosecutor（検察官）··687
protection against double jeopardy（二重の危険／二重処罰の禁止の危険からの保護）·······747
PSs/PA：Presidential Appointment without Senate Confirmation（議会上院承認不要官職）·······864
PTIN = Preparer Tax Identification Number（納税申告書作成者ID番号）··············470, 847
public charities（公益増進団体）··174, 262
public corruption（公的汚職）··727
public support tests（パブリック・サポート・テスト／公的出捐基準）·······················212
Publication 1: Your Rights as a Taxpayer（IRS刊行物1号〔納税者としてのあなたの権利〕）·······325
Publication 594: IRS Collection Process（IRS刊行物594号〔IRS徴収手続〕）··············325
Publication 971: Innocent Spouse Relief（IRS刊行物971号〔善意の配偶者の救済〕）········325
publicly held corporations（公開会社）··198

Q

qualified dividends（適格受取配当）··16
qualified Widower, surviving spouse（適格寡婦／寡夫）·······································6
qualifying child（適格子ども）··31
qualifying relative（適格親族）···32
Question & Answer Statement（質問応答記録書）··431

R

reasonable care（相当の注意義務）··242
Recipient's SSN（受取人の社会保障番号）··23
recklessness（未必の故意）··244
redetermination of deficiency（不足額の再決定）··682
refund suits（還付請求訴訟）··677
refundable tax credit（還付（給付）型の税額控除）···40
refundable tax credits（給付（還付）型税額控除）······································39, 561
registered mail（書留郵便）··681
regular corporation（株式会社／普通法人）··157
regular hybrid entities（レギュラー・ハイブリッド事業体）···································145
regular tax cases（通常租税事件）··699
Regulations Governing Practice before the Internal Revenue Service（内国歳入庁（IRS）の所管事項にかかる業務に関する規則）·······471
rents（賃借料）··80
repairs and maintenances（修繕費）···80
Report of Investigations of Allegations Relating to Internal Revenue Service Handing of Tax-Exempt Organization Matters（IRSの免税団体事務取扱に関する告発についての調査報告書）····619
Requests to Audio Record Interview（面談の音声録音の求め）······························415

res judicata（リース・ジュディケイタ／同一請求排除原則）……………………………766
reserves（内部留保）……………………………………………………………………222
residential energy efficient property credit（エネルギー効率居住用資産税額控除）………39
respondent（被告）………………………………………………………………………508
retirement savings contributions credit（退職貯蓄拠出税額控除）………………………39
return and allowances（返金や値引き）…………………………………………………80
Return Preparer Review Final Report（申告書作成者調査最終報告書）…………………847
Rev. 8-2011（財務省規則サーキュラー230規則）……………………………………470, 838
revenue agent（歳入調査官）………………………………………………………355, 726
Revenue Officer（歳入官）………………………………………………………………359
revenue procedures（手続通達）…………………………………………………………335
Revenue Rulings, Letter Rulings（通達）………………………………………………321
reverse hybrid entities（リバース・ハイブリッド事業体）……………………………145
RFMA＝Respect for Marriage Act（婚姻尊厳法）……………………………………300
RFRA＝Religious Freedom Restoration Act（1993年信教の自由復活法）………………623
rights against self-incrimination（黙秘権／自己負罪拒否の権利）………………………747
RLPA＝Religious Liberty Protection Act（1999年信教の自由保障法）…………………625
RRA 98＝IRS Restructuring and Reform Act 1998（IRS再生改革法）…………………335
RTRP＝Registered Tax Return Preparer（登録納税申告書作成士）………………471, 847
RTRP制度（頓挫した登録納税申告書作成士）…………………………………………492
RUPA＝Revised Uniform Partnership Act（改正統一パートナーシップ法）……………108

S

S corporation built-in gains tax（S法人に対する含み利得課税）………………………151
S corporation＝small business corporation（S法人／小規模事業会社）……………76, 156
salaries and wages（給与および賃金）……………………………………………………80
sale or other disposition of property（資産の売却その他処分）…………………………18
same-gender married couples（同性婚カップル）………………………………………290
same-sex married couples（同性婚カップル）……………………………………………290
saver's credit（退職貯蓄拠出税額控除）…………………………………………………39
SB/SE FST＝Fast Track Settlement for Small Business/Self-Employed Taxpayers（小規模企業／自営納税者向け早期和解手続）………………………………………………………673
SB/SE＝Small Business/Self-Employed Division（小規模企業・自営業局）……………338
Secretary of the Internal Revenue Service（内国歳入庁長官）……………………334, 775
Secretary of the Treasury（財務長官）…………………………………………………775
self-assessment（申告納付）……………………………………………………………225
self-employed health insurance deduction（自営業者健康保険控除）……………………23
Self-employed SEP, SIMPLE, and qualified plans（自営業のSEP, SIMPLE, 適格プランの控除額）
　………………………………………………………………………………………………23
self-employment taxes（自営業者税）………………………………………………72, 147
selling expenses（譲渡費用）……………………………………………………………20
Senate（上院）……………………………………………………………………………779
Senate Bill（上院法案）…………………………………………………………………789
Senate Committee on Finance（上院財政委員会）……………………………………776
senior judges（現役復帰裁判官）………………………………………………………695

separate reporting of partnership items（パートナーシップ：個別報告項目）················128
separate taxable entity theory（法人実在説）··75, 180
Separation of Powers Restoration Act of 1999（大領領令統制のための三権分立回復法案）··········885
service charge（サービス料金）···68
settlement（和解）···364, 527
shareholder primacy principle（株主利益至上主義）··155
short-term capital gain or loss（短期資本損益）··20
simple resolutions（単独決議案）··783
single（単身者）··6
single state（単一国家）··303, 586
small tax cases, S cases（少額租税事件）···699
SNAP = Supplemental Nutrition Assistance Program（補足的栄養支援プログラム）··········238
SNOD = Statutory notice of deficiency（正式な不足税額（更正処分）通知書）············366
social entrepreneurs（社会起業家）···155
social investors（社会投資家）··155
social primacy company（社会的営利会社）··194
social security benefits（社会保障給付金）···16
social security tax（社会保障税）···53, 54
SPC = social purpose corporation（社会目的会社）·································157, 193, 194
SPC = special purpose company（特定目的会社）······································144
SPE = Small Partnership Exception（小規模パートナーシップ適用除外）··············389
SPEC = Stakeholder Partnership, Education and Communication（利害関係者協力・教育・連携）
  ··537
Special Agent（特別調査官）··360
special deductions（特別控除項目）···78, 81
special rule for certain contributions of inventory and other property（一定の棚卸資産その他の
  資産の寄附にかかる特例）···267
special rule for contributions of food inventory（食料棚卸資産の寄附にかかる特例）········268
special, select committees（特別委員会）···795
specially chartered organization（勅許団体）··160
specific recipient organizations of charitable contributions（公益寄附金受入特定団体）·········171
SPV = special purpose vehicle（特定目的事業体）····································144, 194
SRI = socially responsible investment（社会的責任ポートフォリオ投資）·················155
SSA = Social Security Administration（社会保障庁／連邦社会保障省）···············52, 321
SSN = Social Security Number（社会保障番号／共通番号）··························52, 641
stakeholder statute（利害関係人考量法）···196
standard deductions（定額控除／標準控除）···6, 24
standing committee（常任委員会）···795
state action theory（公権力的行為の理論）··626
state Corporation Code（各州の法人法）··75
state of celebration rule（婚姻州／婚姻地基準）··312
state of domicile rule（住所州／地基準）··312
State of the Union Message（一般教書演説）··776, 784
statute of limitations（消滅時効）···679
statutory taxpayer's right to record interview（法律上の権利としての納税者の面談収録権）······

412,415, 434
STCP = Student Tax Clinic Program（学生タックスクリニック・プログラム）……………547
stenographic recording（速記記録）……………425
stipulated decision（合意判決）……………527
STJ = special trial judges（特別事実審裁判官）……………695
stock bonus（株式賞与）……………73
student loan interest deduction（学生奨学ローン利子控除）……………23
Subcommittee on Oversight（連邦議会下院監視小委員会）……………776
Subcommittee on Taxation and IRS Oversight（課税・内国歳入庁監視小委員会）……………777
submission of fraudulent documents（虚偽文書の提出）……………724
subpoena ad testificandum（証人召喚状）……………742
subpoena duces tecum（文書提出召喚状）……………742
substantial economic effect（実質的な経済効果）……………134
summary assessment notice（略式査定通知）……………355, 368, 436
summary assessment notice for mathematical errors（計算違い等を理由とする略式査定通知書）……438
Summary Opinion（略式意見）……………713

T

TAC = Taxpayer Assistance Center（IRS納税者支援センター）……………342, 345
tangible appreciated property（有形評価性資産）……………263
TAO = taxpayer assistance orders（納税者救済命令）……………336
TAS = Taxpayer Advocate Service（IRS納税者権利擁護官サービス）……………345
tax audit（税務調査）……………415, 455, 476, 554, 558, 726
tax avoidance schemes（租税回避スキーム）……………142
Tax Compliance Officer（タックス・コンプライアンス担当官）……………359
Tax Court opinion（租税裁判所意見）……………713
tax credit（税額控除）……………5, 6, 37
tax deferrals（課税繰延項目）……………86
Tax evasion（租税ほ脱罪）……………723
tax examiner（税務調査担当官）……………355, 359
tax exemption（免税）……………154
tax expenditure（租税歳出）……………106, 567
tax expenditure budget（租税歳出予算）……………106, 567
Tax Guide for Churches and Religious Organizations（教会および宗教団体向け税金ガイド）……607
tax indexation（タックス・インデクセーション）……………7
Tax law：keeping church and state separate：Electing the higher wall of separation between church and state（政教分離課税制度：政教分離の壁を高くする税制とは）……………585
tax payment（納付税額）……………6
tax preferential（租税優遇項目／租税特別措置）……………86
tax professionals in the U. S.（アメリカの税務専門職）……………504
tax rate schedules（税率表）……………5
tax refund（還付税額）……………6
taxable income（課税所得）……………6, 78
taxable income before net operating loss deduction and special deductions（欠損金控除および特別控除前の課税所得）……………81

INDEX 939

taxable interest（受取利息）……………………………………………………………16, 80
taxable refunds, credits, or offsets of state and local income taxes（州所得税・地方団体住民税の還付金等）……………………………………………………………………………16
Taxation by executive orders（大統領令による課税）………………………………890
Taxation is a creature of statutes（課税は制定法による創造物である）……………890
tax-based welfare reform（税制を活用した福祉改革）………………………………562
taxes and licenses（租税公課）………………………………………………………………80
taxes for recapture（取戻課税）……………………………………………………………149
tax-exempt interest（非課税利息）…………………………………………………………16
taxpayer（連邦租税裁判所：原告）………………………………………………………508
taxpayer's right to record interview（納税者の面談収録権）…………………………411
taxpayer's basis of the property（資産の基準価額／税務上の簿価）…………………20
TBOR = Taxpayer Bill of Rights（納税者権利章典法）…………………………………322
TBOR1 = Taxpayer Bill of Rights 1（第1次納税者権利章典法「T1」）………………323
TBOR2 = Taxpayer Bill of Rights 2（第2次納税者権利章典法「T2」）………………323
TBOR3 = Taxpayer Bill of Rights 3（第3次納税者権利章典法「T3」）………… 323, 324
TBOR4 = Taxpayer Bill of Rights 4（第4次納税者権利章典法「T4」）………… 323, 327
TCE = Tax Counseling for Elderly（高齢者向け税務相談プログラム）…… 342, 344, 532, 545
TE/GE FTS = Fast Track Settlement for Tax-Exempt/Government Entities Taxpayers（免税団体／統治団体向け早期和解手続）……………………………………………………674
TE/GE = Tax Exempt & Government Entities Division（免税団体・統治団体局）…339
TEFRA partnership procedures（TEFRA パートナーシップ手続）……………385, 387
TEFRA = Tax Equality and Fiscal Responsibility Act（課税の公平・財政責任法）…385
Telemarketing fraud（通信販売詐欺）……………………………………………………727
The Peoples' Court of Tax（国民の税金裁判所）…………………………………………503
theory that treats the company as a legal fiction（法人擬制説）…………………………75
threshold（しきい値）………………………………………………………………………12
TIGTA = Treasury Inspector General for Tax Administration（連邦財務省租税行政監察総監）……… 336, 451
timely filers who do not pay total due（期限内申告をしているが履行懈怠の場合）……721
TIN = taxpayer identification number（納税者番号）……………………………………52
tip-sharing agreement（チップ・プール・分配協定）……………………………………67
TMP = Tax Matters Partner（税務パートナー）…………………………………………389
too big to jail（巨大すぎて刑務所送りにはできない）………………………… 720, 758
Total deductions（控除額控除）……………………………………………………………81
Total gross income（総所得合計額）………………………………………………………80
TPP = Taxpayer Protection Program（IRS 納税者保護プログラム）…………………655
Transcript of Recording（収録の筆写）……………………………………………………419
Treasury Department（連邦財務省）………………………………………………… 321, 846
Treasury Regulations（財務省規則）………………………………………………………321
trial courts（事実審裁判所）………………………………………………………………690
trial jury（審理陪審）…………………………………………………………………738, 740
TRP = tax return preparers（納税申告書作成業者）……………………………………463
true bill（起訴相当）…………………………………………………………………………747
trust（信託）…………………………………………………………………………………144
Tuition and fees（授業料控除）……………………………………………………………23

U

U. S. Attorney（連邦検察／連邦検事） ·· 687, 729
U. S. Attorney Manual §9-28.000-9（連邦検察マニュアル） ·························· 752
U. S. citizens and resident aliens（合衆国市民や居住者（居住外国人）） ················ 12
U. S. Court for the Federal Circuit（連邦巡回控訴裁判所） ························ 688, 690
U. S. Trade Representatives（合衆国通商代表部） ·· 780
U. S. Court of Federal Claims（連邦請求裁判所） ·························· 677, 688, 691
U. S. Courts of Appeals（連邦控訴裁判所） ··· 688, 690
U. S. District Court（連邦地方裁判所） ·······································677, 688, 691
U. S. magistrate judge（連邦治安判事） ··· 735, 746
U. S. Supreme Court（連邦最高裁判所） ·· 688
U. S. Tax Court（連邦租税裁判所） ·· 677, 688, 691
U. S. Tax Court regular tax case（連邦租税裁判所通常租税事件） ···················· 502
U. S. Tax Rules of Practice and Procedure（TC規則／連邦租税裁判所執務・手続規則） ···· 508
UBIT = unrelated business income tax（非関連事業所得） ····························· 162
UCC = United Church of Christ（キリスト連合教会） ······························· 636
ULC/Uniform Law Commission〔National Conference of Commissioners on Uniform State Laws〕
　（州法の統一に関する全米長官会議） ·· 180
ULLCA = Uniform Limited Liability Company Act（統一LLC法） ··············· 180
undocumented immigrants（必要書類不備滞在者） ···································· 878
unemployment compensation（失業補償給付金） ·· 16
unincorporated non-profit association（人格のない非営利社団） ················ 154, 160
unitary country（単一国家） ·· 303, 586
United States Attorney（連邦検察／連邦検事） ····································· 687, 729
United States Solicitor General（連邦訟務長官） ·· 687
unrealized receivables（パートナーシップ：未実現債権） ······························ 124
UUNAA = Uniform Unincorporated Non-profit Association Act（統一非営利人格のない社団法）··· 160

V

VITA = Volunteer Income Tax Assistance Programs（ボランティア所得税（申告）支援プログ
　ラム） ··· 342, 532
voluntarily terminating partnership（パートナーシップ：合意による終了／解散） ······ 124
voluntary binding arbitration（任意の法的拘束力のある仲裁） ···················· 527, 693
voluntary *pro bone* public service（弁護士の自発的公益活動） ························ 524
voluntary tax compliance（自発的納税協力） ·· 564
volunteer rescuer doctrine（ボランティア救助者の法理） ······························ 242
volunteer rescuers' liability at common law（ボランティア救助者のコモンロー上の責任） ···· 240

W

W & I = Wage and Investment Division（給与・投資所得局） ························ 338
wage bracket method（源泉徴収税額表方式） ·· 62
wage or salary income earner（給与所得者） ·· 18
wages, salaries, tips, etc.（賃金・給与・チップ等） ·· 16
whistleblower（内部告発者） ·· 726

White House Office（ホワイトハウス事務局）················780
willful failure to collect or pay over taxes（不徴収罪）················723
withhold tax（源泉税）················6
working poor（働いても貧しい人たち）················561

Y

year-end adjustment procedures（年末調整制度）················451
Your Rights as a taxpayer: Taxpayer Bill of Rights（IRS「納税者としてのあなたの権利：納税者権利章典」）················327

様式・別表索引

様 式

様式866〔納税義務の最終決定合意書（Form 866: Agreement as to Final Determination of Tax Liability）〕…364

様式870〔税の不足額の査定および徴収ならびに過大査定の制限の放棄（Form 870: Waiver of Restrictions on Assessment and Collection of Deficiency in Tax and Acceptance of Overassessment）〕…………362, 437, 678

様式870-AD〔不足税額の査定および徴収ならびに過大査定の制限の放棄書（Form 870-AD：Offer to Waive Restrictions on Assessment and Collection of Tax Deficiency and to Accept Overassessment）〕……………678

様式906〔特定事項に関する最終決定に関する終結合意書（Form 906: Closing Agreement on Final Determination Governing Specific Matters）〕…………………………………………364

様式945〔連邦源泉所得税年次申告書（Form 945: Annual Return of Withheld Federal Income Tax）〕……………………………………………………………………73

様式1023〔法典501条 c 項3号のもとでの免税申請書（Application for Recognition of Exemption Under Section 501(c)(3) of the Internal Revenue Code）〕………………………593

様式1040〔連邦個人所得税申告書（Form 1040: U. S. Individual Income Tax Return）〕…13, 17, 18, 342, 435, 446

様式1040-NR〔合衆国非居住外国人所得税申告書（Form 1040NR: U. S. Nonresident Alien Income Tax Return）〕………………………………………………………………48

様式1065〔連邦パートナーシップ所得の申告書（Form 1065: U. S. Return of partnership income）〕………125, 384

様式1096〔年次雑所得集計書（Form 1096: Annual Summary and Transmittal of U. S. Information Returns）〕……59

様式1099-INT〔受取利息の法定調書（Form 1099-INT: Interest Income）〕………………………13, 435

様式1116〔外国税額控除明細書（Form 1116: Foreign Tax Credit）〕……………………………46

様式1120〔連邦法人所得税申告書（Form 1120: U. S. Corporation Income Tax Return）〕……………81

様式1120-S〔S法人用連邦所得税申告書（Form 1120-S: U. S. Income Tax Return for an S Corporation）〕…82, 390

様式2040ES〔個人用予定納税（Form 2040ES: Estimated Tax for Individuals）〕………………………51

様式2106-EZ〔精算払戻しされない従業者の事業経費明細書（Form 2106-EZ: Employee Business Expenses）〕……29

様式2106〔従業者勤務費内訳書（Form 2106: Employee Business Expenses）〕…13, 18, 27, 29, 435, 447

様式2106-EZ〔精算払戻しされない従業者の事業経費明細書（Form 2106-EZ: Unreimbursed Employee Business Expenses）〕………………………………………………………27

様式2553〔小規模事業会社の選択（Form 2553: Election by a Small Business Corporation）〕………149

様式4070〔チップに関する雇用主への従業者報告書（Form 4070: Employee's Report of Tips to Employer）〕…68

様式4626〔代替ミニマム税：法人用（Form 4626: Alternative Minimum Tax-Corporations）〕………103

様式4868〔連邦個人所得税申告書の申告期限の自動延長申請（Form 4868: Application for Automatic Extension of Time To File U. S. Individual Income Tax Return）〕………………48

様式6251〔代替ミニマム税：個人用（Form 6251: Alternative Minimum Tax-Individuals）〕………102

様式7004〔一定の事業所得納税，情報その他の申告書の提出期限の自動延長申請書（Form 7004: Application for Automatic Extension of Time To File Certain Business Income Tax, Information, and Other Returns）〕………82

様式8027〔チップ所得およびチップ分配に関する雇用主の年次情報申告書（Form 8027: Employer's Annual Information Return of Tip Income and Allocated Tips）〕………………69

様式8554〔IRS所管事項にかかる業務代理登録更新申請（Form 8554：Application for Renewal of

Enrollment to Practice Before the Internal Revenue Service)〕··838
様式8801〔前課税年のミニマム税控除：個人等用（Form 8801: Credit for Prior Year Minimum Tax: Individuals, Estates, and Trusts)〕··105
様式8948〔作成士による電子申告しないことの説明（Preparer Explanation for Not Filing Electronically)〕····490
様式9131〔大陪審調査要請書（Form 9131: Request for Grand Jury Investigation)〕·····················743
様式14039〔身元盗難宣誓供述書（Form 14039: Identity Theft Affidavit)〕·································653
様式SS-4〔雇用主番号の申請書（FormSS-4: Application for Employer Identification Number (EIN))〕·········52
TC 様式5〔裁判地の申請書（Form 5: Request for place of trial)〕··525
様式W-2〔給与所得の源泉徴収票（Form W-2: Wage and Tax Statement)〕············13, 377, 435, 447
様式W-2G〔特定のギャンブル払戻金（Form W-2G: Certain Gamble Winnings)〕··························73
様式W-3〔源泉徴収集計表（Form W-3: Transmittal of Wage and Tax Statements)〕······53, 435, 447
様式W-3c〔修正源泉徴収集計表（Form W-3c：Transmittal of Corrected Wage and Tax Statements)〕······54
様式W-4〔扶養控除等申告書（Form W-4: Employee's Withholding Allowance Certificate)〕···63, 377
様式「徴収適正手続のための聴聞の請求（Request for a Collection Due Process Hearing form)」···422

別　表

別表A〔項目別控除明細書（Itemized Deductions)〕···26
別表C〔事業収支計算明細書（Schedule C: Profit or Loss From Business)〕···············13, 18, 435, 447
別表D〔譲渡損益計算明細書（Schedule D: Capital Gains and Losses)〕·····················13, 23, 435, 447
別表E〔補助的損益計算書（Schedule E: Supplemental Income and Loss)〕······························139
別表EIC〔勤労所得税額控除明細表（Schedule EIC: Earned Income Credit)〕································45
別表H〔家事雇用税（Schedule H: Household Employment Taxes)〕···72
別表K-1〔パートナーの所得，所得控除，税額控除等の分配割当表（Schedule K-1: Partner's Share of Income, Deductions, Credits, etc.)〕···127
別表M-1〔帳簿上の利益（費用）と申告上の所得との調整（Schedule M-1: Reconciliation of Income (loss) per Books With Income per Return)〕··77
別表M-2〔帳簿上の特定用途に充当されていない留保の表示（Schedule M2: Analysis of Inappropriate Retained Earnings per Books)〕···77

《著者紹介》

石村　耕治（いしむら　こうじ）

アメリカ・イリノイ大学ロースクール，オーストラリア・モナシュ大学ロースクール修了。白鷗大学法学部教授・同大学院法学研究科長。日本租税理論学会理事長。国民税制研究所代表。著書に，『アメリカ連邦税財政法の構造』（法律文化社），『日米の公益法人課税法の構造』（成文堂），『現代税法入門塾（第8版）』（編著・清文社）ほか多数。

アメリカ連邦所得課税法の展開―申告納税法制の現状と課題分析―

平成29年3月25日　初版発行

　　著　者　石村耕治
　　発行者　宮本弘明

　　発行所　株式会社　財経詳報社
　　　　　　〒103-0013　東京都中央区日本橋人形町1-7-10
　　　　　　電　話　03（3661）5266（代）
　　　　　　ＦＡＸ　03（3661）5268
　　　　　　http://www.zaik.jp
　　　　　　振替口座　00170-8-26500

落丁・乱丁はお取り替えいたします。　　　　印刷・製本　創栄図書印刷
©2017　Koji Ishimura　　　　　　　　　　　　　　　Printed in Japan
　　　　　　　ISBN　978-4-88177-765-7